Für Heinrich in Erinnerung
an die gemeinsame Zeit
in Speyer von

Hans-Moritz

7./X. 1999

IUS COMMUNE

Veröffentlichungen des Max-Planck-Instituts
für Europäische Rechtsgeschichte
Frankfurt am Main

SONDERHEFTE

Studien zur
Europäischen Rechtsgeschichte

124

Vittorio Klostermann Frankfurt am Main
1999

HANS-CHRISTOF KRAUS

Theodor Anton Heinrich Schmalz (1760-1831)

Jurisprudenz, Universitätspolitik und Publizistik im Spannungsfeld von Revolution und Restauration

Vittorio Klostermann Frankfurt am Main
1999

Die Deutsche Bibliothek – CIP-Einheitsaufnahme

Studien zur europäischen Rechtsgeschichte : Ius commune,
Veröffentlichungen des Max-Planck-Instituts für Europäische
Rechtsgeschichte, Frankfurt am Main, Sonderhefte. – Frankfurt am
Main : Klostermann
Früher Schriftenreihe
Reihe Studien zur europäischen Rechtsgeschichte zu: Ius commune
ISSN 0175-6532
124. Kraus, Hans-Christof: Theodor Anton Heinrich Schmalz. – 1999
Kraus, Hans-Christof:
Theodor Anton Heinrich Schmalz : (1760-1831) ; Jurisprudenz,
Universitätspolitik und Publizistik im Spannungsfeld von Revolution
und Restauration / Hans-Christof Kraus. – Frankfurt am Main :
Klostermann, 1999
(Studien zur europäischen Rechtsgeschichte ; 124)
ISBN 3-465-03047-8

Druck: Weihert-Druck GmbH, Darmstadt
Gedruckt auf alterungsbeständigem Papier ∞ ISO 9706
Printed in Germany

HELMUT QUARITSCH

in dankbarer Verehrung

Inhalt

III. Kapitel: Im Streit der Meinungen

Zweiter Teil: Das Werk

IV. Kapitel: Rechtsphilosophie

Vorwort

Die vorliegende Studie entstand am Forschungsinstitut für öffentliche Verwaltung bei der Deutschen Hochschule für Verwaltungswissenschaften Speyer. Begonnen wurde die Arbeit im April 1996, abgeschlossen im Juli 1998. Nachträglich erschienene (und mir bekannt gewordene) Literatur wurde bis Ende April 1999 noch in Text und Fußnoten eingearbeitet.

Mein besonderer Dank gilt zuerst und vor allem Herrn Professor Dr. Helmut Quaritsch, der die vorliegende Monographie nicht nur angeregt, sondern auch die Voraussetzungen für ihre Entstehung geschaffen und mir darüber hinaus stets mit Rat und Hilfe zur Seite gestanden hat. Die Widmung dieses Buches kann daher nur ein bescheidenes Zeichen des Dankes sein.

Sodann habe ich dem Direktor des Forschungsinstituts, Herrn Professor Dr. Dr. Klaus König, sowie seinem Vorgänger, Herrn Professor Dr. Willi Blümel, für ihre freundliche Förderung zu danken. Juristischen Rat und manche Anregung erhielt ich von einigen Speyerer Kollegen; mein Dank gilt hier in erster Linie Herrn Professor Dr. Karl-Peter Sommermann und Herrn Privatdozenten Dr. Heinrich Amadeus Wolff. Dem Letztgenannten danke ich darüber hinaus besonders herzlich für die harmonische Zusammenarbeit am Lehrstuhl für Staatsrecht und Staatslehre. Für wichtige briefliche Auskünfte bin ich Herrn Professor Dr. Johann Braun/Passau, Herrn Professor Dr. Jan Schröder/Tübingen und Herrn Professor Dr. Peter Weber/Berlin zu Dank verpflichtet. Schließlich danke ich Herrn Professor Dr. Michael Stolleis/Frankfurt am Main für sein freundliches Interesse an meiner wissenschaftlichen Arbeit und nicht zuletzt für die Aufnahme dieser Studie in die von ihm mitherausgegebene wissenschaftliche Reihe des Max-Planck-Instituts für Europäische Rechtsgeschichte.

Speyer, am 1. Mai 1999 Hans-Christof Kraus

§ 1 Einleitung

Wenn man darum bemüht ist, Leben und Leistung einer Persönlichkeit aus den Bereichen der Politik, der Literatur oder der Geistes- und Wissenschaftsgeschichte zu vergegenwärtigen, dann geschieht dies in der Regel aus dem Blickwinkel zweier unterschiedlicher Perspektiven.

Die erste, sehr geläufige, dieser beiden Zugangsweisen kann man als „Klassiker"-Perspektive bezeichnen: Hier wird die entsprechende Persönlichkeit unter dem Aspekt ihrer bereits in *ihrer eigenen* Lebensepoche hervorragenden Leistungen gewürdigt; das jeweilige Werk wird unter dem Gesichtspunkt seiner fortdauernden Gültigkeit und Vorbildhaftigkeit, auch seiner Wirkungsgeschichte dargestellt und analysiert, sicherlich zuweilen auch kritisiert. – Eine weitere, ebenfalls keineswegs selten anzutreffende Zugangsweise stellt andererseits die „Vorläufer"-Perspektive dar. Hier geht es in der Regel um Personen, die in ihrer eigenen Epoche zumeist wenig beachtet wurden und kaum einen nennenswerten Einfluß ausübten, deren scheinbare oder auch wirkliche Bedeutung erst im Lichte späterer historischer Entwicklungen und Ereignisse sichtbar wird. *Wem* aber nun die Ehre zukommt, als Vorläufer entdeckt, rehabilitiert und neu rezipiert zu werden – das hängt freilich ganz vom Standpunkt des späteren Betrachters und den Wertmaßstäben und Urteilen seiner Epoche ab.

Nun sind beide Perspektiven als Zugangsweisen zur Vergangenheit nicht nur vollkommen berechtigt, sondern in der Regel auch nützlich und fruchtbar. Gleichwohl aber kann es dann, wenn diese beiden Perspektiven dominieren und nahezu allein vorherrschen, zu Verzerrungen in der Wahrnehmung der Vergangenheit kommen, und zwar deshalb, weil aus diesen beiden Blickwinkeln in der Regel gerade jene *typischen Vertreter des Status quo einer Zeit* herausfallen, die in ihrer jeweiligen Gegenwart nicht selten einen bedeutenden Einfluß ausübten. Eben diese Gestalten – und Theodor Schmalz zählt ohne Zweifel zu ihnen – sind aber für die historische Forschung besonders interessant, weil sich gerade in ihnen – und zwar in weit stärkerem Maße als in den „Klassikern" oder den „Vorläufern" – zentrale Tendenzen und Grundkräfte einer Epoche widerspiegeln.

So befindet man sich, was Schmalz anbelangt, in der etwas merkwürdigen Situation, daß sein Name in der älteren wie auch in der neueren und neuesten wissenschaftlichen Literatur zu den unterschiedlichsten Themen zwar immer wieder auftaucht – freilich fast stets nur sporadisch und en passant –, daß aber andererseits sein Leben und sein wissenschaftliches Werk noch keinerlei vertiefte Behandlung erfahren haben. Vier Stichworte sind es im allgemeinen, mit denen der Name Theodor Schmalz heute noch in Verbindung gebracht wird: so gilt er als einer der „ersten Kantianer“ unter den Juristen seiner Epoche, andererseits aber auch als vielbespöttelter „letzter Physiokrat“ unter den Staatswirtschaftlern und Kameralwissenschaftlern. Man kennt ihn drittens als einen der Gründerväter und als tatkräftigen ersten Rektor der Berliner Friedrich-Wilhelms-Universität, wie man ihn viertens wiederum als Auslöser jenes unseligen „Tugendbund“-Streits in der Erinnerung behalten hat, der im allgemeinen als Signal für den Auftakt der eher unrühmlichen Reaktionsepoche des preußischen Staates nach 1815 angesehen wird.

Immerhin haben ihn, wie schon einige Stichproben zu belegen vermögen, weder die Juristen, noch die Historiker, noch auch die Autoren anderer Disziplinen vollkommen vergessen. So wird Schmalz regelmäßig erwähnt (oder doch wenigstens in Aufzählungen und erläuternden Fußnoten genannt), wenn von der juristischen Rechtshistorie das Naturrecht des späten 18. Jahrhunderts – das seit einigen Jahren starke Beachtung findet – abgehandelt wird;[1] auch Schmalz’

[1] Siehe etwa Hans Kiefner, Geschichte und Philosophie des Rechts bei A. F. J. Thibaut. Zugleich Versuch eines Beitrags über den beginnenden Einfluß Kants auf die deutsche Rechtswissenschaft, jur. Diss. München 1959, S. 39ff. u. a.; derselbe, Ideal wird, was Natur war. Abhandlungen zur Privatrechtsgeschichte des späten 18. und des 19. Jahrhunderts (Bibliotheca Eruditorum, Bd. 21), Goldbach 1997, S. 22, 60, 250; Herbert Krüger, Kant und die allgemeine Staatslehre des 19. Jahrhunderts – Ein Arbeitsprogramm, in: Philosophie und Rechtswissenschaft. Zum Problem ihrer Beziehung im 19. Jahrhundert, hrsg. v. Jürgen Blühdorn/Joachim Ritter (Studien zur Philosophie und Literatur des 19. Jahrhunderts, Bd. 3), Frankfurt a. M. 1969, S. 54; Christian Ritter, Der Rechtsgedanke Kants nach den frühen Quellen (Juristische Abhandlungen, Bd. 10), Frankfurt a. M. 1971, S. 323f.; Michael Stolleis, Staatsraison, Recht und Moral in philosophischen Texten des späten 18. Jahrhunderts (Monographien zur philosophischen Forschung, Bd. 86), Meisenheim a. G. 1972, S. 13, 49; Diethelm Klippel, Politische Freiheit und Freiheitsrechte im deutschen Naturrecht des 18. Jahrhunderts (Rechts- und Staatswissenschaftliche Veröffentlichungen der Görres-Gesellschaft, N. F., Bd. 23), Paderborn 1976, S. 21f., 121f., 126, 162f., 171, 181f., 187, 195; derselbe, Der Einfluß der Physiokraten auf die Entwicklung der liberalen politischen Theorie in Deutschland, in: Der Staat 23 (1984), S. 224, 226; derselbe, Naturrecht als politische Theorie. Zur politischen Bedeutung des deutschen Naturrechts im 18. und 19. Jahrhundert, in: Aufklärung als Politisierung – Politisierung der Aufklärung, hrsg. v. Hans Erich Bödeker/Ulrich Herrmann (Studien zum 18. Jahrhundert, Bd. 8), Hamburg 1987, S. 274, 288; derselbe, Das „natürliche Privat-

Beiträge zum Staats- und Verfassungsrecht,[2] zum Völkerrecht sowie zu einzelnen Problemen der Privatrechtsgeschichte und der Rechts-

recht" im 19. Jahrhundert, in: Naturrecht im 19. Jahrhundert. Kontinuität – Inhalt – Funktion – Wirkung, hrsg. v. DIETHELM KLIPPEL (Naturrecht und Rechtsphilosophie in der Neuzeit – Studien und Materialien, Bd. 1), Goldbach 1997, S. 232; CHRISTOPH LINK, Herrschaftsordnung und bürgerliche Freiheit. Grenzen der Staatsgewalt in der älteren deutschen Staatslehre (Wiener rechtsgeschichtliche Arbeiten, Bd. 12), Wien – Köln – Graz 1979, S. 116; RALF DREIER, Zur Einheit der praktischen Philosophie Kants – Kants Rechtsphilosophie im Kontext seiner Moralphilosophie, in: DERSELBE, Recht – Moral – Ideologie. Studien zur Rechtstheorie, Frankfurt a. M. 1981, S. 307; REINER SCHULZE, Policey und Gesetzgebungslehre im 18. Jahrhundert (Schriften zur Rechtsgeschichte, Bd. 25), Berlin 1982, S. 201 f.; HARIOLF OBERER, Über einige Begründungsaspekte der Kantischen Strafrechtslehre, in: Rechtsphilosophie der Aufklärung. Symposium Wolfenbüttel 1981, hrsg. v. REINHARD BRANDT, Berlin – New York 1982, S. 406; JOACHIM RÜCKERT, Kant-Rezeption in juristischer und politischer Theorie (Naturrecht, Rechtsphilosophie, Staatslehre, Politik) des 19. Jahrhunderts, in: John Locke und Immanuel Kant, hrsg. v. MARTYN P. THOMPSON (Philosophische Schriften, Bd. 3), Berlin 1991, S. 146, 182; DERSELBE, Natürliche Freiheit – Historische Freiheit – Vertragsfreiheit, in: Recht zwischen Natur und Geschichte/Le droit entre nature et histoire (Ius Commune; Sonderhefte. Studien zur europäischen Rechtsgeschichte, Bd. 100), hrsg. v. FRANÇOIS KERVÉGAN/HEINZ MOHNHAUPT, Frankfurt a. M. 1997, S. 322; KRISTIAN KÜHL, Naturrechtliche Grenzen strafwürdigen Verhaltens, in: Naturrecht – Spätaufklärung – Revolution, hrsg. v. OTTO DANN/DIETHELM KLIPPEL (Studien zum achtzehnten Jahrhundert, Bd. 16), Hamburg 1995, S. 183.

[2] Vgl. HERBERT KRÜGER, Allgemeine Staatslehre, 2. Aufl., Stuttgart – Berlin – Köln – Mainz 1966, S. 88, 157; ERNST RUDOLF HUBER, Deutsche Verfassungsgeschichte seit 1789, Bd. I, Reform und Restauration 1789 bis 1830, 2. Aufl., Stuttgart – Berlin – Köln – Mainz 1967, S. 129, 139, 142, 144 f., 164, 171, 190, 286, 288, 472, 719; HISAO KURIKI, Die Rolle des Allgemeinen Staatsrechts in Deutschland von der Mitte des 18. bis zur Mitte des 19. Jahrhunderts – Eine wissenschafts- und dogmengeschichtliche Untersuchung, in: Archiv des öffentlichen Rechts 99 (1974), S. 578 f.; MATHIAS ROGGENTIN: Über den Begriff der Verfassung in Deutschland im 18. und 19. Jahrhundert, jur. Diss. Hamburg 1978, S. 99; PETER PREU, Polizeibegriff und Staatszwecklehre. Die Entwicklung des Polizeibegriffs durch die Rechts- und Staatswissenschaften des 18. Jahrhunderts (Göttinger rechtswissenschaftliche Studien, Bd. 124), Göttingen 1983, S. 227 ff., 235; MANFRED FRIEDRICH, Die Erarbeitung eines allgemeinen deutschen Staatsrechts seit der Mitte des 18. Jahrhunderts, in: Jahrbuch des öffentlichen Rechts der Gegenwart, N. F. 34 (1985), S. 17; neuerdings auch DERSELBE, Geschichte der deutschen Staatsrechtswissenschaft (Schriften zur Verfassungsgeschichte, Bd. 50), Berlin 1997, S. 138, 189; MICHAEL STOLLEIS, Geschichte des öffentlichen Rechts in Deutschland, Bd. I, Reichspublizistik und Policeywissenschaft 1600–1800, München 1988, S. 229, 296, 314, 326; Bd. II, Staatsrechtslehre und Verwaltungswissenschaft 1800–1914, München 1992, S. 54, 56, 78, 86 f., 110; BERND MATTHIAS KREMER, Der Westfälische Friede in der Deutung der Aufklärung. Zur Entwicklung des Verfassungsverständnisses im Hl. Röm. Reich Deutscher Nation vom Konfessionellen Zeitalter bis ins späte 18. Jahrhundert (Jus Ecclesiasticum. Beiträge zum evangelischen Kirchenrecht und zum Staatskirchenrecht, Bd. 37), Tübingen 1989, S. 29 f., 42, 272, 274; GERHARD ROBBERS, Die Staatsrechtslehre des 19. Jahrhunderts, in: Entstehen und Wandel verfassungsrechtlichen Denkens (Beihefte zu „Der Staat", H. 11), Berlin 1996, S. 105; KARL-PETER SOMMERMANN, Staatsziele und Staatszielbestimmungen (Jus publicum, Bd. 25), Tübingen 1997, S. 20.

methodologie[3] sind durchaus von einigen neueren Autoren registriert worden. Auch in diversen biographischen oder monographischen Darstellungen sowie anderen, übergreifenden rechtshistorischen Themen gewidmeten Studien findet Schmalz (zumeist aber nur sehr knappe) Erwähnung.[4]

Von der Geschichtswissenschaft wiederum wurden er und sein Werk zum einen im Rahmen wissenschafts-, begriffs- und theoriegeschicht-

[3] Vgl. WILHELM G. GREWE, Epochen der Völkerrechtsgeschichte, 2. Aufl., Baden-Baden 1988, S. 543, 585; KLAUS VOLK, Die Juristische Enzyklopädie des Nikolaus Falck. Rechtsdenken im frühen 19. Jahrhundert (Schriften zur Rechtstheorie, H. 23), Berlin 1970, S. 20; CHRISTIAN TOMUSCHAT, Verfassungsgewohnheitsrecht? Eine Untersuchung zum Staatsrecht der Bundesrepublik Deutschland, Heidelberg 1972, S. 20; FRITZ VON HIPPEL, Zum Aufbau und Sinnwandel unseres Privatrechts, in: DERSELBE, Ideologie und Wahrheit in der Jurisprudenz – Studien zur Rechtsmethode und zur Rechtserkenntnis (Juristische Abhandlungen, Bd. 11), Frankfurt a.M. 1973, S. 114, 120; JAN SCHRÖDER, Wissenschaftstheorie und Lehre der „praktischen Jurisprudenz" auf deutschen Universitäten an der Wende zum 19. Jahrhundert (Ius Commune; Sonderhefte, Bd. 11), Frankfurt a. M. 1979, S. 40, 44, 52, 65, 160, 164, 190, 240; MARC D'AVOINE, Die Entwicklung des Grundsatzes der Verhältnismäßigkeit insbesondere gegen Ende des 18. Jahrhunderts, jur. Diss. Trier 1994, S. 208ff.

[4] Siehe etwa JOACHIM RÜCKERT, August Ludwig Reyschers Leben und Rechtstheorie. 1802–1880 (Abhandlungen zur rechtswissenschaftlichen Grundlagenforschung, Bd. 13), Berlin 1974, S. 298, 311; DERSELBE, Idealismus, Jurisprudenz und Politik bei Friedrich Carl von Savigny (Abhandlungen zur rechtswissenschaftlichen Grundlagenforschung, Bd. 58), Ebelsbach 1984, S. 242; HANS HATTENHAUER, Die geistesgeschichtlichen Grundlagen des deutschen Rechts, 3. Aufl., Heidelberg 1983, S. 121, 126; NORBERT WASZEK, Die Staatswissenschaften an der Universität Berlin im 19. Jahrhundert, in: Die Institutionalisierung der Nationalökonomie an deutschen Universitäten. Zur Erinnerung an Klaus Hinrich Hennings (1937–1986), hrsg. v. NORBERT WASZEK, St Katharinen 1988, S. 269, 280; JAN SCHRÖDER, Zur Entwicklung der juristischen Fakultäten im nachfriderizianischen Preußen (1786–1806), in: Das nachfriderizianische Preußen 1786–1806. Rechtshistorisches Kolloquium 11.-13. Juni 1987 Christian-Albrechts-Universität zu Kiel, hrsg. v. HANS HATTENHAUER/GÖTZ LANDWEHR (Motive – Texte – Materialien, Bd. 46), Heidelberg 1988, S. 263, 265, 272, 276f., 282, 286, 288f., 291, 294, 300ff.; LARS BJÖRNE, Deutsche Rechtssysteme im 18. und 19. Jahrhundert (Abhandlungen zur rechtswissenschaftlichen Grundlagenforschung, Bd. 59), Ebelsbach 1984, S. 39; ANKE BORSDORFF, Wilhelm Eduard Albrecht. Lehrer und Verfechter des Rechts – Leben und Werk, Pfaffenweiler 1993, S. 335; DIETER NÖRR, Savignys philosophische Lehrjahre. Ein Versuch (Ius Commune, Sonderhefte. Studien zur Europäischen Rechtsgeschichte, Bd. 66), Frankfurt a. M. 1994, S. 301, 316, 322; RUDOLF SMEND, Die Berliner Friedrich-Wilhelms-Universität. Rede zum 150jährigen Gedächtnis ihrer Gründung, in: DERSELBE, Staatsrechtliche Abhandlungen und andere Aufsätze, 3. Aufl., Berlin 1994, S. 550; JOHANN BRAUN, Judentum, Jurisprudenz und Philosophie. Bilder aus dem Leben des Juristen Eduard Gans (1797–1839), Baden-Baden 1997, S. 161f., 184; MICHAEL KLEENSANG, Das Konzept der bürgerlichen Gesellschaft bei Ernst Ferdinand Klein. Einstellungen zu Naturrecht, Eigentum, Staat und Gesetzgebung in Preußen 1780–1810 (Ius Commune; Sonderhefte. Studien zur europäischen Rechtsgeschichte, Bd. 108), Frankfurt a. M. 1998, S. 69, 73, 75, 87f., 90f., 95ff., 160f., 331 u. a.

licher Fragestellungen genannt,[5] sodann in seiner Funktion als Universitätslehrer und -politiker;[6] weiterhin fand und findet auch immer

[5] Vgl. ERICH ANGERMANN, Robert von Mohl 1799–1875. Leben und Werk eines altliberalen Staatsgelehrten (Politica, Bd. 8), Neuwied – Berlin 1962, S. 216; HEINZ GOLLWITZER, Europabild und Europagedanke. Beiträge zur deutschen Geistesgeschichte des 18. und 19. Jahrhunderts, 2. Aufl., München 1964, S. 190; LUDWIG PETRY, Die Gründung der drei Friedrich-Wilhelms-Universitäten Berlin: Breslau und Bonn, in: Festschrift Hermann Aubin zum 80. Geburtstag, hrsg. v. OTTO BRUNNER/HERMANN KELLENBENZ/ERICH MASCHKE/WOLFGANG ZORN, Bd. II, Wiesbaden 1965, S. 692; ALBRECHT TIMM, Von der Kameralistik zur Nationalökonomie. Eine wissenschaftsgeschichtliche Betrachtung in den Spuren von Gustav Aubin: in: Festschrift Hermann Aubin zum 80. Geburtstag, hrsg. v. OTTO BRUNNER/HERMANN KELLENBENZ/ERICH MASCHKE/WOLFGANG ZORN, Bd. I, Wiesbaden 1965, S. 367 f., 373; HARTWIG BRANDT, Landständische Repräsentation im deutschen Vormärz. Politisches Denken im Einflußfeld des monarchischen Prinzips (Politica, Bd. 31), Neuwied – Berlin 1968, S. 76, 107, 115 ff., 166; PIERANGELO SCHIERA, Dall'Arte di Governo alle Scienze dello Stato. Il Cameralismo e l'Assolutismo Tedesco (Archivio della Fondazione Italiana per la Storia Amministrativa. Prima Collana, Bd. 8), Milano 1968, S. 173; HANS BOLDT, Zwischen Patrimonialismus und Parlamentarismus. Zur Entwicklung vorparlamentarischer Theorien in der deutschen Staatslehre des Vormärz, in: Gesellschaft, Parlament und Regierung. Zur Geschichte des Parlamentarismus in Deutschland, hrsg. v. GERHARD A. RITTER, Düsseldorf 1974, S. 84; DERSELBE, Deutsche Staatslehre im Vormärz (Beiträge zur Geschichte des Parlamentarismus und der poltischen Parteien, Bd. 56), Düsseldorf 1975, S. 59, 62 f., 179 f., 279; JÜRGEN SCHLUMBOHM, Freiheit. Die Anfänge der bürgerlichen Emanzipationsbewegung in Deutschland im Spiegel ihres Leitwortes (ca. 1760- ca. 1800) (Geschichte und Gesellschaft. Bochumer Historische Studien, Bd. 12), Düsseldorf 1975, S. 113, 135; CLAUDIA LANGER, Reform nach Prinzipien. Untersuchungen zur politischen Theorie Immanuel Kants (Sprache und Geschichte, Bd. 11), Stuttgart 1986, S. 123; BARBARA STOLLBERG-RILINGER, Der Staat als Maschine. Zur politischen Metaphorik des absoluten Fürstenstaats (Historische Forschungen, Bd. 30), Berlin 1986, S. 81; JOHANNES KUNISCH, La guerre – c'est moi! Zum Problem der Staatenkonflikte im Zeitalter des Absolutismus, in: DERSELBE, Fürst – Gesellschaft – Krieg. Studien zur bellizistischen Disposition des absoluten Fürstenstaates, Köln – Weimar – Wien 1992, S. 24; KARL HÄRTER, Reichstag und Revolution 1789–1806. Die Auseinandersetzung des Immerwährenden Reichstags zu Regensburg mit den Auswirkungen der Französischen Revolution auf das Alte Reich (Schriftenreihe der Historischen Kommission bei der Bayerischen Akademie der Wissenschaften, Bd. 46), Göttingen 1992, S. 44; JÖRG ECHTERNKAMP, Der Aufstieg des deutschen Nationalismus (1770–1840), Frankfurt a. M. – New York 1998, S. 115.

[6] Siehe dafür etwa GÖTZ VON SELLE, Geschichte der Albertus-Universität zu Königsberg in Preußen, 2. verm. Aufl., Würzburg 1956, S. 189 f., 199 f., 203, 214 f.; HERMANN WITTE/HANS HAUPT, Karl Witte – Ein Leben für Dante. Vom Wunderkind zum Rechtsgelehrten und größten deutschen Dante-Forscher, Hamburg 1971, S. 63, 65 ff.; GERHARD SCHORMANN, Academia Ernestina. Die schaumburgische Universität zu Rinteln an der Weser (1610/21–1810) (Academia Marburgensis, hrsg. von der Philipps-Universität Marburg, Bd. 4), Marburg 1982, S. 282; HERBERT SCURLA, Wilhelm v. Humboldt. Reformator – Wissenschaftler – Philosoph, München 1984, S. 323 ff., 332, 352, 354, 489, 543 ff.; RUDOLF VIERHAUS, Wilhelm von Humboldt, in: Berlinische Lebensbilder, Bd. III, Wissenschaftspolitik in Berlin. Minister, Beamte, Ratgeber, hrsg. v. WOLFGANG TREUE/KARLFRIED GRÜNDER (Einzelveröffentlichungen der Historischen Kommission zu

wieder seine – freilich nur marginale – Rolle Erwähnung, die er während der französischen Besetzung Berlins als Propagandist der Reformideen des Freiherrn vom Stein (sowie am Rande von dessen Sturz durch Napoleon) gespielt hat.[7] Der von Schmalz ausgelöste „Tugendbundstreit" schließlich und die symbolische Verbrennung einiger seiner Schriften auf dem „Wartburgfest" von 1817 haben ihm einen weiteren, wenn auch nicht eben rühmlichen, Platz am Rande mancher historischer Darstellungen gesichert – ganz abgesehen von seiner späteren zunehmend streng konservativen und antikonstitutionellen Grundhaltung, die ihn 1823 zu einem entschiedenen Gegner aller Verfassungsbestrebungen in Preußen werden ließen.[8] Auch

Berlin: Bd. 60), Berlin 1987, S. 73; FRIEDRICH EBEL, Rechts- und Verfassungsgeschichte in Berlin im 19. und 20. Jahrhundert, in: Geschichtswissenschaft in Berlin im 19., und 20. Jahrhundert – Persönlichkeiten und Institutionen, hrsg. v. REIMER HANSEN/WOLFGANG RIBBE (Veröffentlichungen der Historischen Kommission zu Berlin, Bd. 82), Berlin – New York 1992, S. 452; THOMAS STAMM-KUHLMANN, König in Preußens großer Zeit. Friedrich Wilhelm III. der Melancholiker auf dem Thron, Berlin 1992, S. 449; HANS-CHRISTOF KRAUS, Ernst Ludwig von Gerlach. Politisches Denken und Handeln eines preußischen Altkonservativen (Schriftenreihe der Historischen Kommission bei der Bayerischen Akademie der Wissenschaften, Bd. 53), Göttingen 1994, Bd. I, S. 45, 53, 84; LAETITIA BOEHM, Die körperschaftliche Verfassung der Universität in ihrer Geschichte, in: dieselbe, Geschichtsdenken – Bildungsgeschichte – Wissenschaftsorganisation. Ausgewählte Aufsätze von L. B. anläßlich ihres 65. Geburtstages, hrsg. v. GERT MELVILLE/RAINER A. MÜLLER/WINFRIED MÜLLER (Historische Forschungen, Bd. 56), Berlin 1996, S. 733; DIESELBE, Universitätsreform als historische Dimension, in: ebenda, S. 743, 770.

[7] Vgl. u. a. WALTER M. SIMON, The Failure of the Prussian Reform Movement, 1807–1819, Ithaca, New York 1955, S. 117ff., 134f., 140; WOLFGANG TREUE, Die preußische Agrarreform zwischen Romantik und Rationalismus, in: Rheinische Vierteljahrsblätter 20 (1955), S. 339; R.C. RAACK, The Fall of Stein (Harvard Historical Monographs, Bd. 58), Cambridge, Mass. 1965, S. 132ff.; GERHARD RITTER, Stein. Eine politische Biographie, 4. Aufl., Stuttgart 1981, S. 357; MARION W. GRAY, Prussia in Transition, Society and Politics under the Stein Reform Ministry of 1808 (Transactions of the American Philosophical Society, 76/1), Philadelphia 1986, S. 38f., 52, 149; JÜRGEN VON GERLACH, Leopold von Gerlach 1757–1813. Leben und Gestalt des ersten Oberbürgermeisters von Berlin und vormaligen kurmärkischen Kammerpräsidenten, Berlin 1987, S. 85, 90, 96; BRENDAN SIMMS, The impact of Napoleon. Prussian high politics, foreign policy and the crisis of the executive, 1797–1806, Cambridge 1997, S. 315; KLAUS HORNUNG, Scharnhorst. Soldat – Reformer – Staatsmann. Die Biographie, Esslingen – München 1997, S. 30, 44, 46, 246; neuestens LUDGER HERRMANN, Die Herausforderung Preußens. Reformpublizistik und politische Öffentlichkeit in Napoleonischer Zeit (1789–1815) (Europäische Hochschulschriften, R. III, Bd. 781), Frankfurt a.M. – Berlin – Bern – New York – Paris – Wien 1998, S. 64, 361, 363f., 407, 409, 417f.

[8] Vgl. dazu etwa (nur aus der neueren Forschung) KARL HEINZ SCHÄFER, Ernst Moritz Arndt als politischer Publizist. Studien zu Publizistik, Pressepolitik und kollektivem Bewußtsein im frühen 19. Jahrhundert (Veröffentlichungen des Stadtarchivs Bonn, Bd. 13), Bonn 1974, S. 213f., 217, 221; KARL GEORG FABER, Deutsche Geschichte im

diverse Historiker der Nationalökonomie,[9] manche mit rechtsphilosophischen und ideengeschichtlichen Themen befaßte Philosophen und Politologen,[10] schließlich auch einige Germanisten, sodann ein promi-

19. Jahrhundert – Restauration und Revolution. Von 1815 bis 1851 (Handbuch der Deutschen Geschichte, Bd. 3/I, 2. Teil), Wiesbaden 1979, S. 117; BARTHOLD C. WITTE, Der preußische Tacitus. Aufstieg, Ruhm und Ende des Historikers Barthold Georg Niebuhr 1776–1831, Düsseldorf 1979, S. 104f., 107, 173; JOHANNES ROGALLA VON BIEBERSTEIN: Geheime Gesellschaften als Vorläufer politischer Parteien, in: Geheime Gesellschaften, hrsg. v. PETER CHRISTIAN LUDZ (Wolfenbütteler Studien zur Aufklärung, Bd. V/1), Heidelberg 1979, S. 443f.; THOMAS NIPPERDEY, Deutsche Geschichte 1800–1866. Bürgerwelt und starker Staat, München 1983, S. 280; HERBERT OBENAUS, Anfänge des Parlamentarismus in Preußen bis 1848, Düsseldorf 1984, S. 79, 83, 93, 207; WOLFGANG HARDTWIG, Vormärz. Der monarchische Staat und das Bürgertum, München 1985, S. 41; JAMES J. SHEEHAN, Der Ausklang des alten Reiches. Deutschland seit dem Ende des Siebenjährigen Krieges bis zur gescheiterten Revolution 1763 bis 1850 (Propyläen Geschichte Deutschlands, Bd. 6), Berlin 1994, S. 387; CHRISTOPHER CLARK, The Wars of Liberation in Prussian Memory, Reflections on the Memorialization of War in Early Nineteenth-Century Germany, in: The Journal of Modern History 68 (1996), S. 551.

9 Siehe z. B. ANTON TAUTSCHER, Staatswirtschaftslehre des Kameralismus, Bern 1947, S. 81; DERSELBE, Geschichte der Volkswirtschaftslehre (Grundrisse der Sozialwissenschaften, Bd. 1), Wien 1950, S. 25; KURT BRAUNREUTHER, Über die Bedeutung der physiokratischen Bewegung in Deutschland in der zweiten Hälfte des 18. Jahrhunderts. Ein geschichtlich-politökonomischer Beitrag zur „Sturm-und-Drang"-Zeit, in: Wissenschaftliche Zeitschrift der Humboldt-Universität zu Berlin. Gesellschafts- und sprachwissenschaftliche Reihe 5 (1955/56), Nr. 1, S. 60f.; DERSELBE, Zur Geschichte des Staatswissenschaftlichen Faches an der Humboldt-Universität zu Berlin im ersten Halbjahrhundert ihres Bestehens, in: DERSELBE, Studien zur Geschichte der politischen Ökonomie und der Soziologie, hrsg. v. HERMANN LEHMANN, Berlin (-Ost) 1978, S. 129f.; FRITZ BLAICH, Der Beitrag der deutschen Physiokraten für die Entwicklung der Wirtschaftswissenschaft von der Kameralistik zur Nationalökonomie, in: Studien zur Entwicklung der ökonomischen Theorie III, hrsg. v. HARALD SCHERF (Schriften des Vereins für Socialpolitik. Gesellschaft für Wirtschafts- und Sozialwissenschaften, N. F. Bd. 115/III), Berlin 1983, S. 12; KEITH TRIBE, Governing Economy. The Reformation of German Economic Discourse 1750–1840, Cambridge 1988, S. 160.

10 Siehe RICHARD SCHOTTKY, Untersuchungen zur Geschichte der staatsphilosophischen Vertragstheorie im 17. und 18. Jahrhundert (Hobbes – Locke – Rousseau – Fichte), phil. Diss. München 1962, S. 337, 341; BERNARD WILLMS, Die totale Freiheit. Fichtes politische Philosophie (Staat und Politik, Bd. 10), Köln – Opladen 1967, S. 6, 78ff., 103; PAUL-LUDWIG WEINACHT, Staat. Studien zur Bedeutungsgeschichte des Wortes von den Anfängen bis zum 19. Jahrhundert (Beiträge zur Politischen Wissenschaft, Bd. 2), Berlin 1968, S. 256; MANFRED RIEDEL, Die Aporie von Herrschaft und Vereinbarung in Kants Idee des Sozialvertrags, in: Kant. Zur Deutung seiner Theorie von Erkennen und Handeln, hrsg. v. GEROLD PRAUSS (Neue wissenschaftliche Bibliothek, Bd. 63), Köln 1973, S. 349; REINHARD BRANDT, Eigentumstheorien von Grotius bis Kant (Problemata, Bd. 31), Stuttgart – Bad Cannstatt 1974, S. 175, 255; ERHARD DITTRICH, Die deutschen und österreichischen Kameralisten (Erträge der Forschung, Bd. 23), Darmstadt 1974, S. 119ff.; GERTRUDE LÜBBE-WOLFF, Begründungsmethoden in Kants Rechtslehre, untersucht am Beispiel des Vertragsrechts, in: Rechtsphilosophie der Aufklärung. Symposium Wolfenbüttel 1981, hrsg. v. REINHARD BRANDT, Berlin – New York 1982, S. 294; WOLFGANG KERSTING, Wohlgeordnete Freiheit. Immanuel Kants Rechts- und Staatsphilosophie, Frankfurt a. M. 1993, S. 152, 156, 160, 288, 307, 389.

nenter, seinerzeit universitätsgeschichtlich arbeitender Soziologe sowie ein fast noch prominenterer Dichter, der sich einmal als Literaturhistoriker und Biograph versuchte, haben Schmalz – oftmals nur en passant – erwähnt.[11]

Dieser auf den ersten Blick überraschende Befund könnte ein erster Grund dafür sein, sich etwas eingehender mit Schmalz zu befassen: Er sollte einmal nicht nur *ausschließlich* entweder als kantianischer Naturrechtler oder als Kameralist und „letzter Physiokrat", nicht nur als Universitätspolitiker oder als umstrittener Publizist, – also nicht nur in Teilen oder kleinen Ausschnitten seines Lebens und Wirkens in den Blick kommen, sondern in seiner umfassenden Wirksamkeit im Zusammenhang behandelt und dargestellt werden. Die im ganzen gesehen doch relativ häufigen Erwähnungen in der neueren wissenschaftlichen Literatur der verschiedensten Fachgebiete, auch die hier anzutreffenden Fehler,[12] weisen darauf hin, daß hier ein – wenn auch sicherlich nur begrenztes – Forschungsdesiderat besteht, dem nachgegangen werden sollte. Einen gewissen Reiz besitzt das Thema zudem durch seine – in gleicher Weise Jurisprudenz, Geschichte und Philosophie umfassende – Interdisziplinarität.

Es sind bei näherem Hinsehen eine ganze Reihe von Aspekten, unter denen die Persönlichkeit und das Werk von Theodor Schmalz behandelt werden können. Besonders wichtig ist fraglos eine genauere *Bestimmung seiner wissenschaftsgeschichtlichen Stellung*. Auch wenn

[11] Helmut Schelsky, Einsamkeit und Freiheit. Idee und Gestalt der deutschen Universität und ihrer Reformen, Reinbek bei Hamburg 1963, S. 25 f., 50 f., 63; Jürgen Knaack, Achim von Arnim – Nicht nur Poet. Die politischen Anschauungen Arnims in ihrer Entwicklung. Mit ungedruckten Texten und einem Verzeichnis sämtlicher Briefe, Darmstadt 1976, S. 48; Arno Schmidt, Fouqué und einige seiner Zeitgenossen. Biographischer Versuch, Zürich 1987, S. 402; Theodore Ziolkowski, Das Amt der Poeten. Die deutsche Romantik und ihre Institutionen, München 1994, S. 364, 388.

[12] Das beginnt bereits bei der Schreibung des Namens, wenn etwa von „Schmaltz" (Franz Schnabel, Deutsche Geschichte im neunzehnten Jahrhundert, Bd. II, Freiburg i. Br. 1933, S. 246 f., 274 f.; R. Brandt, Eigentumstheorien, S. 175, 255) oder „Schmals" (A. Borsdorff, Wilhelm Eduard Albrecht, S. 335) die Rede ist, wenn er posthum geadelt wird (so bei D. Klippel, Politische Freiheit, S. 21 f. u. a.; M. Stolleis, Geschichte des öffentlichen Rechts I, S. 229 u. a., II, S. 54 u. a.; der falsche Adelstitel geht offenbar auf den Scientia Verlag in Aalen zurück, der 1969 Schmalz' frühe naturrechtliche Schriften als Nachdruck herausbrachte und auf der neuen Titelseite tatsächlich „Theodor von Schmalz" als Autorennamen nannte), wenn er schließlich zum „preußischen Ministerialbeamten" ernannt (so F. Schnabel, Deutsche Geschichte II, S. 246; auch K. G. Faber, Deutsche Geschichte, S. 117) oder zum „Regierungsrat" (A. Schmidt, Fouqué, S. 402), zum „Staatsrat" (W. Hardtwig, Vormärz, S. 41), gar zum bloßen „Publizisten" (H. Obenaus, Anfänge des Parlamentarismus, S. 93) gemacht wird.

er keinesfalls zu jenen von Erik Wolf seinerzeit so glänzend vergegenwärtigten „großen Rechtsdenkern der deutschen Geistesgeschichte“ gehört,[13] dürfte es doch von nicht geringem Interesse sein, einmal die Kontinuitäten und Veränderungen vor allem in den staatsrechtlichen Schriften dieses Autors genauer zu rekonstruieren, nach seiner Position zwischen kantisch geprägtem Naturrecht und Historischer Rechtsschule zu fragen, seinem Standort zwischen philosophischem und empirischem Rechtsverständnis, endlich auch seiner politischen Grundhaltung zwischen frühliberalen und konservativen Positionen nachzugehen. Schließlich sind auch die anderen, bisher fast völlig unbeachtet gebliebenen Zweige seines überaus umfangreichen wissenschaftlichen Werkes, das fast alle Gebiete der Jurisprudenz umfaßt und mehr als vierzig selbständige Publikationen aufweist, einmal näher in den Blick zu nehmen, denn diese Schriften – vor allem die Arbeiten und Lehrbücher zur Staatswirtschaft und Kameralwissenschaft – wurden im frühen 19. Jahrhundert nicht nur innerhalb des deutschen Sprach- und Kulturraums stark beachtet, sondern auch in mehrere Fremdsprachen übersetzt – und zwar ins Französische, Russische, Italienische und Dänische.[14]

Sodann ist und bleibt der Wissenschafts- und Universitätspolitiker Schmalz von Interesse. Wenn auch seine Arbeit als Direktor zweier Universitäten (Königsberg und Halle) aufgrund einer hier leider sehr prekären Quellenlage nurmehr ganz kursorisch behandelt werden kann, sind doch seine Aktivitäten im Vorfeld der Berliner Gründung von 1810 sehr viel eingehender und genauer zu rekonstruieren. Seine beiden 1807 und 1808 verfaßten Denkschriften (von denen die zweite, sehr aufschlußreiche bisher ungedruckt war) zeigen ihn als einen der versiertesten Kenner nicht nur der preußischen, sondern auch der deutschen Universitätslandschaft dieser Epoche, darüber hinaus als einen erfahrenen Praktiker, der in seinen Entwürfen durchaus nicht im Hergebrachten steckenblieb, sondern auch neue, geradezu kühne Gedanken und Konzeptionen zu entwickeln verstand. Auch seine späteren Aktivitäten als erster und ältester Lehrstuhlinhaber an der juristischen Fakultät der jungen Friedrich-Wilhelms-Universität sind wissenschaftsgeschichtlich interessant und noch kaum aufgearbeitet.

[13] Erik Wolf, Große Rechtsdenker der deutschen Geistesgeschichte, 4. Aufl., Tübingen 1963.

[14] Siehe dazu die Angaben unten im Quellenverzeichnis.

Des weiteren hat man es bei Schmalz – und auch das macht ihn zu einem lohnenden Objekt wissenschaftlicher Behandlung – mit einer Frühform des im späteren 19. Jahrhundert so einflußreichen und bedeutenden Typus eines „politischen Professors" zu tun, der sich nicht scheute, immer wieder zu aktuellen politischen Themen und Problemen Stellung zu beziehen und der, wie man vermuten darf, wahrscheinlich gerne einen etwas größeren Einfluß auf den Gang der Politik seiner Zeit genommen hätte. Seine im engeren Sinne politischen Schriften, etwa verschiedene Aufsätze aus den 1790er Jahren, der Kommentar zum Edikt über die Bauernbefreiung, die Schriften zum Tugendbundstreit, schließlich die Broschüre zur preußischen Verfassungsfrage aus dem Jahre 1823, sodann auch einzelne, bisher fast unbekannt gebliebene Aktivitäten, weisen ihn als einen eminent politischen Gelehrten aus, der allerdings das Pech hatte, sich seine Chancen für eine verstärkte politische Wirksamkeit durch eigenes ungeschicktes Verhalten, auch durch Fehleinschätzung gegebener Situationen und vorhandener Möglichkeiten immer wieder zu verderben.

Ebenfalls verdient das Thema „Schmalz als Zeitgenosse" eine keineswegs nur geringe Aufmerksamkeit. Eine ganze Reihe der berühmtesten Gestalten dieser Epoche kannte Schmalz persönlich – und dies waren nicht nur die Universitätskollegen und Fakultätsgenossen wie etwa Kant, Fichte, Hegel, Schleiermacher, Wolf, Steffens und Savigny, sondern auch Goethe und Schiller, deren Bekanntschaft Schmalz in den Jahren 1803/04 machen konnte. Dem Eroberer Napoleon, König Friedrich Wilhelm III., vermutlich auch Stein und Hardenberg, ist Schmalz ebenfalls persönlich begegnet. Gleichwohl aber macht ihn gerade die Zeitgenossenschaft einer beispiellosen geistigen Blütezeit auch zu einer tragischen Figur. Denn er, der als Gelehrter in seiner Epoche über ein gewisses Mittelmaß niemals herauszureichen vermochte, hätte sich in anderen Zeiten vermutlich eine angesehenere, bedeutendere Stellung innerhalb der eigenen Wissenschaft und wohl auch im allgemeinen geistigen Leben erwerben können. Als Zeitgenosse einer ungewöhnlichen Anzahl geistiger Riesen mußte eine Figur des Mittelmaßes wie Schmalz unweigerlich an Bedeutung und Beachtung verlieren. Wäre er nicht 1760, sondern etwa um 1710 oder 1810 geboren worden, hätte seine Karriere als Gelehrter und Autor vermutlich einen etwas anderen, wohl erfolgreicheren Verlauf nehmen können.

Auch aus sozialhistorischer Perspektive darf die Lebensgeschichte von Schmalz ein gewisses Interesse beanspruchen. Er verkörpert in fast idealtypischer Weise das Muster des bürgerlichen Sozialaufsteigers seiner Epoche, der sich durch zähesten Fleiß und unleugbare Geschicklichkeit aus kleinsten, geradezu dürftigsten Verhältnissen zum Universitätsprofessor, zum zeitweilig überaus angesehenen Ordinarius mit Geheimratstitel, zum Universitätsdirektor, schließlich zum Gründungsrektor einer Hauptstadtuniversität emporarbeitete. Seine – zuweilen mit unangenehmer Deutlichkeit aus den Quellen hervorgehende – demonstrative Unterwürfigkeit gegenüber Höhergestellten, sein oft aufgesetzt wirkendes Selbstbewußtsein, seine Neigung zur Prahlerei und zu einer nicht selten befremdlichen Fehleinschätzung eigener Fähigkeiten und beruflich-politischer Möglichkeiten dürfte vor allem hierin ihre wichtigste Ursache haben.

Schließlich ist und bleibt Theodor Schmalz wichtig als eine in mehr als einer Hinsicht typische Figur der Übergangsepoche von „Alteuropa" zur „modernen Welt", jener „Sattelzeit" um 1800 also, in der sich begrifflich, gedanklich, politisch und ökonomisch der Umbruch von den traditionalen Lebens- und Denkwelten des „Ancien règime" zu einer neuen geschichtlichen Ära vollzog, die bis in die Gegenwart andauert. Schmalz publizierte seine Schriften zwischen 1783 und seinem Todesjahr 1831; er begann seine Laufbahn als Autor also sechs Jahre vor der Französischen Revolution und beendete sie unter dem unmittelbaren Eindruck der Julirevolution. Sein lebensgeschichtlicher, geistiger und politischer Erfahrungshintergrund umfaßt also vollständig den Beginn und den Abschluß einer der wichtigsten Epochen der neueren Geschichte. Der Versuch, den säkularen Wandlungen und Veränderungen dieser Epoche einmal anhand der Biographie und des wissenschaftlich-publizistischen Werkes gerade eines heute kaum noch bekannten und eher durchschnittlichen, dafür aber zeittypischen Autors und Gelehrten nachzugehen, besitzt keinen geringen Reiz.

Dazu verleitet auch die – in der Tat desolate – Forschungslage, die gleichwohl knapp skizziert werden soll. Während Schmalz für Robert von Mohl noch 1856 nicht mehr als „ein im eignen Vaterlande mehr genannter als geachteter Mann"[15] war, gelangte Carl von Kaltenborn, vermutlich der erste Jurist, der sich nach Schmalz' Tod mit dessen Werk näher befaßte, in einem 1865 publizierten, Schmalz gewidmeten Lexikonartikel zu einer nicht unkritischen, im ganzen jedoch positiven

[15] ROBERT VON MOHL, Die Geschichte und Literatur der Staatswissenschaften. In Monographien dargestellt, Bd. II, Erlangen 1856, S. 47; vgl. auch die sehr knappen Bemerkungen ebenda, S. 248, 264.

Einschätzung,[16] nachdem der erste Historiker der Berliner Universitätsgründung, Rudolf Köpke, bereits fünf Jahre zuvor ähnlich geurteilt hatte.[17] Wilhelm Roscher, der 1874 im Rahmen seiner „Geschichte der National-Oekonomik in Deutschland" die staatswirtschaftlichen Arbeiten von Schmalz knapp würdigte, sah in ihm „einen Gelehrten, der wissenschaftlich unproductiv, aber doch gescheidt war und rührig sein wollte".[18] Und für Heinrich von Treitschke, immerhin einer der meistgelesenen Historiker seiner Zeit, war Schmalz im zuerst 1882 publizierten zweiten Band seiner berühmten „Deutschen Geschichte im neunzehnten Jahrhundert" nicht mehr als „ein beschränkter, harter Kopf, der die Ideen der Revolution haßte, ohne jedoch ihre Grundlage, die Lehre des Naturrechts wissenschaftlich überwinden zu können"[19] – eine Feststellung, die fast mehr über den Urheber als über den Gegenstand dieser Formulierungen aussagt.

Das Bild von Schmalz, das bis heute in den meisten historischen und rechtsgeschichtlichen Arbeiten zu finden ist, wurde maßgeblich ge-

[16] Vgl. Carl von Kaltenborn, Art. „Schmalz", in: Deutsches Staats-Wörterbuch. In Verbindung mit deutschen Gelehrten hrsg. v. Johann Caspar Bluntschli/Karl Brater, Bd. IX, Stuttgart – Leipzig 1865, S. 247–248, hier S. 248: „Als Schriftsteller ist er ziemlich fruchtbar gewesen. Alle seine Arbeiten zeichnen sich zunächst durch eine Formgewandtheit aus, wie sie in damaliger Zeit bei unseren Juristen höchst selten gefunden wurde. Sodann sind dieselben immer geistreich geschrieben, und wenn Sch. auch weit davon entfernt ist, den Ruf eines gediegenen Schriftstellers zu verdienen, vielmehr eine gewisse Oberflächlichkeit allen seinen Schriften vorzuwerfen ist, so hat er doch anregend gewirkt und war auch als Docent sehr geschätzt. Man darf ihn als einen immerhin anzuerkennenden Vorläufer der neueren historischen wie philosophischen Auffassung des Rechts- und Staatslebens betrachten"; vgl. bereits derselbe, Kritik des Völkerrechts nach dem jetzigen Standpunkte der Wissenschaft, Leipzig 1847, S. 173 ff.

[17] Vgl. Rudolf Köpke, Die Gründung der Königlichen Friedrich-Wilhelms-Universität zu Berlin: Berlin 1860, S. 37: „Weder als wissenschaftliche Kraft noch als Charakter war dieser Mann mit Schleiermacher oder Fichte zu vergleichen; sein späteres Verhalten hat ihm viele und starke Gegner erweckt, und die strengsten Urtheile sind über ihn gefällt worden. Aber mit dem alten Preußenthum auf das innigste verwachsen, vermochte er ohne dasselbe nicht zu leben. Die bürgerlichen Tugenden der Ergebenheit und des amtlichen Pflichteifers zeichneten ihn aus, doch nicht selten erschienen sie in übertriebener Gestalt; der gute Wille und die Neigung ihn überall zu bethätigen bis zur Leidenschaft gesteigert, führte ihn zur unruhigen Vielgeschäftigkeit und Uebereilung, die ihm vielfache Verlegenheiten bereitete, und seine Verdienste geringer erscheinen ließ, als sie wirklich waren. Um so weniger darf man darüber der achtungswerthen Seiten seines Charakters vergessen, und was er für eine große Sache gethan hat".

[18] Wilhelm Roscher, Geschichte der National-Oekonomik in Deutschland (Geschichte der Wissenschaften in Deutschland. Neuere Zeit, Bd. 14), München 1874, S. 498–500, hier S. 499.

[19] Heinrich von Treitschke, Deutsche Geschichte im neunzehnten Jahrhundert, Bd. II, Leipzig 1927, S. 114.

prägt durch die erste, in ihrer Art brillante (und mehr als ein Jahrhundert lang einzige) *Gesamt*würdigung dieses Gelehrten, die Ernst Landsberg 1890 im einunddreißigsten Band der Allgemeinen Deutschen Biographie – auf vier Seiten – publizierte.[20] Schmalz' „schriftstellerische und Lehrthätigkeit“, heißt es dort, „war eine äußerst vielseitige; es ist wol von ihm gesagt worden, er verstehe alle Wissenschaften mit Ausnahme der Medicin; auch überrascht in seinen cameralistischen Werken die Fülle des technischen und wirthschaftlichen Details ... Zahlreiche Lehr- und Handbücher des Römischen, des Natur-, des Kirchen-, des Deutschen Privat-, des Völker- und des Staatsrechts machen seine juristische Production aus; sie alle zeichnen sich durch gewandte Schreibart, Uebersichtlichkeit und Glätte der Darstellung, sowie durch Klarheit in der Durchführung der Grundideen aus. Daß dabei keine sonderliche Tiefe erreicht wird, ist bei derartiger Vielseitigkeit selbstverständlich. Dagegen besitzt S. eine große Kunst, sich getreu zu bleiben und doch mit fremden Ideen sich abzufinden“.[21] Wenngleich ihm „die dem Naturrecht entstammende ... bequeme Gewohnheit, von oben herab auf die Thatsachen zu schließen und aller Detailforschung zu entrathen“, in gewisser Weise „zur zweiten Natur ... geworden“ sei, so habe er doch „in hohem Maße das, was man gesunden Menschenverstand nennt“, besessen, und außerdem sei „seine Heranziehung der Kant'schen Philosophie ... eine geschickte“ gewesen, die, „wennschon keine tiefe Verarbeitung, so doch eine Werthschätzung des Königsberger Philosophen“ bewiesen habe, „welche damals keineswegs noch so allgemein war und schon deshalb ihr Verdienst hat“.[22] Kurz: Schmalz habe als vielseitiger wissenschaftlicher Autor, als Stilist, auch als früher Kant-Rezipient durchaus gewisse Verdienste aufzuweisen, doch einen bleibenden, wirklich grundlegenden Beitrag zur Entwicklung seiner Disziplin habe er nicht geleistet.[23]

[20] Ernst Landsberg, Art. „Schmalz, Theodor Anton Heinrich“, in: Allgemeine Deutsche Biographie, Bd. XXXI, Leipzig 1890, S. 624–627; knapper ist die Würdigung in seiner Wissenschaftsgeschichte ausgefallen, siehe derselbe, Geschichte der deutschen Rechtswissenschaft, III. Abt., 1. Halbbd., Text, München – Leipzig 1898, S. 514 f.; Noten, S. 320 f.

[21] E. Landsberg, Art. „Schmalz“, S. 626.

[22] Sämtliche Zitate ebenda, S. 627.

[23] Entsprechend lautet Landsbergs abschließendes Resümee, ebenda, S. 627: „Nimmt man hierzu die persönliche Eitelkeit, Gefälligkeit, Gewandtheit und Unbefangenheit des in allen Sätteln gerechten Mannes, seine Höfischkeit, seine Kunst, über Unannehmlichkeiten rasch hinwegzukommen, den geistreichen Ton seiner Schriften,

Die bisher einzige größere Arbeit über Schmalz legte Bruno Gerecke mit seiner 1906 publizierten, sehr knappen (76 Druckseiten umfassenden) Berner Dissertation über „Theodor Schmalz und seine Stellung in der Geschichte der Nationalökonomie" vor. Er bot, nach einem sehr knappen und fehlerhaften Lebensabriß, im wesentlichen nur eine kurze Paraphrase der staatswirtschaftlichen und kameralwissenschaftlichen Schriften dieses Autors, ergänzt um einige wenige, im ganzen unergiebige Bemerkungen zu dessen Rechtsphilosophie.[24] 1909 rekonstruierte Justus von Gruner, befaßt mit Forschungen über seinen gleichnamigen Vorfahren, der als preußischer Staatsbeamter ein Opfer der „Demagogenverfolgungen" nach 1815 geworden war, in einem kurzen Aufsatz die Geschichte der berühmt-berüchtigten Ordensverleihung an Schmalz[25] – und zwar aus ausgesprochen feindseliger Perspektive.[26]

Das Berliner Universitätsjubiläum von 1910 wiederum brachte neue wissenschaftshistorische Publikationen mit sich, in denen man Schmalz nicht übergehen konnte; abwägend – und nicht so abschätzig-negativ wie Landsberg – äußerte sich Max Lenz im ersten Band seiner großen Geschichte der Friedrich-Wilhelms-Universität über den „Aufklärer" und Naturrechtler und späten, „landesväterlichen" Absolutisten Schmalz,[27] während Ernst Heymann in seiner knappen und

den eleganten, wohlgepflegten Stil, durch welchen sich schon die ersten derselben in einer Zeit, zu welcher derartiges in Deutschland noch unerhört war, auszeichnen, so erhält man das Bild eines Mannes, welchem Bedeutung und Talent nicht abzusprechen sind, dessen Werke für ihre Zeit werthvolle Zusammenstellungen boten, dessen Geist vielseitig, dessen Blick scharf gewesen ist; und welcher doch die Wissenschaft nirgendwo eigentlich gefördert hat, dessen Bücher dennoch kein längeres Leben beanspruchen können; den Typus eines Gelehrten, welcher, bei uns selten, fast an französische Eigenart erinnert, wennschon S. selbst, welcher von Entrüstung gegen alles Welsche überfließt, mit diesem Vergleiche sich wenig zufrieden erklären würde".

24 Bruno Gerecke, Theodor Schmalz und seine Stellung in der Geschichte der Nationalökonomie. Ein Beitrag zur Geschichte der Physiokratie in Deutschland, phil. Diss. Bern 1906.

25 Siehe dazu unten, § 8d).

26 Justus von Gruner, Die Ordensverleihung an den Geheimen Rat Professor Schmalz 1815, in: Forschungen zur Brandenburgischen und Preußischen Geschichte 22 (1909), S. 169–182

27 Vgl. Max Lenz, Geschichte der königlichen Friedrich-Wilhelms-Universität zu Berlin: Bde. I–IV, Halle a. S. 1910–1918, hier Bd, I, S. 105f.: „... im Grunde wurzelte Schmalz, obgleich er schon lange vor der deutschen Erhebung dem Geist der Aufklärung zornige Worte gewidmet hat, wenn irgend einer in ihrem Boden ... Sein wirtschaftliches Glaubensbekenntnis war die Lehre Quesnays, sein juristisches das streng durchgeführte Naturrecht – also die Anschauungen, zu denen der Absolutismus in seiner letzten Phase, der landesväterlichen aufgeklärten Monarchie, gelangt war, und in denen für uns schon der Übergang zu den unpersönlichen Formen des

im ganzen wenig ertragreichen Geschichte der Berliner Juristenfakultät Schmalz als „ein Stück des 18. Jahrhunderts" charakterisierte, das „in die junge, 1810 begründete Fakultät hineingeragt" habe, „ein Stück Naturrecht, ein Stück Absolutismus und ein Stück des bisweilen noch abenteuernden Gelehrtentums der damals versinkenden Zeit".[28] Zwar habe Schmalz „schnell alles Neue" ergriffen und sei zudem in seinen wissenschaftlichen Schriften „erstaunlich vielseitig" gewesen, doch zeigten seine Werke im allgemeinen nurmehr „leere Eleganz". Aus diesem Grunde und wegen „seiner wissenschaftlichen Minderwertigkeit" sei er zu recht schnell vergessen worden.[29]

In der Zwischenkriegszeit scheinen sich nur zwei Autoren etwas näher mit Schmalz beschäftigt zu haben: zum einen Gustav Adolf Walz, der in seiner monumentalen Studie über „Die Staatsidee des Rationalismus und der Romantik und die Staatsphilosophie Fichtes" von 1928 das frühe Naturrecht des damals in Königsberg lehrenden Juristen – im Hinblick auf die Schmalz-Rezeption des frühen Fichte – genau und ausführlich analysiert hat.[30] Sodann ist Otto Lehmanns 1935 in Halle vorgelegte rechts- und staatswissenschaftliche Dissertation zum Thema „Die Nationalökonomie an der Universität Halle im 19. Jahrhundert" zu nennen, in der sich eine ausführliche und kompetente Darstellung und Würdigung von Schmalz' staatswirtschaftlichen Lehren findet.[31]

Nach dem Zweiten Weltkrieg waren es zuerst Fritz Gause und Ernst Rudolf Huber, die zwei – jeweils allerdings nur äußerst knappe – biographische Skizzen von Schmalz vorlegten,[32] während erst ein

konstitutionellen Staatslebens sichtbar wird. In Lehrbüchern und Monographien, seit 1811 auch in den periodisch erscheinenden Annalen der Politik hat Schmalz diese Anschauungen rückhaltlos wie kein zweiter und mit sehr gewandter Feder verbreitet, in der an französischen Vorbildern geschulten eleganten Schreibart, die allen Arbeiten dieser Geistesrichtung eigen ist".

[28] Ernst Heymann, Hundert Jahre Berliner Juristenfakultät. Ein Gedenkblatt, in: Die Juristische Fakultät der Universität Berlin von ihrer Gründung bis zur Gegenwart, hrsg. v. Otto Liebmann, Berlin 1910, S. 9.

[29] Alle Zitate ebenda, S. 9f.

[30] Vgl. Gustav Adolf Walz, Die Staatsidee des Rationalismus und der Romantik und die Staatsphilosophie Fichtes. Zugleich ein Versuch zur Grundlegung einer allgemeinen Sozialmorphologie, Berlin-Grunewald 1928, S. 386–391.

[31] Vgl. Otto Lehmann, Die Nationalökonomie an der Universität Halle im 19. Jahrhundert, jur. Diss. Halle-Wittenberg 1935, S. 64–83.

[32] Fritz Gause, Art. „Schmalz, Theodor Anton Heinrich", in: Altpreußische Biographie, hrsg. im Auftrage der Historischen Kommission für ost- und westpreußische Landesforschung v. Christian Krollmann/Kurt Forstreuter/Fritz Gause, Bd. II, Marburg a. d. L. 1967, S. 619; E. R. Huber, Deutsche Verfassungsgeschichte I, S. 144f.

italienischer Gelehrter, Antonio Negri, eine erneute, aber wiederum nicht sehr umfangreiche Darstellung und Würdigung der frühen Rechtsphilosophie des Königsberger Juristen unternahm,[33] dabei nicht nur die Nähe, sondern auch die Unterschiede zu Kant herausarbeitete und schließlich den „formalismo storico dei giuristi kantiani“[34] auch am Beispiel der frühen Naturrechtsentwürfe von Schmalz herausarbeitete.[35] In den vergangenen zwei Jahrzehnten waren es zuerst Hans-Ulrich Stühler, der 1978 in einer wichtigen Studie Schmalz' Stellung im Rahmen der allgemeinen Diskussion um die Erneuerung der Rechtswissenschaft zwischen 1780 und 1815 untersuchte,[36] während Michael Stolleis in einem zuerst 1981 veröffentlichten Aufsatz Schmalz' Bürgerbegriff und Staatszwecklehre im Zusammenhang der wissenschaftlich-publizistischen Diskussion des späten 18. Jahrhunderts näher beleuchtete.[37] Schließlich waren es der amerikanische Germanist Otto W. Johnston, der 1990 Schmalz' Rolle im Zusammenhang mit der Vorgeschichte und der Geschichte des „Tugendbundstreits“ mit interessanten Resultaten neu in den Blick nahm,[38] sodann Liselotte Jelowik, die mit zwei 1991 publizierten wichtigen Studien zur Geschichte der hallischen Juristenfakultät um und nach 1800 neues Licht auf die Rolle, die Schmalz' in den Jahren zwischen 1803 und 1807 dort spielte, zu werfen vermochte,[39] und

33 Antonio Negri, Alle origini del formalismo guiridico. Studio sul problema della forma in Kant e nei giuristi kantiani tra il 1789 e il 1802 (Pubblicazioni della Facoltà di Giurisprudenza dell'Università di Padova, Bd. 32), Padova 1962, S. 350–354.

34 Ebenda, S. 355; vgl. auch 358 ff.

35 Negri bezeichnet Schmalz, ebenda, S. 350 f., als „un pensatore che rappresenta in modo esemplare il passaggio dal criticismo di tipio idealistico alla nuova concezione eminentemente empirica della forma e della libertà, ripete pressoché letteralmente l'argomentazione kantiana sulla libertà. Ma, oltre la prospettiva iniziale, ben poco resta, il risultato dell'argomentazione – qui sta l'elemento di novità – è profondamente diverso“.

36 Vgl. Hans-Ulrich Stühler, Die Diskussion um die Erneuerung der Rechtswissenschaft von 1780–1815 (Schriften zur Rechtsgeschichte, Bd. 15), Berlin 1978, S. 91–96.

37 Vgl. Michael Stolleis, Untertan – Bürger – Staatsbürger. Bemerkungen zur juristischen Terminologie im späten 18. Jahrhundert, in: derselbe, Staat und Staatsräson in der frühen Neuzeit. Studien zur Geschichte des öffentlichen Rechts, Frankfurt a. M. 1990, S. 298–339, hier S. 321–324.

38 Vgl. Otto W. Johnston, Der deutsche Nationalmythos. Ursprung eines politischen Programms, Stuttgart 1990, S. 36, 73 f., 246 ff., 252 f., 255, 257; siehe bereits derselbe, Der Freiherr vom Stein und die patriotische Literatur. Zur Entstehung eines Mythos der „Nation“ in Preußen in napoleonischer Zeit, in: Internationales Archiv für Sozialgeschichte der deutschen Literatur 9 (1984), S. 44–66.

39 Lieselotte Jelowik, Defizite preußischer Berufungspolitik an der halleschen Juristenfakultät um die Wende vom 18. zum 19. Jahrhundert, in: Zeitschrift für

letztens Wolfgang Pöggeler, der erst kürzlich im Rahmen seiner Dissertation eine knappe Würdigung von Schmalz' Schrift über die „Staatsverfassung Großbritanniens" vorlegte.[40]

Der vorangehend knapp skizzierte Forschungsstand demonstriert wohl mit hinlänglicher Deutlichkeit die Notwendigkeit einer neuen und ausführlichen Bearbeitung des Themas.[41] Man hat sich mit Schmalz bisher allenfalls punktuell befaßt, hat einzelnen Bestandteilen und Aspekten seines Lebens und seines Werkes hier und da Beachtung geschenkt – mehr aber nicht.

Das mag nicht zuletzt mit der ähnlich desolaten Quellenlage zusammenhängen. Was die ungedruckten Quellen anbetrifft, so stellt das Fehlen eines handschriftlichen Nachlasses wohl das gravierendste Hindernis einer eingehenderen Erforschung von Schmalz' Leben und Werk dar. Auch die archivalischen Quellen fließen ungewöhnlich spärlich, sowohl was die amtliche Überlieferung, als auch, was die Universitätsarchive derjenigen Hochschulen, an denen Schmalz gelehrt hat, anbetrifft. Einige Zufallsfunde vermochten zwar das eine oder andere Detail des Lebens und der wissenschaftlichen Karriere dieses Juristen in ein etwas helleres Licht zu stellen, vieles muß jedoch – und wird vermutlich auch weiterhin – im Dunkeln bleiben. Auch die gedruckten Quellen, also zuerst und vor allem die Publikationen von Schmalz, sind, so scheint es, nicht mehr lückenlos vorhanden; zwar gibt es einzelne Neudrucke,[42] doch einige kleinere der frühen Publikationen des Juristen scheinen verlorengegangen zu sein.[43] Ebenso kann davon ausgegangen werden, daß es eine Reihe von – heute nicht

Neuere Rechtsgeschichte 13 (1991), S. 1–16, hier S. 9 f.; DIESELBE, Die Reichspublizistik am Ende des Alten Reiches an der halleschen Juristenfakultät, in: Wissenschaftliche Zeitschrift der Universität Halle 40 (1991), H. 6, S. 97–105, bes. S. 98, 100 ff.

[40] Vgl. WOLFGANG PÖGGELER, Die deutsche Wissenschaft vom englischen Staatsrecht. Ein Beitrag zur Rezeptions- und Wissenschaftsgeschichte 1748–1914 (Vergleichende Untersuchungen zur kontinentaleuropäischen und anglo-amerikanischen Rechtsgeschichte, Bd. 16), Berlin 1995, S. 36–38.

[41] Für einen ersten Überblick vgl. HANS-CHRISTOF KRAUS, Theodor Anton Heinrich Schmalz. Zur Biographie eines deutschen Juristen um 1800, in: Zeitschrift für Neuere Rechtsgeschichte 20 (1998), S. 15–27; DERSELBE, Theodor Anton Heinrich Schmalz (1760–1831). Der Gründungsrektor der Universität Berlin, in: Mitteilungen des Vereins für die Geschichte Berlins, 94 (1998), H. 2, S. 358–363.

[42] Zu nennen sind, THEODOR [VON] SCHMALZ, Das Recht der Natur (1795–1804), Aalen 1969; DERSELBE, Handbuch der Rechtsphilosophie (1806), Aalen 1970; DERSELBE, Das europäische Völker-Recht (1817), o. O. [Frankfurt a. M.] 1970. Weitere Neudrucke, insbesondere der späteren staatsrechtlichen Werke, sind angekündigt.

[43] Siehe dazu den entsprechenden Abschnitt des im Anhang beigegebenen Schriftenverzeichnisses von Schmalz.

mehr bekannten – anonymen Zeitschriften- und Zeitungspublikationen aus seiner Feder gegeben hat. Auch hier ist man, wie die Arbeit an der vorliegenden Studie gezeigt hat, auf Zufallsfunde angewiesen. – Andererseits war Schmalz ein überaus fruchtbarer Autor, der seine zentralen Ideen und Gedanken häufig mehrfach vorgetragen hat, und man wird kaum vermuten können, daß durch die Lücken in der Überlieferung seiner Publikationen etwas wirklich Wesentliches verlorengegangen ist.

Im Mittelpunkt der nachfolgenden Studie stehen in gleicher Gewichtung das Leben wie das Werk von Theodor Schmalz. Beabsichtigt ist also ebenso eine ausführliche Rekonstruktion der Lebensgeschichte im einzelnen, des mühsamen Aufstiegs und der wissenschaftlich-publizistischen Laufbahn, wie andererseits aber auch eine in der Sache umfassende und vollständige Aufarbeitung und Vergegenwärtigung des wissenschaftlichen Werkes dieses Juristen und Publizisten. Freilich handelt es sich hierbei um die Arbeit eines *Historikers*, nicht eines *Juristen*. Der Schwerpunkt der Studie liegt also auf den *biographisch-historischen*, auch auf den im weiteren Sinne *wissenschaftsgeschichtlichen* Dimensionen des Themas. Ein von der Jurisprudenz herkommender Rechtshistoriker hätte eine solche Arbeit vermutlich anders angegangen und durchgeführt; auch mag er als Leser der nachfolgenden Ausführungen einiges vermissen, das er für selbstverständlich hält. Andererseits wiederum dürfte er manches finden, auf das er in ausschließlich rechtsgeschichtlich orientierten Werken vermutlich nicht stoßen dürfte. So kann der Autor abschließend nur hoffen, daß seine interdisziplinär angelegte Untersuchung, die Fragestellungen der Geschichts- und der Rechtswissenschaft miteinander zu verbinden versucht, auf beiden Seiten Beachtung finden möge.

Erster Teil: Das Leben

I. Kapitel: Aufstieg

§ 2 Anfänge (1760–1789)

a) Herkunft und Familie

Die Spuren der Herkunft und der frühen Existenz von Schmalz sind fast verweht, und daher kaum anders als in der Form eines dürren Gerüsts einiger Namen und Daten zu rekonstruieren.[1] Geboren wurde Theodor Anton Heinrich Schmalz, der sich, soweit zu sehen ist, zeitlebens über seine Herkunft ausgeschwiegen hat,[2] am 17. Februar 1760 in Hannover. Der aus Mannheim stammende Vater, Friedrich Wilhelm Schmalz (1724–1763), übte den Beruf eines Kriegskanzlisten aus; er heiratete im Juni 1759 Clare Justine Louise Völkening (1738–1808) aus Barsinghausen bei Hannover, – die Tochter ebenfalls eines Kriegskanzlisten. Der Ehe entsprangen zwei Kinder: Nach Theodor wurde 1862 eine Tochter geboren, die den Namen Clara Christina Johanna erhielt; sie heiratete im April 1785 einen Jugendfreund ihres Bruders, den später als General berühmt gewordenen Gerhard David von Scharnhorst, und verstarb bereits 1803 in Berlin. Nach dem frühen Tod ihres Mannes Friedrich Wilhelm im Jahre 1763 ging Clare Justine Louise Schmalz 1769 eine zweite Ehe mit dem in Hannover ansässigen Kaufmann Johann Christian Scharlock ein.[3]

[1] Bereits 1869 mußte einer der ersten Scharnhorst-Biographen feststellen: „Genauere Nachrichten über die Familie Schmalz zu erhalten ist dem Verfasser trotz der angestrengtesten Bemühungen und Nachforschungen nicht gelungen“ (Georg Heinrich Klippel, Das Leben des Generals von Scharnhorst. Nach größtentheils bisher unbenutzten Quellen, Bd. I, Leipzig 1869, S. 146, Anm. *).

[2] Auch die selbstverfaßte kleine biographisch-bibliographische Skizze, die Schmalz für ein Anfang 1826 erschienenes Berliner Autorenverzeichnis angefertigt hat, enthält keinerlei nähere Angaben zu Herkunft und Familie; vgl. „Schmalz (Theodor Anton Heinrich)“, in: Verzeichniß im Jahre 1825 in Berlin lebender Schriftsteller und ihrer Werke. Aus den von ihnen selbst entworfenen oder revidirten Artikeln zusammengestellt und zu einem milden Zwecke herausgegeben [v. Julius Eduard Hitzig], Berlin 1826, S. 240–242.

[3] Sämtliche Angaben nach Hans Funke (Bearb.), Schloß-Kirchenbuch Hannover 1680–1812, Bde. I–II, Hannover 1992–1993, hier Bd. I, S. 182, Bd. II, S. 225. Vgl. auch das Heiratsgesuch Scharnhorsts, datiert „Anfang Januar 1785“, in: Gerhard Johann David Scharnhorst, Briefe, Bd. I, Privatbriefe, hrsg. v. Karl Linnebach, München – Leipzig 1914, S. 14f.

Über das eigentliche Familienleben – den frühen Verlust des eigenen Vaters und das (vielleicht nicht unproblematische) Aufwachsen im Hause eines Stiefvaters – ist nichts bekannt. Schmalz erhielt seine Gymnasialbildung, wie Kaltenborn berichtet, nicht nur in Hannover, sondern auch in Stade;[4] es ist also anzunehmen, daß er von seinem aus Horneburg an der Unterelbe stammenden Stiefvater[5] dorthin geschickt worden ist (oder mit der Familie dorthin verzog) und daß dieser offenbar die Ausbildung seines Stiefsohnes finanzierte.

Mehr als diese knappen Daten und Fakten sind über Schmalz' frühe Jahre, seine Herkunft, Kindheit und Schulzeit nicht zu ermitteln. Immerhin kann man davon ausgehen, daß der spätere Universitätsprofessor und schließlich in ganz Deutschland bekannte Berliner Geheimrat eine für jene Epoche ungewöhnlich erfolgreiche Karriere absolviert hat: Sein Aufstieg vom Sohn eines offenkundig unvermögenden und früh verstorbenen Kriegskanzlisten zum angesehenen und – wenigstens zeitweilig – auch wohlhabenden Gelehrten von nicht unbedeutendem Ruf stellt an sich bereits eine beachtliche Leistung dar. In einer Ära, in der Standes- und Klassenschranken noch zu den selbstverständlichen und kaum antastbaren Grundgegebenheiten des Lebens zählten, vollbrachte Schmalz eine Lebensleistung, die sich – trotz einiger unleugbarer Mißerfolge und Fehlgriffe – im ganzen sehen lassen konnte.[6]

Doch andererseits scheint Schmalz die Spuren seiner Herkunft niemals ganz losgeworden zu sein, so sehr er sich vermutlich darum bemüht hat. Sein immer wieder öffentlich zur Schau gestelltes Selbstbewußtsein, seine Neigung zum – nicht selten peinlich wirkenden – Selbstlob, schließlich seine z. T. krasse Fehleinschätzung bestimmter eigener Möglichkeiten und Chancen müssen vermutlich auch als Ausdruck der Kompensation von Minderwertigkeitsgefühlen angesehen werden, die – so scheint es jedenfalls – mit seiner Herkunft zusammenhängen. Bestimmte spätere Verhaltensweisen, etwa seine Befangenheit und sein Minderwertigkeitskomplex gegenüber dem

[4] Vgl. C. von Kaltenborn, Art. „Schmalz“, S. 247; diese Angabe haben E. Landsberg, Art. „Schmalz“, S. 624, und B. Gerecke, Theodor Schmalz, S. 8, übernommen.

[5] Vgl. die Angabe bei H. Funke, Schloß-Kirchenbuch Hannover II, S. 225.

[6] Das belegen auch die von Gerhard Köbler vorgelegten instruktiven Untersuchungen über die soziale Herkunft deutscher Universitätsjuristen des 19. Jahrhunderts, die zum größten Teil die Söhne wohlhabender Kaufleute, hoher Staatsbeamter und Geistlicher gewesen sind; vgl. Gerhard Köbler, Zur Herkunft der deutschen Rechtslehrer des 19. Jahrhunderts, in: Festschrift für Walter Mallmann zum 70. Geburtstag, hrsg. v. Otto Triffterer/Friedrich von Zezschwitz, Baden-Baden 1978, S. 117–128.

adligen und überaus vermögenden Berliner Fakultätskollegen Friedrich Carl von Savigny,[7] dürften mit Sicherheit hierauf zurückgehen.

b) Studium in Göttingen

Es lag nahe, daß der gebürtige Hannoveraner Theodor Schmalz die hannoversche Landesuniversität Göttingen als Studienort wählte; er immatrikulierte sich an der Georgia Augusta am 22. Mai 1777 als Student der Theologie und der Philologie.[8] Sein Studium dieser Fächer scheint er recht zügig absolviert zu haben, denn zwischen 1780 und 1783 führte er, wie er selbst berichtet, „einen Herrn von Döring als Hofmeister, ging mit ihm Michaelis 1783 nach Göttingen, und studirte mit diesem die Rechte".[9] Seine ersten Studienfächer hatten ihm offenbar keine besonders aussichtsreichen beruflichen Möglichkeiten eröffnet, so daß er die sich ihm bietende Chance ergriff, um ein zweites Studium zu beginnen, das er dieses Mal noch schneller, innerhalb von zwei Jahren, abschließen konnte. Man darf vermuten, daß diese Entscheidung nicht zuletzt auch auf den außerordentlichen Ruf zurückging, den die Göttinger Universität im allgemeinen und die in dieser Zeit an der Georgia Augusta lehrenden Juristen im besonderen genossen.

Gegründet 1737, hatte sich diese Alma mater innerhalb weniger Jahrzehnte zur führenden deutschen Hochschule entwickelt; Göttingen vermochte die etwas ältere Universität zu Halle bald in ihrer Funktion als die erste und wichtigste akademische Lehranstalt der deutschen Aufklärung zu beerben,[10] und in der zweiten Hälfte des

[7] Siehe dazu unten, § 9 a).

[8] Vgl. Götz von Selle (Hrsg.), Die Matrikel der Georg-August-Universität zu Göttingen 1734–1837, Text (Veröffentlichungen der Historischen Kommission für Hannover, Oldenburg, Braunschweig, Schaumburg-Lippe und Bremen, Bd. 9), Hildesheim – Leipzig 1937, S. 229 (Nr. 10873, bzw. 1777/203).

[9] T. Schmalz in seiner (oben, Anm. 2 genannten) Selbstdarstellung von 1826, S. 240.

[10] Vgl. hierzu u. a. Götz von Selle, Die Georg-August-Universität zu Göttingen 1737–1937, Göttingen 1937, S. 35 ff. u. passim; Günther Meinhardt, Die Universität Göttingen. Ihre Entwicklung und ihre Geschichte von 1734–1974, Göttingen – Frankfurt a. M. – Zürich 1977, S. 30 ff. u. passim; Notker Hammerstein, Jus und Historie. Ein Beitrag zur Geschichte des historischen Denkens an deutschen Universitäten im späten 17. und im 18. Jahrhundert, Göttingen 1972, S. 309 ff.; derselbe, Die deutschen Universitäten im Zeitalter der Aufklärung, in: Zeitschrift für historische Forschung 10 (1983), S. 309 ff.; knapper Überblick bei Martin Eggers, Georg-August-Universität Göttingen, in: Universitäten und Hochschulen in Deutschland, Österreich und der Schweiz. Eine Universitätsgeschichte in Einzeldarstellungen, hrsg. v. Laetitia Boehm/Rainer A. Müller, Düsseldorf 1983, S. 159–165.

18. Jahrhunderts avancierte sie im allgemeinen Bewußtsein der deutschen Gebildeten „zur führenden Universität des ausgehenden Reiches“.[11] Dieses Urteil traf – mehr noch als auf die anderen Wissenschaften – zuerst und vor allem auf die Jurisprudenz zu, denn die Georgia Augusta verfügte gleich von Anfang an über führende Vertreter dieser Disziplin, und Namen wie Georg Christian Gebauer, Johann Jacob Schmauß, sodann – in der zweiten Jahrhunderthälfte – vor allem Johann Stephan Pütter, Gottfried Achenwall und Georg Friedrich von Martens begründeten und festigten den in der Tat herausragenden Ruf der Göttinger Rechtswissenschaft.[12] Die großen Göttinger Juristen zeichneten sich – zusammenfassend bemerkt – vor allem dadurch aus, daß sie um eine rechte Mitte zwischen abstrakt-philosophischer und konkret-empirischer Jurisprudenz bemüht waren. So gelangten sie sowohl über die abstrakte Rechtssystematik der Schule Wolffs hinaus, wie sie andererseits davor bewahrt blieben, nach dem Vorbild Johann Jacob Mosers im ungeheuren Faktenmaterial des späten Reichsrechts zu ertrinken.

Der ohne Zweifel wichtigste Lehrer des jungen Theodor Schmalz, dem er zeitlebens Hochachtung und Verehrung entgegenbrachte, war Johann Stephan Pütter, den man wohl als den bedeutendsten deutschen Juristen in der zweiten Hälfte des 18. Jahrhunderts bezeichnen kann.[13] Die sein wissenschaftliches Werk auszeichnende „Verbindung

[11] Christoph Link, Rechtswissenschaft, in: Wissenschaften im Zeitalter der Aufklärung, hrsg. v. Rudolf Vierhaus, Göttingen 1985, S. 134; vgl. auch das Urteil von N. Hammerstein, Jus und Historie, S. 309: „Sehr zu Recht also gilt die Universität Göttingen als die erfolgreichste, typischste, modernste, gewissermaßen als *die* epochemachende Universität dieses Jahrhunderts, und das nicht nur uns heute, sondern schon den meisten Zeitgenossen“.

[12] Siehe hierzu u. a. G. von Selle, Die Georg-August-Universität, S. 54 ff. u. passim; Wilhelm Ebel, Zur Geschichte der Juristenfakultät und des Rechtsstudiums an der Georgia Augusta (Göttinger Universitätsreden, Bd. 29), Göttingen 1960, bes. S. 14 ff. u. passim; N. Hammerstein, Jus und Historie, S. 332 ff.; M. Stolleis, Geschichte des öffentlichen Rechts I, S. 309 ff.; C. Link, Rechtswissenschaft, S. 134 ff.; Heinz Mohnhaupt, Vorstufen der Wissenschaften von „Verwaltung“ und „Verwaltungsrecht an der Universität Göttingen (1750–1830), in: Jahrbuch für europäische Verwaltungsgeschichte 1 (1989), S. 73–103; wichtige Einzelbeiträge enthält der Sammelband von Fritz Loos (Hrsg.), Rechtswissenschaft in Göttingen. Göttinger Juristen aus 250 Jahren (Göttinger Universitätsschriften, R. A, Bd. 6), Göttingen 1987.

[13] Vgl. vor allem die bis heute grundlegende Studie von Wilhelm Ebel, Der Göttinger Professor Johann Stephan Pütter aus Iserlohn (Göttinger rechtswissenschaftliche Studien, Bd. 95), Göttingen 1975; sodann Ulrich Schlie, Johann Stephan Pütters Reichsbegriff (Göttinger rechtswissenschaftliche Studien, Bd. 38), Göttingen 1961; Christoph Link, Johann Stephan Pütter (1725–1807). Staatsrecht am Ende des

von Reichsgeschichte, Naturrecht und positivem Reichsverfassungsrecht"[14] war in ihrer Zeit einzigartig, und seit den 1770er Jahren galt der Göttinger Ordinarius als unangefochtene Autorität sowohl auf dem Gebiet des neueren Naturrechts wie auch im Bereich des Reichsverfassungsrechts und sogar der deutschen Verfassungsgeschichte, als deren eigentlicher Begründer Pütter zu gelten hat; der außerordentliche Umfang seines gelehrten Werkes[15] trug noch zur Erweiterung und Festigung seines Ruhmes bei. Methodisch gesehen, stellt Pütters – mit seinem Freund und Kollegen Achenwall zusammen verfaßtes – Naturrecht[16] ein wichtiges Bindeglied zwischen dem noch von Wolff bestimmten spätabsolutistischen, jüngeren deutschen Naturrecht und der von Kant geprägten Naturrechtslehre des ausgehenden 18. Jahrhunderts dar; einzelne wichtige Elemente, darunter die Wendung vom Eudämonismus zur Sicherheit als Staatszweck, finden sich bei ihm vorweggenommen. Im Reichsrecht gilt er wiederum als einer der Wegbereiter der späteren deutschen Lehre vom Bundesstaat.

Als akademischer Lehrer übte Pütter ohne Zweifel eine überragende Anziehungskraft aus: Man darf wohl mit der Feststellung eines Kenners davon ausgehen, daß er in den drei Jahrzehnten seit etwa 1765 „der große Magnet der Georgia Augusta war", und daß in dieser Zeit „ein Drittel oder gar die Hälfte der Göttinger Studenten hauptsächlich seinetwegen nach Göttingen kam".[17] Seine pädagogisch-didaktischen Fähigkeiten sollen geradezu legendär gewesen sein,

alten Reiches, in: Rechtswissenschaft in Göttingen. Göttinger Juristen aus 250 Jahren, hrsg. v. Fritz Loos (Göttinger Universitätsschriften, Ser. A, Bd. 6), Göttingen 1987, S. 75–99; Dieter Wyduckel, Ius Publicum. Grundlagen und Entwicklung des Öffentlichen Rechts und der deutschen Staatsrechtswissenschaft (Schriften zum Öffentlichen Recht, Bd. 471), Berlin 1984, S. 202 ff.; M. Stolleis, Geschichte des öffentlichen Rechts I, S. 312 ff.; aus der älteren Literatur Ferdinand Frensdorff, Die ersten Jahrzehnte des staatsrechtlichen Studiums in Göttingen. Festschrift zur 150jährigen Jubelfeier der Georg-Augusts-Universität, Göttingen 1887, S. 9 ff., 22 ff.; G. von Selle, Die Georg-August-Universität, S. 108 ff.; Ernst Rudolf Huber, Reich, Volk und Staat in der Reichsrechtswissenschaft des 17. und 18. Jahrhunderts, in: Zeitschrift für die gesamte Staatswissenschaft 102 (1942), S. 593–627, hier S. 622.

[14] M. Stolleis, Geschichte des öffentlichen Rechts II, S. 49.

[15] W. Ebel, Der Göttinger Professor Johann Stephan Pütter, S. 124–185 verzeichnet in seiner Pütter-Bibliographie insgesamt 849 Einzeltitel!

[16] Siehe jetzt die wichtige Neuausgabe, Gottfried Achenwall/Johann Stephan Pütter, Anfangsgründe des Naturrechts (Elementa Iuris Naturae), hrsg. u. übersetzt v. Jan Schröder (Bibliothek des deutschen Staatsdenkens, Bd. 5), Frankfurt a. M. – Leipzig 1995.

[17] W. Ebel, Der Göttinger Professor Johann Stephan Pütter, S. 41; vgl. auch G. Meinhardt, Die Universität Göttingen, S. 35.

und die Tatsache, daß er in der kleinen Universitätsstadt ein „offenes Haus" für seine Studenten unterhielt, dürfte sein allgemeines Ansehen noch mehr gesteigert haben.[18] Schmalz hat der Verehrung für seinen großen Lehrer in späteren Jahren mehr als einmal Ausdruck verliehen: So widmete er ihm sein zuerst 1793 erschienenes „Handbuch des römischen Privatrechts"[19] in erster und zweiter Auflage; die Widmung von 1801 lautet: „Dem Herrn Geheimen Justizrathe Pütter, seinem innigst verehrten Lehrer, als Denkmal seiner ewigen Dankbarkeit vom Verfasser gewidmet".[20] Auch in anderen Schriften hat Schmalz die Verdienste seines akademischen Lehrers immer wieder gewürdigt.[21] Pütter selbst wiederum hat im zweiten Band seiner etwas kuriosen, mit vielen hunderten Fußnoten versehenen „Selbstbiographie zur dankbaren Jubelfeier seiner 50jährigen Professorsstelle zu Göttingen" auch Schmalz in einer Aufzählung seiner Hörer in den Jahren zwischen 1783 und 1786 genannt und ihn zu den „wegen ihres Fleisses und guten Betragens mir unvergeßlichen jungen Männern" gezählt, an die er „nicht anders als mit der angenehmsten Erinnerung ... zurückdenken"[22] könne.

Gleichwohl galt bereits damals (und erst recht heute) nicht etwa Schmalz, sondern Gustav Hugo als Pütters bedeutendster Schüler;[23] zwischen beiden scheint eine – wohl auf die gleichzeitige gemeinsame Schülerschaft bei Pütter zurückgehende – Rivalität und eine mit dieser einhergehende Antipathie bestanden zu haben; einzelne Bemerkungen

[18] Vgl. die Angaben bei W. Ebel, Der Göttinger Professor Johann Stephan Pütter, S. 47 f.

[19] Vgl. Handbuch des römischen Privatrechts, [1]1793, S. III.

[20] Handbuch des römischen Privatrechts, [2]1801, S. III.

[21] Vgl. u. a. Ueber die neueste Litteratur des Natur- und Völker-Rechts, in: Annalen der Rechte des Menschen, des Bürgers und der Völker 1 (1794), S. 85: „Ich bin gewiß, daß auf die richtigen Begriffe des natürlichen Staats-Rechts, auf die Fortschritte der wahren Freyheit *Pütter* bey uns mehr gewürkt hat, als alle Lehrer des natürlichen Staats-Rechts und alle Staats-Rechts Schwätzer von Hugo Grotius an, bis auf Paine"; siehe auch, Encyclopädie des gemeinen Rechts, [2]1804, S. 266: „*Moser* trug Materialien zusammen. *Pütter* hat als Historiker, als Philosoph und Jurist, erst die Bahn zu besserer Bearbeitung gebrochen", usw.

[22] [Johann Stephan Pütter], Johann Stephan Pütters Selbstbiographie zur dankbaren Jubelfeier seiner 50jährigen Professorsstelle zu Göttingen, Bde. I–II, Göttingen 1798, hier Bd. II, S. 761 f.; namentlich genannt ist Schmalz auf S. 762, Anm. k als „Theod. Schmalz – Hannover (jetzt Prof. zu Königsberg)"; in der gleichen Fußnote werden auch Gottlieb Hufeland, Gustav Hugo und Friedrich Bouterwek erwähnt!

[23] Siehe über ihn Heinrich Weber, Gustav Hugo. Vom Naturrecht zur historischen Schule. Ein Beitrag zur Geschichte der deutschen Rechtswissenschaft (Vorarbeiten zur Geschichte der Göttinger Universität und Bibliothek, Bd. 16), Göttingen 1935.

in Schmalz' frühen Schriften,[24] sicherlich auch die später sehr unterschiedlichen wissenschaftlichen Wege (etwa in der jeweiligen Rezeption der Kantischen Philosophie), die beide gegangen sind, können als Beleg hierfür dienen.

Man darf mit Sicherheit annehmen, daß Schmalz auch von den anderen Größen der Göttinger Juristenfakultät geprägt worden ist: Die vergleichende Darstellung und Analyse des europäischen Staats- und Verfassungsrechts aus der Feder des (bereits 1772 verstorbenen) Gottfried Achenwall werden den jungen Studenten ebenso beeinflußt haben wie die Vorlesungen des damals noch jungen, später weithin berühmten Völkerrechtlers Georg Friedrich von Martens;[25] in beiden Disziplinen hat sich auch Schmalz später literarisch und als Universitätslehrer betätigt. Ausdrücklich erwähnt hat Schmalz in späteren Jahren nur noch August Ludwig von Schlözer, „von dem ich so vieles lernte"[26] – und mit dem er sich, wie hinzugefügt werden muß, ebenfalls sehr kritisch auseinandergesetzt hat. Schlözer – kein Jurist, sondern Historiker und Staatswissenschaftler – gehörte im späten 18. Jahrhundert zu den wichtigsten Vertretern einer wissenschaftlichen Lehre von der Politik in der Fortentwicklung der älteren Staats- und Kameralwissenschaften, die in Göttingen – seit Justis kurzem Gastspiel in den Jahren 1755–57 – ebenfalls eine neue Blüte erlebten.[27] Die

[24] Vgl. etwa, Handbuch des römischen Privatrechts, [1]1793, S. XII; dasselbe [2]1801, S. VIII.

[25] Vgl. u. a. F. Frensdorff, Die ersten Jahrzehnte, S. 22 ff.; G. von Selle, Die Georg-August-Universität, S. 111 ff., 193 f.; Walter Habenicht, Georg Friedrich von Martens, Professor des Natur- und Völkerrechts in Göttingen. Eine biographische und völkerrechtliche Studie (Vorarbeiten zur Geschichte der Göttinger Universität und Bibliothek, Bd. 14), Göttingen 1934; Dietrich Rauschning, Georg Friedrich von Martens (1756–1821). Lehrer des praktischen Europäischen Völkerrechts und der Diplomatie zu Göttingen, in: Rechtswissenschaft in Göttingen. Göttinger Juristen aus 250 Jahren, hrsg. v. Fritz Loos (Göttinger Universitätsschriften, Ser. A, Bd. 6), Göttingen 1987, S. 123–145; Gottfried Zieger, Die ersten hundert Jahre Völkerrecht an der Georg-August-Universität Göttingen. Vom Ius naturae et gentium zum positiven Völkerrecht, in: ebenda, S. 32–74, bes. 50 ff., 56 ff.; M. Stolleis, Geschichte des öffentlichen Rechts I, S. 316 f.

[26] Ueber die neueste Litteratur des Natur- und Völker-Rechts, in: Annalen der Rechte des Menschen, des Bürgers und der Völker 1 (1794), S. 79.

[27] Vgl. hierzu u. a. Ferdinand Frensdorff, Die Vertretung der ökonomischen Wissenschaften in Göttingen, vornehmlich im 18. Jahrhundert, in: Festschrift zur Feier des hundertfünfzigjährigen Bestehens der Königlichen Gesellschaft der Wissenschaften zu Göttingen. Beiträge zur Gelehrtengeschichte Göttingens, Berlin 1901, S. 495–565, bes. S. 510 ff. u. passim; G. von Selle, Die Georg-August-Universität, S. 131 ff. u. passim; H. Mohnhaupt, Vorstufen der Wissenschaften, S. 86 ff., 91 ff.; zum Zusammenhang wichtig auch Hans Erich Bödeker, Das staatswissenschaftliche Fächersystem im

Vermutung, daß von Schlözer wichtige Anregungen für Schmalz' spätere intensive Beschäftigung mit kameralwissenschaftlichen und staatswirtschaftlichen Themen ausgegangen sind, wird kaum zu weit greifen; zudem dürften Schlözers berühmte, von der legendären Zensurfreiheit für die Göttinger Professoren profitierende „Stats-Anzeigen", in denen auch der junge Schmalz bereits publiziert hat, eines der Vorbilder für seine eigenen, später von ihm herausgegebenen wissenschaftlichen Zeitschriften gewesen sein.

Jedenfalls konnte Schmalz seine Rechtsstudien bereits im Sommer 1785 abschließen, und er las anschließend, wie er selbst überliefert hat, „als Privat-Docent, mit Erlaubniß der Facultät, von Michaelis 1785 bis Ostern 1786",[28] bevor er danach ein halbes Jahr in Hannover „privatisierte". Immerhin war der frischgebackene Dozent der Jurisprudenz bereits drei Jahre zuvor als Buchautor hervorgetreten – mit einer Publikation, die in Norddeutschland ein nicht geringes Aufsehen erregt hatte.

c) Die „Denkwürdigkeiten des Grafen Wilhelms"

Das genannte Buch war eine kleine Biographie eines der bekanntesten deutschen Duodez-Fürsten seiner Zeit, des Grafen Wilhelm zu Schaumburg-Lippe (1724–1777). Graf Wilhelm galt bereits zu Lebzeiten als einer der angesehensten Aufklärer und Reformer unter den deutschen Fürsten: 1748 zur Regierung gelangt, führte er 1762 bis 1764 als Generalissimus die englisch-portugiesische Armee in Portugal. Nach seiner Rückkehr nach Deutschland festigte sich sein überragender Ruf als Soldat und Heeresreformer; er richtete auf der Festung Wilhelmstein im Steinhuder Meer eine bald in ganz Deutschland berühmte Kriegsschule ein und betätigte sich ebenfalls als Militärschriftsteller. Auch auf anderen Gebieten trat Wilhelm als Reformpolitiker hervor; vor allem war es sein Bestreben, den von ihm regierten Kleinstaat zum deutschen Musterbild eines aufgeklärt-fortschrittlichen Gemeinwesens zu machen.[29] Nicht zuletzt ist Graf Wil-

18. Jahrhundert, in: Wissenschaften im Zeitalter der Aufklärung, hrsg. v. Rudolf Vierhaus, Göttingen 1985, S. 143–162, bes. S. 150 ff.

[28] So die Angaben in seiner autobiographisch-bibliographischen Skizze in: Verzeichniß im Jahre 1825 in Berlin lebender Schriftsteller und ihrer Werke, S. 240. Nachforschungen des Verfassers haben ergeben, daß im Archiv der Universität Göttingen keine Unterlagen über Schmalz' Privatdozentur mehr vorhanden sind.

[29] Vgl. als Überblick über Leben und Werk die gute Skizze von Curd Ochwadt, Nachbericht, in: Wilhelm Graf zu Schaumburg-Lippe, Schriften und Briefe, hrsg. v.

helm als Förderer des deutschen Geisteslebens, der Thomas Abbt und Johann Gottfried Herder an seinen Hof nach Bückeburg zog, in die Geschichte eingegangen.

Zu den Schülern und großen Verehrern dieses Fürsten zählte auch ein junger Fähnrich namens Gerhard David von Scharnhorst; er durchlief die Ausbildung auf der Festung Wilhelmstein und verfaßte um 1782 einen kleinen Aufsatz über die „Militairanstalten" des Grafen. Man darf mit ziemlicher Sicherheit annehmen, daß Schmalz' Erstlingswerk „wohl nicht ohne Scharnhorsts Anregung"[30] entstanden ist, zumal er den genannten Aufsatz seines Freundes im Anhang des kleinen Werkes abdruckte und sich sogar im Text selbst ausdrücklich auf ihn berufen hat.[31] Die bereits im November 1781 in einer Hamburger Zeitung angekündigte[32] Schrift – immerhin das Erstlingswerk eines Zweiundzwanzigjährigen[33] – darf, trotz einiger nicht zu leugnender kleinerer Mängel in stilistischer und formaler Hinsicht, als ein im ganzen gelungenes Lebensbild bezeichnet werden.[34] Schmalz,

Curd Ochwadt, Bd. I, Philosophische und politische Schriften (Veröffentlichungen des Leibniz-Archivs, Bd. 8), Frankfurt a.M. 1977, S. 463–504; aufschlußreich ebenfalls Hans H. Klein: Wilhelm zu Schaumburg-Lippe. Klassiker der Abschreckungstheorie und Lehrer Scharnhorsts (Schriften zur Militärgeschichte, Militärwissenschaft und Konfliktforschung, Bd. 28), Osnabrück 1982.

[30] So K. Hornung, Scharnhorst, S. 30; vgl. zur Freundschaft Scharnhorsts mit Schmalz auch die Bemerkungen ebenda, S. 44f.; sowie G.H. Klippel, Das Leben des Generals von Scharnhorst I, S. 146; Max Lehmann, Scharnhorst, Bd. I, Leipzig 1886, S. 89; zur frühen Ausbildung und Prägung durch Graf Wilhelm auch S. 12ff., 29 u. passim.

[31] Vgl. Denkwürdigkeiten des Grafen Wilhelms zu Schaumburg-Lippe, Hannover 1783, S. 41, 161–186.

[32] Die Ankündigung, erschienen am 10. November 1781 in der Beilage zu Nr. 180 der „Kaiserl. privilegierten Hamburger Neuen Zeitung", ist abgedruckt in: Otto Müller, Zur Geschichte des Grafen Wilhelm zu Schaumburg-Lippe. Die im 18. Jahrhundert gemachten Versuche die Geschichte dieses Grafen zu schreiben. Zugleich ein Beitrag zur Geschichte der Zensur in Deutschland. Nach den Schriftstücken des Fürstlichen Hausarchivs zu Bückeburg, Hannover 1912, S. 9: „Denkwürdigkeiten des Grafen Wilhelms zu Schaumburg-Lippe. – Man hoft, daß der Inhalt dieses Werks gleich wichtig seyn werde für den Historiker, wegen des großen Einflusses, den der Graf von Bückeburg auf die ganze vorige Regierung in Portugall, als für den Statistiker und Kameralisten, wegen der weisen Sorge dieses großen Mannes für sein Land, als für den Officieren, und den, dem ausserordentlichen Charaktere als Philosoph oder als Mensch interessant sind. – Indeß wird es, wie der Titel anzeigt, nicht eigentliche Biographie des Grafen, als vielmehr eine Entwicklung seines Charakters als Feldherr, als Regent, als Privatmann, enthalten. Die erstere ist aller angewandten Mühe ungeachtet unmöglich gewesen, aus Ursachen, die im Werke selbst angezeigt werden".

[33] Das Vorwort ist datiert, „Hannover, den 1sten Merz 1782" (Denkwürdigkeiten des Grafen Wilhelms, S. 6).

[34] Zur näheren Analyse des Werkes siehe die entsprechenden Ausführungen unten, § 29a).

dessen Vorrede eine merkwürdige Mischung aus *captatio benevolentiae* und forciert vorgetragenem Selbstbewußtsein darstellt,[35] schilderte den Grafen als Musterbild eines idealen Herrschers: ebenso gebildet und aufgeklärt wie tatkräftig und human in seinen Reformbestrebungen, ebenso tapfer als berühmter Heerführer im fernen Ausland wie andererseits fürsorglich als väterlicher Landesherr in seinem kleinen deutschen Fürstentum. Trotzdem handelte es sich keineswegs um einen vollkommen unkritischen Panegyrikus, und es fehlte auch nicht an einigen (wenn auch sehr zurückhaltenden) tadelnden Bemerkungen.[36] Nicht ganz unbedenklich mußte es zudem erscheinen, wenn der junge Autor aus einem offenbar streng geheimen, nur in drei Exemplaren gedruckten militärtheoretischen Werk zitierte, das Graf Wilhelm in französischer Sprache unter dem Titel „Nouveau Systeme de l'art de guerre defensif" verfaßt hatte: diese Schrift, heißt es in Schmalz' Darstellung, sei „durch einen Zufall in meine Hände"[37] geraten – und er ließ es sich nicht nehmen, eine kurze Passage daraus in deutscher Übersetzung abzudrucken.[38]

In Bückeburg war man nun mit dieser ersten Lebensbeschreibung des nur wenige Jahre zuvor verstorbenen Landesfürsten keineswegs einverstanden.[39] Bereits unmittelbar nach der ersten Ankündigung des Werkes im November 1781 ließ Wilhelms Nachfolger, Graf Phil-

35 Vgl. z. B. die folgenden Bemerkungen; Denkwürdigkeiten des Grafen Wilhelms, S. 4ff.: „Meine Absicht war blos, seinen [Graf Wilhelms, H.-C.K.] Charakter zu schildern, selbst nur seinen Charakter als Feldherr und Regent von der Seite seines Herzens darzustellen; und jeden Zug dieser Schildrung mit Geschichte zu belegen. Und ich sah nicht, daß eine solche Schrift, wenigstens mit meinen Kräften, mehr als abgerißne Stücke werden konnte. – Vielleicht darf ich sagen, daß niemand vor der Hand eine vollständigere Geschichte des Grafen wird liefern können, als diese Schrift ist. Allein Besorgniß, irgend jemand zu beleidigen, oder es auch nur zu scheinen, veranlaßte mich, viele Nachrichten zurückzuhalten, die ich wirklich besaß".

36 Vgl. etwa die Ausführungen ebenda, S. 12f.: „Es wäre wenig für den Ruhm eines so großen Mannes gethan, wenn ich hier verschweigen wollte, daß seine Jugend nicht ganz seinem männlichen Charakter entsprach"; seine nicht wenigen trefflichen Eigenschaften wurden, so Schmalz, „von einer gewissen Ungebundenheit des Muthes, einer, wenn gleich ungesuchten, Nachahmung sonderbarer Größen und einer Art von Rauhigkeit der Sitten verdunkelt, die erst, wie sie verschwunden waren, den Mann sehn ließen, den man vorher in ihm nur ahnden konnte".

37 Ebenda, S. 69.

38 Ebenda, S. 70f.; vgl. auch, S. 71–73.

39 Vgl. zum folgenden O. Müller, Zur Geschichte des Grafen Wilhelm zu Schaumburg-Lippe, S. 10ff.; Stephan Kekule von Stradonitz, Eine merkwürdige literarische Fehde um die Schmalzsche Lebensbeschreibung des Grafen Wilhelm zu Schaumburg-Lippe, in: Niedersachsen. Illustrierte Halbmonatsschrift für Geschichte, Landes- und Volkskunde, Sprache, Kunst und Literatur Niedersachsens 16 (1910/11), S. 480–483.

ipp II. Ernst von Schaumburg-Lippe bei dem Hamburger Regierungsrat von Heß anfragen, was es mit dieser Zeitungsnotiz auf sich habe;[40] dem Hamburger „Addreß-Comptoir" wurde gleichzeitig eine Notiz zur Veröffentlichung zugesandt, in welcher der ungenannte Verfasser der Ankündigung „allen Ernstes gewarnet" wurde, „das Buch nicht drukken zu lassen, bevor er es der hiesigen hochgräfl. Landes Regirung zur Approbation zugesandt hat; weil er sich sonst, wegen der in Ermanglung ächter Quellen und Hilfs Mittel unvermeidlichen historischen Irrtümer, allerlei Unannemlichkeiten zuziehen wird".[41] Nachdem man in Bückeburg (offenbar über einen Hamburger Informanten) erfahren hatte, um wen es sich bei dem Urheber jener „Ankündigung" vom 10. November 1781 handelte, wandte man sich sofort an das Kurfürstliche Ministerium in Hannover mit der dringenden Bitte, gegen den Biographen in spe, der sich „in der Stadt Hannover als *Informator* bei einer Adeligen Wittwe Frau von Bremer aufhalten und Schmaltz heißen soll", einzuschreiten: Da außer einer Verletzung „der allgemeinen Befugnis daß diejenigen Schriften, welche *Biographien* Reichsständischer Personen vorstellen sollen, nicht ohne Genehmigung derer dabey nächst interessirten Häuser nicht ins Publicum zu erlassen sind", zudem das Erscheinen einer „unvollkommenen, mangelhaften und aus unächten Quellen hergenommenen Schrift" zu befürchten sei, deren Publikation auch nicht im Interesse der hannoverschen Regierung liegen könne, wurden die dortigen Behörden dringend ersucht, „den Verfasser es sey der Vorbenannte oder ein anderer, in dortigen Landen wohnhafter Verfasser so betitelten Denkwürdigkeiten etc.,

[40] Auszugsweise abgedruckt in O. Müller, Zur Geschichte des Grafen Wilhelm zu Schaumburg-Lippe, S. 11: „Eine solche Ankündigung in einem öffentlichen Blatte zu lesen hat mich um so mehr befremdet, da mir vorher so wenig der Verfasser ... bekannt, noch weniger einer deshalb anhero etwas hat wißen laßen, welches sich doch um so mehr geziemet hätte, da derselbe nicht die Geschichte eines *privati* zu schreiben sich vornimt, sondern auch dabey Handlungen bekant machen zu wollen sich äußert welche gantze Reiche und Staaten angehen, und deßhalb mit der größesten Vorsicht zu behandeln sind und daher auch erst eine *Approbation* vom gehörigen Ort erfordern"; abschließend wurde der Korrespondenzpartner ersucht, „nicht nur den Autor von diesem vorhabenden Werke ausfindig zu machen, sondern auch dem Adreß Comptoir, welches subscription darauf annehmen will, bekannt zu machen, daß Ich den Druck nicht ehender zulassen würde, bis mir das Manuscript erst zur Einsicht und *Approbation* zugesandt worden, und ich solches *revidiren* lassen, indem sonst der Verfasser leicht in unangeneme Vorfälle kommen könnte, falls unrichtigkeiten [sic] sich ergeben würden ...".

[41] Nach dem Abdruck in: Kekule von Stradonitz, Eine merkwürdige literarische Fehde, S. 481; das Dokument – unterzeichnet „Aus Hochgräfl. S. Lippischen Regierung hieselbst" – trägt das Datum des 27.11.1781.

erforschen zu lassen, und demselben sodann den Druck seines Manuscripts entweder zu untersagen oder zu Einsendung der Handschrift anhalten zu lassen".[42]

In Hannover reagierte man gelassen; erst am 5. Dezember[43] antwortete man knapp und bündig: „Da die Censur der Bücher in den hiesigen Landen ihre festgesetzte Vorschrift hat: so ermessen Dieselben leicht, daß es Uns zukommt, bei diesen *Principiis* stehen zu bleiben, nach welchen Wir, Dero Uns geäußerten Begehren beizutreten, nicht vermögend sind".[44] Es scheint allerdings, als ob die hannoversche Regierung ihrem Untertanen Schmalz geraten hat, seinerseits sich mit der Regierung in Bückeburg in Verbindung zu setzen, um eine friedliche Beilegung der Differenzen zu erreichen.[45] Auch das Hamburger Addreß-Comptoir hatte Schmalz inzwischen bereits die (noch ungedruckte) Notiz aus Bückeburg übermittelt. Am 12. Dezember schrieb der junge Autor – er unterzeichnete als „*Candidatus Philologiae*" – einen Brief an Graf Philipp Ernst, in dem er darlegte, es gehe ihm selbst nicht um eine ausführliche Lebensbeschreibung, sondern lediglich darum, „den Charakter Sr. hochseligen Durchlaucht zu schildern", daher könne die Schrift „weder durch historische Irrthümer, oder Ausbreitung nachtheiliger Nachrichten, mir die Ungnade Ew. Erlaucht zuziehn"; der „Candidatus Philologiae" wagte „es also Euer Erlaucht in tiefer Ehrfurcht unterthänigst anzuflehen, daß Hochdieselben gnädigst geruhen wollen zu befehlen, daß die Hochgräfliche Regierung die Bekanntmachung aus dem Zeitungs-Comptoir zurücknehme".[46] Zur Gewährung einer Einsichtnahme in das Manuskript, gar zu dessen Übersendung nach Bückeburg, war der junge Autor jedenfalls nicht bereit. Graf Philipp Ernst ließ am 22. Dezember antworten, daß er auf einer Einsendung des Manuskripts bestehe,

[42] Abgedruckt in O. Müller, Zur Geschichte des Grafen Wilhelm zu Schaumburg-Lippe, S. 13f. (27.11.1781).

[43] Am gleichen Tag sandte man in Bückeburg einen zweiten Brief an die befreundete Regierung, um dem Ansinnen vom 27. November noch einmal Nachdruck zu verleihen; vgl. ebenda, S. 15f.

[44] Zitiert ebenda, S. 16.

[45] So die wohl zutreffende Vermutung von O. Müller, ebenda, S. 18.

[46] Nach dem Abdruck ebenda, S. 18f. – In seiner zwei Jahre spätere vorgenommenen Veröffentlichung dieses Schreibens in Schlözers „Stats-Anzeigen" hat Schmalz allerdings mannigfache Änderungen vorgenommen, es heißt dort u. a. präzisierend, die Schrift sei „moralischen und philosophischen Inhalts", außerdem wurde die Formulierung „Ich wage es also Euer Erlaucht in tiefer Ehrfurcht unterthänigst anzuflehen" deutlich abgeschwächt; es hieß jetzt, „Ich wage es also, Ewr. untertänigst zu bitten" (PreßFreiheit, in: Stats-Anzeigen, Bd. 4, Heft 15, Göttingen 1783, S. 324).

andernfalls werde man die entsprechende „Bekanntmachung“ in die Hamburger Zeitungen einrücken lassen.[47]

Es spricht für Schmalz, daß er sich durch die Drohungen aus Bükkeburg nicht einschüchtern ließ, sondern seine Arbeit unbeirrt fortsetzte. Die kleine Schrift erschien „in Kommission der Helwingschen Hofbuchhandlung“ zu Hannover – entgegen der Angabe auf der Titelseite – nicht erst 1783, sondern bereits im Jahr zuvor;[48] die Vorrede schloß mit dem Datum des 1. März 1782. Offenbar hatte es keinerlei Probleme mit der hannoverschen Zensur gegeben. In Bückeburg dagegen schlugen die Wogen der Aufregung hoch; zwar hatte Schmalz keine Staatsgeheimnisse ausgeplaudert (solche dürften ihm auch kaum zur Kenntnis gelangt sein), doch sein Buch enthielt offenbar – zum großen Ärger des regierenden Grafen – eine Reihe von kleineren Fehlern und Unrichtigkeiten.[49] Erneut wandte sich der Bückeburger Regent am 2. Dezember 1782 an die Regierung in Hannover mit der dringenden Bitte, „dem Schreiber und Urheber dieser so viele Unrichtigkeiten und Beleidigungen enthaltenden *Piece* alle weitere Verbreitung derselben in das Publikum, und deren öffentlichen Verkauf überhaupt auch in den Buchladen gänzlich zu untersagen auch gegen den Verfasser das Erforderliche zu verfügen“. Man ließ sich indes weiterhin nicht beirren: den „Herren“ der Bückeburger Regierung wurde am 14. Dezember aus Hannover bedeutet, daß „nach der in Seiner Königl. Majestät Landen Stattfindenden Freiheit eine Untersagung des Verkaufs um so weniger hiebei Anwendung haben könne, als ohnehin Unsers Ermessens etwaige historische Unrichtigkeiten an sich keinen hinlänglichen Grund dazu geben mögen, und was mit Recht anstößig wäre, der Censur bereits nicht entgangen seyn würde“.[50]

In Bückeburg war man allerdings noch immer nicht bereit, den Dingen ihren Lauf zu lassen: man lancierte drei verschiedene „Rezen-

[47] Vgl. den Abdruck des Briefes in O. Müller, Zur Geschichte des Grafen Wilhelm zu Schaumburg-Lippe, S. 19f.

[48] Das hat O. Müller, ebenda, S. 21ff anhand ungedruckten Materials nachweisen können.

[49] O. Müller merkte 1912 an, ebenda, S. 22: „In der Fürstl. Hofbibliothek befindet sich noch ein Exemplar [von Schmalz' Buch, H.-C.K.], in dem zu Titelblatt und Vorrede Graf Philipp Ernst durch eigenhändige scharfe Randbemerkungen sein Mißfallen über den nach seiner Ansicht zur Lösung der Aufgabe nicht geeigneten, weil schlecht unterrichteten Verfasser lebhaften Ausdruck gibt“. – Zu den Fehlern der Schmalzschen Darstellung siehe die Bemerkungen ebenda, S. 23f.

[50] Abdruck beider Briefe ebenda, S. 24f.

sionen“, die das kleine Werk von Schmalz in Grund und Boden verrissen, an mehrere Zeitungen.[51] Den Entwurf für eine von ihnen hatte Graf Philipp Ernst höchstpersönlich verfaßt;[52] sie erschien, allerdings in deutlich veränderter Fassung, am 15. März 1783 in der „Staats- und Gelehrten Zeitung des Hamburgischen unpartheyischen Correspondenten“. Darin heißt es: „Unter obigem Titel hat ein gewisser Candidat und Haus-Informator, Namens Schmalz, eine höchst elende, mit den unverschämtesten Unwahrheiten angefüllte und in buntschäkkiger Schreibart aufgesetzte Biographie des verstorbenen Grafen Wilhelms von Schaumburg dem Publicum vorzulegen gewagt. Bloß Gewinnsucht muß den Verfasser verleitet haben, der ihm zuvor mehr als einmal gegebenen Warnung ungeachtet, mit einem so schlechten Product hervorzutreten. Nicht das geringste von biographischem Geist besitzt dieser Schriftsteller. Seine Schreibart ist an vielen Orten strotzend und pretiös, an andern wiederum platt und niedrig. Die Raisonnements über alle Vorstellung schlecht, und nun dazu das Gewebe von Unwahrheiten, die entweder seine Leichtgläubigkeit sich hat aufbürden, oder seine Einfalt sich träumen lassen ...“[53] – und so weiter.

Nachdem nun auch in Schlözers „Stats-Anzeigen“ ein aus Bückeburg kommender Verriß des Buches „auf Verlangen eingerückt“ worden war,[54] entschloß sich Schmalz im folgenden Jahr zu einer Antwort, die ein in ihrer Art sehr aufschlußreiches, in der Sache konsequentes und in der Form fulminantes Plädoyer für Meinungs- und Pressefreiheit darstellt. Unter dem knappen und schlagenden Titel „Preß-Freiheit“ und mit voller Namensnennung verteidigte sich der junge Göttinger Student der Rechte[55] gegen die „auf hohes Verlangen ... in verschiedenen Zeitungen“ abgedruckten „Recensionen meiner Denkwürdigkeiten des Grafen Wilhelms von SchaumburgLippe“. Er halte es angesichts des Tones dieser Artikel nicht für notwendig, darauf zu antworten: „Da aber der Lärm allenthalben ausgebreitet wird: so glaube ich, zeigen zu müssen, daß keine hohe Hand lang genug sei, einen Hannoveraner unter dem Schutz seiner Regirung ungerecht zu

[51] Vgl. zum folgenden die Darstellung ebenda, S. 30 ff.

[52] Abgedruckt ebenda, S. 33.

[53] Zitiert nach dem Abdruck ebenda, S. 34.

[54] Abdruck ebenda, S. 35 f.; zuerst in: Stats-Anzeigen, Bd. 3, H. 9, Göttingen 1783, S. 117.

[55] Vgl. auch zum folgenden, PreßFreiheit, in: Stats-Anzeigen, Bd. 4, Heft 15, Göttingen 1783, S. 319–325; der Artikel trägt das Datum, „Göttingen, im Febr. 1784“.

unterdrücken".[56] Anschließend stellte er die dem Publikum bis dahin unbekannte Vorgeschichte seines Buches nun in allen Einzelheiten aus seiner Sicht dar, und er ließ es sich auch nicht nehmen, in einem Anhang verschiedene Dokumente im Wortlaut abzudrucken, darunter seinen Briefwechsel mit dem Bückeburger Hof.[57] Nach dieser öffentlichen Bloßstellung seiner Gegner schloß er mit den triumphierenden Formulierungen, er überlasse es „also dem Publico zu urteilen, was die Ursache des Lermens sei"; – jener „Rezensent" seines Buches hätte es vermutlich „gelinder gemacht, wenn ich eine Satyre auf den Grafen Wilhelm geschrieben hätte".[58]

Der junge Hannoveraner, der so erfolgreich sein Recht auf freie Meinungsäußerung gegen das Ansinnen eines typischen Duodez-Despoten verteidigt hatte, unterließ es indes tatsächlich nicht, sich zwei Jahre später noch einmal persönlich an den Grafen Philipp Ernst zu wenden. Augenscheinlich waren dem jungen Autor nun doch einige Bedenken wegen diverser Mängel seines Erstlingswerkes gekommen, und er war offenbar entschlossen, eine zweite, vermehrte und korrigierte Auflage in Angriff zu nehmen: Nun bat er „Ew. Erlaucht unterthänigst ..., daß Hochdieselben gnädig geruhen, mich durch genauere Nachrichten in den Stand setzen zu lassen, jede Unrichtigkeit zu vermeiden, und Ew. Erlaucht hohen Gnade mich wiederum würdiger machen zu können".[59] Erstaunlicherweise ging man auf die Bitte des vormals so abschätzig be- und verurteilten Autors ein; der Graf ließ eine lange Liste der Fehler des Buches anfertigen, die er eigenhändig noch einmal durchkorrigierte und ergänzte, bevor sie an Schmalz nach Hannover übersandt wurde. Das kühl und sachlich gehaltene Begleitschreiben erinnerte mit keiner Formulierung an die drei Jahre zurückliegende heftige Kontroverse.[60] – Doch Schmalz verzichtete schließlich auf eine überarbeitete Neuausgabe seines Erstlings – vermutlich, weil neue berufliche Aufgaben auf ihn warteten.[61]

[56] PreßFreiheit, S. 319.

[57] Vgl. ebenda, S. 323–325.

[58] Ebenda, S. 323.

[59] Abdruck bei O. MÜLLER, Zur Geschichte des Grafen Wilhelm zu Schaumburg-Lippe, S. 42 (1.12.1786).

[60] Vgl. die Darstellung und den Druck der entsprechenden Dokumente ebenda, S. 42 ff.

[61] Nur die „Beschreibung der Vestung Wilhelmstein im Steinhuder Meer" (enthalten in den Denkwürdigkeiten des Grafen Wilhelms, S. 54 ff.) hat Schmalz leicht verändert noch einmal abgedruckt, im „Journal von und für Deutschland" 5 (1788), 1.-6. Stück, S. 90–92.

Immerhin hat man über das kleine Buch noch 1911 bemerkt, es sei „bis heute die beste Lebensbeschreibung des Grafen Wilhelm, die es gibt“.[62]

d) Beginn der Berufslaufbahn

In seiner kleinen autobiographisch-bibliographischen Skizze von 1826 merkt Schmalz an, daß er bis Ostern 1786 in Göttingen als Privatdozent lehrte; er fährt fort: „... privatisirte dann ein halbes Jahr zu Hannover, und wurde Neujahr 1787 zu Rinteln außerordentlicher Professor, nachdem er dort vorher promovirt hatte; 1788 wurde er ordentlicher Professor daselbst“.[63] In der Tat lassen sich diese knappen Daten nur durch wenige weitere Angaben erweitern.

Der Gegenstand seines „Privatisierens“ scheint – neben der Anfertigung der Dissertation und der Arbeit an einer rechtsphilosophischen Schrift (von der anschließend noch zu sprechen sein wird) – die Herausgabe einer kleinen Zeitschrift gewesen sein, deren „ersten Bandes erstes Stück“ mit dem Datum 1787 in Lemgo erschien; ihr Name: „Niedersächsisches Magazin“.[64] Es ist nicht sicher, welche Beiträge Schmalz für das erste Heft dieser Zeitschrift verfaßt hat – denn in dem von ihm selbst um 1825/26 angefertigten Schriftenverzeichnis findet sich nur die Angabe „Niedersächsisches Magazin. 1sten Bandes 1s. Stück. Lemgo 1787“[65] –, doch diverse Hinweise sprechen dafür, daß es die hier zu findenden fünf aufschluß- und inhaltsreichen „Briefe über Hannover“ sind.[66] In – ganz offensichtlich fingierten –

[62] S. Kekule von Stradonitz, Eine merkwürdige literarische Fehde, S. 483.

[63] Verzeichniß im Jahre 1825 in Berlin lebender Schriftsteller und ihrer Werke, S. 240.

[64] Laut Anne-Margarete Brenker, Die Meyersche Hofbuchhandlung in Lemgo in der zweiten Hälfte des 18. Jahrhunderts, Bielefeld 1996, S. 86, wurde die Zeitschrift zuerst von Schmalz, später von Gottlieb Jakob Planck herausgegeben; der Titelseite des „Niedersächsischen Magazins“ ist dies allerdings nicht zu entnehmen. Die offenbar nur noch in wenigen Exemplaren vorhandene Zeitschrift trug den Untertitel, „Magazin für die Geschichte, die Statistik und das Territorialstaatsrecht von Niedersachsen“.

[65] Verzeichniß im Jahre 1825 in Berlin lebender Schriftsteller und ihrer Werke, S. 241.

[66] Briefe über Hannover, I-V., in: Niedersächsisches Magazin – Magazin für die Geschichte, die Statistik und das Territorialstaatsrecht von Niedersachsen. Ersten Bandes erstes Stück, Lemgo 1787, S. 1–39. – Für die Autorschaft von Schmalz sprechen einige kleinere Hinweise im Text selbst: Der erste Brief ist datiert „Hannover den 12 May 1786“, außerdem ist gleich anschließend von „meiner Reise von Göttingen bis hier“ (ebenda, S. 1) die Rede; das entspricht den zeitlichen Angaben, die Schmalz über seinen Wechsel von Göttingen nach Hannover gemacht hat. Ein

„Briefen“ eines anonymen Autors an einen ebenso ungenannten (nur einmal als „G**“ bezeichneten) Empfänger wird die Stadt Hannover in allen ihren Aspekten dem Leser vorgestellt; die formale Anlehnung an die in jener Zeit überaus beliebte literarische Gattung der „Reiseberichte“, die oftmals in der Form fingierter Briefe an die Daheimgebliebenen verfaßt waren, ist offensichtlich.

Zuerst einmal wird das Äußere der Stadt beschrieben: Hannover sei, so heißt es, „freylich wohl keine der schönsten in Teutschland, und manche Straße sieht ziemlich antik aus“.[67] Doch mit der genauen Vergegenwärtigung des äußeren Stadtbildes, der Vorstädte, auch der umgebenden Landschaft, der Anzahl der Häuser, hält sich der Autor nicht lange auf; er kommt recht schnell auf dasjenige zu sprechen, was ihn offenbar am meisten interessiert, nämlich die „Gerichtsbarkeit“, die „geistliche Verfassung der Stadt“, schließlich „Policey“, Gewerbe und Stadtverfassung und -verwaltung.[68] Die Formen der Geselligkeit kommen im zweiten Brief knapp zur Sprache, insbesondere die hier sehr blühende „Freymaurerey“, die sich offenbar ebenso an britischen Vorbildern zu orientieren scheine wie die „hiesigen Klubbs“, denn dort

weiterer Hinweis könnte die Anrede „mein lieber G**“ (ebenda, S. 8) sein: denn der Freund Gerhard von Scharnhorst käme als – wirklicher oder scheinbarer – Adressat durchaus in Frage. Das Interesse des Verfassers für „Statistik“ (im traditionellen Verständnis), das sich vor allem auf die städtische Verwaltung, die „gute Policey“, schließlich auf die inneren Verwaltungs- und Verfassungszustände Hannovers bezieht, läßt ebenfalls auf den jungen Schmalz schließen, der gerade seine juristischen und staatswissenschaftlichen Studien bei Pütter und Schlözer in Göttingen abgeschlossen hatte. Der einzige Aspekt, der gegen die Vermutung einer Autorschaft von Schmalz spräche, wäre die Bemerkung im letzten Brief, „Es wird Ihnen nicht unangenehm seyn, wenn ich von der Einrichtung und den Departements ... so viel Nachrichten gebe – als ein Laye einem Juristen und Kenner des Staatsrechts anbieten darf ... Ich habe keines der gelehrten Werke über das hannöversche Staatsrecht nachgeschlagen, welches ich nicht verstehe ... „ (ebenda, S. 29). Da aber die anschließende Beschreibung der hannoverschen Staatsverfassung sehr wohl überaus genaue und detaillierte Kenntnisse des Gegenstandes verrät, wird man davon ausgehen können, daß es sich bei diesen Bemerkungen wohl eher um den Versuch einer Verwischung der Spuren des stets anonym bleibenden Autors handelt, vielleicht auch um einen literarischen Kunstgriff. Schließlich spricht auch der elegante, vorzüglich lesbare Stil für Schmalz als Verfasser. – Von den anderen Beiträgen des ersten Heftes dieser Zeitschrift könnten von Schmalz stammen, „Ueber die Churstimme des Hauses Braunschweig-Lüneburg“ (ebenda, S. 83–84), „Churhannöversche Verordnungen vom Jahre 1786“ (ebenda, S. 89–96), sowie die aufschlußreiche, auch ein späteres Arbeitsgebiet von Schmalz betreffende Abhandlung „Ueber die Aufhebung der Leibeigenschaft im Mecklenburgischen“ (ebenda, S. 99–112).

67 Briefe über Hannover. Erster Brief, in: Niedersächsisches Magazin I/1, S. 2.

68 Vgl. ebenda, S. 5 ff.

seien, wie es weiter heißt, „alle Stände gemischt, Adel und Bürger, Civil und Militair, Gelehrte und Kaufleute".[69]

Schließlich habe – so der „Dritte Brief" – „die Policey in Hannover... sehr viele musterhafte Einrichtungen".[70] Sauberkeit, Ordnung, „Anstalten gegen die Betteley"[71] werden ebenso gerühmt wie ein Waisenhaus, dessen Einrichtungen präzise beschrieben und als Musterbild einer guten sozialen Politik – einer „ordentlichen Policey"[72] also – gelobt werden.[73] Das Hauptaugenmerk des Autors gilt aber der inneren und äußeren politischen Verfassung Hannovers. Der Stellvertreter des Kurfürsten (der Fürst selbst residierte bekanntlich als König von England in London), der „Herzog von York und Bischof von Osnabrügge", zweiter Sohn König Georgs II. von England, wird bereits im zweiten Brief anschaulich geschildert, und zwar als fleißiger, pflichtbewußter Regent, für dessen „Charakter... die allgemeine Liebe des Adels und des gemeinen Mannes" spreche.[74] Die – verglichen mit anderen deutschen Fürsten – außerordentlich sparsame Hofhaltung, auch die kaum von „Hofcabale" beeinträchtigten Vorzüge der sich durch mehr Freiheit, Offenheit und Rechtssicherheit der höchsten Beamten auszeichnenden „politischen Verfassung" werden ausdrücklich gelobt und als Muster hervorgehoben.[75]

Ein weiterer Aspekt der hannoverschen Verfassung jedoch, der in jener Zeit immer wieder Kritik auf sich zog, nämlich die allgemeine Bevorzugung des Adels, wurde vom Autor in ähnlicher Weise idealisiert: In allen drei „Collegiis", den obersten Landesbehörden (Landesregierung, Geheimes Staatsconseil, königliche Kammer) „bekömmt niemand eine Rathsstelle, als Adliche aus alten Häusern. Dieß ist

[69] Zweiter Brief, ebenda, S. 12f.; weiter heißt es: „Selbst der Herzog von York und der Herzog Carl von Mecklenburg-Strelitz sind Mitglieder".

[70] Ebenda, S. 15. – Gemeint ist hier selbstverständlich der *ältere Polizeibegriff*, „Policey" also als im Sinne von „guter Verwaltung"!

[71] Ebenda, S. 17.

[72] Ebenda, S. 23.

[73] Vgl. ebenda, S. 17–22; er bemerkt am Schluß: „Dieß Haus, ohne seines gleichen, würde allein mir meine Reise hieher belohnen" (ebenda, S. 21).

[74] Ebenda, S. 8f.

[75] Vgl. ebenda, S. 10f.: „Der Ton des hiesigen Hofes ist von dem Ton anderer Höfe sehr unterschieden. Denn erstlich ist eigentlich gar kein Hof hier, keine Cour usw. Dann auch kann hier weniger Hofcabale seyn, als an andern Orten, wegen der politischen Verfassung, da niemand gestürzt wird, weil er nicht ohne Verbrechen und gerichtliche Untersuchung entsetzt werden kann... Daher man auch hier recht ruhig schläft, wenn man auch einen weniger gnädigen Blick erhalten hat. Man ist ungenirt, alles zu sagen".

eben die Eigenheit der hiesigen Verfassung, welche eine gewisse *raison d'état* immer erhält, über welche nun freylich ... Jungadliche und Bürgerliche schreyen, welche aber denn doch mir überwiegende Vortheile zu haben und eben das zu seyn scheint, was in Hannover allen Despotismus entfernet".[76] Sein Hauptargument – ein wohlverstandenes Eigeninteresse sei hier mit dem allgemeinen Interesse sehr vorteilhaft verbunden[77] – vermochte wohl bereits im Jahre 1787 nicht mehr jeden Leser zu überzeugen. Diese politische Ordnung wurde vom adelsfreundlichen Autor schließlich auch gegen den eigentlich naheliegenden Vorwurf des Nepotismus verteidigt.[78]

Für dieses eigentlich merkwürdige Plädoyer eines kleinbürgerlichen Sozialaufsteigers zugunsten des hannöverschen Adelsbeamtentums – zwei Jahre vor Ausbruch der Französischen Revolution – könnte es zwei Erklärungen geben: Der Autor, also der junge Theodor Schmalz, hat sich, da er ja „privatisirte", von Angehörigen des Adels als publizistischer Vertreter ihrer Interessen anwerben und bezahlen lassen, so die erste, – oder aber: Schmalz war ehrlich von den hier beschriebenen „Vorzügen" der hannoverschen Verfassung überzeugt. Dafür könnte immerhin seine eigene positive Erfahrung sprechen, daß die Regierung des Landes seinerzeit nichts gegen ihn als den jungen Autor der „Denkwürdigkeiten des Grafen Wilhelms" unternommen hatte, trotz der heftigen Proteste des Hofes zu Bückeburg. Zudem könnte Schmalz in seiner Beschreibung und Verteidigung der politi-

[76] Fünfter Brief, ebenda, S. 33.

[77] Vgl. ebenda, S. 33: „Denn nun kommen zu den ersten administrirenden Stellen im Lande keine andre, als Männer, welche entweder selbst, oder deren Familie im Lande große Güter besitzen, denen folglich am meisten daran gelegen ist, daß es dem Lande wohl gehe. Der Minister, welcher die Rechte der Stände des Landes unterdrückte, würde sein eigenes Recht unterdrücken, und eine übereilte Verordnung würde ihm selbst nicht weniger schaden, als den übrigen Unterthanen. Kein Ebentheurer, ferner der nicht an das Land, sondern nur an sein Interesse gebunden ist, kömmt zu Aemtern, wo er das erste dem letztern aufopfern könnte. Eben so wenig wird ein Minister seine Stelle zu Gelderpressungen misbrauchen, da er weiß, sein Sohn oder Vetter bekomme ja doch nach seinem Tode eine einträgliche Stelle wieder, und seine Familie sey also doch versorgt".

[78] Vgl. ebenda, S. 34: „‚Aber es giebt doch drückenden Nepotismus.' Das gerade gar nicht. Aristocratie ist nicht Nepotismus – und der Adel in monarchischen Staaten giebt gerade dann nicht Nepotismus, wenn er ein Vorrecht zu den höhern Stellen hat, Nepotismus ist da, wo ein *homo obscurus* sich empor hebt, und nun seine Nepoten nach sich zieht – das nur ist drückend. Ein ganz untauglicher Edelmann aber wird so leicht nicht in das Collegium angestellt. Für den hat man andre Stellen, wo er mit allem Glanz dem gemeinen Wesen nicht zur Last fällt. Denn die andern Herren müßten für ihn arbeiten, wofür sie sich wohl hüten".

schen Ordnung Hannovers von den Gedanken der hannoverschen Staatsbeamten und reformkonservativen politischen Publizisten Ernst Brandes und Friedrich von Ramdohr beeinflußt gewesen sein, die den freiheitlichen Charakter einer in diesem Sinne durch Bevorzugung des Adels gekennzeichneten Verfassung stets betont haben.[79]

Es ist nicht bekannt, warum Theodor Schmalz ausgerechnet an der kleinen, sich bereits im Stadium des Verfalls befindlichen Universität zu Rinteln – und nicht an seiner eigenen Alma mater in Göttingen – promovierte; es werden vermutlich finanzielle Gründe gewesen sein. Auch von der Dissertation selbst ist nicht viel mehr als der Titel überliefert,[80] demzufolge es sich um eine Arbeit aus dem Reichsverfassungsrecht – also ein Püttersches Thema – gehandelt haben muß. Am 25. Oktober 1787 verheiratete sich Schmalz in Celle mit der gleichaltrigen Louise Elisabeth Edelmann;[81] aus dieser Ehe gingen im Laufe der Jahre sechs Kinder hervor: ein Sohn, der später Berufsoffizier wurde, und fünf Töchter, von denen vier unverheiratet blieben.[82]

Die 1610 als Hochschule des Landes Schaumburg gegründete, seit 1648 aber zu Hessen-Kassel gehörende kleine Universität Rinteln hatte, als Schmalz dort in den Jahren 1787–89 sein kurzes Gastspiel als akademischer Lehrer gab, ihre große Zeit längst hinter sich.[83] Die Landesuniversität in Marburg sowie das Collegium Carolinum zu Kassel überragten die kleine Hochschule an der Weser bei weitem; zudem hatten die in Rinteln lehrenden Juristen niemals einen nennenswerten Ruf besessen,[84] und Theodor Schmalz zählt, obwohl er sich

[79] Vgl. dazu Klaus Epstein: Die Ursprünge des Konservativismus in Deutschland. Der Ausgangspunkt: Die Herausforderung durch die Französische Revolution 1770–1806, Frankfurt a. M. – Berlin 1973, S. 225 ff.; ähnliche Auffassungen hat Schmalz auch später noch vertreten; siehe etwa die unten, § 18, in Anm. 47 zitierte Äußerung von 1808!

[80] Dissertatio inaug. de jure alienandi territoria absque consensu statuum provincialium principibus Germaniae competente, Rinteln 1786.

[81] Nach den Angaben in H. Funke, Schloß-Kirchenbuch Hannover II, S. 225.

[82] Dies ist dem Unterstützungsgesuch zu entnehmen, das die Witwe Louise Elisabeth Schmalz kurz nach dem Tod ihres Mannes an König Friedrich Wilhelm III. am 25. Juli 1831 gerichtet hat; GStA PK, I. HA, Rep. 89, Nr. 11087 (unfol.).

[83] Grundlegend hierzu die Arbeit von Gerhard Schormann, Academia Ernestina. Die schaumburgische Universität zu Rinteln an der Weser (1610/21–1810) (Academia Marburgensis, hrsg. von der Philipps-Universität Marburg, Bd. 4), Marburg 1982; siehe auch den Artikel „Ernestina“ von Laetitia Boehm, in: Laetitia Boehm/Rainer A. Müller (Hrsg.), Universitäten und Hochschulen in Deutschland, Österreich und der Schweiz. Eine Universitätsgeschichte in Einzeldarstellungen, Düsseldorf 1983, S. 314 f.

[84] Vgl. den Überblick bei G. Schormann, Academia Ernestina, S. 229 ff.

nur kurz hier aufgehalten hat, noch zu den bekanntesten Hochschullehrern der Academia Ernestina.[85] Immerhin verfaßte er hier seine – nach der Dissertation – erste wissenschaftliche Arbeit, eine rechtsgeschichtliche Studie „über die ältesten Spuren der Lehne", die 1787 als Einladungsschrift zur Feier des Geburtstages des Landgrafen von Hessen gedruckt wurde.[86]

Seine Hauptarbeit – neben der Lehre an der Akademie – scheint allerdings einer rechtsphilosophischen Studie gegolten zu haben, die ihr Autor aber, nachdem er sich der Kantischen Philosophie zugewandt hatte, nicht mehr veröffentlichte. Im Vorwort seines „Natürlichen Familienrechts" hat er 1795 darüber berichtet: „Als ehemaliger Gegner der Kantischen Philosophie hatte ich sechs Jahre hindurch an einem System des Naturrechts auf dem Schaftsburischen Grundsatz der Sittlichkeit gebaut. Je mehr ich die critische Philosophie und ihre Grundsätze der Sittlichkeit kennen lernte, desto mehr sträubte sich meine Eigenliebe, ihr das Opfer einer mehr als sechsjährigen mühsamen Arbeit zu bringen. Ich versuchte alles, um aus jenen Principien den Begriff: Pflicht herausbringen zu können; bis ich endlich die Unmöglichkeit einsah. So schwer es mir wurde, trat ich dann über, ob das gleich die Verleugnung meines schon ausgearbeiteten Buchs, das nun so lange meine Lieblingsbeschäftigung gewesen war, von mir forderte".[87]

Da Schmalz sein erste größere – bereits unübersehbar von Kant beeinflußte – wissenschaftliche Publikation, die „Encyclopädie des gemeinen Rechts", 1790 in Königsberg veröffentlichte,[88] scheint er – wenn seine Zeitangaben stimmen – jene unpublizierte, von Shaftesbury beeinflußte Naturrechtsschrift bereits um 1783/84 in Göttingen begonnen zu haben. Daß er das unpublizierte Manuskript schließlich opferte, dürfte ganz unmittelbar mit seinem ersten Ruf zusammenhängen, der ihn zu Ostern 1789 an die hochangesehene Albertus-

[85] Vgl. ebenda, S. 282.

[86] Diese Schrift ist im Originaldruck: Etwas über die ältesten Spuren der Lehne, Rinteln 1787, nicht mehr erhalten; dennoch ist sie überliefert, weil Schmalz sie sechs Jahre später noch einmal als Zeitschriftenaufsatz publiziert hat: Etwas über die ältesten Spuren der Lehne, in: Juristisches Magazin oder gesammelte, theils gedruckte, theils ungedruckte Abhandlungen aus allen Theilen der Rechtsgelahrtheit. Herausgegeben vom Doctor und Bibliothekar Koppe, 1. Stück, Leipzig 1793, S. 89–101.

[87] Das natürliche Familienrecht, Königsberg 1795, S. 3 f.

[88] Encyclopädie des gemeinen Rechts. Zum Gebrauch academischer Vorlesungen, Königsberg 1790; vgl. dazu auch unten, §§ 3 b), 11 a).

Universität zu Königsberg in Preußen führen sollte.[89] Als Universitätskollege des größten Philosophen seiner Zeit konnte er sich dem überragenden Einfluß, der von Kant ausging, nicht mehr entziehen. Man wird im Rückblick sagen können, daß mit der Übernahme des Königsberger Ordinariats durch den jungen, erst neunundzwanzigjährigen – und der Unterschicht entstammenden – Theodor Schmalz eine steile akademische Karriere ihren Anfang nahm.

[89] So Schmalz' eigene Angabe in: Verzeichniß im Jahre 1825 in Berlin lebender Schriftsteller und ihrer Werke, S. 240; E. LANDSBERG hat in seinem ADB-Artikel, S. 624, daraus „Ostern 1788" gemacht, woraus G. SCHORMANN, Academia Ernestina, S. 282, wiederum zu der falschen Angabe gelangte, Schmalz habe sich „kaum ein Jahr in Rinteln aufgehalten".

§ 3 Königsberg (1789–1803)

a) An der Albertina

Mit seinem Übergang von der Ernestina zu Rinteln an die Albertina zu Königsberg hatte Theodor Schmalz einen im doppelten Sinne endgültigen Entschluß getroffen: Erstens verließ er seine engere Heimat, Hannover und den nordwestdeutschen Raum, für immer, – und zweitens sollte er seine Entscheidung, in die Dienste des preußischen Staates zu treten, niemals mehr revidieren, trotz mancher späterer Enttäuschung. Schmalz scheint sich, wie viele spätere Äußerungen belegen, bewußt und mit Überzeugung für Preußen entschieden zu haben, und er hat diesem Staat auch in schlechten Zeiten die Treue gehalten – so etwa, als er nach 1807 die ihm von Johannes von Müller unterbreiteten Angebote, nach Halle zurückzukehren, ablehnte oder als er in den darauffolgenden Jahren mehrere ehrenvolle (und auch in finanzieller Hinsicht keineswegs unattraktive) Rufe an die russische Universität Dorpat ausschlug.[1]

In der Tat scheint nicht nur der Staat Friedrichs des Großen, sondern auch das nachfriderizianische Preußen eine unleugbare Anziehungskraft auf „Ausländer" aus den übrigen Territorien des Alten Reiches ausgeübt zu haben, und dies traf wohl nicht zuletzt auf das in diesem Land besonders rege publizistische, künstlerische und wissenschaftliche Leben zu.[2] Nach der Hauptstadt Berlin waren es die Universitätsstädte, vor allem Halle und Königsberg, in denen sich Entwicklungen vollzogen, die das deutsche Geistesleben des späten 18. Jahrhunderts maßgeblich prägten. In der alten preußischen Krönungsstadt am Pregel[3] lebten und wirkten in dieser Zeit nicht nur der

[1] Siehe dazu unten, §§ 5, 6.

[2] Vgl. GERD HEINRICH, Geschichte Preußens. Staat und Dynastie, Frankfurt a. M. – Berlin – Wien 1981, S. 289; zur preußischen Rechts- und Rechtswissenschaftsgeschichte siehe auch den ungewöhnlich instruktiven und ertragreichen Sammelband von H. HATTENHAUER/G. LANDWEHR (Hrsg.), Das nachfriderizianische Preußen 1786–1806.

[3] Zur Stadtgeschichte in der zweiten Hälfte des 18. Jahrhunderts siehe statt vieler WALTHER FRANZ, Geschichte der Stadt Königsberg (1934), Frankfurt a. M. 1979, S. 168 ff., 193 ff.

größte deutsche Philosoph, Immanuel Kant, sondern auch Autoren und Gelehrte wie Johann Georg Hamann, Theodor Gottlieb von Hippel, Johann George Scheffner oder Christian Jacob Kraus.

Die 1544 gegründete Albertus-Universität,[4] obwohl seit etwa Mitte des Jahrhunderts mit über eintausend Studenten eines der großen Bildungsinstitute dieser Epoche, befand sich nicht in bester Verfassung. Die Bildungskrise der Zeit kurz vor 1800 hatte auch vor der Königsberger Hochschule nicht halt gemacht; allenthalben gab es Klagen wegen schlecht ausgebildeter Studenten, wenig motivierter Dozenten und veralteter Lehrinhalte. Schon bald nachdem Theodor Schmalz – „von manchen Hoffnungen begleitet"[5] – zu Ostern 1789 sein Amt als Ordinarius der juristischen Fakultät angetreten hatte, machte er sich Gedanken über eine Neuordnung des juristischen Studiums. Ein ausführliches Gutachten zu diesem Problem, das der Großkanzler Carmer in dieser Zeit an den Minister Woellner richtete, scheint auf Schmalz zurückzugehen, denn hierin wurde nicht nur eine Zurückdrängung des römischen Rechts gefordert, sondern darüber hinaus eine intensivere Beschäftigung mit philosophischen Fragen: wichtiger als die intensive Kenntnis der Institutionen und Pandekten sei die Vertrautheit mit den Grundprinzipien des Naturrechts.[6]

Schmalz muß recht schnell das Vertrauen der Fakultät gewonnen und sich auch innerhalb der übrigen Hochschule bald ein gewisses Ansehen erworben haben. Da er zudem seine Kontakte zum Berliner Ministerium und zu den Spitzen der ansässigen Verwaltung der Provinz Preußen nicht vernachlässigt haben dürfte, mag es nur auf den ersten Blick verwundern, daß er bereits fünf Jahre nach seinem

[4] Vgl. vor allem die bis heute grundlegende Darstellung von G. VON SELLE, Geschichte der Albertus-Universität, passim; guter Überblick auch bei WALTHER HUBATSCH/ISELIN GUNDERMANN, Die Albertus-Universität zu Königsberg/Preußen, 2. Aufl., Duderstadt 1993; vgl. auch KARL ANDRÉE, Die Albertus-Universität, in: Ostpreußen – Leistung und Schicksal, hrsg. v. FRITZ GAUSE (Deutsche Landschaften, Bd. 4), Essen 1958, S. 239–257; HELMUT MOTEKAT, Die Albertus-Universität zu Königsberg in Preußen. Idee und Bewährung, in: Jahrbuch der Albertus-Universität zu Königsberg/Pr. 15 (1965), S. 70–89; WALTHER HUBATSCH, Die Königsberger Universität und der preußische Staat, in: Jahrbuch der Albertus-Universität zu Königsberg/Pr. 17 (1967), S. 63–79; knapper Überblick: JÜRGEN KÄMMERER, Albertus-Universität zu Königsberg, in: Universitäten und Hochschulen in Deutschland, Österreich und der Schweiz. Eine Universitätsgeschichte in Einzeldarstellungen, hrsg. v. LAETITIA BOEHM/RAINER A. MÜLLER, Düsseldorf 1983, S. 233–236.

[5] G. VON SELLE, Geschichte der Albertus-Universität, S. 199.

[6] Vgl. ebenda, S. 199 ff.

Amtsantritt in einer Doppelfunktion als Rektor und als Dekan der Juristischen Fakultät der Albertina die große Festrede zum Geburtstag des Königs Friedrich Wilhelm II. halten konnte.[7]

Der Jungordinarius scheint die Erwartungen und Hoffnungen derjenigen, die ihn nach Königsberg berufen hatten, nicht enttäuscht zu haben. Mit beträchtlichem rhetorischen Aufwand nahm er das „vaterländische Fest" des Königsgeburtstags zum Anlaß, um den Ruhm seines Monarchen vor dem düsteren Hintergrund der zeitgenössischen Koalitionskriege gegen das revolutionäre Frankreich nur um so heller aufleuchten zu lassen: „In den Unruhen, welche Europa erschüttern und selbst unsre Grenzen berühren, dürfen wir noch unsers Königs und durch Ihn unsrer Ruhe und Freiheit uns freuen. Wer wollte heute sich Seiner nicht wärmer erinnern, und der Vorsehung inniger danken, daß sie ihn in den Gefahren des Krieges schützend erhielt, Ihn, dem sie unter den Königen die schwerste Rolle zutheilte, die, der Nachfolger Friedrichs zu seyn, Ihn, den Gerechtigkeit und Güte, den jede kriegerische und jede bürgerliche Tugend krönt". Da es einem „Verrath an dem Ruhme dieser Tugenden" gleichkäme, „das Fest unsers Königs mit Lobreden feyern" zu wollen, sei „unserm Könige ... nur das Opfer geweihet, welches, Seiner und unsrer würdig, allein Seinem Herzen gefallen kann, nemlich Erfüllung unsrer Pflichten gegen den Staat".[8] So ließ er sich anschließend über seine eigenen Vorstellungen eines neuen Konzepts der – historisch informierten und philosophisch unterfütterten – juristischen Bildung aus,[9] um am Ende noch einmal, ganz im Stil der Zeit, den Ruhm und die Ehre des gefeierten Monarchen zu beschwören.[10]

Durch Auftritte dieser Art, natürlich auch durch seinen unleugbaren Gelehrtenfleiß,[11] nicht zuletzt wohl ebenfalls durch seine nicht zu bestreitenden Erfolge in der Lehre stieg Schmalz bald in weitere Positionen auf: 1796 wurde der umtriebige Jurist zum Konsistorialrat ernannt, und 1801 erhielt er schließlich die Bestallungsurkunde zum

[7] Die Rede erschien ein Jahr später im Druck: Über die Bildung zum Iustiz-Dienst auf den Preußischen Universitäten. Eine Rede am Geburtstage des Königs 1794 im großen Hörsaale der Königsbergischen Universität gehalten, Königsberg 1795; vgl. G. von Selle, Geschichte der Albertus-Universität, S. 200 f.

[8] Alle Zitate aus: Über die Bildung zum Iustiz-Dienst auf den Preußischen Universitäten, S. 3 f.

[9] Vgl. ebenda, S. 5 ff.; siehe zum Inhalt auch unten, § 28 a).

[10] Vgl. ebenda, S. 33 f.

[11] Näheres dazu unten § 3 b).

Kanzler und Direktor der Albertus-Universität.[12] Mag es sich bei diesem Amt um die Mitte des 18. Jahrhunderts noch um „nicht mehr als ein Dekorum" gehandelt haben, das „doch allgemein als Ehrung empfunden" wurde,[13] scheint Schmalz seinen Direktorenposten doch ernster als seine Vorgänger genommen zu haben. So ist überliefert, daß er sich beispielsweise um die Eindämmung der Tätigkeit studentischer Orden – die zu jener Zeit als geheime Verbindungen verdächtigt und dementsprechend verfolgt wurden – bemühte; er scheint sie erst geduldet, später aber, nachdem zwei derartige Verbindungen in Konflikt miteinander geraten waren, ihre Auflösung veranlaßt zu haben.[14] Auch kümmerte er sich um die offenbar unhaltbar gewordenen Zustände im Konviktorium der Hochschule und mahnte dringende Änderungen, die Reinlichkeit des Gebäudes und die Qualität des dort ausgegebenen Essens betreffend, an.[15] Schließlich brachte er 1802 einen Neubau des Universitätshauptgebäudes in Vorschlag; er regte an, „es möchten doch diejenigen Gelder, die für Reparaturzwecke bestimmt waren, zu einem Neubau des Auditoriums aufgesammelt werden",[16] auch bedürfe die Anatomie dringend eines Umbaus.

Über seine Tätigkeit, besonders auch über sein Einkommen und dessen Entwicklung, hat Schmalz zwei Jahrzehnte später in einem Bericht an den Kurator der Berliner Universität festgestellt, daß er 1789 seine Stelle als dritter Ordinarius mit 400 Talern Gehalt angetreten, im folgenden Jahr zur zweiten Stelle (mit einem Gehaltszuschlag von 100 Talern) aufgerückt sei und seit 1796 als Konsistorialrat einen weiteren Gehaltszuwachs von 80 Talern erfahren habe: „Im Jahre 1801 wurde ich *Director und Kanzler* der Universität, auch Professor primarius, wodurch ich 70 Thaler mehr erhielt, und also nun als Director und Kanzler 650 Thaler, außer den Honorarien

[12] Diese Urkunde zählt zu dem wenigen noch erhaltenen Dokumenten über Schmalz' Königsberger Wirksamkeit, GStA PK, XX. HA, Staatsarchiv Königsberg. Etatsministerium, Tit. 139 b, Nr. 12a, Bl. 2.

[13] So G. von Selle, Geschichte der Albertus-Universität, S. 199. Zur Bedeutung und Geschichte dieses Amtes siehe auch die instruktive Studie von Laetitia Boehm, Cancellarius Universitatis. Die Universität zwischen Korporation und Staatsanstalt, in: dieselbe, Geschichtsdenken – Bildungsgeschichte – Wissenschaftsorganisation. Ausgewählte Aufsätze von L. B. anläßlich ihres 65. Geburtstages, hrsg. v. Gert Melville/Rainer A. Müller/Winfried Müller (Historische Forschungen, Bd. 56), Berlin 1996, S. 695–713.

[14] Vgl. G. von Selle, Geschichte der Albertus-Universität, S. 203.

[15] Vgl. ebenda, S. 214f.

[16] Ebenda, S. 215.

meiner Vorlesungen hatte. Diese waren in der That für Königsberg bedeutend, da ich fast der Einzige meiner juristischen Kollegen war, welcher las. Freilich mußte ich auch 5 bis 6 Stunden täglich lesen, und über alle Theile der Jurisprudenz. ... Als Director und Kanzler hatte ich auch Gelegenheit durch Arbeiten für Verwaltung des Universitäts-Vermögens und für die Disciplin mich dem damaligen Minister Herrn von Massow zu empfehlen ...“[17]

Es gibt Anlaß zu der Vermutung, daß der brennend ehrgeizige junge Schmalz bei seinen diversen Tätigkeiten einen gewissen Übereifer an den Tag gelegt haben mag; jedenfalls scheint er unter seinen Kollegen und auch in den – freilich nach „außen“ eng zusammenhaltenden – bürgerlich-intellektuellen Kreisen der Stadt kein besonders hohes Ansehen genossen zu haben.[18] Der Streit um das Woellnersche Religionsedikt[19] hatte das Verhältnis zwischen den Spitzen der Albertina – allen voran Kant – und der preußischen Staatsverwaltung deutlich getrübt,[20] und es mag sein, daß Schmalz hier als übereifriger und beflissener Neuling mit seinem um besondere Staatstreue bemühten Verhalten Anstoß erregt hat. Auch die „unterthänigsten“ Buchwidmungen in seinen frühen Publikationen verraten einen überaus karrierebeflissenen jungen Gelehrten: so ist etwa die „Encyclopädie des gemeinen Rechts“ (1790) dem Staatsminister, Oberburggrafen von Marienburg und Kurator der Albertina, „Freyherrn von Ostau unterthänig zugeeignet“,[21] das „reine Naturrecht“ von 1792 einem weiteren Staatsminister und Obermarschall des Königreichs, Graf Dönhoff sowie dem Vizepräsidenten der ostpreußischen Regierung, von Winterfeld; das „natürliche Staatsrecht“ von 1794 wiederum allen dreien der genannten Herren, und das „Handbuch des teutschen Land- und Lehnrechts“ (1796) schließlich dem Vorgänger im Amt des Kanzlers und Direktors, Georg Friedrich Holzhauer.[22]

[17] UA Berlin, Universitätskurator, Nr. 320, Bl. 13r.

[18] Dazu auch unten § 2c).

[19] Vgl. FRITZ VALJAVEC, Das Woellnersche Religionsedikt und seine geschichtliche Bedeutung, in: DERSELBE, Ausgewählte Aufsätze, hrsg. v. KARL AUGUST FISCHER/MATHIAS BERNATH (Südosteuropäische Arbeiten, Bd. 60), München 1963, S. 294–306.

[20] Vgl. u. a. KARL VORLÄNDER, Immanuel Kant. Der Mann und das Werk (1924), Bde. I–II, Hamburg ^{3}1992, hier Bd. II, S. 140 ff.

[21] Encyclopädie des gemeinen Rechts, ^{1}1790, S. III.

[22] Vgl. Das reine Naturrecht, ^{1}1792, S. 3; Das natürliche Staatsrecht, ^{1}1794, S. 3; Handbuch des teutschen Land- und Lehnrechts 1796, S. III.

b) Forschung und Lehre

Nicht nur als akademischer Lehrer, sondern auch als Autor entwikkelte der junge Schmalz schon sehr bald nach seinem Amtsantritt in Königsberg ungewöhnliche Aktivitäten. Bereits 1790 erschienen zwei größere Publikationen: zum einen das erste Lehrbuch, die „Encyclopädie des gemeinen Rechts", in der zuerst seine Kant-Rezeption sichtbar wurde, die aber freilich noch die unverkennbaren Spuren eines Anfängers in der Wissenschaft trug,[23] sodann, noch im gleichen Jahr, die Übersetzung einer ursprünglich in lateinischer Sprache verfaßten zeitgeschichtlichen Darstellung aus der Feder eines baltischen Adligen;[24] dabei hat es sich vielleicht um eine Auftragsarbeit gehandelt, die der junge, damals noch keineswegs üppig besoldete Königsberger Professor aus finanziellen Gründen übernommen haben mag.

Auch bei der zweiten eigenständigen Publikation, einer knappen, 88 Seiten umfassenden „Darstellung des Niederlage-Rechts der Stadt Königsberg", könnte es sich um eine Auftragsarbeit gehandelt haben, denn Schmalz' neue Heimatstadt befand sich seit längerem schon im Streit mit der Stadt Memel über die Bedeutung und das Ausmaß des jeweiligen Rechts zum „Stapel" bzw. zur „Niederlage" der Waren, die von durchreisenden Händlern mitgeführt wurde.[25] Gerade auf dem Hintergrund dieser Auseinandersetzung müsse, so Schmalz bereits in der Vorrede, „jedem Patrioten Interesse, an einer genauen Prüfung dieses Streits und der beyderseitigen Rechte, geben".[26] Daß seine „genaue Prüfung" dieses Rechts, dessen Bedeutung für das „Wohl der Provinz" der Autor und Neu-Ostpreuße ausführlich zu würdigen wußte, in allen Teilen für Königsberg und gegen Memel ausfiel, überrascht wohl kaum.[27]

Schließlich trat Schmalz im Jahre 1792 auch als Mitherausgeber einer neuen, in Königsberg edierten Zeitschrift auf, der „Annalen des Königreichs Preußen". Der Begründer und Hauptherausgeber war ein heute vergessener, im Zeitkontext aber durchaus interessanter Autor:

[23] Siehe dazu unten, § 11 a).

[24] Geschichte unserer Zeiten. Aus dem Lateinischen des Baron Schulz von Ascherade übersetzt von D. Theodor Schmalz, Professor der Rechte zu Königsberg, Bde. I–II, Königsberg 1790.; siehe zu diesem Werk die Bemerkungen unten, § 29 a).

[25] Zur Wirtschaftsgeschichte und -entwicklung Königsberg im 18. Jahrhundert vgl. W. Franz, Geschichte der Stadt Königsberg, S. 189 ff.

[26] Darstellung des Niederlage-Rechts der Stadt Königsberg, Königsberg 1792, S. 1.

[27] Siehe dazu unten § 29 b).

Ludwig von Baczko (1756–1823).[28] Bereits als Fünfundzwanzigjähriger erblindet, konnte sich Baczko allerdings als Inhaber einer Leihbibliothek, als Verfasser einer Reihe von Ritterromanen, schließlich auch als Historiker eine angesehene Stellung verschaffen; seit 1799 lehrte er als Professor der Geschichte an der Königsberger Kriegsakademie. Er gab im Laufe der Jahre mehrere Zeitschriften heraus; bekannt wurde er vor allem durch eine zwischen 1792 und 1800 erschienene sechsbändige „Geschichte Preußens" sowie durch eine Geschichte der Stadt Königsberg. Seine kurz nach seinem Tode veröffentlichte Selbstbiographie[29] stellt ein für die Kulturgeschichte Königsbergs und Ostpreußens um 1800 außerordentlich aufschlußreiches und hochinteressantes Zeitdokument dar.

Schmalz scheint schon bald nach seiner Ankunft in Königsberg mit Baczko in Kontakt getreten zu sein; jedenfalls zählte ihn der blinde Schriftsteller im Rückblick zu jenen „talentvolle[n] junge[n] Männer[n]" des Königsberger geistigen Lebens, die ihm „die Freuden eines gebildeten Umgangs" gewährten.[30] Baczkos höchstes Lebensziel war es, eine Professur für Geschichte an der Albertus-Universität zu erhalten, und als der Lehrstuhlinhaber Mangelsdorff vorzeitig starb, war es Schmalz, der als neuer Direktor und Kanzler der Universität seinen Freund Baczko als Nachfolger zu protegieren versuchte; jedenfalls forderte er den blinden Historiker auf, „für Zuhörer aus allen Ständen Vorlesungen über Geschichte ... [zu] halten. Er selbst [Schmalz, H.-C.K.] erbot sich, die Studirenden zur Benutzung meiner Vorlesungen aufzufordern".[31]

Doch leider vergebens: Denn Ludwig von Baczko besaß neben seiner Blindheit noch ein weiteres Handicap, an dem seine Berufung, obwohl er nicht wenige einflußreiche Persönlichkeiten an und im Umfeld der Albertina auf seiner Seite hatte, vermutlich gescheitert ist – er war Katholik. Es kam zu einer heftigen Auseinandersetzung: Auf Betreiben des Königsberger Hofpredigers riß der Pedell Baczkos Vorlesungs-

[28] Vgl. den knappen Artikel von Hermann Gollub, von Baczko, Ludwig Franz Adolf Josef, in: Altpreußische Biographie, Bd. I, hrsg. v. Christian Kollmann, Königsberg 1941, S. 25–26, sowie Thomas Studer, Ludwig von Baczko. Schriftsteller in Königsberg um 1800, in: Königsberg. Beiträge zu einem besonderen Kapitel der deutschen Geistesgeschichte des 18. Jahrhunderts, hrsg. v. Joseph Kohnen, Frankfurt a. M. 1994, S. 399–423.

[29] Ludwig von Baczko, Geschichte meines Lebens, Bde. I–III, Königsberg 1824.

[30] Ebenda, Bd. II, S. 147.

[31] Ebenda, Bd. III, S. 21.

ankündigung vom Schwarzen Brett der Universität ab; erst nachdem Baczko schärfsten Protest beim akademischen Senat eingelegt und gleichzeitig gedroht hatte, sich bei der Regierung zu beschweren, blieb seine Ankündigung hängen, und er konnte seine Vorlesung abhalten.[32] Schmalz setzte sich nachhaltig dafür ein, auch beim (seinerzeit ebenfalls für die Universitätsangelegenheiten zuständigen) Innenminister von Massow, Baczko als Nachfolger Mangelsdorffs zu berufen, doch vergebens: Ludwig von Baczko blieb der Lehrstuhl an der Albertina versagt, da der Kurator der Universität, Hans von Auerswald, die Berufung eines Blinden, zudem eines bereits am Ort Ansässigen, ablehnte:[33] jüngere Kräfte aus anderen Teilen Deutschlands seien erwünscht, um an der Albertina „die Auswüchse eines verharschten Provinzialismus“[34] zu bekämpfen. Baczko hat seinem Freund Schmalz diesen Einsatz allerdings nicht gedankt; in seinen Erinnerungen findet sich die wenig freundliche Charakteristik, daß „der Geheime-Rath Schmalz ... als ein äußert geschmeidiger Mann sich immer an die herrschende Partei“[35] gehalten habe.

Die „Annalen des Königreichs Preußen“ brachten es lediglich auf zwei Jahrgänge (1792/93); Schmalz fungierte nur auf der Titelseite des ersten als Mitherausgeber. Laut Einleitung (sie ist datiert: „Königsberg im September 1791“), die wohl von den beiden Herausgebern gemeinsam zu verantworten ist, ging es den Editoren darum, der darniederliegenden „Statistik“ des „Königreichs Preußen“ aufzuhelfen (mit dem „Königreich“ war nach dem damaligen Verständnis des Namens *nur* Ostpreußen gemeint). Als Vorbild galten kleinere Organe im deutschen „Ausland“, etwa die „Annalen der Churbraunschweigischen Länder“.[36] Es ging Schmalz und Baczko, folgt man ihren

[32] Vgl. ebenda, Bd. III, S. 21ff.

[33] Vgl. ebenda, Bd. III, S. 26f.; die knappe Darstellung der Angelegenheit bei G. VON SELLE, Geschichte der Albertus-Universität, S. 239f., nennt Schmalz nicht.

[34] G. VON SELLE, Geschichte der Albertus-Universität, S. 240.

[35] L. VON BACZKO, Geschichte meines Lebens III, S. 224.

[36] Vgl die „Einleitung“ in: Annalen des Königreichs Preußen, Bd. I, hrsg. von LUDWIG VON BACZKO und THEODOR SCHMALZ, Königsberg – Berlin 1792, Heft 1, S. 1–9. Siehe auch HUBERT MAX, Wesen und Gestalt der politischen Zeitschrift. Ein Beitrag zur Geschichte des politischen Erziehungsprozesses des deutschen Volkes bis zu den Karlsbader Beschlüssen (Pressestudien, R. A, Bd. 1), Essen 1942, S. 150, sowie zum Zusammenhang dieser Zeitschriftengründung auch GERT HAGELWEIDE, Publizistischer Alltag in der preußischen Provinz zur Zeit der französischen Revolution, in: Französische Revolution und deutsche Öffentlichkeit. Wandlungen in Presse und Alltagskultur am Ende des achtzehnten Jahrhunderts, hrsg. v. HOLGER BÖNING (Deutsche Presseforschung, Bd. 28), München – London – New York – Paris 1992, S. 251–266.

einführenden Bemerkungen weiter, vor allem darum, als „Patrioten" den Aufstieg der nordöstlichen Provinz des Landes im Rahmen der Aufwärtsentwicklung des Gesamtstaates, den sie, wie nicht anders zu erwarten, am Wirken der hohenzollernschen Landesväter festmachten,[37] möglichst ausführlich zu dokumentieren.

Die Themen der neuen Zeitschrift waren tatsächlich überaus breitgefächert: „Friedensschlüsse und Verträge Preussens mit auswärtigen Mächten" sollten (inklusive der Publikation „ungedruckte[r] wichtige[r] Urkunden") ebenso dokumentiert werden, wie man sich mit der „Geschichte Preußens", mit „Erdbeschreibung", „Naturgeschichte" befassen wollte; weitere Gegenstände der Annalen sollten sein: „Statistische und Handlungs-Nachrichten", „Militairische Nachrichten", „Preussisches Recht", „Polizey-Verordnungen und Anstalten", „Litterarische Neuigkeiten", „Schöne Künste, Theater, Musik, bildende Künste", schließlich „Nachrichten von und für mechanische Künstler, Handwerker", „Landwirthschaft" und „Vermischte Nachrichten".[38] Endlich sollte, wie es heißt, „der Ton dieser Schrift ... überall den Geist der Kleinheit vermeiden; und nie werden geringfügige Sachen aufgenommen werden ... Jede Persönlichkeit, jeder voreilige Tadel, und was auch auf entfernte Weise dem guten Namen, der Zufriedenheit und Ruhe des Nächsten schaden könnte, soll auf das gewissenhafteste vermieden werden".[39]

Mit anderen Worten: Das unklare Programm, die viel zu weit gefaßte Zielsetzung und wohl auch eine gewisse thematische Beliebigkeit des Ganzen dürfte wohl zum Mißerfolg der „Annalen des Königreichs Preußen" beigetragen haben. Schmalz selbst stellte drei Beiträge zur Verfügung: eine kurze Anzeige neuerer Verordnungen, einige knappe „Bemerkungen über Westpreußen", in der Hauptsache Statistisches betreffend,[40] dann aber einen aufschlußreichen Aufsatz über die Aufhebung der Leibeigenschaft auf den Gütern eines ostpreußi-

[37] Vgl. die „Einleitung" in: Annalen des Königreichs Preußen, Bd. I, S. 3: „... ein Volk, das, wie wir, anderthalb Jahrhunderte hindurch, weder durch zu schnelle Schritte, noch je aufgehalten, sich immer größere Macht errang, kann nicht unglücklich seyn. Seit dem Jahre, wo Friedrich Wilhelm, der Churfürst, mit furchtsamer Staatskunst den Frieden erbat, bis auf dies Jahr, wo Friedrich Wilhelm, der König, ihn der Hälfte Europas gab, ist dies Fortschreiten ununterbrochen sichtbar".

[38] Vgl. ebenda, S. 4–6.

[39] Ebenda, S. 7.

[40] Neuere Verordnungen etc., in: Annalen des Königreichs Preußen, Bd. I, 1792, Heft 1, S. 137–142; Einige Bemerkungen über Westpreussen, in: ebenda, Heft 4, S. 115–119.

schen Adligen – eine scharfsinnige und auch gut geschriebene Kritik der Leibeigenschaft.[41] Hiermit schnitt er erstmals ein Thema an, dem er sich noch einmal 1808 in einem wichtigen Kommentar zum preußischen Bauernbefreiungsedikt widmen sollte.[42] – Doch die Zeitschrift, die nicht zuletzt auf das Interesse und den Beistand „verschiedene[r] Landescollegien, Geschäftsmänner von erstem Range und Patrioten aus jeder Classe der Staatsbürger"[43] gerechnet hatte, reüssierte nicht; nach ihrem zweiten Jahrgang (1793) stellte sie ihr Erscheinen wieder ein. Auch die von Schmalz in den Jahren 1794/95 herausgegebenen „Annalen der Rechte des Menschen, des Bürgers und der Völker" konnten keinen rechten Erfolg verbuchen,[44] obwohl Schmalz hier eine ganze Reihe nicht unbedeutender eigener Beiträge publizierte.[45] Ganz unbeachtet blieb die Zeitschrift indes nicht, und vielleicht hat sogar Goethe von ihr, deren erstes Heft ihm von einem Bekannten zugeschickt wurde,[46] Kenntnis genommen.

Jedenfalls dürfte sich der junge Königsberger Ordinarius der Jurisprudenz, wie diese Beispiele zeigen, recht bald nach der Aufnahme seiner Lehrtätigkeit an der Albertina durch seine Rührigkeit auf vielen Gebieten und auch durch seinen nicht zu bestreitenden schriftstellerischen Fleiß einen gewissen Namen gemacht haben.

Dabei wurde auch die Lehre keineswegs vernachlässigt: Schmalz kündigte von Anfang an regelmäßig vier bis fünf Vorlesungen aus den verschiedensten Gebieten an: So las er über Institutionen des römischen Rechts, Friedensschlüsse der letzten drei Jahrhunderte, „Jus feudale" und Europäisches Völkerrecht (Wintersemester 1789/90) ebenso wie über Englisches Staatsrecht, Institutionen, Deutsches Privatrecht, Deutsches „Jus publicum" (Wintersemester 1790/91); hinzu kamen in den folgenden Jahren auch Lehrveranstaltungen zu weiteren Themen wie „Staatsrecht der europäischen Reiche", „Natur-

[41] Aufhebung der Leibeigenschaft auf den Gütern des Herrn von Hülsen auf Döhsen, in: Annalen des Königreichs Preußen, Bd. I, 1792, Heft 3, S. 132–141. Siehe dazu auch unten § 18a).

[42] Siehe dazu unten, § 18b).

[43] „Einleitung" in: Annalen des Königreichs Preußen, Bd. I, hrsg. von Ludwig von Baczko und Theodor Schmalz, Königsberg – Berlin 1792, Heft 1, S. 9.

[44] Annalen der Rechte des Menschen, des Bürgers und der Völker. Herausgegeben vom Professor Schmalz, Hefte I–II, Königsberg, bey Friedrich Nicolovius 1794–1795.

[45] Siehe dazu die Angaben im Quellenverzeichnis der vorliegenden Arbeit.

[46] Vgl. die Angaben in: Karl-Heinz Hahn (Hrsg.), Briefe an Goethe. Gesamtausgabe in Regestenform, Bd. I, 1764–1795, Weimar 1980, S. 326 (Regest eines Briefes von Christian Gottlob Voigt an Goethe, 28.8.1794).

recht", „Kanonisches Recht", „Teutsches Lehnrecht", auch „Pandekten", „Strafrecht" und „Deutsches Privatrecht".[47] Im Wintersemester 1797/98 hatte er sich ein weiteres Gebiet erobert: Er las jetzt erstmals „Encyclopaediam iuris et disciplinarum cameralium ad compendium a se scriptum".[48] Im übrigen hielt er sich zumeist an die gängigen Lehrbücher, wobei er im deutschen Staatsrecht und im Völkerrecht seinen früheren Göttinger Lehrern Pütter und Martens folgte.

Auch über die Hörerzahlen liegen einige (wenn auch keineswegs vollständige) Angaben vor; danach läßt sich ermitteln, daß Schmalz von Anfang an guten Anklang bei den Königsberger Studenten fand. In den ersten Jahren seines Ordinariats an der Albertina befand er sich im guten Durchschnitt, nur sein Kollege Daniel Christoph Reidenitz – später sein Nachfolger als Kanzler und Direktor der Hochschule – hatte in der Regel noch mehr Hörer als Schmalz.[49] Am Ende des Jahrzehnts allerdings hatte Schmalz jedoch alle seine Fakultätskollegen um Längen überholt; er war nun, wie die überlieferten Angaben über die Hörerzahlen ausweisen, der bei weitem erfolgreichste Jurist an der Königsberger Universität; so brachten es etwa seine im Wintersemester 1801/02 abgehaltenen Vorlesungen über „Naturrecht" und über „Institutionen" auf jeweils 106 bzw. 108 eingeschriebene Hörer.[50] Dieser Erfolg setzte sich im Wintersemester 1802/03 – seinem letzten in Königsberg – fort; Schmalz war nun sogar, jedenfalls was die Zahl der Hörer anbetraf, trotz der Doppelbelastung als Ordinarius und als Verwaltungschef der Hochschule, erfolgreichster akademischer Lehrer der Albertina, – dicht gefolgt nur von einem der prominentesten Schüler und Freunde Kants, dem Philosophen und Nationalökonomen Christian Jacob Kraus.[51]

Die Leistungen, mit denen sich Theodor Schmalz in seiner neuen preußischen Wahlheimat als Universitätslehrer, als wissenschaftlicher

[47] Die Angaben nach den (leider nicht ganz vollständigen) Vorlesungsverzeichnissen und Angaben in den Akten des Königlichen Ober-Schulkollegiums; GStA PK, I. HA, Rep. 76 Alt II, Nr. 255, Bl. 56v/57r; 89v/90r, 103v/104r, 114v/115r, 143v/144r, 125v/126r, 132r/132v, 137r/137v, 150r/150v, 171r/171v/172r, 187r/187v/188r, 199r/199v/200r usw.

[48] GStA PK, I. HA, Rep. 76 Alt II, Nr. 266, Bl. 31r; vgl. auch die weiteren Angaben ebenda, Bl. 47r/47v, 63r/63v, 99r/99v, 116r/116v, 171r/171v, 187r/187v usw.

[49] Die Nachweise hierfür in den Akten, wie oben, Anm. 47.

[50] Vgl. GStA PK, I. HA,Rep. 76 Alt II, Nr. 267, Bl. 21v; nach diesen Angaben waren die Kollegen weit zurückgefallen; die nächsthöchste Zahl der Hörer einer Vorlesung betrug 24, während Schmalz auch in seinen anderen Lehrveranstaltungen dieses Semesters höhere Hörerzahlen aufzuweisen hatte, in der „Encyclopädie der Kameralwissenschaften" 85, im „Kriminalrecht" 50 und im „Kanonischen Recht" 48!

[51] Vgl. GStA PK, I. HA,Rep. 76 Alt II, Nr. 267, Bl. 55v.

Autor und seit der Jahrhundertwende auch als Kanzler und Direktor der Albertina eingeführt hatte, konnten sich also ohne weiteres sehen lassen. In Berlin scheint man sehr bald auf den jungen, aus dem Hannoverschen stammenden Ordinarius aufmerksam geworden zu sein. Der Fortgang seiner Karriere, die vom Innenminister von Massow nun persönlich gefördert wurde, sollte dies bald zeigen.

c) Bekanntschaften: Kant, Fichte, Schön.

Die Verhältnisse an der Albertus-Universität waren begrenzt und daher übersichtlich; die etwa zwei Dutzend Professoren und Dozenten kannten sich persönlich und trafen nicht nur dienstlich, sondern offenbar auch privat häufig zusammen, und so blieb es nicht aus, daß Schmalz bald auch dem bedeutendsten seiner Universitätskollegen näher trat: Immanuel Kant. Er habe „das Glück", bemerkte Schmalz bereits im Vorwort seines „Reinen Naturrechts" von 1792, „mit Herrn Kant an einem Ort zu leben", außerdem führe ihn „unser Amt und der gleiche freundschaftliche Circul ... oft in seine Gesellschaft"; von „seinen öftern lehrreichen Gespräche[n]" habe er, Schmalz, immer wieder profitieren dürfen.[52]

Kant indes hat sich, wenn auch nur im privaten Kreis, sehr anders über seinen jungen Kollegen ausgelassen. Das bekannte „Reisetagebuch" des Theologen Johann Friedrich Abegg, der sich 1798 mehrere Monate in Königsberg aufgehalten hatte und dabei immer wieder mit Kant, zuweilen auch mit Schmalz, zusammengetroffen war,[53] enthält Äußerungen, die dem jungen Ordinarius der Juristenfakultät, wären sie ihm zu Ohren gekommen, wenig gefallen hätten. Am 12. Juni 1798 aß Abegg bei Kant zu mittag, und bald kam die Rede auf Schmalz: „‚O, dieser', sagte Kant, ‚ist ein Erzroyalist, der in dieser Rücksicht gefährlich ist. Wenn man über die französ. Revolution seine Ideen frei bekannte, so gilt man für einen Jakobiner, da es doch im Grunde, wie andere Lieblings-Ideen, wenigstens in den ersten Jahren eine Art Steckenpferd vieler Menschen gewesen war. Man muß niemand hindern, auf seinem Steckenpferd auch durch die Straßen zu reiten, wenn

[52] Das reine Naturrecht, Königsberg ^{1}1792, S. 11.

[53] Johann Friedrich Abegg, Reisetagebuch von 1798, hrsg. v. Walter u. Jolanda Abegg in Zusammenarbeit mit Zwi Batscha, Frankfurt a. M. 1976; vgl. dazu auch Rudolf Malter, Königsberg und Kant im „Reisetagebuch" des Theologen Johann Friedrich Abegg (1798), in: Jahrbuch der Albertus-Universität zu Königsberg/Pr. 26/27 (1986), S. 5–25.

er nur nicht verlangt, daß man deswegen von der Gasse weggehe, oder gar ihm nachtrotte, wenn man nicht Lust hat dazu'".[54] Und ein weiterer Gast, Kants Freund Jachmann, „erzählte nun noch eines u. das andere von Schmalz, das aber nicht so ganz zu seiner Ehre gereicht, wenigstens stellt er ihn als einen Menschen dar, der oft aus Eitelkeit intolerant ist und aus anderen Absichten".[55]

Daß Schmalz – wenn man den Berichten Abeggs Glauben schenken darf – umgekehrt wiederum gesprächsweise die Behauptung aufstellte, „alle Principien der Kant'schen Philosophie wären in Jacob Böhme's Schriften enthalten",[56] dürfte seinen Ruf bei Kant und dessen Freunden nicht gerade befördert haben. – Eine andere Überlieferung allerdings, die besagt, daß Kant sich „um *Theologen* und *Juristen* fast gar nicht [bekümmert]" habe, und daß daher erst „des Herrn Geh. R. *Schmalzens* Beförderung nach Halle ... ihn [Kant, H.-C.K.] auf seine Schriften aufmerksam"[57] gemacht habe, ist in dieser Form nicht zutreffend. Aus den nachgelassenen Fragmenten des Denkers geht hervor, daß er sich bereits vor 1796, also in der Zeit der Vorbereitung seiner Rechtsphilosophie, mit den Schriften von Schmalz befaßt haben muß,[58] und dies belegt ebenfalls ein Brief Kants an Conrad Stang vom 19. November 1796.[59]

Es scheint sich also so verhalten zu haben, daß Schmalz bereits sehr früh in den Ruf eines Revolutionsgegners gekommen ist,[60] der Kant bereits aus diesem Grund nicht sehr sympathisch sein konnte. Der Denker selbst, der zwar jede revolutionäre Tätigkeit an sich (und bekanntlich auch das Widerstandsrecht) strikt ablehnte und auch in seiner Ethik verwarf, sah doch andererseits in den Ereignissen in Frankreich seit 1789 eine Art von „Geschichtszeichen" des Fortschritts

[54] J. F. Abegg, Reisetagebuch, S. 179f.; abgedruckt auch in: Rudolf Malter (Hrsg.), Immanuel Kant in Rede und Gespräch, Hamburg 1990, S. 448.

[55] J. F. Abegg, Reisetagebuch, S. 180; R. Malter (Hrsg.), Immanuel Kant in Rede und Gespräch, S. 448; vgl. auch K. Vorländer, Immanuel Kant II, S. 221, 308.

[56] J. F. Abegg, Reisetagebuch, S. 213.

[57] R. Malter (Hrsg.), Immanuel Kant in Rede und Gespräch, S. 528 (Bericht aus: J. G. Hasse, Der alte Kant).

[58] Vgl. Immanuel Kant, Gesammelte Schriften, hrsg. v. d. Königlich Preußischen Akademie der Wissenschaften, Bde. I–XXIX, Berlin – Leipzig 1910–1983, hier Bd. XXIII, S. 212f., auch ebenda, S. 526f.; vgl. dazu R. Brandt, Eigentumstheorien von Grotius bis Kant, S. 175; siehe dazu auch unten, § 12a).

[59] Vgl. Immanuel Kant, Briefwechsel, Auswahl und Anmerkungen v. Otto Schöndörffer, bearbeitet v. Rudolf Malter, 3. Aufl., Hamburg 1986, S. 948.

[60] Zur politischen Haltung von Schmalz siehe auch die Ausführungen des folgenden Abschnitts § 3d).

der Menschheit, und seine politischen Ansichten und Äußerungen der 1790er Jahre sind denn auch von dieser Überzeugung tief durchdrungen.[61] – Hinzugekommen sein mag noch eine andere Tatsache: Kants Schüler und Freund Christian Jacob Kraus war als Nationalökonom einer der ersten deutschen Anhänger und Rezipienten der neuen Lehre Adam Smiths,[62] die Schmalz als Physiokrat wiederum scharf abgelehnt und häufig in seinen Schriften kritisiert hat. In seinen Königsberger Vorlesungen über „Staatswirthschaft", die erst nach seinem Tode vollständig ediert wurden, lieferte Kraus zudem eine scharfsinnige Kritik der physiokratischen Wirtschaftslehren.[63] Diese persönliche Konstellation dürfte sich ebenfalls nicht gerade förderlich auf das Verhältnis von Schmalz zu seinem hochverehrten älteren Universitätskollegen Kant, den er öffentlich als seinen großen Lehrer bezeichnete, ausgewirkt haben.

Auch einen anderen jungen Philosophen lernte Schmalz in seinen Königsberger Jahren kennen: Johann Gottlieb Fichte, damals noch ein unbekannter und mittelloser Privatgelehrter, der sich mühsam als Hauslehrer durchschlagen mußte, – der später, nach 1810 aber Schmalz' Berliner Universitätskollege und sein Nachfolger im Amt des Rektors der Friedrich Wilhelms-Universität werden sollte.[64] Schmalz scheint sich damals um den jungen, in finanziell äußerst bedrängten Verhältnissen lebenden Fichte gekümmert zu haben, – so konnte dieser in seinem Tagebuch am 1. September 1791 notieren: „Ich erfuhr, daß der Prof. Schmalz eine Stelle für mich habe";[65] hierbei

[61] Vgl. K. Vorländer, Immanuel Kant II, S. 214 ff. u. a.; wichtig auch die Bemerkungen bei Fritz Valjavec, Die Entstehung der politischen Strömungen in Deutschland 1770–1815, Kronberg/Ts., 2. Aufl. 1978, S. 132 ff., und Kurt von Raumer, Deutschland um 1800. Krise und Neugestaltung 1789–1815, in: Handbuch der deutschen Geschichte, hrsg. v. Otto Brandt/Arnold Oskar Meyer/Leo Just, Bd. III/1a, Wiesbaden 1980, S. 32 ff.

[62] Siehe dazu statt vieler W. Roscher, Geschichte der National-Oekonomik in Deutschland, S. 608 ff.

[63] Vgl. Christian Jacob Kraus, Staatswirthschaft, hrsg. v. Hans von Auerswald, Bde. I–V, Königsberg, 1808–1811, hier Bd. IV, S. 310 ff., 337 ff.; zum Zusammenhang auch Harald Winkel, Zur Entwicklung der Nationalökonomie an der Universität Königsberg, in: Die Institutionalisierung der Nationalökonomie an deutschen Universitäten. Zur Erinnerung an Klaus Hinrich Hennings (1937–1986), hrsg. v. Norbert Waszek, St Katharinen 1988, S. 109–121.

[64] Zu Fichtes Königsberger Zeit vgl. u. a. Immanuel Hermann Fichte, Johann Gottlieb Fichte's Leben und litterarischer Briefwechsel, Bde. I–II, Sulzbach 1830–1831, hier Bd. I, S. 156 ff.; Fritz Medicus, Fichtes Leben, 2. Aufl., Leipzig 1922, S. 43 ff.

[65] Abgedruckt in: Johann Gottlieb Fichte, Briefwechsel, hrsg. v. Hans Schulz, Bde. I–II, Leipzig 1930, hier Bd. I, S. 199.

scheint es sich um die Vermittlung der Hauslehrerstelle bei dem Grafen Heinrich von Krockow gehandelt zu haben, die Fichte bereits zu Anfang Oktober antrat.[66] Weiterhin ist bekannt, daß Schmalz' frühe naturrechtliche Arbeiten die Revolutionsschriften des jungen Fichte von 1793 unverkennbar beeinflußt haben.[67] Der Kontakt zwischen beiden scheint also enger gewesen zu sein, als es den sporadischen Erwähnungen des Namens Schmalz in den fragmentarischen Tagebuchaufzeichnungen und den überlieferten Briefen des jungen Fichte zu entnehmen ist.[68]

Noch ein weiterer Bekannter darf nicht übergangen werden: Theodor von Schön, der spätere berühmte preußische Reformbeamte, Mitarbeiter des Freiherrn vom Stein und schließlich Oberpräsident von Ostpreußen, – damals, in den 1790er Jahren, jedoch noch einfacher Student der Rechte und der Staatswissenschaften an der Albertus-Universität.[69] Er studierte sowohl bei Schmalz wie auch bei Kant und Kraus, und bis heute haben sich umfängliche Mitschriften seiner bei Schmalz zwischen 1790 und 1792 gehörten Vorlesungen erhalten.[70] In einem autobiographischen Rückblick hat Schön später über die Vorlesungen seines „Lehrer[s] Schmalz" bemerkt: „Schmalz trug die Jurisprudenz mit philosophischem Geiste vor, und dies sagte mir zu; aber nachdem ich den juristischen Cursum beinahe durchgemacht hatte, bemerkte ich, daß hier allgemeine, philosophische Betrachtungen nicht zureichen, daß mir die kleinlichen positiven, einseitigen Satzungen, welche die Hauptgelehrsamkeit der Jurisprudenz bilden, fehlten, und daß ich auch den Geschmack daran dermaßen verloren hatte, daß ich nicht erwarten konnte, ein vollkommener Jurist zu werden. Das, was mehr der Philosophie sich näherte, sagte mir mehr

66 Vgl. F. Medicus, Fichtes Leben, S. 51f.

67 Siehe dazu unten § 12b).

68 Vgl. noch J. G. Fichte, Briefwechsel I, S. 204, 212f.

69 Zu Person und Werk siehe neuerdings den instruktiven Sammelband von Bernd Sösemann (Hrsg.), Theodor von Schön. Untersuchungen zur Biographie und Historiographie (Veröffentlichungen aus den Archiven Preußischer Kulturbesitz, Bd. 42), Köln – Weimar – Wien 1996.

70 GStA PK, XX. HA, Rep. 300, Depositum von Brünneck I, Nl. Theodor von Schön, Nr. 80 („Naturrecht", SS 1791), Nr. 82 („Lehn-Recht", SS 1791), Nr. 83 (Criminal-Recht", WS 1791/92), Nr. 84 („Staatsrecht von Deutschland", WS 1790/91). Eine kursorische Durchsicht dieser Mitschriften ergab, daß es sich dabei um eher konventionelle Vorlesungen im Stil der Zeit gehandelt haben muß, also Paraphrase des jeweils zugrunde liegenden Lehrbuches mit vielen Ein- und Unterteilungen, definitorischen Einschüben usw.; soweit zu sehen ist, finden sich hier keine eingestreuten Bemerkungen oder Reflexionen, die in irgendeiner Weise bemerkenswert wären.

zu, und so warf ich mich in die Staatswissenschaft unter Leitung meines großen Lehrers Kraus".[71]

Theodor von Schön war, wie seine Briefe und Memoiren mehr als deutlich zeigen, von Arroganz und Selbstüberschätzung keineswegs frei (um es zurückhaltend zu formulieren), und so hat er sich denn bei späterer Gelegenheit ausgesprochen unfreundlich, ja abfällig über seinen einstigen Königsberger Lehrer Schmalz geäußert,[72] doch in seiner Frühzeit scheint er von Schmalz' Ideen, insbesondere auch von dessen physiokratischen und staatswirtschaftlichen Anschauungen stark geprägt worden zu sein, wie sich etwa anhand eines überlieferten Briefes von Schön an seinen Freund Fichte aus dem Jahre 1792 nachweisen läßt.[73] Und daß Schmalz seinen eifrigen Schüler, mit dem er auch 1808 noch in brieflicher Verbindung stand,[74] durchaus geschätzt hat, geht u. a. aus dem glänzenden Zeugnis hervor, das er ihm am 27. März 1792 ausstellte und in dem er bezeugte, daß „der Herr H. Th. von Schön während seines Aufenthalts auf hiesiger Akademie von Michaelis 1788 bis 1792 nicht nur meine Vorlesungen ... mit dem außerordentlichsten Fleiße ununterbrochen besucht, auch in dem *Collegio practico* sowohl durch schriftliche Aufsätze aller Art, als mündliche Relationen hinlängliche Proben vorzüglicher Talente und gelehrter Kenntnisse gegeben, sondern auch überall sich so betragen habe, daß Er als ein äußerst thätiger, geschickter und rechtschaffener junger Mann die dringendste Empfehlung verdiene";[75] im Stammbuch

[71] [THEODOR VON SCHÖN], Zur Knaben- und Jünglingszeit Theodor von Schön's nach dessen Papieren. Zusammengestellt von seinem Sohne, Berlin 1896, S. 103f.; vgl. auch – etwas anders – [THEODOR VON SCHÖN], Aus den Papieren des Ministers und Burggrafen von Marienburg Theodor von Schön [hrsg. v. HERMANN VON SCHÖN], Bde. I–IV, Halle a. S. – Berlin 1875–1876, hier Bd. I, S. 6: „Nach dem ersten Universitätsjahre mußte ich mich bestimmen, welche Laufbahn ich verfolgen wollte ... ich wollte Richter werden, wurde ein Schüler von Schmalz und studierte mit Eifer Jurisprudenz. Das Geräthe und Gerüste schien mir aber zum Kerne bis zur Langenweile groß zu sein. Die Pandekten sprachen mich zwar an, aber die späteren Gesetze und insbesondere der grelle Formalismus führten mich dabei allmählich mehr zur Philosophie, und ich faßte im dritten Universitätsjahre den Entschluß, mich als Staatsmann auszubilden. Kraus war mein großer Lehrer; er erfaßte mich ganz und ich folgte ihm unbedingt". – Zu Schöns Studium bei Schmalz, Kant und Kraus vgl. jetzt auch ERNST KRÖGER, Vom Studenten zum Kriegsrat. Die staatswirtschaftliche Ausbildung Theodor von Schöns, in: Theodor von Schön. Untersuchungen zu Biographie und Historiographie, hrsg. v. BERND SÖSEMANN, Köln – Weimar – Wien 1996, S. 29–40, bes. S. 30.

[72] Siehe dazu unten § 8c).

[73] Abgedruckt in: J. G. FICHTE, Briefwechsel I, S. 246ff. (Schön an Fichte, 5.9.1792), vgl. bes. S. 247.

[74] Siehe dazu unten § 8.

[75] Abgedruckt in: [TH. VON SCHÖN], Studienreisen eines jungen Staatswirths, S. 595.

des jungen Königsberger Universitätsabsolventen verewigte sich Schmalz mit einem Zitat von Kant.[76] – Doch es waren eben nicht Schmalz und dessen Lehren, die den jungen Theodor von Schön prägen sollten, sondern die Ideen von Immanuel Kant und Christian Jacob Kraus.[77] Vor allem von diesen beiden gingen die entscheidenden wissenschaftlichen Impulse und geistigen Anregungen für nicht wenige der führenden Reformbeamten des preußischen Staates in den Jahren nach der Niederlage von 1806 aus.[78]

So kann man, wenn man den wenigen überlieferten Zeugnissen über Schmalz' Auftreten in Königsberg trauen darf, kein unbedingt günstiges Resümee ziehen. Schmalz war zwar ein fleißiger Autor und Lehrer, darüber hinaus sicherlich auch ein rühriger, überaus tätiger Universitätskanzler, doch in anderer Hinsicht fiel er offenbar unangenehm auf. So machte sich Schön in einem Brief an Fichte über eine vermutlich von Schmalz verfaßte – oder ins Lateinische übersetzte – „Disputation" (wohl eher: Dissertation) eines Grafen von Lehndorff lustig;[79] auch in manchen der öffentlich abgehaltenen Doktordisputationen scheint Schmalz nicht immer eine gute Figur gemacht zu haben.[80] Schließlich wurde er, wie sich anhand der von Abegg getreulich aufgezeichneten Königsberger Klatschereien belegen läßt, als ungeschickt agierender angeblicher „Erbschleicher" verspottet.[81] Die Gründe hierfür können nur vermutet werden: Waren es tatsächlich vorhandene Charakterfehler von Schmalz, die seinen Ruf in dieser Stadt wenigstens beschädigten, waren es – aus Minoritätsgefühlen, die seine Herkunft betrafen, herrührende – Ungeschicklichkeiten, oder ist die Überlieferung doch vielleicht zu stark geprägt durch den Hochmut eines Abegg oder Schön gegenüber dem aus kleinsten Verhältnissen nach oben gekommenen Juristen? Wahrscheinlich ein wenig von allem.

[76] Vgl. den Abdruck in: [Th. von Schön], Aus den Papieren I, Anhang, S. 68, Anm. 1.

[77] Vgl. neben den Bemerkungen bei E. Kröger, Vom Studenten zum Kriegsrat, S. 32 ff. auch Wilhelm Wagner, Die preußischen Reformer und die zeitgenössische Philosophie, Köln 1956, S. 64 ff.

[78] Vgl. dazu etwa Walther Hubatsch, Beamtentum und Staatsprobleme im Zeitalter der Steinschen Reformen, in: derselbe, Eckpfeiler Europas. Probleme des Preußenlandes in geschichtlicher Sicht, Heidelberg 1953, S. 77–107, hier S. 87 f.

[79] Vgl. J. G. Fichte, Briefwechsel I, S. 250 (Schön an Fichte, 5.9.1792).

[80] Vgl. die Schilderung bei J. F. Abegg, Reisetagebuch, S. 152

[81] Vgl. ebenda, S. 226 f., 250 f.

d) Rechtswissenschaft und Politik im Schatten der Revolution

Theodor Schmalz war von Anfang an ein politischer Autor, er war nicht nur leidenschaftlich an allem Politischen interessiert, sondern jederzeit ebenfalls zur – wenn auch zurückhaltenden und den Rahmen des jeweils Üblichen nicht überschreitenden – politisch eindeutigen Stellungnahme in seinen Schriften bereit.

„In der scharfen Königsberger Luft", hat ein Kenner einmal bemerkt, „ist rücksichtslos radikaler Freisinn allzeit gediehen",[82] und es scheint, als ob in den frühen 1790er Jahren der junge, eben an die Albertina berufene Jurist Schmalz sich dem Einfluß dieser Luft zuerst nicht ganz hat entziehen können, und die allgemeine, mit der Französischen Revolution einsetzende Politisierung Deutschlands mag noch das Ihrige hierzu beigetragen haben.[83] Jedenfalls ist es kein Zufall und auch nicht völlig unbegründet, daß der Königsberger Schmalz von einzelnen späteren Autoren zusammen mit Kant und Kraus zu den ostpreußischen Liberalen dieser Zeit gezählt wurde.[84] Schmalz' erste große Fachpublikation, die „Encyclopädie des gemeinen Rechts" von 1790, enthält denn auch einige, wenngleich versteckte Hinweise und Andeutungen, die dem Kenner nicht verborgen bleiben konnten: so vertrat der junge Ordinarius die Auffassung, daß die „höchste Gewalt" in einem Gemeinwesen nichts anderes als „der aufgetragene gesammte Wille" aller Mitglieder der Gesellschaft, also die „volonté generale", sei.[85] Mit anderen Worten: Er übernahm also, für jeden sichtbar, die als ausgesprochen radikal geltende Theorie Rousseaus, ohne sich auch nur im geringsten von diesem Autor zu distanzieren, der als Stichwortgeber der eben ausgebrochenen Revolution galt. Eine weitere Bemerkung am Ende des Buches appellierte an den „Muth und die

[82] Otto Tschirch, Geschichte der öffentlichen Meinung in Preußen vom Baseler Frieden bis zum Zusammenbruch des Staates (1795–1806), Bd. I, Weimar 1933, S. 19.

[83] Vgl. Horst Möller, Kritik und Krise: Die Politisierung Deutschlands durch die Französische Revolution, in: Deutschland in den internationalen Beziehungen des 19. und 20. Jahrhunderts. Festschrift für Josef Becker zum 65. Geburtstag, hrsg. v. Walther L. Bernecker/Volker Dotterweich (Schriften der Philosophischen Fakultät der Universität Augsburg, Bd. 50), München 1996, S. 25–42.

[84] Vgl. Hermann Eicke, Der ostpreußische Landtag von 1798. Erster Teil, phil. Diss. Göttingen 1910, S. 20 f.; W. Treue, Die preußische Agrarreform zwischen Romantik und Rationalismus, S. 339. Siehe auch die entsprechende Erinnerung von Theodor von Schön, in: Aus den Papieren des Ministers und Burggrafen von Marienburg Theodor von Schön [hrsg. v. Hermann von Schön], Bde. I–IV, Halle a. S. – Berlin 1875–1876, hier Bd. I, S. 50.

[85] Encyclopädie des gemeinen Rechts, [1]1790, S. 21.

patriotischen Tugenden“ des Juristen, „ohne welche seine Gelehrsamkeit nur das Schwerdt in der Hand eines Mörders ist“;[86] – und auch diese Formulierungen konnten im Jahre 1790 wenigstens als mehrdeutig aufgefaßt werden.

Zwei Jahre später, in den „Vorerinnerungen“ seines „reinen Naturrechts“, berief sich Schmalz zwar immer noch auf die durch „die großen Begebenheiten unserer Tage“ begründete Aktualität des von ihm gewählten Themas, doch die „Partey“ der „Repräsentanten jener großen Nation“ offen zu ergreifen war er nicht mehr ohne weiteres bereit, sondern er zog sich lieber auf „die große Revolution im Reich der Wissenschaften“, die sich unter „uns Teutschen“ erhoben habe (womit die Kantische Philosophie gemeint war), zurück;[87] nur zu ihr bekannte er sich. An der Idee der *volonté générale* hielt er zwar auch jetzt noch fest, doch er sah sich genötigt, sich bereits vorab gegen eventuell mögliche Mißverständnisse zu verteidigen.[88] Eine gewisse Skepsis wird auch in einer Nebenbemerkung der ebenfalls 1792 publizierten „Darstellung des Niederlage-Rechts der Stadt Königsberg“ sichtbar, in der es heißt: „Was politisch gut sey, muß erst die Erfahrung lehren, und Erwartungen, die am unzweifelhaftesten sicher schienen, sind von ihr nicht selten getäuscht worden“.[89] Eine solche Formulierung, 1792 veröffentlicht, konnte nicht nur, sie *mußte* von den Zeitgenossen als Anspielung auf die in Deutschland heftig diskutierten Ereignisse westlich des Rheines gelesen werden.[90] Schließlich gehört in diesen Zusammenhang auch die – ebenfalls in diesem Jahr – in einem kleinen Artikel des ersten Heftes der „Annalen des Königreichs Preußen“ enthaltene Verteidigung des „Gemeingeistes“, der nicht nur in Republiken, sondern auch in Monarchien „möglich und wirklich“ sei.[91]

[86] Ebenda, S. 180.

[87] Das reine Naturrecht, ^{1}1792, S. 5 f.

[88] Vgl. etwa die Bemerkungen ebenda, S. 78, 89 f.

[89] Darstellung des Niederlage-Rechts der Stadt Königsberg, S. 67.

[90] Über die deutsche Auseinandersetzung mit der Französischen Revolution existiert eine umfangreiche Literatur; hier sei nur hingewiesen auf die glänzende Darstellung bei K. von Raumer, Deutschland um 1800, S. 24 ff., sowie auf den instruktiven Sammelband von Roger Dufraisse/Elisabeth Müller-Luckner (Hrsg.), Revolution und Gegenrevolution 1789–1830. Zur geistigen Auseinandersetzung in Frankreich und Deutschland, München 1991; neuerdings auch Christian Starck, Die Französische Revolution und das deutsche Staatsrecht, in: derselbe, Der demokratische Verfassungsstaat. Gestalt, Grundlagen, Gefährdungen, Tübingen 1995, S. 380–402, bes. 389 ff.

[91] Neuere Verordnungen etc., in: Annalen des Königreichs Preußen, Bd. I, hrsg. von Ludwig von Baczko und Theodor Schmalz, Königsberg – Berlin 1792, Heft 1, S. 137–

Diese – wenn man so will: gemäßigt liberale – Position setzte sich auch in den meisten Publikationen der folgenden Jahre weiter fort, nun aber mit immer deutlicheren revolutionskritischen Akzenten. An bestimmten Grundgedanken Rousseaus, der Lehre vom Naturzustand und auch am „allgemeinen Willen", hielt Schmalz zwar weiterhin fest, doch er relativierte jetzt die Bedeutung des großen Genfers und distanzierte sich ausdrücklich von dessen Verehrern im zeitgenössischen Paris.[92] Nun polemisierte er ebenfalls gegen die „Raisonneurs oder Deraisonneurs, welche itzt so oft geschrien haben, daß ein Volk seine Constitution, so oft es ihm gefällt, wie ein Kind sein Charten-Haus umwerfen könne",[93] nun bezeichnete er die Formel „Nulle loi prêexiste a la volonté du peuple" als „die verruchteste Empörung gegen das Moralgesetz",[94] und nun interpretierte er auch das allgemeine französische Stimmrecht, das auch „Beywohner" mit einschloß, als ein Zeichen dafür, daß man westlich des Rheins „im Wahnsinn der Verzweiflung den Staat auf Jahrhunderte zugrunde richtet".[95]

Immerhin gab er sich keinesfalls als Anwalt der vorrevolutionären Ordnung des Ancien régime, sondern legte Wert auf die Feststellung, daß er gleichzeitig gegen „Despotismus und Anarchie" kämpfe:[96]

142, hier S. 137: „Wir glauben, ... daß unsere Annalen ... dazu beytragen können, daß Gemeingeist und Interesse am Vaterlande geweckt werde. Dieser Gemeingeist ist nicht ein ausschliessendes Eigenthum republikanischer Staaten. Er ist auch in Monarchien möglich und wirklich. Sehr fälschlich wird von ihm Widersetzlichkeit und Aufruhr gefürchtet. Diese sind gerade die Kinder der Unkunde in den Angelegenheiten des Vaterlandes. Und eben diese Unkunde ist die Quelle eines Uebels, welches in unsern Zeiten so weit um sich greifft, daß es zum Sprichwort geworden". – Schmalz vertritt hier also die Idee einer *Revolutionsvorbeugung durch Aufklärung* im breitesten Sinne.

92 Vgl. Annalen der Rechte des Menschen, des Bürgers und der Völker 2 (1795), S. 134; vgl. ebenda 1 (1794), S. 2f.: „So war man wirklich schon vor Rousseau auf den bekannten Grundsatz vom allgemeinen Willen, als Grund der Persönlichkeit der Staaten, geleitet worden. Und wirklich hat er selbst für die Berichtigung dieser Idee kaum etwas wichtiges gethan. Er hat ihr nicht vielmehr als seinen Namen, und eine unglückliche Popularität gegeben. Eine unglückliche! denn woraus entstände grösseres Unglück, als aus einer wichtigen practischen Wahrheit, welche in Köpfe fällt, die sie nur halb begreiffen"; ähnlich auch in: Das natürliche Staatsrecht, [1]1794, S. 44: „Ueber so vielen Misbrauch, der mit dem Worte, volontè generale getrieben ist, sollte man es fast selbst nicht gebrauchen".

93 Das natürliche Staatsrecht, [1]1794, S. 49.

94 Ebenda, S. 56.

95 Ebenda, S. 70.

96 Ebenda, S. 6; es heißt weiter: „Die Zeit-Umstände können mehr ihre Waffen gegen den einen oder die andre [also, Despotismus und Anarchie, H.-C.K.] richten. Aber ich schrieb nicht für diese. Wieland und Rehberg, Brandes und Genz [sic!] mögen itzt ihre Pfeile gegen die Anarchie wenden, und dann erst, wenn sie endlich keinen Anhänger mehr hat, den Despotismus bekämpfen".

demjenigen, „welcher nicht für das Interesse der Tages Neuigkeiten schreibt“, gezieme „zuerst keine Furcht vor den Grossen“, dann aber auch ebensowenig „die elende Furcht vor den Schreyern in Journalen oder in Klubbs oder an Mittagstafeln, welche sich lassen dünken, sie hätten den Geist der Zeiten“. Auf welche „Mittagstafeln“ Schmalz hier (außer auf Goethes „Faust“)[97] im Vorwort des „natürlichen Staatsrechts“ anspielte – er unterzeichnete gleich anschließend mit „Königsberg, am 16ten Februar 1794“ –, dies zu klären überließ er seinen Lesern; doch nicht nur die ständigen Gäste der Tafelrunde im Hause Kants, nicht nur die Angehörigen der Königsberger Oberschicht, sondern vermutlich auch mehr als nur einige Leser außerhalb Preußens werden gewußt haben, wer hier gemeint war.

Seit 1794 wurde Schmalz in seinen politischen Äußerungen zunehmend deutlicher; die Demokratie verfiel nun einem ausdrücklichen und unzweideutigen Verdikt: der „allgemeine Wille“ dürfe, wenn er keinen Schaden anrichten solle, nur von einem „Machthaber“ verwaltet werden.[98] Die Monarchie dagegen erfuhr eine Aufwertung, wenn auch vorerst nur unter der Perspektive der am wenigsten unvollkommenen politischen Ordnung: „Frage aber niemand, welche Verfassung unter den irrdisch möglichen die vollkommenste, sondern welche die am wenigsten unvollkommene sey, nicht nach der, wo der Bürger nie, als nur zum Zweck des Staats bestimmt werde, sondern nach der, wo er am wenigsten von den Lastern oder Launen anderer abhängig sey? Entscheidet nicht für die Republik zu rasch. Laster und Launen eines Königs können viel Böses thun; Laster und Interesse, ja selbst die Launen der Partheyen noch viel mehr. Nero war nicht so bös, als Robespierre, und Aristides nicht edler, als Herzog Ernst der Fromme von Sachsen“.[99]

[97] GOETHE, Faust I, 577–579, „Was ihr den Geist der Zeiten heißt,/Das ist im Grund der Herren eigner Geist,/In dem die Zeiten sich bespiegeln.“

[98] Vgl. Schmalz' Ausführungen in seinem Essay über Tiberius Gracchus, in: Annalen der Rechte des Menschen, des Bürgers und der Völker 1 (1794), S. 55 f.: „Aber das ist die Natur der Democratien, daß kein Gesetz dauerhaft seyn, oder dessen Uebertretung von dem Volke selbst einmal als ungerecht angesehen werden kann. Denn der allgemeine Wille, wenn er nicht von einem Machthaber verwaltet wird, hat keine der Grenzen, welche diesen vom Unrecht zurückhalten. Deshalb hat auch die Geschichte bewiesen, wie thöricht man sich bestrebte, Organisationen der Democratien dauerhaft zu machen“.

[99] Die Freyheit des Bürgers, in: ebenda, S. 30; siehe dagegen aber auch eine Äußerung von 1795; zitiert unten in Anm. 105!

Fleißig trug Schmalz weitere Argumente gegen die Revolution als politisches Prinzip zusammen;[100] auch eine Übersetzung des fünften Buches der „Politik“ des Aristoteles, die Schmalz im zweiten Band seiner „Annalen der Rechte des Menschen, des Bürgers und der Völker“ abdruckte, sollte offenbar ausschließlich diesem Zweck dienen.[101] Wacker polemisierte er gegen Autoren, die als Anhänger der Französischen Revolution hervorgetreten waren, wie etwa Thomas Paine oder Johann Wilhelm von Archenholz,[102] und schließlich bezeugte er auch öffentliche Dankbarkeit „gegen die Regierung, unter der ich lebe“.[103] Gegen „die Herren *a priori*, welche Theorien über Sachen bauen, welche die Erfahrung erst giebt, und die nie das darüber Erfahrne kennen gelernt haben“,[104] erhob er ebenso seine Stimme, wie er vor dem „Uebel“ der menschlichen Leidenschaften mit großem Nachdruck warnte: es sei „wohl die schlimmste Verfassung die, wo die Leidenschaften den weitesten Spielraum haben; und die beste die, wo jeder am schnellsten zu seiner Pflicht, und zu nichts weiter angehalten werden kann“.[105] Die Idee des Fortschritts, die er früher vermutlich

[100] Vgl. etwa: Hyper-Metapolitik, in: Annalen der Rechte des Menschen, des Bürgers und der Völker 2 (1795), S. 167: „Die unseligste Schwärmerey ist die, welche uns antreibt, unsre gegenwärtige Pflicht zu verkennen, und etwa eine von uns beschworne Konstitution umzuwerfen, um das Ruder des Schicksals in unsre Hand zu nehmen und die Vervollkommnung des Ganzen zu befördern. Die Tugendhaften stiften, wie Aristoteles sagt, nie Revolutionen an. Haben Brutus und Cromwell, oder die Urheber der letzten Unruhen in Frankreich, wenigstens nach 1791, ihn widerlegt?“.

[101] Aristoteles über Revolutionen. (Das fünfte Buch seiner Politik, aus dem Griechischen übersetzt.), in: Annalen der Rechte des Menschen, des Bürgers und der Völker 2 (1795), S. 137–156 (mit einer „Nachschrift des Herausgebers“, ebd., S. 155–156); vgl. bes. S. 138, 140, 142 f., 148. In einer „Nachschrift des Herausgebers“ fügte Schmalz die Bemerkung an, ebenda, S. 155 f.: „Ich fürchte, daß vielleicht Manche, von unsern excentrischen Politikern verwöhnt, an der Simplicität des alten Griechen keinen Geschmack finden, und vergessen werden, daß Weisheit und Simplicität ewig Eins waren, daß die größten und wichtigsten Wahrheiten gar nicht weit dürfen gesucht werden, sondern dem Menschen immer nahe liegen ... Uebrigens wird der Unverwöhnte gern einen Mann über Revolutionen reden hören, welcher im Vaterlande aller Arten von Revolutionen zu Hause war, und seit einer hübschen Reihe von Jahren den Ruf hat, ein ganz erträglicher Denker zu seyn“.

[102] Vgl. Ueber die neueste Litteratur des Natur- und Völker-Rechts, in: Annalen der Rechte des Menschen, des Bürgers und der Völker 1 (1794), S. 72 f.

[103] Moralisch-politische Betrachtungen über die Ehe II., in: Annalen der Rechte des Menschen, des Bürgers und der Völker 2 (1795), S. 133.

[104] Vermischte Bemerkungen, in: Annalen der Rechte des Menschen, des Bürgers und der Völker, 2 (1795), S. 174.

[105] Ebenda, S. 172; es heißt weiter, „Es gab und giebt vortreffliche Republiken, die Freiheit und Eigenthum sicherten; aber es gab auch Jakobinerklubs und Independen-

in einer eher unreflektierten Form vertreten hatte, begann er nun genauso deutlich zu kritisieren[106] wie er andererseits gegen die Auswirkungen und Folgen einer oberflächlichen Aufklärung Verwahrung einlegte.[107]

Angesichts der Entwicklung der Revolution in Frankreich seit 1791 war Schmalz, wie nicht wenige andere unter seinen deutschen Zeitgenossen, zum politischen Skeptiker geworden, der nun keineswegs mehr das politische Heil aus Paris erwartete, sondern in der Revolution eher ein Schreckbild sah, einen Ausdruck dessen, was eintreten kann, wenn die Umsturzbereitschaft der Masse mit der Reformunfähigkeit der politisch führenden Schichten einhergeht. Diese Skepsis hat ihn niemals mehr verlassen, – und seine späteren Plädoyers für vorsichtige Reformen, verbunden mit unbedingtem Festhalten am Bewährten, auch seine immer stärker werdende Orientierung am Status quo des preußischen Staates seiner Zeit, die ihn schließlich, fast drei Jahrzehnte später, zu einer Ablehnung einer geschriebenen Verfassung für Preußen führen sollte, dürften unmittelbar mit den Erfahrungen der 1790er Jahre zusammenhängen. Daß er sich zudem mit dieser offen geäußerten politischen Skepsis dem Kreis der ostpreußischen Reformliberalen langsam geistig und politisch entfremden mußte, liegt auf der Hand. Diese Tatsache wird ihm 1803 den Abschied aus Königsberg vermutlich erleichtert haben.

ten. Es gab und giebt Nerone und Caligulas. Aber es gibt auch Titus und Trajane. – Daher meine ich, da man nicht der Monarchie, und nicht der Republik unbedingt den Vorzug geben könne. – Die beste Verfassung ist die am besten eingerichtete, mag sie genannt seyn, wie sie will". Man merkt also, daß seine politischen Ideen noch nicht widerspruchsfrei entwickelt und ausgearbeitet waren, denn in *dieser* Äußerung erscheinen Republik und Monarchie wieder als im Prinzip gleichwertig!

106 Vgl. Erklärung der Rechte des Menschen und des Bürgers. Ein Commentar über das reine Natur- und natürliche Staatsrecht, Königsberg 1798, S. 121 ff.

107 Vgl. die entsprechenden Bemerkungen der Vorrede im Handbuch des teutschen Land- und Lehnrechts. Zum Gebrauch academischer Vorlesungen, Königsberg 1796, S. V–VI.

§ 4 Halle

a) Das Berufungsverfahren

In einem 1821 für den Kurator der Universität Berlin niedergeschriebenen, kurzen Abriß der eigenen Berufslaufbahn hat Theodor Schmalz im Rückblick auf seine Königsberger Jahre bemerkt: „Als Director und Kanzler hatte ich ... Gelegenheit durch Arbeiten für Verwaltung des Universitäts-Vermögens und für die Disciplin mich dem damaligen Minister, Herrn von Massow zu empfehlen, so daß ich 1803 als Director der Universität und als Geheimer Justizrath nach Halle versetzt wurde mit einem Gehalte von 1200 Thalern".[1] Diese Versetzung scheint in der Tat vor allem das Werk des in jener Zeit besonders einflußreichen Ministers gewesen zu sein.

Julius Eduard von Massow (1750–1816), in den Jahren 1798 bis 1806 preußischer Innenminister und damit auch für die Bereiche Unterricht und Kultus zuständig,[2] bereitete in den Jahren nach 1800 eine umfassende Bildungs- und Universitätsreform für die preußischen Lande vor, deren Ziel er – sehr knapp formuliert – in

[1] UA Berlin, Universitätskurator, Nr. 320, Bl. 13r (17.9.1821).

[2] Siehe über ihn neuerdings die ausführliche Studie von Manfred Schneider, Julius Eberhard Wilhelm Ernst von Massows Beitrag zur Bildungsreform in Preußen (1770–1806) (Europäische Hochschulschriften, R. XI, Bd. 701), Frankfurt a. M. – Berlin – Bern – New York – Paris – Wien 1996; wichtig ebenfalls die Darstellungen von Gerd Roellecke, Julius von Massow als „Kultusminister" (1798–1806). Preußische Bildungspolitik zwischen Wöllner und Humboldt, in: Das nachfriderizianische Preußen 1786–1806. Rechtshistorisches Kolloquium 11.–13. Juni 1987 Christian-Albrechts-Universität zu Kiel, hrsg. v. Hans Hattenhauer/Götz Landwehr (Motive – Texte – Materialien, Bd. 46), Heidelberg 1988, S. 363–381 und Alfred Heubaum, Die Reformbestrebungen unter dem preussischen Minister Julius von Massow (1797–1807) auf dem Gebiete des höheren Bildungswesens, in: Mitteilungen der Gesellschaft für deutsche Erziehungs- und Schulgeschichte 14 (1904), S. 186–225; aus der älteren Literatur vgl. noch Conrad Varrentrapp, Johannes Schulze und das höhere preußische Unterrichtswesen in seiner Zeit, Leipzig 1889, S. 229 ff.; M. Lenz, Geschichte der königlichen Friedrich-Wilhelms-Universität I, S. 36 ff.; H. Schelsky, Einsamkeit und Freiheit, S. 42 ff.; knappe Erwähnungen bei Gustav Aubin, Aus der Geschichte der Universität Halle um die Wende des 18. Jahrhunderts (Hallische Universitätsreden, Bd. 52), Halle a. S. 1931, S. 16; Kurt von Raumer, Zum geschichtlichen Hintergrund und europäischen Kontext der preußischen Bildungsreform, in: Das Vergangene und die Geschichte. Festschrift für Reinhard Wittram zum 70. Geburtstag, hrsg. v. Rudolf von Thadden/Gert von Pistohlkors/Hellmuth Weiss, Göttingen 1973, S. 42–62, hier S. 57.

einer verstärkten Spezialisierung der Bildungsanstalten, vor allem der Universitäten, sah. Im Sinne des aufklärerischen Nützlichkeitsideals schwebte ihm dabei die Umwandlung der traditionellen Hochschulen in reine Berufsbildungsakademien vor – und damit faktisch die Auflösung der hergebrachten *universitas literarum*. Bekanntlich haben die preußischen Bildungsreformer um Wilhelm von Humboldt nach 1807 genau den entgegengesetzten Weg eingeschlagen,[3] doch um 1800 schien der Weg des Wandels zuerst in eine ganz andere Richtung zu führen.

Die Friedrichs-Universität zu Halle sollte hierbei nach Massows Wunsch offenbar eine Vorreiterrolle spielen; jedenfalls begann er bereits um 1800 mit den ersten Vorbereitungen für eine umfassende organisatorische Reform dieser damals größten und wichtigsten Universität des preußischen Staates, – und zwei Besuche des Königs (1799 und 1803), die Bestallung Massows zum Oberkurator der Hochschule im Jahre 1802, schließlich auch mehrere für Preußen ganz ungewohnt üppige finanzielle Zuwendungen an die Universität hatten offenbar diesem Zweck zu dienen oder sollten Massows Vorhaben doch wenigstens flankieren.[4] Daß hierfür nicht zuletzt ein tüchtiger Organisator und Verwaltungsfachmann „vor Ort" benötigt wurde, der nicht nur sein Können bereits unter Beweis gestellt hatte, sondern auch das besondere Vertrauen des Ministers besaß, lag auf der Hand. Eben hierin wird man wohl den Hauptgrund für Schmalz' Berufung an die Friedrichs-Universität und für seinen damit zweifellos verbundenen Karrieresprung zu sehen haben.

Die Umstände dieser Berufung sind aus den Akten genau zu rekonstruieren.[5] Der angesehene juristische Lehrstuhl, den zwischen 1776 und 1791 Daniel Nettelbladt und 1791 bis 1800 Ernst Ferdinand Klein – und damit zwei der führenden Juristen Preußens – innegehabt

[3] Siehe hierzu immer noch die glänzende, im Kern unüberholte Darstellung und Analyse bei H. Schelsky, Einsamkeit und Freiheit, S. 48 ff. u. passim; grundlegend zur preußischen Bildungsgeschichte des frühen 19. Jahrhunderts jetzt auch Wolfgang Neugebauer, Das Bildungswesen in Preußen seit der Mitte des 17. Jahrhunderts, in: Handbuch der preußischen Geschichte, hrsg. v. Otto Büsch, Bd. II, Berlin – New York 1992, S. 605–798, hier S. 666 ff.

[4] Vgl. dazu u. a. O. Lehmann, Die Nationalökonomie an der Universität Halle, S. 11 ff.; G. Roellecke, Julius von Massow als „Kultusminister", S. 376 f.; M. Schneider, Massows Beitrag zur Bildungsreform in Preußen, S. 352 ff.

[5] Vgl. dazu die gründliche Studie von L. Jelowik, Defizite preußischer Berufungspolitik, bes. S. 3 ff.

hatten,[6] sollte eigentlich, so der Wunsch des Königs, mit einem „auswärtigen berühmten Rechtslehrer"[7] besetzt werden. Doch die Verhandlungen mit den zuerst ins Auge genommenen Nachfolgekandidaten Friedrich August Schmelzer in Helmstedt und Karl Heinrich Gros in Erlangen zogen sich derart in die Länge,[8] daß Massow – dem es im Zuge seiner Reformvorhaben auch um die gleichzeitige Besetzung des Direktorenpostens der Friedrichs-Universität ging – im Herbst 1802 einen neuen Favoriten ins Gespräch brachte: Theodor Schmalz.

„Gleich anfänglich würde ich" – heißt es in Massows Schreiben an Friedrich Wilhelm III. vom 2. November 1802 – „Euer Königl. Majestät den jetzigen Director u. Cantzler der Universität Königsberg *professor juris* u. Consistorialrath Schmalz nach Halle vorgeschlagen haben, wenn ich nicht gewünscht hätte, diesen Mann der erstgenannten Universität zu conserviren".[9] Nach der langen Vakanz eines der wichtigsten Lehrstühle in Halle sei jetzt allerdings eine möglichst schnelle Neubesetzung unumgänglich, und mit Schmalz stehe der passende Mann bereit; Massow fuhr fort: „Ich habe ... mich mit dem p. p. Schmalz näher bei meiner Anwesenheit in Koenigsberg bekannt gemacht, u. mich überzeugt, daß er gantz für Halle passe. Er ist ein bekannter Gelehrter, von durchaus unbescholtener, vorzüglicher Moralitaet und feinen Sitten. Er docirt mit allgemeinem Beifall, und hat sich bei den Studenten *autoritaet* ... erworben. Er ist bereit in eben der Art ... den Posten in Halle ... anzunehmen, und auf Ostern 1803

[6] Vgl. zur Geschichte der Juristenfakultät der Friedrichs-Universität auch J. Schröder, Zur Entwicklung der juristischen Fakultäten im nachfriderizianischen Preußen, S. 260 ff.; Gottfried Langer, Von Arbeit und Ansehen der hallischen Juristenfakultät in zweieinhalb Jahrhunderten, in: 250 Jahre Universität Halle. Streifzüge durch ihre Geschichte in Forschung und Lehre, Halle 1944, S. 132–149, sowie L. Jelowik, Die Reichspublizistik am Ende des Alten Reiches an der halleschen Juristenfakultät, passim. Zum Zusammenhang des „preußischen Naturrechts" im 18. Jahrhundert vgl. die grundlegende Arbeit von Eckhart Hellmuth, Naturrechtsphilosophie und bürokratischer Werthorizont. Studien zur preußischen Geistes- und Sozialgeschichte des 18. Jahrhunderts (Veröffentlichungen des Max-Planck-Instituts für Geschichte, Bd. 78), Göttingen 1985, passim. – Zu Klein in Halle siehe M. Kleensang, Das Konzept der bürgerlichen Gesellschaft bei Ernst Ferdinand Klein, S. 39 ff., sowie Eckhart Hellmuth, Ernst Ferdinand Klein (1744–1810), in: Aufklärung 2 (1987), S. 121–124.

[7] Zitiert nach L. Jelowik, Defizite preußischer Berufungspolitik , S. 3.

[8] Vgl. dazu die ausführliche, aus den Akten gearbeitete Darstellung ebenda, S. 3 ff., 6 ff.

[9] GStA PK, I. HA, Rep 76 Alt II, Nr. 63, Bl. 112r (Massow an König Friedrich Wilhelm III., 2.11.1802); vgl. auch die Darstellung bei L. Jelowik, Defizite preußischer Berufungspolitik, S. 9 ff.

anzutreten. Ich bitte daher unterthaenigst zu genehmigen daß der Schmalz von Ostern 1803 an mit dem *praedicat* eines Geheimen Justizrathes, Director der Universität *ordinarius* der *juristen facultaet* und *prof. juris* zu Halle bestallt ... werde“.[10]

Doch der König war anderer Ansicht: es sei ihm bekannt geworden, schrieb er an seinen Minister, „daß der Professor der Rechte Hufeland zu Jena die Kleinsche Stelle in Halle wohl annehmen würde“. Da man in diesem Falle der Königsberger Albertina den Verlust von Schmalz ersparen könnte, solle ein letzter Versuch unternommen werden, „um einen berühmten Gelehrten aus dem Auslande nach Halle zu ziehen“; sollte dieser Versuch jedoch mißlingen, wolle er „alsdann Eure jetzigen Vorschläge in Ansehung des Schmalz in ihrem ganzen Umfange genehmigen“.[11]

Nun wurde es für den Minister etwas peinlich, denn er mußte dem König gegenüber zugeben, daß er selbst „zu voreilig gewesen“ war, indem er seinem Königsberger Favoriten den Ruf bereits mehr oder weniger fest zugesagt hatte; Schmalz habe „in jener Erwartung sein *quartier* auf Ostern aufgesagt“ und rechne unbedingt mit seiner Anstellung in Halle, er habe zudem einen kürzlich an ihn ergangenen Ruf nach Dorpat bereits abgelehnt. „In Hufeland“, so Massow weiter, „würde man einen großen Gelehrten gewinnen. Aber wer bürgt dafür daß er bei seiner Tendenz zur Speculation ein eben so tüchtiger Director u. Geschäftsmann sei ... Wenigstens ist das was man ... von Schmalz schon weiß, bei Hufeland sehr ungewiß. Wenigstens hoffe ich mich nicht in Ansehung des Schmalz zu irren, obgleich allerdings die Folge erst einen überzeugenden Beweis meiner Erwartung, daß er in Halle eben so ... brauchbar sein werde, als er es in Koenigsberg ist, geben muß“.[12] Nun lenkte Friedrich Wilhelm III. ein; Massow wurde beauftragt, keine Verhandlungen mit Hufeland aufzunehmen, dafür aber den Lehrstuhl Kleins umgehend mit Schmalz neu zu besetzen.[13] Noch am selben Tag ging ein Brief des Ministers nach Königsberg ab,

[10] GStA PK, I. HA, Rep 76 Alt II, Nr. 63, Bl. 112v.

[11] Ebenda, Bl. 114r (Friedrich Wilhelm III. an Massow, 6.11.1802).

[12] Ebenda, Bl. 114r–115r (Massow an Friedrich Wilhelm III., 7.11.1802).

[13] Vgl. ebenda, Bl. 125r (Friedrich Wilhelm III. an Massow, 15.11.1802): „Da Ihr nach Euerm ... Berichte vom 7ten d. M., die Versetzung des Consistorial Raths Schmalz zu Königsberg in Preußen auf die Kleinsche Stelle bey der Universität zu Halle so gut wie abgemacht habt, und dazu meine Genehmigung zu erhalten gegründete Hoffnung geben konntet; so will Ich solche angetragenermaßen approbiren, so daß es keiner neuen Unterhandlung mit dem Professor Hufeland zu Jena bedarf, und überlasse es Euch nunmehr das deshalb weitere zu verfügen“.

mit dem Schmalz den erwarteten Ruf endgültig erhielt und angewiesen wurde, „sich so einzurichten, daß er unfehlbar Ostern 1803 sein neues Amt in Halle antreten könne“;[14] vier Tage später erfolgte die offizielle Bestallung von Schmalz als Direktor und Ordinarius der Friedrichs-Universität.[15] Immerhin wird man ihn – auch noch aus heutiger Perspektive – zu den bedeutendsten Juristen der Friedrichs-Universität vor der Katastrophe von 1806 zählen können.[16]

b) Letzte Blüte der Friedrichs-Universität

Als Schmalz im Jahre 1803 sein Amt in Halle antrat, schien sich die Friedrichs-Universität nicht in besonders guter Verfassung zu befinden.[17] Seit 1796 war die Studentenzahl kontinuierlich gesunken, und eben im Jahr von Schmalz' Amtsantritt hatte sie ihren niedrigsten Stand von 578 Immatrikulierten erreicht. Dieser Rückgang hing nicht zuletzt mit der ausgesprochen dürftigen finanziellen Ausstattung der Hochschule zusammen; zwar hatten sich deren Einnahmen seit dem Regierungsantritt des jungen Königs (1796) leicht verbessert, doch die Attraktivität der Fridericiana war dadurch nicht gesteigert worden. Auch bedeutende akademische Lehrer wie Ernst Ferdinand Klein, der Theologe August Hermann Niemeyer oder der in seiner Zeit berühmte, mit Goethe eng befreundete Philologe Friedrich August Wolf, der seit 1783 hier lehrte, hatten diesem betrüblichen Tatbestand nicht abhelfen können.

[14] Ebenda, Bl. 126r (Massow an Schmalz, 15.11.1802).

[15] Vgl. den Entwurf der Bestallungsurkunde ebenda, Bl. 127r–128r (19.11.1802).

[16] Dies tut jedenfalls J. Schröder, Zur Entwicklung der juristischen Fakultäten im nachfriderizianischen Preußen, S. 265, vgl. auch S. 294.

[17] Vgl. zur Geschichte der Friedrichs-Universität Halle in den Jahren um und kurz nach 1800 besonders Johann Christoph Hoffbauer, Geschichte der Universität zu Halle bis zum Jahre 1805, Halle 1805, S. 486 ff.; Wilhelm Schrader, Geschichte der Friedrichs-Universität zu Halle, Bd. I, Berlin 1894, S. 394 ff. u. passim; G. Aubin, Aus der Geschichte der Universität Halle, passim; Franz Hofmann, Die Universität Halle zur Zeit der Anfänge der bürgerlichen Umwälzung (1789–1817), in: Geschichte der Martin-Luther-Universität Halle-Wittenberg 1502–1977, hrsg. v. Hans Hübner, Halle (Saale) 1977, S. 49–51; knapper Überblick bei Rüdiger vom Bruch, Martin-Luther-Universität Halle-Wittenberg, in: Universitäten und Hochschulen in Deutschland, Österreich und der Schweiz. Eine Universitätsgeschichte in Einzeldarstellungen, hrsg. v. Laetitia Boehm/Rainer A. Müller, Düsseldorf 1983, S. 174–181; neuerdings auch Hans Maier, Aufklärung, Pietismus, Staatswissenschaft. Die Universität Halle nach 300 Jahren, in: Historische Zeitschrift 261 (1995), S. 769–791, hier S. 786 ff., und Günter Jerouschek/Arno Sames (Hrsg.), Aufklärung und Erneuerung. Beiträge zur Geschichte der Universität Halle im ersten Jahrhundert ihres Bestehens (1694–1806), Hanau – Halle 1994.

Doch mit dem Jahre 1803 bahnte sich endlich eine sichtbare Verbesserung der Lage an, was nicht zuletzt mit der besonderen Förderung der Hochschule durch Massow zusammenhing. Es gelang dem Minister, vom König eine Erhöhung des jährlichen Etats auf 8000 Taler zu erreichen, kurz darauf sogar, ganz unerwartet, auf 15 000 Taler, allerdings verbunden mit der Forderung an die Universität, „einen genauen Plan zu ihrer Verbesserung aufzustellen“.[18] Dieser Fonds sollte, wie es hieß, „theils zur Anlegung und Erhaltung neuer Institute, wie eines technologischen Cabinets und eines akademischen Gottesdienstes; theils zur Ausbildung und Erweiterung der altern [sic]; und die übrige Summe für neue Lehrstellen, zu einem Reserve-Fonds, und zur Unterhaltung der Universitätsgebäude verwandt werden“.[19] Parallel dazu erfolgte ebenfalls eine Reihe von Neuberufungen, die das Ansehen der Friedrichs-Universität bedeutend vermehrten und auch die Studentenzahlen wieder ansteigen ließen: neben Schmalz wurden im gleichen und im folgenden Jahr die Mediziner Justus Loder und Ludwig Friedrich Froriep, der Naturphilosoph Henrik Steffens und der Theologe Friedrich Daniel Schleiermacher berufen. 1804 saßen wieder fast 800 Hörer zu den Füßen ihrer Dozenten, und 1805 waren bereits 937 Studierende an der Universität Halle immatrikuliert, und es schien tatsächlich, als ob die Friedrichs-Universität einer neuen Blütezeit entgegenging.[20]

Das geistige Leben jedenfalls hatte spätestens seit dem Amtsantritt der beiden jungen Professoren Steffens und Schleiermacher[21] einen deutlich spürbaren Aufschwung genommen, woran nicht zuletzt auch die ungewöhnliche Zahl hochbegabter junger Studenten beigetragen haben mag; so studierten in den Jahren vor der Katastrophe von 1806 junge Männer wie Achim von Arnim, Joseph von Eichendorff, Friedrich Ludwig Jahn, Karl August Varnhagen von Ense, Friedrich Christoph Dahlmann, Karl und Friedrich von Raumer, auch Immanuel Bekker, Alexander von der Marwitz und Johannes Schulze in

[18] G. Aubin, Aus der Geschichte der Universität Halle, S. 16; zum Zusammenhang vgl. auch ebenda, S. 12 ff.

[19] J. C. Hoffbauer, Geschichte der Universität zu Halle, S. 499.

[20] Vgl. G. Aubin, Aus der Geschichte der Universität Halle, S. 18; J. C. Hoffbauer, Geschichte der Universität zu Halle, S. 515 (Studentenzahlen).

[21] Vgl. Werner Abelein, Henrik Steffens' politische Schriften. Zum politischen Denken in Deutschland in den Jahren um die Befreiungskriege (Studien zur deutschen Literatur, Bd. 53), Tübingen 1977; Wilhelm Dilthey, Gesammelte Schriften, Bd. XIII/2: Leben Schleiermachers. Erster Band, Zweiter Halbband (1803–1807), hrsg. v. Martin Redeker, Göttingen 1970, S. 92 ff., 100 ff. u. passim.

Halle – um nur die wichtigsten zu nennen.[22] Die Erinnerungen an diese Jahre, die einige der genannten Professoren und Studenten hinterlassen haben, vermitteln ein überaus anschauliches und eindrucksvolles Bild von der Universität und der Stadt[23] in dieser Zeit.

Wenn man dem Rückblick eines der begabtesten Studenten, die sich damals in Halle aufhielten, Glauben schenken darf, nämlich Joseph von Eichendorff, dann gab es in den Jahren zwischen 1804 und 1806 zwei große geistig-weltanschauliche Lager innerhalb der Universität: Zum einen das der jungen „Romantiker", zu denen neben Schleiermacher und Steffens, wenngleich nur am Rande, auch Wolf gehörte und dem sich die damals geistig besonders aufgeweckten und talentiertesten Studenten zugesellten; jedenfalls ist der außerordentlich tiefe und prägende Eindruck, den die beiden neuberufenen jungen Universitätslehrer auf ihre vielen Schüler machten, mehrfach und eindringlich bezeugt.[24] „Schleiermachers und meine Zuhörer", erinnerte sich Steffens später sehr selbstbewußt, „bildeten einen eigenen Kreis, der sich wohl zu behaupten und Achtung zu verschaffen wußte, und hätte das Schicksal der Universität eine Reihe von Jahren Ruhe vergönnt, so durften wir wohl kaum an dem Gedeihen derselben zweifeln, sie würde in der Geschichte der bedeutendsten Universitäten Deutschlands eine großartige Rolle gespielt haben".[25] – Die andere Seite wurde allerdings weit weniger freundlich charakterisiert; so bemerkt Eichendorff (dessen Rückblick durch spätere Ereignisse wie

[22] Vgl. die Namensliste bei G. Aubin, Aus der Geschichte der Universität Halle, S. 25, auch die Angaben bei K.A. Varnhagen, Denkwürdigkeiten I, S. 358f.; hinzuzufügen ist auch der Name des jungen, frühverstorbenen Medizinstudenten Adolph Müller, dessen außerordentlich aufschlußreiche Briefe, die er aus Halle an seine Eltern in Bremen richtete, aus dem Nachlaß seines Studienfreundes Varnhagen ediert wurden: [Adolph Müller], Briefe von der Universität in die Heimath. Aus dem Nachlaß Varnhagen's von Ense, hrsg. v. Ludmilla Assing, Leipzig 1874.

[23] Siehe etwa Henrik Steffens, Was ich erlebte. Aus der Erinnerung niedergeschrieben, Bd. V, Breslau 1842, S. 118ff.; Karl August Varnhagen von Ense, Werke in fünf Bänden, hrsg. v. Konrad Feilchenfeldt, Bd. I: Denkwürdigkeiten des eignen Lebens, Erster Band (1785–1810), Frankfurt a.M. 1987, S. 347ff.; Joseph von Eichendorff, Werke, hrsg. v. Wolfgang Frühwald/Brigitte Schillbach/Hartwig Schultz (Bibliothek deutscher Klassiker, Bd. 96), Bd. V: Tagebücher, Autobiographische Dichtungen, Historische und politische Schriften, Frankfurt a.M. 1993, S. 123ff. u. passim; Karl von Raumer, Geschichte der Pädagogik. Wiederaufblühen klassischer Studien bis auf unsere Zeit, Bd. IV: Die deutschen Universitäten, 2. Aufl., Stuttgart 1854, S. 82ff.

[24] Vgl. neben J. von Eichendorff, Werke V, S. 424ff. vor allem K.A. Varnhagen, Werke I, S. 351ff. und K. von Raumer, Geschichte der Pädagogik, S. 86ff. – Über das Halle der jungen Romantiker siehe auch T. Ziolkowski, Das Amt der Poeten, S. 341ff.

[25] H. Steffens, Was ich erlebte V, S. 158f.

den Tugendbundstreit nicht unbeeinflußt war): „Gegenüber allen diesen neuen Bestrebungen lag aber die breite schwere Masse der Kantschen Orthodoxen und Stockjuristen, sämtlich von dem wohlfeilen Kunststück vornehmen Ignorierens fleißig Gebrauch machend; unter den letzteren ... *Schmaltz*, der nachherige Geheimrat der Demagogenjäger, der die Kantsche Philosophie, die er vor kurzen sich in Königsberg geholt, auf seine faselige Weise elegant zu machen suchte".[26]

Trotzdem scheint Schmalz in jenen Jahren als akademischer Lehrer durchaus nicht unbeliebt gewesen zu sein; so erinnert sich Eichendorff, der 1805 und 1806 bei Schmalz studierte,[27] doch immerhin daran, daß die Studenten ihrem akademischen Lehrer und zugleich Direktor und Kanzler der Universität mehr als einmal ein „Vivat" brachten.[28] Auch sollen seine Vorlesungen nicht unbeliebt, nur zuweilen etwas weitschweifig gewesen sein; so schrieb ein anderer junger Student, Wilhelm von Gerlach, später ein bekannter preußischer Jurist, an seinen Vater nach Berlin: „*Schmalz* ... liest recht unterhaltend, sein Vortrag ist gut, aber er spricht in den Tag hinein und bringt eine Menge ganz unnötiger Dinge in den Vortrag. So hat er über die Freiheit des Willens als Einleitung des Naturrechts – und der Enzyklopädie des Rechts – schon die ganze Woche gesprochen".[29] Nicht zuletzt führte Schmalz ein offenes Haus; mehr als einer seiner Studenten hat über die dortige Gastfreundschaft und Geselligkeit berichtet.[30]

Im Bewußtsein der Zeitgenossen zählte Schmalz damals zu den „großen Männern" der Friedrichs-Universität,[31] der an den Gesellschaftsabenden der akademischen Lehrer auf dem Giebichenstein und bei anderen Gelegenheiten gerne das große Wort führte; er galt als ein „Gesellschaftsmann", in dessen Haus junge Neuankömmlinge der

26 J. von Eichendorff, Werke V, S. 426.

27 Vgl. ebenda, S. 125, 158; siehe auch das Zeugnis für Eichendorff vom 14.9.1806, abgedruckt in: Joseph Freiherr von Eichendorff, Sämtliche Werke. Historisch-kritische Ausgabe, hrsg. v. Wilhelm Kosch/August Sauer, Bd. XII: Briefe, Regensburg 1910, S. 253 f.

28 Vgl. J. von Eichendorff, Werke V, S. 123, 161. – Freilich konnte sich der junge Student auch 1807 in Heidelberg mit seinem dortigen neuen Lehrer Thibaut über „die hallischen Professoren" und insbesondere über „Schmalzens reine Unwißenheit" unterhalten (ebenda, S. 241).

29 Hans Joachim Schoeps (Hrsg.), Aus den Jahren preußischer Not und Erneuerung. Tagebücher und Briefe der Gebrüder Gerlach und ihres Kreises 1805–1820, Berlin 1963, S. 324; vgl. auch die Bemerkungen ebenda, S. 328 ff.

30 Vgl. [A. Müller], Briefe von der Universität in die Heimath, S. 4, 334; K. A. Varnhagen, Werke I, S. 366.

31 Vgl. u. a. [A. Müller], Briefe von der Universität in die Heimath, S. 199; W. Dilthey, Gesammelte Schriften, Bd. XIII/2, S. 140.

Hochschule nicht nur „Gesellschaften frequentiren", sondern durch den man sich auch „leicht weiter in die vornehmsten Zirkel empfehlen lassen" konnte.[32] Freilich machte er bei den Disputen der Professoren untereinander nicht immer eine gute Figur; so mußte er etwa während einer Gesellschaft bei Niemeyer in einer Diskussion mit dem beliebten Schleiermacher (der 1815 im Tugendbundstreit einer seiner erbittertsten Gegner werden sollte) klein beigeben.[33]

Als die Friedrichs-Universität am 3. August 1804 dem König für seine großzügige Dotation mit einer Festveranstaltung anläßlich seines Geburtstages dankte,[34] da „fand man es schicklicher", daß statt der üblichen lateinischen Reden, die zumeist „von dem Professor der Beredsamkeit, oder einem andern Mitgliede des akademischen Senats gehalten" wurden, dieses Mal „eine deutsche Rede die Königlichen Wohlthaten und die Empfindungen des ehrfurchtsvollsten Danks, in welche jeder Freund der Wissenschaften einstimmen würde, darlegen sollte".[35] Diese Rede – sie trug den Titel „Ueber bürgerliche Freyheit" – hatte Schmalz übernommen, der sich (vielleicht auch in den Augen mancher seiner Kollegen) bereits in Königsberg als Festredner bewährt hatte. Sein Lob des Königs, das hier kaum ausgiebig zitiert zu werden braucht, wurde in dieser Rede überwölbt durch die von ihm gerühmte „seltene Glückseligkeit der Preußischen Staaten", von der er „auf die Quelle alles öffentlichen Glücks, auf die bürgerliche Freyheit" zu sprechen kam,[36] die er wiederum – kaum verwunderlich – zuerst und vor allem in Preußen verwirklicht sah. Sein Geburtstagsvortrag endete mit einem wahren Hymnus auf die preußische Monarchie, denn „die Freyheit des Geistes blüht nirgends so schön, als hier". Und dies, weil „Friedrich Wilhelms gerader Sinn die Freyheit, zu schreiben, und die Freyheit, zu lesen" schütze. „Verborgene Wahrheit ans Licht zu rufen, spendet Er mit reicher Hand Ermunterung den Wissenschaften, sammelt Er einen Kreis der gelehrtesten Zunftgenossen in seinen Staaten, und rief sogar, Er ein König, den Geschichtschreiber eines Kampfes der Freyheit gegen Tyrannen, um in der Freyheit eines monarchischen

[32] So [A. Müller], Briefe von der Universität in die Heimath, S. 334.

[33] Vgl. die Schilderung ebenda, S. 176; siehe auch W. Dilthey, Gesammelte Schriften, Bd. XIII/2, S. 120.

[34] Vgl. die Schilderung des Festakts bei J. C. Hoffbauer, Geschichte der Universität zu Halle, S. 516–518.

[35] Ebenda, S. 517.

[36] Ueber bürgerliche Freyheit. Eine Rede am Geburtstagsfeste Sr. Majestät des Königs am 3ten August 1804 im großen Hörsaale der Friedrichsuniversität, Halle 1804, S. 4

Staats das Streben einer Republik nach Freyheit der Nachwelt zu erzählen".[37] Die letzte Bemerkung spielte auf die Berufung des großen Schweizer Historikers Johannes von Müller als Historiograph des preußischen Staates nach Berlin an, mit dem Schmalz nur wenige Jahre später noch persönlich zu tun bekommen sollte.

Der rhetorische Aufwand, mit dem der Hallenser Ordinarius und Universitätskanzler hier den Geburtstag des Monarchen und Wohltäters der Hochschule feierte,[38] fand allerdings nicht nur Zustimmung. So urteilte einer der von Schmalz besonders angesprochenen „jüngsten Freunde", der zu jenen Schleiermacher- und Steffens-Schülern gehörende romantisch bewegte Student Adolph Müller: „Schmalz hielt eine Rede auf die politische Freiheit, die nach ihm nur im Preußischen zu finden war. Seine gelehrten Expositionen und die ganze weitläufige Art verrieth aber, daß der Redner nichts von dem Enthusiasmus empfand, den er an einem solchen Tag hätte laut werden lassen sollen".[39]

In der Tat: ein „Enthusiast" war Schmalz weder jetzt noch später, doch als tüchtiger Universitätsorganisator und als erfolgreicher Hochschullehrer und wissenschaftlicher Autor konnte er sich durchaus sehen lassen. Diese Ansicht teilten wohl auch Goethe und Schiller, mit denen Schmalz während seiner Zeit in Halle vermutlich nicht nur einmal zusammengetroffen ist. Goethe, der sich vom 6. bis zum 8. Mai 1803 in Halle aufhielt,[40] zählt Schmalz in den „Tag- und Jahresheften ausdrücklich zu den Professoren, die ihm während seines Besuches „mit gewohnter Freundlichkeit"[41] begegnet seien. Nachweislich sind sich beide noch einmal, Anfang September 1804, ebenfalls in Halle, bei einem Essen im Hause des Kollegen F. A. Wolf begegnet.[42] Die spätere

[37] Ebenda, S. 20 f.

[38] Vgl. auch die bezeichnenden Schlußworte, ebenda, S. 22: „Möge auch unsere Universität den Erwartungen des Königs und des Vaterlandes stets entsprechen. Rastlos für Wissenschaft und Vaterland zu arbeiten, und unsre jüngsten Freunde, die Hoffnungen des Königs und des Vaterlandes, für alles, was edel ist, und weise und gut, durch Lehre und Beyspiel zu bilden, – mit diesem feyerlichen Gelübde aller Lehrer der Universität weihen wir diesen Tag".

[39] [A. Müller], Briefe von der Universität in die Heimath, S. 113.

[40] Über Goethes Verhältnis zur Universität Halle und seine dortigen Besuche vgl. auch Erich Neuss, Goethe und die Universität Halle, in: 450 Jahre Martin-Luther-Universität Halle-Wittenberg, (hrsg. v. Leo Stern), Bd. II, Halle a. S. 1952, S. 125–158, bes. S. 127 ff., 156, Anm. 76, sowie die Bemerkungen bei K. von Raumer, Geschichte der Pädagogik IV, S. 85 f.

[41] Johann Wolfgang von Goethe, Werke, hrsg. im Auftrage der Großherzogin Sophie von Sachsen (Weimarer Ausgabe), 1. Abt. Bd. XXXV, Weimar 1892, S. 147.

[42] Vgl. Wolfgang Herwig, Goethes Gespräche. Eine Sammlung zeitgenössischer Berichte aus seinem Umgang auf Grund der Ausgabe und des Nachlasses von

Christiane von Goethe wiederum hatte den „Geheimen Rath“ Schmalz Anfang Juli 1803 in Lauchstädt kennengelernt; er sei, so berichtete sie nach Weimar, „auch ein recht lustiger Mann“[43] gewesen.

Aus der Begegnung mit dem großen Mann ergab sich sogar ein kleiner Briefwechsel. So fragte Goethe, der sich in seiner Eigenschaft als Weimarer Staatsminister auch um das Wohlergehen der Universität Jena zu kümmern hatte, am 6. März 1804 persönlich bei Schmalz an, ob dieser zu einer Mitarbeit an der Jenaischen Literaturzeitung bereit sei.[44] Schmalz antwortete umgehend: „Ew. Hochwohlgebohrene gütevolle Erinnerung meiner hat mir eine unaussprechliche Freude gemacht, welche Sie ganz erkennen würden wenn Sie wüßten, wie viel ich Ihnen verdanke, und daß Sie seit meinem fünfzehnten Jahre meinen Ansichten, meinen Gefühlen Leiter und Vorbild gewesen sind. Die Tage, welche ich hier mit Ihnen lebte, werden meinem Andenken immer Feyertag bleiben“. Den „mir so schmeichelhaften Antrag an der Jenaische [sic] Allgemeinen Litteratur Zeitung Theil zu nehmen“, nahm er, wie nicht anders zu erwarten, gerne an, obwohl er selbst, so seine Versicherung, noch kein sehr erfahrener und versierter Rezensent sei; bevor er mit „tiefer Verehrung“ schloß, fügte er hinzu: „Die Fächer indeß in dem [sic] ich dem Institute am nützlichsten zu seyn glaube, sind Staatsrecht, Völker Recht, Natur-Recht, Politik, Staatswirthschaft“.[45] Obwohl Goethe gleich seinem für die Literaturzeitung zuständigen Mitarbeiter über den „erfreuliche[n] Brief vom

Flodoard Freiherr von Biedermann, Bd. I: 1749–1805, Zürich – Stuttgart 1965, S. 965, Nr. 1997 (J. Ch. Loder an Böttiger, 5.9.1804): „Ich weiß nicht, ob ich es Ihnen schon gemeldet habe, daß Goethe (mit der Vulpia!) drei Tage hier [in Halle] war und bei Wolf logierte. Wir wurden tags vor seiner Abreise zu Wolf gebeten, wo wir bloß noch Schmalz und seine Frau fanden und dinierten und soupierten, auch eine sehr angenehme Unterhaltung hatten“.

[43] Hans Gerhard Gräf (Hrsg.), Goethes Briefwechsel mit seiner Frau, Bd. I, Frankfurt a. M. 1916, S. 407 (Christiane Vulpius an Goethe, 4./10. Juli 1803).

[44] Vgl. J. W. von Goethe, Werke, 4. Abt., Bd. XVII, Weimar 1895, S. 86 f.: „Seit ich das Glück hatte Ew. Hochwohlgeb. kennen zu lernen, fand ich mich so oft im Falle an die guten Stunden zu denken, welche mir in Ihrer Gegenwart geschenkt waren; auch hätte ich manche Veranlassung ein näheres Verhältniß zu erwünschen. So gestehe ich gern, daß ich schon längst eine Einladung zu der jenaischen Litteraturzeitung würde gewagt haben, wenn es mir nicht in manchem Betracht schicklicher geschienen hätte solche aufzuschieben, bis ein Mustertheil dessen was man zu leisten hofft, vorläge“. Seine Bitte um Mitarbeit schloß mit den Worten: „Auch mich besonders werden Sie hierdurch verbinden …“.

[45] Stiftung Weimarer Klassik: Goethe- und Schiller-Archiv, Weimar: GSA 30/244 (Schmalz an Goethe, 19.4.1804); der vollständige Text des Briefes ist im Anhang (A.) abgedruckt.

Geh. Rath Schmalz“[46] Mitteilung machte, scheint die Zusammenarbeit nicht sehr weit gediehen zu sein, was vermutlich ebenso auf das Konkurrenzverhältnis der beiden in Jena und in Halle erscheinenden „Literaturzeitungen“[47] wie auch auf den zwei Jahre später ausbrechenden Krieg zurückzuführen ist.

Zur gleichen Zeit, als Schmalz zu einer Aufführung von Goethes „Natürlicher Tochter“ in Lauchstädt weilte und die Bekanntschaft der Christiane Vulpius machte, traf er dort auch auf Schiller, der am 6. Juli 1803 an Goethe nach Weimar schrieb: „An Schmalz, der zur natürlichen Tochter hier war, habe ich eine sehr schätzbare Bekanntschaft gemacht und dieser einzige Abend hat uns einander gleich recht nahe gebracht. Es ist eine Freude mit einem so klaren, jovialen und rüstigen Geschäftsmann zu leben, der weder Pedant noch affektiert ist“.[48] Fast gleichlautend, aber um eine wichtige Passage erweitert, schrieb der Dichter am gleichen Tag an seine Frau: „ ... an dem Geheimen Rath Schmalz, der Director der Universität, doch noch ein junger Mann von etwa 40 Jahren ist habe ich eine sehr interessante Bekanntschaft gemacht, und die erste Stunde hat uns einander sehr nahe gebracht. Er ist ein treflich philosophischer Kopf unter den Juristen und der jovialste rüstigste Geschäftsmann“.[49] Diese kleinen biographischen Arabesken lassen immerhin die Weite des Wirkungskreises und der vielfältigen Verbindungen erkennen, in denen sich Schmalz damals bewegte. – Ohne Frage hatte er in Halle einen ersten Höhepunkt seiner Karriere erreicht.

c) Professor und Direktor

Schmalz war zweifelsohne als Vertrauensmann des Ministers von Massow nach Halle gekommen. Er beeilte sich denn auch, seinen Vorgesetzten bereits am 29. März 1803 darüber zu informieren, „daß ich am 26sten im *Concilio generali* als Director, und am 28sten dieses Monats in der Juristen Facultät als Ordinarius introducirt und beeidigt bin“. Er habe die Hoffnung, „daß Ew. Ew. Excellenz [sic] wohl-

[46] J. W. von Goethe, Werke, 4. Abt., Bd. XVII, Weimar 1895, S. 133 (Goethe an Eichstädt, 28.4.1804).

[47] Vgl. L. Herrmann, Die Herausforderung Preußens, S. 39

[48] Friedrich Schiller, Werke. Nationalausgabe, hrsg. v. Norbert Oellers/Siegfried Seidel, Bd. XXXII: Briefwechsel, Schillers Briefe 1.1.1803–9.5.1805, hrsg. v. Axel Gellhaus, Weimar 1984, S. 51.

[49] Ebenda, S. 49.

thätige Absichten, unsere Universität zu wahrem Flor zu bringen, werden erreicht werden"; zudem hätten die Kollegen an der Hochschule es „mit der größten Freude aufgenommen ..., daß die Universität itzt wieder unmittelbar unter Ew. Excellenz arbeiten, und schon dieß feuert alles mit Muth an". Schließlich vergaß er nicht, hinzuzufügen: „Eingedenk Ew. Excellenz gnädigen Befehls werde ich nicht ermangeln, jeden bedeutenden Vorfall sogleich Ew. Excellenz privatim zu berichten".[50] Und der Minister bestätigte ihm in seinem Antwortschreiben, daß er sich „von der auf Sie gefallenen Wahl ... die gesegnetsten Folgen für die Univ. verspreche".[51]

Die Lehrtätigkeit des neuen hallischen Ordinarius gestaltete sich von Anfang an sehr erfolgreich; er konnte eine große Zahl von Hörern in seine Vorlesungen locken, wobei sich vor allem das Staatsrecht als Publikumsmagnet erwies.[52] Dies dürfe der Hauptgrund dafür gewesen sein, daß Schmalz mit Unterstützung des Ministers von Massow im August 1804 vom König die vakant gewordene Nominalprofessur für Staats- und Völkerrecht auf seinen eigenen Wunsch hin übertragen wurde – zugleich wohl auch als Beweis für die Zufriedenheit mit seiner bisherigen Amtsführung.[53]

In seine Vorlesungen und Lehrveranstaltungen, die er ab Ostern 1803 an der Friedrichs-Universität zu Halle abhielt, war Schmalz bestrebt, sein bereits in Königsberg ungewöhnlich breitgefächertes Repertoire noch zu erweitern: Neben die „Juristische Encyclopädie", das „Naturrecht", das „deutsche Privat- und Lehnrecht", das „Deutsche Staatsrecht" und die „Encyclopädie der Kameralwissenschaften" trat jetzt seit dem Sommersemester 1803 auch das „Europäische Völkerrecht", das er bereits im Wintersemester 1803/04 wiederholte und auch in den Sommersemestern 1805 und 1806 vortrug. Hinzu kamen noch „Practicas exercitationes" (im Wintersemester 1804/05) und „Ius publicum" des englischen Königreichs sowie des französischen Kaiserreichs, womit er das Lehrangebot seiner neuen Alma mater sicher um ein damals in Deutschland nicht allzu häufig öffentlich behandeltes

[50] GStA PK, I. HA, Rep. 76 alt, Abt. II, Nr. 64, Bl. 10r (Schmalz an Minister von Massow, 29.3.1803).

[51] Ebenda, Bl. 10r (Entwurf des Antwortschreibens, 1.4.1803).

[52] Vgl. die Hinweise bei L. Jelowik, Die Reichspublizistik, S. 101; W. Schrader, Geschichte der Friedrichs-Universität I, S. 587.

[53] Vgl. L. Jelowik, Die Reichspublizistik, S. 101, sowie GStA PK, I. HA, Rep. 76 alt, Abt. II, Nr. 33, Bl. 155r–156r (Minister von Massow an die Universität Halle, 7.8.1804); ebenda, Rep. 92, Nl. J. E. von Massow, III. B, Nr. 17, Bl. 85v.

Thema bereichert haben dürfte – sicher einer der Gründe für seinen unbestreitbaren Erfolg als akademischer Lehrer.[54]

Aber auch als Direktor der Universität scheint sein Wirken keineswegs ohne Früchte geblieben zu sein. Gegen Ende 1804, also nach fast zweijähriger Tätigkeit in Halle, berichtete er dem für die Hochschulen zuständigen Kabinettssekretär des Königs, Karl Friedrich von Beyme, über die ständig anwachsende Zahl der Studenten, die wieder den Stand der Zeit vor fünfzig Jahren erreicht hatte: „Unter dieser Zahl sind eine große Menge Ausländer,[55] und was mich noch mehr freut, ist, daß sichtbar ein Geist des Fleißes und der Wissenschaftlichkeit wehet, die über das bloße Brotstudium auch nach Ehrenstudium strebt, und dies letztere wirklich mit Realität. Auch würde bei dem ersten Eintritt in Halle Ihnen die Ruhe und Anständigkeit auffallen, die weit den größten Haufen auszeichnet".[56]

Schmalz hatte ein Schlüsselamt inne, das ihm einen großen Einfluß auf die Gestaltung der Universitätsangelegenheiten gab. Der Direktor – den es übrigens in Halle seit der Gründung der Friedrichs-Universität gegeben hatte – „war das vom Staate bestellte Organ der Universitätsverwaltung, der auf Beobachtung eines ordnungsmässigen Zustandes zu achten hatte, und an den sich daher auch das Oberkuratorium ebenso wie an Rektor und Senat hielt, falls dieser Zustand nicht vorhanden war".[57] Nach den Plänen Julius Eduard von Massows sollte dieses Amt in seinen Befugnissen sogar noch deutlich erweitert werden, indem der Direktor auch über die allgemeine Ordnung wachen sowie die Vermögensverwaltung und die Justiz übernehmen sollte, während der Prorektor nurmehr über „die pädagogische und literarische Direktion" verfügt hätte; das Direktorenamt wäre „somit aus einem Organe der staatlichen Aufsicht zu einem solchen der unmittelbaren Universitätsverwaltung"[58] geworden. Das hätte vermutlich den Absichten von Schmalz, der sich organisatorischen Aufgaben offenbar nicht ungern widmete, keineswegs wider-

[54] Vgl. die Angaben zu den Vorlesungen in GStA PH, I. HA,Rep. 92, Nl. J. E. von Massow III. B, Nr. 16, Bl. 561r ff., 569r ff.; ebenda, Nr. 17, Bl. 128r ff., 132r ff., 178r ff., 182r ff., 255r ff.

[55] Gemeint sind hier in erster Linie die nicht aus Preußen stammenden Studierenden!

[56] M. Lenz, Geschichte der Königlichen Friedrich-Wilhelms-Universität IV, S. 32 (Schmalz an Beyme, 15.11.1804).

[57] Conrad Bornhak, Geschichte der preussischen Universitätsverwaltung bis 1810, Berlin 1900, S. 176 f.

[58] Ebenda, S. 177.

sprochen, doch die Ereignisse von 1806 sollten den Fortgang der Reform bekanntlich abbrechen.

Tatsächlich scheint Schmalz jedoch in dem, was er für die Hochschule tat, deutlich über die bisherigen Befugnisse dieses Amtes hinausgegangen zu sein. So war er etwa auch in Berufungsangelegenheiten tätig und verhandelte u. a. 1804 mit dem damals in Jena lehrenden Anton Friedrich Justus Thibaut über eine Berufung nach Halle, die allerdings, da Thibaut Heidelberg vorziehen sollte, nicht zustande kam.[59] Daneben war Schmalz an weiteren Gutachten zur Beförderung der Universitätsreform beteiligt: So lehnte er zusammen mit anderen Hallenser Kollegen die durch eine Kabinettsordre im April 1804 vorgeschlagene Idee, „die Studierenden unter die Professores ordinarios zur Aufsicht zu verteilen", als nicht praktikabel ab.[60]

Mit dem Prorektor der Universität, dem angesehenen Ökonomen Ludwig Heinrich Jakob, einigte sich Schmalz bereits Ende März 1803 über die Abgrenzung der gegenseitigen Tätigkeitsfelder und Befugnisse. In einem Brief der beiden an den König heißt es: „wir ... sind der Meinung, daß das Verhältniß des Prorectoris zum Director am kürzesten und besten so gefaßt werde, daß der Prorector als Chef in allen die Universität betreffenden Sachen angesehen werden müsse, der Director aber nächster und beständiger *Consiliarius* des *Prorectoris*, und von daher verpflichtet sey, ihm mit seinem Rathe allenthalben beyzustehen, wo ihn derselbe verlangt, und in diesem Falle die Verantwortlichkeit mit ihm zu theilen".[61] Das war offensichtlich ganz im Sinne und Interesse Jakobs formuliert, entsprach aber nicht den Absichten Massows, der bekanntlich beabsichtigte, das Direktorenamt entschieden aufzuwerten. Schmalz hat, wie es scheint, sein Amt in den folgenden Jahren relativ selbständig und unabhängig geführt,[62] dabei aber auch jeden ernsten Konflikt mit seinem Kollegen Jakob vermieden oder doch zu vermeiden gesucht. Einen ersten „Entwurf zu einer Instruction für die Verwaltung der academischen Disciplin"

[59] Vgl. Rainer Polley, Anton Friedrich Justus Thibaut (AD 1772–1840) in seinen Selbstzeugnissen und Briefen (Rechtshistorische Reihe, Bd. 13), Bde. I–III, Frankfurt a. M. – Bern 1982, hier Bd. II, S. 120, 124; M. Lenz, Geschichte der Königlichen Friedrich-Wilhelms-Universität I, S. 62, Anm. 2.

[60] Vgl. C. Bornhak, Geschichte der preussischen Universitätsverwaltung, S. 75.

[61] GStA PK, I. HA, Rep. 76 Alt, Abt. II, Nr. 32, Bl. 6v (Prorektor und Direktor der Universität Halle an den König, 20.3.1803).

[62] Vgl. auch die knappe Bemerkung bei W. Schrader, Geschichte der Friedrichs-Universität I, S. 551.

verfaßten die beiden im April 1803 jedenfalls gemeinsam.[63] Spätere Ausarbeitungen dieser Art – so sind einige im Februar 1805 niedergeschriebene Vorschläge für eine Neuorganisation der „Disciplinar Commission“ der Hochschule vorhanden – scheint Schmalz allein verfaßt zu haben.[64]

Zu den fraglos weniger angenehmen Pflichten des neuen Direktors zählte auch das Schlichten von Professorengezänk, von dem die Friedrichs-Universität offenbar in einem mehr als üblichen Maße betroffen war. Manches Problem ließ sich offensichtlich schnell aus dem Weg räumen,[65] doch diverse Zusammenstöße konnten sich über viele Monate hinweg erstrecken und kosteten Zeit und Arbeitskraft: So etwa der ans Absurde grenzende Streit zweier Professoren über die Bewirtschaftung und Verwaltung des Botanischen Gartens der Universität, den der eine ganz der Forschung und Lehre vorbehalten wissen wollte, der andere jedoch teilweise als „ökonomischen Garten“ zu nutzen beabsichtigte. So mußte sich Schmalz in seinem Amt selbst mit angeblich mutwillig zertrampelten Beeten, ausgerissenen Pflanzen und über die Gehwege gespannten Wäscheleinen befassen, doch es scheint ihm gelungen zu sein, den Konflikt durch offizielle Maßregelung des einen der Kontrahenten beigelegt zu haben.[66]

Immerhin wurde er in Halle – wohl nicht zuletzt dank des Wohlwollens, das ihm der Minister entgegenbrachte – sehr gut bezahlt; er erreichte hier ein Spitzengehalt, das er nach 1806, trotz mancher Bemühungen, in seinem späteren Leben nicht mehr erreichen sollte. Als Ordinarius und Direktor der Friedrichs-Universität verdiente er jetzt etwa das Dreifache von dem, was er in Königsberg bezogen hatte: Bereits in seinem ersten Jahr an der neuen Wirkungsstätte bezog er ein Grundgehalt von 1200 Talern und kam mit Zulagen und Nebeneinnahmen (u. a. für Fakultätsgutachten) auf insgesamt 1836 Taler. Damit war er – nach dem angesehenen Mediziner Reil – der bestbesoldete Lehrer der Hochschule. 1805 wurde sein Grundgehalt um

[63] Vgl. GStA PK, I. HA, Rep. 76 Alt, Abt. II, Nr. 32, Bl. 17r–26v sowie den gemeinsamen Brief an den König, ebenda, Bl. 16r (9.4.1803).

[64] Vgl. ebenda, Nr. 34, Bl. 64r–65v (Schmalz an den König, 26.2.1805); im Juli des Jahres entwickelte Schmalz umfangreiche und detaillierte Vorschläge für die Finanzierung eines zu gründenden medizinischen Instituts, die von Massow aber abgelehnt wurden; ebenda, Bl. 274r ff.

[65] Vgl. ebenda, Nr. 33, Bl. 27r–27v (Schmalz an den König, 31.1.1804): Bericht über einen Streit zwischen den Professoren Reil und Jakob.

[66] Vgl. die Berichte und Briefe ebenda, Nr. 116, Bl. 4r, 22r–22v, 51r ff., 58r ff. usw.

200 Taler erhöht, nun erreichte er – inklusive diverser Zulagen und Nebeneinkünfte – ein Jahresgehalt von insgesamt 2323 Talern.[67] Recht bald nach seinem Umzug nach Halle scheint er ein eigenes Haus erworben zu haben.

Schmalz dürfte sich in Halle als immens fleißiger Professor und Direktor schnell einen Namen gemacht haben, denn er war offensichtlich nicht nur sehr erfolgreich in der Verwaltung der Hochschule sowie als akademischer Lehrer mit einem auch für diese Zeit ungewöhnlich umfangreichen Repertoire tätig, sondern es war darüber hinaus auch weiterhin sein Bestreben, als wissenschaftlicher Autor hervorzutreten; so publizierte er in den Jahren zwischen 1803 und 1807 allein drei umfangreiche Werke, nämlich 1805 das „Handbuch des teutschen Staatsrechts“ (mit 331 Seiten Umfang), im folgenden Jahr die „Staatsverfassung Großbritanniens“ (312 Seiten), und 1807 das umfangreiche „Handbuch der Rechtsphilosophie“ (471 Seiten), daneben noch einen Aufsatzband (mit nur zum Teil bereits publizierten Beiträgen), die „Kleinen Schriften über Recht und Staat“ (1805). Bereits in Berlin hat Schmalz in den Jahren 1809/10 noch eine – vermutlich bereits in Halle vorbereitete – Sammlung mit Gutachten der Hallischen Juristenfakultät herausgegeben.[68]

d) Ein kameralistisches Institut

Kameralistik und Staatswirtschaft besaßen an der Friedrichs-Universität zu Halle eine bedeutende, bis ins frühe 18. Jahrhundert zurückreichende Tradition.[69] Im Zuge der von Julius Eduard von Massow

[67] Die Angaben nach ebenda, Nr. 32, Bl. 211v–212r; ebenda, Rep. 92, Nl. J. E. von Massow, III. B, Nr. 17, Bl. 272r. – Vgl. hierzu auch die Angaben bei J. Schröder, Zur Entwicklung der juristischen Fakultäten im nachfriderizianischen Preußen, S. 291, 302 f., der die Zulagen und Nebeneinkünfte allerdings nicht berücksichtigt.

[68] Neue Sammlung merkwürdiger Rechtsfälle. Entscheidungen der Hallischen Juristen-Facultät. Hrsg. von D. Theodor Schmalz, Königl. Geheimen Justiz-Rath, Bde. I–II, Berlin 1809–1810; siehe zum Zusammenhang auch Gerhard Buchda, Die hallische Juristenfakultät als Spruchkolleg 1693–1889, in: 250 Jahre Universität Halle. Streifzüge durch ihre Geschichte in Forschung und Lehre, Halle 1944, S. 119–131

[69] Vgl. dazu u. a. Wilhelm Kähler, Die Entwicklung des staatswissenschaftlichen Unterrichts an der Universität Halle, in: Festgabe für Johannes Conrad. Zur Feier des 25-jährigen Bestehens des staatswissenschaftlichen Seminars zu Halle a. S. hrsg. v. Hermann Paasche, Jena 1898, S. 113–182, bes. S. 117 ff., für das frühe 19. Jahrhundert S. 149 ff.; Karl Muhs, Zur Geschichte der Wirtschaftswissenschaften an der Universität Halle, in: 250 Jahre Universität Halle. Streifzüge durch ihre Geschichte in Forschung

vorbereiteten Reformvorhaben an der Friedrichs-Universität hielt der Inhaber des Lehrstuhls für Ökonomie, Ludwig Heinrich Jakob,[70] die Gelegenheit offenbar für günstig, aus eigener Initiative die Errichtung eines „Kameralistischen Instituts“ an der Universität vorzuschlagen.[71] Anfang Mai 1804 wandte er sich mit einem Schreiben an den König, in dem er – statt der Errichtung eines neuen kameralistischen Lehrstuhls, die offenbar geplant war – die Begründung eines solchen Instituts in Vorschlag brachte; er selbst und einige Kollegen seien bereit und imstande, die entsprechenden Lehrveranstaltungen für dieses Institut zu übernehmen und miteinander zu koordinieren – den Namen Schmalz erwähnte Jakob allerdings nicht, obwohl dieser im vorangegangenen Wintersemester erstmals in Halle über „Encyclopädie der Kameralwissenschaften“ gelesen hatte.[72] Warum Schmalz – der immerhin als Autor eines kameralwissenschaftlichen Lehrbuchs und als Lehrer dieser Disziplin eigentlich als erster von Jakob hätte angesprochen werden können – hier übergangen wurde, ist schwer zu sagen; vielleicht scheute Jakob die Konkurrenz des rührigen Juristen, der die Kameralistik eigentlich nur im Nebenberuf betrieb, vielleicht wollte sich der Ökonom auch das Monopol oder wenigstens die leitende Stellung innerhalb dieses Fachgebiets an der Friedrichs-Universität sichern. Massow nahm diese Eingabe eher ungnädig zur Kenntnis: da über die neue Professur noch keine Entscheidung gefallen sei, könne auch über den in der Eingabe gemachten Vorschlag noch nicht entschieden werden; man werde die darin enthaltenen Anregungen aber berücksichtigen.[73]

Jakob ließ aber in seinen Bestrebungen nicht locker. Er berief im Juli 1804 eine Besprechung aller für eine Mitarbeit im geplanten Institut in

und Lehre, Halle 1944, S. 150–155; A. Timm, Von der Kameralistik zur Nationalökonomie, S. 361 ff.

[70] Siehe über ihn Gustav Aubin, Ludwig Heinrich von Jakob, in: Mitteldeutsche Lebensbilder, hrsg. v. der Historischen Kommission für die Provinz Sachsen und für Anhalt, Bd. V: Lebensbilder des 18. und 19. Jahrhunderts, Magdeburg 1930, S. 202–211, sowie O. Lehmann, Die Nationalökonomie an der Universität Halle, S. 84 ff.

[71] Vgl. hierzu und zum folgenden die detaillierte Darstellung und Dokumentation bei O. Lehmann, Die Nationalökonomie an der Universität Halle, S. 32–44, 197–201; knapp A. Timm, Von der Kameralistik zur Nationalökonomie, S. 368 ff.

[72] Vgl. GStA PK, I. HA, Rep. 76 Alt, Abt. II, Nr. 33, Bl. 122r–123v (Ludwig Heinrich Jakob an Friedrich Wilhelm III., 7.5.1804): Die Kameralwissenschaften besäßen, heißt es weiter, für den Staat eine so große Bedeutung, „daß ein eigenes staatswirthschaftliches Institut oder eine Kameral-Schule gewiß eine sehr zweckmäßige Einrichtung seyn würde, da durch dieselbe ein planmäßiger Unterricht für die Kameralisten, an dem es noch so sehr fehlt, am besten eingeleitet werden könnte“ (ebenda, Bl. 122r).

[73] Ebenda, Bl. 124r (Massow an Jakob, 11.5.1804).

Frage kommenden Professoren ein, um einen erneuten Vorschlag an den König auf den Weg zu bringen – dieses Mal befand sich nun auch Schmalz unter den Teilnehmern (er verfaßte gleichzeitig das Protokoll der Zusammenkunft). Die beteiligten sechs Hochschullehrer beschlossen, gemeinsam erneut die Begründung eines kameralistischen Instituts an der Friedrichs-Universität vorzuschlagen, „um stete Gelegenheit für die Studirenden zu schaffen", die verschiedenen Teilbestände der Kameralwissenschaft „beständig und in zweckmäßiger Ordnung hören zu können". Unter den hierfür vorgeschlagenen Dozenten befand sich auch Schmalz, der für die „Encyclopädie" zuständig sein sollte.[74]

Ein neuer Antrag wurde auf den Weg gebracht, der sich vom ersten dadurch unterschied, daß hier bereits detaillierte und genau durchdachte Vorschläge für die Errichtung des Instituts gemacht wurden. Dessen Nutzen solle vor allem darin bestehen, diesen „wichtige[n] Zweig des akademischen Unterrichts" auf der Fridericiana so zu organisieren, „daß nicht nur ein vollständiger Cursus der Kameralwissenschaften nach allen seinen Theilen gewiß gelesen würde, sondern daß auch die *Studiosi* selbst, welche in ihren künftigen Amtsverhältnissen aller oder einiger zum Kameralfach gerechneten Wissenschaften bedürfen, auf eine zweckmäßige Art zur gehörigen Benutzung des angebotenen Unterrichts bewogen würden". Immerhin sei es möglich, diese Einrichtung mit dem bereits vorhandenen Lehrpersonal zu bestücken, d. h. die Neuberufung eines Kameralwissenschaftlers sei damit hinfällig. Man erbot sich nicht nur, das kameralwissenschaftliche Lehrfach mittels eines eigenen Lehrplans gemeinsam neu zu organisieren, sondern auch, „die gehörigen Prüfungen mit den jungen Kameralisten vorzunehmen" sowie deren Zeugnisse auszustellen.[75]

Massow nahm den erneuten Antrag zur Kenntnis und teilte den Antragstellern mit, daß er zu einer näheren Beratung des Vorschlags bereit sei, zuerst aber noch weitere Gutachten anfordern müsse.[76] Es stellte sich heraus, daß Massow in dieser Angelegenheit auch die Stimmen der anderen hallischen Professoren hören wollte. Da die sechs Antragsteller nun aber den Fehler begangen hatten, für dieses

[74] Ebenda, Bl. 161r ff. (Protokoll der Sitzung vom 7.7.1804).

[75] Ebenda, Bl. 157r–160r (Die Professoren Gilbert, Jakob, Klügel, Rüdiger, Schmalz und Sprengel an Friedrich Wilhelm III., 11.8.1804); vgl. dazu auch O. Lehmann, Die Nationalökonomie an der Universität Halle, S. 34 ff.

[76] Vgl. Vgl. GStA PK, I. HA,Rep. 76 Alt, Abt. II, Nr. 33, Bl. 160r (Massow an die Universität Halle, 3.9.1804).

„Institut" eine Organisation und Rechtsstellung „nach der Analogie der übrigen Fakultäten"[77] (nur mit Ausnahme des Promotionsrechts) vorzuschlagen, erhob sich unter der Mehrheit der Professorenschaft bald deutlicher Widerspruch gegen das Vorhaben. Nun schaltete sich, offenbar auf Ansinnen Massows, der neue Prorektor Eberhard in die Angelegenheit ein; er schrieb am 20.11.1804 nach Berlin, daß er die Errichtung eines kameralistischen Instituts befürworten könne – nachdem ihm von Schmalz erklärt worden sei, „daß der Plan zu dem erwähnten Institute nur dahin gehe, Verabredungen unter den Lehrern, welche Cameralistische Vorlesungen halten wollen, zum Behufe der Vollständigkeit des Cameralistischen Lehr-Cursus, zu erleichtern, und daß es jedem Lehrer freystehe, dem Institute, als einem freyen ungeschlossenen Vereine beyzutreten". Allerdings empfahl Eberhard, der philosophischen Fakultät „ihr Recht, die Zeugnisse der Cameralisten auszufertigen, vor[zu]behalten".[78]

Damit waren Schmalz, Jakob und die anderen vier Antragsteller den Bedenken ihrer Kollegen so weit entgegengekommen, daß ihr ursprüngliches und eigentliches Anliegen verfehlt wurde. Immerhin genehmigte Friedrich Wilhelm III. Anfang Dezember 1804 die Gründung des Kameralistischen Instituts, aber nur unter der ausdrücklichen Bedingung, „dasselbe als einen freien ungeschlossenen Verein anzusehen, dessen Zweck lediglich darauf gerichtet ist, unter den Lehrern der Cameralwissenschaften die, zum Behuf der Vollständigkeit des Lehrcursus derselben, zu treffenden Verabredungen zu erleichtern".[79] Damit war eines klar: Eine „fünfte Fakultät", die Jakob und vielleicht auch Schmalz nicht ungern gesehen hätten,[80] war für die Friedrichs-Universität nicht vorgesehen.[81] Das mochte nicht zu-

[77] Ebenda, Bl. 158v.

[78] Ebenda, Nr. 34, Bl. 1v (Eberhard an Friedrich Wilhelm III., 20.11.1804). Vgl. auch die ausführliche Darstellung bei O. LEHMANN, Die Nationalökonomie an der Universität Halle, S. 35 ff.

[79] GStA PK, I. HA, Rep. 76 Alt, Abt. II, Nr. 34, Bl. 6r (Friedrich Wilhelm III. an die Universität Halle, 8.12.1804; Entwurf Massows).

[80] Die späteren Denkschriften zur Gründung der Berliner Universität zeigen jedenfalls deutlich, daß Schmalz eine Überwindung des traditionellen Systems der vier Fakultäten mittels einer Aufteilung der Philosophischen Fakultät anstrebte; ganz unzutreffend daher die Bemerkungen bei O. LEHMANN, Die Nationalökonomie an der Universität Halle, S. 39 f.

[81] Einem Brief von F. A. Wolf an Goethe vom 18.3.1805 ist zu entnehmen, das Bestreben der potentiellen Institutsgründer, „eine ... 5te Fakultät zu stiften", sei gescheitert, daher hätten sie jetzt „ein sogenanntes Cameral-Institut errichtet. ... Das Spaßhafte ist, daß *dieselben* Leute, die theils zur philosophischen, theils zur

letzt damit zusammenhängen, daß – von Kostengründen einmal abgesehen – ein solcher Vorschlag den Reformvorstellungen Massows, die langfristig auf die Etablierung eines Fachhochschulsystems und damit im Kern auf die Überwindung der Universität traditionellen Zuschnitts als solcher gerichtet waren, widersprochen hätte.

Über die weitere Geschichte des Instituts, dessen Begründer bei den Berliner Behörden gewissermaßen nur ihr Minimalprogramm hatten durchsetzen können, ist nur wenig bekannt; die Einrichtung scheint indes anfangs nicht allzu gut funktioniert zu haben, da Massow Anfang Februar 1806 in einem Schreiben an die Universität „gnädigst“ befahl, „einen kurzen Studienplan für angehende Kameralisten“ zu entwerfen, um den jungen Studenten gleich zu Beginn des Studiums eine Orientierungshilfe an die Hand zu geben.[82] Mit anderen Worten: Dies war also von seiten des neuen „Instituts“ noch immer nicht geschehen. Nun entbrannten hierüber heftige Diskussionen unter den Professoren; insbesondere sprach sich ausgerechnet Schmalz mit großer Vehemenz gegen einen solchen Plan aus: „Ich werde“, heißt es in einem von ihm abgegebenen Votum, „bei meinen *zum kameralistischen Institute mit mir verbundenen Herrn Kollegen* vorschlagen, gegen alles, was einem Studienplan auch nur ähnlich sieht, auf das dringendste Gegenvorstellungen zu machen. Es sind dergleichen doch nur Hilfspläne oder bloße Annahmepläne, keine Studienpläne. Der Nachteil aller solchen mechanischen Dinge ist, daß sie den guten Kopf beengen und den mechanischen vollends zur Maschine verderben“.[83] Schon am Ende des Monats wurde von Berlin angeordnet, eine neue Studienordnung für das Fach der Kameralistik einzuführen; ein kurzer Entwurf, ausgearbeitet von hohen Beamten (darunter dem Freiherrn vom Stein), wurde gleich mitgeliefert.[84] Zur Einführung ist es vermutlich – da die Katastrophe vor der Tür stand – nicht mehr gekommen.

Die Friedensjahre in Halle von Ostern 1803 bis zum Sommer 1806 sind, wie man rückschauend und mit Blick auf das Kommende wohl sagen kann, die „große Zeit“ des Theodor Schmalz gewesen. Niemals

juristischen Fakultät gehören, nun *doppelt* ins Gewehr treten wollen, und sogar ohne Veränderung der Uniform“ (Siegfried Reiter [Hrsg.], Friedrich August Wolf. Ein Leben in Briefen, Bde. I–III, Stuttgart 1935, hier Bd. I, S. 378).

[82] Abdruck des Schreibens an die Universität vom 7.2.1806 bei O. Lehmann, Die Nationalökonomie an der Universität Halle, S. 198–200.

[83] Nach dem Abdruck ebenda, S. 44 f.

[84] Abgedruckt ebenda, S. 200 f. (25.2.1806).

mehr später war er so einflußreich und angesehen, niemals mehr – auch das bleibt zu berücksichtigen – sollte er wieder ein so hohes Einkommen erzielen wie in diesen Jahren. Und es scheint, daß er selbst dies später im Rückblick auf das eigene Leben ebenso empfunden hat. Über den Verlust seiner hochdotierten und verantwortungsvollen Position an der Friedrichs-Universität ist er jedenfalls, wie sich aus Selbstzeugnissen belegen läßt, niemals völlig hinweggekommen.

II. Kapitel: Abschluß und Neubeginn

§ 5 Ende der alten Universität Halle (1806–1807)

a) Krieg und Besetzung

Im Herbst des Jahres 1806 fand die kurze letzte Blütezeit der Friedrichs-Universität zu Halle ein schnelles und jähes Ende – ein Ende, das allgemein um so schmerzlicher empfunden wurde, als man es in dieser Form nicht erwartet oder auch nur vorausgesehen hatte. Nach dem Ausbruch des Krieges zwischen Preußen und dem napoleonischen Frankreich war der Sommer in Halle, so die Erinnerung Henrik Steffens', „in immer wachsender Spannung" vergangen, „und doch schien keiner zu ahnen, daß die Gegend, in welcher wir wohnten, ein Kriegsschauplatz sein würde". Der Ruf der Armee „tröstete die Meisten, und wenn auch der Kampf zu unserm Nachtheil ausfiele, würde zwar, glaubten wir, der Staat einen tief zu betrauernden Verlust erleiden und in eine gefährliche Abhängigkeit von dem mächtigen Frankreich gerathen, doch ohne daß die engeren, bürgerlichen Verhältnisse zerstört würden". Und er fügte hinzu, wohl auch für seine damaligen Kollegen sprechend: „Wir konnten uns nicht denken, daß eine Universität in ihrer Thätigkeit gestört werden sollte".[1]

Im Gegenteil: Die preußischen Truppen in und bei Halle „erhöhten das Vertrauen und die Lust zum Kriege", wie Varnhagen überliefert. Und er fügt eine bezeichnende Anekdote an: „Ich erinnere mich, daß ich mit dem Geheimen Rat Schmalz über den Markt ging, und ein

[1] H. Steffens, Was ich erlebte V, S. 183; vgl. zu den Ereignissen im Sommer und Herbst 1806 in Halle auch W. Dilthey, Gesammelte Schriften XIII/2, S. 31ff; Erhard Voigt, Die Universität Halle im Kampf gegen die napoleonische Fremdherrschaft, in: 450 Jahre Martin-Luther-Universität Halle-Wittenberg, (hrsg. v. Leo Stern), Bd. II, Halle a. S. 1952, S. 205–212; wichtig immer noch Carl H. vom Hagen, Die Franzosen in Halle. 1806–1808. Nach Rathsakten und andern aktenmäßigen Quellen erzählt, Halle 1871, S. 31 ff. u. passim. Als Zeugnisse der Zeitgenossen siehe neben Steffens auch [A. Müller], Briefe von der Universität in die Heimath, S. 332 ff.; K. A. Varnhagen, Werke in fünf Bänden I, S. 373 ff.; für die Zeit nach der Besetzung auch August Hermann Niemeyer, Beobachtungen auf Reisen in und außer Deutschland. Nebst Erinnerungen an denkwürdige Lebenserfahrungen und Zeitgenossen in den letzten funfzig Jahren, Bd. IV/1, Halle 1824, S. 1 ff.

Offizier ihn mit Neuigkeiten ansprach, daß der Krieg nun entschieden sei und nichts den tollen Bonaparte mehr vor dem Untergange retten könne. Als ich von französischen Generalen sprechen wollte, fiel er heftig ein: ‚Generale? Wo sollen die herkommen? wir Preußen haben Generale, die den Krieg verstehen, die von Jugend auf gedient haben, jene Schuster und Schneider, die erst durch die Revolution etwas geworden, können vor solchen Männern nur gleich davonlaufen. Ich bitte Sie um Gotteswillen, sprechen Sie mir nicht von französischen Generalen!' – Das war mir zu arg, ich erwiderte kurz, die wahren Generale seien gerade die, welche es trotz ihrer Geburt oder ihres früheren Standes durch den Krieg geworden, sie kämen überall her, vom Dreschflegel, von der Elle, sogar zuweilen vom Paradeplatz und vom Wachtdienst, aber von letztern beiden wohl am wenigsten gewiß. Der Mann sah mich mit grimmigem Erstaunen an, Schmalz aber, der als heftiger Preuße doch jenes Unsinns sich schämte, trat eilig vermittelnd auf, bestätigte jedoch im Allgemeinen die letzte Äußerung, indem er sie zugleich milder einkleidete, und das ungebärdige Gespräch verlief sich zuletzt in einem Schwall nutzloser Redensarten, unter denen man sich trennte".[2]

Diese Erinnerung läßt Rückschlüsse auf Schmalz' Haltung in diesen Tagen zu: er, der gebürtige Hannoveraner, zeigte sich zwar als „heftiger Preuße", also als überzeugter Patriot in seiner neuen Heimat, doch er weigerte sich, aus vorgeblich „patriotischen" Motiven Unsinn zu glauben und den Gegner zu unterschätzen; er behielt am Vorabend der Katastrophe also – so scheint es – einen klaren Kopf. Dazu bestand in der Tat auch alle Veranlassung, denn Halle sollte sehr bald in gefährliche Nähe der kriegerischen Aktivitäten geraten. Die französischen Truppen waren in Thüringen eingedrungen, und die in der Nähe Halles stationierten Soldaten Preußens und seiner Verbündeten zogen Anfang Oktober nach Süden ab, der Entscheidungsschlacht entgegen.[3] „Viele Studirende" – so Steffens – „waren während der Ferien in der Stadt geblieben, viele neue waren angekommen, kein Universitätslehrer hatte gewagt, die Stadt zu verlassen".[4] Am 14. Oktober 1806 fiel die Entscheidung in der Schlacht bei Jena und Auerstädt; kurz darauf kam es zu einem heftigen Nachhutgefecht in der unmittelbaren Nähe Halles,

[2] K. A. Varnhagen, Werke in fünf Bänden I, S. 374.

[3] Vgl. neben C. H. vom Hagen, Die Franzosen in Halle, S. 32 ff., auch die farbige Darstellung bei H. Steffens, Was ich erlebte V, S. 184 ff.

[4] H. Steffens, Was ich erlebte V, S. 185.

das einige der Professoren zusammen mit anderen Bürgern der Stadt von einem Felsen am Saaleufer aus beobachteten.[5] Kurz darauf strömten flüchtende preußische Truppen durch die Stadt, während nur wenige Zeit später die feindlichen Truppen einrückten; Halle war die erste preußische Stadt, die von den Franzosen besetzt wurde.

Die ersten Tage der Besatzung gestalteten sich nicht leicht für die Bürger der Stadt; Plünderungen und Mißhandlungen der Bevölkerung durch die Besatzungssoldaten waren an der Tagesordnung. Einer der Professoren, der Philologe Christian Gottfried Schütz, Herausgeber der angesehenen „Allgemeinen Literatur-Zeitung“, wäre um ein Haar von den Franzosen erschossen worden, weil – ohne daß er es wußte – einige preußische Soldaten in seinem Haus Zuflucht gesucht hatten.[6] Schon am 18. Oktober, einen Tag nach dem Einzug der Truppen, begab sich eine kleine Professorendelegation, zu der neben dem Prorektor Maaß und dem des Französischen besonders kundigen Mediziner Froriep auch Schmalz gehörte, zum Marschall Bernadotte, um ihm ein Gesuch zu überreichen, in dem um Schonung der Universität gebeten wurde.[7] Der Marschall nahm die Delegation sehr gnädig auf und erließ sofort eine Bekanntmachung, in der es hieß, er, Bernadotte, „vient de faire connaître à l'université de Halle, que le cours des études ne devoit être nullement interrompu, il a en même tems [sic] engagé tous les Professeurs à continuer comme par le passé l'instruction des étudians et il dispense les Professeurs de tout logement militaire etc.“.[8]

Das weitere Schicksal der Friedrichs-Universität schien sich also zuerst unerwartet günstig zu gestalten, doch es sollte ganz anders kommen. Am 19. Oktober traf Napoleon in der Stadt ein; auch zu ihm begab sich noch am gleichen Tag eine Delegation der Professoren, der wiederum Maaß, Schmalz und Froriep, zusätzlich nun auch Jakob

[5] Vgl. ebenda, S. 191 ff.; ausführlich C. H. VOM HAGEN, Die Franzosen in Halle, S. 38 ff.

[6] Vgl. u. a. W. DILTHEY, Gesammelte Schriften XIII/2, S. 186 f.; C. H. VOM HAGEN, Die Franzosen in Halle, S. 51 ff.; H. STEFFENS, Was ich erlebte V, S. 195 ff.

[7] Vgl. JOHANN KARL BULLMANN, Denkwürdige Zeitperioden der Universität zu Halle von ihrer Stiftung an, nebst einer Chronologie dieser Hochschule seit dem Jahre 1805 bis jetzt, Halle 1833, S. 65 f.; W. DILTHEY, Gesammelte Schriften XIII/2, S. 189 f.

[8] Abdruck in: H. STEFFENS, Was ich erlebte V, S. 200 f., und C. H. VOM HAGEN, Die Franzosen in Halle, S. 54 f.; weiter hieß es in dem Aufruf, „Ainsi les étudians, qui se trouveroient maintenant en route pour se rendre à Halle, peuvent sans crainte continuer leur route. Mr. le Maréchal a declaré, qu'il était dans l'intention de son Souverain de protéger l'Université de Halle ... Les Fonds de l'Université resteront intacts et il est défendu d'y toucher“.

angehörten, um den Kaiser persönlich um eine Bestätigung des von Bernadotte am Vortage ausgestellten Schutzbriefes für die Universität zu bitten.[9] Der Herrscher Frankreichs gab sich leutselig, erörterte mit den Professoren auch andere allgemeine Fragen und sicherte ihnen am Ende der Audienz zu, daß die Universität ganz im Sinne der vortägigen Verfügung Bernadottes auch weiterhin geschützt werden solle. „Während die Deputirten bei Napoleon waren", erinnert sich Steffens, „hatten sich eine Anzahl Studirende auf dem Platz versammelt, und als jene hervortraten, hatte Schmalz eine Anrede an die Studirenden gehalten, auf welche ein lauter Ausruf der letzteren erfolgte; es blieb ungewiß, ob es die Absicht war, Beifall oder Unzufriedenheit zu äußern".[10]

Grund zur Unzufriedenheit sollte bereits der folgende Tag bringen, denn nun vollzogen die Franzosen eine ganz unverständliche Kehrtwendung: Der Prorektor wurde zum Adjutanten des Kaisers zitiert, um dort über die Universität und vor allem über die Anzahl der Studierenden nähere Auskunft zu geben. Unmittelbar danach erließ der neue Stadtkommandant, General Menard, den Befehl, „daß sofort alle Vorlesungen eingestellt, und alle Studenten mit französischen Pässen versehen in ihre Heimath zurückgeschickt werden sollten. Jeder, der den folgenden Tag noch hier verweile, habe zu erwarten aufgegriffen und gefangen genommen zu werden".[11] Mündlich fügte der Kommandant hinzu, daß der Ausweisungsbefehl auch für die Professoren gelte;[12] Schmalz und der Prorektor hatten am nächsten Tag persönlich eine Namensliste sämtlicher Studenten einzureichen; immerhin konnten sie nach zähen Verhandlungen durchsetzen, daß wenigstens die Professoren und diejenigen Studenten, deren Eltern in Halle wohnten, die Stadt nicht zu verlassen brauchten.[13]

Damit war die Universität faktisch aufgehoben, und die Professoren waren nicht nur ihrer Berufe, sondern auch ihrer Einnahmen beraubt.

[9] Zur Audienz vgl. die Darstellungen bei J. K. Bullmann, Denkwürdige Zeitperioden, S. 66 f.; H. Steffens, Was ich erlebte V, S. 210 ff.; A. H. Niemeyer, Beobachtungen auf Reisen in und außer Deutschland IV/1, S. 9 f.; C. H. vom Hagen, Die Franzosen in Halle, S. 59.

[10] H. Steffens, Was ich erlebte V, S. 211.

[11] A. H. Niemeyer, Beobachtungen auf Reisen in und außer Deutschland IV/1, S. 10.

[12] Vgl. ebenda; siehe auch J. K. Bullmann, Denkwürdige Zeitperioden, S. 67 f.; C. H. vom Hagen, Die Franzosen in Halle, S. 63 ff.

[13] Nach einem Bericht, den die Professoren am 19.11.1806 nach Berlin an den Staatsminister von Haugwitz sandten: GStA PK, I. HA, Rep 76 Alt, Abt. II, Nr. 37, Bl. 33r–43v, hier Bl. 37v ff.

Napoleons Sinneswandel und seine drastischen Maßnahmen gegen die Friedrichs-Universität scheinen auf einen französischen Sprachlehrer der Hochschule namens Régnier zurückzugehen: dieser war, nachdem er am 14. Oktober die abfällige Bemerkung gemacht hatte, Napoleon werde den preußischen König vom Thron stoßen, verhaftet und verhört worden; nach seiner Befreiung hatte er sich sofort dem Stadtkommandanten als Sekretär angedient und sich dann offenbar mit der unbewiesenen Behauptung, die Studenten seien dabei, ein heimliches Freikorps zu bilden, für die erlittene Unbill gerächt. „So war nach kurzer Blüte die Universität, wie sie in dem Zusammenwirken so außerordentlicher Kräfte sich entwickelt hatte, zerstört“.[14]

b) Nach der Niederlage

Als sich die Professoren an einem der folgenden Tage zur Beratung versammelten, mußten sie erfahren, daß bereits, entgegen der früheren Zusicherung, „die Fonds der Universität in Beschlag genommen waren“. Zudem war, wie Steffens überliefert, ein Schreiben des Marschalls und Kriegsministers Berthier eingegangen, in dem er den Professoren „die Ungnade des Kaisers bekannt machte. Die Gelehrten, hieß es, sollten sich um Politik nicht bekümmern, sie wären nur dazu da, die Wissenschaften zu cultiviren und auszubreiten; die Halleschen Professoren hätten ihre Stellung verkannt, deshalb habe der Kaiser den Entschluß gefaßt, die Universität aufzuheben“. Es war begreiflich, „daß unter solchen Umständen fast alle von Entsetzen ergriffen waren, und daß die berathende Versammlung völlig rathlos zusammensaß“.[15]

Immerhin entsann man sich jetzt der im fernen Berlin befindlichen Obrigkeit; bereits am 2. November 1806 ging ein – auch von Schmalz unterzeichnetes – Schreiben der Professoren an den Staatsminister von Haugwitz ab, in dem die bisher ausgebliebenen Gehaltszahlungen angemahnt wurden;[16] erst zwei Wochen später sandte man an den König einen ausführlichen Bericht über die Schicksale der Universität seit der Besetzung Halles.[17] Über die aktuelle Lage ließ man verlauten, daß es nun auch in den Häusern und Wohnungen der Professoren Einquartierungen gebe und daß man einige von ihnen als Dolmetscher in Beschlag genommen habe. Die Dekane und die Senioren aller

[14] W. Dilthey, Gesammelte Schriften XIII/2, S. 192.
[15] H. Steffens, Was ich erlebte V, S. 213 f.
[16] GStA PK, I. HA, Rep 76 Alt, Abt. II, Nr. 37, Bl. 4r–5r.
[17] Ebenda, Bl. 33r–43v.

Fakultäten seien darin übereingekommen, daß man es derzeit noch als zu gefährlich ansehen müsse, „Schritte etwa wegen der Zurückberufung der Studenten“ zu tun; eine Anfang November an die Besatzer gerichtete diesbezügliche Anfrage sei nicht nur schroff abgelehnt, sondern auch als versuchte Aufforderung an die Studenten „zur Insurrection gegen die französische Armee“ scharf zurückgewiesen worden.[18] Das auch von Schmalz mitunterzeichnete Dokument schloß mit den Formulierungen: „Gänzlich von allen Einnahmen beraubt, durch Vorfälle vom 17ten bis zum 21ten October bis zum gänzlichen Ruin erschöpft vertrauen wir nun auf Ew. Majestät Gnade ... und bitten ehrfurchtsvoll um weitere allergnädigste Verhaltungsbefehle“.[19]

Wie es Schmalz in den ersten Wochen der Besatzung persönlich ergangen war, ist einem Schreiben zu entnehmen, das er am 26. November an seinen alten Gönner Julius Eduard von Massow in Berlin richtete.[20] Er selbst sei, heißt es darin, infolge sechswöchiger Einquartierung und dazu noch „aller Einnahmen durch die Lage der Universität ... beraubt, ... ganz ruinirt“; er kämpfe „mit den dringendsten Nahrungs Sorgen für diesen Winter“.[21] Etwas verklausuliert teilte er dem Minister mit, daß man im Hintergrund – mit Unterstützung Wilhelm von Humboldts – vorsichtig daran arbeite, bei den Franzosen eine Wiederzulassung der Universität zu bewirken; im übrigen kämpfe man, um dieses Ziel zu erreichen, noch immer gegen umlaufende Gerüchte, die vertriebenen Studenten der Fridericiana bereiteten eine „Insurrection“ gegen die Besatzer vor.

Im Winter 1806/07 muß sich die Stimmung der Einwohner von Halle auf dem Tiefpunkt befunden haben. Varnhagen, der als ehemaliger Student nach dem Ende der Kriegshandlungen in die Stadt zurückgekehrt war, erinnerte sich später: „Für die Universität waren alle Aussichten noch verschlossen, die Studenten unwiderruflich ausgetrieben, die Professoren ohne Wirksamkeit und Besoldung. Die Bürger

[18] Die Zitate ebenda, Bl. 39v, 42r.

[19] Ebenda, Bl. 43r–43v. In einem zweiten Schreiben an den König vom 28.12.1806 baten Vertreter der geschlossenen Universität darum, durch das Generaldirektorium bei den französischen Behörden dahingehend vorstellig zu werden, daß die Häuser der Professoren künftig von Einquartierungen verschont bleiben möchten (ebenda, B. 82r–84v); eine entsprechende Anweisung des Königs an die Magdeburgische Kriegs- und Domänenkammer erging am 9.1.1807 (ebenda, Bl. 85r). Ob diese Anweisung ihr Ziel erreichte, ist nicht bekannt; immerhin aber waren die preußischen Behörden nach der Katastrophe funktionsfähig geblieben.

[20] Vgl. ebenda, Bl. 57r–58v; (da der Brief am Rand abgeschnitten wurde, ist der Text leider nur unvollständig überliefert).

[21] Ebenda, Bl. 57v.

hatten zu der überstandenen Plünderung auch noch die vorauszusehende Nahrungslosigkeit und mit den zurückgelassenen Schulden der akademischen Jugend zugleich die Lasten des fortwährenden Krieges, die Unterhaltung eines französischen Lazaretts und manches andere zu tragen, und diese Umstände mußten dem begonnenen Winter einen düstern Verlauf allgemein trostloser Lebenstage verheißen".[22] Immerhin rückte die Bevölkerung eng zusammen; man half sich gegenseitig, entdeckte gar, wenn man Varnhagens Überlieferung trauen darf, in der prekären Lage ein neues Gemeinschaftsgefühl. „Die Professoren vermochten zum Teil aus gutem Ertrage früherer Zeiten einiges zuzusetzen, andern half irgend ein Nebenwerk aus, hauptsächlich Schriftstellerei, wozu die Muße, bei dem Stillstehen der Vorlesungen, um so größer, und die Gelegenheit in dem lese- und studienbedürftigen Deutschland, auch neben dem verheerenden Kriege und fast mitten in ihm, noch genugsam dargeboten war".[23] So setzte etwa Schleiermacher seine schriftstellerische Tätigkeit ungebrochen fort, und Schmalz dürfte in dieser Zeit sein umfangreiches „Handbuch der Rechtsphilosophie", das 1807 „in der Rengerschen Buchhandlung" zu Halle erschien, fertiggestellt und zum Druck befördert haben. Auch das gesellschaftliche Leben der einst so stolzen Universitätsstadt war in diesen Tagen nicht ganz zum Erliegen gekommen; daran hatte Schmalz, wie es scheint, ebenfalls seinen Anteil.[24]

Weniger erfreulich war allerdings eine heftige Auseinandersetzung unter den Professoren, die sich Anfang 1807 zutrug und für Schmalz noch acht Jahre später nicht sehr angenehme Folgen haben sollte, indem er sich die erbitterte Feindschaft seines Kollegen Friedrich

[22] K. A. Varnhagen, Werke in fünf Bänden I, S. 409; vgl. auch die Darstellung bei C. H. vom Hagen, Die Franzosen in Halle, S. 75 ff., 86 ff.; W. Dilthey, Gesammelte Schriften XIII/2, S. 192 ff.

[23] K. A. Varnhagen, Werke in fünf Bänden I, S. 410.

[24] Vgl. die aufschlußreiche Erinnerung Varnhagens ebenda, S. 412 f.: „Von andern hallischen Einwohnern sah ich nur wenige, und diese nicht oft; nur Schmalz, Hoffbauer und ein paar andre, denen ich von Berlin her etwa Bestellungen zu machen hatte. Ich mußte natürlich von der Hauptstadt viel erzählen, und man hörte mich genügsam ab. Dies geschah ganz besonders auch in der Gesellschaft auf dem Jägerberge, wohin Schmalz mich in eine Art Klub einführte, der patriotische und freimaurerische Elemente verband. Hier führte der als Kriegsgefangener auf sein Ehrenwort entlassene General von Hinrichs das Wort ... Der preußische Militärcharakter ... war aber damals ungemein herabgestimmt, und ich Student durfte mit Erfolg und Beifall die früher nicht zu wagende Dreistigkeit haben, einem General frank und frei zu widersprechen, und in Staats- und Kriegssachen eine andre Meinung gegen die seinige zu behaupten".

August Wolf zuzog. Der in ganz Europa hochangesehene, sich freilich auch durch Arroganz und Spottlust auszeichnende Philologe war den meisten seiner eher durchschnittlichen Kollegen, darunter auch Schmalz – so jedenfalls Varnhagen – „stets ein heimlicher, nie zu verwindender Ärger" gewesen. „Wolf's beißender Witz war seinen Kollegen oft genug empfindlich geworden, mit höchster Schadenfreunde daher vernahm und förderte man das Gerede, auch Wolf, der große Wolf, habe zur Zeit des Gefechts im Keller gesessen, und nachher, als er ein Exemplar seines Prachthomer als begütigende Ehrengabe dem Marschall Bernadotte habe darbringen wollen, sei ihm die Zueignung an den König von Preußen bedenklich geworden, die er daher durch den das Buch tragenden Bibliotheksdiener noch auf der Straße habe herausschneiden lassen, der sie auch später, da die Überreichung durch Zufälligkeit unterblieben war, wieder habe hineinkleben müssen".[25]

An der Verbreitung dieses Gerüchts hatte sich nachweislich auch Schmalz beteiligt, der, von Wolf zur Rede gestellt, sich auf einen anderen Kollegen berief, der den erwähnten Tatbestand wiederum vom besagten Bibliotheksdiener erfahren haben wollte. Da heftige Briefwechsel und erzwungene Aussprachen und Gegenüberstellungen Wolfs Ehre nicht wiederherzustellen vermochten, endete die ganze Angelegenheit vor Gericht, wo der Streit „in aller Ausführlichkeit, und nach mancher Verwickelung und Weiterung durch Zeugen und Eide" noch einmal aufgerollt wurde; Varnhagen will wissen, daß hierbei einige Kollegen von Wolf, darunter auch „Schmalz ... nicht sonderliche Ehre einlegten".[26] Die Sache endete schließlich damit, daß der Bibliotheksdiener, auf den das Gerücht offensichtlich zurückging, zu einer Gefängnisstrafe wegen übler Nachrede verurteilt wurde.[27] Immerhin war nun das alte Einvernehmen unter den Professoren dahin; der Ärger schwelte im Verborgenen weiter, und dies mag vielleicht auch einer der Gründe dafür gewesen sein, warum Schmalz noch vor Ende des Jahres die Stadt verließ, um nach Berlin überzusiedeln.

Doch vorher unternahmen die Lehrer der Fridericiana noch einen letzten Versuch, die Wiedereröffnung ihrer Hochschule zu erreichen.[28]

[25] Ebenda, S. 418.

[26] Ebenda, S. 420.

[27] Vgl. zum Verlauf und Ende der Affäre auch die Angaben bei S. Reiter (Hrsg.), Friedrich August Wolf. Ein Leben in Briefen I, S. 423, III, S. 148; K.A. Varnhagen, Werke in fünf Bänden I, S. 420f; M. Lenz, Geschichte der königlichen Friedrich-Wilhelms-Universität I, S. 74f., Anm. 6.

[28] Vgl. hierzu W. Dilthey, Gesammelte Schriften XIII/2, S. 193.

Schon Ende Dezember 1806 hatte Massow in Berlin dem französischen Generalintendanten für die eroberten Provinzen eine Denkschrift überreicht, in der auf den drohenden Ruin der Stadt Halle bei der Fortdauer der im Oktober getroffenen Maßregeln hingewiesen wurde. Die Professoren, von Massow hiervon in Kenntnis gesetzt, setzten nun ihrerseits noch einmal eine Bittschrift an Napoleon auf. Nachdem ein erster, allzu demütiger Entwurf von der Mehrzahl der Kollegen, darunter Niemeyer, Schleiermacher und Schmalz, zurückgewiesen worden war, einigte man sich im Februar 1807 auf eine zweite Fassung, in der man sich durchaus selbstbewußt gegen die im Oktober erhobenen Vorwürfe gegen die Universität verteidigte: „Keinem von uns ist es in den Sinn gekommen", hieß es darin, „unsere Zuhörer zur Insurrektion oder zu einem unanständigen Betragen durch öffentliche Schriften aufzumuntern. Wir würden uns dadurch selbst bei unserem Könige, dem wir ... eben so viel Dankbarkeit als Ehrfurcht schuldig sind, verantwortlich gemacht haben und unserem Berufe, den wir blos auf die Beförderung des Wahren und Guten beschränken, nach unserer innigsten Ueberzeugung völlig untreu geworden sein". Nachdem man auf den schweren Schaden, der durch die Schließung der Hochschule entstanden sei, gebührend hingewiesen hatte, beschworen die Professoren „Ew. K. K. Maj. bei dem Bewußtsein der Reinheit unserer Gesinnung und – wir wagen es hinzuzusetzen – bei den Ihnen heiligen Manen des großen Königs, dessen Namen unsere Universität trägt",[29] die Wiedereröffnung der Fridericiana zu gestatten.

Doch auch die Anrufung Friedrichs des Großen, den Napoleon bekanntlich als Vorbild verehrte, verfehlte ihren Zweck; die Professoren wurden – ebenso wie der Magistrat der Stadt, der eine ähnliche Petition[30] abgesandt hatte – vom Kaiser der Franzosen keiner Antwort gewürdigt. Die Universität blieb während des ganzen Jahres 1807 geschlossen.

c) Das Königswort von Memel

Die Lage in Halle sollte sich aber noch unangenehmer gestalten. Im Mai 1807 wurden auf Befehl aus dem französischen Hauptquartier

[29] Nach dem Abdruck der Bittschrift bei C. H. vom Hagen, Die Franzosen in Halle, S. 98–100.

[30] Abgedruckt ebenda, S. 100 f.

eine Reihe prominenter Persönlichkeiten der Stadt und ihres näheren Umkreises, darunter der Professor der Theologie und Direktor der berühmten Franckeschen Stiftungen, August Hermann Niemeyer, von den Franzosen ohne Angabe von Gründen verhaftet und nach Frankreich verschleppt.[31] Dieses Ereignis und anschließend noch die Tatsache, daß die Stadt Halle inmitten der von Preußen nach dem Frieden von Tilsit (9. Juli 1807) abgetretenen Gebiete westlich der Elbe lag, veranlaßte die noch in Halle verbliebenen Mitglieder des ehemaligen Lehrkörpers der Friedrichs-Universität zur Sendung einer Deputation an den König, der mit seinem stark verkleinerten Hofstaat vor den französischen Truppen nach Memel geflohen war.[32]

Schmalz hat hierüber acht Jahr später einen ausführlichen Bericht gegeben, der es verdient, hier in voller Länge zitiert zu werden: „Als die Nachricht vom Tilsiter Frieden und der Abtretung der Länder über der Elbe nach Halle kam, schlug ich sofort der Deputation des Universitäts-Conciliums vor, Reil oder Froriep mit mir nach Memel zum Könige zu senden, und vorzustellen: Die Universität Halle gehöre nicht zum Gebiete Magdeburgs; ihre Privilegien erklären sie zur allgemeinen Landes-Universität des Königlichen Hauses, und hätten ihre Verlegung an einem andern Ort ausdrücklich vorbehalten. Darum bäten wir Se. Majestät im Gefühl dankvollster Treue und Anhänglichkeit an Se. Majestät höchste Person, die Universität über die Elbe zu nehmen, wo kein Ort dafür schicklicher scheine, als Berlin. Die Deputation genehmigte dieß. Herr Froriep und ich reiseten ab, und am 10ten August 1807 ... standen wir vor dem Monarchen mit unserer Bitte. Des Königs Antwort und eigentlichsten Worte waren: Das ist recht, das ist brav. Der Staat muß durch geistige Kräfte ersetzen, was er an physischen verloren hat. Nur setzen Se. Majestät unmittelbar hinzu: Die Universität Halle über die Elbe nehmen, könne unangenehme Verwicklungen mit der westphälischen Regierung herbeiführen; es solle also vielmehr eine ganz neue Universität in Berlin gestiftet werden. Und dafür den

[31] Zu Niemeyer vgl. auch Hans Ahrbeck, Über August Hermann Niemeyer, in: Gedenkschrift für Ferdinand Josef Schneider (1879–1954), hrsg. v. Karl Bischoff, Weimar 1956, S. 124–149; Karl Menne, August Hermann Niemeyer. Sein Leben und Wirken (1928), 2. Aufl., Halle – Tübingen 1995, bes. S. 55 ff.; Niemeyer hat seine unfreiwillige „Reise“ nach Frankreich später ausführlich beschrieben: A. H. Niemeyer, Beobachtungen auf Reisen in und außer Deutschland IV/1: Beobachtungen auf einer Deportationsreise nach Frankreich im Jahre 1807, S. 28 ff. u. passim.

[32] Vgl. zum Zusammenhang G. Heinrich, Geschichte Preußens, S. 282 ff., auch Karl-Heinz Ruffmann, Memel im Jahre 1807, in: Jahrbuch der Albertus-Universität zu Königsberg/Pr. 8 (1958), S. 172–193.

vorläufigen Plan zu entwerfen, erhielten ... Herr Froriep und ich den Auftrag".[33]

Damit waren die Würfel für den weiteren Lebensweg von Theodor Schmalz gefallen. Es ist verständlich, daß ihn, der seit fast einem Jahrzehnt in der Verwaltung der beiden größten Universitäten Preußens leitend tätig gewesen war, das Mandat, an der Begründung einer neuen Hauptstadtuniversität in führender Stellung mitzuwirken, besonders reizen mußte – von den immer noch betrüblichen Verhältnissen in Halle einmal ganz abgesehen. So arbeitete er noch in Memel umgehend einen ersten, recht ausführlichen und in der Sache keineswegs unoriginellen Plan für die neue Lehranstalt aus;[34] anschließend, so berichtet er weiter, „wurde ich nicht nur sofort bei der neuen Universität angestellt, sondern erhielt auch durch eine Königliche Kabinetsordre den Befehl, mich so bald als möglich von Halle los zu machen, und nach Berlin zu begeben. Denn da die Universität bald nach der, damals noch nahe geglaubten, Räumung Berlins von den Franzosen gestiftet werden sollte: so sollte ich die Oertlichkeiten ... kennen lernen, um die ersten Einrichtungen, wie drei Jahre nachher geschah, besorgen zu können. So kam ich Anfangs Oktobers 1807 nach Halle zurück, um meine Aemter, vor allem das Ordinariat der juristischen Fakultät, niederzulegen; nahm von meinen Kollegen und Freunden Abschied, und reisete, von einigen der letzten eine Strecke begleitet, Anfang Novembers" nach Berlin.[35] Immerhin gelang es ihm hierbei sogar, wie er später an Hardenberg berichten sollte, „Gelder der hallischen Universität ... aus feindlichen Händen"[36] zu retten und damit für die Berliner Neugründung zu sichern.[37]

[33] Berichtigung einer Stelle in der Bredow-Venturinischen Chronik für das Jahr 1808./Ueber politische Vereine, und ein Wort über Scharnhorsts und meine Verhältnisse zu ihnen, Berlin 1815, S. 4f.; vgl. hierzu auch R. Köpke, Die Gründung der Königlichen Friedrich-Wilhelms-Universität, S. 36ff.; M. Lenz, Geschichte der königlichen Friedrich-Wilhelms-Universität I, S. 76ff.; Ernst Müsebeck, Das Preußische Kultusministerium vor hundert Jahren, Stuttgart – Berlin 1918, S. 107; Conrad Bornhak, Preußen unter der Fremdherrschaft 1807–1813, Leipzig 1925, S. 216.

[34] Schmalz' erste Denkschrift zur Gründung der Friedrich-Wilhelms-Universität wird unten in § 6b) ausführlich analysiert.

[35] Berichtigung einer Stelle in der Bredow-Venturinischen Chronik, S. 5f.

[36] GStA PK, I. HA, Rep. 74, L V (Brandenburg), Nr. 1, Bd. I, Bl. 104r (Schmalz an Hardenberg, 16.7.1811).

[37] Als Froriep und Schmalz im September nach Halle zurückkehrten, mußten sie dort das Scheitern ihrer Mission eingestehen, denn eine Verlegung der Fridericiana kam nicht mehr in Frage. Da für die Berliner Neugründung zudem – neben Schmalz und Froriep – nur wenige der hallischen Ordinarien herangezogen werden sollten,

Noch einige Aufmerksamkeit verdient das berühmte und immer wieder bis heute zitierte „Königswort" von Memel – „Der Staat muß durch geistige Kräfte ersetzen, was er an physischen verloren hat" –, das in der Tat allein von Schmalz überliefert worden ist, und zwar sogar drei Mal: Erstens in seiner nur als Manuskript gedruckten zweiten Denkschrift zur Berliner Universitätsgründung, verfaßt im Herbst 1808,[38] zweitens in seiner Königsgeburtstagsrede vom 3. August 1811,[39] schließlich im oben zitierten, 1815 publizierten Bericht über seine Reise nach Memel, die er im August 1807 unternommen hatte.[40]

Im allgemeinen hat man an der Authentizität dieser berühmten Worte nicht gezweifelt; Autoren des 19. und 20. Jahrhunderts haben sie mehr oder weniger unbesehen übernommen und zumeist als das Gründungsmotto der Friedrich-Wilhelms-Universität interpretiert – sei es nun, daß Schmalz als Quelle der Überlieferung unerwähnt blieb[41] oder daß er, wie gerade in neueren wichtigen Darstellungen,

sandte man am 27. September 1807 noch einmal eine (auch von Schmalz unterzeichnete) Bittschrift nach Memel, in der nochmals um die Verlegung der Friedrichs-Universität in die Hauptstadt gebeten wurde; man erhielt nun allerdings, da die Entscheidungen bereits getroffen waren, keine Antwort mehr; vgl. M. Lenz, Geschichte der Königlichen Friedrich-Wilhelms-Universität I, S. 100 f.

[38] Zweite Denkschrift von Theodor Schmalz über die Errichtung einer Universität in Berlin, undatiert (ca. September/Oktober 1808), überliefert als Abschrift: GStA PK, I. HA, Rep. 89, Nr. 21393, Bl. 135r–145r, hier Bl. 145r: „Ewig denkwürdig wird die Antwort seyn, die des Königs Majestät mir mündlich auf meinen Vorschlag dieserhalb gaben: Der Staat muß durch geistige Kräfte ersetzen, was er an physischen verloren hat. Und was würde dies Institut hier für ein herrliches Centrum der Wissenschaften, der Kunst und der Teutschheit". – Diese Denkschrift ist erstmals unten im Anhang B abgedruckt.

[39] Rede als am Geburtsfeste des Königs 3. August 1811 die Königliche Universität sich zum ersten Male öffentlich versammlete [sic], Berlin 1811, S. 4: „Aber itzt – kaum war nach einem unglücksvollen Kriege das sehnende Vaterland unter Sein Scepter zurückgekehrt, als Er vor allem eilte durch geistige Kräfte – dieß war Sein eignes königliches Wort – durch geistige Kräfte dem Staate zu ersetzen, was er an physischen verlohren".

[40] Berichtigung einer Stelle in der Bredow-Venturinischen Chronik, S. 5.

[41] So bei August Boeckh, Ueber die Lage und Verhältnisse der Preußischen Universitäten, vorzüglich der Berliner, während der Regierung des Königs Friedrich Wilhelm III. (1847), in: derselbe, Gesammelte Kleine Schriften, Bd. II: Reden, hrsg.v. Ferdinand Ascherson, Leipzig 1859, S. 1–17, hier S. 6; derselbe, Festrede zur Jubelfeier des funfzigjährigen Bestehens der Königlichen Friedrich-Wilhelms-Universität, gehalten in der St. Nikolai-Kirche zu Berlin am 15. October 1860. (Die Zeitumstände, unter welchen, und der Geist, in welchem die Universität gestiftet wurde), in: derselbe, Gesammelte Kleine Schriften, Bd. III: Reden und Abhandlungen, hrsg. v. Ferdinand Ascherson, Leipzig 1866, S. 60–74, hier S. 63 f.; Leopold von Ranke, Denkwürdigkeiten des Staatskanzlers Fürsten von Hardenberg vom Jahre 1806 bis zum Jahre 1813, Bd. IV, Leipzig 1877, S. 200; Johannes Vahlen, Die Gründung der Universität. Rede zur

ausdrücklich genannt wurde.[42] Auch der erste Historiograph der Berliner Universität, Rudolf Köpke, hat 1860 an der Authentizität dieser Überlieferung nicht gezweifelt; die Worte könnten, stellte er fest, „für durchaus beglaubigt gelten“.[43] Und sogar der Schmalz keineswegs wohlgesonnene Johann Friedrich von Schulte merkte 1884 an, daß ohne dessen Überlieferung „diese goldenen Worte verloren“[44] gewesen wären.

Doch 1890 meldete Paul de Lagarde – ein bedeutender Gelehrter, der gleichwohl weit über sein Fach hinaus als notorischer Querulant bekannt war – Bedenken an: „Ich glaube überhaupt schwer an die Wahrheit dessen was über Aeußerungen hoher und höchster Personen berichtet wird: ich glaube gar nicht, daß am 10. August 1807 König Friedrich Wilhelm der Dritte den Satz gesprochen hat ‚der Staat muß durch geistige Kräfte ersetzen, was er an physischen verloren hat‘“[45] –

Gedächtnisfeier am 3. August 1887, Berlin 1887, S. 7; E. Heymann, Hundert Jahre Berliner Juristenfakultät, S. 3; Eduard Spranger, Gedenkrede zur 150-Jahrfeier der Gründung der Friedrich-Wilhelms-Universität in Berlin, in: derselbe, Gesammelte Schriften, Bd. X: Hochschule und Gesellschaft, hrsg. v. Walter Sachs, Heidelberg 1973, S. 376–390, hier S. 377; H. Scurla, Wilhelm von Humboldt, S. 326; Ulrich Muhlack, Die Universitäten im Zeichen von Neuhumanismus und Idealismus: Berlin, in: Beiträge zu Problemen deutscher Universitätsgründungen der frühen Neuzeit, hrsg. v. Peter Baumgart/Notker Hammerstein (Wolfenbütteler Forschungen. Hrsg. v. der Herzog August Bibliothek, Bd. 4), Nendeln/Liechtenstein 1978, S. 299–340, hier S. 304; Horst Möller, Fürstenstaat oder Bürgernation. Deutschland 1763–1815, Berlin 1989, S. 628; Rainer A. Müller, Geschichte der Universität. Von der mittelalterlichen Universitas zur deutschen Hochschule, München 1990, S. 71; M. Stolleis, Geschichte des öffentlichen Rechts in Deutschland II, S. 61.

[42] Bernhard vom Brocke, Forschung und industrieller Fortschritt: Berlin als Wissenschaftszentrum, in: Berlin im Europa der Neuzeit, hrsg. v. Wolfgang Ribbe/Jürgen Schmädeke (Veröffentlichungen der Historischen Kommission zu Berlin, Bd. 75), Berlin – New York 1990, S. 165–197, hier S. 176; T. Stamm-Kuhlmann, König in Preußens großer Zeit, S. 449; W. Neugebauer, Das Bildungswesen in Preußen, S. 669.

[43] R. Köpke, Die Gründung der Königlichen Friedrich-Wilhelms-Universität, S. 138; vgl. ebenda, S. 37 f.: „Die denkwürdigen Worte des Königs sind die einfachste Form, in welcher sich die beginnende Bewegung aussprechen läßt. Was war es anders, als die Idee einer Ergänzung der verlorenen materiellen Mittel durch die Stärke des moralischen Entschlusses, durch die ideale Erhebung, was die Männer der Kirche und der Wissenschaft, des Volks und des Heeres mit gleicher Gewalt erfüllte, Schleiermacher, Fichte und Niebuhr, wie Stein und Hardenberg, Scharnhorst und Gneisenau? Es war ein großes Zeichen der sich neu begründenden Einheit, daß jenes Wort der Umbildung aus dem Munde des Königs kam, indem sie sich im Volke bereits vollzog“.

[44] Johann Friedrich von Schulte, Karl Friedrich von Eichhorn. Sein Leben und Wirken nach seinen Aufzeichnungen, Briefen, Mittheilungen von Angehörigen, Schriften, Stuttgart 1884, S. 42, Anm. 22.

[45] Paul de Lagarde, Ueber einige Berliner Theologen und was von ihnen zu lernen ist, Göttingen 1890, S. 50.

und er tat dies mit nicht sehr überzeugenden Argumenten: Einmal sei „der Satz – an sich unwahr – ... als Satz dieses Königs nicht stylgerecht“, zweitens sei Schmalz „so wie so ein bedenklicher Herr, ... dessen Phantasie und Eitelkeit gelegentlich den Sieg über den Wunsch die Wahrheit zu sagen davon getragen haben“, drittens schließlich sei Friedrich Wilhelm III. – „einer der verhängnisvollsten Könige ..., welche Preußen gehabt“ habe – „auch wohl 1807 noch zu niedergedrückt gewesen, um zwei Professoren mit der von Schmalz angeblich gehörten Phrase aufzuwarten“.[46]

Bereits Adolf Harnack hat im Jahre 1900 in einer Anmerkung seiner Geschichte der Berliner Akademie die von Lagarde genannten Argumente einer kritischen Prüfung unterzogen und mit klaren Worten abgelehnt.[47] Auch Max Lenz hat sich im ersten Band seiner Universitätsgeschichte von 1910 der Auffassung Harnacks angeschlossen: die Worte seien authentisch überliefert und könnten vielleicht auf die eigentliche Urheberschaft Beymes zurückzuführen sein.[48] Später ist ihre Authentizität kaum noch angezweifelt worden, so haben etwa Rudolf Smend und Ernst Rudolf Huber für die Echtheit der Überlieferung plädiert,[49] andere Autoren wie etwa Max Lehmann, Adolf Stoll oder jüngst noch Theodore Ziolkowski bezweifeln allenfalls die geistige Urheberschaft des Königs, aber nicht die Korrektheit der Überlieferung.[50]

[46] Die Zitate ebenda, S. 51.

[47] Vgl. Adolf Harnack, Geschichte der Königlich Preußischen Akademie der Wissenschaften zu Berlin, Bd. I/2, Berlin 1900, S. 556f., Anm. 3.

[48] Vgl. M. Lenz, Geschichte der königlichen Friedrich-Wilhelms-Universität I, S. 78f.: Dieses Wort habe die Empfindung ausgedrückt, „welche in diesen Wochen schwerster Prüfungen alle besten Männer Preußens durchdrang, nicht in dem Gefühl eines Gegensatzes zu den Stimmungen, aus denen man durch das Unglück des Staates so furchtbar geweckt worden war, wohl aber in dem Bewußtsein, daß man die Ideen, in denen man längst gelebt, die aber in der erschlaffenden Luft des Friedens nicht hatten ins Leben treten können, zum Wiederaufbau des Staates mit Anspannung aller Kraft herbeirufen müsse. Beyme, der sich selbst an diesem Gedanken aufrecht zu erhalten und seine Freunde zu trösten suchte, wird auch auf den König so eingewirkt, und dieser also vielleicht Worte wiederholt haben, die er von seinem Kabinettschef gehört hatte“.

[49] Vgl. R. Smend, Die Berliner Friedrich-Wilhelms-Universität, S. 548; E. R. Huber, Deutsche Verfassungsgeschichte I, S. 286, Anm. 1.

[50] Vgl. Max Lehmann, Freiherr vom Stein, Bd. II, Leipzig 1903, S. 539, Anm. 1; Adolf Stoll, Friedrich Karl v. Savigny. Ein Bild seines Lebens mit einer Sammlung seiner Briefe, Bde. I–III, Berlin 1927–1939, hier Bd. II, S. 4, Anm. 3: „Die Worte stehen nicht ganz fest, besonders nicht, ob sie des Königs geistiges Eigentum sind; sie sind auch damals so wenig wie heute auffallend gewesen, sie lagen im allgemeinen Bewußtsein“; T. Ziolkowski, Das Amt der Poeten, S. 364: „Ob diese Formulierung, die ihm in den Berichten Schmalz’ zugeschrieben wird, tatsächlich von Friedrich Wilhelm III. stam-

Keiner der Autoren hat jedoch bemerkt, daß bereits 1913 ein Dokument publiziert wurde, das die Authentizität der von Schmalz überlieferten Äußerung fast zweifelsfrei belegt: es handelt sich um einen der ausführlichen Berichte aus Berlin, die von der „Immediat-Friedens-Vollziehungs-Kommission“ an den immer noch in Memel befindlichen königlichen Hof gesandt wurden. In dem Bericht vom 14. November 1807 wird im Abschnitt „Oeffentliche Meinung“ erstmals auf die geplante Universitätsgründung bezug genommen; es heißt dort: „Einen allgemeinen Enthusiasmus hat die Nachricht einer hier zu errichtenden allgemeinen Lehr-Anstalt unter verschiedenen Rücksichten bey den verschiedenen Ständen erregt. Die Unterrichteten können nicht anders als den großen Einfluß eingestehen, den diese Lehr-Anstalt, entfernt von allem Zwange und Vorurtheilen, welche sonst in den Academien gleichsam durch Verjährung siegreich ihren Platz behauptet haben, auf *die geistige Kraft der verbleibenden Einwohner zum schönen Ersatz für die verlorene physische* haben muß, und man freut sich, zuerst in Deutschland, ja vielleicht in Europa ein gelehrtes Institut in Berlin unter dem Druck äußerer Verhältnisse errichtet zu sehen, welches ... den großen Zwiespalt freundlich schlichtet, der sich zwischen der theoretischen und der praktischen Welt so fühlbar erhoben hatte ...“.[51]

Es zeigt sich also, daß die von Schmalz überlieferte Formulierung 1807 bekannt war. Schmalz war Ende Oktober dieses Jahres nach Berlin gekommen, um dort mit anderen die Universitätsgründung in die Wege zu leiten, und es ist immerhin denkbar, um nicht zu sagen sehr wahrscheinlich, daß er in den politisch und kulturell tonangebenden Kreisen und Zirkeln der Hauptstadt eifrig für dieses neue Vorhaben geworben hat – und warum hätte er dies nicht mit der Autorität des trefflichen königlichen Wortes vom Ersatz der physischen durch geistige Kräfte tun sollen? Selbst wenn die letzte Vermutung nicht zutrifft, so ist doch zweifelsfrei belegt, daß diese offenbar bald geflügelte Redewendung 1807 im Umkreis des preußischen Herr-

men, mag dahingestellt bleiben; mit den Überzeugungen des patriotischen jungen Königs ist sie jedenfalls gut vereinbar. Doch wie dem auch sei, der Satz wurde zur Parole, unter der die Anstrengungen zur Errichtung einer neuen Universität in den nächsten Jahren gebündelt wurden“.

[51] Herman Granier (Hrsg.), Berichte aus der Berliner Franzosenzeit. Nach den Akten des Berliner Geheimen Staatsarchivs und des Pariser Kriegsarchivs (Publikationen aus den K. Preußischen Staatsarchiven, Bd. 88), Leipzig 1913, S. 53 (von mir hervorgehoben, H.-C.K.).

schers ausgesprochen worden ist. Und damit dürfte wenigstens die *historische* Authentizität der Überlieferung durch Theodor Schmalz erwiesen sein.

§ 6 Universitätsgründung in Berlin (1807–1810)

a) Vorbereitung und Planung

Die Gründung der Friedrich-Wilhelms-Universität in Berlin eröffnete ein neues Kapitel der deutschen Bildungs- und Universitätsgeschichte.[1] Auch wenn man zugeben muß, daß es wie bei den anderen,

[1] Zur eigentlichen Vorgeschichte und Geschichte dieser Gründung sind immer noch grundlegend die beiden älteren Darstellungen bei R. Köpke, Die Gründung der Königlichen Friedrich-Wilhelms-Universität, passim, und M. Lenz, Geschichte der Königlichen Friedrich-Wilhelms-Universität, Bd. I, S. 3–304. – Daneben siehe an älteren und neueren kürzeren Darstellungen etwa Ludwig Geiger, Berliner Analekten. 2. Die Anfänge der Berliner Universität, in: Euphorion – Zeitschrift für Literaturgeschichte 1 (1894), S. 365–382; derselbe, Berlin 1699–1840. Geschichte des geistigen Lebens der preußischen Hauptstadt, Bd. II, 1786–1840, Berlin 1895, S. 291 ff.; Wilhelm Weischedel, Einleitung, in: derselbe (Hrsg.), Idee und Wirklichkeit einer Universität. Dokumente zur Geschichte der Friedrich-Wilhelms-Universität zu Berlin (Gedenkschrift der Freien Universität Berlin zur 150. Wiederkehr des Gründungsjahres der Friedrich-Wilhelms-Universität zu Berlin), Berlin 1960, S. XI ff.; H. Schelsky, Einsamkeit und Freiheit, S. 50 ff.; wichtig auch U. Muhlack, Die Universitäten im Zeichen von Neuhumanismus und Idealismus, Berlin, passim; Manfred Botzenhart, Von den preußischen Reformen bis zum Wiener Kongreß, in: Handbuch der deutschen Geschichte, hrsg. v. Otto Brandt/Arnold Oskar Meyer/Leo Just, Bd. III/1a, Wiesbaden 1980, S. 454 ff.; T. Nipperdey, Deutsche Geschichte 1800–1866, S. 65 ff.; Rüdiger vom Bruch, Humboldt-Universität zu Berlin (vormals: Friedrich-Wilhelms-Universität zu Berlin), in: Universitäten und Hochschulen in Deutschland, Österreich und der Schweiz. Eine Universitätsgeschichte in Einzeldarstellungen, hrsg. v. Laetitia Boehm/Rainer A. Müller, Düsseldorf 1983, S. 50–68; W. Neugebauer, Das Bildungswesen in Preußen seit der Mitte des 17. Jahrhunderts, S. 674 ff.; zum zeitgenössischen politischen und geistesgeschichtlichen Hintergrund siehe besonders auch K. von Raumer, Zum geschichtlichen Hintergrund und europäischen Kontext der preußischen Bildungsreform, passim; Charles E. McClelland, State, Society and University in Germany 1700–1914, Cambridge – London – New York u. a. 1980, S. 106 ff.; Bernd von Münchow-Pohl, Zwischen Reform und Krieg. Untersuchungen zur Bewußtseinslage in Preußen 1809–1812 (Veröffentlichungen des Max-Planck-Instituts für Geschichte, Bd. 87), Göttingen 1987, S. 31 ff. u. passim; T. Ziolkowski, Das Amt der Poeten, S. 363 ff.; knappere Bemerkungen und Hinweise auch bei J. Vahlen, Die Gründung der Universität, passim; H. Scurla, Wilhelm v. Humboldt, S. 322 ff.; Kurt Schröder, 150 Jahre Humboldt-Universität zu Berlin. Das Werden einer jungen Universität, in: Forschen und Wirken. Festschrift zur 150-Jahr-Feier der Humboldt-Universität zu Berlin 1810–1960, Bd. I, Beiträge zur wissenschaftlichen und politischen Entwicklung der Universität, Berlin (-Ost) 1960, S. 1–13; L. Petry, Die Gründung der drei Friedrich-Wilhelms-Universitäten Berlin, Breslau und Bonn, S. 692 ff.; E. Spranger, Gedenkrede zur 150-Jahrfeier der Gründung der Friedrich-Wilhelms-Universität in Berlin, S. 377 ff.; R. Smend, Die Berliner Friedrich-Wilhelms-Universität,

zur gleichen Zeit durchgeführten Reformen, „auch hier überfällig" gewesen ist, „den entscheidenden Schritt zu vollziehen und der Hauptstadt zu geben, was ihr zukam",[2] so kommt man doch um die Feststellung nicht herum, daß es sich bei dieser Neuschöpfung um eine Leistung von erstaunlichen Ausmaßen und zugleich herausragender Bedeutung handelt – geschaffen noch dazu unter Bedingungen, die alles andere als einfach waren. Es entstand hier ein ganz neuer Typus von Universität, der Maßstäbe für das 19. Jahrhundert setzen sollte: Zum einen hielt man an der alten Fakultätenordnung und an der traditionellen „Universitas literarum" fest, doch man füllte zum anderen die alten, bewährten Formen mit neuem Inhalt, schuf ein reformiertes und funktionsfähiges universitäres Selbstverwaltungssystem und postulierte vor allem ein neues, auf das Ganze gerichtetes Wissenschaftsverständnis, das der allgemeinen Tendenz zu immer engerer Spezialisierung und Abschließung der einzelnen Zweige und Fächer entgegenwirken sollte: „Wissenschaftlichkeit" und „säkulare Sinnvermittlung" durch Wissen wurden oberste Ziele.[3]

Die Überlegungen und ersten Planungen für eine preußische Hauptstadtuniversität gehen bis ins späte 18. Jahrhundert zurück. Denn bereits kurz nach dem Thronwechsel von 1797 hatten allgemeine Erwägungen für umfassende Staatsreformen in Preußen eingesetzt, die freilich erst später, unter dem Druck der schweren Niederlage von 1806, in Angriff genommen wurden. Hierzu gehörten auch erste Vorüberlegungen für eine in Berlin neu zu gründende Universität.[4] Der königliche Kabinettsrat Karl Friedrich Beyme, der sich schon seit

S. 547 ff.; Helmut Klein (Hrsg.), Humboldt-Universität zu Berlin. Überblick 1810–1985. Von einem Autorenkollektiv unter Leitung von Adolf Rüger, Berlin (-Ost) 1985, S. 9 ff.; R. Vierhaus, Wilhelm von Humboldt, S. 73 ff.; B. vom Brocke, Forschung und industrieller Fortschritt, Berlin als Wissenschaftszentrum, S. 175 ff.; aufschlußreich auch die Bemerkungen bei Hans Maier, Gründerzeiten. Aus der Sozialgeschichte der deutschen Universität, in: Staat, Kirche, Wissenschaft in einer pluralistischen Gesellschaft. Festschrift zum 65. Geburtstag von Paul Mikat, hrsg. v. Dieter Schwab/Dieter Giesen/Joseph Listl/Hans-Wolfgang Strätz, Berlin 1989, S. 387 ff.; R. A. Müller, Geschichte der Universität. Von der mittelalterlichen Universitas zur deutschen Hochschule, S. 66 ff.

[2] G. Heinrich, Geschichte Preußens, S. 292.

[3] Vgl. die sehr gute Zusammenfassung bei T. Nipperdey, Deutsche Geschichte 1800–1866, S. 64 f.; siehe auch Gerd Roellecke, Geschichte des deutschen Hochschulwesens, in: Handbuch des Wissenschaftsrechts, hrsg. v. Christian Flämig, 2. Aufl., Berlin – Heidelberg 1996, S. 24 f.

[4] Vgl. dazu statt vieler die immer noch ausführlichste Darstellung bei M. Lenz, Geschichte der Königlichen Friedrich-Wilhelms-Universität, Bd. I, S. 24 ff.

1802 hierüber Gedanken machte, konnte sich darauf berufen, daß die für eine solche Neugründung benötigte Infrastruktur in der Hauptstadt bereits weitgehend vorhanden war: Es existierten in Berlin um 1800 nicht nur eine große wissenschaftliche Bibliothek, sondern auch drei kleinere Fachschulen, darunter die angesehene Medizinische Hochschule, und vor allem die berühmte, seit 1700 bestehende Königliche Akademie der Wissenschaften. Auch die Jurisprudenz besaß in Berlin bereits eine eigene, keineswegs unbedeutende Tradition.[5]

Insofern fiel die Anfrage, mit der Theodor Schmalz und sein Hallenser Kollege Ludwig Froriep im August 1807 in Memel vor König Friedrich Wilhelm III. traten, sogleich auf fruchtbaren Boden, auch wenn sich ihr eigentliches Anliegen, nämlich eine *Verlegung* der Friedrichs-Universität in die Hauptstadt, als nicht ausführbar erwies. Immerhin wurden die beiden Professoren aus Halle sofort in die Vorbereitung der Neugründung einbezogen. Nachdem Schmalz bereits am 22. August 1807 eine erste Denkschrift hierzu vorgelegt hatte,[6] verbunden mit der nochmaligen Bitte, „allen Professoren der Friedrichs-Universität den Zutritt zu der neuen Lehranstalt mit ihren bisherigen Gehalten zu verstatten“,[7] ließ der König am 4. September ihm und Froriep, auch ihren Kollegen in Halle, seinen Dank aussprechen, doch er fügte gleich hinzu, daß schon aus finanziellen Gründen an eine Übernahme sämtlicher Professoren der Universität zu Halle nach Berlin nicht gedacht werden könne.[8] Am gleichen Tag erhielt Beyme eine Kabinettsordre, mit der Friedrich Wilhelm III. ihn von seinem Entschluß informierte, zum Ausgleich des Verlustes von Halle „eine ... allgemeine Lehranstalt in *Berlin* in angemessener Verbindung mit der Academie der Wissenschaften zu errichten, und die Einrichtung derselben Euch, der Ihr meine *Intention* vollkommen kennt, zu übertragen“. Und der Monarch fügte ausdrücklich hinzu: „Vor allen Dingen müßt Ihr Euch diejenigen *Professoren* aus *Halle* und von anderen Orten, von denen der größte Nutzen für das *Institut* zu erwarten ist, ehe sie anderen Rufen folgen, versichern, und überhaupt

[5] Vgl. den Abriß von ROLF LIEBERWIRTH, Berliner Rechtswissenschaft zwischen Akademie- und Universitätsgründung (1700–1810), in: DERSELBE, Rechtshistorische Schriften, hrsg. v. HEINER LÜCK, Weimar – Köln – Wien 1997, S. 303–313.

[6] Dazu siehe unten § 6 b).

[7] Nach dem Abdruck bei R. KÖPKE, Die Gründung der Friedrich-Wilhelms-Universität, S. 159 (Schmalz und Froriep an Friedrich Wilhelm III., 22.8.1807).

[8] Vgl. ebenda, S. 163 f. (Kabinettsschreiben an Schmalz und Froriep, 4.9.1807).

alles anwenden, daß der Plan sobald als möglich Mir zur Genehmigung vorgelegt und in Ausführung gebracht werden kann".[9]

Beyme handelte umgehend: Bereits am folgenden Tag formulierte er ein Schreiben an Schmalz, in dem er ihn offiziell von der beabsichtigten Gründung in Kenntnis setzte und ihm die Zusicherung erteilte, „daß Se. Majestät der König Sie bey diesem neuen Lehr-Institute, mit dem fixirten Gehalte, das Sie in Halle hatten, anzustellen beschlossen haben. Ich ersuche Ew. Hochwohlgebohrnen [sic] daher ganz ergebenst, sich sobald als möglich von *Halle* loszumachen, und nach *Berlin* zu begeben", um sich dort an der weiteren detaillierten Planung des Projekts zu beteiligen; er fügte hinzu: „Da Ew. Hochwohlgebohrnen schon im Monath *August* d. Js. für diesen Zweck von mir beschäftigt worden sind, so werden Sie Ihren gantzen Gehalt ... vom 1. *August* d. Js. an erhalten".[10] Schmalz war also bereits angestellt, bevor die ersten Maßregeln der Gründung überhaupt stattgefunden hatten – er zählte also (neben Fichte und Froriep) zu den drei ersten Professoren der zu gründenden Universität.[11] Und er machte sich mit großem Eifer an die neue Aufgabe; zwei in diesen Tagen an ihn ergangene Rufe nach Königsberg und Dorpat lehnte er – so die Überlieferung seines Freundes und Schwagers Scharnhorst – ab.[12]

Am 30. September antwortete Schmalz aus Halle: Er bat Beyme nochmals um Unterstützung für mehrere nach der Katastrophe von 1806 verarmte Kollegen und setzte sich für weitere Berufungen aus dem vormaligen Lehrkörper der Friedrichs-Universität ein; immerhin nannte er auch die Namen einiger, die „gewiß nicht" nach Berlin kommen würden. Daneben hielt er es für seine „Pflicht ..., auf Herrn Wolfs Eitelkeit aufmerksam zu machen, die keine Grenzen kennt im Protegieren"; doch gestand er zu, daß der berühmte Philologe bei der

[9] Abdruck ebenda, S. 163 (Kabinettsordre Friedrich Wilhelms III. an Beyme, 4.9.1807).

[10] Abdruck ebenda, S. 164 (Beyme an Schmalz, 5.9.1807); vgl. auch die Darstellung Köpkes ebenda, S. 38 f.

[11] Am gleichen Tag ergingen die Rufe an Fichte und F. A. Wolf, die von Beyme ebenfalls (allerdings ohne voneinander zu wissen!) zur Mitarbeit an der weiteren Planung der neuen Lehranstalt eingeladen wurden; vgl. die entsprechenden Schreiben Beymes ebenda, S. 164 f.

[12] Vgl. G. J. D. Scharnhorst, Briefe I, S. 327 (Scharnhorst an seine Tochter, Memel, 3.9.1807), „Seit 3 Tagen ist der Onkel aus Halle hier; er hat ein Projekt gemacht, daß die Universität nach Berlin verlegt wird, und er ziehet mit der ganzen Familie schon diesen Herbst dorthin. Das Projekt ist angenommen. Er hat übrigens eine Vokation nach Dorpat, die nicht übel ist; auch kann er nach Königsberg mit Vorteil kommen. Er wird aber wohl nach Berlin gehen".

Planung der neuen Lehranstalt nicht übergangen werden könne.[13] Er versicherte, „in etwa 14 Tagen“ Halle verlassen zu wollen und fügte hinzu: „In Berlin habe ich vom 2. November an schon Vorlesungen angekündigt“. Abschließend gab er sich optimistisch: „... wen sollte nicht die herrliche Idee des Ganzen, welches durchaus das erste Institut Europas für die Wissenschaften werden muß, begeistern. Führe nur der Gott des Friedens unseren teuren König bald wieder nach Berlin“.[14] Der „allgemeine Enthusiasmus“ über die geplante Gründung der Hauptstadtuniversität, von dem in jenem schon zitierten Bericht der „Immediat-Friedens-Vollziehungs-Kommission“ nach Memel die Rede gewesen war,[15] hatte also auch Schmalz bereits ergriffen.

Doch die Dinge entwickelten sich angesichts der fatalen Lage, in der sich das durch den verlorenen Krieg niedergedrückte Preußen befand, langsamer als gewünscht: Ende Februar 1808 konnte Beyme seinem königlichen Herrn nur mitteilen, er habe sich bisher in Sachen Universitätsgründung „auf die ersten vorbereitenden Schritte einschränken müssen. Daher sind von den Hallischen Lehrern, wovon ich nach Höchstdero Befehl die bessern für die neue Universität sichern sollte, ... nur der Geheime Rath Wolff, der Geheime Rath Schmalz, der Professor Schleiermacher, der Professor Froriep auf meine Veranlassung in Berlin eingetroffen“.[16] Zusätzlich zu den Genannten sei nur noch Johann Gottlieb Fichte in die Hauptstadt gekommen; alle fünf seien bereits fest eingestellt.[17] Die zugesicherten

[13] Nach dem Abdruck bei M. LENZ, Geschichte der Königlichen Friedrich-Wilhelms-Universität IV, S. 45–48 (Schmalz an Beyme, 30.9.1807). Die Abneigung gegen Wolf wurde von diesem erwidert; in einem „Souvenir“ Wolfs von Anfang 1808 heißt es, „Die größte Schwierigkeit in *Berlin* scheint mir die Auswahl der Hauptpersonen zur neuen Universität. Hier mag der Himmel helfen! Der Geist derer, die izt am meisten dazu mitwirken, verspricht fast nichts als Armseeligkeiten; am verderblichsten wird der Schmalz aus Halle werden, nach allem, was schon von seinen Vertrauten, wie Froriep, aus seinen Gesprächseln verbreitet wird. Diese Vertrauten selbst sind indignirt über die handwerksmäßigen Ansichten des Mannes“ (S. REITER [Hrsg.], Friedrich August Wolf. Ein Leben in Briefen III, S. 157).

[14] M. LENZ, Geschichte der Königlichen Friedrich-Wilhelms-Universität IV, S. 47

[15] Siehe oben, § 5 c).

[16] GStA PK I. HA, Rep. 89, Nr. 21392, Bl. 111r (Beyme an Friedrich Wilhelm III., 23.2.1808).

[17] Vgl. J. F. Fichte im Gespräch. Berichte der Zeitgenossen, hrsg. v. ERICH FUCHS in Zusammenarbeit mit REINHARD LAUTH u. WALTER SCHIECHE, Bde. I–VI/2 (Specula, hrsg. v. GÜNTHER HOLZBOOG, Bde. 1,I–1,VI/2), Stuttgart – Bad Cannstatt 1978–1992, hier Bd. IV, S. 119 f. (Beyme an Friedrich Wilhelm III., 23.2.1808; Auszug).

Gehaltszahlungen ließen allerdings vorerst auf sich warten;[18] auch ging Schmalz offenbar von der Vermutung aus, daß er ein so hohes Gehalt wie in Halle wohl in nächster Zeit nicht zu erwarten hätte. Das mag der Grund dafür gewesen sein, daß er im September 1808 – nachdem er den Ruf nach Dorpat sowie das Angebot, an die demnächst wiederzueröffnende Friedrichs-Universität zurückzugehen, abgelehnt hatte – den König darum bat, „mir eine Stelle im Ober Appellations Senat des Kammergerichts vor der Hand ohne Gehalt zu conferiren".[19]

Es mag sogar sein, daß Schmalz, nachdem die Gründungsvorbereitungen durch den Abgang Beymes (der das Amt eines Kammergerichtspräsidenten in Berlin antrat) ins Stocken geraten waren[20] und nachdem die Wiedereröffnung der Universität Halle für das Wintersemester 1808/09 angekündigt worden war, überhaupt an der baldigen Ausführung des großen Vorhabens zu zweifeln begann und sich aus diesem Grunde gezwungen sah, nach anderen beruflichen Möglichkeiten Ausschau zu halten. Immerhin spricht es für ihn, daß er nicht – wie so mancher andere – aus bloßem Opportunismus Berlin schnell wieder verließ, sondern seinem Souverän auch in dieser äußerst schwierigen und kritischen Phase der Geschichte Preußens ganz bewußt die Treue hielt.[21]

b) Die beiden Denkschriften

In einem Rückblick auf seine Berufslaufbahn, die Schmalz im September 1821 für den Kurator der Berliner Universität verfaßte, heißt es, die Ereignisse des unglücklichen Jahres 1807 betreffend: „Als Halle im

[18] In einem Brief an Beyme wies Friedrich Wilhelm III. seinen Kabinettsrat an, die restlichen „1200 Thaler Hallische Universitaets-Gelder ... unter die Professoren Schmalz, Schleiermacher, Froriep, Fichte und Wolff" zu verteilen; ebenda, S. 121 (Friedrich Wilhelm III. an Beyme, 25.2.1808); im Juni 1808 wurde der Freiherr vom Stein angewiesen, an Wolf 800, an Schmalz und Fichte je 300 und an Schleiermacher und Froriep je 200 Taler auszuzahlen; ebenda, S. 164 (Friedrich Wilhelm III. an Karl vom und zum Stein, 20.6.1808).

[19] GStA PK I. HA, Rep. 89, Nr. 21393, Bl. 78v (Schmalz an Friedrich Wilhelm III., 26.9.1808).

[20] Vgl. R. Köpke, Die Gründung der Königlichen Friedrich-Wilhelms-Universität, S. 51 f., 61 ff.; M. Lenz, Geschichte der Königlichen Friedrich-Wilhelms-Universität I, S. 130 ff., 148 ff.

[21] In seinem Brief an den König (GStA PK I. HA, Rep. 89, Nr. 21393, Bl. 78r) hatte er ausdrücklich betont: „Es ist meinem Herzen unmöglich, je den Dienst Ew. Königlichen Majestät und Dero Staaten zu verlassen, oder einem Souverain anzugehören, welchem ich doch nie mit ganzer Seele und reinem Eifer dienen könnte".

Tilsitischen Frieden abgetreten war, eilte ich nach Memel, wo ich 3 Wochen nach jenem Frieden schon eintraf, um Sr. Majestät die Universität in Berlin vorzuschlagen. Se. Majestät ernannten den Herrn Minister von Beyme Herrn Staatsrath Hufeland und mich zu Commissarien den Plan für die Universität zu entwerfen; und ich redigirte den ersten Entwurf".[22] Die Erinnerung ist – jedenfalls in dieser Form – ohne Frage unzutreffend: Kein anderer als Beyme hatte vom König den ersten Auftrag zur Gründung erhalten; Schmalz und der bekannte Mediziner Christian Wilhelm Hufeland, damals Direktor und Professor der Berliner Medizinischen Hochschule, wurden von ihm nur zu den Planungen der Neugründung herangezogen, waren ihm aber keineswegs gleichgestellt.[23]

Im Gegenteil: Beyme hatte von Anfang an Wert darauf gelegt, nicht nur einen oder zwei Professoren als Berater für die geplante Gründung heranzuziehen, sondern er hatte gleich eine ganze Reihe von Denkschriften in Auftrag gegeben oder doch wenigstens indirekt angeregt, die ihm neue Gedanken und Perspektiven liefern sollten; die beiden berühmtesten und wohl auch inhaltlich bedeutendsten dieser Entwürfe dürften diejenigen von Schleiermacher und Fichte gewesen sein.[24] Immerhin war Schmalz der einzige, der in Beymes Auftrag gleich zwei Denkschriften verfaßte, die erste davon noch während seines Aufenthaltes in Memel im August 1807.[25] Den Auftrag hierzu muß er unmittelbar nach seiner Audienz bei Friedrich Wilhelm III. erhalten haben.[26]

[22] UA Berlin, Universitätskurator, Nr. 120, Bl. 13v (Schmalz an den Kurator, 17.9.1821).

[23] Vgl. zu Hufeland u. a. M. Lenz, Geschichte der Königlichen Friedrich-Wilhelms-Universität I, S. 40 f., 51 ff., 60 ff.

[24] Ein Großteil dieser Denkschriften, die zu den klassischen Dokumenten der deutschen Geistes- und Bildungsgeschichte gehören, ist in mehreren Sammlungen neu herausgegeben worden; siehe neben dem Dokumentationsband von Wilhelm Weischedel (Hrsg.), Idee und Wirklichkeit einer Universität. Dokumente zur Geschichte der Friedrich-Wilhelms-Universität zu Berlin, Berlin 1960, auch Ernst Anrich (Hrsg.), Die Idee der deutschen Universität. Die fünf Grundschriften aus der Zeit ihrer Neubegründung durch klassischen Idealismus und romantischen Realismus, Darmstadt 1956; Ernst Müller (Hrsg.), Gelegentliche Gedanken über Universitäten von J. J. Engel, J. B. Erhard, F. A. Wolf, J. G. Fichte, F. D. E. Schleiermacher, K. F. Savigny, W. v. Humboldt. G. F. W. Hegel, Leipzig 1990.

[25] Zwar hat auch Friedrich August Wolf zwei Denkschriften geliefert; die erste (datiert bereits vom 3.8.1807) jedoch unaufgefordert und offenbar in dem Bestreben, seinen ihm verhaßten Hallischen Kollegen zuvorzukommen und die Initiative für eine Universitätsneugründung in der Hauptstadt an sich zu reißen; vgl. dazu R. Köpke, Die Gründung der Königlichen Friedrich-Wilhelms-Universität, S. 39 f.

[26] Vgl. ebenda, S. 38.

Diese erste Denkschrift[27] enthielt in der Tat „einen überaus freiheitlichen Plan“,[28] dessen Liberalität und Bereitschaft zur grundlegenden Erneuerung bei einem Autor wie Schmalz auf den ersten Blick überraschen mag. Es komme darauf an, schreibt Schmalz gleich im ersten Satz, dem preußischen Staat „eine wissenschaftliche Bildungs-Anstalt“ zu verschaffen, „welche vollkommener wäre, als die Universitäten zu Frankfurt und Königsberg sind, und selbst durch die größesten Kosten gegenwärtig werden können. Berlin allein, mit seinen mannigfaltigen Instituten, welche durch eine solche Anstalt erst recht nützlich werden können, bietet, als Sitz derselben, so viele Vortheile dar, daß es ... die gewisse Hoffnung giebt, daß die da zu errichtende Lehranstalt die glänzendste Europa's werden müsse“.[29]

Seine weiteren Ausführungen zeigen Schmalz geradezu als einen rabiaten Reformer und konsequenten Verächter des traditionellen Universitätswesens, das er – als ehemaliger Direktor und Kanzler an zwei Universitäten – freilich besser kannte als die meisten seiner Zeitgenossen und wohl auch viele seiner Universitätskollegen. Es sei ratsam und nützlich, fuhr er fort, „bey der Einrichtung dieser Anstalt alle Formen des alten Universitätswesens fallen zu lassen, welche einen Zunftgeist nähren, oder pedantischen Prunk, der ehemals Würde und Ansehen geben mochte, iezt aber lächerlich macht“. Eigentlich sei es zu wünschen (und auch nicht undenkbar), daß „in Berlin ohne Kosten, ohne Einrichtung des Staats eine freie Lehranstalt von selbst sich bildete“, doch sei die Zeit für eine akademische Privatanstalt noch nicht reif; gegenwärtig seien hiervon eher Nachteile als Vorteile zu erwarten. Insofern müsse „also der Staat Vorsorge und Aufsicht übernehmen und die allgemeine Lehranstalt muß sein Institut seyn. Nur *liberalere* Form, nur kein *Magnificus*, keine *Iurisdiction*, keine Zunft unter dem Namen Facultät! Aber doch so viel *points de réunion*, als die Leitung und Aufsicht des Ganzen nothwendig machen“.[30] Wie sehr er mit seinen Ideen auch von den Auffassungen und Plänen seines alten

[27] Erstmals in vollem Umfang veröffentlicht ebenda, S. 159–163; lediglich einen Auszug bringt W. Weischedel (Hrsg.), Idee und Wirklichkeit einer Universität. Dokumente zur Geschichte der Friedrich-Wilhelms-Universität zu Berlin, S. 11–15. – Nach dem Erstdruck bei Köpke (1860) wird diese Denkschrift unten im Anhang B I. erneut vollständig abgedruckt.

[28] So H. Scurla, Wilhelm v. Humboldt, S. 326; vgl. auch L. Boehm, Universitätsreform als historische Dimension, S. 743.

[29] Erste Denkschrift, 22.8.1807, in: R. Köpke, Die Gründung der Königlichen Friedrich-Wilhelms-Universität, S. 159f.

[30] Alle Zitate ebenda, S. 160.

Gönners Massow Abschied nahm, zeigt Schmalz' unbedingtes Festhalten am Prinzip der traditionellen *universitas* aller Wissenschaften; eine – wie auch immer geartete – Beschränkung des Lehrangebots im Sinne einer Spezialisierung der neuen Hochschule auf bestimmte Fächer oder einzelne Wissenschaften lehnte er strikt ab.[31]

Der zentrale Gedanke, der diese Denkschrift bestimmte, bestand aber in dem Vorschlag, die neu zu gründende Lehranstalt aufs engste mit der Königlichen Akademie der Wissenschaften, „welche so erst nützlich werden würde", wie er etwas respektlos feststellte, zu verbinden. Ohne dies offen auszusprechen, doch mit deutlichem Bezug auf die „gegenwärtige Lage der Dinge"[32] suggerierte er, daß sich eine solche Lösung nicht zuletzt vor allem aus finanziellen Gründen anbiete.[33] Konkret hieß das: „1. Die Berlinische Akademie nimmt das Lehr-Institut in sich auf, und das Ganze erhält, oder behält den Namen Königliche Akademie der Wissenschaften. – 2. Alle angestellten und besoldeten Lehrer werden vom König zu Mitgliedern der Akademie ernannt"; eine Freistellung von der Lehre solle es nur für die jetzigen Mitglieder geben; später nur dann, wenn „Ehrenhalber und ohne Besoldung einzelne ausgezeichnete Männer zu Mitgliedern der Akademie ernannt würden".[34]

Die akademischen Lehrer, für die „der Titel Professor doch wohl beyzubehalten"[35] wäre, sollten ordentliche Lehrstühle erhalten, in der Wahl der von ihnen zu lehrenden Gegenstände jedoch eine erstaunliche Freiheit besitzen[36] – hier dachte Schmalz wohl nicht zuletzt an

[31] Vgl. ebenda: „Vor allen Dingen muß dafür gesorgt werden, daß stets für iede Wissenschaft Gelegenheit des Unterrichts vorhanden sey, daß keine Lükke sey, welche den Studirenden aufhalten oder nötigen würde, anders wo Unterricht zu suchen".

[32] Die Zitate ebenda.

[33] Vgl. ebenda: „Das Personal der Lehrer wäre aus Berlinischen Gelehrten zu wählen, welche dort schon anständige Versorgung haben, und aus Hallischen Lehrern, für welche nachher die Fonds ihrer Besoldung nachgewiesen, oder doch angedeutet werden sollen".

[34] Ebenda, S. 160 f.

[35] Ebenda, S. 162.

[36] Vgl. die aufschlußreichen Feststellungen ebenda, S. 161: „Doch werden bei der Akademie die ... ordentlichen Lehrstühle errichtet, nicht um irgend iemand ausschließend darauf zu beschränken, vielmehr mag ieder lesen, was und wie er wil, auch Vorlesungen eines andern Lehrstuhls, auch einer ganz anderen Classe, als in welcher er angestellt ist. Aber damit nie Lükken im Unterricht seyn mögen, ist ieder für einen bestimmten Lehrstuhl angestellte Lehrer verpflichtet, wenn in einem Jahre niemand von den freien Lehrern diese Wissenschaft vortragen sollte oder niemand, dem man hinlänglich ordentlichen und gründlichen Vortrag zutrauen könnte, sie selbst zu übernehmen".

seine eigenen vielfältigen wissenschaftlichen Interessen, besonders vermutlich an seine Bestrebungen, sich auch im Fachgebiet der Kameralwissenschaften einen Namen zu machen. Vor allem aber sollte das traditionelle System der vier Fakultäten aufgebrochen und durch sieben „Classen" ersetzt werden: „Zu den bisherigen 4 Classen der Academie, der philosophischen, physischen, mathematischen und philologisch-historischen, welche als allgemeine Classen bleiben, kommen noch eine theologische, eine staatswissenschaftliche (iuristische), eine medizinische als besondere Classe".[37] Dieser Vorschlag trug der allgemeinen Entwicklung innerhalb der Wissenschaften – insbesondere der immer deutlicher werdenden Ausdifferenzierung der mathematischen und Naturwissenschaften innerhalb der *traditionellen* philosophischen Fakultät – ebenso Rechnung wie er doch andererseits an der Zielsetzung der Akademie, ein „Institut zur Erweiterung der Wissenschaften" zu sein, festhielt und damit das Prinzip der Einheit von Lehre und Forschung nicht preiszugeben bereit war.[38]

Die Verwaltung, Organisation und Finanzierung der neuen Lehranstalt dachte sich Schmalz folgendermaßen: Jede der sieben Klassen sollte von einem Direktor geleitet werden, „welcher auf Lebenszeit vom Könige ernannt, die besonderen Angelegenheiten seiner Classe besorgt und mit ihr berathet". Also eine deutliche Stärkung der Verwaltung und des Staatseinflusses! Weiter hieß es: „Alle 7 Directoren bilden mit dem vom Könige zu ernennenden Curator und dem beständigen *Secretair* der Akademie ein *Directorium*, welches die allgemeinen Angelegenheiten besorgt".[39] Freiheit der Lehre, aber keine Freiheit der Selbstverwaltung hieß die Losung, die Schmalz hier vorschlug; immerhin erwähnte er die traditionellen Ämter des Rektors bzw. des Prorektors ebensowenig wie das Amt des Präsidenten der Akademie, – und ob der Sekretär gewählt (von den Akademikern, den lehrenden Professoren oder nur den Direktoren?) oder ebenso wie die Direktoren und der Kurator vom Monarchen ernannt werden sollte, ließ er offen – ein nicht zu übersehendes Defizit seines Entwurfes.

[37] Ebenda, S. 161; siehe auch die detaillierte Aufstellung der sieben Klassen und der von ihnen umschlossenen Einzelwissenschaften ebenda, S. 162.

[38] Siehe hierzu die – allerdings etwas unklare – Formulierung ebenda: „Außer der Lehranstalt bleibt aber die Akademie ein Institut zur Erweiterung der Wissenschaften, wie sie bisher seyn sollte und sie hält zu dem Ende nach wie vor ihre Donnerstags-Sitzungen und Vorlesungen und zu dem Ende werden die Mitglieder der 3 besonderen Classen auch in eine der 4 allgemeinen Classen versetzt, um in dieser in ihrer Ordnung mitzulesen".

[39] Die beiden Zitate ebenda, S. 161.

Die akademische Gerichtsbarkeit, eines der traditionellen Rechte der alten Korporation Universität, empfahl Schmalz auf ein unabdingbares Minimum zu beschränken.[40] Was nun die Organisation des Lehrveranstaltungen anging, so gab er sich hier wiederum liberal: Es sollten nicht nur alle „Collegia publica" wegfallen, „als Zwang und Pflicht, da sie im Ganzen nur Unfleiß nähren", sondern jeder akademische Lehrer sollte auch das Recht haben, die Höhe des Honorars selbst zu bestimmen – „da die freie Concurrenz ohnehin übertriebene Kostbarkeit beschränken wird".[41] Zudem sollten die Vorlesungen frei zugänglich sein, also auch für nicht „inscribirte" Hörer, wie Schmalz hier formulierte.[42] Schließlich sollte die Akademie nicht nur über das uneingeschränkte Promotionsrecht,[43] sondern auch über die Möglichkeit verfügen, besonders befähigte „freie Lehrer" zur Erweiterung des Lehrangebots heranzuziehen und einige von ihnen durch Ernennung zu Assessoren näher an die neue Lehranstalt zu binden.[44]

Diese Denkschrift – sie hat in der bildungs- und wissenschaftsgeschichtlichen Literatur bisher kaum Beachtung gefunden[45] – stellt einen keineswegs unbedeutenden Beitrag zur Universitätsreformdiskussion im Vorfeld der Berliner Gründung dar. Denn sie vereinte zweierlei: Zum einen legte sie mit ihren zahlreichen Reformvorschlägen (etwa zur Freigabe der Kolleggelder oder zur Einschränkung der universitären Gerichtsbarkeit) den Finger auf bestehende Mißstände des zeitgenössischen Hochschulsystems; zum anderen aber enthielt sie – auf die gegebene konkrete Situation des Jahres 1807, auch auf den vorgesehenen Standort der neuen Bildungsanstalt bezogene – Emp-

[40] Die entsprechende Passage lautet ebenda, S. 161f.: „Die Studirenden mögen unter dem Hausvogtey-Gericht stehen, die besoldeten Lehrer unter dem *foro* der Königlichen *Officianten*. In Polizey-Sachen stehen alle unter der Polizey-Behörde Berlins. Nur in Ansehung des Fleißes und der Sittlichkeit hat ieder Lehrer nicht nur das Recht der Ermahnung, sondern auch Unfleißige und Sittenlose dem Direktorium zu öffentlichem Verweise anzuzeigen. Unverbesserliche kann das Direktorium ganz ausschließen und die Polizey requiriren, sie aus der Stadt zu schaffen".

[41] Ebenda, S. 161.

[42] Vgl. ebenda.

[43] Vgl. ebenda, S. 162.

[44] Vgl. ebenda, S. 162f.: „Aber vorschlagen muß ich noch, daß es dem Institut erlaubt sein müsse, auch Assessoren der Akademie zu ernennen, welche etwa den außerordentlichen Professoren der Universität gleich wären, um diejenigen der freien Lehrer auszuzeichnen, welche schon als wirkliche Akademiker anzustellen, bedenklich seyn möchte, und die dann doch eine Ermunterung verdienen".

[45] Vgl. neben den oben in Anm. 28 genannten Hinweisen die knappen Bemerkungen bei W. Weischedel, Einleitung, in: derselbe (Hrsg.), Idee und Wirklichkeit einer Universität, S. XII und bei T. Ziolkowski, Das Amt der Poeten, S. 364.

fehlungen für eine Neuschöpfung, die bewußt die prekäre Finanzlage des preußischen Staates nach dem Frieden von Tilsit wie auch die in Berlin bereits vorhandene wissenschaftliche Infrastruktur in ihren detaillierten Vorschlägen berücksichtigten. – Eines hatte Schmalz freilich deutlich unterschätzt: nämlich die Beharrungskraft bestehender Institutionen wie etwa der alten Fakultäten, vor allem aber den Widerwillen der Akademie der Wissenschaften, deren Mitglieder und Mitarbeiter keineswegs bereit waren, in einer neuen Form von Hochschule aufzugehen.[46]

Ein Jahr später legte Schmalz noch einmal eine zweite, nun wesentlich längere und in mancher Hinsicht auch detailliertere Denkschrift vor, die – 1808 nur als (heute verschollener) Privatdruck verbreitet – bisher fast unbeachtet geblieben ist.[47] Jedenfalls hatte Beyme in seinem bereits zitierten Schreiben an Schmalz vom 5. September 1807 den ehemaligen Hallischen Ordinarius und Direktor beauftragt, sich umgehend nach Berlin zu begeben, „um daselbst die Grund-Ideen des Planes, worüber wir hier unsere Gedanken uns mitgetheilt haben,[48] noch sorgfältiger zu prüfen, von den Anstalten und Hülfsmitteln, die der Ort und die darin schon bestehenden Einrichtungen in reichem Maaße darbietet, sich zu unterrichten, und darnach einen vollständigen Plan zur gantzen Einrichtung, besonders aber für die Juristen-*Facultät* auszuarbeiten, und mir bey der Zurückkunft nach *Berlin* gefälligst vorzulegen“.[49] Fast gleichlautende Aufträge erhielten übrigens am selben Tag – ohne daß die drei Betroffenen jeweils darüber informiert wurden – auch Fichte und Wolf.[50]

Beymes baldiger Abgang aus seinem Amt sowie die anfangs etwas zögerliche Aufnahme der Universitätsgründungspläne durch Wilhelm

[46] Vgl. A. Harnack, Geschichte der Königlich Preußischen Akademie der Wissenschaften zu Berlin I/2, S. 568 ff.; siehe auch R. Köpke, Die Gründung der Königlichen Friedrich-Wilhelms-Universität, S. 54 f.

[47] Diese *zweite* Denkschrift ist nur von den beiden ersten Historiographen der Berliner Universität eingesehen und für ihre Darstellungen knapp ausgewertet worden; vgl. R. Köpke, Die Gründung der Königlichen Friedrich-Wilhelms-Universität, S. 45, 139, Anm. 5; M. Lenz, Geschichte der Königlichen Friedrich-Wilhelms-Universität I, S. 145, Anm. 1. Bereits Lenz lag die „als Manuskript gedruckte“ Fassung nicht mehr vor; auch der Verf. hat sie nicht mehr auftreiben können, sie hat daher wohl als verschollen zu gelten. In den Berliner Akten ist allerdings eine handschriftliche Abschrift dieser zweiten Denkschrift überliefert, die unten im Anhang B erstmals publiziert wird.

[48] Damit war offensichtlich die erste Denkschrift von Schmalz gemeint!

[49] R. Köpke, Die Gründung der Königlichen Friedrich-Wilhelms-Universität, S. 164 (Beyme an Schmalz, 4.9.1807).

[50] Siehe die beiden Briefe Beymes ebenda, S. 164 f.

von Humboldt,[51] vielleicht auch einige politische Aktivitäten von Schmalz in Diensten der preußischen Regierung,[52] scheinen die Ursache dafür gewesen zu sein, daß die von Beyme gewünschte zweite Denkschrift vorerst nicht verfaßt wurde. Die Gründe dafür, daß Schmalz schließlich – etwa zu Beginn der zweiten Hälfte des Jahres 1808 – eine weitere umfangreiche Ausarbeitung mit detaillierten Vorschlägen für eine Berliner Hochschulneugründung vorlegte, sind anderswo zu suchen. Denn inzwischen hatten die Professoren der einstmals dritten preußischen Landesuniversität Frankfurt an der Oder von der geplanten Hauptstadtuniversität erfahren, – und sie hatten bald allen Grund, sich um den weiteren Bestand ihrer Hochschule zu sorgen.

Schmalz wiederum fürchtete für seine eigene berufliche Zukunft, denn nachdem er alle Brücken nach Halle hinter sich abgebrochen und mehrere an ihn ergangene Rufe nach auswärts abgelehnt hatte, mußte gerade er an einer möglichst baldigen Neugründung besonders dringend interessiert sein. Immerhin hatte Humboldt in Frankfurt studiert und besaß „dort noch jetzt verehrte Lehrer“,[53] außerdem waren nun auch in vermehrtem Maße publizistische Äußerungen zu vernehmen, die – zum Teil wohl aus der kleinen Universitätsstadt an der Oder inspiriert – gegen die geplante Berliner Gründung Stimmung zu machen versuchten.[54]

Unter dem Titel „Soll in Berlin eine Universität seyn? Ein Vorspiel zur künftigen Untersuchung dieser Frage“ wurde 1808 von einem anonym schreibenden Autor eine Hauptstadtuniversität strikt abgelehnt; sein Hauptargument lautete: Die Wissenschaften könnten sich in Berlin nicht ungestört entfalten, namentlich würden die Studenten durch die Zerstreuungen der Großstadt viel zu sehr abgelenkt. Ein Ersatz für das verlorene Halle müsse freilich gefunden werden, doch

[51] Vgl. M. Lenz, Geschichte der Königlichen Friedrich-Wilhelms-Universität I, S. 156 ff.

[52] Dazu das Nähere in § 6 c)

[53] M. Lenz, Geschichte der Königlichen Friedrich-Wilhelms-Universität I, S. 157; vgl. auch H. Scurla, Wilhelm v. Humboldt, S. 33 ff.

[54] Die Vermutung von M. Lenz, Geschichte der Königlichen Friedrich-Wilhelms-Universität I, S. 145, Anm. 1, eine 1807 anonym erschienene Schrift zu dieser Frage (Sendschreiben an Herrn G. S. über die Verlegung der Universität Halle nach Berlin, Berlin – Leipzig 1807) sei an Schmalz gerichtet und habe ihn zu der zweiten Denkschrift als Antwort hierauf veranlaßt (das Kürzel „G. S.“ hätte für „Geheimrat Schmalz“ stehen können), trifft, wie aus dem Inhalt der kleinen Flugschrift hervorgeht, in keiner Weise zu.

sei es notwendig, so der Anonymus weiter, „daß diese neue oder erneuerte Universität in irgend einer *Mittelstadt*, von gesunder und wo möglich schöner Lage, nicht aber in Berlin, angelegt werde. Vielleicht eignet sich dazu *Frankfurt* vor allen andern. Die dortige Universität bedarf der Regeneration und die Stadt des Ersatzes für die Wunden, die ihr der Krieg geschlagen hat".[55] Auch einen Seitenhieb gegen einen angeblich oberflächlichen und damit wissenschaftsfeindlichen „Berlinismus" konnte sich der ungenannte Verfasser nicht verkneifen.[56]

Genau hier setzte Schmalz mit seiner zweiten Denkschrift[57] an, die ein auf den ersten Blick etwas merkwürdiges Zwitterwesen darstellt: denn zum einen ist sie eine Überarbeitung und Erweiterung der ersten, am 22. August 1807 dem König und Beyme in Memel überreichten Denkschrift, zum anderen aber erweist sie sich als eine ausführliche (und zuweilen etwas weitschweifige) Auseinandersetzung mit den Verteidigern der Universität Frankfurt an der Oder, indem sie die Vorzüge einer in der Großstadt gelegenen Hochschule nachhaltig herauszustreichen bemüht ist.

Zuerst werden die beiden, dem preußischen Staate noch verbliebenen Universitäten miteinander verglichen; beide schneiden dabei nicht gerade gut ab, aber der Königsberger Albertina wird von ihrem ehemaligen Direktor immerhin die Fähigkeit zu umfassender Erneuerung von innen und außen nicht abgesprochen.[58] Der kleinen Frankfurter Universität wird dagegen ein in jeder Hinsicht vernichtendes

[55] [ANONYM], Soll in Berlin eine Universität seyn? Ein Vorspiel zur künftigen Untersuchung dieser Frage, Berlin 1808, S. 105 f.; vgl. auch L. GEIGER, Berlin 1699–1840. Geschichte des geistigen Lebens der preußischen Hauptstadt II, S. 294.

[56] Vgl. [ANONYM], Soll in Berlin eine Universität seyn?, S. 84 f.: „Es ist gar nicht zu leugnen, daß es ein wesentlicher Bestandtheil des Berlinismus sey, alles, Menschen und Wissenschaften, nur nach ihrer unmittelbaren Brauchbarkeit zu schätzen, nur das und den zu loben und zu heben, was und wer eine handgreifliche Nützlichkeit hat, und alles mit vornehmem Naserümpfen als Pedantismus und leeres Strohdreschen zu verschreien, wovon nicht ersten Blicks abzusehen ist, wozu es in Berlin zu gebrauchen sey. – Hilf Himmel! was sollte aus der deutschen Gelehrsamkeit werden, wenn dieser oberflächliche Ton und dieser Hang zur Materie allgemein würde?".

[57] Abschrift der zweiten Denkschrift von Schmalz in: GStA PK, I. HA, Rep. 89, Nr. 21393, Bl. 135r–145r. Dieser Text ist unten im Anhang B II. erstmals veröffentlicht.

[58] Vgl. ebenda, Bl. 135v: „Es vereinigt sich dort [in Königsberg, H.-C.K.] manches, die Universität sehr vortrefflich zu machen. Ich weiß auch, daß jezt verbessert werden soll. Aber obwohl dafür mehreren dortigen Männern unter Lehrern und Räthen weder liberale, noch selbst höhere Ansicht fehlt, so geht ihnen doch, fürchte ich, die Erfahrung ab, welche für die Einrichtung der Details so nöthig ist".

Zeugnis ausgestellt;[59] der finanzielle Aufwand, der zu einer weitgreifenden Reform dieser Hochschule erforderlich wäre, stehe in keinem Verhältnis zum voraussichtlichen Ergebnis, denn neben einer neuen Bibliothek seien wenigstens zwanzig zusätzliche Professoren einzustellen. Schon aus diesem Grunde also empfehle sich die Nutzung der in Berlin vorhandenen wissenschaftlichen Infrastruktur für eine preiswerte Neugründung.[60]

Sämtliche Gründe, die für den Weiterbestand der Frankfurter Hochschule und gegen die Hauptstadtuniversität angeführt worden sind, werden im zweiten Teil der Denkschrift ausführlich besprochen und anschließend zurückgewiesen. Unter recht selbstbewußter Berufung auf seine persönlichen Erfahrungen in Halle und Königsberg[61] postuliert er die These, daß „der Geist der Studirenden ... vorzüglich von dem allgemeinen Geiste der Professoren" abhänge, denn wo „Bibliothek und andere Hülfsanstalten minder gut sind, da kann das Zusammentreffen mehrerer ausgezeichneter Männer auch nur zufällig seyn".[62] Eben dies spreche nachhaltig für Berlin.[63] Breite Aufmerk-

[59] Vgl. ebenda, Bl. 135v: „Frankfurth hat einen gänzlichen Mangel an Hülfs-Anstalten. Seine Bibliothek ist unbedeutend, es hat keine Anatomie, kein Naturalien Kabinet, kein Observatorium, keinen physikalischen Apparat, keinen botanischen Garten, kaum eine erträgliche Buchhandlung, kaum eine schlechte Druckerei! Das Personal der Lehrer ist jezt so beschaffen, daß die Theologen keine Kirchengeschichte und keine Exegese hören können. Die Mediciner gar nichts, es fehlt ganz an Lehrern der Philosophie, Geschichte und Physik".

[60] Vgl. ebenda, Bl. 135v–136r.

[61] Vgl. die Bemerkungen ebenda, Bl. 140r–140v: „Ob eine Universität in großen oder kleinen Städten sich besser befinde; darüber glaube ich, kann niemand aus eigener Erfahrung ein Urtheil fällen so wie ich, der ich Director zweier Universitäten, einer in einer großen Stadt, *Koenigsberg*, der andern in einer kleinen, *Halle*, gewesen bin. Ich habe erfahren, wie sehr recht unsere Vorfahren hatten, Universitäten nur in Residenzen oder große Handelsstädte zu legen, Paris, Prag, Leipzig, Erfurt, Wien, Würzburg, Kiel, Wittenberg, Paderborn, Mainz, Trier, Cöln, Copenhagen, Königsberg und so viel andere (selbst Coimbra war ehemals die Residenz der Könige) waren Residenzen oder große Handelsstädte, u. als Frankfurth gestiftet wurde, war es die größeste Stadt der Kurmark. Erst im 17ten Jahrhundert, als der Geist der Teutschen und der ächten kräftigen Humanität zu verwehen anfing, legte man Universitäten in kleine Städte, entweder aus der kleinlichen Rücksicht, diesen Nahrungszweige zu geben, oder weil die regierenden Räthe die Gelehrten entfernten, um nicht höhere Einsichten in ihrer Nähe zu haben, oder weil die Eitelkeit der Gelehrten das große Ansehn suchte, was ihnen in kleinen Städten als den Ersten dort im Range zu Theil wird".

[62] Ebenda, Bl. 141r.

[63] Vgl. ebenda: „Berlin hat schon jezt eine größere Anzahl Gelehrter fast in allen Fächern, als irgend eine teutsche Stadt. Seine Bibliothek, seine wissenschaftl. Anstalten aller Art sind reichlicher [?] und vortrefflicher, als auf irgend einer Universität, sie werden also immer auch einen Kreis solcher Männer hier bilden und erhalten.

samkeit und eingehende Erörterung wird schließlich der Frage gewidmet, inwieweit in einer Großstadt wie Berlin ernstzunehmende Gefahren für die Sittlichkeit der Studierenden auszumachen seien – eines der Hauptargumente der Berlin-Gegner. Für Schmalz lauern auf die jungen Studenten, was nicht weiter verwundert, in Kleinstädten weit größere Gefahren als in Berlin.[64]

Auch der Fleiß der Studenten sei in einer Großstadt nicht gefährdet, denn „wen ein heil. Feuer für Wissenschaften erwärmt, der wird überall ihnen seinen Fleiß widmen. Wer für edleres Wissen durchaus kalt ist, der wird überall durch Müßiggang zu Grunde gehen".[65] Zudem sei die Annahme, „daß das Umgebenseyn vom practischen Leben, das Leben für Theorie ertödten solte, ... eine ganz ungegründete Furcht, da gerade das Gegentheil daraus hervorgehen wird. Ueberall geht der Geist u. die Art des Studirens von dem Geiste der Lehrer vornehmlich aus u. keine äußere Einwürkung arbeitet dem im Allgemeinen entgegen".[66] Schließlich dürfe auch die entsittlichende Wirkung der Tatsache, „daß in kleinern Städten der Student als solcher alles gilt" nicht unterschätzt werden, denn „in großen Städten kann er nur durch Kenntnisse, wie durch Sittlichkeit, sich Achtung erwerben".[67] Vollkommen unzutreffend sei überdies die Vermutung, für arme Studenten sei eine Ausbildung an einer Großstadtuniversität nicht finanzierbar.[68]

Wenn nun unter diesen Lehrern hier stets der Geist der Wissenschaft und Gelehrsamkeit lebendig wohnen wird, wie kann man zweifeln, daß solche Lehrer nicht auch der Jugend ihn einhauchen werden".

[64] Vgl. u. a. ebenda, Bl. 141v: „Wer das Leben der Studenten kennt, der weiß, daß gerade in kleinen Städten häufige Verführungen und Gelegenheit zu größern Unsittlichkeiten sich darbieten. Es giebt dort keine Gelegenheiten zu sittlicher Erholung, welche Reitz hätten für Leute im ersten Feuer der Jugend. Ein Spatziergang genügt dem Studenten nicht, wie dem bejahrten Professor. In den Zirkeln der Familien und Gesellschaften der Stadt können nur wenige Zutritt haben. Auf sich beschränkt suchen sie nur unter sich Vergnügen und errichten Lotterien, in welchen die tollsten Vorschläge die vollkommensten sind. Daher die Trinkgelage, die Kränzchen und Orden, welche man ganz vergebens zu hindern sucht, daher grade die lauten allgemeinen Klagen über den Verfall der Sittlichkeit auf Universitäten, daher das rohe Wesen, das so oft leider das Gefühl für alles Edlere abstumpft. Wer kennt nicht das Herumstreifen auf benachbarte Dörfer und die groben Ausschweifungen dort".

[65] Ebenda, Bl. 142v.

[66] Ebenda, Bl. 143v.

[67] Ebenda, Bl. 144r.

[68] Vgl. ebenda, Bl. 144v: „... daß dem Armen sein Aufenthalt in Berlin zu kostbar werden sollte, ist gar nicht zu befürchten, Lebensmittel sind in Halle nie wohlfeiler als in Berlin, u. wenn die Wohnung etwas theurer ist, so ist dagegen Feuerung sehr viel wohlfeiler. Hier wie in Königsberg wird Unterricht in guten Häusern dem Armen ein

Eingebettet in diese eloquente und in der Art der Argumentation überaus geschickte Abfertigung der Frankfurter Berlin-Gegner findet sich eine in Teilen stark überarbeitete Neufassung der ersten Denkschrift vom August 1807.[69] Nachdem er die Gründe dafür angeführt hat, daß eine Berliner Neugründung – im Gegensatz zu einer durchgreifenden Erneuerung der Frankfurter Hochschule – kaum wesentliche Mehrkosten verursachen würde, da man einerseits auf bestehende Institutionen und Personen zurückgreifen, andererseits die früher für Halle und jetzt noch für Frankfurt vorgesehenen Gelder verwenden könne,[70] entwickelt er die Einzelheiten seines modifizierten Plans, der (im Vergleich zur ersten Denkschrift) sich nicht mehr ganz so revolutionär gibt, sondern wieder deutlicher an hergebrachte Formen anzuknüpfen bestrebt ist.

Immerhin wollte Schmalz auch jetzt noch am Prinzip unbedingter Lehrfreiheit festhalten.[71] In einem anderen Punkt aber kehrte er in der zweiten Denkschrift wieder unübersehbar zur Tradition zurück, denn für ihn gab es jetzt wieder eine „Universität" und einzelne „Facultäten", nicht mehr „Classen". Immerhin sollte die geplante Lehranstalt noch, so sein neuer Vorschlag, aus sechs (nicht mehr sieben) Fakultäten bestehen: „nemlich 1. der philosophischen, 2. der mathematisch physicalischen, 3. der philologisch-historischen, 4. der theologischen (für Reformirte und Lutheraner) 5. der Staatswissenschaftlich-juristischen, 6. der Medicinischen"[72] – also zwei mehr als an der traditionellen Universität, doch eine weniger, als er in seiner ersten Denkschrift vorgeschlagen hatte: aus der alten philosophische Fakultät waren nun drei neue Fakultäten geworden; die von ihm im Jahr zuvor beabsichtige Trennung einer physikalischen und einer mathematischen Fakultät[73] hatte er wieder aufgehoben.

Die Dekane wollte er hinwiederum immer noch durch „Directoren" ersetzen,[74] die „unter dem Vorsitz eines beständigen Curators oder

anständiges Auskommen oder Unterstützung gewähren, welches in kleinen Städten nicht möglich ist. Gerade dem Armen ist die größere Stadt vortheilhafter".

[69] Ebenda, Bl. 136r–139v.

[70] Vgl. ebenda, Bl. 136r–136v.

[71] Vgl. ebenda, Bl. 136v–137r.

[72] Ebenda, Bl. 137r.

[73] Vgl. die entsprechenden Ausführungen der ersten Denkschrift, in: R. Köpke, Die Gründung der Königlichen Friedrich-Wilhelms-Universität, S. 161.

[74] Vgl. GStA PK, I. HA, Rep. 89, Nr. 21393, Bl. 137r: „Statt der Decane hat jede Facultät einen beständigen Director, welcher die Angelegenheiten derselben mit seinen Collegen berathet und diese, wenn es nöthig ist, dafür versammelt, auch ihre Beschlüsse zur Vollziehung bringt".

Präsidenten (es wäre zu wünschen, daß es der Präsident der Academie der Wissenschaften wäre) einen Senat [bilden], der das Ganze leitet. Diesem ist ein Sekretair und ein paar Aufwärter zugeordnet".[75] An dem Ziel einer Verbindung mit der Akademie der Wissenschaften hielt Schmalz also offenbar noch immer fest, doch abgesehen von der eben zitierten Formulierung findet sich kein weiterer Hinweis auf eine gewünschte enge Verbindung beider Institutionen; der Autor begann also, wie man annehmen darf, langsam einzusehen, daß *dieser* Aspekt seines 1807 mit so viel Enthusiasmus entworfenen Planes wohl nicht ausführbar sein würde.

Großen Wert legte er allerdings noch immer auf die Einschränkung der alten universitären Gerichtsbarkeit durch ein Disziplinarrecht des jeweils zuständigen Fakultätsdirektors;[76] außerdem müsse sichergestellt sein, daß begabte, aber unbemittelte Studenten von den Studiengebühren befreit würden,[77] schließlich sei das vernachlässigte, aber – nach Meinung von Schmalz – „als die vorzüglichste Uebung als ein herrliches Bildungsmittel"[78] höchst bewährte Disputieren wieder einzuführen. Auch für die Ausstellung von Zeugnissen schlug er noch einmal (wie schon 1807) ein neues, allerdings nicht eben einsichtiges Verfahren vor: „Zeugnisse des Fleißes der Abgehenden müssen nicht mehr von Facultäten gefordert werden, denn diese sind immer unwahr, weil die ganze Facultät, d.h. niemand sie verbürgt, sondern von

[75] Ebenda, Bl. 137r.

[76] Vgl. ebenda, Bl. 137r–137v: „Die Universität hat keine Jurisdiction, sondern allein eine Disciplin über Sitten und Fleiß. Polizei und Gerichte müßten ihr deshalb von allem Kenntniß geben, was die Studirenden betreffend bei ihnen vorkäme. Jeder Lehrer hat auf Sittlichkeit und Fleiß zu achten und kann Verweise geben; der Director der Facultät bis auf 4 Tage harten und 8 Tage gelinden Arrest strafen. Der Senat erkennt auf längern harten oder gelinden Arrest und Entziehung der Beneficien; und durchaus Unverbesserliche würden auf Erkenntniß des Senats von der Polizei aus der Stadt entfernt, oder auch von dieser nach genommener Rücksprache mit dem Senat. Duellsachen der Studenten gehörten zur Disciplin des Senats".

[77] Vgl. ebenda, Bl. 138r: „Dürftige können sich aber vom Staat allgemeine Befreiung vom Honorarzahlen erbitten, als ein *beneficium*. Wenn der Director der philologisch historischen Facultät und der Director der Facultät, zu welcher der Ansuchende sich bekannt hat, ihm ein Zeugniß der Fähigkeit und Würdigkeit geben, so muß der Senat diese Befreiung ertheilen und jeder besoldete Professor sie respectiren. Doch so wie Unsittlichkeit zur Strafe dieser Befreiung verlustig macht, so muß sie auch nie begünstigt werden, theils um unfähige Arme nicht anzulocken, theils um durch ansehnlichen Gewinn der Lehrer vom Honorar den Finanzen des Staats die Besoldung der Professoren zu erleichtern".

[78] Ebenda, Bl. 138r.

einzelnen Lehrern, deren Glaubwürdigkeit die Staatsbehörden bald zu beurtheilen wissen werden".[79]

Erstmals nannte Schmalz in der zweiten Denkschrift jetzt die Namen der von ihm für die neue Lehranstalt vorgeschlagenen Professoren; auch hier fällt sein interdisziplinäres, auf Verschränkung einzelner Disziplinen angelegtes Wissenschafts- und Universitätsverständnis auf: so sollte etwa Friedrich Schleiermacher keineswegs nur der theologischen, sondern auch der philosophischen Fakultät angehören und dort – neben Fichte – für „höhere Philosophie", „practische Philosophie" und Ethik zuständig sein. In der philologisch-historischen Fakultät sollte Wolf neben der griechischen und der lateinischen Literatur zugleich auch die alte Geschichte lehren, und in der staatswissenschaftlich-juristischen Fakultät hatte Schmalz sich selbst, was nicht überrascht, immerhin für eine ganze Reihe von Einzelfächern vorgesehen: Politik- und Staatswissenschaft, Natur- und Völkerrecht, Staatsrecht, „Teutsches Recht" sowie „Practicum"; nur das „Teutsche Recht" und das Staatsrecht gedachte er sich mit dem von ihm ebenfalls vorgeschlagenen Karl Friedrich Eichhorn zu teilen. Für „Criminalrecht" und „Preußisches Recht" war Ernst Ferdinand Klein vorgesehen – und der Name Savigny wurde in der Denkschrift gar nicht erwähnt.[80]

Ansonsten schwelgte Schmalz in Superlativen; ob dies nun aus Überzeugung geschah oder doch eher aus der Berechnung heraus, in überaus kritischer Lage die ins Stocken geratene Gründung erneut, und sei es erst einmal mit verbalen Mitteln, voranzutreiben, läßt sich im nachhinein nicht mit Bestimmtheit sagen. „In den meisten Fällen hatte keine Universität glänzendere Männer", heißt es da etwa, oder: „Ich glaube die Vortrefflichkeit dieser Universität an sich sei über allen Zweifel", und einen Absatz später sogar: „Welch ein glänzender Ruhm für den Staat im ersten Augenblicke seiner Wiederherstellung ein so herrliches Institut für die Wissenschaften zu stiften. Es würde ihm die Stimme aller Schriftsteller u. so die öffentl. Meinung Teutschlands überall gewinnen".[81] Am Schluß zitierte er noch einmal das Königswort von Memel und fügte hinzu: „Und was würde dies Institut hier für

[79] Ebenda, Bl. 138r–138v; vgl. die entsprechenden Ausführungen der ersten Denkschrift, in: R. Köpke, Die Gründung der Königlichen Friedrich-Wilhelms-Universität, S. 161.
[80] Vgl. GStA PK, I. HA, Rep. 89, Nr. 21393, Bl. 138v–139r.
[81] Ebenda, Bl. 139v.

ein herrliches Centrum der Wissenschaften, der Kunst und der Teutschheit".[82]

Ein doppelter Vergleich bietet sich hier an: zuerst eine Gegenüberstellung der beiden Denkschriften von Schmalz selbst. Es fällt auf, daß die zweite konkreter und realitätsbezogener ausgefallen ist als die erste: Sie griff nicht nur entschieden in den Streit mit Professoren aus Frankfurt an der Oder um Wert oder Unwert des Universitätsstandortes Berlin ein, sondern sie warf zudem nicht mehr haltbare Positionen – etwa die zuerst vorgeschlagene Abschaffung der Bezeichnungen „Universität" und „Fakultät" – über Bord, und sie machte überdies bereits konkrete Vorschläge zur Besetzung der neu einzurichtenden Professuren, und zwar unter Einbeziehung einerseits in Berlin lebender Gelehrter, andererseits zur Disposition stehender Universitätslehrer aus Halle und Frankfurt.

In dieser strikt auf das Gegebene und Machbare bezogenen Realitätsnähe wird man ein Hauptkennzeichen der beiden Schmalzschen Denkschriften sehen müssen. Darin unterscheiden sie sich deutlich von den berühmtesten der anderen Schriften, die im Vorfeld der Berliner Gründung – teilweise noch von Beyme angeregt – entstanden sind. Die kühnen, weit ausgreifenden, dafür aber auch realitätsferneren Entwürfe von Fichte und Schleiermacher, die seinerzeit große Beachtung fanden,[83] erscheinen als Ideen, als deduzierte Pläne und gedankliche Konstruktionen sehr viel eindrucksvoller. Doch angesichts der damaligen Lage Preußens dürften sie jedoch als in dieser Form nicht praktikabel angesehen worden sein. Fichtes Gedanke, die Hochschulen des Landes durch eine einzige Zentraluniversität in der Hauptstadt abzulösen, oder Schleiermachers Idee, eine Kombination aus „Vorakademie" für alle auszubildenden Akademiker und eigentlicher Universität im anspruchsvollsten Sinne für die wenigen wirklich Hochbegabten zu schaffen, schienen eher in die Zukunft zu weisen als in die Gegenwart eines gerade im Krieg geschlagenen Staates zu passen. – Immerhin hat Schmalz von der Schrift Schleiermachers Kenntnis genommen und sie ausdrücklich als Ergänzung der eigenen zweiten Denkschrift angesehen.[84]

[82] Ebenda, Bl. 145r.

[83] Johann Gottlieb Fichte, Deduzierter Plan einer zu Berlin errichtenden höheren Lehranstalt, die in gehöriger Verbindung mit einer Akademie der Wissenschaften stehe (1807); Friedrich Schleiermacher, Gelegentliche Gedanken über Universitäten im deutschen Sinn nebst einem Anhang über eine neu zu errichtende (1808), beide in: E. Anrich (Hrsg.), Die Idee der deutschen Universität, S. 125–217, 219–308.

[84] Vgl. GStA PK, I. HA, Rep. 89, Nr. 21393, Bl. 136v.

In *einem* Punkt waren sich allerdings, worauf vor allem Helmut Schelsky hingewiesen hat, ausnahmslos alle Verfasser der verschiedenen Pläne, Entwürfe und Gründungsdenkschriften einig: Die traditionelle Universität des 18. Jahrhunderts, wie sie auch in den ersten Jahren nach der Jahrhundertwende noch vielfach fortlebte, sollte entweder, so bei Schleiermacher und Wolf, grundlegend erneuert oder sogar als solche komplett überwunden werden, so die Wünsche und Vorschläge etwa Fichtes und (am Anfang jedenfalls) Wilhelm von Humboldts.[85] Dieses Ziel entsprach im Kern auch den Auffassungen, die Schmalz in seinen beiden Denkschriften entwickelt hatte. Die Wendung vor allem gegen das korporative Element der hergebrachten Universität, die traditionell eine Art kleiner „Staat im Staate" gewesen war, ist in keiner jener Denkschriften zu übersehen.

Sein zweiter Entwurf, den Schmalz 1808 vorgelegt und einer beschränkten Öffentlichkeit als Privatdruck zugänglich gemacht hatte, stieß, wie zu erwarten, auf den erbitterten Widerspruch der Frankfurter Professoren.[86] In einer aufführlichen Eingabe, die sie am 16. November 1808 an König Friedrich Wilhelm III. richteten und der sie eine Abschrift der Schmalzschen Denkschrift beilegten,[87] protestierten sie nachdrücklich gegen die „Verläumdung" ihrer Hochschule durch Schmalz, der in der Tat mit seinen Frankfurter Kollegen nicht gerade freundlich umgegangen war. Sie baten ihren Landesherrn, ihnen „die strengste Genugthuung der Gerechtigkeit zu gewähren", indem sie ihn nicht nur um „die Wiederherstellung unserer angegriffenen Ehre" baten, sondern auch darum, „dem Urheber jener Denkschrift keine fernere Theilnahme oder Einreichung von Projecten zu verstatten" und dafür zu sorgen, „daß dieses Subject bey keiner neuen Einrichtung uns zu einem Collegen gegeben ... werde".[88] In Königsberg, wo Hof und Regierung jetzt residierten, reagierte man gelassen: Der König ließ den Professoren eröffnen, daß sie sich wegen der von ihnen eingeforderten „Genugthuung" an den vermeintlichen Verfasser selbst wenden möchten; was jedoch, so hieß es weiter, „die Sache der Wissenschaften" anbetreffe, „können und wollen Allerhöchstdieselben keinesweges die Freyheit der Untersuchung beschränken, ob und

[85] Vgl. H. Schelsky, Einsamkeit und Freiheit, S. 50ff.

[86] Vgl. hierzu und zum folgenden auch R. Köpke, Die Gründung der Königlichen Friedrich-Wilhelms-Universität, S. 52ff.; M. Lenz, Geschichte der Königlichen Friedrich-Wilhelms-Universität I, S. 145ff.

[87] GStA PK, I. HA, Rep. 89, Nr. 21393, Bl. 127r–134r.

[88] Die Zitate ebenda, Bl. 127r, 128r, 133r–133v.

inwiefern die Universitäten des Landes Mängel haben, und wie diesen durch Berufung von Gelehrten, Erweiterung der Hülfs-Anstalten, Verlegung usw. abgeholfen werden könne“.[89]

In Frankfurt an der Oder scheint man sich daraufhin entschlossen zu haben, nunmehr an die Öffentlichkeit zu gehen und dem Herausforderer Schmalz offensiv entgegenzutreten. Einer der Frankfurter Juristen, Johann Christian Friedrich Meister, den Schmalz in seiner Denkschrift ausdrücklich für eine Berufung nach Berlin vorgeschlagen hatte,[90] veröffentlichte 1809 eine Schrift mit dem weitläufigen Titel „Auch ein Paar Worte zu dem Tages-Gespräch über Universitäten. Und beiläufig ein Wort für die Universität Frankfurth an der Oder“, in der die geplante Berliner Neugründung noch einmal – zumeist mit den bereits bekannten Argumenten – der Kritik unterzogen wurde.[91] Immerhin nahm Meister eine der Schwachstellen der zweiten Denkschrift von Schmalz, die Idee eines Fakultätsdirektorats, sehr geschickt aufs Korn,[92] um anschließend für die weitgehende Beibehaltung der alten – wenngleich in vielen Einzeldetails zu reformierenden – Formen der Universitäten zu plädieren, wofür in mehr als einer Hinsicht die Universität Frankfurt als Vorbild angesehen werden könne.

Auch die Zeitschrift „Friedenspräliminarien“, herausgegeben von dem etwas dubiosen Journalisten Friedrich von Cölln, brachte eine Kritik des Schmalzschen Entwurfs:[93] Der ungenannte Autor (viel-

[89] Ebenda, Bl. 146r (Antwort an die Frankfurter Professoren, 7.12.1808; Konzept).

[90] Vgl. GStA PK, I. HA, Rep. 89, Nr. 21393, Bl. 136r, 139r.

[91] Vgl. J. C. F. Meister, Auch ein Paar Worte zu dem Tages-Gespräch über Universitäten. Und beiläufig ein Wort für die Universität Frankfurth an der Oder, Frankfurth a. d. O. 1809, S. 3 ff.; siehe auch R. Köpke, Die Gründung der Königlichen Friedrich-Wilhelms-Universität, S. 53.

[92] J. C. F. Meister, Auch ein Paar Worte zu dem Tages-Gespräch über Universitäten, S. 20 f.: „Nach jenem Plane [gemeint ist die zweite Denkschrift von Schmalz, H.-C.K.] soll *Ein* Professor aus jeder *Facultät* das bleibende, und energische *Directorat* seiner *Facultät*, und alle diese Directoren ... zusammen genommen das bleibende *Directorat* des Ganzen der Universität vorstellen. Einen solchen brennenden Traum kann doch wohl nur der glühendste Egoismus träumen, welcher selbst nach jenem bequemen Directorats-Stuhle sich umsieht! Jeder würdige Gelehrte wird als *Staatsdiener* sich in *jede* gerechte Subordination fügen; und der *Oberaufsicht* und Revision des in den *Obersten Zweigen der Staats-Verwaltung* begründeten *Curatorii*, wie unter uns mit einem *Staate* selbst sehr human gemilderten Namen das *Directorium* betitelt wird, als höchste Wohlthat durchaus nicht entbehren wollen. Aber *unleidlich* muß es jedem Manne von Selbstgefühl seyn, unter *Seines Gleichen* zu stehen“. Zur Kritik Meisters an weiteren Details des Schmalzschen Entwurfs siehe ebenda, S. 22 ff.

[93] [Anonym], Ueber Facultäten auf Universitäten, in: Friedenspräliminarien. Ein Journal in zwanglosen Heften [hrsg. v. F. von Cölln], Bd. 1, Leipzig 1809, H. 3, S. 103–

leicht der Herausgeber persönlich) kritisierte vor allem die Einrichtung einer gemeinsamen juristisch-staatswissenschaftlichen Fakultät; hierbei unterstellte er Schmalz sogleich ureigenste persönliche Motive.[94] Jedenfalls plädierte der Anonymus mit Nachdruck für eine Trennung der Staatswissenschaften von der Jurisprudenz, da zum einen „jede derselben ein so ungeheures Feld [haben], daß kaum die ausgesuchtesten Köpfe in reiferen Jahren vermögen, in beiden etwas zu leisten“, und da andererseits die einzelnen Unterdisziplinen der erstgenannten, „besonders die Staatswirthschaftslehre, von der Bedeutung geworden, daß sie sich den übrigen Facultätswissenschaften gleich stellen“[95] könnten. Er schlug vor, das von Schmalz entworfene Modell einer Universität mit sechs Fakultäten zu modifizieren: acht sollten es wenigstens sein.[96]

Diese Diskussionen über die Berliner Neugründung im allgemeinen und über Theodor Schmalz' zweite Gründungsdenkschrift im besonderen zeigen recht klar, wie stark nicht nur die eigentlich Betroffenen, die Universitätsgelehrten, sondern ebenfalls die interessierte Öffentlichkeit an der Planung der neuen Lehranstalt in der Hauptstadt Anteil nahm. Die Geschichte der Berliner Universitätsgründung – und der sie vorbereitenden großen Denkschriften aus der Feder zumeist herausragender Autoren – erweist sich auch von dieser Seite gesehen als ein Vorgang von weitreichender, die deutsche Bildungsgeschichte des

108. Zu Friedrich von Cölln vgl. u. a. JOHANNES ZIEKURSCH, Friedrich von Cölln und der Tugendbund, in: Historische Vierteljahrschrift 12 (1909), S. 38–76; OTTO TSCHIRCH, Friedrich Buchholz, Friedrich von Coelln und Julius von Voß, drei preußische Publizisten in der Zeit der Fremdherrschaft 1806–1812. Ein Nachtrag zur Geschichte der öffentlichen Meinung in Preußen 1795–1806, in: Forschungen zur brandenburgischen und preußischen Geschichte 48 (1936), S. 163–181; ANDREA HOFMEISTER-HUNGER, Pressepolitik und Staatsreform. Die Institutionalisierung staatlicher Öffentlichkeitsarbeit bei Karl August von Hardenberg (1792–1822) (Veröffentlichungen des Max-Planck-Instituts für Geschichte, Bd. 107), Göttingen 1994, S. 224 ff. u. a.; L. HERRMANN, Die Herausforderung Preußens. Reformpublizistik und politische Öffentlichkeit in Napoleonischer Zeit (1789–1815), S. 110 ff.

[94] Vgl. [ANONYM], Ueber Facultäten auf Universitäten, S. 103 f.: „Wenn aber nach dem Plane des Hrn. *Schmalz* bei der neuen Universität die Jurisprudenz und die Staatswissenschaft in einer Facultät, unter dem Namen der juristisch-staatswissenschaftlichen vereiniget werden sollen; so muß man dabei ... auf den Gedanken kommen, dieß geschehe nur darum, damit Hr. *Schmalz*, welcher in beiden Fächern als Gelehrter, Schriftsteller und academischer Lehrer rühmlichst bekannt ist, auch in beiden als Facultäts-Director wirksam und thätig zu seyn, Gelegenheit habe“.

[95] Ebenda, S. 107 f.

[96] Vgl. ebenda, S. 108: „1) die Philosophische; 2) die Theologische; 3) die Juridische; 4) die Politisch-Cammeralistische; 5) die Medizinische; 6) die Physisch-Mathematische; 7) die Philologische oder Humanistische; 8) die Historisch-Geographische“.

19. Jahrhunderts in mehr als nur einer Hinsicht prägender Bedeutung. Denn sie lehrte in der Tat, wie Schelsky treffend formulierte, „daß die Erneuerung der Universität nur gelingen kann, wenn man in der Idee über sie hinausgreift und sich auch als Politiker unter dem Zwang des praktischen Handelns und des Kompromisses immer der Funktion der Idee bewußt bleibt".[97]

c) Politische Aktivitäten

In den ersten Jahren nach seiner Übersiedlung in die Hauptstadt Preußens ist Theodor Schmalz für die preußische Regierung nicht nur als Gutachter und Berater im Vorfeld der Berliner Universitätsgründung tätig gewesen, sondern man hat sich seiner unbestreitbaren Kompetenz als Jurist, Publizist und Wissenschaftsorganisator darüber hinaus auch in anderen Bereichen bedient. Aufgrund der zumeist lükkenhaften Überlieferung dürften nicht mehr alle außerwissenschaftlichen Aktivitäten, denen sich Schmalz in diesen für Preußen so schwierigen wie ereignisreichen Jahren äußerer Not und innerer Erneuerung gewidmet hat, zu rekonstruieren sein. Doch ein bestimmter Vorgang, der zu seiner Verhaftung durch die Franzosen führte und sich anschließend zu einer aufsehenerregenden Affäre ausweitete, ist etwas ausführlicher dokumentiert, da er im Vorfeld eines wichtigen politischen Ereignisses stattgefunden hat – gemeint ist der Sturz des Freiherrn vom Stein als leitender Minister Preußens Ende November 1808. In die Vorgeschichte dieses Sturzes war Schmalz, gegen seinen Willen und auch ohne eigene Schuld, unmittelbar verwickelt.

Die schwere Niederlage von 1806, verbunden mit den großen Gebietsabtretungen des Tilsiter Friedens, veranlaßte die politische Führung Preußens, eine Reihe bereits seit längerem geplanter innerer Reformen – nun auch unter dem Druck einer sich langsam formierenden öffentlichen Meinung[98] – energisch in Angriff zu nehmen. Als führende Persönlichkeit der Reformer leitete der Freiherr vom Stein die Regierung des Landes, die bis zum Abzug der französischen Truppen aus Berlin noch in Königsberg residierte.[99] Seine sofort ins

[97] H. Schelsky, Einsamkeit und Freiheit, S. 49.

[98] Vgl. hierzu die materialreiche Arbeit von B. von Münchow-Pohl, Zwischen Reform und Krieg. Untersuchungen zur Bewußtseinslage in Preußen 1809–1812, bes. S. 77 ff.

[99] Aus der umfassenden Literatur besonders wichtig: G. Ritter, Stein. Eine politische Biographie, S. 212ff; M. W. Gray, Prussia in Transition, Society and Politics under the Stein Reform Ministry of 1808, passim.

Werk gesetzten Reformvorhaben, vor allem die Aufhebung der Leibeigenschaft und die Begründung einer neuen Städteordnung, wurden von einer Reihe junger und hochmotivierter Beamter vorbereitet und ausgeführt, zu denen in der ersten Reihe auch ein früherer Schüler von Schmalz aus dessen Königsberger Jahren gehörte, Theodor von Schön.[100] Es ist vermutlich Schön gewesen, der seinen früheren Universitätslehrer als Berater in das Umfeld der Reformer einbezog: Schmalz habe um 1808 zu denjenigen gehört, sollte sich Schön viele Jahre später erinnern, die der Regierung „Arbeiten zur neuen Ordnung der Dinge“[101] geliefert hätten.

Noch etwas anderes kam hinzu: In Königsberg hatte sich unter dem Namen „Tugendbund“ ein patriotischer Verein gebildet, der nach außen hin vorgab, rein friedliche Zwecke, nämlich die Beförderung staatsbürgerlicher Tugenden, zu verfolgen, in Wirklichkeit aber wohl die Schaffung eines weitverzweigten Netzes preußischer Patrioten beabsichtigte – mit dem Endziel der Etablierung eines antifranzösischen Geheimbundes, der einen Volksaufstand gegen die verhaßten Besatzer vorbereiten sollte.[102] Von Königsberg aus wurden Fäden in alle Teile des Landes gespannt, indem man vertrauenswürdige Persön-

[100] Siehe oben § 3c) – Über die Reformtätigkeit Schöns vgl. neuerdings eine Reihe von Beiträgen in dem Sammelband von B. Sösemann (Hrsg.), Theodor von Schön. Untersuchungen zur Biographie und Historiographie.

[101] Franz Rühl (Hrsg.), Briefwechsel des Ministers und Burggrafen von Marienburg Theodor von Schön mit G. H. Pertz und J. G. Droysen, Leipzig 1896, S. 17 (Schön an Pertz, 5.1.1848).

[102] Leider gibt es bis heute keine auch nur halbwegs befriedigende Arbeit über den Tugendbund; aus der älteren Literatur sind zu nennen Johannes Voigt, Geschichte des sogenannten Tugend-Bundes oder des sittlich-wissenschaftlichen Vereins. Nach den Original-Acten, Berlin 1850; Georg Baersch, Beiträge zur Geschichte des sogenannten Tugendbundes, mit Berücksichtigung der Schrift des Herrn Professor Johannes Voigt in Königsberg und Widerlegung und Berichtigung einiger unrichtiger Angaben in derselben, Hamburg 1852; August Fournier, Zur Geschichte des Tugendbundes, in: derselbe, Historische Studien und Skizzen, Prag – Leipzig 1885, S. 301–330; Paul Stettiner, Der Tugendbund (Beilage zum Jahresbericht des Städtischen Realgymnasiums. Ostern 1904), Königsberg 1904; Christian Krollmann, Amtliche Politik und vaterländische Bewegung 1807–1813 (Pädagogisches Magazin, H. 1126), Langensalza 1927, passim; knappe Bemerkungen bei Rudolf Ibbeken, Preußen 1807–1813. Staat und Volk als Idee und Wirklichkeit (Veröffentlichungen aus den Archiven Preußischer Kulturbesitz, Bd. 5), Köln – Berlin 1970, S. 110ff.; Otto Dann, Die Anfänge politischer Vereinsbildung in Deutschland, in: Soziale Bewegung und politische Verfassung. Beiträge zur Geschichte der modernen Welt, hrsg. v. Ulrich Engelhardt/Volker Sellin/Horst Stuke, Stuttgart 1976, S. 197–232, hier S. 217ff.; B. von Münchow-Pohl, Zwischen Reform und Krieg, S. 72, der den Zweck des Bundes wohl zu unrecht nur auf „Belebung von Moralität und Vaterlandsliebe“ beschränkt.

lichkeiten, die im allgemeinen als zuverlässige Patrioten bekannt waren, ansprach und für den Bund zu gewinnen suchte. Im Herbst 1808 wurde auch Schmalz von einer aus Königsberg kommenden Persönlichkeit („Herrn B. ..., itzt J. C. zu F. ...“, nennt ihn Schmalz) die Nachricht von der Begründung des Tugendbundes überbracht; dieser Herr B. ... „zeigte mir zugleich an, daß ich zum Direktor des Bundes für die Mark erwählt worden, und daß ich mit zwei Beisitzern ... die hiesige (sogenannte) Kammer stiften möchte“.[103] Obwohl Schmalz in den politisch aufgeregten Tagen der zweiten Hälfte des Jahres 1808 von dem Gedanken eines solchen Bundes durchaus angetan war,[104] verweigerte er nach einigem Nachdenken schließlich seine Mitarbeit: Er befürchtete, hier könnten Aktionen „ohne des Königs Willen“ geplant und ausgeführt werden, zudem fand er im „Statutenbuch jenes Tugendvereins“ nur „die Weitschweifigkeit kleinlicher Organisations-Gesetze“, doch er suchte vergebens „bestimmte Andeutung des Zwecks und seiner Grenzen“. Schließlich seien offensichtlich eine unangenehme Art von gegenseitiger Überwachung und Denunziantentum, gar eine „geheime Fehmpolizei“ vorgesehen gewesen, womit er sich in keiner Weise habe anfreunden können.[105]

Einer anderen Aufforderung aus der provisorischen Hauptstadt kam Schmalz dagegen gerne nach:[106] „Um jene Zeit hatte ich den Auftrag

[103] Berichtigung einer Stelle in der Bredow-Venturinischen Chronik für das Jahr 1808./Ueber politische Vereine, und ein Wort über Scharnhorsts und meine Verhältnisse zu ihnen, S. 6.

[104] Vgl. seine Erinnerung ebenda: „Ich gestehe, daß ich mit lebhafter Theilnahme diese Nachricht empfing. Der spanische Krieg war begonnen; Oesterreichs Rüstungen schon vom Gerücht verbreitet; ... wer hätte nicht mit Freuden daran gearbeitet, wie es der König befehlen würde, entweder stille Rüstungen vorzubereiten, oder auch durch plötzlichen Angriff der Unterdrücker dem Könige die Bahn zu brechen? Die ganze Mark war dazu bereit“.

[105] Die Zitate ebenda, S. 7. – Aufschlußreich ist in diesem Zusammenhang auch eine ähnlich wie Schmalz urteilende Denkschrift des späteren ersten Oberbürgermeisters von Berlin, Leopold von Gerlach, die dieser am 6. Dezember 1808 an Friedrich Wilhelm III. richtete und in der er nachdrücklich vor der geheimen Tätigkeit des Tugendbundes warnte; abgedruckt in: H.-J. SCHOEPS (Hrsg.), Aus den Jahren preußischer Not und Erneuerung, S. 363 f.

[106] Zur Geschichte der im folgenden dargestellten Affäre um Schmalz' „Adresse an die Preußen“ vgl. aus der älteren Literatur die knappen Hinweise bei [MAGNUS FRIEDRICH VON BASSEWITZ], Die Kurmark Brandenburg im Zusammenhang mit den Schicksalen des Gesammtstaats Preußen während der Zeit vom 22. Oktober 1806 bis zu Ende des Jahres 1808. Von einem ehemaligen höhern Staatsbeamten, Bde. I–II, Leipzig 1851–1852, hier Bd. II, S. 373 ff.; R. C. RAACK, The Fall of Stein, S. 132 ff.; M. W. GRAY, Prussia in Transition: Society and Politics under the Stein Reform Ministry of 1808, S. 149; G. Ritter, Stein, S. 357.

von Königsberg erhalten, über die neuen Einrichtungen im Staate, namentlich die Abschaffung der Leibeigenschaft, die Städte-Ordnung, die Gewerbefreiheit, gleiche Aufnahme bürgerlicher Officiere in die Armee usw., etwas für das Publikum zu schreiben. Ich übernahm diesen Auftrag mit der großen Freude, welche ich selbst über diese Einrichtungen hatte. Für verständige und gebildete Leute schienen sie mir wahrlich keiner Anpreisung erst zu bedürfen ... Darum glaubte ich wohl zu thun, eine Schrift recht eigentlich für das Volk zu schreiben“, um, wie er hinzufügt, bereits entstandenen Mißverständnissen über die Reformvorhaben der Regierung entgegenzuwirken – „auf daß das Volk die Wohlthaten des Königs und zugleich das Ungerechte des Ungehorsams gegen die Gesetze und jeder Eigenmacht einsähe“.[107] Das 1808 von Schmalz veröffentlichte, auch in Königsberg sofort beachtete, umfassende „Handbuch der Staatswirthschaft“, in dem sich der Autor entschieden für umfassende soziale und institutionelle Reformen stark machte, dürfte ihm diesen Auftrag eingebracht haben.[108]

Diese Art von „Öffentlichkeitsarbeit“ entsprach durchaus den Wünschen des Freiherrn vom Stein, der die noch im Entstehen begriffene öffentliche Meinung des Landes für die Durchsetzung seiner Politik nutzen wollte.[109] Die eigentliche und direkte Anregung scheint jedoch von Theodor von Schön ausgegangen zu sein, der damals im Zentrum der Reformer stand. In seinen autobiographischen Aufzeichnungen heißt es: „Um das Publicum auf die nächsten Schritte [der Reformgesetzgebung, H.-C.K.] vorzubereiten, wurden Pamphlets gschrieben und verteilt, und Scheffner schrieb für die königsberger Zeitung ein Gespräch zwischen einem Grafen, einem Baron und einem Gerichtshalter ... Auf die Pamphlets und den Scheffnerschen Aufsatz machte

107 Berichtigung einer Stelle in der Bredow-Venturinischen Chronik für das Jahr 1808./Ueber politische Vereine, und ein Wort über Scharnhorsts und meine Verhältnisse zu ihnen, S. 8.

108 Zum „Handbuch der Staatswirthschaft“, erschienen 1808 in Berlin, siehe unten § 23.

109 Vgl. die entsprechenden Bemerkungen in Steins autobiographischen Aufzeichnungen vom Sommer 1811, in: Karl Freiherr vom und zum Stein, Briefe und amtliche Schriften, hrsg. v. Walther Hubatsch, Bde. I–X, Stuttgart – Berlin – Köln – Mainz 1957–1974, hier Bd. III, S. 546, und F. Rühl (Hrsg.), Briefwechsel des Ministers und Burggrafen von Marienburg Theodor von Schön mit G. H. Pertz und J. G. Droysen, S. 40 (Schön an Pertz, 20.12.1853); vgl. L. Herrmann, Die Herausforderung Preußens. Reformpublizistik und politische Öffentlichkeit in Napoleonischer Zeit (1789–1815), S. 50. – Siehe zum weiteren Zusammenhang auch die interessante Studie von O. W. Johnston, Der Freiherr vom Stein und die patriotische Literatur, passim.

ich den Professor Schmalz in Berlin aufmerksam, und forderte ihn, der sich als Professor in Königsberg immer als Gegner der Erbunterä-nigkeit und der dieser anhängenden Patrimonialjurisdiction und Herren-Rechts gezeigt hatte, auf, etwas Aehnliches dort zu schreiben“.[110]

Offenbar machte sich Schmalz mit großem Eifer sofort an die Arbeit; seine „Adresse an die Preußen“, so der Titel, scheint in den ersten Novembertagen des Jahres 1808 niedergeschrieben worden zu sein. Da der eigentliche Text seiner Flugschrift (aus gleich anschließend zu schildernden Gründen) nicht überliefert ist, können ihr Inhalt und ihre Tendenz nur annähernd rekonstruiert werden. So heißt es in einem Brief, den der Freiherr vom Stein kurz nach seinem Sturz an den österreichischen Außenminister Graf Stadion schrieb: „L'adresse de Mr. Schmalz aux Prussiens ne contenait que l'énumération des mesures administratives prises par le gouvernement depuis le mois d'oct. de l'année 1808 et de celles que, selon son opinion, il prendrait à l'avenir“.[111] Auch Schmalz selbst verwahrte sich später strikt gegen den Vorwurf, er habe aufrührerische Ideen verbreiten wollen;[112] ihm kam es offenbar wirklich nur darauf an, die Reformpläne der Regierung Stein einem größeren Publikum vorzustellen und schmackhaft zu machen.

[110] [T. VON SCHÖN], Aus den Papieren des Ministers und Burggrafen von Marienburg Theodor von Schön I, S. 50. – Einer anderen Überlieferung zufolge (siehe den ebenda, Anhang, S. 67–70 mitgeteilten Brief Schöns an Friedrich Wilhelm III., datiert „1808“) schickte Schön an Schmalz in einer zweiten Sendung „einen mir mitgetheilten Aufsatz über National-Capital und Credit für seine Zeitschrift, und erinnerte ihn an das Obige mit der Bemerkung, daß um der Ununterrichteten und Uebelgesinnten willen, es gut seyn würde, wenn er die Güte der neuen Anordnungen entwickele, damit man allgemein sie richtig betrachte und mit dem Dank und Eyfer aufnehme, den sie verdienen“ (ebenda, S. 68f.).

[111] K. VOM STEIN, Briefe und amtliche Schriften III, S. 22 (Stein an Stadion, 13.1.1809).

[112] Vgl. Berichtigung einer Stelle in der Bredow-Venturinischen Chronik für das Jahr 1808./Ueber politische Vereine, und ein Wort über Scharnhorsts und meine Verhältnisse zu ihnen, S. 8f.: „Daß in dieser Schrift keine demokratische Ideen ... enthalten waren; daß Volksversammlungen, Abschaffung der Privilegien und dergleichen weder in Worten, noch in dem Sinne der Schrift vorkamen, das darf ich wohl nicht versichern, da alle meine schriftstellerischen Arbeiten beweisen, mit welchem Eifer ich seit dem Beginne der französischen Revolution dem unseligen Unsinne stets entgegen zu arbeiten suchte, welcher von Frankreich über Teutschland sich verbreitete“. – Immerhin hatte sich Schmalz im Schlußsatz seines im Sommer 1808 in Berlin erschienenen „Handbuchs der Staatswirthschaft“ für die Wehrhaftigkeit eines von einem „Sold-Heer“ angegriffenen Volkes durch einen „geübte[n] Landsturm“ (ebenda, S. 351) ausgesprochen; siehe dazu auch unten § 23!

Indessen scheint die „Adresse an die Preußen" auch einige Passagen enthalten zu haben, die den neuen Herrn im Lande nicht gefallen konnten; Schmalz habe, so die Überlieferung Magnus von Bassewitz', „neben mehreren den französischen Behörden unangenehmen Bemerkungen, darauf hingewiesen, daß die Franzosen wöchentlich 1 Million Thaler für Rechnung der Einwohner des preußischen Staates verzehrten".[113] Der erfahrene Drucker und Verleger Gädicke jedenfalls, den Schmalz am 8. oder 9. November 1808 mit dem Druck der „Adresse" beauftragt hatte, bezeugte indes später die Harmlosigkeit des Textes. In der 1813 im Verlag Gädicke erschienenen Zeitschrift „Das neue Deutschland" findet sich ein anonymer, offenbar auf genaue Information zurückgehender Artikel über die fünf Jahre zurückliegenden Vorgänge: Der Verleger, heißt es darin, „las das Manuscript, fand den Inhalt nicht im geringsten anstößig, sondern so herzerhebend, daß man dasselbe von den Kanzeln hätte publiciren können, und ... so nahm er keinen Anstand, das Manuscript sogleich *setzen* zu lassen. Sobald dasselbe abgesetzt war – es gab einen gedruckten Bogen – wurden zwei Abdrücke an den Zensor, und einer zur Correctur an den Geheimerath Schmalz geschickt, welcher seinen Namen zwar nicht als Autor darauf gesetzt hatte, aber auch nicht wollte, daß derselbe verschwiegen werden sollte".[114]

Nun aber griff die französische Zensur ein. Der Zensor Friedrich Wilhelm Hauchecorne, im Zivilberuf Prediger an der Friedrichstädter französischen Gemeindekirche, übte seit dem Sommer 1808 in einem „bureau de la censure" die Oberaufsicht über sämtliche Zensurangele-

[113] [M. F. von Bassewitz], Die Kurmark Brandenburg im Zusammenhang mit den Schicksalen des Gesammtstaats Preußen während der Zeit vom 22. Oktober 1806 bis zu Ende des Jahres 1808 II, S. 374, Anm. *. – Auch der Graf Otto von Voß-Buch, Präsident der Friedensvollziehungskommission, ein Widersacher des Freiherrn vom Stein, zählt in einem Bericht vom 17.11.1808 an den preußischen Gesandten in Paris, von Brockhausen, die Schrift von Schmalz zu den Störfaktoren, die eine Verbesserung des preußisch-französischen Verhältnisses blockiert hätten, „ ... enfin, l'esprit de vertige qui trop souvent aveugle nos écrivains, témoin encore le conseiller privé Schmalz, ci-devant Professeur à Halle, qui vient d'être arrêté ici pour avoir voulu livrer à l'impression un appel au peuple destiné à l'éclairer sur les principes de notre administration actuelle, et tout rempli des sorties les plus déplacées contre la France"; abgedruckt in: H. Granier (Hrsg.), Berichte aus der Berliner Franzosenzeit 1807–1809, S. 307.

[114] [Anonym], Französisches Militair-Gericht über den Geheimerat Schmalz in Berlin, im November 1808, zuerst in: Das neue Deutschland. Enthaltend größtentheils freimüthige Berichte zur Geschichte der Bedrückung und der Wiederbefreiung Deutschlands, Bd. I, 1. Stück, Berlin 1813, Neudruck in: Das neue Deutschland 1813/14. Eingeleitet v. Fritz Lange, Berlin (-Ost) 1953, S. 144–147, hier S. 145.

genheiten, mit Ausnahme der beiden großen Zeitungen, aus.[115] Er informierte seine französischen Vorgesetzten, und diese wiederum ließen am Morgen des 12. November die Druckerei Gädicke durch einen Trupp Soldaten vorübergehend schließen. Nachdem der Verleger ausgesagt hatte, um wen es sich bei dem ungenannten Verfasser der „Adresse an die Preußen“ handelte, verfügten sich weitere Soldaten (so der Bericht von 1813) „zu dem Geheimerath Schmalz. Diesem wurden sogleich alle Papiere versiegelt, mitgenommen, ihm Arrest angekündigt und Wache gelassen“.[116] Am folgenden Tag wurde der verdächtige Autor „in seiner Wohnung von einem Officier verhört“, doch erst „am 17ten gegen Mittag kam ein Gensd'arme mit der Ankündigung, daß er ihn zu dem Marschall Davoust führen solle, führte ihn aber nicht dahin, sondern nach dem Gefängniß Hausvogtei. Einige Stunden lang konnten seine Familie und seine Freunde gar nicht einmal erfahren, wohin er gekommen sey ... Kein Mensch durfte zu ihm“. Der Arrest dauerte allerdings nicht lange, denn bereits „am 18ten Abends gegen 6 Uhr wurde der Geheimerath Schmalz wieder aus dem öffentlichen Gefängnisse nach seiner Wohnung geführt, und von neuem mit Hausarrest belegt, bis zum 22ten Abends, wo auch dieser Arrest aufgehoben, und ihm seine Papiere wieder gegeben wurden“.[117]

Doch anderer Überlieferung zufolge wurde Schmalz während seiner Inhaftierung tatsächlich dem von der Bevölkerung gefürchteten Militärgouverneur Marschall Davoust, den Napoleon mit dem Titel eines „Herzogs von Auerstädt“ geschmückt hatte, vorgeführt und von diesem scharf verwarnt: Davoust – so Magnus von Bassewitz – „ließ den Schmalz arretiren, untersuchte seine Papiere und stellte ihm in harten Ausdrücken sein unbesonnenes, den französischen Bestimmungen zuwiderlaufendes Benehmen vor, sprach auch seinen Tadel

[115] Vgl. Paul Czygan, Über die französische Zensur während der Okkupation von Berlin und ihren Leiter, den Prediger Hauchecorne, in den Jahren 1806–1808, in: Forschungen zur Brandenburgischen und Preußischen Geschichte 21 (1908), S. 99–137, bes. S. 105; A. Hofmeister-Hunger, Pressepolitik und Staatsreform. Die Institutionalisierung staatlicher Öffentlichkeitsarbeit bei Karl August von Hardenberg (1792–1822), S. 188, 196 f.; L. Herrmann, Die Herausforderung Preußens. Reformpublizistik und politische Öffentlichkeit in Napoleonischer Zeit (1789–1815), S. 64. – Zum Zusammenhang siehe auch [M. F. von Bassewitz], Die Kurmark Brandenburg im Zusammenhang mit den Schicksalen des Gesammtstaats Preußen während der Zeit vom 22. Oktober 1806 bis zu Ende des Jahres 1808 II, S. 372 ff.

[116] [Anonym], Französisches Militair-Gericht über den Geheimerat Schmalz in Berlin, im November 1808, S. 146.

[117] ebenda.

über die Richtung seiner Gesinnungen, und sein Bestreben, solche mündlich und schriftlich zu verbreiten, aus". Zudem wurde dem Inhaftierten „mündlich von Davoust eröffnet, daß er durch sein Benehmen dem Könige und dem preußische Staate, gegenüber dem mächtigen Kaiser Napoleon, schade und daß die von ihm aufgestellten Ansichten nur zur Auflösung aller bürgerlichen Verhältnisse führen könnten". Mit der Ermahnung, sich zu bessern, ließ es der Marschall und Gouverneur nicht bewenden, sondern er machte darüber hinaus seinem Gefangenen „zugleich bekannt, daß sowohl er [Davoust, H.-C.K.], als die französischen Behörden, ihn stets unter Augen behalten würden".[118]

In seinem späteren Rückblick auf diese Affäre hat Schmalz den eigentlichen Grund für seine Verhaftung und für die Verhöre nicht in seinem Text der „Adresse an die Preußen" gesehen; die wahre Ursache sei vielmehr seine vermeintliche Zugehörigkeit zum Tugendbund gewesen, von der die Franzosen offenbar durch ihre strikte Überwachung und Kontrolle des Postverkehrs[119] erfahren hätten: daß die Verhaftung wegen der „Adresse" ein bloßer Vorwand gewesen sei, da „französische Polizeikundschafter meine Ernennung zum Direktor des Tugendbundes in der Mark erfahren hatten, und Davoust nun von mir Kenntniß über den Bund erpressen, und durch Aufopferung meiner Andre abschrecken wollte, beweiset theils die Untersuchung selbst, theils andere Umstände".[120] In einem zwei Jahre später an den König

[118] [M. F. von Bassewitz], Die Kurmark Brandenburg im Zusammenhang mit den Schicksalen des Gesammtstaats Preußen während der Zeit vom 22. Oktober 1806 bis zu Ende des Jahres 1808 II, S. 374. – Worauf die schnelle Entlassung zurückzuführen ist, kann nicht mehr geklärt werden; Bassewitz meinte, es sei „auf Verwendung" (ebenda) geschehen; Otto von Voß hat dieses Verdienst für sich selbst reklamiert; vgl. H. Granier (Hrsg.), Berichte aus der Berliner Franzosenzeit 1807–1809, S. 308: „... qui [Schmalz] sur mon intervention pressante a été remis en liberté, il y a une dizaine de jours" (Voß an Barkhausen, 2.12.1808).

[119] Zur Überwachungspraxis der französischen Besatzungsmacht siehe auch die aufschlußreiche Darstellung bei [M. F. von Bassewitz], Die Kurmark Brandenburg im Zusammenhang mit den Schicksalen des Gesammtstaats Preußen während der Zeit vom 22. Oktober 1806 bis zu Ende des Jahres 1808 II, S. 367 ff.

[120] Berichtigung einer Stelle in der Bredow-Venturinischen Chronik für das Jahr 1808./Ueber politische Vereine, und ein Wort über Scharnhorsts und meine Verhältnisse zu ihnen, S. 9; vgl. ebenda, S. 10 f.: „Daß nun der Bund [also der „Tugendbund", H.-C.K.] die eigentliche Ursache meiner Verhaftung gewesen, beweiset auch der Umstand, Ich wurde verhaftet, acht Tage nach dem Dekret des Herrn Hauchecorne, daß meine Schrift nicht gedruckt werden könne; und vierzehn Tage, nachdem ich sie ihm zugeschickt hatte. Aber ehe es in Königsberg bekannt war, daß ich die Theilnahme am Bund abgelehnt hätte, hatte man mir mit Gelegenheit eines Couriers ein Pack

gerichteten Brief hat Schmalz weitere Gründe genannt: Kein einziger Ausdruck des Textes der „Adresse an die Preußen" habe die Empfindlichkeit der Franzosen reizen können, „aber man suchte Gelegenheit mir wehe zu thun, theils, weil man mich wollte fühlen lassen, daß ich in einem Gutachten über die Rechte der Kriegsgefangenen, welches das französische Gouvernement von mir gefordert, freymüthig Wahrheit gesagt, und den Antrag westphälischer Dienste, den mir ein französischer General, *Denzel*, brachte, ausgeschlagen hatte; theils, weil man mich Chef des Tugend-Vereins, wie man ihn nannte, glaubte, obgleich ich Mitglied desselben zu werden abgelehnt hatte; theils, weil hiesige Personen, unzufrieden mit den neuen Einrichtungen meine deutsche Schrift den Franzosen als excentrisch und erhitzend vorgestellt hatten. Ich wurde entlassen, als ich den Marschall mündlich vom Gegentheil des letztern überzeugt hatte".[121]

Schriften, den Verein betreffend, zugeschickt. Da ich mich nicht weiter berechtigt glaubte, sie zu lesen, hatte ich sie sofort, wieder versiegelt, an Herrn H. R. J... geschickt. Etwa 12 Stunden nachher, Morgens um 6 Uhr am 12ten November, wurde ich verhaftet, und meine Papiere genommen".

[121] GStA PK, Rep. 74, L V [Brandenburg], Nr. 1, Bd. I, Bl. 42r–43v, hier Bl. 43v (Schmalz an König Friedrich Wilhelm III., Berlin, 5. August 1810). – Dieser Brief ist vollständig unten im Anhang A III. abgedruckt. – Über das Gutachten, von dem in Schmalz' Brief an den König die Rede ist, heißt es in dem Rapport der Immediat-Friedens-Vollziehungs-Kommission vom 13.3.1808, in: H. Granier (Hrsg.), Berichte aus der Berliner Franzosenzeit 1807–1809, S. 168, in dem nach Königsberg gemeldet wird, daß „neuerdings der französische Oberst Denzel von dem Geheimen Justizrath *Schmalz* seine Bemerkungen über Kriegs-Gefangenschaft und Art die Kriegsgefangenen zu behandeln, in völkerrechtlicher Hinsicht, sich erbeten hat, welchem sich der p. Schmalz in gewohntem Eifer für Alles, wovon nur für die gute Sache im geringsten etwas Gutes zu hoffen steht, auch sofort sich bereitwillig gezeigt und über desen Gegenstand einen Aufsatz angefertigt hat, der Wahrheiten genug enthält und von dem es zu wünschen steht, daß er hie und da beherzigt werden möchte". – Dieses Gutachten hat Schmalz drei Jahre später anonym im ersten Heft seiner „Annalen der Politik" gekürzt publiziert: Ueber Kriegsgefangenschaft. Gutachten von einem * * * General gefordert, in: Annalen der Politik, hrsg. v. Theodor Schmalz, Bd. I, Berlin 1811, S. 96–112. Schmalz vertritt hier die Idee einer möglichst engen Begrenzung und Einhegung des Krieges; es solle „kein Volk dem andern im Kriege mehr Uebel zufügen, als nöthig ist, zum Zweck des Kriegs, das ist, des Sieges, welcher den Feind zwingt, unser Recht anzuerkennen. Alles muß vermieden werden, was das Unglück des Krieges vermehrt, ohne zu jenem Zwecke zu würken" (ebenda, S. 100). Entsprechend den Prinzipien des europäischen Völkerrechts sei die Kriegsgefangenschaft nichts anderes als ein zwischen dem Sieger und dem Unterlegenen geschlossener „Vertrag, welchen Menschlichkeit und Kultur heiligen" (S. 101). Er entwickelt sechs völkerrechtliche Grundprinzipien über die Kriegsgefangenschaft, I. sei es „unter allen europäischen Völkern zugestandne Pflicht, die Annahme zum Gefangenen nicht zu verweigern" (ebenda); II. sei das Leben des Gefangenen unbedingt zu schonen, er dürfe nicht ausgeplündert werden und ihm bei der Gefangennahme eventuell zugestandene

Ein weiterer Verdacht gegen Schmalz hatte sich aus einem geradezu grotesken, vielleicht beabsichtigten Übersetzungsfehler des Zensors Hauchecorne ergeben: Theodor von Schön hatte Schmalz, so dessen Darstellung, im Sommer 1808 einen englischen Aufsatz, der eine „scheinbare Lobrede auf Bonaparte" enthielt, zugeschickt und seinen Begleitbrief mit den Worten: „Hier sende ich Ihnen, lieber Freund, eine Pille in Honig" begonnen. Hauchecorne habe diese Satz mit „Mon cher ami, je vous envois une pillule *cachée* en miel" übertragen – und nun, so Schmalz weiter, „sollte ich anzeigen, was ich mit der Pille, welche man mir aus Königsberg in einem *Honigtopfe* versteckt zugesandt hatte, hätte machen sollen". Immerhin konnte er mit seiner Versicherung, „daß das Wort cachée gradezu eingeschoben sey, une pillule en miel aber une pillule dorée heißen solle", diesen Argwohn schließlich erfolgreich entkräften.[122]

Zu einem wirklich ernsthaften Politikum aber wurde die Affäre um die Verhaftung von Schmalz durch einen Zeitungsartikel, der größtes Aufsehen erregte. Der Text, den Davoust vielleicht persönlich abgefaßt hatte,[123] erschien am 25. November 1808 im „Telegraphen", den der

Rechte seien unbedingt einzuhalten (vgl. S. 102 f.); III. habe der Sieger „für die Bedürfnisse der Kriegsgefangenen zu sorgen" (S. 103); IV. müsse die Art der Gefangenschaft ihrem Zweck entsprechen, und das bedeute u. a., daß sie „nie ... in ein Strafgefängniß ausarten" dürfe (S. 105); V. „Der Kriegsgefangene ist von dem Augenblicke seiner Ergebung an verpflichtet, jede Art von Feindseligkeit zu unterlassen" (S. 105); VI. „Die Kriegsgefangenschaft dauert so lange, bis sie rechtmäßig aufhört" (S. 107); zudem habe jeder Gefangene Anrecht auf die Weiterzahlung seines Soldes durch den Sieger; wobei die entsprechenden Zahlungen beim Austausch der Gefangenen nach dem Friedensschluß miteinander zu verrechnen seien. Nach dem Ende eines Krieges gezieme es den wieder versöhnten Mächten, „in Freundschaft und Edelmuth zu wet[t]eifern, um das Andenken der Feindschaft zu tilgen, wenn sie anders die Welt, und ihre Unterthanen glauben machen an die Versicherung ihrer Friedens-Liebe ... Möge doch jede große Macht Europa's den Ehrgeitz haben, auch am Edelmuth andre zu übertreffen; möge jede durch jede Art der Aufmerksamkeit und Gefälligkeit die andre vergessen machen, daß je Krieg zwischen ihnen war" (S. 111 f.). Daß diese so offenkundig aus der Position des Verlierers formulierten Betrachtungen den Franzosen wenig zusagen konnten, dürfte einleuchten – und Schmalz hat es denn auch 1811 nicht gewagt, den Text ohne (allerdings durch Striche genau gekennzeichnete) Auslassungen zu publizieren (vgl. ebenda, S. 100, 110)!

[122] Die Zitate aus: Berichtigung einer Stelle in der Bredow-Venturinischen Chronik für das Jahr 1808./Ueber politische Vereine, und ein Wort über Scharnhorsts und meine Verhältnisse zu ihnen, S. 10; vgl. dazu auch die Darstellung Schöns in: [T. von Schön], Aus den Papieren des Ministers und Burggrafen von Marienburg Theodor von Schön, Bd. I, S. 50 f.

[123] So die Vermutung von Alfred Stern, Der Sturz des Freiherrn vom Stein im Jahre 1808 und der Tugendbund, in: derselbe, Abhandlungen und Aktenstücke zur Geschichte der preußischen Reformzeit 1807–1815, Leipzig 1885, S. 21, Anm. 1.

franzosenfreundliche Journalist Karl Julius Lange, offenbar ein Kollaborateur erster Ordnung,[124] in Berlin herausgab. In diesem Artikel[125] wurde – nach einem knappen Referat der Verhaftungsgeschichte von Schmalz – festgestellt, man habe bei dem Verdächtigen „verschiedene Briefe gefunden, welche beweisen, daß er über politische Gegenstände zu schreiben von Personen aufgefordert war, welche eines ausgezeichneten Vertrauens in Königsberg genießen. Es ist zum Erstaunen, daß unter den Räthen, welche den König von Preußen umgeben, solche existiren, die, ohne Zweifel ohne sein Vorwissen, es haben wagen dürfen, Instrukzionen über die Art, den Geist des Volkes zu bearbeiten, zu geben, und den Gang eines allgemeinen Planes vorzuzeichnen, der schon seit langer Zeit angelegt war und dessen Erfolg einigen Hitzköpfen seit der Epoche des Unglücks von Preußen nur desto sicherer schien".[126]

Weiter hieß es dort, „die Schrift des Herrn Schmalz" sei „voll von Ungereimtheiten und von demagogischen Ideen" gewesen: „Die Wörter Volk, Versammlung des Volkes, öffentliche Freiheit, Gleichheit, Abschaffung der Privilegien, die mit so schrecklichen Lettern in den Annalen der Nazionen geschrieben sind, machten den Grund dieser Rhapsodie".[127] Nun wurde mit aller Deutlichkeit gedroht, und diese Drohung richtete sich im Kern gegen den König, dessen – von ihm berufene – Regierung und dessen Berater scharf angegriffen wurden. Auf diese Weise waren auch die Reformer ins Visier der Besatzer und damit in eine gefährliche Situation geraten: „Wehe dem Lande, wo man von dem Beispiele, welches sich in Frankreich zugetragen, keinen

[124] Vgl. LUDWIG SALOMON, Geschichte des Deutschen Zeitungswesens von den ersten Anfängen bis zur Wiederaufrichtung des Deutschen Reiches, Bd. II, Oldenburg – Leipzig 1906, S. 182 ff.; L. HERRMANN, Die Herausforderung Preußens. Reformpublizistik und politische Öffentlichkeit in Napoleonischer Zeit (1789–1815), S. 156 ff.

[125] Der Artikel, der auch – offenbar auf Anordung von Davoust – in die Spenersche Zeitung aufgenommen werden mußte, ist erneut abgedruckt bei [M. F. VON BASSEWITZ], Die Kurmark Brandenburg im Zusammenhang mit den Schicksalen des Gesammtstaats Preußen während der Zeit vom 22. Oktober 1806 bis zu Ende des Jahres 1808 II, S. 374 f., Anm. **. – Auszüge bringen: [ANONYM], Ueber den berüchtigten Brief des gewesenen preußischen Ministers von Stein, mit Rücksicht auf die Aeußerungen preußischer Gelehrten, in: Friedenspräliminarien. Ein Journal in zwanglosen Heften [hrsg. v. F. VON CÖLLN], Bd. 1, Leipzig 1809, H. 2, S. 117–134, hier S. 120 f., und: Chronik des neunzehnten Jahrhunderts. Fünfter Band, 1808. Ausgearbeitet von CARL VENTURINI, hrsg. v. G. G. BREDOW, Altona 1811, S. 413 f.

[126] Nach dem Druck bei [M. F. VON BASSEWITZ], Die Kurmark Brandenburg im Zusammenhang mit den Schicksalen des Gesammtstaats Preußen während der Zeit vom 22. Oktober 1806 bis zu Ende des Jahres 1808 II, S. 374 f., Anm. **.

[127] Ebenda, S. 375, Anm. **.

Nutzen zu ziehen weiß! Welche Thorheit, die Leiden des Krieges auf Diejenigen, welche die Basis der Gesellschaft ausmachen, zurückzuwerfen! ... Die Erfahrung beweiset, daß, wenn man unter solchen Umständen in die Instituzionen eingreifen will, welche die frühere Wohlfahrt des Staates gesichert hatten, man die größte Gefahr läuft, seine Wunden beinahe unheilbar zu machen“.[128]

Gleichzeitig wurde klar, *wen* die Franzosen *eigentlich* im Visier hatten: keinen anderen als den Freiherrn vom Stein. Denn nun informierte Davoust den Präsidenten der Immediat-Friedens-Vollziehungs-Kommission, Graf Otto von Voß, offiziell von seinem Vorgehen gegen Schmalz; gleichzeitig ließ der Marschall von Frankreich dem Präsidenten „seine besondere Hochachtung, wegen seines umsichtsvollen, versöhnlichen und milden Benehmens gegen die französischen Behörden, aussprechen“, und er verband dies mit dem Wunsch, „daß er [Voß, H.-C.K.] den König hiervon in Kenntniß setzen, und ihn darauf aufmerksam machen möge, daß der Minister v. Stein, sowie mehrere Ausländer in seiner Umgebung, welche dessen feindliche Gesinnungen gegen Frankreich theilten, noch nicht, nach Napoleon's Erwarten, von ihm entlassen wären“. In dem Brief war die Bemerkung hinzugefügt, „der König würde, wenn er von den Gefahren, die ihm durch Gleichgesinnte wie Schmalz droheten, unterrichtet sei, gewiß das Richtige treffen“.[129]

Der ehrgeizige Voß, der offenbar die Nachfolge Steins anstrebte (er sollte dieses Ziel indes erst 1822, nach dem Tode Hardenbergs, für nur kurze Zeit erreichen), erkannte seine Chance und versuchte sie zu nutzen. Er verfaßte – in französischer Sprache – am 15. November 1808 einen Immediatbericht für den König,[130] in dem er „l'arrestation du Conseiller privé Schmalz de Halle“ meldete, und auch den Grund dafür angab: „Le Sr. Schmalz a composé un appel au peuple prussien qui devait être rendu public immédiatement après l'évacuation et

128 Ebenda; mit kaum noch zu überbietendem Zynismus fuhr der anonyme Autor fort: „Nicht jede Nazion kann hoffen, ein Genie, wie *Napoleon*, zu finden, um das Chaos zu ordnen, worin die Wuth der Parteien sie gestürzt haben würde. Preußen mehr als irgend ein anderes Land hat in seiner gegenwärtigen Lage die Annahme eines Erhaltungssystems nöthig, und es muß dieses im Konseil des Königs weisen und rechtschaffenen Personen anvertraut sein, die durch ihr eigenes Glück bei dem Wohle des Staates interessirt und jedem Geiste der Leidenschaft unzugänglich, den Muth haben werden, die Wahrheit mit Beharrlichkeit zu sagen“ [sic].

129 So die Darstellung bei BASSEWITZ, ebenda, S. 375 f.

130 Abgedruckt – mit den aufschlußreichen Randbemerkungen Steins! – in: K. VOM STEIN, Briefe und amtliche Schriften II/2, S. 939–944.

servir à éclairer la nation sur l'esprit des nouvelles ordonnances que Votre Majesté a fait émaner". In dem Schmalzschen Text seien törichterweise nicht nur die Besatzungskosten zur Sprache gekommen, sondern er habe „de plusiers autres tirades assez fortes contre la France"[131] enthalten. Auf Voß' Behauptung, Schmalz habe ausgerechnet eben diesen Text höchstpersönlich der Zensur vorgelegt, antwortete Stein mit der Randbemerkung: „Da H. S[chmalz] bekanntlich nicht wahnsinnig ist, so konnten also derartige Tiraden nicht in dem Entwurf der Proklamation stehen, wie sie denn auch nichts Verfängliches enthielt, daher er auch seines Hausarrests bald entlassen wurde".[132]

Stein merkte also schnell, worauf Davoust im Grunde hinaus wollte, zumal er wenige Tage später schon von Voß' Vorgänger Sack darüber informiert wurde, daß es sich bei der Affäre um die „Adresse" um ein Manöver der franzosenfreundlichen Partei gegen die Königsberger Regierung handele – vermutlich gerade deswegen, weil der Auftrag an Schmalz ursprünglich von Theodor von Schön ausgegangen war, dessen zwei Briefe an Schmalz die Franzosen unter den von ihnen beschlagnahmten Papieren gefunden hatten.[133] Als einer der engsten Mitarbeiter, ja als „junger Mann" des leitenden Ministers, hatte Schön damit, ohne es zu wollen, den Franzosen ein Mittel an die Hand gegeben, um – auf dem Umweg der Aktion gegen Schmalz – indirekt gegen Stein selbst vorgehen zu können. Schön versuchte nun – nach der Publikation des Artikels im „Telegraphen" – zu retten, was zu retten war, und schrieb einen ausführlichen Brief an den König, in dem er den Hergang der Angelegenheit aus seiner Sicht darstellte und in dem er Schmalz – damit auch sich selbst – verteidigte.[134]

[131] Ebenda, S. 942. Stein merkte an: „Ce n'est point vrai. Wie kann H. v. Voß eine solche Lüge behaupten" (ebenda, Anm. 2).

[132] Ebenda, S. 942 f., Anm. 3.

[133] Vgl. ebenda, S. 985 f. (Sack an Stein, 23.11.1808), S. 995 (derselbe an denselben, 26.11.1808).

[134] Abdruck in: [T. VON SCHÖN], Aus den Papieren des Ministers und Burggrafen von Marienburg Theodor von Schön I, Anhang, S. 67–70; Schmalz habe ihm, heißt es darin, auf seine, Schöns, Empfehlung, etwas für das breite Publikum zur Erläuterung der geplanten Reformen zu schreiben, nur die Antwort gegeben: „Er habe einen Aufsatz ... geschrieben, und dieser habe den Beifall einer sehr bedeutenden Anzahl achtungswerther Männer in dem Grade erhalten, daß man den Druck auf Kosten der Gesellschaft beschlossen habe". Schön schließt: „Dieß ist meine Kenntniß von der Sache, die ich dargestellt habe, wie ich sie mir erinnere, und wie ich es meinem Landesherrn schuldig bin. Der Minister Voß mag noch lebhafter gegen mich *declamiren*, als er thut, und der französische Zeitungsschreiber noch teuflischer sich bemühen, das reinste

Das alles nützte jedoch nichts mehr; der bereits seit Mitte 1808 politisch massiv angegriffene Freiherr vom Stein war nun von Friedrich Wilhelm III. nicht mehr zu halten und wurde am 24. November 1808 auf Druck Napoleons entlassen, nachdem vorher bereits verschiedene Briefe des leitenden Minsters, in denen dieser für einen Volksaufstand gegen die Besatzungsherrschaft plädiert hatte, von den Franzosen abgefangen und gegen ihn ausgespielt worden waren. Die Aktion gegen Schmalz war also nur ein kleiner Bestandteil, gleichsam ein verstärkendes Moment jener großen Intrige gegen den preußischen Staatsmann gewesen, den Napoleon nur wenig später, im Januar 1809, durch seinen berühmten Bannspruch auch persönlich zu vernichten trachtete und außer Landes trieb.[135]

Graf Voß hatte sein Hauptziel zwar nicht erreicht, aber er wußte den König auf seiner Seite, als dieser ihm am 7. Dezember 1808 auf seinen Immediatbericht über die Schmalzsche Verhaftungsaffäre antworten ließ, „dem Schmalz sei die Lekzion, die er vom Davoust erhalten, sehr heilsam, und hoffe er [Friedrich Wilhelm III., H.-C.K.], daß ihn und alle Anderen, welche so gefährliche Schriften unter den derzeitigen Verhältnissen emanirten, die er desavouire, diese Lekzion ferner abhalten würde“.[136] Das war für Schmalz, dem diese Stellungnahme seines Königs nicht verborgen geblieben ist,[137] nicht besonders angenehm, hatte er doch bei der Abfassung der „Adresse an die Preußen“ in dem guten Glauben gehandelt, unmittelbar im Auftrag des Königs tätig zu sein.

Damit nicht genug: Zwei Tage vor dem Abzug der französischen Truppen aus Berlin ließ Marschall Davoust noch einmal eine Anzahl von Männern, die er offenbar für ganz besonders gefährlich hielt, zu sich bringen: neben Schmalz waren dies u. a. die Professoren Schleier-

heiligste Opfer eines Untertan, nehmlich die Huldigung, die er pflichtmäßig und aus vollem Herzen seinem Monarchen bringt, zu verdrehen, zu unterdrücken und zu vergiften, kenne ich bey alle diesem nur die Pflicht, meinem Könige treu zu seyn, und dessen Bestimmungen und Befehle als heilig zu betrachten“ (ebenda, S. 69 f.).

135 Vgl. dazu statt vieler G. Ritter, Stein, S. 346 ff.; R. C. Raack, The Fall of Stein, S. 46 ff. u. passim. – Stein selbst hat diese Zusammenhänge bereits in seiner autobiographischen Aufzeichnung vom Sommer 1811 genau erkannt und beschrieben; vgl. K. vom Stein, Briefe und amtliche Schriften III, S. 549.

136 Zitiert nach [F. M. von Bassewitz], Die Kurmark Brandenburg im Zusammenhang mit den Schicksalen des Gesammtstaats Preußen während der Zeit vom 22. Oktober 1806 bis zu Ende des Jahres 1808 II, S. 376.

137 Das belegt sein bereits genannter Brief an den König vom 5. August 1810 (GStA PK, Rep. 74, L V [Brandenburg], Nr. 1, Bd. I, Bl. 42r–43v).

macher und Wolf, der bekannte Publizist Friedrich Buchholz, der Schauspieldirektor Iffland und der (vom preußischen König als neuer Verwaltungschef für die geräumten Gebiete vorgesehene) Geheime Oberfinanzrat Sack. Ihnen allen eröffnete Davoust, „daß ihm ihre feindseligen Absichten gegen Napoleon und die Franzosen hinreichend bekannt wären, sie davon jedoch abstehen möchten, weil durch Verbreitung derselben im preußischen Staat dieser ganz zu Grunde gerichtet würde; zugleich warnte er sie für jede Handlungsweise nach ihrer Gesinnung mit dem Bemerken, daß, so lange ihm das Kommando der französischen Armee am rechten Rheinufer verbliebe, er sie unter besonderer Aufsicht behalten, und wenn durch sie und Gleichgesinnte Störungen der inneren Ruhe in Preußen sich ergeben sollten, sogleich nach Berlin zurückkehren und dafür sorgen würde, daß er ihrer zur exemplarischen Bestrafung habhaft werde“.[138]

So endete dieser aufsehenerregende[139] erste Ausflug von Schmalz in die Gefilde der hohen Politik also alles andere als erfreulich. Den eigentlichen Grund für den Ablauf der Affäre, für seine Inhaftierung und für den Artikel im „Telegraphen“ hat Schmalz vermutlich niemals erfahren. Er hatte mit seiner rückschauenden Vermutung zwar recht, daß es sich bei der Beschlagnahme der „Adresse an die Preußen“ nur um einen vorgeschobenen Grund handelte, doch seine Annahme, man habe ihn eigentlich als verdächtigen Tugendbündler und geheimen Verschwörer gegen die Besatzungsherrschaft verhaftet, war zwar an sich nicht falsch, traf aber noch nicht den Kern der Angelegenheit. Daß er selbst nur ein kleines Steinchen im großen Spiel Napoleons gegen den Freiherrn vom Stein gewesen war, dürfte Schmalz bis an sein Lebensende verborgen geblieben sein. – Eine gewisse Genugtuung ist es für ihn sicherlich gewesen, daß beim Wiedereinzug preußischer Truppen in

[138] [F. M. von Bassewitz], Die Kurmark Brandenburg im Zusammenhang mit den Schicksalen des Gesammtstaats Preußen während der Zeit vom 22. Oktober 1806 bis zu Ende des Jahres 1808 II, S. 377; vgl. auch den Brief des Justizrats F. Schulz an Stägemann vom 4.12.1808, in: Heinrich Scheel/Doris Schmidt (Hrsg.), Von Stein zu Hardenberg. Dokumente aus dem Interimsministerium Altenstein/Dohna (Akademie der Wissenschaften der DDR. Schriften des Zentralinstituts für Geschichte, Bd. 54), Berlin (-Ost) 1986, S. 13 f., wo es heißt, Davoust habe die zu ihm Befohlenen „furchtbar heruntergehunzt“ (S. 13).

[139] So bemerkte Henrich Steffens in seinen Memoiren: „Hatte mich die Vertreibung des kühnen herrlichen Stein auch, wie ich sie in der Ferne vernahm, erschüttert, so machten einzelne geringere Ereignisse hier einen großen Eindruck; so die, wenigstens vorübergehende, gefahrvolle Inquisition, in deren Gewalt Schmalz gerieth“ (H. Steffens, Was ich erlebte VI, S. 282).

die Hauptstadt am 10. Dezember 1808 der Musikzug des Regiments von Schill auch vor dem Haus des „Patrioten" Schmalz spielte.[140]

Unter seinen Aktivitäten für die Regierung des Freiherrn vom Stein ist auch Schmalz' Kommentar über das Edikt vom 9. Oktober 1807 zu nennen,[141] mit dem die Leibeigenschaft in Preußen aufgehoben wurde – eine Maßnahme von außerordentlicher politischer und sozialer Bedeutung, die aus diesem Grund im Lande heftig umstritten war.[142] Im Frühjahr oder im Frühsommer 1808 publizierte Schmalz seinen, wie überliefert ist, offenbar von oben „gewünschten Kommentar",[143] in dem er diese Reform als einen nicht nur ökonomischen, sondern auch politischen Meilenstein der preußischen Geschichte pries: Das Edikt werde als ein „neue[s] Pfand der Gerechtigkeit, des Edelmuths, der Weisheit des Königs" ohne Frage „Preußens künftigen Bürgern auf ewig so heilig seyn ..., wie den Engländern ihr *Great charter*, oder ihr berühmtes Statut von 1660".[144]

Gleichwohl gelte es, die große Reformmaßnahme gegen mannigfache Mißverständnisse, ja bewußte üble Nachrede zu verteidigen: nicht zuletzt würde „ein Theil der Gutsbesitzer in ihren Gegenden bekannt als harte und ungerechte Unterdrücker, eine Maaßregel verläumden, welche ihrer Tyranney ein Ende macht". Gegen die von diesen in Umlauf gebrachten „elendesten Verdrehungen des Edicts" beanspruchte Schmalz' Kommentar zu zeigen, „wie lediglich Gerechtigkeit den erhabenen Gesetzgeber leitet, wie er genau in ihren Grenzen blieb, aufhob, was Unrecht war, aber nie in rechtliches Eigenthum unter dem Vorwande des öffentlichen Bestens eingriff", und er fügte in seiner

[140] Vgl. R. Ibbeken, Preußen 1807–1813. Staat und Volk als Idee und Wirklichkeit, S. 150.

[141] Ueber Erbunterthänigkeit. Ein Commentar über das Königl. Preußische Edict vom 9ten Oct. 1807, ihre Aufhebung betreffend, Berlin 1808.

[142] Zur Bedeutung der „Bauernbefreiung", wie man sie mit einem nicht ganz treffenden Ausdruck bezeichnet hat, siehe u. a. neben dem älteren grundlegenden Werk von Georg Friedrich Knapp, Die Bauern-Befreiung und der Ursprung der Landarbeiter in den älteren Theilen Preußens, Bde. I–II, Leipzig 1887, E. R. Huber, Deutsche Verfassungsgeschichte seit 1789 I, S. 183 ff.; auch K. von Raumer, Deutschland um 1800, S. 379 ff.; M. Botzenhart, Von den preußischen Reformen bis zum Wiener Kongreß, S. 532 ff.; zum Zusammenhang auch Henning Graf von Borcke-Stargordt, Zur preußischen Agrargesetzgebung der Reformzeit, in: Mensch und Staat in Recht und Geschichte. Festschrift für Herbert Kraus zur Vollendung seines 70. Lebensjahres, Kitzingen/Main 1954, S. 307–327, und Christoph Dipper, Die Bauernbefreiung in Deutschland 1790–1850, Stuttgart – Berlin – Köln – Mainz 1980.

[143] So der Bericht der Immediat-Friedens-Vollziehungs-Kommission vom 10.4.1808, in: H. Granier (Hrsg.), Berichte aus der Berliner Franzosenzeit 1807–1809, S. 196.

[144] Ueber Erbunterthänigkeit, S. III, 43.

Vorrede hinzu: „Der erste große Schritt ist geschehen, um über unser Vaterland Segen und Wohlstand zu verbreiten. Der andere, Rückgabe der Freyheit des Handels und der Gewerbe, wird folgen".[145]

Diese Formulierungen waren durchaus ehrlich gemeint, und Schmalz dürfte mit Sicherheit kein Lohnschreiber des Reformministeriums Stein gewesen sein. Als Physiokrat und Kritiker der traditionellen merkantilistischen Wirtschaftsordnung, die den preußischen absolutistischen Staat des 18. Jahrhunderts maßgeblich geprägt hatte, konnte er die mit der Bauernbefreiung und anderen Maßnahmen – etwa der langsamen Durchsetzung der Gewerbefreiheit – verbundene ökonomische Liberalisierung uneingeschränkt begrüßen. Gleichwohl darf nicht vergessen werden, daß unter den preußischen Reformern nicht die Theorien der Physiokraten, sondern die Ideen Adam Smiths dominierten, die bereits seit der Spätzeit des vergangenen Jahrhunderts in Deutschland durch Georg Sartorius in Göttingen, Ludwig Heinrich Jakob in Halle und vor allem Christian Jacob Kraus in Königsberg verbreitet worden waren.[146] Damit war der Einfluß, den Schmalz damals ausübte – oder vielleicht hätte ausüben können – von vornherein begrenzt.

Immerhin ist Schmalz – trotz des Desasters seiner „Adresse an die Preußen" – auch noch in der folgenden Zeit von der preußischen Regierung zu gutachtlichen Zwecken herangezogen worden. Als das Interimsministerium Altenstein-Dohna im Januar 1809 mit der Planung für eine Gesetzkommission begann,[147] wurde auch Schmalz – neben Ernst Ferdinand Klein und dem Präsidenten des Obertribunals, Heinrich Dietrich von Grolmann – vom Staatsrat von Klewitz als

[145] Ebenda, S. III–IV. – Eine genauere Analyse des Inhaltes dieser Schrift findet sich unten, § 18 b).

[146] Vgl. dazu u. a. Wilhelm Treue, Adam Smith in Deutschland. Zum Problem des „Politischen Professors" zwischen 1776 und 1810, in: Deutschland und Europa. Historische Studien zur Völker- und Staatenordnung des Abendlandes. Festschrift für Hans Rothfels, hrsg. v. Werner Conze, Düsseldorf 1951, S. 101–133; wichtig auch Marie-Elisabeth Vopelius, Die altliberalen Ökonomen und die Reformzeit (Sozialwissenschaftliche Studien, H. 11), Stuttgart 1968; siehe auch Harald Winkel, Die deutsche Nationalökonomie im 19. Jahrhundert (Erträge der Forschung, Bd. 74), Darmstadt 1977, S. 7 ff.; derselbe, Adam Smith und die deutsche Nationalökonomie 1776–1820, in: Studien zur Entwicklung der ökonomischen Theorie V, hrsg. v. Harald Scherf (Schriften des Vereins für Socialpolitik. Gesellschaft für Wirtschafts- und Sozialwissenschaften, N. F. Bd. 115/V), Berlin 1986, S. 81–109; Ian Simpson Ross, Adam Smith – Leben und Werk, Düsseldorf 1998, S. 511 ff.

[147] Vgl. dazu die Dokumente bei H. Scheel/D. Schmidt (Hrsg.), Von Stein zu Hardenberg. Dokumente aus dem Interimsministerium Altenstein/Dohna, S. 84 ff.

Gutachter für die geeignete Zusammensetzung der Kommission herangezogen.[148] Immerhin nannte Schmalz in seinen Empfehlungen[149] eine Reihe prominenter Namen – von Gönner und Feuerbach über Zachariae bis hin zu Rehberg, Brandes, gar Carl Ludwig von Haller. Nicht zuletzt strich er den großen „Mangel an staatswirthschaftlichen Gelehrten"[150] besonders heraus und empfahl deshalb auch einige „Geschäftsmänner", womit in der Staatsverwaltung tätige Juristen gemeint waren. Vermutlich hätte er auch sich selbst gerne genannt, doch ein solches Vorgehen dürfte wohl kaum den Beifall des Staatsrats von Klewitz gefunden haben.

So blieb Theodor Schmalz, dessen Ehrgeiz immer über den engeren Bereich der gelehrten Arbeit hinausging, der Politik und der Verwaltung weiterhin verbunden. Seine diesbezüglichen Ambitionen sollten auch in den folgenden Jahren noch mehrfach zutage treten, und Schmalz scheint sich selbst in der Tat als ein „politischer Professor" begriffen zu haben: freilich nicht als einer, der – ein im weiteren Verlauf des 19. Jahrhunderts häufig auftretender Typus – im Namen der „Gesellschaft" deren Anliegen gegen den „Staat" zu vertreten beanspruchte, sondern als ein politischer Gelehrter, der *im und für den Staat* politisch tätig sein wollte.

d) Fortgang der Gründung

Nachdem Theodor Schmalz den Ort seiner einstigen Wirkungsstätte, Halle, im Oktober 1807 mit seiner Familie endgültig verlassen hatte, sollte er bis an sein Lebensende in Berlin wohnen bleiben. 1809 fand die große Familie eine Wohnung im Haus des ersten Berliner Oberbürgermeisters Leopold von Gerlach,[151] dessen Sohn Wilhelm bereits in den Jahren 1805/06 bei Schmalz in Halle studiert hatte[152] und dessen jüngerer Sohn Ernst Ludwig nach 1810 einer der ersten Berliner Schüler des Geheimrats werden sollte.[153] Man wurde offenbar

[148] Vgl. ebenda, S. 84, Anm. 3.

[149] Das Gutachten ist enthalten in Schmalz' Brief an Klewitz vom 20.1.1809, in: GStA PK, I. HA, Rep. 77, Tit. 950, Nr. 5, Bd. 1, Bl. 12r–13v; der Brief ist auch unten im Anhang A abgedruckt.

[150] Ebenda, Bl. 13r.

[151] Vgl. Carl Nagel, Zeit zwischen den Zeiten. Bilder aus dem Berliner Vormärz, in: Der Bär von Berlin. Jahrbuch des Vereins für die Geschichte Berlins 11 (1962), S. 11; J. von Gerlach, Leopold von Gerlach 1757–1813, S. 96.

[152] Vgl. oben § 4 b).

[153] Vgl. H.-C. Kraus, Ernst Ludwig von Gerlach I, S. 53.

sehr freundlich aufgenommen[154] und fand an die führenden Kreise und Zirkel der Berliner Gesellschaft schnell Anschluß. Jedenfalls nahm Schmalz, um hierfür ein besonders prägnantes Zeugnis zu nennen, an der Feier teil, die am 16. Januar 1810 von der berühmten „Liedertafel“ Carl Friedrich Zelters aus Anlaß der Rückkehr des Königs nach Berlin veranstaltet wurde – neben Größen wie den Ministern von Altenstein, Beyme und Graf Dohna, diversen mächtigen Kammerherren und Staatsräten und nicht zuletzt auch den Kollegen Wolf und Schleiermacher.[155]

Zu den Vorbereitungen für die Universitätsgründung, deren Bedeutung für den weiteren Fortgang dieses Vorhabens nicht unterschätzt werden darf, gehörten die wissenschaftlichen Vorlesungen, die einige der künftigen Ordinarien schon seit dem Herbst 1807 im „Unter den Linden“ gelegenen Palais des Prinzen Heinrich, also dem für die neue Hochschule vorgesehenen Gebäude, abhielten. Schmalz, der schon wenige Tage nach seiner Ankunft in Berlin, im November 1807, zu lesen begann, konnte tatsächlich an eine bereits bestehende Tradition anknüpfen, denn bereits seit zwanzig Jahren waren im Prinz-Heinrich-Palais juristische Vorlesungen gehalten worden.[156] „Auch begann ich“, so seine spätere Erinnerung, „hier sofort Vorlesungen, zu denen sich einige meiner Hallischen Zuhörer und andere junge Männer einfanden. Sechs halbe Jahre hatte ich wirklich hier unausgesetzt gelesen, ehe die Universität eröffnet wurde, und im letzten halben Jahre hatten sich bereits zwei und zwanzig Studierende zu mir gesammlet“.[157] Ebenfalls hielt er, wie aus seinem Brief an den König vom 5. August 1810 hervorgeht, „unentgeldliche [Vorlesungen] für Officiere ..., welche sich dem Civil-Dienste widmen wollen“.[158]

[154] Vgl. eine Passage aus der (von Leopold d. J. und Ernst Ludwig von Gerlach verfaßten) Gerlachschen Familiengeschichte, in: H. J. Schoeps (Hrsg.), Aus den Jahren preußischer Not und Erneuerung, S. 109: „Als Mieter wohnte in unserem Hause schon seit 1809 die Schmalzische Familie, der Geheimrat und Professor iuris Schmalz, seine sehr liebenswürdige, geistig lebendige Frau, fünf Töchter ... Es entwickelte sich zwischen dem weiblichen Teil dieser Familie und der unsrigen ein sehr intimer Umgang“; vgl. auch ebenda, S. 52 sowie: Ernst Ludwig von Gerlach, Aufzeichnungen aus seinem Leben und Wirken, hrsg. v. Jakob von Gerlach, Bd. I, Schwerin 1903, S. 69.

[155] Vgl. Reinhold Steig, Heinrich von Kleist's Berliner Kämpfe, Berlin – Stuttgart 1901, S. 17.

[156] Vgl. E. Heymann, Hundert Jahre Berliner Juristenfakultät, S. 4.

[157] Berichtigung einer Stelle in der Bredow-Venturinischen Chronik für das Jahr 1808./Ueber politische Vereine, und ein Wort über Scharnhorsts und meine Verhältnisse zu ihnen, S. 6.

[158] GStA PK, Rep. 74, L V [Brandenburg], Nr. 1, Bd. I, Bl. 42r.

Schmalz und seine seit 1808 lesenden Kollegen wollten mit ihren Aktivitäten ohne Frage auch dafür sorgen, daß es mit den – gerade in dieser Zeit bekanntlich stockenden – Vorbereitungen der Universitätsgründung weiterging; man versuchte, Fakten zu schaffen, indem man selbst Flagge zeigte, um wenigstens auf diesem Wege den Skeptikern – und vor allem den Widersachern des großen Vorhabens – entschieden entgegenzutreten. Und das bedeutete: „Die Universität war schon da in der Stille, wenn auch nicht in amtlicher Form, doch mit dem Bewußtsein sich selbst begründen zu wollen ... Die vier Professoren Schleiermacher, Schmalz, Fichte und Wolf stellten fast die ganze Universität dar; jeder von ihnen vertrat und war eine Facultät, die beiden ersten die oberen, die beiden letzten und Schleiermacher theilten sich in die philosophischen Wissenschaften“.[159]

Der allererste war tatsächlich Schleiermacher gewesen, der bereits im Frühjahr und Sommer 1807 „Geschichte der alten Philosophie“ gelesen hatte.[160] Im Winter 1807/08 lasen dann bereits fünf der künftigen Ordinarien: neben Schleiermacher, Fichte, Froriep und Wolf war dies jetzt auch Schmalz, der gleich vier Vorlesungen – Römisches, Deutsches und Kanonisches Recht sowie „Staatswirthschaft“ – anbot. Den meisten Zulauf dürfte in diesem Halbjahr allerdings Fichte gehabt haben, der in jenen Monaten seine berühmten „Reden an die deutsche Nation“ vortrug. Im Sommer 1808 war es allein Schmalz, der die Stellung hielt und über „Juristische Encyclopädie“, „Institutionen“, „Pandekten“ und „Kanonisches Recht“ las. Im Winter 1808/09 leistete ihm wenigstens wieder Schleiermacher Gesellschaft, der neben „Christlicher Glaubenslehre“ jetzt auch „Politik“ las, während Schmalz nun sogar fünf Vorlesungen anbot.[161] Im Sommer 1809 las er erneut allein im Prinz-Heinrich-Palais und kündigte nun wieder vier Vorlesungen an, darunter zum ersten Mal auch Naturrecht und „Cameralwissenschaft“. Erst im Winter 1809/10, als die endgültige Etablierung der neuen Lehranstalt herannahte, waren wenigstens Schleiermacher, Fichte und Wolf wieder anwesend; Schmalz stellte

[159] So treffend R. Köpke, Die Gründung der Königlichen Friedrich-Wilhelms-Universität, S. 57 f.

[160] Vgl. hierzu und zum folgenden die übersichtliche Aufstellung ebenda, S. 141, sowie [M. F. von Bassewitz], Die Kurmark Brandenburg im Zusammenhang mit den Schicksalen des Gesamtstaats Preußen II, S. 673 ff.

[161] Dies waren: Pandekten, Deutsches Recht, Handels- und Französisches Recht, Europäisches Völkerrecht, Staatswirtschaft (nach R. Köpke, Die Gründung der Königlichen Friedrich-Wilhelms-Universität, S. 141).

nun ausnahmsweise nur drei Vorlesungen zur Auswahl (Römisches und Deutsches Recht sowie Staatswirtschaft), während er im Sommer 1810 wiederum mit vier Themen präsent war.[162]

Es besteht kein Zweifel, daß die bloße Tatsache dieser seit 1807 abgehaltenen öffentlichen Vorlesungen von den Berlinern überaus positiv – als ein Zeichen des Willens zur Erneuerung nach der Niederlage – aufgenommen wurde. Im für die Königsberger Regierung bestimmten Immediatbericht der Friedens-Vollziehungs-Kommission vom 9. Februar 1808 heißt es: „Der Professor Fichte fährt fort, hier Vorlesungen zu halten und darin kräftige Worte zu seiner Zeit, zur Belebung und zur Ermunterung des Nationalsinnes zu verbreiten. Eben so finden die von Halle hierher gekommenen Gelehrten, Schleyermacher und Schmalz zu ihren Vorträgen Zuhörer und einen ihren Kenntnissen entsprechenden Beifall".[163] Auch über die preußische Hauptstadt hinaus machten diese Vorlesungen offenbar von sich reden; so begab sich der junge Friedrich Ludwig Jahn eben in dieser Zeit nach Berlin, um die dortige „Winkeluniversität" kennenzulernen.[164]

Auch innerhalb der preußischen Regierung erkannte man bald die Bedeutung dieser vorbereitenden Kollegien; so setzten Innenminister Graf Dohna und Wilhelm von Humboldt, inzwischen für das Kultusdepartement zuständig, 1809 alles daran, die Vorlesungen weiterlaufen zu lassen und vor allem „Wolf, Schmalz und Fichte bei gutem Willen dazu zu erhalten".[165] In der Tat bildeten die ehemaligen Professoren der Friedrichs-Universität zu Halle den Keim der Neu-

[162] Nämlich: Naturrecht, Institutionen, Kanonisches Recht und Allgemeines Staatsrecht. Interessanterweise hielt Schmalz' späterer Konkurrent Johann Gottfried Hoffmann bereits in diesem Semester sein erstes Kolleg über „Staatswirthschaft" ab (vgl. ebenda); vgl. auch M. Lenz, Geschichte der Königlichen Friedrich-Wilhelms-Universität I, S. 138.

[163] H. Granier (Hrsg.), Berichte aus der Berliner Franzosenzeit 1807–1809, S. 132.

[164] Vgl. Die Briefe F. L. Jahns, hrsg. v. Wolfgang Meyer (Quellenbücher der Leibesübungen, Bd. 5), Dresden o. J. [1930], S. 50 (Jahn an seinen Bruder, 1.3.1808): „Doch verspreche ich mir viel von einer Reise nach Berlin. Dort ist jetzt eine, von Freund und Feind geduldete, Winkeluniversität, der der Staat höchstwahrscheinlich im stillen Vorschub leistet. Wolf, Schleiermacher, Froriep, Schmalz von ehemaligen Hallischen bedeutenden Personen, Fichte und die Berliner Gelehrten geben sich alle Mühe".

[165] Wilhelm von Humboldt, Gesammelte Schriften, hrsg. von der Königlich Preußischen Akademie der Wissenschaften, Bd. XVI, Berlin 1936, S. 215 (Humboldt an Staatsrat Uhden, 22.9.1809); vgl. auch ebenda, S. 215 f., 235, 243. – Siehe ebenfalls einen entsprechenden Brief Dohnas an Humboldt vom 28.9.1809 in: GStA PH, I. HA, Rep. 77, Tit. 46, Nr. 6, Bd. I, Bl. 27r, in dem auf den „sehr vortheilhaften Eindruck" der Vorlesungen von Schleiermacher, Wolf und Schmalz verwiesen wird!

gründung, und Rudolf Smend hat Recht mit seiner Feststellung, daß sich „in diesem Kreise der Kern der künftigen Universität“ entwikkelte: „die Berliner freien Vorlesungsreihen dieser Jahre, von denen Fichtes ... Reden an die deutsche Nation ... nur die bekanntesten sind, waren in ihrer geistigen Höhe und ihrer freien, weltläufigen Form ein ausgezeichneter Anlauf des künftigen Universitätslebens, zunächst aber ein Treffpunkt und gemeinsamer geistiger Boden des Kreises, in dem sich das Werden der neuen Gründung in ständigem produktivem Austausch vorbereitete. Wie in einem Brennpunkt sammelten sich hier die geistigen Kräfte von Idealismus, Klassik, Romantik und von neuen wissenschaftlichen Grundlegungen, um in das Gefäß der neuen Universität einzuströmen“.[166] Humboldt hatte wohl Recht, als er im Mai 1810 an Dohna schrieb, daß die noch nicht eröffnete Lehranstalt bereits jetzt einen Personalbestand an Professoren zur Verfügung habe, den „kaum eine andere Universität aufweisen“ könne.[167]

Anfang 1810, als die offizielle Eröffnung der neuen Universität unmittelbar bevorstand, scheint Schmalz etwas in den Hintergrund gedrängt worden zu sein, zumal nun auch mit der Berufung Friedrich Carl von Savignys, die vor allem Humboldt mit größtem Nachdruck betrieb,[168] feststand, daß Schmalz (der Savigny in seinen Gründungsdenkschriften bekanntlich nicht genannt hatte) in die zweite Reihe der neuen Juristenfakultät treten würde. Jedenfalls muß er sich in dieser Zeit darum bemüht haben, das – bis dahin für die neue Universität gar nicht vorgesehene und später auch nicht eingeführte – Amt eines Universitätsdirektors zu erhalten, vermutlich mit dem Argument, dies habe ihm bereits 1807 Beyme zugesagt: Es sei, heißt es in einem Brief des Innenministers Graf Dohna an das Zivilkabinett des Königs vom 8. März 1810 „nach *Lage der Acten*, u. nach der jetzt wiederholten Versicherung des Herrn Großcanzlers und des Herrn v. Humboldt dem Herrn Schmalz *durchaus keine* Zusicherung in Rücksicht des Directorats gemacht worden“.[169]

[166] R. SMEND, Die Berliner Friedrich-Wilhelms-Universität, S. 550.

[167] GStA PK, I. HA, Rep. 77, Tit. 46, Nr. 6, Bd. I, Bl. 116v.

[168] Vgl. vor allem Humboldts diesbezüglichen Brief an Friedrich Wilhelm III. vom 1.3.1810, in: GStA PK, I. HA, Rep. 89, Nr. 21479, Bl. 10r–10v.

[169] Ebenda, Bl. 7r.; anschließend findet sich eine auf den 5.3.1808 datierte Notiz Beymes, in der es heißt: „Ich bemerke bey dem einliegenden Bericht, daß ich mich nicht mit Bestimmtheit erinnere; ob dem GR Schmaltz, der Director der Juristen-Facultät zu Halle war, ... die selbe Stelle bey der hiesigen Facultät versprochen worden“ (ebenda, Bl. 8r).

Als einen Affront mußte es Schmalz ebenfalls empfinden, daß er bei der Zusammenstellung einer kleinen Kommission, die Humboldt Ende Mai 1810 „zur Einrichtung der Universität" ins Leben rief, übergangen wurde. Nach Humboldts Rücktritt beschwerte er sich hierüber bei Hardenberg, worauf Schmalz wenigstens bei einigen wichtigeren Fragen zu Rate gezogen wurde; dieses Gremium, das u. a. die Ausarbeitung der Universitätsverfassung vorbereitete, tagte zwischen Anfang Juni und Ende Oktober 1810 etwa zwanzig Mal.[170] Immerhin erscheint der zuerst zurückgesetzte Schmalz „von jetzt an fast als das tätigste Mitglied der Kommission".[171] Er entwarf nicht nur die Gesetzte für die Studierenden, sondern ebenfalls die Formulare für die Matrikeln und die Universitätszeugnisse. Auch in der Frage der Honorare konnte er sich gegen Schleiermacher durchsetzen, der eine bestimmte Gebühr festsetzen wollte – „Schmalz' Einfluß ist es offenbar zuzuschreiben, daß dies jetzt in das Belieben der Dozenten gesetzt wurde".[172]

Der Beitrag, den Schmalz zur Gründung der Berliner Friedrich-Wilhelms-Universität geleistet hat, ist also nicht ganz einfach zu bestimmen; zum *innersten* Kreis der Gründer und Planer der neuen Lehranstalt hat er – das steht fest – jedenfalls nicht gehört. Auf der anderen Seite wird man seinen Anteil an der Etablierung der Hochschule aber nicht allzu gering bewerten dürfen: Auf ihn geht nicht nur die – nach der verheerenden Niederlage des Herbstes 1806 – *erste* Anregung für die Begründung einer Hauptstadtuniversität zurück, sondern er verfaßte auch zwei wichtige Denkschriften hierfür. Er übersiedelte nicht nur sofort, noch im November 1807, auf Ansinnen Beymes nach Berlin, um dort an den Vorbereitungen für die Gründung mitzuwirken, sondern er schlug dafür auch noch mehrere Rufe aus, die ihn in diesen Wochen erreicht hatten. Er nahm nicht nur unmittelbar nach seiner Ankunft in der Hauptstadt seine Vorlesungstätigkeit auf, sondern er las auch dann noch weiter, als sich (wie in den Sommern 1808 und 1809) kein anderer seiner Kollegen zu seiner Verstärkung bereitfand. Und er tat dies alles auch noch neben anderen Arbeiten, die er in den Diensten des preußischen Staates verrichtete, ohne sich

[170] Vgl. R. Köpke, Die Gründung der Friedrich-Wilhelms-Universität, S. 76; M. Lenz, Geschichte der Königlichen Friedrich-Wilhelms-Universität I, S. 277 f.

[171] M. Lenz, Geschichte der Königlichen Friedrich-Wilhelms-Universität I, S. 279; zum folgenden vgl. die Ausführungen ebenda.

[172] Ebenda, S. 280.

durch Mißgeschicke und Gefahren (erinnert sei nur an seine Verhaftung durch die Franzosen im November 1808) davon abbringen zu lassen. Man wird also abschließend sagen dürfen, daß Schmalz' Beitrag zur Planung und zur Gründung der Friedrich-Wilhelms-Universität keinesfalls zu unterschätzen ist.

§ 7 Rektorat und Befreiungskriege (1810–1815)

a) Gründungsrektor der Friedrich-Wilhelms-Universität

Im Wintersemester 1810 nahm die Friedrich-Wilhelms-Universität zu Berlin ihren Lehrbetrieb offiziell auf: „Noch nie war", so Henrich Steffens im Rückblick, „eine Universität gleich von ihrer ersten Siftung an glanzvoller hervorgetreten, noch nie die Idee der Begründung eines großen wissenschaftlichen Instituts großartiger aufgefaßt".[1] Selbst wenn man geneigt ist, diese Formulierungen als etwas übertrieben anzusehen, wird man zugeben müssen, daß die neue Berliner Lehranstalt eine Reihe von Namen aufzuweisen hatte, die sie, wenn nicht zur ersten, so doch wenigstens mit einem Schlag zu einer der bedeutendsten Universitäten in Deutschland werden ließ.

Die Juristische Fakultät blieb im ersten Semester noch eine der kleinsten Fakultäten, und es ist bemerkenswert, daß Schmalz sich mit seinen Berufungsvorschlägen gerade für das eigene Fach nur in einem Punkt hatte durchsetzen können. Weder die beiden Frankfurter Johann Christian Meister und Ludwig Gottfried Madihn, noch Ernst Ferdinand Klein (er starb im Gründungsjahr 1810) kamen an die neugegründete Hochschule, und Karl Friedrich Eichhorn, ebenfalls von Schmalz 1808 in seiner zweiten Denkschrift vorgeschlagen,[2] wurde erst im zweiten Semester, im Frühjahr 1811, nach Berlin berufen.[3]

So begann die neue Lehranstalt erst einmal nur mit einem reduzierten juristischen Programm: Neben dem fünfzigjährigen Schmalz war – vor allem auf das Betreiben Wilhelm von Humboldts – Friedrich Carl von Savigny berufen worden,[4] damals 31 Jahre alt; doch alle Versuche, wenigstens noch einen weiteren angesehenen und erfahrenen Vertreter des Faches nach Berlin zu holen, waren (z. T. auch an der bedrängten Finanzlage des preußischen Staates, die Spitzenhonorare nur in absoluten Ausnahmfällen gestattete) gescheitert: sowohl

[1] H. Steffens, Was ich erlebte, Bd. VI, S. 275.

[2] Vgl. GStA PK, I. HA, Rep. 89, Nr. 21393, Bl. 138v–139r; siehe auch oben § 6 b).

[3] Vgl. M. Lenz, Geschichte der königlichen Friedrich-Wilhelms-Universität zu Berlin I, S. 384 ff.

[4] Vgl. vor allem A. Stoll, Friedrich Karl v. Savigny II, S. 4 ff.

Gustav Hugo in Göttingen wie Arnold Heise in Heidelberg, beide von Savigny empfohlen und gewünscht, hatten nach ersten Sondierungen sofort und bestimmt abgelehnt. Um wenigstens das Strafrecht abzudecken, war – wiederum auf besondere Empfehlung Savignys – der junge, erst vierundzwanzigjährige Leipziger Privatdozent Friedrich August Biener berufen worden.[5] Auch an dieser Berufung scheint Schmalz nicht direkt beteiligt gewesen zu sein. Daraus läßt sich wohl ablesen, daß die Gewichte an der jungen Fakultät von Anfang an in einer Weise verteilt waren, die Schmalz recht bald schon ins Hintertreffen geraten lassen mußte, denn Savigny war Schmalz sowohl im Hinblick auf den eigenen Rang als Wissenschaftler wie auch hinsichtlich der gesellschaftlichen und politischen Verbindungen eindeutig und ohne jede Frage überlegen.[6]

Bedenkt man diese Tatsachen und erinnert man sich auch daran, daß sich Schmalz erst mühsam den Zugang zu der Ende Mai 1810 eingerichteten beratenden Gründungskommission hatte erkämpfen müssen,[7] wird man verstehen, warum er sich in einem bereits mehrfach zitierten Schreiben an den König vom 5. August 1810 über die erfahrene Zurücksetzung beschwerte. In einer nicht eben bescheiden zu nennenden Weise wies er auf die – freilich in der Sache keineswegs zu bestreitenden – Dienste hin, die er bis jetzt dem preußischen Staat geleistet hatte.[8] Er selbst habe, so betonte er, „damit gar nichts

[5] Vgl. R. KÖPKE, Die Gründung der Königlichen Friedrich-Wilhelms-Universität zu Berlin, S. 78; M. LENZ, Geschichte der königlichen Friedrich-Wilhelms-Universität zu Berlin I, S. 229.

[6] Zur Frage des problematischen Verhältnisses zwischen Savigny und Schmalz siehe unten, § 9a). – Zum Zusammenhang siehe auch UWE BAKE, Die Entstehung des dualistischen Systems der Juristenausbildung in Preußen, jur. Diss. Kiel 1971, S. 90ff.

[7] Siehe oben § 6d).

[8] GStA PK, I. HA, Rep. 74, LV (Brandenburg), Nr. 1, Bd. I, Bl. 42r–42v: „Um ferner dem Staate anzugehören, an welchen mich allein die ehrfurchtsvollste Anhänglichkeit an Ew. Majestät geheiligte Person bindet, verließ ich freudig mein ganzes Vermögen in meinem Hause zu Halle, eilte auf Ew. Majestät Befehl im Herbst 1807 nach Berlin, wo ich seitdem Vorlesungen für Studierende, und unentgeldliche für Officiere halte, welche sich dem Civil-Dienste widmen wollen. Auch habe ich itzt über ein Jahr im OberAppellationsSenate des Cammergerichts ohne Gehalt gearbeitet. Ich wagte es *in den Gefahren des Staats von 1807 bis 1809 mehrere sehr glänzende Anträge auswärtiger Dienste auszuschlagen*. Denn je seltener gerade itzt Lehrer des Rechts und der Staatswissenschaften von einigem Namen sind, desto unrechtlicher glaubte ich es, in *den* Zeiten den Staat zu verlassen. Auch hielt ich es unter meiner Würde, dem Beyspiel zu folgen, welches, selbst erschlichene, Anträge fremder Dienste zu Gehaltszulagen nutzte. – Was ich der Wissenschaft als Gelehrter und Schriftsteller geleistet, gebührt mir nicht zu sagen; aber ich darf es fühlen, daß um Staats-Recht, teutsches Recht und Staatswissenschaften kein itzt lebender Schriftsteller mehr Verdienste habe. Was ich

weiteres gethan, als was ich Ew. Majestät und meinem Herzen absolut schuldig war. Ohne Aussicht, selbst ohne den Wunsch einer Belohnung habe ich Thätigkeit und Wohlstand geopfert. *Meine itzige Lage genügt auch vollkommen allen meinen Ansprüchen*; ich habe nie um etwas gebeten, ich wünsche nichts, habe nie etwas gewünscht, als allein Ew. Majestät allerhöchste Gnade. – Aber ich wäre dieser Gnade und des Dienstes Ew. Majestät unwürdig, wenn kränkende Zurücksetzung mich nicht tief verwundete, und desto schmerzlicher, je unverdienter sie ist".[9]

Schmalz bezog sich hierbei nicht nur auf seine ganz unbestreitbare Treue zum preußischen Staat, sondern auch auf seine – ebensowenig in Frage zu stellenden – Lehrerfolge sowie auf seine Erfahrungen als Verwaltungsfachmann und als Universitätsdirektor: „Daß ich als Lehrer der neuen Universität nützlich seyn werde, dafür bürgt, daß ich so viele Jahre unter allen meinen Collegen in Königsberg und Halle stets am thätigsten und mit dem meisten Beyfalle lehrte. Daß ich als Geschäftsmann nicht unbrauchbar sey, dafür mag meine Amtsführung in Königsberg als Consistorialrath, und hier als Mitglied des Ober-AppellationsSenats zeugen. Daß ich als bisheriger Canzler und Director zweyer Universitäten nicht untauglich sey, bey der Einrichtung der neuen, von mir selbst vorgeschlagenen zu Rathe gezogen zu werden, glaube ich schon darum sagen zu dürfen, weil niemand hier sonst ist, der diesen Rath aus eigener Erfahrung und bewährter Amtsführung geben kann. Und nun bey dieser Universität in jeder Rücksicht mir Männer vorgezogen zu sehen, die nicht, wie ich, alles verließen und alles wagten, bloß um Ew. Majestät anzugehören, die nicht mehr für ihre Wissenschaften, als ich für die meinige gethan, die Anträge fremder Dienste sich theuer abkaufen ließen, das Allergnädigster König und Herr, muß mich tief kränken, weil es mich in den Augen des auswärtigen Publicums – ich darf hoffen nicht des inländischen, welches mich kennt – herabsetzt, indem man diese Zurücksetzung nicht aus Mangel an Einsichten in mir sich erklären kann, also aus Fehlern des sittlichen Characters sich erklären wird".[10]

als Lehrer dem Staate geleistet, mögen die Männer bezeugen, welche ich auch für die höchsten Aemter gebildet habe. Die Direction der Universität Königsberg erwarb mir die wichtigere Direction der Universität Halle, und deren neuste Einrichtungen nach der letzten Königlichen Dotation giengen vornehmlich durch mich; der dort mit der so sehr wachsenden Zahl der Studenten wachsende Geist des Fleißes war zum Theil, die Anständigkeit der Sitten und die Ruhe der letzten Jahre ganz mein Werk".

[9] Ebenda, Bl. 42v.

[10] Ebenda, Bl. 42v–43r.

Ob aus dem Kabinett des Königs nun in Sachen Schmalz eine Anweisung an die Sektion für Kultus und Unterricht erteilt worden ist oder nicht – jedenfalls machte Georg Heinrich Nicolovius im Namen der Sektion am 29. September 1810 den Vorschlag, „zum Rector der Universität, für den interimistischen Zeitraum, und etwa bis zum Anfang 1811 ... den Geheimen Rath und Professor Schmalz" zu ernennen, „welcher als gewesener Director der Universität zu Königsberg und nachher der zu Halle die meisten zur guten Verwaltung des ersten Rectorats nötigen Erfahrungen hat sammeln können".[11] Es mag sein, daß Nicolovius Schmalz noch von Königsberg her kannte, wo dieser zu den Autoren des väterlichen Verlages gehört hatte. Wilhelm von Humboldt, der Schmalz im allgemeinen wenig zugetan war,[12] scheint sich auch jetzt für ihn nicht verwendet zu haben.

Am 28. September 1810 erging eine königliche Kabinettsordre, in der Schmalz zum Rektor der neuen Universität ernannt wurde – die Ämter der ersten Dekane der vier Fakultäten erhielten Schleiermacher, Biener, Hufeland und Fichte.[13] Ob damit für Schmalz „auf die lange Zurücksetzung ... jetzt eine glänzende Rehabilitierung"[14] folgte, wie Max Lenz bemerkt hat, sei einmal dahingestellt; Schmalz selbst bezeichnete ein Jahrzehnt später dieses erste Rektorat zwar als „eine Ehre", die ihm aber nur aus dem Grund widerfahren sei, „weil kein andrer Professor hier war, der je ein Rectorat verwaltet hatte".[15] Also durchaus ein Akt des Vertrauens, aber eben keine Auszeichnung für die im Vorfeld der Gründung geleistetet Dienste und sicher auch keine „Rehabilitierung" im eigentlichen Sinne.

Das Rektorat des akademischen Jahres 1810/11 war für Theodor Schmalz wohl eine ehrenvolle, aber doch keine angenehme und erfreuliche Angelegenheit – es brachte ihm jedenfalls weit mehr Ärger

[11] GStA PK, I. HA, Rep. 89, Nr. 21479, Bl. 48v (Nicolovius an Friedrich Wilhelm III., 22.9.1810). – Teildruck dieses Dokuments – allerdings mit falscher Archivsignatur! – bei E. Fuchs (Hrsg.), J. G. Fichte im Gespräch. Berichte der Zeitgenossen IV, S. 262 ff.

[12] Vgl. M. Lenz, Geschichte der königlichen Friedrich-Wilhelms-Universität zu Berlin I, S. 157, 278; siehe auch W. von Humboldt, Gesammelte Schriften XVI, S. 224 (Humboldt an Uhden, 17.10.1809).

[13] Abdruck in: R. Köpke, Die Gründung der Königlichen Friedrich-Wilhelms-Universität zu Berlin, S. 221 (Nr. 37); vgl. auch ebenda, S. 89; M. Lenz, Geschichte der königlichen Friedrich-Wilhelms-Universität zu Berlin I, S. 279.

[14] M. Lenz, Geschichte der königlichen Friedrich-Wilhelms-Universität zu Berlin I, S. 279.

[15] UA Berlin, Universitätskurator, Nr. 320, Bl. 13v–14r (Schmalz an der Kurator der Berliner Universität, September 1821).

als Ehre ein. Immerhin erforderte das neue, erstmals ausgeübte Amt den vollen Einsatz seines Trägers, da eine ganze Reihe von einzelnen Rechten und Pflichten, Regelungen, Kompetenzen und Zuständigkeiten erst festgelegt werden mußten. Im ganzen wird man sagen können, daß sich Schmalz' Leistungen in diesem Amt durchaus sehen lassen konnten. So gelang es ihm u. a., im provisorischen Reglement der neuen Universität die „Courfähigkeit" des Rektors durchzusetzen – also die für das Ansehen und die Bedeutung der neuen Lehranstalt keineswegs unwichtige Ehre, zu offiziellen Anlässen bei Hofe erscheinen zu dürfen.[16] Eine weitere und durchaus vernünftige Regelung, die vermutlich ebenfalls in erster Linie auf den versierten Universitätspolitiker und Verwaltungspraktiker Schmalz zurückging, legte fest, daß die Dekane der vier Fakultäten nicht – wie vom Kultusdepartement offenbar erst vorgesehen – vom Senat der Universität bestimmt, sondern von den Mitgliedern der Fakultäten gewählt werden sollten.[17]

Ernste Konflikte verursachten die Studentenverbindungen, die in Berlin von vielen Beobachtern der neuen Lehranstalt nicht gerne gesehen wurden. Der Rektor Schmalz scheint in dieser Angelegenheit zuerst eine sehr restriktive Haltung eingenommen zu haben; so verbot er zu Beginn des Sommersemesters 1811 die privaten Fechtböden, nachdem er von der Polizei über eine drastische Zunahme studentischer Duelle informiert worden war. Nachdem er allerdings von Schleiermacher und Savigny erfahren hatte, daß diese Maßnahme auf vehemente Ablehnung in der Studentschaft gestoßen sei, daß man sogar einen kollektiven Auszug aus der Stadt plane, ließ der Rektor nun zwei Fechtböden wieder zu und stellte gegen Ende seiner Amtszeit sogar einen Saal im Universitätsgebäude für diesen Zweck studentischer Betätigung zur Verfügung.[18]

Immerhin war Schmalz als erster Rector magnificus nicht bereit, seine Zustimmung zur Einrichtung einer Art von Ehrengericht der Studierenden zu geben, das dem Senat sekundieren sollte, wenn Entscheidungen über studentische Ehrenangelegenheiten anstanden. Erst nach seinem Rücktritt scheint es einige Jahre lang diese informelle Einrichtung gegeben zu haben, protegiert offenbar besonders

[16] Vgl. M. Lenz, Geschichte der königlichen Friedrich-Wilhelms-Universität zu Berlin I, S. 340; die vier Dekane, um deren „Courfähigkeit" sich Schmalz ebenfalls bemüht hatte, blieben allerdings hiervon ausgeschlossen.

[17] Vgl. ebenda, S. 398.

[18] Vgl. ebenda, S. 334 f.

von Schleiermacher und Savigny.[19] Im großen und ganzen aber plädierte Schmalz aus eher pragmatischen Gründen dafür, nicht zu streng gegen das studentische Verbindungswesen vorzugehen; in einem Votum, das Schmalz nach dem Ende seines Rektorats am 4. April 1812 in dieser Sache abgab, wies er ausdrücklich darauf hin, „daß mein 25jähriges Lehramt auf Universitäten, während dessen als Kanzler und Direktor zweier Universitäten alle Disziplinarsachen durch meine Hände gegangen sind, mich belehrt hat, es gäbe *kein* vergeblicheres Unternehmen der Universitätsobrigkeit, als durch Untersuchungen gegen Orden und Landsmannschaften diese Verbindungen zu stören“.[20]

Auch mit der Presse bekam es Schmalz während seines Rektorats zu tun; galt es doch, die in manchen Kreisen der Hauptstadt immer noch vorhandenen Vorurteile gegen die neue Universität dadurch zu widerlegen, daß man besonders streng auf ihren guten Ruf achtete. Umso unerfreulicher mußte dem Rektor daher eine – offenbar auf den Berliner Polizeipräsidenten Justus von Gruner zurückgehende – kurze Notiz in den von Heinrich von Kleist herausgegebenen „Berliner Abendblättern“ auffallen, die am 16. November 1810 meldeten, daß „eine Schlägerei zwischen Studenten und Handwerksburschen auf einem Tanzboden ... durch das Hinzukommen eines Polizei-Officianten und der Jäger-Patrouille unterdrückt“ worden sei, „bevor Jemand beschädigt worden“.[21]

[19] Dies geht aus einem Schreiben des Staatsrats Friedrich Schultz an Staatsminister von Schuckmann aus dem Jahre 1822 hervor, abgedruckt in: ebenda, Bd. IV, S. 419: „Es findet sich nicht in den Akten, daß diese Errichtung [gemeint ist das studentische „Ehrengericht“, H.-C.K.] von dem Ministerio befohlen oder genehmigt worden wäre, und der Herr Geheime Rat Schmaltz [so], den ich als damaligen ersten Rektor der Universität ersucht habe, mir darüber Aufschluß zu geben, vermutet, daß diese Genehmigung von dem Herrn Professor Schleiermacher als damaligem Mitgliede des Ministerii brevi manu sei extrahiert und der Universität mitgeteilt worden, wie solches damals öfters der Fall gewesen sei. ... nach der Äußerung des Geheimen Rats Schmaltz haben insbesondere die Herren Professor Schleiermacher und Geheime Rat von Savigny derselben eifrigst das Wort geredet; andere ... waren ebensosehr dagegen“.

[20] Abdruck ebenda, Bd. IV, S. 179; Schmalz fuhr fort: „Wo man ihnen [den Verbindungen, H.-C.K.] durch solche ohnehin durchaus vergebliche Untersuchungen nicht das Ansehen von Wichtigkeiten gibt, so werden sie den jungen Leuten bald lächerlich und hören von selbst auf. Wo man sie verfolgt, da gewinnen sie Bedeutung – und wo man sie bestraft, da reizt Mitleiden mit den Bestraften, Haß gegen die strafende Obrigkeit und der Kitzel, doch insgeheim sie fortsetzen zu können, gerade am meisten“ (ebenda).

[21] Berliner Abendblätter, Nr. 41, 16.11.1810, (Neudruck, besorgt v. HELMUT SEMBDNER, Leipzig 1925, S. 162); vgl. hierzu auch die Darstellung von R. STEIG, Heinrich von Kleist's Berliner Kämpfe, S. 313 ff.

Schmalz, der für den Ruf der Hochschule fürchtete, war entschlossen, der Sache sofort auf den Grund zu gehen. Er wandte sich deshalb am 26. November an Gruner mit der Bitte, ihm nähere Aufschlüsse über den Vorfall zu geben und ihm wenigstens einen der hieran beteiligten Studenten namhaft zu machen.[22] Der Polizeipräsident antwortete dem Rektor mit einer nochmaligen knappen Schilderung des Vorgangs, und er fügte hinzu, daß man – da niemand verletzt worden sei – „keine Verhaftung oder nähere Erörterung vorgenommen" habe und daher auch keine Namen genannt werden könnten. Doch Schmalz ließ nicht locker: Sofort fragte er nach, welche Gründe die beteiligten Polizisten eigentlich zu der Annahme veranlaßt hätten, daß an diesem Vorfall wirklich Studenten der Berliner Universität beteiligt gewesen seien. Der in die Enge getriebene Gruner mußte am 11. Dezember in seinem Antwortschreiben bekennen, daß an einem *vorhergegangenen* Streit ein Student namens von Dittmar beteiligt gewesen sei; im übrigen riet er jetzt dringend, die Sache doch auf sich beruhen zu lassen.[23]

Der Polizeipräsident hatte nicht mit der Zähigkeit des Rektors gerechnet: Schon am 13. Dezember meldete sich Schmalz mit einem neuen Schreiben bei Gruner: Bei dem genannten von Dittmar handele es sich nicht um einen an der Friedrich-Wilhelms-Universität immatrikulierten Studenten, aus diesem Grund seien immer noch erhebliche Zweifel am Wahrheitsgehalt der Notiz in den „Abendblättern" angebracht: „Euer Hochwohlgeboren", so Schmalz weiter, „werden auch gewiß ohne weitere Versicherung sich von selbst überzeugen, wie unangenehm dergleichen Artikel in öffentlichen Blättern der gesitteten Mehrzahl der Studenten sein müssen, auf deren Rechnung überhaupt manche junge Leute ihre Streiche verüben mögen. Gerade dies scheint bei jener Schlägerei der Fall gewesen zu. Melden sich nun, wie es denn bei dieser Gelegenheit geschehen ist, Studierende bei mir, und klagen über dergleichen Prostitutionen ihres Standes, so muß ich wünschen, entweder, sie überführen zu können, daß das Factum wahr sei, oder, wo ich dazu nicht in den Stand gesetzt bin, daß auf demselben Wege, als eine solche nichtbegründete Nachricht ins Publicum gekommen, eine berichtigende Erklärung deshalb erfolge. Der Geist der Ambition unter den Studirenden, welcher sie selbst zu diesem Wun-

[22] Vgl. R. Steig, Heinrich von Kleist's Berliner Kämpfe, S. 314 f.
[23] Ebenda, S. 315.

sche leitet, ist wichtig für die Disciplin, und ich wünsche sehr, daß er bleiben möge, zu gutem Erfolg für dieselbe".[24]

Dem Ansinnen von Schmalz, die Redaktion der „Abendblätter" zu einer Gegendarstellung zu veranlassen, verschloß sich Gruner indes; er fand sich nur zu der Zusicherung bereit, „in Zukunft die öffentliche Bekanntmachung von ähnlichen Vorfällen, welche keine ernsthaften Folgen gehabt hätten, nach seinen Kräften zu verhindern".[25] Damit gab sich der Rektor aber keinesfalls zufrieden; er wandte sich nun im Namen des akademischen Senats der Friedrich-Wilhelms-Universität an die vorgesetzte Behörde Gruners, das Innenministerium, schilderte den ganzen Vorgang sowie den Briefwechsel mit Gruner und fügte dann hinzu, es könne den Studierenden „nicht verdacht werden ..., darauf zu halten, daß nicht unerwiesene, ihnen nachtheilige Vorfälle, auf *halbofficiellem* Wege, in ein gelesenes, vielleicht unter die Augen Sr. Majestät des Königs kommendes Blatt zur allgemeinen Wissenschaft gebracht"[26] würden. Rektor und Senat baten nun das Ministerium, Gruner offiziell anzuweisen, für den Abdruck eines – von Schmalz bereits vorformulierten – Widerrufs in den „Abendblättern" zu sorgen.

Schmalz siegte auf der ganzen Linie, denn der für die Polizei zuständige Staatsrat Johann August Sack entschied im Sinne der Universität: Gruner erhielt die Anweisung, per Verordnung den entsprechenden Text in die „Abendblätter" einrücken zu lassen, und am 1. Februar 1811 erhielt der verantwortliche Redakteur Heinrich von Kleist einen Brief von Schmalz, in dem dieser ihn aufforderte, eine „Erklärung" der Universität „den Abendblättern einzuverleiben, und ein Exemplar, worin der Abdruck geschehen, nachrichtlich dem Unterzeichneten zuzusenden".[27] Kleist tat, wie ihm geheißen, und schon am 4. Februar 1811 konnten die Leser der Zeitung lesen, daß die in Nr. 41 des vergangenen Jahres enthaltene Nachricht, Berliner Studenten seien an einer Schlägerei beteiligt gewesen, schlichtweg „falsch" sei. Im übrigen sei es die Pflicht der Universitätsleitung, „solchen Gerüchten möglichst zu begegnen, welche nur dazu führen, die gesittete

[24] Nach dem Abdruck des Schreibens ebenda, S. 316; Schmalz fügte an, der Präsident würde „mich vorzüglich verbinden, wenn Sie künftig unnachsichtig bei solchen Vorfällen zu verfahren die Güte haben" (ebenda).

[25] Ebenda, S. 317.

[26] Nach dem Abdruck ebenda, S. 317 f.

[27] Heinrich von Kleist, Sämtliche Werke und Briefe, hrsg. v. Helmut Sembdner, Bd. II, München 1987, S. 851 (Schmalz an Heinrich von Kleist, Berlin, 1.2.1811).

Mehrzahl der Studierenden herabzusetzen, und sie derjenigen Achtung zu berauben, welche ihnen eine freundliche Aufnahme in den gebildeten Zirkeln Berlins sichert".[28]

Allerdings geriet Schmalz – und zwar mehr als einmal – auch mit seiner vorgesetzten Behörde in Konflikt. Ärger gab es zunächst wegen der vom ersten Rektor ausgesprochen liberal gehandhabten Zulassung zur Universität. Schon in seiner ersten Denkschrift zur Universitätsgründung hatte sich Schmalz bekanntlich für einen möglichst freien und ungehinderten Zugang zur Lehranstalt ausgesprochen,[29] und es scheint, daß er bestrebt gewesen ist, diese Auffassung auch als Rektor in die Wirklichkeit umzusetzen.[30] Obwohl nach einer Verfügung der Kultussektion vom 17. Oktober 1810 alle Personen, die in dienstlichen oder gewerblichen Verhältnissen standen, vom Studium ausgeschlossen sein sollten – nicht zuletzt wegen des Problems der als Privileg geltenden Zugehörigkeit zur akademischen Gerichtsbarkeit –, hatte Schmalz die Einschreibung einzelner Zivilbeamter und frühpensionierter Offiziere, die sich auf einen Zivilberuf vorbereiten wollten, ebenso genehmigt, wie er den ehemaligen Studenten der Berliner Fachhochschulen, insbesondere des Collegium medico-chirurgium, die Zulassung zur neuen Universität gestattete. Als man den Rektor schließlich zur Rede stellte, verteidigte sich dieser mit dem Argument, auch im Bereich der akademischen Ausbildung müßten sich unter den gegebenen Bedingungen der Gewerbefreiheit die Prinzipien der freien Konkurrenz durchsetzen.[31]

Der Kultussektion leuchtete dies allerdings in keiner Weise ein. Schmalz wurde aufgefordert, alle Personen, die entgegen den Anweisungen der Sektion immatrikuliert worden waren, sofort vorzuladen

[28] Berliner Abendblätter, Nr. 29, 4.2.1811 (Nachdruck, S. 116); vgl. auch R. Steig, Heinrich von Kleist's Berliner Kämpfe, S. 322 ff.

[29] Vgl. die entsprechenden Bemerkungen der ersten Denkschrift von Schmalz, in: R. Köpke, Die Gründung der Königlichen Friedrich-Wilhelms-Universität zu Berlin, S. 161; siehe auch oben § 6 b).

[30] Vgl. dazu R. Köpke, Die Gründung der Königlichen Friedrich-Wilhelms-Universität zu Berlin, S. 96; M. Lenz, Geschichte der königlichen Friedrich-Wilhelms-Universität zu Berlin I, S. 319 ff.

[31] In seiner Antwort an die Kultusbehörde bemerkte Schmalz u. a., nach dem Teildruck in M. Lenz, Geschichte der königlichen Friedrich-Wilhelms-Universität zu Berlin I, S. 320: „Ich fürchte ... keineswegs, daß die Absicht einer hochpreislichen Sektion sein könne, den Übertritt eines Chirurgen zur Universität erst von der Einwilligung höherer Behörden abhängig zu machen, da bei der allgemeinen Freiheit aller Gewerbe die Freiheit der Geistesbildung gewiß nicht von ihr beschränkt werden wird".

und ihnen die Matrikeln wieder abzunehmen. Als Schmalz sich immerhin darauf berief, daß er bis zum 17. Oktober ohne Instruktionen der vorgesetzten Behörde gewesen sei, deshalb nach gutem Gewissen und langjähriger akademischer Erfahrung habe handeln müssen, wies er die Anordung, die in der Öffentlichkeit als eine persönliche „Entehrung" seiner Person erscheinen müsse, strikt zurück; man einigte sich nun dahingehend, daß, „um Aufsehen und Weitläufigkeiten zu vermeiden, ... die schon ausgestellten Matrikeln nicht zurückgefordert, aber darauf vermerkt werde, daß die Besitzer keinen Anteil an den Vorrechten des akademischen Gerichtsstandes haben dürften".[32] Im übrigen aber sei, daran hielt man fest, das bisher angewandte Verfahren des Rektors „gegen den Geist der Constitution der Universität, sie dürfe nicht der Gefahr ausgesetzt werden, der Unwissenheit trügliche Beweise in die Hand zu geben".[33]

Schmalz fügte sich – nicht ohne am 10. Dezember 1810 noch einmal mit einem ausführlichen Schreiben für eine deutlich liberalere Handhabung der Immatrikulationsbestimmungen zu plädieren – u. a. mit dem Argument, in Göttingen und Leipzig seien sogar Handwerksgesellen immatrikuliert worden.[34] Er wurde, wie es scheint, keiner weiteren Antwort mehr gewürdigt. Erst nach dem Ende seines Rektorats führte man in Berlin eine Aufnahmeprüfung für diejenigen unter

[32] Ebenda, S. 321.

[33] R. Köpke, Die Gründung der Königlichen Friedrich-Wilhelms-Universität zu Berlin, S. 96.

[34] Vgl. den Auszug in M. Lenz, Geschichte der königlichen Friedrich-Wilhelms-Universität zu Berlin I, S. 322, Anm. 1: Nachdem Schmalz auf das Beispiel der anderen deutschen Universitäten hingewiesen hatte, wo jeder Unbescholtene, dem man ein Studium zutraue, auch immatrikuliert werde, fuhr er fort: „Für Göttingen und Leipzig hat dies auch überhaupt keinen Nachteil gehabt und das Streben jener Universitäten zu dem Höchsten und Edelsten der Wissenschaft nie zurückgehalten, obwohl sie selbst Handwerker immatrikuliert haben und so der Schneidergeselle Jung und der Leineweber geselle Wunsch studiert haben. Wirklich, wenn auch Leute dieser Art die ungeheuren Schwierigkeiten ihrer Lage als Studenten übernehmen, so muß es ihnen in der Regel ernst mit den Wissenschaften sein. Eben diese Schwierigkeiten werden die übrigen ohnehin abschrecken". Der preußischen Tendenz, ein Reifezeugnis zur Zugangsbedingung zu machen, trat Schmalz (so die weitere Zusammenfassung seines Schreibens durch Lenz) mit Entschiedenheit entgegen: „Seit 22 Jahren sei er Zeuge des Unsegens, welchen das unselige Zeugnis der Reife anrichten könne. Gerade als Lehrer des Rechts habe er beobachten können, daß die historischen und philologischen Studien seitdem sehr zurückgegangen wären, weil die jungen Leute allen Ermahnungen zum Trotz den Besuch solcher Vorlesungen für unnötig hielten, da ihr Zeugnis der Reife ja bekunde, wie hinlänglich sie dergleichen getrieben ... gute Lehrer würden mehr wirken als jedes Examen, und das Beispiel anderer Länder zeige, daß eine Prüfung nicht die Hauptsache sei und es ebensogut ohne sie gehe" (ebenda).

den angehenden Studenten ein, die von Privatlehrern oder in Privatschulen unterrichtet worden waren und daher kein Abgangszeugnis einer staatlichen Schule aufzuweisen hatten.[35]

Am Beginn des Jahres 1811 schloß sich sogleich gleich ein weiterer, noch ernsterer Konflikt des Gründungsrektors mit der vorgesetzten Behörde – dem jetzt von Schuckmann geleiteten Kultusdepartement – an. Es ging um eine an und für sich eher untergeordnete Frage, die Festlegung und Bekanntmachung neuer Termine für das Ende des gegenwärtigen und den Beginn des folgenden Semesters, doch sollte sich der Streit recht bald schon zu einem zeitweise mit großer Erbitterung geführten Machtkampf zwischen dem Departement einerseits und dem Rektor bzw. dem Senat der Friedrich-Wilhelms-Universität andererseits ausweiten.[36] Ausgangspunkt war die Tatsache, daß die Lehrveranstaltungen des ersten Semesters auf Verfügung des Departements erst siebzehn Tage später als vorgesehen hatten beginnen können. Durch das erst Anfang Januar bekanntgegebene vorläufige Reglement für die neue Hochschule erfuhren die Professoren, daß das laufende Semester bereits am 22. März enden solle; als offizieller Schluß war der 15. März vorgesehen. Darauf war jedoch niemand vorbereitet – und daß man, so Max Lenz, „aber seine Lektionen etwa schließen könnte, ohne sie wirklich zu Ende geführt zu haben, war unseren Vorfahren offenbar ein unfaßlicher Gedanke".[37]

Am 12. Februar 1811 wurde die Universität vom Departement offiziell aufgefordert, die Termine für das kommende Semester festzusetzen; schon am folgenden Tag trat der Senat zusammen und beschloß, das Semester aus den genannten Gründen erst am 8. April enden zu lassen, das Sommersemester aber, da man der kurzen Semesterferien nicht verlustig gehen wollte, erst am 22. April beginnen zu lassen. Der Rektor scheint nun etwas voreilig gehandelt zu haben, denn obwohl es sich um eine Maßnahme handelte, die in ausdrücklichem Widerspruch zum eben erst ausgegebenen provisorischen Universitätsreglement stand, ließ er diesen Senatsbeschluß vom Departement nicht bestätigen, sondern machte der vorgesetzten Be-

[35] Vgl. ebenda, Bd. I, S. 406 f.

[36] Vgl. hierzu und zum folgenden die Darstellungen bei R. Köpke, Die Gründung der Königlichen Friedrich-Wilhelms-Universität zu Berlin, S. 102 f.; M. Lenz, Geschichte der königlichen Friedrich-Wilhelms-Universität zu Berlin I, S. 323 ff.

[37] M. Lenz, Geschichte der königlichen Friedrich-Wilhelms-Universität zu Berlin I, S. 323.

hörde nur davon Mitteilung; bereits am 19. Februar ließ Schmalz eine entsprechende Notiz in die Berliner Zeitungen einrücken.[38]

Es scheint sich so verhalten zu haben, daß Schmalz, nachdem in den Tagen nach dem 13. Februar kein Widerspruch seitens des Departements erfolgte, dafür aber am 16. die nochmalige Aufforderung eintraf, nun umgehend die neuen Semestertermine bekannt zu machen, vom Einverständnis der Behörde ausgegangen ist. Nach der Publikation der Termine am 19. wartete der neue Departementschef Schuckmann indes noch einmal drei Tage, bevor am 22. in der Universität zwei Verfügungen eingingen, „deren eine den Widerruf der Anzeige und die Festsetzung des Kolleganfangs auf den 22. März anbefahl, während die andere anordnete, daß der Senat bis zum Ablauf dieses Rektorates nichts durch die öffentlichen Blätter bekannt machen solle, ohne die Autorisation des Departements einzuholen".[39] Das waren zwei schallende Ohrfeigen für Schmalz, der denn auch sofort Einspruch erhob und – unter Beifügung des entsprechenden Senatsprotokolls – um eine nähere Untersuchung der Angelegenheit bat. Schuckmann ging darauf nicht ein, sondern belegte durch ein neues Reskript den Rektor am 1. März mit einer Ordnungsstrafe von 10 Talern, die er – so wörtlich – „sofort zu entrichten, wie auch die Insertionsgebühren jener Anzeige zu tragen habe".[40]

Für Schmalz war nun allerdings die Schmerzgrenze überschritten: Am 3. März schrieb er an Schuckmann, daß er sein Amt werde niederlegen müssen, wenn das Departement darauf bestehe, ihm nicht nur die erbetene Untersuchung der Angelegenheit zu verwei-

[38] Das Senatsprotokoll, das Lenz noch einsehen konnte, läßt freilich nicht den Vorwurf zu, Schmalz habe entgegen den ausdrücklichen Anweisungen des Senats gehandelt. Ob die entsprechenden Passagen des Protokolls nun, wie Lenz meint, dadurch zu erklären sind, daß der Protokollant „unter der Inspiration des Rektors geschrieben haben mag" (ebenda, S. 324), dürfte nicht mehr zu klären sein.

[39] So Max Lenz, ebenda, S. 324, der für seine Darstellung noch auf die (im Zweiten Weltkrieg vernichteten) frühen Rektoratsakten zurückgreifen konnte!

[40] GStA PK I. HA, Rep. 74, L V (Brandenburg), Nr. 1, Bd. I, Bl. 82r–82v (Schuckmann an Schmalz, 1.3.1811); die Begründung für dieses harsche Vorgehen bestand in der Feststellung, daß Schmalz „nicht nur seine obere Behörde vernachlässigt, sondern auch dem Beschluß des akademischen Senates entgegen eigenmächtig gehandelt habe, da dieser, wie aus dem Protokoll deutlich hervorgehe, zwar auf die Anzeige des vorgeschlagenen reglementswidrigen Anfanges der Sommervorlesungen beim Departement anzutragen beschlossen, dem Herrn Rektor aber nicht die geringste Veranlassung gegeben habe, den vorgeschlagenen Termin sofort durch die öffentlichen Blätter bekanntzumachen" (M. Lenz, Geschichte der königlichen Friedrich-Wilhelms-Universität zu Berlin I, S. 324 f.).

gern, sondern darüber hinaus auch noch die Anordnung aufrecht erhalte, für die Dauer seines Rektorats „nichts ohne Genehmigung in öffentliche Blätter einrücken" zu lassen: „Es steht die Ehre und das Glück meines Lebens auf dem Spiele".[41] Schuckmann antwortete ihm noch am gleichen Tag: Die Rechtslage – keine offiziellen Zeitungspublikationen der Universität ohne vorherige Zensur und Genehmigung durch das Departement – sei so klar, daß sie keiner erneuten Erörterung oder gar Untersuchung bedürfe. Im übrigen habe Schmalz keinen Grund, seine „Ehre dadurch für verletzt zu erklären. Man kann sich übereilen und doch ein Mann von vollkommen unbescholtener Ehre sein. Man kann sich selbst aus guter Absicht, mit welcher die Ehre vollkommen einverstanden ist, übereilen". Nichtsdestoweniger habe Schmalz gegen ein geltendes „Königliche[s] Gesetz" verstoßen, und dies müsse geahndet werden, denn das Departement sei „verpflichtet, die Disziplin nach den Königlichen Verordnungen aufrecht zu erhalten, und besonders gegen den Herrn Rektor, der selbst der Aufseher und Vollstrecker derselben sein soll".[42]

Damit ließ sich Schmalz jedoch keinesfalls abspeisen; er wandte sich nun an den Staatskanzler persönlich: Am 5. März 1811 sandte er an Hardenberg einen ausführlichen Bericht, der eine Darstellung der Angelegenheit aus seiner Sicht enthielt. In einem Begleitschreiben erläuterte er die Gründe für seine „Beschwerde über das Departement des Cultus und öffentlichen Unterrichts"; es hieß darin: „Ich fürchte nur, daß ein Mann, von dem hohen Ehrgefühl Ew. Excellenz, mir vorwerfen würde, daß ich nicht sogleich meine Entlassung gefordert habe. Das habe ich aber nicht gethan, um ein der Universität im ersten Beginnen sehr nachtheiliges Aufsehen in Deutschland zu vermeiden; und dann in dem festen Vertrauen, Ew. Excellenz, die jeden Untergebenen mit der höchsten Humanität behandeln, werden nicht zugeben, daß ein Gelehrter und Geschäftsmann, der 22 Jahre dem Staate ohne Vorwurf, ja mit ausgezeichneten Belobungen seiner Vorgesetzten allen [sic], gedient hat, ehrenrührig itzt oder in Zukunft behandelt werde; wogegen ich heilig gelobe, daß die folgende Zeit meiner Dienste, wie die bisherige, meinen Pflichten mit hohem Ernste und Eifer

[41] Nach dem Abdruck des Briefes in: M. Lenz, Geschichte der königlichen Friedrich-Wilhelms-Universität zu Berlin IV, S. 131.

[42] Abgedruckt ebenda, S. 131f.; die Zitate S. 132; immerhin versicherte Schuckmann Schmalz seiner „Überzeugung von Ihrer Ehrliebe und Rechtlichkeit" und seiner „darauf gegründete[n] Achtung" (ebenda).

gewidmet seyn werde".[43] Und die offizielle Eingabe an den Kanzler endete mit der „gewiss[en] ... Hoffnung ...: daß die auf mein Rektorat bstimmte, also meine Ehre kränkende Beschränkung des Senats gewiß aufgehoben werde".[44]

Damit nicht genug: Schmalz hatte auch noch seinen inzwischen sehr einflußreichen Schwager Scharnhorst eingeschaltet, der sich in einer kurzen Eingabe an Hardenberg für seinen alten Freund einsetzte, indem er u. a. darauf hinwies, daß Schmalz immer wieder lockende Angebote von auswärts ausgeschlagen habe, da er „nur preußischer Unterthan [habe] bleiben" wollen; zudem sei sein Schwager, so Scharnhorst weiter, „Rector der Universität, weil andre nicht diese unangenehme Stelle übernehmen wollten oder sich getrauten, sie zu führen [sic]"; das Schreiben schloß: „Er [Schmalz, H.-C.K.] mag seine Fehler haben, die ich nicht kenne – Seine Anhänglichkeit an König und Staat und seine unverkenbare [sic] vorzügliche Geschicklichkeit als Lehrer, ist nicht anerkannt, sondern verkannt".[45]

Hardenberg ließ den Bericht von Schmalz am 10. März an das Departement mit der Aufforderung „zur *schleunigen* gutachtlichen Äußerung"[46] weiterleiten. Schon am folgenden Tag antwortete Schuckmann mit einer Darlegung des Falles aus der Sicht der obersten Kultusbehörde; die gegen Schmalz ergriffene Maßnahme sei, heißt es darin, „in diesem ersten Falle, wo die Anmaßung geahndet worden, unumgänglich notwendig, wenn nicht die Disziplin des Departements über die Universität vernichtet werden soll".[47] Der Staatskanzler mußte also einen Kompromiß suchen, der einerseits die Staatsautorität nicht in Frage stellte, andererseits aber einen Rücktritt des ersten Rektors – der in ganz Deutschland ein der preußischen Regierung nicht sehr erwünschtes Aufsehen erregt hätte – auf jeden Fall verhinderte. Er kam zu dem Entschluß, sich in der Sache selbst auf den Standpunkt Schuckmanns zu stellen und darauf zu beharren, daß

[43] GStA PK, I. HA, Rep. 74, L V (Brandenburg), Nr. 1, Bd. I, Bl. 76r–76v; mit kleinen Varianten zitiert auch in M. Lenz, Geschichte der königlichen Friedrich-Wilhelms-Universität zu Berlin I, S. 325 f.

[44] GStA PK, I. HA, Rep. 74, L V (Brandenburg), Nr. 1, Bd. I, Bl. 77r -79v, hier Bl. 79v.

[45] Ebenda, Bl. 117r–117v; vgl. auch M. Lenz, Geschichte der königlichen Friedrich-Wilhelms-Universität zu Berlin I, S. 326.

[46] So die Aufschrift auf dem Dokument, GStA PK, I. HA, Rep. 74, L V (Brandenburg), Nr. 1, Bd. I, Bl. 77r.

[47] Zitiert nach dem Teildruck in M. Lenz, Geschichte der königlichen Friedrich-Wilhelms-Universität zu Berlin I, S. 326.

offizielle Zeitungspublikationen im Namen der Universität genehmigungspflichtig seien, andererseits aber schlug er die gegen Schmalz verhängte Ordnungsstrafe des Departements nieder und versicherte den Rektor seiner Hochachtung; er schloß sein Schreiben an Schmalz vom 17. März mit den Worten: „Ich hoffe, daß diese Mißverständnisse nicht zu dem Gefühl einer Zurücksetzung führen, sondern dazu dienen werden, um die Grenzen der Befugnisse schärfer zu bestimmen, ohne Ew. p. p. in Ihrer löblichen Tätigkeit zu beschränken“.[48]

Das war nicht die Rehabilitierung, die Schmalz erwartet hatte; am 24. März ging ein Schreiben an Schuckmann ab, in dem er darum bat, das „hochpreisliche Departement wolle so schleunig als möglich und noch vor Anfang der neuen Vorlesungen bey des Königs Majestät mir die Entlassung vom Rectorate hochgeneigt bewirken“. Als Begründung führte er an: da die am 22. Februar gegen die Universität ergangene Verfügung, *„so lange ich Rector wäre* – in Zeitungen ohne besondere Genehmigung nichts bekannt zu machen“, die Handlungsfreiheit der Hochschule einschränke, halte er es „für meine Pflicht gegen die Universität, den Senat so bald als möglich von dieser Beschränkung zu befreyen“.[49] Am folgenden Tag wurde er in einem Brief an Hardenberg, dem er sein Rücktrittsgesuch umgehend anzeigte, noch deutlicher: „Da ... diese Beschränkung für keinen meiner Nachfolger gelten soll: so bin ich dadurch nothwendig unter meinen Collegen auf eine höchst kränkende Weise ausgezeichnet, und in den Augen meiner Untergebenen herabgewürdigt“.[50] Seine Amtsgeschäfte hatte er vorher bereits niedergelegt; gleichzeitig war von ihm der Dekan der Philosophischen Fakultät, Fichte, beauftragt worden, ihn im Senat zu vertreten.[51]

Obwohl sich der Senat auf den ersten Blick auf die Seite des von den vorgesetzten Behörden desavouierten Rektors zu stellen schien, indem er diesem „in einem warm gehaltenen Schreiben“ seine Teilnahme aussprach und ihn einlud, „wie bisher im Senat zu erscheinen“,[52] scheint es doch in der zweiten Märzhälfte eine langsame Absetzbewegung vom Anliegen des Rektors gegeben zu haben. Zwar erging am

[48] Teildruck ebenda, S. 327.

[49] GStA PK, I. HA, Rep. 76 Va, Sek. 2, Tit. III, Nr. 1, Bd. I, Bl. 1r.

[50] GStA PK, I. HA, Rep. 74 L V (Brandenburg), NR. 1, Bd. I, Bl. 94v (Schmalz an Hardenberg, 25.3.1811).

[51] Vgl. M. Lenz, Geschichte der königlichen Friedrich-Wilhelms-Universität zu Berlin I, S. 327.

[52] Ebenda, S. 327 f.

26. März noch einmal eine lange Eingabe an das Departement, in der man wiederum um die Aufhebung der demütigenden Zensurverordnung bat, doch man scheint sich nun vorsichtig vom Vorgehen des Rektors distanziert zu haben – wohl, um auf diese Weise der vorgesetzten Behörde Kompromißbereitschaft zu signalisieren; hierbei scheint Schleiermacher eine Mittlerrolle gespielt zu haben.[53]

Immerhin konnte Schuckmann nicht an einem Rücktritt von Schmalz interessiert sein: An Hardenberg schrieb er am 28. März, daß Schmalz im Interesse des Ansehens der gerade eben erst gegründeten Universität unbedingt von einer „übereilten Handlung" abgehalten werden müsse, da „die jetzt verfügte Demission um so mehr ein sehr unangenehmes Aufsehn im In- und Auslande erregen würde"; er bat den Staatskanzler darum, die Demission des Rektors „nicht zu bewilligen".[54] Hardenberg ließ sich noch einmal zwei Wochen Zeit, bevor er sich an Schmalz wandte; in seinem Brief vom 10. April hieß es: „Da Ew. Hochwohlgebohren Gesuch um Entlassung vom Rectorat der hiesigen Universität sich hauptsächlich auf eine über die Censur-Freyheit ergangene Verfügung des Departements für den Cultus bezieht, über jene Censur-Freyheit der Universitaet aber in diesen Tagen eine allgemeine Königl. Entscheidung ... erfolgen wird, so glaube ich Sie auf diese bevorstehende Entscheidung verweisen und annehmen zu müssen, daß der Grund Ihres Entlassungs-Gesuches damit gehoben sein wird".[55] In der Tat stand eine solche – für die Professoren der Berliner Universität allerdings wenig erfreuliche – Entscheidung kurz bevor,[56] und man nutzte diese Gelegenheit, um für Schmalz gewissermaßen eine goldene Brücke zu bauen, die er denn auch bereitwillig beschritt. Bereits am 4. April hatte er wieder an einer Senatssitzung teilgenommen,[57] und eine Gehaltserhöhung wurde ihm kurz darauf ebenfalls bewilligt.[58]

[53] Dies geht aus einem Brief von Schmalz an Schleiermacher (datiert vom 18.3.1811) hervor, den LENZ, ebenda, S. 330, auszugsweise abdruckt.

[54] GStA PK, I. HA, Rep. 76 Va, Sek. 2, Tit. III, Nr. 1, Bd. I, Bl. 2r–2v; vgl. ebenda, Rep. 74 L V (Brandenburg), Nr. 1, Bd. I, Bl. 96r–96v.

[55] GStA PK, I. HA, Rep. 76 Va, Sek. 2, Tit. III, Nr. 1, Bd. I, Bl. 4r (Hardenberg an Schmalz, 10.4.1811); vgl. auch M. Lenz, Geschichte der königlichen Friedrich-Wilhelms-Universität zu Berlin I, S. 333.

[56] Dazu unten § 7 c).

[57] Vgl. M. LENZ, Geschichte der königlichen Friedrich-Wilhelms-Universität zu Berlin I, S. 333.

[58] Dazu unten § 7 b).

Das erste Rektorat der Friedrich-Wilhelms-Universität endete versöhnlich. Nachdem – unter einigen Schwierigkeiten – am 17. Juli 1811 Johann Gottlieb Fichte zum neuen Rektor gewählt worden war,[59] hielt Schmalz als der scheidende Inhaber dieses Amtes am 3. August 1811 die Festrede zum Geburtstag des Stifters der Universität, also des Königs; dies war tatsächlich der erste Akt, „in dem die Universität als Körperschaft öffentlich erschien".[60] Die Rede – sie war dem jetzt wahrlich aktuellen Thema des Verhältnisses von Staat und Wissenschaft gewidmet[61] – zeigte noch einmal die unbestreitbare Eloquenz des ersten Rektors, der es zudem durchaus verstand, neben den bei einem solchen Anlaß unvermeidbaren Lobeshymnen auf Staat und König, ein anspruchsvolles Thema knapp zu entwickeln und auf den Begriff zu bringen.

Es fällt gleich zu Anfang auf, daß Schmalz bemüht ist, einen mittleren – in mancher Hinsicht vermittelnden – Standort zwischen einem radikalen Idealismus einerseits und einem hergebracht nüchtern-aufklärerischen Nützlichkeitsdenken andererseits zu entwickeln. Wissenschaft sei „Streben des Geistes" und daher keinesfalls ausschließlich nach „dem Nutzen" zu würdigen, „den sie unmittelbar für das gemeine Leben hat".[62] Trotzdem erkenne der, „wer der Wissenschaft Wesen ahndet, ... daß sie gleichwohl nicht das höchste Ziel der Menschen selbst, sondern nur ihr edelstes Ziel im Irdischen sey". Ihr eigentlicher Wert liege darin, daß sie „den Geist entwickelt, und seine Kräfte aufregt und übt, auf daß er überall zu wirken vermöge, was die Pflicht gebietet, oder die Idee erheischt" – daß sie also dem Menschen hilft, sich selbst und sein Handeln zur „Cultur" zu veredeln.[63]

Diese Mittelstellung zwischen pragmatischer und idealistischer Auffassung zeigt sich auch in seiner Bestimmung des Staates, den er

[59] Vgl. die ausführliche Schilderung bei M. Lenz, Geschichte der königlichen Friedrich-Wilhelms-Universität zu Berlin I, S. 397 ff.

[60] R. Köpke, Die Gründung der Königlichen Friedrich-Wilhelms-Universität zu Berlin, S. 105.

[61] Rede als am Geburtsfeste des Königs 3. August 1811 die Königliche Universität sich zum ersten Male öffentlich versammlete [sic], Berlin 1811; vgl. auch R. Köpke, Die Gründung der Königlichen Friedrich-Wilhelms-Universität zu Berlin, S. 105 f.; L. Geiger, Berlin 1699–1840. Geschichte des geistigen Lebens der preußischen Hauptstadt II, S. 299f; M. Lenz, Geschichte der königlichen Friedrich-Wilhelms-Universität zu Berlin I, S. 401 f.

[62] Rede als am Geburtsfeste des Königs 3. August 1811 die Königliche Universität sich zum ersten Male öffentlich versammlete, S. 12 f.

[63] Die Zitate ebenda, S. 13 f., 11.

– den Grundsätzen seiner Staatstheorie gemäß[64] – gegen jeden Versuch einer philosophischen Überhöhung in Schutz zu nehmen bemüht ist: Im Gegensatz zu „einige[n] mit laut gerühmtem Glanze höheren Ansichten der Dinge und erhabnerer Philosophie", die den Staat „als die gesammte Menschheit und alles ihr Interesse umfassend" definieren wollten, plädiert Schmalz für ein konkretes Bild vom Staat, der eben keine „Idee aus der Vernunft an sich gebohren" sei, daher keine „Weltbürgerschaft" in sich enthalte, sondern nicht mehr und nicht weniger als ein „Begriff ... aus Erfahrung gesammlet"[65] angesehen werden müsse.[66] Und Zweck des Staates sei weder die „Entwickelung der Menschheit", noch der künftig herzustellende „Universal-Staat", sondern Freiheit durch Sicherheit: „der Staat ... gewähre Freiheit durch gerechte Fürsten".[67]

Nicht dem Menschengeschlecht im ganzen, sondern jedem einzelnen Menschen habe Gott „nicht für die Zeit der Erde, sondern für die Ewigkeit des Himmels ... das große letzte Ziel gesetzt, ... seiner Vollkommenheit näher zu streben". Insofern gleichen sich, so Schmalz, Staat und Wissenschaft darin, daß sie „ihr eigenthümliches Ziel nicht unmittelbar in dem Höchsten" haben, beide aber „ihre hohe Würde dadurch [erhalten], daß sie den Abglanz desselben auf das Irdische zurückstrahlen". In einer „mächtige[n] Wechselwirkung" sollen sich beide gegenseitig stützen und fördern: So wenig es das Ziel der Wissenschaft sein kann, staatliche Zwecke unmittelbar zu befördern, so wenig ist der Staat nur zur Förderung der Wissenschaften da. Andererseits ist jeder Staat auf die „Früchte" der Wissenschaften angewiesen, so wie die Wissenschaften ihrerseits ohne staatliche „Pflege" sich kaum angemessen zu entfalten imstande wären.[68]

Schmalz unterließ es freilich nicht, die anwesenden Studenten darüber zu belehren, daß die zentrale Ursache der gegenwärtigen Krise gerade in einem mangelnden Idealismus liege und daher als Resultat von „Erschlaffung" und „beschränkter Politik" aus „Selbst-

[64] Dazu siehe unten Kap. V §§ 15–21.

[65] Die Zitate: Rede als am Geburtsfeste des Königs 3. August 1811 die Königliche Universität sich zum ersten Male öffentlich versammlete, S. 14 f.

[66] Vgl. auch ebenda, S. 16: „Weltbürgerschaft – die ein höheres seyn soll, als Vaterlandstreue? Wer die gesammte Menschheit zu lieben vorgiebt, und nicht am Vaterlande hängt, der ist ein Lügner. Denn wer das Vaterland nicht liebt, wie kann der die Menschheit lieben, die er nicht sieht".

[67] Die Zitate ebenda, S. 16, 19 f..

[68] Die Zitate ebenda, S. 20 ff.

sucht" anzusehen sei.[69] Das eigentliche Anliegen der Festrede, die mit der Bitte um den „Segen des Himmels" für König, Vaterland, Stadt und Universität schloß,[70] liegt also nicht ausschließlich, wie Rudolf Köpke meinte, im Ausdruck der „Besorgnisse vor dem politischen Idealismus"[71] – wenngleich die Spitzen gegen einige Ideen seines Nachfolgers Fichte nicht zu übersehen sind –, sondern in dem Versuch, einem nüchternen, wirklichkeitsbezogenen Idealismus das Wort zu reden: Zwischen Universalstaats- und Menschheitspathos einerseits und einem krass egoistischen Nützlichkeitsdenken andererseits sollte die richtige Mitte gefunden werden.

b) Wissenschaft und Universitätsgeschäfte

Am 19. Oktober 1811 übergab Schmalz, so ein zeitgenössischer Zeitungsbericht, „im großen Hörsaale des Universitäts-Gebäudes ... mittelst einer kurzen Rede seinem Nachfolger das Rectorat, worauf dieser das Wort nahm, um darzuthun, daß nirgends die akademische Freiheit der Studirenden mehr gesichert sey, denn auf der hiesigen Universität".[72] Doch so schnell, wie er vermutlich gehofft haben mag, kam Schmalz von den Universitätsgeschäften nicht los, denn das Rektorat seines Nachfolgers Fichte sollte sich noch weit turbulenter gestalten als das eigene. Dem Philosophen sollte seine strikte Abneigung gegen den „Pennalismus", also gegen das „Unwesen" studentischen Verbindungstreibens und studentischer Händelsucht, zum Verhängnis werden. Ein an und für sich eher banaler Studentenstreit sollte sich – nicht ohne Fichtes Schuld – zu ersten schweren Krise der jungen Friedrich-Wilhelms-Universität ausweiten.

[69] Siehe die gleich in mehrfacher Hinsicht aufschlußreiche Äußerung ebenda, S. 31f.: „Ihre Jünglingsjahre haben die Erschlaffung des Zeitalters gesehen und das Verderben, das sie herbeigeführt. Ihr beginnendes Mannesalter vergesse nie, daß diese Erschlaffung nur daher entstand, daß die Menschen sich der Herrschaft der Ideen entzogen, daher, daß statt der Wissenschaft eine beschränkte Praktik gesucht, daher, daß das Hochgefühl für das Vaterland gegen Selbstsucht vertauscht wurde, unfähig ihre kleinen Interesse[n] dem großen des Staats zu opfern; daher endlich, daß eine unselige Sinnlichkeit unter Namen und Schein der Aufklärung das Heiligthum der Religion zerstöhrte, um in den Genüssen des Eiteln Stärke und Muth zu vergeuden.".

[70] Vgl. ebenda, S. 32f.

[71] R. Köpke, Die Gründung der Königlichen Friedrich-Wilhelms-Universität zu Berlin, S. 106.

[72] Nach einem Bericht der „Berlinischen Nachrichten" vom 29.10.1811, abgedruckt in: E. Fuchs (Hrsg.), J. G. Fichte im Gespräch. Berichte der Zeitgenossen IV, S. 345.

Der Anlaß kann hier nur sehr knapp referiert werden:[73] Ein aus Posen kommender jüdischer Student der Medizin namens Brogi war mit einem ebenfalls aus Posen stammenden Kommilitonen mit Namen Melzer in einen heftigen Streit geraten, der mit gegenseitigen Beschimpfungen und schließlich Prügel von beiden Seiten geendet hatte. Melzer versuchte nun Brogi zu veranlassen, ihn zum Duell herauszufordern; als dies erfolglos blieb, lauerte er Brogi vor dem Universitätsgebäude auf und verprügelte ihn vor den Augen der Kommilitonen mit einer Peitsche. Brogi beschwerte sich sofort beim Rektor, der in Melzers Verhalten einmal mehr den Ausdruck jenes ihm so verhaßten „Pennalismus" erkannte und sich der Angelegenheit mit Eifer annahm: Ein aus zehn Senatsmitgliedern und fünf Studenten bestehendes Ehrengericht verurteilte Melzer zu vier Wochen Karzer, und auch Brogi, dem man eine Mitschuld an der Eskalation des Konflikts zusprach, erhielt eine Strafe von acht Tagen.

Damit war die Angelegenheit noch nicht beendet, denn sogleich folgte ein weiterer Vorfall: Ein – im Gegensatz zu Melzer besser beleumdeter – Student namens Klaatsch wies Brogi, als sich dieser nach einer anatomischen Vorlesung an einen Tisch vordrängte, an dem andere Studenten mit einem Präparat beschäftigt waren, von dort fort mit der Bemerkung, er gehöre nicht unter „honorige Studenten". Brogi weigerte sich zu gehen und bezeichnete das Verhalten von Klaatsch als „Unverschämtheit", worauf ihm dieser eine Ohrfeige verpaßte und hinzufügte, er möge dies doch ebenfalls dem Rektor anzeigen – was Brogi umgehend auch tat. Schon bei der Vorbereitung eines neuen Verfahrens kam es zum Konflikt zwischen dem Syndikus der Universität, dem Kammergerichtsrat (und späteren Kultusminister) Eichhorn, und dem Rektor, da Eichhorn in dem Streit nur einen gewöhnlichen Studentenhandel sah, außerdem bemüht war, Klaatsch, der einer angesehenen Berliner Familie entstammte, in Schutz zu nehmen, in Brogi aber nur einen „feigen Denunzianten" zu sehen vermochte.[74]

[73] Die ausführlichste Darstellung der Affäre, die Fichte das Rektorat kostete, findet sich bei bei M. Lenz, Geschichte der königlichen Friedrich-Wilhelms-Universität zu Berlin I, S. 410 ff.; knappe Zusammenfassungen bei A. Stoll, Friedrich Karl v. Savigny II, S. 19 f., und H. Schelsky, Einsamkeit und Freiheit, S. 62 f. – Die Dokumente zur Affäre sind abgedruckt in: M. Lenz, ebenda, Bd. IV, S. 140 ff. und bei E. Fuchs (Hrsg.), J. G. Fichte im Gespräch. Berichte der Zeitgenossen IV, S. 376 ff.

[74] M. Lenz, Geschichte der königlichen Friedrich-Wilhelms-Universität zu Berlin I, S. 415.

Als die Angelegenheit am 29. Januar 1812 vor den Senat kam und die Senatoren, vom Fichteschen Rigorismus offenbar ermüdet, dem Eichhornschen Standpunkt Recht gaben und den Antrag des Rektors, das Vorgehen von Klaatsch als „Auflehnung gegen Rektor und Senat" zu betrachten, einstimmig verwarfen, übertrug Fichte die Behandlung dieser Angelegenheit vor dem Senat auf seinen Vorgänger Schmalz und reichte sofort beim Kultusdepartement seinen Rücktritt ein. Alsbald trat ein neues Ehrengericht, nun unter dem Vorsitz von Schmalz, zusammen: Am 19. Februar verurteilte es Klaatsch zu einer Karzerstrafe von vierzehn Tagen, Brogi erhielt wiederum acht Tage, weil er seinen Gegner, wie herausgekommen war, durch „Verbalinjurien" gereizt und dies bei seiner Anzeige gegen Klaatsch verschwiegen hatte. Beide erhielten zudem eine „Admonition", eine „väterliche Ermahnung", die für Klaatsch auf Betreiben Eichhorns sehr milde, für Brogi dagegen überaus deutlich ausfiel – ohne Frage ein schwerer Fehlgriff, da nun die Studentenschaft zu protestieren begann.[75]

Eine Eingabe – sie ging auf einen entschiedenen Fichte-Verehrer zurück – wurde nun von studentischer Seite an den Senat gerichtet: Sie protestierte gegen Brogis Verurteilung und drückte ihr Befremden darüber aus, daß der Senat offenbar das Duellwesen begünstige, weil man Brogi indirekt den Vorwurf der Feigheit gemacht habe. Fichte, der seine Amtsgeschäfte vorerst noch weiterführte, beging nun einen folgenschweren Fehler, der seine Stellung in der Universität für immer erschüttern sollte, weil er sämtliche Kollegen gegen sich aufbrachte: Er reichte die nur für den Senat bestimmte Eingabe auf eigene Faust an das Departement weiter, während er dem Senat von seinem Schritt nur dadurch in Kenntnis setzte, daß er ihm eine Abschrift der Eingabe zukommen ließ, die Schmalz am 1. März bei den Senatsmitgliedern in Umlauf setzte.[76] Die Professoren versahen die Abschrift mit ihren Kommentaren,[77] in denen sie ihr stärkstes Befremden über das Vorgehen des Rektors ausdrückten und diesen um die sofortige Einberufung einer außerordentlichen Senatssitzung ersuchten. Schmalz ging noch weiter, indem er beantragte, die Unterzeichner jener studentischen Eingabe sogleich „zur Untersuchung" zu ziehen, da es den Studenten nicht zukomme, „sich in Dinge zu mischen, die sie nicht angehen".[78]

[75] Vgl. ebenda, S. 416 ff.
[76] Vgl. ebenda, S. 421 ff.
[77] Abdruck ebenda, Bd. IV, S. 150–153.
[78] Ebenda, S. 151.

Nun hatte Fichte nichts Eiligeres zu tun, als diese Abschrift mit den Kommentaren seiner Kollegen, die nun wahrlich nicht für die Augen Schuckmanns bestimmt waren, ebenfalls an das Departement zu senden – verbunden mit der Bitte, die verlangte Senatssitzung nicht abhalten zu müssen, „da er unliebsame Auftritte vermeiden wolle“.[79] Nachdem sich der Senat bei Schuckmann zweimal bitter über Fichtes Verhalten beklagt hatte, drohte der Kleinkrieg zwischen Rektor und Senat zu eskalieren, so daß sich Schuckmann zu einer Reihe von sofortigen Maßnahmen genötigt sah: Zum einen verweigerte er Fichte das erbetene Ausscheiden aus dem Rektorat, zum anderen forderte er die Senatsmitglieder auf, ihm auf fünf ausführliche Fragen, die er ihnen zum Fall Brogi-Klaatsch stellte, gutachtlich zu antworten.[80] Im übrigen behielt er sich vor, die Verfasser jener Eingabe an den Senat selbst zurechtzuweisen – und damit das Recht hierzu dem Senat zu entziehen; außerdem erwarte das Departement, so hieß es ausdrücklich, „daß Rektor und Senat einstweilen ihre Geschäfte einträchtiglich [sic] fortsetzen und, so lieb ihnen ihre eigne Würde ist, von diesem Streite weiter nichts unter die Studierenden transpirieren lassen“.[81]

So viel Mühe sich die Senatoren auch gaben, in ihren ausführlichen Gutachten den eigenen, vom Rektor strikt abweichenden Standpunkt zu begründen und gegenüber dem Departement auf dem Recht des Senats zur akademischen Gerichtsbarkeit zu beharren,[82] – in dem heftigen Machtkampf konnte es doch nur *einen* Sieger geben: das Departement. Und so kam es auch: Am 24. April ließ es dem Senat mitteilen, daß Fichte korrekt gehandelt habe; der Rektor sei zur Berichterstattung an das Departement verpflichtet gewesen, nicht aber zur Abhaltung der gewünschten Sondersitzung des Senats. Im übrigen wurde die Strafe für Brogi auf drei Tage herabgesetzt, die Form seiner „Admonition“ durch Eichhorn gerügt, das milde Urteil

[79] A. Stoll, Friedrich Karl v. Savigny II, S. 20.

[80] Vgl. M. Lenz, Geschichte der königlichen Friedrich-Wilhelms-Universität zu Berlin I, S. 424ff; der Brief Schuckmanns an den Senat und die – z. T. sehr ausführlichen Voten der Professoren – finden sich abgedruckt ebenda, Bd. IV, S. 153–179.

[81] Zitiert nach dem Abdruck ebenda, Bd. IV, S. 156 (Schuckmann an den Senat, 8.3.1812).

[82] Diesen Tenor enthielt auch das vergleichsweise kurze Votum von Schmalz (ebenda, S. 178f.), der sich in allen zentralen Punkten dem entsprechenden Gutachten Savignys anschloß; er fügte noch an: „Da eine Obrigkeit nach den Gesetzen selbst Beleidigung ihres Ansehens bestraft, so kann deshalb auch durch Bestrafung der zur höhnenden Widersetzlichkeit gegen den Senat vereinten Gesellschaft einiger Studenten der Senat sich den Vorwurf der Parteilichkeit nicht zuziehen“ (ebenda, S. 179).

gegen Klaatsch getadelt – und ein Verweis gegen die Bittsteller ausgesprochen.[83] Natürlich war Fichte – obwohl offiziell rehabilitiert – als Rektor nun nicht mehr zu halten; bereits am 24. März hatte Schuckmann bei Hardenberg um Fichtes Entlassung aus dem Amt gebeten, um eine als bedenklich angesehene Unterbrechung der akademischen Selbstverwaltung zu vermeiden. Zu seinem Nachfolger wurde Savigny ernannt, der im letzten Wahlgang der Rektorwahl die meisten Stimmen nach Fichte erhalten hatte.[84]

Das war eine doppelte und deshalb besonders bittere Niederlage für den Senat der Universität, denn er war gleich zweifach vom Kultusdepartement gemaßregelt worden: man hatte – zum einen – in der zentralen Streitfrage nicht den Professoren, sondern dem mehr als eigenmächtigen Rektor Recht gegeben, und man hatte – zum anderen – den Senatoren de facto das Recht entzogen, die akademische Gerichtsbarkeit auszuüben. Es sei, so hieß es in dem (vermutlich von Savigny formulierten) Antwortschreiben des Senats an Schuckmann, „höchst empfindlich und niederschlagend, am Ende nicht einmal über acht Tage Karzerstrafe sicher entscheiden zu können".[85] Zweifellos handelte es sich hierbei um ein Debakel, das die Entwicklung der akademischen Selbstverwaltung an der jungen Universität auf Jahre hinaus negativ beeinflussen sollte.

Vergleicht man die ersten beiden Rektorate, so wird man sagen können, daß Schmalz, trotz aller Schwierigkeiten, mit denen auch er zu kämpfen hatte, im ganzen doch erfolgreicher agierte als sein eigensinniger und intransigenter Nachfolger Fichte. Hatte Schmalz sich immerhin als Primus inter pares angesehen und versucht, stets in Abstimmung mit seinen im Senat versammelten Amtsgenossen zu handeln, so war Fichte auf einen Abweg geraten, der das Vertrauen seiner Kollegen zu ihm zerstören mußte: Er hatte nicht, wie Schmalz, an der Spitze des Senats die Interessen der Universität gegen das sich unter Schuckmann immer selbstherrlicher gerierende Departement verfochten, sondern – im Gegenteil – mit Hilfe des Departements gegen den Senat und dessen Entscheidungen zu agieren versucht. Damit war seine Position unhaltbar – und sein Rücktritt unvermeidlich – geworden.

[83] Vgl. ebenda, Bd. I, S. 427f.
[84] Vgl. ebenda, S. 429ff.
[85] Nach dem Abdruck ebenda, Bd. IV, S. 198 (Rektor und Senat an das Departement, 29.4.1812).

Der vorzeitige Abgang Fichtes hatte für Schmalz allerdings noch weitere unmittelbare Folgen, denn Fichtes Nachfolger Savigny hatte das Amt des Rektors nur außerordentlich ungern übernommen, da er sich seinerzeit im Vorfeld seiner Berufung nach Berlin von Humboldt hatte zusichern lassen, daß er von der Teilnahme an der akademischen Selbstverwaltung verschont bleiben sollte.[86] Als der Interimsrektor schon vor dem Ende des Semesters eine Reise antrat, wurde kein anderer als Schmalz am 30. Juli 1812 vom Departement mit der Führung der Rektoratsgeschäfte beauftragt, obwohl er selbst erst eine Woche zuvor auch zum Dekan der juristischen Fakultät gewählt worden war.[87] Zu allem Überfluß mußte er darüber hinaus noch einmal eine für die Universität und das Departement in gleicher Weise unangenehme und peinliche Situation kurzfristig bereinigen helfen.

Für die bevorstehende Königsgeburtstagsfeier am 3. August hatte der (später berühmte) Altphilologe Immanuel Bekker ein Einladungsprogramm in Form einer kleinen wissenschaftlichen Abhandlung über eine Elegie des altgriechischen Dichters Theognis verfaßt, „welche von der Liebe des Dichters zu einem schönen Knaben handelte".[88] Als Schuckmann davon erfuhr, geriet er offenbar in helle Empörung und veranlaßte Schmalz zur sofortigen Einberufung einer außerordentlichen Senatssitzung, die schon am 31. Juli stattfand. Wohl auf Schuckmanns Befehl mußte der stellvertretende Rektor die Schrift kassieren und anordnen, die Feier des Stifters auf die übliche Weise mit einer akademischen Festrede zu begehen,[89] die er auch noch gleich selbst übernahm. Ihr Text – sie war dem Thema des Verhältnisses von Staatsverfassung und Militär gewidmet – ist nicht überliefert.[90]

[86] Vgl. A. Stoll, Friedrich Karl v. Savigny II, S. 21 f.

[87] Vgl. GStA PK, I. HA, Rep. 76 Va, Sek. 2, Tit. III, Nr. 1, Bd. I, Bl. 32r (Nicolovius und Uhden im Namen des Departements an Schmalz, 30.7.1812); ebenda, Bl. 33r (Rektor und Senat an das Departement, 23.7.1812), Anzeige der neugewählten Dekane.

[88] M. Lenz, Geschichte der königlichen Friedrich-Wilhelms-Universität zu Berlin I, S. 431, Anm. 1; vgl. auch die Bemerkungen bei Heinz Härtl (Hrsg.), Arnims Briefe an Savigny 1803–1831 mit weiteren Quellen als Anhang, Weimar 1982, S. 268 f.

[89] Vgl. M. Lenz, Geschichte der königlichen Friedrich-Wilhelms-Universität zu Berlin I, S. 431, Anm. 1.

[90] Vgl. H. Härtl (Hrsg.), Arnims Briefe an Savigny 1803–1831, S. 65: „Beckers Programm zum *Geburts*tage des *Königs* konnte nicht angenommen werden, weil er ... eine ungedruckte Ode des Theognis über Päderastie abdrucken wollte, der allezeit fertige Schmalz hat darauf eine Rede über einen hoch (ernsten) Gegenstand über das Verhältniß der Staatsverfassungen zum Militärwesen in höchster Oberflächlichkeit mit grosser Rapidität ausgearbeitet" (Arnim an Savigny, 9.8.1812).

Übrigens hat Schmalz im Sommer 1813 auch die dritte Königsgeburtstagsrede der Universität gehalten, da der eigentlich zuständige Savigny wiederum bereits seinen Sommerurlaub angetreten hatte.[91]

In den ersten Jahren der noch sehr jungen Universität scheint Theodor Schmalz als ältester Ordinarius der Juristischen Fakultät – und im akademischen Jahr 1812/13 auch als Dekan – mit seinen Kollegen Savigny, Biener und Eichhorn auf kollegiale und im ganzen auch vertrauenswürdige Weise zusammengearbeitet zu haben.[92] Gemeinsam mit Savigny entwarf er die Statuten für ein Spruchkollegium der Fakultät, dessen Einrichtung die vier Ordinarien unter dem Dekanat Bieners im Juni 1811 gemeinsam beantragt hatten.[93] – Daß Schmalz zusätzlich zu seinen anderen Fächern auch noch Strafrecht lehrte – neben dem hierfür eigentlich zuständigen Biener –, scheint keine Verstimmung im Kollegenkreis ausgelöst zu haben, zumal eine Ende 1814 in Aussicht genommene Berufung Anselm Feuerbachs nicht zustande kam,[94] also vorerst kein zusätzlicher Strafrechtler für die Fakultät gewonnen werden konnte.

Wenn Schmalz in der zweiten Hälfte des Jahres 1812 auf das halbe Jahrzehnt zurückschaute, das er jetzt in Berlin verbracht hatte, dann bestand für ihn durchaus kein Grund zu besonderer Unzufriedenheit; in einem Brief aus dieser Zeit heißt es denn auch: „Nach den Stürmen der Zeit ist meine persönliche Lage hier sehr glücklich – nur mein Vermögen habe ich durch mein Haus in Halle verlohren".[95] Daß der auf sein eigenes Sozialaufsteigertum so stolze Schmalz über diesen Verlust auch in den folgenden Jahren nicht hinwegkam, ist durchaus begreif-

[91] Vgl. M. Lenz, Geschichte der königlichen Friedrich-Wilhelms-Universität zu Berlin I, S. 521; Schmalz soll die Rede, wie überliefert ist, „fast mit Gewalt ... an sich" gerissen haben (ebenda).

[92] Leider fehlt bis heute eine Geschichte dieser Fakultät; unbefriedigend ist die zum Jubiläum von 1910 veröffentlichte Studie von E. Heymann, Hundert Jahre Berliner Juristenfakultät. Ein Gedenkblatt, S. 4 ff.; eher enttäuschend auch ein neuerer Aufsatz, in dem Schmalz nicht einmal erwähnt wird, Rainer Schröder/Fred Bär, Zur Geschichte der Juristischen Fakultät der Humboldt-Universität zu Berlin, in: Kritische Justiz 29 (1996), S. 447–465. – Viele einzelne Details sind im zweiten Band der Savigny-Biographie von A. Stoll und in M. Lenz' Berliner Universitätsgeschichte enthalten.

[93] Vgl. A. Stoll, Friedrich Karl v. Savigny II, S. 9.

[94] Vgl. M. Lenz, Geschichte der königlichen Friedrich-Wilhelms-Universität zu Berlin I, S. 564 f.

[95] GNM Nürnberg, Archiv, Autographen Böttiger, K 23 (Schmalz an Hofrat Althof/ Dresden, Berlin, 31.8.1812).

lich.[96] Ebenso kann man verstehen, daß er alles ihm mögliche unternahm, um diesen Verlust wenigstens teilweise wieder auszugleichen.

Seine in den Jahren 1807 und 1808 offensichtlich sehr prekäre Finanzlage hatte sich 1809 etwas gebessert, nachdem er im gleichen Jahr „in den Ober Appellations-Senat gegen Urtheilsgebühren angestellt“[97] worden war. Als gegen Ende 1810 mit der Eröffnung der Universität auch die regelmäßigen Gehaltszahlungen wieder eingesetzt hatten, gehörte Schmalz mit 1400 Talern Jahresgehalt durchaus nicht zur Spitzengruppe der Verdiener, sondern allenfalls zum Mittelfeld;[98] ihn traf vor allen anderen die Tatsache, daß man in Berlin das früher geltende Primariat der Fakultäten (das dem ältesten Ordinarius, also dem Primarius, das höchste Gehalt vorbehielt) abgeschafft hatte.[99] So rangierte er an der eigenen Fakultät deutlich hinter Savigny, der eines der höchsten Gehälter, nämlich 2500 Taler, bezog, aber auch noch hinter Wolf und Fichte mit jeweils 2100 und 2000 Talern Jahresgehalt.[100]

Noch während seiner Zeit als erster Rektor, nachdem die Auseinandersetzung zwischen Universität und Kultusdepartement um die Termine für das Sommersemester 1811 gerade ausgestanden war, versuchte Schmalz, seine finanzielle Situation noch einmal über Bleibeverhandlungen zu verbessern. Am 20. April 1811 machte er dem Departement die offizielle Mitteilung, daß er kürzlich bereits zum dritten Mal einen Ruf erhalten habe, „als Professor Primarius der Juristen-Fakultät und Mitglied der Gesetz-Commission zu St. Petersburg, mit einem ansehnlichen Gehalte nach Dorpat zu gehen“, und er fügte noch hinzu, daß er „während der feindlichen Occupation ... überhaupt 5 Vocationen gerade hin ausgeschlagen“ habe, „ohne einmal der Regierung davon irgend eine Nachricht zu ertheilen, noch weniger aber, um sie für Zulagen zu benutzen“, da er es „für Unrecht“

[96] In einem 1821 von Schmalz für den Kurator der Berliner Universität verfaßten Bericht (UA Berlin, UK, Nr. 320, Bl. 14r) beziffert er seine Verluste auf „höher als 10,000 Th.[aler]“.

[97] Ebenda, Bl. 14r.

[98] Vgl. die bei E. Fuchs (Hrsg.), J. G. Fichte im Gespräch. Berichte der Zeitgenossen IV, S. 335 f. abgedruckte Gehaltsliste der Berliner Professoren.

[99] Darauf wies Schmalz noch 1821 ausdrücklich hin; vgl. UA Berlin, UK, Nr. 320, Bl. 14r–14v.

[100] Vgl. E. Fuchs (Hrsg.), J. G. Fichte im Gespräch. Berichte der Zeitgenossen IV, S. 336; vgl. auch R. Köpke, Die Gründung der Königlichen Friedrich-Wilhelms-Universität zu Berlin, S. 104; M. Lenz, Geschichte der königlichen Friedrich-Wilhelms-Universität zu Berlin I, S. 275.

gehalten habe, „dem Staat irgend eine neue Ausgabe in jenen Zeiten zu verursachen“.[101] Zudem wies er darauf hin, daß er immer noch „im Gehalt weit allen meinen hallischen Collegen nach gesetzt“ sei. Seine Lage sei derart, daß er „nicht meine Tage allein, sondern auch einen großen Theil meiner Nächte hinnehmen“ müsse, „wenn ich meinen litterarischen und meinen Namen als Geschäftsmann behaupten will“, und schließlich dränge ihn „das Gefühl der unverdienten Zurücksetzung mancher Art“, eine baldige Veränderung eben dieser Lage zu wünschen.[102]

Nun trafen nicht alle dieser Behauptungen zu: So bezog etwa Friedrich Schleiermacher – doch ohne Zweifel ein ehemaliger „hallischer College“ von Schmalz – ein Jahresgehalt von gerade einmal 800 Talern,[103] also 500 Taler weniger als Schmalz. Zudem hatte Schmalz bereits 1810 in einem Brief an Friedrich Wilhelm III. ausdrücklich erwähnt, daß von ihm „in den Gefahren des Staats von 1807 bis 1809 mehrere sehr glänzende Anträge auswärtiger Dienste“, darunter auch einen kürzlich an ihn ergangenen Antrag „westphälischer Dienste“, ausgeschlagen worden waren.[104] – Doch Schmalz' später wenigstens zweimal getroffene Feststellung, daß Johannes von Müller – der seit 1807 in den Diensten von Napoleons Bruder Jerome stand und etwas später zum Direktor des öffentlichen Unterrichts in Jeromes „Königreich Westphalen“ avancierte – mehrfach versucht habe, ihn für die 1808 wiedereröffnete Universität Halle zurückzugewinnen, klingt durchaus glaubhaft.[105]

[101] GStA PK, I. HA, Rep. 76 Va, Sect. 2, Tit. IV, Nr. 5, Bd. I, Bl. 87r (Schmalz an das Kultusdepartement, 20.4.1812; Abschrift).

[102] Die Zitate ebenda, Bl. 87r–87v; die abschließenden Bemerkungen dieses für Schmalz typischen Schreibens lauten, ebenda, Bl. 87v: „Sollte aber ein hochpreißliches Departement ... glauben, daß mein Name, daß mein Streben, der Universität und dem Staate so nützlich gerwesen, oder noch sei, daß etwas geschehen könne, und dürfe, mein Leben heiter zu machen, so würde ich es höchst dankbar verehren, hierüber eine hochgeneigte Eröffnung recht bald zu erhalten, weil man in St. Petersburg und Dorpat schleunige Antwort von mir wünscht“.

[103] Vgl. E. Fuchs (Hrsg.), J. G. Fichte im Gespräch. Berichte der Zeitgenossen IV, S. 335.

[104] GStA PK, I. HA, Rep 74 L V (Brandenburg), Nr. 1, Bd. I, Bl. 42r, 43v (Schmalz an König Friedrich Wilhelm III., 5.8.1810).

[105] Vgl. Franz Rühl (Hrsg.), Briefe und Aktenstücke zur Geschichte Preussens unter Friedrich Wilhelm III. vorzugsweise aus dem Nachlass von F. A. von Stägemann, Bde.I–III, Leipzig 1899–1902, hier Bd. I, S. 400 f. (Schmalz an Stägemann, 7.8.1815); es heißt hierin, Schmalz habe die ihm von J. von Müller angetragene „Stelle eines westphälischen Staatsraths ... ausgeschlagen“; siehe ebenfalls UA Berlin, Universitätskurator, Nr. 320, Bl. 13v (Schmalz an der Kurator der Berliner Universität,

Als sich Schmalz dazu wenig später wegen der schleppenden Nachzahlung noch ausstehender Gehaltsrückstände aus den Zeit seit Ende 1807 beschwerte,[106] befürwortete Schuckmann Anfang Mai 1811 in einem Brief an den König eine Erhöhung des Gehaltes von Schmalz um 200 Taler – nicht zuletzt deshalb, weil dieser „ein thätiger und brauchbarer Lehrer“ sei, der auch im Auslande einen Namen“ habe.[107] Diese Gehaltserhöhung wurde bewilligt, mehr jedoch nicht, wohl weil Schmalz in seinen Schreiben allzu deutlich hatte durchblicken lassen, daß ihm an einem Fortgang nach Rußland oder auch an einer Rückkehr nach Halle in die Dienste eines neuen Landesherrn nicht allzuviel gelegen war. Das von ihm tief empfundene Gefühl der „Zurücksetzung“ und Benachteiligung sollte ihn jedoch auch in den folgenden Jahren nicht verlassen, im Gegenteil.

c) Politik und Zeitgeist

Fragt man nach den Gründen, die dafür verantwortlich sind, daß Theodor Schmalz trotz mancher – wirklicher oder auch nur eingebildeter – Benachteiligung, die er selbst schmerzlich empfand, in Preußen

September 1821): „Sogar wiederhohlte glänzende Anerbietungen, die mir Johann von Müller machte, ... vermochten mich nicht nach Halle zurückzugehen“ [sic]. Weiteres ist hierüber nicht bekannt, doch man weiß immerhin, daß Schmalz zu denjenigen ehemaligen hallischen Professoren gehörte, die Müller kannten und mit ihm korrespondierten; vgl. hierzu die knappen Bemerkungen bei Karl Schib, Johannes von Müller 1752–1809, Schaffhausen – Konstanz – Lindau – Stuttgart 1967, S. 333; zum Zusammenhang siehe auch die Studie von Edgar Bonjour, Johannes von Müller als Beschirmer deutscher Universitäten, in: derselbe, Die Schweiz und Europa. Ausgewählte Reden und Aufsätze, Bd. IV, Basel 1976, S. 359–377, die allerdings über Müllers Kontakte zu Schmalz nach 1807 nichts zu berichten weiß.

[106] Vgl. Schmalz' Schreiben an Hardenberg vom 22.4.1811, in: GStA PK, I. HA, Rep. 76 Va, Sect. 2, Tit. IV, Nr. 5, Bd. I, Bl. 121r–123v; wie aus einer Notiz Hardenbergs – auf der Vorderseite des Briefes von Schmalz – an das Departement hervorgeht, drang der Kanzler auf die Auszahlung der Summe: „Dem Geheimen Justiz-Rath Schmalz ist jedoch nach beendigtem Kriege von Seiten des Souverains eine Zusicherung ertheilt worden, welche ihm realisirt werden muß“ (ebenda, Bl. 121r). – Wie die Akten ausweisen, zog sich die Angelegenheit noch monatelang hin, da Schuckmann erst im folgenden August von Schmalz Belege für die von ihm erhobenen finanziellen Ansprüche an den Staat einforderte. Erst am 5. November erhielt Schmalz einen Brief von Schuckmann, in dem ihm die baldige Auszahlung der ihm zustehenden Gelder angekündigt wurde; vgl. die entsprechenden Korrespondenzen ebenda, Bl. 123r, 144r–144v, 149r, 150r, 161r.

[107] GStA PK, I. HA, Rep. 74 L V (Brandenburg), Nr. 1, Bd. I, Bl. 112r (Schuckmann an Friedrich Wilhelm III., 3.5.1811); vgl. auch ebenda, Rep. 76 Va, Sect. 2, Tit. IV, Nr. 5, Bd. I, Bl. 88r–88v.

blieb, daß er seiner Wahlheimat und seiner Universität auch in überaus schwierigen Zeiten die Treue hielt, obwohl ihn mehrfach durchaus lukrative Angebote aus anderen Ländern erreichten, dann wird man nicht zuletzt seine tiefe Verehrung für den preußischen König Friedrich Wilhelm III. erwähnen müssen. Nun war dieser Monarch gerade in jenen Notjahren eine nicht unumstrittene Figur, und es finden sich neben Zeugnissen tiefer Verehrung[108] auch Äußerungen, die aus ihrer Verachtung für den schwachen, vermeintlich politisch und militärisch unfähigen König keinerlei Hehl machen; man hat durchaus mit Recht von einer „Krise des monarchischen Systems" in dieser Zeit gesprochen.[109]

Schmalz war hier ganz anderer Ansicht, und die zahlreichen Zeugnisse der Verehrung für diesen König, die sich in seinen Schriften finden, gehen über dasjenige, was damals üblich war und den Konventionen jener Zeit entsprach, deutlich hinaus. Schmalz meinte es ernst, wenn er in seiner am 3. August 1804 in Halle gehaltenen Königsgeburtstagsrede „Ueber bürgerliche Freyheit" den Freiheitssinn Friedrich Wilhelms III. rühmte, denn im Vergleich mit seinem Vater, unter dessen Herrschaft das Woellnersche Religionsedikt erlassen worden war,[110] hatte die öffentliche Meinung in Preußen seit 1797 tatsächlich einen vorher nicht gekannten Grad von Freizügigkeit erreicht.[111] Man wird dem Juristen glauben dürfen, wenn er 1805 von

[108] Aufschlußreich ist in diesem Zusammenhang eine briefliche Äußerung, die Scharnhorst am 7. Oktober 1807 aus Memel an seine Tochter richtete (G. J. D. SCHARNHORST, Briefe I, S. 329): „Unsere Zukunft ist höchst ungewiß. Ich finde freilich in mehr als einer Art Unterkommen, man hat es mir schon offerirt; allein ich bleibe hier gern, ich habe eine große Anhänglichkeit an den guten, tugendhaften König, ich bin von den Verhältnissen gerührt, ich habe die Liebe und das Zutrauen vieler Individuen, die ich mir erst anderwärts erwerben muß ...". Schmalz dürfte sein Treueverhältnis zum unglücklichen König sehr ähnlich gesehen haben wie der Freund und Schwager Scharnhorst.

[109] Vgl. B. VON MÜNCHOW-POHL, Zwischen Reform und Krieg. Untersuchungen zur Bewußtseinslage in Preußen 1809–1812, S. 429ff.

[110] Siehe oben § 3 a).

[111] Vgl. Ueber bürgerliche Freyheit, S. 21: „Während auch die edelmüthigsten Fürsten mit sorgender Aengstlichkeit die Presse beachten, damit nirgendher gesagt werde, was entweder Verkehrtheit oder Bosheit verbreiten könnte, oder Verkehrtheit und Bosheit nicht hören wollen – schützt Friedrich Wilhelms gerader Sinn die Freyheit, zu schreiben, und die Freyheit, zu lesen. Verborgene Wahrheit ans Licht zu rufen, spendet Er mit reicher Hand Ermunterung den Wissenschaften, sammelt Er einen Kreis der gelehrtesten Zunftgenossen in seinen Staaten, und rief sogar, Er ein König, den Geschichtschreiber eines Kampfes der Freyheit gegen Tyrannen [gemeint ist Johannes von Müller als Autor der Geschichte der Schweiz, H.-C.K.], um in der

„meiner tiefen Verehrung des edlen Monarchen“ sprach, „dessen gerader und reiner Sinn so deutlich im ganzen stillen und festen Gange seiner Regierung sich ausspricht“.[112]

Und daran änderte sich auch dann nichts, als der Staat Preußen nach der Niederlage des Jahres 1806 von Napoleon aufs schwerste gedemütigt und beraubt worden war. Nun lobte Schmalz öffentlich die beginnende Reformtätigkeit und konnte auf diese Weise das Edikt zur Bauernbefreiung von 1807 als „neue[s] Pfand der Gerechtigkeit, des Edelmuths, der Weisheit des Königs“[113] anpreisen. Auch hier meinte er es ernst, denn aus der Perspektive des überzeugten Physiokraten und strikten Gegners des traditionellen, in alle Bereiche der Wirtschaft eingreifenden Merkantilismus konnte er durchaus zu recht urteilen, daß Friedrich Wilhelm III. gerade durch seine umfassenden ökonomischen und politischen Reformmaßnahmen im Begriff sei „unter allen Preußisch-Brandenburgischen Regenten der größte Wohlthäter seines Volks“[114] zu werden.

Zwei Aspekte dürften für Schmalz hier ausschlaggebend gewesen sein: Zum einen das Bild des Königs als eines – so wurde es jedenfalls von vielen Zeitgenossen positiv wahrgenommen – „bürgerlichen“ Herrschers, dem ein harmonisches Familienleben wichtiger war als aufwendiger höfischer Prunk oder eine nicht weniger kostspielige und auch politisch bedenkliche Mätressenwirtschaft. Und zweitens das Bild eines entschieden freiheitlich und reformorientierten Monarchen – Schmalz sprach 1811 einmal ausdrücklich vom „liberalen Geist der Regierung Friedrich Wilhelm 3.“[115] –, dessen „Königswort“ über den Ersatz der verlorenen physischen durch geistige Kräfte, wie man weiß, Schmalz tief beeindruckt hatte.[116] Auch wenn heute feststeht, daß Friedrich Wilhelm III. alles andere als ein „bürgerlicher König“ und daß seine unmittelbare Teilhabe an den großen Reformprojekten der

Freyheit eines monarchischen Staats das Streben einer Republik nach Freyheit der Nachwelt zu erzählen“.

112 Kleine Schriften über Recht und Staat. Erster Theil, S. VIII.

113 Ueber Erbunterthänigkeit. Ein Commentar über das Königl. Preußische Edict vom 9ten Oct. 1807, ihre Aufhebung betreffend, S. III.

114 Bemerkungen über die Vorlesung des Herrn Geheimen Ober-Finanzrath von Borgstede in der Academie der Wissenschaften zu Berlin am 30sten Januar 1806, in: Annalen der Politik, hrsg. v. Theodor Schmalz, Bd. I, Berlin 1811, S. 42.

115 Exempel politischer Arithmetik. Ueber den staatswirthschaftlichen Zustand der Kur-Mark im Anfange des neunzehnten Jahrhunderts, in: Annalen der Politik, hrsg. v. Theodor Schmalz, Bd. I, Berlin 1811, S. 43.

116 Siehe oben § 5 c).

Regierungen Stein und Hardenberg ebenfalls eher bescheiden gewesen ist,[117] so muß man doch davon auszugehen, daß dieser Monarch von eher schlichtem Zuschnitt gerade wegen seiner Unauffälligkeit, seiner Durchschnittlichkeit, seiner Orientierung an einem scheinbar „bürgerlichen“ Familienideal die Zuneigung und Verehrung nicht weniger seiner Untertanen gewinnen konnte. Daß auch Schmalz, der jeder höfischen Sphäre abholde Sozialaufsteiger, zu ihnen gehörte, unterliegt keinem Zweifel.

Gleichwohl mußte Schmalz in diesen Jahren auch erfahren, daß die von ihm so nachdrücklich gelobte preußische Meinungsfreiheit immer noch deutliche Grenzen besaß. Er war – ähnlich wie auch andere der neu berufenen Professoren – 1811 noch einmal mit einer Zeitschriftengründung hervorgetreten, den „Annalen der Politik“.[118] Das neue Journal sollte nach dem Wunsch des Herausgebers ein streng wissenschaftliches Organ sein: Die darin behandelte Politik wolle man, so heißt es in der Vorrede des ersten Heftes, nicht auf dasjenige beengt sehen, „was man jetzt allein so nennt, Aufzählung der neuesten Weltbegebenheiten oder Betrachtungen darüber; sondern die gesammte Wissenschaft des Staats soll hier umfaßt werden“, um „die Grundsätze der Politik überhaupt zu entwickeln“.[119] Nach eigenem Anspruch freimütig und unparteiisch,[120] wollte sie sich vor allem auf die Sichtung und Auswertung neuer Literatur konzentrieren, um nicht zuletzt „aus lehrreichen Schriften des Auslands belehrende Auszüge zu liefern, oder neue Ansichten teutscher Schriftsteller anzuzeigen, oder, wenn es nöthig scheint, zu berichtigen“.[121]

Als die Zensurbehörde Anstalten unternahm, die „Annalen der Politik“ ihrer Prüfung zu unterziehen, meldete Schmalz Widerspruch

[117] Siehe hierzu vor allen älteren Arbeiten die neuen grundlegenden Studien von Thomas Stamm-Kuhlmann, War Friedrich Wilhelm III. von Preußen ein Bürgerkönig?, in: Zeitschrift für Historische Forschung 16 (1989), S. 441–460; besonders jetzt auch dessen umfassende Biographie: König in Preußens großer Zeit. Friedrich Wilhelm III. der Melancholiker auf dem Thron, Berlin 1992; hierzu auch die Rezension des Verfassers in: Der Staat 34 (1995), S. 151–156.

[118] Vgl. die Übersicht bei R. Köpke, Die Gründung der Königlichen Friedrich-Wilhelms-Universität zu Berlin, S. 133.

[119] Vorrede, in: Annalen der Politik, hrsg. v. Theodor Schmalz, Bd. I, Berlin 1811, S. If.

[120] Vgl. ebenda, S. II: „Freimüthigkeit ist das erste Gesetz einer solchen Zeitschrift. Nie soll die unsrige den Stempel irgend einer Parthey tragen, als allein den der Parthey der Wahrheit. Sie soll nie gegen irgend eine Macht Opposition machen; aber noch weniger irgend einer Macht schmeicheln.“

[121] Ebenda, S. III.

an, denn § 23 des vorläufigen Universitätsreglements sicherte „der Universität wie auch den einzelnen ordentlichen Professoren die unbeschränkte Zensurfreiheit über Gegenstände derjenigen Fakultät [zu], bei der sie angestellt waren, ... falls sie unter Vorsetzung ihres Namens und dieses ihres Charakters zum Druck befördert würden“.[122] Da nun die Politik zu den Gegenständen des Unterrichts seiner Fakultät gehörte, wurde der Druck der „Annalen“ freigegeben – doch einer der für „politische Schriften“ zuständigen Zensoren, ein Geheimer Staatsrat Küster, wandte sich alsbald an den Staatskanzler, um die strittige Frage zu klären, ob alle von Professoren verfaßten oder herausgegebenen politischen Schriften zensurfrei seien oder nicht. Er empfahl ausdrücklich – da noch keine *endgültige* Regelung getroffen worden sei –, die Zensur für alle Schriften, die sich ausdrücklich mit *politischen* Fragen und Themen beschäftigten, beizubehalten; dies sei auch deshalb notwendig, um Drucker und Buchhändler nicht im unklaren zu lassen.[123]

Hardenberg entschied sich für eine Einschränkung der zuerst gewährten Freiheit; in einer Kabinettsordre an Schuckmann vom 26. April 1811 heißt es: „Die gegenwärtigen allgemeinen Verhältnisse des Staates erfordern, daß diese Bestimmungen nicht ... ohne alle Einschränkung genommen werden. Meine Willensmeinung geht demnach dahin, daß die in obigem Reglement der hiesigen Universität und ihren ordentlichen Professoren beigelegte Censur Freyheit in Absicht der eigentlich wissenschaftlichen Schriften bestehen bleibe, daß aber alle und jede politische oder die innern und äußern Staatsverhältnisse betreffende Schriften zur Censur bei der angeordneten Behörde vorgelegt werden sollen“ – und diese Regelung sei sofort der Universität zur Kenntnis zu bringen und in deren Statuten aufzunehmen.[124] Und das bedeutete natürlich, daß ab sofort auch die „Annalen“ wieder der Zensur unterlagen; immerhin gab sich die neue Zeitschrift derart moderat und sachlich, daß die Zensurbehörde nichts zu „erinnern“ hatte und den Druck aller Hefte anstandslos genehmigte.[125]

[122] M. Lenz, Geschichte der königlichen Friedrich-Wilhelms-Universität zu Berlin I, S. 331.

[123] GStA PK, I. HA, Rep. 74 L V (Brandenburg), Nr. 1, Bd. I, Bl. 98r–99r (Küster an Hardenberg, 6.3.1811).

[124] Ebenda, Bl. 100r–100v (Kabinettsordre Hardenbergs an Schuckmann, 26.4.1811); vgl. auch M. Lenz, Geschichte der königlichen Friedrich-Wilhelms-Universität zu Berlin I, S. 332 f.

[125] Vgl. Paul Czygan, Zur Geschichte der Tagesliteratur während der Freiheitskriege, Bde. I–II/2, Leipzig 1909–1911, hier Bd. I, S. 389, Bd. II/1, S. 230, 233.

Doch Schmalz hatte auch mit dieser Zeitschrift – der dritten die er mit anderen oder allein herausgab – wenig Glück, denn sie brachte es nur auf zwei Bände: der erste erschien 1811, der zweite (er umfaßte nur ein einziges Heft) 1814. Seine Ankündigung, streng wissenschaftlich vorzugehen und Auszüge aus neuerer – vornehmlich ausländischer – Literatur zu präsentieren, hielt er zwar ein, doch in der Ära der 1813 einsetzenden Befreiungskriege hatte man dafür offensichtlich wenig Sinn. Nach einem Essay von Schmalz über den Begriff der „Politik“[126] enthielt der erste Band u. a. staats- und volkswirtschaftliche Beiträge, so etwa ein „Exempel politischer Arithmetik“, das sich mit dem „staatswirthschaftlichen Zustand der Kur-Mark im Anfange des neunzehnten Jahrhunderts“ befaßte, oder eine Übersetzung aus einer niederländischen Publikation, die dem „National-Reichthum Hollands“ gewidmet war.[127] Weitere Beiträge waren – in bunter Mischung – wirtschaftlichen, agrarpolitischen, historischen und geographischen Themen gewidmet.

Wenig Erfolg scheint auch der zweite Band von 1814 gehabt zu haben, obwohl der Herausgeber die deutsche Übersetzung der im Sommer 1813 publizierten „Darstellung der ministeriellen Darstellung des Finanzzustandes von Frankreich“ aus der Feder des prominenten Sir Francis d'Ivernois zu bieten hatte und damit ein brandaktuelles Thema präsentierte. Hinzu kamen noch zwei Beiträge von Schmalz selbst, der sich erst mit „Großbritanniens Seerechten gegen andere Völker“ und anschließend mit der „Idee eines gemeinen positiven Staats-Rechts von Europa“ befaßte.[128]

Einen Grund dafür, warum die „Annalen der Politik“ offensichtlich nicht diejenige Aufmerksamkeit fanden, die sich ihr Editor erhofft hatte, deutet eine Rezension des zweiten Bandes an, die der Heidelberger Theologe Heinrich Eberhard Gottlob Paulus, ein Freund Hegels, 1814 für die „Heidelbergischen Jahrbücher der Literatur“ verfaßte: Zwar bürge „der Name des Verf.“ durchaus für solide aufbereitete Information, allerdings fehle der innere Bezug zum Geist der Gegenwart. Schmalz knüpfe an das Vorbild der Schlözerschen Staatsanzeigen an, doch eine „Zeitschrift mit Schlözerischer Wahr-

[126] Siehe dazu unten § 19 a).

[127] Annalen der Politik, hrsg. v. THEODOR SCHMALZ, Bd. I, Berlin 1811, S. 43–76, 77–95.

[128] Annalen der Politik, hrsg. v. THEODOR SCHMALZ, Bd. II, Berlin 1814, S. 1–57, 58–80, 81–95; siehe dazu auch unten §§ 19 b), 26 a).

heits-, Freyheits- und Gerechtigkeitsliebe würde ... vorzüglich dann höchst heilsam wirken, wenn sie weniger aus dem wissenschaftlichen, publicistischen, statistischen und wissenschaftlich-politischen Gesichtspuncte bearbeitet wäre (an welcher Art Zeitschriften wir nicht Mangel leiden), als aus dem rein und allgemein menschlichen und volksthümlichen, so daß das Wissenschaftliche als Vorarbeit ganz zurückträte. Sie müßte möglichst in Geist und Sinn des ganzen Volkes eindringen, seine Ansichten über Erscheinungen des Staats- und Völkerlebens, seine Bestrebungen und Bedürfnisse, so wie die volksthümlichen Mittel ihnen abzuhelfen, mit der Kraft der Liebe und einfacher Wahrheit darstellen".[129]

Ein solcher Appell an die heilsamen Kräfte des „Volksgeistes"[130] vermochte Schmalz vermutlich gar nicht einzuleuchten; er war zu sehr Gelehrter, war zu tief in der rationalistischen Tradition des vergangenen Jahrhunderts verhaftet, um den neuen geistigen Aufbruch der Befreiungskriege, auf den Paulus hier sehr deutlich Bezug nimmt, überhaupt angemessen *verstehen* zu können, wenngleich er ihn sicher *wahrgenommen* hat. Das „Große", das „Allgemeine", das sich (nicht nur nach der Auffassung von Paulus) im „Volksgeist" repräsentieren sollte, war Schmalz' Sache nicht. Die Art und Weise, wie sich die mit den Befreiungskriegen anbrechende neue Zeit geistig zum Ausdruck brachte, war und blieb Schmalz fremd – und der vielleicht stärkste Beleg hierfür ist sein Verhalten im „Tugendbundstreit" von 1815.[131] Die nüchterne Art eines Schlözer oder Schmalz war im Zeitalter der Fichte, Arndt und Görres nicht mehr gefragt, und so fielen denn auch die erfolglosen „Annalen der Politik" sehr schnell der Vergessenheit anheim.

129 [Heinrich Eberhard Gottlob Paulus], Rezension von: Annalen der Politik, hrsg. v. Theodor Schmalz, Bd. 2, 1814, in: Heidelbergische Jahrbücher der Literatur 7 (1814), S. 661–671, hier S. 662; der Nachweis des (ungezeichneten) Autors findet sich in Johannes Hoffmeisters Kommentar in: Georg Wilhelm Friedrich Hegel, Briefe von und an Hegel, hrsg. v. Johannes Hoffmeister, Bd. II, Hamburg 1953, S. 379.

130 Vgl. die aufschlußreiche Passage bei [H. E. G. Paulus], Rezension von, Annalen der Politik, hrsg. v. Theodor Schmalz, Bd. 2, 1814, S. 662f.: „Daß ein solches Werk, wenn es ... wahrhaft heilsam seyn soll, die ganze Kraft tüchtiger Männer in Anspruch nähme, damit etwas kräftiges, lebendiges auf und durch den Volksgeist wirksames würde, damit die harte Schaale der Spießbürgerlichkeit und Gemeinheit, die das Aufkommen alles Großen und Allgemeinen hemmt, aufgethaut und durchdrungen würde; und daß weder Declamationen, noch nützliche Hausregelchen, noch weniger Form des Volkslebens ohne Volksgeist für ein solches Nationalwerk frommen können, sieht der Verständige leicht ein".

131 Siehe dazu unten § 8.

Dabei galt Theodor Schmalz auch in diesen Jahren keineswegs als unzuverlässiger Kantonist, sondern – wohl vor allem wegen der Verhaftungsaffäre von 1808, die viel Aufsehen erregt hatte[132] – als unbedingter Patriot. Wie anders wäre es sonst zu erklären, daß Gneisenau, als er im August 1811 seinen geheimen „Plan zur Vorbereitung eines Volksaufstands" gegen die Besatzungsherrschaft ausarbeitete, auch Schmalz in sein „Verzeichniß der tauglichen Männer in der Monarchie, um vorzubereiten und auf den öffentlichen Geist zu wirken", mit einbezog [133] – übrigens gemeinsam mit Schleiermacher und Jahn!

Als 1813 der Kampf um die Befreiung von der napoleonischen Fremdherrschaft anbrach, gehörte auch Schmalz zu denjenigen Professoren der Friedrich-Wilhelms-Universität, die sofort dem Staat ihre Dienste anboten.[134] Aber Schleiermacher, Fichte, Savigny und Wolf scheinen wieder einmal erfolgreicher gewesen zu sein als Schmalz, der sich – obwohl er 1813 nicht nur Dekan war, sondern auch den Rektor Savigny mehrfach vertreten mußte – ausgerechnet in einem Schreiben an Hardenberg als politisch-patriotischer Historiograph anbot: „Bey dem beginnenden Kriege möchte ich", schrieb er dem Staatskanzler bereits am 25. März 1813, „auch als Professor des Staats- und Völker-Rechts auf der Universität Berlin, nach dem Beyspiel der Vorfahren, für die Sache meines Monarchen thätig seyn. Ich wünsche deshalb eine Darstellung der Politik Preußens seit dem Tilsiter Frieden zu schreiben und darin vornemlich dem Ruhm Ew. Excellenz gerechte Opfer zu bringen. Höchste Mäßigung des Tons, Vermeidung aller Declamation und nur durch die Thatsachen selbst würken zu wollen, soll mir dabey Gesetz seyn". Deshalb bat er Hardenberg, „einem der hiesigen Räthe des Departements der auswärtigen Angelegenheiten gnädig zu beauftragen, mir Materialien actenmäßig mitzutheilen, und das Einzelne anzuzeigen, was Ew. Excellenz dargestellt wünschen". Strengste Verschwiegenheit sei selbstverständlich Ehrensache, „und es versteht sich, daß ohne Ew. Excellenz besondere Erlaubniß keine Zeile gedruckt wird".[135]

[132] Siehe dazu oben § 6c).

[133] Georg Heinrich Pertz, Das Leben des Feldmarschalls Grafen Neithardt von Gneisenau, Bde. I–III, Berlin 1864–1869, hier Bd. II, S. 116.

[134] Vgl. T. Ziolkowski, Das Amt der Poeten, S. 387.

[135] GStA PK, I. HA, Rep. 74 L V (Brandenburg), Nr. 1, Bd. I, Bl. 189r–189v (Schmalz an Hardenberg, 25.3.1813); Schmalz fügte noch ein weiteres Angebot an (ebenda, Bl. 189v): „Ich halte es zugleich für Pflicht Ew. Excellenz meine unterthänigen Dienste

Wenn er schon nicht mehr in die Schlacht ziehen konnte, dann wollte er den Feind wenigstens am Schreibtisch mit der Feder attackieren – doch Hardenberg bereitete ihm eine herbe Enttäuschung: Man erkenne, hieß es in dem kurzen Antwortschreiben, Schmalz' „gute Absicht mit Dank" an, teile ihm aber mit, daß eine solche Schrift bereits in Arbeit sei und bald zum Druck befördert werden solle. Wegen des Angebots, eventuell in der Zivilverwaltung zurückgewonnener Gebiete zu helfen, möge er sich an den dafür zuständigen Staatsrat Klewitz wenden.[136] Schmalz scheint auch auf anderem Wege nicht als „Kriegspublizist" oder Propagandist der Befreiungskämpfer zum Einsatz gekommen zu sein, denn der von Niebuhr und Schleiermacher seit 1813 herausgegebene „Preußische Correspondent", an dem eine Reihe Berliner Professoren mitwirkten, ist ihm wohl verschlossen geblieben – jedenfalls ist über seine Mitarbeit nichts bekannt.[137]

Doch blieb Schmalz keineswegs untätig; so weiß man, daß er – der im Wintersemester 1813/14 zwei seiner geplanten fünf Vorlesungen aus Hörermangel ausfallen lassen mußte und insgesamt nur 26 Hörer unterrichten konnte[138] – andere Aktivitäten an den Tag legte: So sammelte er bereits im März zusammen mit Savigny Gelder für die militärische Ausrüstung der ins Feld strebenden Studenten,[139] auch gehörte er zu einer Gruppe von siebenundzwanzig Professoren, die sich in einer öffentlichen Erklärung zur finanziellen Unterstützung der Kriegswitwen und -waisen verpflichteten.[140] Schließlich fungierte Schmalz als „Inquisitor" an einem der beiden preußischen Divisionsgerichte.[141]

Und doch scheint etwas gefehlt zu haben, denn die Art und Weise, in der Schmalz im Sommer 1815 mit seiner ersten Schrift zum Tugend-

anzubieten für interimistische Verwaltung oder Organisation überelbischer Provinzen, weil ich da glaube nützen zu können durch meine Kenntniß der Länder, ihrer Kräfte, ihrer Bedürfnisse und durch freundschaftliche Verbindung mit den Einwohnern aller Stände, deren Wohlwollen ich von Halle her mich rühmen kann".

[136] So der Entwurf der Antwort, auf der ersten Seite des Briefes von Schmalz, ebenda, Bl. 189r.

[137] Vgl. die Angaben bei R. Köpke, Die Gründung der Königlichen Friedrich-Wilhelms-Universität zu Berlin, S. 116.

[138] Vgl. M. Lenz, Geschichte der königlichen Friedrich-Wilhelms-Universität zu Berlin I, S. 525; vgl. auch R. Köpke, Die Gründung der Königlichen Friedrich-Wilhelms-Universität zu Berlin, S. 116 f.

[139] Vgl. R. Köpke, Die Gründung der Königlichen Friedrich-Wilhelms-Universität zu Berlin, S. 115.

[140] Abdruck der Erklärung, datiert auf den 12.5.1813, ebenda, S. 234 f. (Nr. 49).

[141] Vgl. M. Lenz, Geschichte der königlichen Friedrich-Wilhelms-Universität zu Berlin I, S. 512.

bundstreit den patriotischen Aufbruch der Befreiungskriege von 1813 zu relativieren, ja fast zu leugnen versucht hat, scheint wenigstens darauf hinzudeuten, daß er auf diese Weise eigene Benachteiligungen, wohl auch Kränkungen hat kompensieren wollen. Daß er 1813 ein überzeugter Patriot war, ist kaum zu leugnen, daß er 1815 zu bestimmten Formen des deutsch-preußischen Patriotismus auf sehr deutliche Distanz ging, ebensowenig. Die Gründe hierfür werden im folgenden Abschnitt zu klären sein.

III. Kapitel: Im Streit der Meinungen

§ 8 Kontroverse um den „Tugendbund" (1815–1816)

a) Anlaß und Ursprung

Theodor Schmalz hat in der Geschichtsschreibung vom späten neunzehnten Jahrhundert bis zur Gegenwart, die sich mit den Jahren der Befreiungskriege und der sich daran anschließenden Restaurationsepoche befaßt, eine durchgehend negative Bewertung erfahren müssen.[1] Dies geht unmittelbar auf den von ihm ausgelösten Tugendbundstreit zurück, der mit einer Mitte 1815 veröffentlichten kleinen Broschüre von Schmalz begann und sich bis Anfang 1816 zu einem publizistischen Flächenbrand ausweitete, der nicht nur ganz Deutschland erfaßte, sondern auch im benachbarten Ausland Aufmerksamkeit erregte.[2]

[1] Hierfür nur zwei besonders gravierende Beispiele: H. von Treitschke, Deutsche Geschichte im Neunzehnten Jahrhundert I, S. 113 f.; J. J. Sheehan, Der Ausklang des alten Reiches. Deutschland seit dem Ende des Siebenjährigen Krieges bis zur gescheiterten Revolution 1763 bis 1850, S. 387.

[2] Der Tugendbundstreit ist bis heute nicht wirklich umfassend und im Zusammenhang behandelt worden; aus der neueren Literatur sind besonders wichtig die – gleichwohl ergänzungsbedürftigen – Arbeiten von Otto Dann, Geheime Organisation und politisches Engagement im deutschen Bürgertum des frühen 19. Jahrhunderts. Der Tugendbund-Streit in Preußen, in: Geheime Gesellschaften, hrsg. v. Peter Christian Ludz (Wolfenbütteler Studien zur Aufklärung, Bd. V/1), Heidelberg 1979, S. 399–428, und O. W. Johnston, Der deutsche Nationalmythos. Ursprung eines politischen Programms, S. 248 ff.; vgl. daneben noch aus der älteren und jüngeren Literatur: Karl Hagen, Ueber die öffentliche Meinung in Deutschland von den Freiheitskriegen bis zu den Karlsbader Beschlüssen, II. Abtheilung, Die Jahre 1815 bis 1819, in: Historisches Taschenbuch, hrsg. v. Friedrich von Raumer, N. F. 8 (1847), S. 493–666, hier S. 517 ff.; R. Köpke, Die Gründung der Königlichen Friedrich-Wilhelms-Universität zu Berlin, S. 119 ff.; M. Lenz, Geschichte der königlichen Friedrich-Wilhelms-Universität zu Berlin I, S. 540ff; L. Salomon, Geschichte des Deutschen Zeitungswesens III, S. 5 ff., 50 ff., 182; H. von Treitschke, Deutsche Geschichte im Neunzehnten Jahrhundert I, S. 113 ff.; Carl Brinkmann, Der Nationalismus und die deutschen Universitäten im Zeitalter der deutschen Erhebung (Sitzungsberichte der Heidelberger Akademie der Wissenschaften. Philos.-histor. Klasse, Jhg. 1931/32, 3. Abh.), Heidelberg 1932, S. 60 ff.; W. M. Simon, The Failure of the Prussian Reform Movement, 1807–1819, S. 117 ff.; Klaus Goebel, Heinrich Luden – Sein Staatsbegriff und sein Einfluß auf die deutsche Verfassungsbewegung, jur. Diss. Saarbrücken 1968, S. 27 ff.; Johannes Rogalla von Bieberstein, Die These von der Verschwörung 1776–1945. Philosophen, Freimaurer,

Vorgeblicher Anlaß der Wortmeldung von Schmalz – die wohl unterblieben wäre, hätte er ihre Wirkung auch nur annähernd erahnen können – war eine Nachricht im 1811 erschienenen, aber das Jahr 1808 behandelnden fünften Band der von G. G. Bredow und Carl Venturini herausgegebenen „Chronik des neunzehnten Jahrhunderts". Hier wurde die Affäre um die „Adresse an die Preußen" von 1808 und Schmalz' Verhaftungsgeschichte[3] ausführlich referiert, und vorangestellt war ein kurzer Abschnitt über den „Tugendverein" zu Königsberg, der hier als ein vom Freiherrn vom Stein gestifteter „geheime[r] Orden" zur Beförderung des deutschen Patriotismus charakterisiert wurde; „ein Gerücht" habe als Mitglied „auch den Geheimenrath Schmalz" genannt, „welcher aus Halle entwichen, jetzt zu Berlin privatisirte und auf bessere Zeiten hofte [sic]".[4] Auf Verlangen von Schmalz hatte Bredow dem fünften Band der „Chronik" einen (auf den 20. Februar 1811 datierten) Nachtrag anfügen müssen, in dem die obigen Angaben richtiggestellt wurden: Schmalz sei bereits seit September 1807 „zu Memel als Professor an der in Berlin zu errichtenden Universität angestellt worden"; außerdem habe er in keiner Weise „an dem Tugendverein Theil genommen ... Und seine Adresse an die Preußen stand mit den etwaigen Zwecken des Vereins in keiner Verbindung: sie sollte die Gemüther der Unterthanen zur Annahme einiger Königlichen Verordnungen, als der neuen Städteordnung, der Abschaffung der Leibeigenschaft usw. vorbereiten".[5]

Damit schien eigentlich alles geklärt.[6] Insofern mußte es um so mehr verwundern, daß Schmalz vier Jahre später noch einmal auf diese – auch vor den Augen des Publikums längst bereinigte – Fehlinformation zurückkam und eine knappe, nur sechzehn Druckseiten umfassende Broschüre mit dem Doppeltitel „Berichtigung einer Stelle in der Bredow-Venturinischen Chronik für das Jahr 1808./Ueber politische Vereine, und ein Wort über Scharnhorsts und meine Verhältnisse zu ihnen" veröffentlichte. Dem Leser wurde sehr bald deut-

Juden, Liberale und Sozialisten als Verschwörer gegen die Sozialordnung, Flensburg 1992, S. 91 ff.

3 Siehe die Darstellung oben § 6 c).

4 Chronik des neunzehnten Jahrhunderts. Fünfter Band, 1808. Ausgearbeitet von Carl Venturini, hrsg. v. G. G. Bredow, Altona 1811, S. 410 f.

5 Ebenda, unpaginierter zweiseitiger Nachtrag, der in den gebundenen Exemplaren der Titelseite unmittelbar folgt.

6 Bredow beeilte sich denn auch, hinzuzufügen (ebenda): „Es freut Hrn. Venturini und mich, durch den Hrn. Geh. R. Schmalz selbst in den Stand gesetzt zu sein, diese Berichtigungen geben zu können".

lich, daß die darin enthaltene nochmalige Berichtigung der „Bredow-Venturinischen Chronik" und auch die ausführliche Schilderung der eigenen lockeren Kontakte zum Tugendbund[7] nur als Aufhänger für eine umfassende politische Denunziation zu dienen hatten.[8]

Obwohl der Bund, heißt es bei Schmalz, „nachher gesetzlich aufgehoben" worden sei, hätten sich doch „andre Verbindungen bald darauf in der Stille gebildet, vielleicht aus den Trümmern jener und der oben erwähnten andern; löblich, wenn für Befreiung des Vaterlandes von auswärtigen Unterdrückern; fluchwürdig, wenn dadurch Zwecke im Innern ohne des Königs Willen durchgesetzt werden sollen". Jedenfalls verbreite, so Schmalz weiter, „das Daseyn solcher Verbindungen ... Furcht unter den Bürgern aller teutschen Lande", weil „von solchen Bunden ... jene pöbelhaften Schmähreden gegen andre Regierungen, und jene tollen Deklamationen über Vereinigung des ganzen Teutschlands unter Eine Regierung ...; eine Vereinigung, welcher von jeher der Geist aller teutschen Völker widerstrebte".[9] Diese düsteren, im Verborgenen wirksamen Kräfte spiegelten, „wie vormals die Jakobiner die Menschheit, ... die Teutschheit vor, um uns der Eide vergessen zu machen, wodurch wir jeder seinem Fürsten verwandt sind". Schmalz gibt sich überzeugt: „Teutschland wird groß und herrlich aufblühen, wenn die Fürsten es ächt teutsch mit dem teutschen Bunde meinen, als mit einer heiligen Eidgenossenschaft, wozu gemeinsames Interesse sie wirklich verbindet". Doch „diese Menschen wollen durch Krieg der Teutschen gegen die Teutschen Eintracht in Teutschland bringen; durch bittern gegenseitigen Haß Einheit der Regierung gründen; und durch Mord, Plünderung und Nothzucht (letztere gar klärlich gepredigt) alt-teutsche Redlichkeit und Zucht vermehren"; außerdem wollen sie „die neue Umwälzung, wollen keinen daurenden Zustand, wollen eigentlich überall nichts als sich selbst".[10]

[7] Siehe dazu die Darstellung oben § 6 c).

[8] Vielleicht mag sich Schmalz an eine von ihm 1794 in seinem „Natürlichen Staatsrecht" postulierte „Pflicht der Unterthanen" erinnert haben, „der Souveränität das bekannt zu machen", was sie über die Gefahren wissen, „welche die Sicherheit Aller oder Eines bedrohen" (Das natürliche Staatsrecht, [1]1794, S. 75).

[9] Berichtigung einer Stelle in der Bredow-Venturinischen Chronik für das Jahr 1808./Ueber politische Vereine, und ein Wort über Scharnhorsts und meine Verhältnisse zu ihnen, S. 11 f.

[10] Die Zitate ebenda, S. 12 f.; immerhin monierte Schmalz auch „leidenschaftliches Predigen unbedingten Todes-Hasses gegen Frankreich", das „verbunden [sei] mit den schmählichsten Beschuldigungen aller teutschen Regierungen" (ebenda, S. 12).

Größten Unwillen sollte Schmalz' anschließende Äußerung erregen, jene dunklen Kräfte und verborgenen Geheimbündler sagten „nur sehr keck die Unwahrheit, wenn sie rühmen, daß sie *die* Preußische Nation begeistert hätten. Weder von *solcher* Begeisterung, noch von Begeisterung durch *sie*, war bei uns eine Spur". Es sei – im Gegenteil – alles ganz anders gewesen: Auf den königlichen Aufruf von 1813 sei „plötzlich die ganze Nation [aufgestanden], wie Ein Mann. Keine Begeisterung, überall ruhiges und desto kräftigeres Pflichtgefühl. Alles eilte zu den Waffen, und zu jeder Thätigkeit, wie man aus ganz gewöhnlicher Bürgerpflicht zum Löschen einer Feuersbrunst beim Feuerlärm eilt. Das war grade das Schöne, Edle, Große, so ächtteutschen Sinnes, daß niemand that, als thue er etwas besonderes, wenn er die größesten Opfer brachte, Jedem war, als müsse es eben so seyn".[11] Reines Pflichtbewußtsein habe die Soldaten der Befreiungskriege zu den Waffen greifen lassen – und nicht die Agitation bestimmter selbsternannter Patrioten.[12] Schließlich bleibe es, fügte er – noch einmal auf den Tugendbund zurückkommend – an, „unbegreiflich, wie rechtliche und verständige Männer solche Verbindungen eingehen können", denn „durch die Verbindungen selbst sind die Starken in der Hand der Schwachen".[13] Abschließend wies Schmalz die Behauptung, sein 1814 verstorbener Freund und Schwager Scharnhorst sei insgeheim Mitglied des Tugendbundes gewesen, mit aller Deutlichkeit zurück.[14]

[11] Die Zitate ebenda, S. 13 f.

[12] Vgl. die Ausführungen ebenda, S. 14: „Und nun wollen jene den Ruhm des Volkes sich zulügen. Aber gar nichts thaten sie, ihr Geschrei wirkte nicht auf das Volk ... Sie sprachen von Freiheit, und ließen doch den armen gemeinen Mann gar despotisch an, wo sie etwas zu befehlen hatten; sie sprachen von großem Interesse, und spielten doch mit den armseligsten Pedanterien in ihren Anordnungen; sie sprachen von Opfern auf dem Altar des Vaterlandes, und behielten doch ihre eigenen Schärflein selbst. Wo sie mit steifem Ernste auftraten, da sahe das Volk wohl, daß sie nicht die Noth des Vaterlandes, sondern ihre eigene Würde fühlten. Wahrhaftig, wenn nicht andre, unbegeisternde Männer, es ruhig geordnet und ausgerichtet hätten; sie hätten es nicht gethan".

[13] Ebenda, S. 15.

[14] Vgl. ebenda, S. 15 f.: „*Scharrnhorst* [sic], sagen sie, hätte diesen Bünden angehört, sey Stifter und Führer derselben gewesen; und viele Leute glauben das wirklich. – Nicht einmal dem Tugendverein gehörte er an; viel weniger irgend einem andern. So entschlossener Feind er war dem Feinde des Vaterlandes und der Menschheit, so billigte er doch nicht einmal die Stiftung jenes ersten Vereins. ... Er, welcher nicht bloß an der Majestät des Königs mit unerschütterlicher Treue, sondern gerade auch an der Person des Königs mit so inniger Liebe und Ehrfurcht hing, Er hätte die Hand bieten sollen, das höchste Ansehen des Königs zu untergraben? ... Sein Kopf war zu kühl, und

Besonders brisant wurde Schmalz' Schrift auch durch die Tatsache, daß gleichzeitig ein weiteres Pamphlet veröffentlicht wurde – dessen Verfasser wohlweislich anonym blieb: Unter dem Titel „Die Deutschen Roth- und Schwarz-Mäntler. Eine Seiten-Patrouille zu den Französischen schwarzen und weißen Jakobinern" griff der ungenannte Autor, den man wohl in dem einst übel beleumdeten Journalisten Friedrich von Cölln zu sehen hat,[15] vor allem Ernst Moritz Arndt und Joseph Görres an;[16] anschließend klagte er allerdings jene, dem Verfasser angeblich sehr genau bekannte, „Menge Geheim-Bündner" an, die „unter dem Vorwande, nur die Befreiung des Vaterlandes vom fremden Joche zu wollen", in Wirklichkeit nach nichts anderem als „nach Königsmord, nach Umsturz aller bestehenden Verfassungen"[17] strebten. – Hinzu kam in diesen Tagen schließlich ebenfalls eine interne, von einem Hofrat (und Agenten Hardenbergs) namens Janke ausgehende Denunziation, die direkt an den König gerichtet war und in der noch einmal nachdrücklich vor der Tätigkeit einiger, im Verborgenen wirkender Geheimbünde gewarnt wurde, deren öffentliches Sprachrohr man vor allem in Arndt und Görres zu erkennen habe.[18]

sein Herz zu warm, um in Plane [sic] einzugehen, welche mit poetischer Theaterkraft in die wirkliche Welt eingreifen sollten". – Scharnhorst war in der Tat kein Mitglied des Tugendbundes; vgl. dazu die von Max Lehmann veröffentliche Aufzeichnung Scharnhorsts über sein Verhältnis zum Tugendbund in: M. Lehmann, Scharnhorst II, S. 656 f.; siehe auch G. H. Klippel, Das Leben des Generals von Scharnhorst II, S. 469 f.

[15] So die Vermutung von O. Dann, Geheime Organisation und politisches Engagement im deutschen Bürgertum des frühen 19. Jahrhunderts, S. 425. Cölln hatte kurz nach der Niederlage als „Enthüllungsautor" der inneren Zustände Preußens vor 1806/07 gewirkt, war deswegen angeklagt worden und – auch von den Franzosen beargwöhnt – geflohen, hatte seine Dienste dann aber durch ein geschicktes Manöver Hardenberg angeboten, der sich in den folgenden Jahren oftmals seiner bediente; vgl. dazu u. a. O. Tschirch, Friedrich Buchholz, Friedrich von Coelln und Julius von Voß, drei preußische Publizisten in der Zeit der Fremdherrschaft 1806–1812, S. 173 ff.; A. Hofmeister-Hunger, Pressepolitik und Staatsreform. Die Institutionalisierung staatlicher Öffentlichkeitsarbeit bei Karl August von Hardenberg (1792–1822), S. 224 ff.

[16] Vgl. [Anonym], Die Deutschen Roth- und Schwarz-Mäntler. Eine Seiten-Patrouille zu den Französischen schwarzen und weißen Jakobinern, Neubrandenburg o. J. [1815], S. 4 f., 10 f., 24 ff.

[17] Die Zitate ebenda, S. 6f, 9; weiter heißt es in dem für die gesamte Schrift charakteristischen Tonfall (ebenda, S. 11 f.): „Unsere Fürsten, für deren Erhaltung wir uns und unsre Söhne, unser Gut und Blut, so willig und gern gaben, sollen abgesetzt und verjagt werden, weil unsere neuen deutschen Jakobiner, in ihrem demagogischen Unsinn glauben, wir bedürften ihrer weiter nicht, oder vielmehr weil sie in ihrem Wahnsinn gern an unserer Fürsten Stelle über uns herrschen möchten".

[18] Die Eingabe und der dazugehörige Bericht Jankes an Friedrich Wilhelm III., datiert vom 19.8.1815, ist abgedruckt im Anhang von P. Stettiner, Der Tugendbund, S. 53–55.

Es erhebt sich die Frage, ob die von Schmalz, vom anonymen Autor der „Roth- und Schwarz-Mäntler"-Broschüre und von Janke erhobenen Vorwürfe vollkommen aus der Luft gegriffen waren und ausschließlich durchsichtigen persönlich-politischen Zwecken dienen sollten, – ob also, wie Treitschke bemerkte, im Jahre 1815 „in Deutschland ein finsterer Wahn gleich einer verheerenden Seuche um sich" gegriffen habe und „nicht bloß schlechte Gesellen ... an die geheime Wühlerei demagogischer Bünde"[19] geglaubt hätten. Jedenfalls steht fest, daß der Tugendbund zwar offiziell 1810 wieder aufgehoben wurde,[20] daß aber doch Reste von ihm im Verborgenen weiter existierten. Weiter ist bekannt, daß es neben dem Tugendbund noch andere Geheimbünde gab, so etwa die radikalen „Deutschen Gesellschaften" und den „Hoffmannschen Bund", der – mit Wissen und Duldung Hardenbergs – 1815 die deutsche Öffentlichkeit im propreußischen Sinne beeinflussen sollte. Immerhin scheint es um 1812/13 sogar einen „Plan zur Absetzung Friedrich Wilhelms III. zugunsten seines Bruders Wilhelm im Rahmen der aufrührerischen Tätigkeit zum Zweck einer norddeutschen Insurrektion"[21] gegeben zu haben.[22]

Dies alles wird man bedenken müssen, um die Bedeutung der Schmalzschen Schrift vom Sommer 1815 richtig einschätzen und um

[19] H. von Treitschke, Deutsche Geschichte im Neunzehnten Jahrhundert II, S. 114.

[20] Zum Tugendbund siehe bereits die Ausführungen oben § 6 c). Eine aufschlußreiche Charakteristik des Bundes gibt aus der Erinnerung auch Hermann von Boyen, Denkwürdigkeiten und Erinnerungen 1771–1813, Bde. I–II, Stuttgart 1899, hier Bd. I, S. 291–296. – Neuere ausführliche Studien über diesen Bund gibt es nicht; aus der älteren Literatur siehe – neben der bereits genannten Arbeit von P. Stettiner, Der Tugendbund (und den oben § 6 c) genannten Studien) – vor allem August Lehmann (Hrsg.), Der Tugendbund. Aus den hinterlassenen Papieren des Mitstifters Professor Dr. Hans Friedrich Gottlieb Lehmann, Berlin 1867; [M. F. von Bassewitz], Die Kurmark Brandenburg im Zusammenhang mit den Schicksalen des Gesammtstaats Preußen während der Zeit vom 22. Oktober 1806 bis zu Ende des Jahres 1808 I, S. 615 ff.; C. Krollmann, Amtliche Politik und vaterländische Bewegung 1807–1813, S. 14 ff.

[21] So unter Berufung auch auf britische Quellen O. W. Johnston, Der deutsche Nationalmythos, S. 252.

[22] Dieser Problemkomplex ist von der Forschung bis heute noch nicht angemessen aufgearbeitet worden und kann deshalb an dieser Stelle auch nicht weiterverfolgt werden; vgl. hierzu nur die Hinweise bei Friedrich Meinecke, Die Deutschen Gesellschaften und der Hoffmannsche Bund. Ein Beitrag zur Geschichte der politischen Bewegungen in Deutschland im Zeitalter der Befreiungskriege, Stuttgart 1891, passim; Percy Stulz, Fremdherrschaft und Befreiungskampf. Die preußische Kabinettspolitik und die Rolle der Volksmassen in den Jahren 1811 bis 1813, Berlin (-Ost) 1960, S. 116ff u. passim (materialreich, aber politisch tendenziös, daher nur mit Zurückhaltung zu gebrauchen); O. W. Johnston, Der deutsche Nationalmythos, S. 65 ff., 243 ff.

deren Hintergründe verstehen zu können.[23] Fest steht jedenfalls, daß Schmalz seinen Angriff genau vorbereitet und geplant hat.[24] Seine Motive allerdings dürften von anderer Art gewesen sein, als man ihm immer wieder unterstellt hat: Er handelte weder aus „Großmannssucht“,[25] noch als Instrument einer gegen Hardenberg intrigierenden Hofclique,[26] als er seine Schrift „Ueber politische Vereine“ in die Welt schickte. Der eigentliche Antrieb scheint ein seit 1807 immer wieder als besonders demütigend empfundenes Gefühl der Benachteiligung und Zurücksetzung gewesen zu sein. Insofern war es kein Zufall, daß er sich eben zu der Zeit, in der er die besagte Broschüre publizierte – Mitte 1815 –, mit der Bitte an Hardenberg wandte, „mir in der zweiten Section des Departements der auswärtigen Angelegenheiten Geschäfte eines vortragenden Rathes zu geben“[27] – mit der Begründung, an der Universität fortwährend benachteiligt zu werden.[28] Die Broschüre mag schließlich auch aus dem Bedürfnis heraus verfaßt worden sein, sich selbst gegenüber den offiziellen Stellen als besonders staats- und königstreuer Autor und Gelehrter herauszustellen. – Eine Antwort Hardenbergs auf das Gesuch ist nicht bekannt; sicher weiß man jedoch, daß Schmalz' Anfrage erfolglos blieb.

Jedenfalls spricht einiges für die Annahme, daß sich Schmalz mit seiner kleinen Schrift vor allem deshalb in den Vordergrund zu spielen versuchte, weil er sich von Universitätskollegen wie Schleiermacher und mehr noch Savigny an die Seite gedrängt und in den Schatten

[23] Weiteres zu dieser Frage auch unten § 8 d).

[24] In einer Denkschrift des Generals von Eisenhart über den Tugendbund, abgedruckt in: WILHELM DOROW (Hrsg.), Denkschriften und Briefe zur Charakteristik der Welt und Litteratur, Bde. I–V, Berlin 1838–1841, hier Bd. IV, S. 58–62, heißt es, daß Schmalz – vorgeblich im Auftrag Hardenbergs – 1815 von ihm Informationen über Tätigkeit und Zusammensetzung des Bundes erfragt, aber keinerlei Informationen erhalten habe (vgl. ebenda, S. 62).

[25] So E. HEYMANN, Hundert Jahre Berliner Juristenfakultät, S. 10.

[26] Zu diesem Vorwurf siehe die Ausführungen unten § 8 d).

[27] Abgedruckt in: F. RÜHL (Hrsg.), Briefe und Aktenstücke zur Geschichte Preussens unter Friedrich Wilhelm III. vorzugsweise aus dem Nachlass von F. A. von Stägemann I, S. 401 f., das Zitat S. 402.

[28] So und nicht anders dürfte die – eindeutig, obwohl der Name nicht fällt, auf Savigny bezogene – Bemerkung zu verstehen sein, daß er, Schmalz, selbst mehr Vorlesungen halten müsse als seine jüngeren Kollegen, die sich nur auf eine Vorlesung im halben Jahr beschränkten, aber trotzdem besser besoldet seien. Er selbst wolle vor allem die Stelle im Oberappellationssenat des Kammergerichts loswerden, die er jetzt noch, der dringend benötigten Zusatzeinkünfte wegen, innehabe; daher bitte er um eine neue Anstellung im Auswärtigen Amt (ebenda, S. 402).

gestellt fühlte.[29] Daß er damit eine so überaus heftige und intensive öffentliche Debatte auslöste, die im nachhinein sogar – und keineswegs zu unrecht – als „eine Wendemarke in der innenpolitischen Entwicklung Deutschlands im 19. Jahrhundert"[30] bezeichnet worden ist, konnte er freilich nicht im mindesten ahnen. Die Befreiungskriege waren von einer mächtigen Aufwallung nationaler Gefühle und Empfindungen begleitet worden, und diese Woge war auch nach dem Ende der Kampfhandlungen nicht so ohne weiteres wieder zu glätten.[31] Doch die Hoffnungen auf wirklich tiefgreifende politisch-verfassungsmäßige und soziale Reformen, die sich an den siegreichen Ausgang des Befreiungskampfes geknüpft hatten, sollten weitgehend unerfüllt bleiben; die nun folgende Epoche gehörte der politischen und sozialen Restauration.[32] Die ungewöhnliche Heftigkeit, mit welcher der Tugendbundstreit von beiden Seiten geführt wurde, geht fraglos schon darauf zurück, daß die enttäuschten Hoffnungen der einen und der sich am Status quo festklammernde Beharrungswille der anderen Seite bei dieser Gelegenheit erstmals hart zusammenstießen.

b) Gegenschriften und Verteidigung: Niebuhr, Schleiermacher, Rühs

Der erste, der Schmalz mit besonderem Nachdruck öffentlich entgegentrat, indem er ihn der allgemeinen Lächerlichkeit preiszugeben versuchte, war Barthold Georg Niebuhr, der in den Jahren seit 1810 vor allem durch seine berühmten und methodisch bahnbrechenden, an der Universität gehaltenen Vorlesungen über römische Geschichte

[29] So auch die Vermutung von A. Stoll, Friedrich Karl v. Savigny, Bd. II, S. 40.

[30] O. Dann, Geheime Organisation und politisches Engagement im deutschen Bürgertum des frühen 19. Jahrhunderts. Der Tugendbund-Streit in Preußen, S. 399.

[31] Vgl. hierzu neben O.W. Johnston, Der deutsche Nationalmythos, und C. Brinkmann, Der Nationalismus und die deutschen Universitäten im Zeitalter der deutschen Erhebung, auch Eugene Newton Anderson, Nationalism and the Cultural Crisis in Prussia, 1806–1815, 2. Aufl., New York 1966, passim, neuerdings auch Jürgen Wilke, Der nationale Aufbruch der Befreiungskriege als Kommunikationsereignis, in: Volk – Nation – Vaterland, hrsg. v. Ulrich Herrmann (Studien zum achtzehnten Jahrhundert, Bd. 18), Hamburg 1996, S. 353–368, bes. S. 362 ff., und Christopher Clark, The Wars of Liberation in Prussian Memory, Reflections on the Memorialization of War in Early Nineteenth-Century Germany, in: The Journal of Modern History 68 (1996), S. 550–576.

[32] Brillanter geistesgeschichtlicher Überblick noch immer bei Ernst Troeltsch, Die Restaurationsepoche am Anfang des 19. Jahrhunderts, in: derselbe, Gesammelte Schriften, Bd. IV: Aufsätze zur Geistesgeschichte und Religionssoziologie, hrsg. v. Hans Baron, Tübingen 1925, S. 587–614.

Aufmerksamkeit erregt hatte. Er zählte – nicht nur als prominentes Mitglied der Akademie der Wissenschaften – zu den herausragenden Figuren des geistigen Lebens im Berlin dieser Zeit und konnte darauf rechnen, daß seine im Oktober 1815 publizierte, gegen Schmalz gerichtete kleine Broschüre „Ueber geheime Verbindungen im preußischen Staat, und deren Denunciation“ allgemeine Beachtung finden würde.[33]

Es fiel Niebuhr – der auch vor 1815 wenig von Schmalz gehalten und sich dementsprechend geäußert hatte[34] – nicht schwer, die unleugbaren Schwachpunkte der kleinen Schrift seines Kontrahenten dingfest zu machen und für seine Leser aufzuspießen. Zuerst einmal verspottet Niebuhr seinen Gegner dadurch, daß er dessen Schriftchen als einen Ausdruck für den allgegenwärtigen Hang der Menschen auffaßt, an Verschwörungstheorien ebenso wie an „Hexerei und Spuk“[35] zu glauben. Der Tugendbund als solcher sei längst „verflossen“, sei 1813 aufgegangen in der „vom Könige geleiteten und gebotenen Nationalbewegung“; die erneute Erinnerung an jene Vereinigung diene nurmehr „zur Verunglimpfung einer großen Zahl unbescholtener Männer unter unsern eigenen Mitbürgern“.[36]

Der Tugendbund sei, so Niebuhr weiter, zwar keine vollkommen unbedenkliche Organisation gewesen, daher gehöre dessen zeitweiliges Wirken auch „zu den Gegenständen, welche in Vergessenheit

[33] Barthold Georg Niebuhr, Ueber geheime Verbindungen im preußischen Staat, und deren Denunciation, Berlin 1815; im folgenden zitiert nach dem Neuabdruck in: derselbe, Politische Schriften. In Auswahl hrsg. v. Georg Küntzel (Historisch-politische Bücherei, H. 2), Frankfurt a. M. 1923, S. 65–91; die Schrift trägt das Motto, „ – jam respondere decebit“. Zum Zusammenhang siehe Küntzels Nachwort ebenda, S. 346 ff., sodann Dietrich Gerhard, Zur Einführung, in: Die Briefe Barthold Georg Niebuhrs, hrsg. v. Dietrich Gerhard/William Norvin, Bd. I, Berlin 1926, S. LXXIX ff.; B. C. Witte, Der preußische Tacitus, S. 104 ff., 173.

[34] Vgl. Barthold Georg Niebuhr, Die Briefe, hrsg. v. Dietrich Gerhard/William Norvin, Bd. II, 1809–1816 (Das Literatur-Archiv, Bd. 2), Berlin 1929, S. 508 (Niebuhr an Graf Friedrich Leopold zu Stolberg, 2.10.1814): „Schmalz hat, wie Sie sich vielleicht erinnern, ein Naturrecht geschrieben, und dadurch in der Periode der Kantischen Philosophie Celebrität gehabt, es ist aber der seichteste leichtfertigste Professor den es geben kann, und sein Naturrecht ist nicht besser, freilich aber auch nicht schlechter als das, was auf andern Universitäten gelesen wird“. – Der Königsberger hohe Beamte und Schriftsteller Johann George Scheffner, der beide Kontrahenten persönlich kannte, hat einmal bemerkt, Schmalz und Niebuhr seien „zwey beinah in allem verschiedne Menschen“ gewesen; [Johann George Scheffner], Mein Leben, wie ich Johann George Scheffner es selbst beschrieben, Bd. I, Königsberg 1821, S. 193.

[35] B. G. Niebuhr, Politische Schriften, S. 65.

[36] Ebenda, S. 67.

gehüllt werden sollten",[37] doch sei die Hauptthese von Schmalz geradezu absurd: „mit wohlbegründeter Überzeugung" erklärte Niebuhr, „daß das ganze von Herrn Geheimrat Schmalz ausgerufene Gerücht von geheimen politischen Verbindungen, die in unserm Staate bestehen sollen, ein leeres Märchen, und auch keine Spur von dergleichen vorhanden ist, sei es als Tugendbund, sei es in irgendeiner andern Gestalt". Schmalz' Schrift sei „nichts mehr und nichts weniger als eine nur gedruckte Wiederholung der hundertmal ausgesprochenen Klatscherei",[38] denn klare und unwiderlegliche Tatsachen habe der Berliner Jurist nicht anbieten können, dafür beteilige er sich – gerade für einen Juristen besonders verwerflich – an der Verbreitung unbewiesener Gerüchte, denn „je sträflicher aber und absolut verdammlich politische geheime Gesellschaften sind, um so weniger ist es erlaubt, das Gerücht von ihrem Dasein leichtsinnig zu verbreiten und irgendeinen Mitbürger in den Verdacht zu bringen, daß er auf diese Weise Hochverräter und Staatsverbrecher sei".[39]

Sodann wies Niebuhr[40] die Auffassung von Schmalz, der Aufbruch von 1813 sei nicht aus Begeisterung, sondern nur aus gewohntem Pflichtbewußtsein geschehen, mit großer Entschiedenheit zurück:

[37] Ebenda, S. 77; der Tugendbund war, so Niebuhr weiter (ebenda, S. 78), „wohlgemeint entworfen; nach dunkeln Gefühlen, die, halb und schief aufgefaßt, zu einem widersinniugen Machwerk verarbeitet waren, welches, weil unsere Nation treu und nicht phantastisch ist, in sich vergehen mußte, wohl aber, wenn es in dieser Hinsicht anders beschaffen gewesen wäre, zu sehr gefährlichen Dingen hätte führen können. Deswegen würde ich selbst ... auf keinen Fall Mitglied desselben geworden sein, indem die Statuten, ohne daß die Urheber etwas Böses gedacht, entweder zum Ärgsten oder zum Erbärmlichsten führen mußten. Es war ein Staat im Staat entworfen, der, wenn er zum Leben gekommen wäre, die Regierung ... hätte abstreifen können; und daß eine so gefährliche Konstitution so schlechterdings harmlos blieb, wie es notorisch der Fall war, sollte unsre Alarmisten etwas beruhigen".

[38] Die Zitate ebenda, S. 74, 68.

[39] Ebenda, S. 73; sofern aber wirkliche Anhaltspunkte für eine Gefahr vorlägen, sei eine ganz andere Handlungsweise geboten: „Der Ehrenmann ... wendet sich an die Behörde, schweigt vor dem Publikum und scheut keine Mühe und Gefahr, um jene bei ihrer Untersuchung zu unterstützen und eben dadurch einer möglichen Lässigkeit vorzubeugen" (ebenda).

[40] Die von Niebuhr in seiner Anti-Schmalz-Broschüre herausgearbeitete Unterscheidung von (positiv gesehener) politischer „Partei" einerseits und (als staatsgefährdend abzulehnender) politischer „Gesellschaft" innerhalb einer Partei andererseits (ebenda, S. 68 ff.) gilt als eine der ersten Reflexionen, die in Deutschland über die Bedeutung und Eigenart politischer Parteien angestellt worden sind; vgl. dazu die Bemerkungen bei J. Rogalla von Bieberstein, Geheime Gesellschaften als Vorläufer politischer Parteien, S. 444; Hans Fenske, Deutsche Parteiengeschichte. Von den Anfängen bis zur Gegenwart, Paderborn – München – Wien – Zürich 1994, S. 12.

beim Ausbruch der Befreiungskriege sei „alles Volk ... auf das erste Wort" aufgesprungen, „um den Gegenstand seiner heißen Sehnsucht zu ergreifen. Nun flossen alle lebendigen Kräfte dem Strome zu, dessen Lauf der König leitete. Es war nun etwas ganz anderes als der Gehorsam, welcher nur empfangene Befehle, die nicht auch das eigene Herz ihm gegeben, ausführt", und Niebuhr fügte hinzu: „Wenn die Kraft, welche damals jeden belebte, *nicht Begeisterung war* ..., so muß das Wort aus der Sprache getilgt werden".[41] Schmalz' Ablehnung des deutschen Nationalhasses gegen Frankreich wurde von Niebuhr schließlich ebenso scharf gegeißelt[42] wie dessen indirekter Angriff gegen Ernst Moritz Arndt.[43]

An Hardenberg schickte Niebuhr seine Broschüre mit dem Ausdruck seiner Hoffnung, „daß meine, durch eigenen Unwillen und den Wunsch sehr vieler wohlgesinnter *Männer von 1813* veranlaßte Schrift, wenigstens in Hinsicht ihres Sinns und Zwecks Ew. Durchlaucht Beifall genießen wird".[44] Immerhin hatte Niebuhr den zentralen von Schmalz erhobenen Vorwurf, es existierten im Verborgenen geheime politische Verbindungen, nicht wirklich entkräften können; und eine Nebenbemerkung in seinem Brief an Hardenberg, in der die politische Inopportunität der Broschüre von Schmalz betont wird, scheint jedenfalls darauf hinzudeuten, daß Niebuhr von der Existenz des Hoffmannschen Bundes oder anderer Vereine dieser Art zumindest etwas geahnt haben mag.[45]

41 B. G. NIEBUHR, Politische Schriften, S. 80 f.

42 Vgl. ebenda, S. 84 f.

43 Vgl. ebenda, S. 88 ff.; Niebuhr bezog Schmalz' Anklage, die Geheimbündler hätten Notzucht „gar klärlich gepredigt" (Berichtigung einer Stelle in der Bredow-Venturinischen Chronik für das Jahr 1808./Ueber politische Vereine, und ein Wort über Scharnhorsts und meine Verhältnisse zu ihnen, S. 13), auf eine Bemerkung von Arndt, der in seiner Schrift „Das Wort von 1814 und das Wort von 1815 über die Franzosen" (Frankfurt a. M. 1815) zur Züchtigung der „Verruchten" mit dem „Schwert der Rache" aufgefordert, doch ebenfalls hinzugefügt hatte, „der Waffenlosen schonet und der Weiber brauchet christlich und menschlich, denn ihr seid Christen und sollt milde und barmherzig sein" (zit. bei B. G. NIEBUHR, Politische Schriften, S. 89). Sollte sich Schmalz mit seinem Vorwurf *tatsächlich* auf diese Formulierungen Arndts bezogen haben (er schweigt sich in seiner Antwort an Niebuhr hierüber aus), dann hätte Niebuhr mit seiner Bemerkung: „Wehe den armen Gesetzestexten, die in die Hände dieses Interpreten geraten!" (ebenda, S. 89), unzweifelhaft recht.

44 B. G. NIEBUHR, Die Briefe II, S. 643 (Niebuhr an Hardenberg, 29.10.1815); vgl. auch den Brief an Gneisenau vom gleichen Tag (ebenda, S. 644).

45 Vgl. ebenda, S. 642 f.: Schmalz' Schrift, heißt es in dem Brief, „besudelt, so weit es ihrem elenden Verfasser möglich ist, unsern Ehrenkranz, und gibt unsern ehrlosen Feinden ... Waffen für ihre schändlichsten Beschuldigungen gegen uns".

Auf den ersten Blick verteidigte sich Schmalz in seiner Antwortschrift „Ueber des Herrn B. G. Niebuhrs Schrift wider die meinige, politische Vereine betreffend", erschienen Ende Oktober oder Anfang November 1815, durchaus nicht ungeschickt, indem er sich selbstbewußt gab: „Ich bin seit 27 Jahren in allen preussischen Ländern so bekannt, daß Herr Niebuhr mir die Achtung des Publicums nicht rauben kann. Darum stelle ich auch keine Klage gegen ihn an, deren Folgen er sonst im §. 614–620 und 921 des Allg. Landrechts im Titul von Verbrechen und Strafen lesen kann".[46] Immerhin konnte er sich auf Zeitungsberichte über geheime Verbindungen berufen und auf die Tatsache, daß die entsprechenden Gerüchte „lange und dauernd" bestanden hätten. Zum vorgeblichen „Ende" des Tugendbundes merkte er an: „Hat nun eine geheime Gesellschaft niemals fortgedauert, wenn die Regierung sie aufgehoben? ... Herr N. behauptet dreist – nachdem der Bund 1810 durch seine Auflösung erloschen wäre ..., habe er in keiner Form fortgelebt. Ist ihm das wirklich Ernst? Er muß sehr unkundig seyn in allen, was um uns her vorgegangen, wenn er wirklich nicht weiß, was 1812 eine solche Verbindung vorhatte".[47]

Schmalz ging zum Gegenangriff über, indem er nun seinerseits versuchte, Niebuhr ins politische Zwielicht zu rücken.[48] Entschieden hielt er an seiner Behauptung fest, es gebe revolutionäre Geheimbünde in Deutschland, die „nach Constitutionen" strebten, „welche die Macht der Fürsten vernichten sollen". Dabei berief er sich u. a. – wiederum ohne den Namen zu nennen – auf Ernst Moritz Arndts 1815 allerdings anonym erschienene kleine Schrift „Über Preußens rheinische Mark und über Bundesfestungen", in der immerhin die Worte zu lesen waren, „daß Fürsten nur da sind als Diener und Beamte des Volkes, und daß sie aufhören müssen, sobald das Volk ihrer nicht mehr bedarf oder sobald sie sogar das Verderben dieses Volkes sind".[49] Das waren nicht nur in Schmalz' Augen provokante Formulierungen, denen er offen entgegenzutreten zu müssen glaubte. Arndt selbst vermied es

[46] Ueber des Herrn B. G. Niebuhrs Schrift wider die meinige, politische Vereine betreffend, S. 3.

[47] Die Zitate ebenda, S. 4 ff.

[48] Vgl. ebenda, S. 5: „Herr N. läugnet das Daseyn solcher Vereine, und mit einem Ingrimm, der schon ahnden lassen muß, er streite für eine schlimme Sache".

[49] Ernst Moritz Arndt, Werke. Auswahl in zwölf Teilen, hrsg. v. August Leffson/Wilhelm Steffens, Berlin – Leipzig – Wien – Stuttgart 1912, Bd. XI, S. 192 (das Zitat ist im Original vollständig gesperrt).

klugerweise, in den Streit einzugreifen,[50] doch Schmalz sah sich als öffentlicher Anwalt der ureigensten Interessen Preußens: er habe von Ausländern erfahren, „wie das Gerücht solcher Bünde überall Haß und Mißtrauen gegen Preußen in ganz Teutschland aufrege, weil jene sich rühmten, in Preußen ihr Centrum unter dem Schutze bedeutender Männer zu haben". Insofern habe er es als seine Pflicht empfunden, „an das Licht der Publicität ein Gezücht zu ziehen, was am Lichte stirbt, und nur im Finstern brütet. Und vor dem Auslande wollte ich uns vor der Schmach reinigen, als ob bedeutende Männer bei uns solch Unwesen schützten".[51] Das war eine zwar durchaus geschickte, doch keineswegs in allem erfolgreiche Verteidigung, denn gegen die Vorwürfe, jenes Arndt-Zitat über „klärlich gepredigte" Notzucht gröblich mißdeutet und zudem die Begeisterung von 1813 geleugnet zu haben, konnte sich Schmalz nur mit allerlei gedanklichen Verrenkungen zur Wehr setzen.[52]

Ärgerlicher wurde es dagegen, als sein alter Hallenser und jetzt Berliner Kollege Schleiermacher, der von Schmalz' wissenschaftlichen Schriften ebenfalls nicht allzuviel hielt,[53] mit einem weiteren Pamphlet in den Streit eingriff. Auf immerhin 56 Druckseiten entfachte der

[50] Vgl. auch K. H. Schäfer, Ernst Moritz Arndt als politischer Publizist, S. 213. – Arndt selbst hat sich viele Jahre später, in den 1840 veröffentlichten „Erinnerungen aus dem äußeren Leben", ironisch über den „zurückwehende[n] Sturm, welchen der Geheime Rat Schmalz" und andere „gegen die Verderber und Verführer der Zeit brausen ließen", geäußert. Immerhin räumte er ohne Umschweife ein, seinerzeit einem gegen Napoleons Herrschaft gerichteten „formlosen Männerbund" angehört zu haben – nicht ohne anzufügen, daß er selbst in den schlimmsten Zeiten der französischen Herrschaft „von geheimen Verbindungen nichts Großes erwartet habe, sondern allein von der allgemeinen, in alles Volk durchdringenden Gesinnung"; die Zitate nach E. M. Arndt, Erinnerungen aus dem äußeren Leben (1840), in: derselbe, Werke. Auswahl in zwölf Teilen II, S. 240, 244 f.

[51] Ueber des Herrn B. G. Niebuhrs Schrift wider die meinige, politische Vereine betreffend, S. 10 f.; er fügte hinzu: „Mit Glück habe ich angefangen durch Publicität zu vernichten, was Publicität sichrer vernichtet, als die Polizey, ehe denn ihre gesammelten Anzeigen zur Reife juristischer Beweise gediehen sind. Mit *solchen* Schriften wie die Niebuhrsche, kömmt man eben mir dafür am besten zu Hülfe. Man macht die Sache bekannter, und überzeugt die Welt zugleich, daß man für die Nicht-Existenz der weißen Frau nicht mit solcher Erbitterung streiten würde. Also nur mehr solcher Schriften! und gerade ja Niebuhrscher, eben desto besser; dann werden auch leichtsinnige Menschen sich schämen, einer Sache zugethan zu seyn, welche so vertheidigt wird" (ebenda, S. 11 f.).

[52] Vgl. ebenda, S. 12 ff.

[53] Vgl. Friedrich Daniel Ernst Schleiermacher, Werke. Auswahl in vier Bänden, hrsg. v. Otto Braun/Johannes Bauer, Bd. III, Leipzig 1927, S. 621 („Aphorismen über den Staat").

berühmte Theologe ein rhetorisches Feuerwerk, das sich von den trokkenen, schwerfälligen Formulierungen eines Niebuhr deutlich abhob und Schmalz der allgemeinen Lächerlichkeit preisgab. In der Tat war, bemerkt Varnhagen im Rückblick, „in Schleiermacher eine besondere Bitterkeit und Schärfe, die in manchen Äußerungen bis zur wahren Grausamkeit ging; z. B. in der Schrift gegen Schmalz“.[54] Der heutige Leser wird diese Worte bestätigen können.

Auf den ersten Blick zeigte sich Schleiermacher scheinbar überzeugt von der Sinnlosigkeit der ganzen Auseinandersetzung: außer einem „bunteren Schriftwechsel, der einigen Wochen der lesenden Welt die Zeit vertreibt“, werde „nichts daraus hervorgehen“.[55] Trotzdem trieb er den Spott auf die Spitze, indem er zuerst einmal Dinge über seinen ehemaligen Kollegen ausplauderte, die nicht jedem bekannt sein konnten; so machte er die Tatsache öffentlich, daß Schmalz Freimaurer sei und sich in seinen Enthüllungen über Geheimbünde offenkundig der „Freimaurersprache“ bediene.[56] „Und sehen Sie nur“, redete der Theologe den Juristen mit kaum zu übertreffender Ironie an, „mir ist bange, der hochwürdige Orden wird es Ihnen schlecht danken, daß Sie Veranlassung geben, das auf ihn anzuwenden, was Sie von den Bünden sagen“.[57] Im Klartext hieß das: Schmalz habe den Gipfel fast sträflich zu nennender Naivität dadurch erreicht, daß er aus dem Glashaus heraus mit Steinen geworfen habe.

Doch das war erst der Anfang: Schmalz habe, so Schleiermacher weiter, nicht mehr als Andeutungen und Vermutungen vorbringen, bestenfalls Verdächtigungen ausstreuen können: „Aber das scheint jetzt Gebrauch zu werden, man ficht mit erschrecklichem Aufheben

[54] K. A. Varnhagen von Ense, Werke in fünf Bänden IV, S. 670; vgl. auch die Bemerkungen ebenda, S. 670 ff.; auch ein anonymer Autor der Hallischen Jahrbücher – vielleicht Arnold Ruge – stellte 1841 rückblickend fest (Die Universität Berlin, in: Hallische Jahrbücher für Wissenschaft und Kunst, Nr. 5, 6.1.1841, S. 18), Schleiermacher sei „mit beißender Schärfe, mit dem köstlichsten Humor, ja mit einer Art wollüstiger Grausamkeit“ gegen Schmalz eingeschritten.

[55] [Friedrich Schleiermacher], F. Schleiermacher an den Herrn Geheimenrath Schmalz. Auch eine Recension, Berlin 1815, S. 6.

[56] Ebenda, S. 10 redet Schleiermacher seinen Kontrahenten persönlich an: „Sie sind nemlich ein eifriger Freimaurer. Ich plaudere das nicht aus, denn Sie selbst haben es so wenig je Hehl gehabt, daß anderwärts zwar vielleicht einem bei Ihrem Namen zuerst einfällt, Hr. Schmalz ist ein Naturrechtslehrer, ein Jurist, ein Kameralist, da aber, wo Sie leben, jedem vor allen diesen Verdiensten zuerst dieses einfällt, Hr. Schmalz ist ein Freimaurer – ob ein begeisterter oder ein ruhiger, aber desto kräftigerer, das freilich liegt schon über die Kenntniß des Profanen hinaus“.

[57] Ebenda, S. 11.

gegen Fantome, und bei den wirklichen klar ausgesprochenen Uebeln geht man vorbei. Der ehrliche Don Quixot ist zu gut, um hiermit verglichen zu werden“.[58] Im Grunde wisse Schmalz nicht mehr als er, Schleiermacher, selbst: „ ... man sieht klärlich, daß Sie davon, worauf eigentlich Ihre Beschuldigungen gehen, auch nicht das mindeste wissen“. Über die Existenz neuer Vereine, die sich angeblich nach dem Ende des Tugendbundes gebildet hätten, habe auch Schmalz nichts Konkretes sagen können: „Was bringen Sie uns denn für Beweise, daß es Bünde wirklich giebt? Ich sehe immer nur zweierlei, die Schriften, Reden und Geberden gewisser Leute, Schriften, die wir Alle kennen, Reden und Geberden, die Sie gehört und gesehen haben, aber von denen Sie nirgend beweisen, sondern nur mit zuversichtlichem Ton aber leeren Worten behaupten, daß sie Bünde voraussetzen und von Bünden ausgehen“.[59] Am Ende sei gar Schmalz' Schrift selbst nur das Produkt eines neuen Geheimbundes: „ ... gewiß es muß einen geheimen Bund geben gegen die Bündler oder gegen die Leute, die man gern dazu stempeln möchte, einen geheimen Bund, der Verfolgungen erregen will und Fehmgericht spielen; hin und her rennen sie und schreiben sich, und bezeichnen wer genannt werden soll und angegriffen, um Vertrauen und guten Namen gebracht, während jene Unschuldigen nur lächeln und Achseln zucken!“[60]

Selbst die von Schmalz mitgeteilten Einzelheiten über die Verhaftungsaffäre von 1808 werden von Schleiermacher bezweifelt: Schmalz sei seinerzeit nicht wegen einer angeblichen Verstrickung in die Aktivitäten des Tugendbundes von den Franzosen verhaftet worden, sondern ausschließlich wegen jener Denunziation durch den Zensor Hauchecorne.[61] Schleiermacher erinnert an die letzte Zwangsaudienz bei Marschall Davoust, an der auch er selbst – neben Schmalz und anderen – habe teilnehmen müssen: Davoust habe ihm selbst, auf seinen Einwand hin, er sei doch nichts mehr als „ein privatisirender Gelehrter“, zur Antwort gegeben: „Mais Mr. Schmalz est aussi un

[58] Ebenda, S. 16.

[59] Die Zitate ebenda, S. 21, 27. Es heißt weiter: „Die Furcht scheint wirklich da zu sein, denn wenn sie nicht schon da wäre, so könnte sie nicht so vergrößert worden sein durch Ihr Büchlein! Wenn die anderen Kinder nicht furchtsam sind, so laufen sie nicht, wenn Einer schreit, das Gespenst kommt! Aber ist das Gespenst da, weil der schreit und die laufen?“

[60] Ebenda, S. 30; vgl. S. 32: „Sehen Sie, so kühn schweben Ihre Vermuthungen, und so fallen sie grade aus der höchsten Höhe zu der Sie sich erhoben haben, auf Ihren eignen Kopf zurück“; vgl. auch S. 42ff.

[61] Siehe dazu oben § 6c).

homme de lettres et pourtant ... il a écrit un si mauvais pamphlet politique tout fait pour soulêver le peuple“; Schleiermacher fügt, an Schmalz gewandt, hinzu: „Also das war es, was der Mann an Ihnen hatte, und weshalb er Sie hatte verhaften lassen, um, wie er hernach sagte, Ihnen einen Schreck einzujagen“.[62]

Kurz und gut: Schmalz sei – so die Quintessenz der Schleiermacherschen Polemik – subjektiv ehrlich, objektiv aber an Dummheit nicht zu übertreffen, da er sich offensichtlich „selbst hintergangen“ habe.[63] Sein Vorgehen zeuge, so Schleiermacher, „nur von Ihrer Anlage, sich etwas immer gewisser werden zu lassen, indem Sie davon reden; wie man Beispiele hat, daß Leute, was sie ganz selbst erdichtet hatten, zulezt wirklich glaubten durch das öftere Wiederholen“.[64] Doch nicht einmal hierbei beließ es der streitbare Theologe; um die Demütigung vollständig zu machen, streute er nun seinerseits die Verdächtigung aus, Schmalz sei nur ein Werkzeug in den Händen anderer gewesen, denn ein Mann wie er sei „ein unvergleichlicher Fund“ für alle diejenigen, „die gern Anderer Hände gebrauchen, weniger um etwas aus dem Feuer zu holen, als um wo möglich in ihre politischen Scheiterhaufen hineinzuwerfen, auf wen sie es gemünzt haben“, für Menschen also, „die gern Mißtrauen erregen und Andern üble Händel machen, Menschen, die, indem sie Feuer riefen, irgend ein verstecktes böses Spiel trieben“.[65]

Den Gipfel erreichte Schleiermacher allerdings, als er ausführte, indem er gegen Schmalz vorgehe, verteidige er nicht nur die Interessen und das Ansehen Preußens, sondern sogar Schmalz gegen sich selbst, der seinen eigenen Interessen „eben so sehr zum Schaden gehandelt“ habe „als der gemeinen Sache“.[66] Er wurde sogar persönlich: „Wir haben als Collegen freundlich, ja wirklich theilnehmend mit einander gelebt, Sie sind aus freier Wahl und Zuneigung mein Kirchkind geworden mit den Ihrigen“ – und eben deshalb sei „mein Eifer gegen Sie ganz rein geblieben: ich habe Sie nicht ohne das wehmüthigste

62 [Friedrich Schleiermacher], F. Schleiermacher an den Herrn Geheimenrath Schmalz. Auch eine Recension, S. 35.

63 Vgl. ebenda, S. 39: „ ... das schreibe ich Ihnen zu, nach meiner Kenntniß von Ihnen, die durch diese Schrift ist bestätigt worden, daß Sie keinen Willen haben zu hintergehen, und daß Sie irriges nur verbreiten und andre zum Irrthum verleiten können, nachdem Sie sich selbst hintergangen haben“.

64 Ebenda, S. 41.

65 Ebenda, S. 42 f.

66 Ebenda, S. 51; vgl. auch S. 44 ff., 48 ff.

Gefühl betrübt, nur um Sie aufzuregen, daß Sie sehen möchten, wie wenig Sie Ihrer würdig erscheinen ... Man sehe nur auf die politischen Grundsäze über Staatsverfassung und Staatsverwaltung, zu denen Sie Sich bekannt haben und noch bekennen, denn ich glaube nicht, daß Sie sich geändert haben; man sehe auf den Ruhm reiner Vaterlandsliebe, den Sie Sich erworben haben, und auf den sittlichen Charakter der Unbefangenheit, der Offenheit unter dem Sie bekannt sind, man sehe endlich auf Ihre schriftstellerische Laufbahn: in keiner Hinsicht erscheinen Sie hier Ihrer würdig“.[67]

Und in einer nach dem Erscheinen der zweiten Broschüre von Schmalz noch angefügten Nachschrift wies Schleiermacher – hierin lag die wirkliche Brisanz seiner Schrift – auf den eminent *politischen* Charakter der Auseinandersetzung hin, indem er, wie bereits vorher an einer Stelle, den eigentlich aktuellen Kern der Kontroverse offenlegte: es ging im Grunde um die Frage einer preußischen Verfassung. Während Schmalz jede Art von Konstitutionsbegehren mit Revolution und Umsturz gleichsetze, sei es doch Friedrich Wilhelm III. persönlich gewesen, der ein Verfassungsversprechen abgegeben habe.[68] Schmalz arbeite also, so die Suggestion Schleiermachers, den grundlegenden politischen Intentionen des Königs entgegen. Daß dem gerade nicht so war, daß Schmalz vielmehr den Wünschen des Monarchen nach Vermeidung einer Konstitution öffentlich zuarbeitete, scheint Schleiermacher vermutlich bereits geahnt zu haben; vielleicht ist gerade auch von daher die Unerbittlichkeit und Schärfe, ja die von nicht wenigen Zeitgenossen bemerkte Grausamkeit der Kritik an seinem Universitätskollegen und „Kirchkind“ zu erklären.

Schleiermachers Pamphlet dürfte wohl der schwerste Schlag gegen Schmalz gewesen sein, zumal nicht nur er selbst, sondern die ganze Familie betroffen war; so ist überliefert, daß diese Schrift, was nicht verwundert, „die Geheimrätin *Schmalz*, als von ihrem Beichtvater ...

[67] Ebenda, S. 50 f.; wenig tröstlich konnten daher die abschließenden Formulierungen klingen, (ebenda, S. 51): „Ich bin ... ohne Bitterkeit geblieben in meinem Herzen, mit der Liebe zu Ihrem Wohl. Und darum hege ich auch die Hoffnung, Sie werden von dieser Verirrung zurückkommen, und dann auch gewiß durch neue Verdienste den Ruf wieder haben, der sich jetzt vielleicht verdunkelt hat, und die Gemüther wieder gewinnen, die Sie Sich jetzt entfremdet haben“.

[68] Vgl. ebenda, S. 54: „Was sich aber in Ihrer zweiten Schrift wieder sehr breit macht, ... das ist die Absicht, ... jedem [sic], der eine Verfassung wünscht, durch den eingeschlichenen Zusaz, eine Verfassung, welche die Macht der Fürsten schwäche, als einen Hochverräther zu bezeichnen, um dadurch allen Wortwechsel über diesen Gegenstand zu hindern“; vgl. bereits vorher ebenda, S. 45 ff.

ausgehend, tief verletzte, und alle Verbindungen zwischen den Schmalzschen und Schleiermacherschen Familien auf immer abschnitt".[69] Freilich erntete Schleiermachers „schärfste Satire"[70] auch begeisterte Zustimmung; so schrieb etwa Gneisenau an den Autor, er habe die Schrift mit „Genuß" gelesen und „jeden Geißelhieb ... mit höchsten Vergnügen klatschen"[71] gehört. Und ein hoher preußischer Beamter, Friedrich August von Stägemann, charakterisierte die Schrift gar mit der Bemerkung, „*Schleiermacher* habe sich zwischen Christus und Plato als der Teufel in Gestalt einer Schlange gestellt, die den ehrlichen *Schmalz* umwunden und ihm alle Rippen im Leibe zerbrochen habe, während sie ihm in die Ohren gezischt: bester *Schmalz*!".[72]

Mit Schleiermachers vernichtender Ironie konnte keiner der weiteren Pamphletisten mithalten;[73] Beachtung verdient allerdings noch die Schrift eines weiteren Universitätskollegen von Schmalz und Schleiermacher, des (mit Arndt befreundeten) Historikers Friedrich Christian Rühs.[74] In seiner Broschüre „Das Märchen von den Verschwörungen" hielt er es kaum noch für notwendig, auf Schmalz überhaupt näher einzugehen; er setzte gleichsam voraus, daß dessen erste Schrift zum Streit bereits durch Niebuhr und Schleiermacher erledigt worden sei: „Die Hauptfragen sind: giebt es geheime Verbindungen, deren Zweck politischer Art ist und die gefährlich werden könnten, gegenwärtig in Deutschland, und zeigen sich Spuren ihrer Wirksamkeit? Die Antwort ist: es ist von Leuten, die eine besonders feine Nase zu haben vorgeben, von weitem und in der Stille ange-

[69] E. L. von Gerlach, Aufzeichnungen aus seinem Leben und Wirken I, S. 70.

[70] So Friedrich Wilhelm Kantzenbach, Friedrich Daniel Ernst Schleiermacher in Selbstzeugnissen und Bilddokumenten, Reinbek bei Hamburg 1967, S. 126.

[71] Hans Delbrück, Das Leben des Feldmarschalls Grafen Neithardt von Gneisenau. Fortsetzung des gleichnamigen Werkes von G. H. Pertz, Bd. V, Berlin 1880, S. 73 (Gneisenau an Schleiermacher, 20.1.1816).

[72] Nach dem Bericht von Wilhelm Dorow, Erlebtes aus den Jahren 1813–1820, Bd. III, Leipzig 1845, S. 160.

[73] Zu ihnen siehe unten § 8 c)-d).

[74] Siehe über ihn die Bemerkungen bei M. Lenz, Geschichte der königlichen Friedrich-Wilhelms-Universität zu Berlin I, S. 259 ff.; neuerdings Dirk Fleischer/Hans Schleier, Über die methodische Kompetenz eines Historikers. Friedrich Rühs' Konzept für historische Forschung und Darstellung, in: Friedrich Rühs, Entwurf einer Propädeutik des historischen Studiums Berlin 1811, neu hrsg. u. eingel. v. Hans Schleier/Dirk Fleischer (Wissen und Kritik. Texte und Beiträge zur Methodologie des historischen und theologischen Denkens seit der Aufklärung, Bd. 7), Waltrop 1997, S. VII–LXXII.

deutet, und von einigen Verwegnen gesagt worden, doch bis jetzt ohne Beweis“.[75] Überhaupt beruhe „das Ganze auf einer bloßen Klatscherei, und obendrein in gewissen gesellschaftlichen Kreisen und unter Menschen, die ihre guten Absichten haben, einen solchen Glauben hervorzubringen und zu unterhalten“.[76]

Auch diese zweite öffentliche Ohrfeige durch einen bekannten Kollegen dürfte Schmalz' Stellung noch einmal stark erschüttert haben. Hierin – und auch in der immer weiter ausufernden publizistischen Diskussion[77] – lag vermutlich der Grund dafür, daß Schmalz um die Jahreswende 1815/16 noch einmal das Wort ergriff. Sein „Letztes Wort über politische Vereine“ trug in einigen Passagen unübersehbar den Charakter eines Rückzugsgefechtes. Wenn er anführt, seine Gegner hätten ihn „über einzelne Ausdrücke in bloßen Nebensachen chicanirt“,[78] dann muß es immerhin überraschen, daß er diesen „Nebensachen“ in seiner Erwiderung einen auffallend breiten Raum widmete, so etwa, wenn er ausdrücklich erklärte, er habe nur die geheimen Aktivitäten *nach* der Leipziger Völkerschlacht vom Oktober 1813 anklagen wollen, oder wenn er sich zum wiederholten Male gegen den Vorwurf verteidigte, er habe die allgemeine Begeisterung des Aufbruch von 1813 bestritten.[79] Und ebenso hilflos mußte es wirken, wenn er ausgerechnet die Tatsache der Heftigkeit, mit der ihm seine Gegner antworteten, als Beleg für die Richtigkeit der eigenen Verdächtigungen anführte.[80]

In dieser dritten und letzten Schrift von Schmalz kommt ein weiteres Mal – stärker als in den früheren – der eminent aktuell-

[75] Friedrich Rühs, Das Märchen von den Verschwörungen, Berlin 1815, S. 8 f.

[76] Ebenda, S. 6 f.; vgl. auch die ironischen Bemerkungen ebenda, S. 19. Den Hauptteil seiner Ausführungen widmet Rühs denn auch nicht den Behauptungen von Schmalz, sondern einem anonymen Rezensenten von dessen erster Streitschrift, dessen Besprechung unter der Sigle „K.“ in der Jenaischen Allgemeinen Literarturzeitung erschienen war; siehe dazu unten § 8 c). – Vgl. auch O. W. Johnston, Der deutsche Nationalmythos, S. 251.

[77] Dazu siehe unten § 8 c)-d).

[78] Letztes Wort über politische Vereine, Berlin 1816, S. 3.

[79] Vgl. ebenda, S. 3 f., 6 ff.

[80] Vgl. ebenda, S. 4: „ ... muß nicht grade die unerhörte Wuth, mit welcher man gegen mich spricht und schreibt und handelt, als der klarste Beweis einleuchten, daß die gerügten Verbindungen wirklich da sind, gleich viel ob Bund, ob handelnde Parthey? ... Wenn ein Mensch behauptet, daß es Gespenster gäbe; so mag man ihn doch belachen, widerlegen und was man will, wie kann man aber in Wuth wider ihn gerathen, und ihn als einen, der muthwillig Unheil stifte, verschreien? Sind sie nicht mehr, diese Verbindungen, habe ich *vormals* nur mit *itzt* bloß verwechselt – so wird ja loyales Reden, Schreiben und Handeln aller Menschen mich bald widerlegen“.

politische Charakter der Kontroverse zum Ausdruck, denn im Grunde ging es bereits um die Verfassungsfrage, also um die Frage, ob der preußische König sein gegebenes Verfassungsversprechen einhalten werde oder nicht. Schmalz' Polemik gegen „dieß unselige Constitutions-Brüten“[81] von seiten Unberufener, „welchen einzig die Zeitung Lehrer, das Kaffeehaus Hörsaal für Politik gewesen“,[82] war – gerade in diesen Monaten – ebenso ein hochpolitischer Akt wie sein ausdrückliches Bekenntnis zur bestehenden Form der Monarchie: „Das bekenne ich, das habe ich immer bekannt, daß ich die kraftvolle Erb-Monarchie für die beste aller möglichen Verfassungen halte; weil in ihr die Freiheit am sichersten, fast allein sicher, ist“.[83] Ausdrücklich verteidigt er sich gegen den Vorwurf, ein Anwalt des „Despotismus“ zu sein,[84] und sein Plädoyer für die Landstände scheint dies auf den ersten Blick zu bestätigen: Immerhin sollen diese Stände „keine Opposition bilden gegen den Fürsten; sondern er sollte sich mit ihnen berathen“. Wenn man „kein Insul-Volk“ wie die Engländer und auf die Sicherheit eines starken Heeres angewiesen sei, dann müsse die Macht einer „Volks-Repräsentation“ notwendigerweise eingeschränkt sein: „Die Opposition *im* Parlament ist gut, Opposition *des* Parlaments alle Mal ein öffentliches Unglück“.[85]

Nach außen hin gab Schmalz vor, sein Ziel erreicht zu haben: „Was ich gehofft, was ich gewünscht, ist geschehen. Die Publicität löset die Bünde, die ich anklage; hat sie vielleicht schon gelöset. Die eigene Unbesonnenheit eifernder Gegner ist mir am besten zu Hülfe gekommen. Zweifelt nach ihrem Geschrey noch Jemand am Daseyn solcher Verbindungen? Andere Beweise gehören für die Staatsbehörden, nicht für das Publicum“.[86] Das waren die Worte eines Mannes, dem es offenbar nur noch darum ging, sein Gesicht zu wahren, der sich bestenfalls noch selbst ein wenig Mut zusprechen wollte. Denn das allgemeine öffentliche Echo in Deutschland war – von wenigen Aus-

[81] Ebenda, S. 5.

[82] Ebenda, S. 4.

[83] Ebenda, S. 10 f.; die Begründung hierfür lautet: „In allen andern Verfassungen haben nemlich die Machthaber ein Privat-Interesse für ihre Familien, welches von dem öffentlichen Interesse des Volks verschieden ist. Aber ein Erbmonarch hat für sich und sein Haus keinerley Interesse, als das allgemeine Beste des Volks allein. Denn er selbst ist gerade nur so reich und mächtig, als sein Volk“ (ebenda, S. 11).

[84] Vgl. ebenda, S. 9 f.

[85] Die Zitate ebenda, S. 12 f.

[86] Ebenda, S. 15; Schmalz schloß die dritte Broschüre mit dem Versprechen, „nun von mir über diesen Gegenstand kein Wort wieder“ verlauten zu lassen (ebenda, S. 16).

nahmen abgesehen – derart verheerend, daß der gute Ruf, den Schmalz bis dahin als Gelehrter und als Publizist, auch als preußischer Patriot besessen hatte, mit einem Mal dahin war. Und Schmalz hat an den Folgen dieses schwersten Fehlers in seinem Leben bis zu seinem Tod im Jahre 1831 zu tragen gehabt. Auch sein Bild in der Nachwelt ist durch den Tugendbundstreit nachhaltig verdunkelt worden.

c) Ausweitung der öffentlichen Diskussion

Die Schriften von Niebuhr, Schleiermacher und Rühs bezeichneten nur die Spitze eines Eisberges; in der Tat überschwemmte, wie Treitschke bemerkt, „eine Flut von Gegenschriften ... den Büchermarkt, der ärgerliche Handel hielt während der letzten Monate des Jahres 1815 fast die gesamte gebildete deutsche Welt in Atem".[87] Um es mit den Worten eines Zeitgenossen (des bereits genannten Stägemann) zu sagen: „die Schmalziaden" standen „in vollen Flammen".[88] Und die ganz überwiegende Mehrheit derjenigen, die sich – anonym oder mit voller Namensnennung – an der Kontroverse beteiligten, lehnte das Vorgehen von Schmalz entschieden ab.[89]

Nur sehr wenige – ausschließlich anonym bleibende – Rezensenten wagten es, sich auf die Seite des Berliner Professors und Geheimrats zu stellen, der so völlig unvermutet in die Schußlinie der öffentlichen Kritik geraten war. In der Hallischen „Allgemeinen Literatur-Zeitung" erschien im September 1815 eine dreispaltige, ungezeichnete Besprechung, in welcher der „in mehr als einer Beziehung höchst interessanten, Gemüth und Verstand, in gleichem Grade befriedigenden und dem berühmten und verdienstvollen Vf. zur Ehre gereichenden Schrift" hohes Lob gezollt wurde: „Mit Kraft und wahrhaft männlicher Würde bekämpft er in dieser gehaltreichen Abhandlung die Ungerechtigkeit, Unvernunft und Gemeinschädlichkeit der geheimen politischen Ver-

[87] H. von Treitschke, Deutsche Geschichte im neunzehnten Jahrhundert II, S. 115.

[88] [Karl August Varnhagen von Ense], Aus dem Nachlaß Varnhagen's von Ense. Briefe von Stägemann, Metternich, Heine und Bettina von Arnim, nebst Anmerkungen und Notizen von Varnhagen von Ense, hrsg. v. Ludmilla Assing, Leipzig 1865, S. 16 (Stägemann an Varnhagen, 9.12.1815).

[89] Siehe zum Zusammenhang auch die interessante Studie von C. Brinkmann, Der Nationalismus und die deutschen Universitäten im Zeitalter der deutschen Erhebung, passim.

eine, deren Herolde unter der erborgten Maske der sogenannten Deutschheit seit einiger Zeit jeden redlichen Deutschen beunruhigen". Schmalz habe mit seiner Publikation „einen tief gegründeten Anspruch auf die Dankbarkeit der deutschen Nation sich erworben". Abschließend wünschte der Rezensent, „daß diese gediegenen Worte alle echte deutsche Biedermänner bewegen mögen, das unselige und unrechtliche geheime Bundeswesen ... kräftig aufzudecken und dadurch zu vernichten".[90]

In den angesehenen „Göttingischen gelehrten Anzeigen" wurde Schmalz' Schrift am 2. Oktober 1815 besprochen – auch hier anonym; doch als Verfasser hat sich inzwischen August Wilhelm Rehberg ermitteln lassen.[91] Die kleine Schrift habe, heißt es hier, „ein sehr bedeutendes" Interesse „für den Beobachter der Geschichte unsrer Tage", denn sie habe erstmals die „Existenz der geheimen Gesellschaft, die unter dem Namen des Tugendbundes häufig als die Springfeder gepriesen wird, welche die ganze Deutsche Nation aufgeregt habe", zweifelsfrei nachgewiesen. Sehr mit Recht warne Schmalz vor den geheimen Aktivitäten revolutionärer Dunkelmänner, von denen „die Wuth des Deutschen Volkes" angefacht werde, „um die nähmlichen Uebel, welche die Französische Revolution in Frankreich erzeugt hat, auch bey Uns einheimisch zu machen, und alsdann die Deutsche Nation dieselbe fluchwürdige Rolle spielen zu lassen, wodurch die Französische an den Rand des Verderbens gerathen ist".[92]

Schließlich erschien, ebenfalls im Oktober, in der Jenaischen Allgemeinen Literatur-Zeitung eine mit „K." unterzeichnete Bespre-

[90] Die Zitate aus [ANONYM], Rezension von: Berichtigung einer Stelle in der Bredow-Venturinischen Chronik für das Jahr 1808. Ueber politische Vereine und ein Wort über Scharnhorsts und meine Verhältnisse zu ihnen. Vom Geheimenrath Schmalz, Berlin 1815, in: Allgemeine Literatur-Zeitung, Nr. 215, September 1815, Sp. 142–144.

[91] [AUGUST WILHELM REHBERG], Rezension von, Theodor Schmalz, Berichtigung einer Stelle in der Bredow-Venturinischen Chronik für das Jahr 1808./Ueber politische Vereine, und ein Wort über Scharnhorsts und meine Verhältnisse zu ihnen, Berlin 1815, in: Göttingische gelehrte Anzeigen unter der Aufsicht der königl. Gesellschaft der Wissenschaften, Jhg. 1815, Bd. 3, 157. Stück, 2. Oktober 1815, S. 1556–1560; der Nachweis der Autorschaft Rehbergs bei OSCAR FAMBACH, Die Mitarbeiter der Göttingischen Gelehrten Anzeigen 1769–1836. Nach dem mit den Beischriften des Jeremias Reuß versehenen Exemplar der Universitätsbibliothek Tübingen bearbeitet und herausgegeben, Tübingen 1976, S. 316.

[92] Die Zitate aus [A. W. REHBERG], Rezension von, Theodor Schmalz, Berichtigung einer Stelle in der Bredow-Venturinischen Chronik für das Jahr 1808./Ueber politische Vereine, und ein Wort über Scharnhorsts und meine Verhältnisse zu ihnen, Berlin 1815, S. 1557, 1560.

chung,[93] die bei einigen Gegnern, so etwa bei Rühs,[94] eine fast noch größere Empörung hervorrief als die Schrift von Schmalz. „K.“ lobte die „Berichtigung einer Stelle in der Bredow-Venturinischen Chronik“ in den höchsten Tönen: „Mit Meisterhand hat Hr. *S.* die Gesetzwidrigkeit und Schädlichkeit der politischen Vereine dargestellt, und die Zeichen entwickelt, an welchen man sie erkennt, ihre lasterhafte Tendenz, ächtjakobinisch durch das Aushängeschild sogenannter Deutschheit und angeblichen Volksthums die Stimmung des Volks oder eigentlich des Pöbels zu gewinnen und dadurch die Regenten mit ihrem Spinnengewebe zu umgeben, um ächtpatriotische Staatsdiener zu verdrängen, das Regierungsruder in die Hand zu nehmen und mit demselben den Staat an einer seiner vielen Klippen des dämagogischen Oceans scheitern zu lassen, damit sie aus den Trümmern für sich ein Schiffchen bauen können“.[95] Der ungenannte Rezensent wünschte „recht herzlich“, daß die „kräftigen und trefflichen Worte“ von Schmalz „allenthalben die heiligste Beherzigung finden mögen, daß die Fürsten und Regierungen diesem fluchwürdigen Treiben und Weben mit fester und starker Hand steuern, daß alle rechtlichen Männer, denen Fürst und Staat heilig und theuer sind, sich mit dem Vf. vereinigen, dieß Unwesen von Tugend- und deutschem Bund zu bekämpfen, daß jeder gute Bürger aller deutschen Staaten ihrem Beispiele folgen ..., daß die ... in diesen verruchten Verbindungen bleibenden Genossen ... exemplarisch bestraft werden“.[96]

Man hat schon 1815 niemand anderen als Karl Albert Christoph von Kamptz als den Verfasser dieser Besprechung vermutet, und auch die spätere Forschung hat diese Mutmaßung ausgesprochen.[97] In der Tat spricht einiges für diese Annahme, denn der Text der Rezension

[93] [Anonym; „K.“], Rezension von: Berichtigung einer Stelle in der bredow-venturinischen Chronik für das Jahr 1808 über politische Vereine, und ein Wort über Scharnhorsts und meine Verhältnisse zu ihnen, von Geh. Rath Schmalz in Berlin 1815, in: Jenaische Allgemeine Literatur-Zeitung, Nr. 189, Oktober 1815, Sp. 74–76.

[94] Vgl. F. Rühs, Das Märchen von den Verschwörungen, S. 4 ff., bes. S. 5: diese Rezension sei „ein so merkwürdiges Beispiel von dem verruchtesten Obskurantismus und einer seltenen Abgeschmacktheit, daß ich es der Mühe werth halte, sie näher zu zergliedern und sie und ihren Urheber der Verachtung des ganzen deutschen Vaterlandes Preis zu geben“.

[95] [Anonym; „K.“], Rezension von: Berichtigung einer Stelle in der bredow-venturinischen Chronik für das Jahr 1808 über politische Vereine, und ein Wort über Scharnhorsts und meine Verhältnisse zu ihnen, von Geh. Rath Schmalz in Berlin 1815, Sp. 74.

[96] Ebenda, Sp. 75 f.

[97] Vgl. H. Ulmann, Die Anklage des Jakobinismus in Preußen im Jahre 1815, S. 444, Anm. 4.

entsprach nicht nur genau den Überzeugungen Kamptz', die dieser jetzt und in den „Demagogenverfolgungen" der dann folgenden Jahre offensiv vertreten hat, sondern er hatte auch allen Grund, die „Deutschtümler" um Arndt und Jahn zu verfolgen. Galt er selbst doch in diesen Kreisen wegen seiner Schriften zum Staatsrecht des Rheinbundes als Verräter an der deutschen Sache, und er sollte auch in den folgenden mehr als drei Jahrzehnten bis zu seinem Tode als eine der meistgehaßten Persönlichkeiten in Preußen und Deutschland, gewissermaßen als Inkarnation der politischen Reaktion angesehen werden.

Dies blieben die einzigen – und zudem anonymen – Stimmen, die es wagten, sich öffentlich auf die Seite von Schmalz zu stellen. Zu den gewichtigsten Gegnern gehörte neben Niebuhr, Schleiermacher und Rühs ohne Frage der Gouvernementsrat Karl Koppe aus Aachen, der unter dem Titel „Die Stimme eines Preußischen Staatsbürgers in den wichtigsten Angelegenheiten dieser Zeit. Veranlaßt durch die Schrift des Herrn Geh. Raths Schmalz: Ueber politische Vereine etc." auf 102 Druckseiten den wohl umfangreichsten Beitrag zum Streit verfaßte. Auch er wies alle Anwürfe gegen den Tugendbund entschieden zurück: „Der Geist, der den Tugendbund gestiftet, ... hat auch gewaltet über den Schlachtfeldern von *Lützen* und *Bautzen*, von *Katzbach* und *Leipzig*; er hat unsere Männer und Jünglinge getrieben, daß sie den Tod für nichts achteten, und die Ehre und die Freiheit für alles".[98]

Sein Hauptanliegen aber bestand in einem entschiedenen Eintreten zugunsten einer neuen Verfassung für Preußen. Indem er als preußischer Staatsbürger für sich das Recht in Anspruch nahm, „seine Ansichten und Meinungen über die künftige Verfassung seines Vaterlandes kräftig und freimüthig darzulegen",[99] wandte er sich zugleich mit deutlichen Worten gegen die antikonstitutionelle Partei im Lande, als deren Exponent er Schmalz namhaft machte.[100] Entschieden trat

[98] Karl Koppe, Die Stimme eines Preußischen Staatsbürgers in den wichtigsten Angelegenheiten dieser Zeit. Veranlaßt durch die Schrift des Herrn Geh. Raths Schmalz, Ueber politische Vereine etc., Köln 1815, S. 17; vgl. auch ebenda, S. 6 ff.

[99] Ebenda, S. 47; vgl. auch S. 31.

[100] Vgl. die sehr aufschlußreichen Formulierungen ebenda, S. 47 f.: „Sein [Preußens, H.-C.K.] König hat diese Verfassung versprochen; sein Volk will sie; aber es gibt eine Partei, im Lande wenigstens, wenn auch nicht im Volke, welche sie *nicht* will, und weder Kunst noch Bemühen scheut, wenn es ihr auch nicht gelingen sollte, *ganz* abzuwehren, was ihr ein so großes Uebel dünkt ... Die Partei ... besteht aus verschiedenartigen Elementen. Es gibt Männer darunter, die es wahrhaft gut mit König und Vaterland meinen, und, aus innigster redlicher Ueberzeugung, den constitutionellen Bildungstrieb unsrer Zeit, auch in unmittelbarer Beziehung auf Preußen,

Koppe dagegen für die Etablierung einer geschriebenen preußischen Verfassung und für eine durch „National-Repräsentanten“ ergänzte Erbmonarchie ein, für die er auch gleich noch einen umfangreichen, durchaus beachtenswerten Entwurf lieferte.[101] Es sei geradezu „Preußens Beruf“, konterte er gegen Schmalz, „in der Verfassung, die es sich geben wird, und in der Art, wie es sie geben und begründen wird, allen Stämmen des deutschen Vaterlandes als Muster vorzuleuchten“.[102] Diese Schrift, mit der sich Schmalz in seiner dritten Broschüre mehrfach auseinandersetzte,[103] erwies einmal mehr den eminent aktuell-politischen Charakter des Tugendbundstreits – und damit gleichzeitig dessen zunehmende außerordentliche Brisanz.

Einen weiteren bemerkenswerten Beitrag zum Streit lieferte auch der Schriftsteller Ludwig Wieland, ein Sohn des Dichters, der den längst verflossenen Tugendbund ebenfalls entschieden verteidigte: Wieland bestand darauf, daß dieser Bund „keinen andern Zweck hatte und verständiger Weise haben konnte, als die Verjagung der Franzosen, und die Herstellung der preußischen Monarchie in verjüngter Kraft“;[104] im übrigen sei Schmalz, da er ihm anvertraute Geheimnisse ausplaudere und damit das in ihn gesetzte Vertrauen mißbrauche, nichts anderes als ein „Verräther“ am Tugendbund.[105] Auch Wieland wendete die Kontroverse ganz bewußt auf die aktuelle politische Situation an: „Herr Schmalz“ werde „es sich doch gefallen lassen müssen, daß das *repräsentative System*, wovor er ... eine Scheue zu

für eine gefährliche und verderbliche Sache halten. Es gibt deren aber auch, denen das Wort *Constitution* deshalb ein Mißklang in den Ohren ist, weil sie entweder, auf das Polster des Schlendrians gemächlich ausgestreckt, jede Bewegung fürchten und hassen, die sie aus einer gleichsam verjährungsmäßig erworbenen Ruhegerechtigkeit unsanft zu vertreiben drohe; – es gibt deren, welche einen ... aus unlauterer Quelle geflossenen, durch kein wahres Verdienst gerechtfertigten Einfluß ungern an das Tageslicht constitutioneller Offenheit gezogen, und freimüthigen Erörterungen dort unterworfen sehen; – es gibt deren endlich, welche irgend ein ungerechtes Besitzthum der Person oder der Kaste gegen die Einwendungen constitutioneller Grundsätze nicht zu vertheidigen sich getrauen, und deshalb vor einer tüchtigen Constitution warnen, wie vor einem Räuber, der sie um das ihrige zu bringen trachtet. – Mit allen diesen dürfte es ziemlich vergeblich seyn, zu disputiren“. – Vgl. dazu auch O. Dann, Geheime Organisation und politisches Engagement, S. 411, 414.

[101] Vgl. K. Koppe, Die Stimme eines Preußischen Staatsbürgers in den wichtigsten Angelegenheiten dieser Zeit, S. 68ff.

[102] Ebenda, S. 67.

[103] Vgl. Letztes Wort über politische Vereine, S. 3ff, 7f., 14f.

[104] Ludwig Wieland, Bemerkungen gegen die Schrift des Geheimenrath Schmalz zu Berlin über politische Vereine, Erfurt 1815, S. 10f.; vgl. auch S. 6ff.

[105] Ebenda, S. 9.

haben scheint, ... immer täglich mehr zur Sprache kommt“, und man dürfe „ihm unverhohlen erklären: daß dies System das wahre und auch das einzige sey, wozu rechtliche und verständige Menschen sich öffentlich bekennen dürfen“.[106] Im Kern ziele der Angriff von Schmalz, wie seine Invektiven gegen Verfassung und Parlament zeigten, „auf Journalisten und andere Schriftsteller, die etwa ohne Hehl dem ... Repräsentativ-System zugethan sind“.[107]

Mit Friedrich Förster meldete sich Anfang 1816 ein ehemaliger Soldat und früherer Hörer der juristischen Vorlesungen, die Schmalz seit 1807 in Berlin gehalten hatte, zu Wort: Schmalz habe ihn und seine Kameraden mit der Behauptung von der fehlenden Begeisterung des Aufbruchs von 1813 „ungescheut und dreist, sey es aus Armuth, sey es aus Demuth, auf das schimpflichste gekränkt“[108] – zumal er in den Jahren nach 1807 durchaus als überzeugter und tatkräftiger Patriot gegolten habe und mit diesem Anspruch sogar vor seinen Studenten aufgetreten sei.[109] Auch Förster betonte die politische Bedeutung der Schmalzschen Schrift: „Wem es noch fremd ist, zu welchem Zweck Herr Schm. geschrieben, dem dienet dieses zur Nachricht: der freygesinnte König hat seinem treuen Volke eine Verfassung und Landständische Vertretung zugesagt, damit ein umfassender Ring sich um das Land lege, woran alles Volk sich fest halte und die Grenzen somit behütet würden, die ringsum schlecht bestellt sind, wenn der

[106] Ebenda, S. 17.

[107] Ebenda, S. 21; etwas später schob der Autor noch eine weitere Broschüre nach: Ludwig Wieland, Über die Schmalzische Vertheidigungsschrift gegen Herrn St.-R. Niebuhr – ein Gespräch, Erfurt 1816.

[108] Friedrich Förster, Von der Begeisterung des Preußischen Volkes im Jahre 1815 als Vertheidigung unsers Glaubens, Berlin 1816, S. 5.

[109] Vgl. die Äußerungen ebenda, S. 5 f.: „Im Jahre 1807, dann später noch im Jahre 1813, galt Schmalz für einen Freund des Vaterlandes, wußte sich auch diesen Glauben bey seinen Zuhörern durch manchen Andeutung und Beziehung auf das öffentliche Wesen und durch geheimnißreiches Wichtigthun zu erhalten. Er ertheilte, schon vor dem Aufrufe des Königs, manchem in Berlin Studirenden guten Rath, ohne uns damals irgend etwas von seiner neuen Theorie der Feuersbrunst ahnen zu lassen, oder aber uns mit ledernen Schläuchen und hölzernen Wasserkasten zu vergleichen. Aus welcher Kasse waren die 250 Rthl. die Geh. Rath Schmalz dem ins Geheim ausgesendeten Tyroler Riedl auszahlte? Um so mehr staunen nun die, welche damals ihm vertrauten, und deren Begeisterung für das Vaterland er, ohne irgend eine Beziehung oder Beschränkung, Tugend nannte, denen er sogar oft kräftig zusprach, wenn sie lesen, wie der, mit dem sie einst das Heiligthum ihres Herzens getheilt, sich erdreistet, ihnen das höchste und schönste, ja das einzige Glück zu rauben, was sie aus jener Zeit gerettet“; vgl. auch ebenda, S. 7 ff. – Die „Theorie der Feuersbrunst“ spielt auf Schmalz’ Bemerkung an, die Soldaten seien 1813 in ähnlicher Weise ausgerückt wie Feuerleute, die einen Brand zu löschen haben. Über Einzelheiten der von Förster behaupteten Geldzahlung an den „Tyroler Riedl“ ist nichts bekannt.

innre Kern nicht immer kräftig nach außen treibt und ausschlägt“. Am Schluß der kleinen Schrift wurde Schmalz aufgefordert, sich zu stellen und „öffentlich seine Theses“ zu verteidigen: er „sey … hiermit von uns vorgeladen, damit er sich stelle zur Stunde, die wir ihm bestimmen werden und sich verantworte, denn wir klagen ihn an aus seiner eignen Schrift“.[110] Förster scheute sich nicht, Schmalz öffentlich als Gotteslästerer anzuklagen[111] – ein Beleg nicht nur für die Leidenschaftlichkeit seiner Anteilnahme, sondern auch für die gefühlsmäßig-emotionale Dimension dieses Streits, die dem nüchternen Schmalz wie ein plötzliches schweres Gewitter aus heiterem Himmel vorgekommen sein muß.

Ebenfalls Anfang 1816 schaltete sich mit dem damals in Leipzig, vorher an der Königsberger Albertina – als Lehrstuhlnachfolger Immanuel Kants – lehrenden Philosophen Wilhelm Traugott Krug endlich ein ehemaliges Mitglied des Tugendbundes in die Diskussion ein, um den „Sittlich-wissenschaftlichen Verein“ (wie der eigentliche Name dieses Bundes gelautet hatte) gegen die von Schmalz erhobenen Vorwürfe öffentlich zu verteidigen.[112] Krug gab in seiner kleinen Schrift einen detaillierten Überblick über die Organisation, die Zusammensetzung und die Ziele dieser Vereinigung.[113] Er betonte dabei, daß der Tugendbund nichts weniger als eine Geheimgesellschaft gewesen, sondern „nach geschehener Prüfung … *durch eine vom Könige selbst unterzeichnete Kabinetsordre* als eine für die damaligen Umstände nützliche Verbindung *förmlich bestätigt* worden“ sei.[114] Die Anklage, der Tugendbund habe sich aus „gefährlichen Elementen“ zusammengesetzt, wies er entschieden zurück; diese sei „nichts als ein leeres und gemeines Geschrei, womit man selbst das Unschuldigste

110 Die Zitate ebenda, S. 13.

111 Vgl. ebenda, S. 13 f.: „Würde mir dann vergönnt mit ihm [Schmalz, H.-C.K.] in die Schranken zu treten, wollt' ich also anheben: ‚Mein Herr Gott und Vater! Wenn ich sonst in den Streit gegangen und die Gefahren der Schlacht mich umdrohten, hab' ich zu dir gebetet und du warst mir gnädig, und meine Wunden sind heil worden durch deine Kraft; siehe! es hat sich gegen mich ein Feind gestellt, der deinen Namen lästert. Laß deinen Geist bey mir wohnen, daß ich ihn zu Schanden mache! – Du aber, mein Widerpart, bete nun auch zu Gott, wenn du es vermagst, wo nicht, so rufe zu den Götzen, denen du deine Seele verschrieben, ob sie dir wohl helfen!‘.“

112 Wilhelm Traugott Krug, Das Wesen und Wirken des sogenannten Tugendbundes und andrer angeblichen Bünde. Eine geschichtliche Darstellung, Leipzig 1816, S. 7 ff. (über die eigene Mitgliedschaft).

113 Vgl. bes. ebenda, S. 14 ff., 18 ff.

114 Ebenda, S. 9; es heißt anschließend: „… auch wurden derselben Regierung von Zeit zu Zeit *Verzeichnisse* von den Mitgliedern und Vorstehern des Vereins überreicht und *Berichte* von den Beschäftigungen desselben abgestattet“ (ebenda).

und Heiligste verdächtig machen kann".[115] Hauptzweck des Vereins sei nichts anderes als die Neubelebung der geistigen und moralischen Kräfte im Lande und damit die Vorbereitung der Wiedergewinnung verlorener politischer Macht gewesen.[116] Die eigentlichen Gegner des Bundes seien die „Franzosenfreunde", die „Furchtsamen" und die „Bequemen" gewesen; von einem geheimen Fortleben des Vereins könne nicht im mindesten die Rede sein.[117] Eine Erklärung für die plötzliche Auflösung des Bundes im Jahre 1810 konnte Krug jedoch nicht bieten.

Auch die anonyme Publizistik in den Monaten seit Mitte 1815 bis Mitte 1816 sprang mit Schmalz nicht sehr viel glimpflicher um; eine Ausnahme machte nur ein mit „R." gezeichneter Artikel, der in Archenholz' „Minerva" erschien: Zwar müsse „jeder *aufrichtige* Deutsche ... dem Hrn. Geheimenrath *Schmalz* Dank wissen", daß er das Treiben der „unberufenen Politiker" offengelegt habe, nur sei eben „zu befürchten, daß die Art, wie dieses geschah, ein noch größeres Uebel aufregen möchte, als das, was dadurch beseitigt werden soll", denn die Art, wie Schmalz „die Sache zur Sprache bringt, hat gar zu sehr den Anstreich einer gehässigen Insinuation, und kann nichts Gutes herbeiführen".[118] Ein weiterer Anonymus, der sich unter dem Kürzel „Dch." in den „Deutschen Blättern" von Brockhaus zu Wort meldete, sah den Grund für den von Schmalz gerügten „Auswuchs unsers politischen Schriftstellerwesens" gerade darin, „daß man in einem großen Theile unsers Vaterlandes zur Befriedigung unserer gerechtesten, zum Theil von den Regierungen selbst öffentlich angeregten Erwartungen noch so überaus wenig gethan hat";[119] auch er klagte

[115] Ebenda, S. 29 f.

[116] Vgl. ebenda, S. 12: Der Tugendbund sei in der „zwiefachen Absicht" gestiftet worden, „1) durch Belebung der geistigen, sowohl intellektualen als moralischen, Kräfte des preußischen Volkes den Verlust des preußischen Staats an physischer und politischer Kraft so viel als möglich zu ersetzen, und 2) eben dadurch die Wiedergewinnung dieser physischen und politischen Kraft vorzubereiten, wenn einst Umstände eintreten sollten, die eine solche Wiedergewinnung begünstigten". – Ähnliche Tendenz auch in einer weiteren anonymen Broschüre: Darstellung des unter dem Namen des Tugendbundes bekannten sittlich wissenschaftlichen Vereins nebst Abfertigung seiner Gegner, Berlin – Leipzig 1816.

[117] Vgl. W. T. Krug, Das Wesen und Wirken des sogenannten Tugendbundes und andrer angeblichen Bünde, S. 21, 40 ff.

[118] [Anonym; „R."], Ueber eine merkwürdige politische Schrift des Herrn Geheimenrath Schmalz, in: Minerva, Bd. 4, Jena 1815, S. 175–176.

[119] [Anonym; „Dch."], Gegen den geheimen Rath Schmalz zu Berlin wegen seiner jüngst herausgegebenen Worte über politische Vereine. Aus dem dritten Bande der deutschen Blätter besonders abgedruckt, Leipzig – Altenburg 1815, S. 12.

anschließend entschieden die Erfüllung der Erwartungen breiter Volksschichten ein: Herstellung der politischen Einheit Deutschlands, Etablierung einer Repräsentativverfassung und Garantie einer freien öffentlichen Meinung.[120] Das Vertrauen der Deutschen in ihre Fürsten – und deren Reformwilligkeit! – wollte freilich auch er (noch) nicht in Frage gestellt wissen.[121]

Den verfassungspolitischen Aspekt stellte ebenfalls ein weiterer Anonymus, der mit einer „Westteutschland 1815“ datierten kleinen Broschüre unter dem Titel „Wenige Worte vom Untugendbund“ hervortrat, in den Mittelpunkt seiner Ausführungen. Schmalz' unbegrenztes Vertrauen in die deutschen Fürsten vermochte der Verfasser nicht zu teilen, indem er darauf hinwies, daß in Deutschland immer „noch ... der willkührlichen Gewalt durch Repräsentation kein Damm gesetzt“[122] worden sei; man müsse dafür eintreten, daß künftig der Herrscher und seine Minister „*nicht allein* das Beste des Landes zu berathen haben, weil es schlecht berathen seyn könnte“.[123] In den 54 Seiten umfassenden, 1816 in Leipzig – ebenfalls anonym – erschienenen „Ergänzungsworte[n] zur Schrift des Herrn Geheimen Justiz-Rath Schmalz“ wurde sogar versucht, den Streit ins Positive zu wenden: Gerade die – wie eine Lawine über Schmalz hereinbrechenden – Gegenschriften gehörten „zu den erfreulichen Erscheinungen unserer Zeit“, weil sie bewiesen, „daß das preußische Volk in den blutigen Kampfe gegen den Repräsentanten der Hölle [gemeint ist Napoleon, H.-C.K.] nicht blos politische Unabhängigkeit errungen hat, sondern auch bürgerliche Freiheit, deren Grundlage Schreib- und Preßfreiheit ist, und deren Befestigung dasselbe durch die vom Könige verheißene Constitution erwartet“.[124] Mit gekonnter Ironie verkehrte der unge-

120 Vgl. ebenda, S. 14 f.

121 Siehe die in ihrer Art sehr aufschlußreichen Formulierungen ebenda, S. 18: „Aber wir leben des guten Zutrauens zu vielen unserer Fürsten, daß sie vielmehr das rechte Mittel, selbst auch die *bloßen* Schreier zum Schweigen zu bringen, zu ergreifen geneigt seyn werden, nämlich den redlichen Willen für die rechte That *unzweideutig* an den Tag zu legen, und daß bei dieser Neigung die leeren declamatorischen Anklägereien des Herrn Schmalz eben so wenig Eindruck auf sie machen werden, als gewiß, *wenn die That spricht*, leere Declamationen gegen sie bei unserm wackern Volke des Eindrucks verfehlen“.

122 [Anonym], Wenige Worte vom Untugendbund, in Bemerkungen zu der Schrift des Herrn geheimen Raths Schmalz über politische Vereine, und deren Recension in der allgemeinen Literaturzeitung, September 1815, No. 214., Westteutschland [= Heidelberg] 1815, S. 9.

123 Ebenda, S. 5.

124 [Anonym], Ergänzungsworte zur Schrift des Herrn Geheimen Justiz-Rath

nannte Autor Schmalz' Anliegen in sein Gegenteil, indem er dessen erste Schrift als indirektes Plädoyer *für* eine Verfassung in Preußen deutete.[125]

In Jena trat der als wortmächtiger Patriot und vielgelesener Publizist bekannte Historiker Heinrich Luden an die Seite der Gegner von Schmalz: in einem Beitrag seiner Zeitschrift „Nemesis" sah auch er im Tugendbundstreit nur eine Art von Stellvertreterkrieg über die zentralen politischen Fragen der Gegenwart: „Der Streit, den Herr geh. Rath Schmalz nicht erregt, sondern öffentlich gemacht hat, ist sonach nur ein Theil des großen und allgemeinen Kampfes dieser Zeit. In diesem Kampfe kommt es auf die Frage an, ob die alte, versclavte Zeit zurückgebracht und festgehalten, oder ob ein neues Leben in Freiheit und Recht, in Ehre und Glück möglich gemacht werden soll. Wohin alle aufgeklärten Geister, wohin alle edlen Gemüther sich zu stellen haben, das kann so wenig zweifelhaft seyn, als wohin sich der Sieg neigen wird".[126] Im übrigen werde der Begriff „*Schmalzianismus*" künftig als Synonym für „alle politische Verketzerungssucht, alle politische Verfinsterungslust, alle politische Klatscherei und Anklägerei" zu gelten haben.[127] Zu den lebhaft zustimmenden Lesern dieses Aufsatzes gehörte August Graf von Platen: „Gottlob, daß endlich in Deutschland eine Zeit gekommen ist, wo man die Finger nicht mehr auf die Folter

Schmalz in Berlin über politische Vereine und über das wesentlichste bei der zukünftigen preußischen Constitution, Leipzig o. J. [1816], S. 3.

125 Vgl. ebenda, S. 19 f.: Schmalz habe indirekt angedeutet, daß „Beschleunigung der Constitution höchst wohlthätig seyn würde, weil nur dadurch alle Parteien zum Schweigen gebracht, und geheime Verbindungen aufgelößt [sic] werden können, mögen sie für oder wider die Constitution seyn; weil jene ihren Zweck erreicht sehn, und diese, von seiner Unerreichbarkeit überzeugt, sich darein finden werden"; hieran knüpft auch die Schlußbemerkung an (ebenda, S. 53 f.): „Und so vereinige ich denn meine Stimme mit der seinigen [Schmalz', H.-C.K.], um Beschleunigung einer Constitution zu bitten, die nicht nur das preußische Volk, sondern jeder Teutsche mit Sehnsucht erwartet; damit die Obscuranten aller Art, mögen sie pflichtmäßig als Bündler, oder für eigne Rechnung ihr Wesen treiben, zum Schweigen gebracht werden. Denn Preußen hat angefangen, das große Werk unserer Befreiung von der Knechtschaft, und von Preußen erwartet jeder Teutsche die ersten Schritte zur Vollendung. Amen!"

126 [Heinrich Luden], Auch ein Wort über politische Vereine, in Beziehung auf den Lärm, welchen Herr geheimer Rath Schmalz in Berlin erregt hat, in: Nemesis. Zeitschrift für Politik und Geschichte, hrsg. v. Heinrich Luden, Bd. 6, Weimar 1816, S. 185.

127 Ebenda, S. 187; vgl. auch [Anonym; „M"], Ueber des Herrn geh. Raths Schmalz letzte Streitschrift gegen Niebuhr, in: Nemesis. Zeitschrift für Politik und Geschichte, hrsg. v. Heinrich Luden, Bd. 6, Weimar 1816, S. 188–204. – Siehe zu Luden ebenfalls K. Goebel, Heinrich Luden – Sein Staatsbegriff und sein Einfluß auf die deutsche Verfassungsbewegung, S. 27 ff.

spannt, die freie Federn führen“.[128] Diese Feststellung galt 1816 – nachdem in Preußen jede öffentliche Diskussion über „geheime Gesellschaften“ vom König verboten worden war[129] – indes nur noch für die auswärtige, etwa die Leipziger Presse; so erschienen in Brockhaus' „Deutschen Blättern“ noch das ganze Jahr über Artikel zum Tugendbundstreit und dessen Folgen.[130]

Auch in Österreich nahm man den Verlauf der Auseinandersetzung aufmerksam zur Kenntnis; so ließ sich Metternich in ausführlichen Berichten seines Leipziger Generalkonsuls Adam Müller über die Entwicklung der Kontroverse informieren;[131] zwar hob der politische Romantiker Müller ausdrücklich „die richtigste Behauptung des Herrn Schmalz, daß nemlich mit der Deutschheit derselbe Unfug getrieben wird, den die Jakobiner mit der Menschheit begingen“,[132] mit Nachdruck hervor, doch an anderer Stelle lobte er Niebuhrs Gegenschrift und sprach ausdrücklich von dem „unseligen durch Schmalz veranlaßten Streit“.[133] – Zur gleichen Zeit forderte Dorothea Schlegel in

128 AUGUST GRAF VON PLATEN, Die Tagebücher, hrsg. v. G. VON LAUBMANN/L. VON SCHEFFLER, Bd. I, Stuttgart 1896, S. 451 (10.3.1816).

129 Dazu unten § 8 d).

130 Sie können hier nicht mehr im einzelnen referiert werden: [ANONYM], Literatur (F. Schleiermacher an den Herrn geheimen Rath Schmalz. Auch eine Recension, Berlin 1815), in: Deutsche Blätter. Neue Folge, Nr. 26, 1816, S. 401–408.; [ANONYM], Literatur (Das Wesen und Wirken des sogenannten Tugendbundes und anderer angeblicher Bünde. Eine geschichtliche Darstellung von W. T. Krug, Leipzig 1816), in: Deutsche Blätter, Nr. 28, 1816, S. 433–448; [ANONYM,] An Herrn K.... über Schmalz, in: Deutsche Blätter, Nr. 28, 1816, S. 464; [ANONYM], Literatur. (Die Stimme eines preußischen Staatsbürgers in den wichtigsten Angelegenheiten dieser Zeit. Veranlaßt durch die Schrift des Herrn geheimen Raths Schmalz, über politische Vereine. Vom Gouvernements-Rath Koppe in Aachen, Köln 1815), in: Deutsche Blätter, Nr. 33, 1816, S. 513–524, Nr. 35, 1816, S. 555–560; [ANONYM; „A. J.“], Noch immer Schmalziana (Das Märchen von den Verschwörungen. Von Friedrich Rühs, Berlin 1815), in: Deutsche Blätter, Nr. 36, 1816, S. 561–569; [ANONYM; „A. J.“], Letzte Schmalziana (Bemerkungen gegen die Schrift des geheimen Raths Schmalz zu Berlin über politische Vereine. Von Ludwig Wieland, Erfurt 1815), in: Deutsche Blätter, Nr. 37, 1816, S. 577–583; (Letztes Wort über politische Vereine. Vom geheimen Rath Schmalz, Berlin 1816), Nr. 38, 1816, S. 593–602.

131 Vgl. JAKOB BAXA (Hrsg.), Adam Müllers Lebenszeugnisse, Bd. I, München – Paderborn – Wien 1966, S. 1102, 1110 f., 1118 ff., 1122 f., 1128, 1131, 1149; siehe dazu auch DERSELBE, Adam Müller. Ein Lebensbild aus den Befreiungskriegen und aus der deutschen Restauration, Jena 1930, S. 326.

132 J. BAXA (Hrsg.), Adam Müllers Lebenszeugnisse I, S. 1111 (Müller an Metternich, 10.11.1815).

133 Zitiert nach J. BAXA, Adam Müller. Ein Lebensbild aus den Befreiungskriegen und aus der deutschen Restauration, S. 334, Anm. 1 (aus: Deutsche Staatsanzeigen, Bd. I, S. 6).

einem Brief aus Wien ihren – ebenfalls in Diensten Metternichs stehenden – Mann Friedrich Schlegel zur Beteiligung an der Kontroverse auf: „Welch ein Skandal ist das in Berlin zwischen den Bündlern von allen Farben und Nahmen! Wirst Du denn in diesem Sturm Deine gebietende Stimme gar nicht hören lassen? Man schmachtet darnach und erwartet es hier".[134] Der Angesprochene war indes klug genug, sich aus dem Streit herauszuhalten. – Sogar die „Times" griff im Oktober und November 1815 in den Konflikt ein – mit der offenen Ermahnung an die Preußen, den Jakobinern in ihren Reihen doch ja keinen Glauben zu schenken; Friedrich Rühs und noch sein späterer Nachfolger Heinrich von Treitschke haben diese Einmischung indigniert vermerkt.[135]

Eine Reihe weiterer Äußerungen mag die Reichweite und Intensität der öffentlichen wie privaten Diskussion um den Tugendbund und den von Schmalz ausgelösten Streit zusätzlich belegen: So sprach Achim von Arnim empört von dem „Wisch von Schmalz"; dieses „Männchen" spiele mit seinen Behauptungen offen den Gegnern einer preußischen Verfassung in die Hände.[136] Die Kontroverse habe, so Johann Friedrich Benzenberg in einem Brief an Gneisenau, nurmehr „Schlechtigkeit offenbart, die, so schien es, mit viel Feigheit und einiger Dummheit verknüpft war".[137] Und der Angesprochene wiederum konnte in einem Brief an den General Hermann von Boyen seine tiefe Verärgerung über die „Tugendriecherei", an der sich nun leider auch der König beteiligt habe, nicht verbergen: „Es ist traurig, zu einer solchen Zeit ein solch Ereignis zu sehen".[138] General Johann von Hüser, ein Freund Arndts, bezeugt, daß er Ende 1815 noch im besetzten Paris, wie viele andere seiner Kameraden, durch das „Machwerk" von Schmalz „sehr

134 FRIEDRICH SCHLEGEL, Kritische Ausgabe, hrsg. v. ERNST BEHLER, Bd. XXIX, Briefe 1814–1818, Paderborn – München – Wien 1980, S. 132 (Dorothea an Friedrich Schlegel, 20.1.1816).

135 Vgl. F. RÜHS, Das Märchen von den Verschwörungen, S. 20; H. VON TREITSCHKE, Deutsche Geschichte im neunzehnten Jahrhundert II, S. 115.

136 ACHIM VON ARNIM, Werke, hrsg. v. ROSWITHA BURWICK/JÜRGEN KNAACK/PAUL MICHAEL LÜTZELER/RENATE MOERING/ULFERT RICKLEFS/HERMANN F. WEISS, Bd. VI (Bibliothek deutscher Klassiker, Bd. 72), Frankfurt a. M. 1992, S. 499 f.

137 JULIUS HEYDERHOFF (Hrsg.), Benzenberg der Rheinländer und Preuße 1815–1823. Politische Briefe aus den Anfängen der preußischen Verfassungsfrage (Rheinisches Archiv. Arbeiten zur Landes- und Kulturgeschichte, H. 7), Bonn 1928, S. 39 (Benzenberg an Gneisenau, 3.7.1816).

138 KARL GRIEWANK (Hrsg.), Gneisenau – Ein Leben in Briefen, Leipzig 1939, S. 340 (Gneisenau an Boyen, 21.1.1816); vgl. schon ebenda, S. 332 (derselbe an denselben, 19.11.1815).

erbittert“ worden sei – „und wir hielten auch gegen Andere mit unserer Meinung nicht zurück“.[139]

Der frühere Jakobiner Georg Friedrich Rebmann drückte sich 1816 erstaunlich maßvoll aus, denn er stimmte Schmalz wenigstens darin zu, daß es geheimen Gesellschaften unmöglich sei, „Großes und Gutes zu bewirken“.[140] Trotzdem habe sich Schmalz darin, „daß er die, welche auf einem ungesetzlichen Wege ihre Staatenverbesserungs-Plane durchzusetzen trachteten, mit denen vermischte, welche auf einem rechtlichen für Verfassungen, für Bestimmung der Volksrechte, für Beschränkung der Vorrechte, für Gleichheit der Lastenverteilung arbeiteten; daß er endlich der Begeisterung den Anteil am Siege abzusprechen versuchte, der ihr gebührt, ... nicht nur an Preußen, sondern an allen teutschen Völkerstämmen versündigt und seinen Gegnern Waffen in die Hände gegeben, mit welchen sie ... gar grob und unritterlich gegen ihn losschlugen“.[141] Und Jean Paul appellierte gar in einer seiner „politischen Fastenpredigten“ an die deutschen Fürsten, sich durch Schmalz in ihrem Vertrauen zum deutschen Volk, zu ihrem „Schatz von Landes-Kindern“ und zum „tausendjährigen deutschen Tugendbunde“ nicht irremachen zu lassen.[142]

Privat wurde allerdings wesentlich härter und unerbittlicher geurteilt: Schmalz' Universitätskollege, der Philosoph Ferdinand Solger, überlegte noch im Oktober 1816, ob er nicht auch etwas gegen den „Schmalzische[n] Wisch“ schreiben solle,[143] und Caroline von Humboldt hatte ein Jahr vorher, auf dem Höhepunkt des Konflikts, an ihren

[139] [Johann Hans Gustav Heinrich von Hüser], Denkwürdigkeiten aus dem Leben des Generals der Infanterie von Hüser größtentheils nach dessen hinterlassenen Papieren zusammengestellt und herausgegeben von M. O. – Mit einem Vorwort von Professor Dr. Maurenbrecher, Berlin 1877, S. 176.

[140] Georg Friedrich Rebmann, Werke und Briefe, Bd. II, Berlin 1990, S. 666.

[141] Ebenda, S. 666 f.; vgl. auch die brieflichen Äußerungen ebenda, Bd. III, S. 469, 490.

[142] Jean Paul, Sämtliche Werke, hrsg. v. Norbert Miller, Abt. I, Bd. V: Vorschule der Ästhetik; Levana oder Erziehlehre; Politische Schriften, München 1963, S. 1187: „Wenn ihr nun, ihr Fürsten, dieses harmlose, rachlose, nie heuchlerische, nie meuterische Volk zu würdigen versteht, diesen Schatz von Landes-Kindern, von welchen ihr euch sicherer bewachen laßt als sich der scheue Tyrann Dionys von bloßen Kindern, – wenn ihr den seit Tacitus' Zeiten bestehenden Tugendbund eines zu keinem Lasterbunde fähigen Volkes anerkennt, aus welchem das Zwillingsgestirn eines Fürstenbundes und später einer Völkerschlacht aufgegangen, wem werdet ihr vertrauen, dem mehr als tausendjährigen deutschen Tugendbunde? Oder dem Schmalzischen geheimen Rate?“.

[143] Percy Matenko (Hrsg.), Tieck and Solger. The Complete Correspondence, New York – Berlin 1933, S. 294; vgl. S. 291 (Solger an Tieck, 16.10.1816).

noch in Paris weilenden Mann Wilhelm geschrieben: „Du wirst es kaum glauben, welchen Effekt diese elende Schrift macht, Triumph bei den Bornierten und geradezu Schlechtgesinnten, Indignation bei den Besseren und reines Bedauern, daß man Mittel gefunden, den König einzunehmen ... Auch der Kronprinz scheint sehr indigniert über Schmalz' Schrift zu sein".[144] – Ausgerechnet Schmalz' ehemaliger Königsberger Schüler Theodor von Schön reagierte mit unüberbietbarer Schärfe; in einem Brief an Stägemann vom 13. November 1815 finden sich die Worte: „Niebuhr hat sehr unüberlegt gehandelt, sich mit Schmalz einzulassen. Auch mir muthete man zu, gegen ihn zu schreiben, aber wie konnte ich mich mit der Schmeiss-Fliege befassen! ... Ich könnte den Herrn total zerquetschen, aber wer wird Krieg gegen ein solches Gewürm führen? Niebuhr hätte es auch bleiben lassen sollen ... Schmalz und Niebuhrs Schrift sind traurige Zeichen der Zeit".[145]

Warum hielt sich Schön zurück? Und warum ebenfalls der nicht minder streitlustige und um scharfe Urteile ebensowenig verlegene Varnhagen?[146] Beide, für gewöhnlich bestens informiert, scheinen

[144] Anna von Sydow (Hrsg.), Wilhelm und Caroline von Humboldt in ihren Briefen, Bd. V: Diplomatische Friedensarbeit 1815–1817, Berlin 1912, S. 113 f. (Caroline an Wilhelm von Humboldt, 2.11.1815); vgl. auch ebenda, S. 121 (Wilhelm an Caroline von Humboldt, 10.11.1815): „Der Kanzler ... denkt über die Schmalzische Schrift wie wir und hat Schmalzen mit keinem lobenden Wort geantwortet. ... Allein auch dem König persönlich und ganz aus eigenen Stücken hatte sie sehr gefallen"; vgl. auch ebenda, S. 171 (Caroline an Wilhelm von Humboldt, 20.1.1816).

[145] F. Rühl (Hrsg.), Briefe und Aktenstücke zur Geschichte Preussens unter Friedrich Wilhelm III. vorzugsweise aus dem Nachlass von F. A. von Stägemann, Bd. I, S. 417 f.; vgl. dazu auch Stägemanns Brief an Varnhagen vom 9.12.1815, in: [K. A. Varnhagen von Ense], Aus dem Nachlaß Varnhagen's von Ense. Briefe von Stägemann, Metternich, Heine und Bettina von Arnim, nebst Anmerkungen und Notizen von Varnhagen von Ense, S. 17. – In der Rückschau hat Schön die Schrift von Schmalz allerdings neutral beurteilt; vgl. [Th. von Schön], Aus den Papieren des Ministers und Burggrafen von Marienburg Theodor von Schön III, S. 40 f.

[146] Vgl. Rahel Varnhagen, Gesammelte Werke, hrsg. v. Konrad Feilchenfeldt/Uwe Schweikert/Rahel E. Steiner, Bd. IX, Briefe und Tagebücher aus verstreuten Quellen, München 1983, S. 429 (Rahel und Karl August Varnhagen aus Frankfurt a. M. an Troxler, 13.12.1815): „Wäre ich jetzt in Berlin, so hätte ich gewiß den Mut die Sache beim rechten Ende zu fassen und stünde im ärgsten Feuer des Gefechts"; auch die Varnhagens hatten sofort den politischen Charakter des Streits erkannt; vgl. ebenda: „Niebuhr ist gegen Schmalz in den Kampf getreten, nicht mit dem erwarteten Beifall, ich zweifle, daß andre und selbst Schleiermacher, der nun auftreten wird, ihn mehr gewinnen werden. Der Streit liegt anderswo, als man sich bis jetzt getraut hat zu sagen, die Sache mit dem Tugendbunde ist es nicht, was man von beiden Seiten eigentlich meint, und dies weiß oder fühlt das Publikum wohl; der Streit ist der des Geistes, der Kraft, des Talents, mit einem Worte, des Lebendigen, mit dem Vorurteil,

bereits geahnt oder vielleicht sogar gewußt zu haben, woher inzwischen der Wind wehte und wie die Machtverhältnisse am preußischen Hof mittlerweile beschaffen waren: im Streit gegen Schmalz waren gegen Ende des Jahres keine Lorbeeren mehr zu erringen, denn zum einen war bereits mehrmals alles gesagt, was gegen dessen Schrift zu sagen war, und zum anderen wurde sehr bald deutlich, daß der preußischen Staatsspitze an einer Ausweitung der Kontroverse immer weniger gelegen sein konnte. Jedenfalls hat sich Varnhagen erst in seinen Jahrzehnte später verfaßten „Denkwürdigkeiten des eigenen Lebens" in seiner Polemik gegen Schmalz keinerlei Zurückhaltung mehr auferlegt: Schmalz, heißt es dort, habe mit seiner „Schrift, elend und schwach als literarisches Erzeugnis", eine „Brandkugel" geworfen, mit denen die reaktionären Dunkelmänner und Drahtzieher im Hintergrund die Erneuerer Preußens treffen wollten.[147] Schmalz „brutale[r] Ausfall ... gegen den Tugendbund" habe indirekt den Machtanspruch „der alten Stockherrschaft und Behördenmacht" zum Ausdruck gebracht.[148] – Nur wenige hatten Mitleid mit Schmalz; ein Zeugnis dafür findet sich in einem Brief des Berliner Dichters Christoph August Tiedge an den alten Königsberger Johann George Scheffner, der Schmalz noch aus dessen Zeiten an der Albertus-Universität kannte: „Die Schmalzische Geschichte hat mich sehr geschmerzt. Der Mann war im Irrthum er meinte es gut".[149]

Jedenfalls war die Lage, in der sich Schmalz am Ende des Jahres 1815 befand, alles andere als beneidenswert: in der Öffentlichkeit geächtet und gesellschaftlich isoliert, wollte kaum jemand mehr etwas mit ihm zu tun haben. Ein Brief Varnhagens überliefert: „Obwohl die Gegner des Schmalz nicht vollen Beifall haben, so geht es diesem aber darum nicht weniger schlecht; es geht niemand mit ihm um, spricht niemand mit ihm, und nicht leicht hat die öffentliche Meinung deutlicher ihre Acht ausgesprochen".[150] Die Gründe hierfür und für

der Schwäche, der Unfähigkeit, dem Toten, der Streit der spanischen Liberales gegen die Serviles, der französischen Nationalversammlung mit der Fraktion von Coblenz, der englischen Opposition von Burdett etc. gegen solche Minister wie Castlereagh".

[147] K. A. Varnhagen von Ense, Werke in fünf Bänden II, S. 768.

[148] Ebenda, Bd. III, S. 19.

[149] Arthur Warda/Carl Diesch (Hrsg.), Briefe an und von Johann George Scheffner, Bd. IV, München – Leipzig 1931, S. 85 (Tiedge an Scheffner, 29.1.1816).

[150] R. Varnhagen, Gesammelte Werke IX, S. 429 f. (Rahel und Karl August Varnhagen aus Frankfurt a. M. an Troxler, 13.12.1815); vgl. auch die Bemerkungen von [Ludwig Freiherr von Vincke], Die Tagebücher des Oberpräsidenten Ludwig Freiherrn

die ungemein heftigen Gegenreaktionen, die Schmalz' kleine Broschüre hatte erfahren müssen, sind indes nicht auf einen Nenner zu bringen; es handelte sich um mehrere, miteinander vielfach verschränkte Aspekte.

Zuerst einmal besaß der Streit eine sozialpsychologische Komponente: viele Soldaten, vor allem die jüngeren, fühlten sich durch Schmalz' – ja in der Tat unrichtige – Behauptung, man sei nicht mit Begeisterung in den Krieg gezogen, sondern habe allenfalls seine selbstverständliche Pflicht erfüllt – einem Feuerwehrmann, der einen Brand löscht, vergleichbar –, zutiefst beleidigt und in ihren innersten Empfindungen gekränkt. Hinzu kam ein doppelter politischer Aspekt. Ein Großteil des deutschen Bürgertums erwartete eine – von Preußen auf ganz Deutschland ausstrahlende – politische Neuordnung des Landes im Sinne eines Verfassungsstaates, in der Form der konstitutionellen Erbmonarchie mit einer parlamentarischen Vertretung, durch welche die politische Mitwirkung der Bürger an den Geschicken des Landes, für das viele von ihnen zwischen 1813 und 1815 ihr Leben eingesetzt hatten, gewährleistet werden sollte. Und schließlich, auch dies ist nicht zu vergessen, gab es in der Tat einzelne geheime Verbindungen in Deutschland, von denen wenigstens einer (der Hoffmannsche Bund) mit Wissen, wenn auch nicht auf Anordnung des preußischen Kanzlers aktiv geworden war und deren Publizität der preußischen Staatsspitze nichts weniger als erwünscht sein konnte. In Kenntnis dieser Situation verwundert es im nachhinein nicht, daß der arglose Schmalz mit seiner Tugendbundschrift gewissermaßen die Lunte an ein Pulverfaß gelegt hatte.

d) Höhepunkt und Verbot der Kontroverse

„Daß Personen vorzügliche Ehrenbezeugungen beygelegt werden, ... ist unstreitig eine der besten politischen Erfindungen“,[151] – diese Worte hatte Schmalz 1794 veröffentlicht. Er hätte sich nicht träumen lassen, daß ihm die beiden Orden, die er selbst im Spätherbst 1815 erhielt, wenig Freude bereiten würden.

Vincke 1813–1818, hrsg. v. Ludger Graf von Westphalen (Veröffentlichungen der Historischen Kommission für Westfalen XIX. Westfälische Briefwechsel und Denkwürdigkeiten, Bd. 7), Münster 1980, S. 558 f. (Johann Heinrich Schmedding an Ludwig Vincke, 17.11.1815).

[151] Das natürliche Staatsrecht [1]1794, S. 120.

In der Tat wurde Theodor Schmalz am 27. Oktober von König Friedrich Wilhelm III. mit dem Roten Adlerorden 3. Klasse und kurz vorher auch vom König von Württemberg, dem Schmalz seine erste Broschüre zum Tugendbundstreit zugeschickt hatte, mit dem dortigen Verdienstorden ausgezeichnet.[152] Es versteht sich, daß nach dem Bekanntwerden dieser Nachricht die Wogen der öffentlichen Aufregung nur noch höher schlugen. Mit der Verleihung war Öl ins Feuer gegossen worden, und nun schossen die Spekulationen über die vermeintlichen oder auch wirklichen Hintergründe dieser Auszeichnung üppig ins Kraut. So vermutete Caroline von Humboldt: „Daß man aber den König vermocht, diesem Schmalz den Orden zu geben, scheint geschehen zu sein, um den König unpopulär und weniger geliebt zu machen“.[153] Georg Friedrich Rebmann merkte an, er habe seinen „Traum“, Preußen werde Deutschland davor retten, „zwischen dem Knutensystem und dem Schwertsystem zermalmt zu werden ..., seit dem roten Adlerorden für Schmalz ... aufgegeben“.[154] Und Varnhagen sah in dieser – unter Umgehung Hardenbergs – veranlaßten Auszeichnung durch den (sich damals noch in Paris befindlichen) preußischen König eine bewußt gegen Hardenberg inszenierte Intrige.[155] Noch 1883 haben Hermann Baumgarten und Heinrich von Treitschke eine äußerst heftige Kontroverse um die Frage geführt, worin der Anlaß für die Ordensverleihung an Schmalz eigentlich zu suchen sei.[156]

152 Dieser Termin ergibt sich aus einem Brief Niebuhrs an Gneisenau vom 29.10.1815, in: Barthold Georg Niebuhr, Die Briefe, hrsg. v. Dietrich Gerhard/ William Norvin, Bd. II, 1809–1816 (Das Literatur-Archiv, Bd. 2), Berlin 1929, S. 644; vgl. auch Paul Haake, Der preußische Verfassungskampf vor hundert Jahren, München – Berlin 1921, S. 71.

153 A. von Sydow (Hrsg.), Wilhelm und Caroline von Humboldt in ihren Briefen V, S. 113 f. (Caroline an Wilhelm von Humboldt, 2.11.1815).

154 G. F. Rebmann, Werke und Briefe III, S. 484 (Rebmann an Hermes, 24.11.1815).

155 Vgl. K. A. Varnhagen von Ense, Werke in fünf Bänden II, S. 768 f.

156 Im 1882 erschienenen zweiten Band seiner Deutschen Geschichte im neunzehnten Jahrhundert hatte Treitschke (S. 113–116) eine kurz zusammenfassende Darstellung der Kontroverse gegeben; über deren Ende heißt es (ebenda, S. 115 f.), Friedrich Wilhelm III. habe „das alte Verbot der geheimen Gesellschaften ... erneuert, die Fortsetzung des Streites untersagt, eine Untersuchung, welche Niebuhr und seine Freunde zu ihrer eigenen Rechtfertigung beantragt hatten, als überflüssig abgelehnt. Nun verstummte der Lärm, aber jedermann fühlte, daß die arge Saat des Anklägers, der eben jetzt durch einen preußischen und einen württembergischen Orden ausgezeichnet wurde, doch nicht auf ganz undankbaren Boden gefallen war“. – Der Straßburger Historiker Hermann Baumgarten veröffentlichte 1883 eine ausführliche und scharfe Kritik dieses Bandes (Hermann Baumgarten, Treitschke's Deutsche Geschichte. Zweiter Abdruck, Straßburg 1883), deren Absicht es war, die seiner

Die genauen Umstände, die bereits Treitschke vor mehr als einem Jahrhundert nicht mehr klären konnte, dürften heute noch weniger zu

Auffassung nach „recht eigentlich illiberale Tendenz" (ebenda, S. XI) Treitschkes besonders herauszuarbeiten. Die Darstellung des Tugendbundstreits nahm Baumgarten als Aufhänger, um Treitschke eine ungerechtfertigte Verklärung König Friedrich Wilhelms III. vorzuwerfen (ebenda, S. 8–17). Schmalz' Auszeichnung mit dem Roten Adlerorden sei, so Baumgarten, „ein überaus bedeutsamer Vorgang" gewesen, „der nicht nur in Preußen, sondern in ganz Deutschland den tiefsten Eindruck hervorbrachte. Ueberall hielt man dafür, Freund wie Feind, daß der König durch sein Eingreifen zu Gunsten des Geh. Rath Schmalz zu den großen Zeitfragen Stellung genommen habe. Treitschke aber schildert die höchst unzweideutige Handlung des Königs so, daß sie recht wenig bedeutet zu haben scheint" (ebenda, S. 14). Der „arglose Leser" werde von Treitschke „über die Ordensverleihung ... so geschickt hinweg geleitet, daß er sie kaum bemerkt. Da ihn Treitschke daran gewöhnt hat, bei jedem irgend erheblichen Anlaß den allerstärksten Ausdruck seines Urtheils zu vernehmen, so kann er sein Schweigen nur so verstehen, daß hier eigentlich nichts zu sagen sei, als daß die Saat des Anklägers ‚doch nicht auf ganz undankbaren Boden' gefallen sei. Sonst wird wohl Niemand Treitschke zu den diplomatisirenden Schriftstellern rechnen, aber dieses ‚auf nicht ganz undankbaren Boden' ist ein vorzügliches Beispiel unangenehme Wahrheiten verhüllenden Ausdrucks" (ebenda, S. 14 f.). – Treitschke hat sich 1886 im Anhang seines dritten Bandes ausführlich mit Baumgartens Vorwürfen auseinandergesetzt (Deutsche Geschichte im neunzehnten Jahrhundert, Bd. III, S. 733–736). Die Ordensverleihung an Schmalz dürfe, so sein Gegenargument, „doch nur dann irgendwelche historische Bedeutung beanspruchen, wenn Schmalz ihn wirklich zur Belohnung für seine Denunziation erhalten hat. Ist dies erwiesen?" (ebenda, S. 733). Gegen den *a priori* urteilenden Baumgarten führt Treitschke an, „der Historiker heute" dürfe nicht „alle die häßlichen Gerüchte einer tief vertimmten Zeit unbesehen hinnehmen" (ebenda). Zwar könne wohl angenommen werden, daß der württembergische Orden tatsächlich als Lohn für die Tugendbundbroschüre verliehen worden sei, doch der „Sachverhalt hinsichtlich des preußischen Ordens" liege „gar nicht so einfach". Schmalz sei nicht nur ein verdienter Beamter und hochangesehener akademischer Lehrer gewesen, dazu ein „bewährter Patriot, der während der französischen Okkupation für die preußische Sache gelitten hatte, der während der Befreiungskriege große Geldopfer brachte, gemeinnützige Vorlesungen hielt usw. Zudem verstand er trefflich, sein Licht unter den Scheffel zu stellen. Einem so tüchtigen und strebsamen Beamten konnte schon damals der Rote Adlerorden kaum entgehen" (ebenda, S. 734). So sehr ihn „dieser Kleinkram anwiderte", habe er, Treitschke, umfangreiche archivalische Nachforschungen unternommen, „um über die Gründe der Ordensverleihung ins klare zu kommen ... Alles Suchen blieb vergeblich, da die Ordensakten jener Zeit bereits kassiert sind. Bisher hat sich nur ein Aktenstück auffinden lassen, das über die persönlichen Beziehungen zwischen den König und dem Geh. Rat Schmalz einigen Aufschluß giebt, eine an Schmalz gerichtete Kabinettsordre vom 16. August 1814. Sie lautet: ‚Ihre ... Mir angezeigte Absicht, durch Ertrag öffentlicher Vorlesungen zur Erleichterung solcher Invaliden, welche das Eiserne Kreuz erworben haben, fortdauernd wirken zu wollen, schätze Ich nach ihrem ganzen Werte'." Insofern sei die Vermutung nicht vollkommen abwegig, „daß der an Schmalz im Oktober 1815 verliehene Orden vielleicht die Belohnung für jene patriotischen Vorlesungen war". Zwar sei mit Recht einzuwenden: „Daß die Auszeichnung grade in diesem Augenblicke erfolgte, war unter allen Umständen ein Fehler", doch habe der König nicht beabsichtigt, hierdurch die Gegner von Schmalz zu kränken, Niebuhr sei

ermitteln sein.[157] Und alle Autoren, die sich später hierzu geäußert haben, arbeiten im hohen Grade mit Spekulationen und Vermutungen. So spricht in der Tat manches dafür, daß die Ordensverleihung an Schmalz von Hardenbergs Intimfeinden in der Umgebung des Königs, dem Fürsten Wittgenstein und Johann Peter Friedrich Ancillon, angeregt und in die Wege geleitet worden ist, wie schon Pertz und nach ihm weitere Forscher vermutet haben;[158] aber mit letzter Sicherheit ist diese Frage – hier muß man Treitschke recht geben – nicht mehr zu klären.[159] Eine andere Vermutung besteht darin, Zar Alexander I. sei von der Schmalzschen Broschüre so beeindruckt gewesen sei, daß er *beide* Ordensverleihungen angeregt oder sogar veranlaßt habe. Doch die Wahrheit auch dieser, auf einen österreichischen Gesandtenbericht zurückgehenden Annahme[160] ist nicht eindeutig zu belegen. Außer Frage steht freilich, daß die doppelte Auszeichnung, die Schmalz im Oktober 1815 erhielt, von der öffentlichen Meinung nicht nur in Preußen, sondern in ganz Deutschland äußerst übel vermerkt wurde. Es entstand in diesen Tagen das böse Wort von

kurz darauf zum preußischen Gesandten in Rom ernannt und Arndt als Professor an die Universität Bonn berufen worden. Treitsche resümiert: „Ich weiß wirklich nicht, warum Schmalz den Roten Adlerorden dritter Klasse bekommen hat. Und weil ich es nicht weiß, darum habe ich mich über diese widerliche Sache mit wohlüberlegter Behutsamkeit geäußert“ (alle Zitate ebenda, S. 734).

157 Auch dem Verfasser ist es nicht gelungen, im Geheimen Staatsarchiv Berlin Akten über diesen Vorgang aufzutreiben; an Treitschkes Auskunft dürfte also wohl nicht zu zweifeln sein.

158 Vgl. Georg Heinrich Pertz, Das Leben des Ministers Freiherrn vom Stein, Bde. I–VI/2, Berlin 1850–1855, hier Bd. V, S. 23; ähnlich der stark spekulativ argumentierende Aufsatz von J. von Gruner, Die Ordensverleihung an den Geheimen Rat Professor Schmalz 1815, bes. S. 174 ff., der vor allem Wittgenstein als treibende Kraft vermutet, sowie P. Haake, Der preußische Verfassungskampf vor hundert Jahren, S. 71, der Ancillon und Wittgenstein als Urheber nennt.

159 Übrigens war auch Savigny der Auffassung, die Auszeichnung Schmalz’ mit dem Roten Adlerorden sei „wohl nicht gerade *durch* die Schrift beym König ausgewirkt worden“, so in einem Brief an Wilhelm Grimm vom 25.11.1815 (A. Stoll, Friedrich Karl v. Savigny II, S. 147).

160 So Paul Haake, König Friedrich Wilhelm III., Hardenberg und die preußische Verfassungsfrage (Dritter Teil), in: Forschungen zur Brandenburgischen und Preußischen Geschichte 29 (1916), S. 305–369, hier S. 324 f.; ebenda, Anm. 2 druckt Haake einen Ausschnitt aus einem Bericht des österreichischen Botschafters in Berlin, des Grafen Zichy, an Metternich vom 11.11.1815 ab, in dem es heißt: „S. M. le roi a décoré le Sr. Schmaltz, auteur d’une brochure contre le Tugendbund, de l’ordre de l’aigle rouge; cela a fait grande sensation. Je sais de très bonne source que l’empereur Alexandre prête une très grande attention aux manigances de cette sece et qu’il a énoncé le désir de les surveiller et de réprimer cet esprit ennemi de tous les gouvernements“ (ebenda, S. 324).

den „Schmalzgesellen" oder „Schmalzgenossen" – Varnhagen nennt Friedrich Ludwig Jahn als eigentlichen Urheber[161] –, das sich in vielen überlieferten Briefen und Erinnerungen aus jener Zeit belegen läßt.[162]

Doch es kam noch schlimmer: Erboste Berliner Studenten warfen nicht nur die Fenster von Schmalz' Wohnung ein,[163] sondern er wurde sogar zu Hause überfallen und beschimpft. Der Täter war ein junger Leutnant des zweiten Garderegiments namens Hans Rudolf von Plehwe, der allgemein als höchst exzentrische und exaltierte Person – und zudem als großer Verehrer Arndts und Jahns, die er durch Schmalz beleidigt glaubte, – bekannt war.[164] Einem seiner Vorgesetzten, dem damaligen Hauptmann von Hüser, erzählte Plehwe die Einzelheiten seiner Tat: Er habe Schmalz „wegen seiner Schrift zur Rede gestellt ... ‚Bist Du Schmalz, der sein Volk verräth?' hätte er ihn gleich angeredet und ihn dadurch tüchtig in die Enge getrieben".[165]

161 Vgl. K. A. Varnhagen, Werke in fünf Bänden II, S. 769.

162 Als Belege siehe [F. L. Jahn], Die Briefe F. L. Jahns, S. 94; vgl. S. 92; Joseph Görres, Gesammelte Briefe, hrsg. v. Marie Görres/Franz Binder, Bd. III, München 1874, S. 486; G. W. F. Hegel, Briefe von und an Hegel II, S. 68, 263, 385; F. Rühl (Hrsg.), Briefe und Aktenstücke zur Geschichte Preussens unter Friedrich Wilhelm III., Bd. II, 245; Ernst Theodor Amadeus Hoffmann, Juristische Arbeiten, hrsg. v. Friedrich Schnapp, München 1973, S. 169; Ehrenfried von Willich, Aus Schleiermachers Hause. Jugenderinnerungen seines Stiefsohnes, Berlin 1909, S. 13. Zu Jahn und Hegel vgl. auch Heinrich Pröhle, Friedrich Ludwig Jahn's Leben. Nebst Mittheilungen aus seinem literarischen Nachlasse, Berlin 1855, S. 173 ff.; Franz Rosenzweig, Hegel und der Staat, Bd. II, München – Berlin 1920, S. 75, 209; Jacques D'Hondt, Hegel in seiner Zeit – Berlin, 1818–1831, Berlin (Ost) 1973, S. 82.

163 Vgl. E. L. von Gerlach, Aufzeichnungen aus seinem Leben und Wirken I, S. 70.

164 Siehe über ihn Ernst Müsebeck, Siegmund Peter Martin und Hans Rudolph v. Plehwe, zwei Vertreter des deutschen Einheitsgedankens von 1806–1820, in: Quellen und Darstellungen zur Geschichte der Burschenschaft und der deutschen Einheitsbewegung, hrsg. v. Herman Haupt, Bd. II, Heidelberg 1911, S. 75–194, hier S. 151 ff.; außerdem den kurzen Lebensabriß von Hans-Joachim Schoeps, in: derselbe (Hrsg.), Aus den Jahren preußischer Not und Erneuerung, S. 35.

165 [J. H. von Hüser], Denkwürdigkeiten aus dem Leben des Generals der Infanterie von Hüser größtentheils nach dessen hinterlassenen Papieren zusammengestellt, S. 181, hiernach auch die Darstellung bei E. Müsebeck, Siegmund Peter Martin und Hans Rudolph v. Plehwe, S. 156 ff. – Einer anderen Überlieferung zufolge, enthalten in einem Brief von Gustav Jacobs an August Graf von Platen vom 18.1.1816, hat sich der Vorgang folgendermaßen abgespielt; vgl. August Graf von Platen, Der Briefwechsel, hrsg. v. Ludwig von Scheffler/Paul Bornstein, Bd. I, München – Leipzig 1911, S. 330 (der Briefschreiber nennt den Täter „Below" statt „Plehwe", vermutlich ein Hörfehler): „In Berlin kaum angelangt, geht er [der Täter, H.-C.K.] zu ihm [Schmalz, H.-C.K.] und redet ihn folgendermaßen an: Bist Du Schmalz. – ‚Ja ich bin der Geh. Rath Schmalz.' – Ich nenne Gott *Du* und den Teufel *Du*, und da *Du* dieses geschrieben hast (er hält ihm die Schrift vor) so bist Du der Teufel ja schlimmer als der Teufel. Denn wer einem Mann ohne gründliche Beweise, Verbrechen anschuldigt, ist ein Verleumder! – *Schmalz*

Zusammen mit einem anderen Hauptmann des gleichen Regiments begab sich Hüser zu Schmalz, „mit dem wir“, so seine Worte, „von der großen Landesloge her oberflächlich bekannt waren“. Man schilderte Plehwe als exaltierten und aufbrausenden Charakter, der sich der Bedeutung seiner Tat offensichtlich nicht bewußt gewesen war: „Wir baten ihn [Schmalz, H.-C.K.] dringend, die ganze Geschichte als Ausfluß einer halb unzurechnungsfähigen Stimmung zu betrachten und nach allen Seiten hin Schweigen darüber zu beobachten“.[166] Nun verhielten sich die beiden jungen Offiziere in dieser Situation allerdings nicht besonders klug, denn, so heißt es weiter, „unsrerseits aber konnten wir freilich nicht vermeiden, zuzugestehen, daß wir, der Hauptsache nach, P.'s Meinungen theilten und nur sein Auftreten mißbilligten. Der Herr Geheimerath wand sich erst hin und her, machte dann einige sehr unwillige Bemerkungen auch gegen uns, gab aber dennoch das Versprechen, die Angelegenheit auf sich beruhen zu lassen“.[167]

Doch das war vergebens, denn inzwischen hatte sich das Geschehnis bereits herumgesprochen, und auch der kommandierende General des Gardekorps, der Herzog Karl von Mecklenburg, hatte von dem Vorfall erfahren und den Beleidigten nachdrücklich aufgefordert, gegen Plehwe zu klagen. Auch Hüsers Verhalten wurde selbst von zwei so entschiedenen Schmalz-Gegnern wie Niebuhr und Wilhelm von Humboldt nicht mehr gebilligt.[168] Es kam zu einem militärgerichtlichen Verfahren: Plehwe wurde zu einem vierwöchigen Arrest verurteilt, Hüser erhielt eine Verwarnung, sein Kamerad, der ihn zu Schmalz begleitet hatte, wurde von Berlin nach Breslau versetzt.[169]

macht Lärm; Frau, Kinder, Bediente alles stürmt herein aber *Below* laßt sich nicht irren, und als der Geh. Rath Anstalt macht zum *Kommandt.* zu schicken, so sagt er ihm: Fürchte Dich nicht, ich will Dich nicht ermorden, nicht einmal prügeln, nur meine Meynung will ich Dir sagen. – In seinem Tone soll nichts renommistisches gelegen haben. Darauf hat er sich entfernt“.

166 Die Zitate aus [J. H. von Hüser], Denkwürdigkeiten aus dem Leben des Generals der Infanterie von Hüser größtentheils nach dessen hinterlassenen Papieren zusammengestellt, S. 181.

167 Ebenda.

168 Vgl. B. G. Niebuhr, Die Briefe II, S. 652 (Niebuhr an Gneisenau, 18.12.1815); W. von Humboldt, Gesammelte Schriften XVII, S. 98 (Humboldt an Gneisenau, 4.1.1816).

169 Vgl. [J. H. von Hüser], Denkwürdigkeiten aus dem Leben des Generals der Infanterie von Hüser größtentheils nach dessen hinterlassenen Papieren zusammengestellt, S. 182; E. Müsebeck, Siegmund Peter Martin und Hans Rudolph v. Plehwe, S. 157.

Ein weiterer gegen Schmalz gerichteter Schlag erfolgte noch kurz vor Jahresende, doch er sollte sein Ziel verfehlen. Niebuhr hatte eine „Immediat-Eingabe“ an König Friedrich Wilhelm III. aufgesetzt, die er am 12. Dezember 1815, versehen mit vierundvierzig Unterschriften angesehener Persönlichkeiten aus den Bereichen Wissenschaft und Verwaltung, dem Monarchen einreichte.[170] Es sei, heißt es darin, in der napoleonischen Zeit üblich gewesen, „zu insinuiren, daß Preußen voll Verschwörungen und geheimen Verbindungen sey“, insofern müsse „es Verwunderung und Unwillen erregen, daß Unterthanen Ew. Königl. Majestät die nähmliche Sprache zu führen angefangen haben und in Druckschriften mit der Beschuldigung hervorgetreten sind, es beständen in Preußen so genannte Vereine oder geheime Gesellschaften, als deren Zweck Revolution im Inlande und durch ganz Deutschland ... angegeben wird“.[171] Da der Denunziant – Schmalz wird mit vollem Namen genannt – keine Beweise für seine Behauptung vorlegen könne, sei es für die Krone dringend erforderlich, schon um Preußens Ehre zu retten und den Feinden des Landes wirksam entgegenzutreten, sich der Sache offiziell anzunehmen.[172]

Die Unterzeichner erbaten also „von der Gerechtigkeit und landesväterlichen Weisheit Ew. Majestät, daß es Allerhöchstdenselben gefallen möge, eine Commission anzuordnen, um die von dem Geheimen Rath Schmalz und ähnlichen Schriftstellern vorgebrachten Behauptungen zu prüfen und mithin zu untersuchen: ob irgendwo in den Staaten Ew. Majestät eine Gesellschaft oder Verbindung existirt, wie sie in diesen Schriften charakterisirt worden“. Allein eine solche

[170] Gedruckt in: [Otto Mejer], Niebuhr und Genossen gegen Schmalz, in: Historische Zeitschrift 61 (1889), S. 296–299.

[171] Die Zitate ebenda, S. 296 f.

[172] Vgl. die kennzeichnenden Formulierungen ebenda, S. 297 f.: „Dem Staate können die verbreiteten Gerüchte noch weniger gleichgültig seyn als dem Privatmann ...; indem Preußens Feinde diese Stimmen aus Berlin für die unzweydeutigsten Zeugnisse für ihre Beschuldigungen erklären – und der Nachtheil, welcher dadurch entsteht und noch bevorsteht, ist größer, als sich sagen läßt. – Es ist aber auch, abgesehen von den Folgen, eine grobe Kränkung der Ehre der Monarchie nicht weniger als der Nation, welche wohl eben so ein allgemeines Anerkenntniß ihrer unbegränzten Ergebenheit und Treue für Ew. Königl. Majestät und Allerhöchstdero Thron und Königliches Haus verdient, als des Muthes und der Tugend, womit sie den Staat gerettet und hergestellt hat. Es ist ein dringendes Bedürfniß, daß die Gemüther in den Provinzen ... beruhiget werden. Es würde traurige Folgen haben, welche sich kaum berechnen lassen, wenn Mißtrauen, Verläumdungen und Gehässigkeiten die Eintracht der Gemüther und die moralische Kraft zerstörten, wodurch Preußen groß geworden war, sich wieder hergestellt hat, und allein sich in seiner ganz eigenthümlichen Lage behaupten kann“.

offizielle Untersuchung könne „allen, nach der festen Ueberzeugung der Unterzeichneten, dem Wahn ein entschiedenes Ende machen“.[173] Unterschrieben hatten diese Eingabe neben Niebuhr auch eine ganze Reihe von Berliner Professoren, so u. a. Savigny, Rühs, Schleiermacher, Boeckh, de Wette, Marheineke, Solger, Bekker, Goeschen und Thaer, darüber hinaus auch einige hohe Beamte, nämlich Delbrück, Nicolovius, Stägemann, schließlich sogar der bekannte Buchhändler und Verleger Reimer.[174] Die Eingabe wurde am 6. Januar 1816 – dem gleichen Tag, an dem die öffentliche Diskussion vom König per Kabinettsordre verboten wurde – abgelehnt: in dem von Hardenberg entworfenen Text heißt es, daß jedem, der sich durch Schmalz beleidigt fühle, „der Weg Rechtens offen steht, die Ernennung einer Commission aber nur dazu geeignet seyn würde, den Partheygeist aufs Aeußerste zu bringen“.[175] Im übrigen wurde auf die Kabinettsordre vom gleichen Tage verwiesen.

In dieser königlichen Verordnung hieß es: „Wir Friedrich Wilhelm ... haben den Partheygeist mit gerechtem Mißfallen bemerkt, welcher sich bei dem Streit der Meinungen über die Existenz geheimer Verbindungen in Unsern Staaten äußert. Als das Vaterland durch Unglücksfälle hart betroffen, in großer Gefahr war, haben Wir Selbst den sittlich wissenschaftlichen Verein genehmigt, welcher unter dem Namen des Tugendbundes bekannt ist, weil Wir ihn als ein Beförderungsmittel des Patriotismus und derjenigen Eigenschaften ansahen, welche die Gemüther im Unglück erheben und ihnen Muth geben konnten, es zu überwinden. Wir fanden aber bald in den Uns zur Bestätigung vorgelegten Entwürfen einer Verfassungs-Urkunde jenes Vereins, so wie in der damaligen politischen Lage des Staats, Gründe, ihn aufzuheben und den Druck aller Diskussionen über denselben zu untersagen“. Jetzt aber, da das Vaterland gerettet und der Frieden wiederhergestellt worden sei, da jeder pflichtbewußte Bürger danach trachten müsse, Wohlstand und innere Eintracht des Landes zu befördern, – „jetzt können geheime Verbindungen nur schädlich und diesem Ziele entgegen wirken“. In Erinnerung an die einschlägigen

[173] Ebenda, S. 298.

[174] Vgl. ebenda, S. 299; vgl. auch die entsprechenden Briefe Niebuhrs an Hardenberg, abgedruckt ebenda, S. 299–303, und an Gneisenau, in: B. G. Niebuhr, Die Briefe II, S. 649 ff.

[175] Abdruck in: [O. Mejer], Niebuhr und Genossen gegen Schmalz, S. 301. – Daß auch Hardenberg diese Ablehnung aus staatspolitischen Gründen befürwortete, betont H. Ulmann, Die Anklage des Jakobinismus in Preußen im Jahre 1815, S. 444.

Bestimmungen des Allgemeinen Landrechts wurde nicht nur ein Edikt von 1798 „wegen Verhütung und Bestrafung geheimer Verbindungen“ erneuert, sondern darüber hinaus – da „der in öffentlichen Druckschriften geführte Streit über die Existenz geheimer Gesellschaften ... Unsere getreuen Unterthanen“ beunruhige und „einen schädlichen Partheygeist“ nähre – außerdem angeordnet, „daß von nun an, bei nahmhafter Geld- oder Leibesstrafe von Niemand in Unsern Staaten Etwas darüber gedruckt oder verlegt werde“.[176]

Dieses Verbot wurde, was nicht verwunderlich ist, allgemein mit großem Bedauern aufgenommen: „Das Verbot, geheime Gesellschaften betreffend, welches bei Gelegenheit der Schmalzischen Schriften pro und kontra erneuert worden ist, hat den traurigsten Eindruck unter allen wirklich Gutgesinnten gemacht“, schrieb Caroline von Humboldt an ihren Mann Wilhelm nach Frankfurt am Main, und sie fügte hinzu: „Die Stimmung bei Hofe war allerdings mehr für Schmalz, die Schriften wurden immer bitterer und bitterer, und ich habe Ursache zu vermuten, daß der Staatskanzler der ganzen Sache so ein Ende hat machen wollen, um nicht immer tiefer hineinwühlen zu lassen“.[177] Auch Niebuhr war bitter enttäuscht,[178] und Jacob Grimm bemerkte in einem Brief an Achim von Arnim: „Auch gefällt mir nicht, daß der König die Sprache über den schmalzischen Streit unterdrücken will, weil es immer gut ist, wenn die guten frei reden, und weil die schlechten sich selber zu todt schwätzen“.[179]

Hinzu kam noch eine weitere, mit dem Tugendbundstreit engstens zusammenhängende Verordnung des preußischen Staates, die ebenfalls in ganz Deutschland großes Aufsehen fand: das Verbot des von Joseph Görres seit Anfang 1814 in Koblenz herausgegebenen „Rheinischen Merkurs“ am 3. Januar 1816.[180] Görres' Freund Achim von Arnim hatte in der Ausgabe vom 8. Dezember 1815 gegen Schmalz

[176] Nach dem Text der Kabinettsordre in: Gesetz-Sammlung für die Königlichen Preußischen Staaten 1816, Berlin 1816, S. 5f. (Nr. 2, 6.1.1816).

[177] A. von Sydow (Hrsg.), Wilhelm und Caroline von Humboldt in ihren Briefen V, S. 171 (Caroline an Wilhelm von Humboldt, 20.1.1816).

[178] Vgl. B. G. Niebuhr, Die Briefe II, S. 654 ff. (Niebuhr an Dore Hensler, ca. 10.1.1816).

[179] Reinhold Steig/Herman Grimm (Hrsg.), Achim von Arnim und die ihm nahe standen, Bd. III: Achim von Arnim und Jacob und Wilhelm Grimm, bearb. v. Reinhold Steig, Stuttgart – Berlin 1904, S. 338f. (Grimm an Arnim, 4.2.1816).

[180] Hierzu siehe Hans-Christof Kraus, Görres und Preußen – Zur Geschichte eines spannungsreichen Verhältnisses, in: Görres-Studien. Festschrift zum 150. Todesjahr von Joseph von Görres, hrsg. v. Harald Dickerhof, Paderborn – München – Wien – Zürich 1999, S. 1–27, hier S. 3 ff.

polemisiert und die Gegenschrift Niebuhrs gerühmt,[181] und Görres selbst hatte nur wenig später in seiner Artikelserie „Die Rückwirkung in Preußen" den Tugendbundstreit noch einmal mit unübertrefflicher Ironie Revue passieren lassen; auch er hatte seiner Verachtung für Schmalz keinerlei Zügel angelegt.[182] Noch in seiner 1819 publizierten Schrift „Teutschland und die Revolution" sollte Görres die Kontroverse von 1815 als Anfang einer für Preußen fatalen politischen Entwicklung charakterisieren.[183] Das zeitliche Zusammenfallen beider Verbotsordres vom 3. und vom 6. Januar 1816 war alles andere als ein Zufall: sie gaben das Startsignal für den Beginn der politischen Reaktion in Preußen und Deutschland.

Über die Hintergründe der Affäre, vor allem über deren vermutliche Hintermänner und Drahtzieher, ist bereits von den Zeitgenossen viel spekuliert worden. So argwöhnte Niebuhr schon Ende Oktober 1815 in einem Brief an Gneisenau, Schmalz' erste Schrift sei „von einer infamen Clique bestellt"[184] worden. Auch Savigny vermutete früh ein „ernstlich gemeinte[s] Parteytreiben"[185] am Werk, und Schleiermacher wiederum erkannte im Februar 1816 eine schändliche „Hofparthei" als Urheber der Kontroverse und befürchtete, die preußische Regierung sei im Begriff, „sich in verfluchter Apathie ganz und gar den Klauen dieser Parthei hinzugeben";[186] ähnlich dachte um die gleiche Zeit auch

181 Vgl. den ungezeichneten, von Achim von Arnim stammenden Korrespondenzartikel aus Berlin im Rheinischen Merkur Nr. 341, 8.12.1815; siehe dazu auch J. Knaack, Achim von Arnim – Nicht nur Poet, S. 48 f.; A. Hofmeister-Hunger, Pressepolitik und Staatsreform, S. 307 f.

182 Abdruck dieser Artikelserie in: Joseph Görres, Auswahl in zwei Bänden, hrsg. v. Arno Duch, Bd. I: Rheinischer Merkur, Bd. II: Deutschland und die Revolution (Der deutsche Staatsgedanke, R. I, Bd. 11, I–II), München 1921, hier Bd. I, S. 258–282 (zuerst im Rheinischen Merkur, Nr. 347–352; 20.–31.12.1815); vgl. dazu auch Johann Nepomuk Sepp, Görres und seine Zeitgenossen 1776–1848, Nördlingen 1877, S. 230 ff.; H. von Treitschke, Deutsche Geschichte im neunzehnten Jahrhundert II, S. 168; Otto Tschirch, Joseph Görres, der Rheinische Merkur und der preußische Staat, in: Preußische Jahrbücher 157 (1914), S. 225–247, bes. S. 242; Kurt Koszyk, Deutsche Presse im 19. Jahrhundert (Abhandlungen und Materialien zur Publizistik, Bd. 6), Berlin 1966, S. 31 f.

183 Vgl. Joseph Görres, Gesammelte Schriften, hrsg. im Auftrage der Görres-Gesellschaft v. Wilhelm Schellberg, Bd. XIII: Politische Schriften (1817–1822), hrsg. v. Günther Wohlers, Köln 1929, S. 54 f.; siehe auch ebenda, S. 302, 510.

184 B. G. Niebuhr, Die Briefe, Bd. II, S. 644 (Niebuhr an Gneisenau, 29.10.1815).

185 A. Stoll, Friedrich Karl v. Savigny II, S. 146 f. (Savigny an Wilhelm Grimm, 25.11.1815).

186 [Friedrich Daniel Ernst Schleiermacher], Schleiermachers Briefe an die Grafen zu Dohna, hrsg. v. Justus Ludwig Jacobi, Halle 1887, S. 55 (Schleiermacher an Graf Alexander zu Dohna, 27.2.1816).

Gneisenau.[187] Der für gewöhnlich bestens informierte, über Kontakte in ganz Deutschland verfügende Hamburger Buchhändler und Verleger Friedrich Perthes sah im Konflikt zwischen Schmalz und Niebuhr nur ein Stellvertretergefecht: „Ich betrachte diese beiden nur als Tirailleurs; geschlossene Colonnen stehen hinter den Bergen".[188] Und viele Jahre später sollte auch Varnhagen in seinen „Denkwürdigkeiten" eine anonyme „Partei", deren „willkommener Schildknappe" Schmalz gewesen sei, für den Konflikt verantwortlich machen.[189]

Andere wurden noch deutlicher und nannten Namen: So hielt etwa Niebuhr den Prinzenerzieher und Publizisten Ancillon für einen der „Hauptanstifter"[190] der Affäre, während Caroline von Humboldt im Innenminister Friedrich von Schuckmann den verborgenen Drahtzieher vermutete.[191] Dem hat sich die spätere Forschungsliteratur, die zu den Verdächtigen noch den Fürsten Wittgenstein und Karl Albert von Kamptz hinzuzählte, angeschlossen[192] – freilich ohne diese Vermutungen exakt belegen zu können.[193] Es läßt sich keineswegs

[187] Vgl. K. Griewank (Hrsg.), Gneisenau – Ein Leben in Briefen, S. 342 f. (Gneisenau an Ludwig Gustav von Thile, 9.4.1816): „... daß ich nicht an eine geheime Gesellschaft glaube. Ich habe sogar den Verdacht, daß diejenigen, die diesen Argwohn zur Tagesordnung gemacht haben, einen oder zwei ausgenommen, selbst nicht an eine solche geheime Gesellschaft glauben, sondern diesen in Gang gebrachten Argwohn zum Werkzeug ihrer Verfolgungen zu machen strebten, was ihnen auch ganz gut gelungen ist".

[188] Clemens Theodor Perthes, Friedrich Perthes Leben nach dessen schriftlichen und mündlichen Mittheilungen, Bd. II, 4. Aufl., Gotha 1857, S. 65 (Zitat aus einem Brief von Perthes an Fouqué, ohne Datum).

[189] K. A. Varnhagen, Werke in fünf Bänden II, S. 768.

[190] Vgl. B. G. Niebuhr, Die Briefe II, S. 654 (Niebuhr an Dore Hensler, 10.1.1816); vgl. ebenda, S. 657 (Niebuhr an Gneisenau, 13.1.1816).

[191] Vgl. A. von Sydow (Hrsg.), Wilhelm und Caroline von Humboldt in ihren Briefen V, S. 113 (Caroline an Wilhelm von Humboldt, 2.11.1815).

[192] Siehe etwa Carl Ludwig Klose, Leben Karl August's, Fürsten von Hardenberg, Königlich Preußischen Staatskanzlers, Halle 1851, S. 441 ff., bes. 448; G. H. Pertz, Das Leben des Ministers Freiherrn vom Stein V, S. 21 ff.; F. Rühl, Einleitung, in: derselbe (Hrsg.), Briefe und Aktenstücke zur Geschichte Preussens unter Friedrich Wilhelm III. vorzugsweise aus dem Nachlass von F. A. von Stägemann, Bd. I, S. XXVIII (unter Berufung auf die eher vagen Vermutungen bei W. Dorow, Erlebtes aus den Jahren 1813–1820, Bd. III, S. 160, Bd. IV, S. 58); W. M. Simon, The Failure of the Prussian Reform Movement, 1807–1819, S. 117; Ernst Rudolf Huber, Zur Geschichte der politischen Polizei im 19. Jahrhundert, in: derselbe, Nationalstaat und Verfassungsstaat. Studien zur Geschichte der modernen Staatsidee, Stuttgart 1965, S. 144–167, hier S. 149 f.; O. Dann, Geheime Organisation und politisches Engagement im deutschen Bürgertum des frühen 19. Jahrhunderts. Der Tugendbund-Streit in Preußen, S. 408; O. W. Johnston, Der deutsche Nationalmythos, S. 246.

[193] Ausdrücklich *keinen* Hinweis enthalten die neuesten Biographien Hardenbergs und Wittgensteins; vgl. Peter Gerrit Thielen, Karl August von Hardenberg 1750–

ausschließen, daß Justus von Gruner mit seiner bereits 1909 ausgesprochenen Vermutung Recht hat, Schmalz sei durch Wittgenstein indirekt, nämlich durch zugespielte „Geheiminformationen", zur Tugendbund-Broschüre angestiftet worden,[194] und es muß gesagt werden, daß Schmalz eine solche Handlungsweise durchaus auch zuzutrauen ist – nur: dieser Verdacht läßt sich eben nicht eindeutig belegen.

Aber auch die andere Vermutung hat einiges für sich: daß hier eben vor allem verletzte Eitelkeit und das Empfinden der Kränkung und Zurücksetzung im Spiel waren, daß Schmalz die allenthalben umlaufenden Gerüchte zum Anlaß seiner Schrift nahm, um sich in den Vordergrund zu spielen und einen Kenntnisstand und Einfluß vorzutäuschen, über den er eigentlich gar nicht verfügte. Daß er sich, wie manchmal vermutet worden ist, *bewußt* von Wittgenstein gegen Hardenberg hat mißbrauchen lassen, dürfte auszuschließen sein, da sich Schmalz noch im Sommer 1815 mit der Bitte um eine Anstellung im Auswärtigen Amt an den Staatskanzler gewandt hatte.[195] Warum hätte er gleichzeitig am Ast dessen sägen sollen, den er um eine solche Gefälligkeit bat? Andererseits hat sich Hardenberg sofort gegenüber Wittgenstein von Schmalz distanziert, sogar ausdrücklich betont, mit dem Angriff auf den Tugendbund nichts das mindeste zu tun zu haben.[196] Wie dem auch immer gewesen sein mag: Letzte Klarheit ist über den oder die eigentlichen Urheber des Tugendbundstreits wohl nicht mehr zu gewinnen. Fest steht nur, daß Hardenbergs Gegner bei Hofe die Auseinandersetzung genutzt haben, um gegen den Staatskanzler zu intrigieren.[197]

1822. Eine Biographie, Köln – Berlin 1967; Hans Branig, Fürst Wittgenstein. Ein preußischer Staatsmann der Restaurationszeit (Veröffentlichungen aus den Archiven Preußischer Kulturbesitz, Bd. 17), Köln – Wien 1981, S. 102 f.

[194] Vgl. J. von Gruner, Die Ordensverleihung an den Geheimen Rat Professor Schmalz 1815, S. 181.

[195] Siehe oben § 8 a).

[196] Vgl. Hans Branig (Hrsg.), Briefwechsel des Fürsten Karl August von Hardenberg mit dem Fürsten Wilhelm Ludwig von Sayn-Wittgenstein 1806–1822. Edition aus dem Nachlaß Wittgenstein (Veröffentlichungen aus den Archiven Preußischer Kulturbesitz, Bd. 9), Köln – Berlin 1972, S. 218: „Hier sind die Leidenschaften des Partheygeists höchst aufgeregt, aber dennoch ersinnt man keine so höchst alberne, ganz grundlose Gerüchte als in dem lieben Berlin ... Es ist aber Zeit, daß man den Thoren und Boshaften, die dergleichen glauben und ausbreiten, das Handwerk legt. Wenn wir wieder dort sind, wird sich das alles geben. Ich habe nicht den mindesten Anteil an der Herausgabe der Schmalzischen Schrift" (Hardenberg an Wittgenstein vom 26.9.1815 aus Paris).

[197] Vgl. P. Haake, König Friedrich Wilhelm III., Hardenberg und die preußische Verfassungsfrage (Dritter Teil), S. 318 ff.

Im Rückblick ähnelt die Lage, in der sich Schmalz gegen Ende 1815 befand, derjenigen des Novembers 1808, nachdem er von den Franzosen kurzzeitig wegen seiner „Adresse an die Preußen" verhaftet worden war:[198] Auch damals war Schmalz – ohne es zu wollen oder überhaupt zu wissen – mitten in eine hochpolitische Affäre geraten, nämlich in die auf den Sturz des Freiherrn vom Stein gerichteten Geheimaktivitäten der Franzosen. Fast genau sieben Jahre später befand er sich erneut in einer ähnlichen Situation: Mit seiner Schrift zum Tugendbundstreit trug Schmalz unwissentlich dazu bei, die politische Stellung von Steins zweitem Nachfolger Hardenberg zu untergraben, denn dessen zeitweilige Duldung der Aktivitäten des Hoffmannschen Bundes hatte ihn verletzbar gemacht, und eben dies wußten seine Gegner sehr genau. Das harte Auftreten, mit dem der Kanzler Anfang Januar 1816 jeden weiteren öffentlichen Streit um den Tugendbund untersagte, auch das gleichzeitige Verbot des „Rheinischen Merkurs", erscheint fast als Flucht nach vorn und läßt sich in dieser Perspektive auch als Versuch deuten, verlorenes politisches Terrain durch besonders entschiedenes Durchgreifen zurückzugewinnen.[199]

e) Nachspiele 1816–1819

Anfang 1816 – nach dem offiziellen Verbot, den Streit weiter öffentlich fortzusetzen – schien es, als ob die Niederlage von Schmalz perfekt sei. Einer seiner entschiedensten Gegner, Friedrich Rühs, schrieb in dieser Zeit in einem Privatbrief: „Die Vorspiegelung mit den geheimen Brüdern sollte wohl eine größere Wirkung machen, allein die Urheber der Minen haben sich sehr verrechnet, es erhoben sich so viele Stimmen dagegen, die vorgeschobenen Sprecher und Wortführer waren so dumm und ungeschickt, daß man sie selbst fallen lassen mußte".[200] Dieser Eindruck täuschte, denn von dem strengen Diskussionsverbot

[198] Siehe oben § 6 c).

[199] Vgl. auch H. Ulmann, Die Anklage des Jakobinismus in Preußen im Jahre 1815, S. 443 ff.; Justus von Gruner, Justus Gruner und der Hoffmannsche Bund, in: Forschungen zur Brandenburgischen und Preußischen Geschichte 19 (1906), S. 167–189; P. Haake, König Friedrich Wilhelm III., Hardenberg und die preußische Verfassungsfrage (Zweiter Teil), S. 215 ff.; (Dritter Teil), S. 325 ff.; P. G. Thielen, Karl August von Hardenberg 1750–1822, S. 366.

[200] Aus einem ungedruckten Brief von Rühs an den Kaufmann Friedrich Bertuch vom 16.3.1816, zit. nach L. Geiger, Berlin 1699–1840. Geschichte des geistigen Lebens der preußischen Hauptstadt II, S. 396 f., Anm. ***).

waren beide Seiten betroffen; nicht einmal mehr die Parodie war erlaubt, und so ließ Clemens Brentano seine unter dem Eindruck des Tugendbundstreits verfaßte, auf Schmalz gemünzte Satire „Geheimrat Schnaps“ ungedruckt.[201]

Immerhin ließ sich der Streit nicht vollständig unterdrücken; er dauerte, wie Varnhagen später sagen sollte, „nichtsdestoweniger ... geheim oder offen ein Vierteljahrhundert fort“.[202] In der außerpreußischen Presse, so etwa in den erwähnten „Deutschen Blättern“, die Brockhaus in Leipzig herausgab, ging die Diskussion mit kaum verminderter Heftigkeit weiter,[203] und Schmalz wurde dabei nicht geschont. Das wird auch der Grund dafür gewesen sein, daß Schmalz sich – entgegen seiner Ankündigung in seiner dritten Streitschrift[204] – Anfang Oktober 1816 doch noch einmal öffentlich zu Wort meldete. In einer Zuschrift an den Herausgeber des in Hamburg erscheinenden „Deutschen Beobachters“ (für die er nachträglich die Erlaubnis zum Druck erteilte) verteidigte sich der Berliner Geheimrat ein weiteres Mal entschieden gegen die ihm gemachten Vorwürfe; er gab sich vollkommen unbeirrt: „ ... wogegen soll ich mich vertheidigen? Noch bis jetzt habe ich nicht erfahren, welches Bösen man mich denn eigentlich beschuldigt, oder welches Uebel ich unvorsichtiger Weise angerichtet haben solle“.[205] Den Vorwurf, „eigensüchtige Absichten“ verfolgt zu haben, wies er ebenso nachdrücklich zurück wie die Anschuldigung, im Auftrag anderer gehandelt zu haben: „ ... eine despotische Parthei hier hätte mich vorgeschoben? Was habe ich den [sic] je geschrieben oder gethan, daß eine solche sich an mich wenden sollte?“. Noch einmal betonte er, ausschließlich aus uneigennütziger Sorge um das Wohl des Landes gehandelt zu haben: „Kann über meine Absicht ein Zweifel seyn? Eben in dem Werden der neuen Gestalt der Dinge in Deutschland und seinen Ländern, bei dem unverkennbaren Streben der Regierungen zum Bessern, wollten Menschen, ohne Beruf vom Staate oder von der Wissenschaft, geheim vereint in die Gestal-

[201] Den Hinweis auf „Geheimrat Schnaps“ (der Text umfaßt 65 Seiten im Folioformat) gibt H.-J. Schoeps, in: derselbe (Hrsg.), Aus den Jahren preußischer Not und Erneuerung, S. 180, Anm. 55. – Die Satire ist bis heute nicht veröffentlicht, soll aber im Rahmen der großen Brentano-Gesamtausgabe ediert werden (Mitteilung des Freien Deutschen Hochstifts an den Verfasser vom 18.11.1997).

[202] K. A. Varnhagen, Werke in fünf Bänden II, S. 770.

[203] Siehe oben § 8 c).

[204] Vgl. Letztes Wort über politische Vereine, S. 16.

[205] Brief an den Herausgeber, dat. Berlin, 13.9.1816, in: Deutscher Beobachter oder Hanseatische privilegirte Zeitung, Nr. 409, 1.10.1816 (unpag.).

tung eingreifen, und das durch Aufregen der Leidenschaften, durch Erbitterung des Volkes gegen die achtbarsten Regierungen und Staatsmänner, durch Cabaliren um Aemter für sich und ihre Angehörigen. Nun wollte ich versuchen, dem Unwesen zu steuren, indem, nun nicht mehr das dunkle Gerücht Einzelner, sondern das öffentlich ausgesprochene Gerücht das ganze Publikum aufmerksam machte. Das Lärmen, welches man begann, ließ meine Absicht über Erwarten gelingen".[206] Er schloß mit der Mitteilung, ihm seien mehrere „Meldungen" von Personen zugegangen, die man zum Eintritt in eine solche Geheimverbindung habe veranlassen wollen, und er konnte sich nicht enthalten, aus einer solchen „Meldung" auch noch zu zitieren.[207]

Damit hatte Schmalz, auch wenn er nur zurückhaltend in der Form einer „Zuschrift an den Herausgeber" aufgetreten war, die Schmerzgrenze der preußischen Regierung offenbar erheblich überschritten: Zur großen Schadenfreude seiner zahlreichen Gegner „wurde er in scharfer Form verwarnt und eine kammergerichtliche Untersuchung über ihn verhängt".[208] Jahn freute sich in einem Brief an Luden: „Schmalz hat gestern, gerade am Jenaer Tage, einen ungeheuren Wischer vom Fürsten Witgenstein [sic] bekommen. Der König ist außerordentlich aufgebracht. Schmalz ist durch das neue Geklätsch in völlige Ungnade geraten".[209] Auch Ancillon soll sich absprechend geäußert und bemerkt haben: „Strafe müsse darauf nothwendig folgen, besonders da ein königlicher Beamter die allerhöchsten Verbote so frech überschreite".[210] Schmalz' Versuch, aus der Isolierung, in die er

206 Ebenda.

207 Vgl. ebenda: „Hier theile ich eine dieser Meldungen mit, von einem Mann in einem bedeutenden Amte in einem Lande jenseits der Elbe, hochgeachtet wegen bekannter Rechtschaffenheit, rühmlichst bekannt als Schriftsteller für liberale Staatsverfassungen, und in dem Kampfe für Deutschlands Befreiung ausgezeichnet durch Thaten und Belohnung. Ich habe sein Schreiben auf sein Verlangen mit seinem Namen den höchsten Behörden übergeben. Er schreibt (um lange nicht das Schlimmste mitzutheilen) unter andern [sic]: ‚Nach der Leipziger Schlacht aber wurde mir wirklich der Antrag gemacht' (nemlich zu der Verbindung zu treten) ‚zugleich mit der Eröffnung, ob ich mir getraue einen Volkshaufen zu führen, wenn man den großen, guten Zweck nicht durch die Fürsten erreichen könne, und also das Volk loslassen müßte; dabey viel Worte von Regeneration, Zeitgeist usw. Den ersten Antrag deklinirte ich verschiebend, – - – - späterhin noch im Januar 1815' (sage achtzehnhundertfunfzehn; im August 1815 schrieb ich) ‚wurde mir proponirt, als alter Freimaurer, die hiesigen Logen zu bearbeiten, und für die Zwecke der Verbindung zu gewinnen. – - – '."

208 So. [O. Mejer], Niebuhr und Genossen gegen Schmalz, S. 295.

209 [F. L. Jahn], Die Briefe F. L. Jahns, S. 96 (16.10.1816).

210 Zitiert bei W. Dorow, Erlebtes aus den Jahren 1813–1820, Bd. III, S. 212; vgl. auch den Brief Stägemanns an Böcking vom 26.10.1816, in: Briefe und Aktenstücke zur Geschichte Preussens unter Friedrich Wilhelm III., Bd. II, S. 111.

sich selbst gebracht hatte, wieder auszubrechen, scheiterte an der strikten Handhabung der Kabinettsordre vom 6. Januar 1816, die damit so eng wie nur möglich ausgelegt wurde.

Auch das Wartburgfest vom 18. Oktober 1817 brachte den Namen Schmalz noch einmal in die Schlagzeilen. Die national und freiheitlich gesinnten Studenten, die sich dort versammelt hatten, um gemeinsam den dreihundertsten Jahrestag der Reformation und den vierten Jahrestag der Leipziger Völkerschlacht zu feiern, artikulierten mehr oder weniger offen ihre Unzufriedenheit mit den bestehenden politischen Verhältnissen in Deutschland.[211] Nachdem die eigentliche Festveranstaltung bereits beendet war, inszenierten einige besonders radikale, dem Umfeld von Jahn entstammende Teilnehmer – darunter auch mehrere Studenten aus Berlin[212] – ein Autodafé, eine symbolische Bücherverbrennung: Unter dem lebhaften Beifall der Teilnehmer wurden Altpapierbündel, die mit den Titeln mißliebiger Bücher beschrieben waren, ins Feuer geworfen. Der Berliner Medizinstudent Hans Ferdinand Maßmann hat in einer kleinen Schrift über das Fest die auf diese Weise dem Feuer anvertrauten Schriften und die dazugehörigen „Feuersprüche“ überliefert:[213] Neben Titeln von Ancillon, Carl Ludwig von Haller, Kotzebue, einer von Kamptz herausgegebenen Gesetzessammlung und einem Exemplar des Code Napoléon wurden auch die drei Tugendbund-Broschüren von Schmalz dem Feuer übergeben, und es hieß dazu: „Das Buch ist wider den redlich strebenden Tugendbund, den Vaterlandsbund in der Not, und somit wider die Tugend“; als das Feuer aufloderte ertönte noch der Ruf: „Gänse-, Schwein- und Hundeschmalz; alles aber ohne Salz!“[214]

[211] Zum Wartburgfest und dessen politischer Bedeutung vgl. u. a. H. von Treitschke, Deutsche Geschichte im neunzehnten Jahrhundert II, S. 418 ff.; E. R. Huber, Deutsche Verfassungsgeschichte seit 1789 I, S. 718 ff.; Th. Nipperdey, Deutsche Geschichte 1800–1866, S. 280 f.; W. Hardtwig, Vormärz. Der monarchische Staat und das Bürgertum, S. 9 ff.; wichtig auch die Studie von Ulrich von Hehl, Zwei Kulturen – eine Nation? Die frühe burschenschaftliche Einheitsbewegung und das Wartburgfest, in: Historisches Jahrbuch 111 (1991), S. 28–52.

[212] Vgl. Heinz Warnecke, Berliner Studenten – Lützower, Burschenschafter, Mitinitiatoren des Wartburgfestes 1817, in: Wissenschaftliche Zeitschrift der Friedrich-Schiller-Universität Jena. Gesellschafts- und sprachwissenschaftliche Reihe 15 (1966), H. 2, S. 213–221.

[213] Vgl. Hans Ferdinand Massmann, Das Wartburgfest am 18. Oktober 1817. Kurze und wahrhaftige Beschreibung des großen Burschenfestes auf der Wartburg bei Eisenach. Nebst Reden und Liedern, hrsg. v. Raimund Steinert, Leipzig 1917, S. 43 ff.

[214] Ebenda, S. 44.

Die Aufregung hierüber war in ganz Deutschland groß, zumal auch einige Professoren der Jenaer Universität an der Veranstaltung beteiligt gewesen waren – einer von ihnen, der Philosoph Jakob Friedrich Fries, hatte sogar in einem Zeitungsartikel das Flammengericht über die Schriften „einiger Schmalzgesellen“ öffentlich verteidigt.[215] In Berlin begann man sofort gegen die Übeltäter einzuschreiten.[216] Kamptz, dessen „Codex der Gensdarmerie“, eine Sammlung von Polizeigesetzen, „verbrannt“ worden war, verurteilte in einer sofort abgefaßten Schrift das Wartburgfest als „Frevel gegen öffentliche Ordnung und gegen Staat“[217] und forderte strengste Bestrafung. – Äußerungen von Schmalz über das Fest und seine Folgen sind nicht bekannt; eingedenk der jüngst gemachten schmerzhaften Erfahrungen und besonders auch der strengen Verwarnung vom Oktober des vergangenen Jahres scheint er es nun vorgezogen zu haben, lieber zu schweigen.

Ein letztes Mal hatte sich Schmalz über die von ihm 1815 erhobenen Vorwürfe im Dezember 1819 amtlich zu äußern. Im Zuge der Verschärfung der innenpolitischen Maßnahmen nach der Ermordung August von Kotzebues durch Carl Ludwig Sand wurden die Nachforschungen nach angeblichen oder wirklichen Geheimbünden, vor allem nach dem 1814 im Umfeld von Jahn gegründeten „Deutschen Bund“, erneut aufgenommen.[218] Schmalz wurde also Anfang Dezember 1819 von

[215] Vgl. H. von Treitschke, Deutsche Geschichte im neunzehnten Jahrhundert II, S. 422; siehe ebenfalls Ernst Ludwig Theodor Henke, Jakob Friedrich Fries. Aus seinem handschriftlichen Nachlaß dargestellt, 2. Aufl., Berlin 1937, S. 173ff.

[216] Vgl. hierzu neben der Schilderung bei H. von Treitschke, Deutsche Geschichte im neunzehnten Jahrhundert II, S. 422ff., auch E. Müsebeck, Das Preußische Kultusministerium vor hundert Jahren, S. 187ff.; Günter Steiger, Das „Phantom der Wartburgsverschwörung“ 1817 im Spiegel neuer Quellen aus den Akten der preußischen politischen Polizei. Eine Quellenedition mit einem Beitrag zur preußischen Innenpolitik, der Reaktion Friedrich Wilhelms III., des Polizeidirektors v. Kamptz und des Senats der Universität Berlin auf das Wartburgfest (Okt./Nov. 1817), in: Wissenschaftliche Zeitschrift der Friedrich- Schiller-Universität Jena. Gesellschafts- und sprachwissenschaftliche Reihe 15 (1966), H. 2, S. 183–212; H. Branig, Fürst Wittgenstein. Ein preußischer Staatsmann der Restaurationszeit, S. 111ff.

[217] [Carl Albert Christoph Heinrich von Kamptz], Rechtliche Erörterung über öffentliche Verbrennung von Druckschriften. Ein besondrer Abdruck der, im XIXten Heft der Jahrbücher der Preußischen Gesetzgebung enthaltenen, Abhandlung mit einer Vorrede, Berlin 1817, S. V.

[218] Zum Zusammenhang siehe vor allem den grundlegenden Aufsatz von Wolfgang Neugebauer, Die Demagogenverfolgungen in Preußen – Beiträge zu ihrer Geschichte, in: Geschichte als Aufgabe. Festschrift für Otto Büsch zu seinem 60. Geburtstag, hrsg. v. Wilhelm Treue, Berlin 1988, S. 201–245.

der untersuchenden Behörde vorgeladen und vernommen;[219] der ihn befragende Justizrat war ausgerechnet der Dichter E. T. A. Hoffmann. Bei seiner gerichtlichen Vernehmung am 26. Dezember 1819 erklärte Schmalz nach Hoffmanns Untersuchungsbericht: „Von diesem (dem teutschen Bunde) und insbesondere von der Theilnahme des Jahn an selbigem oder andern geheimen Verbindungen sey ihm speziell nichts bekannt, überhaupt gründe sich seine Wissenschaft über die Existenz von dergleichen Verbindungen nicht auf eigene Wissenschafft [sic], sondern auf Mittheilung anderer. – In dem schriftlichen Aufsatz den er dem Inquirenten noch besonders überreichte, sich zu dessen Inhalt ausdrücklich bekennend, fügte er noch hinzu, daß er den Verdacht, daß *p* Jahn Theilnehmer eines geheimen Bundes sey bloß aus der von ihm (dem Jahn) selbst verfaßten Schrifft: Runen (Runensteine) und aus dem, was darinn über *Waltschöpfung* [sic!] gesagt, geschöpft habe“.[220] Schmalz war also, das zeigt dieser Bericht, sehr vorsichtig geworden; die Attitüde des Wissenden, der nicht offen preisgeben dürfe, was ihm an brisanten Informationen bekannt sei, hatte er jetzt abgelegt, und was zum Vorschein kam, war – man kann es nicht anders sagen – mehr als dürftig.

Aber gerade das magere Ergebnis der Vernehmung von 1819 scheint einmal mehr dafür zu sprechen, daß Schmalz tatsächlich *nicht* als direkter Handlanger Wittgensteins den Tugendbundstreit entfacht hat, sondern ganz offensichtlich aus gekränkter Eitelkeit und dem Gefühl der Demütigung und Benachteiligung heraus gehandelt hat. Daß er damit eine öffentliche, sich über ganz Deutschland ausbreitende und äußerst heftig geführte politische Kontroverse auslöste, die dazu auch noch von höchster politischer Brisanz war, hat Schmalz nicht vorausgesehen und wohl auch nicht einmal ahnen können.

Immerhin ermöglichte dieser Streit – wenigstens einige Monate lang – eine halbwegs offene Diskussion über Gegenwart und Zukunft der politischen und verfassungsmäßigen Lage Deutschlands; er kann sogar als eine der ersten großen Manifestationen einer politischen Öffentlichkeit in Deutschland aufgefaßt werden. Darüber hinaus artikulierte sich hierbei, ebenfalls zum ersten Mal, das spezifisch

[219] Vgl. Ernst Theodor Amadeus Hoffmann, Briefwechsel, hrsg. v. Friedrich Schnapp, Bd. III, Darmstadt 1969, S. 155f.; Ernst Theodor Amadeus Hoffmann, Juristische Arbeiten, S. 217, 303f.

[220] Nach dem Bericht vom 15.-18. Februar 1820, abgedruckt in: E. T. A. Hoffmann, Juristische Arbeiten, S. 303f.

deutsche Phänomen des „politischen Professorentums“, denn in der Tat hatten sich neben Schmalz eine ganze Reihe von bekannten und angesehenen Universitätslehrern zu Wort gemeldet – darunter Schleiermacher, Rühs, Krug und Luden. Beide Aspekte weisen voraus auf spätere Entwicklungen der deutschen Geschichte des 19. Jahrhunderts, die sich im Tugendbundstreit von 1815/16 gewissermaßen *in nuce* vorweggenommen finden.

§ 9 Universitäts- und Fakultätskonflikte (seit 1817)

a) Schmalz und Savigny

Friedrich Carl von Savigny war während der drei Jahrzehnte seines Ordinariats an der Friedrich-Wilhelms-Universität sicherlich nicht, wie man später einmal behauptet hat, der „Diktator der juristischen Fakultät“,[1] doch sein Ansehen und sein Einfluß in dieser Zeit waren enorm, zumal er nicht nur in der Fakultät und der Berliner Universität, sondern ebenfalls als ordentliches Mitglied der Akademie der Wissenschaften, als Angehöriger des preußischen Staatsrates, schließlich auch als juristischer Lehrer des Kronprinzen, des späteren Königs Friedrich Wilhelm IV., eine wichtige, in jedem Fall aber herausgehobene Rolle spielte. Auch als Schulhaupt betrieb er eine virtuose Berufungs- und Nachwuchsförderungspolitik.[2] Und viele der jungen Studenten, die zum Studium der Jurisprudenz nach Berlin kamen, taten dies in erster Linie, um Savigny zu hören.[3] Insofern ist sich die Literatur weitgehend einig in der Feststellung, daß die Berliner Jurisprudenz auf Jahrzehnte hinaus stark – wenn auch nicht ausschließlich – durch Savigny geprägt worden ist.[4]

[1] So F. Rosenzweig, Hegel und der Staat II, S. 206.

[2] Hierzu liefert die Life-and-letters-Biographie von A. Stoll, Friedrich Karl v. Savigny I–III, viel Anschauungsmaterial; vgl. auch Cornelie Butz, Die Juristenausbildung an den preußischen Universitäten Berlin und Bonn zwischen 1810 und 1850. Ein Studienfach im Spannungsfeld zwischen neuhumanistischem Bildungsideal und Praxisnähe, phil. Diss. Berlin (FU) 1992, S. 79ff., 105ff.

[3] Siehe hierzu statt vieler einen Brief von Johann Friedrich Böhmer an seinen Vater vom 24. Juli 1817, in dem auch Schmalz immerhin erwähnt wird; Johannes Janssen, Joh. Friedrich Böhmer's Leben, Briefe und kleinere Schriften, Bd. II, Briefe I (1815–1849), Freiburg i. Br. 1868, S. 18: „Ich hatte einmal das Projekt gemacht, Dich zu bitten, daß Du mir erlaubtest, nach erlangter Doctorwürde noch ein halbes Jahr nach Berlin zu gehen. Die Gründe, welche mir dieß wünschenswerth machten, sind folgende: 1) Man sagt, daß Savigny alle andern juristischen Docenten an Wissenschaftlichkeit übertreffe, sowie er auch unstreitig unter den gelehrten Juristen, wenn nicht die erste, doch ganz gewiß die zweite Stelle verdient, nämlich unter den lebenden. Vielleicht würde er mir wahre Liebe zur Jurisprudenz einflößen. Auf jeden Fall würde ich viel bei ihm lernen. 2) Ich könnte dann einige Lieblingswissenschaften noch betreiben, d.h. ein Colleg bei Schmalz über Staatswissenschaft ... hören“.

[4] Vgl. etwa E. Heymann, Hundert Jahre Berliner Juristenfakultät, S. 11ff.; M. Lenz, Geschichte der Königlichen Friedrich-Wilhelms-Universität zu Berlin I–II/2, passim; E. Wolf, Große Rechtsdenker der deutschen Geistesgeschichte, S. 516f.; Hans Hatten-

Das Verhältnis von Savigny zu Schmalz scheint nicht von Anfang an belastet gewesen zu sein. Von Schmalz selbst ist aus der Zeit vor 1810 keine Äußerung über Savigny, der seit seinem frühen, 1803 veröffentlichten Geniestreich „Das Recht des Besitzes" mit einem Schlag in die erste Reihe der deutschen Juristen vorgerückt war, bekannt. Der junge Savigny wiederum kannte Schmalz als einen der typischen deutschen Naturrechtler um 1800, von denen er selbst sich abzusetzen bestrebt war; so heißt es in einem Brief an Jakob Friedrich Fries vom 2. Februar 1802: „Als Hufeland und Schmalz ihre Bücher geschrieben hatten und nun so viele andere Bücher geschrieben wurden, für die sich alle Welt interessirte, ging es mir gar übel: ich konnte durchaus nicht in dieses Interesse hineinkommen. Nicht daß ich die Antworten für unrichtig hielt, die diese Bücher gaben – ich konnte gar nicht finden, daß sie gefragt hätten".[5] Die wissenschaftliche Distanz zu Schmalz war also von Savigny bereits acht Jahre vor ihrem gemeinsamen Anfang als Ordinarien an der neugegründeten Berliner Universität auf den Begriff gebracht worden.

Bereits im Vorfeld der Gründung scheint sich Savigny allerdings Sorgen wegen einer von ihm befürchteten privilegierten Stellung von Schmalz an der Fakultät gemacht zu haben; dies geht jedenfalls aus Briefen seines Schwagers Achim von Arnim hervor, der Savigny am 15. März 1810 mit der (in der Sache vollkommen unzutreffenden) Behauptung zu beruhigen versuchte: „Um deine Besorgnisse wegen Schmalz zu zerstreuen bist Du selbst zum Direktor der Fakultät ernannt".[6] – Für Savigny war also von Anfang an klar, daß er an der neuen Fakultät keinesfalls hinter dem fast zwei Jahrzehnte älteren Schmalz die zweite Geige spielen wollte. Doch in persönlicher Hinsicht scheint beider Verhältnis sich in der ersten Zeit in den üblichen konventionell-korrekten Bahnen bewegt zu haben. Kurz nach seiner Ankunft in

HAUER, Berlin und die deutsche Rechtssprache, in: Rechtsentwicklungen in Berlin, hrsg. v. FRIEDRICH EBEL/ALBRECHT RANDELZHOFER, Berlin – New York 1988, S. 99–120, hier S. 109 ff.

[5] Abgedruckt in E. L. T. HENKE, Jakob Friedrich Fries, S. 293–295, das Zitat S. 294.

[6] H. HÄRTL (Hrsg.), Arnims Briefe an Savigny 1803–1831, S. 48 (Arnim an Savigny, 15.3.1810); vgl. auch die folgende Stelle aus einem Brief Arnims an Bettina Brentano vom 26.2.1810, in: REINHOLD STEIG/HERMAN GRIMM (Hrsg.), Achim von Arnim und die ihm nahe standen, Bd. II: Achim von Arnim und Bettina Brentano, bearb. v. REINHOLD STEIG, Stuttgart – Berlin 1913, S. 384: „Wegen Schmalz möchte er [Savigny, H.-C.K.] sich beruhigen, wenn er auch bei der Universität angestellt wird – jetzt hat er hier ein juristisches Amt –, so folgt daraus noch gar keine Directorstelle in der Facultät, wie er sie in Halle bekleidet hat".

Berlin schrieb Savigny im August 1810 an einen Leipziger Kollegen: „Bis jezt [sic] ist hier außer mir niemand als Schmalz, der mir ein ganz verträglicher Mann zu sein scheint";[7] doch ein näherer Kontakt ergab sich in der folgenden Zeit offenkundig nicht. So heißt es im November, wieder in einem Brief Savignys: „Was mich betrifft, habe ich hier noch kein eigentliches Verhältniß gefunden, weder ein recht herzliches, noch ein wissenschaftliches ... Schmalz ist nichts, obgleich gut".[8] Dem entspricht es, daß es auch in wissenschaftlicher Hinsicht kaum Berührungspunkte zwischen Schmalz und Savigny gegeben hat.[9]

Von Anfang an waren freilich zwischen den beiden Berliner Ordinarien große Unterschiede in Besoldung und Amtstätigkeit vorhanden: Savigny bezog (1811/12) ein Jahresgehalt von 2500 Talern bei nur sehr geringen Lehrverpflichtungen, während Schmalz nur 1400 Taler erhielt, aber regelmäßig vier bis fünf Vorlesungen halten mußte.[10] Das sorgte naturgemäß für Mißhelligkeiten, und Schmalz beschwerte sich 1815 in seinem bereits zitierten Brief an Hardenberg: „... während junge Männer unter meinen Collegen, von denen die Wissenschaft und der Staat Dienste erst erwarten, ... mit viel grössern Gehalten angestellt, sich halbjährig nur auf Eine Vorlesung beschränken", – das zielte deutlich auf Savigny – müsse er, Schmalz, nun, „damit auf der Universität geschehe, was geschehen soll, auch manche andre Theile der Rechtswissenschaft lesen".[11]

Man darf also annehmen, daß bereits vor dem Ausbruch des Tugendbundstreits das persönliche und kollegiale Verhältnis zwischen beiden Ordinarien nicht besonders eng und erfreulich gewesen sein kann. Daß Savigny sich nach dem Ausbruch des Tugendbundstreits sofort und ohne zu zögern offen auf die Seite der Gegner von Schmalz stellte, ist also alles andere als überraschend. Er unterzeichnete nicht nur die am 12. Dezember 1815 von Niebuhr aufgesetzte Eingabe an den König,[12] in der indirekt gegen Schmalz' Vorgehen Protest eingelegt wurde, sondern er äußerte sich jetzt auch gegenüber Freunden und gemein-

[7] A. Stoll, Friedrich Karl v. Savigny II, S. 48 (Savigny an Christian Gottlieb Haubold, 24.8.1810).

[8] Ebenda, Bd. II, S. 58 (Savigny an Friedrich Creuzer, 14.11.1810).

[9] Siehe dazu einige Bemerkungen unten § 28 a).

[10] Die Angaben nach E. Fuchs (Hrsg.), J. G. Fichte im Gespräch. Berichte der Zeitgenossen IV, S. 336; siehe auch oben § 7 b).

[11] F. Rühl (Hrsg.), Briefe und Aktenstücke zur Geschichte Preussens unter Friedrich Wilhelm III., Bd. I, S. 402 (Schmalz an Hardenberg, August 1815).

[12] Vgl. [O. Mejer], Niebuhr und Genossen gegen Schmalz, S. 299; siehe auch oben § 8 d).

samen Schülern herablassend über seinen Kollegen; 1817 meinte er gesprächsweise, „solche Vorgehen wie Schmalz' ... müßten durch öffentliche Kirchenbuße abgebüßt werden, sonst käme man nicht darüber hin".[13] Und im November 1817 las Savigny während einer in seinem Hause gegebenen Abendgesellschaft aus Maßmanns Beschreibung des Wartburgfestes auch die „Spottverse auf Schmalz" vor – „und alle lachten".[14]

Ein weiterer Vorgang innerhalb der Fakultät, der mittelbar auf den Tugendbundstreit zurückging, scheint Savigny ganz besonders verärgert und gegen Schmalz eingenommen zu haben: nämlich der Weggang Karl Friedrich Eichhorns nach Göttingen. Als Deutschrechtler hoch angesehen, zählte der – auch von Schmalz zur Berufung nach Berlin vorgeschlagene – Eichhorn seit 1811 zu den Leuchten der Fakultät.[15] Als Teilnehmer der Befreiungskriege hatte er sich hohe Auszeichnungen erworben und offenbar große Hoffnungen auf die politische Zukunft Preußens gesetzt. Der von ihm als besonders bitter empfundene Tugendbundstreit und dessen Begleitumstände scheinen ihn allerdings derart tief verstimmt zu haben, daß er die nächste sich ihm bietende Gelegenheit nutzte, um die Friedrich-Wilhelms-Universität und den preußischen Staat zu verlassen; er kehrte nach Göttingen zurück.[16] Den Verlust dieses Kollegen (der allerdings Jahre später nach Berlin zurückkehren sollte) hat Savigny offenbar vollständig auf das Konto von Schmalz verbucht; seitdem scheint beider Verhältnis irreparabel zerrüttet gewesen zu sein und sich nur noch auf ein

[13] Zitiert in H.-J. Schoeps (Hrsg.), Aus den Jahren preußischer Not und Erneuerung. Tagebücher und Briefe der Gebrüder Gerlach und ihres Kreises 1805–1820, S. 218 (Tagebucheintzrag vom 19.2.1817); vgl. E. L. von Gerlach, Aufzeichnungen aus seinem Leben und Wirken I, S. 98 f.

[14] Zitiert in H.-J. Schoeps (Hrsg.), Aus den Jahren preußischer Not und Erneuerung. Tagebücher und Briefe der Gebrüder Gerlach und ihres Kreises 1805–1820, S. 260 (27.11.1817).

[15] Vgl. M. Lenz, Geschichte der Königlichen Friedrich-Wilhelms-Universität zu Berlin I, S. 384 ff.; über ihn siehe J. F. von Schulte, Karl Friedrich von Eichhorn. Sein Leben und Wirken nach seinen Aufzeichnungen, Briefen, Mittheilungen von Angehörigen; wichtig auch Karl Jelusic, Die historische Methode Karl Friedrich Eichhorns (Veröffentlichungen des Seminars für Wirtschafts- und Kulturgeschichte an der Universität Wien, Bd. 12), Baden – Wien – Leipzig – Brünn 1936.

[16] Vgl. M. Lenz, Geschichte der Königlichen Friedrich-Wilhelms-Universität zu Berlin I, S. 565 f.; E. Heymann, Hundert Jahre Berliner Juristenfakultät, S. 8; J. F. von Schulte, Karl Friedrich von Eichhorn. Sein Leben und Wirken nach seinen Aufzeichnungen, Briefen, Mittheilungen von Angehörigen, S. 41 ff.; K. Jelusic, Die historische Methode Karl Friedrich Eichhorns, S. 6; G. von Selle, Die Georg-August-Universität zu Göttingen 1737–1937, S. 245.

äußerstes Minimum an unerläßlicher kollegialer Kooperation beschränkt zu haben. Die Fakultätskonflikte der folgenden Jahre sind denn auch zu einem nicht unerheblichen Teil durch diese mißliche Konstellation geprägt worden.

b) Schmalz und Altenstein

Seit dem November 1817 leitete der Freiherr Karl Sigmund Franz vom Stein zum Altenstein für mehr als zwei Jahrzehnte das neugebildete Ministerium für Kultus, Unterricht und Medizinalwesen. Er hatte um 1807 zu den führenden Reformern des preußischen Staates gehört und galt nicht zu unrecht als ein ausgesprochen machtbewußter Politiker,[17] der gerade auch gegenüber den Großordinarien der Friedrich-Wilhelms-Universität seinen Willen entschieden durchzusetzen verstand, wofür die gegen heftigste Widerstände bewirkte Berufung von Eduard Gans (von der noch die Rede sein wird) nur *ein* Beispiel – wenngleich ein besonders prägnantes – darstellt. Auch Theodor Schmalz mußte seine sehr eigenen Erfahrungen mit diesem Politiker machen.

Es ging um die Lehre der Staatswissenschaften und der Politik an der eben begründeten Universität. Bereits 1808 war der junge Johann Gottfried Hoffmann, der überaus talentierte Nachfolger von Christian Jacob Kraus auf dem Königsberger Lehrstuhl der Kameralwissenschaften, als Staatsrat und Mitglied der Gewerbeabteilung im Innenministerium nach Berlin berufen worden, – und zwar schon mit Blick auf die bevorstehende Eröffnung der neuen Universität, in die man ihn einzubinden gedachte. Seit dem Sommer 1810 hielt er bereits als außerordentlicher Professor staatswissenschaftliche Vorlesungen, und im Oktober dieses Jahres wurde er – nachdem Georg Sartorius in Göttingen einen Ruf an die Friedrich-Wilhelms-Universität abgelehnt hatte – zum Ordinarius für Staatswissenschaften ernannt.[18]

[17] Vgl. neben M. LENZ, Geschichte der Königlichen Friedrich-Wilhelms-Universität zu Berlin II/1, S. 5 ff. u. passim, vor allem E. MÜSEBECK, Das Preußische Kultusministerium vor hundert Jahren, S. 153 ff. u. passim, sowie WERNER VOGEL, Karl Sigmund Franz von Altenstein, in: Berlinische Lebensbilder, Bd. III: Wissenschaftspolitik in Berlin. Minister, Beamte, Ratgeber, hrsg. v. WOLFGANG TREUE/KARLFRIED GRÜNDER (Einzelveröffentlichungen der Historischen Kommission zu Berlin, Bd. 60), Berlin 1987, S. 89–105. Leider fehlt immer noch eine wissenschaftliche Biographie.

[18] Vgl. R. KÖPKE, Die Gründung der Königlichen Friedrich-Wilhelms-Universität zu Berlin, S. 74 f., 80, 82; M. LENZ, Geschichte der Königlichen Friedrich-Wilhelms-Universität zu Berlin I, S. 254 ff. u. a.; ganz unzureichend ist K. BRAUNREUTHER, Zur Geschichte des Staatswissenschaftlichen Faches an der Humboldt-Universität zu

Schon im Mai 1810 hatte Hoffmann ein ausführliches Gutachen über das an der neuen Universität einzurichtende Studium der Staatswissenschaften verfaßt,[19] in dem er nachdrücklich für einen eigenen Lehrstuhl für dieses – bisher von mehreren Wissenschaften abgedeckte – Fach plädierte. Eine Empfehlung für dessen Besetzung sprach er nicht aus, doch er riet von zwei eventuell dafür in Frage kommenden Gelehrten ausdrücklich ab: erstens von Adam Müller, der „sich durch seine staatswirthschaftlichen Vorlesungen nicht zu dieser Professur legitimirt zu haben" scheine. Und er fügte hinzu: „Schmalz empfiehlt die unbedingte Anhänglichkeit an das physiokratische System auch nicht: es ist in der That auffallend, daß ein so guter Kopf nicht Kraft genug hat, sich von einer so höchst einseitigen Theorie los zu winden".[20]

Daß Schmalz von dieser Bemerkung erfahren hat, ist eher unwahrscheinlich, doch es dürfte sich bald herumgesprochen haben, daß Hoffmanns Vorlesungen eine nicht zu vernachlässigende Alternative zu den kameralwissenschaftlichen und staatswirtschaftlichen Lehrveranstaltungen von Schmalz boten; eine Konkurrenzsituation scheint jedenfalls sehr bald entstanden zu sein, da Schmalz stets den Anspruch erhob, das Fach in seiner ganzen Breite abzudecken. Indes hielt es Altenstein für notwendig, diesen Lehrstuhl – nachdem Hoffmann in den Jahren 1816 bis 1821 aus dem Lehrkörper der Universität ausgeschieden war – sofort erneut und kompetent zu besetzen; Schmalz sollte in seiner Lehrtätigkeit offenbar auf sein eigentliches Kerngebiet beschränkt werden. So schlug der Minister im April 1820 in einem Brief an Hardenberg den früheren Reformbeamten Friedrich von Raumer als neuen Dozenten der Staatswissenschaften vor: „Von den im Gebiete der allgemeinen Staatswissenschaft begriffenen speciellen Theilen wird der rechtliche – das Staats- und Völkerrecht – vornehm-

Berlin im ersten Halbjahrhundert ihres Bestehens, S. 129 ff.; zum Zusammenhang siehe auch NORBERT WASZEK, Die Staatswissenschaften an der Universität Berlin im 19. Jahrhundert, in: Die Institutionalisierung der Nationalökonomie an deutschen Universitäten. Zur Erinnerung an Klaus Hinrich Hennings (1937–1986), hrsg. v. NORBERT WASZEK, St. Katharinen 1988, S. 266–301, zu Hoffmann S. 277 ff.

[19] Abgedruckt in: R. KÖPKE, Die Gründung der Königlichen Friedrich-Wilhelms-Universität zu Berlin, S. 209–211 („Unmaßgebliches Gutachten, das Studium der sogenannten Staatswissenschaften auf der Universität Berlin betreffend", 25.5.1810); vgl. dazu auch M. LENZ, Geschichte der Königlichen Friedrich-Wilhelms-Universität zu Berlin I, S. 253 ff.

[20] Hoffmanns Denkschrift in: R. KÖPKE, Die Gründung der Königlichen Friedrich-Wilhelms-Universität zu Berlin, S. 210 f.

lich von dem Geheimen Justizrath *Schmalz* vorgetragen, und bei dem erneuerten Interesse, welches sich für dieses Fach jetzt regt, dürfte es an Vorlesungen auch von andern geschickten Docenten nicht fehlen".[21]

Nachdem Hoffmann an die Universität zurückgekehrt war, unterließ es Altenstein nicht, Hoffmanns Lehrveranstaltungen den Studenten und Referendaren der Jurisprudenz mit besonderem Nachdruck zu empfehlen. Das empfand Schmalz als einen unmittelbar gegen seine Person gerichteten Affront, und er beschwerte sich beim Minister in einem Brief vom 12. November 1823, in dem er betonte, daß er selbst seit drei Jahrzehnten kameralwissenschaftliche Vorlesungen abhalte, „und zwar gerade mit vorzüglicher Rücksicht auf den Theil derselben, welcher in des Herrn Hoffmanns Cursus zu fehlen, und doch die Grundlage aller Staatswirthschaft, höheren Polizey und der Finanzen, auch den Juristen eben der nöthigste scheint, die mercantilische Gewerbskunde. Auch habe ich über diese Wissenschaften geschrieben und darf glauben, mit Glück, weil über mein Lehrbuch seit 30 Jahren auf mehrern Universitäten gelesen ist und wird". Weil „Staatswirthschaft, Polizey- und Finanzwissenschaft ... auf wenigen gemeinschaftlichen Grundlagen und Principien" beruhten, habe er geglaubt, „daß sie durchaus vollständig in Einem einzigen Collegium vorgetragen werden können. Ich habe die Gnade gehabt, Ew. Excellenz mein Lehrbuch vorlegen zu dürfen, |: so wie Herr Hoffmann seinen Plan :| und es wird sich daraus ergeben, ob jenes vollständig, ob es ausführlich sey, ob es bloß allein Physiocratie enthalte, wie gesagt ist".

Er unterließ es auch jetzt nicht, auf seine Meriten als erfahrener akademischer Lehrer zu verweisen, indem der anfügte: „Die Zersplitterung der Wissenschaft in mehrere Collegien kann nur eine Ausführlichkeit der Details wirken, mit welcher keine andre Wissenschaft vorgetragen wird, und diese Details wird die gesunde Urtheilskraft doch selbst entwickeln, wenn die Grundbegriffe gründlich und klar begriffen sind. Auch haben viele Männer, itzt in den StaatsMinisterien und andern hohen VerwaltungsAemtern, keinen andern academischen Unterricht gehabt, wofür sie noch oft mich ihres Dankes versichern". Abschließend meinte der gekränkte Schmalz, die Empfehlung von Hoffmanns Vorlesungen durch Altenstein als einen weiteren „niederschlagenden Beweis von Fortdauer Ew. Excellenz Ungnade" auffassen

[21] GStA PK, I. HA, Rep. 74, L V (Brandenburg), Nr. 1, Bd. II, Bl. 119r (Altenstein an Hardenberg, 13.4.1820); vgl. auch M. Lenz, Geschichte der Königlichen Friedrich-Wilhelms-Universität zu Berlin I, S. 590.

zu können,[22] eine Formulierung, die darauf hindeutet, daß es bereits vorher zu Mißhelligkeiten zwischen Schmalz und seinem obersten Dienstherrn gekommen sein muß, über die allerdings nichts bekannt ist.

Auch an diesen – nur unvollständig zu rekonstruierenden – Konflikten an der Universität und mit dem Ministerium läßt sich ablesen, wie arg Schmalz' Stellung durch dem Tugendbundstreit lädiert worden war. Nahm im alten preußischen Universitätssystem der jeweils älteste Ordinarius schon kraft Herkommen die erste und angesehenste Stellung an der Fakultät ein, so hatte sich Schmalz durch eigene Schuld marginalisiert. Und es scheint, als ob die Kollegen im engeren Sinne und auch der Kultusminister ihn dies immer wieder fühlen ließen.[23] Hierdurch wurden die letzten fünfzehn Jahre, die Schmalz an der Friedrich-Wilhelms-Universität verbrachte, nachhaltig überschattet.

c) Der Fall Karl Witte

Der im Jahre 1800 in Lochau bei Halle geborene Karl Witte galt seit seiner frühen Kindheit als eines der berühmtesten „Wunderkinder" seiner Zeit. Erzogen von seinem ehrgeizigen Vater, einem Pastor, der die große Begabung seines Sohnes früh erkannt und nach den neuesten pädagogischen Erkenntnissen zu fördern versucht hatte, wurde er bereits früh manchen Fürsten und Geistesgrößen seiner Zeit vorgeführt; außerdem sorgte Karl Witte sen. stets dafür, daß die Presse über die jeweiligen Geistesfortschritte seines Sprößlings genau informiert wurde. Mit neun Jahren bestand der junge Witte in Leipzig die Reifeprüfung und begann das Studium an der dortigen Universität; mit dreizehn Jahren wurde er in Gießen ehrenhalber zum Doktor der Philosophie promoviert, und mit sechzehn Jahren erlangte er in Heidelberg auch den juristischen Doktortitel. Nun drängte es ihn, sich umgehend, noch im Wintersemester 1816/17 – Schmalz amtierte gerade wieder einmal als Dekan –, an der Berliner Juristischen Fakultät zu habilitieren.[24]

[22] Alle Zitate aus einem Brief von Schmalz an Altenstein vom 12.11.1823, in: Biblioteka Jagiellonska Kraków/Krakau, Sammlung Autographa (der Brief ist unten im Anhang A vollständig abgedruckt).

[23] Immerhin scheint Schmalz seine Hoffnung auf Unterstützung durch Altenstein nicht aufgegeben zu haben, denn noch sein letztes, bereits aus dem Nachlaß herausgegebenes Werk ist dem Minister „in tiefer Verehrung und inniger Dankbarkeit" gewidmet; vgl. Die Wissenschaft des natürlichen Rechts, Leipzig 1831, S. V.

[24] Vgl. die Lebensdarstellung von HERMANN WITTE/HANS HAUPT, Karl Witte – Ein

Die Wittes hatten sich für ihr Vorhaben die noch junge Berliner Fakultät vermutlich vor allem deshalb ausgewählt, weil für die Habilitation (oder „Nostrifikation", wie sie damals auch genannt wurde) noch ein provisorisches Reglement galt, das zur Erlangung der Lehrbefugnis nur zwei Leistungen vorsah: einen vor der Fakultät in lateinischer Sprache zu haltenden Vortrag und eine öffentlich, nunmehr in deutscher Sprache abzuhaltende, Probevorlesung – jeweils über zwei von der Fakultät gestellte Themen. Diese Leistungen glaubte der allseits bewunderte und von seinen frühen Erfolgen verwöhnte junge Mann problemlos erbringen zu können, und er rechnete damit, das Verfahren noch vor Jahresende 1816 abgeschlossen zu haben. Doch sein unüberlegtes Vorhaben stieß bald auf einen derart heftigen Widerstand, daß ein öffentlicher Skandal unvermeidbar wurde.[25]

Bereits bei den Vorgesprächen mit den einzelnen Mitgliedern der Fakultät, zu denen Vater und Sohn gemeinsam erschienen, deuteten sich Probleme an – vor allem mit Savigny. Dieser antwortete zunächst (so die spätere Darstellung von Witte sen.) auf die Frage, ob es ernsthafte Probleme wegen der angestrebten Lehrbefugnis geben könne: „Meinem Sohne stehe nichts entgegen, hier Dozent zu werden. Was er zu leisten habe, sei unbedeutend, und werde ihm der Dekan, G. R. Schmalz, am besten sagen. Aber, setzte er [Savigny, H.-C.K.] hinzu: worüber wollen Sie denn lesen? – Mein Sohn antwortete unbefangen: ‚Ueber einzelne Theile des röm. Rechts! denn darin glaube ich am meisten bewandert zu sein!' S[avigny] schwieg baum-

Leben für Dante. Vom Wunderkind zum Rechtsgelehrten und größten deutschen Dante-Forscher, Hamburg 1971; Witte sen. hat die Erziehung und die Jugendjahre seines Sohnes in einem passagenweise höchst kuriosen zweibändigen Werk ausführlich geschildert: Karl Witte, oder Erziehungs- und Bildungsgeschichte desselben; ein Buch für Eltern und Erziehende. Herausgegeben von dessen Vater, dem Prediger, Dr. Karl Witte, Bde. I–II, Leipzig 1819.

[25] Merkwürdigerweise ist die Angelegenheit weder bei Lenz noch in Stolls Savigny-Biographie angemessen dargestellt worden; beide widmen dem Fall Witte nur wenige Worte (M. Lenz, Geschichte der Königlichen Friedrich-Wilhelms-Universität zu Berlin I, S. 579, Anm. 1; A. Stoll, Friedrich Karl v. Savigny II, S. 152 f.); die erste ausführlichere Schilderung findet sich in H. Witte/H. Haupt, Karl Witte, S. 61–69, die allerdings weitgehend auf der sehr einseitigen Darstellung von Witte sen. beruht; vgl. [K. Witte], Karl Witte, oder Erziehungs- und Bildungsgeschichte desselben II, S. 490 ff. – Einige Informationen auch bei Garlieb Merkel, Ueber Deutschland, wie ich es nach einer zehnjährigen Entfernung wieder fand, Bd. I, Riga 1818, S. 72 ff. – Für die folgende Darstellung wurden erstmals die Fakultätsakten ausgewertet; UA Berlin, Jur. Fak., Nr. 137.

still; und m[ein] S[ohn] entschloß sich (auf Schmalzens Rath,) *andre* Vorlesungen zu halten".[26]

In der Tat sollte sich aus dem Unwillen Savignys darüber, daß ein junger Gelehrter beanspruchte, an seiner Seite an der Friedrich-Wilhelms-Universität das römische Recht lehren zu wollen, *ohne* aus seiner Schule zu stammen, eines der Haupthindernisse für den jungen Witte entwickeln. Doch man war zuerst guten Mutes. In einem langen Gespräch beruhigte der Dekan Schmalz Vater und Sohn:[27] Er selbst habe die vorläufigen Statuten der Fakultät entworfen, und man habe sie bereits bei mehreren Habilitationsverfahren mit Erfolg gehandhabt, ohne daß Schwierigkeiten entstanden seinen. Auch auf drängende Nachfragen habe Schmalz versichert, so Wittes Version, daß nicht die geringste Schwierigkeit zu erwarten sei. Dann entwickelte sich folgender Dialog zwischen dem Vater und dem Dekan: „*Ich*. Ich fürchte aus sicheren Gründen, daß Sav[igny] meinem Sohn entgegen wirken werde. *Er*. Das würde vielleicht der Fall sein, wenn er ahnete, oder wüßte, daß *ich* Ihnen Sohn liebe. Darum wiederhole ich Ihnen jetzt, was ich neulich schon sagte: lassen Sie dies niemand merken! Es ist Ihrent- nicht meinentwegen! [sic] Uebrigens wird es S[avigny] nicht wagen, Ihre Rechte anzutasten und die Heid[elberger] Jur[istische] Fak[ultät] so zu beleidigen".[28]

Noch etwas anderes kam hinzu: Der junge Witte hatte im Verlauf seiner Studien in der Anmerkung einer alten Druckschrift aus dem frühen 18. Jahrhundert, dem „Traité diplomatique" des Scipio Maffei, einen Hinweis auf die Veroneser Handschrift der Institutionen des Gaius gefunden, noch bevor Niebuhr den entsprechenden Codex im Sommer 1816 dort wiederentdeckte. Als Savigny in seiner Vorlesung diesen Fund, von dem ihm Niebuhr brieflich Mitteilung gemacht hatte, kundgab, meldete sich der junge Witte bei ihm, um ihn auf die eigene Entdeckung aufmerksam zu machen. Immerhin hatte er noch in Heidelberg einen seiner dortigen Lehrer über den gefundenen Hinweis informiert, und dieser wiederum war eben im Begriff, eine wissenschaftliche Notiz darüber zu publizieren.[29] Savigny überprüfte

[26] [K. WITTE], Karl Witte, oder Erziehungs- und Bildungsgeschichte desselben II, S. 494.

[27] Vgl. ebenda, S. 495 ff.

[28] Ebenda, S. 497; die letzte Bemerkung bezieht sich darauf, daß Witte jun. in Heidelberg zum Dr. jur. promoviert – und in Briefen Thibauts und Haubolds nach Berlin empfohlen – worden war.

[29] Vgl. die Darstellung bei H. WITTE/H. HAUPT, Karl Witte, S. 64 f. und schon bei [K. WITTE], Karl Witte, oder Erziehungs- und Bildungsgeschichte desselben II, S. 507 ff.

diese Angaben sofort und mußte feststellen, daß der junge Mann recht hatte. Er selbst war in der unangenehmen Lage, zugeben zu müssen, daß er in dem genannten „Traité" eine für die römische Rechtsgeschichte zentrale Stelle übersehen hatte; immerhin hat Savigny etwas später öffentlich eingeräumt, daß er zuerst von Witte auf diesen Tatbestand hingewiesen worden war.[30]

Am 4. November 1816 reichte Karl Witte jun. dem amtierenden Dekan Schmalz sein Gesuch auf Habilitation ein und bat, seinen Vortrag vor der Fakultät über einen Gegenstand „aus dem römischen Zivilrecht" halten zu dürfen.[31] Schmalz setzte am 23. Dezember ein Zirkular an seine Kollegen auf, in dem er sie von dem Gesuch offiziell unterrichtete;[32] beigelegt war ein Exemplar der (noch ungedruckten) Heidelberger Dissertation des Kandidaten. Da Witte noch vor Neujahr seinen ersten Vortrag halten wollte, bat der Dekan seine Kollegen um baldige Zustimmung. Biener und Eichhorn stimmten sofort zu, aber Savigny hatte, wie zu erwarten, Vorbehalte: „Da wir die Einsicht der Dissertation nicht blos pro forma gefordert haben, so glaube ich nicht daß wir die Probevorlesung früher gestatten können, als der Umlauf der Diss. beendigt und hierauf eine betreffende Sitzung gehalten worden ist".[33] Diesem Votum trat Göschen bei, und damit stand fest, daß sich der von Witte gewünschte Zeitplan nicht würde einhalten lassen.

Am 7. Januar setzte Schmalz einen Bericht an den (damals noch für die Universitätsangelegenheiten zuständigen) Innenminister von Schuckmann auf, in dem die vorgesetzte Behörde um eine Entscheidung in dieser Angelegenheit gebeten wurde: auf der einen Seite sprächen sein Fleiß und die für sein Alter „nicht unrühmliche Ausbildung" für Witte, andererseits aber trüge man „Bedenken einen so jungen Menschen als Lehrer auf der Universität zu zulassen, indem unstreitig alle seine Zuhörer älter als er seyn würden"; zudem verrate der Text der Dissertation „noch überall einen Mangel an der Reife des Urtheils und des Ausdrucks".[34] Auch hier hatte Savigny wieder „korrigierend" eingegriffen, indem er eine lobende Formulierung deutlich abschwächte und außerdem dafür sorgte, daß in das Schreiben ein Passus eingefügt wurde, der besagte, es solle „dem Vernehmen

30 Vgl. Friedrich Carl von Savigny, Vermischte Schriften, Bd. III, Berlin 1850, S. 163 f.
31 UA Berlin, Jur. Fak., Nr. 137, Bl. 40r.
32 Ebenda, Bl. 44r.
33 Ebenda.
34 Ebenda, Bl. 62r. (Dekan und Fakultät an Minister von Schuckmann; Entwurf).

nach", das eventuelle Auftreten Wittes als Dozent betreffend, „eine nicht günstige Stimmung ... unter den Studierenden seyn".[35]

Der Innenminister antwortete am 9. Januar 1817 nur kurz: Er schickte die Abschrift eines Briefes an Witte sen., der sich beim Minister über den schleppenden Fortgang des Habilitationsverfahrens seines Sohnes beschwert hatte, und bemerkte in seinem Begleitschreiben, er überlasse es der Fakultät, „auf den wiederholten Antrag des Dr. Witte wegen seiner Habilitation nach der provisorischen Ordnung zu verfahren".[36] Der Vater Witte, offenbar ein Mann von unerschütterlichem Selbstvertrauen, ließ sich durch diese Mahnung indes nicht beirren, und bat bereits am 13. Januar – wie sein Sohn ebenfalls am gleichen Tag – erneut um einen möglichst baldigen Termin für den Fakultätsvortrag und die Probevorlesung.[37] Als Termine wurden nun der 21. und der 25. Januar 1817 festgesetzt. Die Probevorlesung verlief, so der Bericht des Vaters, problemlos: Die Abhandlung des Sohnes sei von der Fakultät gebilligt worden, nachdem der Kandidat „einige Einwendungen Sav[ignys] ... schnell" widerlegt habe, und er fügte hinzu: „Schm[alz] hatte einige Tage zuvor die Abhandlung gehört, und sie (gegen mich) als: originell und vortrefflich gelobt".[38] In dem Bericht der Fakultät an den Minister hieß es allerdings etwas anders: „Diese Vorlesung fiel so aus, daß wir freilich sie nicht als ein Vollendetes ansahen, aber doch auch kein Bedenken haben konnten, ihm zu der öffentlichen Vorlesung den Tag anzusetzen".[39] – Immerhin hatte man den Wittes mehr oder weniger

[35] Ebenda; vgl. Savignys Votum ebenda, Bl. 62v.

[36] Ebenda, Bl. 63r (Schuckmann an Dekan und Fakultät, 9.1.1817). – In dem Brief des Ministers an Karl Witte sen. vom gleichen Tag (ebenda, Bl. 64r–64v) wurden die Bedenken der Fakultät mitgeteilt, sodann wurde dem Adressaten „der gut gemeinte Rath gegeben, wohl zu überlegen, ob Sie väterlich gegen Ihren Sohn handeln, wenn Sie ihn zu Uebernahme des Lehrgeschäfts überreden zu dem er seinem Alter nach, nicht qualifizirt ist, und so den Verdacht der Eitelkeit auf ihn und vielleicht, was noch schlimmer wäre, den Saamen derselben in ihn werfen, wenn Sie in dem jugendlichen Alter, ihn einer Zahl von Zuhörern gegenüber stellen, die älter als er, wenn gleich an Wissen gegen ihn zurück, doch vielleicht in Reife des Urtheils und Characters ihm zuvor sind, einen Ruf über ihn erregen der für sein weiteres Fortkommen nachtheilig und verderblich werden kann"; vgl. auch die Bemerkungen des Empfängers in: [K. WITTE], Karl Witte, oder Erziehungs- und Bildungsgeschichte desselben II, S. 513 ff.

[37] Vgl. UA Berlin, Jur. Fak., Nr. 137, Bl. 65r (Karl Witte sen. an Schmalz, 13.1.1817); Bl. 66r–66v (Karl Witte jun. an Schmalz, 13.1.1817).

[38] [K. WITTE], Karl Witte, oder Erziehungs- und Bildungsgeschichte desselben II, S. 515.

[39] UA Berlin, Jur. Fak. Nr. 137, Bl. 68r (Bericht des Dekans und der Fakultät an Schuckmann, 26.1.1817).

deutlich angekündigt, daß sie mit Störungen durch Teile der Studentenschaft zu rechnen hätten.[40]

Vor Beginn der öffentlichen Vorlesung am 25. Januar kam es zu einer merkwürdigen Szene, die Witte sen. überliefert hat: „Die Fak[ultät] hatte – sonderbarer Weise! – ein kleines Auditorium bestimmt. Vor dem Anfange aber sagte der Dekan etwas derb zu Sav[igny]: Nun müssen wir doch das große Auditorium nehmen, ich sagte es wohl! Sav[igny] (unwillig) Wie so? Schm[alz] Sehen Sie selbst zu! das kleine ist ja so gepfropft voll, daß Thüren, Fenster und Katheder angefüllt sind. Der Herr Dr., Sie und ich können nicht hinein! Sav[igny] Das große ist aber nicht geheizt! Schm[alz] (und Andre) Es ist nicht kalt! und – die vielen Menschen werden es schon wärmen. Sav[igny] Man wird ihn dort aber nicht hören! Dieselben. Nun, nun, wenn wir, und die nächsten Reihen ihn nur verstehen. Sav[igny] Meinetwegen!“.[41] Der Autor suggerierte mit diesen Worten, daß die Störer, die bereits wohlpositioniert im kleinen Hörsaal warteten, jetzt aber im großen Saal nur noch hinten Platz nehmen konnten, von Savigny, wenn auch sicher nicht angestiftet, so doch wohl freundlich geduldet waren.

Jedenfalls wurde die öffentliche Probevorlesung des jungen Witte von aufsässigen Studenten massiv gestört; er konnte sich erst nach minutenlangem ohrenbetäubendem Lärm, dem auch der sich redlich bemühende Dekan zuerst nicht Einhalt gebieten konnte, zu Wort melden.[42] Immerhin gelang es dem jungen Mann schließlich, seine völlig frei gehaltene Vorlesung über ein schwieriges Thema aus dem römischen Recht ohne größere Behinderung vorzutragen. In Schmalz' Entwurf für einen Bericht des Dekans an den Minister heißt es hierüber: „Ueber sie selbst [die Vorlesung Wittes, H.-C.K.] ein bestimmtes Urtheil zu fällen sind wir nicht im Stande“. Es sei indes „begreiflich, wie ein so junger Mann durch den Vorgang doch im Innern erschüttert und in Verwirrung gesetzt werden mußte. Und dieser Verwirrung schreiben wir denn zu, was in der Vorlesung selbst in Wesentlichen des Gegenstandes übergangen, oder verworren vorgetragen wurde“; immerhin habe er ein gewisses – noch weiter zu entwik-

[40] Vgl. [K. Witte], Karl Witte, oder Erziehungs- und Bildungsgeschichte desselben II, S. 515 f.

[41] Ebenda, Bd. II, S. 517 f.

[42] Vgl. dazu die Berichte ebenda, Bd. II, S. 518 ff.; UA Berlin, Jur. Fak., Nr. 137, Bl. 68r–68v; vgl. auch H. Witte/H. Haupt, Karl Witte, S. 68 f.

kelndes – Lehrtalent gezeigt.[43] Auch hier schlug Savigny wieder Verschärfungen vor, die allerdings nur zum Teil in den endgültigen Text des Berichts übernommen wurden.[44] Der Minister wurde darin um eine Entscheidung gebeten, ob man Witte, trotz der zu erwartenden massiven Störungen, gestatten solle, eigene Lehrveranstaltungen für das Sommersemester anzukündigen. Vermutlich auf Drängen Savignys und der ihm beistimmenden Kollegen hatte Schmalz in den Bericht (wie aus dem Manuskript zu ersehen ist) noch nachträglich einen Passus eingefügt, in dem die Befürchtung ausgesprochen wurde, „daß wenn er [Witte, H.-C.K.] wirklich als Lehrer auftritt, nicht nur neue lärmende Scenen vorfallen, sondern sein Name in dem Catalog ein nicht günstiges Licht im auswärtigen Publicum auf die Universität werfen dürfte, welches letztere wir jetzt bestimmter als vorher auszusprechen wagen, da die Specimina des Dr. Witte unter unserer Erwartung geblieben sind“.[45]

Damit war die Sache vermutlich bereits entschieden, denn es war nicht zu erwarten, daß der Minister diese Argumente einfach ignorieren würde. Schmalz hatte sich für den jungen Witte eingesetzt, wohl auch, um ein Gegengewicht zu Savigny zu erhalten, der mit seinen Schülern und seinem Schützling Biener die Fakultät langsam zu dominieren begann. Doch die Ungunst der Verhältnisse, vor allem eben das jugendliche Alter des Kandidaten, hatten ihm wieder einmal einen Strich durch die Rechnung gemacht, und Savigny, der Witte vermutlich von Anfang an nicht hatte habilitieren wollen, war Sieger geblieben. Zwar hatte der junge Mann die formalen Bedingungen für eine Habilitation erfüllt, doch Schuckmann entschied ganz im Sinne Savignys: Es wurde Witte vorerst nicht gestattet, seine Lehrveranstaltungen an der Universität anzukündigen, dafür erhielt er die Mittei-

[43] UA Berlin, Jur. Fak., Nr. 137, Bl. 68v.

[44] Vgl. ebenda, Bl. 69r: Erstens sei, so Savigny, die „Verwirrung“ bei Witte „nicht sichtbar“ gewesen, deshalb seien die Fehler seines Vortrags nicht nur hierauf zurückzuführen; zweitens seinen „die starken theoretischen Unrichtigkeiten ... Thatsache und dürfen von uns nicht übergangen werden“; und drittens habe er selbst „von dem *Lehrtalent* des Dr. Witte, insofern es dabey auf innere Bedeutungen ankommt, ... bis jetzt nicht die mindeste Überzeugung, und ich wünschte nicht, daß, im Fall er keinen wahren Beruf zum Lehramt hätte, unsre Juristenfacultät einen, wenn auch noch so kleinen, Theil der Verantwortung trüge, ihn auf diesem falschen Wege festgehalten zu haben, was allerdings der Fall seyn könnte, wenn die Facultät ein entschieden günstiges Urtheil über sein Lehrtalent der höchsten Behörde gegenüber ausspräche“. Diesem Votum schlossen sich Eichhorn und Biener an.

[45] Ebenda, Bl. 70v (Dekan und Fakultät an Schuckmann, 27.1.1817).

lung, ihm sei vom König ein zweijähriges Reisestipendium für „seine weitere Ausbildung" bewilligt worden.[46]

Karl Witte gab noch nicht auf. Zwar verzichtete er vorerst auf eine Ankündigung eigener Lehrveranstaltungen, doch er bestand auf einer gerichtlichen Untersuchung gegen die studentischen Störer seiner Probevorlesung und die gegen ihn öffentlich ausgesprochenen Beleidigungen.[47] Sodann gab er nur wenige Wochen nach seiner Probevorlesung den Text seiner Dissertation sowie der beiden zum Zweck der Habilitation gehaltenen Vorträge in einem Bändchen mit dem Titel „Abhandlungen aus dem Gebiete des römischen Rechts" heraus, versehen mit einer auf den 5. Februar 1817 datierten Vorrede, in der er die „unzählige[n] Schwierigkeiten", die man ihm im Vorfeld seiner Habilitation gemacht hatte, ebenso erwähnte, wie er den „elende[n] Verläumdungen" entgegentrat, mit denen „man mir die Gemüther meiner Gönner, der Studierenden und des Publicums im allgemeinen, abwendig zu machen sich bestrebte".[48]

Nun war es Savigny, der innerhalb der Fakultät das Gesetz des Handelns an sich riß und am 30. April einen höchst ungewöhnlichen Weg vorschlug: die Fakultät solle weder, wie von Witte erbeten, eine Injurienklage anstellen, noch dürfe sie schweigen. Er empfahl deshalb, mit einer Publikation der wichtigsten Aktenstücke zum „Fall Witte" an die Öffentlichkeit zu gehen. Savigny legte auch gleich einen selbstverfaßten Entwurf für eine solche Druckschrift und eine Auswahl der aufzunehmenden Dokumente mit bei und bat um Kritik und Ergänzungsvorschläge sowie um Zustimmung der Fakultät; freilich wäre, fügte er noch hinzu, „entweder schriftlich oder mündlich die Genehmigung d[es] H[errn] Ministers einzuholen, zu welcher lezten Besorgung (wenn der Beschluß der Facultät dahin gehen sollte) ich mich erbiete".[49]

Er setzte seinen Willen durch: Schuckmann genehmigte die Veröffentlichung der Dokumente in der von Savigny vorgeschlagenen Form bereits am 9. Mai,[50] und kurz darauf erschien die kleine, achtundzwanzig Seiten umfassende Schrift unter dem Titel „Die Juristenfacultät zu Berlin und der Dr. Witte", versehen mit dem Datum „Mai 1817"

[46] Vgl. ebenda, Bl. 72r (Schuckmann an Dekan und Fakultät, 27.2.1817); vgl. auch H. WITTE/H. HAUPT, Karl Witte, S. 68.

[47] Vgl. UA Berlin, Jur. Fak., Nr. 137, Bl. 75r–75v (Karl Witte an Schmalz, 19.4.1817).

[48] KARL WITTE, Abhandlungen aus dem Gebiete des römischen Rechts, Berlin 1817, S. V f. (Vorrede).

[49] UA Berlin, Jur. Fak., Nr. 137, Bl. 76r (Savigny an Dekan und Fakultät, 30.4.1817).

[50] Vgl. ebenda, Bl. 81r (Schuckmann an Schmalz, 9.5.1817).

und unterzeichnet mit den Namen von Schmalz, Savigny, Biener und Göschen.[51] Wie nicht anders zu erwarten, fiel die Darstellung der Vorgänge für den jungen Witte nicht eben schmeichelhaft aus. Er habe gegen den wiederholten Rat sowohl der Fakultät wie auch des Ministers auf seinem Recht zur Habilitation bestanden und dieses Vorhaben nur unter Schwierigkeiten durchsetzen können. Überraschenderweise räumte der sonst eher autoritär gesinnte Savigny den studentischen Protesten gegen Witte nun breiten Raum ein; er druckte sogar den Brief eines der protestierenden Studenten an Schmalz sowie das Protokoll der gegen diesen Studenten angestellten gerichtlichen Untersuchung mit ab.[52] Hinzugefügt waren die Texte des Briefwechsels zwischen Ministerium und Fakultät und auch des Schreibens von Schuckmann an Witte sen. vom 9. Januar 1817, in dem bekanntlich von einem Habilitationsversuch abgeraten worden war.

Den Hauptschlag gegen das wissenschaftliche Ansehen Wittes aber hatte sich Savigny bis zum Schluß aufgehoben: Er protestierte nicht nur gegen den Tonfall, den Witte im Vorwort seiner „Abhandlungen“ erhoben hatte, sondern er wies nach, daß der von Witte seinerzeit der Fakultät eingereichte Text seiner – damals nur im Manuskript vorliegenden – Dissertation an einer ganzen Reihe von Stellen wesentlich von der jetzt publizierten Druckfassung abwich; zum Beweis druckte Savigny den Anfang des bei den Fakultätsakten befindlichen Exemplars der Dissertation im Anhang mit ab.[53] Was Savigny – im Gegensatz zu Schmalz – allerdings nicht wußte: Witte hatte (so jedenfalls *seine* Version der Dinge) im Vorfeld der Habilitation, da er nur über ein handschriftliches Exemplar seiner Dissertation verfügte, eine erste

[51] Vgl. Die Juristenfacultät zu Berlin und der Dr. Witte, Berlin 1817, S. 9. – Alleiniger Verfasser ist freilich SAVIGNY, dessen Manuskript noch in den Berliner Fakultätsakten (UA Berlin, Jur. Fak., Nr. 137, Bl. 79r–80v), erhalten ist.

[52] Vgl. Die Juristenfacultät zu Berlin und der Dr. Witte, Berlin 1817, S. 13 f., 15–19; der zwanzigjährige Student (namens Nölting aus Lübeck) hatte – von Schmalz öffentlich dazu aufgefordert – sein Mißfallen darüber artikuliert, „daß ein Kind auftreten will, wo Männer stehen müssen“ (ebenda, S. 14). In dem Untersuchungsprotokoll heißt es über seine (und seiner Mitstreiter) Motive: „Es war nur zunächst den Studierenden darum zu thun, dem Dr. Witte selbst zu beweisen, wie lächerlich und anmaßend ihnen sein Auftreten vorkomme, und ihm dadurch die Lust zu benehmen, dabei zu beharren. Hätte ich einen andern Ausweg gewußt, dieß zu bewirken, so würde ich gewiß nicht an dem Auftritt Theil genommen haben, welcher ohne daß ich es wollte, als eine Verletzung der den andern Anwesenden schuldigen Achtung leicht gedeutet werden könnte“ (ebenda, S. 17). Savigny bescheinigte diesen Behauptungen Nöltings eine „große innere Wahrscheinlichkeit“ (ebenda, S. 5)!

[53] Ebenda, S. 23–28; vgl. S. 6 ff.

Fassung oder einen ersten Entwurf seiner Arbeit (von ihm als „Brouillon“ bezeichnet) bei der Fakultät eingereicht; erst im Dezember 1816 hatte er auf Wunsch des Dekans der Fakultät das Original zur Verfügung gestellt. Als Witte nun wenige Wochen später seine Dissertation drucken lassen wollte, erbat er sich das Original als Druckvorlage zurück und stellte, da Schmalz auf einem handschriftlichen Exemplar bestand, erneut die erste Fassung (das „Brouillon“) zur Verfügung – mit der Versicherung, sofort nach Erscheinen ein gedrucktes Exemplar nachzureichen. Diese Erstfassung geriet dem ahnungslosen Savigny in die Hände, der seinem Entwurf einer Fakultätsbroschüre über den Fall Witte noch einen Absatz anhängte,[54] in dem er die Differenzen zwischen handschriftlicher und gedruckter Fassung der Witteschen Dissertation monierte.

Ob Savigny diesen Nachtrag noch einmal Schmalz vorgelegt hat, ist nicht ersichtlich. Jedenfalls war Savigny außer sich, als Witte wenige Wochen später eine ausführliche Verteidigungsschrift publizierte, in der er nicht nur in aller Ausführlichkeit die Geschichte seiner Habilitation vortrug und auch die Freundlichkeiten nicht unerwähnt ließ, die Schmalz und andere Fakultätsmitglieder (natürlich mit Ausnahme Savignys) ihm über seine wissenschaftlichen Leistungen gesagt hatten,[55] sondern in der er sich ebenfalls gegen den „Vorwurf moralischer Schlechtigkeit und frechen Betruges“[56] verteidigte, der in der Fakultätsbroschüre gegen ihn in Sachen seiner Dissertation erhoben worden sei: die Geschichte der diversen Manuskripte, die er dem Dekan zur Verfügung gestellt hatte, wurde breit referiert und aus seiner Perspektive klargestellt.[57] Inzwischen war noch eine weitere anonyme Broschüre erschienen, als deren Verfasser sich später der damalige Student Eduard Gans, ein Freund Wittes, herausstellen sollte, in der die Fakultät wegen ihres Verhaltens in der Witteschen Angelegenheit ein weiteres Mal öffentlich verhöhnt und namentlich Savigny scharf angegriffen wurde.[58]

[54] Das ist aus dem Manuskript ersichtlich; vgl. UA Berlin, Jur. Fak., Nr. 137, Bl. 80v.

[55] Vgl. Carl Witte, Abgedrungene Erklärung des Dr. Carl Witte. Als Antwort auf die Schrift, Die Juristenfacultät zu Berlin und der Dr. Witte, Berlin – Frankfurt a. d. O. 1817. – Witte druckte sogar die Briefe ab, mit denen der Dekan Schmalz ihn zu seinen Probevorträgen geladen hatte (vgl. ebenda, S. 27 ff.).

[56] Ebenda, S. 41.

[57] Vgl. ebenda, S. 40 ff.

[58] Siehe [Eduard Gans], Urtheil eines Unpartheiischen über das Benehmen der Juristenfacultät zu Berlin in der Habilitationsangelegenheit des Dr. Witte, Berlin –

Am 17. Juni 1817 erhielt Schmalz einen Brief Savignys, der seinen Zorn offenbar nur mühsam hatte bändigen können: Er habe aus Wittes „Abgedrungener Erklärung" erfahren müssen, daß es mehrere und voneinander abweichende handschriftliche Exemplare der Dissertation gebe: „Von dieser Sache", hieß es weiter, „ist in der Facultät ganz kürzlich einmal erzählungsweise die Rede gewesen. Gegenstand einer Berathung und eines Beschlusses ist diese Sache niemals gewesen, auch früherhin überhaupt nicht erwähnt worden. Ich ersuche den Herrn Decan, den eigentlichen Hergang durch ein Circular den übrigen Mitgliedern officiell bekannt zu machen und dieses dann zu den Acten zu nehmen. Unter andern [sic] behauptet der Dr. Witte, daß das andere Ex. von unsrem gegenwärtigen völlig verschieden sey und mit seinem Abdruck übereinstimme, von welchem Umstand ich niemals etwas gehört habe. Ist diese Behauptung gegründet, so entsteht dadurch für uns (und dieses ist gewiß seine Absicht) der unangenehme Schein, als hätten wir durch absichtliche Verschweigung dieses Umstandes den ungerechten Verdacht einer Verfälschung auf ihn bringen wollen. Insbesondere wünsche ich auch zu erfahren, welches Ex. denn eigentlich bey uns früherhin circulirt hat".[59]

Schmalz war also wieder einmal in eine schwierige Lage geraten und sah sich gezwungen, sich in einer weiteren Broschüre gegen Wittes Vorwürfe zu verteidigen:[60] Er bestritt, jemals eine Differenz zwischen

Frankfurt a. d. O. 1817. – Gans – selbst ein Student – rügte vor allem die Nachgiebigkeit der Fakultät gegenüber den Studentenprotesten: Es seien „wohl die goldnen Tage der academischen Freiheit gekommen, und die Blüthenzeit des Universitätslebens überhaupt, wenn öffentliche Lehrer, uneingedenk ihrer Würde und dessen, was sie sich selbst und der Welt schuldig sind, die zügellose Ungebundenheit einiger Studierenden für einen höheren Ausspruch, oder für Gottesstimme erkennen, wenn die zitternden Professoren sich aus dem Staube zu machen suchen, wo pochende Ziegenhainer laut an den Rückzug mahnen, wenn sie sich nicht entblöden, eine aus den edelsten Bewohnern der Stadt bestehende Versammlung, einen jungen ihrem Schutz empfohlenen Mann, preis zu geben, um dem lärmenden Getöse mehrerer Musensöhne zu weichen, von denen sie vielleicht einigen Vortheil zu erwarten haben" (ebenda, S. 17 f.); vgl. auch ebenda, S. 21: „Schließlich muß es dem Referenten noch leid thun, daß es alle Tage deutlicher hervortritt, und durch das Benehmen der Juristenfacultät zu Berlin zur höchsten Evidenz gebracht worden ist, daß nicht allein für Gesetzgebung (wie Savigny behauptet), sondern auch für richterliche Entscheidung nicht derjenige Beruf in unsern Zeiten verspürt werde, als zu der Epoche der angebeteten Ulpiane und Papiniane"!

59 UA Berlin, Jur. Fak., Nr. 137, Bl. 83r (Savigny an Schmalz, 17.6.1817).

60 Ueber das Urtheil eines Unpartheiischen über das Benehmen der Juristen-Fakultät in Berlin in der Habiltationsangelegenheit des D. Witte und die Abgedrungene Erklärung des D. Carl Witte, Berlin u. Frankfurt a. d. O. 1817.

den von dem Kandidaten eingereichten schriftlichen Exemplaren festgestellt zu haben. Bereits im November 1816 habe Witte auf seine, des Dekans, Aufforderung hin ein handschriftliches Exemplar der Dissertation „zu den *Akten der Fakultät*“[61] eingereicht, und dieses habe dann unter den Fakultätsmitgliedern zirkuliert. Im Januar habe sich Witte dieses Exemplar zurückerbeten, um sich eine Abschrift zu nehmen, und diese Abschrift, „welche er jetzt beliebt, das Original zu nennen“, habe er wenige Tage später erneut eingereicht – und später wiederum zurückverlangt.[62] – Wie dem auch gewesen sein mag; sowohl Witte wie auch Schmalz hatten sich nicht korrekt verhalten: Warum es Witte nicht für notwendig hielt, sich ein weiteres Exemplar seiner sehr knappen, im Druck nur 36 Seiten umfassenden Dissertation anzufertigen (oder ein solches kopieren zu lassen), will nicht recht einleuchten. Und Schmalz wiederum hätte sich als Dekan nicht auf die merkwürdigen Tauschhändel der Manuskripte des jungen Habilitanden einlassen dürfen.

Die Angelegenheit, die ein nicht unbeträchtliches öffentliches Aufsehen erregt hatte, endete damit, daß der junge Witte, dessen Stellung an der Berliner Universität nun völlig unmöglich geworden war, sein Reisestipendium wahrnahm und sich für mehrere Jahre nach Italien begab. Nach Berlin ist er nicht mehr zurückgekehrt; seine juristische Universitätslaufbahn, die er 1821 antrat, absolvierte er in Breslau und Halle; wissenschaftliche Meriten erlangte er übrigens nicht in seinem eigentlichen Lehrfach, sondern als Begründer der modernen Dante-Forschung.[63] – An der Berliner juristischen Fakultät hatte sich der Graben zwischen Savigny und Schmalz durch diese Affäre nur noch weiter vertieft, und es scheint, daß der unterschwellige Dauerkonflikt zwischen beiden lediglich durch die akademischen Konventionen, die beide achteten, im Zaum gehalten wurde. Ein weiterer „Fall“ sollte allerdings Ende der 1820er Jahre für einen erneuten Zusammenstoß sorgen.

d) Der Fall Eduard Gans

Der Jurist Eduard Gans zählte zu den schillernsten Gelehrtenpersönlichkeiten seiner Zeit; gleichermaßen umstritten und gefürchtet als

[61] Ebenda, S. 8.
[62] Vgl. ebenda, S. 10.
[63] Dazu vgl. H. Witte/H. Haupt, Karl Witte, passim.

Kritiker wie als politischer Publizist, bewandert in der antiken Rechtsgeschichte ebenso wie in der Geschichte der jüngsten Vergangenheit, bekannt als glänzender Rhetor ebenso wie als scharfer Polemiker.[64] Schon als neunzehnjähriger Student hatte er sich, wie bereits bemerkt, mit einem anonymen Pamphlet an dem Streit um Karl Wittes Habilitation beteiligt und dabei die Berliner Fakultät – namentlich vor allem Savigny – scharf angegriffen.[65] Ob diese Autorschaft in den folgenden Jahren bekannt wurde, ist nicht sicher nachzuweisen; fest steht jedenfalls – und dies könnte mit jener Affäre durchaus zusammenhängen –, daß die Mehrheit der Juristen der Berliner Fakultät dem jungen Gans, der wie Witte in Heidelberg mit einem Thema aus dem römischen Recht promoviert hatte, von Anfang an wenig wohlgesonnen war.

Kurz nach seiner Promotion hatte Gans, von seinem Heidelberger Lehrer Thibaut besonders empfohlen, einen Zugang zu Altenstein gefunden, der dem jungen Juristen in den folgenden Jahren seine besondere Protektion angedeihen lassen sollte. Der Minister forderte schon Anfang 1820 bei der Berliner Juristischen Fakultät ein Gutachten über Gans' erstes Buch an, das aus seiner Dissertation hervorgegangen war, und er schloß die Frage an, ob der junge Gelehrte für ein Lehramt an der Universität (damit war offensichtlich eine außerordentliche Professur gemeint) in Frage käme.[66] Die Mitglieder der Fakultät machten sich die Sache nicht leicht: Der Dekan Johann Christian Hasse, in den Jahren 1818–1821 kurzzeitig Ordinarius in Berlin, arbeitete ein erstes, sehr negatives Gutachten aus.[67] Das zweite, noch ausführlichere Gutachten verfaßte Savigny;[68] es fiel

[64] Über Gans existiert eine ausgedehnte Literatur; siehe vor allem: Hanns Günther Reissner, Eduard Gans. Ein Leben im Vormärz (Schriftenreihe wissenschaftlicher Abhandlungen des Leo Baeck Instituts, Bd. 14), Tübingen 1965; Norbert Waszek, Eduard Gans (1797–1839), Hegelianer – Jude – Europäer. Texte und Dokumente (Hegeliana – Studien und Quellen zu Hegel und zum Hegelianismus, Bd. 1), Frankfurt a. M. – Bern – New York – Paris 1991; neuerdings wichtig die Aufsatzsammlung von Johann Braun, Judentum, Jurisprudenz und Philosophie. Bilder aus dem Leben des Juristen Eduard Gans (1797–1839), Baden-Baden 1997; beste kurze Einführung: derselbe, Eduard Gans (1797–1839). Ein homo politicus zwischen Hegel und Savigny, in: Deutsche Juristen jüdischer Herkunft, hrsg. v. Helmut Heinrichs/Harald Franzki/Klaus Schmalz/Michael Stolleis, München 1993, S. 45–57.

[65] [E. Gans], Urtheil eines Unpartheiischen über das Benehmen der Juristenfacultät zu Berlin in der Habilitationsangelegenheit des Dr. Witte.

[66] Vgl. UA Berlin, Jur. Fak., Nr. 602, Bl. 57r (Altenstein an die Juristische Fakultät, 10.1.1820).

[67] Ebenda, Bl. 58r–59v (7.2.1820).

[68] Ebenda, Bl. 61r–67v („im Februar 1820").

ebenfalls vernichtend aus. Vor allem rügte der große Gelehrte die in vielen Passagen des Buches (er zählte sie alle auf) sichtbar werdende „gränzenlose Anmaßung und Selbstgefälligkeit, an deren sehr widerlichen Äußerungen die Schrift besonders reich ist“.[69] Ebenso negativ urteilte Göschen, der dritte Gutachter.[70]

Schmalz rügte in seiner Stellungnahme zwar ebenfalls manche Fehler in der beurteilten Schrift, merkte jedoch an, „daß Herrn G[ans] so wenig Talent, als hübsche Kenntnisse abzusprechen sind“; bei der „gelehrte[n] Spiegelfechterey“ handle es sich indes um eine Anfängerkrankheit, die man bei einem so jungen Mann nicht überbewerten sollte.[71] Der erste, vom Dekan Hasse ausgearbeitete Entwurf eines Gutachtens an das Ministerium formulierte jedoch die Mehrheitsmeinung: Gans lege ein derartiges Maß an Unreife und Selbstüberschätzung an den Tag, daß „die gegenwärtige Fähigkeit desselben zu einem Lehramte zu verneinen“ sei.[72] Dieser Entwurf zirkulierte erneut innerhalb der Fakultät, und wieder war es Schmalz, der zur Mäßigung riet: „Ich kann nicht läugnen, daß mir der ganze Ton des Berichts doch etwas sehr bitter scheint, und uns sehr unangenehm werden könnte, wenn Herr G. doch als Professor angestellt würde. Ich kann nicht läugnen, daß der Ton mir fast leidenschaftlich scheint, und sicher würde er so ausgelegt werden“. Aus der Tatsache, „daß Jemand irrt, daß er sogar in der Hauptsache irrt, folgt noch nicht dessen gänzliche Unbrauchbarkeit“.[73] Auf die am Schluß des Entwurfs von Hasse eingefügte „Bemerkung, daß Herr Dr. Gans, so viel wir wissen, jüdischer Religion ist“,[74] ging Schmalz nicht weiter ein.

Göschen schloß sich Schmalz überraschenderweise an,[75] und sogar Savigny trat jetzt einen Schritt zurück: „Mit Rücksicht auf das Votum

[69] Ebenda, Bl. 67r.
[70] Ebenda, Bl. 68r–71v.
[71] Ebenda, Bl. 59v (Stellungnahme von Schmalz).
[72] Ebenda, Bl. 72r–73r, das Zitat Bl. 73r.
[73] Ebenda, Bl. 74r–74v; Schmalz fuhr fort: „Ich wünsche daher, daß sehr ruhig und einfach berichtet würde[,] Jene Schrift zeige Herrn G. als einen Mann nicht ohne gute Kenntnisse und ohne Talente; allein es sey zu bedauern, daß er dieses alles durch eine Anmaßung, die selbst unschicklich sey, und bey gleichwohl sehr argen Mißgriffen um so auffallender werde, verderben würde; nicht minder durch eine gar schlimme Richtung, welche er seinem Geiste zu bloßen sophistischen und scholastischen Spitzfindigkeiten gegeben, und die er noch dazu für historische Behandlung der Wissenschaft halte. Wir wären der Meinung, daß an eine Anstellung des Herrn G. zum Lehramte erst dann gedacht werden kann, wenn man aus Beobachtung seiner, als PrivatDocent, eine bessere Richtung seiner Bestrebungen wahrnehme“ (ebenda, Bl. 74v).
[74] Ebenda, Bl. 73r.
[75] Vgl. ebenda, Bl. 74v.

des Herrn G. R. Schmalz bemerke ich noch, daß, wenn Herr Dr. Gans als Privatdocent auftreten wollte, ich gar nichts dagegen einwenden würde". Doch habe man jetzt nur über die Anfrage zu urteilen, ob Gans für eine *Professur* geeignet sei, und dies müsse er, Savigny, strikt ablehnen; er wolle „aber sehr gerne dieses Urtheil ändern, sobald ich mich überzeugen kann, daß der Dr. G. auf einen besseren Weg gekommen seyn wird".[76] – Der Dekan reagierte auf die Kritik an seinem Entwurf, vor allem auf die von Schmalz vorgebrachten Einwendungen, überaus empfindlich und schlug in einem weiteren Zirkular an seine Kollegen schließlich vor, daß doch ein anderes Mitglied der Fakultät ein neues Gutachten anfertigen möge: Savigny sei hierfür sicher der geeignetste.[77] Der Angesprochene erklärte sich hierzu bereit,[78] und das von ihm ausgearbeitete knappe Gutachten[79] wurde bereits unter dem Datum des 4. April 1820 an das Ministerium weitergeleitet. Nachdem noch einmal „der anmaßende und wirklich unanständige Ton, in welchem der Verfasser über die würdigsten Gelehrten sehr häufig urteilt", gerügt worden war, lautete die Quintessenz: „... fühlen wir uns verpflichtet, unser Gutachten dahingehend abzugeben, daß der Verfasser solange, bis er durch künftige Arbeiten eine gründlichere Richtung und zugleich mehr Ernst und Würde bekundet haben wird, zu einem akademischen Lehramt nicht für qualifiziert gehalten werden kann".[80]

Gans verhielt sich nun, vermutlich aus Ärger über diese Zurückweisung, wenig geschickt. Als am 18. Juni 1820 in der Universität die öffentliche Promotion des Savigny-Schülers Klemens August Karl Klenze stattfand, opponierte Gans aus dem Publikum heraus sehr

[76] Ebenda, Bl. 75r (Votum Savignys, 17.3.1820).

[77] Vgl. ebenda, Bl. 76r–78r (Hasse an seine Kollegen, 21.3.1820). – Auch Savigny plädierte nun, gerade auch aus taktischen Motiven, dafür, daß die Fakultät von einer zu schroffen Beurteilung Gans' Abstand nehmen solle: „Auch kann ich nicht läugnen, daß gerade ein solcher Ton bey den höheren Behörden (besonders wenn unser Bericht von dem Ministerium noch weiter gegeben werden sollte) gar leicht den Verdacht der Parteylichkeit und persönlichen Abneigung erregen könnte, welcher Verdacht unserm eigentlichen Zweck gerade entgegen wirken müßte, und eben auf diesen Effekt zu sehen scheint mir ganz vorzüglich unsre Pflicht" (ebenda, Bl. 79r–79v).

[78] Vgl. ebenda, 81v (Savigny an seine Kollegen, 1.4.1820).

[79] Der Entwurf Savignys ebenda, Bl. 82r–82v; abgedruckt in: M. Lenz, Geschichte der Königlichen Friedrich-Wilhelms-Universität zu Berlin IV, S. 448 f. – Die Darstellung, die Max Lenz von der Persönlichkeit und dem weiteren Wirken von Eduard Gans in Bd. II/1, S. 216 ff., 319 ff. seiner Berliner Universitätsgeschichte gibt, ist allerdings stark tendenziös und daher nur mit Vorbehalten zur Kenntnis zu nehmen.

[80] Zit. nach dem Abdruck in M. Lenz, Geschichte der Königlichen Friedrich-Wilhelms-Universität zu Berlin IV, S. 449.

heftig, und dieses Verhalten erregte so großes Aufsehen, daß Altenstein hierüber einen Bericht der Fakultät anforderte.[81] Diesem Bericht zufolge hatte sich Gans mit seinem Auftreten nicht eben in ein vorteilhaftes Licht gesetzt; die Professoren sprachen denn auch ein recht eindeutiges Urteil aus, indem sie feststellten, „daß unsre früher über diesen jungen Mann ausgesprochenen Meinungen leider nur zu sehr ... bestätigt worden sind. Insbesondere ist Unreife der Einsicht und der Kenntnisse, verbunden mit einer nicht geringen Unruhe, sich geltend zu machen, einer wahren Sucht, durch Neues zu überraschen und dem weniger Kundigen zu imponieren, wozu denn endlich ein gänzlicher Mangel an Selbsterkenntnis kommt, dasjenige, was aus dem gegenwärtigen Betragen des Herrn Gans wieder unverkennbar hervorgeht".[82]

Doch Gans gab nicht auf: Immer wieder wandte er sich an Altenstein und Hardenberg mit der Bitte um Unterstützung für den Einstieg in eine akademische Laufbahn.[83] Immerhin forderte Altenstein – vermutlich auf Anweisung Hardenbergs – im Mai 1821 von der juristischen Fakultät ein neues Gutachten über Gans an, der inzwischen mehrere neue Arbeiten, darunter „Scholien zum Gajus", publiziert hatte. Diese Schrift sollte die Grundlage eines neuen Gutachtens werden, da Gans' Ersuchen „um Anstellung ... bei einer der Königlichen Universitäten ... höheren Orts bevorwortet" worden sei.[84] Savigny, den die Fakultät um die Ausarbeitung eines solchen Gutachtens gebeten hatte, lehnte nach einer kurzen Durchsicht des neuen Buches von Gans diesen Auftrag umgehend ab: Er habe sich davon überzeugen müssen, daß diese Schrift „in mehreren Stellen so entschieden gegen mich gerichtet ist, daß die Abfassung jenes Gutachtens von mir nicht schicklich übernommen werden kann".[85] Stattdessen lieferte Savigny ein umfangreiches „Votum über die Anstellung jüdi-

[81] Vgl. ebenda, Bd. II, S. 219; der Bericht der Fakultät an Altenstein vom 9.7.1820 ist abgedruckt ebenda, Bd. IV, S. 449–451.

[82] Ebenda, Bd. IV, S. 451; das Dokument war von allen fünf Mitgliedern der Faultät unterzeichnet: Hasse, Schmalz, Savigny, Sprickmann, Biener.

[83] Siehe den Abdruck der entsprechenden Schreiben ebenda, Bd. IV, S. 452 ff.

[84] UA Berlin, Jur. Fak., Nr. 602, Bl. 96r (Altenstein an die Juristische Fakultät, 25.5.1821); bezeichnenderweise schloß das kurze Schreiben mit den Worten: „Das Ministerium setzt übrigens das volle Vertrauen zu der Fakultät, daß Sie den Ausbrüchen jugendlichen Dünkels, welche die Vorrede des Werks verunstalten keinen Einfluß auf Ihr Urtheil über den wissenschaftlichen Werth desselben einräumen werde" (ebenda).

[85] Ebenda, Bl. 98r (Savigny an den Dekan der Juristischen Fakultät, 7.8.1821).

scher Professoren insbesondere in der juristischen Facultät".[86] Hierin sprach er sich dafür aus, daß in „allen Fächern, welche mit der Geschichte und Eigenthümlichkeit unsrer Nation in unmittelbarer Beziehung stehen, also ganz vorzüglich bei der Rechtswissenschaft", jüdische Dozenten – wohlverstanden: Angehörige der jüdischen Religion (Konvertiten zum Christentum waren nicht gemeint) – vom Lehramt weitgehend ferngehalten und ihnen lediglich „in manchen Gegenständen der Zutritt zu einer außerordentlichen Professur gestattet" werden sollte.[87]

Dieses Votum Savignys richtete sich natürlich, ohne daß der Name genannt wurde, implizit gegen Gans; eine Stellungnahme der Fakultät hierzu ist nicht überliefert, daher weiß man auch nicht, ob sich Schmalz dem Standpunkt Savignys angeschlossen hat. Immerhin entwarf nun Göschen ein Gutachten über Gans' neues Werk, das in fachlicher Hinsicht wiederum überaus negativ ausfiel.[88] Damit waren die Würfel gegen Gans erst einmal gefallen, und es nützte dem Abgewiesenen auch nichts, daß er sich nun mit wiederholten dringlichen Eingaben an Hardenberg persönlich wandte. Am 18. August 1822 wurde eine königliche Kabinettsordre an den Staatskanzler erlassen,

[86] Ebenda, Bl. 99r–105r; dieses Votum ist erst kürzlich veröffentlicht worden von Hermann Klenner/Gerhard Oberkofler, Zwei Savigny-Voten über Eduard Gans nebst Chronologie und Bibliographie, in: Topos. Internationale Beiträge zur dialektischen Theorie, Bd. I, hrsg. v. Hans Heinz Holz/Domenico Losurdo, Bonn 1993, S. 123–148; fehlerhaft ist die Angabe über die Foliierung des ersten „Votums" (womit die oben zitierte Stellungnahme Savignys vom 17.3.1820 gemeint ist), es muß statt Bl. (bzw. „Folio") 97 heißen: Bl. 75r.

[87] Man hat es hierbei nicht, wie zuweilen angemerkt, mit einem grundsätzlichen Antisemitismus Savignys zu tun, sondern diese – aus damaliger wie heutiger Sicht natürlich problematische – Stellungnahme resultierte aus Savignys prinzipiellem Festhalten an der Idee des *christlichen Staates*, also eines in seinen Grundwerten durch Religion fundierten Gemeinwesens; vgl. dazu die Bemerkungen bei Hans-Christof Kraus, Begriff und Verständnis des „Bürgers" bei Savigny, in: Zeitschrift der Savigny-Stiftung für Rechtsgeschichte, Romanistische Abteilung 110 (1993), S. 552–601, hier S. 565, 573 ff.

[88] Das Gutachten findet sich in: UA Berlin, Jur. Fak., Nr. 602, Bl. 107r–116v. Es schließt mit den Worten (ebenda, Bl. 116v): „... man könnte gewiß seyn, noch weiter zu gehen und zu fragen, ob nicht gar Manches, was Herr Gans als das Seinige vorträgt, aus Vorlesungen, die er gehört, geschöpft sei". Savigny bat in seiner Stellungnahme darum, diese Worte zu streichen (ebenda, Bl. 106r): „Denn obgleich die Thatsache völlig richtig ist, so scheint es mir doch besser, jede persönliche Beziehung auf die Mitglieder der Facultät ganz mit Stillschweigen zu übergehen. Doch will ich auch selbst über diese Frage, da die Sache mich betrifft, nicht votiren und überlasse die Entscheidung den übrigen Mitgliedern der Facultät" (Votum vom 9.8.1821). Man entsprach dem Wunsch Savignys.

die sogenannte „Lex Gans“, in der das Edikt des Jahres 1812 (durch das Juden für das akademische Lehramt zugelassen worden waren) aufgehoben und eine Änderung der bestehenden Regelungen angekündigt wurde; die Ordre schloß mit den Worten: „Die Anstellung des Doktors Eduard Gans als außerordentlicher Professor der Rechte kann hiernach und auch deshalb nicht erfolgen, weil er nach dem Urteil des betreffenden Ministeriums dazu noch nicht geeignet ist“.[89]

Der preußische Staat entledigte sich des Problems Gans in gleicher Weise wie bereits vorher im Fall des jungen Witte – nämlich dadurch, daß man dem lästigen Gelehrten ein Reisestipendium zur Fortführung seiner rechtsgeschichtlichen Studien gewährte. Erst im Januar 1826, nach der Rückkehr von seiner Reise und weiteren wissenschaftlichen Publikationen, vor allem aber nach seinem Übertritt zum Christentum, erlangte Gans ein Extraordinariat an der Friedrich-Wilhelms-Universität zu Berlin,[90] doch er strebte auch weiterhin nach Höherem. In wissenschaftlicher und weltanschaulicher Hinsicht hatte sich Gans inzwischen an den seit 1818 in Berlin lehrenden Hegel angeschlossen, dessen Geschichtsphilosophie er als neue Richtschnur für seine eigenen rechtshistorischen Forschungen übernahm.[91]

Seit Ende 1827 drängte Gans im Ministerium, von einigen einflußreichen Ministerialbeamten nachhaltig unterstützt, auf seine Ernennung zum Ordinarius an der Juristischen Fakultät, und er kündigte im Sommer 1828 sogar die Niederlegung seines Lehramts an, da man ihm, wie er meinte, die Gerechtigkeit versagte.[92] Nun

[89] Nach dem Abdruck der Ordre in: J. Braun, Judentum, Jurisprudenz und Philosophie. Bilder aus dem Leben des Juristen Eduard Gans (1797–1839), S. 70; zum Zusammenhang vgl. ebenda, S. 46 ff.; H. G. Reissner, Eduard Gans. Ein Leben im Vormärz, S. 91 f.

[90] Vgl. M. Lenz, Geschichte der Königlichen Friedrich-Wilhelms-Universität zu Berlin II, S. 220 ff.; H. G. Reissner, Eduard Gans. Ein Leben im Vormärz, S. 91 ff.

[91] Vgl. J. Braun, Judentum, Jurisprudenz und Philosophie. Bilder aus dem Leben des Juristen Eduard Gans (1797–1839), S. 89 ff. u. a.; Manfred Riedel, Hegel und Gans, in: Natur und Geschichte – Karl Löwith zum 70. Geburtstag, Stuttgart – Berlin – Köln – Mainz 1967, S. 257–273.

[92] Siehe hierzu und zum folgenden die Darstellungen bei M. Lenz, Geschichte der Königlichen Friedrich-Wilhelms-Universität zu Berlin II/1, S. 390 ff.; A. Stoll, Friedrich Karl v. Savigny II, S. 184 ff.; sehr knapp H. G. Reissner, Eduard Gans. Ein Leben im Vormärz, S. 123; nicht ausreichend die Darstellung bei C. Butz, Die Juristenausbildung an den preußischen Universitäten Berlin und Bonn zwischen 1810 und 1850, S. 126 ff.; ausführlichste neuere Darstellung der Affäre (wenngleich einseitig für Gans Partei ergreifend) bei J. Braun, Judentum, Jurisprudenz und Philosophie. Bilder aus dem Leben des Juristen Eduard Gans (1797–1839), S. 75 ff., bes. 82 ff., allerdings ohne Auswertung der Fakultätsakten.

wurde Altenstein jedoch nachhaltig zugunsten von Gans aktiv. Die Konstellation war günstig, denn der preußische Kronprinz, der seinem verehrten Lehrer Savigny sehr gewogen war und eine Berufung Gans' hätte verhindern können, befand sich gerade auf einer längeren Auslandsreise; zudem hatte der spätere König Friedrich Wilhelm IV. soeben die Berufung eines ihm (aber nicht der Fakultät) genehmen Theologen an die Universität Berlin durchgesetzt, womit in gewisser Weise ein Präzedenzfall geschaffen worden war, an den Altenstein nun seinerseits anknüpfen konnte: jedenfalls wurde Gans am 11. Dezember 1828 zum Ordinarius an der Juristischen Fakultät ernannt. Damit nahm ein neuer Konflikt seinen Anfang, den wieder einmal Schmalz – er war eben erneut zum Dekan gewählt worden – zu moderieren hatte.

Zwei Wochen nach Gans' Ernennung, am 27. Dezember 1828, suchte Savigny den Dekan Schmalz in dessen Wohnung auf, um ihm anzukündigen, „daß er sich veranlaßt gefunden bey dem hohen Ministerium die Zusicherung, welche er bey seiner Vocation erhalten, geltend zu machen, nemlich von allen Arbeiten der Facultät ... dispensirt zu bleiben und werde er also daran nicht länger Theil nehmen, sondern sich auf seine Vorlesungen beschränken". Schmalz bat seinen Kollegen nun – so sein für die Akten der Fakultät angefertigtes Gesprächsprotokoll – mehrfach, „diesen Entschluß zurück zu nehmen, welcher allen unsern Collegen sehr schmerzhaft seyn würde", und er fügte ausdrücklich hinzu, „daß Herr Prof. Gans ihm vor wenigen Tagen fest versprochen habe, daß durch ihn wahrlich nie der Friede in der Facultät gestöhrt werden solle" und daß er, Schmalz, „fest glaube, Herr p. Gans werde hierin ernstlich und aufrichtig Wort halten". Savigny wies nun erneut auf die wiederholten, „mit erbitterter Feindseligkeit" gegen ihn geführten Angriffe in Gans' Schriften hin und fügte hinzu, „es sey also unmöglich mit demselben in solchen collegialischen Verhältnissen zu stehen, wo so gar mündliche Ausbrüche von Feindseligkeit zu befürchten wären".[93]

Bereits am folgenden Tag wandte sich Gans – offensichtlich von Schmalz hierzu veranlaßt – mit einem Schreiben an Savigny, in dem er dem neuen Kollegen seinen Antrittsbesuch als neues Fakultätsmitglied ankündigte und seinen Wunsch ausdrückte, auf diese Weise „dasjenige auszugleichen, was ohne mein Verschulden aus rein wissenschaftlicher Verschiedenheit zu persönlicher Entgegensetzung ge-

[93] So die „Pro Registratura der Jur. Facultät" gegebene Protokollnotiz von Schmalz, datiert auf den 27.12.1828, in: UA Berlin, Jur. Fak., Nr. 523, Bl. 1r.

macht worden ist". Er fuhr dann – reichlich dreist – fort: „Sollte ich in frühern literarischen Arbeiten, beim Vortrage meiner abweichenden Ansichten mit allzu heftiger Polemik verfahren haben, so werden Ew. Hochwohlgeboren dies sicherlich auf Rechnung einer vielfach bewegten Jugend stellen und weder geneigt sein, persönliche Rücksichten noch unwissenschaftliche Motive als die Ursachen derselben zu betrachten".[94] Savigny trat diesem Ansinnen am folgenden Tag, dem 29. Dezember, kühl und entschlossen entgegen: Da Gans sich „seit einer Reihe von Jahren über meine Arbeiten und Bestrebungen öfter auf eine sehr feindselige und nichtachtende Weise öffentlich ausgesprochen" habe, seien dessen „Äußerungen und die in denselben ausgedrückten Gesinnungen ... an sich selbst nicht wissenschaftlicher, sondern persönlicher Art" und stünden „mit einem Verhältnis der Achung und des Zutrauens in entschiedenem Widerspruch"; insofern könne er keine Grundlage für ein ersprießliches kollegiales Verhältnis erkennen und habe daher die Geschäfte innerhalb der Fakultät niedergelegt. Führt man sich die heftigen Verbalinjurien vor Augen, die Gans in seinen wissenschaftlichen Schriften über Jahre hinweg immer wieder gegen Savigny und die historische Schule geäußert hatte, wird man dessen ablehnende Haltung durchaus nachvollziehen können.[95] Am selben Tag kündigte er übrigens auch Altenstein seinen formellen Austritt aus der Fakultät an.[96]

Noch am letzten Tag des Jahres 1828 wandte sich Savigny an seinen eben aus Rom zurückgekehrten ehemaligen Schüler und Gönner, den Kronprinzen: Er informierte ihn eingehend über seinen eben vollzogenen Schritt, um, wie er sagte, zu verhindern, daß dieser „Euer Königlichen Hoheit zu meinem Nachtheil in einem unrichtigen Lichte dargestellt werden könnte"; eine Blütenlese der in Gans' Schriften enthaltenen Schmähungen Savignys und der historischen Schule legte er bei. Das war natürlich gegen Altenstein gerichtet, und Savigny scheint fest darauf gerechnet zu haben, daß der Kronprinz in die

[94] Nach dem Abdruck des Briefes in: M. LENZ, Geschichte der Königlichen Friedrich-Wilhelms-Universität zu Berlin IV, S. 512 f. (Gans an Savigny, 28.12.1828); ebenda, S. 513 f. die Antwort Savignys vom 29.12.1828.

[95] Eine Auswahl entsprechender Zitate hat Savigny selbst im Anhang eines Briefes an den preußischen Kronprinzen gegeben; abgedruckt in A. STOLL, Friedrich Karl v. Savigny II, S. 405.

[96] Abgedruckt ebenda, Bd. II, S. 402 f. (Savigny an Altenstein, 29.12.1828); auch in M. LENZ, Geschichte der Königlichen Friedrich-Wilhelms-Universität zu Berlin IV, S. 514 f.

Angelegenheit eingreifen werde – und so geschah es dann auch. Friedrich Wilhelm antwortete umgehend: „Ich beklage unsre juristische Facultät von Herzen wegen Zuwachses u. Abgangs u. begreife nur zu gut wie Schwan u. Gans nicht auf demselben Teiche schwimmen können – Verhüte es Gott, daß der Teich ganz zur Pfütze werde".[97]

Zuerst einmal war man innerhalb der Fakultät um Schadensbegrenzung bemüht. Auf der einen Seite galt es, Savigny als das fraglos angesehenste Mitglied zu beruhigen und, wenn möglich, zu einer Umkehr zu bewegen, zum anderen aber wußte man genau, daß an eine Rückgängigmachung der Gansschen Berufung nicht mehr zu denken war; es galt also, einen *modus vivendi* für den Umgang mit dem unerbetenen neuen Fakultätsmitglied zu finden. Schmalz und der junge Ordinarius Carl Wilhelm von Lancizolle, ein Schüler Savignys, faßten Anfang des Jahres 1829 den Plan, das Ministerium zu bitten, von Gans eine „versöhnende Erklärung" zu fordern und im übrigen alles zu unternehmen, um den Konflikt beizulegen.[98] Lancizolle setzte den Entwurf eines Schreibens auf,[99] in dem nach einer langen Rekapitulation der vorangegangenen Ereignisse auch Gans' Invektiven gegen Savigny noch einmal ausführlich zitiert wurden, um anschließend darum zu bitten, die „Ehre der Fakultät" dadurch zu wahren, „daß der Verlust, den die Facultät durch das Ausscheiden des Herrn von Savigny erleiden würde, abgewendet werden möge". Auf welche Weise dies zu geschehen habe, deutete man auch bereits mit der Bemerkung an, daß dieses Ziel „durch keine auch aufrichtig gemeinte Privaterklärung"[100] von Gans zu erreichen sein werde.

Immerhin mußte es auffallen, daß der diesem Entwurf beigelegte Brief des Dekans Schmalz an seine Fakultätskollegen um eine nicht zu übersehende Abschwächung bemüht war: Die Fakultät habe „nicht die geringste Varanlassung ... irgend einen Schritt gegen Herrn p. Gans zu thun", und „auch die Anführung der Stellen aus Herrn Gans' Schriften kann nicht als eine Anklage gegen Ihn [sic] betrachtet werden"; immerhin sei es von größter Wichtigkeit, „die Mitwirkung

[97] A. Stoll, Friedrich Karl v. Savigny II, S. 404 f. (Savigny an Kronprinz Friedrich Wilhelm, 31.12.1882); ebenda, III, S. 281 (Kronprinz Friedrich Wilhelm an Savigny, 31.12.1828).

[98] Notiz von Schmalz über eine Unterredung mit Lancizolle, 2.1.1829, in: UA Berlin, Jur. Fak., Nr. 523, Bl. 2r.

[99] Ebenda, Bl. 7r–9v (Entwurf eines Schreibens der Juristischen Fakultät an das Kultusministerium, 8.1.1829).

[100] Ebenda, Bl. 9r.

des Herrn von Savigny zu erhalten", weil „ein Mann ohne Erfahrung und Praxis in unsern collegialischen Arbeiten uns einen Mann wie Herrn von Savigny nicht ersetzen könne", daher müsse dem Ministerium klar gemacht werden, „daß keine Private Erklärungen die Sache ausgleichen können".[101]

Dieses Vorgehen war nicht ungeschickt; man schob den Schwarzen Peter dieses Konflikts an denjenigen weiter, der eigentlich dafür verantwortlich war: nämlich Altenstein, der seinen Schützling Gans der Fakultät gegen ihren erklärten Willen aufgedrängt hatte. Als nun auch noch der Kronprinz auf den Plan trat und von Altenstein – ebenfalls in einem Brief vom 8. Januar 1829 – verlangte, eine sofortige öffentliche Entschuldigung von Gans zu fordern,[102] geriet der Minister in Zugzwang. Zur gleichen Zeit begann Gans den Dekan mit reichlich groben Briefen zu traktieren: Er beschwerte sich darüber, daß Schmalz Zirkulare in Umlauf gesetzt habe, „die nicht an mich gelangen, oder ausdrücklich nicht an mich gelangen sollen"; Gans protestierte „gegen alle Beschlüsse der Fakultät, die ohne meine Beistimmung oder Zuziehung gefaßt seyn möchten" und verlangte hierüber sofortige Aufklärung, ansonsten werde er seinen Protest „noch heute dem Königl. Ministerium einreichen".[103] Schmalz wies die Vorwürfe umgehend zurück: es sei in der Fakultät allgemeiner Brauch, daß kein Mitglied ein Zirkular erhalte, von dessen Inhalt es unmittelbar selbst betroffen sei; im übrigen tue es ihm, so Schmalz weiter, „sehr leid, daß Sie mit Ihrer Heftigkeit sich nun auch gegen mich wenden, der ich nie Ihnen Veranlassung gegeben habe, mir irgend eine feindliche Gesinnung zuzutrauen".[104] Gleichzeitig ging der Brief von Gans mit einem Begleitschreiben an Altenstein: der Ganssche Brief, heißt es darin, rechtfertige „schon itzt die Befürchtungen ..., welche die Facultät bey

[101] Ebenda, Bl. 6r–6v (Schmalz an die Fakultätskollegen, 7.1.1829).

[102] Vgl. M. Lenz, Geschichte der Königlichen Friedrich-Wilhelms-Universität zu Berlin IV, S. 516 f. (Kronprinz Friedrich Wilhelm an Altenstein, 8.1.1829), bes. S. 517: „So sehr mich der Aberwitz und die Schmähsucht einiger Stellen in Gans' Schriften empört, so bin ich weit entfernt, ihm Geist, Kenntnisse und Tüchtigkeit abzusprechen. Ob er auch Rechtsgefühl und Edelmut besitzt, wird sich zeigen, wenn Sie, lieber Herr von Altenstein, meine Bitte erfüllen. Diese ist nun, dem [sic] Professor Gans als Minister und Vorgesetzter offiziell wissen zu lassen, daß Sie zu spät von Beleidigungen wie die angeführten ... Kunde erhalten hätten, um seine Ernennung aufzuhalten; daß, da die Beleidigung öffentlich sei, auch eine öffentliche Ehrenerklärung durchaus unerläßlich sei; – daß, so lange eine solche nicht erfolgt, er sich seines Sitzes in der Fakultät zu begeben und im Weigerungsfalle Strengeres zu gewärtigen habe".

[103] UA Berlin, Jur. Fak., Nr. 523, Bl. 12r (Gans an Schmalz, 8.1.1829).

[104] Ebenda, Bl. 12v (Schmalz an Gans, 8.1.1829).

Gelegenheit der Bitte um Erhaltung des Herrn von Savigny als Mitglieds derselben Ew. Excellenz gehorsamst vorzutragen zu äußern sich veranlaßt gefunden".[105]

Altenstein reagierte vorerst nicht; er ließ die Dinge erst einmal treiben, und erneut war es Schmalz, der von Gans attackiert wurde – eine geradezu paradoxe Situation, denn Schmalz war es ja gewesen, der Gans, wenn auch sehr vorsichtig, gegen den übermächtigen Savigny in Schutz zu nehmen versucht hatte. Es sei ihm, räumte Gans dem Dekan gegenüber am 10. Januar 1829 sogar ein, bisher „werth und theuer" gewesen, „Ew. Spectabilität zu den mir befreundeten Herren Collegen rechnen zu können. Mehr als einmal haben Sie sich gegen mich billigend und lobend über meine wissenschaftlichen Streitigkeiten ausgelassen. Aber so sehr es mir weh thut Sie plötzlich ohne Grund herumgewandt und gegen mich gerichtet zu sehen, so wenig kann ich doch in der jetzt dem Ministerium vorliegenden Eingabe eine freundliche Gesinnung erkennen"; er befinde sich jetzt „im Zustand einer gerechten Selbstvertheidigung", die er aber jederzeit „gegen freundliche und collegialische Verhältnisse nur zu gern zu vertauschen bereit"[106] sei. Dieses Ansinnen ließ der folgende Brief allerdings nicht vermuten: Gans forderte den bedauernswerten Dekan am 26. Januar erneut auf, ihn „nach Maßgabe der Statuten der Universität" in die Fakultät einzuführen.[107] Schmalz lehnte ab: Eine solche offizielle Einführung könne er nicht vornehmen, „ehe nicht das hohe vorgesetzte Ministerium auf eine Vorstellung der Facultät vom 8ten dieses Monats entschieden hat, welche nemlich einen Gegenstand betrifft, welcher grade mit Ihrer Einführung genau zusammenhängt".[108]

Schmalz saß also in einer Zwickmühle: Auf der einen Seite stand die Mehrheit der Fakultät, vor allem der gefürchtete Kollege Savigny, hinter ihm der Kronprinz, die hofften, ein dauerhaftes Verbleiben von Gans an der Fakultät doch noch verhindern zu können, auf der anderen Seite aber der ständig drängelnde Gans, hinter ihm der Kultusminister, der Gans vor wenigen Wochen auf den Lehrstuhl gehoben hatte, nun jedoch die Dinge treiben und nichts von sich hören ließ. Es blieb dem Dekan nichts anderes übrig, als den Minister um

[105] Ebenda, Bl. 13r (Schmalz an das Kultusministerium, 8.1.1829).
[106] Ebenda, Bl. 15v–16r (Gans an Schmalz, 10.1.1829).
[107] Ebenda, Bl. 17r (Gans an Schmalz, 26.1.1829).
[108] Ebenda, Bl. 18r (Schmalz an Gans, 27.1.1829).

Beschleunigung der im Januar erbetenen Entscheidung in Sachen Gans zu bitten – „oder mich wenigstens als Ordinarius zu autorisiren, die Facultät vorläufig auch ohne Zuziehung des Herrn Prof. Gans zu versammeln“.[109] Altenstein ließ sich für seine knappe Antwort zwei Wochen Zeit: Da Gans sich noch nicht über seinen Beitritt zum Spruchkollegium erklärt habe, könne dieses ohne weiteres auch ohne Gans' Teilnahme tagen. Mehr ließ der Minister nicht verlauten.[110]

Damit war Schmalz erneut am Zuge; er konnte nun nicht umhin, das Spruchkollegium ohne Gans einzuberufen, um wenigstens die laufenden Geschäfte weiterzuführen. Als Gans davon erfuhr, reagierte er äußerst gereizt: Er forderte Schmalz Ende Februar 1829 auf, ihm die Erlaubnis des Ministeriums für dieses Vorgehen umgehend zukommen zu lassen, ehe er sich „im Wege der Beschwerde an die geeigneten Behörden wende“.[111] Der Dekan ließ durch den Überbringer des Briefes ausrichten, daß er dieses offizielle Dokument nicht herausgeben könne, worauf umgehend ein weiterer grober Brief von Gans folgte.[112] Schmalz tat jetzt endlich das einzig Richtige und ließ sich auf keinen weiteren Streit mit Gans mehr ein. An den Minster schickte er einen ausführlichen Bericht, in dem er betonte, er habe das Spruchkollegium *ohne* Gans zusammenrufen müssen, „als eines Theils mehrere Sachen sehr dringend ihre Erledigung forderten, andern Theils ich fürchten mußte, daß, wenn ich Herrn Gans einlüde, bey weitem die Mehr-Zahl, und unter diesen grade die Referenten, sich würden entschuldigen lassen“,[113] da die Mehrheit der Fakultät auf Savignys Seite stünde. „Zugleich wissen alle“, fügte Schmalz hinzu, „daß ich von jeher von des Herrn p. Gans Wirken auf der Universität mir vielen Nutzen versprach und deshalb ihm jede freundliche Begünstigung erwies, die in meinen Kräften stand, daß ich ..., so sehr mir ... die Erhaltung des Herrn von Savigny im Spruchkollegium am Herzen

[109] Ebenda, Bl. 19r (Schmalz an Altenstein, 27.1.1829); als einen der Gründe gab er den drohenden Austritt Savignys aus dem Spruchkollegium der Fakultät an, es sei zu befürchten, daß „der größte Theil der Mitglieder folgen würde“ (ebenda).

[110] Vgl. ebenda, Bl. 20r (Altenstein an Schmalz, 10.2.1829).

[111] Ebenda, Bl. 21r (Gans an Schmalz, 26.2.1829).

[112] Vgl.ebenda, Bl. 22r (Gans an Schmalz, 27.2.1829): „Ew. Spectabilität haben mir in officiellen Dingen durch meinen Bedienten eine Antwort ertheilen lassen, was wie Sie einsehen werden ganz unpassend ist. Indem ich Sie im Verlauf Ihres Schreibens vom 28. Januar hiermit zum anderen Male bestimmt *ersuche* mich in die juristische Facultät und in das Spruchcollegium einzuführen, bin ich berechtigt von Ihnen eine schriftliche und *bestimmte* Antwort zu verlangen“.

[113] Ebenda, Bl. 24r (Schmalz an Altenstein, 28.2.1829).

liegt, nichts gegen Herrn Gans gethan".[114] Insofern sei es ihm, Schmalz, vollkommen unerfindlich, warum Gans sich nun anmaße, ausgerechnet ihn, den Dekan, „zur Verantwortung zu ziehen, am wenigsten in ungebührlichem Tone"; der Minister wurde gebeten, Gans anzuweisen, seine Beschwerden nicht an den Dekan, der korrekt gehandelt habe, sondern gleich an das Ministerium zu richten.[115]

Nun erst scheint Gans von Altenstein gebremst worden zu sein, denn fortan unterblieben die drängelnden Briefe an den Dekan. Der Minister tat ansonsten erst einmal gar nichts und schien darauf zu hoffen, das „Problem Gans" werde sich im Laufe der Zeit von selbst lösen; vielleicht wollte er auch nur abwarten, bis sich die Gemüter inner- und außerhalb der Fakultät beruhigt hatten. Erst am 6. Juni wandte sich der Dekan Schmalz wieder an Altenstein, dem er aufs neue „die mannigfaltigen Verlegenheiten ..., in denen ich mich durch die fortdauernde Spannung in der Juristischen Facultät befinde", vortrug: an die Einberufung einer Fakultätssitzung sei nicht zu denken, da bei dieser Gelegenheit eben jene „Spannung ... zu einem erklärten Ausbruch" gelangen könnte, „indem als dann die meisten Mitglieder ebenfalls nicht erscheinen würden, wenn Herr von Savigny nicht erscheint". Da nun wichtige Fakultätsgeschäfte anstünden, darunter die Wahl des neuen Dekans, sei es dringend nötig, die „traurige Spaltung" der Fakultät zu beenden. Schmalz schloß: „Mit Verehrung erkenne ich an, daß Ew. Excellenz durch Gründe abgehalten seyn werden, schon itzt definitiv über die Bitte der Facultät zu entscheiden, Herrn von Savigny uns in ihr und im Spruch-Collegium zu erhalten. Ich wage daher die unterthänige Bitte, das selbe Interimisticum, welches Ew. Excellenz für das Spruch-Collegium genehmigt haben, auch auf die Facultät ... auszudehnen".[116]

Jetzt mußte Altenstein handeln, um im Kleinkrieg zwischen Juristischer Fakultät und Ministerium Stärke zu zeigen; offenbar hatte er das Beharrungsvermögen der von Savigny geprägten Fakultät ebenso unterschätzt wie er Gans' Anpassungsbereitschaft überschätzt hatte. Am 30. Juni 1829 forderte er Gans – der dem Minister gegenüber kurz zuvor erneut seine Einführung in die Fakultät durch den Dekan angemahnt hatte – zu einer „offenen Erklärung" gegenüber der

[114] Ebenda, Bl. 24r–24v.
[115] Ebenda, Bl. 25r.
[116] Alle Zitate aus: UA Berlin, Jur. Fak., Nr. 492, Bl. 79r–79v (Schmalz an Altenstein, 7.6.1829).

Fakultät auf, in der er sein Bedauern über seine früheren Ausfälle „schonungsloser Polemik“ ausdrücken sollte.[117] Gans reagierte sofort: In einem Brief an Altenstein erklärte er, „daß ich solche Aeußerungen einer zu heftigen Polemik jetzt selbst nicht mehr billige“, wenngleich er „von jedem unbefangenen Beurtheiler erwarten zu können glaube, daß er das, was einer sehr jugendlichen und deswegen unerfahrenen Art zu Werke zu gehen, angehörte, auch als solches erkennen ... wird“. Er wies auf seinen Brief an Savigny vom 28.12.1828 ebenso hin wie darauf, daß er selbst „gegen den zeitigen Decan der Facultaet Herrn Geheimen Justizrath Schmalz mündlich meinen aufrichtigen Wunsch nach einem collegialischen freundlichen Zusammenwirken ausgesprochen“ habe. Immerhin fügte Gans hinzu: „Nach meinem lebhaften Streben dem Rechte zu genügen, werde ich fernerhin, wo ich in der Form gefehlt, dies gern anerkennen, und die hieraus entstandenen Mißverständniße zu heben bemüht sein und lebe eben deshalb der zuversichtlichen Hoffnung, daß Zeit und Erfahrung bald jedes unglücklicherweise noch bestehende Mißverhältniß ausgleichen werde“. Die Mitteilung dieser „offenen Erklärung an die Facultaet“[118] stellte Gans dem Ermessen des Ministers anheim.

Nun erst, am 11. Juli 1829, ließ sich Altenstein zu einer offiziellen Antwort auf das Schreiben der Fakultät vom 8. Januar herab: Er mißbilligte die von den Professoren seinerzeit geäußerten Bedenken gegen die Berufung von Gans und ging auch nicht weiter auf sie ein. Er hatte eine Abschrift des eben zitierten „offenen Briefes“ von Gans beigelegt und bemerkte, durch „diese officielle von dem Professor Gans ertheilte Erklärung“ sei nun „ein wohl jeden Zweifel beseitigender öffentlicher Schritt geschehen. Jetzt ist es die Pflicht der Facultät ihm in gleicher würdiger Gesinnung mit Vertrauen entgegen zu kommen“. Anschließend wies der Minister die Fakultät ausdrücklich

[117] M. Lenz, Geschichte der Königlichen Friedrich-Wilhelms-Universität zu Berlin IV, S. 518 f. (Altenstein an Gans, 30.6.1829): „Die Fakultät kann auf eine offene Erklärung Anspruch machen, daß Sie, wenn auch der frische Eifer für wissenschaftliche Ansichten Sie früher zu der Mißdeutung fähigen Äußerungen hingerissen habe, ... sich doch bewußt sind, niemals persönlichen Rücksichten oder anderen als wissenschaftlichen Beweggründen gefolgt zu sein und stets den Gegnern Ihrer Meinungen die Hochachtung bewahrt zu haben, welche das von abweichenden Ansichten in der Wissenschaft unabhängige Anerkenntnis der persönlichen Verdienstlichkeit von Männern, wie [sie] die hiesige Juristen-Fakultät bilden, einflößt“.

[118] Die Zitate aus: UA Berlin, Jur. Fak., Nr. 523, Bl. 28r–30r (Gans an Altenstein, 1.7.1829, Abschrift).

an, „den Professor Gans der Allerhöchsten Bestimmung gemäß in der nächsten Sitzung in vorschriftsmäßiger Art einzuführen“.[119]

In einer langen und gewundenen Stellungnahme antwortete die Fakultät dem Minister am 15. Juli (Savigny hatte bereits nicht mehr unterzeichnet):[120] Noch einmal stellten sich die Berliner Universitätsjuristen nachdrücklich auf die Seite Savignys: dieser geschätzte Kollege sei noch 1827 von einem Mann öffentlich angegriffen worden, der jetzt „in die Juristenfakultät gesetzt worden; über den neuerdings dieselbe sich nicht einmal des Vertrauens zu *erfreuen* gehabt hat gefragt zu werden“. Über alle diese Dinge wolle man angesichts der mitgeteilten „offenen“ Erklärung von Gans hinwegsehen, wie man auch vergessen wolle, „wie noch *nach* unserer ehrerbietigen Vorstellung der Professor Gans den zeitigen Decan Geheimen Rath Schmalz brieflich gekränkt hat, da dieser persönlich den Wunsch geäußert hat dieses möchte nicht in Betracht gezogen werden“; schließlich sehe man ebenfalls darüber hinweg, daß Gans seine Vorlesungen auch weiterhin nach einem Buch halte, in dem die bekannten Anwürfe gegen Savigny enthalten seien. Nachdem man also den Minister auf alle „obwaltende Bedenken“ gegen Gans noch einmal hingewiesen hatte, erklärten die Unterzeichneten, „dem Befehle“ des Ministers auf Einführung von Gans in die Fakultät demnächst nachkommen zu wollen.[121] Und so geschah es denn auch: Im September wurde Gans vom neuen Dekan Carl Wilhelm von Lancizolle offiziell eingeführt.[122]

Dieser auch noch aus heutiger Sicht erstaunliche Sieg des jungen Gans über den einflußreichen Savigny, der sogar den Kronprinzen hinter sich wußte, ist sicher in erster Linie als universitätspolitischer Schachzug des mächtigen Kultusministers Altenstein zu verstehen, der die Gewichte an der Friedrich-Wilhelms-Universität stets zu sei-

[119] Ebenda, Bl. 26r–27r (Altenstein an die Juristische Fakultät, 7.7.1829).

[120] Vgl. ebenda, Bl. 31r–41r (Die Juristische Fakultät an Altenstein, 15.7.1829).

[121] Die Zitate ebenda, Bl. 32r, 39r, 41r. – Die Fakultät bestand allerdings gegenüber Altenstein darauf, Gans' „bisher nur *officielle* Erklärung öffentlich zu machen“ (ebenda, Bl. 39v), wenn sie dies für erforderlich erachte; hinzugefügt war außerdem die Bemerkung, man lebe „der Zuversicht, Ein Hohes Ministerium werde den unterzeichneten Mitgliedern der Juristenfacultät in ihrer fernerhin auch nach Einführung des Herrn Gans ohne diesen gemeinschaftlich ihrerseits vorzunehmenden Bemühung, Herrn von Savigny wieder zu gewinnen hochgeneigtest unterstützen“ (ebenda, Bl. 40r–40v)!

[122] Vgl. dazu die für Varnhagen charakteristische Bemerkung in: K. A. VARNHAGEN, Werke in fünf Bänden V, S. 211: „Herr Prof. Gans ist ohne Widerspruch nunmehr in die Fakultät eingeführt, und der feige Geh. Rat Schmalz, der sich anfangs gegen ihn hatte aufhetzen lassen, tut ihm nun schön“ (15.9.1829).

nen eigenen Gunsten nach dem Prinzip des *divide et impera* auszutarieren bestrebt war. Man weiß, daß er Hegel und dessen Schülerkreis (zu dem auch Gans zu zählen war) gegen die einflußreiche Fraktion der Professoren aus der Gründergeneration wie etwa Schleiermacher und Savigny, beide mit Hegel aus weltanschaulich-wissenschaftlichen Gründen verfeindet, stets unterstützt hat. Es kommt hinzu, daß der Minister auch aus politischen Gründen für Gans – und damit gegen die historische Rechtsschule, deren Berliner Dominanz er offensichtlich brechen wollte – optierte: In einem im Sommer 1829 für den Kronprinzen abgefaßten Gutachten über Gans' Rechtslehre führte Altenstein aus, daß Gans' entschiedenes Plädoyer für das Gesetzesrecht und die moderne staatliche Gesetzgebungspraxis (und gegen die, wie er meinte, Überschätzung des Gewohnheitsrechts durch die historische Rechtsschule) dem „heutigen Zustand aller Europäischen Lander" eher entspreche als die nach seiner Auffassung zu sehr auf die Vergangenheit fixierte Lehre Savignys und seiner Schüler.[123]

Der alte Schmalz hingegen war noch einmal – und zwar das letzte Mal vor seinem zwei Jahre später erfolgenden Tode – als Dekan zwischen die Fronten geraten. Er hatte sich dieses Mal allerdings, anders als in dem Streit um Karl Witte, taktisch klug verhalten. Es läßt sich leicht denken, daß Schmalz den jungen Gans als Gegengewicht gegen den an der Fakultät inzwischen übermächtigen Savigny[124] begrüßt hat – auch läßt sein Verhalten gegenüber Gans daran keinen Zweifel –, doch er konnte es andererseits nicht wagen, sich offen auf dessen Seite zu stellen, da er sein ohnehin seit 1815 eher distanziertes Verhältnis zu den meisten Kollegen durch eine eindeutige Stellungnahme stark gefährdet hätte. Es scheint, daß er mündlich versucht hat, mäßigend auf den temperamentvollen Gans einzuwirken. Als Dekan hat er den schwierigen Spagat zwischen dem Mehr-

[123] Das Gutachten ist erstmals gedruckt bei KURT RAINER MEIST, Altenstein und Gans. Eine frühe politische Option für Hegels Rechtsphilosophie, in: Hegel-Studien 14 (1979), S. 39–72, hier S. 46–49 (das Zitat S. 49). – Der Herausgeber Meist wertet dieses Gutachten als ein „in seiner Art bisher einzigartiges Zeugnis für das politische Bündnis zwischen einem maßgeblichen Vertreter der preußischen Staatsleitung und der Hegelschen Philosophie" (ebenda, S. 70).

[124] Vgl. hierzu die aufschlußreiche Aufstellung der Dozenten an der Juristischen Fakultät und ihrer wissenschaftlichen Ausrichtung bei C. BUTZ, Die Juristenausbildung an den preußischen Universitäten Berlin und Bonn zwischen 1810 und 1850, S. 107 ff.

heitswillen der Fakultät und der Unnachgiebigkeit des Kultusministers im großen und ganzen meistern können – nicht ohne sich zeitweilig heftige Vorwürfe von Gans gefallen lassen zu müssen. Jedenfalls kam er aus diesem Streit besser wieder heraus als aus der unglücklichen Tugendbundaffäre und auch aus der Kontroverse um die Habilitation Karl Wittes.

§ 10 Lebensausgang (1818–1831)

a) Universität und Wissenschaft

Karl August Varnhagen von Ense hat in seiner Rückschau auf den Tugendbundstreit bemerkt, daß Schmalz sich damals „vor dem Gerichte der öffentlichen Meinung“ nicht habe retten können, – und er hatte hinzugefügt: „... ich glaube nicht zu viel zu sagen, wenn ich behaupte, daß er [Schmalz, H.-C.K.] bis zu seinem Ende nie wieder das Gefühl innerer Selbstzufriedenheit genossen hat“.[1] Was Varnhagen hier zu wissen glaubte, kann der Biograph weder bestätigen noch bestreiten. Fest steht zweifellos, daß Schmalz nach 1815 seine vorherige angesehene Stellung als Gelehrter und Publizist nicht wieder erreicht hat; die „Schmalziaden“ jenes Jahres blieben im Gedächtnis seiner Zeitgenossen unverrückbar haften, und daran konnten auch mancherlei Aktivitäten, mit denen Schmalz in den letzten fünfzehn Jahren seines Lebens inner- und außerhalb der Universität hervortrat, kaum noch etwas ändern.

Immerhin übernahm er im August 1817 auf Weisung des Ministers die Geschäfte eines Prorektors der Universität,[2] und niemand wird behaupten können, daß sich Schmalz nach 1815 den Pflichten der akademischen Selbstverwaltung entzogen hätte. Im Gegenteil; er scheint sogar versucht zu haben, sich auf diesem Wege gewissermaßen öffentlich zu rehabilitieren – doch er scheiterte hiermit auf der ganzen Linie. 1825 versuchte er erneut, sich als Direktor der Universität ins Spiel zu bringen – also für einen Posten, den es nicht gab, über dessen Schaffung aber offenbar immer noch gesprochen wurde: er glaube, schrieb Schmalz an den Regierungsbevollmächtigten bei der Universität, den Oberregierungsrat von Beckedorff, „ein gegründetes Recht auf die Director-Stelle der Universität“[3] zu haben, wobei er sich

[1] K. A. Varnhagen, Werke in fünf Bänden II, S. 770.

[2] Vgl. GStA PK, I. HA, Rep. 76 Va, Sek. 2, Tit. III, Nr. 1, Bd. I, Bl. 75r (Schmalz an das Kultusdepartement, 16.8.1817).

[3] UA Berlin, Universitätskurator, Nr. 320, Bl. 111r–112r (Schmalz an Beckedorff, 11.6.1825); das Zitat Bl. 111v; fast gleichlautend auch GStA PK, I. HA, Rep. 76 Vf, Lit. S, Nr. 15, Bl. 1r (Schmalz an Altenstein, 10.6.1825), in diesem Brief führte er als zusätzliches Argument an, er habe erfahren müssen, „daß es im Publicum zum

auf Absprachen aus der Zeit der Universitätsgründung berief,[4] die er freilich nicht mehr eindeutig belegen konnte. Dieser Versuch blieb deshalb ebenso erfolglos wie ein weiterer, den Schmalz noch 1829 unternahm.[5]

Er wagte es sogar, im August 1828 noch einmal für das Amt des Rektors zu kandidieren, freilich mit einem verheerenden Ergebnis: Er erhielt in allen Wahlgängen nur jeweils eine Stimme, nämlich offenbar seine eigene; zum neuen Rektor wurde in diesem Jahr Hegel gewählt.[6] Noch vier Mal hat er nach dem Eklat von 1815 das Amt des Dekans seiner Fakultät bekleidet: in den akademischen Jahren 1816/17, 1821/22, 1823/24 und 1828/29.[7] Trotzdem scheint er immer wieder einmal Anlaß gehabt zu haben, sich über mangelnde Beachtung seitens seiner Fakultätskollegen zu beklagen: jedenfalls ist ein sehr ungehaltener Brief vom August 1827 an den damals amtierenden Dekan Biener erhalten, in dem sich Schmalz über eine „uncollegialische Kränkung" beschwerte, die darin bestanden habe, daß er nicht ordnungsgemäß zur Dekanatswahl „durch ein Circular eingeladen" worden sei.[8] Dieser Vorgang mag auf das fortdauernde unerfreuliche Klima hindeuten, das in dieser Zeit innerhalb der Fakultät geherrscht haben muß.

Andere Dokumente verweisen allerdings darauf, daß Schmalz' Stellung innerhalb der Fakultät zeitweilig durchaus bedeutend gewesen sein muß und daß er offenbar erst in der Spätzeit seines Lebens langsam von den jüngeren Kollegen an den Rand gedrängt wurde. Als Gutachter war er auch nach 1815 für die Fakultät tätig,[9] und im – bereits erwähnten – Spruchkollegium der Fakultät hat er von Anfang

Nachtheil meiner Ehre gedeutet wird, daß ich, vormals Canzler und Director zweier Universitäten, ... hier bloß als Professor stehe" (ebenda, Bl. 1r).

4 Schon 1810 hatte Schmalz versucht, den Direktorenposten der damals eben eröffneten Berliner Universität zu erhalten; siehe dazu oben § 6 d).

5 Vgl. GStA PK, I. HA, Rep. 76 Vf, Lit. S, Nr. 15, Bl. 28r–32v (Schmalz an Altenstein, 3.9.1829); siehe auch M. Lenz, Geschichte der königlichen Friedrich-Wilhelms-Universität zu Berlin II/1, S. 436.

6 Vgl. GStA PK, I. HA, Rep. 76 Va, Sek. 2, Tit. III, Nr. 1, Bd. I, Bl. 79r, 86r–86v (Protokoll der Senatssitzung vom 1.8.1828).

7 Siehe die Zusammenstellung bei R. Köpke, Die Gründung der Königlichen Friedrich-Wilhelms-Universität zu Berlin, S. 293.

8 UA Berlin, Jur. Fak., Nr. 22, Bl. 41r–42v (Schmalz an Biener, 4.8.1827); die Zitate Bl. 41r, 42v.

9 Siehe etwa das im Januar 1819 auf Anforderung durch Nicolovius von Schmalz verfaßte Gutachten über einen jungen Völkerrechtler namens Schunk, in: ebenda, Jur. Fak., Nr. 602, Bl. 42r.

an eine führende Rolle gespielt.[10] Diese Einrichtung ging auf ältere Traditionen zurück; sie war geschaffen worden, um aufgrund überwiesener Gerichtsakten Urteile zu formulieren.[11] Bereits im Sommer 1811 stellten die Mitglieder der Juristischen Fakultät der neugegründeten Friedrich-Wilhelms-Universität beim Kultusdepartement den Antrag auf Errichtung eines eigenen Spruchkollegiums; in den folgenden Jahren waren sie mit der Ausarbeitung eines Entwurfs für die Statuten befaßt, der jedoch erst – wohl infolge der Kriegsereignisse und politischen Umbrüche – 1815 eingereicht wurde.[12]

Hierbei scheint Schmalz die treibende Kraft gewesen zu sein, denn schon 1811 wurde er von der Fakultät einstimmig als „Ordinarius" – oder als Direktor, wie es später auch heißen sollte – des zu gründenden Spruchkollegiums vorgeschlagen, und auch der letzte, entscheidende Entwurf für die Statuten wurde von Schmalz verfaßt.[13] In dem endgültigen Antrag auf Zulassung des Kollegiums, dessen Text ebenfalls von ihm stammt, begründete er dessen Einrichtung damit, daß es von jeher „im Geiste der teutschen Universitäten und der teutschen Verfassung" gelegen habe, daß die Juristischen Fakultäten Gutachtertätigkeit in dem genannten Sinne ausgeübt hätten; es wäre dem Ruf der eben neu begründeten Berliner Universität durchaus abträglich, wenn „die hiesige Fakultät denen auf andern Universitäten und namentlich auch denen auf anderen Preußischen Universitäten nachstehe".[14] Es dürfte kein Zufall gewesen sein, daß Schmalz von Anfang an bis zu seinem Tode dem – im Dezember 1815 genehmigten –

10 Hierzu siehe den aus den Akten gearbeiteten Überblick von Emil Seckel, Geschichte der Berliner juristischen Fakultät als Spruchkollegium, in: Max Lenz, Geschichte der königlichen Friedrich-Wilhelms-Universität zu Berlin III, Halle a. S. 1910, S. 447–479.

11 Vgl. ebenda, S. 449: „Sowohl nach gemeinem Prozeßrecht als nach zahlreichen partikulären Prozeßrechten, wie sie zur Zeit der Gründung der Berliner Universität und teilweise noch bis zur Justizreform des Jahres 1879 gegolten haben, waren die Gerichte unter gewissen Voraussetzungen entweder berechtigt oder auch verpflichtet, die bei ihnen anhängigen Rechtssachen im Wege der Aktenversendung zur Entscheidung an eine Spruchbehörde zu überweisen. Die Spruchbehörde verfaßte auf Grund der Akten, wie sie lagen, gebührenpflichtig den Entwurf eines Urteils sei es im eigenen Namen, sei es im Namen des überweisenden Gerichts, und dieses Gericht mußte, ohne zur Abänderung des Entwurfs befugt zu sein, das erhaltene Urteil entweder als das der Spruchbehörde oder als eigenes mit dem Zusatz ‚auf Rat auswärtiger Rechtsgelehrten' verkünden und damit zur prozessualen Wirklichkeit bringen".

12 Vgl. ebenda, S. 450 ff.

13 Vgl. ebenda, S. 451, 455 f.

14 Zitiert nach dem Abdruck ebenda, S. 456.

Spruchkollegium der Berliner Fakultät vorstand,[15] denn er hatte bereits in den Jahren 1803 bis 1806 am Spruchkollegium in Halle mitgewirkt und noch in den Jahren 1809/10 dessen Entscheidungen in zwei Bänden gesammelt herausgegeben.[16] Die Gebühren, die das Spruchkollegium für seine Arbeit verlangte, waren eher gering; außerdem konnte von einer Überlastung der Mitglieder mit praktischer Nebenarbeit wohl kaum die Rede sein; nur der „Ordinarius" des Kollegs, also Schmalz, war, wie überliefert ist, „gezwungen, einen erheblichen Teil seiner Zeit den Aktenarbeiten zu opfern".[17]

In seiner Vorlesungstätigkeit seit der Gründung der Universität (die mit dem Wintersemester 1810/11 offiziell eröffnet worden war) bildete Schmalz recht bald einen festen Zyklus heraus, der aus jeweils drei regelmäßig wiederkehrenden und einigen frei variierenden Vorlesungen bestand. Da sein Lehrstuhls offiziell in erster Linie dem Staats- und Völkerrecht gewidmet war, standen diese Fachgebiete im Vordergrund, doch vernachlässigte Schmalz dagegen keineswegs seine anderen, schon früher von ihm bearbeiteten Rechtsgebiete (mit Ausnahme natürlich des römischen Rechts, für das jetzt Savigny zuständig war) und insbesondere auch nicht die Kameralwissenschaft, die ihm seit jeher am Herzen gelegen hatte. So las er[18] im Sommersemester regelmäßig Juristische Enzyklopädie, Europäisches Völkerrecht und Kirchenrecht, in jedem Wintersemester dagegen Naturrecht, Allgemeines europäisches Staatsrecht und Enzyklopädie der Kameralwissenschaften. Abwechselnd kamen hinzu – denn Schmalz bot mindestens vier, meistens jedoch fünf Vorlesungen an: Deutsches Staatsrecht (später unter dem Titel: „Deutsches sowie Territorial- als Bundesstaatsrecht"), Deutsches Privatrecht, See-, Wechsel- und Handelsrecht, schließlich Theorie des Zivilprozesses mit praktischen Übungen.

Im Laufe der Jahre bot Schmalz am Beginn des Sommersemesters regelmäßig eine mehrstündige Einführungsveranstaltung „Ueber Me-

[15] Vgl. ebenda, S. 462; die Statuten sind abgedruckt ebenda, S. 459–461.

[16] Neue Sammlung merkwürdiger Rechtsfälle. Entscheidungen der Hallischen Juristen-Facultät. Hrsg. von D. THEODOR SCHMALZ, Königl. Geheimen Justiz-Rath, Bde. I–II, Berlin 1809–1810.

[17] E. SECKEL, Geschichte der Berliner juristischen Fakultät als Spruchkollegium, S. 465.

[18] Die Angaben folgen den im UA Berlin eingesehenen Vorlesungsverzeichnissen; vgl. auch R. KÖPKE, Die Gründung der Königlichen Friedrich-Wilhelms-Universität zu Berlin, S. 130 f.

thode des juristischen Studiums" an; am Beginn des ersten offiziellen Semesters (WS 1810/11) hatte er mehrere Tage „Ueber die gegenwärtige Lage der Jurisprudenz in Deutschland und die Methode ihres Studiums" gelesen. Er war damit zweifellos derjenige unter den ersten drei Ordinarien, der in seinen Lehrveranstaltungen die bei weitem meisten Rechtsgebiete abdeckte; Savigny beschränkte sich zuerst im wesentlichen auf das römische Recht, der noch ganz junge Biener auf das Strafrecht. Als 1817 von seiten der Kultusbehörden auf die mangelnde Praxisbezogenheit der Juristenausbildung, besonders auf nicht immer ausreichende Kenntnisse des geltenden Rechts und der Rechtspraxis hingewiesen wurde,[19] kam die Fakultät nicht umhin, ihr Angebot entsprechend umzugestalten und zu erweitern: Schmalz bot ab 1817 fast regelmäßige Vorlesungen zum Prozeßrecht „mit praktischen Übungen" an, während Savigny seit 1819/20 die Landrechtsvorlesung zu übernehmen hatte.[20] Schmalz selbst hat niemals über das allgemeine Landrecht gelesen.

In seinen Vorlesungen der späten 1820er Jahre scheint der alte Schmalz nicht mehr sehr streng seinen Lehrbüchern und Vorgaben gefolgt zu sein, sondern häufig Abschweifungen und Anekdoten, auch Exkurse ins Politische bevorzugt zu haben: „Er fing meistens sehr formell und vornehm an", lautet der 1841 in den „Hallischen Jahrbüchern" veröffentlichte (vielleicht von Arnold Ruge verfaßte) Bericht eines anonym schreibenden früheren Hörers, „um den Zuhörer ganz die Wichtigkeit des Gegenstandes empfinden zu lassen, bat indeß bald, ihm eine kleine Abschweifung zu erlauben, und kam dann vom

[19] Vgl. M. Lenz, Geschichte der königlichen Friedrich-Wilhelms-Universität zu Berlin II/1, S. 13 f.; siehe auch C. Butz, Die Juristenausbildung an den preußischen Universitäten Berlin und Bonn zwischen 1810 und 1850, S. 237 f.

[20] Hierzu vgl. vor allem Dieter Strauch, Friedrich Carl v. Savignys Landrechtsvorlesung vom Sommer 1824, in: Staat – Recht – Kultur. Festgabe für Ernst von Hippel zu seinem 70. Geburtstag, Bonn 1965, S. 245–264; Masasuke Ishibe, Vorlesungen zum Allgemeinen Landrecht an den Preußischen Universitäten, in: Festschrift für Hans Thieme zu seinem 80. Geburtstag, hrsg. v. Karl Kroeschell, Sigmaringen 1986, S. 315–328 (dort auch Angaben zur älteren Literatur). Savignys große Landrechtsvorlesung von 1824 ist neuestens aus diversen Mitschriften rekonstruiert worden: Carl Friedrich von Savigny, Landrechtsvorlesung 1824. Drei Nachschriften, hrsg. v. Christian Wollschläger in Zusammenarbeit mit Masasuke Ishibe/Ryuichi Noda/Dieter Strauch, Bde. I–II (Ius Commune, Sonderhefte, Studien zur Europäischen Rechtsgeschichte, Bd. 67, 105; Savignyana. Texte und Studien, hrsg. v. Joachim Rückert, Bde. 3.1–3.2), Frankfurt a. M. 1994–1998; siehe darin vor allem Christian Wollschläger, Praktische Theorie. Die Landrechtsvorlesung in Savignys wissenschaftlichem Programm, in: ebenda, Bd. I, S. XXIII–XLV.

Hundertsten in's Tausendste, von den Kant'schen Kategorien auf Stadtneuigkeiten, auf die Franzosen, auf seine Verdienste, machte etwa eine Abschweifung in die Staatswirthschaft, zeigte, daß *der* Staat nothwendig der reichste werden müsse, welcher das Meiste ausgebe, bemerkte dabei, daß überhaupt so viel Geld gar nicht vorhanden sei, als die Leute wohl dächten, schilderte zu dem Ende sehr malerisch, durch wie viele Hände ein und derselbe Thaler an einem und demselben Tage gehe, berechnete auch in aller Kürze, daß z. B. in Berlin nicht eine Million baar zu finden sei, brach endlich hiervon ab, weil dies in eine andere Vorlesung gehöre und außerdem in einer seiner Schriften auseinandergesetzt sei, und bat schließlich nur noch, ihm zu gestatten, einen höchst interessanten Rechtsfall mitzutheilen, den er regelmäßig mit der Phrase schloß: So habe ich referirt, und so ist denn auch entschieden worden. Dann war die Stunde zu Ende und er ging triumphirend zur Thür hinaus, und den armen Studenten ... war von all' dem Zeug so dumm, als ging' ihnen ein Mühlrad im Kopf herum. So war es wenigstens in der letzten Zeit".[21] Auch der einstige Berliner Jurastudent Heinrich Heine hat Ähnliches überliefert.[22]

Die leidige Gehaltsfrage, die Schmalz seit seinem Weggang aus Halle im Oktober 1807 umgetrieben hatte, gelangte auch jetzt nicht zu einer befriedigenden Lösung. In seinen Schreiben an den Universitätskurator und Regierungsbevollmächtigten von Beckedorff bat Schmalz wiederholt um Gehaltserhöhungen, indem er immer wieder auf die ihm 1807 durch seinen Weggang aus Halle entstandenen Verluste, auch auf die auswärtigen Rufe, die er erhalten hatte, verwies.[23] In

21 [Anonym (Arnold Ruge?)], Die Universität Berlin, in: Hallische Jahrbücher für deutsche Wissenschaft und Kunst, Jhg. 1841, Nr. 2 (1. 1.), S. 7; ähnlich auch der Bericht von Carl Ludwig Michelet, Wahrheit aus meinem Leben, Berlin 1884, S. 56.

22 Vgl. Heinrich Heine, Sämtliche Schriften, hrsg. v. Klaus Briegleb, Bd. II, München 1969, S. 273: „... im Kollegium des Herrn Geheimerats Schmalz hörte ich das Völkerrecht, und es war ein langweiliger Sommernachmittag, und ich saß auf der Bank und hörte immer weniger – der Kopf war mir eingeschlafen – doch plötzlich ward ich aufgeweckt durch das Geräusch meiner eigenen Füße, die wach geblieben waren, und wahrscheinlich zugehört hatten, daß just das Gegenteil vom Völkerrecht vorgetragen und auf Konstitutionsgesinnung geschimpft wurde, und meine Füße, die mit ihren kleinen Hühneraugen das Treiben der Welt besser durchschauen, als der Geheimerat mit seinen großen Juno-Augen, diese armen, stummen Füße, unfähig, durch Worte ihre unmaßgebliche Meinung auszusprechen, wollten sich durch Trommeln verständlich machen und trommelten so stark, daß ich dadurch schier ins Malheur kam".

23 Vgl. UA Berlin, Universitätskurator, Nr. 320, Bl. 12r (Schmalz an den Kurator, 18.9.1821), auch den anliegenden ausführlichen Bericht über seine bisherige berufliche Laufbahn vom 17.9.1821, ebenda, S. 13r–14v.

einem ausführlichen Schreiben an Altenstein befürwortete Beckedorff im Januar 1825 – offenbar nach einer erneuten Eingabe von Schmalz – endlich eine Gehaltserhöhung für den ältesten der Berliner juristischen Ordinarien: „Wie nützlich und erfolgreich seine [Schmalz', H.-C.K.] akademische u. schriftstellerische Thätigkeit gewesen, hat selbst durch die Ungunst der Zeit nicht ganz verdunkelt werden können. Auch darf ihm als etwas sehr Verdienstliches angerechnet werden, daß er jederzeit bereit gewesen ist, um Lücken auszufüllen, auch auf solche Vorlesungen sich einzulassen, die mit seinen eigentlichen Studien nur entfernt zusammenhängen. Vorzugsweise aber muß man an ihm jene Gesinnung der persönlichen Theilnahme u. Fürsorge für die Studirenden schätzen und loben, welche billig eine Haupt Stelle unter den Eigenschaften eines vollkommnen Universitäts Lehrers einnimmt".[24] Doch auch dieser Brief des Kurators vermochte den Kultusminister offensichtlich nicht zu einer Gehaltsverbesserung für Schmalz zu veranlassen.[25]

1827 schied Schmalz aus dem Oberappellationsgericht aus, um sich verstärkt der Arbeit für Universität und Wissenschaft widmen zu können. Um den hierdurch entstehenden Einkommensverlust auszugleichen, bat er den Kultusminister erneut um eine Gehaltszulage, und dieser versprach ihm, sich „Allerhöchsten Orts" dafür einzusetzen.[26] Doch als ihm einen Monat später der zuständige Referent im Ministerium, Johannes Schulze, mitteilen mußte, „daß die Genehmigung eines solchen Immediatantrags bedeutenden Schwierigkeiten unterliegen"[27] werde, machte der alte Schmalz seinem offenbar seit langem angestauten Groll in einem weiteren – in seiner Art sehr aufschlußreichen – Brief an Altenstein Luft: Bezugnehmend auf die angedeuteten „Schwierigkeiten", dankte Schmalz dem Minister, „dass Sie mich dadurch auf einen abschlägigen Bescheid huldreich vorbereiten wollen", und er fügte hinzu: „Gewöhnt in den 20 Jahren, die ich in Berlin bin, an den Kampf um die Bedürfnisse des Lebens mit Anstande durch rastlose Arbeiten, in 4 Stunden täglichen Vorlesungen und 8 bis 10 wöchentlichen Relationen ... (während höchstens die Hälfte der Zuhörer zahlt, und kaum eine Stunde des Tages für wissenschaftliche

[24] Ebenda, Bl. 95r–95v (Beckedorff an Altenstein, 14.1.1825).

[25] Das zeigt der nächste Brief von Schmalz an Beckedorff, ebenda, Bl. 111r–112r (11.6.1825).

[26] Vgl. GStA PH, I. HA, Rep. 76 Vf, Lit. S., Nr. 15, Bl. 11r (Schmalz an Altenstein, 29.3.1827), Bl. 12r (das Ministerium an Schmalz, 10.4.1827).

[27] Ebenda, Bl. 14r (Schulze an Schmalz, 21.5.1827).

Beschäftigung mir bleibt) gewöhnt an Zurücksetzung in Ehren und Gehalt, werde ich nun wohl ohne Entschädigung meine Entlassung vom Ober Appellations-Senate nachsuchen müssen, und in der so gewonnenen Musse meine Muthlosigkeit durch das Bewußtseyn, und ich wage es zu hoffen, durch die Anerkennung Ew. Excellenz, wieder aufzurichten, dass ich am Ende einer fast 40 jährigen Dienstzeit auf 3 preussischen Universitäten meine Lage nicht verdient habe".[28]

Nicht zuletzt ist gerade in diesem Zusammenhang auch an die sozialen Aktivitäten zu erinnern, durch die sich Schmalz während seines akademischen Berufslebens ausgezeichnet hat. Bereits Anfang 1811 hatte Schmalz – damals erster Rektor der neuen Universität – beim Kultusdepartement die Errichtung eines „Unterstützungsfonds für nothleidende Studirende"[29] beantragt, die ihm am 8. Februar genehmigt wurde. Die Disposition über diesen Fond sollte der jeweilige Rektor erhalten, der über die Vergabe größerer Summen gemeinsam mit den Dekanen zu entscheiden hatte. Zusammensetzen sollte sich dieser „Armenfonds", wie er auch genannt wurde, „nach den gethanen Vorschlägen, 1. aus freiwilligen Beiträgen der Herren Professoren und Docenten; 2. aus ähnlichen Beiträgen der Studenten für diesmal; 3. aus dergleichen bei Immatrikulationen und Promotionen und 4. aus einem kleinen Honorar für sonst publice zu haltenden Vorlesungen [sic]".[30]

Im Sommer 1818 warb Schmalz mit einem gedruckten Aufruf für die Gründung eines Vereins zur Unterhaltung studentischer Freitische: Da es „unter den hiesigen Studierenden ... oft Aermere" gebe, „welche von dem Rufe unserer Anstalten angezogen, muthig mit Noth und Mangel kämpfen, um hier eine Ausbildung zu gewinnen, welche sie anderswo weniger hoffen", und da „unsere Universität ... zu ihrer Unterstützung noch nicht die Einrichtungen, wie andre" habe, sei dringend Abhilfe erforderlich: „So vielem Elende zu helfen, und doch nicht den Staat mit Bitten um neue Ausgaben zu belästigen, Privat-Wohlthäter aber zu sichern, daß sie ihre Güte nicht Weniger-Dürftigen

[28] Ebenda, Bl. 16r (Schmalz an Altenstein, 9.7.1827).

[29] UA Berlin, Jur. Fak., Nr. 638, Bl. 1r (Schmalz an die Juristische Fakultät, 14.2.1811); Schmalz informierte in diesem Schreiben die Fakultät von dieser Einrichtung und ersuchte sie, „auf die freiwilligen Beträge derer, die promovieren, zur Verstärkung dieses Unterstützungsfonds ... gefälligst bei vorkommenden Gelegenheiten, Rücksicht zu nehmen, und dieselben dem Quästor zur Vereinnahmung zugehen lassen zu wollen" (ebenda).

[30] Ebenda, Bl. 2r (Schuckmann an die Universität, 8.2.1811).

oder Weniger-Würdigen zuwenden, auch sie selbst bestimmen zu lassen, wem solche zu Theil werden soll", – dies sei der eigentliche Anlaß, so Schmalz in seinem Aufruf, den genannten Verein zu begründen. Zweimal im Jahr vor Semesterbeginn sollten die fördernden Mitglieder zu einem Gastmahl zusammenkommen, dabei die Spendengelder zahlen und anschließend die „Freitisch-Stellen" durch Mehrheitsbeschluß an bedürftige Studenten vergeben. Für die Organisation, für die Auswahl der „3 oder 4 anständigen Speisewirthe" und deren Bezahlung, nicht zuletzt für die Aufsicht „über den Fleiß und die sittliche Aufführung der Beneficiaten" sollten vier Professoren, darunter auch Schmalz selbst, zuständig sein.[31] Altenstein genehmigte den Verein umstandslos – nicht ohne ausdrücklich darauf hinzuweisen, daß keinerlei amtliche Unterstützung zu erwarten sein werde.[32] Auch sonst ist bezeugt, daß sich Schmalz für mittellose Studenten oder Gelehrte verwendet hat, – sei es, daß er einem Kollegen in Münster „einen fleißigen jungen Mann, ... bey dessen Dürftigkeit zu freien Collegien"[33] empfahl, sei es, daß er sich für das berufliche Fortkommen eines unbemittelten Lehrers einsetzte.[34] Noch im Oktober 1830 hat Hegel in einer Rede zur Übergabe des Rektorats Schmalz ausdrücklich im Namen der Friedrich-Wilhelms-Universität für seine Verwaltung der Freitische gedankt.[35]

Darüber hinaus war Theodor Schmalz in den letzten Jahren seines Lebens und seiner akademischen Tätigkeit, die er übrigens bis kurz vor seinem Tode ausübte, unvermindert als wissenschaftlicher Autor tätig:

[31] Die Zitate nach dem gedruckten, von Schmalz unterzeichneten Aufruf zur Gründung des Vereins, datiert 18.6.1818, in: GStA PK, I. HA, Rep. 77, Tit. 46, Nr. 12, Bl. 4r–4v.

[32] Vgl. ebenda, Bl. 9r (Altenstein an Schuckmann, 30.7.1818); vgl. auch die Briefe ebenda, Bl. 14r–14v (Nicolovius an Schuckmann, 26.11.1818), Bl. 17r (Schuckmann an Altenstein, 6.11.1818).

[33] Universitäts- und Landesbibliothek Münster, Nachlaß Anton Matthias Sprickmann (Theodor Schmalz an Sprickmann, 20.4.1814).

[34] Vgl. Friedrich Karl Julius Schütz (Hrsg.), Christian Gottfried Schütz. Darstellung seines Lebens, Charakters und Verdienstes nebst einer Auswahl aus seinem litterarischen Briefwechsel mit den berühmtesten Gelehrten und Dichtern seiner Zeit, Bde. I–II, Halle 1834–1835, hier Bd. II, S. 450f. (Schmalz an Schütz, 22.2.1814).

[35] Vgl. Georg Wilhelm Friedrich Hegel, Berliner Schriften 1818–1831, hrsg. v. Johannes Hoffmeister, Hamburg 1956, S. 778: „Es ist die unermüdliche, nicht genug zu preisende Menschenfreundlichkeit, Bemühung und Aufopferung eines unserer verehrten Kollegen, des Herrn Geheimrats Schmalz, in welchem diese Mildtätigkeit einen Mittelpunkt gefunden und durch ihn erkleckliche Wohltaten an die Studierenden spendet".

nach dem 1817 publizierten „Europäischen Völkerrecht" folgten schon im nächsten Jahr die umfangreiche zweibändige „Staatswirthschaftslehre in Briefen an einen teutschen Erbprinzen" sowie das ebenfalls ausführliche, mehr als 370 Druckseiten umfassende „Lehrbuch des teutschen Privatrechts". 1823 griff er noch einmal mit einer anonym herausgegebenen Broschüre in den Streit um die preußische Verfassungsfrage ein; dann folgten – außer der Edition eines aus dem Französischen übersetzten finanzwissenschaftlichen Handbuchs (1824) – bis zum Lebensende immerhin noch eine kleine Quellensammlung, die „Grund-Gesetze des teutschen Bundes", eine kleinere Abhandlung zum Erbfolgerecht von Sachsen-Gotha, schließlich die beiden letzten gewichtigen Bücher: Das „teutsche Staats-Recht" von 1825 und die erst im Todesjahr von dem jungen Kollegen Carl Ernst Jarcke aus dem Nachlaß edierte „Wissenschaft des natürlichen Rechts".[36] Schließlich dürfte es für Schmalz eine nicht geringe Genugtuung gewesen sein, daß einige seiner Schriften in immerhin vier Sprachen übersetzt wurden: Die „Staatswirthschaftslehre in Briefen" und das „Europäische Völkerrecht" ins Französische,[37] das letztere auch ins Italienische,[38] zwei staatswirtschaftliche Schriften ins Dänische,[39] und

[36] Das europäische Völker-Recht; in acht Büchern, Berlin 1817; Staatswirthschaftslehre in Briefen an einen teutschen Erbprinzen, Bde. I–II, Berlin 1818; Lehrbuch des teutschen Privatrechts; Landrecht und Lehnrecht enthaltend, Berlin 1818; Ansicht der Ständischen Verfassung der Preußischen Monarchie, von E. F. d. V., Berlin 1823; Die Stockbörse und der Handel in Staatspapieren. Für Juristen, Staats- und Geschäftsmänner, besonders Kaufleute und Mäkler. Aus dem Französischen des Herrn Coffinière, Advokaten zu Paris. Herausgegeben mit einem Nachtrage vom Geheimen Rath Schmalz zu Berlin, Berlin 1824; Das teutsche Staats-Recht. Ein Handbuch zum Gebrauche academischer Vorlesungen, Berlin 1825; Grund-Gesetze des teutschen Bundes. Zum Handgebrauch bei Vorlesungen über das teutsche Staats-Recht des Geheimen Rath Schmalz, Berlin 1825; Ueber die Erb-Folge in die [sic] Sachsen-Gothaischen Länder, Berlin – Posen – Bromberg 1826; Die Wissenschaft des natürlichen Rechts [hrsg. v. Carl Ernst Jarcke], Leipzig 1831.

[37] Économie politique, ouvrage traduit de l'Allemand, de M. Schmalz, conseiller intime de Sa Majesté le Roi de Prusse et professeur de droit à l'université de Berlin; Par Henri Jouffroy, conseiller au service de Prusse; revu et annoté sur la traduction, par M. Fritot, avocat a la cour royale de Paris, auteur de l'esprit de publiciste, Bde. I–II, Paris 1826; Le Droit des Gens Européen, traduit de l'Allemand de M. Schmalz ... par le Comte Léopold de Bohm, Paris 1823.

[38] Del diritto delle genti europei; libri otto. Traduzione dall'originale tedesco del dottore Giovanni Fontana, Pavia 1821.

[39] Handboog i Statsoekonomien. Oversat ved C. N. Fausbüll og C. A. Dahl, Kjøbenhavn 1817; Om Stats-Finanser, om Merkantil-Industrie, og Oeconomie, Systemerne samt om Arthur Young og Adam Smith mod Physiokratien. Tilligemed en Fortale af Oversaetteren Friderich Winkel-Horn, Kjøbenhavn 1813.

schließlich erschien auch sein 1812 in lateinischer Sprache herausgekommenes „Jus naturale in aphorismis" in russischer Übertragung.[40]

b) Politisches

In seinen politischen Ansichten nahm der alte Theodor Schmalz, so scheint es jedenfalls, einen streng konservativen und legitimistischen Standpunkt ein. Dieses Bild hat man vor allem seit Mitte des neunzehnten Jahrhunderts aufrecht erhalten, als etwa Arnold Ruge in seinen Erinnerungen an die Zeit nach 1815 in „Kamptz und Metternich, Schmalz und Gentz" die geschworenen Feinde der Freiheit Deutschlands in dieser Epoche namhaft machte.[41] Und auch Carl von Kaltenborn hat 1865 betont, daß Schmalz im höheren Alter „als ein eifriger Vertreter des schroffen Legitimitätsprincips" hervorgetreten sei und „ueberhaupt ... in seinen späteren Jahren zu einem starren Dogmatismus in Bezug auf Recht und Staat"[42] geneigt habe. Diese Darstellung ist insofern zutreffend, als in dieser Zeit seine antirevolutionäre und konstitutionskritische Haltung, die er bereits Jahrzehnte früher vertreten hatte, noch in verstärkter Form auftrat. Auch in religiöser Hinsicht scheint er mit zunehmendem Alter „einem pietistischen Rigorismus"[43] das Wort geredet zu haben; ein freundlich-zustimmender Brief aus dem März 1830 an den theologisch-politischen Hauptvertreter dieser Richtung, den Berliner Theologen Ernst Wilhelm Hengstenberg, ist jedenfalls überliefert.[44]

Doch das ist nur die eine Seite der Medaille. Es gibt ebenfalls Anzeichen dafür, daß Schmalz sich nicht völlig von *einer* politischen Richtung vereinnahmen ließ. Das zeigt etwa der Fall des Theologen

[40] Castnoe estestvennoe pravo, Sovinennoe Feodorom Smal'com, Perevedennoe s Latinskago i S privaleniem istorii i litteratury Estestvennago Prava Izdannoe P(etrom) S(ergeevy)m, Sanktpetersburg 1826 [nach dem Exemplar in der Staatsbibliothek Berlin].

[41] Das vollständige Zitat lautet in: Arnold Ruge, Aus früherer Zeit, Bd. II, Berlin 1862, S. 51: „Und wenn Deutschland gerettet werden kann, so sind es wahrlich nicht Kamptz und Metternich, Schmalz und Gentz, sondern so sind es die Gedanken und Thaten der patriotischen Jugend, so sind es die politische und wissenschaftliche Opposition gegen den schmählichen Despotismus jener und der späteren Zeit, die es retten müssen".

[42] C. von Kaltenborn, Art. „Schmalz", in: Deutsches Staats-Wörterbuch, S. 247.

[43] Ebenda, S. 248.

[44] Vgl. SBPK, Nachlaß Hengstenberg, Brief von Schmalz an Hengstenberg, 22.3.1830.

Wilhelm Martin Leberecht de Wette, der 1819 wegen angeblich demagogischer Umtriebe von der Berliner Universität verjagt wurde, weil er der Mutter des hingerichteten Kotzebue-Attentäters Carl Ludwig Sand einen Beileidsbrief geschickt hatte;[45] es ist bekannt, daß Schmalz zu denjenigen Kollegen gehörte, die sich für de Wettes Verbleib an der Universität ausgesprochen hatten,[46] auch wenn er de Wettes Ansichten sicher nicht geteilt hat. Und aus dem Dezember 1830 ist ein Brief des Kultusbeamten Johannes Schulze an seinen Vorgesetzten, den Minister Altenstein, überliefert, in dem es um die Verwarnung von Professoren geht, die im Sprechzimmer der Universität „sich vielleicht unvorsichtige Äußerungen erlaubt haben oder erlauben könnten“; Gans sei bereits besonders ermahnt worden, heißt es darin, und: „Die Herren p. Schmalz, Jarcke, Stuhr und von Gerlach scheinen der Warnung noch besonders zu bedürfen“.[47] Zu den politischen Leisetretern – welcher Richtung auch immer – dürfte Schmalz also auch jetzt nicht gehört haben.

Aufschlußreich – und zwar in mehr als nur einer Hinsicht – ist in diesem Zusammenhang auch eine kleine publizistische Kontroverse, die Anfang 1830 in der „Allgemeinen Preußischen Staats-Zeitung“ über den portugiesischen Erfolgestreit geführt wurde,[48] und an dem auf der einen Seite Schmalz, auf der anderen Gans und der junge Philosoph Carl Ludwig Michelet, ein Schüler Hegels, beteiligt waren. Es ging um den rechtmäßigen Anwärter auf den portugiesischen Thron, um den sich die Söhne des 1826 verstorbenen Königs Juan VI. erbittert stritten: auf der einen Seite der liberal gesinnte Dom Pedro, der sich 1822 zum Kaiser von Brasilien proklamiert und damit vom Mutterland losgesagt hatte, auf der anderen Seite dessen jüngerer Bruder Dom Miguel, der als „absolutistisch“ galt, dennoch zu seiner Bestätigung die Cortes, also die alte Ständeversammlung des Landes erstmals seit mehr als 130 Jahren in Lissabon einberufen hatte. Bei der Zeitungskontroverse im Berlin des Jahres 1830 handelte es sich natürlich um

[45] Vgl. M. Lenz, Geschichte der königlichen Friedrich-Wilhelms-Universität zu Berlin II/1, S. 61ff.

[46] Vgl. ebenda, Bd. II/1, S. 95.

[47] Ebenda, Bd. IV, S. 519 (Schulze an Altenstein, 8.12.1830). Zur Verwarnung Gans' durch Altenstein persönlich siehe den auszugsweise Abdruck eines entsprechenden Briefes von Altenstein an Gans vom 20.8.1830, in: Wilhelm Dorow (Hrsg.), Krieg, Literatur und Theater. Mittheilungen zur neueren Geschichte, Leipzig 1845, S. 179f.

[48] Knappe Bemerkungen hierzu bei C. L. Michelet, Wahrheit aus meinem Leben, S. 287; J. Braun, Judentum, Jurisprudenz und Philosophie. Bilder aus dem Leben des Juristen Eduard Gans (1797–1839), S. 183f.

eine hochpolitische Diskussion über aktuelle Fragen, die eigentlich auch Deutschland betrafen, und es ist zu recht festgestellt worden, daß bestimmte heikle Gegenstände „nur mit Blick auf das Ausland" diskutiert werden konnten, „dessen Verhältnisse den eigenen Staat nicht unmittelbar berührten".[49]

Den Anfang hatte Michelet (übrigens ein Schüler von Schmalz) gemacht, der in der „Allgemeinen Preußischen Staats-Zeitung"[50] vom 7. Januar 1830 zur Lage in Portugal unter dem Kürzel „M......t" Stellung nahm: Er brachte das Kunststück fertig, den liberal-konstitutionell gesinnten Dom Pedro gerade mit scheinbar „konservativen" und „legitimistischen" Argumenten zu verteidigen: Dieser sei als ältester Sohn seines Vaters nach althergebrachtem Erbrecht legitimer Anwärter auf dessen Thron; das Argument der brasilianischen Abspaltung von Portugal sei hinfällig, da „Brasilien kein fremdes Reich, sondern ein Schwesterland Portugals, und portugiesischen Ursprungs" darstelle. Dom Miguel habe durch die Einberufung der Cortes „das unhaltbare Dogma der Souveränität des Volks" ausgesprochen, und im übrigen sei es höchst merkwürdig, wie „hier Diejenigen, welche das Mittelalter immer für das Höchste halten, die vom Mittelalter ihnen überkommenen Rechte selber" verletzten.[51]

Das konnte Schmalz offenbar nicht auf sich beruhen lassen. Unter dem für Berliner Verhältnisse nicht allzu anonymen Kürzel „S – z" antwortete er am 21. Februar mit einer kurzen Notiz, in der er u. a. auf die komplizierten Erbfolgegesetze in Spanien und Portugal seit dem ausgehenden Mittelalter hinwies, die er zugunsten des von ihm favorisierten Dom Miguel auslegte; außerdem gab er, was Dom Miguels Zusammenberufung der Cortes anbetraf, zu bedenken: „Ist in der That Entscheidung alter rechtsbegründeter Reichs-Stände nicht doch noch ein Anders, als der angebliche Volkswille, auf den unsere heutigen Liberalen sich zu berufen pflegen?"; und er fügte an: „Mir scheint, hätte Dom Miguel jene Constitution Dom Pedro's gegeben, und Dom Pedro sie verworfen, die meisten seiner literarischen Gegner in Frank-

49 J. Braun, Judentum, Jurisprudenz und Philosophie. Bilder aus dem Leben des Juristen Eduard Gans (1797–1839), S. 184.

50 Zu diesem Blatt vgl. Johann Caspar Struckmann, Staatsdiener als Zeitungsmacher. Die Geschichte der Allgemeinen Preußischen Staatszeitung (Kleine Beiträge zur Geschichte Preußens, Bd. 1), Berlin 1981.

51 Die Zitate aus [M......t; = Carl Ludwig Michelet], [Erster Artikel zum Thronfolgestreit in Portugal], in: Allgemeine Preußische Staats-Zeitung, Nr. 7, 7.1.1830, S. 45–46.

reich und Deutschland würden für ihn streiten".[52] Er kehrte den Spieß, den Michelet gegen die Dom Miguel-Anhänger erhoben hatte, also um, indem er behauptete, hier träten Liberale mit „legitimistischen" Argumenten für einen konstitutionellen Monarchen in die Schranken.

Als Dritter trat nun – noch bevor Michelet geantwortet hatte – Eduard Gans auf den Plan, der schon vier Tage später, am 25. Februar, einen ausführlichen Artikel zur Widerlegung von „S – z" einrücken ließ – übrigens unter dem nicht auf den ersten Blick zu entziffernden Kürzel „A...r". Nur einige der des Lateinischen kundigen Leser dürften von selbst darauf gekommen sein, daß es sich hier um das Kürzel des lateinischen Wortes *anser*, zu deutsch „Gans", handelte. Die traditionellen Erbfolgegesetze des portugiesischen Herrscherhauses Braganza seien, so Gans, veraltet und könnten nicht mehr angewendet werden. Zur Frage der Kompetenz von Reichsständen, über die Thronfolge zu befinden, merkte er ganz im Sinne dessen, was schon Michelet ausgeführt hatte, an: „Wenn Reichsstände sich anmaßen wollen, über die Souveränität zu entscheiden, so stellen sie sich über den Fürsten, unterwerfen denselben ihrem Ausspruch, übertreten ihre Befugnisse und sind in so fern ganz identisch mit dem von Herrn S – z angegriffenen Volkswillen". Zudem habe „Herr S – z" sehr zu Unrecht „von *rechtsbegründeten Reichsständen*" gesprochen, denn jene „in der Eile von Dom Miguel zusammenberufenen, durch die Verjährung mehrerer Jahrhunderte außer Gebrauch gekommenen, Cortes" seien eigentlich nur „zusammengezwungen, nicht zusammenberufen" worden, was man auch daran erkennen könne, daß eine ganze Reihe der großen Städte des Landes nicht durch einen Deputierten vertreten gewesen seien.[53]

Michelet antwortete am folgenden Tag; er schloß sich im wesentlichen seinem „unbekannten Vertheidiger" namens „A...r" an und wies noch einmal auf den Widerspruch hin, der darin bestehe, daß Dom Miguel es für nötig halte, sich von den Cortes bestätigen zu lassen, obwohl er doch – seiner Interpretation gemäß – ohnehin rechtmäßiger Erbe des portugiesischen Thrones nach den Erbgesetzen seines Hauses sei. Es sei, im Gegenteil, ein geradezu paradoxes Schauspiel, das sich dem Betrachter jetzt darbiete: „Denn wir erleben es, daß Amerika,

[52] [Erster Artikel über Thronfolgestreit in Portugal, gez. „S – z"], in: Allgemeine Preußische Staats-Zeitung, Nr. 52, 21.2.1830, S. 375–376, hier S. 376.

[53] Die Zitate aus [Eduard Gans], [Artikel zum Thronfolgestreit in Portugal], in: Allgemeine Preußische Staats-Zeitung, Nr. 56, 25.2.1830, S. 405–406.

bisher der Heerd alles revolutionairen und demagogischen Brennstoffs, jetzt im Gegentheil in der Person des legitimen und constitutionellen Kaisers Dom Pedro eine alte Europäische Monarchie lehren wird, wie unverletzlich die Legitimitäts-Rechte gehalten werden müssen".[54]

Schmalz, der bekanntlich keiner Kontroverse aus dem Weg gehen konnte, meldete sich am 13. März ebenfalls noch ein zweites Mal zu Wort. Natürlich beharrte er auf der Richtigkeit seiner Interpretation der Vorgänge: Auch wenn man von den komplizierten Erbfolgeregelungen des Hauses Braganza einmal absehe, habe Dom Pedro Brasilien von Portugal abgespalten, und daher seien, „wie ja auch Dom Pedro selbst anerkannt, beide Kronen incompetibel geworden". Der Sohn Juans VI. habe seinem Vater gar den Krieg erklärt, um Brasilien zu trennen, daher sei „Dom Pedro selbst als Extraneus" unberechtigt, überhaupt einen Anspruch auf die portugiesische Krone zu erheben – und eben deshalb sei Dom Miguel und niemand anderer, auch nicht eines der Kinder Dom Pedros, legitimer Herrscher Portugals. Was die Cortes betreffe, so seien sie noch von König Juan 1824 förmlich anerkannt worden, daher sei ihre Einberufung durch Dom Miguel keineswegs eine aus der Luft gegriffene Maßnahme. Im übrigen seien „Reichs-Stände ... aber doch wohl bei streitiger Thron-Folge die nächsten zu entscheiden, wem sie sich unterwerfen sollen. Oder soll bloße Gewalt entscheiden? Die Behauptung, daß *sie* zu entscheiden haben, fließt doch wahrlich nicht aus der absurden Theorie vom souverainen Volks-Willen".[55]

Damit war die Diskussion beendet, denn die Redaktion erklärte, daß sie zu diesem Thema keine weiteren eingesandten Artikel – obwohl ihr noch mehrere vorlägen – abzudrucken geneigt sei.[56] Interessant und aufschlußreich an dieser kleinen Kontroverse ist allerdings, daß auch in Zeiten stark eingeschränkter Meinungsfreiheit in begrenztem Maß öffentliche politische Kontroversen – soweit man sie nur geschickt zu „verpacken" vermochte – geführt werden konnten. Die eigentlich uralte, aber immer wieder angewandte rhetorische Figur, den politischen Gegner durch den Vorwurf zu desavouieren, er verrate aus Machtgier seine grundsätzlichen Überzeugungen, konnte also auch

[54] [M – t; = CARL LUDWIG MICHELET], [Zweiter Artikel zum Thronfolgestreit in Portugal], in: Allgemeine Preußische Staats-Zeitung, Nr. 57, 26.2.1830, S. 414

[55] [Zweiter Artikel über Thronfolgestreit in Portugal, gez. „S – z"], in: Allgemeine Preußische Staats-Zeitung, Nr. 72, 13.3.1830, S. 527–528.

[56] Notiz der Redaktion, ebenda, Anm. *)

in den Jahren der preußischen Restauration in einem publizistischen Meinungsstreit verwendet werden. Selbstverständlich war dieser Streit über Portugal nichts anderes als ein journalistischer Stellvertreterkrieg, der nur anzeigte, daß ein öffentliches und direktes Kreuzen liberaler und konservativer Klingen immer noch strikt untersagt war. Nicht nur Gans und Michelet, sondern auch Schmalz dürfte diese Tatsache bedauert haben.

Wie sehr Schmalz, obwohl er bald darauf gekommen war oder erfahren hatte, wer hinter „A...r" steckte, auch jetzt noch – und vermutlich als einziges Mitglied der Berliner Juristischen Fakultät – Eduard Gans gewogen war, zeigen zwei Briefe, die er Ende 1830 an seinen jungen Kollegen richtete: Der alte Jurist bedauerte, daß Gans sich allzusehr der „Lust an einer eitlen Gloriole, die bald mit der Modemeinung verschwindet", hingebe, indem er in seinen Vorlesungen über neuere Geschichte und Staatsverfassungen „revolutionäre Grundsätze" verbreite: „Sie, hoffte ich, würden aus den traurigen Einseitigkeiten der historischen sowohl, als der philosophischen Schulen die Jurisprudence mit eben so ernstem Studium der Geschichte verbindend, wahrhaft tüchtige Practiker bilden"; es sei ihm, Schmalz, „unbegreiflich ..., wie ein Mann von Ihrem Geiste und Ihrem Herzen sich auf diese Bahn angeblich liberaler Politik verirren könne".[57] Gans muß dem alten Mann nach gewohnter Art nicht besonders freundlich geantwortet haben, wie jedenfalls aus einem zweiten Brief hervorgeht, in dem Schmalz seinen Kollegen nicht nur noch einmal seiner „aufrichtige[n] Freundschaft" versicherte, sondern ebenfalls erneut sein Bedauern darüber ausdrückte, „daß Sie in die liberale Partei sich jetzt so weit verirrt haben, wenn Sie gleich vormals den Demagogen abhold waren".[58]

Damit befand sich der alte Geheimrat also politisch wie wissenschaftlich wieder einmal zwischen den Fronten. Eigentlich hätte er in seinen politischen Anschauungen viel eher dem konservativen, jedem Konstitutionalismus abholden Savigny zuneigen müssen. Doch – von

[57] Abgedruckt in W. DOROW (Hrsg.), Krieg, Literatur und Theater. Mittheilungen zur neueren Geschichte, S. 180–183 (Schmalz an Gans, 15.11.1830); siehe auch die für Schmalz charakteristische Feststellung ebenda, S. 182 f.: „Mag absolute Noth Revolution auch einmal gebieten, wenn sie die bestehende Verfassung, wie in Frankreich, ändert, nicht wie in England ... bloß wiederherstellt in ihrem uralten wahren Geiste, so ist sie, als wenn ein Mann wegen eines Geschwürs am Finger sich den Arm abschneiden läßt".

[58] Ebenda, S. 183–185 (Schmalz an Gans, 27.11.1830); die Zitate S. 185, 184.

allem Persönlichen einmal abgesehen – der philosophisch informierte Gans lag ihm mehr; von ihm erhoffte sich Schmalz offenbar bis zuletzt einen überzeugenden Widerpart gegen den übermächtigen Savigny und dessen Schule. Andererseits vermochte er wiederum Gans' Sympathie für die liberalen Ideen seiner Zeit, auch und gerade für die französische Julirevolution von 1830, nicht gutzuheißen. Trotzdem verband den alten Rechtskantianer Schmalz mit dem jungen Linkshegelianer Gans offenbar immer noch mehr als mit dem streng historisch-organisch argumentierenden und der Spätromantik verbundenen Savigny, der – wohl nicht zuletzt in seiner Eigenschaft als Schulhaupt – beiden Kollegen, wenn auch aus sehr verschiedenen Gründen, keine besondere Wertschätzung entgegengebracht hat

c) Persönliches Leben und Tod

Über das persönliche Leben von Schmalz ist fast nichts in Erfahrung zu bringen. Man weiß zwar, daß er über Jahre hinweg ein eifriger Freimaurer gewesen ist[59] – Schleiermacher hatte diesen Tatbestand in seiner Broschüre von 1815 auch öffentlich gemacht[60] –, aber Genaueres über diese Aktivitäten dürfte aus naheliegenden Gründen nicht mehr zu ermitteln sein. In den späteren Jahren neigte er, wie bereits erwähnt, zu einem strengen Christentum pietistischer Ausprägung: Es ist sogar überliefert, daß er zusammen mit jenem unseligen jungen Offizier Hans Rudolf von Plehwe, der ihn auf dem Höhepunkt des Tugendbundstreits in seinem Haus überfallen und beschimpft hatte,[61] „in der Spittelkirche kommuniziert und neben ihm gekniet"[62] hätte. Immerhin soll er auch in den Jahren nach 1815 ein angenehmer und origineller, keinem freundschaftlichen Streit aus dem Weg gehender Gesprächspartner gewesen sein.[63]

59 Vgl. den oben, § 8d) zitierten Hinweis in [J. H. G. H. von Hüser], Denkwürdigkeiten aus dem Leben des Generals der Infanterie von Hüser, S. 181; auf freimaurerische Aktivitäten und Verbindungen von Schmalz deuten auch einige Bemerkungen in einem ungedruckten Brief an den Dresdener Hofrat Althof hin, GNM, Nürnberg, Archiv; Autographen Böttiger K 23, Schmalz an Hofrat Althof/Dresden, Berlin, 31.8.1812.

60 Vgl. [F. Schleiermacher], F. Schleiermacher an den Herrn Geheimenrath Schmalz. Auch eine Recension, S. 10 ff.; siehe auch oben § 8b).

61 Siehe oben § 8d).

62 So das Tagebuch Ernst Ludwig von Gerlachs vom 9.4.1817; H.-J. Schoeps (Hrsg.), Aus den Jahren preußischer Not und Erneuerung. Tagebücher und Briefe der Gebrüder Gerlach und ihres Kreises 1805–1820, S. 223.

63 Vgl. die Hinweise ebenda, S. 220, 241 f., 285 f. u. a.

Mit öffentlichen Auftritten hielt er sich jetzt freilich zurück; er wurde nur noch selten gesehen: So nahm er etwa im September 1826 zusammen mit seinen Töchtern am Staatsakt für den alten Freund und Schwager Scharnhorst in Berlin teil, der – er war 1814 in Prag gestorben und dort auch beerdigt worden – nach der Überführung seines Leichnams nun ein zweites Mal feierlich bestattet wurde.[64] An der Universität war er allerdings noch immer präsent, und es scheint (wenn man einem Bericht Friedrich von Raumers trauen darf), daß die im Sommer 1829 abgehaltene Zwanzigjahrfeier der Friedrich-Wilhelms-Universität einen durchaus versöhnlichen Charakter gehabt hat: „Am 16. d. M. feierte die Universität ihr zwanzigjähriges Stiftungsfest, wo einmal alle Fehde ein Ende hatte und Schleiermacher, Schmalz, Hegel usw. sich zusammenfanden, sprachen und als ehrenwert behandelten. Gewiß gut, daß Humanität die Grobheit austreibt, und verschiedene Ansichten und Richtungen nebeneinander sich entwickeln, gefördert und bekämpft werden, ohne des Anstandes zu vergessen oder die Persönlichkeit übereilt zu verdammen“.[65]

Ein letztes Mal nahm Schmalz am 3. August 1830, ein Dreivierteljahr vor seinem Tode, an der großen alljährlichen Universitätsfeier teil, die in diesem Jahr freilich von der eben ausgebrochenen Pariser Revolution überschattet wurde; Karl Gutzkow hat hierüber ein anschauliches Erinnerungsbild überliefert: „Es war am dritten August und die Sonne brannte. In der großen Aula der Berliner Universität wurde der festliche Tag wie immer durch Gesang und Rede gefeiert. Hunderte von Studenten drängten sich hinter der Barre, vor welcher Professoren, Beamte, Militärs saßen. Über dem Redner Boeckh sang unter Zelters Leitung der akademische Chor; ... Schmalz, der selige, ging mit Haarbeutel und Degen von Stuhl zu Stuhl, um mit den Ministerialräten über Völkerrecht und die Freitischverwaltung zu sprechen. Gans war erhitzt und ungeduldig; er ließ Briefe von Raumer, die eben aus Paris gekommen waren, im Saale umlaufen. Der Kronprinz lächelte; aber alle, die Zeitungen lasen, wußten, daß in Frankreich eben ein König vom Thron gestoßen wurde. Der Kanonen-

[64] Vgl. Carl von Clausewitz, Schriften – Aufsätze – Studien – Briefe. Dokumente aus dem Clausewitz-, Scharnhorst- und Gneisenau-Nachlaß sowie aus öffentlichen und privaten Sammlungen, hrsg. v. Werner Hahlweg, Bd. II/1 (Deutsche Geschichtsquellen des 19. und 20. Jahrhunderts, Bd. 49), Göttingen 1990, S. 503 (Clausewitz an Gneisenau, 21.9.1826).

[65] Günther Nicolin (Hrsg.), Hegel in Berichten seiner Zeitgenossen, Hamburg 1970, S. 401 f. (Raumer an Tieck, 30.8.1829).

donner zwischen den Barrikaden von Paris dröhnte bis in die Aula nach ...“[66] Im Gegensatz zu Gans hatte Schmalz bereits eine französische Revolution erlebt, und insofern mag er vielleicht entschuldigt sein, wenn ihm tatsächlich die Freitische auch an diesem Tag wichtiger gewesen sein sollten als die neuesten Nachrichten aus Paris.

Theodor Anton Heinrich Schmalz starb am 20. Mai 1831 in Berlin. Näheres über die Umstände seines Todes ist nicht bekannt, ebensowenig konnte ein Nachruf ermittelt werden. Schon kurz nach seinem Tode beantragte die Witwe beim König eine zusätzliches „Gnadengehalt“ für sich und ihre Töchter; das Gesuch wurde von Altenstein in einer Eingabe an Friedrich Wilhelm III. vom 25. Juli 1831 ausdrücklich befürwortet: Weder Schmalz noch seine Gattin hätten „jemals eigenes Vermögen besessen“ und die Ungunst der Jahre nach 1806 habe es verhindert, daß mehr als nur sehr bescheidene Ersparnisse hätten angesammelt werden können. „Von den Kindern ist nur der Sohn, der Rittmeister Schmalz und eine in Dorpat verheirathete Tochter versorgt. Hülflos Hinterbliebene sind die Wittwe und vier unverheirathete Töchter in dem Alter von resp. 43., 41., 30 und 28 Jahren“. Zwar erhalte die Witwe aus der Witwenkasse der Universität eine Jahrespension von 240 Taler, doch die vier Töchter hätten keinerlei Anspruch auf Unterstützung; auch sei die Mutter bereits 72 Jahre alt.

Altenstein erinnerte den König darüber hinaus an „die Verdienste des Verstorbenen während seiner vieljährigen Dienstzeit, seine ausgezeichnete und vielfach bewährte Anhänglichkeit an Ew. Königlichen Majestät Allerhöchste Person und Allerhöchstdero Haus, seine anerkannte Uneigennützigkeit, so wie die bedeutenden Opfer, die er durch Stiftung und Unterhaltung der Freitische für dürftige Studirende der hiesigen Universität gebracht hat“; aus diesen Gründen halte er sich „für verpflichtet, das Gesuch der Bittstellerin ehrerbietigst und angelegentlichst zu befürworten“. Der Minister schlug vor, der Witwe „aus dem Unterstützungs-Fonds für hülfsbedürftige und würdige Geistliche und Schullehrer“ eine zusätzliche Jahrespension von 300 Talern zukommen zu lassen, „und im Fall des Ablebens ... den vier unverheirateten Töchtern derselben die Hälfte dieser Pension, also Einhundert und Fünfzig Thaler jährlich, so lange sie unverheirathet

66 Karl Gutzkow, Unter dem schwarzen Bären. Autobiographische Aufzeichnungen, Bilder und Erinnerungen, hrsg. v. Fritz Böttger, Berlin (-Ost) 1959, S. 13f.

bleiben huldreichst zu gewähren".[67] Der König bewilligte den Hinterbliebenen diese Pension. Die älteste Tochter, Minna Schmalz, gelangte noch recht lange in den Genuß dieses Geldes; sie starb erst 1870; ihre zweitjüngste Schwester, Adele, betätigte sich als Diakonissin und starb 1854.[68] Das Todesjahr der Witwe Louise Elisabeth Schmalz ist nicht bekannt.[69]

Schmalz wurde, wie es scheint, recht schnell vergessen, sowohl von seinen Fachgenossen im engeren Sinne wie auch von den übrigen Universitätskollegen. Immerhin hat einer von ihnen, der alte Philologe August Boeckh, der als junger Professor Schmalz noch persönlich gekannt hatte, im Jahre 1856 während einer Universitätsfeier noch einmal an Schmalz erinnert: „Es muß anerkannt werden, daß Schmalz, der vormalige Director der Universität Halle, der später seine hiesigen Amtsgenossen durch eine verhängnisvolle Unbedachtsamkeit sich entfremdete, zuerst persönlich in Memel"[70] die Gründung einer Universität in Berlin vorgeschlagen habe. In der Tat wird man ihm wenigstens dieses eine historische Verdienst – ungeachtet der einen oder anderen „Unbedachtsamkeit" – nicht nehmen können.

[67] GStA PK, Rep. 89, Nr. 11087, unpag. (Altenstein an Friedrich Wilhelm III., 25.7.1831).

[68] Vgl. die Angaben in H.-J. Schoeps (Hrsg.), Aus den Jahren preußischer Not und Erneuerung. Tagebücher und Briefe der Gebrüder Gerlach und ihres Kreises 1805–1820, S. 109, Anm. 162.

[69] Im Jahre 1833 haben die Hinterbliebenen Schmalz' Privatbibliothek – 903 Werke in 1200 Bänden – für insgesamt 600 Taler an die Berliner Universitätsbibliothek verkauft; vgl. Eugen Paunel, Die Staatsbibliothek zu Berlin. Ihre Geschichte und Organisation während der ersten Jahrhunderte seit ihrer Eröffnung 1661–1871, Berlin 1965, S. 212.

[70] August Boeckh, Ueber den Sinn und Geist der Gründung der Berliner Universität (1856), in: derselbe, Gesammelte Kleine Schriften, Bd. II, Reden, hrsg.v. Ferdinand Ascherson, Leipzig 1859, S. 131–147, hier S. 133.

Zweiter Teil: Das Werk

IV. Kapitel: Rechtsphilosophie

§ 11 Das frühe Naturrecht

a) Die Anfänge (1790–1795)

In der Geschichte des Rechts und der Rechtswissenschaft gilt das 18. Jahrhundert im allgemeinen als „das Jahrhundert des Naturrechts".[1] Im „philosophischen Jahrhundert" der Aufklärung war es zuerst und vor allem die Philosophie, die einer einzelnen Disziplin wissenschaftliche Dignität verleihen konnte, und die Jurisprudenz dieser Ära ist denn auch – übrigens bis weit ins 19. Jahrhundert hinein – durch den philosophischen Anspruch, den die Naturrechtler erhoben, tief geprägt worden. Der lange Weg, den das Naturrecht von der Antike über die scholastische Philosophie des Mittelalters und deren Umformung und Weiterentwicklung in der Zeit nach 1500 zurückgelegt hatte, kam mit dem Ende des 18. Jahrhunderts zu einem gewissen Abschluß.[2]

[1] Hans Welzel, Naturrecht und materiale Gerechtigkeit (Jurisprudenz in Einzeldarstellungen, Bd. 4), 4. Aufl., Göttingen 1990, S. 163.

[2] Zur Geschichte der naturrechtlichen Tradition sei hier statt vieler verwiesen auf ebenda, S. 9ff. u. passim; Franz Wieacker, Privatrechtsgeschichte der Neuzeit unter besonderer Berücksichtigung der deutschen Entwicklung, 2. neubearb. Aufl., Göttingen 1967, S. 270ff.; zum neueren Naturrecht und zu den Wandlungen des Naturrechts im 18. Jahrhundert auch M. Stolleis, Geschichte des öffentlichen Rechts in Deutschland I, S. 268ff.; gute Übersicht auch bei Horst Möller, Vernunft und Kritik. Deutsche Aufklärung im 17. und 18. Jahrhundert, Frankfurt a.M. 1986, S. 190ff.; für die Neuentdeckung und -bewertung des Naturrechts noch wichtig die Studien von Hans Thieme, Die Zeit des späten Naturrechts. Eine privatrechtsgeschichtliche Studie, in: derselbe, Ideengeschichte und Rechtsgeschichte. Gesammelte Schriften, Bd. II (Forschungen zur neueren Privatrechtsgeschichte, Bd. 25/II), Köln – Wien 1986, S. 633–694; derselbe, Das Naturrecht und die europäische Privatrechtsgeschichte, in: ebenda, S. 822–870. Die neuere Diskussion wird bestimmt durch die grundlegenden Arbeiten von Diethelm Klippel, Politische Freiheit und Freiheitsrechte im deutschen Naturrecht des 18. Jahrhunderts; derselbe, Naturrecht als politische Theorie. Zur politischen Bedeutung des deutschen Naturrechts im 18. und 19. Jahrhundert; derselbe, Naturrecht und Politik im Deutschland des 19. Jahrhunderts, in: Naturrecht und Politik, hrsg. v. Karl Graf Ballestrem (Philosophische Schriften, Bd. 8), Berlin 1993, S. 27–48; zur Entwicklung im 19. Jahrhundert auch der von Diethelm Klippel hrsg. Sammelband: Naturrecht im 19. Jahrhundert. Kontinuität – Inhalt – Funktion – Wirkung, (Naturrecht und Rechtsphilosophie in der Neuzeit – Studien und Materia-

Denn die Herausbildung eines streng formalen, säkularisierten, aus ethischen Prinzipien abgeleiteten Naturrechts, die ihren Höhepunkt zur Zeit der ersten Kantrezeption der Juristen erreicht hatte, forderte zugleich zum entschiedenen Widerspruch heraus. Wie die Revolution mit ihrem Anspruch auf totale und radikale Neugründung von Staat und Gesellschaft eine gegenrevolutionäre Bewegung nach sich zog, so rief auch das – sich zeitweilig in den Höhen philosophischer Abstraktionen verlierende – Naturrecht eine Gegenbewegung auf den Plan: die Historische Schule, die mit ihrer Berufung auf Tradition, Gewohnheit und Geschichte bestrebt war, dem Recht gewissermaßen seine reale „Bodenhaftung" zurückzugeben, gleichzeitig aber auch über den bloßen Faktenpositivismus – wie ihn im 18. Jahrhundert noch der große Johann Jacob Moser beispielhaft verkörpert hatte – deutlich hinauszugehen. In den Zusammenhang dieser naturrechtlichen Gedankenbewegung gehören auch die frühen theoretischen Schriften von Theodor Schmalz. Sein Werk ist Teil der zweiten und „letzte[n] Blütezeit" des Naturrechts, die in Deutschland etwa um 1785 beginnt und „deren Höhepunkt – angeregt durch die kritische Philosophie Kants – im letzten Dezennium des 18. Jahrhunderts liegt".[3]

Das Naturrecht war im 18. Jahrhundert nicht nur ein wissenschaftliches Paradigma, sondern ein selbstverständliches und zentrales Lehrfach an der Universität, ein unentbehrlicher Teil jedes Rechtsstudiums, ja es war, wie treffend gesagt worden ist, neben dem *Ius publicum* zudem „das Modefach des 18. Jahrhunderts, dem sich Vertreter der Führungsschichten zuwandten, wenn sie sich auf Beamten- und Diplomatenkarrieren vorbereiteten".[4] Indem sich die Juristen an der „Leitwissenschaft" ihrer Epoche orientierten – und das war nun einmal die Philosophie, wie es im folgenden Jahrhundert die Geschichte sein sollte – glaubten sie, sich auf der Höhe der Zeit zu befinden.

Das im 18. Jahrhundert an den deutschen Universitäten gelehrte Naturrecht läßt sich in eine ältere und eine jüngere Richtung unter-

lien, Bd. 1), Goldbach 1997; vgl. auch Reinhard Brandt (Hrsg.), Rechtsphilosophie der Aufklärung. Symposium Wolfenbüttel 1981, Berlin – New York 1982.

[3] D. Klippel, Politische Freiheit und Freiheitsrechte im deutschen Naturrecht des 18. Jahrhunderts, S. 178.

[4] M. Stolleis, Geschichte des öffentlichen Rechts in Deutschland I, S. 289; vgl. hierzu auch Jan Schröder/Ines Pielemeier, Naturrecht als Lehrfach an den deutschen Universitäten des 18. und 19. Jahrhunderts, in: Naturrecht – Spätaufklärung – Revolution, hrsg. v. Otto Dann/Diethelm Klippel (Studien zum achtzehnten Jahrhundert, Bd. 16), Hamburg 1995, S. 255–269.

teilen: Die ältere umfaßt das von Christian Wolff und seiner Schule repräsentierte, über Leibniz an die aristotelische Tradition anknüpfende Naturrecht, das – stark verkürzt gesprochen – in seinen späteren Ausläufern das Recht des aufgeklärten Absolutismus genannt werden kann. Das jüngere Naturrecht hingegen entsteht mit der beginnenden Rezeption der Philosophie Kants;[5] es stellt sowohl in formaler wie in inhaltlicher Hinsicht den Versuch einer deutlichen Überwindung traditioneller naturrechtlicher Formen und Inhalte dar, ja es erhebt in gewisser Weise den Anspruch, das Naturrecht auf völlig neue Grundlagen zu stellen und damit neu zu definieren. Das frühe Naturrecht des Theodor Schmalz zeigt indes, daß es zwischen älterem und jüngerem Naturrecht des 18. Jahrhunderts vermutlich doch stärkere Verbindungslinien gibt, als es die „jüngeren Naturrechtler" wahrhaben wollten.

Man kann mit Sicherheit davon ausgehen, daß Schmalz als Pütter-Schüler das Naturrecht anhand der gemeinsam von Johann Stephan Pütter und Gottfried Achenwall verfaßten „Elementa Iuris Naturae" von 1750 gelernt hat,[6] die eines der einfluß- und erfolgreichsten deutschen Naturrechtslehrbücher vor der Wende zum Kantianismus darstellten.[7] Dieser Grundriß aufgeklärten Rechsdenkens enthält – obwohl er im großen und ganzen den Konventionen der Epoche entspricht – bereits einzelne Bestandteile, die auf das jüngere Naturrecht vorausweisen, so etwa die Weiterentwicklung der Goldenen Regel,[8] die hier zwar noch keinesfalls die gedankliche Geschlossenheit des Kategorischen Imperativs erreicht, jedoch die späteren Versuche einer ethischen Fundierung des Rechts in Teilen bereits vorwegnimmt. Inhaltlich verbleiben Achenwall und Pütter mit ihrer Grundthese, daß die menschliche Seele auf das Streben nach dem Wahren und Guten gerichtet sei,[9] allerdings noch ganz im Horizont der (durch Leibniz,

[5] Vgl. D. Klippel, Politische Freiheit und Freiheitsrechte im deutschen Naturrecht des 18. Jahrhunderts, S. 14 ff.; M. Stolleis, Geschichte des öffentlichen Rechts in Deutschland I, S. 269 ff.

[6] Das Werk liegt jetzt in einer neuen, lateinisch-deutschen Parallelausgabe vor: Gottfried Achenwall/Johann Stephan Pütter, Anfangsgründe des Naturrechts (Elementa Iuris Naturae), hrsg. u. übersetzt v. Jan Schröder (Bibliothek des deutschen Staatsdenkens, Bd. 5), Frankfurt a. M. – Leipzig 1995; zum Stellenwert dieses Lehrbuches auch das wichtige Nachwort von Schröder, ebenda, S. 333–351.

[7] Vgl. M. Stolleis, Geschichte des öffentlichen Rechts in Deutschland I, S. 315.

[8] Dazu die Bemerkungen in Schröders Nachwort zu: G. Achenwall/J. S. Pütter, Anfangsgründe des Naturrechts, S. 338 f.

[9] Vgl. G. Achenwall/J. S. Pütter, Anfangsgründe des Naturrechts, S. 17 ff. (§§ 6 ff.).

Wolff und andere vermittelten) aristotelischen Tradition. Gleichwohl hat Schmalz aus diesem Buch viel gelernt, und er dürfte auch die für den Aufbau seines „Reinen Naturrechts" wichtige Differenzierung zwischen „absolutem" und „hypothetischem Naturrecht" von seinen Göttinger Lehrern übernommen haben.

Seit etwa Mitte der 1780er Jahre setzte die (von Diethelm Klippel so bezeichnete) „zweite Blütezeit" des deutschen Naturrechts ein:[10] sie steht ganz im Banne Immanuel Kants, der mit seiner „Grundlegung zur Metaphysik der Sitten" von 1785 und seiner drei Jahre später folgenden „Kritik der praktischen Vernunft" die philosophische Ethik auf neue Fundamente stellte. Fast noch früher als Kants Kollegen im engeren Sinne, also die Universitätsphilosophen, haben die Juristen auf diesen Fundamenten zu bauen versucht, und man wird sagen können, daß Schmalz zu den ersten zählte, die den Versuch unternahmen, die neuen Lehren Kants für die Jurisprudenz zu rezipieren.[11] Schmalz hat – so vielseitig sich sein Oeuvre auch auf den ersten Blick präsentiert – das Naturrecht immer als seine eigentliche und zentrale Disziplin angesehen, und er hat es im Grunde ziemlich genau vier Jahrzehnte lang bearbeitet: von seiner ersten naturrechtlichen Veröffentlichung, die der dreißigjährige Königsberger Ordinarius 1790 unter dem Titel „Encyclopädie des gemeinen Rechts" publizierte, bis zu seinem letzten Werk, das kurz nach seinem Tode aus dem Nachlaß ediert wurde: „Die Wissenschaft des natürlichen Rechts" aus dem Jahre 1831.

Nachdem Schmalz, wie oben berichtet, unter dem überwältigenden Eindruck der kantischen Philosophie die Arbeit an einem rechtsphilosophischen Werk, das auf der Philosophie Shaftesburys aufbaute, abgebrochen hatte,[12] legte er schon ein Jahr nach dem Beginn seiner Königsberger Lehrtätigkeit sein erstes größeres Werk vor: die als Lehr- und Handbuch gedachte „Encyclopädie des gemeinen Rechts",[13] in der er zum ersten Mal in rudimentärer Form die Grundbegriffe seines eigenen neuen Naturrechts formulierte. Die einleitenden naturrechtlichen Passagen dieses Erstlings stellen in gewisser Weise den Keim dar, aus dem heraus der Autor seine Theorie des Naturrechts später

[10] Vgl. D. KLIPPEL, Politische Freiheit und Freiheitsrechte im deutschen Naturrecht des 18. Jahrhunderts, S. 13.
[11] Dazu siehe im weiteren unten § 12 a).
[12] Siehe oben, § 2 d).
[13] Siehe dazu auch unten, § 27.

stetig weiterentwickelt und schließlich immer ausführlicher und detaillierter entfaltet hat.

Die Grundgedanken, oder genauer gesagt, die Grundbegriffe, Grundaxiome und Grunddistinktionen sind die folgenden: Der Mensch ist ein *vernünftiges*, damit zu umfassender *Freiheit* befähigtes Wesen, und diese Freiheit – sie ist Ausdruck der dem Menschen eignenden „Würde der vernünftigen Natur" – befähigt ihn, Gesetzgeber seiner selbst zu sein: Nur dann ist eine menschliche Handlung gut, wenn der Handelnde *„nemlich aus seiner Achtung für das Gesetz dieser Natur nur nach solchen Maximen handelt, von denen er wollen kann, daß sie allgemeine Gesetze vernünftiger Wesen seyn*. Denn da alle vernünftige Wesen dasselbe wollen können, und die Vernunft ihre eigne und einzige Gesetzgeberin ist; so ist eine solche Maxime wirklich allgemeines Gesetz für alle vernünftige Wesen. (Kant.)".[14] Neben dem Kategorischen Imperativ übernimmt Schmalz, der sich hier also gleich zu Anfang offen als Kantianer zu erkennen gibt,[15] auch das zweite ethische Grundaxiom seines großen Königsberger Kollegen: die Zweckbestimmung des Menschen.[16]

Aufbauend auf dieser Grundlage trifft der Autor seine weiteren Unterscheidungen: Zuerst differenziert er zwischen *Rechten* und *Pflichten*: sind erstere „moralische Möglichkeit[en]" ohne Zwangscharakter, so sind die zweiten allerdings „moralische Notwendigkeit[en]" und damit verbindlich. „Und Sätze, welche Rechte und Pflichten ausdrücken, heißen *Gesetze* im moralischen Sinn".[17] Das eigentliche Gebiet der Jurisprudenz wird nun von Schmalz eingegrenzt: denn diese ist nur „die Wissenschaft von vollkommenen Rechten und Pflichten – oder von *vollkommnen Gesetzen* [sic]", und „vollkommen" sind Rechte nur dann, wenn sie sich „auf Abwendung ungerechter Handlungen" beziehen, – und Pflichten ebenfalls nur dann, wenn sie auf Unterlassung ungerechter Handlungen gehen. Nicht auf *alle*

[14] Encyclopädie des gemeinen Rechts. Zum Gebrauch academischer Vorlesungen, Königsberg ^{1}1790, S. 2 f.

[15] Zur Kant-Rezeption durch Schmalz siehe unten § 12 a).

[16] Vgl. Encyclopädie des gemeinen Rechts, ^{1}1790, S. 3: „Da die vernünftigen Wesen den Endzweck aller vernunftlosen enthalten, selbst aber keinen Zweck als sich selbst haben: so kann man den allgemeinen Grundsatz von der Güte oder Bosheit der menschlichen Handlungen auch so ausdrücken: *gut ist deine Handlung, wenn du die Menschheit weder in andern, noch in dir selbst zu bloßen Mitteln gebrauchst*. Denn nur Maximen, die solche Handlungen befehlen, kannst du auch dann noch billigen, wenn du sie als allgemeine Gesetze denkst".

[17] Ebenda, S. 5.

Rechte und Pflichten, wohl aber auf die *zentralen*, auf „äußere Handlungen", also auf die den Verkehr der Menschen untereinander regelnden Rechte und Pflichten bzw. „Gesetze", richtet sich das Interesse der Rechtswissenschaft.[18]

Im weiteren wird das „reine Naturrecht" vom „angewandten Naturrecht" unterschieden: während das erstere die Rechte umfaßt, „welche aus der Natur des Menschen selbst fließen und allen seinen einzelnen Verhältnissen zum Grunde liegen", bezeichnet das zweite solche Rechte, „welche aus der eigenthümlichen Beschaffenheit einzelner bestimmter Verhältnisse fließen";[19] Schmalz faßt unter diesem Begriff des angewandten Naturrechts in einem noch ganz konventionellen Sinne das Recht der einzelnen kleineren oder größeren menschlichen „Gesellschaften" – also Familie, Staat, Kirche – zusammen.[20] Das reine Naturrecht wiederum teilt sich in „absolutes" und „hypothetisches Naturrecht" auf. Das *absolute Naturrecht* umfaßt die (nach heutigen Begriffen formuliert) menschlichen Grundrechte auf die eigene Person und deren Unversehrtheit,[21] auf „das Recht des Menschen auf seine Handlungen (Freiheit)" und drittens „das Recht auf den Gebrauch der Sachen".[22] Das *hypothetische Naturrecht* wiederum umfaßt erstens das „außergesellschaftliche hypothetische Naturrecht" und zweitens das „gesellschaftlich hypothetische Naturrecht": das erste umfaßt *privatrechtliche* Verhältnisse einzelner Menschen untereinander (Eigentum, Verträge, gegenseitige Verletzungen), das zweite aber das „Gesellschaftsrecht",[23] worunter wiederum *auch* das Staatsrecht verstanden werden kann.[24]

Bereits an diesem Punkt zeigt sich der erste Pferdefuß dieser streng durchgeführten naturrechtlichen Systematik, denn ein so wichtiges

[18] Die Zitate ebenda, S. 5 f.

[19] Ebenda, S. 9.

[20] Vgl. ebenda, S. 24 ff., 28 ff., 43 ff.

[21] Vgl. ebenda, S. 10: Absolutes Naturecht ist „*das Recht des Menschen auf seine Person*, das ist, daß er von allen die gänzliche Unverletztheit seines Geistes und seines Körpers fordern, und jeder Verletzung mit Zwang wehren kann. Denn offenbar enthält er, als vernünftiges Wesen, von sich selbst nur selbst den Zweck. Dieses Recht ist die Grundlage aller andern vollkommnen Rechte, die der Mensch je hat und erwirbt".

[22] Ebenda, S. 10 f.; Schmalz beruft sich hier auf Grotius und Pufendorf (vgl. ebenda, S. 11).

[23] Vgl. ebenda, S. 12 ff., 20 ff.

[24] Schmalz setzt allerdings hinzu, ebenda, S. 20: „Zum reinen Naturrecht gehört das Gesellschaftsrecht, nur so fern es aus der Natur des Subjects oder dem Zwecke überhaupt, nicht in sofern es aus dem Object oder dem besondern Endzwecke einzelner Gesellschaften erklärt werden muß".

Gebiet wie das Staatsrecht taucht hier zweimal auf, unter jeweils verschiedenen Blickwinkeln gesehen: erstens im Teil des „reinen Naturrechts", in dem der Staat – ganz im Rousseauschen Sinne – als aus dem Willen der einzelnen entstandener „Gesellschaftsvertrag"[25] konstruiert wird, und dann noch einmal im Teil des „angewandten Naturrechts" als „natürliches Staatsrecht", das sich aus dem „Endzweck des Staats" ableiten läßt.[26]

Schließlich definiert Schmalz seinen Begriff des Naturrechts auch noch *ex negativo*, indem er Naturrecht und Gewohnheitsrecht unterscheidet: Das letztere sei zwar „von Natur unvollkommenes Recht", das allerdings aus Gründen fortwirkender Tradition, genauer: „wegen seines Einflusses, wegen der Klarheit, mit der es jedem Gefühl einleuchtet, für vollkommenes Recht gehalten"[27] werde. Montesquieu wird natürlich nicht vergessen, denn Schmalz führt als weiteres Kennzeichen des Gewohnheitsrechts an, daß es sich „mit unendlicher Verschiedenheit nach Clima und Boden, Religion und Staatsverfassung, und nach dem durch dies alles bestimmten Nationalcharacter"[28] ausdifferenziere. Als guter Aufklärer sah der junge Schmalz im Gewohnheitsrecht allerdings nicht viel mehr als eine überwundene Stufe der Rechtsentwicklung, die „mit der steigenden Cultur" durch eine alle Willkür ausschließende, nach vernünftigen Prinzipien sich vollziehende Gesetzgebung abgelöst werden müsse.[29]

Diese in der „Encyclopädie" von 1790 allzu rudimentär entwickelten Ansätze zu einem Naturrechtssystem hat Schmalz zwei Jahre später in seinem nächsten Buch „Das reine Naturrecht" weiter ausgebaut, präzisiert, differenziert – und nicht zuletzt auch stringenter systematisiert. Hier gibt er sich bereits fast kantischer als Kant selbst, indem er bemerkt, er wolle als Jurist mit seinem neuen Werk „eine strengere Methode in dieser Wissenschaft ... befolgen, als bisher gewöhnlich war"; die Rechtswissenschaft – so heißt es bewußt überspitzt und fast provokativ – könne „nichts anders seyn, als Analyse des Begriffs: Freyheit", denn „da unsere practische Vernunft sie immer postuliren muß, so können wir immer ohne Furcht seyn, ob diese unsere Beschäfftigung nicht etwa ganz vergeblich und leer sey".[30] Diese Methode

[25] Vgl. ebenda, S. 20f.

[26] Ebenda, S. 31; vgl. S. 31ff.; das frühe Staatsrecht wird im Detail unten § 15 abgehandelt.

[27] Ebenda, S. 40f.

[28] Ebenda, S. 42.

[29] Vgl. ebenda, S. 42f; das Zitat S. 42.

[30] Das reine Naturrecht, Königsberg [1]1792, S. 7f.

besitze zudem einen unschätzbaren Vorzug: denn gehe man von einer umfassenden Analyse des Freiheitsbegriffs aus, „so ist man durch strenge wissenschaftliche Methode auch sicher vor allen schwankenden Bestimmungen dessen, was man im Naturrecht selbst erklären will".[31]

In dreißig einzelnen, sehr knappen Paragraphen unternimmt Schmalz in seinem zweiten Anlauf die kantische Grundlegung des Naturrechts.[32] Aus der Bestimmung des Menschen als Vernunftwesen, das zur Freiheit befähigt ist, das also das Vermögen besitzt, „die *erste* Ursache seiner Handlungen zu seyn",[33] entwickelt der Autor wiederum die Grundprinzipien der Ethik, also den kategorischen Imperativ und die Zweckbestimmung des Menschen,[34] aus denen er abermals sein rudimentäres System menschlicher Rechte und Pflichten ableitet. Auch das Problem der Pflichtenkollision kommt hier bereits zur Sprache; Schmalz löst es – wiederum gut kantisch – dadurch auf, indem er davon ausgeht, daß in einem solchen Fall „eine Pflicht die andere durch ihre größere Nothwendigkeit zur Würde der vernünftigen Natur"[35] aufhebe.

Das „Reine Naturrecht" enthält im folgenden drei große Abschnitte: die ersten beiden unterscheiden wieder zwischen dem absoluten und dem hypothetischen Naturrecht.[36] Zum absoluten Naturrecht zählen nun auch die – jetzt ausdrücklich so genannten – drei „Urrechte" des Menschen: das Recht des Menschen auf sich selbst, auf seine Handlungen[37] und schließlich *„auf den Gebrauch der Sachen*, das ist, auf Behandlung alles dessen, was nicht vernünftiges Wesen ist, zu allen beliebigen möglichen Zwecken oder auf Befriedigung seiner Bedürfnisse durch die Sachen".[38] Neu ist in der Fassung von 1792 ebenfalls

[31] Ebenda, S. 8; die Ungenauigkeit der bisherigen Versuche, den Begriff des „Naturrechts" angemessen zu bestimmen, führt Schmalz auf die mangelhafte philosophische Systematik früherer Naturrechtler zurück. Er selbst hingegen beansprucht, „dargethan zu haben, daß alle positive, alle hypothetische Rechte nichts anders sind und seyn sollen, als Modificationen der Urrechte" (ebenda, S. 9).

[32] Vgl. ebenda, S. 15–26.

[33] Ebenda, S. 17.

[34] Vgl. ebenda, S. 16, 19f., 23f., 26 u. a.

[35] Ebenda, S. 25.

[36] Vgl. ebenda, S. 26–36, 36–76.

[37] Vgl. ebenda, S. 29f.

[38] Ebenda, S. 31; er fügt, ebenda, S. 32, noch hinzu: „Mehr Urrechte der Menschheit kann es nicht geben, weil Herabwürdigung eines freyen Wesens zum vernunftlosen nicht anders möglich ist, als durch Verletzung seiner selbst und Bestimmung seiner Handlungen zu Zwecken, die es selbst nicht will".

das ausdrückliche Gleichheitspostulat: „Da nichts als allein die Vernunft der Grund aller Rechte und Pflichten, diese aber allen Menschen gleich ist, wie verschieden auch die Talente des Geistes oder des Körpers seyn mögen, welche ihr in den verschiedenen einzelnen Menschen zu Gebote stehen: so stehen auch die Urrechte allen Menschen in gänzlicher Gleichheit zu".[39] Diese Rechte sind zudem „*unveräußerlich*, das ist, niemand kann derselben einen andern berauben, selbst mit dessen Willen nicht".[40] Der dann folgende Abschnitt „Hypothetisches Naturrecht" umfaßt wiederum nur dasjenige, was in der „Encyclopädie" von 1790 als „außergesellschaftliches hypothetisches Naturrecht" bezeichnet worden war,[41] also die Sphäre des Privatrechts.

Das Problem des ersten Entwurfs, das in einer unnatürlichen Zerreißung der Einordnung und Darstellung des Staatsrechts bestanden hatte (es war einmal als „gesellschaftliches hypothetisches Naturrecht", im weiteren aber noch an ganz anderer Stelle als Teil des „angewandten Naturrechts" aufgetaucht) hatte Schmalz 1792 gelöst. Indem er den Begriff des hypothetischen Naturrechts jetzt ganz auf das Privatrecht einschränkte, konnte er dem öffentlichen Recht einen eigenen Abschnitt – nämlich den dritten und letzten des „Reinen Naturrechts" – widmen, der jetzt den Titel „Gesellschaftsrecht" trug und wiederum in das „äußere" und das „innere" Gesellschaftsrecht unterteilt war.[42] Das äußere umfaßt das Recht einer „Gesellschaft", also hier eines Gemeinwesens, als Ganzes nach außen, während das innere Gesellschaftsrecht die inneren Herrschaftsverhältnisse behandelt.[43]

„Das reine Naturrecht" von 1792, Schmalz' zweite größere wissenschaftliche Publikation, fand einige Aufmerksamkeit in Deutschland, aber auch – wie zu erwarten war – nicht nur Zustimmung, sondern ebenfalls deutliche Kritik, mit der sich Schmalz im Vorwort zur drei Jahre später herausgekommenen zweiten Auflage wiederum selbstkritisch auseinandersetzte.[44] Diese Neuauflage enthält übrigens einige – gerade in politischer Hinsicht – besonders signifikante Änderungen, von denen im weiteren noch die Rede sein wird.[45]

[39] Ebenda, S. 34.
[40] Ebenda, S. 35.
[41] Vgl. Encyclopädie des gemeinen Rechts, ^{1}1790, S. 12.
[42] Vgl. Das reine Naturrecht, Königsberg ^{1}1792, S. 76–102.
[43] Zu den Einzelheiten siehe die Ausführungen unten § 15 a).
[44] Vgl. Das reine Naturrecht, ^{2}1795, S. 5–12.
[45] Siehe dazu unten, § 15 a).

b) Die „Erklärung der Rechte des Menschen und des Bürgers“ (1798)

In mancher Hinsicht bereits die vierte Fassung des Naturrechts von Theodor Schmalz – nach der ersten Auflage der „Encyclopädie“ von 1790 und den beiden Auflagen des „Reinen Naturrechts“ von 1792 und 1795 – enthielt die 1798 publizierte kleine, aber inhaltsreiche Schrift „Erklärung der Rechte des Menschen und des Bürgers“, die den Untertitel trug: „Ein Commentar über das reine Natur- und natürliche Staatsrecht“ und deren Zweck es sein sollte, so der Autor im Vorwort, „die vornehmsten Stellen meines reinen Naturrechts zu erläutern, und zu berichtigen“.[46] Der Schwerpunkt liegt in diesem Werk allerdings eindeutig auf dem, was der Autor das „reine Naturrecht“ (im engeren Sinne des Begriffs) nennt und womit er die *philosophische Grundlegung* seiner Rechtslehre meint, – nicht jedoch auf dem Staatsrecht, das nur als Appendix im letzten Viertel des Bandes sehr knapp abgehandelt wird.[47] Anlaß für das Buch war offenbar die Publikation von Kants „Metaphysik der Sitten“ im Jahre 1797, von deren Thesen Schmalz Abstand nehmen wollte – ohne sich allerdings von den Grundsätzen der Kantischen Philosophie an sich zu entfernen.[48]

Schmalz beginnt wiederum mit einer ausführlichen Exposition des Freiheitsbegriffs: Freiheit sei nichts anderes, „als das Vermögen unabhängig von allem außer uns, die erste wirkende Ursache unserer Handlungen selbst zu seyn“.[49] Die Vernunftfähigkeit des Menschen – Schmalz' zweites Grundaxiom – befähigt ihn zugleich zu moralischen Handlungen, d.h. zu solchen, die widerspruchsfrei sind.[50] Die deterministische Theorie des zeitgenössischen Materialismus, „daß der Mensch nichts als eine Maschiene [sic] sey, die von außen her allein regiert werde“,[51] verfällt ebenso der strikten Ablehnung wie empiristische Theorien, die ebenfalls die innere Willensfreiheit und damit

[46] Erklärung der Rechte des Menschen und des Bürgers. Ein Commentar über das reine Natur- und natürliche Staatsrecht, Königsberg 1798, S. III.

[47] Der Band enthält 22 Kapitel, von denen Kap. 1–19 dem „reinen Naturrecht“, und Kap. 20–22 dem „natürlichen Staatsrecht“ gewidmet sind! Zu diesem knappen Staatsrecht von 1798 siehe ebenfalls unten, § 15.

[48] Dazu siehe unten, § 12 a).

[49] Erklärung der Rechte des Menschen und des Bürgers, S. 2.

[50] Vgl. ebenda, S. 4 ff., bes. S. 6 f.: „Denn unser Abscheu am Laster kömmt durch das Erkennen eines solchen Widerspruchs, der der Natur und dem Zweck der Vernunft entgegen ist; er ist nämlich die Ahndung der gänzlichen Aufhebung und Zerstöhrung unserer vernünftigen Natur, – vor welcher das vernünftige Wesen sich entsetzt, wie das sinnliche vor dem natürlichen Tode“.

[51] Ebenda, S. 8.

Vernunftfähigkeit des Menschen bestreiten.[52] Schmalz verbindet Freiheit und Moralität aufs engste miteinander: Wenn ein Mensch nach lasterhaften Maximen handle, sei „es offenbar nicht er selbst, was ihn bestimmt", sondern nur „der Reitz äußerer Gegenstände" – denn als Vernunftwesen steht ihm ja die Erkenntnis des wahrhaft moralischen (d. h. vernünftigen, weil widerspruchsfreien) Handelns offen. Daher sei die Freiheit „für den Menschen ... nur durch Tugend wirklich. Nur dann, wenn er dem Gesetz der Freyheit gehorcht, ist er frey. Jede Ueberschreitung desselben ist ein Schritt in die Sclaverey der Sinnlichkeit".[53]

Diese – in der Tat mehr als bedenkliche – Verknüpfung von Freiheit und Moralität wird von Schmalz nicht weiter reflektiert, sondern er wendet sich im folgenden der Erklärung von Rechten und Pflichten zu: jede Art der Pflichten und der Rechte sei „in einem besonderen Gesetz enthalten". Und „alle diese Gesetze müssen nicht nur aus dem obersten Moralgesetz entspringen, sondern auch hinwieder der Inhalt aller dieser Gesetze zusammen, (ihre Summe gleichsam) dieses höchste Moralgesetz vollständig darstellen".[54] Diese von ihm hier postulierte „Vollständigkeit" meint Schmalz nun dadurch erreichen zu können, daß er die Gesetze der Rechte und Pflichten anhand der vier Denkformen zu klassifizieren versucht, die der Kantischen Kategorientafel in der „Kritik der reinen Vernunft" entsprechen, also Quantität, Qualität, Modalität und Relation.[55] Was auf den ersten Blick wie ein nahezu genialer Kunstgriff auszusehen scheint, entpuppt sich bei näherem Hinsehen doch als eine nicht unproblematische Operation, zumal der Schluß von der *Denkform* auf das moralische oder rechtliche *Gesetz* nicht hinreichend begründet wird – einmal ganz davon abgesehen, daß die Frage der Vollständigkeit der Kantischen Kategorientafel niemals unumstritten gewesen ist (und die Diskussion hierüber bis heute andauert).

Zur Bestimmung dessen, was er als das „juridische Recht" bezeichnet, differenziert Schmalz nun zwischen *juridischen* und *ethischen*

[52] Vgl. ebenda, S. 10 f.: „Aber der Lehre von der gänzlichen Unfreyheit arbeiten diejenigen in die Hände, welche den Werth der Tugend von der Erfahrung, als etwa, daß sie ihre Anhänger oder auch das Ganze der Welt im Allgemeinen glücklich mache, abhängig machen wollen. Als dann hiengen [sic] ja unsere Handlungen am Ende allein von Erfahrungen ab, also allein von Eindrücken äußerer Gegenstände, und wir wären denn nicht frey. – –".

[53] Ebenda, S. 11.

[54] Ebenda, S. 16.

[55] Vgl. ebenda, S. 16–22.

Pflichten: während die letzteren auf den Handelnden selbst gerichtet, daher affirmativ und „innerlich" seien,[56] bezögen sich die juridischen Pflichten ausnahmslos auf andere, sie seien negativ (nämlich darauf gerichtet, die „Beeinträchtigung anderer zu unterlassen"), und sie seien schließlich „ohne Ausnahme allgemein".[57] Hier nun kommt der Freiheitsbegriff wieder ins Spiel, denn Ethik und Recht stehen nach Schmalz beide im Dienst der menschlichen Freiheit: „Die Ethik will unsre innere, die Rechtslehre unsre äußere Freyheit sichern. Jene will die usurpirte Herrschaft der Sinnlichkeit über den Willen zerstöhren, diese die Willkühr anderer von uns abwenden".[58] Die Begriffe von Recht und Pflicht beziehen sich dabei sowohl auf die Ethik wie auch auf die Rechtslehre.[59] Zur näheren Definition des „juridischen Rechts" formuliert Schmalz schließlich acht Imperative,[60] und als Quintessenz aus diesen extrahiert er wiederum „das höchste Princip der Rechtslehre, oder der Pflichten, welche zugleich allgemein, und negativ, Pflichten gegen Andere und äußerliche Pflichten sind"; es lautet: „Unterlaß alles, wodurch du andere vernünftige Wesen wider ihren vernünftigen Entschluß in äußerlicher That bestimmen würdest". In diesem Prinzip müssen nach Schmalz „alle juridischen Rechte und Pflichten des Menschen ... enthalten seyn".[61] Die – an Kant anknüpfende – Bestimmung des Menschen als Vernunftwesen bleibt also im Mittelpunkt des Schmalzschen Naturrechts.

Eine weitere Ausdifferenzierung seiner Rechtstheorie liefert Schmalz auch in seiner Unterscheidung zwischen „Urrechten" und

[56] Vgl. ebenda, S. 25.

[57] Ebenda, S. 23. – Aufschlußreich ist, daß Schmalz an dieser Stelle die juristische Zwangstheorie, die davon ausgeht, jeder Art von Recht wohne mit Notwendigkeit ein Element des Zwanges inne, ablehnt; vgl. ebenda, S. 23 f.: „Allein zu welcher Pflicht man zwingen könne, und zu welcher nicht, das ist es doch gerade, worauf es ankommt, und die Definition sollte nicht die Folge bloß andeuten, sondern das Wesen erklären. Ueberdem ist das Wort: Zwang, sehr vieldeutig .... Irre ich nicht, so wird unter dem Zwang, wodurch man zu Erfüllung juridischer Pflicht nöthigen kann, kein andrer als der verstanden, wodurch etwas verletzt wird, worauf dem Gegner sonst ein juridisches Recht zusteht. Wegen dieses zu offenbaren Circuls in der Definition wünschte ich ... sie ganz zu verbannen"; vgl. zu dieser Frage auch die Ausführungen zum juristischen Zwangsproblem bei Hans Nef, Recht und Moral in der deutschen Rechtsphilosophie seit Kant, St. Gallen 1937, S. 44 ff., der Schmalz neben Fries als den „ersten Kritiker der Zwangstheorie in der kantischen Zeit" (ebenda, S. 47) bezeichnet.

[58] Erklärung der Rechte des Menschen und des Bürgers, S. 27.

[59] Vgl. ebenda, S. 27: „Beyde ... reden von Pflichten und von Rechten. Die Ethik giebt dem Hülflosen ein Recht auf die Hülfe des Andern, und die Rechtslehre legt Jedem die Pflicht auf, mir mein Eigenthum nicht zu rauben".

[60] Vgl. ebenda, S. 28 ff.

[61] Alle Zitate ebenda, S. 31.

„erworbenen Rechten". Während die Urrechte (also: Recht auf sich selbst, auf seine Handlungen, auf den Gebrauch der Sachen) nur noch einmal schnell rekapituliert werden,[62] nimmt die Darstellung und Diskussion der erworbenen Rechte einen verhältnismäßig breiten Raum ein.[63] Das verwundert eigentlich nicht, denn die hiermit inbegriffene Eigentumsfrage sowie die Frage nach der Geltung vererbter Rechte (etwa des Adels) waren in Zeiten revolutionären Umbruchs Tagesprobleme von höchster Aktualität.

Der Beantwortung der – für einen philosophischen Naturrechtler – in der Tat schwierigen Frage: „Aber wie ist es möglich, daß solche Rechte [an Eigentum und an den Handlungen anderer, H.-C.K.] erworben werden können?", da doch jeder einzelne vom Schöpfer „mit unsern Urrechten allein" in die Welt gesandt wird,[64] widmet Schmalz nun umfangreiche Ausführungen. Seine Argumentation läuft darauf hinaus, daß er Eigentums- und Urrechte eng aneinander bindet: da „Erwerbung der Anfang eines Rechts" sei, „jedem Andern die Bestimmung eines äußern Gegenstandes zu wehren", bedeute dies gleichfalls, daß jeder Versuch, einen uns gehörigen „Gegenstand wider unsern Willen zu bestimmen", zugleich einer Kränkung unseres Urrechts gleichkomme. Das Eigentum sei also dadurch geschützt, daß es ohne eine Verletzung menschlicher Urrechte, also der fundamentalsten naturrechtlichen Bestimmungen, nicht von anderer Seite in Frage gestellt werden könne. Zwar sei es klar, so Schmalz, „daß erworbene Rechte keine Instanz seyn können, gegen die Allgemeinheit juridischer Gesetze", doch andererseits wiederum leuchte „es auch aus der Natur der Erwerbung ein, daß erworbene Rechte nicht weniger heilig sind, als die Urrechte selbst. Durch Verletzung erworbener Rechte werden die Urrechte selbst verletzt".[65]

Größeren Raum verwendet Schmalz auch auf die Diskussion der Frage, auf welche Weise und zu welchem Zeitpunkt *Grundeigentum* entsteht. Für ihn ist der Vorgang der Seßhaftigwerdung, der *Kolonisierung* eines abgeschlossenen Gebietes der zentrale Faktor: Dem Menschen zeige „erst die Erfahrung eigner Mühe an das Fangen und die Wartung lebendiger Thiere ... die Gültigkeit der Rechtssätze, welche

62 Vgl. ebenda, S. 33–37.
63 Vgl. ebenda, S. 37–71.
64 Ebenda, S. 39.
65 Die Zitate ebenda, S. 43 f. – Knapp zu Schmalz' Eigentumstheorie jetzt auch M. Kleensang, Das Konzept der bürgerlichen Gesellschaft bei Ernst Ferdinand Klein, S. 90 f.; vgl. auch S. 95 f.

die Formation zum Grunde des Eigenthums machen".[66] Damit ist auch der Zeitpunkt, von welchem an es ein Eigentumsrecht gibt, einwandfrei ermittelt: „Wer wird also zweifeln, daß Landeigenthum durch Bearbeitung des Bodens, durch Pflügen des Ackers, durch Wässern der Wiese, durch Einzäunen des Campes allein erworben werde?"[67] – Das hiermit zusammenhängende *Jus ad rem*, also das Recht auf die Handlungen anderer (das Obligationenrecht), behandelt Schmalz in den weiteren Abschnitten.[68]

Bevor er zum öffentlichen Recht übergeht, versucht er eine knappe definitorische Zusammenfassung seiner naturrechtlichen Lehre: „Ich glaube", heißt es nicht ohne Selbstlob, „bisher meinen Zweck erreicht zu haben, nämlich aus einem Grundsatze durch strenge analytische Methode die Gesetze des reinen Naturrechts abzuleiten". Und er geht sogar so weit, „um der Sitte willen, alles in gewisse Formeln einzukleiden, welche itzt die Moralisten beherrscht, ... den Inhalt des gesammten reinen Naturrechts in ... zehn Geboten"[69] darzustellen. Diese – ausschließlich negativ formulierten – Gebote enthalten wiederum in ihrem Kern die Forderung, das Vernunftwesen, das jeder „Nächste", also jeder andere Mensch, darstellt, nicht zu verletzen oder in Frage zu stellen, bzw. das dem Nächsten zustehende Maß an Freiheit nicht einzuschränken.[70] Insofern hat Schmalz den eigenen

[66] Erklärung der Rechte des Menschen und des Bürgers, S. 66.

[67] Ebenda, S. 68; der „Anmaaßung des Ueberlegenen" könne, heißt es etwas später anschaulich, „keine engere Grenze gesetzt werden ..., als wenn man Jedem nur das einräumt, was er sich erarbeitet, oder durch redliche Verträge sich erarbeiten lässet ... Ein Haufe entschlossener Räuber kann hundertmal mehr Land mit dem Schwerdt, als eine gleiche Anzahl friedlicher Pflanzer mit dem Pfluge einnehmen" (ebenda, S. 69 f.); bloßer „Besitz" gründe noch kein wirkliches Recht auf Eigentum.

[68] Vgl. ebenda, S. 71 ff., 99 ff.

[69] Ebenda, S. 108 f.

[70] Vgl. ebenda, S. 110 f.: „1) Du sollst deinen Nächsten nicht gegen seinen vernünftigen Entschluß bestimmen. 2) Du sollst deinem Nächsten an seiner Person keinen Schaden noch Leid thun. 3) Du sollst deinen Nächsten nicht zu Handlungen wider seinen Willen bestimmen. 4) Du sollst deinen Nächsten nicht an Handlungen wider seinen Willen verhindern. 5) Du sollst deinen Nächsten nicht in dem Gebrauche der eigenthumslosen Sachen verhindern. 6) Du sollst keine Sache gebrauchen, durch deren Gebrauch du die Wirkung der Handlung deines Nächsten wider dessen Willen zerstöhren würdest. 7) Du sollst keine Sache gebrauchen, durch deren Gebrauch du die Wirkung der Handlung deines Nächsten wider dessen Willen für dich verwenden würdest. 8) Du sollst deinem Nächsten nicht den Ersatz weigern für den Schaden, den du ihm zugefügt hast. 9) Du sollst deinem Nächsten die Gegenleistung nicht versagen, für welche du von ihm eine Leistung erhalten hast. 10) Du sollst deine Zusage nicht brechen, wodurch du deinen Nächsten veranlasset hast, etwas zu thun, oder zu unterlassen".

Anspruch, sein System streng analytisch aus *einem* Grundsatz abzuleiten – hier also aus der Bestimmung des Menschen als freies Vernunftwesen –, durchaus einlösen können. Die im Titel des Buches genannten „Rechte des Menschen" sind für ihn in den genannten „zehn Geboten" inbegriffen, weil diese „die Menschenpflichten enthalten";[71] d. h. Menschenrechte sind hier nichts anderes als ins Positive gewendete Menschenpflichten.

c) Erste Kritiker: Bergk und Feuerbach.

Mit seinen naturrechtlichen Veröffentlichungen der Jahre 1790 bis 1798 – nicht nur mit der „Encyclopädie des gemeinen Rechts", den beiden Auflagen des „Reinen Naturrechts" und der „Erklärung der Rechte des Menschen und des Bürgers", sondern auch mit dem „natürlichen Staatsrecht", dem „natürlichen Familienrecht" und schließlich dem „natürlichen Kirchenrecht" (1794–95 erschienen)[72] – war Theodor Schmalz mit einem Schlag in die erste Reihe der deutschen Naturrechtler aufgerückt. Er war nun keineswegs ein aus dieser Gruppe besonders hervorragender Autor, nicht einmal der *Primus inter pares*, doch andererseits konnten seine entsprechenden Veröffentlichungen nicht mehr übersehen werden. In den einschlägigen Darstellungen und Bibliographien zum Naturrecht taucht er jedenfalls seit Mitte der 1790er Jahre auf; als Beispiel sei nur verwiesen auf die 1797 von Ernst Ferdinand Klein, Schmalz' Lehrstuhlvorgänger in Halle, publizierten „Grundsätze der natürlichen Rechtswissenschaft nebst einer Geschichte derselben".[73]

Natürlich blieben jetzt auch Kritiker nicht aus, von denen im folgenden nur zwei – und zwar wegen ihrer Prominenz – näher in den Blick genommen werden sollen. Der erste war Johann Adam Bergk, ein „Radikaldemokrat" und Revolutionsanhänger, gleichfalls ein überzeugter Kantianer – freilich ein „Linkskantianer" –, der die

[71] Ebenda, S. 111.

[72] Siehe dazu unten § 25 a)-b).

[73] Vgl. Ernst Ferdinand Klein, Grundsätze der natürlichen Rechtswissenschaft nebst einer Geschichte derselben, Halle 1797, S. 37, 240; zu Kleins Kritik an Schmalz' Gründung des Naturrechts auf die Zweckbestimmung des Menschen siehe jetzt auch die Bemerkungen bei M. Kleensang, Das Konzept der bürgerlichen Gesellschaft bei Ernst Ferdinand Klein, S. 72 ff. – Noch Ende der 1830er Jahre wird Schmalz in einem Spätwerk des Naturrechts mehrfach genannt; vgl. Leopold A. Warnkönig, Rechtsphilosophie als Naturlehre des Rechts, Freiburg i. Br. 1839, S. 127 ff.

Prinzipien des großen Königsbergers ins Revolutionäre umzudeuten bemüht war.[74] In seinen 1797 publizierten „Briefen über Immanuel Kant's Metaphysische Anfangsgründe der Rechtslehre" lehnt Bergk den zentralen Ausgangspunkt des „reinen Naturrechts" ab: Der Grundsatz, es sei verboten, einen Menschen als bloßes Mittel zu gebrauchen, sei „blos der Grundsaz [sic] der Gerechtigkeit in der Tugendlehre" und tauge daher „ganz und gar nicht zu einem ersten Grundsazze der Rechtslehre, weil er mir keine Vorschrift für den Gebrauch meiner äußern Freiheit giebt".[75] Auch gebe dieser Satz „kein deutliches und bestimmtes Merkmal, *wie* und *wann* ich die Gesezlichkeit meiner äußern Willenshandlungen erkennen kann, wie es doch von einer Wißenschaft des Rechts verlangt wird". Daher tauge der oberste Maßstab des Schmalzschen Naturrechts „nicht zum Grundsazze der Rechtslehre, weil er so wohl unbestimmt und dunkel, als weil er blos ein angewandter Saz der Moral ist, und nicht die bloße That, sondern auch die Gesinnung bestimmt, und diese blos dem Gerichtshofe des Gewissens unterworfen, denken muß".[76]

Worauf Bergk – der sich ebenso wie Schmalz ausdrücklich zum Naturrecht bekennt[77] – hinaus will, zeigen weitere Abschnitte seines Buches: der „Gebrauch der äußeren Freiheit", für den er Anweisungen bei Schmalz vermißt hatte, ist für ihn – im Gegensatz zu Schmalz (wie noch zu zeigen sein wird) – nichts anderes als eine verfassungsmäßig verbriefte und damit im eigentlichen Sinne *politische* Freiheit. Erst eine „Verfassung" im Sinne einer *geschriebenen Konstitution* nach amerikanischem und französischem Vorbild sei imstande, die natürlichen Rechte des Menschen zu sichern;[78] Bergk trat nicht nur für eine

[74] Vgl. hierzu Jörn Garber, Liberaler und demokratischer Republikanismus. Kants Metaphysik der Sitten und ihre radikaldemokratische Kritik durch J. A. Bergk, in: derselbe, Spätabsolutismus und bürgerliche Gesellschaft. Studien zur deutschen Staats- und Gesellschaftstheorie im Übergang zur Moderne, Frankfurt a. M. 1992, S. 243–281; vgl. auch die Erwähnungen in W. Kersting, Wohlgeordnete Freiheit. Immanuel Kants Rechts- und Staatsphilosophie, S. 152, 160.

[75] Johann Adam Bergk, Briefe über Immanuel Kant's Metaphysische Anfangsgründe der Rechtslehre, enthaltend Erläuterungen, Prüfung und Einwürfe, Leipzig – Gera 1797, S. 32.

[76] Ebenda, S. 33.

[77] Vgl. ebenda, S. 189: „Das Recht läßt sich nicht aus geschehenen Dingen entwikkeln [sic], sondern es muß in der menschlichen Natur aufgesucht werden".

[78] Vgl. ebenda, S. 176: „Es giebt kein anderes äußeres Mittel, die Menschen an allgemeine Gesezze zu gewöhnen, und mit einem moralischen und rechtlichen Leben vertraut zu machen, als der Staat, welcher sich auf eine rechtlich-organisirte Konstitiution stützt. Eine solche Verfassung, welche ein Werk der Weisheit und Klugheit ist,

gewaltenteilige Verfassung, sondern auch dafür ein, daß „jeder physisch Mündige“[79] das uneingeschränkte Staatsbürgerrecht erhalte.

Freilich verfehlte Bergk als konsequent *politischer* Autor mit seiner Kritik das Anliegen von Schmalz, dem es eben um eine *philosophische* Deduktion aus bestimmten vorausgesetzten Grundaxiomen ging, und nicht ausdrücklich um „Anweisungen“ für den Gebrauch der äußeren Freiheit. Schmalz hätte vermutlich geantwortet (es ist nicht bekannt, ob er Bergks Kritik zur Kenntnis genommen hat), daß sein „reines Naturrecht“ wenigstens mittelbare Anweisungen hierfür enthalte, die aus den bei ihm vorausgesetzten ethischen Grundprinzipien, dem kategorischen Imperativ und der Zweckbestimmung des Menschen, sehr wohl abzuleiten seien.

Der zweite – und überaus kompetente – Kritiker des Schmalzschen Naturrechts war der von der Philosophie herkommende junge (1775 geborene) Paul Johann Anselm Feuerbach, der sich nicht nur in seinem Erstlingswerk, der 1796 publizierten „Kritik des natürlichen Rechts als Propädeutik zu einer Wissenschaft der natürlichen Rechte“, sondern auch noch einmal zwei Jahre später, in einer ausführlichen Rezension der ersten vier Naturrechtsschriften von Schmalz, mit den Thesen des damals noch in Königsberg lehrenden, ebenfalls noch jungen Ordinarius auseinandergesetzt hat.[80]

In der „Kritik des natürlichen Rechts“ kritisiert gewissermaßen ein junger Naturrechtler den anderen: d. h. es handelt sich also ebenfalls (wie schon bei Bergk) um eine Kritik an gewissen Details des Schmalzschen Naturrechts *auf naturrechlicher Grundlage*, keineswegs um eine Grundsatzkritik am Naturrecht als solchem oder an der philosophischen Methode innerhalb der Jurisprudenz dieser Zeit. Feuerbach beschränkt sich in seiner Kritik auf die Schmalzsche Begriffsbestimmung am Anfang der zweiten Auflage des „reinen Naturrechts“, in der das „Naturrecht“ als „die Wissenschaft der äussern vollkommenen Rechte und Pflichten“[81] definiert wird. Feuerbach wirft Schmalz hier

und zu deren Laune [sic!] das Recht und die Erfahrung das Ihrige beigetragen haben, macht das Recht *wirklich*, indem es die Willkühr Aller einem und demselben Gesezze unterwirft“.

[79] Ebenda, S. 181; vgl. auch M. Stolleis, Untertan – Bürger – Staatsbürger. Bemerkungen zur juristischen Terminologie im späten 18. Jahrhundert, S. 326, 328.

[80] Zum jungen Feuerbach vgl. immer noch Gustav Radbruch, Paul Johann Anselm Feuerbach. Ein Juristenleben, 2. Aufl., hrsg. v. Erik Wolf, Göttingen 1957, S. 24 ff., 39 ff. u. a.; wichtig ebenfalls E. Wolf, Große Rechtsdenker der deutschen Geistesgeschichte, S. 549 ff.

[81] Das reine Naturrecht ^{2}1795, S. 23.

die mangelnde Abgrenzung zwischen Ethik und Jurisprudenz vor: selbst dann, wenn die Deduktion zulässig wäre, „daß die Pflichten Grund der Rechte seyen, und das Naturrecht von jenen *ausgehen* müsse",[82] sei es nicht zulässig, das Naturrecht als Wissenschaft aufzufassen, die zugleich ein System der *Rechte* wie auch der *Pflichten* aufzustellen habe. Ein dem Naturrecht vorangestelltes Pflichtprinzip sei „darum noch nicht Grundsatz der Rechte selbst; e[s] ist blos ein Satz, durch den wir den dem Naturrechte eigenthümlichen Grundsatz begründen, mithin blos ein *Lehrsatz*, welcher in einer andern Wissenschaft einheimisch ist, und den wir ihr darum abborgten, um einen in unsrer Wissenschaft einheimischen Grundsatz zu erweisen".[83] Hier spricht noch eher der Philosoph als der Jurist, der vor dem Fehlschluß warnt, aus dem *formalen* Gebrauch eines bloßen *philosophischen Lehrsatzes* eine *inhaltliche* Erweiterung des Gebietes und damit der Aufgaben des Naturrechts als einer *juristischen Disziplin* abzuleiten. Feuerbachs Warnung vor einer zu starken Vermengung philosophischer und juristischer Inhalte in Schmalz' frühem Naturrecht war in der Sache jedenfalls keineswegs unbegründet.

Noch deutlicher wurde Feuerbach in seiner 1798 in der Jenaer „Allgemeinen Literatur-Zeitung" anonym publizierten Kritik des „reinen Naturrechts" sowie der dazugehörigen drei weiteren kleinen naturrechlichen Monographien zum Staats-, Familien- und Kirchenrecht.[84] „Das wissenschaftliche Bedürfniß einer tiefern Begründung des Naturrechts", heißt es gleich zu Anfang, entspreche dem durch die kritische Philosophie mitbestimmten „Geist der Zeiten", und der „Endpunkt" des wissenschaftlichen Strebens der „Philosophen und philosophischer Rechtsgelehrten" müsse in folgendem bestehen: „Wissenschaftliche Begründung des allgemeinen Staatsrechts, scharfe Absonderung der Rechtswissenschaft von allen angrenzenden Gebieten, und Zurückführung des Ganzen auf allgemeingültige und einheimische Principien".[85]

82 Paul Johann Anselm Feuerbach, Kritik des natürlichen Rechts als Propädeutik zu einer Wissenschaft der natürlichen Rechte, Altona 1796, Ndr. Hildesheim 1963, S. 63 f.

83 Ebenda, S. 67.

84 [Paul Johann Anselm Feuerbach], Rez. von: Theodor Schmalz: Das reine Naturrecht, Königsberg 1792, 2. Aufl., Königsberg 1795; derselbe: Das natürliche Staatsrecht, Königsberg 1794; derselbe: Das natürliche Familienrecht, Königsberg 1795; derselbe: Das natürliche Kirchenrecht, Königsberg 1795, in: Allgemeine Literatur-Zeitung, Nr. 242, 13.8.1798, Sp. 313–318; Nr. 243, 14.8.1798, Sp. 321–328.

85 Ebenda, Sp. 313.

Nach einigen lobenden und nur mäßig kritischen Bemerkungen über Schmalz und dessen naturrechtliches Werk[86] kommt Feuerbach noch einmal auf die bereits zwei Jahre vorher gemachten zentralen kritischen Einwände gegen den Ausgangspunkt des „reinen Naturrechts" zurück. Er bemängelt wiederum die fehlende strikte Trennung zwischen Moral und Recht, zwischen Ethik und Jurisprudenz: Beide stimmten *nur darin* überein, „daß sie *praktische* Principien zum Grunde haben", sonst aber sei das Hauptprinzip der Moral die *Gesinnung*, während das Hauptprinzip des Naturrechts die *Handlung* darstelle. Das Naturrecht müsse sich also „von dem Princip der Moral nicht bloß durch seine Form, sondern auch durch seinen Inhalt unterscheiden. Denn sonst wäre es ganz unnöthig, aus dem Naturrecht eine eigne Wissenschaft zu bilden".[87] Feuerbachs Kritik richtet sich also auch hier auf die mangelnde gedankliche Stringenz und auf die korrektur- und ergänzungsbedürftige Systematik des Schmalzschen Naturrechts, keineswegs jedoch auf den philosophischen Ansatz selbst. Im Gegenteil: Schmalz ist für Feuerbach ein philosophischer Jurist, der in bestimmter Hinsicht *nicht philosophisch genug* argumentiert.

Auf dieser Linie liegen auch die dann folgenden kritischen Anmerkungen zum „reinen Naturrecht". Die Ableitung des obersten Naturrechtsprinzips aus der – ethischen – Zweckbestimmung des Menschen sei nicht nur unbefriedigend, da Schmalz „uns, nach seiner Theorie, immer eine Antwort auf die Frage [werde] schuldig bleiben müssen, warum es denn schlechthin bös sey, ein vernünftiges Wesen, als Mittel zu behandeln?", sondern auch, weil dieses ethische Prinzip nichts weiter ausdrücke, „als das innere Gesetz der rechtlichen Gesinnung; nicht aber das äußere Gesetz des gerechten Handelns. Hr. S. hat es auch bloß als solches aus der innern Gesetzgebung, die das Gute und Böse bestimmt, deducirt. Und auf diesem Weg können wir durchaus kein Princip für das Naturrecht finden" – eben weil dann das Natur-

[86] Vgl. ebenda, S. 313 f.: „Hr. S. war einer der ersten Bearbeiter des Naturrechts in der letzten Periode, und die deutliche und klare Sprache seiner Schriften, ihre Entfernung von allem scholastischen Pomp, manche neue Ansichten und treffende Bemerkungen haben dem Vf. ein entschiedenes Verdienst um unsre Wissenschaft erworben. Dieses Lob gebührt ihm, wenn auch viele seiner Behauptungen nur den Namen interessanter Paradoxieen verdienen sollten; und der Grundstein, auf welchem er sein Gebäude errichtet, weit entfernt auf hinlängliche Festigkeit Anspruch machen zu können, nur noch unter die Versuche gerechnet werden müßte".

[87] Ebenda, Sp. 314.

recht „kein eignes Princip habe, mithin auch den Rang keiner besondern Wissenschaft verdiente“.[88]

Neben der unzureichenden Abgrenzung des Rechts von der Ethik kritisiert Feuerbach weitere gedankliche Unklarkeiten und Oberflächlichkeiten: so die mangelnde Differenzierung zwischen „Recht“ und „Befugnis“, vor allem aber die nach seiner Auffassung fehlerhafte Definition der Urrechte bei Schmalz. Diese könne man, ihrer etymologischen Bestimmung nach, „nicht anders als solche verstehen, welche den Grund der übrigen Rechte enthalten“. Dies bedeute aber wiederum, daß Urrechte nicht *material*, sondern bloß *formal* sein könnten; im Anschluß an Kant bemerkt Feuerbach: „Das oberste aller Urrechte, ist daher das Recht der *Freyheit*, welches das Recht der *Gleichheit* und der *Persönlichkeit* bestimmt. Alle übrigen (materialen) Rechte sind in diesem gegründet, und können in keiner Rücksicht als Urrechte aufgestellt werden“.[89] Auch im „hypothetischen Naturrecht“ seien „gar viele Behauptungen“ zu finden, „die uns nur zu sehr den Mangel haltbarer Principien beweisen“, so etwa im Vertragsrecht oder auch in manchen Äußerungen über die Natur des Gesellschaftsvertrags.[90]

Diese Kritik war deutlich, aber durchaus unpolemisch und sachlich: eigentlich eine Aufforderung an den Autor, an seinem Naturrecht weiterzuarbeiten – wenn auch nach zuerst vorzunehmenden umfassenden Korrekturen. Der Kritiker und der Kritisierte erweisen sich also beide als typische Vertreter des für das ausgehende 18. Jahrhundert charakteristischen deutschen Naturrechts. Das Bemühen um philosophische Dignität, um logische Stringenz und innere Geschlossenheit der Argumentation verführte den Großteil einer ganzen Juristengeneration dazu, das überlieferte und gegebene Recht, auch die althergebrachten gewohnheitsrechtlichen Rechtstraditionen, zugunsten abstrakter Theorien und Prinzipien zu vernachlässigen. Die Neigung zu aphoristischer („mathematischer“) Kürze, auch die Ableitungs- und Gliederungsmanie, die man bei Schmalz wie bei vielen seiner naturrechlich orientierten Berufs- und Schriftstellerkollegen

[88] Ebenda, Sp. 315 f.

[89] Ebenda, Sp. 316; weiter heißt es: „Hr. S. verwechselt die Urrechte mit den *unbedingten*, *ursprünglichen* Rechten“; zu Kants Postulat der Freiheit als einzigem menschlichen Urrecht vgl. dessen Metaphysik der Sitten, in: I. Kant, Gesammelte Schriften VI, S. 237.

[90] [P. J. A. Feuerbach]: Schmalz-Rezension, in: Allgemeine Literatur-Zeitung 1798, Sp. 317 f.

findet, zeigen, daß er sich in diesen Jahren ganz auf der Höhe des Zeitgeistes befand.

Die Gefahr dieses – dem Zeitgeist aufs engste verbundenen – philosophisch-abstrakten Naturrechts bestand nicht nur in einer allzu großen Entfernung von den nun einmal gegebenen Realitäten des vorhandenen Rechtszustandes, sondern – fast mehr noch – in der *Entartung der Methode zum Selbstzweck*, in der Lust an „interessanten Paradoxien" (die Feuerbach durchaus treffend bemängelte), an scheinbar originellen Ableitungen und Begriffsbildungen, schließlich an stets erneuten Adaptionsversuchen der jüngsten philosophischen Modetheorien. Man wird sicherlich nicht sagen können, daß Schmalz diesen Gefahren in seinen frühen Naturrechtsschriften immer entronnen ist.

§ 12 Schüler Kants und Lehrer Fichtes

a) Kant

Die auf kantischer Grundlage aufbauenden Naturrechtler, die seit 1785 mit ihren Publikationen an die Öffentlichkeit traten, versuchten in der Regel, „soweit sie nicht nur die Inhalte des älteren Naturrechts in einen schnell modisch gewordenen Jargon übersetzten, ... eine Neubegründung der Hauptaxiome des Naturrechts auf der Grundlage des kategorischen Imperativs".[1] Und sie bekannten sich zumeist auch ausdrücklich zu ihrem Königsberger Lehrer und legten Wert darauf, als Kantianer bezeichnet zu werden.[2] Auch wenn die weitere Entwicklung im 19. Jahrhundert andere Bahnen einschlug, wird man mit Helmut Coing feststellen können, „daß Kants Rechtsphilosophie der deutschen Rechtswissenschaft überhaupt ihre charakteristische Grundrichtung gegeben hat" und daß sich „ähnliches auch von seinem Einfluß auf die deutsche Rechtswissenschaft behaupten"[3] läßt.

[1] M. Stolleis, Geschichte des öffentlichen Rechts in Deutschland I, S. 326; vgl. auch Reinhold Aris, History of Political Thought in Germany from 1789 to 1815, 2. Aufl., London 1965, S. 115; F. Wieacker, Privatrechtsgeschichte der Neuzeit, S. 351 ff.

[2] Zu den frühen Kantianern vgl. auch Karl Rosenkranz, Geschichte der Kant'schen Philosophie (1840), hrsg. v. Steffen Dietzsch, Berlin 1987, S. 271; Ferdinand Walter, Naturrecht und Politik im Lichte der Gegenwart, Bonn 1863, S. 579 ff.; E. Landsberg, Geschichte der Deutschen Rechtswissenschaft III/1, S. 503 ff.; Ludwig Schneider, Zu Kants Einfluß auf die Rechtsphilosophie, in: Festschrift für Rudolf Laun zu seinem achtzigsten Geburtstag, hrsg. v. der Forschungsstelle für Völkerrecht und ausländisches öffentliches Recht der Universität Hamburg, Göttingen 1962, S. 400–413, bes. S. 404 ff.; A. Negri, Alle origini del formalismo guiridico. Studio sul problema della forma in Kant e nei giuristi kantiani tra il 1789 e il 1802, passim; H. Krüger, Kant und die allgemeine Staatslehre des 19. Jahrhunderts – Ein Arbeitsprogramm, passim; Jürgen Blühdorn, ‚Kantianer' und Kant. Die Wende von der Rechtsmetaphysik zur ‚Wissenschaft' vom positiven Recht, in: Zeitschrift der Savigny-Stiftung für Rechtsgeschichte, Rom. Abt. 90 (1973), S. 305–345; neuerdings besonders wichtig: W. Kersting, Wohlgeordnete Freiheit, S. 151 ff. u. passim. – Zum Zusammenhang der Methodendiskussion siehe auch Hans-Ulrich Stühler, Die Diskussion um die Erneuerung der Rechtswissenschaft von 1780–1815 (Schriften zur Rechtsgeschichte, Bd. 15), Berlin 1978; die etwas spätere Zeit beleuchtet J. Rückert, Kant-Rezeption in juristischer und politischer Theorie (Naturrecht, Rechtsphilosophie, Staatslehre, Politik) des 19. Jahrhunderts, passim.

[3] Helmut Coing, Kant und die Rechtswissenschaft, in: Kant und die Wissenschaften. Reden gehalten am 12. Februar 1954 anläßlich der Wiederkehr des Todestages von Immanuel Kant (Frankfurter Universitätsreden, H. 12), Frankfurt a. M. 1955, S. 34–

Theodor Schmalz kann mit seiner ab 1790 zu datierenden Kant-Rezeption ohne Frage als einer der frühesten Kantianer bezeichnet werden, und selbst der sehr kritische Ernst Landsberg hat ihm diesbezügliche Verdienste nicht bestreiten können; so konstatierte er 1890: Schmalz' „Heranziehung der Kant'schen Philosophie ist eine geschickte und beweist, wennschon keine tiefe Verarbeitung, so doch eine Werthschätzung des Königsberger Philosophen, welche damals keineswegs noch so allgemein war und schon deshalb ihr Verdienst hat".[4] Im Gegensatz zu Gottlieb Hufeland, der 1785 wirklich als erster Jurist Kants Ethik rezipiert hatte (und dessen in jenem Jahr erschienener „Versuch über den Grundsatz des Naturrechts" vom Königsberger Meister persönlich rezensiert worden war), zeige, so Landsberg weiter, Schmalz' Verarbeitung des Kantischen Ansatzes, seine Verwerfung der traditionellen Glückseligkeitslehre und die „Knappheit und Klarheit seiner Sätze ... unverkennbar einen Fortschritt"; insofern könne sich Schmalz „mit Recht rühmen, der Erste zu sein, der die Kantischen Principien, noch ehe Kant selbst mit einem Naturrecht hervortrat, auf das Naturrecht anwandte".[5]

Natürlich hat Schmalz selbst auf sein diesbezügliches „Erstgeburtsrecht" großen Wert gelegt. Nachdem er sich in der Vorrede zum „reinen Naturrecht" von 1792 nachdrücklich zur „critische[n] Philosophie" bekannt und das Loblied auf den Kantianismus, also auf „die große Revolution im Reich der Wissenschaften, die unter uns sich erhob", angestimmt hatte,[6] betonte er, gewissermaßen aus eigenem Antrieb

42, hier S. 37; vgl. auch DERSELBE, Grundzüge der Rechtsphilosophie, 4. Aufl., Berlin – New York 1985, S. 35 f.

[4] E. LANDSBERG, Art. „Schmalz, Theodor Anton Heinrich", S. 627.

[5] E. LANDSBERG, Geschichte der Deutschen Rechtswissenschaft III/1, S. 514 f.; ein eher negatives Urteil fällte Landsberg allerdings 1901; vgl. DERSELBE, Kant und Hugo. Philosophisches und Civilistisches von 1800 und 1900, in: Zeitschrift für das Privat- und öffentliche Recht der Gegenwart 28 (1901), S. 670–686, hier S. 673 f.

[6] Das reine Naturrecht [1]1792, S. 6; vgl. ebenda, S. 6 f.: „Die critische Philosophie hat angefangen über alle Theile des menschlichen Wissens ihr erhabenes Licht zu verbreiten. Was muß sie nicht für das Recht der Natur thun? Sie hat jene Speculationen verdrängt, welche gegen den gemeinen Menschenverstand alles uns zweifelhaft machten, worauf uns alles beruhete, und hat überall so glücklich es sich zum Geschäffte gemacht, das innere Gefühl der Menschheit, für die Vernunft befriedigend, wissenschaftlich zu entwickeln. Wie könnte ihre Anwendung auf das Naturrecht misglücken, welches deutlicher als alles in unserm Gefühl liegt, und dessen Entwikkelung eben dieser Klarheit wegen so leicht werden muß? – Noch bis jetzt aber sind die Principien der Moralität, die sie aufgestellt hat, nirgend, so viel ich weiß, hierfür benutzt. Herr Tafinger und Herr Hufeland haben sie höchstens gebraucht, um die Principien der Glückseligkeit und der Vollkommenheit aus ihnen herzuleiten, die doch, soviel ich einsehe, gerade ihr Widerspiel sind, (wenn anders diese schwankende

Kantianer geworden zu sein: Es könnte zwar den Anschein haben, daß er, Schmalz, sich bei der Ausarbeitung dieser Schrift der „mündlichen Belehrung“ seines großen Universitätskollegen Kant bedient habe: „Wahrlich ich widerspreche dem nicht aus Stolz. Vielmehr würde ich stolz seyn, mich dessen rühmen zu können. So sehr ich aber seine [Kants, H.-C.K.] öftern lehrreichen Gespräche benutzt habe, und gerne seine Leitung mir erbeten, oder auch nur ihm das Manuscript vor dem Druck zeigen zu können gewünscht hätte: so hielt ich doch dies letztere für indiscrete Zudringlichkeit, und glaubte jene Bemerkung machen zu müssen, damit nicht etwa dasjenige, was ich irgend unrecht gesagt habe, der critischen Philosophie zum Nachtheil gerechnet werde, sondern lediglich meine eigene Irrthümer beweisen möge“.[7] Noch 1804, im Todesjahr des großen Denkers, stellte Schmalz rückschauend fest, daß es seine eigene „Erklärung der Rechte des Menschen und des Bürgers“ von 1798 gewesen war, die „zuerst die Grundsätze der critischen Philosophie auf die Rechtslehre anwandte“.[8]

Worin bestand nun der „Kantianismus“ von Schmalz? Man wird ihn sicherlich nicht in einer *vollständigen* Adaption der Grundsätze der Philosophie Kants sehen können. Vielmehr hat Schmalz diejenigen Grundgedanken Kants, von denen er glaubte, daß sie für eine philosophische Neubegründung des Naturrechts fruchtbar gemacht werden könnten, selektiv rezipiert. Dies waren vor allem drei Elemente: *Erstens* (wie oben gezeigt) die Übernahme des Kategorischen Imperativs und der Zweckbestimmung des Menschen als oberste Prinzipien und Grundaxiome des Naturrechts, aus denen sich in logischer Form weitere Leitsätze und Prinzipien ableiten ließen. Diese Aneignung bedeutete zugleich die Rezeption der Kantischen Anthropologie und damit die Adaption eines Menschenbildes, das die Vernunftbestimmtheit und Freiheitsfähigkeit des Menschen in den Vordergrund stellte. Noch in der zweiten Auflage seiner „Encyclopädie des gemeinen Rechts“ von 1804 hat Schmalz an dieser Kantischen Grundbestimmung des Menschen, wenn auch mit einigen Modifikationen, im Großen und Ganzen festgehalten.[9]

Begriffe je Grundbegriffe einer Wissenschaft seyn können). Man kann daher die Arbeiten dieser Männer wirklich nicht für Anwendung der Kantischen Principien auf das Naturrecht ansehen“.

[7] Ebenda, S. 11f.

[8] Encyclopädie des gemeinen Rechts. Zum Gebrauch academischer Vorlesungen, Königsberg ²1804, S. 93.

[9] Vgl. die Ausführungen ebenda, S. 9ff; das „Erste Buch“ trägt keineswegs zufällig die Überschrift „Metaphysik der Sitten“ (ebenda, S. 9).

Der *zweite* Aspekt der Kantrezeption von Schmalz hängt mit dem ersten eng zusammen: Die Zurückweisung des traditionellen Eudämonismus als Staatszweck,[10] also die Abkehr von der neuaristotelischen, noch von Justi nachdrücklich vertretenen Lehre von der „Glückseligkeit" aller Bürger als politisches Ziel eines gut eingerichteten Gemeinwesens. Im Gegensatz zu anderen der frühen juristischen Kantrezipienten hatte Schmalz begriffen, daß die auf *formale* Grundaxiome sich gründende neue praktische Philosophie Kants im Bereich des Politisch-Rechtlichen die traditionell *materiale* Bestimmung des „Salus publica suprema lex" im Grunde nicht mehr zuließ.[11] In seiner Staatszwecklehre hat Schmalz sich denn auch noch später deutlich von der traditionellen Auffassung abgesetzt.

Ein wohl eher mißlungener Versuch der Adaption Kantischer Gedanken liegt *drittens* dort vor, wo Schmalz versucht, die vier Kategorien des Verstandes, die Kant in der Kategorientafel seiner „Kritik der reinen Vernunft" expliziert hatte, nämlich Quantität, Qualität, Modalität und Relation, als Einteilungsprinzipien für die rechtsphilosophisch zu definierenden Rechte und Pflichten des Menschen zu verwenden.[12] Schmalz wollte hierdurch wohl nicht nur, wie er versicherte, das Anrecht auf Vollständigkeit seiner Aufzählung dieser Rechte und Pflichten begründen,[13] sondern auch den Anspruch seiner Lehre auf wissenschaftliche Dignität erhöhen.[14] Die Übernahme

[10] Siehe dazu die entsprechenden Ausführungen unten § 15.

[11] Hierzu bemerkt W. Kersting, Wohlgeordnete Freiheit, S. 367, Anm. 64, sehr treffend: „Indem ‚salus publica' bei Kant die Bedeutung von ‚iustitia publica' bekommt, wird der Zentralbegriff des materialen Wohlfahrtsstaates gegen den Zentralbegriff des formalen Rechtsstaates ausgewechselt; das sich in diesem organisierende Rechts- und Freiheitsverständnis beinhaltet als wesentlichen Bestandteil die öffentlich-allgemeine Unverfügbarkeit des menschlichen Glückshaushalts".

[12] Wie oben in § 11 b) ausgeführt wurde, versucht Schmalz eine solche Adaption der Verstandeskategorien zuerst in der Erklärung der Rechte des Menschen und des Bürgers, S. 15 ff. – Er hat auch später daran festgehalten; vgl. u. a. Handbuch des römischen Privatrechts. Für Vorlesungen über die Justinianeischen Institutionen, Königsberg ²1801, S. 7 f.; Handbuch der Rechtsphilosophie, Halle 1807, S. 42 ff.

[13] Vgl. Erklärung der Rechte des Menschen und des Bürgers, S. 16.

[14] Typisch für diesen Anspruch auch die folgenden Formulierungen, ebenda, S. IV ff.: „In der wissenschaftlichen Behandlung kommt, meine ich, gerade darauf alles an, nicht bloß die Lehrsätze mit ihren Gründen darzustellen, sondern gerade zu zeigen, wie alle diese Gründe selbst in Einer Kette mit dem obersten Princip zusammenhängen, wie nicht bloß die Sätze, sondern auch ihre Gründe aus jenem ersten Princip durch ganz einfache Analyse hergeleitet werden. ... Eben dieser strengen Methode wegen schrieb ich mein Lehrbuch [gemeint ist: Das reine Naturrecht, H.-C.K.] in solchen kurzen Aphorismen, wie die Mathematiker pflegen, damit jeder Satz für sich und in seiner Kette leicht übersehen werden möchte. Freylich ist das

philosophischer Kategorien zur Systematisierung oder „theoretischen Unterfütterung“ von neuen Erkenntnissen in anderen Wissenschaften ist bekanntlich von den Zeiten des „more geometrico“-Verfahrens bis heute ein geläufiges Prinzip geblieben – auch wenn der Sinn und Zweck eines solchen Vorgehens keineswegs immer einzuleuchten vermag.[15]

Das Erscheinen der „Metaphysik der Sitten“ im Jahre 1797, in deren erstem Teil, den „Metaphysischen Anfangsgründen der Rechtslehre“, Kant endlich seine lange erwartete Rechtsphilosophie vorlegte,[16] wurde mit Überraschung und – von seiten der „kantianischen“ Naturrechtler – zumeist mit Enttäuschung registriert, entsprach sie doch kaum demjenigen, was sie sich erhofft oder doch wenigstens erwartet hatten.[17] Von ihnen hat Theodor Schmalz seiner Enttäuschung 1804 in der zweiten Auflage seiner „Encyclopädie des gemeinen Rechts“ durch die Bemerkung Ausdruck verliehen: „*Immanuel Kant* leistete der Rechtslehre durch seine Critik der practischen Vernunft unendlich größere Dienste, als durch seine Rechtslehre selbst“.[18] Auf der einen Seite erschien die „Metaphysik der Sitten“ als inhaltlich zu stark durch traditionale Vorgaben bestimmt, zu wenig theoretisch und begrifflich stringent, auf der anderen Seite wiederum hatte sie nicht die Vermittlung von Theorie und Empirie geliefert, die sich die philosophisch orientierten Naturrechtler für ihre Wissenschaft vermutlich erhofft hatten.

In seiner 1798 publizierten „Erklärung der Rechte des Menschen und des Bürgers“ hat Schmalz die Unterschiede der eigenen Auffassung zu der neuen, in der „Metaphysik der Sitten“ enthaltenen Rechtslehre Kants klar herausgearbeitet: Man werde es, heißt es bereits in der Vorrede, „nicht als Anmaaßung ansehen, daß ich gewagt habe, gegen die metaphysische Rechtslehre des Herrn Professor Kant, für dessen Lehrling ich mich sonst gern bekenne, zu reden“, aber er stellte

unendlich mühsam, aber auch der einzige Weg, die Wissenschaft zur Evidenz zu bringen“.

[15] Hans Nef hat in Schmalz' Versuch allerdings eine „gewisse Ergänzung“ der Kantischen Lehre sehen wollen; vgl. derselbe, Recht und Moral in der deutschen Rechtsphilosophie seit Kant, S. 21.

[16] I. Kant, Gesammelte Schriften VI, S. 203–372.

[17] Vgl. W. Kersting, Wohlgeordnete Freiheit, S. 152 f.; J. Blühdorn, ‚Kantianer‘ und Kant. Die Wende von der Rechtsmetaphysik zur ‚Wissenschaft‘ vom positiven Recht, S. 307 ff.

[18] Encyclopädie des gemeinen Rechts. Zum Gebrauch academischer Vorlesungen, Königsberg ²1804, S. 92.

anheim, „daß ein Jurist von Profession allein die zahllosen Details übersehen könne, die bey der Anwendung allgemeiner Grundsätze sich darstellen, und oft die Unrichtigkeit derselben da zeigen, wo wir es am wenigsten vermuten“.[19] Der philosophische Jurist hatte sich also auf die Anforderungen und Eigenarten des eigenen Faches besonnen und sah offenbar immer deutlicher die Grenzen einer ausschließlich von philosophischen Grundbegriffen und Denkansätzen ausgehenden Rechtslehre; daß jetzt die Philosophen mit dem Anspruch auftraten, das Recht selbst und damit auch die Lehre vom Recht theoretisch neu zu fundieren – noch vor Kant hatte Fichte bereits 1796 seine „Grundlage des Naturrechts“ veröffentlicht[20] –, nahm Schmalz, wie es scheint, mit zunehmendem Unbehagen zur Kenntnis.

Die Ableitung naturrechtlicher Lehrsätze aus einem obersten Prinzip und die hieraus wiederum entwickelte Einteilung und Klassifizierung des Rechts und seiner einzelnen Teilgebiete hatte Schmalz selbst praktiziert; hierin bestand für ihn die Hauptaufgabe einer philosophisch fundierten Rechtslehre. Doch Kants Anspruch, in seiner „Metaphysischen Rechtslehre“ analog zur Erkenntnistheorie auch die Möglichkeit *synthetischer Rechtssätze a priori* nachzuweisen, also auf nichtempirische, logische Art Rechtsbegriffe zu deduzieren, die sich selbst wiederum auf konkret-empirische Rechtsgebiete bezogen,[21] hielt Schmalz ausdrücklich für „unmöglich“.[22]

So kritisierte er Kants „Deduction des Begriffs eines nicht empirischen Besitzes“: Nach Kant gründet die Möglichkeit, den Begriff „Besitz“ als synthetischen Rechtsbegriff a priori zu deduzieren, auf dem rechtlichen Postulat der praktischen Vernunft, „daß es Rechtspflicht sei, gegen Andere so zu handeln, daß das Äußere (Brauchbare) auch das Seine von irgend jemandem werden könne“;[23] damit sei, so Kants These, die *Möglichkeit* des Besitzes für jemand anderen gegeben, deshalb auch die Möglichkeit eines nicht empirischen Besitzbegriffs nachgewiesen. Schmalz akzeptierte dies nicht; er sah hierin nur eine unzulässige (und auch in der Argumentation unzulängliche)

19 Erklärung der Rechte des Menschen und des Bürgers, S. III f.

20 Johann Gottlieb Fichte, Grundlage des Naturrechts nach Principien der Wissenschaftslehre (1796), in: derselbe: Sämmtliche Werke, hrsg. v. Immanuel Hermann Fichte, Bd. III: Zur Rechts- und Sittenlehre I, Berlin 1845, Ndr. Berlin 1971, S. 1–385.

21 Vgl. I. Kant, Gesammelte Schriften VI, S. 249 ff.; dazu auch W. Kersting, Wohlgeordnete Freiheit, S. 250 ff.

22 Erklärung der Rechte des Menschen und des Bürgers, S. V.

23 I. Kant, Gesammelte Schriften VI, S. 252.

Vermischung ethischer und juristischer Prinzipien: „Die Rechtslehre verbietet bloß die Freyheit Anderer zu kränken, sie gebietet nicht, Andern Gelegenheit zu geben, ihre Herrschaft über das Sinnliche zu erweitern, sie verbietet nicht einmal, ihnen die Gelegenheit der künftigen Erweiterung, sondern allein die gegenwärtige Freyheit nicht zu rauben".[24] „Am allermeisten" vermißte Schmalz jedoch – denn hierin sah er die eigentliche Aufgabe der Philosophie – „die Deduction jenes angeblichen Gesetzes aus dem Princip des Rechts oder auch der Moralität überhaupt",[25] also die logisch exakte Ableitung aus den obersten Grundsätzen[26] – und hiermit konnte Kant in seinem rechtsphilosophischen Spätwerk freilich nicht aufwarten.

Mit seinem Bemühen um den Nachweis synthetischer Rechtsbegriffe a priori hängt es auch zusammen, daß Kant in seiner „Metaphysischen Rechtslehre" die Theorie des Arbeitseigentums ablehnt – also die Auffassung, daß Eigentum durch die Bearbeitung bzw. Handhabung dessen, was man in Besitz genommen hat, entsteht –, obwohl er selbst eben diese Auffassung noch Mitte der 1780er Jahre in seinen Vorlesungen vertreten hatte.[27] 1797 sah er in der Bearbeitung „nichts weiter als ein äußeres Zeichen der Besitznehmung, welches man durch viele andere ... ersetzen kann".[28] Er unterschied jetzt im Sinne seiner transzendentalphilosophischen Neubegründung der Rechtslehre zwischen einem empirischen Titel der Erwerbung („physische Besitznehmung") und einem „*Vernunfttitel* der Erwerbung", der nur „in der Idee eines a priori vereinigten ... Willens Aller liegen" könne.[29] Schmalz vertrat 1798, in ausdrücklichem Gegensatz zu Kant, das Konzept des

[24] Erklärung der Rechte des Menschen und des Bürgers, S. 36 (das sinnentstellende Semikolon zwischen „Erweiterung" und „sondern" wurde von mir durch ein Komma ersetzt, H.-C.K.). Zur späteren Kritik an der Besitzlehre Kants siehe die Ausführungen von Schmalz in seinem Handbuch der Rechtsphilosophie, 1807, S. 75 f., 79 ff.

[25] Erklärung der Rechte des Menschen und des Bürgers, S. 37.

[26] Vgl. auch die weitere Bemerkung: „Deductionen sind in diesen Wissenschaften interessanter als die Resultate – da an den moralischen Gesetzen selbst Niemand zweifelt, und der Philosoph nur die wissenschaftliche Ableitung vor Andern voraus hat, also sie sich vornehmlich angelegen seyn lassen sollte" (ebenda, S. 37).

[27] Siehe den Nachweis hierzu bei W. Kersting, Wohlgeordnete Freiheit, S. 287.

[28] I. Kant, Gesammelte Schriften VI, S. 265.

[29] Ebenda, S. 264; zum Zusammenhang der Kantischen Argumentation, auf die hier nicht weiter eingegangen werden kann, siehe besonders W. Kersting, Wohlgeordnete Freiheit, S. 289 ff.; J. Garber, Liberaler und demokratischer Republikanismus. Kants Metaphysik der Sitten und ihre radikaldemokratische Kritik durch J. A. Bergk, S. 244 ff.; Manfred Brocker, Arbeit und Eigentum. Der Paradigmenwechsel in der neuzeitlichen Eigentumstheorie, Darmstadt 1992, S. 308 ff.; sowie das Kant-Kapitel in R. Brandt, Eigentumstheorien von Grotius bis Kant, S. 167 ff., bes. 180 ff.

Arbeitseigentums, das vor allem auf Locke zurückging und in der Zeit kurz vor und nach 1800 ebenfalls von Fichte und Hegel vertreten wurde. Schmalz unterschied in seiner Rechtslehre dagegen die *Besitzergreifung* (als bloße Inbesitznahme einer herrenlosen Sache), den *zeitweiligen Eigentumserwerb* (als Erwerb durch Gebrauch bzw. Bearbeitung einer Sache im *Naturzustand*) und den *dauernden Eigentumserwerb* (im *staatlichen Zustand*).[30]

Ein weiterer Kritikpunkt an der Kantischen Theorie bezieht sich auf die Frage, inwieweit man von einem Eigentum des Volkes sprechen könne: „Herr Kant will, daß einem Volke ein Land so weit gehöre, als es dasselbe bestreiten könne".[31] Dies lehnt Schmalz strikt ab, und der philosophische Naturrechtler gibt sich mit einem Mal als strenger Empiriker, indem er feststellt, es könne „vom Landeigenthum einer ganzen Nation ... nicht eher die Rede seyn, als vom Landeigenthum einzelner Menschen. Wie sollten Menschen einen Begriff vom Miteigenthum haben, so lange sie noch kein Eigenthum kennen? Ist aber das Landeigenthum einer Nation nicht Miteigenthum? Es kann also nur da seyn, wo Einzelne bereits Grundeigenthum haben".[32]

Diese Wendung ins Historisch-Empirische einerseits, ins juristisch Konkrete andererseits setzt sich auch da fort, wo Schmalz sich der Vertragstheorie Kants zuwendet. Der Philosoph vertritt hier die Auffassung, daß Verträge „aus zwei rechtlichen Acten: dem Versprechen und der Annehmung desselben"[33] bestehen. Diese These hatte Kant, wie es scheint, in direktem Gegensatz zu der von Schmalz vertretenen Auffassung, daß Verträge erst mit deren Erfüllung in Kraft träten, entwickelt.[34] Schmalz vermag in dieser Lehre Kants

30 Vgl. Erklärung der Rechte des Menschen und des Bürgers, S. 34f., 47ff., bes. 58ff.; siehe auch S. 62f.: „Das Eigenthum des Naturrechts und das Eigenthum im bürgerlichen Recht sind sehr verschieden. Nach dem Recht der Natur giebt es kein Recht der Materie, sondern nur der Form.... Nicht so im bürgerlichen Recht. Wenn der Besitz einer herrenlosen Sache ergriffen ist, so giebt und sichert uns das positive Gesetz unsrer Staaten für immer ein Eigenthum". – Siehe auch die spätere ausführliche Kritik an Kant in: Handbuch der Rechtsphilosophie, 1807, S. 110ff.

31 Erklärung der Rechte des Menschen und des Bürgers, S. 64.

32 Ebenda, S. 64f.; er beruft sich sogar auf die Erfahrung der Geschichte; ebenda, S. 65: „Wenn man historisch das Eigenthum untersuchen möchte, so würde man finden, daß die Menschen nicht eher einen Begriff vom Eigenthum als Eigenthum selbst hatten".

33 I. Kant, Gesammelte Schriften VI, S. 284; vgl. zu Kants Vertragslehre auch die Ausführungen ebenda, S. 284ff.; sowie W. Kersting, Wohlgeordnete Freiheit, S. 293ff.

34 Vgl. dazu den Brief Kants an Conrad Stang vom 19.11.1796, in: I. Kant, Briefwechsel, S. 948; hier weiß sich Kant mit seinem Adressaten einig im gemeinsamen

nur den – wissenschaftlich-juristisch nicht zu rechtfertigenden – Rückgriff auf ein bloßes „Gefühl" zu sehen;[35] er beharrt dagegen auf der Möglichkeit, einen exakten Zeitpunkt für das Inkrafttreten eines Vertrages angeben zu können: nämlich dann, wenn die Vertragsleistung vollzogen werde. Vorher könne von einem *gültigen* Vertrag nicht die Rede sein: „So lange der Empfänger eines Versprechens durch den Bruch desselben auf keinerley Weise wider seinen Willen zu einer Handlung oder Unterlassung oder zum Verlust eines sonst ihm gebührenden Rechts gekränkt wird; so lange berechtigt ihn, meine ich, jenes Versprechen an sich nicht, und verpflichtet nicht juridisch den, der es gab".[36] Im Gegensatz zu Schmalz vertrat Kant die modernere, auch von verschiedenen anderen Juristen bereits verfochtene Idee einer neuen Vertragstheorie, die sich weitgehend durchsetzen sollte.[37]

Schließlich hat Schmalz – sieht man einmal von seiner deutlichen Distanzierung vom Kantischen Fortschrittsdenken ab[38] – das Staatsbürgerrecht des Königsberger Philosophen kritisiert: Möchte Kant in seiner „Metaphysischen Rechtslehre" nur den ökonomisch Unabhängigen die volle „bürgerliche Persönlichkeit" und damit das Staatsbürgerrecht im präzisen Sinne des Begriffs zugestehen,[39] so beharrt

„Unwillen gegen Rechtsverdrehungen, welche im Punct der Erfüllung der Verträge hin und wieder gemacht werden. und sie [sic] führen zum Beyspiel einen Satz an, der, wie sie sagen, Ihres Orts viel Glück mache: ‚daß nämlich Verträge nicht verbindlich seyen; die hinzu gekom(m)ene Leistung mache sie erst verbindlch' und diesen Satz solle Hr. Prof. Schmaltz behaupten. – Nun habe ich aber dieses sein Werk jetzt eben nicht zur Hand, um sicher zu seyn, was hievon auf seine Rechnung geschrieben werden kön(n)e; aber im Allgemeinen läßt sich wohl ausfindig machen, unter welcher Bedingung er allein statt habe". – Daß Kant im Rahmen der Vorarbeiten für seine Rechtslehre sich auch mit den Schriften von Schmalz befaßt hat, ergibt sich aus den inzwischen edierten Nachlaßmaterialien, wo er den jungen Königsberger Kollegen einmal (allerdings ohne Nachweis) kurz zitiert; vgl. I. Kant, Gesammelte Schriften XXIII, S. 212 f. Nach Arthur Warda, Immanuel Kants Bücher (Bibliographien und Studien, Bd. 3), Berlin 1922, S. 41, enthielt die Privatbibliothek des Philosophen drei Bücher von Schmalz: Das reine Naturrecht (1792), Das natürliche Staatsrecht (1794), und: Das natürliche Kirchenrecht (1795).

[35] Vgl. Erklärung der Rechte des Menschen und des Bürgers, S. 95.

[36] Ebenda, S. 104; Schmalz hat anschließend (ebenda, S. 107 ff.) auch die Unvollständigkeit der von Kant aufgestellten Tabelle der unterschiedlichen Vertragsarten (vgl. I. Kant, Gesammelte Schriften VI, S. 285 f.) kritisiert.

[37] Siehe hierzu die Bemerkungen von Gertrude Lübbe-Wolff, Begründungsmethoden in Kants Rechtslehre, untersucht am Beispiel des Vertragsrechts, in: Rechtsphilosophie der Aufklärung. Symposium Wolfenbüttel 1981, hrsg. v. Reinhard Brandt, Berlin – New York 1982, S. 286–310, bes. S. 293 f.

[38] Vgl. Erklärung der Rechte des Menschen und des Bürgers, S. 120 ff.; dazu auch unten § 15.

[39] Vgl. I. Kant, Gesammelte Schriften, Bd. VI, S. 314 f.

Schmalz auf einer anderen Unterscheidung, derjenigen zwischen „Gewerbsmännern" und „Dienstleistenden" (er dürfte einer der ersten gewesen sein, der diesen heute sehr gebräuchlichen Begriff verwendet hat);[40] nur die „Gewerbsmänner", deren „Arbeiten auf die Naturproducte eine unmittelbare Beziehung haben",[41] sollen nach seiner Auffassung über die Möglichkeit verfügen, das volle Bürgerrecht auszuüben: nämlich dann, wenn sie Grundeigentümer sind. „Denn was im Staat geschieht, geschieht auf ihrem Boden",[42] und außerdem erwirtschafteten sie, so Schmalz unter nachdrücklicher Berufung auf Quesnay und die Lehre der Physiokraten, den eigentlichen Reichtum eines Staates.[43] Schmalz fordert also nur eine *andere* Zweiteilung als Kant; an der grundsätzlichen Trennung zwischen „Bürgern" und bloßen „Beiwohnern" hat auch er strikt festgehalten;[44] er füllte diese Begriffe lediglich mit anderem Inhalt.

War Theodor Schmalz, so soll abschließend gefragt werden, überhaupt ein „Kantianer" im vollen Sinne dieses Ausdrucks – oder war er doch nicht viel mehr als eben nur ein „Pseudokantianer", wie zwei bedeutende Kantkenner, nämlich Julius Ebbinghaus und Manfred Riedel,[45] gemeint haben? Ein Pseudokantianer wäre er tatsächlich dann gewesen, wenn er Kant mißverstanden und sich zu unrecht auf ihn berufen hätte. Aber eben das trifft auf Schmalz mit Sicherheit nicht zu. Seine Herleitung des Naturrechts aus den Grundaxiomen der Kantischen Bestimmung des Menschen, nämlich als eines zu Vernunft und Freiheit begabten Wesens, auch seine Übernahme vieler einzelner Teilaspekte der Theorie des großen Königsbergers, wie etwa der Verwerfung des staatstheoretischen Eudämonismus, weisen ihn ohne jeden Zweifel als Kantianer aus. In diesem Sinne hat er sich durchaus zu Recht als Schüler Kants bezeichnet.

Auf der anderen Seite aber gab es eine ganze Reihe von einzelnen Auffassungen und Thesen, in denen Schmalz sich bewußt von Kant

[40] Vgl. Erklärung der Rechte des Menschen und des Bürgers, S. 142 ff.
[41] Ebenda, S. 142.
[42] Ebenda, S. 148.
[43] Vgl. ebenda, S. 149.
[44] Siehe dazu auch unten § 15 c).
[45] Julius Ebbinghaus, Die Idee des Rechtes, in: derselbe: Gesammelte Schriften, Bd. II: Praktische Philosophie 1955–1972, hrsg. v. Georg Geismann/Hariolf Oberer (Aachener Abhandlungen zur Philosophie, Bd. 6), Bonn 1988, S. 141–198, hier S. 169; Manfred Riedel, Die Aporie von Herrschaft und Vereinbarung in Kants Idee des Sozialvertrags, in: Kant. Zur Deutung seiner Theorie von Erkennen und Handeln, hrsg. v. Gerold Prauss (Neue wissenschaftliche Bibliothek, Bd. 63), Köln 1973, S. 337–349, hier S. 349, Anm. 32.

abgrenzte und eigene Wege beschritt. Das gilt vor allem für die Zeit nach 1797, also nach dem Erscheinen der „Metaphysik der Sitten“, von der nicht nur Schmalz, sondern auch eine Reihe der anderen Kantianer unter den deutschen Juristen dieser Zeit enttäuscht waren. Aber selbst dann noch hielt Schmalz an den Grundlinien der Kantischen Philosophie fest, und er hat sich auch weiterhin ausdrücklich als Kant-Schüler bezeichnet. Daher dürfte es gerechtfertigt sein, daß man ihn als juristischen Kantianer bestimmt; es sei denn, man würde unter „Kantianismus“ nurmehr die bedingungslose und uneingeschränkte Übernahme sämtlicher Theoreme der Kantischen Philosophie verstehen. Aber man wird, was Schmalz anbetrifft, ebenfalls festhalten müssen, daß sein Kantianismus zwischen 1790 und 1797 sehr viel intensiver zu spüren und stärker ausgeprägt war als in den späteren Jahrzehnten bis 1831.

Es bleibt noch zu klären, *wo* man Schmalz innerhalb des sehr weiten Spektrums dessen, was der Begriff „Kantianismus“ umschreibt, zu verorten hat. Herbert Krüger hat einmal sehr zu recht davor gewarnt, „daß der Kreis derjenigen Autoren, die für eine Abhängigkeit von Kant in Betracht kommen, sich auf die Vertreter des politischen Liberalismus verengen könnte“.[46] Bereits Otto Dann und etwas später Diethelm Klippel haben den aus diesem Grund durchaus treffenden Vorschlag gemacht, die Kantianer – entsprechend der seit langem im Falle der Hegelianer geübten Praxis – in „Rechts-“ und in „Linkskantianer“ einzuteilen.[47]

Überraschenderweise ist Schmalz – so suggeriert es jedenfalls Klippel im Anschluß an Landsberg[48] – zuerst eher unter die Linkskantianer gerechnet worden; das ist auf den ersten Blick auch gar nicht einmal so falsch. Denn zählt man zu den „Rechtskantianern“, wie Dann dies tut, ausdrücklich so streng konservative Autoren wie Rehberg, Gentz und Adam Müller, dann wird man zugeben müssen, daß der frühe Schmalz in diese Reihe keineswegs hineinpaßt. Nimmt man dagegen Gustav Hugo als Verkörperung des „rechten Kantianismus“

[46] H. Krüger, Kant und die allgemeine Staatslehre des 19. Jahrhunderts, S. 55.

[47] Vgl. Otto Dann, Johann Gottlieb Fichte und die Entwicklung des politischen Denkens in Deutschland am Ende des 18. Jahrhunderts, phil. Diss. Heidelberg 1968, Anm. 108 (unpag. Anhang); D. Klippel, Politische Freiheit und Freiheitsrechte im deutschen Naturrecht des 18. Jahrhunderts, S. 195, Anm. 92.

[48] Vgl. D. Klippel, Politische Freiheit und Freiheitsrechte im deutschen Naturrecht des 18. Jahrhunderts, S. 195, Anm. 92, unter Berufung auf E. Landsberg, Kant und Hugo. Philosophisches und Civilistisches von 1800 und 1900, S. 670 ff.

(so Klippel), dann dürften die Differenzen bereits wesentlich geringer sein. Und vergegenwärtigt man sich die politischen Ansichten, die Schmalz seit spätestens Mitte der 1790er Jahre in seinen Schriften vertreten hat, insbesondere in seinem „natürlichen Staatsrecht" und dessen Folgeschriften, dann sieht man, daß er die politischen Implikationen der Theorie Kants – wie noch zu zeigen sein wird[49] – ausdrücklich *nicht* übernommen hat. Das Kernstück des Kantischen Republikanismus, die Gewaltenteilung in der Tradition Montesquieus, hat Schmalz jedenfalls von Anfang an strikt abgelehnt. Aus diesen Gründen wird man Schmalz wohl – mit aller gebotenen Vorsicht und wohl auch mancher Einschränkung – als Rechtskantianer bezeichnen können.

b) Fichte

Es wurde bereits erwähnt, daß Schmalz als junger Königsberger Ordinarius am Anfang der 1790er Jahre den zwei Jahre jüngeren, damals aber zeitweilig berufslosen und in bedrückenden Umständen lebenden Johann Gottlieb Fichte gekannt und unterstützt hat.[50] Fichte wiederum muß in dieser Zeit das „Reine Naturrecht" von Schmalz' in der ersten Auflage sehr genau studiert und sich dessen Hauptthesen angeeignet haben, denn sein politisch-philosophisches Erstlingswerk von 1793, der „Beitrag zur Berichtigung der Urteile des Publikums über die französische Revolution",[51] zeigt unübersehbar deutlich den Einfluß bestimmter Gedanken von Schmalz, und Fichte hat sich an mehreren Stellen seiner Schrift auch explizit darauf berufen.[52] Im Kontext der frühen 1790er Jahre erfuhr das frühe, sich

[49] Siehe unten § 15.

[50] Siehe oben § 3 c).

[51] Die Schrift wird im folgenden zitiert nach der Ausgabe: JOHANN GOTTLIEB FICHTE, Schriften zur Revolution, hrsg. v. BERNARD WILLMS (Klassiker der Politik, Bd. 7), Köln – Opladen 1967, S. 34–213; wichtig auch die Einleitung des Hrsg., ebenda, S. VII–XXXIV.

[52] Zum Einfluß von Schmalz auf den frühen Fichte siehe auch die Bemerkungen und Hinweise bei REINHARD STRECKER, Die Anfänge von Fichtes Staatsphilosophie, Leipzig 1917, S. 39 ff.; besonders wichtig sodann G. A. WALZ, Die Staatsidee des Rationalismus und der Romantik und die Staatsphilosophie Fichtes, S. 386 ff., 426 ff. u. a.; WOLFRAM STEINBECK, Das Bild des Menschen in der Philosophie Johann Gottlieb Fichtes. Untersuchungen über Persönlichkeit und Nation, München 1939, S. 30, 46; KURT SCHOLZ, J. G. Fichtes „Staatssozialismus" – Eine historisch-systematische Studie zur Entstehungsgeschichte des staats- und wirtschaftssoziologischen Denkens in Deutschland, unter besonderer Berücksichtigung seines sozialpolitischen Gehaltes,

eng an Kant orientierende Naturrecht von Schmalz also eine sehr nachdrückliche – und auch in der Argumentation zugespitzte – politische Rezeption, denn Fichtes Frühschrift präsentierte sich nach außen als scharfe Kritik des konservativen und anglophilen Hannoveraners August Wilhelm Rehberg, der mit seinen 1793 publizierten „Untersuchungen über die Französische Revolution" seinerseits zu den ersten Kritikern dieses säkularen Ereignisses gehörte.[53]

Auch der junge Fichte begann seine Laufbahn als Kantianer, und er stand damit sogleich im Widerspruch gegen den philosophischen Rationalismus traditioneller Prägung, aber auch gegen jede Form des Empirismus. Und wie sein Vorbild Kant war auch Fichte von der – gerade in philosophischer Hinsicht – grundlegenden Bedeutung der Ereignisse in Frankreich überzeugt: „Die französische Revolution scheint mir wichtig für die gesamte Menschheit".[54] Denn dieses Ereignis lasse sich, so ein Kerngedanke der Argumentation Fichtes, in gewisser Weise als Beleg für die Richtigkeit bestimmter philosophischer Grundprinzipien über das Wesen und die Eigenart der menschlichen Freiheit auffassen. Freilich lehnte es der Autor strikt ab, in seiner Schrift – in der die Bedeutung und der historisch-politische Rang der Revolution ausdrücklich verteidigt wurde – auch so etwas wie eine indirekte Aufforderung zum Umsturz sehen zu wollen.[55] Ob

sozialwiss. Diss. (masch.) Köln 1955, S. 85 ff.; R. Schottky, Untersuchungen zur Geschichte der staatsphilosophischen Vertragstheorie im 17. und 18. Jahrhundert, S. 337, Anm. 4; vgl. auch S. 116 ff.; B. Willms, Die totale Freiheit. Fichtes politische Philosophie, S. 78 ff.; O. Dann, Johann Gottlieb Fichte und die Entwicklung des politischen Denkens in Deutschland am Ende des 18. Jahrhunderts, Anm. 125, 438 (unpag.), vgl. S. 46 ff., 56 ff.

53 August Wilhelm Rehberg, Untersuchungen über die Französische Revolution nebst kritischen Nachrichten von den merkwürdigsten Schriften welche darüber in Frankreich erschienen sind, Bde. I–II, Hannover – Osnabrück 1793.

54 J. G. Fichte, Schriften zur Revolution, S. 34.

55 Vgl. ebenda, S. 35: „Den Despotismus zu schützen, gibt es kein Mittel; vielleicht gibt es welche, den Despoten, der sich durch das Übel, das er uns zufügt, unglücklicher macht, als uns, zu bereden, daß er sich von seinem langen Elende befreie, zu uns herabsteige, und der Erste unter Gleichen werde: gewaltsame Revolutionen zu verhindern, gibt es ein sehr sicheres; aber es ist das einzige: das Volk gründlich über seine Rechte und Pflichten zu unterrichten"; ebenda, S. 38, heißt es, derjenige würde sich am gröblichsten irren, „wenn er eilen wollte, diese Grundsätze [die Fichte in seinem Buch entwickelt, H.-C.K.] auf sein Betragen gegen die bis jetzt bestehenden Staaten anzuwenden. Daß die Verfassung der meisten nicht nur höchst fehlerhaft, sondern auch höchst ungerecht sei, und daß unveräußerliche Menschenrechte in ihnen gekränkt werden, die sich der Mensch gar nicht nehmen lassen darf, davon bin ich freilich innigst überzeugt, und habe gearbeitet, und werde arbeiten, den Leser gleichfalls davon zu überzeugen. Aber dagegen läßt sich gegen sie vor der Hand nichts weiter

diese Distanzierung wirklich ernst gemeint war, oder ob Fichte nur um der Zensur willen einige einschränkende Bemerkungen einfügte, ist eine Frage, die an dieser Stelle nicht mit letzter Sicherheit beantwortet werden kann.

Wie Kant (und der frühe Schmalz) sieht Fichte in den Grundbestimmungen menschlicher Vernunft, also im vor-empirischen Denken des Ich, des „Selbst", das eigentliche „Gesetz" zur Beurteilung von Tatsachen.[56] Unter Berufung auf Rousseau und Kant wird jede Orientierung an der Erfahrung und an den Ausprägungen der empirischen Welt strikt verworfen.[57] Als zur Freiheit begabtes Vernunftwesen hat sich der Mensch nach Fichte nicht an den zufälligen Fakten der Erfahrungswelt zu orientieren, sondern ausschließlich an der Ratio: „Der Ausspruch der Vernunft, insofern er die freien Handlungen geistiger Wesen betrifft, ist schlechthin gültiges, allgemeines, *Gesetz*; was sie gebietet, muß schlechterdings geschehen; was sie erlaubt, darf schlechterdings nicht gehindert werden".[58] In diesem Sinne ist es oberste Pflicht, für „die allgemeine Verbreitung der Wahrheit", die „ein gemeinsames Gut der Menschheit" ist und auch künftig die „Wohltäterin der Menschheit" sein soll und sein wird, einzutreten.[59] Mit diesem Anspruch trat der junge Fichte im Jahre 1793 vor sein Publikum.[60]

Er rollt das Problem der Legitimität einer Revolution als solcher – also nicht nur der Französischen von 1789 – von zwei Grundfragen her auf; die erste lautet: „Hat überhaupt ein Volk das Recht, seine Staatsverfassung abzuändern?". Es ist klar, daß Fichte diese Frage uneingeschränkt bejaht, denn ein Verbot der Änderung von politischen Systemen wäre in gleicher Weise eine Beleidigung für die menschliche Vernunft wie für die menschliche Fähigkeit zur Freiheit. Da der

tun, als ihnen zu schenken, was wir uns mit Gewalt nicht dürfen nehmen lassen ...; uns selbst aber für's erste Erkenntnis, und dann innige Liebe der Gerechtigkeit zu erwerben, und beides ... um uns her zu verbreiten. Würdigkeit der Freiheit muß von unten herauf kommen; die Befreiung kann ohne Unordnung nur von oben herunter kommen".

[56] Vgl. ebenda, S. 48.

[57] Vgl. ebenda, S. 58.

[58] Ebenda, S. 59.

[59] Die Zitate ebenda, S. 62 f.

[60] Für eine ausführlichere Interpretation der politischen Philosophie des frühen Fichte, die an dieser Stelle nicht geleistet werden kann, siehe die oben in Anm 52 genannten Titel, besonders die Arbeit von B. Willms, dazu noch die Ausführungen bei J. Ebbinghaus, Die Idee des Rechts, S. 169 ff.

Mensch als Vernunftwesen einzig und allein „unter dem Sittengesetze“ stehe, dürfe „er unter keinem andern stehen, und kein Wesen darf es wagen, ihm ein anderes aufzulegen“.[61] Fichte führt hier noch zusätzlich den Begriff der *Kultur* ein: „*Kultur* heißt Übung aller Kräfte auf den Zweck der völligen Freiheit, der völligen Unabhängigkeit von allem, was nicht ... unser reines Selbst ist“,[62] und er postuliert im weiteren, daß nichts anderes als „Kultur zur Freiheit der einzige Endzweck der Staatsverbindung sein kann“.[63]

Die zweite Grundfrage verneint Fichte ebenso klar wie er die erste bejaht hat: „Ist das Recht, die Staatsverfassung zu ändern, durch den Vertrag aller mit allen veräußerlich?“[64] Bevor er sich an die Beweisführung macht, schiebt der Autor noch eine methodische Bemerkung ein, die als indirektes Lob für die Vorgehensweise gelesen werden kann, die Schmalz in seinem „Reinen Naturrecht“ anwendet und auf die sich Fichte im folgenden ausdrücklich berufen wird: „Wer seine Sätze aus ursprünglichen Grundsätzen der Vernunft durch strenge Folgerungen ableitet, ist ihrer Wahrheit, und der Unwahrheit aller Einwendungen dagegen schon im voraus sicher; was neben ihnen nicht bestehen kann, muß falsch sein, das kann er wissen, ohne es auch nur angehört zu haben“.[65] Der Radikalität und Konsequenz *dieser* Formulierung hätte sich Schmalz vermutlich nicht anschließen können.

Immerhin nimmt Fichte einen zentralen Grundsatz, der sich in den „Vorerinnerungen“ des „Reinen Naturrechts“ von Schmalz formuliert findet, radikal ernst: die Anwendung philosophischer (das heißt hier: Kantischer) „Principien auf das Naturrecht ... kann nichts anders seyn, als Analyse des Begriffs: *Freyheit*“.[66] Und Freiheit im umfassendsten Sinne ist für Fichte wiederum nichts Geringeres als der höchste Endzweck der Menschheit. Von diesem Leitgedanken ausgehend, beantwortet Fichte seine zweite Grundfrage anhand einer Rezeption zentraler Gedanken von Schmalz über das Vertragsrecht

[61] J. G. Fichte, Schriften zur Revolution, S. 64 f.

[62] Ebenda, S. 69.

[63] Ebenda, S. 79, vgl. auch S. 83; audrücklich fügt er hinzu, es sei hiermit erwiesen, daß „alle Staatsverfassungen, die den völlig entgegengesetzten Zweck der Sklaverei aller, und der Freiheit eines einzigen der Kultur aller für die Zwecke dieses einzigen und der Verhinderung aller Arten der Kultur, die zur Freiheit mehrerer führen, zum Endzwecke haben, der Abänderung nicht nur fähig seien, sondern auch wirklich abgeändert werden müssen“ (ebenda, S. 79).

[64] Ebenda, S. 84.

[65] Ebenda, S. 82.

[66] Das reine Naturrecht, [1]1792, S. 7; siehe auch oben § 11 a).

und die Natur des Eigentums. Schmalz – nach Fichte „der scharfsinnigste und konsequenteste Lehrer des Naturrechts, den wir bis jetzt haben“[67] – hatte in seiner Vertragslehre ausgeführt, daß ein bloßes Versprechen noch keinen Vertrag begründen könne, da kein Mensch vom Naturrecht her ein vollkommenes Recht auf die Wahrhaftigkeit eines anderen habe. Hier knüpft Fichte an: Ein Vertrag verdiene nur dann diesen Namen, sei nur dann im moralischen wie im juristischen Sinne gültig, wenn beide Vertragspartner mit „Wahrhaftigkeit“ an ihrem Abkommen festhielten; beide haben als zur Freiheit bestimmte Wesen *jederzeit* die Möglichkeit und das Recht, sich anders zu besinnen: „Wenn einer von beiden nicht Wort halten will; noch mehr, wenn beide es nicht wollen, ist gar kein Vertrag geschlossen“.[68] Dieser fast als anarchisch zu bezeichnende philosophische Subjektivismus ging tatsächlich weit über das hinaus, was Schmalz ausgeführt hatte.

Auch in seinem zweiten Hauptargument stützt sich Fichte auf einen von Schmalz formulierten Grundsatz. Hier geht es um die Eigentumsfrage – denn jede Änderung einer Staatsverfassung bringt naturgemäß auch Veränderungen im Bereich des Eigentums mit sich, und mit der These von der Unantastbarkeit des Eigentums läßt sich durchaus gegen das Recht auf Revolution argumentieren. Fichte schließt sich vehement der Lehre vom Arbeitseigentum an (er selbst bezeichnet den Erwerb von Eigentum durch Gebrauch bzw. Bearbeitung von Gegenständen aus der rohen Materie als *Formation*).[69] Da die „Bildung der Dinge durch eigne Kraft ... der wahre Rechtsgrund des Eigentums; aber auch der einzig naturrechtliche“[70] sei, gebe es „kein Eigentumsrecht auf die Materie *als solche*“, und damit sei auch kein „Staatseigentum“ möglich.[71] Denn: „Ist nämlich keine andere Art der Zueig-

[67] J. G. Fichte, Schriften zur Revolution, S. 87; in einer Anmerkung nennt Fichte auch den Namen von Schmalz, „der mirs verzeihe, daß ich ihm hier meine Achtung bezeuge. Daß ich nicht aus seinen Grundsätzen, sondern aus den meinigen folgere, wird jeder Kenner schon sehen“ (ebenda, Anm. *).

[68] Ebenda, S. 87; vgl. auch ebenda, S. 87 f.: „Beide meinen es in der Stunde des Versprechens aufrichtig. Es ist ein Vertrag zwischen ihnen. Sie gehen hin, und einer von ihnen, oder beide, bedenken sich eines andern und nehmen in ihrem Herzen ihren Willen zurück. Der Vertrag ist aufgehoben; die Versprechen sind ungeschehen gemacht; denn Recht und Verbindlichkeit sind aufgehoben“.

[69] Vgl. ebenda, S. 91 ff.

[70] Ebenda, S. 92.

[71] Vgl. ebenda, S. 93: „ ... wie kommt denn der Staat zu einem Rechte, das keiner von den einzelnen Mitgliedern hat, aus denen er besteht? Keiner hat ein Eigentumsrecht an der Materie ...; wenn aber alle ihre Rechte vereinigen, soll ein Recht daraus werden? ... – Das ist unlogisch“.

nung möglich, als durch Formation, so ist notwendig alles, was noch nicht formiert, was roh ist, noch nicht zugeeignet, niemandes Eigentum. Auf die rohe Materie haben wir das *Zueignungsrecht*, auf die durch uns modifizierte das *Eigentumsrecht*".[72]

Die politische Nutzanwendung aus dieser Lehre gipfelt konsequenterweise in der These, „daß nicht der Staat, sondern die vernünftige Natur des Menschen an sich die Quelle des Eigentumsrechts sei, und daß wir allerdings nach dem bloßen Naturrechte etwas besitzen, und alle anderen rechtlich vom Besitze desselben ausschließen können".[73] Nicht einmal ein Erbrecht erkennt Fichte an: Ein Verstorbener sei „aus der Welt der Erscheinungen" herausgetreten, könne daher weder etwas besitzen, noch etwas vererben: „Die ganze Menschheit ist der rechtmäßige Erbe jedes Verstorbenen; denn die ganze Menschheit hat das uneingeschränkte Zueignungsrecht auf alles, was keinen Besitzer hat. Wer es sich zuerst wirklich zueignen wird, wird der rechtmäßige Eigentümer sein".[74]

Damit ist der Grundgedanke, den Fichte hier entwickelt, klar ausgesprochen: Die natürlichen Rechte des einzelnen Individuums, die aus seiner Vernunftfähigkeit und seiner Freiheitsbestimmung entspringen, rangieren in jeder Hinsicht *vor* allem staatlichen Recht. Und das bedeutet auch: „Es ist ... ein großer Irrtum, wenn man glaubt, der Naturzustand des Menschen werde durch den bürgerlichen Vertrag aufgehoben; der darf nie aufgehoben werden; er läuft ununterbrochen mit durch den Staat hindurch".[75] Die Sphäre des menschlichen „Gewissens" (das sein Freiheitsbewußtsein mit einschließt) ist also viel umfassender und geht derjenigen des „bürgerlichen Vertrages" – also dem politischen Dasein des Menschen als Bürger – eindeutig voraus.[76] Der „Mensch" kommt vor dem „Bürger" – und genau aus diesem Grunde ist die zweite Grundfrage, ob das Recht, die Staatsverfassung zu ändern, durch den Vertrag aller mit allen veräußerlich sei, konsequent zu verneinen, denn jedwedes Staatsrecht ist dem Naturrecht weit untergeordnet, und eine nicht rückgängig zu machende Veräußerung natürlicher Rechte des Menschen im Rahmen eines „bürgerlichen Vertrages" ist schon per definitionem vollkommen unmöglich.

[72] Ebenda.
[73] Ebenda, S. 96 f.; vgl. auch S. 141 u. a.
[74] Ebenda, S. 98; vgl. auch S. 97 f.
[75] Ebenda, S. 101.
[76] Vgl. ebenda, S. 102 f.

Die politische Brisanz dieser Thesen – formuliert und veröffentlicht im Jahre 1793 – lag auf der Hand. Fichte hatte bestimmte Grundsätze des „Reinen Naturrechts“ von Schmalz in einer Weise überinterpretiert, die sich ihr Urheber vermutlich nicht einmal hätte träumen lassen. Die Art und Weise, in welcher der junge, noch kaum bekannte Fichte die radikalsten und in mehr als einer Hinsicht extremsten Schlußfolgerungen aus bestimmten Lehrmeinungen des Schmalzschen Naturrechts gezogen hatte, dürfte Schmalz vermutlich erschreckt haben – und dies auch dann, wenn Fichte (wie er es ja selbst ausgesprochen hatte)[77] in vielen Einzelheiten über Schmalz weit hinausging. So wäre es dem Königsberger Juristen – um nur ein Beispiel zu nennen – geradezu absurd erschienen, die für das *privatrechtliche* Vertragsrecht formulierten Prinzipien auf das *öffentliche Recht*, also auf die Lehre vom Sozialvertrag, anzuwenden. Gerade hier blieb Schmalz ganz im Bereich des Konventionellen, wenn er sich der traditionellen Lehre vom doppelten Vertrag – nämlich dem Gesellschafts- und dem Unterwerfungsvertrag – anschloß.[78]

Er unterließ es auch nicht, sich in seinen folgenden Publikationen der Jahre seit 1794 mehr oder weniger deutlich von Fichtes Revolutionsschriften – und später auch von dessen „Grundlage des Naturrechts“ – zu distanzieren. Schon im „Natürlichen Staatsrecht“ (1794) insistierte Schmalz auf einem von Fichte bewußt vernachlässigten Aspekt seiner Vertragslehre im „Reinen Naturrecht“: Schmalz hatte dort im § 108 ausdrücklich von einem Recht des einen Vertragspartners gesprochen, „dem Wort des andern zu glauben, und im Zutrauen auf ihn Anstalten zu treffen“; und er hatte noch hinzugefügt: „Jede Handlung aber, wodurch einem andern Schaden entsteht, berechtigt diesen, Ersatz zu fordern“.[79] Zwei Jahre später verwies Schmalz an markanter Stelle seines „Natürlichen Staatsrechts“ auf eben diesen Passus und fügte in einer Anmerkung hinzu: „Ich bin überzeugt, daß wenn ein mir sehr achtungswürdiger Schriftsteller, so bald er nicht gewisse Vordersätze zu seiner Beurtheilung der französischen Revolution mit Fleiß und im voraus eingenommen, suchen will, er finden werde, daß ich in jenem (§. 108.) ausser der Autorität aller Menschen, auch die Wahrheit auf meiner Seite habe“.[80] Auch wenn der Name

[77] Vgl. die oben in Anm. 67 zitierte Bemerkung Fichtes!

[78] Siehe das Nähere hierzu unten § 15 d).

[79] Das reine Naturrecht, [1]1792, S. 70.

[80] Das natürliche Staatsrecht, [1]1794, S. 26; vgl. auch die knappen Hinweise bei R. Strecker, Die Anfänge von Fichtes Staatsphilosophie, S. 42.

Fichtes hier nicht genannt wurde, konnte jeder wissen, wer gemeint war.

Fichtes eigenwillige Adaption der Schmalzschen Grundsätze des Eigentumsrechts wird von diesem in seiner „Erklärung der Rechte des Menschen und des Bürgers“ ebenfalls entschieden zurückgewiesen: auch hier habe der übereifrige Philosoph Elemente des Naturrechts und des bürgerlichen Rechts miteinander vermengt. Zwar gebe es „nach dem Recht der Natur“ tatsächlich nur das Arbeitseigentum im engeren Sinne; nur bearbeitete, durch Arbeit umgeformte Gegenstände seien Eigentum: „Nicht so im bürgerlichen Rechte. Wenn der Besitz einer herrenlosen Sache ergriffen ist, so giebt und sichert uns das positive Gesetz unsrer Staaten für immer ein Eigenthum, und es beziehet dieses Eigenthum gar nicht auf die von uns gemachte Form, und läßt es also auch nicht mit der Form, ja nicht einmal mit dem Besitz aufhören“.[81] Noch 1798 hat Schmalz also ein weiteres Mal die Fichtesche Vertragstheorie mit allem Nachdruck als unhaltbar zurückgewiesen.[82]

Schließlich hat Schmalz den Gedanken Fichtes, es könne nur die „Kultur zur Freiheit der einzige Endzweck der Staatsverbindung“[83] sein, einer ebenso deutlichen wie sachlichen Kritik unterzogen. Die beiden möglichen Bedeutungen der Idee von einer „Kultur zur Freiheit“ werden von Schmalz verworfen: Zum einen liege es nicht in der Absicht der Menschen, die sich in einem Staat vereinigen, sich zur Freiheit zu bilden, denn „sie wollen unmittelbar frey sein“ und „vereinigen ... sich eben darum in Staaten, um ihre Freyheit zu sichern“.[84] Zweitens sei es unzutreffend, „daß ... doch das Gesetz des Rechts und der Sittlichkeit den Staaten überhaupt diesen Endzweck vorschreibe“,[85] denn die Menschen könnten nicht zu demjenigen erst gebildet werden, was die Natur ihnen bereits „völlig gegeben“ habe:

[81] Erklärung der Rechte des Menschen und des Bürgers, S. 62 f.; damit kein Zweifel aufkommen konnte, wer hiermit angesprochen war, fügte Schmalz hinzu: „Diesen Unterschied haben diejenigen nicht bedacht, welche Herrn *Rehberg*, unstreitig einem eben so denkenden Geist, als redlichen Manne, so hart es verargten, daß er dem Staate allein unser Eigenthum verdankt wissen wollte. Herr Rehberg hat wohl Unrecht, aber seine Gegner haben es auch“.

[82] Vgl. ebenda, S. 99 ff., bes. S. 101.

[83] J. G. FICHTE, Schriften zur Revolution, S. 79; vgl. ebenda S. 83 u. a.

[84] Erklärung der Rechte des Menschen und des Bürgers, S. 116; er fügt an, ebenda, S. 116 f.: „Auch wird wohl nicht leicht Jemand glauben, er bedürfe es erst, zur Freyheit gebildet zu werden, und sey zu ihr noch nicht reif“.

[85] Ebenda, S. 116.

„Vielmehr verlangt das Gesetz der Moralität und des Rechts gerade das vom Staate, was er verspricht, was die einzelnen Menschen in ihm auch fordern, nämlich, daß er Person und Eigenthum eines Jeden vor willkührlichen Bestimmungen sichre, und nicht zugebe, daß Jemand wider seinen Willen zu irgend etwas gezwungen werde, was nicht wirklich das äußere vollkommne Recht von ihm fordert".[86]

Fichte hat sich, so scheint es jedenfalls, um die von Schmalz vorgebrachte Kritik nicht weiter gekümmert; es ist nicht einmal sicher, ob er sie überhaupt zur Kenntnis genommen hat. Schon 1796 veröffentlichte er seine „Grundlage des Naturrechts nach Principien der Wissenschaftslehre",[87] in der er erstmals ein eigenes, umfassendes System der Rechtsphilosophie vorlegte, das in mehr als einer Hinsicht deutlich von den früher so intensiv rezipierten Schmalzischen Theoremen abwich.[88] Im Anschluß an Kant (und vielleicht auch an Feuerbach) führte Fichte jetzt eine besonders schroffe Trennung zwischen Moral und Recht durch,[89] während Schmalz an seiner Auffassung festhielt, daß der Pflichtbegriff beide Bereiche umfasse; Fichte erhielt denn auch 1804 den öffentlichen, ausdrücklich auf die „Grundlage des Naturrechts" bezogenen Tadel, er wolle „vielleicht mehr aus Mißverstand der Behauptungen andrer nicht einmal die Abstammung der Rechtslehre und der Ethik von Einer Wurzel zulassen".[90] Schließlich hat Schmalz im gleichen Jahr seinen einstigen „Schüler" Fichte in einer knappen Bemerkung auch als „Mercantilisten" kritisiert,[91] denn als Physiokrat konnte er Fichtes „Geschlossenen Handelsstaat"[92] von 1800 und dessen Autarkiepostulat naturgemäß nicht akzeptieren.[93]

[86] Ebenda, S. 117f.; Schmalz bemerkt, nachdem er auf die Unmöglichkeit hingewiesen hat, daß der Mensch mittels des Staates wirklich zu „erziehen" sei (und diese Kritik dürfte ihn am weitesten von Fichte, dessen pädagogischer Impetus bekannt ist, getrennt haben): „Es ist die große Lücke in den Systemen aller Philosophie, daß sie zwar alle unsre Pflichten uns lehren, aber durchaus keine brauchbare Regeln uns geben, wie ein Mensch seine Gesinnungen bessern könne" (ebenda, S. 119). – Vgl. auch die noch schärfere Kritik in: Encyclopädie der Cameralwissenschaften. Zum Gebrauche academischer Vorlesungen, Königsberg 1797, S. 22.

[87] J. G. FICHTE, Sämmtliche Werke III, S. 1–385.

[88] Vgl. dazu die Bemerkungen von G. A. WALZ, Die Staatsidee des Rationalismus und der Romantik und die Staatsphilosophie Fichtes, S. 486f.; an der Lehre vom Arbeitseigentum, der Formationstheorie, hielt Fichte allerdings fest; vgl. ebenda, S. 512.

[89] Vgl. J. G. FICHTE, Sämmtliche Werke III, S. 10f.

[90] Encyclopädie des gemeinen Rechts, ^{2}1804, S. 92.

[91] Das natürliche Staatsrecht, ^{2}1804, S. 25.

[92] Vgl. J. G. FICHTE, Sämmtliche Werke III, S. 387–513.

[93] Vgl. auch: Handbuch der Rechtsphilosophie, Halle 1807, S. V: „Ich ehre und achte Herrn Fichte sehr hoch, (denn der Glaube, daß ein Mann geirrt habe, kann nie der

Der Weg, den Schmalz als Schüler Kants, aber auch als Lehrer seines sich sehr bald geistig weit von ihm entfernenden Schülers Fichte zurückgelegt hat, ist eigentlich der Pfad einer *Desillusionierung*. Der begeisterte junge Naturrechtler, der um 1790 als entschiedener Kantianer aufgetreten war und gehofft hatte, mit Hilfe der kritischen Philosophie seines großen Königsberger Universitätskollegen die Rechtswissenschaft auf neue theoretische Fundamente stellen zu können, sah sich sehr bald durch die weitere Entwicklung der kritischen und dann auch der idealistischen Philosophie eines besseren belehrt. Fichte und Kant traten in den Jahren 1796 und 1797 jeweils mit eigenen rechtsphilosophischen Werken hervor, die auf der einen Seite weit über die Grundsätze des traditionellen Naturrechts wie aber auch der juristischen „Frühkantianer" hinausgingen, die auf der anderen Seite aber auch manche willkürlichen, einseitigen und von schlichter Unkenntnis juristischer Grundprinzipien zeugenden Elemente enthielten.

Hier konnte Schmalz nicht mehr folgen; auch als philosophisch orientierter Jurist hielt er, vor allem nach 1798, an der Priorität der Jurisprudenz *vor* der Philosophie fest, während Kant und Fichte den Anspruch erhoben, nicht nur die Grundbegriffe, sondern vielfach auch die Inhalte der Rechtswissenschaft auf dem Wege der philosophischen Deduktion neu zu definieren. Bereits 1796 kritisierte Schmalz, daß man jetzt auch innerhalb der Rechtswissenschaft anfange, „den historischen Theil zu sehr über dem philosophischen zu vernachlässigen. Was weiß man itzt nicht alles *a priori*! ... Itzt verlachen wir wieder das mühsame Studium dessen, was geschah und geschieht, und jeder will *a priori* eine Welt reformiren, die er *a posteriori* gar nicht kennt".[94] Gleichwohl hat Schmalz am Naturrecht, wie er es verstand und seit 1790 in zahlreichen Publikationen zu begründen versucht hatte, bis an sein Lebensende festgehalten. Den Weg Savignys von der Philosophie zur Geschichte[95] ist er – wenngleich er dem Historischen später einen

Achtung schaden,) aber es thut mir darum sehr weh, daß er sein Naturrecht schrieb. Vor allem das, was er über den Staat sagte, zeigt, daß er nicht einmal die Fragen ahndete, auf die es ankam; so wie vorzüglich sein geschlossener Handelsstaat seine gänzliche Unkunde in Dingen dieser Art, namentlich über die Natur des Geldes, bewies. So sehr schadet Unkunde in einem Theile der Staatswissenschaft, wenn man in einem andern derselben arbeiten will"; ähnlich auch ebenda, S. 177.

[94] Handbuch des teutschen Land- und Lehnrechts. Zum Gebrauch academischer Vorlesungen, Königsberg 1796, S. VI f.

[95] Dazu vgl. aus der neueren Literatur besonders J. Rückert, Idealismus, Jurisprudenz und Politik bei Friedrich Carl von Savigny, und D. Nörr, Savignys philosophische Lehrjahre, jeweils passim.

deutlich höheren Stellenwert als in seinem Frühwerk zuerkannte[96] – ebensowenig mitgegangen wie er sich andererseits dem rechtsphilosophischen Kritizismus und Idealismus verweigerte. Der Schüler Kants, Lehrer Fichtes und spätere Universitätskollege Hegels hat als Jurist den umfassenden philosophischen Anspruch, den diese Denker auf eine grundlegende Neudefinition des Rechts und der Jurisprudenz erhoben, bereits sehr früh mit Nachdruck abgelehnt.

96 Siehe dazu unten § 28 a).

§ 13 Die Rechtsphilosophie von 1807

Trotz mancher Wandlungen, die Theodor Schmalz in seinem wissenschaftlichen Leben durchgemacht hat und die nicht zuletzt auch durch äußere Ereignisse, wie etwa politische Umbrüche, mitbedingt waren, hat er sich doch bis zu seinem Tode im Jahre 1831 als *Naturrechtler* verstanden. Also als ein Jurist, der das Anliegen einer philosophisch fundierten Jurisprudenz vertrat, deren Aufgabe es sein sollte, die zentralen Begriffe des Rechts aus einigen wenigen Grundaxiomen in logischer Form abzuleiten und von den auf diese Weise gewonnenen Grundbegriffen und -definitionen ausgehend zu weiteren Einteilungen und Definitionen zu gelangen. In inhaltlicher Hinsicht hat Schmalz zwar im Laufe der Jahre vieles verändert, manches ausgeschieden, hinzugefügt und auch weiter differenziert, – doch in methodischer, formaler Hinsicht hielt er an seinem 1790 gewonnenen Ausgangspunkt strikt fest.

Eine stark erweiterte und vielfach abgeänderte Neufassung seines theoretischen Ansatzes legte er 1807 in seinem umfangreichen „Handbuch der Rechtsphilosophie" vor, zu dessen Ausarbeitung er wohl die unverhoffte Muße nach der Schließung der Friedrichs-Universität zu Halle genutzt haben dürfte.[1] Er distanziert sich bereits im ersten Satz der Vorrede ausdrücklich von der „Menge Schriften über das Naturrecht, weniger guten, mehrerer mittelmäßigen, vieler schlechten",[2] die seit seinem eigenen „Reinen Naturrecht" von 1792 erschienen waren. Es habe zumeist nur ein Autor vom anderen abgeschrieben, und kaum einer von ihnen habe wirklich begriffen, „daß die Form dieser Wissenschaft grade alles sey, worauf es in ihr ankomme".[3] Sein eigenes

[1] Siehe dazu oben § 5 b).

[2] Handbuch der Rechtsphilosophie, Halle 1807, S. III.

[3] Ebenda, S. IV; vgl. auch ebenda, S. IV f.: „Die entscheidensten Lehrsätze stellen sie [die Masse der „anderen" Naturrechtler, H.-C.K.] ... auf; und freylich, es möchte schwer halten, manche zu beweisen. Wenn sie aber beweisen, so ist es ihnen auch ganz gleich, woher sie den Beweis nehmen. Der Mode halber ist zwar ein Grundsatz, als Imperativ ausgedruckt [sic], an die Spitze des Buches gestellt. Aber im Verfolg hat der Grundsatz gute Muße. Beweise nur aus ihm schöpfen zu müssen, nach der Regel wissenschaftlicher Behandlung, dafür hat man keinen Sinn. Denn man will ja nur die Realität; die Form scheint gleichgültig, obwohl es doch dem Zuhörer seltsam vorkommen muß, aus dem Compendium erst, und erst nach langer Erläuterung des Lehrers, die Realität lernen zu sollen, daß man nicht tödten und nicht stehlen dürfe".

System hingegen genüge – so Schmalz mit dem für ihn charakteristischen Selbstlob – in formaler Hinsicht den strengsten Ansprüchen, da er die „Methode der Mathematik hier nachahmen zu müssen“ geglaubt habe: „Wie aber der Mathematiker von Axiomen ausgeht; so mußte ich von Definitionen ausgehen, um den Begriff der Freyheit sicher zu bestimmen, dessen Entwicklung dann das Geschäft der Wissenschaft ist“.[4]

Von der idealistischen Rechtsphilosophie hingegen, die den „Ton des Tages“ bestimmt, setzt er sich ausdrücklich ab; ihm kommt es zuerst und vor allem auf eine mathematisch klare und logische Ableitung der zentralen Grundbegriffe der Jurisprudenz an.[5] Dem ersten Teil, also dem „reinen Naturrecht“, hat das „angewandte Naturrecht“ zu folgen, und auch hier nimmt Schmalz gleich doppelte Distanz zur idealistischen Rechtslehre, wenn er einerseits ausdrücklich – und deutlicher als früher – seinem Wunsch Ausdruck verleiht, „daß es erkannt würde, wie wichtig die historische Bestimmung der Begriffe gegebener rechtlicher Verhältnisse sey“, und wenn er andererseits auch eine pragmatische Komponente einführt: Keinem „Freunde der Menschheit“, heißt es weiter, könne es „gleichgültig seyn, daß aus der Natur des Staates sich ergebe, das Rechte sey auch allein das Nützliche“.[6]

Der erste Teil – das „reine Naturrecht“ – enthält an mehr als einer Stelle Abwandlungen der früheren naturrechtlichen Thesen von Schmalz.[7] Viel breiter und ausführlicher werden jetzt – in der Form einer „Begränzung des Begriffs der Rechtsphilosophie“ – die Grundbegriffe expliziert.[8] In den Grundaxiomen ist er immer noch Kantianer; die Scheidung zwischen *mundus intelligibilis* und *mundus sensibilis* und damit in das Reich der verstandesmäßigen und das der empirischen Erkenntnis ist auch jetzt noch der Ausgangspunkt seiner Argumentation.[9] Er ist und bleibt zudem Metaphysiker – sogar mit einigen überraschenden, an Fichtes „ursprüngliche Einsicht“ der

[4] Die Zitate ebenda, S. VI.

[5] Vgl. ebenda, S. VIf.: „Und dem, was klar scheint, nachzudenken, davon werden wir wohl durch den Ton des Tages entwöhnt, welcher die gemeinsten [nämlich: gewöhnlichsten, H.-C.K.] Dinge in tiefstes Dunkel gehüllt für ungemeine Dinge hält“.

[6] Ebenda, S. VII f.

[7] Im folgenden wird nur der *erste* Teil eingehender beleuchtet, da der *zweite*, der das „angewandte Naturrecht“ enthält (also Staats-, Kirchen- und Familienrecht), unten im Text in den entsprechenden Abschnitten (§§ 15 i), 25 a)-b)) abgehandelt wird.

[8] Handbuch der Rechtsphilosophie, S. 1.

[9] Vgl. ebenda, S. 3.

Selbstreflexion anknüpfenden Bemerkungen[10] –, der den Anspruch einer *deduktiven* Rechtserkenntnis erhebt: Die Metaphysik als „der Teil der Philosophie, welcher den Inhalt unsrer reinen, in der Anschauung nicht darstellbaren Erkenntnisse entwickelt“,[11] läßt sich in die drei Arten der Metaphysik des *Vorstellens*, des *Empfindens* und des *Wollens* einteilen,[12] und aus der letzteren wiederum, der „Metaphysik der Sitten“, lassen sich in gleicher Weise „zwey Tochterwissenschaften, die *Ethik* und die *Jurisscienz*“, herleiten. Ethik ist Wissenschaft der *inneren*, „Jurisscienz“ hingegen die Wissenschaft der *äußeren* Freiheit, und „so kann das reine Naturrecht nichts seyn, als Analyse des Begriffs einer äußern Freyheit eines zugleich vernünftigen und zugleich sinnlichen Wesens“.[13] Schmalz ist also wieder bei seiner Hauptthese angelangt, und er beharrt ebenfalls strikt auf seiner Prämisse vom methodischen Vorrang des Theoretisch-Metaphysischen (also der „Jurisscienz“, die man wohl als Wissenschaft vom reinen Naturrecht definieren kann) vor dem Empirischen, da, wie er sagt, „alle empirische Erkenntnisse doch nur durch das Reine, welches gemeinschaftlich in den einzelnen derselben liegt, in Inbegriffe zusammengefaßt werden können“.[14]

Die Entwicklung der Grundbegriffe der Metaphysik der Sitten bringt eine Neuerung, denn Schmalz teilt diese Grundbegriffe jetzt in *ontologische* und *anthropologische*: Während die letzteren (u. a. Sinnlichkeit, Vernunft, Wille, Erfahrung, Gesinnung) sich auf bestimmte Vermögen des Menschen beziehen, umfassen die ontologischen Begriffe (Handlung, Leiden, Gesetz, Freiheit) allgemeinere, nicht mehr *unmittelbar* aus den Fähigkeiten des Menschen ableitbare Voraussetzungen der Moral im umfassenden Sinne.[15] Es folgt ein Abschnitt „Von der Freyheit des Menschen überhaupt“, in dem, wiederum auf Kantischen Voraussetzungen aufbauend, die menschliche Freiheit aus dessen Vernunftfähigkeit abgeleitet wird: Die Vernunft befähigt den Menschen, die logische Widersprüchlichkeit unmorali-

[10] Vgl. ebenda, S. 3: „Die Grundlage alles Erkennens, das Urerkenntniß, ist das Bewußtseyn, als das Erkennen unsers Erkennens, also selbst ewig unerforschlich und unerklärbar, eben weil es die Urthatsache ist, auf welche alles zurückgeführt wird, und die selbst auf nichts anders zurückgeführt werden kann“.

[11] Ebenda, S. 2 f.

[12] Vgl. ebenda, S. 4 ff.

[13] Ebenda, S. 10 f.

[14] Ebenda, S. 6 f.

[15] Vgl. ebenda, S. 16 ff.

scher Handlungen zu erkennen und hieraus wiederum zu tugendhaftem Handeln zu gelangen. Freiheit und Tugend sind also engstens miteinander verbunden; Schmalz sagt sogar: „In der Tugend ... allein besteht die Freyheit des Menschen. Die Freyheit ist also dem Menschen nur möglich und durch Tugend allein ist sie wirklich“.[16]

Aus der Differenzierung zwischen äußerer und innerer Freiheit läßt sich anschließend die Differenz zwischen Ethik und Jurisscienz ableiten:[17] „Die Freyheit der Menschen, als zugleich sinnlicher und vernünftiger Wesen, ist *innere* Freyheit zu nennen, sofern ein Mensch frey von Sinnlichkeit durch seine Vernunft, und *äußere*, in so fern er frey von den Bestimmungen andrer nur von sich selbst bestimmt wird“; und hieraus folgt wiederum: „Die Wissenschaft der innern Freyheit nun ist *Ethik*, *Sittenlehre*; die Wissenschaft der äußern Freyheit *Rechtslehre*, *Jurisscienz*“.[18] Dahingehend lassen sich also auch die im engeren Sinne „juridischen Rechte und Pflichten“ bestimmen. Sie umfassen „vier Charaktere“: sie sind „1. allgemein, 2. negativ, 3. gegen andere Statt findend, 4. äußerlich“.[19] Diese Bestimmung hält Schmalz für konsistenter – weil aus *einem* Prinzip (dem Postulat der äußeren Freiheit) abgeleitet – als jene Theorie, die „von der Erklärung juridischer Rechte für Zwangsrechte“ ausging.[20]

Eine kleine Neuerung findet sich auch in der Darlegung der Urrechte des Menschen. Anselm Feuerbach hatte in seiner Kritik der frühen naturrechtlichen Schriften von Schmalz dessen Postulat gleich dreier menschlicher Urrechte – und damit die Vermengung formaler und materialer Begriffe – bemängelt, da aus dem (nach seiner, von

[16] Ebenda, S. 33; hieran knüpfen wiederum die Ausführungen des weiteren Kapitels über die „Bestimmung des Willens durch die Freyheit“ (ebenda, S. 37 ff.) an, in dem das „Dürfen“ als „das Bestimmtwerden des Willens dadurch, daß wir aus dem Gesetz der Freyheit erkennen, eine Maxime sey nicht böse“ (ebenda, S. 38) definiert wird.

[17] Vgl. ebenda, S. 42 ff.

[18] Die Zitate ebenda, S. 53; vgl. auch ebenda, S. 8.

[19] Ebenda, S. 59. – Das bedeutet im einzelnen: 1. „Die juridischen Rechte und Pflichten müssen allgemein beurtheilbar seyn, das ist, ihre Erfüllung oder Verletzung muß von Allen mit Gewißheit beurtheilt werden können“ (ebenda, S. 55), 2. Sie dürfen „nur *negative* seyn, mit Ausschließung aller affirmativen. – Denn sie beziehen sich alle nur auf Erhaltung der äußern Freyheit, also nur darauf, daß alles unterlassen werde, wodurch sie gestört würde“ (ebenda, S. 57), 3. Sie finden nur gegen andere statt, „denn die äußere Freyheit ist ein Verhältniß gegen andre“ (ebenda, S. 58), 4. Sie sind äußerlich, „denn sie beziehen sich nur auf äußere Freyheit, und sollen von andern beurtheilbar seyn“ (ebenda).

[20] Ebenda, S. 59; zur Frage der Zwangstheorie siehe auch die knappen Bemerkungen oben § 11, Anm. 57.

Kant übernommenen Auffassung) einzigen Urrecht der menschlichen Freiheit alle anderen Rechte abzuleiten seien.[21] Schmalz folgt ihm nur insoweit, als er jetzt das seinerzeit von ihm als *erstes* Urrecht bezeichnete Recht des Menschen auf seine Person[22] zum *einzigen* Urrecht erhebt,[23] dem die weiteren Rechte – früher von Schmalz als das zweite und das dritte Urrecht bezeichnet[24] –, nämlich das Recht des Menschen auf seine Handlungen und das Recht auf den Gebrauch der Sachen, „unmittelbar" entspringen, nämlich als „besondre Modificationen seiner".[25]

In bezug auf die Urrechte gilt nach Schmalz ein strenger Gleichheitsgrundsatz: „Alle angebohrnen Rechte stehen allen Menschen in absoluter Gleichheit zu. Denn der Grund derselben, die vernünftige mit sinnlicher vereinte Natur, ist allen der nemliche".[26] Der absoluten Gleichheit der *angeborenen* Rechte steht freilich die Ungleichheit der *erworbenen* Rechte gegenüber. Schmalz meint sogar, eine Art von Wechselbeziehung zwischen beiden Bereichen konstruieren zu können, und auf diese Weise den Streit zwischen der Idee einer *distributiven* und einer *kommutativen* Gerechtigkeit entscheiden zu können: „Absolute Gleichheit aller angebohrnen Rechte ist das Gesetz der Gerechtigkeit, und eben damit diese erhalten werde, ist Ungleichheit unter den erworbenen Rechten".[27] Denn eine erzwungene *völlige* Gleichheit der *erworbenen* Rechte widerspreche dem Urrecht des Menschen auf seine Handlungen.[28]

[21] Vgl. [P. J. A. Feuerbach], Rez. von: Theodor Schmalz: Das reine Naturrecht, Königsberg 1792, 2. Aufl., Königsberg 1795; derselbe: Das natürliche Staatsrecht, Königsberg 1794; derselbe: Das natürliche Familienrecht, Königsberg 1795; derselbe: Das natürliche Kirchenrecht, Königsberg 1795, in: Allgemeine Literatur-Zeitung, Nr. 242, 13.8.1798, Sp. 313–318; Nr. 243, 14.8.1798, Sp. 321–328, hier Sp. 316; siehe auch oben, § 11 c); zur Lehre Kants vgl. I. Kant, Gesammelte Schriften VI, S. 237.

[22] Vgl. Das reine Naturrecht, Königsberg ^{1}1792, S. 29.

[23] Handbuch der Rechtsphilosophie„ S. 67; er begründet dies mit den Worten: „Der Mensch wird nackt in die Welt gebohren. Das Recht auf seine Person ist das Einzige, welches er hat, die einzige Aussteuer, welche die Natur ihm mitgegeben hat in diese Welt" (ebenda).

[24] Vgl. Das reine Naturrecht, Königsberg ^{1}1792, S. 30 f.

[25] Handbuch der Rechtsphilosophie, S. 68; vgl. ebenda, S. 68 ff.

[26] Ebenda, S. 90; vgl. auch die weiteren Ausführungen, ebenda, S. 91: „Auch im Kinde, auch im Wahnsinnigen sind also die Rechte der vernünftigen Natur zu ehren. Auch ihnen steht zu das Recht auf ihr Daseyn, und ihre Tödtung ist Ungerechtigkeit, die die Natur empört. Auch sie haben ein Recht auf ihre Handlungen, auf den Gebrauch der Sachen".

[27] Ebenda, S. 90 f.

[28] Vgl. ebenda, S. 99: „Es ist auch die Bemerkung nicht überflüssig, daß die erworbenen eben deshalb ungleich seyn müssen, damit grade die Urrechte in voll-

Nach einer formalen Definition der „erworbenen Rechte“, die er, wie bereits früher schon, als „hypothetisches Naturrecht“ abhandelt,[29] überrascht Schmalz mit einem weiteren neuen Gedanken, der sich in seinen früheren naturrechlichen Schriften noch nicht findet, nämlich der These von der formalen Gleichordnung der erworbenen und der Urrechte. Er stellt fest: „Alle wirklich erworbene Rechte sind den angebohrnen an Unverletzlichkeit gleich. – Denn wenn sie wirklich erworben sind, so können sie ja ohne Verletzung der Urrechte selbst nicht verletzt werden. – Dieser Lehrsatz ist von den bedeutendsten Folgen im ganzen System der Freyheit, das ist, des Rechts. Jedes erworbene Recht ist so heilig, als das Urrecht; und der Raub des Eigenthums ist so gut Verletzung der Person, als unmittelbare Vergreifung an ihr“.[30]

Mit dieser These, auch noch mit einigen weiteren Gedanken, distanziert sich Schmalz noch einmal ausdrücklich vom „Verfasser des Buchs: Beyträge zur Berichtigung der Urtheile des Publicums über die französische Revolution“,[31] von Fichte also, der seinerzeit einzelne Elemente von Schmalz' Eigentumstheorie in einem radikalen und revolutionären Sinne rezipiert und weiterentwickelt hatte.[32] Trotzdem hält Schmalz, unter ausdrücklicher Berufung auf Locke, an der Formationstheorie des Eigentums (also am Konzept des Arbeitseigentums) fest,[33] da eben nur durch Formation ein Eigentum erworben werden könne, „das auch über die Zeit des Besitzes hinaus dauert“.[34] Daraus folgt weiterhin, daß Eigentum kein „bloßes Institut

kommner Gleichheit bleiben. Wenn in einer erträumten Republik alles Eigenthum gleich vertheilt werden sollte: so würde der Fleißige für das gemeine Vermögen mehr arbeiten, als der Träge, und dieser gleichwohl gleichen Antheil daraus nehmen. Es würden daher beyde in dem Urrechte auf ihre Handlungen in Ungleichheit gesetzt, durch die Gleichheit des erworbenen Rechts, des Eigenthums; indem der Fleißige nicht ganz Herr seiner Handlungen wäre, sondern noch für den Trägen manche derselben verrichten müßte; dieser hingegen nicht nur Herr aller seiner Handlungen bliebe, sondern auch jenes Handlungen großen Theils mit beherrschte“.

29 Vgl. ebenda, S. 93: „Erworbene Rechte sind diejenigen, welche nicht bloß in der Existenz des Menschen als vernünftig-sinnlichen Wesens ihren Grund haben, sondern noch dazu in einer hinzugekommenen Begebenheit“.

30 Ebenda, S. 98.

31 Ebenda, S. 164.

32 Siehe oben § 12 b).

33 Vgl. Handbuch der Rechtsphilosophie, S. 106 ff.

34 Ebenda, S. 107; der Begriff der Formation wird jetzt folgendermaßen definiert (ebenda): „*Formation* kann man jede Handlung eines Menschen nennen, wodurch er eine Sache in die Lage bringt, daß jeder, der sie nachher gebrauchen wolle, dieß nicht könnte, ohne die Wirkung dieser Handlung an der Sache (Form) zugleich mit zu gebrauchen, oder zu zerstören“.

des Staats" sei, denn bereits im Naturzustand gebe es so etwas wie ein „Recht des Eigenthums", dem durch die Einwirkung des Staates dann zusätzlich die „Sicherheit des Eigenthums" hinzugefügt werde.[35]

Auch an seiner – von Kant und anderen Autoren bestrittenen – Vertragstheorie hat Schmalz in seinem „Handbuch der Rechtsphilosophie" im wesentlichen festgehalten.[36] Ein Vertrag ist, so Schmalz, zuerst einmal ein „Versprechen, auf welches die Annehmung des, dem es geschehen ist, gefolgt ist". Er beruht also auf der „Einwilligung", der „äußere[n] Uebereinstimmung des Versprechens und der Annehmung".[37] Eine Theorie, die aber davon ausgeht, daß bereits *zu diesem Zeitpunkt* der Vertrag eine bindende Kraft besitzt, verkennt, so Schmalz weiter, die Problematik dieses Gegenstandes: Zwar bestehe durchaus eine „heilige Pflicht, gegebenes Versprechen zu halten", nur handle es sich hierbei eben nicht um eine juridische, sondern „nur" um eine ethische Pflicht, deren Einhaltung – wie gesagt: zu diesem Zeitpunkt! – juristisch nicht erzwingbar sei.[38] Denn kein Mensch habe nun einmal ein Anrecht, die Handlungen eines anderen wider dessen Willen zu bestimmen, denn dies widerspreche dem Urrecht jedes Menschen auf seine Handlungen.

Ausdrücklich hebt Schmalz hervor, daß es ihm um nichts weniger als um eine Relativierung der Gültigkeit von Verträgen geht: „Was wäre das für ein Mensch, der nicht begriffe, daß mir grade an der Befestigung der Verträge liege?"[39] Gegen Fichtes Revolutionsschrift von 1793 betont Schmalz, daß einem Vertragschließenden, der im Vertrauen auf das Wort seines Vertragspartners bereits „Anstalten getroffen" oder auch unterlassen hat, ein Anrecht auf die Leistung dieses Partners zukommt.[40] Dennoch gilt: „Aber so lange der Annehmende auf das

[35] Vgl. ebenda, S. 109: Diejenigen, die das Eigentum „für ein bloßes Institut des Staats hielten, verwechselten auf eine grobe Art das Recht des Eigenthums mit der Sicherheit des Eigenthums; und sahen nicht, daß, wenn gleich ohne Staat das Eigenthum immer ein Raub der Gewalt seyn würde, dennoch diese Gewalt, dieser Raub an sich unrecht wäre; der Staat also den Raub erst verhüte, aber nicht erst ihn für ungerecht erkläre. – Aber das Eigenthum in unsrer bürgerlichen Gesellschaft ist doch etwas andres, als das Eigenthum des Naturrechts. Jenes ist das Eigenthum der Materie, und dauert selbst über die Form hinaus, dieses ist nur ein Eigenthum der Form und hört mit ihr auf".

[36] Vgl. ebenda, S. 153ff.

[37] Ebenda, S. 154.

[38] Vgl. ebenda, S. 156ff.; das Zitat S. 156.

[39] Ebenda, S. 161.

[40] Vgl. ebenda, S. 164f; das Zitat S. 164; die Begründung hierfür findet sich wiederum im Rückgriff auf das Urrecht des Menschen auf seine Handlungen; vgl. ebenda,

Versprechen hin, weder etwas leistete, noch Anstalten traf oder unterließ: so lange ist es dem Versprechenden erlaubt, vom Vertrage abzugehen. – Denn durch dieß Abgehen vom Vertrage, diese Zurücknahme seines Wortes, wird dann der Annehmende nicht im mindesten wider seinen Willen bestimmt, oder in seiner Freyheit gestört".[41] Der gegen ihn von einigen Kritikern erhobene „Vorwurf der Gefährlichkeit [dieser Theorie, H.-C.K.] fällt wohl von selbst weg".[42]

In seinen zentralen Theoremen weist das „reine Naturrecht" von Schmalz also tatsächlich eine erstaunliche Konsistenz auf. Eine nähere Vergegenwärtigung des „Handbuchs der Rechtsphilosophie" von 1807 bestätigt die Annahme, daß die in den Jahren um und nach 1790 gelegten theoretischen Grundlagen in ihrem wesentlichen Kern von Schmalz aufrechterhalten, wenn auch im einzelnen deutlich differenziert und in mehr als einem Aspekt weiterentwickelt worden sind. Der Nucleus der „Encyclopädie des gemeinen Rechts" von 1790 und des „Reinen Naturrechts" von 1792 hat sich entfaltet und ausdifferenziert; er ist jedoch niemals *grundlegend* revidiert worden. Eine größere Beachtung scheinen die *rein naturrechtlichen* Passagen dieses Buches (und *nur sie* wurden im vorliegenden Abschnitt besprochen) nicht gefunden zu haben. Jakob Friedrich Fries hat wohl in seiner sehr herablassenden Besprechung den Tenor angegeben, als er bemerkte, Schmalz habe hier nur „wieder seine bekannten Meinungen über Rechtsphilosophie", und zwar „auf seichte Weise" vorgetragen; im übrigen habe der Verfasser „auf neuere Ansichten von den Bedingungen der *vernünftigen Gemeinschaft* unter Menschen" keine Rücksicht genommen.[43] Fries dürfte Schmalz vor allem dessen Weigerung, sich

S. 165: „Wenn ... der Versprechende nicht leistet: so ist von ihm der Annehmende wider dessen wahren Willen bestimmt, jene Anstalten zu treffen, also zu handeln, (oder zu unterlassen). Mithin ist dem Annehmenden von dem Versprechenden wirklich Unrecht geschehen".

[41] Ebenda, S. 165.

[42] Ebenda, S. 166. – Auf nicht ungeschickte Weise vermag er sogar den Vorwurf, er vertrete eine unter politischen Gesichtspunkten gefährliche, weil revolutionäre Theorie, zu parieren, indem er das Argument umkehrt und auf den Mißbrauch „erzwungener Versprechen" durch revolutionäre Autoren hinweist (ebenda, S. 169 f.): „Wirklich war es vor einigen Jahren Mode, die Gültigkeit auch erzwungener Versprechen zu behaupten, als man daraus die Pflicht Ludwigs des sechzehnten herleiten wollte, die von ihm angenommene (und wahrlich nicht von ihm zuerst verletzte) Constitution von 1791 zu erhalten. Es ist klar, daß diese Schriftsteller Unrecht hatten".

[43] Jakob Friedrich Fries, Sämtliche Schriften, hrsg. v. Gert König/Lutz Geldsetzer, Bd. XXV: Abt. 6, Bd. 2: Rezensionen, Aalen 1996, S. 84–87; die Zitate S. 84 f. (die Rezension erschien zuerst in den Heidelberger Jahrbüchern der Literatur 1 [1808], S. 93–96).

auf die neueren rechtsphilosophischen Theorien einzulassen, übelgenommen haben.

Schmalz hat 1807, so wird man zusammenfassend bemerken können, an seiner rechtsphilosophischen Zwischenposition festgehalten, die er seit 1790 eingenommen hatte: Auf der einen Seite operierte er weiterhin auf der Grundlage der Kantischen Anthropologie und Erkenntnistheorie, *ohne* indes die Wege der „Metaphysik der Sitten" von 1797 mitzugehen, auf der anderen Seite wiederum verteidigte er entschieden den Anspruch der Jurisprudenz auf die Formulierung einer philosophischen Rechtslehre, eben des „reinen Naturrechts", das er unter keinen Umständen den Philosophen zu überlassen geneigt war – nicht Immanuel Kant und schon gar nicht Johann Gottlieb Fichte.

§ 14 Die „Wissenschaft des natürlichen Rechts“ (1831)

Theodor Schmalz hat sein Leben lang an der Bearbeitung seines ältesten juristischen Arbeitsgebietes, des Naturrechts, festgehalten; noch sein letztes Werk, das im Jahre 1831 unmittelbar nach seinem Tode erschien, ist diesem Thema gewidmet. Herausgegeben wurde es von einem der außerordentlichen Professoren an der Berliner Juristenfakultät, dem vor allem auf dem Gebiet des Strafrechts tätigen Carl Ernst Jarcke. Dieser bedeutende Jurist hat allerdings trotz herausragender Leistungen keine wissenschaftliche Karriere in Preußen absolvieren können, da er 1825 zum Katholizismus konvertiert war und zudem noch einen weiteren, ebenfalls an der Friedrich-Wilhelms-Universität lehrenden Kollegen zum Übertritt veranlaßt hatte. Als unbezahlter Außenseiter an der Fakultät nur geduldet (und von Savigny beargwöhnt), doch bereits bald als konservativer Publizist sehr bekannt, ging er schließlich 1832 als Nachfolger von Friedrich Gentz nach Wien, um in der Staatskanzlei Metternichs die Presse- und Öffentlichkeitsarbeit der österreichischen Regierung zu leiten.[1]

Jarcke, der in Schmalz, wie er sagt, „einen theilnehmenden Freund und wohlwollenden Amtsgenossen verlor“,[2] war vom Autor noch auf dem Sterbebett gebeten worden, die Herausgabe des bereits in Teilen gedruckten letzten Buches zu übernehmen.[3] Jarcke unterzog sich selbstverständlich dieser Ehrenpflicht, nicht ohne in der Vorrede zu bemerken, „daß diese Schrift, an deren Inhalt und Form er [der Herausgeber, also Jarcke selbst, H.-C.K.] übrigens keinen Antheil hat, eine gänzliche Umarbeitung der frühen rechtsphilosophischen

[1] Vgl. M. Lenz, Geschichte der königlichen Friedrich-Wilhelms-Universität zu Berlin II/1, S. 386ff.; zur Biographie und politischen Tätigkeit siehe Hans-Christof Kraus, Carl Ernst Jarcke und der katholische Konservatismus im Vormärz, in: Historisches Jahrbuch 110 (1990), S. 409–445.

[2] Die Wissenschaft des natürlichen Rechts, 1831, S. VII (Jarckes Vorrede).

[3] Vgl. die Worte ebenda: „Der Verfasser hatte die vorliegende Schrift mit besonderer Liebe und großem Fleiße ausgearbeitet, und der Druck des bereits fertigen Manuscripts war schon bis zum dreizehnten Bogen vorgeschritten, als der Tod ihn nach einer vierundvierzigjährigen, rühmlich zurückgelegten akademischen Laufbahn dem Lehrstuhle und den Wissenschaften entriß. – Noch wenige Tage vor seinem Tode beauftragte er den Unterzeichneten, ... für das Erscheinen des unter der Presse befindlichen Werkes, dessen Vorrede er selbst nicht mehr schreiben konnte, Sorge zu tragen“.

Arbeiten des Verfassers enthält, durch welche der Verewigte vor vierzig Jahren zuerst seinen Ruf in Deutschland gründete".[4]

Die Tatsache, daß Schmalz nicht in den Sog der historischen Schule geraten war, sondern an der naturrechtlichen Fundierung der Jurisprudenz, die er seit 1790 in immer neuen Anläufen versucht hatte, unbeirrt festhielt, erscheint aus heutiger Sicht (auch wenn man das schwierige persönliche Verhältnis zwischen Schmalz und Savigny einmal beiseite läßt[5]) nicht überraschend. Denn gerade die Forschungen der letzten Jahre haben ergeben, daß mit dem akademischen und politischen Siegeszug Savignys und der historischen Schule die Ära des Naturrechts noch keineswegs beendet war. Die Naturrechtler hatten zwar in die zweite Reihe zu treten und sie verloren im Laufe der Jahre immer stärker an wissenschaftlicher Bedeutung, doch sie traten damit keineswegs gänzlich von der Bildfläche ab; noch das ganze neunzehnte Jahrhundert hindurch ist das Naturrecht an deutschen Universitäten gelehrt worden, und die Produktion naturrechtlicher Schriften (oder doch jedenfalls in einer naturrechtlichen Tradition stehender rechtsphilosophischer Werke) setzte sich ebenfalls noch Jahrzehnte fort – wenn auch mit abfallender Tendenz.[6]

Die Feststellung des Herausgebers Jarcke, Schmalz habe in seiner letzten Schrift „eine gänzliche Umarbeitung" seiner früheren Rechtsphilosophie vorgelegt, ist nur bedingt richtig, denn in Aufbau und Gliederung lehnt sich die „Wissenschaft es natürlichen Rechts" im großen und ganzen (wenn auch jetzt unter Verwendung einer teilweise

[4] Ebenda, S. VIII.

[5] Dazu siehe oben § 9 a).

[6] Hierzu siehe aus der neueren Forschung vor allem die grundlegenden Arbeiten von DIETHELM KLIPPEL, Naturrecht als politische Theorie. Zur politischen Bedeutung des deutschen Naturrechts im 18. und 19. Jahrhundert, bes. S. 277 ff.; DERSELBE, Naturrecht und Politik im Deutschland des 19. Jahrhunderts, passim; DERSELBE, Naturrecht und Rechtsphilosophie in der ersten Hälfte des 19. Jahrhunderts, in: Naturrecht – Spätaufklärung – Revolution, hrsg. v. OTTO DANN/DIETHELM KLIPPEL (Studien zum achtzehnten Jahrhundert, Bd. 16), Hamburg 1995, S. 270–292; DERSELBE, Das 19. Jahrhundert als Zeitalter des Naturrechts, in: Naturrecht im 19. Jahrhundert. Kontinuität – Inhalt – Funktion – Wirkung, hrsg. v. DIETHELM KLIPPEL (Naturrecht und Rechtsphilosophie in der Neuzeit – Studien und Materialien, Bd. 1), Goldbach 1997, S. VII–XVI; DERSELBE, Das „natürliche Privatrecht" im 19. Jahrhundert, in: ebenda, S. 221–250; DERSELBE, Die Historisierung des Naturrechts. Rechtsphilosophie und Geschichte im 19. Jahrhundert, in: Recht zwischen Natur und Geschichte/Le droit entre nature et histoire (Ius Commune; Sonderhefte. Studien zur europäischen Rechtsgeschichte, Bd. 100), hrsg. v. FRANÇOIS KERVÉGAN/HEINZ MOHNHAUPT, Frankfurt a. M. 1997, S. 103–124; wichtig zum Zusammenhang auch J. RÜCKERT, Kant-Rezeption in juristischer und politischer Theorie (Naturrecht, Rechtsphilosophie, Staatslehre, Politik) des 19. Jahrhunderts, passim.

abweichenden Begrifflichkeit) an das „Handbuch der Rechtsphilosophie“ von 1807 an. Die Grobeinteilung in „reines“ und in „angewandtes Naturrecht“ fehlt 1831 allerdings; auch ist das Familienrecht, mit dem das „Handbuch“ abschloß, jetzt vorgerückt und zwischen das „Gesellschaftsrecht“ und den großen staatsrechtlichen Abschnitt eingefügt. Die Gliederung und Reihenfolge der rechtsphilosophischen Abschnitte im engeren Sinne (also derjenigen Passagen, die Schmalz früher als „reines Naturrecht“ bezeichnet hatte) ist allerdings unverändert geblieben.

In seiner philosophischen Grundlegung bleibt Schmalz auch 1831 noch bekennender Kantianer, der die Fundamente der kritischen Philosophie nicht verläßt, wiewohl er immer noch, wie bereits mehrfach nach 1798, an einzelnen Elementen der Kantischen Rechtsphilosophie von 1797 Kritik übt. Für ihn ist und bleibt die *Philosophie*, „welche Erkenntnisse aus Begriffen selbst entwickelt, also die Wissenschaft der Erkenntnisse a priori ist“,[7] unabdingbare Grundlage und Voraussetzung jeder einzelnen Wissenschaft, die diese Bezeichnung verdient – also auch der Jurisprudenz. Von der Philosophie gelangt er zur *Metaphysik*, die er als „Wissenschaft des Inhalts unserer reinen, nicht constructibeln Erkenntnisse“[8] definiert, und von den Einteilungen der Metaphysik (in Metaphysik des Vorstellens, des Empfindens, des Wollens) wiederum zur Deduktion des *Naturrechts*: Der transzendente Teil der Metaphysik des Wollens ist die *Moral* (auch als *Metaphysik der Sitten* bezeichnet) – und diese wiederum teilt sich, je nachdem, ob sie sich auf innere oder äußere Erfahrung bezieht, in die (nach innen gerichtete) *Ethik* und in das (auf äußere Erfahrung bezogene) *Naturrecht*.[9] Dieser Gedankengang entspricht im wesentlichen demjenigen, was Schmalz in seinen früheren rechtsphilosophischen Schriften bereits ausgeführt hatte; neu ist allerdings die deutlicher als früher betonte Frontstellung gegen „Materialismus“ und Idealismus, was vermutlich damit zusammenhängen dürfte, daß der rechtsphilosophische Kritizismus im Zeitalter eben nicht nur Savignys, sondern auch Fichtes und neuerdings ebenfalls noch Hegels, sich nach mehreren Seiten zu verteidigen hatte.[10]

7 Die Wissenschaft des natürlichen Rechts, Berlin 1831, S. 2.

8 Ebenda, S. 3; dort (S. 3 f.) ebenfalls die ausdrückliche Berufung auf Kant und dessen Nachweis der Möglichkeit von Erkenntnissen a priori.

9 Vgl. ebenda, S. 4 f., 8.

10 Siehe die Bemerkungen ebenda, S. 9 f.: „ ... da die Erkenntnisse, welche die Metaphysik behandelt, an sich lediglich in der Sphäre unseres Denkens bleiben, so

Eine auffallende – und nun wirklich neue – Komponente der Schmalzschen Rechtsphilosophie in ihrer letzten Fassung ist die Einführung eines religiös-theologischen Elementes, mit dessen Hilfe Schmalz die in ihre Einzelteile aufgefächerte Metaphysik wieder zusammenfügt: „Wahrheit, als Einheit der Vorstellungen, Schönheit, als Einheit der Empfindungen, und der Tugend *Heiligkeit*, als Einheit des Wollens, streben der Natur der Vernunft gemäß wieder nach einer Einheit, die sie selbst alle vollkommener vereinige; und diese wird gefunden in der *Idee der Gottheit*, und so schließt die gesammte Metaphysik in der *Theologie*".[11] Nicht nur die Einheit der Metaphysik, auch die Einheit und Gültigkeit des Sittengesetzes sei, bemerkt Schmalz jetzt, die Grundlage für die Erkenntnis der christlichen Glaubenswahrheiten, denn „wenn wir ... das Dasein eines heiligen Gesetzgebers und allwissenden Richters nicht glaubten, so wären wir in den unauflösbaren Widerspruch verwickelt, daß wir das Sittengesetz der Vernunft zwar als schlechthin unbedingt, und doch zugleich seine Befolgung als zwecklos für thöricht erkennen müßten, so oft sie uns Aufopferung sinnlicher Freuden kostete".[12] Die Voraussetzungen dieses neuen Elements – das im Grunde den früher von Schmalz erhobenen Anspruch, im „reinen Naturrecht" nur eine wirklich „reine", d. h. streng logisch exakte Ableitung der juristischen Grundbegriffe zu liefern, aufhebt – hat er nicht weiter reflektiert; es findet sich allenfalls ein eher vage gehaltener Hinweis auf die künftige Notwendigkeit einer christlichen Neufundierung der Metaphysik der

kann es zur Ueberzeugung von der Realität dieser Erkenntnisse, das ist zur Gewißheit, daß alle vernünftige Wesen (auch die, welche es außer den Menschen geben möchte), eben so erkennen, nur darauf ankommen, einen synthetischen Satz a priori (wie die Erfahrung uns solche a posteriori gibt) aufzustellen, welcher unmittelbar und schlechthin alle vernünftigen Wesen zur Anerkennung zwänge. Bis dahin kann so wenig materialistischer Dogmatismus der Dinge wirkliche Existenz außer uns, noch der Idealismus die Identität des Wissens und Seins (welche doch wol nur die Frage mehr entfernen als auflösen soll) darthun. ... Als Zweck der Vernunft muß allein Das anerkannt werden, was sie kann, was sie gerade kann: nämlich unsere Handlungen nach dem Gesetz reguln [sic], was in ihr selbst unbedingt gegeben ist und von allen Menschen anerkannt ist und wird, nämlich das Gesetz in der uns umgebenden Welt mit Liebe und Gerechtigkeit, mit Mäßigung und Wahrhaftigkeit zu handeln. Und eben dadurch gebietet es uns ja zu glauben, daß diese äußere Welt wirklich uns umgebe und nicht ein täuschendes Traumgebilde sei; nämlich eben weil es uns darin zu handeln gebietet; und es verbürgt uns die Wahrheit solchen Glaubens gerade durch dies Gebot selbst".

[11] Ebenda, S. 8.

[12] Ebenda, S. 10.

Sitten.[13] Schmalz hat in seiner „Wissenschaft des natürlichen Rechts“ diese Aufgabe jedenfalls nicht mehr geleistet.

In methodischer Hinsicht hat Schmalz auch 1831 noch ohne Wenn und Aber an der seit 1790 entwickelten, streng mathematisch-deduktiven Methode festgehalten. Ja, er scheint sich jetzt, am Ende seines Lebens, besonders darum bemüht zu haben, den jungen Juristen und den Studierenden der Jurisprudenz den besonderen Wert dieser Methode ans Herz zu legen, indem er ausdrücklich feststellt: „Deduciren ist die eigentliche Kunst des Juristen, und die Uebung dieser Kunst in Entwickelung der Lehren des Naturrechts hat also ein gleich großes praktisches Interesse, als die Resultate dieser Wissenschaft selbst. Bildung der Urtheilskraft durch sie muß für den angehenden Rechtsgelehrten eben so nothwendig scheinen, als immer die historische Kenntniß der Verhältnisse und Geschäfte des Lebens, der Einrichtungen und der positiven Rechts-Normen im Staate“.[14]

Die Entwicklung der weiteren rechtsphilosophischen Grundbegriffe schließt sich – nicht immer in der Form, so doch uneingeschränkt in der Sache – ganz an die bereits im Handbuch von 1807 und früher dargelegten Theoreme an. Die Entwicklung des Freiheitsbegriffs aus der Vernunftfähigkeit des Menschen und aus dessen hieraus folgendem Vermögen zum moralischen (weil von den Vernunftgesetzen vorgeschriebenen) Handeln,[15] findet sich hier ebenso noch einmal wie die Einteilung der moralischen Rechte und Pflichten nach den vier Kategorien der Kantischen Kategorientafel.[16] Ebensowenig fehlen die Grundunterscheidung zwischen äußerer und innerer Freiheit, die entsprechende Bestimmung der (auf das Äußere bezogenen) juridischen Rechte und Pflichten, schließlich auch die bekannten Einteilungen des Naturrechts in ein reines und ein angewandtes – und des angewandten Naturrechts in ein absolutes und ein hypothetisches.[17]

[13] Vgl. ebenda, S. 11: „Ist nun die Idee der Gottheit gefunden auf dem einfachen Wege der Analyse unserer Erkenntnisse a priori, ist der Glaube an Gott durch eben das Sittengesetz gegründet, welches die Idee von ihm vollendet; so mag die Wissenschaft noch einmal den Inhalt der gesammten Metaphysik mit Voraussetzung dieser Idee durchprüfen, und es werden sich dann die Resulate der hohen Mystik rechtfertigen, welche das Christentum aus Offenbarung lehrte und die sich in der Tiefe der Vernunft nachweiset“.

[14] Ebenda, S. 13.

[15] Vgl. ebenda, S. 15ff., 19ff.

[16] Vgl. ebenda, S. 26ff.; siehe auch: Handbuch der Rechtsphilosophie, 1807, S. 45ff.; zur entsprechenden Passage in der Erklärung der Rechte des Menschen und des Bürgers (1798) siehe die Bemerkungen oben, § 11b) und § 12a).

[17] Vgl. Die Wissenschaft des natürlichen Rechts, S. 29ff., 32ff.

Auffällig ist hingegen im Fortgang der Argumentation die Einführung des Begriffes der *Gerechtigkeit*, der bisher keinen so herausgehobenen Stellenwert in der Schmalzschen Rechtsphilosophie besessen hatte. Jetzt wird Gerechtigkeit ausdrücklich als „die Erfüllung juridischer Pflichten“[18] definiert. Auch bei der „Deduction der Urrechte“ gibt es eine – wenn auch nur leichte – Modifikation: Wieder bezeichnet er das „*Recht auf seine Person*“ als erstes und zentrales Urrecht des Menschen, doch nun nähert er sich seinem einstigen Kritiker Feuerbach (und damit auch der Urrechtsbestimmung in Kants „Metaphysik der Sitten“) deutlich an, indem er jetzt dieses Urrecht mit dem Freiheitsrecht identifiziert: Dieses Recht des Menschen auf seine Person sei „mit der äußern Freiheit identisch, als welche gerade darin besteht, daß Niemand unser Dasein hindern oder stören darf“.[19] Auch die beiden weiteren Urrechte (das Recht des Menschen auf seine Handlungen und auf den Gebrauch der Sachen) erhalten einen neuen Stellenwert: sie werden weder (wie 1798) dem ersten Urrecht gleichgestellt, noch werden sie (wie 1807) beide *in gleicher Weise* aus dem zentralen Urrecht des Menschen auf seine Person abgeleitet: jetzt (1831) folgt das (zweite) Recht auf seine Handlungen unmittelbar aus dem (ersten) Recht auf seine Person, und das (dritte) Recht auf den Gebrauch der Sachen wiederum aus dem zweiten.[20] Am Gleichheitsgedanken – die Urrechte betreffend – hält Schmalz wiederum nachdrücklich fest.[21]

Noch deutlicher – und auch mit unmittelbarer zeitgeschichtlich-politischer Applikation – hält Schmalz an der bereits im Handbuch von 1807 so nachdrücklich bekräftigten Heiligkeit aller erworbenen Rechte[22] fest. Denn diese Rechte können, wie er noch einmal betont, „nicht gekränkt werden, ohne Urrechte selbst mit zu kränken“; und er fügt – im Schatten der französischen Julirevolution von 1830 schreibend –

[18] Ebenda, S. 37.

[19] Ebenda, S. 39; er fügt an: „In der That dies Recht ist die einzige Aussteuer, die wir in die Welt mitbringen; aber eine sehr reiche, weil (welches zu deduciren gerade das Interesse unserer Wissenschaft ist) alle erworbene Rechte allein in diesem gegründet sind“ (ebenda).

[20] Vgl. ebenda, S. 40 f.; siehe auch S. 46: „Es gibt keine andere Urrechte, als das Recht des Menschen auf seine Person, das darin enthaltene auf seine Handlungen, und das wieder darin enthaltene auf den Gebrauch der Sachen“.

[21] Vgl. ebenda, S. 47: „Die Urrechte stehen allen Menschen in *absoluter Gleichheit* zu. – Denn der Grund derselben, die vernünftige Natur in der Sinnlichkeit, ist Allen gleich“.

[22] Siehe oben § 12.

ausdrücklich hinzu: „Für die Theorie und die Kette der wissenschaftlichen Deduction ist dieser Satz von großer Fruchtbarkeit; aber auch für die Praxis und das Leben ist es nie nöthiger gewesen, ihn überall zu predigen, als in unsern Zeiten der Revolutionen, welche eben erworbene Rechte ungescheut vernichten, um angeblicher Vortheile willen. Und wahrlich den Regierungen ist dieser Satz nicht weniger zu predigen nöthig als den Unterthanen“.[23] Auch die Notwendigkeit der Ungleichheit erworbener Rechte hat Schmalz ausdrücklich noch einmal eingeschärft – und zwar noch deutlicher als seinerzeit im Jahre 1807.[24]

Im wesentlichen unverändert gegenüber der Fassung im Handbuch von 1807 bleiben 1831 die Eigentums- und die Vertragslehre. Eigentum wird weiterhin als „das ausschließliche Recht des Gebrauchs einer Sache“ definiert, dessen „Wesen“ darin bestehe, „alle Anderen von dem Gebrauche einer Sache auszuschließen“.[25] Der Erwerb von Eigentum findet nicht bereits durch den bloßen Besitz, durch bloße Innehabung statt, sondern, wie bereits früher ausgeführt, durch Formation.[26] Auch hier ist jetzt eine politisch-historische Applikation hinzugefügt, in der Eigentums- und Vertragstheorie miteinander verknüpft sind: „Selbst wo eine Anzahl Menschen gemeinschaftlich ein Land einnimmt und dann den Einzelnen Länderei anweiset, da gibt doch nicht diese Anweisung schon Eigenthum, sondern erst die Anbauung. Die Anweisung allein gibt noch nicht einmal Besitz, sie ist ein Vertrag der Anweisenden und Angewiesenen, der Niemand als die Vertragenden allein verbindet und Dritte nicht an der Aneignung hindern könnte. Schuldlos bauten europäische Pflanzer im nördliche Amerika einen Boden an, den noch keine fleißige Hand zu Eigenthum gemacht hatte; aber Cortes und Pizarro sind auf ewig gebrandmarkt, weil sie einem ackerbauenden Volke wider Recht sein Land nahmen“.[27]

[23] Die Wissenschaft des natürlichen Rechts, S. 50.

[24] Vgl. ebenda, S. 51: „Ja, erworbene Rechte müssen sogar ungleich sein, auf daß die Urrechte Aller absolut gleich bleiben. – Denn wenn die erworbenen Rechte in Zahl oder Werth ihrer Gegenstände absolut gleich gemacht werden sollten, so müßte Einigen von ihren erworbenen Rechten genommen, also ... ihre Urrechte zugleich mit gekränkt werden, um den Anderen zu geben, worauf sie kein Recht haben, weder angebornes noch erworbenes“; vgl. die entsprechenden Passagen im Handbuch der Rechtsphilosophie, S. 93 ff.

[25] Die Wissenschaft des natürlichen Rechts, S. 52.

[26] Vgl. ebenda, S. 54 ff.

[27] Ebenda, S. 56.

Auch 1831 beharrt Schmalz auf seiner Lehre, daß Verträge erst durch Leistung wenigstens des einen vertragschließenden Partners verbindlich werden;[28] die Einhaltung eines bloßen „Versprechens" könne rechtlich nur dann eingeklagt werden, wenn die Gegenseite bereits eine Leistung erbracht habe.[29] Immerhin schärft Schmalz seinen Lesern jetzt „die ethische Pflicht des Worthaltens"[30] besonders nachdrücklich ein. Aufschlußreich ist ebenfalls, daß Schmalz sich an dieser Stelle erstmals mit Hegel auseinandersetzt, der behauptet hatte (so die Formulierung von Schmalz): „Durch den Vertrag werde der Wille beider Vertragenden identisch".[31] Nur die „Willens*erklärungen*" seien identisch, so Schmalz, nicht aber beider Willen, da „der Wille im Innern" sei und aus diesem Grunde „zweier Personen Willen ... nicht identisch"[32] sein könnten. Diese Stelle im ersten Teil der „Wissenschaft des natürlichen Rechts" ist einer der (allerdings nur wenigen) Belege dafür, daß Schmalz die Rechtsphilosophie seines Berliner Universitätskollegen Hegel – die 1821 immerhin noch unter dem Obertitel „Naturrecht und Staatswissenschaft im Grundrisse" erschienen war – nicht nur zur Kenntnis genommen, sondern sich auch mit einzelnen darin enthaltenen Thesen auseinandergesetzt hat. Seine Distanz zur idealistischen Philosophie, die er bereits im Verlauf seiner Beschäftigung mit Fichte gewonnen hatte, dürfte durch die Bekanntschaft mit Hegels philosophischer Rechtslehre eher verstärkt als verringert worden sein.

Es ist also nicht einfach, die wissenschafts- und ideengeschichtliche Position des späten Schmalz angemessen zu bestimmen. Trotz seines so deutlich wie niemals vorher formulierten Bekenntnisses zum Christentum, zur gerade auch ethisch-rechtlichen Relevanz der christlichen Lehre, blieb er doch von den Denkformen und -inhalten der

[28] Vgl. ebenda, S. 71 ff.

[29] Vgl. ebenda, S. 73.

[30] Ebenda, S. 74.

[31] Ebenda, S. 75; vgl. den entsprechenden Abschnitt aus: Georg Wilhelm Friedrich Hegel, Grundlinien der Philosophie des Rechts (1821), hrsg. v. Johannes Hoffmeister, 4. Aufl., Hamburg 1967, S. 79 (§ 73): „Ich kann mich eines Eigentums nicht nur ... als einer äußerlichen Sache entäußern, sondern *muß* durch den Begriff mich desselben als Eigentums entäußern, damit mir *mein* Wille, als *daseiend*, gegenständlich sei. Aber nach diesem Momente ist mein Wille als entäußerter zugleich ein *anderer*. Dies somit, worin diese Notwendigkeit des Begriffs reell ist, ist *die Einheit* unterschiedener Willen, in der also ihre Unterschiedenheit und Eigentümlichkeit sich aufgibt. Aber in dieser Identität ihres Willens ist (auf dieser Stufe) ebenso dies enthalten, daß jeder ein mit dem anderen *nicht identischer*, für sich eigentümlicher Wille sei und bleibe".

[32] Die Wissenschaft des natürlichen Rechts, S. 75.

politischen Spätromantik dieser Epoche[33] sehr weit entfernt. Der historischen Rechtsschule näherte er sich nicht wesentlich an, wenngleich das historische Element des Rechts in seinen späteren Schriften ein unverkennbar größeres Gewicht als in den Zeiten des ausgehenden achtzehnten Jahrhunderts aufweist.[34] Die Rechtsphilosophie des Deutschen Idealismus schließlich, maßgeblich durch Fichte und nach dessen Tod durch Hegel repräsentiert, blieb Schmalz durchweg fremd; er äußerte sich nur gelegentlich zu einzelnen Thesen dieser Autoren – in aller Regel kritisch und ablehnend. Schmalz blieb im Grunde bis zuletzt ein Rechtskantianer.

Diese Diagnose bestätigt sich, wenn man sich die zeitgenössischen Gruppenbildungen innerhalb der Rechts*philosophie* der ersten Hälfte des neunzehnten Jahrhunderts vor Augen führt. Joachim Rückert unterscheidet hier sechs Gruppen: erstens eine *subjektiv rationalistische* (Kant, teils Fichte, Kantianer), zweitens eine *objektiv rationalistische, spekulative* (Hegel, Schelling), drittens eine *skeptische*, viertens eine *historisierende* (Savigny und sein Schüler Puchta), fünftens eine *theologisierende* (die Autoren der politischen Spätromantik und des Konservatismus wie etwa A. Müller, F. Schlegel, Görres, Baader, Jarcke u. a.), und sechstens schließlich eine *eklektische* (Raumer, Ancillon, Warnkönig).[35] Orientiert man sich anhand dieser – wohl im wesentlichen zutreffenden – Einteilung, dann wird man das Naturrecht des Theodor Schmalz – und zwar das frühe (seit 1790) wie das mittlere (1807) und das späte (1831) – fraglos der *ersten* Rubrik zuordnen müssen. Trotz seiner politisch zunehmend konservativen Auffassungen hat er doch in methodisch-theoretischer Hinsicht bis zuletzt an den Grundaxiomen des Kantianismus festgehalten, auch wenn er sich die *zentralen* politischen Aspekte des Kantischen Denkens niemals zu eigen machen konnte.

[33] Vgl. hierzu jetzt Hans-Christof Kraus, Politisches Denken der deutschen Spätromantik, in: Literaturwissenschaftliches Jahrbuch 38 (1997), S. 111–146.

[34] Siehe dazu unten § 28 a).

[35] Vgl. J. Rückert, Kant-Rezeption in juristischer und politischer Theorie (Naturrecht, Rechtsphilosophie, Staatslehre, Politik) des 19. Jahrhunderts, S. 200.

V. Kapitel: Staats- und Verfassungsrecht

§ 15 Staatsrecht als Naturrecht

a) Die frühen Entwürfe (1790–1792)

Es entsprach dem Allgemeinheitsanspruch des Naturrechts, daß es sich im Anschluß an die Entwicklung bestimmter leitender Grundsätze und Prinzipien auf alle anderen Rechtsgebiete übertragen ließ. Im „philosophischen Jahrhundert" korrespondierte eine derartige Vorgehensweise in noch stärkerem Maße als jemals zuvor (und auch jemals später) dem „Geist der Zeit". Und dies galt – fast mehr noch als für die anderen Rechtsgebiete – vor allem für das Staatsrecht, genauer gesagt: für das philosophische, das „natürliche" Staatsrecht.

Bis in die zweite Hälfte des achtzehnten Jahrhunderts hinein war das in Deutschland unter theoretisch-philosophischen Gesichtspunkten betriebene Staatsrecht, das *Ius publicum universale*, noch in starkem Maße von traditionalistischen Gesichtspunkten bestimmt.[1] Es unterlag noch keiner besonders systematisch-strengen, konsequent logischen Vorgaben folgenden Denkweise, wie sie sich etwas später unter dem Einfluß Kants herausbilden sollte. Die nachmalig im allgemeinen klar durchgeführte Trennung zwischen formalen und materialen Grundbestimmungen des Staatsrechts hatte hier noch nicht stattgefunden, und es war vollkommen geläufig, auf Bestandteile der älteren Tradition zurückzugreifen, – so etwa, wenn die Herrscherrechte aus dem Gottesgnadentum abgeleitet wurden, wenn man die „Glückseligkeit" aller Staatsbürger zum obersten Staatszweck

[1] Vgl. u. a. M. Stolleis, Geschichte des öffentlichen Rechts in Deutschland I, S. 291 ff.; Friedrich Merzbacher, Staat und Jus publicum im deutschen Absolutismus, in: Gedächtnisschrift Hans Peters, hrsg. v. H. Conrad/H. Jahrreiss/P. Mikat/H. Mosler/ H. C. Nipperdey/J. Salzwedel, Heidelberg – New York 1967, S. 144–156; H. Kuriki, Die Rolle des Allgemeinen Staatsrechts in Deutschland von der Mitte des 18. bis zur Mitte des 19. Jahrhunderts, bes. S. 573 ff.; zur Rekonstruktion der Freiheitsrechte immer noch unverzichtbar D. Klippel, Politische Freiheit und Freiheitsrechte im deutschen Naturrecht des 18. Jahrhunderts, S. 31 ff. u. passim; zur Vorgeschichte auch die Hinweise bei D. Wyduckel, Ius Publicum. Grundlagen und Entwicklung des Öffentlichen Rechts und der deutschen Staatsrechtswissenschaft, S. 185 ff.

erhob oder wenn der Staat als Zusammenschluß einzelner Familien charakterisiert wurde.

Der Aufstieg und die besondere Bedeutung dieses „allgemeinen öffentlichen Rechts“ im Deutschland der zweiten Hälfte des achtzehnten Jahrhunderts ist nicht zuletzt aus der konkreten politischen Lage dieser Ära zu verstehen. So hat Michael Stolleis darauf hingewiesen, daß sich das *Ius publicum universale* in erster Linie deswegen so stark entfalten konnte, „weil es sich angesichts des Niedergangs der Reichsverfassung als wissenschaftliches Forum für die Erörterung der zentralen Fragen anbot: Der Menschen- und Bürgerrechte, der politischen Mitbestimmung des Dritten Standes, der Souveränität und der Gewaltenteilung sowie generell der Konstruktion einer ‚Monarchie mit Verfassungsbindung‘“.[2] Hieraus darf nun allerdings nicht der Fehlschluß folgen, daß sämtliche Vertreter des natürlichen Staatsrechts, besonders ab etwa 1790, als im weiteren Sinne „liberale“, also entschieden antiabsolutistische Theoretiker aufgefaßt werden können. Bereits Franz Wieacker wies darauf hin, es komme „auch in der vernunftrechtlichen Verfassungstheorie ... zum Ausdruck, daß Naturrecht keine ‚Weltanschauung‘, somit auch kein inhaltliches Postulat ist, sondern eine Methode der Rechtsbegründung, die als gemeinsamer Argumentationsstil die zeitgenössischen Gegner verbindet“.[3]

Das bereits früh in seinen Grundzügen ausgearbeitete „natürliche Staatsrecht“ von Theodor Schmalz kann in der Tat als treffender Beleg für Wieackers These gelesen werden. Denn so sehr Schmalz überzeugter Kantianer und Rationalist war, so deutlich und entschieden er vom traditionellen Eudämonismus Abschied nahm und so streng er sich um eine möglichst exakte und lückenlose rechtsphilosophische Deduktion seiner Prinzipien bemühte: der Anwalt einer liberal-freiheitlichen und sich damit explizit gegen den aufgeklärten Absolutismus seiner Zeit richtenden Staatslehre ist er niemals gewesen. Das späte Staatsrecht Kants und dessen politische Implikationen hat sich Schmalz – um dies noch einmal zu betonen – nicht zu eigen machen können, und der von vielen Zeitgenossen vertretenen liberalen Staatslehre des jüngeren Naturrechts[4] hat er sich zu keiner Zeit angeschlossen.

[2] M. Stolleis, Geschichte des öffentlichen Rechts in Deutschland I, S. 296.

[3] F. Wieacker, Privatrechtsgeschichte der Neuzeit, S. 274.

[4] Diese Perspektive dominiert in der Arbeit von D. Klippel, Politische Freiheit und Freiheitsrechte im deutschen Naturrecht des 18. Jahrhunderts, S. 15, 135 ff., 178 ff., bes. 183 u. a.

Von Anbeginn an nahm das Staatsrecht einen herausragenden und zentralen Platz im wissenschaftlichen Werk und auch im Lehrprogramm von Schmalz ein;[5] er wollte durchaus ein politischer Jurist sein, und er hat zeitlebens ein unleugbares Gespür für den politischen Stellenwert der Jurisprudenz bewiesen. In seiner „Encyclopädie des gemeinen Rechts" von 1790, die man wohl als den eigentlichen wissenschaftlichen „Erstling" von Schmalz bezeichnen kann, findet sich bereits ein knapper Abriß des „Natur-Staatsrechts", des *Ius publicum universale*, das „sich aus dem Endzwecke des Staats und dem Begriffe der höchsten Gewalt von selbst entwickelt" und das, wie der Autor betont, „sorgfältig von der Regentenmoral und von der Politik unterschieden werden sollte".[6] Auch hier also ein klarer Abschied von der Tradition, denn mit der überlieferten, an Machiavelli und den Tacitismus des siebzehnten Jahrhunderts anknüpfenden Staatsklugheitslehre, wie sie noch im frühen achtzehnten Jahrhundert etwa von Thomasius und Gundling vertreten und gelehrt worden war, wollte Schmalz nichts mehr zu tun haben. Das „natürliche Staatsrecht" sollte eine den Alltagsrealitäten der Zeit möglichst weit enthobene Abstraktionshöhe erreichen.

Eine inhaltliche Trennung von Staat und Gesellschaft findet sich bei Schmalz noch nicht; für ihn ist der Staat, als ein auf Verträge gegründetes, zweckgebundenes Gemeinwesen aller ihm angehörenden Bürger, stets auch eine „Gesellschaft" gewesen. Bereits 1790 hat er das „Gesellschaftsrecht" separat abgehandelt; zwar ging er in den folgenden Jahren von dieser Praxis ab, kehrte jedoch in seinen späteren rechtsphilosophischen Darstellungen von 1807 und 1831 wieder zur anfänglichen Methode zurück.[7] Seine früheste Definition lautet: „*Gesellschaft* ... heißt die Vereinigung mehrerer Menschen zu einem gemeinschaftlichen Endzwecke; der Endzweck mag nun gleicher Vortheil für alle Mitglieder (*gleiche Gesellschaften*) oder überwiegender Vortheil an Seiten eines Mitgliedes seyn (*ungleiche Gesellschaften*)".[8]

[5] Dies ist gegen Triepels Versuch einer Marginalisierung des Staatsrechts im Gesamtwerk von Schmalz gesagt; vgl. Heinrich Triepel, Staatsrecht und Politik. Rede beim Antritte des Rektorats der Friedrich Wilhelms-Universität zu Berlin am 15. Oktober 1926 (Beiträge zum ausländischen öffentlichen Recht und Völkerrecht, H. 1), Berlin – Leipzig 1927, S. 6.

[6] Encyclopädie des gemeinen Rechts, ^{1}1790, S. 31f.

[7] Vgl. ebenda, S. 20–23; Handbuch der Rechtsphilosophie, 1807, S. 180–191; Die Wissenschaft des natürlichen Rechts, 1831, S. 83–93.

[8] Encyclopädie des gemeinen Rechts, ^{1}1790, S. 20.

Höchstes Gesetz einer Gesellschaft ist ihr Endzweck, und ihre Mitglieder „haben durch den Gesellschaftsvertrag selbst sich anheischig gemacht, diesem Endzweck ihre Rechte, in so fern sie veräußert werden können, aufzuopfern".[9]

Nach der berühmten Formulierung Rousseaus konstruiert Schmalz die Staatsgewalt aus dem Gesamtwillen aller, der *volonté générale*:[10] „Was der Oberherr nun bestimmt, ist vollkommenes Gesetz, und giebt vollkommene Rechte und legt vollkommene Pflichten auf".[11] Diese 1790 formulierten Worte hat er zwei Jahre später ausdrücklich verteidigt: es sei sonderbar, bemerkt er, „wie man den gesammten Willen im Staat, auf den Rousseau zuerst aufmerksam machte, für eine Chimäre halten konnte",[12] denn da alle Mitglieder einer Gesellschaft den gleichen Staatszweck, nämlich Sicherheit, wollten, sei ein Gesamtwille nun einmal unzweifelhaft vorhanden. Diese Verteidigung spielte bereits darauf an, daß Rousseau nun als Stichwortgeber der Pariser Revolutionäre galt und es daher in Deutschland anrüchig zu werden begann, sich offen auf ihn und sein politisches Denken zu berufen. Schmalz übernahm die Lehre von der *volonté générale* ohne jeden revolutionären Hintergedanken in einem ganz formalen Sinne: Da jeder Staatsbürger sicher leben will, gibt es einen auf diesen Zweck bezogenen *gemeinsamen Willen* aller Angehörigen eines Gemeinwesens. Doch die *revolutionäre Anwendung* dieses Prinzips, die darauf hinauslief, dem zur Erfüllung jenes Zwecks von allen beauftragten Oberhaupt eben *diesen Auftrag wieder entziehen zu können*, lag Schmalz offensichtlich völlig fern.

In jeder Hinsicht konventionell erscheint Schmalz' Vertragslehre: dem Gesellschaftsvertrag (*pactum unionis*), durch den sich das Volk zu einem Gemeinwesen vereint, folgt der Unterwerfungsvertrag (*pactum*

[9] Ebenda, S. 21.

[10] Vgl. ebenda: „Oft aber werden zur Erreichung des Zwecks Mittel bestimmt werden müssen, welche man vom Anfange nicht übersah. Dies muß dann durch allgemeine Verabredungen, nach dem *gesammten Willen* (volonté generale) der ganzen Gesellschaft geschehen; weil alle Mitglieder gleiches Rechte haben. – Aber weil doch wegen Mangel an Einmüthigkeit selten etwas geschehen würde ... – so kann die Gesellschaft *Einem* Mitgliede, oder *Mehreren* oder den *meisten Stimmen* auftragen, im Namen Aller zu entscheiden. – Der so aufgetragene gesammte Wille heißt dann die *höchste Gewalt* der Gesellschaft, der, dem es aufgetragen ist, das *Oberhaupt*, *Herr*, *Regent*, usw."

[11] Ebenda, S. 22.

[12] Das reine Naturrecht, [1]1792, S. 78.

subiectionis), „wodurch es sich der höchsten Gewalt unterwirft".[13] Die höchste Gewalt – sie ist „nichts anders, als der gesamte Wille des Volks, welcher dem Oberhaupt übertragen ist"[14] – bleibt zudem strikt gebunden, denn ein politisches Oberhaupt „kann weder 1) den Zweck der Gesellschaft ändern, noch 2) diese Gewalt zu irgend etwas anderm ausüben, als zu diesem Zweck".[15] Oberster *Staatszweck* ist, wie bereits bemerkt, die *Sicherheit* seiner Bürger;[16] entsprechend definiert Schmalz 1790 den Staat folgendermaßen: er ist „eine Gesellschaft von Menschen, welche ihrer Sicherheit und Wohlfahrt halben [sic] sich auf immer unter Einer höchsten Gewalt vereinigen".[17]

1792 heißt es etwas ausführlicher: „Der Staat, als die Gesellschaft, deren Zweck die Sicherheit der äußern vollkommnen Rechte ist, hat die höchste Würde unter allen Gesellschaften, und den Pflichten gegen ihn stehen die gegen alle andern Gesellschaften nach; weil nur durch ihn der Mensch als moralisches Wesen existieren kann". Und gleich darauf folgt der durch Kursivdruck hervorgehobene Satz „*Die Obrigkeit ist nicht ohne von Gott*".[18] Die doppelte Verneinung dieser merkwürdig gewunden klingenden Formulierung dürfte vermutlich nicht (wie im Lateinischen) als verstärkte Bejahung zu deuten sein, sondern wohl eher als ein etwas verschämt daherkommendes Zugeständnis an den Zeitgeist, der in jenen Tagen der Herrschaft König Friedrich Wilhelms II. und seines Ministers Wöllner in Preußen regierte. Im übrigen Zusammenhang der philosophisch-rationalistischen Argumentation wirkt dieser Satz jedenfalls wie ein Fremdkörper. Erst in späterer Zeit hat Schmalz bekanntlich einige theologisch-politische Elemente in sein Werk aufgenommen.[19]

Doch am Anfang der 1790er Jahre finden sich noch deutlich andere Formulierungen; so wird etwa – ganz im Sinne Kants – der traditionelle Eudämonismus des aufgeklärten Absolutismus mit ungewöhn-

[13] Encyclopädie des gemeinen Rechts, [1]1790, S. 30; vgl. Das reine Naturrecht, [1]1792, S. 78 ff.

[14] Encyclopädie des gemeinen Rechts, [1]1790, S. 30.

[15] Das reine Naturrecht, [1]1792, S. 81.

[16] Vgl. Encyclopädie des gemeinen Rechts, [1]1790, S. 38.

[17] Ebenda, S. 30; weiter heißt es: „Die im Staat vereinigten Menschen heißen ein *Volk*, und das Stück des Erdbodens, über welches sie das Eigenthum erworben haben, ein *Land* in einer zweiten Bedeutung".

[18] Das reine Naturrecht, [1]1792, S. 88. Eine ähnliche, in manchen Aspekten noch präzisere Bestimmung findet sich im gleichen Jahr in: Darstellung des Niederlage-Rechts der Stadt Königsberg, 1792, S. 66.

[19] Siehe oben § 14 und unten § 15 i).

lich klaren Ausdrücken zurückgewiesen: „Selbst die Sorge für die Glückseligkeit der Unterthanen ist nichts als ein glänzender Schleyer des Despotismus“,[20] heißt es an markanter Stelle des „Reinen Naturrechts“. Ein Jahr später sollte übrigens Kant – in „Über den Gemeinspruch“ – beim gleichen Thema noch deutlicher werden, und eine „*väterliche Regierung* (imperium paternale), wo die Unterthanen als unmündige Kinder ... sich bloß passiv zu verhalten genötigt sind“, als den „größte[n] denkbare[n] *Despotismus*“[21] bezeichnen. Schmalz war also in dieser Zeit von der „scharfen Königsberger Luft“[22] noch keineswegs unbeeinflußt, und die Polemik gegen den „Despotismus“ – zentraler Kampfbegriff gegen gewisse Ausprägungen des zeitgenössischen Absolutismus – schien ihm, wie nicht wenigen Autoren jener Epoche, immer noch leicht aus der Feder zu fließen.[23]

Andererseits fällt es ebenso auf, daß Schmalz' „Natürliches Staatsrecht“ von Anfang an *keine Gewaltenteilung* enthält. Er nennt 1790 drei allgemeine Majestäts- oder Hoheitsrechte (*jura majestatica* bzw. *regalia*), die ausschließlich dem politischen Oberhaupt zustehen: erstens die *gesetzgebende* Gewalt, zweitens die *exekutive* Gewalt, drittens aber „die *Machtvollkommenheit* (plenitudo potestatis, raison d'état, jus eminens). Diese begreift ... alle diejenigen Regierungsrechte, welche nicht mit besondern Namen unterschieden sind (regula innominata)“. Diese bezeichnen insbesondere, so Schmalz weiter, „das Recht des Staats, im Nothfall alles, selbst die Rechte des Einzelnen, die ihm selbst veräußerlich sind, der Erhaltung des Staats aufzuopfern“.[24] Hinzu kommen die „Regalia specialia“, zu denen die richterliche Gewalt, das Recht zur Verleihung vom Ämtern und Würden, schließlich das „Besteurungsrecht“ gehören.[25] Schmalz schließt zwar eine Machtteilung zwischen einem Monarchen und den Ständen eines Landes keineswegs aus – nur gehört dies eben bereits in den Bereich des „positiven Staatsrechts“, also der jeweils konkret

[20] Das reine Naturrecht, [1]1792, S. 82; freilich heißt es weiter: „Glück erwarten und bitten wir von der Vorsehung, und die niedrige Schmeicheley, er mache sein Volk glücklich, ist eine Beleidigung des Fürsten. Wenn er nur jeden schützt, denn [sic] ist er der größte Fürst“.

[21] I. KANT, Gesammelte Schriften VIII, S. 290 f.

[22] Siehe oben § 3 d) (Anfang).

[23] Vgl. auch die Feststellung in: Encyclopädie des gemeinen Rechts, [1]1790, S. 31: „Aber die Grenze der höchsten Gewalt ist ihre Absicht, Wohlfarth [sic] des Ganzen; zu andern Absichten ausgeübt, ist sie Tyranney“.

[24] Ebenda, S. 33 f.

[25] Ebenda, S. 34 ff.

bestehenden, geschichtlich-empirischen Zustände, und nicht in den des „Natürlichen Staatsrechts“.[26] Und das *positive* steht eindeutig unter dem *natürlichen* Staatsrecht, dessen Kern unantastbar ist.[27]

Die These von der *naturrechtlich* bestimmten Unteilbarkeit der Staatsgewalt hat Schmalz 1792 in der ersten Auflage des „Reinen Naturrechts“ wiederholt: Die gesetzgebende und die vollziehende Gewalt stehen unmittelbar und ungeteilt dem Inhaber der obersten Staatsgewalt zu;[28] alle anderen Rechte des Staates gegenüber den Bürgern lassen sich hieraus ableiten.[29] Er fügt hinzu: „Auch ein *Noth-Recht* der Gesellschaft kann es geben, wie das eines einzelnen Menschen“, und als erläuternde Bemerkung ist zu lesen: „Dies heißet im Staate raison d'état, jus eminens, plenitudo potestas“.[30] Das Notrecht meint hier also offensichtlich das Handeln des Staates bzw. der Obrigkeit in außen- oder innenpolitischen Gefahrensituationen; ein Notrecht der „Gesellschaft“ gegen den „Staat“ oder dessen politische Führung kann damit per definitionem *nicht* gemeint sein. Mißdeutungen waren freilich nicht ausgeschlossen – und Fichtes höchst eigenwillige „Rezeption“ des „Natürlichen Staatsrechts“ wird man wohl als eine solche ansehen können.[31]

Aufschlußreich sind allerdings die (bisher unbeachtet gebliebenen) Abweichungen zwischen der ersten (1792) und der zweiten Auflage (1795) des „Reinen Naturrechts“.[32] So fügte Schmalz der zweiten Auflage in der Verteidigung seiner Berufung auf Rousseau den Satz hinzu, daß die *volonté générale* als „gesammter Wille nichts anders sey, als absolute Einstimmigkeit“;[33] sie wird also noch strikter als in der

[26] Vgl. ebenda, S. 32: Aus den „positiven Verabredungen eines jeden Volkes“ entsteht das jeweils konkrete *positive Staatsrecht* eines Gemeinwesens; Schmalz fügt hinzu: „Solche Verabredungen werden vom Regenten in einer Monarchie mit dem Volk getroffen, oder mit den Ständen (statibus), das ist, denen, welche vom Volk das Recht haben, daß die Ausübung der höchsten Gewalt ganz oder zum Theil von ihrer Einwilligung abhängen soll. Sind diese Gesetze ausdrücklich gegeben, so heißen sie *Fundamentalgesetze*, und wenn stillschweigend, *Fundamentalobservanzen*“ (ebenda).

[27] Vgl. ebenda, S. 33: „Gegen das Naturrecht kann der Staat nie befehlen, was es untersagt, oder untersagen, was es befiehlt – wol aber befehlen oder verbieten, was das Naturrecht erlaubt“.

[28] Vgl. Das reine Naturrecht, [1]1792, S. 90 ff.

[29] Siehe die Aufstellung ebenda, S. 101 f.

[30] Ebenda, S. 99.

[31] Siehe oben § 12 b).

[32] Da nur die zweite Auflage im Neudruck vorliegt, wird der frühe Schmalz von Autoren der neueren Forschung fast ausschließlich nach dieser und nicht nach der offenbar nur noch in wenigen Bibliotheken vorhandenen Erstauflage zitiert!

[33] Das reine Naturrecht, [2]1795, S. 99.

ersten Auflage auf die *Übereinstimmung im Staatszweck* beschränkt. Die etwas verfängliche Formulierung vom „glänzende[n] Schleyer des Despotismus“, den man in der Sorge eines Fürsten für die „Glückseligkeit“ seiner Untertanen zu sehen habe,[34] wurde in der zweiten Auflage gestrichen.[35] Dies passierte auch einer weiteren Passage, in der die Sicherung der Urrechte als Grund für „die hohe Würde“ des Staates betont wurde, „als der einzigen Bedingung, unter welcher Menschen als freye Wesen neben einander und in Gesellschaft existiren können, als der einzigen Bedingung der Cultur, zu welcher der Mensch sich erheben soll, und als des wichtigsten moralischen Instituts der Vorsehung in der äußeren Weltregierung“.[36] Dieses aufklärerische Pathos erschien Schmalz, dessen politische Skepsis offenbar parallel mit dem Fortgang der Französischen Revolution deutlich zunahm,[37] bereits drei Jahre später nicht mehr tragbar.

Das war 1792, wie es scheint, noch ganz anders gewesen; Schmalz hatte am Schluß des „Reinen Naturrechts“ sogar die – in der zweiten Auflage selbstredend fehlenden – Worte gefunden: „Ich glaube die Ausarbeitung des natürlichen Staatsrechts auf keine Weise übereilen zu dürfen, vornehmlich da wir noch jetzt große Erfahrungen dafür zu erwarten haben“[38] – welche anderen hätten dies sein können, als ein Fortgang der Revolution? Im Jahre 1795, nach der Erfahrung des jakobinischen Terrors, waren diese Erwartungen wohl obsolet geworden. Und das „Natürliche Staatsrecht“ lag seit einem Jahr bereits vor!

b) Natürliches Staatsrecht I: Gesellschaft und Staat

Nach dem 1792 erschienenen „Reinen Naturrecht“ stellte „Das natürliche Staatsrecht“ von 1794 nicht nur die zweite *ausschließlich* einem naturrechtlichen Thema gewidmete Publikation von Schmalz dar, sondern es handelte sich hierbei auch um die erste umfassende Ausarbeitung des eigenen Staatsrechts, das er bis dahin nur in äußerst knappen Grundzügen skizziert hatte. Doch auch in der Fassung von 1794 beschränkte er sich auf die Herausarbeitung der zentralen Grundlinien des Gegenstandes – sowohl, um jeden „täuschenden

[34] Vgl. Das reine Naturrecht, ^{1}1792, S. 81 f.
[35] Vgl. Das reine Naturrecht, ^{2}1795, S. 101 f.
[36] Das reine Naturrecht, ^{1}1792, S. 100.
[37] Siehe dazu oben § 3 d) und unten § 15 h).
[38] Das reine Naturrecht, ^{1}1792, S. 100.

Schmuck“ zu vermeiden, andererseits aber auch mit Blick auf die Zeitereignisse, die den Boden eines wirklich festen Urteils vorerst schwankend zu machen schienen.[39]

Die enge Verbindung von Staat und Gesellschaft wird von ihm mittels schärferer begrifflicher Definition deutlich differenziert: Schmalz geht nun vom Konzept des zwischen einzelnen Menschen geschlossenen „Sicherheitsbundes“ aus; ein „Sicherheitsbund ohne Einschränkung auf Zeit und gegen alle Gefahren aller Rechte kann eine *politische Gesellschaft* (societas politica) genennet werden“.[40] Diese Gesellschaften, so Schmalz weiter, „sind die wichtigste irdische Angelegenheit des Menschen“.[41] Doch die politische Gesellschaft ist als solche noch kein Staat, sondern nur dessen Vorstufe, denn es ist immerhin möglich, daß sich im vorstaatlichen Zustand sogenannte *Horden* bilden, „d. i. auf keine Zeit eingeschränkte Gesellschaften zur Sicherheit aller Rechte, welche Menschen, welche noch an kein Stück des Erdbodens gefesselt sind, eingehen“.[42] Horden sind also politische Gesellschaften ohne eigentlichen Grundbesitz und damit auch ohne fest abgegrenztes Gebiet, also nichts anderes als der Zusammenschluß einzelner zu einem Nomaden-, Hirten- oder Jägervolk und damit zum „Hordenverein“.[43]

Diese These hat Anselm Feuerbach (in den nicht publizierten Fragmenten eines unvollendeten Werkes über „Universaljurisprudenz“[44]) kritisiert: Auch ein Nomadenvolk verfüge de facto über eine Art von

[39] Vgl. Das natürliche Staatsrecht, [1]1794, S. 5 f.: „ ... habe ich auch hier nur die Hauptideen und ihren Zusammenhang mehr angedeutet, als ausgeführt. So glaubte ich nemlich, würde hier und dort die nackte Darstellung der Wahrheit leichter erkannt machen, weil kein täuschender Schmuck den Irrthum mit ihr verwechseln läßt. – Uebrigens fühlte ich die Schwierigkeit meines Unternehmens sehr wohl. Es ist überall schwer da eine Meynung zu sagen, wo jeder die seinige schon ergriffen, und vieleicht schon oft vertheidigt hat. Wie nun in dieser Wissenschaft, wo gerade itzt alles im heftigsten Kampfe begriffen ist“.

[40] Ebenda, S. 15.

[41] Ebenda, S. 17.

[42] Ebenda, S. 20; vgl. auch die entsprechenden Ausführungen in: Erklärung der Rechte des Menschen und des Bürgers, 1798, S. 133 ff.

[43] Vgl. Das natürliche Staatsrecht, [1]1794, S. 28; da das „Hordenvermögen ... offenbar in nichts anderem bestehen“ kann als in den Herden, bleibt das Teilnahmerecht auf deren Besitzer beschränkt, und das heißt: „Heerdenlose Knechte können nicht als Theilnehmer am Hordenverein selbst angesehen werden“ (ebenda).

[44] Dieses Manuskript ist ausgewertet worden in dem Aufsatz von Gustav Radbruch, Anselm v. Feuerbach und die vergleichende Rechtswissenschaft, in: derselbe, Gesamtausgabe, hrsg. v. Arthur Kaufmann, Bd. VI: Feuerbach, bearb. v. Gerhard Haney, Heidelberg 1997, S. 315–328.

„öffentlichem Eigentum", denn „der Jägerstamm schließt von seinem Jagdrevier, der Fischerstamm von der Strecke des Flusses, wo er zu fischen pflegt, der nomadisierende Hirtenstamm von dem Gebiet, das er mit seinen Herden durchstreift, alle Stammesfremden eifersüchtig aus. Das öffentliche Eigentum – wir würden heute sagen: die Gebietshoheit, ist älter als das Privateigentum".[45] Feuerbach will also im ausdrücklichen Gegensatz zu Schmalz auch dem Nomadenvolk des Status eines eigenen Staatswesens zugestehen – denjenigen des „wandernden Hirtenstaat[s]".[46] Schmalz hätte gegen diese These allerdings einwenden können, „daß die Horde wohl die Rechte schützen mag, welche rohe Hirten haben, aber nicht alle, deren Menschen fähig sind. Denn sie kann gerade das Recht nicht schützen, auf welchem die Cultur der Menschen allein beruht, das Eigenthum an Grund und Boden ... Daß aber für die Cultur der Menschheit zur Humanität Grundeigenthum das wichtigste aller erworbnen Rechte sey, wird selbst von den Rohesten im Volke gefühlt".[47] Anders gewendet: Zur *staatlichen* Existenz des Menschen gehört nach Schmalz ein *Minimum an kultureller Daseinsform* – und dieses Minimum kann erst durch Seßhaftigkeit, durch Bindung an Boden und Grundeigentum, gewährleistet werden.

Damit gelangt Schmalz zu einer doppelten Definition des Staates, einer konkret-empirischen und einer theoretischen. Die *erste* knüpft die Konstituierung eines Staates an die Landnahme eines abgegrenzten Gebiets und an die Bearbeitung seines Bodens. Es seien, führt Schmalz aus, „nicht gesellschaftliche Verträge, sondern Ackerbau", der „den Boden der Erde in unser Eigenthum bringe".[48] Grundeigentum schafft die – im weitesten Sinne dieses Begriffs verstandenen – Voraussetzungen für die Entstehung menschlicher Kultur, und damit auch für die Staatsbildung. Selbst mit steigender Kultur – so ein Grundsatz des Physiokraten Schmalz[49] –, „wenn Geld, Künste und Handel eingeführt sind, werden gleichwohl die Naturproducte des Landes, das einzige Vermögen, der einzige Reichthum des Staates bleiben", denn „das Staatsvermögen ist vor aller Cultur und ehe der Luxus Handel und Künste herbeyruft, offenbar allein der Inbegriff der Landesproducte".[50]

[45] So das Referat der Feuerbachschen Thesen durch RADBRUCH, ebenda, S. 319f.
[46] Ebenda, S. 320.
[47] Erklärung der Rechte des Menschen und des Bürgers, 1798, S. 136f.
[48] Das natürliche Staatsrecht, [1]1794, S. 30.
[49] Siehe dazu unten § 22.
[50] Das natürliche Staatsrecht, [1]1794, S. 33.

Die *zweite*, theoretische Definition des Staates knüpft an die erste an: „Der Staat (civitas) ist also ein auf keine Zeit eingeschränkter Vertrag zwischen Ackerbauern, alle äußere vollkommnen Rechte innerhalb eines gewissen Bezirk Landes gegen jede Gefahr zu vertheidigen", und der „Entzweck [sic] des Staates, als eines Sicherheitsbundes, ist Sicherheit der äußern vollkommenen Rechte seiner Mitgenossen innerhalb seiner Grenzen".[51] Als ein durch Vertrag (genauer gesagt: durch zwei Verträge) geschlossener Sicherheitsbund ist der Staat zugleich „die heiligste aller Gesellschaften",[52] da alle anderen Gesellschaften ihm untergeordnet sind. Außerdem ist der Staat – so Schmalz in Auseinandersetzung mit der älteren und auch Teilen der neueren Staatslehre – weder eine Institution zur ausschließlichen Ausübung politischer Macht, noch ein Instrument zur Beförderung des Glücks seiner Bürger.[53]

In der Bestimmung des Staatszweckes[54] hat sich Schmalz, wie bereits mehrfach angedeutet, klar und eindeutig vom traditionellen

[51] Beide Zitate ebenda, S. 36; zur Frage der „Ackerbauern" und zur Vertragstheorie siehe die Abschnitte unten § 15 c)-d).

[52] Das natürliche Staatsrecht, [1]1794, S. 37.

[53] Vgl. ebenda, S. 37 f.: „Die ältern Staatsrechtslehrer hielten den Staat bloß für eine Anstalt eine Gewalt einzusetzen, welche den Ausbrüchen wilder Leidenschaft wehren möchte. Daher redeten sie immer von Pflichten des Bürgers allein, als ob es keine Rechte für ihn gäbe. Die neuern wollten, daß die Regenten allenthalben Glück verbreiten sollten, wie Gott; und vergaßen, wie gefährlich es den ersten Menschen war, als sie seyn wollten, wie Gott. Daher schwatzten sie über die Rechte des Bürgers, als ob es keine Pflichten für ihn gäbe. Wie soll der Staat es wohl anfangen, uns glücklich zu machen? das ist, unsere Wünsche zu befriedigen. Kann er mehr als schützen? Ist das etwa zum Glück des Staats, daß der Generalpächter auspfändet, oder daß der Jacobiner guillottinirt, confiscirt, plündert, den Gottesdienst verbietet? denen aber, welche im Staatsrecht und in der Politik Glück als Zweck des Staats annehmen, muß bald die Inconsequenz ihrer Folgerungen die Irrigkeit ihres Grundsatzes zeigen. Für eine Gesellschaft zu Glückseligkeit, wäre doch nichts zweckmäßiger, als die Errichtung eigener Prosperitäts Collegien und Bureau's, welche jeden einzelnen vernehmen könnten, worin er seine Glückseligkeit setze, und die dann den Weibern Putz und Männer, dem Jüngling seine Geliebte, dem Mann Ehre, und dem Greis Gold verschafften".

[54] Vgl. zur Staatszwecklehre neuerdings die grundlegende Arbeit von K.-P. Sommermann, Staatsziele und Staatszielbestimmungen, bes. S. 15 ff. (zum 18. Jahrhundert); sodann ebenfalls Ulrich Scheuner, Die Staatszwecke und die Entwicklung der Verwaltung im deutschen Staat des 18. Jahrhunderts, in: Beiträge zur Rechtsgeschichte. Gedächtnisschrift für Hermann Conrad, hrsg. v. Gerd Kleinheyer/Paul Mikat (Rechts- und Staatswissenschaftliche Veröffentlichungen der Görres-Gesellschaft N. F., Bd. 34), Paderborn – München – Wien – Zürich 1979, S. 467–489; P. Preu, Polizeibegriff und Staatszwecklehre. Die Entwicklung des Polizeibegriffs durch die Rechts- und Staatswissenschaften des 18. Jahrhunderts, S. 131 ff., 193 ff., bes. S. 224 ff.; M. Stolleis, Geschichte des öffentlichen Rechts in Deutschland I, S. 321 ff.

Eudämonismus verabschiedet. Freilich hatte sich diese Abwendung erst unter dem übermächtigen Einfluß der Kantischen Philosophie vollzogen, denn in den „Denkwürdigkeiten des Grafen Wilhelms" hatte der junge Schmalz 1783 noch die Auffassung vertreten, daß die Beförderung der „Glückseligkeit" anderer als oberste Tugend eines guten Regenten anzusehen sei und daß „das Wohl der Unterthanen ... der Gegenstand und der Beweis der Sorge guter Regierungen"[55] zu sein habe. Seit 1790 jedoch folgte er Kant, dessen Ethik und Rechtsphilosophie die traditionelle Lehre strikt zurückwies.[56] Am Staatszweck Sicherheit hat er stets festgehalten; auch in der „Erklärung der Rechte des Menschen und des Bürgers" von 1798 heißt es ausdrücklich: „Die Sicherheit ihrer angebohrnen und erworbenen Rechte vereinigt die Menschen in bürgerlicher Gesellschaft. Diese Sicherheit ist der einzige Zweck dieser Gesellschaft".[57]

Freilich beginnt die Lehre von der Sicherheit als wichtigstem Staatszweck nicht erst bei Kant, der deren antiabsolutistische Komponente natürlich besonders hervorhob, sondern es gab sie in unterschiedlicher Ausprägung bereits seit Hobbes und Pufendorf; auch bei

[55] Denkwürdigkeiten des Grafen Wilhelms zu Schaumburg-Lippe, 1783, S. 84; vgl. ebenda, S. 115, 125; zur Lehre von der „Glückseligkeit" als Staatszweck, die in gewisser Weise im Werk Justis kulminierte, siehe auch ULRICH ENGELHARDT, Zum Begriff der Glückseligkeit in der kameralistischen Staatslehre des 18. Jahrhunderts (J. H. G. v. Justi), in: Zeitschrift für historische Forschung 8 (1981), S. 37–79; allgemeiner: M. STOLLEIS, Staatsraison, Recht und Moral in philosophischen Texten des späten 18. Jahrhunderts, S. 42 ff.; U. Scheuner, Die Staatszwecke und die Entwicklung der Verwaltung im deutschen Staat des 18. Jahrhunderts, S. 475 ff.; knapp auch CHRISTOPH LINK, Zwischen Absolutismus und Revolution. Aufgeklärtes Denken über Recht und Staat in der Mitte des 18. Jahrhunderts, in: Aufbruch aus dem Ancien régime. Beiträge zur Geschichte des 18. Jahrhunderts, hrsg. v. HELMUT NEUHAUS, Köln – Weimar – Wien 1993, S. 185–209, bes. S. 192 f.; als Niedergang der traditionellen deutschen Staatslehre in der aristotelischen Tradition wird die Abkehr vom Eudämonismus gedeutet von HANS MAIER, Die Lehre der Politik an den älteren deutschen Universitäten, in: DERSELBE: Politische Wissenschaft in Deutschland. Aufsätze zur Lehrtradition und Bildungspraxis, München 1969, S. 15–52, 245–263, bes. S. 46 f.; siehe auch DERSELBE, Die ältere deutsche Staats- und Verwaltungslehre, 2. Aufl., München 1980, S. 157 ff. u. passim.

[56] Im Kontext des ausgehenden 18. Jahrhundert entsprach diese Abkehr vom Eudämonismus, wie MICHAEL STOLLEIS zu Recht festgestellt hat, der Tendenz, „den absolutistischen Bevormundungsstaat zurückzudrängen und ihn an die von allen Bürgern in freier Entscheidung gebilligten Regeln zu binden" (DERSELBE, Geschichte des öffentlichen Rechts in Deutschland I, S. 326).

[57] Erklärung der Rechte des Menschen und des Bürgers, 1798, S. 114f; vgl. S. 133; zu Schmalz' Staatszwecklehre vgl. auch P. PREU, Polizeibegriff und Staatszwecklehre, S. 227 ff.; M. D'AVOINE, Die Entwicklung des Grundsatzes der Verhältnismäßigkeit insbesondere gegen Ende des 18. Jahrhunderts, S. 208 ff.

Pütter und Schlözer taucht diese Lehre – obwohl nicht mit der gleichen theoretischen Stringenz wie bei Kant – bereits auf.[58] Der junge Schmalz steht gewissermaßen zwischen beiden Traditionen, denn bei ihm erfüllt die Lehre vom einzigen Staatszweck Sicherheit eine *doppelte* Funktion: Zum einen *legitimiert* der Staatszweck die vom Souverän ausgeübte Staatsgewalt, zum anderen aber *begrenzt* er sie auch: „Der Staatsbürger ist ... nur für den Zweck des Staats allein dem Souverän unterworfen ... Aber auch in allem, so weit der Zweck des Staats sich erstrecken kann, ist er ihm unterworfen".[59] Die Limitierung der Staatsgewalt wird von Schmalz deutlich hervorgehoben: „Wenn aber jemand zu andern Zwecken als dem Zweck des Staats vom Souverain bestimmt wird: so heißt dieser Misbrauch der höchsten Gewalt: *Tyranney*".[60]

So nimmt Schmalz in seiner Lehre von der Funktion und von der Bedeutung des Staates und der Gesellschaft eine eigentümliche Zwischenstellung ein: Zum einen verwirft er als Frühkantianer – und, wie hinzugefügt werden muß, auch als Physiokrat – strikt den traditionellen Eudämonismus, zum anderen aber geht er den Weg der *liberalen* Naturrechtler zu einer strikten Begrenzung der Befugnisse der Staatsmacht durch Gewaltenteilung nicht mehr mit. Nach seiner Auffassung muß die Staatsgewalt *ungeteilt* sein, wenn sie ihren Zweck angemessen erfüllen soll. Hier wiederum bleibt er der aufgeklärt absolutistischen Tradition verhaftet; obwohl er die Gefahr einer „Tyrannei" als Folge eines möglichen Mißbrauchs der höchsten Gewalt durchaus erkennt und auch vor ihr warnt, geht er doch keineswegs so weit, das Gemeinwesen durch Teilung der Gewalten gegen eben diese Gefahr institutionell abzusichern.

[58] Siehe dazu die Bemerkungen und Hinweise bei U. Scheuner, Die Staatszwecke und die Entwicklung der Verwaltung im deutschen Staat des 18. Jahrhunderts, S. 481; Michael Stolleis, Verwaltungslehre und Verwaltungswissenschaft 1803–1866, in: Deutsche Verwaltungsgeschichte, hrsg. v. Kurt G. A. Jeserich/Hans Pohl/Georg-Christoph von Unruh, Bd. II: Vom Reichsdeputationshauptschluß bis zur Auflösung des Deutschen Bundes, Stuttgart 1983, S. 86; K.-P. Sommermann, Staatsziele und Staatszielbestimmungen, S. 14 ff.

[59] Das natürliche Staatsrecht, [1]1794, S. 62.

[60] Ebenda, S. 63. Auch die Funktion der – von Schmalz ungeteilt dem Souverän zugerechneten – Legislative wird durch den Staatszweck strikt begrenzt; vgl. ebenda, S. 78: „Die Gesetzgebende Macht kann ... über nichts gebieten, was nicht zum Zweck des Staats abzielt".

c) Natürliches Staatsrecht II: Bürger und Bürgerrecht

Die von Schmalz vorgetragene Definition des Staates als „Sicherheitsbund ackerbauender Menschen“[61] steht naturgemäß in engem Zusammenhang mit seinem Begriff des Bürgers, also des Inhabers voller politischer Rechte innerhalb eines Gemeinwesens. „Die Nation besteht“, heißt es im „Natürlichen Staatsrecht“ von 1794, „in zwey sehr verschiedenen Classen: *Grund-Eigenthümer*, und *Beywohner*. ... Die Grund-Eigentümer sind die Herren des Gebietes, weil dies nur das Aggregat ihrer Grundstücke ist. ... Die Beywohner wohnen auf fremden Grund, Boden, also nur auf besonderen Contract mit dem einzelnen Eigenthümer“.[62] Schmalz argumentiert hier nicht nur auf dem Hintergrund des aristotelisch-alteuropäischen Bürgerverständnisses, das nur dem ökonomisch unabhängigen Familienoberhaupt, dem *pater familias*, dem „Hausvater“, das volle Bürgerrecht zugestand,[63] sondern er spricht hier ausdrücklich auch als Physiokrat, für den nur die ihren Boden bewirtschaftenden Grundeigentümer die im eigentlichen Sinne ökonomisch produktive Klasse ausmachen.[64]

[61] Ebenda, S. 31.

[62] Ebenda, S. 40.

[63] Zur Tradition des antik-alteuropäischen Bürgerbegriffs siehe vor allem den grundlegenden Artikel von MANFRED RIEDEL, Bürger, Staatsbürger, Bürgertum, in: Geschichtliche Grundbegriffe. Historisches Lexikon zur politisch-sozialen Sprache in Deutschland, hrsg. v. OTTO BRUNNER/WERNER CONZE/REINHART KOSELLECK, Bd. I, Stuttgart 1972, S. 672–725; wichtig ebenfalls M. STOLLEIS, Untertan – Bürger – Staatsbürger. Bemerkungen zur juristischen Terminologie im späten 18. Jahrhundert, passim; PAUL-LUDWIG WEINACHT, „Staatsbürger“ – Zur Geschichte und Kritik eines politischen Begriffs, in: Der Staat 8 (1969), S. 41–63; GÜNTHER BIEN, Revolution, Bürgerbegriff und Freiheit. Über die neuzeitliche Transformation der alteuropäischen Verfassungstheorie in politische Geschichtsphilosophie, in: Materialien zu Kants Rechtsphilosophie, hrsg. v. ZWI BATSCHA, Frankfurt a. M. 1976, S. 77–101; siehe auch die Bemerkungen bei H.-C. KRAUS, Begriff und Verständnis des „Bürgers“ bei Savigny, S. 554 ff., 576 ff.

[64] Vgl. Erklärung der Rechte des Menschen und des Bürgers, 1798, S. 140 f.: „Die *Grundeigenthümer* ... machen eine besondre Classe aus, als diejenigen, welche die Producte unmittelbar aus den Händen der Natur empfangen. Von ihnen erhalten alle übrige durch Tausch mit ihren Arbeiten ihren Bedarf“; ebenda, S. 149, die Berufung auf Quesnay. Zutreffend deshalb die Bemerkungen bei M. STOLLEIS, Untertan – Bürger – Staatsbürger. Bemerkungen zur juristischen Terminologie im späten 18. Jahrhundert, S. 322 f. – WOLFGANG KERSTINGS Feststellung, Schmalz habe bei der Bestimmung seines eigenen Bürgerbegriffs „das Bemühen Kants, Selbständigkeit in Übereinstimmung mit Freiheit und Gleichheit, also unter Marktbedingungen, zu reformulieren“, nicht begriffen (W. KERSTING, Wohlgeordnete Freiheit, S. 389, Anm. 99), verkennt, daß Schmalz von einer völlig anderen Voraussetzung, nämlich der physiokratischen Theorie, ausgeht. – Und ob man Kants Bürgerbegriff bereits *auschließlich* als reflektierende Reaktion auf die moderne Marktgesellschaft zu

Diese – von Schmalz auch später noch ausdrücklich vertretene – Bestimmung des Staates als „Gesellschaft eines ackerbauenden Volkes"[65] ist in ihrer einseitigen Formulierung bereits sehr früh kritisiert worden. Ernst Ferdinand Klein wandte schon 1797 in seinen „Grundsätzen der natürlichen Rechtswissenschaft" explizit gegen Schmalz ein, daß es nicht nur *Grund*eigentum gebe, daß also das Konzept einer Eigentümergesellschaft, das sich ausschließlich auf Grundeigentümer beziehe, nicht tragbar sei; außerdem, so Klein weiter, seien „die Grundstücke von mehrerer Art und also nicht die Aecker der einzige Gegenstand der Staatsverbindung. Es kann daher ein Staat existiren, welcher nicht aus lauter Besitzern von Landgütern besteht; auch ist kein Grund vorhanden, warum die Besitzer städtischer Grundstücke nicht als Grundeigenthümer betrachtet werden könnten".[66]

Auch Anselm Feuerbach hat in seiner umfangreichen Schmalz-Rezension von 1798 genau diesen Aspekt kritisch beleuchtet: Der Staat sei, so Feuerbach mit Nachdruck, „geradezu keine Gesellschaft unter *Ackerbauern*. Der Grund, der den Vf. [also: Schmalz, H.-C.K.] zu der entgegengesetzten Meynung bewogen, liegt wohl in dem physiokratischen System, das Hr. *S.* hiedurch zu unterstützen suchte". Schmalz führe folgende Argumente für seine These ins Feld: erstens falle „nur bey dem Besitze von Grundeigenthum das Privatinteresse mit dem öffentlichen zusammen", und zweitens sei der Staat zum Schutz aller erworbenen Rechte verpflichtet, zu denen „das für die Cultur allerwichtigste Recht des Menschen, das Eigenthum an Grund und Boden",[67] vorrangig gehöre.

An dieser Stelle setzt Feuerbach mit seiner Kritik an: „Das erste Argument ist ganz politisch. Aber zugleich auch falsch. Warum soll

deuten hat, oder ob er nicht doch noch vor dem Hintergrund des traditionellen alteuropäischen Politikverständnisses zu sehen ist, dürfte mindestens umstritten sein.

[65] Handbuch des römischen Privatrechts. Für Vorlesungen über die Justinianeischen Institutionen, ^{2}1801, S. 13.

[66] E. F. Klein, Grundsätze der natürlichen Rechtswissenschaft nebst einer Geschichte derselben, S. 250; an anderer Stelle hat Klein allerdings ausdrücklich festgestellt, daß „die Verdienste, welche Theodor Schmalz (Das reine Naturrecht. Königsberg 1792) sich um das Naturrecht erworben hat, dennoch beträchtlich" seien (ebenda, S. 368). – Vgl. dazu jetzt auch die Bemerkungen bei M. Kleensang, Das Konzept der bürgerlichen Gesellschaft bei Ernst Ferdinand Klein, S. 95 ff.

[67] [P. J. A. Feuerbach], Rez. von: Theodor Schmalz: Das reine Naturrecht, Königsberg 1792, 2. Aufl., Königsberg 1795; derselbe: Das natürliche Staatsrecht, Königsberg 1794; derselbe: Das natürliche Familienrecht, Königsberg 1795; derselbe: Das natürliche Kirchenrecht, Königsberg 1795, in: Allgemeine Literatur-Zeitung, Nr. 242, 13.8.1798, Sp. 313–318; Nr. 243, 14.8.1798, Sp. 321–328, hier Sp. 322.

nicht der Nomade oder der blosse Jäger, durch Privatinteresse eben so gut an den Staat geknüpft seyn, als der Ackerbauer? Jedem von diesen schützt der Staat sein Wichtigstes: dem Nomaden seine Weide, dem Jäger die Jagd, dem Ackerbauer sein Grundeigenthum." Und das zweite Schmalzsche Argument habe „noch weniger Beweiskraft. Daraus, daß Grundeigenthum das für die Cultur wichtigste Recht des Menschen sey, folgt ja weiter nichts, als – wir *sollen* uns Grundeigenthum *erwerben*; und daß der Staat alle erworbene Rechte des Menschen schützen muß, beweist gar nicht, daß Alle Grundeigenthum zu ihren erworbenen Rechten zählen müssen, um Bürger eines *Staats* zu heißen".[68] Der letzte Kritikpunkt steht und fällt freilich mit der Festsetzung, *von welchem Zeitpunkt einer geschichtlichen Entwicklung an* von einem *Staat* im Vollsinne dieses Begriffs gesprochen werden kann. Gehört zur Voraussetzung der Begründung eines Staatswesens, so die These von Schmalz, ein gewisses Maß an *Kultur*, das wiederum Seßhaftigkeit und Bodenbearbeitung voraussetzt, dann wird man nicht von einem „Nomaden-" oder „Jägerstaat" sprechen können.[69]

Doch die an Schmalz' These sehr bald (und auch noch später) geübte Kritik nahm die Differenzierungen nicht zur Kenntnis, die in der weiteren Ausführung seiner Theorie zu finden sind: Die Einteilung der Bewohner eines Gemeinwesens in Grundeigentümer und Beiwohner gilt bei ihm *nur für die Frühzeit*, denn „sobald ... Cultur und Luxus sich gegenseitig in den Staat einführen: so kann es eine doppelte Classe von Beywohnern geben, theils *freye*, das ist solche die von den Diensten Unterhalt haben, die sie jedem ohne Unterschied leisten, theils *hörige*, die nur Einem ihre Dienste verdungen haben"; das heißt, es gibt „in jedem Staat ... drey Classen von Einwohnern, 1) Grundherrn, 2) freye Beywohner, 3) hörige Beywohner".[70] Aber auch diese Einteilung wiederum wird, wie Schmalz ausdrücklich betont, vom Gewohnheitsrecht vielfach durchbrochen, denn, so heißt es weiter, fast „alle Verfassungen ... haben es nicht verhütet, daß auch die Nachkommen der Grundherren auch dann noch als Grundherren angesehen werden, wenn sie ihre Grundstücke verlohren hatten. Auch haben alle Verfassungen viele freye Beywohner gegen Geld oder

[68] Die Zitate ebenda.
[69] Siehe dazu auch oben § 15 b).
[70] Das natürliche Staatsrecht, [1]1794, S. 40 f.

für Verdienste mit den Grund-Eigenthümern zu gleichem Recht erhoben (civitate donati bey den Alten, *Geadelte* bey uns).“[71]

Die Idee einer *ausschließlichen* Grundeigentümergesellschaft – oder, noch enger formuliert, eines Gemeinwesens von „Ackerbauern“ – ist also ein *rein theoretisches Konzept*, das Schmalz nur an den Anfang seiner Überlegungen stellt, um es anschließend auszubauen und inhaltlich stark zu differenzieren. Schon 1794 hat Schmalz keinen Zweifel daran gelassen, daß nach seiner Auffassung auch hausbesitzenden Stadtbürgern (wiewohl er sie als solche ausdrücklich *nicht* unter die Grundeigentümer zählt) das Bürgerrecht in einem Gemeinwesen zukommt: Wenn „eine Gesellschaft von Beywohnern“, heißt es bei ihm, „als moralische Person unbewegliche Güter erwirbt, so versteht es sich von selbst, daß sie denn auch als moralische Person unter die Grund-Eigenthümer gezählt werden muß, und auf ihr der Staats-Verein unstreitig mit beruht“.[72] Da die Beiwohner als solche nicht an der Konstituierung des Staates durch Vereinigungs- und Unterwerfungsvertrag[73] teilhaben, können sie dennoch durch sogenannte *„Aufnahme Verträge“* in das Gemeinwesen integriert werden. Schmalz unterscheidet also ausdrücklich zwischen „physischen“ und „moralischen“ Grundeigentümern,[74] die beide zusammen *gleichberechtigte* Mitglieder eines Gemeinwesens sind und damit das Bürgerrecht *gemeinsam* ausüben.[75]

Den modernen Begriff des „Staatsbürgers“ lehnt Schmalz allerdings ab. Er unterscheidet zwischen *Grundeigentümern* und *Stadtbürgern* (die als Teilhaber der „moralischen Person“ Stadtgemeinde den Grundeigentümern gleichgestellt sind). Im „Ausdruck: *Staatsbürger*“ vermochte Schmalz nur eine „seltsame Entstellung der Sprache zu sehen“, und die Übersetzung des französischen *citoyen* durch „Bür-

[71] Ebenda, S. 41; später hat er diese Differenzierung der „Beywohner“ noch weiter fortgeführt und zwischen *freien Beiwohnern* und *Domestiken* unterschieden; die freien Beiwohner wiederum unterteilte er in „Gewerbs-Männer“ und „Dienstleistende“, die Domestiken in *zeitweilige* Diener *einer* Herrschaft und in *Leibeigene* (vgl. Erklärung der Rechte des Menschen und des Bürgers, 1798, S. 141 f.).

[72] Das natürliche Staatsrecht, [1]1794, S. 54; er fügt hinzu (ebenda, S. 55): „Eine solche moralische Person aus Beywohnern, die als Gesellschaft nur Grund-Eigenthümer ist, mag hier im vorzüglichen Sinn eine *Gemeinschaft* genannt werden“.

[73] Dazu siehe unten § 15 d).

[74] Vgl. Das natürliche Staatsrecht, [1]1794, S. 55.

[75] Insofern kann sicher nicht behauptet werden, Schmalz' Lehre beinhalte „eine völlige Desavouierung des Bürgertums“, so neuerdings M. KLEENSANG, Das Konzept der bürgerlichen Gesellschaft bei Ernst Ferdinand Klein, S. 96.

ger" lehnt er ebenso konsequent ab, „da das alte Wort: *Landsasse* genau den wahren Sinn des: *citoyen* ausdrückt".[76] Das eigentliche Bürgerrecht – im allgemeineren Sinne einer Teilhabe am Gemeinwesen – erstreckt sich nach der Theorie von Schmalz also *nicht nur* auf die Grundeigentümer im *unmittelbaren* Sinne dieses Begriffs, sondern auch auf die Stadtbürger.

Damit bleibt Schmalz' Bestimmung des Bürgerrechts im großen und ganzen im Rahmen dessen, was zu dieser Zeit von vielen Juristen und politischen Autoren vertreten wurde. Nur wenige Autoren, wie etwa Johann Adam Bergk und andere Anhänger der Französischen Revolution, gingen in diesen Jahren bereits so weit, das Bürgerrecht allen „physisch Mündigen" zusprechen zu wollen.[77] Andererseits fiel Schmalz deutlich hinter Kant zurück, der in der – von ihm allerdings sehr weit ausgelegten – ökonomischen Unabhängigkeit das Kriterium zur Ausübung des Bürgerrechts sah: nur wer *„sein eigener Herr* (sui iuris) sei, mithin irgend ein *Eigenthum* habe (wozu auch jede Kunst, Handwerk oder schöne Kunst und Wissenschaft gezählt werden kann), welches ihn ernährt", könne ein Bürger im vollen Sinne dieses Begriffs sein, weil er nur dann „niemanden als dem gemeinen Wesen im eigentlichen Sinne des Worts *diene*".[78] Die übrigen „Glieder des gemeinen Wesens" seien nurmehr „Schutzgenossen".[79] Der Weg zu dieser definitorisch zweifellos sehr viel stringenteren und auch in der Sache konsequenteren Begriffsbestimmung blieb Schmalz augenscheinlich durch seine enge Bindung an die physiokratischen Lehrmeinungen versperrt; seine „Grundeigentümer" und „Beiwohner" dekken sich also keineswegs mit den „Bürgern" und den „Schutzgenossen" der Kantischen Differenzierung. Nur darin waren sich beide einig, daß nicht allen Einwohnern eines Staates, auch nicht allen „physisch Mündigen", das volle Bürgerrecht zuzugestehen sei.

d) Natürliches Staatsrecht III: Vertragslehre

Die Lehre vom Staats- bzw. Gesellschaftsvertrag zieht sich als zentrales Theorem durch die moderne Staatslehre wie auch durch die

[76] Die Zitate: Das natürliche Staatsrecht, [1]1794, S. 150 f.

[77] Vgl. M. Stolleis, Untertan – Bürger – Staatsbürger. Bemerkungen zur juristischen Terminologie im späten 18. Jahrhundert, S. 328; siehe auch oben § 11 c).

[78] I. Kant, Gesammelte Schriften VIII, S. 295 („Über den Gemeinspruch", 1793).

[79] Ebenda, S. 294.

moderne politische Philosophie, wo sie bis in die Gegenwart hinein diskutiert wird.[80] Im älteren deutschen Naturrecht wurde seit dem späten sechzehnten Jahrhundert die Lehre vom Doppelvertrag – also von Vereinigungs- und vom Unterwerfungsvertrag – entwickelt, die dort seit Althusius und vor allem seit Pufendorf Karriere machte.[81] Auch das einflußreiche Lehrbuch Achenwalls und Pütters, die „Elementa iuris naturae" von 1750, enthielt die Lehre von der Aufeinanderfolge des *pactum unionis* und des *pactum subiectionis*,[82] und man wird wohl davon ausgehen können, daß Schmalz' in seiner eigenen Darstellung der Vertragstheorie von diesem Buch (und sicherlich auch von Pufendorf, auf den er sich zuweilen berufen hat) ausgegangen ist.

Das geläufige Modell des doppelten Vertrages verfolgte im deutschen Naturrecht ursprünglich die Absicht, das Volk als vertragsfähiges Subjekt zu konstituieren, nicht zuletzt um der Idee des ständischen Herrschaftsvertrags ein anderes, moderneres Konzept zur Seite zu stellen.[83] In eben dieser Tradition stand auch Schmalz, der sich zudem

[80] Siehe hierzu neben der älteren, den deutschen Kulturraum kaum berücksichtigen Studie von JOHN WIEDHOFFT GOUGH, The Social Contract, Oxford 1936, neuerdings vor allem die Arbeiten von WOLFGANG KERSTING, Vertrag, Gesellschaftsvertrag, Herrschaftsvertrag, in: Geschichtliche Grundbegriffe. Historisches Lexikon zur politisch-sozialen Sprache in Deutschland, hrsg. v. OTTO BRUNNER/WERNER CONZE/REINHART KOSELLECK, Bd. VI, Stuttgart 1990, S. 901–945; DERSELBE, Die politische Philosophie des Gesellschaftsvertrags, Darmstadt 1994.

[81] Vgl. dazu W. KERSTING, Die politische Philosophie des Gesellschaftsvertrags, S. 217ff, bes. 222 ff. (Althusius und Pufendorf); weitgehend gleichlautend auch DERSELBE, Der Kontraktualismus im deutschen Naturrecht, in: Naturrecht – Spätaufklärung – Revolution, hrsg. v. OTTO DANN/DIETHELM KLIPPEL (Studien zum achtzehnten Jahrhundert, Bd. 16), Hamburg 1995, S. 90–110.

[82] Vgl. G. ACHENWALL/J. S. PÜTTER, Anfangsgründe des Naturrechts (Elementa Iuris Naturae), S. 210 f.; siehe auch oben § 11 a).

[83] Das hat W. KERSTING, Die politische Philosophie des Gesellschaftsvertrags, S. 232 f., treffend herausgearbeitet: „Die naturrechtliche Aufspaltung des Hobbesschen Vertrages in ein *pactum unionis* und ein *pactum submissionis* oder *pactum subjectionis*, in einen Vereinigungsvertrag und einen Herrschaftsvertrag, dient dazu, das Volk als rechts- und vertragsfähiges Subjekt zu konstituieren und zu erhalten. Indem der Kontraktualismus des älteren deutschen Naturrechts unter individualistischen Prämissen agiert und das Volk als vertragsfähiges Subjekt seinerseits aus dem Vertrag hervorgehen läßt und als Produkt vertraglicher Selbstkonstitution begreift, unterscheidet er sich von dem Konzept des ständischen Herrschaftsvertrages, der das körperschaftlich definierte Volk als Erfahrungstatsache und Gegebenheit des Rechtslebens schlicht voraussetzt". – Kerstings in dieser Form nicht mehr nachvollziehbare These allerdings, „daß die Doppelvertragslehre nicht die differenzierteste kontraktualistische Version darstellt, sondern die systematisch dürftigste und methodologisch naivste" sei (ebenda, S. 218, Anm. 2), beruht auf seiner unhistorischen Annahme, daß

in seiner naturrechtlichen Staatslehre darum bemühte, das Modell des Doppelvertrages noch zu erweitern und zu differenzieren, indem er die Idee eines dreifachen Vertrages entwarf.

Die Konstituierung eines Gemeinwesens durch Verträge hängt, so Schmalz, aufs engste mit dem ersten und einzigen Staatszweck zusammen: der Sicherheit. Zuerst erfolgt der Zusammenschluß der einzelnen Grundbesitzer im Vereinigungsvertrag, dem *pactum unionis*, in dem die Vertragschließenden „allmälig" übereinkommen, „sich gegen gemeinschaftliche oder doch wechselnde Gefahren, welche heute diesen, morgen jenen bedrohen können, gemeinschaftlich zu vertheidigen".[84] Die Wirkungen dieses Vertrages bestehen für den einzelnen darin, „1) daß jeder der Genossen berechtigt wird gegen jede seinen wirklichen äußern vollkommnen Rechten drohende Gefahr die Hülfe der übrigen anzufordern ... 2) Daß jeder verpflichtet wird hinwieder diese Hülfe bey den Gefahren seiner Mitbürger zu leisten".[85]

Mit diesem Zusammenschluß ist natürlich kein eigentlicher Vertragschluß im wirklichen Sinne gemeint, sondern der Begriff „Vereinigungsvertrag" entstammt, wie Schmalz ausdrücklich sagt, der „Kunstsprache"; er bezeichnet nur das „allmälige Uebereinkommen", das „Entstehen einer *Einstimmigkeit* über den Zweck"[86] – nämlich des Staates, der Sicherheit für jeden gewährleisten soll. In dieser – gedachten – Einstimmigkeit besteht für Schmalz die *„Mystische Persönlichkeit"* des Staates, die in der *volonté générale* ihren Ausdruck findet.[87] Diese „mystische Persönlichkeit" ist also nur ein anderer Begriff für die Gesamtheit und Geschlossenheit des einheitlichen Willens aller aktiven Teilnehmer eines Gemeinwesens im Hinblick auf die Herstellung des alleinigen und einzigen Staatszwecks.[88] Die Berechtigung zur Teilnahme am *pactum unionis* ist allerdings eng

der Kontraktualismus als solcher ein „demokratische[s] Telos" (ebenda, S. 219, Anm. 2) verfolge, das durch die Doppelvertragslehre verstellt werde.

[84] Das natürliche Staatsrecht, [1]1794, S. 44.

[85] Ebenda, S. 45.

[86] Ebenda, S. 44.

[87] Vgl. ebenda, S. 45 f.: „ ... für das Ganze des Staats wird gewürkt: 1) *Mystische Persönlichkeit*, das ist, die Einstimmigkeit aller in Absicht des Zwecks, oder die objectiv vereinten Willen aller Staatsbürger (volonté generale, qui veut la fin) werden als Ein subjectiver Wille angesehen, also als Rechts- und Pflichtsfähig gegen alle, welche nicht in dem Staate sind".

[88] Vgl. auch: Bemerkungen zur Beantwortung der Fragen über das Verhältniß der Politik zur Moral, in: Annalen der Rechte des Menschen, des Bürgers und der Völker, hrsg. vom Professor SCHMALZ in Königsberg, 1. Heft, Königsberg 1794, S. 1–12, hier S. 7 f.

begrenzt: „Der Vereinigungs-Vertrag des Staats, beruht allein auf den Grund-Eigenthümern, mit gänzlicher Ausschließung aller Beywohner".[89]

Jedoch ist im Vereinigungsvertrag, so Schmalz weiter, nichts enthalten, was den Vertragsteilnehmern „die Mittel darüber vorschreibe", auf welchem Wege sie den Staatszweck verfolgen, „die allgemeine Sicherheit zu erhalten und zu befördern".[90] Da nun aber, wie die Erfahrung zeigt, „unter den Staatsbürgern nur selten über die Wahl der Mittel Einstimmigkeit"[91] besteht, kann „das nur durch neue Uebereinkunft oder Vertrag geschehen". Dieser zweite Vertrag, der „mit dem Kunstnamen: *Unterwerfungs-Vertrag* (*pactum subiectionis*) benannt" wird, ist also nichts anderes als „die Uebereinkunft, wodurch die Art, wie die Mittel zum Zweck des Staats Statt Aller gewählt werden sollen, bestimmt wird".[92] Diese „Wahl der Mittel" wird nun im *pactum subiectionis* „entweder einer *physischen Person* übertragen oder einer *moralischen*. Im letztern Fall ist dieß entweder eine *bestimmte* Gesellschaft, deren Einstimmigkeit oder Mehrheit entscheiden soll, oder eine *unbestimmte* moralische Person, nemlich die jedesmalige Mehrheit der Stimmen aller Staatsbürger".[93]

Diese physische oder moralische Person ist niemand anderes als „der *Souverain*", dem das Recht anvertraut ist, „die Mittel zum Zweck des Staats zu wählen", – und dieses Recht wiederum „heißt die *höchste Gewalt*, oder *Majestät*".[94] Mit dieser Definition bleibt das „Natürliche Staatsrecht" von Schmalz im großen und ganzen im Rahmen dessen, was von der neuzeitlichen Souveränitätstheorie gelehrt worden ist.[95]

[89] Das natürliche Staatsrecht, [1]1794, S. 52; weiter heißt es: „Denn, da nur die Grund-Eigenthümer Herren des Gebietes sind: so kann durch ihren Vertrag allein auch das Gebiet vereinigt seyn, welches die wesentlichste Wirkung des Staats Vereins ist" (ebenda). – Das bedeutet allerdings keineswegs die vollständige Ausschließung der „Beywohner" aus dem Gemeinwesen; sie haben zwar keinen Anteil an den beiden ersten Verträgen, sie gelangen jedoch (wie gleich zu zeigen sein wird) durch den dritten Vertrag ebenfalls in das Gemeinwesen hinein; siehe auch oben § 15 c).

[90] Ebenda, S. 56.

[91] Ebenda, S. 58.

[92] Die Zitate ebenda, S. 59.

[93] Ebenda; diese Definition bezieht sich natürlich auf die drei klassischen Staatsformen Monarchie, Aristokratie und Demokratie; dazu auch unten § 15 f).

[94] Die Zitate ebenda, S. 60.

[95] Hierzu nach wie vor grundlegend die Arbeiten von Helmut Quaritsch, Staat und Souveränität, Bd. I: Die Grundlagen, Frankfurt a. M. 1970; derselbe, Souveränität. Entstehung und Entwicklung des Begriffs in Frankreich und Deutschland vom 13. Jh. bis 1806 (Schriften zur Verfassungsgeschichte, Bd. 38), Berlin 1986.

Nach Schmalz ist der „Souverain ... gännzlich [sic] unabhängig", da „sein Wille an die Stelle des Volks-Willens getreten, sein Wille wirklich der Wille des Volks"[96] geworden ist. Aus dem Unterwerfungsvertrag entsteht nun im Staat „eine doppelte moralische Persönlichkeit, nemlich die der *Majestät*, welche der Souverain, und die der *Unterthanschaft*, welche der Inbegriff der Staatsbürger trägt".[97] Beide sind durch die wechselseitig übernommene Verpflichtung zu Schutz und Gehorsam untrennbar miteinander verbunden.[98]

Damit ändert sich gleichzeitig das durch den ersten Vertrag (das *pactum unionis*) entstandene Verhältnis der Bürger untereinander, denn „die Vertheidigung der Mitbürger, welche im Vereinigungs-Vertrage übernommen wird, hört nun auf eine directe Pflicht des Einzelnen zu seyn, indem statt dieser die Pflicht des Gehorsams gegen den Souverain entsteht".[99] Beide Verträge, *pactum unionis* und *pactum subiectionis*, haben nach der Lehre von Schmalz dauerhaft bindende Wirkung: „Auch die Nachfolger der ersten Grund-Eigenthümer, werden durch die Nachfolge in die Grundstücke, an den Unterwerfungs-Vertrag eben so, wie an den Vereinigungs-Vertrag gebunden", denn es sei offenbar, „daß der Souverain, bey dem izt der gesammte Wille aller in den Angelegenheiten des Staats ruht, der also das Recht hat, Erbfolge zu ertheilen, ihnen dieses nur unter jener Bedingung ertheilen werde".[100] In der zweiten Fassung des „Natürlichen Staatsrechts" von 1804 hat Schmalz diese dauernde Bindung nicht mehr historisch, sondern systematisch-logisch begründet: die Verträge würden „in jedem Augenblick geschlossen", da jeder Bürger jederzeit auf den allein vom Souverän gewährten Schutz angewiesen sei.[101]

[96] Das natürliche Staatsrecht, [1]1794, S. 61.

[97] Ebenda, S. 63.

[98] Vgl. ebenda, S. 63f.: „Für den Souverain entsteht ... die Pflicht, für die Sicherheit des Staats und jedes einzelnen Staatsbürgers zu wachen. *Er kann also nur so weit berechtigt seyn, als er verpflichtet ist.* ... Für jeden Staatsbürger entsteht durch diesen Vertrag die Pflicht, dem Souverain zu gehorchen".

[99] Ebenda, S. 64; aufschlußreich ist, daß Schmalz auch hier das Prinzip seiner umstrittenen privatrechtlichen Vertragstheorie übernimmt (ebenda, S. 65): „Der Unterwerfungs-Vertrag wird, wie jeder andere, durch die gegenseitigen Leistungen verbindend".

[100] Ebenda, S. 66.

[101] Das natürliche Staatsrecht, [2]1804, S. 45; vgl. auch: Encyclopädie des gemeinen Rechts, [2]1804, S. 63: „... diese Verträge sind nicht bloße Hypothese, sondern wirkliche Thatsache – nicht eine ehemals geschehene Thatsache, als ob unsre Väter diese Verträge geschlossen hätten und auf uns die rechtlichen Wirkungen derselben nur vererbt wären; sondern Thatsache, die in jedem Augenblicke fortfährt, zu geschehen, indem wir in jedem Augenblicke von neuem diese Verträge schließen".

Indem er noch einen *dritten Vertrag* einführt, überschreitet Schmalz den Rahmen der traditionellen Doppelvertragslehre des deutschen Naturrechts. Er ist gezwungen, das Problem der Eingliederung der Beiwohner in das Gemeinwesen[102] zu lösen, denn diese sind, obwohl sie an den ursprünglichen Verträgen nicht teilhaben, auf den Schutz durch den Souverän ebenso angewiesen wie die „Grundeigentümer". Die Verbindung der Beiwohner mit dem Staat muß daher, wie Schmalz ausführt, „auf eignen Verträgen beruhen, welche *Aufnahme Verträge* (pacta receptionis) genannt werden können"; sie werden vom Souverän „Namens des Urvolks an seiner Seite" geschlossen, indem er den Beiwohnern „das Verstatten eines Aufenthalts im Gebiet selbst, alle Sicherheit ihrer Rechte verspricht, und eben so gut wie den Grund-Eigenthümern, stillschweigend zusagt".[103] Hinsichtlich ihres *Schutzes* durch den Inhaber der Staatsgewalt sind Beiwohner und „Grundeigentümer" (also die Vollbürger im eigentlichen Sinne) einander vollkommen gleichgestellt.[104]

Damit ist bereits die erste Voraussetzung erfüllt, um die Beiwohner ins Staatsleben einzubeziehen. Schmalz distanziert sich ebenso von den „alten Republiken", die – so etwa Athen – den Beiwohnern eine Teilnahme am Staatsleben strikt untersagt hätten, wie andererseits auch von der „neuen französischen Revolution", die den Staat den Beiwohnern überlassen habe, indem sie diese den Grundeigentümern rechtlich ohne Einschränkung gleichstellte.[105] Nur in einigen deutschen Staaten und in Großbritannien sei das Problem dadurch gelöst worden, daß man den Beiwohnern sukzessive auch – begrenzte – politische Rechte gewährt habe, wenn dafür die Voraussetzung gegeben sei, also die Mitgliedschaft in einer Stadtgemeinde und der dadurch erlangte Status eines „moralischen Grundeigentümers".[106]

[102] Siehe oben § 15c).

[103] Das natürliche Staatsrecht, [1]1794, S. 67.

[104] Vgl. ebenda: „Es muß daher die Absicht des Schutzes eine völlige Gleichheit zwischen dem Beywohner und Grund-Eigenthümer seyn, und jener nicht minder als dieser an seinem Rechte geschützt werden".

[105] Vgl. ebenda, S. 70.

[106] Vgl. ebenda, S. 71f.: „Nur die Staaten der neuen Zeiten, welche nie von gänzlichen Staatsumwälzungen erschüttert ... wurden, ... nur diese Staaten haben das Räthsel gelöset. Dem Recht des Grund-Eigenthums, wie der Billigkeit für die Beywohner zu sorgen gleich gemäß, setzten sie nicht nur einen Monarchen über sich, dessen persönliches Interesse ihn bestimmt, sich der Beywohner gegen den Druck, der ihm selbst zu mächtigen Grund-Eigenthümer anzunehmen; sondern sie riefen, die zufällig in Gemeinheiten versammelten Beywohner, wenn diese als moralische Personen Grund-Eigenthum erhalten hatten, wie sich von Rechtswegen gebürte, auch zu Stimmen auf Landtagen und im Parlament".

Schmalz' Vertragslehre ist nun weder besonders originell, noch in allen ihren Aspekten stringent ausgearbeitet und in sich stimmig. Sie erscheint, im Gegenteil, eher als Hilfskonstruktion, um die für das Staatsleben jener Epoche so prekäre Frage nach der politisch-rechtlichen Stellung aller Einwohner eines Staates zu beantworten. Schmalz sah wohl ein, daß sich sein physiokratisches Modell eines aus „Grundeigentümern" sich konstituierenden politischen Gemeinwesens nicht mehr in reiner Form durchführen ließ. Andererseits war er wiederum bestrebt, den radikalen Gleichheitsanspruch der Französischen Revolution zurückzuweisen, *ohne* jedoch in eine ausschließlich religiös-traditionalistische Argumentation zurückzufallen. Sein eigentümliches Changieren zwischen einer eher empirischen und einer eher theoretisch-systematisch sich entwickelnden Argumentation ist charakteristisch für diesen Zwiespalt, den in der einen oder anderen Weise viele seiner Zeitgenossen mit ihm geteilt (und wohl auch ähnlich empfunden) haben.

e) Natürliches Staatsrecht IV: Staatsgewalten und Hoheitsrechte

Im Sinne der klassischen Souveränitätsdoktrin hielt Theodor Schmalz stets – auch bereits in seinem frühen „natürlichen Staatsrecht" – an der Idee einer einheitlichen und ungeteilten Staatsgewalt fest. Jeder Souverän besitzt nach Schmalz eine „doppelte mystische Persönlichkeit": erstens „die der Majestät, welche den Gegensatz der Unterthanschaft macht", zweitens aber die administratorische Persönlichkeit „des ganzen Volks", nämlich dann, wenn er dieses nach außen hin, in Verkehr mit anderen Staaten, vertritt.[107] Diese Differenzierung hat Anselm Feuerbach in seiner Schmalz-Rezension von 1798 immerhin als „eine sehr wichtige und vollkommen gegründete Bemerkung"[108] begrüßt.

Die eigentlichen Majestätsrechte (*jura majestatica*) sind auch bei Schmalz in drei verschiedene Gewalten eingeteilt – und zwar „in Rücksicht der Art, wie die höchste Gewalt sich äußert". Wie das menschliche Erkenntnisvermögen – nach Kant – durch Verstand,

[107] Die Zitate in: Das natürliche Staatsrecht, [1]1794, S. 73.

[108] [P. J. A. FEUERBACH], Rez. von: Theodor Schmalz: Das reine Naturrecht, Königsberg 1792, 2. Aufl., Königsberg 1795; derselbe: Das natürliche Staatsrecht, Königsberg 1794; derselbe: Das natürliche Familienrecht, Königsberg 1795; derselbe: Das natürliche Kirchenrecht, Königsberg 1795, in: Allgemeine Literatur-Zeitung, Nr. 242, 13.8.1798, Sp. 313–318; Nr. 243, 14.8.1798, Sp. 321–328, hier Sp. 323.

Vernunft und Urteilskraft geleitet werde,[109] so verzweige sich die Staatstätigkeit analog in die drei Bereiche der *aufsehenden*, der *gesetzgebenden* und der *vollziehenden* Gewalt. Die Ausübung dieser Majestätsrechte wird als *Regierung* bezeichnet. Diese Trias einer *potestas inspectiva*, einer *potestas legislativa* und einer *potestas executiva* ist offenbar ganz bewußt der berühmten Montesquieuschen Lehre von der Teilung in exekutive, legislative und judikative Gewalt entgegengesetzt, die Schmalz also solche verworfen hat. Der Magie der berühmten Dreizahl entkam er freilich nicht.[110]

Die erste Gewalt bestimmt Schmalz als „*aufsehende Gewalt*"; sie ist „das Recht der Souveränität von allem dem Erkundigung einzuziehen, was den Zweck des Staats betrifft, also von den Gefahren, welche die Sicherheit Aller oder Eines bedrohen, und von der Lage alles desjenigen, was mittelbar oder unmittelbar zur Vertheidigung dienen kann".[111] Daß es sich hierbei nun um ein keineswegs unproblematisches, nämlich ein dem möglichen Mißbrauch manche Tore öffnendes Hoheitsrecht handelt, hat Schmalz deutlich gesehen und auch unzweideutig thematisiert: „Die Souveränität darf dieß für die Ruhe und Sicherheit so gefährliche Recht nicht anwenden als da, wo sie Pflicht dazu hat". Er fügte sogar – immerhin im Jahre 1794 – die Anmerkung hinzu: „Ich opfre dem Genius der Zeiten, indem ich dieß Recht gefährlich nenne. ... Der Vorwand des öffentlichen Wohls steht der Tyranney stets zu Gebote"; deshalb solle man nie aufhören, „eine Wahrheit, die nie schädlich, nie unnütz seyn kann, den Gewalthabern ... laut zu predigen und zu wiederhohlen, nemlich die: daß *sie nie zur Ausübung ihrer Gewalt berechtigt sind, wenn sie nicht dazu verpflichtet sind.* Denn sie tragen ihr Schwerd nicht zur Zierde, und haben ihre Gewalt zu nichts in der Welt, als zum Zweck des Staats".[112]

Die Möglichkeit zum Mißbrauch dieses Inspektionsrechts erkannte Schmalz also sehr genau, doch er hatte als Vorbeugung dagegen nicht viel mehr zu bieten als den bloßen *Appell* an den jeweiligen Machthaber, sich stets des einschränkenden Staatszwecks als Maßstab für

[109] Zu dieser Analogie siehe auch unten § 15 i).

[110] Ähnliches gilt auch für JOHANN AUGUST SCHLETTWEIN, der in seiner Grundveste der Staaten oder die politische Oekonomie, Gießen 1779, S. 441 ff. die *gesetzgebende*, die *vollziehende* und die *beschützende* Macht „der obersten Gewalt" (S. 441) unterscheidet.

[111] Das natürliche Staatsrecht, [1]1794, S. 75; ebenda, S. 75 f., heißt es aber weiter: „Diesem Recht entspricht also die Pflicht der Unterthanen, der Souveränität das bekannt zu machen, was sie über jene Gegenstände zu bewahrheiten im Stande sind".

[112] Ebenda, S. 77.

die Anwendung der *potestas inspectiva* bewußt zu sein. Er konnte also lediglich die Erwartung (oder auch nur die Hoffnung) aufbieten, der Souverän werde schon so aufgeklärt sein, sich freiwillig an die Beschränkung eben dieses Majestätsrechts zu halten. Auch hier fällt Schmalz also eindeutig hinter das staatstheoretische Erkenntnisniveau seiner Epoche zurück, denn die Erkenntnis, daß einem möglichen Mißbrauch eben nicht nur appellativ, sondern auch *institutionell* – etwa durch Begrenzung oder Verschränkung der Staatsgewalten untereinander – begegnet werden könne, war ihm nicht zugänglich. Das Ideal des weisen, aufgeklärten, stets dem höchsten Staatszweck (also: der Sicherheit seiner Untertanen) verpflichteten Souveräns scheint ihm bis zu seinem Lebensende vorgeschwebt zu haben.

Das Recht der Oberaufsicht (*ius supremae inspectionis*) bezeichnete in der älteren deutschen staatsrechtlichen Tradition nichts anderes als den alten Rechtstitel „für den Inbegriff aller behördlichen Aufsichts-, Informations- und Überwachungsrechte", – und in eben diesem Sinne war dieses Recht auch von Schmalz' Göttinger Lehrer Pütter bestimmt worden.[113] Heinrich Gottfried Scheidemantel hatte in seinem „Allgemeinen Staatsrecht" von 1775 die „Oberaufsicht im Staat" ausdrücklich als ein wesentliches Majestätsrecht des Souveräns beschrieben und breit ausgeführt,[114] August Ludwig Schlözer rechnete die *potestas inspectiva* zu den fünf von ihm bestimmten Hauptrechten eines Herrschers,[115] und auch Immanuel Kant sprach in seinem kurzen Abriß des Staatsrechts dem Inhaber der Staatsgewalt noch „das Recht der *Aufsicht* (ius inspectionis)" zu, wenn auch auf den Sonderfall beschränkt, „daß ihm [dem Staat, H.-C.K.] ... keine Verbindung, die aufs *öffentliche* Wohl der Gesellschaft (publicum) Einfluß haben kann, (von Staats- oder Religions-Illuminaten) verheimlicht, sondern, wenn es von der Polizei verlangt wird, die Eröffnung ihrer Verfassung nicht geweigert werde".[116] Schmalz hatte mit seinem Rekurs auf ein oberstes Recht der „Inspektion" also nur insoweit staatstheoretisches Neuland betreten, als er die *potestas inspectiva* der exekutiven und der legislativen

113 Christoph Link, Menschenrechte und bürgerliche Freiheit. Zum Grundrechtsdenken im Aufklärungszeitalter, in: Menschenwürde und freiheitliche Rechtsordnung. Festschrift für Willi Geiger zum 65. Geburtstag, hrsg. v. Gerhard Leibholz/Hans Joachim Faller/Paul Mikat/Hans Reis, Tübingen 1974, S. 276–298, hier S. 283.

114 Vgl. Heinrich Godfried Scheidemantel, Das allgemeine Staatsrecht überhaupt und nach der Regierungsform, Jena 1775, S. 80–87.

115 Vgl. August Ludwig Schlözer, Allgemeines StatsRecht und StatsVerfassungsLere, Göttingen 1793, S. 100.

116 I. Kant, Gesammelte Schriften VI, S. 325.

Gewalt *gleichberechtigt* an die Seite stellte.[117] Diese Theorie konnte sich allerdings nicht durchsetzen; noch Carl von Rotteck hat sie mit deutlichen Worten kritisiert und – fraglos zutreffend – bemerkt, daß die „sogenannte Inspektivgewalt ... durchaus nicht als eigne Staatsgewalt für sich, sondern vielmehr nur als Attribut aller andern“[118] gesehen werden könne.

Die zweite Gewalt, nämlich „die *Gesetzgebende Gewalt* (potestas legislativa)“ definiert Schmalz als „das Recht, die Mittel zum Zweck des Staates zu bestimmen“. An diesen Zweck ist sie besonders streng gebunden; sie kann zwar „nicht nur das vorschreiben, was unmittelbar, sondern auch, was mittelbar den Zweck des Staats befördert, erleichtert und dessen Hindernisse wegräumt“; – doch sie kann andererseits „auch über nichts gebieten, was nicht zum Zweck des Staats abzielt“.[119] Historische Beispiele für den Mißbrauch der legislativen Gewalt werden von ihm denn auch warnend angeführt.[120] Die Legislative gibt Bestimmungen der Mittel zum Zweck des Staats, und diese „heissen *Gesetze* im Sinn des positiven Rechts“. Diese Gesetze müssen, so Schmalz weiter, „allgemein seyn, das ist, alle Bürger in gleicher Lage, gleich berechtigen und gleich verpflichten, so daß, was einem Recht und Pflicht ist, einem andern unter den nemlichen Umständen ebenfalls Recht und Pflicht wird“.[121] Ungleichheiten, also besondere Lasten oder Privilegien sind *nur dann* gerechtfertigt, wenn sie zur Durchsetzung des Staatszwecks notwendig erscheinen. Der Staat ist verpflichtet, diejenigen seiner Bürger, denen Lasten auferlegt werden

117 In seinem ebenfalls 1794 publizierten Aufsatz: Ueber die neueste Litteratur des Natur- und Völker-Rechts, in: Annalen der Rechte des Menschen, des Bürgers und der Völker, hrsg. vom Professor Schmalz in Königsberg, 1. Heft, Königsberg 1794, S. 72–88, hatte Schmalz noch die Auffassung vertreten, die inspektive Gewalt sei nur ein Teil der exekutiven (vgl. ebenda, S. 85)!

118 Carl von Rotteck: Lehrbuch des Vernunftrechts und der Staatswissenschaften, Bde. I–IV (1834–40), Ndr. Aalen 1964, hier Bd. II, S. 218.

119 Alle Zitate in: Das natürliche Staatsrecht, [1]1794, S. 78.

120 Vgl. ebenda, S. 79: „Ludwig der eilfte, Cromwell und der National Convent, werden Beyspiele genug liefern, wie die Gesetzgebende Macht über den Zweck des Staates hinausgehen könne. Ihr die Schranken vorzuschreiben ist das Geschäft des Staatsrechts; die Anstalten zu treffen, sie in diesen Schranken zu erhalten, ist das Geschäfft der Politik, von der ich glaube, sie thäte besser, daß sie lieber erst historisch aufzählte ... was man für Anstalten traf, was für Anstalten sich von selbst bildeten, ehe sic neue Anstalten vorzuschlagen unternähme“.

121 Die Zitate ebenda, S. 79f.

müssen, um den Staatszweck zu sichern, dafür angemessen zu entschädigen.[122]

Die Exekutive, oder *„vollziehende Gewalt“* definiert Schmalz als „das Recht der Souverainität, die von der Gesetzgebenden Gewalt bestimmten Mittel in Ausübung zu bringen, oder, das ungeschehen zu machen, was diese bestimmt hat“.[123] Die Exekutive verfügt also über das *„Recht* des *Befehlens oder der Entscheidung* (jus mandatorum oder decidendi)“, und jeder Untertan ist „dem Befehl der executiven Gewalt ... vollkommen verpflichtet“. Andererseits kann diese aber auch „nichts anders befehlen, als was die gesetzgebende Gewalt bestimmt hat“.[124] Mit anderen Worten: Die Exekutive ist streng an die Gesetze und deren Vorgaben gebunden und *in diesem Sinne* der Legislative tatsächlich untergeordnet – freilich mit der Einschränkung, daß beide Gewalten (oder Teile von ihnen) auch in der Hand *einer Person* vereinigt sein können.[125] Gibt es ein dem Sinne nach „dunkles“ Gesetz, dessen Anwendung unklar ist, dann entscheidet über dessen Auslegung nicht die Exekutive, sondern die Legislative.[126] Schließlich muß die Exekutive auch über das „Recht der Ausführung (jus exsequendi)“ verfügen, also das Recht, „durch physische Gewalt ihre Befehle befolgt zu machen, sey es gegen vernunftlose Natur oder gegen Menschen, und hierfür die Kräfte der Unterthanen aufzubiethen, oder das Staats-Vermögen zu diesem Zwang anzuwenden“.[127]

Die Trennung dieser drei Gewalten ist also bei Schmalz im Grunde nur eine rein formale oder auch funktionale; er stellt ausdrücklich fest: „Es versteht sich, daß alle drey Gewalten nur Eine sind, und nur die Art ihrer Aeußerung verschieden sey“.[128] Zwar kommt der legislativen Gewalt eine relativ starke Stellung zu, da ihre Entschlüsse eine Bindungswirkung für die Ausübung der exekutiven Gewalt besitzen, doch eine hier eventuell mögliche Hemmung oder Beschränkung der Legislative wird wiederum dadurch stark relativiert, daß für Schmalz keinerlei Notwendigkeit für eine wirkliche *institutionelle* Trennung

122 Vgl. ebenda, S. 80 ff.

123 Ebenda, S. 85.

124 Die Zitate ebenda, S. 87 f.

125 Vgl. ebenda, S. 88: „Die vollziehende Gewalt ist ... der gesetzgebenden untergeordnet, in sofern sie sich in verschiedenen Händen befinden, es sey dann, daß man der Person, welcher man die vollziehende Gewalt aufträgt, auch einen Antheil an der Gesetzgebenden einräumt“.

126 Vgl. ebenda, S. 88 ff.

127 Ebenda, S. 91 f.

128 Ebenda, S. 78.

zwischen Legislative und Exekutive besteht.[129] Und eine Trennung der exekutiven von der judikativen Gewalt hat er ausdrücklich für unmöglich erklärt – mit dem Argument, die Jurisdiktion sei nichts anderes als nur ein *Teil* der Exekutive.[130]

1804 hat sich Schmalz noch deutlicher mit der Montesquieuschen Lehre auseinandergesetzt und die These von der Untrennbarkeit der Gewalten besonders nachdrücklich verfochten: „Daß diese drey Gewalten [Schmalz meint hier seine eigene Differenzierung in inspektive, legislative und exekutive Gewalt, H.-C.K.] nur Eine sind und daß sie nur in der Idee getrennt werden können, versteht sich. Sie wirklich als höchste Gewalten trennen und in verschiedene Hände geben, ist absolut unmöglich, was auch Theoretiker darüber sprechen und was man auch in den wirklichen Verfassungen zum leeren Scheine verordnet hat. Denn sind die Inhaber der executiven Gewalt den Inhabern der legislativen verantwortlich, so sieht jedermann, daß die letztern, indem sie dann die Befehle der erstern abändern können, wirklich auch die höchste executive Gewalt besitzen. Sind sie aber nicht verantwortlich, und muß, was sie thun, schlechthin als recht gelten, so haben die angeblichen Inhaber der legislativen Gewalt nur ein leeres Gebilde von Gewalt, da die Inhaber der executiven die Gesetze nach Gefallen ausüben oder vernachlässigen und das Gegentheil derselben thun können, mithin ihr Wille, wie wandelbar er sey, allein als Gesetz gilt, auch ohne als Gesetz ausgesprochen zu seyn“.[131]

Die Idee eines *Zusammenwirkens beider* – und zwar voneinander institutionell getrennter – *Gewalten* zum Zweck des Gemeinwohls auf der Basis der *Vereinbarung* und des *Kompromisses* vermochte sich Schmalz also offensichtlich nicht vorzustellen. Er ging von der Grundidee einer *einheitlichen und unteilbaren* Souveränität aus, die er im Idealfall dem Monarchen zusprach, im anderen Fall einer aristokratisch zusammengesetzten Staatsspitze, allenfalls auch einer von allen Bürgern gewählten Versammlung. Der *moderne* Gedanke der Volkssouveränität war ihm ebenso fremd wie die im weiteren Verlauf des neunzehnten Jahrhunderts formulierte Lehre vom „monarchischen Prinzip“, das auf Machtteilung zwischen Monarch und Volksvertretung (unter Vorbehalt des Letztentscheidungsrechts des Monarchen

[129] Vgl. auch ebenda, S. 91.

[130] Vgl. ebenda, S. 111: „Sofern aber die vollziehende Gewalt diese Gesetze anwendet, heißt sie, *richterliche Gewalt*, (potestas judiciaria) oder *Civil-Gerichtsbarkeit* (jurisdictio civilis); vgl. auch ebenda, S. 86.

[131] Encyclopädie des gemeinen Rechts, ^{2}1804, S. 67 f.

im Konfliktfall) hinauslief. Auch die ebenfalls etwas später entwickelte – als Kompromiß aufzufassende – Idee einer „Staatssouveränität" findet sich bei Schmalz noch nicht. So war es eigentlich nur konsequent (wenn auch wenig originell), daß er die Montesquieusche Lehre ablehnte.

Die eigentlichen staatlichen Hoheitsrechte hat Schmalz im weiteren Verlauf seines „Natürlichen Staatsrechts" von 1794 breit abgehandelt, und zwar in drei verschiedenen Kapiteln: Zuerst die „äußeren Hoheiten", also die Rechte des Souveräns, die „Angelegenheiten des Staats gegen Auswärtige zu verwalten"; dieses Recht stehe ihm deshalb zu, weil nur ihm allein „die Wahl der Mittel zum Zweck des Staats anvertraut"[132] sei. Schmalz faßt diese „Hoheiten" sehr weit; so billigt er dem Souverän ausdrücklich „das *Recht des Krieges*"[133] zu, und zwar nicht nur, um Beleidigungen gegen den eigenen Staat zu ahnden, sondern ebenfalls zur eigenen Gebietserweiterung – wenn auch streng auf den Staatszweck bezogen![134] Das Recht zum Vertragschluß und zum Vorgehen gegen Staatsfeinde rechnet Schmalz ebenfalls unter die äußeren Hoheitsrechte.[135]

Zu den „inneren Hoheitsrechten" gehören – und hier bleibt Schmalz vollständig im Bereich des Konventionellen – die Finanzhoheit, die Polizeihoheit und die „Civil-Justiz-Hoheit" des Souveräns.[136] In der Ausübung des Strafrechts darf der Staat nach Schmalz' Überzeugung nicht behindert werden – „denn die Menschen sind böse".[137] Andererseits wiederum darf der Souverän „nie … irgend eines Unterthanen Klage ungehört lassen, oder mit irgend jemand partheyisch bey seinen Rechtsstreiten verfahren".[138] Es ist nicht leicht zu sagen, ob man in dieser Formulierung eine indirekte kritische Anspielung auf die berühmten, bei den Juristen bekanntlich äußerst umstrittenen „Machtsprüche" der preußischen Könige zu sehen hat, mit denen diese in Gerichtsverfahren eingreifen und auch Urteile „kassieren"

132 Das natürliche Staatsrecht, ^{1}1794, S. 94.

133 Ebenda, S. 95.

134 Vgl. ebenda, S. 96: „Er [der Souverän, H.-C.K.] wird hinwieder, leider! oft berechtigt seyn, zur Erweiterung seines Gebietes Kriege zu führen, wenn dieß das einzige Mittel ist, die Existenz, die Unabhängigkeit und das Gebiet seines Staats gegen Uebermächtige zu erhalten". – Das ist offenbar eine Anspielung auf die Politik Friedrichs des Großen.

135 Vgl. ebenda, S. 95 ff.

136 Vgl. ebenda, S. 10 ff., 106 ff., 111 ff.

137 Ebenda, S. 115.

138 Ebenda, S. 117.

konnten;[139] – doch denkbar ist es immerhin, und vielleicht hat Schmalz um 1794 diesen durchaus heiklen Aspekt ganz bewußt in der Schwebe halten wollen.

Schließlich führt Schmalz noch die „zufälligen Majestätsrechte" auf; es handelt sich um solche, die nicht durch den Unterwerfungsvertrag erworben werden, sondern „bloß ... durch den Willen der Gesetzgebenden Gewalt, welche sie allein selbst sich zueignen kann" und die natürlich ausschließlich „als Mittel zum Zweck des Staats dienen, folglich nur unter der Bestimmung der Gesetzgebenden Gewalt stehen".[140] Zu ihnen zählen das Münzregal und das Recht zur Verleihung von Ämtern.[141] – Diese rudimentäre Formulierung der Majestätsrechte des Souveräns, die Schmalz 1794 nur knapp skizzierte, hat er später noch weiter ausgebaut. Immerhin hat er mit in seiner Lehre von den Staatsgewalten ein eigenes – wenn auch in der Sache wenig originelles und kaum innovatives – System vorgelegt, das einerseits die traditionelle Einheit der Staatsgewalt festzuschreiben bestrebt war, das andererseits jedoch um eine funktionale Ausdifferenzierung eben dieser Staatsgewalt nicht mehr herumkam. So brachte er das Kunststück fertig, das seit Montesquieu bestehende Dreigewaltenschema zu übernehmen, es aber wiederum in seinen Details ganz anders zu definieren und mit spezifischen Inhalten zu füllen, die den Intentionen des französischen Staatsdenkers durchaus zuwider liefen – stets dem Leitbild des gemäßigt absoluten Staates verpflichtet.

f) Natürliches Staatsrecht V: Staatsverfassung und Staatsformen

Die Lehre von der Staatsverfassung im allgemeinen und von den Staatsformen im besonderen, die Schmalz in seinem „Natürlichen Staatsrecht" von 1794 knapp ausgeführt hat, zeigt keine wesentliche Abweichung von den Konventionen des Staatsrechts seiner Zeit. Auch der Einfluß Kants ist in den entsprechenden Passagen dieses Buches nur wenig spürbar, da Kant seine Verfassungstheorie und vor allem

[139] Vgl. hierzu etwa den klassischen Vortrag über die „Machtsprüche" von ADOLF STÖLZEL, Fünfzehn Vorträge aus der Brandenburgisch-Preußischen Rechts- und Staatsgeschichte, Berlin 1889, S. 157–169, sowie EBERHARD SCHMIDT, Rechtssprüche und Machtsprüche der preußischen Könige des 18. Jahrhunderts, in: DERSELBE: Beiträge zur Geschichte des preußischen Rechtsstaates (Schriften zur Verfassungsgeschichte, Bd. 32), Berlin 1980, S. 210–246.

[140] Das natürliche Staatsrecht, [1]1794, S. 118.

[141] Vgl. ebenda, S. 121 f.

seine berühmte „republikanische" Staatsformenlehre erst im „Ewigen Frieden" von 1795 ausführlicher entwickelt hat.[142] Freilich ist es durchaus zweifelhaft, ob Schmalz – wäre sein „Natürliches Staatsrecht" etwas später vollendet worden – sich um 1795/96 die Thesen Kants zu eigen gemacht hätte. In späterer Zeit – nach 1800 – hat er es jedenfalls nicht getan.

Seine Definition der Verfassung knüpft Schmalz – und nur hierin stimmt er mit Kant überein – unmittelbar an die Lehre vom *Vertrag*, genauer: an den Unterwerfungsvertrag. So heißt es: „Der Inbegriff aller Modificationen des Unterwerfungs-Vertrages, heißt die *Staats-Verfassung*, die *Regierungs-Form*; (forma reipublicae)".[143] Kant hatte ein Jahr zuvor in „Über den Gemeinspruch" den Begriff der „bürgerlichen Verfassung" ebenfalls aus dem Vertrag – allerdings aus dem Gesellschaftsvertrag, der bei ihm allein vorkommt – entwickelt.[144] Schmalz fügt seiner abstrakten auch eine konkrete, die bestehenden Verhältnisse berücksichtigende Definition hinzu, indem er bemerkt: „Die ausdrücklichen Bestimmungen über sie [die „Staats-Verfassung" bzw. „Regierungs-Form", H.-C.K.], also ausdrücklich Verträge zwischen den Staatsbürgern und dem Souverain, [heißen] *Fundamental-Gesetze*, und die stillschweigenden, *Fundamental-Observanzen*".[145] Die Lehre von den *leges fundamentales* findet sich im deutschen Staats- und Rechtsdenken bereits seit dem frühen 16. Jahrhundert;[146] Schmalz resümiert hier also gewissermaßen nur die alte deutsche Rechtstradition, wie sie ihm wohl vor allem von seinem Lehrer Pütter vermittelt worden war.[147]

[142] Hierzu siehe vor allem W. Kersting, Wohlgeordnete Freiheit, S. 413 ff.; G. Bien, Revolution, Bürgerbegriff und Freiheit. Über die neuzeitliche Transformation der alteuropäischen Verfassungstheorie in politische Geschichtsphilosophie, S. 82 ff. u. passim.

[143] Das natürliche Staatsrecht, ¹1794, S. 121.

[144] Vgl. I. Kant, Gesammelte Schriften VIII, S. 289: „Unter allen Verträgen, wodurch eine Menge von Menschen sich zu einer Gesellschaft verbindet (pactum sociale), ist der Vertrag der Errichtung einer *bürgerlichen Verfassung* unter ihnen (pactum unionis civilis) von so eigenthümlicher Art, daß ... er sich doch im Princip seiner Stiftung ... von allen anderen wesentlich unterscheidet".

[145] Das natürliche Staatsrecht, ¹1794, S. 121.

[146] Vgl. hierzu statt vieler die grundlegende begriffsgeschichtliche Darstellung von Heinz Mohnhaupt, Verfassung I. Konstitution, Status, Leges fundamentales von der Antike bis zur Aufklärung, in: Heinz Mohnhaupt/Dieter Grimm: Verfassung. Zur Geschichte des Begriffs von der Antike bis zur Gegenwart (Schriften zur Verfassungsgeschichte, Bd. 47), Berlin 1995, S. 1–99, hier S. 62 ff.

[147] Vgl. W. Ebel, Der Göttinger Professor Johann Stephan Pütter aus Iserlohn, S. 97 ff.; Eberhard Schmidt-Assmann, Der Verfassungsbegriff in der deutschen Staats-

Auch in seiner Staatsformenlehre ist Schmalz alles andere als besonders originell; er erneuert im wesentlichen nur (wenn auch mit einigen signifikanten Abweichungen) das traditionelle, seit Aristoteles geläufige Sechserschema der drei Staatsformen Monarchie, Aristokratie und Demokratie sowie ihrer jeweiligen Entartungen Tyrannis, Oligarchie und Ochlokratie.[148] Immerhin führt er in seine Einzeldefinitionen den Souveränitätsbegriff ein, und er unterscheidet ebenfalls zwischen *einfachen* und *zusammengesetzten*,[149] *reinen* und *vermischten*[150] sowie *wahren* und *entarteten* Regierungsformen. Kommt die erste Unterscheidung dann zum Tragen, wenn es um die nähere Definition der Regierungsformen von Bundesstaaten oder Staatenbünden geht (oder auch um ein so konkretes staatstheoretisches Problem wie die deutsche Reichsverfassung!), so spielt die zweite Unterscheidung offensichtlich auf die von der Antike bis in die frühneuzeitliche englische Staatslehre hinein hochbedeutende Mischverfassungslehre an.[151]

Aufschlußreicher ist allerdings die dritte Unterscheidung: „*Wahre* sind sie [die Staatsverfassungen, H.-C.K.], wenn sie den Grundsätzen pantocratischer Staaten gemäß sind, und *entartete*, wenn sie von diesen abweichen".[152] Der Terminus „pantocratisch" wird nicht eigens erläutert; seine Bedeutung geht allerdings aus dem Zusammenhang der Argumentation hervor: gemeint ist hiermit offensichtlich nichts anderes als ein *durch Vertragsschluß* aller „Grundeigentümer" konstituiertes Gemeinwesen. Auf dieser Grundlage kann Schmalz Monar-

lehre der Aufklärung und des Historismus. Untersuchungen zu den Vorstufen eines hermeneutischen Verfassungsdenkens (Schriften zum Öffentlichen Recht, Bd. 53), Berlin 1967, S. 35 ff.

148 Es findet sich u. a. auch bei G. ACHENWALL/J. S. PÜTTER, Anfangsgründe des Naturrechts (Elementa Iuris Naturae), S. 252 ff.

149 Vgl. Das natürliche Staatsrecht, [1]1794, S. 122: „*Einfach* sind diejenigen, welche nur Eine Souverainität, wenn gleich unter mehrere Personen vertheilt, erkennen; *zusammengesetzte* sind diejenigen, wo mehrere Staaten, mir Vorbehalt ihrer besonderen Souverainität, sich einer allgemeinen Souverainität unterwerfen, sey es überall, sey es nur für gewisse Majestäts-Rechte".

150 Vgl. ebenda, S. 122 f.: „*Rein* sind sie dann, wenn die Souverainität nur Einer einzigen Person, einer physischen, oder einer moralischen Person ... übertragen; und *vermischte*, wenn die Souverainität unter mehreren von einander unabhängigen Personen getheilt ist".

151 Hierzu siehe statt vieler die grundlegende Arbeit von WILFRIED NIPPEL, Mischverfassungstheorie und Verfassungsrealität in Antike und früher Neuzeit (Geschichte und Gesellschaft; Bochumer Historische Studien, Bd. 21), Stuttgart 1980.

152 Das natürliche Staatsrecht, [1]1794, S. 123.

chie und Tyrannis bzw. Despotie voneinander unterscheiden: „Wenn ein pantocratischer Staat Einer physischen Person die Souverainität übertragen hat: so heißt er eine *Monarchie*; wenn hingegen diese physische Person ausser der Souverainität noch andre Gewalt über alle Unterthanen hat, entweder mit Recht (z. B. Gutsherrliche Gewalt, oder eine Caliphenschaft über alle ...) oder mit Unrecht, indem sie die Souverainität als Tyrann misbraucht, so ist der Staat eine *Despotie*".[153] Bemerkenswert (aber nicht weiter ausgeführt) ist die hier sichtbar werdende Differenzierung zwischen *rechtmäßiger und unrechtmäßiger Despotie*, denn nur die zweite ist *Tyrannis* im eigentlichen Sinne, also eine Entartung.

Konventionell dagegen (und ohne weitere Differenzierung) werden Aristokratie und Demokratie – bzw. Oligarchie und Ochlokratie – definiert: „Wenn einer bestimmten moralischen Person die Souverainität übertragen ist: so heißt die Regierungs-Form eine *Aristocratie*, welche, wenn die Aristocraten noch andere (z. B. gutsherrliche) Verhältnisse zu den Staatsbürgern haben, oder für ihre Privatzwecke die Souverainität misbrauchen, eine *Oligarchie* genannt zu werden pflegt. ... Wenn endlich die unbestimmte moralische Person der jedesmaligen Stimmen-Mehrheit unter den Staatsbürgern, die Souverainität hat: so ist die Verfassung eine *Democratie*. Diese entartet in eine *Ochlocratie*, wenn entweder die einreißende Sittenlosigkeit das Volk ... den Zweck, also die Grenze seiner Gewalt vergessen macht, – oder wenn Beywohner (nicht als moralische Personen, die Grund-Eigenthum haben ...) für ihre Personen, Stimmen im Staat erhalten".[154]

Neben dem in der letzten Bemerkung enthaltenen erneuten Seitenhieb gegen den Anspruch der radikalen Revolution, jedem physisch mündigen Einwohner das Bürgerrecht zuzugestehen, fällt hier ein Widerspruch sofort auf: Die *gutsherrliche Gewalt* erscheint in der Monarchie als *rechtmäßige*, in der Aristokratie offenbar als *unrechtmäßige* Herrschaftsweise; sie wird dort als Ausdruck der Oligarchie (also der Entartungsform) gewertet. Schmalz hat seine an dieser Stelle sichtbar werdende widersprüchliche Argumentation nicht weiter thematisiert. Dieses Vorgehen ist jedoch typisch für sein ganzes Werk, das immer wieder den Spagat zwischen dem hohen Anspruch des philosophischen Naturrechts einerseits und den Niederungen der gegebe-

[153] Ebenda; mit dem Begriff „Caliphenschaft" umschreibt Schmalz die Herrschaft eines *geistlichen* Fürsten oder Herren.

[154] Vgl. ebenda, S. 124 f.

nen Realitäten, Rechtsinstitutionen und -traditionen andererseits zu meistern versucht hat. Daß ihm dies mehr als nur einmal mißlungen ist, dürfte kaum zu leugnen sein.

Immerhin hat er, wenn auch nur sehr knapp, die Frage der Repräsentation behandelt. Er führt aus: „Wenn in den monarchischen oder aristocratischen Staaten die Staatsbürger einigen aus ihrem Mittel [sic, H.-C.K.] das Amt übertragen, Rechte der Unterthanschaft gegen die Souverainität zu verwalten und zu sichern, so nennt man sie *Repräsentanten*".[155] Für ihn ist die Repräsentation der Ausdruck einer *gemischten Verfassung*, als deren Prototyp er – auch hierin keineswegs originell – die politische Ordnung Englands ansieht. Eine solche Verfassung muß allerdings, so Schmalz, historisch gewachsen sein; eine von „Staatsreformatoren" konstruierte gemischte Verfassung könne keinen Bestand haben.[156]

Aufschlußreich ist ebenfalls, daß er in der zweiten Auflage seines „Natürlichen Staatsrechts" von 1804 den Ausdruck *„Repräsentanten"* durch *„Stände"* ersetzt hat.[157] Das war zweifelsohne eine Wendung ins Konservativ-Traditionalistische, denn der Begriff der Stände besaß sehr viel eindeutigere Konnotationen; er erstreckte sich auf die alteuropäische ständische Verfassung, die eben in diesen Jahren – und erst recht nach 1815 – dem moderneren Begriff der Repräsentation bewußt gegenübergestellt wurde, während Repräsentation zumindest *auch* auf ein gewähltes Parlament (etwa nach britischem oder nordamerikanischem Vorbild) bezogen werden konnte. Zu dieser Änderung paßt eine weitere: Schmalz sprach sich ebenfalls 1804 in einem ergänzenden Zusatz zu seiner Staatsformenlehre nunmehr ganz unumwunden für die „erbliche unumschränkte Monarchie" aus.[158] Hier zeigt sich nicht zuletzt noch einmal seine klare Absetzung und Distanzierung vom Kantischen Republikanismus, die den Kern der

[155] Ebenda, S. 126.

[156] Vgl. die Bemerkungen ebenda: „Es ist die Pflicht der Politik, die mannigfaltige Möglichkeit der Vermischungen zu zeigen. Aber sonderbar, daß keine je Bestand hatte, welche sich nicht von selbst entwickelte, sondern durch Entwürfe von Staatsreformatoren plötzlich eingeführt wurde. Großbrittaniens Verfassung steht unerschüttert. Denn was dort Revolution heißt, war nicht Umsturz, sondern Wiederherstellung".

[157] Vgl. Das natürliche Staatsrecht, ^{2}1804, S. 113.

[158] Vgl. ebenda, S. 113 f.: „Die reine erbliche unumschränkte Monarchie ist die einzige Verfassung, in welcher das Privat-Interesse des Machthabers und das öffentliche Interesse des Staats in Eins ist und dasselbe. Denn der Fürst und seine Familie sind gerade nur so reich, als die Unterthanen es sind, so mächtig, als diese cultivirt sind".

Staatsformenlehre des Philosophen ausmacht:[159] argumentierte dessen Lehre ausdrücklich „nicht normativ-intentional, sondern politisch funktional mittels des Gedankens der Gewaltenteilung“,[160] so verläßt Schmalz' Theorie der Staatsformen *nicht* den Rahmen der traditionellen normativ-intentionalen, also letztlich auf die aristotelische Tradition zurückgehenden Lehre.

Im Zeitalter der Revolution mußte die Frage nach der Möglichkeit und vor allem nach der Rechtmäßigkeit einer *Änderung der Staatsverfassung* von höchster Brisanz sein – das hatten bereits Fichtes radikal argumentierenden „Beiträge zur Berichtigung der Urteile des Publikums über die französische Revolution“ von 1793 hinreichend deutlich werden lassen,[161] und es versteht sich, daß Schmalz in seinem ein Jahr später publizierten „Natürlichen Staatsrecht“ auf dieses Problem eingehen mußte. Zuerst stellt er fest, daß eine *einseitige* Verfassungsänderung im Naturrecht nicht zu rechtfertigen sei: Weder der Souverän – auch nicht „die Majorität in der Democratie“ –, noch das Volk könne „ohne besonderen Grund die Regierungs-Form ändern“.[162] Dies widerspreche fundamental den Bestimmungen des Unterwerfungsvertrags; zudem sei es „ein offenbarer Widerspruch, sich zu Gehorsam verpflichten, und sich das Recht vorbehalten, jeden Augenblick, wenn es uns gefällt, nicht zu gehorchen“.[163] Da wirkt die noch angefügte Bemerkung: „Uebrigens soll freylich der Fürst nicht verächtlich von des Volkes Stimme denken“[164] eher oberflächlich und disparat.

Diese restriktive (und indirekt deutlich gegen Fichte gerichtete) Argumentation setzt Schmalz auch da fort, wo er auf die staatsrechtlich erlaubten Änderungen zu sprechen kommt: „Die Staats-Verfassung kann geändert werden, wenn der Souverain und das Volk übereinstimmen, welches auch in dem Fall geschieht, wenn der Souverain

[159] Vgl. I. KANT, Gesammelte Schriften VIII, S. 349 ff. („Zum ewigen Frieden“, 1795).

[160] So treffend G. BIEN, Revolution, Bürgerbegriff und Freiheit. Über die neuzeitliche Transformation der alteuropäischen Verfassungstheorie in politische Geschichtsphilosophie, S. 83; vgl. auch W. KERSTING, Wohlgeordnete Freiheit, S. 413 ff.

[161] Siehe oben § 12 b).

[162] Das natürliche Staatsrecht, [1]1794, S. 127.

[163] Ebenda, S. 128; es heißt sogar weiter (ebenda, S. 129): „Aber gerade im Gegentheil ist die Unauflösbarkeit der Verfassung schon um deswillen nöthig, damit ein Fabius Maximus Cunctator gerade gegen den schiefen Blick des allgemeinen Willens durch weises Zaudern den Staat erhalten könne“.

[164] Ebenda, S. 129.

zur beliebigen Aendrung im voraus bevollmächtigt wäre".[165] Doch dann schränkt er seine zuerst gemachten Bemerkungen wieder ein, indem er nun doch den Ausnahmefall einer einseitigen Verfassungsänderung zuzulassen bereit ist: „Einseitig kann die Verfassung nur dann geändert, und dem bisherigen Souverain nur dann rechtmäßig entrissen werden, wenn dieß eine Pflicht gebietet, welches aber allemal einen Misbrauch seiner Gewalt von Seiten des Souverains voraussetzt".[166] Doch Schmalz läßt anschließend keinen Zweifel daran, daß nach seiner Auffassung die Französische Revolution mit *diesem* Argument *nicht* zu rechtfertigen ist; Nur eine einzige historische Revolution – die der Niederländer gegen die spanische Herrschaft – sei rechtmäßig gewesen.[167]

Doch auch dieses – äußerst eng gefaßte – Recht zu einer revolutionären Verfassungsänderung wird von Schmalz noch ein weiteres Mal eingeschränkt: „Denn der Misbrauch der Gewalt des Souverains an sich, berechtigt noch nicht, die schuldlosen Mitbürger in das Unglück der Anarchie zu stürzen, oder den Vereinigungs-Vertrag mit ihnen zu brechen. Dem Recht ... steht also die höhere Pflicht entgegen", und er fügt ausdrücklich noch hinzu: „Nie hat eine gewaltsame Revolution so viel Gutes gewürkt, daß nur der tausendste Theil des Uebels dadurch vergütet wäre. Nicht Menschen, sondern Moralität war der schreckliche Verlust".[168] – Auch hier also wieder das eigentümlich-unentschiedene Schwanken zwischen den Positionen: dem ohnehin extrem eingeschränkten Recht auf Revolution wird die moralische Pflicht zu ihrer unbedingten Vermeidung gegenübergestellt. Dabei beläßt es Schmalz; offenbar soll es dem Leser überlassen bleiben, hieraus seine eigenen Schlußfolgerungen zu ziehen.

Schließlich fällt auf, daß Schmalz nicht mit dem Konzept eines *Widerstandsrechts* argumentiert. In der Ablehnung dieses auch noch von der älteren deutschen Staatslehre vertretenen alteuropäischen

[165] Das natürliche Staatsrecht, [1]1794, S. 129; dem entspricht die Feststellung, ebenda, S. 127, daß die „Majorität in der Democratie" die Verfassung nur dann nicht ändern kann, „wenn es [die Befugnis zu einer Änderung, H.-C.K.] nicht in derselben selbst festgesetzt ist". D. h. Schmalz hat es immerhin nicht ausgeschlossen, daß im Unterwerfungsvertrag die Möglichkeit einer Verfassungsänderung (und deren Modalitäten) geregelt sein können!

[166] Ebenda, S. 129f.

[167] Vgl. ebenda, S. 131: „Philipp 2. misbrauchte seine Gewalt über die Niederländer. Sie waren durch fernern Gehorsam selbst an der Erfüllung der Pflicht gehindert, Gott nach ihrer Ueberzeugung zu dienen. Ihre Revolution war rechtmäßig".

[168] Ebenda, S. 130.

politischen Grundrechts war er sich also mit Kant einig.[169] – Später hat Schmalz seine restriktiven Ideen noch deutlich verschärft; so heißt es 1804 in der zweiten Auflage der „Encyclopädie des gemeinen Rechts" mit unverblümter Deutlichkeit: „Eine Nation kann kein Recht haben, wider Willen des wirklichen Souverains ihre Staatsverfassung zu ändern";[170] die noch 1794 gemachten Einschränkungen fallen hier bereits weg.[171] Und 1801 hatte er in der zweiten Auflage seines „Handbuchs des römischen Privatrechts" einen noch wesentlich schärferen Ton gegen „böse Bürger", die sich dem Anspruch der höchsten Gewalt entziehen, angeschlagen.[172]

Es bleibt noch die Frage zu klären, welchen Verfassungsbegriff Schmalz verwendet hat. Tatsächlich bewegte er – der auch in späteren Jahren ein strikter Gegner der modernen geschriebenen Verfassung, also der Verfassungsurkunde, bleiben sollte[173] – sich noch ganz im Horizont des traditionellen empirischen Verfassungsbegriffs,[174] der nicht ein Staatsgrundgesetz umschreibt, sondern die *Summe der politisch-rechtlichen Ordnungen und geschichtlich gewachsenen Traditionen eines Gemeinwesens*: Schon 1792 lobte er in der (wohl zusammen mit Ludwig von Baczko verfaßten) Einleitung zum ersten Heft der „Annalen des Königreichs Preußen"[175] die gegenwärtige preußische Verfassung in diesem Sinne mit den Worten: „Diese Ord-

169 Vgl. C. Link, Herrschaftsordnung und bürgerliche Freiheit. Grenzen der Staatsgewalt in der älteren deutschen Staatslehre, S. 193ff; zu Kant jetzt grundlegend die differenzierenden Ausführungen bei W. Kersting, Wohlgeordnete Freiheit, S. 457 ff.

170 Encyclopädie des gemeinen Rechts, Königsberg ^{2}1804, S. 81.

171 Im „Handbuch der Rechtsphilosophie" von 1807 hat Schmalz diese strikte Ablehnung teilweise wieder revidiert; siehe dazu unten § 15 i).

172 Vgl. Handbuch des römischen Privatrechts. Für Vorlesungen über die Justinianeischen Institutionen, Königsberg ^{2}1801, S. 16: „Wenn böse Bürger dem schuldigen Gehorsame gegen die höchste Gewalt sich entziehen, oder die Rechte ihrer Mitbürger kränken: so hören sie dadurch selbst auf Bürger des Staats zu seyn, und werden Beleidiger und Feinde des Staats. Der Staat ist also berechtigt, sie nicht weiter als Bürger anzusehen, sondern sie als Feinde selbst bis zum Tode zu verfolgen. Aber freylich wird der Staat von dieser Strenge seines Rechts nicht stets Gebrauch machen, sondern meist eine Strafe zufügen, und dann den Bestraften wieder als Mitbürger behandeln". – Mit den ersten Formulierungen geht Schmalz deutlich über das früher Gesagte hinaus, indem er jetzt die These vertritt, daß jene „bösen Bürger" eben keine „Bürger" mehr seien, also offenbar nicht nur das *pactum subiectionis*, sondern nun auch das *pactum unionis*, durch welches das bürgerliche Gemeinwesen allererst konstituiert wird, gebrochen haben!

173 Siehe dazu auch unten § 20.

174 In systematischer Hinsicht hatte Schmalz die Verfassung, wie oben ausgeführt, bekanntlich definitorisch an den Unterwerfungsvertrag geknüpft.

175 Siehe dazu oben § 3 b).

nung aller Dinge, diese Verfassung, die alle Theile so schön zum großen Ganzen verbindet, ist es, der wir unsere Höhe verdanken".[176] Auch den Begriff der „Konstitution", der seit den frühen 1790er Jahren zunehmend (im Unterschied zum allgemeineren Verfassungsbegriff) als Bezeichnung für eine *geschriebene* Verfassung, ein Staatsgrundgesetz, verwendet wurde,[177] gebraucht Schmalz noch 1804 ganz traditionell als Synonym für Verfassung.[178]

Auch hier ist also festzuhalten, daß Schmalz sowohl in seiner Staatsformen- wie in seiner Verfassungslehre der Tradition seiner Zeit sehr stark verhaftet bleibt. Einzelne Elemente seiner Theorie, die ihn in die Nähe Kants stellen, nämlich die Entwicklung des systematischen Verfassungsbegriffs aus dem Vertrag und die Ablehnung des Widerstandsrechts, verdecken nicht die noch größeren – gerade hier überdeutlich sichtbar werdenden – Differenzen zwischen beiden. Als charakteristischer Status-quo-Jurist hatte Schmalz zuerst seine eigene Epoche im Blick, während der Philosoph für die Zukunft schrieb.

g) Abgrenzung gegen Schlözer

Theodor Schmalz hat sein frühes „natürliches Staatsrecht" auch durch Abgrenzung gegen andere zeitgenössische Autoren formuliert. Besondere Beachtung verdient in diesem Zusammenhang seine sehr ausführliche, sachlich-kritische Auseinandersetzung mit dem 1793 erschienenen Werk „Allgemeines StatsRecht und StatsVerfassungsLere" seines Göttinger Lehrers August Ludwig Schlözer.[179] Schmalz bekannte ausdrücklich seine Hochachtung vor dem bedeutenden Historiker und Staatswissenschaftler, „von dem ich so vieles lernte",[180] und er

[176] Einleitung, in: Annalen des Königreichs Preußen, Bd. I, hrsg. von Ludwig von Baczko und Theodor Schmalz, Königsberg – Berlin 1792, Heft 1, S. 3.

[177] Vgl. Dieter Grimm, Verfassung II, in: Heinz Mohnhaupt/Dieter Grimm: Verfassung. Zur Geschichte des Begriffs von der Antike bis zur Gegenwart (Schriften zur Verfassungsgeschichte, Bd. 47), Berlin 1995, S. 107 f.

[178] Vgl. Encyclopädie des gemeinen Rechts, ^{2}1804, S. 80: „Der Inbegriff aller Bedingungen des Unterwerfungsvertrages ist die *Constitution*, *Verfassung*, *Regierungsform* ...".

[179] Ueber die neueste Litteratur des Natur- und Völker-Rechts, in: Annalen der Rechte des Menschen, des Bürgers und der Völker, hrsg. vom Professor Schmalz in Königsberg, 1. Heft, Königsberg 1794, S. 72–88 (der Aufsatz bespricht ausführlich das genannte Schlözersche Werk).

[180] Ebenda, S. 79.

stellte Schlözer hoch über jene zeitgenössischen Skribenten, die „auch unter uns die Wirkung hervorbringen, welche wir leider nicht bloß in Journalen, fliegenden Blättern, Romanen, sondern sogar an unsern Mittagstafeln und Spieltischen wahrnehmen müssen“.[181]

Schlözer verkörperte dagegen mit seinem Staatsrecht die geistige Souveränität und die Wissensfülle des traditionellen deutschen Gelehrtentums; ein entschiedener Aufklärer, doch keinesfalls ein Anhänger der Revolution, ein theoretischer Kopf, der doch der Empirie den Vorrang zu geben bereit war und die Geschichte *vor* der Philosophie für sein politisches Denken fruchtbar zu machen suchte, ein anglophiler Verächter der „Despotie“ ebenso wie ein unbedingter Gegner der Ideen Rousseaus, dessen Lehre von der „volonté générale“ er – im Gegensatz zu Schmalz – einer scharfen Kritik unterzog.[182]

Die Einteilung des Schlözerschen Staatsrechts, das mit einem „historischen Cursus“ begann und von einem „philosophischen Cursus“ fortgesetzt wurde, kritisiert Schmalz nicht als Ganzes, sondern nur in seinen Teilen. So enthält der „philosophische Cursus“ die Bestimmung: „Allgemeiner, höchster Zweck des Stats, ist BürgerWol“;[183] in negativer Formulierung bedeutet dies: Sicherheit, in positiver: Wohlstand.[184] Schmalz setzt seine eigene Systematik dagegen, die sich „auf des Staats *Einzigen* Zweck: *Sicherheit*“[185] bezieht. Hinter Schlözers Lehre vom doppelten Staatszweck stehe kein anderer „als der gute *Justi* (unser cameralistisches Orakel)“,[186] von dessen Einfluß sich der Göttinger Gelehrte noch nicht völlig habe freimachen können. Als Physiokrat und Kantianer vertritt Schmalz die entgegengesetzte Posi-

181 Ebenda, S. 72; gemeint war mit diesen Worten u. a. der Berliner Publizist Johann Wilhelm von Archenholz, ein Anhänger der Französischen Revolution: Dieser und vergleichbare Autoren, so fuhr Schmalz fort, „bauen neue Constitutionen, ohne eine der alten zu kennen, predigen die Rechte der Menschheit und würden sehr verlegen seyn, Eines zu erklären oder zu deduciren, machen Plane für Staatsoperationen und können kein Protocoll aufnehmen, reden über Finanzen und kennen nichts vom Münzfuß, als etwa ihre technischen Zeichen des Goldes und Silbers“.

182 Vgl. A. L. Schlözer, Allgemeines StatsRecht und StatsVerfassungsLere, S. 76 f.; allgemein zu Schlözer siehe die gründliche Arbeit von Bernd Warlich, August Ludwig von Schlözer 1735–1809 zwischen Reform und Revolution. Ein Beitrag zur Pathogenese frühliberalen Staatsdenkens im späten 18. Jahrhundert, phil. Diss. Erlangen-Nürnberg 1972.

183 A. L. Schlözer, Allgemeines StatsRecht und StatsVerfassungsLere, S. 17.

184 Vgl. ebenda, S. 17 ff.

185 Ueber die neueste Litteratur des Natur- und Völker-Rechts, S. 76; vgl. ebenda, S. 76 ff.

186 Ebenda, S. 79.

tion. Der Staat soll *nur* Sicherheit garantieren; maßt er sich an, das ökonomische „Wohl" der Bürger durch Eingreifen in das Wirtschaftsleben zu befördern, so behindert er nur dessen Entfaltung: „O wenn doch jeder politische Schriftsteller hier allen Staaten zurufen wollte: Regiert hierbey negativ! Thut nichts, als Hinderniß wegschaffen. Diese mittelbaren Sicherheits-Anstalten können in nichts bestehen, als in der Erhöhung der National-Kräfte, das ist, in der Wegräumung dessen, was das Wachsthum dieser Kräfte hindert".[187]

Der zweite Hauptaspekt der Schmalzschen Kritik an Schlözer betrifft dessen theoretischen Ansatz. Die „Metapolitik"[188] seines Lehrers ist Schmalz zu historisch und empirisch. Er setzt gegen Schlözers Versuch, aus der Entwicklung der Menschheit vom Urmenschen zur bürgerlichen Gesellschaft die Grundbegriffe des Staatsrecht zu entwikkeln, seinen kantianischen Ansatz, ein natürliches Staatsrecht aus den moralischen Grundbestimmungen der Metaphysik der Sitten zu entwickeln.[189] Man müsse bereits den *Versuch* als verfehlt ansehen, jenes „Fragment aus der Geschichte der Menschheit zu einer eignen Disciplin unter dem Namen der Metapolitik [zu] erheben".[190] Der abstrakt-philosophisch orientierte Naturrechtler argumentiert hier gegen den historisch-empirisch vorgehenden Historiker und Staatstheoretiker. Man wird, was diesen Aspekt betrifft, allerdings Schmalz recht geben müssen, denn Schlözers Verwendung des – analog zu *Metaphysik* gebildeten – Begriffs *Metapolitik* war in der Tat denkbar unglücklich und auch unpassend, denn Schlözer verließ den Bereich des Empirischen hier eben gerade nicht. Auch die Schlözersche These, der „Trieb zu leben" bestimme die menschlichen Urrechte, verfiel dem unnachsichtigen Verdikt des kantianischen Naturrechtlers: „Nein, die Vernunft bestimmt sie, die Vernunft, welche selbst unabhängig von jeder fremden Bestimmung allein die *erste* Ursache der Handlung eines vernünftigen Wesens seyn soll. Sie allein soll es bestimmen, nichts ausser ihm soll es bestimmen. Daher seine Ur-Rechte".[191]

Die in der Tat ähnlich problematische Lehre von den gleich fünf Staatsgewalten, die Schlözer aufstellt (*potestas legislativa – executiva – inspectiva – repraesentativa – cameralis*),[192] lehnt Schmalz ebenfalls

[187] Ebenda, S. 77 f.
[188] Vgl. A. L. SCHLÖZER, Allgemeines StatsRecht und StatsVerfassungsLere, S. 29–78.
[189] Vgl. Ueber die neueste Litteratur des Natur- und Völker-Rechts, S. 80 f.
[190] Ebenda, S. 82.
[191] Ebenda, S. 83.
[192] Vgl. A. L. SCHLÖZER, Allgemeines StatsRecht und StatsVerfassungsLere, S. 100 f.

als zu unpräzise ab;[193] Schlözers Option für die „gesetzmäßige Monarchie“ hingegen findet Schmalz' uneingeschränkten Beifall.[194] Der Polemik gegen Friedrich Carl von Moser, mit der Schlözer seine Staatslehre beschließt, kann Schmalz sich indes nicht anschließen. Der Göttinger Professor wandte sich hier mit scharfen Worten gegen jeden Versuch einer Vermischung religiös-theologischer und politischer Grundsätze; insbesondere erklärte er „die Frage *de origine majestatis a Deo*“ ausdrücklich für „eine scholastische Grille“.[195] Der Naturrechtler Schmalz rückte jetzt von seinen streng aufklärerisch-rationalistischen Grundsätzen deutlich ab: „Ich begreife gar nicht, was diese Lehre gefährliches haben soll! O! ein Fürst, welcher sein Amt sich von Gott anvertraut glaubt, (und ich sehe nicht, was er anders glauben kann, wenn er nicht etwa durch unrechtmäßige Mittel den Thron bestieg) ein solcher Fürst wird seine Macht weniger misbrauchen, als der, welcher die Theorie von der *volonté generale* noch so gut inne hat“.[196]

Diese Gegenüberstellung von Schmalz und Schlözer läßt die eigentümliche geistesgeschichtliche Stellung des ersteren noch deutlicher hervortreten: Auf der einen Seite der überzeugte Kantianer und Naturrechtler, der streng rationalistisch argumentierende philosophische Jurist, der sich von der traditionellen eudämonistischen Theorie eines Justi ebenso abzuheben bestrebt ist wie von einer – in seiner Sicht – zu stark im Empirisch-Historischen steckenbleibenden Staatslehre. Auf der anderen Seite aber wiederum der überzeugte Anhänger der „gesetzlichen“ Erbmonarchie,[197] der sich sogar nicht scheut, mit voller Überzeugung die scheinbar so verstaubte, aller Aufklärung

[193] Vgl. Ueber die neueste Litteratur des Natur- und Völker-Rechts, S. 85.

[194] Vgl. ebenda, S. 86: „... es versteht sich, daß ein Teutscher, im Charakter unserer Nation, die gesetzmäßige Monarchie für die beste halte, das heißt, für die, in welcher die Freyheit des Bürgers am sichersten ist“.

[195] A. L. Schlözer, Allgemeines StatsRecht und StatsVerfassungsLere, S. 184.

[196] Ueber die neueste Litteratur des Natur- und Völker-Rechts, S. 87.

[197] Die in dieser Hinsicht eindeutigste Stellungnahme findet sich in: Ueber bürgerliche Freyheit. Eine Rede am Geburtstagsfeste Sr. Majestät des Königs am 3ten August 1804 im großen Hörsaale der Friedrichsuniversität, S. 19: „Wohlstand also und Cultur im Lande empor zu heben ist dem Erbmonarchen das einzige Mittel, seine eigne Größe zu heben. Da nun aber Cultur und Wohlstand nur bey ungebeugter Gerechtigkeit gedeihen, von despotischer Willkühr aber unausbleiblich verscheucht werden, so ist Gerechtigkeit, also Sicherung der Freyheit in der Erbmonarchie das einzige, eigentlichste Privat-Interesse des Regenten, während das Privat-Interesse republicanischer Machthaber dem öffentlichen Interesse nicht selten widerstreitet, alle Mahl aber von ihm verschieden ist. – Darum ist in der Erbmonarchie die Freyheit am sichersten, weil sie allein den Willen des Regenten selbst an ihr Interesse bindet“.

strikt zuwiderlaufende Lehre vom Gottesgnadentum zu übernehmen und zu rechtfertigen. Bereits in seiner Frühzeit zeigte sich Schmalz als politisch-wissenschaftlicher Januskopf, und diese Eigenschaft sollte er bis zu seinem Tode nicht ablegen.

h) Politische Skepsis

In den Zusammenhang dieser Janusköpfigkeit gehört auch ein unverkennbarer historisch-politischer Skeptizismus, der Schmalz deutlich aus der Masse seiner aufgeklärten (oder sich aufgeklärt dünkenden) Zeitgenossen heraushebt. Der unter vielen bedeutenden Autoren des 18. Jahrhunderts weitverbreitete Glaube an einen moralischen Fortschritt der Menschheit wurde von ihm entschieden abgelehnt. So schrieb er bereits 1794: „Freylich wohl ist jene Idee von einem allmähligen Emporschreiten des menschlichen Geschlechts zu immer größerer moralischen Vollkomenheit vielleicht nichts, als leider! ein Traum. Doch warum leider. Wenn es wäre, hätten wir da nicht Ursache uns über das Schicksal zu beklagen, welches uns unser Loos in diese *ersten* bösen Zeiten warf?“[198] Lediglich im Völkerrecht sei ein Emporsteigen zu höherer Sittlichkeit nicht ganz zu verkennen.[199] 1798 wurde Schmalz noch deutlicher: Nun hielt er jene Idee „für einen Traum und unwahr, und für einen sehr schädlichen Traum“.[200] Moralische Vollkommenheit bedeute zugleich die vollkommene Erkenntnis des Guten und Bösen – daher sei sie „ein so gefährliches Geschenk, als die Büchse der Pandora. Verhüte der Himmel den Glauben an diese trostlose Aussicht!“[201] Auch sei ein im strengen Sinne historisch-empirischer Beweis für ein moralisches Fortschreiten der Menschheit nicht zu erbringen.[202]

Die Idee eines moralischen Postulats, das den Glauben an eben jene sittliche Vervollkommnung des Menschengeschlechts in der Zukunft

198 Bemerkungen zur Beantwortung der Fragen über das Verhältniß der Politik zur Moral, in: Annalen der Rechte des Menschen, des Bürgers und der Völker, hrsg. vom Professor SCHMALZ in Königsberg, 1. Heft, Königsberg 1794, S. 1–12, hier S. 8.

199 Vgl. ebenda; siehe dazu auch unten § 26.

200 Erklärung der Rechte des Menschen und des Bürgers. Ein Commentar über das reine Natur- und natürliche Staatsrecht, S. 121f.

201 Ebenda, S. 124.

202 Vgl. ebenda: „... es würde nicht schwer seyn, eine Geschichte des Menschengeschlechts zu schreiben, in welcher ein solches Fortschreiten zum Schlimmern eben so sichtbar seyn würde, als in einer neuern Weltgeschichte das Fortschreiten zum Guten“.

„befehle“,[203] läßt Schmalz erst recht nicht gelten. Seine unverkennbar auf Kant anspielende – wenn auch ihn nicht direkt angreifende – Kritik an dieser These ist deutlich genug.[204] Das Moralgesetz könne uns zwar befehlen, „jeden einzelnen Menschen nicht für böse [zu] halten, bis uns dieß erwiesen ist“; doch: „das nicht glauben, daß einst unsre ganze Nachkommenschaft schon auf der Erde völlig moralisch gut seyn werde, das kann unmöglich ein Laster seyn“.[205] Im Gegenteil: „Zur Moralität muß jeder einzelne Mensch emporstreben, und alle gehen von dem nämlichen Punkte aus. Andre Menschen können ihnen nicht vorarbeiten, tausend vor ihnen gestorbne [sic] Ahnen ihnen die Arbeit nicht erleichtern“.[206] Der Glaube an eine künftige moralische Vollkommenheit der Nachgeborenen sei sogar eine „trostlose Aussicht“, welche „die Antriebe des Einzelnen nach Vollkommenheit zu streben schwächt, und die Kraft unsrer guten Entschlüsse lähmt“.[207]

Schmalz plädiert dagegen für einen nüchternen Pragmatismus, für eine klare Orientierung an den gegebenen Möglichkeiten: „Laßt uns der Einfachheit des schlichten Menschenverstandes ewig treu bleiben; laßt uns nicht uns für eine weite Ferne Pflichten schaffen, sondern die uns nahe Pflicht stets treu erfüllen ... Laßt uns also nicht an der Vollkommenheit dieses Ganzen, sondern an unsrer eignen arbeiten. Laßt uns nicht das Menschengeschlecht, sondern die Menschen lieben“.[208] Jede Art von geschichtsphilosophisch begründetem Idealis-

[203] Ebenda, S. 125.

[204] Hier bleibt allerdings anzumerken, daß bei Kant von einem „Befehl“ des Moralgesetzes zum Glauben an den Fortschritt *im strengen Sinne* nicht die Rede ist. In seiner Kritik an Moses Mendelssohn im III. Abschnitt von „Über den Gemeinspruch“ leitet er sein Fortschrittspostulat allerdings aus dem Moralgesetz ab: „Ich werde ... annehmen dürfen: daß, da das menschliche Geschlecht beständig im Fortrücken in Ansehung der Cultur, als in dem Naturzwecke desselben, ist, es auch im Fortschreiten zum Besseren in Ansehung des moralischen Zwecks seines Daseins begriffen sei, und daß dieses zwar bisweilen *unterbrochen*, aber nie *abgebrochen* sein werde. Diese Voraussetzung zu beweisen, habe ich nicht nöthig; der Gegner derselben muß beweisen. Denn ich stütze mich auf meine angeborne Pflicht, ... so auf die Nachkommenschaft zu wirken, daß sie immer besser werde (wovon also auch die Möglichkeit angenommen werden muß), und daß so diese Pflicht ... sich rechtmäßig vererben könne“ (I. Kant, Gesammelte Schriften VIII, S. 308 f.).

[205] Erklärung der Rechte des Menschen und des Bürgers. Ein Commentar über das reine Natur- und natürliche Staatsrecht, S. 127; weiter heißt es: „Laßt uns es doch gestehen, daß wir den Plan der Weltregierung nicht kennen und nicht wissen, was Gott anständig sey oder nicht“ (ebenda).

[206] Ebenda, S. 129.

[207] Ebenda, S. 128, 130.

[208] Ebenda, S. 132.

mus lag ihm, wie diese Formulierungen zeigen, so fern wie nur irgend möglich. Und die Gefahr gerade des politischen Mißbrauchs der „großen Ideen" hat er deutlicher als viele andere seiner Zeitgenossen erkannt und auf den Begriff gebracht – und zwar unter ausdrücklicher Berufung auf die Erfahrung der Französischen Revolution.[209]

In dem Glauben an das Unmögliche, in der Utopie erkannte er das Arsenal, aus dem in gleicher Weise „Despotismus und Anarchie ihre Waffen entlehnen, und diese in das Gift eines heillosen Enthusiasmus tauchen. So gut wie Inquisitoren, welche gotteslästerlich Glauben an die allein seligmachende Kirche erpressen wollen, eben so gut haben wir Despoten gesehn, welche Aufklärung erpreßten". Und das trifft erst recht auf Revolutionäre aller Art zu: „Der Empörer hat einen glänzenden Vorwand für Hochverrath, Königsmord und jedes Verbrechen. Es ist ja alles ein Schritt zur Vervollkommnung und die Anarchie der Weg zum patriarchalischen Urleben der Menschen".[210]

Auch der nichtrevolutionären Utopie eines friedlichen politischen Überganges etwa von der Monarchie zur Demokratie erteilte Schmalz eine strikte Absage. Unter Anspielung vermutlich auf einen anonymen, 1785 in der „Berlinischen Monatschrift" erschienenen Aufsatz mit dem Titel „Neuer Weg zur Unsterblichkeit für Fürsten"[211] oder vielleicht auch auf eine Bemerkung Fichtes in seiner Vorrede zum „Beitrag zur Berichtigung der Urteile des Publikums über die franzö-

[209] Vgl. ebenda, S. 131: „‚Zur Vervollkommnung des Menschengeschlechts' das ist schon der Deckmantel mancher pflichtwidrigen Handlungen geworden. ... War es nicht erträumte Pflicht für die Vervollkommnung des ganzen Menschengeschlechts zu arbeiten, was selbst einen Forster zum Verräther machte? Und was kann schrecklicher seyn, als eine Schwärmerey, die dem Verbrechen selbst einen moralischen Glanz leihet?"

[210] Hyper-Metapolitik, in: Annalen der Rechte des Menschen, des Bürgers und der Völker, hrsg. vom Professor SCHMALZ in Königsberg, 2. Heft, Königsberg 1795, S. 166.

[211] Vgl. [ANONYM], Neuer Weg zur Unsterblichkeit für Fürsten, in: Berlinische Monatsschrift 5 (1785), S. 239–247, hier S. 246 f.: „Nachdem nun der Fürst den Geist des Patriotismus gewekt, und sich taugliche Subjekte zu Repräsentanten der Nation herangezogen hätte, müßte er die Rechte des Volks in einer feierlichen Versammlung desselben für immer festsetzen, und der neuen Staatsverfassung durch zwekmäßige Mittel eine dauerhafte Konsistenz geben ... Noch nie würde ein Monarch so uneingeschränkt geherrscht haben, als er, nachdem er seine Herrschaft in die Hände des Volks niedergelegt hätte". Der Verfasser des Textes ist auch von der neueren Forschung nicht ermittelt; vgl. URSULA SCHULZ, Die Berlinische Monatsschrift (1783–1796). Eine Bibliographie (Bremer Beiträge zur freien Volksbildung, H. 11), Bremen o. J. (1968), S. 28. – Den Hinweis auf diesen Text verdanke ich Herrn Prof. Dr. Peter Weber/Berlin. – Vgl. auch den Hinweis auf eine ähnlich klingende Äußerung von Ernst Ferdinand Klein (1790) bei H. MAIER, Die ältere deutsche Staats- und Verwaltungslehre, S. 190, Anm. 413.

sische Revolution“ von 1793[212] bemerkt Schmalz 1795: „Man hat einen Traum erzählt von einem Monarchen, welcher wie es hieß sein Volk zur Freiheit erzöge und dann die Monarchie selbst niederlegte. Das scheint mir eben so ungereimt, als entehrend für Volk und Monarchen. Entehrend für das Volk, als ob es in der Macht des Königs stände, nach seinem Belieben statt der Monarchie eine Demokratie dem Volke aufzudringen, oder als ob das Volk aus Kindern bestehe, die einer Erziehung bedürften. Entehrend für den Monarchen, als ob ein König ein Zuchtmeister sey, als ob er sein Amt zu seinem Besten als eine Sinekure besässe. Welch ein Gewäsch! Ist die Monarchie nicht eben so gut eingeführt, um die Freiheit zu schützen, als die Demokratie; oder ist sie entschieden eine nicht so gute Anstalt für diesen Zweck, als die Herrschaft der Menge?“[213]

Der nüchterne, entschieden antiutopische Charakter des politischen Denkens von Theodor Schmalz kommt auch in diesen Formulierungen noch einmal zum Ausdruck. Als Skeptiker und Pragmatiker orientierte er sich an dem, was war, nicht an dem, was nach der Vorstellung gewisser revolutionär-utopischer Ideologen sein sollte. Freilich kann aber auch die Kehrseite dieses nüchtern-skeptischen politischen Realismus nicht übersehen werden, die in einem handfesten Opportunismus bestand. Der Gefahr, zu einem bloßen Rechtfertiger des jeweils bestehenden Status quo herabzusinken, ist Schmalz keineswegs immer entgangen.

i) Die späteren Fassungen des natürlichen Staatsrechts (1807–1831)

Theodor Schmalz hat die Grundzüge seiner naturrechtlichen Staatsrechtslehre, die er in den 1790er Jahren sukzessive ausgearbeitet hatte, im Kern später nicht mehr wesentlich abgeändert, wohl aber erweitert, differenziert und in einigen Aspekten auch neu akzentuiert. Noch zweimal, im „Handbuch der Rechtsphilosophie“ von 1807 und in der nachgelassenen „Wissenschaft des natürlichen Rechts“ von 1831, hat er mehr oder weniger ausführliche Abrisse seines Gesellschafts- und Staatsrechts gegeben.[214]

[212] Vgl. J. G. Fichte, Politische Schriften, S. 35: „Den Despotismus zu schützen, gibt es kein Mittel; vielleicht gibt es welche, den Despoten, der sich durch das Übel, das er uns zufügt, unglücklicher macht, als uns, zu bereden, daß er sich von seinem langen Elende befreie, zu uns herabsteige, und der Erste unter Gleichen werde ...“

[213] Hyper-Metapolitik, S. 166 f.

[214] Vgl. Handbuch der Rechtsphilosophie, S. 180–191, 195–402; Die Wissenschaft des natürlichen Rechts, S. 83–93, 109–205.

Nimmt man das „Handbuch“ von 1807 näher in den Blick, dann fällt zuerst auf, daß Schmalz einige seiner früheren Thesen, auch und gerade dann, wenn sie mißverstanden werden konnten, weiterhin mit Nachdruck vertrat. Das gilt etwa für die Annahme eines allgemeinen Willens, der als solcher von Rousseau und dessen Anhängern in verhängnisvoller Weise falsch aufgefaßt worden sei: Der allgemeine Wille sei nichts anderes als die „Einstimmigkeit aller“, – und nicht etwa eine Forderung an den Regenten, sich einem vermeintlichen Willen aller Bürger zu unterwerfen.[215] Außerdem könne sich diese Einstimmigkeit nur auf den einzigen Staatszweck, die Sicherheit, beziehen; deshalb sei der „allgemeine Wille“, in Sicherheit leben zu wollen, die Grundlage und Voraussetzung für die Konstituierung des Gemeinwesens durch *pactum unionis* und *pactum subiectionis*.[216]

Das Staatsrecht wird 1807 in aller Breite und mit vielen Details abgehandelt.[217] Noch einmal werden die traditionelle Glückseligkeitslehre und ähnliche „Träumereien“ unter Berufung auf Kant verworfen,[218] noch einmal wird die Natur des Staates als „Sicherheitsgesellschaft“ entwickelt.[219] Besonders breiten Raum nimmt nun auch ein neuer Abschnitt „Von den Mitteln oder dem Vermögen des Staats“ ein, in dem das traditionelle staatsabsolutistische „Mercantil-System“ und ebenfalls die Lehre Adam Smiths – sie wird von Schmalz hier in der Terminologie der Zeit als „Industrie-System“ bezeichnet – zugunsten des physiokratischen „Oeconomie Systems“ verworfen werden.[220]

Auffallend – und bezeichnend für den späteren Schmalz – ist allerdings sein vermehrter Rückgriff auf religiöse Denkfiguren.[221]

[215] Die vollständige Formulierung lautet, Handbuch der Rechtsphilosophie, S. 186: „Nichts ist seltsamer mißverstanden, von Rousseau und andern, als dieser künstliche allgemeine Wille. Da man sein Wesen ganz verkannte, und übersah, daß wahrer allgemeiner Wille doch nur die Einstimmigkeit Aller seyn könne: so kam man selbst darauf, für den Staat zu fordern, daß der Regent, wie man sich ausdrückte, sich nach dem allgemeinen Willen richten solle; (man übersah, daß sein Wille grade der allgemeine, und er allein sey,) und Campe meinte sogar, daß er nach der Majorität der aufgeklärten Schriftsteller (welche sind das?) regieren sollte. Das arme Land!“

[216] Siehe dazu ausführlich oben § 15 d).

[217] Die insgesamt mehr als 200 Druckseiten umfassende Darstellung (siehe oben, Anm. 214) ist die umfangreichste Fassung des Schmalzschen „Natürlichen Staatsrechts“.

[218] Vgl. Handbuch der Rechtsphilosophie, S. 195 ff.

[219] Vgl. ebenda, S. 203 ff.

[220] Vgl. ebenda, S. 214–248.

[221] Als Beleg hierfür siehe beispielsweise eine Passage aus den „Resultate[n] der metapolitischen Untersuchungen“, ebenda, S. 248, wo es heißt: „Das unsichtbare Reich

Hier führt er die Auseinandersetzung nach zwei verschiedenen Seiten: einmal gegen die ausschließlich religiös argumentierenden politischen Traditionalisten, die jede Vertragslehre als „gottlos" und „unchristlich" ablehnen, da Staat und Obrigkeit von Gott eingesetzt seien, und andererseits wiederum gegen jene aufgeklärten Rationalisten, die Gott und das Christentum aus jeder Begründung von Staat und Politik von vornherein ausschließen. Schmalz hat sich, wie er bemerkt, „immer über diesen Streit gewundert ... Wer den Staat und die Obrigkeit für Gottes Einrichtung hielt, leugnete der dann nothwendig, daß Verträge der Menschen beyde eingesetzt haben? Oder wer glaubt, daß der Acker nur dem Früchte trage, welcher ihn bestellt, leugnet der die Vorsehung?"[222] Schmalz besteht darauf, daß sich Vertragslehre und Gottesglaube problemlos miteinander vereinbaren lassen.

Breit ausgeführt findet sich im „Handbuch" von 1807 auch die erstmals 1794 erwähnte, damals aber nur knapp angedeutete[223] Entwicklung der Lehre von den drei Staatsgewalten *Inspektion*, *Legislative* und *Exekutive* aus einer Analogie mit den drei Formen des Denkens – nämlich *Verstand*, *Vernunft* und *Urteilskraft* –, die Kant in seiner Erkenntnistheorie dargestellt und analysiert hatte. Da die „höchste Gewalt ein Analogon des Denkvermögens überhaupt" sei, könne auch in jedem Zweig dieser Gewalt ein Analogon der entsprechenden Zweige des Denkvermögens aufgewiesen werden.[224] Die inspektive Gewalt ist dem Verstand analog, die Legislative der Vernunft und die Exekutive der Urteilskraft.[225]

Daß es sich bei dieser Adaption bestimmter Elemente der Kantischen Erkenntnistheorie tatsächlich um eine eigenständige Weiterentwicklung Kantischen Ideenguts handelt,[226] darf bestritten werden, denn die Analogie leuchtet erstens nicht ein, und zweitens erfüllt sie keine Funktion – es sei denn, die Untrennbarkeit der Staatsgewalt in

Gottes, dessen Idee unsern Geist erhebt, unsre Phantasie reinigt, unser Herz heiligt, läßt aber auch in der Idee keinen Raum für *den* Staat".

222 Ebenda, S. 254 f.

223 Vgl. Das natürliche Staatsrecht [1]1794, S. 74; Siehe auch oben § 15 e).

224 Schmalz gibt, Handbuch der Rechtsphilosophie, S. 289, die folgende Definition der drei Zweige des Denkvermögens: „Verstand ist das Vermögen des Gemüthes, welches uns Begriffe schafft; Vernunft ist das Vermögen der Ideen, also in practischer Hinsicht das Vermögen der practischen Ideen oder der Gesetze; Urtheilskraft ist das Vermögen, unter die Ideen und Begriffe, also in practischer Hinsicht unter Gesetze, das Einzelne zu subsumiren".

225 Vgl. ebenda.

226 So H. Nef, Recht und Moral in der deutschen Rechtsphilosophie seit Kant, S. 21.

der Wirklichkeit auch theoretisch zu belegen. Bei Schmalz heißt es denn auch: „Aber wie Verstand, Vernunft und Urtheilskraft nur in der Idee, in der theoretischen Untersuchung getrennt werden können: so sind auch die drey Gewalten in der Wirklichkeit unmöglich zu trennen ... Alles, was von gänzlicher, wirklicher Trennung der Gewalten in der Wirklichkeit je gesagt ist, ist ein leerer Traum leerer Theorie, und gefährlicher Theorie".[227]

Den eigentlichen Sinn der Gewaltenteilung – nämlich gegenseitige Kontrolle der obersten Machtinstanzen – begriff Schmalz nicht; für ihn gab es nur ein Entweder-Oder: Wo eine angeblich strikte Machttrennung zwischen Exekutive und Legislative behauptet werde, könne es „nur Einer von zwey Fällen seyn ...: – entweder die Herren von der executiven Macht sind denen von der gesetzgebenden verantwortlich, – oder sie sind es nicht".[228] Im ersten Fall sei die Legislative der wahre Souverän, im zweiten die Exekutive. Auch werde die Behauptung einer funktionierenden Gewaltenteilung durch die Wirklichkeit etwa der gegenwärtigen englischen oder der schwedischen Verfassung widerlegt.[229]

Andererseits hat Schmalz die Möglichkeit, „daß der Freyheit der Bürger im Staate selbst, und von eben der Gewalt, welche sie schützen soll, mannigfaltige Gefahr bereitet werden könne", keineswegs unterschätzt: „Die Machthaber ... können die Rechte der Bürger, (das ist ja ihre Freyheit), für ihre Privatvortheile eben durch jene Gewalt unterdrücken. Die Aufgabe ist nun, dies zu verhüten".[230] Die Lösung, die er für dieses Problem vorschlägt, ist allerdings alles andere als originell: Es komme darauf an, „die Möglichkeit einer Verschiedenheit des Privatinteresse von dem öffentlichen Interesse aufzuheben, so weit das immer selbst möglich ist. Und dieß kann nicht anders geschehen, als durch die souveraine Erbmonarchie",[231] die gleichermaßen in Distanz zur Despotie wie andererseits zu Anarchie und Ordnungszer-

[227] Handbuch der Rechtsphilosophie, S. 289f.
[228] Ebenda, S. 389.
[229] Vgl. ebenda, S. 391: „... auch die Constitutionen der neuern Staaten, welche ihren Monarchen die executive Gewalt übertrugen, aber für die Gesetzgebung ihnen ein Corps von Volksrepräsentanten beygaben, [haben] den Monarchen einen bedeutenden Antheil an der Gesetzgebung selbst eingeräumt, wodurch grade die Unmöglichkeit einer wahren Trennung beyder Gewalten bestätigt wurde. Oder wer kann glauben, daß Schweden oder Großbritannien ihren Monarchen den wichtigen Antheil an der Gesetzgebung nehmen könnten, ohne die gesetzgebende oder executive Gewalt zu lähmen, und beyde mit einander in einen zerstörenden Kampf zu verwickeln?"
[230] Ebenda, S. 396.
[231] Ebenda, S. 397.

fall steht. Immerhin schließt Schmalz jetzt – im Gegensatz zu früher[232] – die Möglichkeit eines moralisch-religiös begründeten Widerstandsrechts gegen einen Souverän, der dem obersten Staatszweck zuwider handelt, nicht mehr gänzlich aus: Für ihn steht fest, „daß kein Souverain je Gehorsam fordern könne auf Kosten der Moralität, wo dann freylich Gott mehr zu gehorchen wäre, als den Menschen“.[233]

Schmalz' letztes Werk, „Die Wissenschaft des natürlichen Rechts“ stellt im ganzen eine Umarbeitung des „Handbuchs“ von 1807 dar, allerdings weit stärker in formaler als in inhaltlicher Hinsicht. Der Text wurde gestrafft; der Autor kehrte damit zur sentenzenhaften Darstellungsweise seiner Frühzeit zurück, fügte allerdings immer wieder durch Kleindruck abgesetzte eigene Kommentare ein. Inhaltlich ganz unverändert blieb das Gesellschaftsrecht:[234] Die Vertragslehre wird noch einmal in gewohnter Weise entwickelt, und auch an der eigenen Adaption der Lehre von der *volonté générale* wird nichts geändert.

Im Staatsrecht allerdings werden – fraglos unter dem prägenden Eindruck der Pariser Julirevolution von 1830 – die ausgesprochen politischen Akzente noch deutlicher gesetzt: So arbeitet Schmalz jetzt die enge Verbindung von Despotismus und Utopie in unmißverständlicher Weise heraus: „Der Despotismus, sultanischer und demagogischer, und die Theorie, welche ihn begünstiget, setzen immer einen unendlichen Zweck, als Wohlfahrt und Glück oder Entwickelung der Menschheit, um so das Recht einer πανβασιλεια zu begründen, bei welcher dann nach Grenzen der Macht nicht weiter zu fragen ist“.[235] Und der antirevolutionär-konservativen Grundhaltung, die der alte Schmalz auch hier wieder demonstrativ einnimmt, entspricht es ebenfalls, daß in ungewöhnlich deutlicher Formulierung „das sinnlose Wort: *Volks-Souverainetät*“[236] einem scharfen Verdikt verfällt, denn: „das Wort *Volk, Nation* ... bedeutet an sich nur einen Collectivbegriff, keine moralische Person; und es haben also im Volke an sich nur die Einzelnen Rechte, keineswegs ihre Gesammtheit, als moralische Person“.[237] Diese Lehre setzt freilich voraus, daß durch den Einigungs-

232 Siehe oben § 15 f).

233 Handbuch der Rechtsphilosophie, S. 401.

234 Vgl. Die Wissenschaft des natürlichen Rechts, S. 83–93.

235 Ebenda, S. 109; ebenda, S. 111 f. wird ein weiteres Mal „die Idee einer angeblichen moralischen Weltordnung“ als „für Recht und Glück der Menschen unsäglich verderblich“ (ebenda, S. 111) abgelehnt.

236 Ebenda, S. 135 f.; vgl. auch S. 201.

237 Ebenda, S. 138.

vertrag, das *pactum unionis*, ein Volk lediglich als *Summe einzelner*, nicht als etwas seiner Natur nach Neues, Ganzes entsteht; nur diese einzelnen haben das Recht, von ihrem Souverän, dem sie sich anschließend im *pactum subiectionis* unterwerfen, Sicherheit zu verlangen.[238] Das *pactum unionis* hinwiederum hatte er anfangs als Umschreibung für die bloße „Entstehung eines wirklichen Gesamtwillens"[239] bestimmt. Hier wird zweifellos eine unverkennbare theoretische Schwäche der Lehre des späten Schmalz sichtbar: Denn ein „wirklicher Gesamtwille" ist schon *per definitionem* mehr als die bloße Summe einzelner Willen; das hätte er bereits von Rousseau (der bekanntlich *volonté générale* und *volonté de tous* unterschieden hat)[240] lernen können.

In den Zusammenhang des ausgesprochen restaurativen Charakters dieser letzten Ausformung des natürlichen Staatsrechts gehört auch das unbeirrte Festhalten am traditionellen Bürgerbegriff.[241] Die ursprünglichen Inhaber des vollen Bürgerrechts sind für Schmalz weiterhin die Grundeigentümer; nur aus den früheren „Beiwohnern" sind jetzt „Nebenwohner" geworden, die wiederum in „bürgerlich freie" und „bürgerlich unfreie" (also ökonomisch abhängige) unterteilt werden. Immerhin weist er auf die Konflikthaltigkeit dieser hergebrachten Konstellation hin: „Ueberall finden wir viel Kampf der bürgerlich freien Nebenwohner gegen die Grundeigner, selten der bürgerlich unfreien, obwol der Unterdrückten, in der Geschichte der Länder".[242] Den Begriff des Staatsbürgers lehnt er indes strikt ab.[243]

[238] So vermag Schmalz zu folgern, ebenda, S. 138f.: „Es ist darum eine Absurdität von einem Unterwerfungsvertrage zu reden, den das Volk als Volk, als moralische Person, mit dem Souverain geschlossen haben soll. Wie könnte ein Volk Vertrag schließen mit dem Souverain? Durch Bevollmächtigte? Die wären ja dann schon Souverain. Und wie ist deren Wahl bestimmt? Durch Mehrheit? So wäre ja schon der Mehrheit die Gewalt übertragen gewesen; also diese schon Souverain, noch vor jener Vollmacht ... – Verträge eines Monarchen mit seinem Volke sind nur da möglich, wo bereits Parlamente, Landstände geordnet sind, die dann freilich schon einen Theil an der Souverainetät haben. Alle Unterwerfung unter den Souverain ist also nur die des Einzelnen. Und so ergibt sich, welch heilloses Wortspiel mit dem Worte: Volk getrieben wird, wo man, was von ihm nur als allen Einzelnen gilt, auf eine moralische Person: Volk, bezieht".

[239] Ebenda, S. 86.

[240] Vgl. Jean Jacques Rousseau, Oeuvres complètes, hrsg. v. Bernard Gagnebin/Marcel Raymond, Bd. III, Paris 1964, S. 371 (Du contract social III, 3).

[241] Siehe dazu auch oben § 15c).

[242] Die Wissenschaft des natürlichen Rechts, S. 131.

[243] Vgl. ebenda, S. 136: „*Staatsbürger* ist ein sehr übel etymologisch gebildetes Wort. Bürger heißen Leute, die in befestigten Orten, Burgen, wohnten und dieser Name

Ähnlich verhält es sich mit seiner kurzen Charakterisierung des Repräsentativsystems, das er – in unverkennbarer und beabsichtigter Frontstellung zum Liberalismus seiner Zeit – tatsächlich als „Wahl-aristokratie" definieren zu können glaubt.[244] Bemerkenswert ist andererseits wiederum seine strikte Warnung vor dem Instrument einer Geheimpolizei; diese Passage – die vielleicht auch als verhaltene Kritik an der Praxis der „Demagogenverfolgungen" im Preußen der Restaurationszeit[245] gedeutet werden kann – verweist noch einmal unverkennbar auf die normativ-naturrechtlichen Ursprünge und Grundlagen seiner Staatstheorie.[246]

Nur eine weitere Änderung ist noch erwähnenswert: Schmalz fügte seiner Darstellung des „hypothetischen Staatsrechts" einen neuen, wenn auch knappen Abschnitt hinzu: „Von Veränderung der Staatsverfassung".[247] Hier schärfte er seinen Lesern ein letztes Mal ein, daß „niemand als der Souverain allein ... die Staatsverfassung ändern"[248] könne, denn eine Verfassung sei gerade nicht – und hier spielte er noch einmal auf Fichtes Mißverständnis von 1793 an[249] – „durch Verträge zwischen Souverain und Volk"[250] konstituiert. Freilich kommt er um gewisse Einschränkungen gerade dieses Satzes nicht herum,[251] doch ein Recht zur Verfassungsänderung durch Rebellion wird, wie nicht

wurde deshalb den Mitgliedern der Stadtgemeinen eigen. *Stimmfähige Einwohner* würde eine richtige Uebersetzung des *citoyen* sein".

244 Vgl. ebenda, S. 199.

245 Vgl. dazu statt vieler E. R. HUBER, Deutsche Verfassungsgeschichte seit 1789, Bd. I, S. 746ff.; T. NIPPERDEY, Deutsche Geschichte 1800–1866, S. 281ff.; sowie NEUGEBAUER, Die Demagogenverfolgungen in Preußen – Beiträge zu ihrer Geschichte, passim.

246 Vgl. Die Wissenschaft des natürlichen Rechts, S. 146: „Abscheulich ist eine geheime Polizei, welche ohne einen rechtlich begründeten Verdacht gegen eine bestimmte Person unbefangene Menschen umlauschet, oder ihre Briefe erbricht, ob vielleicht Etwas gefunden werde, was sich zur Schuld deuten lasse. Und sie ist so unnütz wie verächtlich; denn über Verbrechen brütende, wirklich gefährliche Menschen vertrauen sich nicht leicht ohne große Vorsicht und ihre harmlos scheinenden Briefe wird man nicht leicht entziffern. Wahrhaft verdächtige Menschen mag man freilich beobachten und ihre Briefe auffangen; dazu aber bedarf es nicht geheimer Behörden".

247 Ebenda, S. 202–205.

248 Ebenda, S. 202.

249 Siehe oben § 12 b).

250 Die Wissenschaft des natürlichen Rechts, S. 202.

251 Vgl. ebenda, S. 203: „Nur wo in gemischten Verfassungen bereits unter mehreren physischen und moralischen Personen Rechte der Souverainetät getheilt sind, können diese Personen Verträge miteinander schließen"; Schmalz fügt erläuternd hinzu: „So mag ein König von Großbritannien mit seinem Parlament, so ein deutscher Fürst mit seinen Landständen Verträge schließen".

anders zu erwarten, erneut strikt verworfen.[252] Auch die Berechtigung eines Widerstandsrechts gegen einen Tyrannen ändert daran nichts: So sei etwa – und hier führte er das in diesem Zusammenhang klassische Beispiel an – „Jakob des Zweiten Ausschließung vom Throne ... keine Aenderung, sondern Herstellung der britischen Verfassung"[253] gewesen.

So zeigt die letzte politische Äußerung von Theodor Schmalz eine durchaus bemerkenswerte Konsistenz seiner Staatslehre, die zwar nach 1800 und besonders nach 1815 eine deutliche Wendung ins Konservative nahm, doch andererseits ihre Ursprünge im Naturrecht des achtzehnten Jahrhunderts niemals verleugnete. Dieser Konsistenz entspricht es freilich auch, daß jenes natürliche Staatsrecht, mit dem sich Schmalz einstmals als junger Königsberger Ordinarius einen Namen gemacht hatte, mit den Jahren zunehmend veraltete. Den Staub des vergangenen Jahrhunderts trug „Die Wissenschaft des natürlichen Rechts" so unverkennbar an sich, daß man diese letzte Schrift bestenfalls mit dem eher zweifelhaften Lob eines typischen Alterswerks charakterisieren kann. Die Zahl der Zeitgenossen, die in der Ära nach der Julirevolution und des anbrechenden Vormärz aus diesem Buch ihre staats- und verfassungspolitische Orientierung bezogen, dürfte vermutlich gering gewesen sein.

Auch wird in dieser Hinsicht noch einmal die bereits mehrfach genannte Janusköpfigkeit des Autors besonders deutlich sichtbar: War der alte Schmalz zwar im Kontext der politischen Verhältnisse in Preußen und Deutschland um 1830 ein durchaus konservativer, den Status quo in der Regel verteidigender Staatslehrer, so hielt er doch unbeirrt an den naturrechtlichen Grundlagen seiner Lehre fest – und genau hierdurch geriet er zwischen die Fronten. Denn die in diesen Jahren führende restaurative Staatslehre, die sich etwa auf Haller, die Autoren der politischen Spätromantik und in mancher Hinsicht auch auf die historische Rechtsschule berufen konnte,[254] beachtete den

[252] Vgl. ebenda, S. 203 f.: „Wie groß die Zahl der Unterthanen immer sei, welche mit Gewalt eine Aenderung der Verfassung durchsetzen, wie liberal die Aenderung scheine, alle Mal ist diese Gewalt Zerstörung der Freiheit selbst, und ungerechte Rebellion. – Denn wie viele der Empörer auch sind, so haben sie kein Recht, der getreuen Minderzahl eine andere Souverainetät aufzudringen, als die, der sie sich unterworfen und der die Empörer ja selbst bisher sich unterworfen hatten".

[253] Ebenda, S. 204.

[254] In diesem Zusammenhang sei nur summarisch verwiesen auf zwei Arbeiten des Verfassers; H.-C. KRAUS, Politisches Denken der deutschen Spätromantik; DERSELBE, Begriff und Verständnis des „Bürgers" bei Savigny, jeweils passim.

alten Berliner Rechtslehrer – als noch zu sehr der aufgeklärten Tradition verhaftet – gar nicht mehr, während die liberalen Autoren der Zeit ihn nurmehr umstandslos der politischen Reaktion zuordneten. Das natürliche Staatsrecht hatte sich also, als sein Urheber 1831 starb, in doppelter Hinsicht überlebt.

§ 16 „Teutsches Staatsrecht" am Ende des Alten Reiches (1805)

a) Das Reich

Mit dem Frieden von Lunéville, der im Februar 1801 zwischen den Abgesandten der Französischen Republik und des deutschen Kaisers vereinbart worden war, begann das langsame Sterben des Alten Reiches.[1] Da alles westrheinische Gebiet an Frankreich abgetreten werden mußte, sahen sich Kaiser und Reichsstände zu einer umfassenden politischen Neuordnung gezwungen, die wohl nicht unbedingt einer „legalen Revolution" gleichkam,[2] die aber doch die alte, in Jahrhunderten gewachsene Reichsverfassung massiv umgestaltete. Zuerst schien das Verschwinden der geistlichen Fürstentümer und auch die Aufhebung vieler kleiner reichsunmittelbarer Städte und Territorien im Zuge der großen Flurbereinigung des Reichsdeputationshauptschlusses von 1803[3] die Möglichkeit einer grundlegenden verfassungspolitischen Neuordnung Deutschlands zu bieten. Doch der nächste Krieg machte alle zaghaften Ansätze hierfür zunichte: Am 6. August 1806 legte Franz II. die Kaiserkrone nieder, und damit endete die fast eintausendjährige verfassungspolitische Kontinuität des Heiligen Römischen Reiches Deutscher Nation.

In jenem merkwürdigen staats- und verfassungsrechtlichen Interim der Jahre zwischen 1803 und 1806 wagten sich nur wenige Gelehrte an eine Gesamtdarstellung des neuen deutschen Verfassungsrechts;[4] zu ihnen gehörte allerdings Theodor Schmalz, der gerade seinen Lehr-

[1] Vgl. hierzu vor allem HUBER, Deutsche Verfassungsgeschichte I, S. 39 ff.; siehe auch K. v. RAUMER, Deutschland um 1800. Krise und Neugestaltung 1789–1815, S. 112 ff.; T. NIPPERDEY, Deutsche Geschichte 1800–1866. Bürgerwelt und starker Staat, S. 11 ff.

[2] So aber die m. E. etwas überzogene Auffassung HUBERS, Deutsche Verfassungsgeschichte I, S. 40 f.

[3] Dazu siehe die Darstellung ebenda, S. 42 ff.

[4] Vgl. M. STOLLEIS, Geschichte des öffentlichen Rechts in Deutschland II, S. 39 ff.; M. FRIEDRICH, Die Erarbeitung eines allgemeinen deutschen Staatsrechts seit der Mitte des 18. Jahrhunderts, S. 8 f.; DERSELBE, Geschichte der deutschen Staatsrechtswissenschaft, S. 133 ff., 139 ff.; zum Zusammenhang immer noch wichtig auch die klassische Abhandlung von CARL SCHMITT, Das „Allgemeine Deutsche Staatsrecht" als Beispiel rechtswissenschaftlicher Systembildung (1940), in: DERSELBE: Staat – Großraum – Nomos. Arbeiten aus den Jahren 1916–1969, hrsg. v. GÜNTER MASCHKE, Berlin 1995, S. 166–180, bes. S. 170.

stuhl für Staats- und Völkerrecht an der Friedrichs-Universität zu Halle angetreten hatte.[5] Sein 1805 publiziertes „Handbuch des teutschen Staatsrechts“ war über weite Strecken hinweg immer noch der – von seinem Lehrer Pütter beispielhaft verkörperten – alten Tradition der Reichspublizistik verpflichtet; Anlage und Struktur dieses „Handbuchs“ bestätigen die Feststellung von Michael Stolleis, daß sich gerade hier die Geschichte des deutschen öffentlichen Rechts „als Trägerin der Kontinuität“ zeigt, „sowohl in ihrer Einbindung in die langfristigen historischen Abläufe als auch wissenschaftsgeschichtlich, indem sie ihren gesamten geistigen Habitus, die in der wissenschaftlichen Literatur akkumulierten Lehren, Überzeugungen und Ausbildungstraditionen über die Zäsuren hinweg“[6] rettete und damit auch für die spätere Zeit bewahrte. Das im ganzen eher anspruchslose, in kurzer Zeit ausgearbeitete, ausdrücklich nur als Grundlage für Vorlesungen gedachte[7] (von der bisherigen rechtshistorischen Forschung meist nur knapp erwähnte und wenig geschätzte)[8] Schmalzsche „Handbuch“ ist von seinem unverdrossen fleißigen Verfasser vermutlich nach dem 1804 selbst formulierten Motto „Das Staatsrecht mag sich ändern, aber eine Staatsrechtswissenschaft wird es immer geben“[9] ausgearbeitet worden.

In der Gliederung seines Werkes folgte Schmalz eher systematischen als historischen oder politischen Gesichtspunkten. Die Darstellung gliedert sich in zwei Hauptteile, einen allgemeinen und einen besonderen; stets werden Reichs- und Territorialstaatsrecht nebenbzw. nacheinander abgehandelt, was die Vergleichsmöglichkeit beider Bereiche erleichtert. In seinen „Vorerinnerungen“[10] sind die Explikationen und Definitionen der staatsrechtlichen Grundbegriffe (die er aus seinen früheren Schriften zum natürlichen Staatsrecht unverändert übernimmt) weniger aufschlußreich als der wissenschaftsgeschichtliche Abriß der Entwicklung des Reichsstaatsrechts: Hier werden die berühmten Hallischen Juristen seit Thomasius, Ludewig und Gundling ebenso gebührend gewürdigt wie die Verdienste des

[5] Siehe oben § 4 b).
[6] M. Stolleis, Geschichte des öffentlichen Rechts in Deutschland II, S. 40.
[7] Vgl. Handbuch des teutschen Staatsrechts, S. Vf.
[8] Siehe nur M. Stolleis, Geschichte des öffentlichen Rechts in Deutschland II, S. 54; M. Friedrich, Geschichte der deutschen Staatsrechtswissenschaft, S. 138.
[9] Encyclopädie des gemeinen Rechts, ^{2}1804, S. 266.
[10] Vgl. Handbuch des teutschen Staatsrechts, S. 1–14.

eigenen Lehrers Pütter und seines Fortsetzers Klüber,[11] in deren Tradition sich Schmalz hier zu stellen bestrebt ist.[12]

Bemerkenswert sachlich und wohlinformiert, also in bester Pütter-Tradition, zeigt sich der – allerdings äußerst knappe – verfassungsgeschichtliche Überblick, den Schmalz dem eigentlichen systematischen Teil voranstellt.[13] Die altdeutsche Tradition der beschränkten Königsgewalt und das spätere System des Wahlkönig- bzw. Wahlkaisertums hebt Schmalz – mit Blick auf die spätere Zeit – gebührend hervor.[14] „So ist in Teutschland", resümiert er, „diese wundersame Verfassung entwickelt, daß es ein System vieler Staaten mit mannigfaltig verschiedenen Verfassungen, und gleichwohl wieder Ein Reich in einer eingeschränkten Wahlmonarchie ist".[15] Schmalz hat großen Wert auf die Feststellung gelegt, daß das Reich trotz der realen Macht der Territorien und deren Landesherren „ein Reich in wahrer Einheit" darstelle, „einen ganzen Staat, also einen Verein zu gemeinsamer Sicherheit unter einer höchsten Reichsgewalt ..., deren gesetzmäßig ausgeübte Hoheit jede Landeshoheit über sich erkennen soll". Er faßt zusammen: „Diese Gewalt ist dem Kaiser und den auf dem Reichstage versammelten Ständen des Reichs anvertraut. Teutschland als Reich hat also eine monarchisch-vermischte Regierungsform".[16]

Schmalz hat auch strikt daran festgehalten, daß der Landeshoheit keine Souveränität zukommt;[17] hier führte ihm vermutlich der Wunsch die Feder, der eher trüben zeitgenössischen Wirklichkeit des eben endgültig zerfallenden Reiches zu entkommen und dessen Idee wenigstens auf der gedanklichen Ebene der juristischen Konstruktion zu retten.[18] Die in der Literatur vertretene These, Schmalz habe in

[11] Vgl. ebenda, S. 8 ff., 12 ff.

[12] Vgl. auch die abschließende Feststellung ebenda, S. 13: „Ihrem Inhalte nach würden die Werke über das teutsche Staatsrecht sich theilen, 1. in die, welche Quellen gesammelt; 2. die, welche diese commentirt haben; 3. die, welche Systeme des Staatsrechts aufstellen; 4. die, welche einzelne Materien bearbeitet haben; 5. die practischen Schriften; und 6. die, welche vermischte Abhandlungen gesammelt haben".

[13] Vgl. ebenda, S. 17–24.

[14] Vgl. ebenda, S. 19 ff.

[15] Ebenda, S. 22.

[16] Ebenda, S. 24.

[17] Darauf hat ebenfalls ausdrücklich hingewiesen K. Härter, Reichstag und Revolution 1789–1806. Die Auseinandersetzung des Immerwährenden Reichstags zu Regensburg mit den Auswirkungen der Französischen Revolution auf das Alte Reich, S. 44.

[18] Vgl. Handbuch des teutschen Staatsrechts, S. 119: „ ... gleichwohl ist diese Landeshoheit nicht das, was die souveräne höchste Gewalt eines Staats ist. Denn

seinem „Handbuch" von 1805 die Idee einer „Reichsbürgerschaft" oder eines „Reichsbürgerrechts" vertreten,[19] kann sich allerdings nur auf eine einzige knappe Äußerung stützen. In einer Zusatzbemerkung zur Feststellung, daß die Landeshoheit stets dem gesamten Reich untergeordnet sei,[20] stellt Schmalz lediglich fest: Aus dieser Unterordnung folge „aber nicht, daß die Reichs-Bürgerpflicht der Landes-Bürgerpflicht vorgehe. Jeder mittelbare Reichsunterthan muß die Befehle seines Landesherrn befolgen, und es bleibt diesem allein überlassen, was er vor dem Reiche zu verantworten sich getraut".[21] Es bleibt im Unklaren, was mit dieser „Reichs-Bürgerpflicht" eigentlich gemeint ist, denn an eine Art von *Reichsbürgerschaft*, wie sie den Reichs*ständen* zukam, denkt Schmalz hier offensichtlich nicht, weil er die „Landes-Bürgerpflicht" der „Reichs-Bürgerpflicht" eindeutig voranstellt. Er meint hier wohl nichts anderes als die Tatsache, daß jeder Untertan eines Territorialstaats zugleich Untertan des Kaisers ist – wenn auch nur *mittelbar* und daher *zuerst* seinem Landesherrn und erst dann dem Kaiser verpflichtet.

In der Ausführung knapp, in der Sache aber erschöpfend handelt Schmalz die Institutionen der Reichsverfassung ab: Zuerst die schriftlich niedergelegten Fundamentalnormen, also die Verträge, Reichsabschiede, Fundamentalkapitulationen bis hin zum wichtigsten verfassungsgeschichtlichen Einschnitt der vergangenen Jahre, dem Reichsdeputationshauptschluß.[22] Dem Kaiser und den Reichsämtern widmet er eine ausführliche und durchaus kenntnisreiche Darstellung;[23] freilich wird die Eingebundenheit des Kaisers und seiner politischen Stellung in das Herkommen und die Traditionen der historisch gewachsenen Reichsverfassung stark betont: „Was nun also der Kaiser allein zu beschließen, zu bestimmen und zu entscheiden hat, dafür folgt er seinen eignen Einsichten, nur daß er nie, weder wider die Gesetze und das Herkommen, noch auch gegen den Geist der

1. sind einige Regierungsrechte auch in den Territorien der Reichshoheit vorbehalten, welche sie entweder allein, oder doch neben der Landeshoheit ausüben kann. 2. Die Landeshoheit ist auch stets dem gesammten Reiche untergeordnet, so daß die Landeshoheit nicht gegen die allgemeinen Gesetze des Reichs handeln darf".

[19] So M. Stolleis, Geschichte des öffentlichen Rechts in Deutschland I, S. 229, II, S. 56.

[20] Zitiert oben in Anm. 18.

[21] Handbuch des teutschen Staatsrechts, S. 119.

[22] Vgl. ebenda, S. 26 ff.

[23] Vgl. ebenda, S. 93 ff.

jetzigen Verfassung handeln darf“.[24] Der Unterschied des Reichsoberhaupts zum Territorialfürsten wird sehr deutlich herausgearbeitet.[25]

Die politisch-institutionelle Schwäche des Reichs – auch nach der Neuordnung seit dem Frieden von Lunéville und dem Reichsdeputationshauptschluß von 1803 – ist so offenkundig, daß auch Schmalz sie nicht verschweigen kann. Zwar beschreibt er in aller Ausführlichkeit den Reichstag und dessen alt-neue Zusammensetzung, dessen Kollegien, Räte, Bänke und Abstimmungsordnungen; auch den Reichsdeputationen, den Reichskreisen und den „Religions-Corporibus“ wird gebührende Aufmerksamkeit geschenkt,[26] doch die Kraftlosigkeit der alten Institutionen ist dort, wo von den eigentlichen Gewalten des Reichs die Rede ist, nicht mehr zu verkennen: Sowohl die aufsehende wie die gesetzgebende und erst recht die vollziehende Gewalt des Reiches erweisen sich als äußerst bescheiden, da stets durch die Rechte der Territorialherrscher begrenzt.[27] Als einzig wirklich unbestrittenes Reservat bleibt dem Kaiser das Recht zur Standeserhöhung;[28] dieses Recht wird aber ebenfalls wieder durch die Regelung eingeschränkt, daß der Kaiser niemals „Sitz und Stimme auf dem Reichstage ohne Einwilligung des Churcollegiums und des Collegiums oder der Bank, worin jemand aufgenommen werden soll, ertheilen“[29] darf.

Die Rechtsprechung des Reiches – einst ein Kernreservat der Reichsverfassung – erweist sich nunmehr ebenfalls nur noch als Schatten ihrer selbst. Schmalz rekapituliert getreu die Bedeutung und Befugnisse der altehrwürdigen Gerichte des Reichs, also des Reichskammergerichts und des Reichshofrats,[30] aber er weiß im Grunde, daß die Ziviljustiz des Reiches allenfalls noch dort eine Bedeutung haben kann, wo es sich um deren Schiedsrichterrolle bei Auseinandersetzungen der Reichsstände untereinander handelt; diese

[24] Ebenda, S. 135.

[25] Vgl. ebenda, S. 138: „Territorien werden von erblichen Regenten regiert, deren eignes Interesse das Interesse ihrer Unterthanen ist. Das Reich aber von einem Wahlmonarchen, der eine Versuchung haben kann, das Interesse des Reichs dem Interesse seines Hauses zu opfern. Landstände sind Privat-Gutsbesitzer; Reichsstände aber sind Chefs von Staaten und Nationen. Das Land hat in der Person und Familie des Fürsten seinen Vereinigungspunkt; das Reich aber in seinem Verbande unter sich“.

[26] Vgl. ebenda, S. 139 ff., 167 ff.

[27] Vgl. ebenda, S. 189 ff.

[28] Vgl. ebenda, S. 208.

[29] Ebenda, S. 209.

[30] Vgl. ebenda, S. 222 ff.

Austrägaljustiz findet denn auch bei ihm knappe, aber deutliche Beachtung,[31] während die „Reichscriminaljustiz", der „alle reichsunmittelbaren Personen" unterstehen, „wenn sie nicht etwa in eines Reichsstandes Diensten, und also diesem in Dienstsachen auch zur Bestrafung unterworfen sind",[32] offenbar nur der Vollständigkeit halber, nicht etwa wegen ihrer Bedeutung erwähnt wird. Auch mit der „Finanzhoheit im Reiche"[33] ist es augenscheinlich nicht mehr weit her; nur noch ein einziges neues „Reichsregalrecht" wird erwähnt: die Besteuerung der Rheinschiffer, die „an die Stelle der ehemaligen, einzelnen Ständen gehörigen, Zölle am Rhein getreten ist".[34]

Auch um die „äussern Hoheiten des Reichs" ist es schlecht bestellt; hier sind dem Kaiser die Hände fast in jeder Beziehung gebunden; er darf „weder Krieg im Namen des Reichs anfangen, noch Bündnisse eingehen ohne reichstägliche Bewilligung".[35] Und selbst dann, wenn doch einmal ein Krieg zustandekommen sollte, gilt nur die Regel, es „soll bey entstandenem Reichskriege kein Stand neutral bleiben. Aber" – fügt Schmalz sogleich hinzu – „der Drang der Umstände rechtfertigt die Neutralität einzelner Stände und Particulairfrieden derselben mit dem Feinde um so mehr, da weder die jetzige Organisation der Reichskriegesmacht die Stände schützt, noch ihre einzelnen Schadenstände vom Reiche mit gleichen Schultern getragen werden".[36] Schmalz' Darstellung des Reichsrechts liest sich im Grunde nur als eine einzige Bestätigung des berühmten, um 1800 gefällten Hegelschen Diktums: „Deutschland ist kein Staat mehr".[37]

b) Die Territorien

Angesichts der inneren und konstitutionellen Schwäche des sich seinem Ende zuneigenden Reiches verwundert es nicht, daß Schmalz den Rechten der Territorien im Rahmen seiner Gesamtdarstellung des

[31] Vgl. ebenda, S. 237 ff.

[32] Ebenda, S. 254; Schmalz weist sogar noch darauf hin, daß es umstritten sei, „ob auch unmittelbare Reichsritter befreyt wären von der Criminalgerichtsbarkeit der Länder, in denen sie delinquiren" (ebenda, S. 254 f.).

[33] Ebenda, S. 306; vgl. S. 306 ff.

[34] Ebenda, S. 309.

[35] Ebenda, S. 325.

[36] Ebenda, S. 328.

[37] Georg Wilhelm Friedrich Hegel, Gesammelte Werke, Bd. V: Schriften und Entwürfe (1799–1805), hrsg. v. Theodor Ebert/Kurt Rainer Meist, Hamburg 1998, S. 25 („Fragmente einer Kritik der Verfassung Deutschlands", 1799–1803).

deutschen Staatsrechts besondere Aufmerksamkeit gewidmet hat. Die spätere Forschung hat denn auch die These vertreten, Schmalz habe „die Reichsverfassung ‚preußisch‘“ gedacht, „also mit Hervorhebung der Territorialgewalt“.[38] Schmalz hat sich allerdings bereits in der Vorrede seines „Handbuch des teutschen Staatsrechts“ gegen entsprechende Vermutungen verwahrt: „Ich glaube ... nicht die Territorial-Gewalt gegen die Reichs-Gewalt, mehr als recht ist, gehoben zu haben, ob ich gleich anders das Verhältniß beyder ansehe, als ein Schriftsteller im Dienst eines Vicariat-Hofes aus billigem Patriotismus sie gern ansieht. Und so ungern ich ein Uebergewicht der Landstände über die Autorität des Fürsten wünsche, der doch mehr als Privatperson bey dem Wohlstande seines Landes interessirt ist: so möchte ich doch auch nicht gern ihr Ansehen so weit unter die Autorität dessen, was man wohl Büreaucratie genannt hat, herabsetzen“.[39]

Die Differenz zwischen Reichs- und Landeshoheit wird von Schmalz durchaus zutreffend als ein zentrales Element der alten und auch noch der gegenwärtigen deutschen Verfassung herausgearbeitet,[40] wobei er immerhin darauf hinweist, daß zu den „Fundamentalnormen der einzelnen Territorien“ selbstverständlich auch die Reichsgesetze und die Kaiserlichen Privilegien gehören.[41] Breiten Raum nimmt die Schilderung der verfassungsmäßigen Rechte und Pflichten der fürstlichen Landesherren ein;[42] nicht einmal die Bedeutung des Gottesgnadentums bleibt unerwähnt.[43] Nach längeren Ausführungen über Hofämter und Hofstaat, über die fürstliche Erbfolge – inklusive des salischen Erbfolgegesetzes –, das fürstliche Familienrecht, schließlich das Vormundschafts- und Regentschaftsrecht[44] gelangt Schmalz zu

[38] M. Stolleis, Geschichte des öffentlichen Rechts in Deutschland II, S. 54.

[39] Handbuch des teutschen Staatsrechts, S. VIIf.

[40] Vgl. ebenda, S. 23: „Die Reichshoheit kann in der Regel in die innern Angelegenheiten nicht eingreifen, und von allen europäischen Mächten wird jedes Territorium als Staat, und seine Regierung als eine freye, zu Gesandtschaft, Bündniß, Krieg und Frieden berechtigte Macht angesehen“.

[41] Vgl. ebenda, S. 29.

[42] Vgl. ebenda, S. 51 ff.

[43] Vgl. ebenda, S. 52 f.: „Der Ausdruck: *Wir*, und der Zusatz: *Von Gottes Gnaden*, nach dem Beyspiele der souverainen Regenten in Europa vor dem Titel gebraucht, war ehemals ein Ausdruck religiöser Demuth und ist jetzt ein Zeichen der Hoheit“. – In diesen Worten klingt schon an, daß Schmalz den Anspruch der deutschen Territorialfürsten auf *de facto*-Souveränität durchaus wahrgenommen und hier wenigstens indirekt zur Sprache gebracht hat.

[44] Vgl. ebenda, S. 54 ff., 58 ff., 70 ff., 83 ff.

den „republicanischen Territorien", den Reichsstädten also, und zur Reichsritterschaft.[45]

Aufschlußreich sind wiederum Schmalz' Äußerungen zu Bedeutung und Funktion der Landstände. Auf der einen Seite heißt es mit einem deutlichen Seitenhieb gegen zeitgenössische revolutionäre Ideen: „Nicht die Köpfe der Einwohner, sondern das Landeigenthum wird, wie es auch seyn soll, von ihnen [den Landständen, H.-C.K.] repräsentirt".[46] Hier schlagen die physiokratischen wie auch die gegenrevolutionären Grundüberzeugungen des Autors wieder einmal durch. Andererseits plädiert er aber keineswegs für eine politische Marginalisierung des ständischen Elements: „Sehr müßig ist der Wortstreit: ob das Einwilligungsrecht der Stände eine Mitregierung genannt werden könne? – Der Freund der Freyheit wird weder die Macht der Stände zur Schwächung der monarchischen Constitution erhöht, noch sie selbst aufgehoben zu sehen wünschen".[47] Mit Blick auf die damals gegebenen verfassungspolitischen Zustände in Deutschland wäre eine andere Äußerung, sei es zugunsten der einen oder der anderen Seite, auch wenig angemessen gewesen.

Die mit der Landeshoheit engstens verbundene Herrschaftsgewalt der Landesherren – Inspektion, Legislative und Exekutive – wird wiederum breit ausgeführt[48] und deutlich gegen die eingeschränkte Gewalt des Kaisers abgesetzt.[49] Auch die Justizhoheit der Landesherren wird ausführlich und mit allen Details dargestellt.[50] Interessant wiederum – und kennzeichnend für die Positionen des „gemäßigten Absolutisten" Schmalz – sind seine Bemerkungen zur immer noch durchaus brisanten Frage des Eingriffsrechts der Landesherren in die Rechtsprechung: „Da Rechtsprechen bey cultivirten Nationen die Anwendung einer Wissenschaft ist, so kann kein regierender Landesherr aus seinem Cabinette Befehle statt Urtheile in Rechtssachen ergehen lassen. Aber er ist doch höchster Bewahrer der Gesetze in seinem Lande, und kann daher nicht nur auf *Beschwerden wegen*

[45] Vgl. ebenda, S. 89 ff.
[46] Ebenda, S. 128.
[47] Ebenda, S. 131.
[48] Vgl. ebenda, S. 190ff, 195 ff., 203 ff.
[49] Vgl. etwa die Feststellung ebenda, S. 197: „Der Kaiser kann keine Privilegien gegen Landesgesetze oder Concessionen ertheilen, welche in einzelnen Territorien Wirkungen gegen die darin geltenden Regeln hätten, außer in solchen Dingen, welche zu seinen Territorialreservaten gehören".
[50] Vgl. ebenda, S. 213 ff.

verweigerter oder verzögerter Rechtspflege an seine Gerichte Befehle über Verwaltung und Beschleunigung der Justiz erlassen, sondern er darf allerdings auch die Hand einschlagen, wo die Richter *offenbar* wider das Gesetz *in thesi* sprechen und handeln, oder die Grenzen ihres Amtes überschreiten. Nur muß er auch hierin, wo es auf rechtliche Untersuchung und Entscheidung ankömmt, allerdings nicht selbst, sondern durch qualificirte Commissarien untersuchen und entscheiden lassen“.[51]

Der Polizeihoheit gewährt Schmalz, der den Begriff zwar noch als Teil der Kameralhoheit definiert, dennoch nicht mehr nur im traditionellen Sinne verwendet,[52] ebenfalls breiten Raum.[53] Nicht weniger auf die aktuelle Lage zugeschnitten sind auch seine Ausführungen über die Finanzhoheit der Territorien, eines ihrer zentralen Rechte.[54] Das Besteuerungsrecht und auch „die Verwaltung der erhobenen Gelder gebührt natürlich dem Fürsten, wenn nicht die Landstände besonders dafür durch die Landesgesetze autorisirt sind. Aber Landstände können die ihnen überlassene Verwaltung der Kenntniß des Regenten auf keine Weise entziehen, und Verträge, durch die sie dazu berechtigt wären, würden nicht gegen absolute Gesetze des Reichs gelten“.[55] Schmalz hat hier offenbar schon sehr genau gesehen, daß ein uneingeschränktes Steuerbewilligungsrecht der Stände (oder eines aus gewählten Repräsentanten bestehenden Parlaments) als entscheidende Einbruchstelle des konstitutionellen oder gar parlamentarischen Prinzips dienen konnte. Und vor dieser Möglichkeit warnte er hier indirekt. Daß er aber keineswegs in jeder Hinsicht den Standpunkt der traditionellen Herrschaftseliten vertrat, zeigt wiederum seine deutli-

[51] Ebenda, S. 219f. – Das gleiche gilt auch für den Bereich der Kriminalgesetzgebung (vgl. ebenda, S. 250ff.), über die der Landesherr in vollem Umfang – ebenfalls wie über das Recht zu Begnadigungen – verfügt. Allerdings ist „eine willkührliche Verschärfung der vom Richter erkannten Strafe ... offenbar dem Rechte zuwider; aber wohl mag der Landesherr, welcher glaubt, daß ein Richter durch zu große Gelindigkeit seine Pflicht übertreten habe, durch unpartheyische Rechtsgelehrte anderweit erkennen lassen“ (ebenda, S. 252). Auch diese Äußerung wird man wohl als indirekte Distanzierung von der Machtspruchpraxis der preußischen Könige des 18. Jahrhunderts ansehen können; siehe dazu ebenfalls oben § 15e).

[52] Vgl. ebenda, S. 256f.: „*Polizeihoheit* ist also das Recht des Staates, das zu bestimmen, was jeder aus gemeiner Unterthanenpflicht für das Ganze im Innere [sic] des Staats thun oder unterlassen soll“.

[53] Vgl. ebenda, S. 256ff.

[54] Vgl. ebenda, S. 283ff.

[55] Ebenda, S. 304f.

che und in der Sache unnachgiebige Kritik an der Steuerfreiheit für Rittergüter und kirchlichen Grundbesitz – ein für jene Epoche unmittelbar brisantes Thema.[56]

Die äußeren Hoheiten der deutschen Einzelstaaten entsprechen denjenigen voll souveräner Staaten: „Die teutschen Territorien werden im europäischen Völkerrechte als Staaten mit allen Vorzügen und Rechten derselben angesehen, und ihnen das Recht der Gesandtschaften, der Bündnisse, des Krieges und des Friedens zugestanden" – mit der einzigen Einschränkung, daß keine „gegen Kaiser und Reich"[57] gerichteten Abkommen geschlossen werden dürfen; doch eben dieses Verbot war bereits in der Reichsgeschichte seit 1648 mangels ausreichender Sanktionsmöglichkeiten des Kaisers weitgehend ohne Bedeutung geblieben, und daran hatte sich auch im Jahre 1805 gar nichts geändert. Immerhin legt Schmalz noch Wert auf die Feststellung, daß die Außenpolitik ein Reservat des Landesherrn ohne Eingriffsrecht der Stände darstellt.[58]

Das kurze verfassungspolitische Interim der Jahre nach dem Reichsdeputationshauptschluß von 1803 endete bereits mit der Niederlegung der Kaiserkrone durch Kaiser Franz II. im August 1806; damit war auch das ein Jahr zuvor fertiggestellte und publizierte „Handbuch des teutschen Staatsrechts" von Theodor Schmalz, kaum daß es auf den Markt gelangt war, zu Makulatur geworden. Dennoch hat es durchaus Beachtung gefunden. In einer größeren Sammelrezension neuerer staatsrechtlicher Literatur, erschienen im November 1806 in der „Jenaischen Allgemeinen Literatur-Zeitung", hat Karl Salomo Zachariä zwar die allzu knappen Literaturnachweise des Bandes bemängelt, andererseits aber ebenfalls angemerkt: „Hin und wieder ist es dem Vf. gelungen, den Schulstaub mit Glück wegzublasen, der auf manchen Lehren des deutschen Staatsrechts noch etwas dick liegt, und den Gegenständen eine gemeinnützlichere Seite abzugewinnen. An neuen Ansichten fehlt es auch nicht; sie pflegen mehr

[56] Vgl. ebenda, S. 305f.: „Im Allgemeinen sind Rittergüter und geistliche Güter steuerfrey; eine Einrichtung, die zur Zeit der Lehndienste ihren Grund hatte, und darin, daß Geistliche ihre Güter noch wirklich am Altar verdienten. Da jenes, und wo dieses wegfällt, ist kein positiver Rechtsgrund für diese Freyheit mehr, und sie ist für den, der den Zusammenhang des menschlichen Verkehrs übersieht, und weiß, wohin Steuern am Ende alle sich wälzen, nur ein lächerliches Recht, nämlich nicht direct zu zahlen, um indirect desto mehr zahlen zu müssen". Siehe dazu auch unten §§ 22–24.

[57] Die Zitate: Handbuch des teutschen Staatsrechts, S. 316f.

[58] Vgl. ebenda, S. 318.

staatswissenschaftlich, als historisch zu seyn“.[59] Freilich bemängelt auch der Kritiker, der noch einmal die Größe und Grenzen der alten Reichsverfassung Revue passieren läßt, den Platz, „den die Territorial-Gewalt in ihrem Verhältnissen [sic] zur Reichsgewalt bey dem Vf. angewiesen erhalten hat“. Doch resigniert fügt Zachariä an: „... es ist nun einmal im deutschen Staatsrechte nicht anders, als daß die Wahrheit hier, mehr als sonst irgendwo, nach dem Lande oder Boden schmeckt, wo sie gewachsen ist, als wäre es Wein, oder als wären es Rüben“.[60]

Und daraus hat auch Schmalz zeitlebens kein Hehl gemacht. Er dachte die Reichsverfassung zwar nicht gerade „preußisch“, er hat aber die Reichsverfassung – oder besser gesagt: dasjenige, was von ihr nach dem Reichsdeputationshauptschluß noch übriggeblieben war – im ganzen recht illusionslos in ihren dürren und überlebten Strukturen beschrieben. Mehr konnte und wollte seine als Lehrbuch konzipierte Darstellung des deutschen Staatsrechts von 1805 nicht leisten.

59 [Karl Salomo Zachariä], Sammelrezension Jurisprudenz, in: Jenaische Allgemeine Literatur-Zeitung, Nr. 258–259, 3./4.11.1806, Sp. 209–222, hier Sp. 221; dazu auch die Bemerkungen bei Gerhard Schuck, Rheinbundpatriotismus und politische Öffentlichkeit zwischen Aufklärung und Frühliberalismus. Kontinuitätsdenken und Diskontinuitätserfahrung in den Staatsrechts- und Verfassungsdebatten der Rheinbundpublizistik (Frankfurter Historische Abhandlungen, Bd. 36), Stuttgart 1994, S. 71f.

60 [K. S. Zachariä], Sammelrezension Jurisprudenz, Sp. 222.

§ 17 Die „Staatsverfassung Großbritanniens" (1806)

Ein Interesse an der englischen Verfassung dürfte bereits beim jungen Schmalz vorhanden gewesen sein; es ist kaum anzunehmen, daß sich der junge Göttinger Student der Rechte – als gebürtiger Hannoveraner ohnehin Untertan des englischen Königs in dessen Eigenschaft als Kurfürst von Hannover – nicht mit der politischen Ordnung Großbritanniens befaßt hätte. Und die Ausbildung an der ohnehin stark anglophilen Georg-August-Universität zu Göttingen[1] dürfte noch das ihrige zu diesem Interesse beigetragen haben.

Schon in den frühen Publikationen von Schmalz findet man hier und da ausgesprochen englandfreundliche Töne. Das Rätsel eines angemessenen Ausgleichs zwischen Ständen und Königtum hätten – so heißt es im „Natürlichen Staatsrecht" von 1794 – nur jene Staaten gelöst, „welche nie von gänzlichen Staatsumwälzungen erschüttert" worden seien „wie Teutschland in den meisten Ländern und England, wo nie die Urverhältnisse wesentlich geändert sind".[2] Und im gleichen Buch findet sich die mit Blick auf die Französische Revolution gemachte Bemerkung: „Großbritanniens Verfassung steht unerschüttert. Denn was dort Revolution heißt, war nicht Umsturz, sondern Wiederherstellung".[3] Diese Anspielung auf die Glorious Revolution von 1688/89 war in jener Zeit spätestens seit Edmund Burkes „Reflections on the Revolution in France" (die Schmalz wohl in der 1793 publizierten berühmten Übersetzung von Friedrich Gentz gekannt haben dürfte) unter den Kritikern der Pariser Revolutionäre fast zum Allgemeingut geworden.[4] Auch in den ebenfalls 1794 erschienenen ersten Band der „Annalen der Rechte des Menschen, des Bürgers und der Völker" hatte Schmalz eine lobende Bemerkung über die

[1] Vgl. G. von Selle, Die Georg-August-Universität zu Göttingen 1737–1937, S. 189 ff.

[2] Das natürliche Staatsrecht, [1]1794, S. 71.

[3] Ebenda, S. 126.

[4] Betrachtungen über die französische Revolution. Nach dem Englischen des Herrn Burke neu-bearbeitet mit einer Einleitung, Anmerkungen, politischen Abhandlungen, und einem critischen Verzeichniß der in England über diese Revolution erschienenen Schriften von Friedrich Gentz, Bde. I–II, Berlin 1793. – Zur Burke-Rezeption in Deutschland siehe auch Frieda Braune, Edmund Burke in Deutschland. Ein Beitrag zur Geschichte des historisch-politischen Denkens in Deutschland (Heidelberger Abhandlungen zur mittleren und neueren Geschichte, Bd. 50), Heidelberg 1917.

Wirkungen der Verfassung Englands eingerückt[5] – nicht ohne allerdings wenige Seiten später seinem alten Lehrer Schlözer eine Überschätzung des positiven Einflusses der britischen politischen Ordnung vorzuwerfen.[6]

Die Darstellung, die Schmalz im Kriegsjahr 1806 unter dem lapidaren Titel „Staatsverfassung Großbritanniens“ veröffentlichte, entsprach im großen und ganzen diesen frühen Bemerkungen.[7] Indes beschränkte sich der Autor in seinem Buch, wie die Kritik in der Regel auch lobend hervorheben sollte, keineswegs nur auf die im engeren Sinne politischen Institutionen des Inselstaats, sondern widmete sich auch ausführlich der Gerichtsverfassung und dem Rechtssystem Großbritanniens sowie dessen wirtschaftlichen Verhältnissen, dessen innerer Verwaltung, Bildungssystem, Kirchenangelegenheiten, Verteidigungseinrichtungen und nicht zuletzt dessen Außenpolitik. Schließlich ist es nicht zu verkennen, daß Schmalz das Buch bereits nach Beginn des französisch-preußischen Krieges abschloß; die Vorrede ist auf den 6. September 1806 datiert – die Niederlage von Jena und Auerstädt sollte bereits am 14. Oktober folgen. „Unser Heer kämpfe für König und Vaterland“, heißt es hierin, „und es kämpft itzt für Kultur und Menschheit. Unser bürgerlicher Beamter kämpfe eben so tapfer gegen Ungerechtigkeit und jede Künsteley in der Verwaltung, und er wird ebenfalls nicht bloß dem Könige dienen und dem Vaterlande, sondern der ganzen Menschheit“.[8]

Entgegen einer leicht mißverständlichen (und wohl unter dem unmittelbaren Eindruck der Bedrohung durch Frankreich formulierten) Bemerkung im Vorwort[9] geht es Schmalz jedoch keineswegs um eine Verteidigung und schon gar nicht um ein uneingeschränktes Lob der englischen Verfassung, sondern recht eigentlich um eine sorgfältige Abwägung von Licht und Schatten dieser einstmals allgemein

[5] Vgl. Annalen der Rechte des Menschen, des Bürgers und der Völker, hrsg. vom Professor SCHMALZ in Königsberg, 1. Heft, Königsberg 1794, S. 69f.

[6] Vgl. ebenda, S. 84f.

[7] Eine knappe Würdigung findet sich bei W. PÖGGELER, Die deutsche Wissenschaft vom englischen Staatsrecht. Ein Beitrag zur Rezeptions- und Wissenschaftsgeschichte 1748–1914, S. 35–37.

[8] Staatsverfassung Großbritanniens, Halle 1806, S. Vf.

[9] Vgl. ebenda, S. IV: „Wenn ich nun übernahm, das Staatsrecht Großbritanniens kürzlich zu schildern, so that ich das, um im Beyspiel zu zeigen, welches die Gesetze seyn, welche das ewige Recht der Staatsverwaltungen vorschreibt, und daß das Rechte allein auch das Kluge im Innern und im Aeußern sey. Daß der große Haufen das verkennt, das ist der stärkste Beweis der Wahrheit für den Verständigen“.

bewunderten, jetzt eher angefeindeten politischen Ordnung des Inselreichs.[10] Deren Geheimnis verortet der Autor nicht etwa in einer besonders gelungenen Staatskonstruktion, sondern in unbestimmbaren Faktoren – dem schicksalhaften Gang der Geschichte und dem Glück der Briten: Die britischen Inseln „bilden itzt nur Ein Reich, dessen Verfassung als Schutzwehr der Freiheit gepriesen, und schon deshalb merkwürdig ist, weil die Weisheit und das Glück des Volks den Misbrauch der Anstalten vermieden hat, die unter dem Vorwande, die Freiheit zu sichern, sie allenthalben untergraben haben. Denn diese Verfassung ist überall nicht ein Werk von Klüglingen, sondern des Schicksals, des natürlichen Ganges der Dinge. Ihre Haupteinrichtungen sind alle und immer mehr durch den Drang der jedesmaligen Verhältnisse, als durch den Willen der Menschen eingerichtet".[11]

Diese Betonung des quasi naturwüchsigen Charakters der Verfassung von England dient, wie im weiteren Verlauf der Darstellung deutlich wird, vor allem der Widerlegung jener von Montesquieu stammenden Idee einer perfekten Gewaltenteilung im politischen System Großbritanniens. Und dieser anfangs ausgesprochenen Grundintention entspricht es ebenfalls, daß der englischen Geschichte in den ersten Kapiteln der Darstellung breiter Raum gewidmet wird. Gemäß dem Kenntnisstand seiner Zeit läßt Schmalz die englische Verfassungsgeschichte bereits im 9. Jahrhundert mit König Alfred dem Großen beginnen; hier verortet er auch den Ursprung des Parlaments.[12] Seit Eduard I., also seit dem späten 13. Jahrhundert, habe „die Verfassung Englands in den Grundzügen ihrer Form sich wenig verändert".[13] Diese Auffassung entsprach der zu jener Zeit in Großbritannien noch überaus lebendigen – und gerade von dem Juristen Sir William Blackstone wie auch von Edmund Burke erneuerten – historischen Legende vom fast ununterbrochenen Königsweg zur Freiheit, den die Engländer seit der Magna Charta von 1215 zurückgelegt hätten.

Schmalz wandelte diese Kontinuitätsthese freilich auf seine eigene Weise ab, indem er den Monarchen als den unangefochtenen und im

[10] Vgl. ebenda, S. 131: „Diese Verfassung war ehemals durch ganz Europa mit lautem Jubel gefeyert, ist seit der großen Revolution in Frankreich bitter getadelt. Beydes meist aus Unkunde, und weil wenige Menschen Staatssachen so einfach ansehen, wie sie sind".

[11] Ebenda, S. 3 f.

[12] Vgl. ebenda, S. 6 ff.

[13] Ebenda, S. 16.

wesentlichen auch in seinen Befugnissen uneingeschränkten Mittelpunkt der Verfassung ansieht: „Der König ist alleiniges Oberhaupt des Staats, ein wahrer Monarch, als einzige Quelle aller Gewalt, aller Ehre, aller Rechte. Nur in Kraft der Privilegien, die seine Gnade selbst verliehen hat, und in Kraft seines unverbrüchlichen Königlichen Worts ist es, daß kein Gesetz gegeben, keine Steuer erhoben werden kann, ohne Bewilligung des Parlaments im Hause der Lords und im Hause der Gemeinen. Doch kann auch das Parlament dem Könige kein Gesetz aufdringen, und er hat das freye Recht, dessen Beschlüsse zu verwerfen. Auch ist er niemand als Gott Rechenschaft seiner Handlung schuldig. Vor Menschen, vor dem Parlament, vor dem Volke selbst thut er nie Unrecht. Doch sind seine Diener und Räthe verantwortlich für alles, was sie gegen das Gesetz thun. Kein Befehl des Königs entschuldigt sie, wenn das Haus der Gemeinen vor dem Hause der Lords sie als treulose Rathgeber des Königs anklagt“.[14] Mit diesen wenigen Worten hat Schmalz bereits am Anfang seiner Darstellung den Kern seiner Interpretation der englischen Verfassung umrissen; alles Weitere dient nur der Ausmalung und – in Grenzen – der Interpretation dieses Bildes.

Neben dem König rückt Schmalz vor allem den Adel als bestimmenden staatskonstituierenden Faktor ins Blickfeld[15] – das entspricht ganz seiner These von den Grundeigentümern als den eigentlichen Trägern eines Gemeinwesens.[16] Aus den Freiheitsrechten, die sich der Adel in Jahrhunderten mühsam, aber überaus erfolgreich erkämpft habe, sei jenes einmalige System ständisch gegliederter Freiheit entstanden, durch die sich die englische Verfassung – im Gegensatz zur „Gleichheit der Sclaverey“ im „Despotismus“ jeder Art – bis zur Gegenwart auszeichne.[17] Ein differenziertes System von politischen Rechten und gesellschaftlichen Rangstufen – dazu gehört auch die Möglichkeit des schnellen Aufstiegs besonders befähigter Bürgerlicher in den Adel – vermag nach Schmalz die Freiheit viel eher und besser zu

[14] Ebenda.

[15] Vgl. ebenda, S. 29 ff.

[16] Siehe dazu oben § 15 c).

[17] Vgl. Staatsverfassung Großbritanniens, S. 41 f.: „Es ist ein sicheres Zeichen bürgerlicher Freyheit, wenn der Unterschied der Stände und Rang geachtet, und gleichwohl nie im Umgange des geselligen Lebens durch Stolz fühlbar gemacht wird. Ein edles Volk liebt Ehre, aber ein edler Mensch, der sie hat, überhebt sich ihrer nicht. Wo aber Despotismus die Menschen erniedrigt, da ist Gleichheit der Sclaverey, und also wenig Unterschied unter den Sclaven selbst; aber der Sclave im mehr schimmernden Gewande lässet den im schlechtern Uebermacht und Uebermuth fühlen“.

sichern, als jeder Versuch einer von oben erzwungenen und damit unnatürlichen allgemeinen Gleichheit.

Dieser Tendenz – man könnte sie in dem Schlagwort „Starkes Königtum plus ständische Freiheit“ zusammenfassen – entspricht die weitere Rekonstruktion der politischen Institutionen Englands, sowohl die Schilderung der Rechte und Stellung des Monarchen und seiner Familie[18] wie auch die Darstellung des Parlaments;[19] stets ist Schmalz bestrebt, die in der Tat im damaligen historisch-politischen Vergleich ganz ungewöhnlichen Rechte des englischen Parlaments im allgemeinen und des Unterhauses im besonderen einschränkend zu interpretieren[20] und auf diese Weise die Rolle des Monarchen aufzuwerten.[21] Hierzu paßt auch, daß er das alte, aus dem Mittelalter überkommene Wahlsystem (es sollte erst 1832 grundlegend reformiert werden) nachdrücklich verteidigte: Gemäß seiner Lehre von der Bedeutung des Grundeigentums für die Verfassung und innere Struktur eines Gemeinwesen[22] lobt er das britische Unterhaus ausdrücklich – und wiederum in klarer Abgrenzung vom revolutionären Frankreich – als gelungenes Beispiel einer Repräsentation des Grundbesitzes: „Seine

[18] Vgl. ebenda, S. 55 ff., 65 ff.

[19] Vgl. ebenda, S. 77 ff., 91 ff.

[20] Das führt zuweilen zu etwas merkwürdigen gedanklichen Kapriolen; so etwa, wenn Schmalz (ebenda, S. 66) auf das Problem der strittigen Erbfolge zu sprechen kommt und einräumen muß, daß das Parlament „wohl den als König erkannt [hat], den die Macht oder die größere Parthey in ihm selbst auf seiner Seite hatte. Aber wahrlich irren die, welche daraus ein Recht des Parlaments ableiten, die Thronfolge zu ändern. Nur wenn der Schluß des Parlaments zu solcher Aenderung von dem rechtmäßigen Souverain frei bestätigt ist, mag das neue Erb-Gesetz in Kraft Rechtens bestehen“. Andererseits kommt er bei seiner Schilderung der Glorious Revolution nicht umhin, ein solches Recht doch indirekt zuzugestehen: König Jakob II. sei bei der Annäherung Wilhelms von Oranien geflohen, daher sei „dann der Thron für verlassen und leer erklärt und Marien und Wilhelm, und nach beyder Tode, der jüngern Tochter Jacobs, Anna, vom Parlament angetragen wurde“ (ebenda, S, 69). Immerhin hat Schmalz das Recht des Parlaments, im Falle einer Regierungsunfähigkeit des amtierenden Königs „als alleinige öffentliche Gewalt“ (ebenda, S. 109) die entsprechenden Maßnahmen für eine Regentschaft zu treffen, ausdrücklich erwähnt (vgl. ebenda, S. 73, 108 f.).

[21] Sogar die Tatsache, daß der König im Rahmen der alljährlichen Parlamentseröffnung eine *vom Premierminister vorformulierte* Rede hält, wird allein zugunsten der monarchischen Gewalt ausgelegt: Diese Rede, in welcher der gegenwärtige Zustand der Nation als Auftakt der neuen Parlamentssession beschrieben werde, sei von so hoher Bedeutung, daß niemand „den Leichtsinn eines Fürsten billigen [könnte], der nicht dabey jedes Wort vorher sorgfältig erwägen ließe, von seinen Räthen, die die Geschäfte betrieben haben? Woraus dann erhellet, wie unverständig die Unwissenheit in Teutschland gespottet habe, wenn sie hörte, der König läse diese Rede, die seine Minister entworfen“ (ebenda, S. 93).

[22] Siehe oben § 15 c).

[des House of Commons, H.-C.K.] Mitglieder stellen die Gemeinheiten der Grundeigner dar. Nicht die Zahl der Köpfe ist es, welche die Abgeordneten der Nation darstellen sollen; und das Unternehmen in Frankreich, die Menschen als Personen, ohne Rücksicht auf Besitz von Grundstücken vorstellen zu lassen, ist so widerrechtlich als unrathsam“.[23] Die Einzelheiten der komplizierten Verfahrensweisen und der Geschäftsordnung des britischen Parlaments schildert Schmalz erstaunlich kenntnisreich und sehr detailliert[24] – nicht ohne an dieser Stelle noch einmal die Stärke der Stellung des Monarchen durch eine besondere Hervorhebung des königlichen Rechts zur Vertagung und zur Auflösung des Unterhauses zu unterstreichen.[25]

Wie stark Schmalz die Regierungsgewalt auf die Person des Monarchen zugeschnitten hat, zeigt sich auch an seiner – die britische Verfassungsrealität um 1800 nicht mehr treffenden – Darstellung der eigentlichen Ausübung und Organisation der Exekutive: Zwar regiere der König „nach den Acten des Parlaments ... sein Reich“;[26] auf welche Weise er dies tue, bleibe indes weitgehend ihm selbst und seinen obersten Regierungsorganen vorbehalten. Das eigentliche Zentrum der königlichen Regierung liege im Privy Council, in dem „alle Geschäfte des Staats, die nicht besondern Zweigen der Verwaltung ausschließend übertragen sind, ... zum Vortrage“[27] kämen. Dem Privy Council, der sich aus den höchsten Würdenträgern des Staates zusammensetze, sei nur noch das sogenannte „Cabinet“ übergeordnet, gewissermaßen ein Ausschuß aus jenem.[28] Dessen Zusammensetzung obliege ausschließlich dem Willen des Monarchen, „eben weil dies Cabinet keine bestimmte Form der Verfassung hat, und der König nicht beschränkt seyn kann, um Rath zu fragen wen ihm gutdünkt“.[29] Daß es sich hierbei viel eher um eine Art von *Parlaments*ausschuß

[23] Staatsverfassung Großbritanniens, S. 80; ebenda, S. 80 f. verteidigt er sogar die von vielen Zeitgenossen als ganz unhaltbar angesehene Tatsache, daß Städte wie Birmingham und Manchester durch keine Abgeordnete im Unterhaus vertreten waren, weil ihnen der Status einer Stadt nach den Regeln des traditionellen englischen Rechts nicht zukam. Ausführlich stellt Schmalz (ebenda, S. 81 ff.) anschließend die Zusammensetzung des Unterhauses und das Wahlsystem dar.

[24] Vgl. ebenda, S. 94 ff.

[25] Vgl. ebenda, S. 107 f.

[26] Ebenda, S. 110.

[27] Ebenda, S. 111.

[28] Vgl. ebenda, S. 113: „Aus den Mitgliedern des geheimen Rathes nimmt der König einige zu einem innern Rathe, welche unter dem Namen des Cabinets persönlich mit dem Könige arbeiten.“

[29] Ebenda, S. 113 f.

handelte, nämlich in der Regel um die führenden Politiker derjenigen Partei, die über die Mehrheit der Sitze im Unterhaus verfügte, konnte man bei Schmalz nicht an dieser, sondern erst an späterer Stelle nachlesen; die bei ihm anzutreffende Überschätzung des Privy Council findet sich auch bei nicht wenigen anderen zeitgenössischen Autoren.

In dem Abschnitt, der sich mit dem Verhältnis der einzelnen Staatsgewalten zueinander befaßt,[30] kommt Schmalz allerdings nicht umhin, sich auch der Frage der Parlamentsgewalt zuzuwenden. Um den – auch von ihm nicht zu bestreitenden – überaus bedeutenden Anteil des Parlaments an der politischen Machtausübung in Großbritannien mit seiner These einer starken englischen Königsgewalt zu vereinbaren, betont Schmalz mit großem Nachdruck die besonders enge Verbindung von Königs- und Parlamentsgewalt. Damit erledigt sich für ihn zugleich die Montesquieusche These einer Gewaltenteilung innerhalb der englischen Verfassung.[31] Es bestehe, so Schmalz, im Gegenteil eine enge Verschränkung von Legislative, Exekutive und inspektiver Gewalt: „Es scheint aber in Großbritannien die Verfassung überhaupt sich so darzustellen, daß alle Gewalt vom Königе ausgehe, daß er sie aber in Kraft seiner eignen Privilegien nicht ohne das Parlament üben könne. Zwar dem ersten Blick nach theilt der König die gesetzgebende Gewalt mit dem Parlamente, und hat die vollziehende allein. Aber da er die aufsehende Gewalt gleichfalls mit dem Parlament theilt: so ist sichtbar, daß dies auch wiederum in die vollziehende Gewalt bedeutend eingreife".[32]

Diese These aber erfordert es wiederum, von einem Machtgleichgewicht zwischen Krone und Parlament auszugehen; Schmalz sieht es

[30] Vgl. ebenda, S. 120ff.

[31] Vgl. ebenda, S. 120: „In Großbritannien so wenig, als in irgend einem Staate, sind die Gewalten wirklich getrennt, welche die Theorie neuerer Schriftsteller zu trennen pflegt, die gesetzgebende und die vollziehende. Es leuchtet dem Verständigen bald ein, sowohl, daß eine solche Trennung unmöglich, als auch, daß jenen beyden nicht die richterliche Gewalt, als dritte, sondern die aufsehende zugeordnet werden müsse. Eine Trennung ist nemlich unmöglich, weil die Gesetzgeber, falls die Vollzieher ihnen verantwortlich wären, in der That selbst höchste Vollzieher, falls sie ihnen aber nicht verantwortlich wären, nichts als leere Gebilde ohne alle Macht seyn würden. Dann ist auch die richterliche Gewalt nichts, als die vollziehende in Rechtssachen". – Auch hier also führt er seine *eigene* Dreigewaltenlehre ein (siehe dazu oben § 15e). Zur – am Beispiel der englischen Verfassung entwickelten – Theorie der Gewaltenteilung im 18. Jahrhundert vgl. auch Hans-Christof Kraus, Montesquieu, Blackstone, De Lolme und die englische Verfassung des 18. Jahrhunderts, in: Jahrbuch des Historischen Kollegs 1995, München 1996, S. 113–153.

[32] Vgl. Staatsverfassung Großbritanniens, S. 120f.

darin, daß keine der beiden Seiten ein Gesetzesvorhaben gegen die jeweils andere durchsetzen kann.[33] Wer hierin eine Schwäche des Königtums sehe, verfehle, so Schmalz, die britische Verfassungswirklichkeit: „Dieß ist die Unkunde, welche Gegengewichte der Gewalt im Staat, als in nothwendig stetem Streite denkt, und nicht begreift, daß durch solchen Streit die Räder der Maschiene [sic] nicht in ihr Gleis geschoben, sondern aufgehalten werden. Es ist Weisheit diesen Streit zu meiden; und das wollten auch die Ordner jener Gegengewichte, daß jeder Theil der Gewalthaber zu gemeinschaftlichen [sic] Handeln sich vereinigen sollte“.[34] Das „sicherste Mittel“ zu dieser Kooperation in der Machtausübung hätten die Könige aus dem Hause Hannover gefunden: „Sie wählen nämlich ihre Minister stets aus der Parthey, welche die Mehrheit der Stimmen auf ihrer Seite haben [sic]“.[35] Auf diese Weise erhalte sogar – und hier kommen die aufklärerischen Rudimente im Schmalzschen Denken wieder einmal zum Vorschein – „die öffentliche Meinung der Gebildetern und Edlern der Nation durch die Verfassung eine größere Kraft als anders wo“.[36] Auch dem englischen Parteiwesen werden einige, der Sache nach durchaus zutreffende Betrachtungen gwidmet.[37] „So muß also“, resümiert der Autor das von ihm gezeichnete Bild, „in ruhigen Zeiten alles zur Vereinigung hinstreben. Uneinigkeit zwischen Krone und Parlament sind ein öffentliches Unglück“.[38]

Gleichwohl sei aber, wie Schmalz zu betonen nicht müde wird, „die Macht des Königs ... nicht kraftlos“.[39] Daß der Inhaber der königlichen Gewalt sich im allgemeinen nach den Mehrheiten im Unterhaus

[33] Vgl. ebenda, S. 121. – Um 1800 stand das Vetorecht des Königs nur noch auf dem Papier; ein letztes Mal hatte es Königin Anna im Jahre 1717 gewagt, eine Parlamentsvorlage abzulehnen; ihre Nachfolger aus dem Hause Hannover riskierten eine solche Machtprobe nicht mehr.

[34] Ebenda. S. 122.

[35] Ebenda, S. 122; es heißt bezeichnenderweise weiter: „Diese Mehrheit bestimmen ... die Knights im Parlamente, als die, welche unabhängig von den Wohlthaten der Krone durch ihren Reichthum, unabhängig von der Pöbelgunst durch ihr Ansehen, die allgemeine Meinung rechtlicher Männer im Parlament aussprechen“.

[36] Ebenda.

[37] Vgl. ebenda, S. 123; Schmalz hat mit seiner Feststellung, die beiden großen Parteien im Unterhaus hätten sich seit ihren Anfängen im frühen 18. Jahrhundert von der „Kron-“ bzw. „Volks-Parthey“ zum Gegensatz einer „Ministerial-“ und „Oppositions-Parthey“ gewandelt (ebenda), die jetzt zur Durchsetzung ihrer Ziele „um die öffentliche Meinung“ kämpfen müßten, durchaus Recht.

[38] Ebenda, S. 124.

[39] Ebenda, S. 123.

richte, tue er aus „Klugheit“, nicht aus „Nothwendigkeit“, und außerdem verbleibe ihm mit dem Recht zur Ernennung der Staatsbeamten ein höchst bedeutsamer „Theil der vollziehenden Gewalt“ – und zwar allein.[40] Schließlich habe „Georg der Dritte gezeigt, wie ein König, der die Liebe und Achtung des Volks hat, leicht die öffentliche Meinung gewinne, und wie das Parlament durch ihn und diese öffentliche Meinung genöthigt werden könne, Ministern beyzustimmen, welche er auch gegen die Mehrheit der Stimme [sic] ernannt hat“;[41] hier komme auch das Recht zur beliebigen Parlamentsauflösung zur Geltung, die der Monarch auf einen für ihn günstigen Zeitpunkt legen könne, um auf diese Weise „das Volk [zum] Schiedsrichter zwischen seinem Könige und dem Parlament“[42] zu machen.

Aber die Stringenz dieser Argumentation kann Schmalz hier wiederum nicht konsequent durchhalten, sondern er muß – auch im Blick auf die großen parlamentarischen Einflußmöglichkeiten zur Disziplinierung der Exekutive, etwa durch das Instrument der Ministeranklage[43] – letztlich doch zugeben, daß der englische König nichts anderes als ein „beschränkte[r] Monarch“[44] ist; freilich kommt dieser Ausdruck in dem mehr als dreihundert Seiten umfassenden Buch nur ein einziges Mal vor. Um eine mögliche Schlußfolgerung aus dieser Erkenntnis – nämlich die Forderung nach Übertragung der britischen auf kontinentale Verhältnisse – sofort abzubiegen, verweist er mit einem auch später immer wieder beliebten (und in der Sache für jene Zeit auch keineswegs aus der Luft gegriffenen) Argument auf die Besonderheit der britischen Insellage: „der Anhänger einer Volksmacht“ möge bedenken, „daß nur eine Insel Großbritanniens Parlament und Volkswahl haben könne. Wo nicht eine Flotte vor äußern Feinden sichert, da muß es ein stehendes Heer. Die kriegrische [sic] Verfassung ist aber unverträglich mit andern als unumschränkt-monarchischen, wenn nicht militairische Satrapien alle Freyheit vernichten sollen, wie ehemals in den römischen Provinzen“.[45] Diese letzte Feststellung schien die Gegenwart – das Buch erschien Ende 1806! – unmittelbar zu bestätigen.

[40] Ebenda, S. 124; vgl. auch S. 126f.; die Bedeutung der – seit den 1780er Jahren ohnehin stark beschränkten – Ämtervergabe durch die Krone wird von Schmalz hier stark überschätzt.

[41] Ebenda, S. 124.

[42] Ebenda, S. 127.

[43] Vgl. ebenda, S. 129ff.

[44] Ebenda, S. 125.

[45] Ebenda, S. 131; vgl. auch S. 275.

Dem weit definierten Verfassungsbegriff von Schmalz entsprach es, daß er sich in seinem Buch nicht auf eine Beschreibung und Analyse der im engeren Sinne politischen Institutionen des britischen Gemeinwesens beschränkte, sondern auch das Rechtssystem, die Gerichtsverfassung, Verwaltung und „Policey“, Kirche und Bildungseinrichtungen, „Staatswirthschaft“ und Militärwesen, schließlich auch die Kolonien in seine Betrachtung mit einbezog. So beschreibt er durchaus kenntnisreich das englische, sich aus den Traditionen des Common Law und des Statute Law zusammensetzende Rechtssystem, erörtert die Gründe für die Zurückweisung der römischrechtlichen und kanonischen Rechtstraditionen, widmet sich den Besonderheiten der Juristenausbildung und hebt ausdrücklich die Unabhängigkeit der hohen Richter von politischer Willkür hervor.[46] Auch die Gerichtsverfassung mit ihrer Eigenart einer Vielzahl spezieller Gerichtshöfe beschreibt er wohlinformiert,[47] wenngleich er sein anfangs ausgesprochenes Lob wieder einschränken muß, „mehr als in Teutschland“ habe man sich „in Großbritannien ... frey erhalten, von dem Uebel, welches verschiedene Stände verschiedenen Gerichten unterwirft, und in dem Gerichtsstande eine Auszeichnung der Ehre sucht“,[48] – denn: „Ueber Lords richtet das House of Lords ...“[49]

Die formelle Rechtsverfassung, über deren Bedeutung für die bürgerliche Freiheit sich Schmalz durchaus im klaren ist,[50] findet allerdings eine eher kritische Darstellung. So arbeitet er als gravierenden Nachteil der (von ihm ausführlich referierten) berühmten englischen Geschworenenverfassung[51] heraus, daß die Richter hier sehr oft zu einer „buchstäblichen Auslegung“ der Gesetze gezwungen seien, um der Möglichkeit eventueller Fehlurteile durch „ungelehrte Schöffen“ zu entgehen.[52] Gewisse Mängel der gesetzlichen Form, dafür

[46] Vgl. ebenda, S. 135 ff.
[47] Vgl. ebenda, S. 143 ff.
[48] Ebenda, S. 143.
[49] Ebenda, S. 177.
[50] Vgl. ebenda, S. 155: „Ueberall hat man bald eingesehen, daß es für Freyheit und Recht nothwendiger sey, über das Verfahren der Richter, als über die einzelnen Rechtsverhältnisse der Bürger selbst, feste Bestimmungen zu haben“.
[51] Vgl. ebenda, S. 161 ff.
[52] Vgl. ebenda, S. 178: „Die buchstäbliche Auslegung der Gesetze in Großbritannien ist oft berufen. Auch ist sie unstreitig ein Uebel, und die Furcht vor Ausdehnung des gesetzlichen Sinnes da leer, wo rechtsgelehrte Richter sprechen, und mit ihrer Ehre, mit dem Ruhme ihrer Geschicklichkeit für ihre Urteile haften. Aber bey einem Volke, wo ungelehrte Schöffen sprechen, und die Entschuldigung der Ungelehrsamkeit für ungeschickte oder ungerechte Ausdehnung des Gesetzes hätten: da werden selbst die

aber weit geringere Möglichkeiten eines willkürlichen staatlichen Eingreifens sieht Schmalz als Charakteristika des englischen „Criminal-Verfahrens“.[53] In der Organisierung der „guten Policey“ repräsentiere England das Gegenbild zu gewissen „despotischen“ Traditionen des Kontinents: „Aengstliche Menschen begünstigen den Despotismus, wenn sie unter dem schädlichen Vorwande: Verbrechen verhüten sey besser, als Verbrechen bestrafen, die Menschen außer dem Hause zu Maschienen und in ihren Wohnungen selbst zu Sclaven machen. Sie wollen den Misbrauch der Freyheit unmöglich machen, und rauben sie lieber ganz. ... In Großbritannien hingegen duldet man immer zahllosen Unfug, um nicht die Freyheit zu beschränken, und gleichwohl griffen oft in diese Freyheit harte Gesetze ein, welche man duldet, weil das öffentliche Wohl sie zu fordern scheint, und so manche andre Unbeschränktheit sie entschädigt“.[54] Das – auch hier wieder offensichtlich der geschützten Insellage zu verdankende – britische System scheint Schmalz gegenüber dem „Despotismus“ bevorzugt zu haben; offen aussprechen konnte er dies freilich nicht.

Die wirtschaftlichen Verhältnisse Großbritanniens werden in ausführlichen Kapiteln aus der Perspektive des überzeugten Physiokraten dargestellt, der einerseits Englands Differenz zu den kontinental-merkantilistischen ökonomischen Traditionen deutlich herausarbeitet,[55] andererseits vor einer Überschätzung der wirtschaftlichen Bedeutung des Handels und vor einer Unterschätzung der landwirtschaftlichen Produktion ausdrücklich warnt.[56] Die für die damalige Epoche beispiellose britische Staatsverschuldung bereitet ihm allerdings deutliches Unbehagen; der Handel mit Schuldverschreibungen wird eher distanziert beschrieben,[57] und die abschließende Warnung vor den „bösen Künste[n] der Finanzkünstler“,[58] durch welche die englischen Finanzen gänzlich ruiniert werden könnten, bleibt deutlich genug.

„Nationalbildung“, Militärverfassung und Kolonialsystem der Insel werden von Schmalz nur knapp abgehandelt;[59] hier fällt auf, daß er

gelehrten vorsitzenden Richter, da wird der allgemeine Geist der rechtlichen Männer im Volke fest auf buchstäblicher Auslegung halten müssen“.

53 Vgl. ebenda, S. 168 ff.

54 Ebenda, S. 183 f.

55 Vgl. ebenda, S. 192 ff., 203 ff.

56 Vgl. ebenda, S. 211 ff.

57 Vgl. ebenda, S. 256 ff., 262 ff.

58 Ebenda, S. 272.

59 Vgl. ebenda, S. 215 ff., 286 ff., 296 ff.

das System der englischen Pressefreiheit (mit der Möglichkeit harter Bestrafung ihres Mißbrauchs) auf dem Kontinent nicht nachzuahmen wünscht, sondern an der Vorzensur festhält.[60] Und was die britischen Kolonien in Übersee angeht, so bestreitet er als Physiokrat entschieden, „daß auswärtiger Handel die Quelle des Reichthums sey",[61] insbesondere der Handel mit den eigenen Kolonien, die eigentlich als Teil des Mutterlandes zu betrachten seien. Schließlich kritisiert er deutlich die von der französischen Propaganda verbreitete Parole, Englands Ausdehnung bedrohe die Freiheit des übrigen Europa; seine eindringliche, geradezu leidenschaftliche Warnung vor den verderblichen Folgen einer „Universal-Monarchie" nimmt dagegen mehr oder weniger unverblümt – auch wenn kein Name fällt – die aus dem Westen drohenden Gefahren in den Blick.[62] Die auch von vielen Deutschen bereitwillig aufgegriffene napoleonische Propagandathese, England habe die „Freyheit der Meere ... zerstört", wird von Schmalz dem „Geschwätze der Tageblättler" zugeordnet.[63]

Seine abschließende knappe Würdigung der englischen Verfassung reflektiert die politische Situation, vor deren Hintergrund das Buch verfaßt wurde: der positive Gegensatz zum napoleonischen Frankreich scheint ebenso auf wie der im ganzen letztlich negativ ausfallende Vergleich mit Preußen: „Viel Treffliches hat die Verfassung und erquikket den Menschenfreund, den itzt fast jeder Blick in die Länder welscher Sprachen tief niederbeugt. Aber auch Mängel entdeckt er, welche theils der Irrthum erzeugt, theils die Verfassung. Dem Schriftsteller verzeihe der Leser die stolze Freude, daß er nicht sein preußi-

[60] Vgl. ebenda, S. 216 f.: „... ich möchte die billige Censur einiger teutscher Staaten gegen jene Preßfreyheit nicht vertauscht sehen. So lange noch die öffentliche Meinung von einzelnen Verläumdern geleitet werden kann, und Thoren ihre Freymüthigkeit preisen, obwohl sie namenlos geschrieben: so lange möchten die Strafen gemißbrauchter Preßfreyheit zu hart ausfallen. Mag lieber ein Censor sie verhüten".

[61] Ebenda, S. 298.

[62] Vgl. ebenda, S. 296: „In allen Welttheilen ist die Herrschaft Großbritanniens ausgebreitet, am wenigsten in Europa. Darum hat von seiner Uebermacht kein europäisches Reich die Obermacht zu befürchten, welche unter dem Namen der Universal-Monarchie die Politik stets fürchtete, und vor welcher der Freund der Menschheit zittern muß. Wenn einem Staate sie entschieden gelingt, wohin fliehen dann Freyheit, Wissenschaft und Religion vor der Unterdrückung, der Barbarey und dem Aberglauben? Dann wird Europa bald entnervt und entvölkert keine andre Hoffnung haben, als daß künftige Barbaren die Väter in den Zeiten der Enkel rächen, daß sie Muth und Streben wieder in das verdorbne Blut der Europäer gießen, und die Reste unserer Kultur für eine späte Blüte wieder pflegen werden".

[63] Ebenda, S. 297.

sches Vaterland gegen Britannien vertauschen möchte. Auch wir sind zwar als Menschen dem Irrthum unterworfen. Aber eben so frey, wie die Briten, dürfen wir Irrthümer rügen, und bey uns dürfen sie nur erkannt seyn, und die Regierung kann sie heben, welches sie in Britannien nicht so leicht vermag".[64] Das bedeutet aber zugleich, daß die Verfassung Großbritanniens für Schmalz zwar ein positives Gegenbild zur Ordnung des napoleonischen Empire, keineswegs jedoch ein unmittelbares politisches und institutionelles Vorbild für Deutschland darstellt.[65] Diese Feststellung gewinnt noch dadurch an Gewicht, als sie unmittelbar zur Zeit des Endes des Heiligen Römischen Reiches Deutscher Nation formuliert und gedruckt wurde.[66]

Das Englandbuch von Schmalz wurde, wohl vor allem wegen seiner nüchternen, um Ausgewogenheit des Urteils bemühten Tendenz, sicher auch wegen der gebotenen Informationsfülle, von der Kritik recht freundlich aufgenommen. In den „Göttingischen gelehrten Anzeigen" veröffentlichte der an der Georgia Augusta lehrende Historiker Arnold Hermann Ludwig Heeren eine ausführliche, freundlich lobende Besprechung. „Der Verfasser", stellt Heeren fest, „verhehlt seine Vorliebe und seine hohe Achtung für das Brittische Reich nicht, ohne doch darum sein blinder Lobredner und Bewunderer zu seyn".[67] Zwar habe „der ... geistvolle Beobachter" keine „den Gegenstand erschöpfende Arbeit" verfaßt, doch „was der Verfasser sagt, ist richtig, und verräth Bekanntschaft mit dem Gegenstande". Besonders findet die Tatsache den Beifall seines Kritikers, daß Schmalz den Begriff der Staatsverfassung „nicht im engsten Sinn" genommen und deshalb auch ausführliche, klar formulierte und mit deutlicher, einleuchtender Wertung versehene Kapitel über Staatswirtschaft und Finanzen

[64] Ebenda, S. 305f. – Er unterläßt es an dieser Stelle auch nicht, die „germanischen" Ursprünge der britischen Verfassung knapp zu erwähnen: „Der Forscher des brittischen Staats wird nicht verkennen, daß die Grundtheile seiner Verfassung die Spur nordteutschen Ursprungs tragen. Wie bey uns, ist dort das Grundeigenthum als Grundlage alles Staats anerkannt" (ebenda, S. 305); vgl. auch ebenda, S. 99.

[65] Diese Fehleinschätzung in dem Buch von M.W. Gray, Prussia in Transition: Society and Politics under the Stein Reform Ministry of 1808, S. 38f. ist kürzlich treffend korrigiert wurden durch B. Simms, The impact of Napoleon. Prussian high politics, foreign policy and the crisis of the executive, 1797–1806, S. 315.

[66] An den wesentlichen Thesen seines Englandbuches hat Schmalz bis an sein Lebensende unbeirrt festgehalten, vgl. etwa: Die Wissenschaft des natürlichen Rechts, S. 152, 200 u.a.

[67] [Arnold Hermann Ludwig Heeren], Rezension von: Theodor Schmalz: Staatsverfassung Großbritanniens, Halle 1806, in: Göttingische gelehrte Anzeigen, 204. St., 22.12.1806, S. 2033–2037, hier S. 2034.

eingefügt hat.[68] Nur die Darstellung der Exekutive wird von Heeren zu recht gerügt: sie sei fehlerhaft und in der Sache überholt, denn „die Brittische Constitution ruhet – zwar nicht in der Theorie (denn nirgends ist eine Vorschrift darüber), aber practisch – auf dem Grundstein, daß derselbe Mann zugleich Minister und Mitglied des Parlaments seyn kann. Daß dieses in einer freyen Monarchie das beßte, vielleicht das einzige, Mittel ist, die Constitution, und mit ihr die Freyheit, aufrecht zu erhalten, weil dadurch bey der freyen Communication die Einigkeit zwischen dem Monarchen und der Nation erhalten wird, hätte vor Allem eine recht deutliche Auseinandersetzung verdient".[69]

Spätere Beurteiler haben sich diesem differenzierten Urteil im wesentlichen angeschlossen; so kritisierte Robert von Mohl im 1856 erschienenen zweiten Band seiner „Geschichte und Literatur der Staatswissenschaften" zwar die vom Umfang und Inhalt her in einigen Aspekten dürftige und keineswegs fehlerfreie Darstellung von Schmalz, doch er fügte hinzu: „Allein die klare Sprache, die einfache Ordnung des Stoffes; die Bemühung, das Recht, wie es liegt, und in seiner geschichtlichen sowohl als örtlichen Eigenthümlichkeit aufzufassen, die Vermeidung jeder Verzerrung von Thatsachen zum Gefallen von Theorieen, retten doch den Band vor einem verdammenden Urtheile. Schmalz gab zwar einen mangelhaften, aber doch keinen völlig falschen Begriff von dem englischen Staatsrechte; und er bewies durch die That, dass dasselbe keineswegs nach der Auffassung Montesquieu's wissenschaftlich dargestellt werden müsse; beides offenbar ein grosser Gewinn".[70] Diesem Urteil hat sich ein Jahrzehnt später auch Carl von Kaltenborn ausdrücklich angeschlossen.[71]

Man darf also die „Staatsverfassung Großbritanniens" zu den im großen und ganzen gelungenen Arbeiten von Schmalz rechnen; die Fülle der darin auf einem relativ knappen Raum verarbeiteten Informationen beeindruckt noch heute, nicht zuletzt angesichts der auch von Mohl hervorgehobenen Tatsache, daß „ihm nicht eben viel im Einzelnen vorgearbeitet war".[72] Hervorzuheben bleibt zuletzt auch

[68] Die Zitate ebenda, S. 2034 ff.
[69] Ebenda, S. 2037.
[70] R. von Mohl, Die Geschichte und Literatur der Staatswissenschaften II, S. 47.
[71] Vgl. C. von Kaltenborn, Art. Schmalz, in: Deutsches Staats-Wörterbuch. In Verbindung mit deutschen Gelehrten hrsg. v. Johann Caspar Bluntschli/Karl Brater IX, S. 248.
[72] R. von Mohl, Die Geschichte und Literatur der Staatswissenschaften II, S. 47.

die – für seine Entstehungszeit nicht gerade gewöhnliche – Ausgewogenheit des Buches, das auf der einen Seite jedem früheren oder auch aktuellen „Despotismus“ die englische Verfassungstradition positiv entgegenstellte, ohne jedoch – wie so mancher Aufklärer vor ihm – kritiklos das naive Lied von der „britischen Freiheit“ zu singen.[73] Als bewußter Wahlpreuße hielt er demgegenüber an der Auffassung fest, die Freiheit sei dort „am sichersten, wo am schnellsten der Obrigkeit gehorcht wird“.[74]

[73] Hierzu siehe Michael Maurer, Aufklärung und Anglophilie in Deutschland (Veröffentlichungen des Deutschen Historischen Instituts London, Bd. 19), Göttingen – Zürich 1987.
[74] Staatsverfassung Großbritanniens, S. 55.

§ 18 Zur Aufhebung der Leibeigenschaft

a) Frühe Stellungnahmen (1783–1806)

Die Aufhebung der Leibeigenschaft in Preußen durch das am 9. Oktober 1807 erlassene Edikt der Regierung des Freiherrn vom Stein[1] war keine plötzliche und unmittelbare Maßnahme, sondern hatte sich seit einer Reihe von Jahren bereits angekündigt. Doch erst die Notlage des preußischen Staates nach der schweren militärischen und politischen Niederlage von 1806 hatte deren schnelle administrative Durchführung ermöglicht, in mancher Hinsicht sogar erzwungen. Innerhalb der Wissenschaft, vor allem auch der politischen Publizistik des späten 18. Jahrhunderts war diese Maßnahme bereits seit mehreren Jahrzehnten eingehend und leidenschaftlich diskutiert worden.

An dieser Diskussion hatte sich auch Theodor Schmalz schon sehr früh beteiligt. In seiner ersten Buchpublikation, den „Denkwürdigkeiten des Grafen Wilhelms",[2] hatte er 1783 den Helden seiner Darstellung ausdrücklich dafür gelobt, daß er die „Abschaffung der Frohndienste" in Schaumburg-Lippe durchgeführt und damit die ehemals Leibeigenen „wieder zu freyen Unterthanen gemacht"[3] hatte. Und 1792 veröffentlichte er als junger Königsberger Professor in den von ihm mitherausgegebenen „Annalen des Königreichs Preußen" einen kleinen Aufsatz über die „Aufhebung der Leibeigenschaft auf den Gütern des Herrn von Hülsen auf Döhsen", in dem er – nicht zuletzt

[1] Abgedruckt in: Ernst Rudolf Huber (Hrsg.), Dokumente zur deutschen Verfassungsgeschichte, Bd. I: Deutsche Verfassungsdokumente 1803–1850, 3. Aufl., Stuttgart – Berlin – Köln – Mainz 1978, S. 41–43; vgl. dazu auch die immer noch wichtige ältere Darstellung von G. F. Knapp, Die Bauern-Befreiung und der Ursprung der Landarbeiter in den älteren Theilen Preußens I–II; sodann u. a. Friedrich Meinecke, Das Zeitalter der deuschen Erhebung (1795–1815), 4. Aufl., Leipzig 1941, S. 148 ff.; Walther Hubatsch, Die Stein-Hardenbergischen Reformen (Erträge der Forschung, Bd. 65), Darmstadt 1977, S. 163 ff.; Borcke-Stargordt, Zur preußischen Agrargesetzgebung der Reformzeit, passim; wichtig auch E. R. Huber, Deutsche Verfassungsgeschichte seit 1789 I, S. 184 ff., sowie Karl Kroeschell, Deutsche Rechtsgeschichte, Bd. III (seit 1650), Opladen 1989, S. 150 ff.; gute Zusammenfassung bei Manfred Botzenhart, Reform, Restauration, Krise. Deutschland 1789–1847, Frankfurt a. M. 1985, S. 52 ff.

[2] Siehe oben § 2 c).

[3] Denkwürdigkeiten des Grafen Wilhelms zu Schaumburg-Lippe, S. 98.

vermutlich von seiner Königsberger Umgebung beeinflußt[4] – diese Maßnahme eines einzelnen Grundherrn ausdrücklich als vorbildlich propagierte.[5] Auch in verschiedenen späteren Publikationen der Jahre bis 1807 ist Schmalz immer wieder auf dieses in politischer wie auch in wirtschaftlicher Hinsicht gleichermaßen zentrale Thema der Epoche zurückgekommen.

In dem Aufsatz von 1792 lobt er jenen Herrn von Hülsen, „der schon lange als aufgeklärter Menschenfreund geschätzt ist", in den höchsten Tönen: dieser habe „ein großes Beispiel gegeben" und mit seiner Maßnahme den Weg für eine Veränderung bereitet, die „dem Herrn von Hülsen von eben so großem Nutzen seyn werde, als den nun freyen Bauern".[6] Rhetorisch geschickt zählt er anschließend allerhand mögliche Einwendungen gegen die Aufhebung der Leibeigenschaft auf,[7] die er indes souverän zu widerlegen vermag: In Preußen herrsche keine milde Form der Untertänigkeit, sondern – und hier wird Schmalz ungewöhnlich deutlich – „wirkliche Leibeigenschaft", und zwar „gerade eine der härtesten Arten derselben unter allen deutschen Völkern".[8] Auch der Einwand, viele rechtschaffene Gutsbesitzer – etwa die Herren Dönhof, Dohna, Tettau – behandelten ihre Leibeigenen menschlich, sei nicht stichhaltig, da offenbar nicht „jeder Gutsbesitzer ein rechtschaffener Mann"[9] sei. Im Gegenteil: Die unleugbare Tatsache übler Mißhandlungen mancher Untergebenen durch ihre Herren belege, daß „Leibeigenschaft ... an sich unbillig und ungerecht"[10] sei.

Der Einwand schließlich, „viele Leibeigene würden die Freyheit nicht annehmen",[11] weil sie hierfür noch nicht reif seien, könne erst recht nicht akzeptiert werden.[12] Auch die Befürchtung einer eventu-

4 Vgl. dazu u.a. die Bemerkungen bei H. Eicke, Der ostpreußische Landtag von 1798, S. 19ff., F. Meinecke, Das Zeitalter der deuschen Erhebung (1795–1815), S. 148, sowie Marie Rumler, Die Bestrebungen zur Befreiung der Privatbauern in Preußen. 1797–1806, I.–V., in: Forschungen zur brandenburgischen und preußischen Geschichte 33 (1920/21), S. 179–192, 327–367; 34 (1922), S. 1–24, 265–296; 37 (1925), S. 31–76; zu Schmalz ebenda 33 (1920/21), S. 184, 190.

5 Aufhebung der Leibeigenschaft auf den Gütern des Herrn von Hülsen auf Döhsen, in: Annalen des Königreichs Preußen, Bd. I, hrsg. von Ludwig von Baczko und Theodor Schmalz, Königsberg – Berlin 1792, Heft 3, S. 132–141.

6 Die Zitate ebenda, S. 132f.

7 Vgl. ebenda, S. 133.

8 Ebenda, S. 135.

9 Ebenda, S. 136.

10 Ebenda, S. 138.

11 Ebenda, S. 139.

12 Vgl. ebenda, S. 139f.: „Ein hiermit zusammenhängender Einwurf: Die Leute wären noch nicht reif zur Freyheit, verdient wohl keine ernsthafte Widerlegung. Will

ellen Landflucht sei unbegründet: würden die ehemals Leibeigenen erst freie Landmänner, dann wäre ihr „Baurenstolz“ der wichtigste Hinderungsgrund gegen eine Abwanderung in die Städte.[13] Schmalz' zentrales Argument gegen die Leibeigenschaft liegt freilich in deren Naturrechtswidrigkeit: „Es ist oft gefragt worden, ob der Landesherr wohl die Leibeigenschaft aufheben könne? Wenn sie an sich gegen das Recht der Natur läuft, diese Leibeigenschaft, so sollte der Landesherr sie nicht aufheben können? oder vielmehr (denn das wäre diese Aufhebung eigentlich) nicht erklären können, daß ein ungültiger Vertrag ungültig sey? Daß doch einmal das Recht des Gutsherrn Eigenthum sey, beweiset nichts dagegen. Denn einmal giebt es noch heiligere Rechte, als Eigenthum, und dann kann ein Recht, welches die Natur verbietet, nie rechtmäßig erworben werden. Daß aber bey dieser Annullirung des Leibeigenschafts-Vertrages, nicht nur der Bauer, sondern auch der Herr gewinne, das ist zu oft nicht nur theoretisch sondern durch That und Wahrheit erwiesen“.[14]

Mit diesen Formulierungen – die sich übrigens recht deutlich von der überaus vorsichtigen und zurückhaltenden Kritik abheben, die Immanuel Kant 1797 in den „Metaphysischen Anfangsgründen der Rechtslehre“ an der Leibeigenschaft übte[15] – hat Schmalz bereits 1792 seine zentralen Thesen und Argumente gegen diese Einrichtung auf den Begriff gebracht; an sie konnte er in seinem Kommentar von 1808[16] fast bruchlos anknüpfen, und in gewisser Weise konnte er sich sogar als einer der juristischen Vorkämpfer der Bauernbefreiung in Preußen durch die Reformmaßnahmen des Ministeriums Stein durchaus bestätigt fühlen.

In seinem „Handbuch des teutschen Land- und Lehnrechts“ von 1796 hat sich Schmalz in den entsprechenden Abschnitten über Leibeigenschaft und über Frohndienste[17] in eher gemäßigter Form geäußert; dem Lehrbuchcharakter dieses Werkes entsprechend, beschränkte er sich im wesentlichen auf eine Beschreibung des vorhan-

man warten bis sie reif werden, so ist das so viel als wenn jemand eine Flöte nicht eher anrühren wollte, bis er sie fertig spielen könnte. Als Leibeigene werden sie wohl nie reif werden, wenn dieß anders einen Sinn hat“.

[13] Vgl. ebenda, S. 140 f.

[14] Ebenda, S. 140.

[15] Vgl. I. Kant, Gesammelte Schriften VI, S. 329 f.

[16] Siehe unten § 18 b).

[17] Vgl. Handbuch des teutschen Land- und Lehnrechts. Zum Gebrauch academischer Vorlesungen, S. 153 ff., 160 ff.

denen Rechtszustandes, – nicht ohne freilich die Möglichkeit zur gerichtlichen Aufhebung der Leibeigenschaft besonders hervorzuheben.[18] Und die Unvereinbarkeit dieser Einrichtung mit dem Naturrecht kommt hier ebenfalls, wenn auch zurückhaltend, zur Sprache.[19] Deutlicher wiederum sind die Passagen in der ebenfalls „zum Gebrauch academischer Vorlesungen" verfaßten „Encyclopädie der Cameralwissenschaften", die in erster Auflage 1797 erschien. Der schroffen und unmißverständlich formulierten Ablehnung der Leibeigenschaft[20] folgt der Hinweis, daß es mit einer bloßen Aufhebung dieser Institution nicht getan sei: Es komme *auch* darauf an, die von der Leibeigenschaft Befreiten „in nutzbare thätige Menschen umzuschaffen, theils in freye Pächter, theils in freye Tagelöhner". Und eben dies könne „die Regierung nicht, wenn sie gleich vollkommen berechtigt ist, die Leibeigenschaft ... aufzuheben".[21] Einen Vorschlag zur Lösung des Problems vermochte Schmalz an dieser Stelle allerdings nicht anzubieten.

Auch in seiner rechtsphilosophischen Abhandlung von 1798, der „Erklärung der Rechte des Menschen und des Bürgers" hat Schmalz – hierin übrigens ganz mit einem Grundanliegen des jüngeren Naturrechts übereinstimmend[22] – der Leibeigenschaft kritische Worte gewidmet,[23] und in den folgenden Jahren ist er immer wieder hierauf zurückgekommen: so ist etwa im 1805 erschienenen „Handbuch des

[18] Vgl. ebenda, S. 157: „Auch durch richterliches Erkenntniß kann die Leibeigenschaft aufgehoben werden, sowohl wenn der Herr gegen den Unterthanen grausam verfährt, als wenn der Leibeigene anderswo als freyer Mann ein sicheres Auskommen haben kann, und der Leibherr gleichwohl die Loslassung ihm weigert".

[19] Vgl. ebenda, S. 157 f.

[20] Vgl. Encyclopädie der Cameralwissenschaften. Zum Gebrauche academischer Vorlesungen, S. 167: „Es kann keine Frage seyn, ob wol eine Einrichtung schädlich ist, nach welcher die Menschen gezwungen werden, alles für andre zu thun, und bey welcher sie alles, was sie für sich thun, so ansehen müssen, als ob es für den Herrn geschehe, dem sie nemlich dadurch nur die Last sparen, sie selbst zu ernähren. Unendlich viel mehr, als durch den Frohndienst freyer Bauern, leiden Cultur und Ertrag durch Leibeigenschaft. Der Bauer schmachtet im Elende, oder ist doch zum zehnten Theil nicht in dem Wohlstande, worin er bey seinem meist großen Hofe seyn könnte. Dem Herrn aber ist es noch nachtheiliger, träge Menschen zu ernähren, die auch ihren elenden Unterhalt nicht verdienen, und Menschen das Seinige anzuvertrauen, die theils kein Interesse haben es zu erhalten, theils vielleicht oft aus Rache es zu verderben suchen".

[21] Ebenda.

[22] Vgl. die Bemerkungen bei D. Klippel, Politische Freiheit und Freiheitsrechte im deutschen Naturrecht des 18. Jahrhunderts, S. 128 f.

[23] Vgl. Erklärung der Rechte des Menschen und des Bürgers. Ein Commentar über das reine Natur- und natürliche Staatsrecht, S. 142.

teutschen Staatsrechts" von den Leibeigenen die Rede, „welche zum Nachtheile ihrer Herren selbst und zum Hohn aller Cultur noch jetzt hin und wieder [vorhanden] sind";[24] und sogar dort, wo man es eigentlich nicht vermutet, in der Schrift über die „Staatsverfassung Großbritanniens" aus dem folgenden Jahr, findet man den flammenden Appell an den Leser: „ ... hebt Frohndienste, diese Thorheit, hebt Leibeigenschaft, diese Schande der Menschen auf".[25] In der Tat: Das wichtigste Reformgesetz der kurzen Regierung des Freiherrn vom Stein hat in den Schriften von Schmalz (aber freilich nicht nur dort) bereits seine deutlichen Schatten vorausgeworfen.

b) Der Kommentar „Ueber Erbunterthänigkeit" (1808)

So ist es auch nicht weiter verwunderlich, daß es gerade Schmalz war, der im Frühjahr 1808 als einer der ersten Juristen einen kenntnisreichen und unbedingt zustimmenden Kommentar zum Edikt über die Aufhebung der Leibeigenschaft publizierte[26] – wie es scheint, sogar im Auftrag oder doch wenigstens auf Wunsch der Regierung.[27] Daß Schmalz hierin den Standpunkt der „Reaktion" oder ausschließlich die Position der Grundbesitzer vertreten habe, wie in einiger älterer und neuerer Literatur zu lesen ist,[28] trifft allerdings in keiner Weise zu. Im Gegenteil: Bereits in der Vorrede polemisiert Schmalz scharf gegen jenen „Theil der Gutsbesitzer", die, „in ihren Gegenden bekannt als harte und ungerechte Unterdrücker, eine Maaßregel verläumden, welche ihrer Tyranney ein Ende macht", und er bezeichnet es als ein wichtiges Ziel seiner Schrift, nachzuweisen, „wie lediglich Gerechtig-

[24] Handbuch des teutschen Staatsrechts. Zum Gebrauch academischer Vorlesungen, S. 45.

[25] Staatsverfassung Großbritanniens, S. 213.

[26] Ueber Erbunterthänigkeit. Ein Commentar über das Königl. Preußische Edict vom 9ten Oct. 1807, ihre Aufhebung betreffend, Berlin 1808; vgl. zu dieser Schrift auch die Bemerkungen bei B. Gerecke, Theodor Schmalz und seine Stellung in der Geschichte der Nationalökonomie, S. 41 ff. und neuestens auch bei M. Kleensang, Das Konzept der bürgerlichen Gesellschaft bei Ernst Ferdinand Klein, S. 160 f., sowie die treffende Würdigung bei L. Herrmann, Die Herausforderung Preußens. Reformpublizistik und politische Öffentlichkeit in Napoleonischer Zeit (1789–1815), S. 363 f.

[27] Darauf deutet eine Formulierung im Bericht der Immediat-Friedens-Vollziehungs-Kommission vom 10.4.1808 hin; vgl. H. Granier (Hrsg.), Berichte aus der Berliner Franzosenzeit 1807–1809, S. 196.

[28] Vgl. G. F. Knapp, Die Bauern-Befreiung und der Ursprung der Landarbeiter in den älteren Theilen Preußens I, S. 147; E. R. Huber, Deutsche Verfassungsgeschichte seit 1789 I, S. 190, Anm. 1.

keit den erhabenen Gesetzgeber leitete, wie er genau in ihren Grenzen blieb, aufhob, was Unrecht war, aber nie in rechtliches Eigenthum unter dem Vorwande des öffentlichen Bestens [sic] eingriff".[29]

Schmalz' Schrift ist kein Kommentar im strengen Sinne des Begriffs; er kommentiert das Edikt also nicht Abschnitt für Abschnitt, Punkt für Punkt, sondern er gibt eine allgemeine historische Einführung in das Thema, erörtert die zentralen Probleme der Leibeigenschaft und kommt erst anschließend auf das Reformgesetz zu sprechen. Dabei fällt auf, daß er in seinem Rückblick gerade die bisherigen preußischen Zustände keinesfalls euphemistisch darstellt; so wird etwa das Allgemeine Landrecht für seine entsprechenden Bestimmungen (so mußten z. B. freigelassene Eltern ihre über vierzehn Jahre alten Kinder in der Leibeigenschaft zurücklassen) hart kritisiert.[30] Rhetorisch und taktisch nicht ungeschickt, betont der Autor im weiteren Verlauf seiner Kritik nicht nur die mangelnde Rechtmäßigkeit,[31] sondern vor allem auch die Schädlichkeit und Nachteiligkeit dieses Instituts – und zwar für beide Seiten: Während die Leibeigenen infolge ihrer trostlosen Lage aller Lebenschancen beraubt würden, dazu noch vielfach übler Behandlung seitens ihrer Herren ausgesetzt seien,[32] hätten auch die Gutsbesitzer durch diese Einrichtung eine Fülle von Nachteilen: die Leibeigenen arbeiteten aus begreiflichem Desinteresse langsam und wenig, achteten nicht auf das Eigentum ihrer Herren, schonten dessen Vieh nicht und verstiegen sich teilweise sogar zu „tückischen Beschädigungen".[33] Wo aber ein Grundherr freie Pachtbauern in seinen Dörfern und auf seinen Gütern freie Tagelöhner habe, da entstehe „durch mannigfache kleine Begünstigungen die rührende Anhänglichkeit der Landleute an ihren Gutsherrn und dessen Familie, welche vom Leibeignen durch keine Wohlthat zu gewinnen ist".[34]

[29] Ueber Erbunterthänigkeit. Ein Commentar über das Königl. Preußische Edict vom 9ten Oct. 1807, ihre Aufhebung betreffend, S. IIIf.; ebenda, S. IV heißt es weiter: „Der erste große Schritt ist gethan, um über unser Vaterland Segen und Wohlstand zu verbreiten". Vgl. zur Kritik an den Reformgegnern auch ebenda, S. 41 f.

[30] Vgl. ebenda, S. 12 ff., bes. S. 14: „Selbst das preußische Land-Recht befolgt die althergebrachte Härte in aller ihrer Gräuligkeit, und besserte den Zustand der Leibeignen gar nicht".

[31] Siehe etwa ebenda, S. 22: „Wie konnte ein Zustand bis auf unsre Tage fortdauern, dessen Ungerechtigkeit auf den ersten Blick das Gefühl empört, den nur Gewohnheit daran als erträglich sich vorstellen kann? Es kann auch nicht ein Scheingrund der Rechtmäßigkeit desselben gedacht werden".

[32] Vgl. ebenda, S. 25 ff.

[33] Ebenda, S. 34; vgl. auch S. 27 ff.

[34] Ebenda, S. 34.

Ausführlich diskutiert Schmalz anschließend die möglichen Einwände gegen das Edikt, vor allem auch den Vorwurf, es handele sich um eine „revolutionäre" Maßregel: „Wir haben gesehen, daß unter dem Vorwande, Urrechte der Menschen herzustellen, heilig erworbene Rechte frevelhaft zerstört wurden. Aus blindem Haß gegen das, was man Feudal-Rechte nannte ..., hat man auch redlich erworbne gutsherrliche Rechte geraubt, und jedes rechtliche Gemüth tief verwundet, indem man, als von Rechts wegen der Menschheit, Eigenthum nahm und andern als Beute zuwandte. So fürchtete man dann Aehnliches zu thun, wenn man in das Verhältniß des Gutsherrn zu dessen Unterthanen eingriffe".[35] Dieses von einflußreichen oppositionellen Adelskreisen vertretene Argument[36] mußte Schmalz durchaus ernst nehmen, um das Edikt angemessen verteidigen zu können: denn die Reform war eben nicht zuletzt gerade als Revolutionsprophylaxe gedacht, daher mußte sie zuerst und vor allem gegen die Unterstellung, es handele sich bloß um eine verdeckte Revolution im Gewande einer Reform, verteidigt werden.

Er betont daher ausdrücklich, es gehe *nicht* darum, sämtliche dem Gutsherren zustehenden Dienste, „welche ja auch allenthalben der freye Mann leistet",[37] zu beseitigen, sondern ausschließlich um die Leibeigenschaft als solche. Diese Einrichtung schleunigst abzuschaffen, sei der Staat nun allerdings verpflichtet, da es sich bei ihr – juristisch gesprochen – um nichts anderes als um einen für null und nichtig anzusehenden Vertrag handele.[38] In dieser Schrift zeigen sich

[35] Ebenda, S. 35 f.

[36] Zur ständischen Opposition gegen die Reformgesetze vgl. u. a. E. R. Huber, Deutsche Verfassungsgeschichte seit 1789 I, S. 135 ff.; Robert M. Berdahl, The Politics of the Prussian Nobility. The Development of a Conservative Ideology 1770–1848, Princeton 1988, S. 107 ff.

[37] Ueber Erbunterthänigkeit. Ein Commentar über das Königl. Preußische Edict vom 9ten Oct. 1807, ihre Aufhebung betreffend, S. 36; vgl. ebenda, S. 37: diese Dienste sollten selbstverständlich nur „freywillig gegen Lohn übernommen" werden!

[38] Vgl. ebenda, S. 37 f.: „... wie kann nun gezweifelt werden, ob der Staat einem offenbaren Unrecht steuern dürfe? Wenn die Regierung die Leibeigenschaft aufhebt, so thut sie nichts, als die Verträge, wodurch sie enstanden ist, für null und nichtig erklären. Und sind sie nicht null und nichtig nach jedem Begriff von Recht? Konnte wirklich der Vater sein Kind und dessen künftige ganze Nachkommenschaft für ewige Zeiten jemanden zum Eigenthum geben? Wenn nun die Regierung die Leibeigenschaft aufhebt, so thut sie weiter nichts, als daß sie erklärt, was ja offenbaren Rechtens [sic] ist; nemlich, daß niemand seine Kinder und Kindeskinder habe veräussern können. Und die Regierung sollte nicht erklären können, daß nie ein Vater ein solches Recht gehabt habe? Wenn ein Vertrag null und nichtig ist, so erklärt ihn der Richter dafür, und versagt dem die richterliche Hülfe, der aus solchem Vertrage klagt. Und die

am Beispiel der Beurteilung eines konkreten Rechtsproblems aufs neue die naturrechtlichen Grundauffassungen, von denen Schmalz seit Anfang der 1790er Jahre ausgegangen war und von denen er zeitlebens niemals abgewichen ist, denn seine Aussage läuft auf nichts anderes als auf die These hinaus, daß Naturrecht in bestimmten Fällen positives Recht – auch wenn dieses über eine lange geschichtliche Tradition verfügt – brechen kann und zuweilen sogar brechen muß, nämlich dann, wenn die natürlichen Rechte des Menschen durch bestehendes Recht infrage gestellt oder sogar massiv verletzt werden: „Der Staat erklärt eben dadurch, daß er als Staat existirt, Schutz der Rechte aller seiner Unterthanen. Warum soll er dann bloß Rechte garantiren und schützen, welche ... doch nur usurpirt sind? Warum soll er nicht endlich die Stimme des Rechts und der Natur hören, und endlich anfangen, die verbannten Rechte der Unterdrückten zu garantiren? Hat er bisher die Rechte der Gutsherren garantirt – was folgt daraus? Nichts, als daß er bisher geirrt habe. Soll er darum ewig irren?“[39]

Für die Aufhebung der Leibeigenschaft bedürfe es unter diesen Umständen, stellt Schmalz weiter fest, auch „keines Ersatzes vom Staate. Sie ist eben so gut für den Herrn Wohlthat als für den Unterthan. Ein Paar Thaler mehr Tagelohn wird reichlich durch desto treuere und bessere Arbeit ersetzt“.[40] So rühmt er denn anschließend „die hohe Weisheit des Edikts“[41] in den höchsten Tönen: es werde „Preußens künftigen Bürgern auf ewig so heilig seyn ..., wie den Engländern ihr *Great charter*, oder ihr berühmtes Statut vom Jahr 1660“.[42] Zwar seien – bemerkt Schmalz nach einem kurzen Referat der Hauptinhalte des Edikts[43] – auch künftig noch weitere Reformen notwendig, um die mit diesem begonnene Befreiung großer Teile der

Regierung sollte nicht einen Vertrag für null und nichtig erklären können, der es nach dem Rechte doch ist, und sollte immer noch den schützen müssen, der aus diesem Vertrage ungerechte Ansprüche macht?“

[39] Ebenda, S. 39.

[40] Ebenda, S. 40; vgl. auch ebenda, S. 42: „Es kann also nicht verkannt werden, daß eine Regierung das Recht habe, lange geduldetes Unrecht zu enden; daß es für Aufhebung ungerechter Usurpationen keiner Entschädigung bedürfe, daß nicht nur den Unterthanen, sondern den Gutsherren selbst eine Wohlthat erzeigt ist, welche allein die blutigen Wunden heilen kann, die ein hartes Schicksal uns schlug. Nur Gerechtigkeit führt zum wahrhaft Nützlichen. Alle Künste der Staatswirthe sind ohne sie leer und thöricht“.

[41] Ebenda, S. 41.

[42] Ebenda, S. 43.

[43] Vgl. ebenda, S. 43 ff.

Landbevölkerung aus den traditionellen Ordnungen fortzuführen und zu vollenden, denn bestimmte „Frohndienste, Robote, Schaarwerke" seien noch nicht aufgehoben – und diese Dienste seien tatsächlich „ein großes Uebel, welches der Industrie des Landmannes tiefe Wunden schlägt, und also auch ... dem Nationalreichthum". Doch „freye Verträge, so darf man hoffen, werden bald den Wunsch aller Freunde des Vaterlandes, die Aufhebung der Frohndienste herbeyführen, wenn erst die Herren die Arbeit freyer Knechte, wenn erst die Bauern den Werth ersparter Zeit und ihrer eignen Arbeit schätzen lernen".[44]

Der Ausblick in die Zukunft, den Schmalz am Schluß seiner Schrift entwirft, fällt denn auch entsprechend positiv aus: „Bald werden wir allenthalben freye Pächter sehen, und alle werden ihren Vortheil finden ... Statt leibeigener, statt elender Bauern wird die nützliche Klasse freyer Taglöhner sich mehren, die mit einem Hause, einem Garten, einem Stücke Acker und Wiese sich ansiedeln, häufiger werden mit der Zeit Erbpachtgüter allenthalben aufblühen; und von selbst wird eine herrliche Thätigkeit für den Ackerbau erwachen, welche so lange in eisernen Fesseln zurückgehalten wurde".[45] Auch die weiteren sozialen und gesellschaftspolitischen Folgen des Edikts beurteilt Schmalz uneingeschränkt positiv: die „Freyheit des Güterkaufs" sei ein „Gewinn für das ganze Land" und keineswegs etwa eine Maßnahme zur „Verdrängung des Adels".[46] Und die Möglichkeit eines Rücktritts verarmter Adliger in den Bürgerstand sei, wie die Gepflogenheiten in England zeigten, „dem Ansehen des Adels nicht nachtheilig, sondern gerade vortheilhaft".[47]

Der „Commentar" schließt mit der Aufforderung: „Jeder Freund des Königs und des Vaterlandes fasse also den hohen Sinn des Gesetzes; und fördre seine willigste Vollziehung, wo er kann".[48] Man darf wohl

[44] Die Zitate ebenda, S. 50 f.

[45] Ebenda, S. 52.

[46] Die Zitate ebenda, S. 56, 55.

[47] Ebenda, S. 57; es heißt weiter: „Wenn der Adel weniger zahlreich, wenn er weniger arm wäre: so würde schon dadurch des Streites gegen ihn sehr viel weniger werden. In England würden die Declamationen gegen den Adel gar nicht beachtet werden, mit denen bey uns die Menschen sich selbst sehr witzig oder sich selbst sehr einsichtsvoll vorkommen. Der Adel muß mit Verdienst oder Reichthum glänzen. Wer würde dann noch gegen ihn schreyen, wenn nur Männer in dem ersten Stande des Staats wären, deren Namen von Alters her in den Chroniken mit Ruhm genannt, oder auch erst in seine neuern Jahrbücher durch ausgezeichnete Dienste eingetragen wären; wenn eben diese Männer zugleich durch bedeutende Einkünfte vor dem Volke nicht bloß glänzten, sondern eben durch ihren Reichthum ihr Interesse am Glück des Landes und ihre Treue gegen den König verbürgten?" (ebenda, S. 57 f.).

[48] Ebenda, S. 58.

davon ausgehen, daß Schmalz diese nachdrückliche Befürwortung und teilweise auch recht scharfsinnige Verteidigung des Edikts nicht (oder doch nicht nur) aus Karrieregründen, sondern zuerst und vor allem aus ehrlicher Überzeugung verfaßt hat. Denn erstens war er seit eineinhalb Jahrzehnten in Preußen als unnachsichtiger Kritiker der Leibeigenschaft öffentlich hervorgetreten,[49] zweitens widersprach diese mittelalterliche Institution der strikten rechtlichen Bindung bestimmter Menschen und Menschengruppen an Grund und Boden fundamental der physiokratischen Wirtschaftsauffassung, der sich Schmalz angeschlossen hatte,[50] und drittens schließlich mußte Schmalz ebenfalls als Vertreter des jüngeren deutschen Naturrechts[51] die Leibeigenschaft von Grund auf ablehnen. Auch später – in der Zeit der Restauration und damit unter sehr veränderten politischen Umständen, als Derartiges wenig opportun war – ist er immer wieder als konsequenter Verteidiger dieser Reform aufgetreten.[52] Hier folgte er einer Maxime, die er im „Commentar“ von 1808 knapp und trefflich formuliert hatte: „Gerechtigkeit ist die erste Bedingung alles öffentlichen Glücks“.[53]

[49] Siehe oben § 18 a).

[50] Siehe dazu unten § 22.

[51] Siehe oben §§ 11, 15 u. a.

[52] Vgl. dazu neben den Tagebucheintragungen von Schmalz' ehemaligem Schüler Ernst Ludwig von Gerlach über ein Gespräch mit Schmalz am 23. Juli 1818, in: H. J. Schoeps, (Hrsg.), Aus den Jahren preußischer Not und Erneuerung. Tagebücher und Briefe der Gebrüder Gerlach und ihres Kreises 1805–1820, S. 285 f., auch die entsprechenden Ausführungen in Schmalz' staatswirtschaftlichem Spätwerk: Staatswirthschaftslehre in Briefen an einen teutschen Erbprinzen, Bd. II, Berlin 1818, S. 86 ff.

[53] Ueber Erbunterthänigkeit. Ein Commentar über das Königl. Preußische Edict vom 9ten Oct. 1807, ihre Aufhebung betreffend, S. 53.

§ 19 Zum Begriff der Politik und zur Idee eines europäischen Staatsrechts (1809–1813)

a) „Die Politik" (1809)

In der traditionellen Lehre von der „Politik", die in Deutschland erst im Verlauf des neunzehnten Jahrhunderts von der akademischen Bühne abtrat und sich in einzelne Unterdisziplinen verschiedener Wissenschaften aufsplitterte (vorrangig der Jurisprudenz, der Geschichte und der Philosophie), waren „Politik" und „Staatswissenschaft" noch nicht voneinander getrennt. Im Kern ging diese traditionelle Verbindung auf die Idee der Einheit von Ethik und Politik zurück, wie sie von Aristoteles begründet und von der Aristotelesrezeption seit Renaissance und Reformation in Deutschland gelehrt worden war.[1] Vor diesem Hintergrund kann der kleine Aufsatz „Die Politik", mit dem Theodor Schmalz im April 1809 das erste Heft seiner „Annalen der Politik" eröffnete,[2] als eigentümliches Zeugnis des Übergangs vom traditionellen zum neueren Politikbegriff gesehen werden, denn der Berliner Jurist unternahm in ihm den Versuch, beide auseinanderstrebenden Tendenzen noch einmal zusammenzubinden: sowohl einerseits den alten, normativ gebundenen Politikbegriff bewußt aufzunehmen, wie andererseits aber ebenfalls ein modernes, empirisch ausgerichtetes und damit auf das Gegebene und Konkrete bezogenes Verständnis von Politik in die umfassende Definition mit einzubeziehen.

Schmalz unternahm diesen Versuch auch auf die Gefahr hin, sich im Dickicht begrifflicher Unschärfe zu verlieren – und er ist dieser Gefahr auch keineswegs vollständig entkommen. Es geht ihm ausdrücklich um die Begründung und Entwicklung eines definitorisch vollständigen Begriffs der Politik, den er hier sofort als Bezeichnung einer Wissenschaft und *nicht* als „politische Praxis", als politisches Handeln im

[1] Vgl. hierzu immer noch die grundlegenden Arbeiten von Wilhelm Hennis, Politik und praktische Philosophie. Eine Studie zur Rekonstruktion der politischen Wissenschaft (Politica, Bd. 14), Neuwied – Berlin 1963, und H. Maier, Die Lehre der Politik an den älteren deutschen Universitäten; derselbe, Die ältere deutsche Staats- und Verwaltungslehre, jeweils passim.

[2] Die Politik, in: Annalen der Politik, hrsg. v. Theodor Schmalz, Bd. I, Berlin 1811, S. 1–10.

allgemeinen Verständnis bestimmt. Er setzt wiederum bei der Frage an: „Was ist der Zweck des Staats?"; Staatszweck ist ihm „Erhaltung ... der äußeren Würde der Menschen", d. h. genauer: ihrer „Freiheit" und „Unverletzbarkeit",[3] also ihrer Sicherheit, die er bekanntlich seit zwei Jahrzehnten als eigentlichen Staatszweck definierte.[4] Deshalb ist die „Politik" mit der „Staatswissenschaft" identisch, da sich alles im eigentlichen Sinne „politische" Denken und Handeln nur auf den Staat beziehen kann.[5]

Die Staatswissenschaft wiederum handelt von zwei verschiedenen Dingen, nämlich erstens – als *Staatskunde* im engeren Sinne – „von einzelnen Staaten in der Wirklichkeit, oder von dem Empirischen, was der Staat als Mittel gebrauchen soll", oder aber zweitens – als *Staatswissenschaft* im eigentlichen Sinne – als „Wissenschaft vom Staate, als Idee",[6] also eigentlich als Staatslehre und Staatstheorie. Zur empirischen Staatskunde gehören als Einzelwissenschaften Geschichte, Statistik und Geographie, die sich den jeweils konkreten Besonderheiten eines politischen Gemeinwesens, also den, wie Schmalz sagt, *„Staats-Merkwürdigkeiten"*[7] zu widmen haben. Staatsrecht und Privatrecht, soweit sie sich auf die gegebenen, konkreten Verhältnisse eines bestimmten Staates beziehen, sind als „Rechtskunde" ebenfalls Bestandteil der in diesem Sinne definierten Staatskunde.[8] Schließlich umfaßt die Staatskunde ebenfalls noch „Kunden empirischer Gegenstände, in denen er die Mittel suchen muß, zur Ausführung seines Zwecks im Einzelnen",[9] und dies sind „Gewerbskunde" (d. h. im einzelnen: Land- und Forstwirtschaft, Bergbau, Technologie) und „Kriegskunde".[10]

Auch hier wiederum, wie in seinem Staatsrecht zeigt sich Schmalz als Exponent des neueren naturrechtlichen Denkens, indem er sich von der „Staatsklugheitslehre" noch einmal deutlich distanziert;[11] Staatslehre ist und bleibt für Schmalz eine sowohl der Wahrheit wie auch dem Recht und der Moral verpflichtete Wissenschaft; von bloßer

[3] Ebenda, S. 2.
[4] Siehe oben § 15 b).
[5] Vgl. Die Politik, in: Annalen der Politik, hrsg. v. THEODOR SCHMALZ, Bd. I, S. 3.
[6] Ebenda.
[7] Ebenda, S. 4.
[8] Vgl. ebenda, S. 4 f.
[9] Ebenda, S. 5.
[10] Vgl. ebenda, S. 5 f.
[11] Siehe auch oben § 15 a).

Machttechnik will er nichts wissen: „Im Leben hat man freilich zu keiner Zeit bösen Künste [sic] verschmäht; aber die Theorie der Wissenschaft hielt fest auf der Wahrheit: daß nur das rechte gut und klug sey, und weise und wahr“.[12] Die Staatswissenschaft im anspruchsvollsten Sinne ihres Begriffs verkörpert in sich also – das ist Schmalz' feste Überzeugung – die Einheit des Rechten und Guten, des Weisen und des Wahren.

Die zweite Ebene der Staatswissenschaft behandelt „den Staat in der Idee, den Staat überhaupt“; es sind hiermit „das allgemeine Staatsrecht, und was man eigentlich Politik nennt“[13] gemeint. Und dieses Staatsrecht bzw. die Politik in diesem Sinne wiederum besteht „aus drei Theilen – der Verfassungslehre, der Verwaltungslehre, der Lehre von den äussern Verhältnissen“.[14] Schmalz' Begriff der „Verfassungslehre“ (es dürfte sich wohl um einen der frühesten Belege für diesen Terminus handeln)[15] ist dem Denken seiner Zeit entsprechend sehr weit gefaßt; er umgreift nicht nur die politischen Institutionen im engeren Sinne, sondern auch das Wirken der Staatsbürokratie.[16] Die „Verwaltungslehre“ fällt nun unversehens von der Theorie ins Konkrete zurück, indem sie, so Schmalz, „auf das Besondre“ dasjenige anwendet, „was die Verfassungslehre im Allgemeinen aufgestellt hatte über Behörden und Geschäftsgang“.[17] Diese Lehre umfaßt „Rechtspflege“ und „eigentliche Verwaltung“, und, auf letztere bezogen, deren Hauptzweige „Polizey und Finanz“. Die Lehre von den äußeren Verhältnissen kommt schließlich als dritter Teil der Staatslehre hinzu.[18]

Im Ganzen gesehen ist diese Einteilung weder originell noch einleuchtend, sondern eher unbefriedigend und in manchen Einzelheiten (etwa dem abrupten Übergang von abstrakten zu empirischen Katego-

[12] Die Politik, in: Annalen der Politik, hrsg. v. Theodor Schmalz, Bd. I, S. 4 f.; vgl. auch Schmalz' Ausführungen im Handbuch der Staatswirthschaft, Berlin 1808, S. 15 f.

[13] Die Politik, in: Annalen der Politik, hrsg. v. Theodor Schmalz, Bd. I, S. 6.

[14] Ebenda, S. 6 f.

[15] Schlözer hatte 1793 in seinem Buchtitel die Wortprägung „StatsVerfassungs-Lere“ gebraucht.

[16] Vgl. Die Politik, in: Annalen der Politik, hrsg. v. Theodor Schmalz, Bd. I, S. 7: „Zur Verfassungslehre gehört nicht bloß, von wem und wem die höchste Gewalt aufzutragen sey, wie die Nachfolge in die Regierung [sic] zu ordnen, oder wessen Beistimmung der obersten Regierer, und für welche Handlungen er sie zu suchen habe? sondern auch wie unter den Beamten der Regierung die Geschäfte zu vertheilen, und die Art, wie diese Geschäfte zu führen seyn? Es wird so wenig bedacht, wie Einflußreich [sic] auf die Freiheit des Unterthanen, die Gewalt der Beamten und der Geschäftsgang sey“.

[17] Ebenda, S. 8.

[18] Vgl. ebenda, S. 8 ff.

rien) sogar fehlerhaft. Aufschlußreich ist Schmalz' Versuch einer Definition der „Politik" als einer Wissenschaft von allem „Politischen" im umfassendsten Sinne dieses Begriffs nur darin, daß er um 1800 noch einmal den Versuch unternahm, Empirie und Theorie, Naturrecht und angewandte Politik, traditionelles und modernes Politikverständnis zusammenzubinden und auf einen, wenn auch überaus unscharfen und unpräzise bestimmten, Begriff zu bringen.

Es ist nicht daran zu zweifeln, daß dieser Versuch bereits im Ansatz mißlungen ist. Ein jüngerer Historiker und Staatswissenschaftler, der damals im engsten Kreis um Hardenberg als Reformbeamter tätig war, Friedrich von Raumer, hat Schmalz' Aufsatz 1809 in den „Heidelbergischen Jahrbüchern der Literatur" rezensiert;[19] er kritisierte denn auch sofort die dort anzutreffende „übermäßig weite Definition der Politik", die zugleich mit der Anmaßung auftrete, „die ganze Historie unter ihre Flügel" zu nehmen. Zudem sei Schmalz, so Raumer weiter, „das Verhältniß der Historie zur Ethik und die unerschöpflich tiefe Lehre von der Individualität der Einzelnen und der Staaten ... nirgend klar erschienen".[20] In diesen Worten kann man vielleicht bereits eine erste Äußerung historistischen Denkens erkennen, das gerade um diese Zeit den Eigenwert des Gegebenen und Konkreten gegen die naturrechtlichen Abstraktionen des vergangenen Jahrhunderts zu verteidigen begann. Für einen jungen, dem Neuen zugewandten Mann wie Raumer scheint Schmalz' Staats- und Politikbegriff also bereits um 1809 aus einer im Grunde überholten Vergangenheit zu stammen – und damit hatte er wohl nicht unrecht.

b) „Idee eines gemeinen positiven Staats-Rechts von Europa" (1813)

Am 8. Juli 1813 hielt Theodor Schmalz in der „Philomatischen Gesellschaft zu Berlin" eine Vorlesung mit dem durchaus gewagt klingenden Titel „Idee eines gemeinen positiven Staats-Rechts von Europa", die er im folgenden Jahr im zweiten Band seiner „Annalen der Politik" veröffentlichte.[21] Ihm ging es in diesem Text nicht etwa um den

[19] Wieder abgedruckt in: FRIEDRICH VON RAUMER, Vermischte Schriften, Bd. III, Leipzig 1854, S. 41 ff.

[20] Ebenda, S. 42.

[21] Idee eines gemeinen positiven Staats-Rechts von Europa. Eine Vorlesung in der philomatischen Gesellschaft zu Berlin am 8ten Julius 1813, in: Annalen der Politik, hrsg. v. THEODOR SCHMALZ, Bd. II, Berlin 1814, S. 81–95.

Entwurf eines eigenen Systems zu einem europäischen Völkerrecht – ein solches sollte er 1817 vorlegen[22] –, er beabsichtigte also keinen Beitrag zum seit dem 18. Jahrhundert diskutierten Problem eines „droit public de l'Europe",[23] wie der Titel vielleicht nahelegen könnte, sondern sein Anliegen war vielmehr nichts Geringeres als die Begründung einer neuen Rechtsdisziplin; er wolle, bemerkt er am Beginn seiner Ausführungen, „eine Rechenschaft geben, was ich unter diesem sonst nicht gehörten Namen" – nämlich: *„gemeines Staatsrecht Europa's"* – „meine und lehre, und welches der Sinn und Inhalt dieser neuen Rechtsdisciplin sey".[24]

Überblickt man den Text im ganzen, dann wird man nicht sagen können, daß Schmalz den eigentlichen Inhalt dieser neuen Rechtsdisziplin entwickelt, sondern er bemüht sich in erster Linie um den Entwurf einer historischen und systematischen Skizze der Grundlagen und Voraussetzungen dieser von ihm so genannten neuen Disziplin der Jurisprudenz. Schmalz geht aus von der gegebenen politischen Lage, die er zum Ausgangspunkt eines Neuanfangs in seiner Disziplin erhebt: „Bisher wurde auf Teutschlands Universitäten mit großem Eifer das Staatsrecht Teutschlands studirt, und selbst Ausländer widmeten ihm ihren Fleiß, als einem Schema für alles positive Staatsrecht. Staatsrecht zu lehren, wurde mein Beruf, Staatsrecht das Studium meines Lebens, in der That mein einziges, indem ich nur darauf bezogen, was ich in Geschichte und Philosophie, in Jurisprudenz und Politik geforscht und bedacht habe. So habe ich den Zeitpunct erlebt, den ein König meinem verewigten Lehrer und väterlichen Freund, *Pütter*, prophezeihte, und der durch Vernichtung des teutschen Reichs, wie fast aller Verfassungen, auch das Studium des Staatsrechts vernichtet zu haben schien".[25] Ein gesamtdeutsches Staatsrecht sei gegenwärtig nicht möglich,[26] und von der alten

22 Das europäische Völker-Recht; in acht Büchern, Berlin 1817; siehe dazu unten § 26 b).

23 Hierzu vgl. Ernst Reibstein, Das „Europäische Öffentliche Recht" 1648–1815. Ein institutionengeschichtlicher Überblick, in: Archiv des Völkerrechts 8 (1959/60), S. 385–420; Wilhelm G. Grewe, Vom europäischen zum universellen Völkerrecht. Zur Frage der Revision des „europazentrischen" Bildes der Völkerrechtsgeschichte (1982), in: derselbe, Machtprojektionen und Rechtsschranken. Essays aus vier Jahrzehnten über Verfassungen, politische Systeme und internationale Strukturen, Baden-Baden 1991, S. 169–195, bes. 176 ff.

24 Idee eines gemeinen positiven Staats-Rechts von Europa, S. 81.

25 Ebenda, S. 81 f.

26 Entrüstet weist Schmalz alle Ideen über ein „angebliches Staatsrecht des Rheinbundes" (ebenda, S. 83) strikt von sich; siehe zu den staatrechtlichen Bemühungen der

Reichsverfassung seien nur noch „allenthalben die Ruinen“[27] vorhanden.

Diese Diagnose berechtige nun allerdings, so Schmalz weiter, *nicht* zu der pessimistischen Annahme, das „Studium der Jurisprudenz überhaupt ... gehe in den Umwälzungen unserer Tage zu Grunde“, indem der unablässige Wandel durch ständige Schaffung neuer Staaten, häufige Grenzänderungen und Machtverschiebungen in Mitteleuropa allenfalls noch Momentaufnahmen, keinesfalls jedoch ruhige systematisch-gedankliche Durchdringung neuer Staats- und Rechtsordnungen ermögliche. In einer solchen Auffassung liege allerdings „ein Verkennen des wahren Wesens der Rechtswissenschaft überhaupt und des Staatsrechts insbesondere“.[28] Es bleiben angesichts der gegebenen Lage nur noch zwei Möglichkeiten übrig, das Verhältnis von Staat und Recht neu zu bestimmen: auf der einen Seite der Rückgriff auf die Gemeinsamkeiten der europäischen Rechtstradition, auf der anderen Seite aber der Versuch einer philosophisch-abstrakten Reflexion über die Grundlagen von Staat und Recht. Schmalz entscheidet sich für die erste Möglichkeit, die zweite wird von ihm mit überaus deutlichen Formulierungen verworfen.[29]

Ausgehend von seinen naturrechtlichen Grundaxiomen, nämlich der Vernunft- und Freiheitsfähigkeit des Menschen, und ebenfalls von der hieraus abgeleiteten Lehre vom ersten und einzigen Staatszweck Sicherheit,[30] vollzieht Schmalz den Übergang zu einer historischen Betrachtung: Der Staat entsteht aus dem Bedürfnis der Menschen nach Sicherheit; erst in seinem Schatten vermag sich die Kultur

Rheinbundjuristen und -publizisten die grundlegende Studie von G. SCHUCK, Rheinbundpatriotismus und politische Öffentlichkeit zwischen Aufklärung und Frühliberalismus. Kontinuitätsdenken und Diskontinuitätserfahrung in den Staatsrechts- und Verfassungsdebatten der Rheinbundpublizistik, bes. S. 68ff. u. passim.

[27] Idee eines gemeinen positiven Staats-Rechts von Europa, S. 82.

[28] Beide Zitate ebenda, S. 83.

[29] So heißt es unter offensichtlicher Anspielung auf Fichte (dessen Name indes nicht genannt wird), ebenda, S. 83f.: „Ich unterlasse hier zu streiten gegen eine neuere Verirrung gerühmter Köpfe, über welche ich, ihre scheuslichen Folgen übersehend, allerdings nicht ohne bittere Heftigkeit reden würde; die nemlich, welche den Staat als das All der Bildungsanstalten für die Menschheit betrachtet, und ihn deshalb der Idee des Rechts selbst präexistiren läßt – als ob ich kein Recht auf mein Leben hätte, wenn nicht vom Staat erst Strafe auf den Mord gesetzt wäre, oder als ob es nicht Unrecht gewesen wäre, wenn Wilde jenes einsamen Robinson Hütte, das Product seiner sauren Mühe, vernichtet hätten. Worauf soll der Unterdrückte sich gegen den Despotismus berufen, wenn nicht einmal mehr auf sein Recht?“; vgl. auch ebenda, S. 94.

[30] Siehe dazu oben §§ 11a), 15b).

zu entwickeln, die wiederum „die Bedürfnisse bald so in das Unendliche (vervielfältigt), daß jeder bei weitem das Meiste seines Bedarfs aus der Hand andrer sich gegen seine Gaben oder Arbeiten ertauschen muß“.[31] Im Gefolge dieser Tatsache ergibt sich die Ausbildung immer komplexerer Rechtsbeziehungen und Rechtsverhältnisse, und diese wiederum erfordern die Entstehung und Entwicklung eines in sich nach Möglichkeit geschlossenen, homogenen Rechtssystems, dazu eines Juristenstandes und schließlich auch einer Rechtswissenschaft.[32]

Die Jurisprudenz erhebt sich erst dadurch in den Rang einer Wissenschaft, daß sie das konkret gegebene, positive Recht nach allgemeinen Gesichtspunkten zu ordnen und gegebenenfalls zu modifizieren weiß, nämlich „indem sie ausgeht von den Ideen des ursprünglichen natürlichen Rechts, und dann die Gesetze des Staats und die Gewohnheiten des Volks in Beziehung auf jenes aus der innern Geschichte derselben klar gemacht“ hat. Allerdings wird sich auf diese Weise, wie Schmalz anschließend einräumt, „in jedem Staate eine eigne nur auf ihn beschränkte Jurisprudenz sich bilden. Abgesehen von dem, daß alle Angelegenheiten der Menschen den Menschen überhaupt interessiren, würde die Gesetzkunde doch als solche keine allgemeine Wissenschaft darstellen, ausgenommen die Philosophie des positiven Rechts“.[33]

Daß sich dies nun allerdings gerade *nicht* so verhält, ergibt sich für Schmalz aus der *gemeinsamen Rechtstradition* der europäischen Staaten. Hierin sieht er einen neuen Ansatzpunkt für die Formulierung und Neubegründung der historischen und systematischen Grundlagen eines für die Gegenwart bestimmten Staatsrechts: „... höchst merkwürdig ist in dem ganzen Europa eine allgemeine Gleichheit der Sitten und Rechte, nur mit unerheblichen Local-Abweichungen ... Von Lissabon bis St. Petersburg, von Palermo bis Christiania, überall dieselben Einrichtungen des Hauses und des öffentlichen Lebens, gleiche Sitte, gleiche Art Geschäfte zu verhandeln, Geschäfte selbst gleich; und die Vorschriften der Gesetze die nemlichen, wenn gleich in andern Sprachen ausgedrückt. Jedes Reich scheint mit dem andern verschwistert, wie Provinzen Eines Volks“.[34]

[31] Idee eines gemeinen positiven Staats-Rechts von Europa, S. 86.
[32] Vgl. ebenda, S. 86 ff.
[33] Beide Zitate ebenda, S. 88.
[34] Ebenda, S. 89.

Dieser ebenso euphorisch wie wohl auch euphemistisch formulierte Gedanke wird von Schmalz anschließend aus den drei großen gemeinsamen Traditionsbeständen der europäischen Rechtsgeschichte heraus entwickelt:[35] Erstens führt er die römisch-lateinische Rechtskultur an, es folgt zweitens das „teutsche" Recht, denn „Teutschland ... mischte römische Sitten in die seinigen, als durch Eroberung seine ausgewanderten Franken ihre römisch-teutsche Verfassung und Einrichtungen zurückbrachten. Teutsche wurden nachher Vermittler und Boten der Cultur im übrigen Europa, als Missionaire, als Colonisten, als Kaufleute, als Eroberer". Und drittens vereinigten sich, so Schmalz weiter, „überall ... römische und teutsche Sitten unter der Aufsicht der Einen Kirche".[36] Die „Sitten" des heutigen Europas seien daher „ein Gemisch römischer, teutscher und christlicher Sitten", als deren Quellen wiederum auch drei „System[e] von Rechts-Ideen" namhaft gemacht werden können, durch welche „die Ideen von Recht und dem Nützlichen im Staate bei allen europäischen Völkern sich bildeten oder formten".[37] Gemeint sind hiermit: das Justinianische *Corpus juris*, das *Corpus juris canonici* und die deutschen Rechtssammlungen, allen voran der Sachsenspiegel.[38] Auch wenn man gewisse Einschränkungen hinsichtlich der Verschiedenheit mancher nationaler Rechtstraditionen und -entwicklungen machen muß,[39] so lassen sich doch – das ist die zentrale These von Schmalz – „das römische, canonische und teutsche Recht als gemeines Recht von Europa ansehen. So lange Europa's Cultur bleibt, werden sie in hoher Achtung stehen, ... was auch immer für Revolutionen an neuen Gesetzen herbeibringen mögen. Verstehen wir ja nicht die Verordnung von heute, wenn wir nicht kennen, was die vorhergegangene vorschrieb: und ein neues Gesetz nicht ohne das abgeschaffte. Wie könnte oder dürfte dann je vernachlässigt werden die Quelle aller Rechts-Ideen eines ganzen Welttheils?"[40]

[35] Vgl. ebenda, S. 89 ff.
[36] Ebenda, S. 90.
[37] Ebenda, S. 91.
[38] Vgl. ebenda, S. 91 f.
[39] Vgl. die Bemerkung ebenda, S. 93: „Und wo diese drei Rechtssysteme auch nie das Ansehen der Gesetze erhielten, wie in England, Dänemark und Schweden, da sind sie doch immer als Quellen geachtet, aus denen nicht bloß die Gesetzgeber schöpften, sondern aus denen selbst die Vorstellungen der Völker über das, was recht und nützlich sey, hervorgehen mußten, weil ja ihre Sitten, denen so ähnlich waren, welche jene Vorschriften rathsam oder nothwendig gemacht hatten".
[40] Ebenda.

Diese gemeinsame – in drei großen Einzeltraditionen sich manifestierende – europäische Rechtskultur ist es auch, aus der sich ein gemeines europäisches Staatsrecht herleiten läßt: „Ein gemeines Staatsrecht von Europa nimmt also in sich alles auf, was über den Staat, seine Gewalt, Regierung, Verwaltung, Einrichtungen, Verhältnisse der Stände und Behörden ... im römischen oder canonischen Recht vorgeschrieben, oder im teutschen von den Altvätern hergebracht ist. Es soll aus dem allen das öffentliche Recht sammlen und aussondern, und zeigen, wie es Quelle der Ideen über Recht und Nutzen in den Staats-Einrichtungen überall geworden, und in den Einrichtungen der heutigen bestehenden Staaten die Spuren dieser Ideen nachweisen" – und zwar in unverkennbarem Gegensatz zu den „Speculationen" gegenwärtiger „Modephilosophie".[41]

Hier freilich bricht Schmalz leider ab; er kündigt zwar an, in einiger Zeit einen entsprechenden Entwurf des gemeinen Staatsrechts von Europa „in einem Umriß" der Öffentlichkeit vorzulegen – jetzt habe er nur die Absicht gehabt, „Rechenschaft zu geben von einer Wissenschaft, die mit der neuen Universität hier als neue Wissenschaft angekündigt worden".[42] Das Programm dieser neuen Wissenschaft hat Schmalz in der Tat überaus kühn – und durchaus auch zukunftsweisend – entworfen, doch durchgeführt hat er es nicht mehr, auch nicht im Ansatz. Der enormen Schwierigkeiten dieses Entwurfs dürfte er sich bald bewußt geworden sein, denn die Durchführung eines derartigen Vorhabens erforderte ja eben nicht nur ausgedehnteste Kenntnisse der Einzelheiten des Staatsrechts aller (oder doch wenigstens der wichtigsten) europäischen Völker, sondern mußte ebenfalls auf die ständig sich vollziehenden Veränderungen Rücksicht nehmen. Gerade das Jahr 1813, in dem Schmalz diese Vorlesung gehalten hat, wurde zum Ausgangspunkt neuer geschichtlicher Wandlungen, die Europas politische Landkarte nach den Zäsuren von 1803, 1806 und 1809 noch einmal von Grund auf umgestalten sollten.

Das Programm, das Schmalz hier – wenn auch im einzelnen wenig präzise – entworfen hat, bleibt gleichwohl eindrucksvoll, und es wurde von einzelnen Zeitgenossen auch durchaus wohlwollend zur Kenntnis genommen.[43] Im Grunde hatte sein kühner Entwurf bereits den

[41] Ebenda, S. 94.

[42] Ebenda, S. 95.

[43] So heißt es in einer 1814 erschienenen Besprechung [Heinrich Eberhard Gottlob Paulus], Rezension von: Annalen der Politik, hrsg. v. Theodor Schmalz, Bd. 2, 1814, in:

zweiten Schritt skizziert, bevor an den ersten gedacht worden war – und dieser erste Schritt konnte nur in einer umfassenden *Rechtsvergleichung* bestehen, an deren Vorbereitung in jener Zeit durchaus schon, gerade für den Bereich des öffentlichen Rechts, gearbeitet wurde.[44] Auch jener zweite Schritt ist bis heute noch nicht getan, wohl aber bereits angedacht. So wurde neuerdings darauf hingewiesen, daß es „ein wachsendes Ensemble von *einzelnen* Verfassungsprinzipien [gibt], die den verschiedenen nationalen Verfassungsstaaten ‚gemeinsam' sind", und aus denen sich „ein gemeineuropäisches *ius constitutionale*, ein ius commune Europaeum, ein *ius publicum Europaeum* erkennen [läßt], das inhaltlich Übereinstimmendes meint. Nationale Varianten bleiben, aber ein gemeinsamer Kernbestand liegt schon vor".[45] Die Ähnlichkeiten seien bereits so bedeutend, „daß die Arbeit an einer gemeineuropäischen Verfassungsrechtswissenschaft im angedeuteten Sinne keine Utopie mehr ist".[46]

Mag man diese letzte Formulierung auch für etwas voreilig halten, weil die Macht der individuellen nationalen Rechtstraditionen doch allzu schnell beiseite geschoben und damit unterschätzt wird, so bleibt es doch bemerkenswert, daß im ausgehenden 20. Jahrhundert tatsächlich – freilich ohne Schmalz und dessen Vortrag von 1813 zu kennen – bestimmte Gedanken wieder aufgegriffen werden, die wenigstens im Ansatz bereits vor mehr als einhundertachtzig Jahren auf den Begriff gebracht und als Zukunftsprogramm formuliert worden sind.

Heidelbergische Jahrbücher der Literatur 7 (1814), S. 661–671, hier S. 670: „Ließen sich auch bey der historischen Ausführung der gänzlichen Verschiedenheit der Sitten und Rechte der alterthümlichen und außer-europäischen, so wie der Gleichheit der neu-europäischen Staaten, manche Einwendungen, ließen sich auch in Ansehung der Verbindung und der alleinigen Gültigkeit jener drey Rechtssysteme gerade im öffentlichen Rechte manche Schwierigkeiten machen und nachweisen, so wollen wir doch keineswegs verkennen, wie viel Richtiges und Schönes im Ganzen des Verf. Idee enthält. Sehr schön hat er gewiß die entstandene Lücke des Staatsrechts in unserer verfassungslosen Zeit ausgefüllt …".

[44] Vgl. die aufschlußreichen Hinweise bei Michael Stolleis, Nationalität und Internationalität: Rechtsvergleichung im öffentlichen Recht des 19. Jahrhunderts (Akademie der Wissenschaften und der Literatur Mainz; Abhandlungen der geistes- und sozialwissenschaftlichen Klasse, Jhg. 1998, Nr. 4), Stuttgart 1998, S. 18 ff. u. passim.

[45] Peter Häberle, Gemeineuropäisches Verfassungsrecht, in: derselbe: Rechtsvergleichung im Kraftfeld des Verfassungsstaates. Methoden und Inhalte, Kleinstaaten und Entwicklungsländer (Schriften zum Öffentlichen Recht, Bd. 629), Berlin 1992, S. 71–104, die Zitate S. 74, 76.

[46] Ebenda, S. 104.

§ 20 Zur preußischen Verfassungsfrage nach 1815

Man kann die preußische Verfassungsfrage zwischen 1807 und 1848 als eine Geschichte nicht verwirklichter Ankündigungen und unerfüllt gebliebener Erwartungen charakterisieren. Jedenfalls hatten die seit dem Beginn der Reformzeit zuerst von Stein und dann von Hardenberg wiederholt unternommenen Versuche, die Durchsetzung einer gesamtstaatlichen Repräsentation und eine Verfassungsurkunde für den preußischen Staat zu erreichen, letztlich keinen Erfolg zu verbuchen. Die von Hardenberg im Jahre 1811 für mehrere Monate einberufene „interimistische Nationalrepräsentation", eine nur vom König ernannte Notabelnversammlung ohne wirkliche Befugnisse, blieb eine bloße Episode. Die Widerstände innerhalb der traditionellen preußischen Führungsschichten, nach 1815 auch die prekäre außenpolitische Stellung des Landes als kleinste der fünf europäischen Großmächte, verhinderten den von den Reformern wiederholt in Angriff genommenen Auf- und Ausbau einer modernen Verfassung. Bis zur Revolution von 1848 sollte Preußen daher ein vorkonstitutioneller Staat bleiben.[1]

Nicht zuletzt unter dem Druck der durch die Befreiungskriege patriotisch und erwartungsfroh gestimmten öffentlichen Meinung hatte König Friedrich Wilhelm III. am 22. Mai 1815 eine Verordnung publiziert, in der mit eindeutigen Worten die Gewährung einer Verfassungsurkunde und die Bildung einer Nationalrepräsentation für den preußischen Staat angekündigt wurde[2] – eine Repräsentation

[1] Siehe hierzu u. a. P. Haake, Der preußische Verfassungskampf vor hundert Jahren, passim; E. R. Huber, Deutsche Verfassungsgeschichte seit 1789 I, S. 290 ff.; Hans Joachim Schoeps, Preußen. Geschichte eines Staates, Frankfurt a. M. – Berlin – Wien 1975, S. 164 ff.; W. Hubatsch, Die Stein-Hardenbergischen Reformen, S. 215 ff.; T. Nipperdey, Deutsche Geschichte 1800–1866, S. 274 ff.; H. Obenaus, Anfänge des Parlamentarismus in Preußen bis 1848, S. 55 ff.; Wolfgang Neugebauer, Politischer Wandel im Osten. Ost- und Westpreußen von den alten Ständen zum Konstitutionalismus (Quellen und Studien zur Geschichte des östlichen Europa, Bd. 36), Stuttgart 1992, S. 261 ff.; gute Zusammenfassung auch bei Frank-Lothar Kroll, Verfassungsidee und Verfassungswirklichkeit im Zeitalter der Stein-Hardenbergschen Reformen, in: Verfassung und Verwaltung. Festschrift für Kurt G. A. Jeserich zum 90. Geburtstag, hrsg. v. Helmut Neuhaus, Köln – Weimar – Wien 1994, S. 159–182.

[2] Vgl. E. R. Huber, Deutsche Verfassungsgeschichte seit 1789 I, S. 302 ff.; T. Stamm-Kuhlmann, König in Preußens großer Zeit. Friedrich Wilhelm III. der Melancholiker auf dem Thron, S. 413 ff.

freilich, die nicht vom ganzen Volk direkt gewählt, sondern sich aus von den einzelnen Provinzialständen zu wählenden Abgeordneten zusammensetzen sollte. Da aber 1815 noch nicht in allen Provinzen Ständeversammlungen vorhanden waren, wurde in einem ersten Schritt die Bildung solcher Provinzialstände für das ganze Land angekündigt. Immerhin handelte es sich nicht um eine bloße Restitution der Stände des Ancien régime, sondern um eine Neubildung auf der Grundlage der neu eingeführten Provinzialgliederung des Landes.

Theodor Schmalz hat zu dem in der Öffentlichkeit heftig diskutierten Verfassungsversprechen von 1815 in seiner Anfang 1816 publizierten dritten Schrift zum Tugendbundstreit[3] Stellung bezogen. Seine Auslegung fiel so restriktiv wie nur möglich aus, wobei man allerdings berücksichtigen muß, daß er sich in jener Zeit von seinen Gegnern, die überwiegend dem liberal-konstitutionellen politischen Lager angehörten, in die Ecke gedrängt fühlte; die Schärfe seiner Polemik gegen „das ächt französische Unwesen seit 26 Jahren, dieß unselige Constitutions-Brüten",[4] ist demnach nicht *nur* aus seinem traditionellen Verfassungsverständnis[5] heraus zu erklären. Schmalz stellte sich – verfassungspolitisch gesehen – fast auf den Standpunkt der historischen Schule Savignys, wenn er ausführte: „Ich halte aber jede Constitution für gut, (und auch die ganz allein) welche sich aus der Eigenthümlichkeit einer Nation von selbst allmählich und in der Stille gebildet hat; und halte jede für absolut schlecht, welche ein Mann so niederschreibt ... Nicht was dahin geschrieben, nicht was publicirt wird, ist die wirkliche Constitution des Staates. Sie ist das All aller öffentlichen Einrichtungen".[6]

Das Verfassungsversprechen von 1815 wurde nicht eingehalten. Das Scheitern des preußischen Konstitutionalismus ist sicherlich, wie mit Recht festgestellt wurde, „nicht monokausal auf königliche Engherzigkeit und monarchischen Selbsterhaltungswillen, sondern auf ein

[3] Siehe dazu oben § 8.
[4] Letztes Wort über politische Vereine, S. 5.
[5] Siehe dazu oben § 15 f).
[6] Letztes Wort über politische Vereine, S. 10. – Eine Gesamtrepräsentation vermochte sich Schmalz nur als eine den Monarchen *beratende*, nicht mitentscheidende Ständeversammlung vorzustellen: „Diese Stände sollten keine Opposition bilden gegen den Fürsten; sondern er sollte mit ihnen berathen, um desto gründlicher unterrichtet zu werden von der Lage der Sachen in allen Theilen seines Gebiets; sie sollten Irrthümer der Minister und Räthe berichtigen und widerlegen, die Wünsche des Volks, und dessen Bedürfnisse, so wie Klagen über untreue Räthe vor den Thron bringen" (ebenda, S. 12).

Bündel verschiedenartigster Ursachen zurückzuführen",[7] darunter mannigfache innere Sachzwänge, außenpolitische Hemmnisse – nämlich die erzwungene Anbindung an die ebenfalls nichtkonstitutionellen Mächte Rußland und Österreich –, schließlich auch ideologische Widerstände innerhalb der preußischen Führungsschichten. Mit der Anfang 1820 im Staatsschuldengesetz[8] enthaltenen Ankündigung, künftige Staatsschulden nur unter Mitwirkung einer gesamtstaatlichen Repräsentation aufnehmen zu wollen, sprach man zwar noch einmal das 1815 gegebene Versprechen an, doch die gleichzeitige Erklärung, daß die Staatschuld vorerst geschlossen (d. h. keine neue Schuldenaufnahme vorgesehen) sei, deutete bereits darauf hin, daß ein Zusammentreten dieser Repräsentation vorerst nicht zu erwarten sein würde. Mit dem Gesetz über die Einrichtung der Provinzialstände vom 5. Juni 1823 wurde zwar die erste Ankündigung von 1815 nach acht Jahren endlich erfüllt – doch die nächsten Schritte, eben die Etablierung einer aus den Provinzialständen gebildeten gesamtstaatlichen Repräsentation und der Übergang zum konstitutionellen Staat, blieben weiterhin aus. Im Gegenteil: Die Kompetenz der nur beratende Funktionen ausübenden Provinzialstände erstreckte sich *ausschließlich* auf Belange der jeweiligen Provinzen; jeder Anspruch auch nur auf Beratung gesamtstaatlicher Aspekte oder gar Kompetenzen war damit von vornherein ausgeschlossen.[9]

Damit stellte sich 1823 die preußische Verfassungsfrage erneut, und sie konnte in der gegebenen Lage nur lauten: Muß die preußische Verfassungsgebung mit der Einrichtung der Provinzialstände als abgeschlossen angesehen werden, oder steht sie erst an ihrem Anfang? Schmalz, der drei Jahrzehnte vorher einmal bemerkt hatte, „anonymische Pasquille" zu schreiben, offenbare den „wahre[n] Character des Sclaven",[10] griff nun selbst mit einer anonymen Broschüre in die erneut ausgebrochene Verfassungsdiskussion ein; seine schon im Herbst 1822 veröffentlichte Schrift trug den Titel „Ansicht der Ständi-

[7] So F. L. Kroll, Verfassungsidee und Verfassungswirklichkeit im Zeitalter der Stein-Hardenbergschen Reformen, S. 171; vgl. zum folgenden auch die Ausfühungen ebenda, S. 171 ff.

[8] Vgl. E. R. Huber, Deutsche Verfassungsgeschichte seit 1789 I, S. 311.

[9] Vgl. ebenda, Bd. I, S. 170 f.; sowie ausführlich und grundlegend H. Obenaus, Anfänge des Parlamentarismus in Preußen bis 1848, S. 151 ff., 211 ff.; zum Zusammenhang vgl. auch Reinhart Koselleck, Preußen zwischen Reform und Revolution. Allgemeines Landrecht, Verwaltung und soziale Bewegung von 1791 bis 1848 (Industrielle Welt, Bd. 7), 2. Aufl., Stuttgart 1975, S. 337 ff.

[10] Das natürliche Staatsrecht ¹1794, S. 76.

schen Verfassung der Preußischen Monarchie, von E. F. d. V." – die Abkürzung ist nach Treitschke aufzulösen als „Einem Freund der Verfassung".[11] Daß es sich bei diesem „Freund der Verfassung" um niemand anderen als um Schmalz handelte, scheint sich indes bald herumgesprochen zu haben;[12] Varnhagen gehörte zu den ersten, die erfuhren, wer sich hinter dem Kürzel „E. F. d. V." verbarg.[13]

In seiner immerhin 74 Druckseiten umfassenden Stellungnahme beantwortete Schmalz die Frage nach dem Stand der preußischen Verfassungsentwicklung dahingehend, daß er, ganz im Sinne der Regierung und des Königs, den Verfassungsbildungsprozeß mit der Etablierung der Provinzialstände vorerst (wenngleich nicht für alle Zukunft) für abgeschlossen erklärte.[14] Wie bereits früher in seinen staatsrechtlichen Schriften[15] plädiert er erneut nachdrücklich für die Erbmonarchie: „Die Geschichte zeugt [sic], daß unter allen Verfassungen ohne Ausnahme die erbliche Monarchie bei weitem die wenigsten Beispiele verderblicher Regierungen habe. Der Regent hat da kein anderes Interesse, als das öffentliche. Er ist nur so reich, als seine Unterthanen sind, nur so mächtig, als sie cultivirt sind".[16]

Den obersten Staatszweck formuliert er jetzt etwas differenzierter als früher: Dieser ist jetzt nicht mehr nur „Sicherheit" als solche,[17] sondern „Freiheit durch Sicherheit", also durch Einwirkung einer „schützende[n] Macht, stark genug um jeden Frevel unwiderstehlich niederzudrücken, welcher das Recht eines Mitbürgers gefährdet. Darum der Staat".[18] Von dieser differenzierteren Bestimmung des Staatszwecks her meint Schmalz nun jede Liberalisierung der be-

[11] Vgl. H. von Treitschke, Deutsche Geschichte im Neunzehnten Jahrhundert III, S. 229; so auch E. R. Huber, Deutsche Verfassungsgeschichte seit 1789 I, S. 164, Anm. 2.

[12] Das Exemplar im Besitz des Verfassers trägt auf der Titelseite die Aufschrift von eindeutig zeitgenössischer Hand: „Autore Schmalz". Außerdem trägt die Schrift zwar das Jahresdatum „1823"; sie muß aber bereits im Vorjahr erschienen sein, da die Gegenschrift von Friedrich Buchholz (siehe unten Anm. 63) ebenfalls schon 1822 erschien; außerdem las Varnhagen, wie seine Aufzeichnungen belegen, Schmalz' Broschüre ebenfalls bereits 1822 (siehe unten Anm. 13).

[13] Vgl. etwa K. A. Varnhagen, Gesammelte Werke V, S. 59 (9.10.1822): „Eine kleine Schrift über Verfassung, worin gesagt wird, daß Preußen sich mit Provinzialständen begnügen könne, soll Herr Geh. Rat Schmalz zum Verfasser haben".

[14] Ansicht der Ständischen Verfassung der Preußischen Monarchie, von E. F. d. V., Berlin 1823.

[15] Siehe oben § 15 g), i).

[16] Ansicht der Ständischen Verfassung der Preußischen Monarchie, S. 5.

[17] Siehe oben § 15 a), b)

[18] Ansicht der Ständischen Verfassung der Preußischen Monarchie, S. 6 f.

stehenden Verfassung abweisen zu können: „Die Freiheit also mehren wollen durch Schwächung der regierenden, das ist, der schützenden Macht, das kann nur Dummheit wollen und nur Bosheit vorspiegeln. Und diese Bosheit, die so oft unter der Freiheit glorreicher Namen nur eigene Macht erstrebt, ist am Ende selbst wieder Dummheit“[19] – und dies deshalb, weil ein Staatswesen mit zu großen Freiheiten erst in der Anarchie, dann in der Tyrannei enden muß. Folgt man dieser Argumentation, dann widerspricht es geradezu der zum Staatszweck erhobenen Freiheit, die Staatsmacht in irgendeiner Weise zu schwächen oder einzuschränken.

Auch die Einführung einer Verfassungsurkunde wird nun schroff verworfen – jetzt ebenfalls, wenigstens teilweise, mit Argumenten, die dem gedanklichen Arsenal der historischen Juristenschule entstammen: Wo habe, fragt er, in der Geschichte jemals „der Menschen Weisheit eine neue Staatsverfassung entworfen, welche auch nur kurze Zeit gedauert hätte? Zu Zeiten einfacher Sitten zwar, wo alle Verhältnisse einfach und ihrer nur wenige sind, mag ein Numa oder Wilhelm Penn sie übersehen und verständig ordnen. Aber nach Jahrhunderten höherer Cultur, wo so verschiedenartige Verhältnisse, und diese so vielfach in sich selbst verschlungen sind, würde ein Penn den Auftrag ablehnen, eine neue Verfassung zu entwerfen, auf daß nicht die nächsten Tage sein Werk zerstören, ihm zum Hohne und dem Volke zum Verderben“.[20] Dementsprechend polemisiert Schmalz scharf gegen die „Keckheit, welche nach Philosophemen einer abstrakten Politik Verfassung ordnen will, ohne des wirklichen Lebens Verhältnisse, Bedürfnisse, Geschäfte zu kennen“. Um nicht mit dem Hinweis auf allseits bekannte Tatsachen widerlegt zu werden, muß Schmalz allerdings einräumen, daß „von allen Anordnungen einer Verfassung nur die Bestand gehabt“ hätten, „welche das Bestandene ordnend, nur feststellten, was schon Rechtens war, nur neu machten,

[19] Ebenda, S. 7.

[20] Ebenda, S. 8. – Da jede Einführung einer neuen Verfassung tief in bestehende Rechtsverhältnisse eingreifen, diese also verletzen müsse, habe „nie eine Verfassung zur Freiheit geführt, auf deren Geburt selbst der Fluch der Ungerechtigkeit lag. Nie kehrte in ein Land, welches solche Verfassung sich gab, Glück und Freiheit zurück, bis durch großes Unglück das Unrecht gebüßet und die Gerechtigkeit versöhnt war“ (ebenda, S. 10). – Siehe auch die entsprechende Polemik in der 1818 geschriebenen Vorrede zur Encyclopädie der Cameralwissenschaften, Königsberg ^{2}1819, S. XI: „Also hoffe ich, wir werden des Constitutionengeredes bald satt geworden seyn. – Wer wollte nicht ein Paar Dutzend Constitutionen geschwinder schreiben, als eine tüchtige Relation!“

was das Recht selbst gebot, oder unbedingte Nothwendigkeit in neuen Umständen. So ordnete sich Holland im sechzehnten und Nord-Amerika im achtzehnten Jahrhundert".[21]

Schmalz bestreitet nun im folgenden vehement, daß für das Preußen der Gegenwart eine solche „Nothwendigkeit in neuen Umständen" bestehe. Er beharrt auf der Gültigkeit der hergebrachten politischen und rechtlichen Traditionen: „Immer und ewig" sei der allgemeingültige Grundsatz in kraft, „daß nie ein Recht geraubt werden soll, und der: daß nie Treu und Glaube verletzt werden sollen". Eben dies gelte für die politischen Institutionen Preußens: „Auch in den Preußischen Staaten bestehen von Alters her Einrichtungen, Verhältnisse und Rechte, die unsere Verfassung bilden; sie mögen nun geradezu Jedem in die Augen leuchten, oder durch den Lauf der Zeiten manchem Auge verdunkelt erscheinen".[22] Wortreich wird von ihm bei dieser Gelegenheit auch das Vorbild der altehrwürdigen ungeschriebenen englischen Verfassung beschworen.[23] An eine berühmte Formulierung Montesquieus anknüpfend,[24] stellt Schmalz die bestehenden preußischen Verfassungszustände in die Tradition „jene[r] Ur-Ideen, aus Teutschlands alten Wäldern stammend, welche unsre wie Englands Verfassung begründen".[25] Die gewohnheitsrechtliche Tradition des preußischen öffentlichen Rechts – so seine indirekt gezogene Schlußfolgerung – erübrige also jeden Versuch, die bestehende Verfassung im Sinne des modernen Konstitutionalismus schriftlich zu fixieren. Hier ist freilich anzumerken, daß Schmalz um der Stringenz seiner Argumentation willen die bedeutenden Unterschiede zwischen dem englischen und dem preußischen Recht, zwischen gewohnheitsrechtlicher Tradition

[21] Die Zitate aus: Ansicht der Ständischen Verfassung der Preußischen Monarchie, S. 9.

[22] Die Zitate ebenda, S. 11f.

[23] Vgl. ebenda, S. 12: „England hat immer dankbar erkannt, daß aus Teutschlands Wäldern die Wurzeln seiner Verfassung abstammen. Dort hat nie Speculation an der Entfaltung des Baumes gemodelt; nur in Nothfällen wurde, und nur was die Noth gebot, wurde geändert; und wo durch die Leidenschaften, oft unter der Larve der Speculation, Uebel herbeigeführt waren, da bewährte sich immer die Rückkehr zu den alten Urgrundsätzen des öffentlichen Rechts als sicheres Heilmittel. Langsam im Laufe von Jahrhunderten entwickelte sich dort die Verfassung".

[24] Vgl. Charles-Louis Baron de Montesquieu, Œuvres complètes, ed. Roger Caillois, Bde. I–II, Paris 1951, hier Bd. II, S. 407 (De l'esprit des lois, XI, 6), „Si l'on veut lire l'admirable ouvrage de Tacite sur les meurs des germains, on verra que c'est d'eux que les Anglois ont tiré l'idée de leur gouvernement politique. *Ce beau système a été trouvé dans les bois*" (von mir hervorgehoben, H.-C.K.).

[25] Ansicht der Ständischen Verfassung der Preußischen Monarchie, S. 13.

des Common Law einerseits und der obrigkeitsstaatlich-kodifikatorischen Tradition des preußischen Staates andererseits ganz bewußt außer Betracht läßt.

Sein zweiter Grundgedanke, mit dem er die Forderung des liberalen Konstitutionalismus nach einer Verfassungsurkunde für Preußen zurückzuweisen versucht, ist der Rückgriff auf die historischen Traditionen der einzelnen Territorien, aus denen sich die preußische Monarchie zusammensetzt: Die preußische Monarchie stelle sich dar „als eine Anzahl verschiedener Monarchien, welche eine Gesammt-Monarchie bilden; Ein Königreich, mehrere Großherzogthümer, Herzogthümer, Fürstenthümer, Grafschaften, Herrschaften, nur durch die Person des Königs und sein königliches Haus zu einem Ganzen vereinigt“.[26] Zwar sei unter der Herrschaft der Hohenzollern das Band zwischen den einzelnen Landesteilen Preußens enger geknüpft als in anderen Herrschaften unter Personalunion (er nennt den König von Großbritannien und Hannover), andererseits aber – und Schmalz scheut sogar den Vergleich mit den USA nicht – sei „doch jedes preußische Land ein eigner, von den andern verschiedener Staat, wo auch nicht Sprache und Sitten daran erinnern. Gleich den nordamerikanischen haben auch wohl die unsern ... sehr ähnliche Verfassungen und Einrichtungen; aber jeder dieser Staaten giebt seinem Beherrscher einen verschiedenen Titel, jeder hat verschiedene, verschieden organisirte und verschieden privilegirte Landstände aus der Vorzeit her. Die Monarchie ist also nicht in dem Sinne Eins, wie Frankreich und England“.[27] Im Gegenteil: „Das ist demnach das eigentliche Wesen der preußischen Monarchie, daß sie einen Inbegriff von Staaten darstellt ... – eine Gesammt-Monarchie aus mehreren Monarchien, wie Nord-Amerika eine Gesammt-Republik aus mehreren Republiken, gebildet“.[28]

Diese These vom Föderativstaat Preußen klang aus der Perspektive des späten 19. Jahrhunderts – um Heinrich von Treitschke zu zitieren – „wie ein schlechter Witz“,[29] sie erschien jedoch in der Zeit nach 1815 keineswegs so unhaltbar, wie es eine spätere Perspektive suggerieren

26 Ebenda, S. 14; es heißt weiter: „Mit dem Jahre 1609 begann diese Vereinigung, und mit dem Jahre 1815 wurde sie zu ihrem jetzigen Bestande vollendet. Der Kurfürst von Brandenburg wurde Herzog von Cleve, Jülich, Berg, Graf von der Mark, hierauf Herzog, dann König von Preußen, Herzog von Pommern, Herzog von Magdeburg und so fort“.

27 Ebenda, S. 15 f.

28 Ebenda, S. 23.

29 H. von Treitschke, Deutsche Geschichte im Neunzehnten Jahrhundert III, S. 229.

mochte. Denn der preußische Staat war bis in die nachfriderizianische Epoche hinein nicht jener straffe Einheitsstaat, als den ihn viele Zeitgenossen und spätere Betrachter wahrgenommen haben; im Vergleich vor allem zu Frankreich war die innere Staatsstruktur des alten Preußen vor den Reformen föderal gewesen: den einzelnen Departements hatten Provinzialminister vorgestanden.[30] Im Zusammenhang der preußischen Verfassungsdiskussion um 1820 mußte Schmalz' Beharren auf dem föderativen Charakter Preußens jedoch als rückwärtsgewandt erscheinen; es berührte sich zudem mit gewissen Bestrebungen innerhalb der preußischen Bürokratie, das neue Ministerialsystem wieder abzuschaffen und zum alten System der Provinzialminister zurückzukehren.[31]

Auch das in jener Zeit neu errichtete provinzialständische System begründete Schmalz in seiner Schrift von 1822 ganz aus der Vergangenheit, aus den Traditionen des altpreußischen Staates ebenso wie aus denen des älteren deutschen Ständetums.[32] Zuerst einmal betont er die historische Kontinuität einer ständischen Verfassung: „In den einzelnen Ländern haben die Stände, wie sie von Alters nach Herkommen, Handvesten und Verträgen bestanden, im rechtlichen Sinne nicht aufgehört". Zwar sei seit den Zeiten des Großen Kurfürsten unter dem Druck der Verhältnisse – da „unsre Lande stets unter Waffen gehalten wurden, und selbst im Frieden stets kriegsfertig seyn mußten" – die politische Bedeutung der Stände in Brandenburg-Preußen zurückgegangen, denn „oft kam es auf rasche Verfügung an, wo Einholung der Meinung der Stände, zumal in mehreren Ländern zugleich, unmöglich war". Außerdem habe die „Sparsamkeit weit der meisten unserer Regenten" eine Einberufung der Stände zum Zweck größerer Geldbewilligungen überflüssig gemacht: „So vergaßen wir, daß wir Landstände hatten. Die Wirksamkeit derselben trat immer mehr zurück".[33] Doch Schmalz geht trotz dieser historischen Tatsa-

[30] Vgl. dazu auch die Bemerkungen von J. KUNISCH, La guerre – c'est moi! Zum Problem der Staatenkonflikte im Zeitalter des Absolutismus, S. 23 ff., der ebenda, S. 24 eine entsprechende Passage aus Schmalz' Schrift von 1823 zitiert. Ebenso H. KRÜGER, Allgemeine Staatslehre, S. 164.

[31] Vgl. E. R. HUBER, Deutsche Verfassungsgeschichte seit 1789 I, S. 164 f.

[32] Programmatisch formuliert Schmalz denn auch (Ansicht der Ständischen Verfassung der Preußischen Monarchie, S. 24): „... jetzt sind wir im Begriffe unsere Staats-Verfassung auf die alten Grundsätze unserer Väter, auf die Grundsätze der Freiheit und der bürgerlichen Ordnung und des Rechts neu erbaut zu sehen".

[33] Die Zitate ebenda, S. 26 ff.

chen von einer Kontinuität der ständestaatlichen Verfassung in Preußen aus.

Da die Deutsche Bundesakte von 1815 in ihrem Artikel 13 festgelegt hatte: „In allen Bundesstaaten wird eine Landständische Verfassung stattfinden“,[34] konnte Schmalz nun auf der Grundlage seiner Kontinuitätsthese die Behauptung aufstellen, Preußen sei bereits von alters her ein landständisch verfaßter Staat; es bedürfe allenfalls einer zeitgemäßen Erneuerung der alten ständischen Institutionen, *nicht* jedoch der Einführung einer – wie auch immer im einzelnen gearteten – „Volksrepräsentation“.[35] Ausführlich setzt er sich mit dem Begriff des „Volks“ – als dem Inbegriff derjenigen, die nach der Lehre der „gemeinen Meinung“ ein Wahlrecht für eine repräsentative Versammlung haben sollen – auseinander. Die Idee eines Wahlrechts *sämtlicher* Einwohner lehnt er, wie zu erwarten, strikt ab,[36] ebenso auch den Gedanken einer berufsständisch zusammengesetzten Vertretung.[37] Zudem träfen die Wahlen, so Schmalz weiter, „überall selten den Bessern, und desto weniger, je bedeutender die Stelle ist, zu welcher gewählt wird. So lehrt die Erfahrung aller Zeiten. Der Würdigste verschmäht die Künste der Bewerbung; der große Haufen ist dem kecksten Versprecher gewonnen“.[38]

Wie schon in seinem frühen Staatsrecht geht Schmalz auch jetzt davon aus, daß zuerst der *Grundbesitz* die Voraussetzung zur Erlangung der Rechte eines Vollbürgers sein muß, daß also „das ganze Land den Grund-Eigenthümern zusammen ganz eigentlich zugehöre; daß der Verein zum Staate nicht bloß ein Verein der Menschen zum Volke, sondern, wenigstens auch, ein Verein der Grundstücke zum Gebiete sey“. Daher sei es klar, „daß die Grund-Eigenthümer zuerst der Obrigkeit zum Schutze sich unterworfen, und die Bedingungen derselben verabredet haben müssen“.[39] Daraus folge: „Auf den Landtagen

[34] E. R. Huber (Hrsg.), Dokumente zur deutschen Verfassungsgeschichte I: Deutsche Verfassungsdokumente 1803–1850, S. 88.

[35] Vgl. hierzu und auch zum folgenden: Ansicht der Ständischen Verfassung der Preußischen Monarchie, S. 31 ff.

[36] Vgl. ebenda, S. 33 f.: „Wo Alle eine Stimme haben, da haben nur sehr Wenige eine Stimme. Denn die Meisten geben ihre Stimme wie die wollen, von denen sie leben. So verkauften die souveränen Herren der Welt, welche in Rom: *Panem et Circenses*! riefen, ihre Stimme gegen ein Maaß Getreide; so erkaufte in Polen der Stimmwerber bei der Landbotenwahl die Stimme eines armen Edelmannes ... Also welch eine Geld-Aristokratie bei absoluter Demokratie!“.

[37] Vgl. ebenda, S. 35.

[38] Ebenda, S. 37.

[39] Die Zitate ebenda, S. 39.

stimmen also erstlich die Besitzer landsässiger Güter, der Rittergüter oder anderer Freigüter".[40] Die Vertreter der Geistlichkeit, des zweiten Standes also, die früher „als Repräsentanten kirchlicher Gemeinen, Klöster, Stifte, Comthureien"[41] den Landtagen angehört hätten, seien allerdings nunmehr – was Schmalz ausdrücklich bedauert[42] – infolge der Säkularisation nicht mehr Mitglied, doch der – einstige – dritte Stand, die Repräsentanten der Städte (also der eigentlichen Stadt*bürger* im vollen Sinne, die eine Gemeinde bilden), stellten neben dem Adel den zweiten Schwerpunkt der Ständeversammlungen dar.[43]

Doch vertritt auch Schmalz die Auffassung, daß „Veränderungen in den neuern Zeiten ... freilich Veränderungen auf den Landtagen nothwendig gemacht" haben, – nur müßten eben „die neuen Anordnungen den Grundsätzen unserer Väter gemäß geschehen".[44] Zu diesen „neuen Anordnungen" rechnet Schmalz zuerst das Hinzutreten der „Mediatisirten des hohen Reichs-Adels ..., welche Anspruch auf ein vorzügliches Gewicht in den Provinzen haben";[45] sodann sollten die Stadtgemeinden als Zusammenschlüsse vollberechtigter Stadtbürger sowie – in Vertretung der ländlichen Grundbesitzer und der freien Bauern – auch die Kirchspiele im neuen ständischen Landtag repräsentiert werden.[46] Was nun die eigentlichen politischen Befugnisse einer solchen landständischen Vertretung angehe, so dürfe mit ihnen, wie Schmalz betont, keineswegs eine Schwächung des Souveräns verbunden sein, denn „daß es die allgemeine Meinung der Teutschen sey, die fürstliche Gewalt durch erwählte Repräsentanten zu beschränken, das ist gewiß die entschiedenste Unwahrheit".[47] Besonders groß seien die Vorteile einer ständischen Verfassung zweifellos dort, „wo

[40] Ebenda, S. 41. – Anschließend stimmt Schmalz ein früher bei ihm nicht zu findendes Loblied auf den Adel und dessen politische Funktion im Ständestaat an: „Ohne eine Aristokratie hat nie und nirgend die Freiheit bestanden. Adel ist darum immer der Gegenstand des Hasses sultanischen oder demokratischen Despotism's gewesen, weil kein Despotism Recht anerkennen will, das nicht von seinem Wohlgefallen gegeben ist und genommen werden kann. Freie Völker haben immer den Adel zu erhalten getrachtet, und in England würde, wer gleich vielen Schriftstellern bei uns Vernichtung des Adels vorschlüge, ... geradehin für wahnsinnig gehalten werden" (ebenda, S. 42 f.).

[41] Ebenda, S. 43.

[42] Vgl. ebenda, S. 50.

[43] Vgl. ebenda, S. 44 f.

[44] Die Zitate ebenda, S. 48 f.

[45] Ebenda, S. 50.

[46] Vgl. ebenda, S. 50 ff.

[47] Ebenda, S. 48.

nicht ein revolutionärer Geist noch über die Verfassung selbst streitet",[48] also etwa in England. Die dortigen Verhältnisse auf Deutschland zu übertragen, sei jedoch aus historischen wie auch aus geopolitischen Gründen unmöglich.[49] „Wir sind", umschreibt Schmalz die Situation in Deutschland, „in der glücklichen Lage, die Macht in der Hand unserer Souveraine ungeschwächt gern zu wissen"; eben daher erwarte er „von ständischen Versammlungen andere Vortheile, als Gegengewicht gegen die Regierung".[50]

Was mit der letzten Bemerkung gemeint ist, führt er anschließend aus: Zuerst einmal finde „in den außerordentlichen Lagen des Staats, in Kriegen welche große Summen kosten, ... eine ständische Versammlung leichter den Credit, als eine Schatzkammer ohne Stände";[51] bestimmte nicht ungefährliche, unter Umständen sogar ruinöse Finanzmanöver könnten auf diesem Wege vermieden werden. Zweitens würden dort, „wo der Souverain verheißen hat, neue Gesetze nicht zu geben, ohne die Stände gehört zu haben", zugleich „Gesetze weniger und vielseitiger geprüfte gegeben werden"; es sei in der Tat „immer ein großer Gewinn, daß die Langsamkeit der Ueberlegung viel neue Gesetze verhindert und daß selbst der Ausdruck in den gegebenen sorgfältiger durchprüft wird, als Männer es können, die im Gedränge der Geschäfte für Ausübung der Gesetze weniger Muße dazu finden, oder die Erwägung des Ausdrucks wohl gar zu pedantisch finden".[52] Und drittens schließlich seien „die Stände ... dem Fürsten der sichere Probierstein der Tüchtigkeit seiner Minister. Da sie gefaßt seyn müßen, daß ihren Vorschlägen Einwürfe mancher Art entgegengesetzt werden, und ihre Ansichten vielseitig von ihnen vertheidigt werden müßen, so können nur Männer von Einsicht und Geist im Ministerium sich erhalten".[53]

Doch erstaunlicherweise geht Schmalz jetzt noch weiter und wünscht für die Stände zusätzliche Rechte und Befugnisse:[54] zuerst

[48] Ebenda, S. 57; wer hiermit gemeint ist, fügt Schmalz sogleich an: „In England ist in jedem Gemüthe die Verfassung festgewurzelt. Niemand strebt dort im Ernste die Macht der Krone zu beschränken, oder die des Parlaments zu unterdrücken. Die Opposition will nicht die Majestät des Königs, die Minister wollen nicht das Ansehn des Parlaments schwächen; alle wollen alles genau wie es ist, erhalten" (ebenda).

[49] Vgl. ebenda, S. 57 ff..

[50] Ebenda, S. 59 f.

[51] Ebenda, S. 60.

[52] Die Zitate ebenda, S. 60 f.

[53] Ebenda, S. 62.

[54] Aufschlußreich auch die – wohlt bewußt etwas unpräzise – Bemerkung ebenda, S. 62 f.: „Wie weit aber der Stände Macht gehen solle, ob sie blos Rath oder Vollwort

das Recht „der Vorschläge neuer Gesetze", das niemand dort für gefährlich ansehen könne, „wo der Regierung ihr Veto bleibt"; sodann das besonders wichtige Recht der Stände, „Vorstellungen gegen Maasregeln der Regierung zu machen, und ihr Beschwerden vorzutragen". Da eine ständische Repräsentation im vollen Sinne dieses Begriffs eben „nicht ein Collegium von Männern [sei], denen der launische Zufall von Volkswahlen Ansehen giebt, sondern welche ihr Ansehn in sich und ihren Besitzungen haben", werde „nie ... ein Fürst sie überhören".[55]

Mit diesen Ideen ist Schmalz allerdings den gegebenen Verhältnissen weit vorausgeeilt. Wenn er sogleich einschränkend bemerkt, er glaube, „das bestehende Recht sei auch hierin der beste Leiter der Staatsweisheit",[56] und es komme zuerst einmal darauf an, die Provinzialstände auf- und auszubauen, so schließt er doch für die Zukunft einen *gesamtstaatlichen* Landtag nicht in jedem Fall aus. Zwar könne, wie er ausdrücklich feststellt, „nicht Gegenstand der Berathung einzelner Provinzial-Stände seyn, was die gemeinsame Regierung der ganzen Monarchie betrifft", doch liege es durchaus im Ermessen des Königs, ob er über Angelegenheiten dieser Art „mit allgemeinen Ständen sich berathen will"; dies sei freilich „ganz seine freie Gnade, welche kein von Alters bestandenes Recht von ihm fordern konnte", daher werde es „vom Königе allein abhängen, theils, wie weit das Ansehn dieser allgemeinen Reichs-Stände sich erstrecken, theils, wie ihre Versammlung organisirt werden soll".[57]

Schmalz denkt noch weiter – was wenigstens darauf hindeutet, daß ihm eine Entwicklung wie die eben skizzierte offenbar nicht unwillkommen wäre. Sollte ein künftiges preußisches Ständeparlament tatsächlich gesetzgeberische Befugnisse erhalten, dann reiche eine einzige Kammer nicht aus, und selbst bei bloßer *Beratung* der Gesetze scheinen doch – nach englischem Vorbild, das hier wieder einmal ausdrücklich bemüht wird[58] – „zwei Kammern für Preußen rathsam ... Ein Oberhaus ergiebt sich von selbst. Die mediatisierten Fürsten,

geben sollen, das scheint mir für die heilige Sache der Freiheit weniger wichtig als man gemeiniglich glaubt. Meine Freiheit besteht ja nicht darin, daß ich eine Stimme bei Verhandlungen öffentlicher Angelegenheiten habe, sondern darin, daß Niemand ungestraft meine Rechte kränken dürfe".

[55] Die Zitate ebenda, S. 63 f.

[56] Ebenda, S. 64.

[57] Die Zitate ebenda, S. 66 f.; vgl. auch S. 68 f.

[58] Vgl. ebenda, S. 69 ff.

ehemals selbst Landesherren, verdienen diese Auszeichnung; die schlesischen Fürsten nicht minder, und die Bischöfe, zumal wenn auch in allen evangelischen Consistorien das Präsidium evangelischen Bischöfen übertragen würde. Noch sind in mehrern Provinzen Familien des höhern Reichs-Adels angesessen, und größere Majorate, welche zu Grafschaften, oder Standesherrschaften oder Erb-Hauptmannschaften ihren Besitzern Sitz im Oberhause gewähren möchten".[59]

So bleibt beim Blick auf diese Schrift von 1822 ein zwiespältiger Eindruck zurück: Zum einen vertritt Schmalz mit seiner These von einer angeblichen ständischen Kontinuität im preußischen Staat und mit seiner Behauptung, die alten provinzialen Ständeversammlungen seien ohne größere Schwierigkeiten – wenn auch mit einigen zeitgemäßen Modifikationen und Neuerungen – wieder zu restaurieren, ohne Frage strikt konservativ-traditionalistische Positionen. Auf der anderen Seite aber gehen seine Vorstellungen doch deutlich über den Status quo dieser Zeit, also über die bloße Wiederherstellung eines rein föderalen Ständesystems, hinaus, indem er mindestens die Möglichkeit andeutet, die ständische Verfassung könne von der provinzialen auf die gesamtstaatliche Ebene erweitert und – wenigstens formal nach britischem Vorbild – in der Art eines Zweikammernparlaments ausgebaut werden. Freilich will Schmalz die Entscheidung hierzu wiederum ganz dem Monarchen überlassen, dessen Handlungsfreiheit in dieser Frage er keineswegs eingeschränkt wissen möchte. Immerhin wagte er es, wenn auch nur ansatzweise und sehr vorsichtig, die Vorzüge eines gemäßigten ständischen Systems zu skizzieren, und man darf wohl davon ausgehen, daß es sich hierbei um Ausführungen handelt, die seinen eigenen Überzeugungen nahekommen.

Man wird der kleinen Schrift „Ansicht der Ständischen Verfassung der Preußischen Monarchie" aus dem Jahre 1822 also durchaus mit Herbert Obenaus das Verdienst zuschreiben können, daß in ihr wenigstens „Ansätze zu einer Diskussion über die Elemente der altständischen Verfassung in Preußen"[60] entwickelt worden sind. Man darf hier zudem die Tatsache nicht ganz außer acht lassen, daß nach den Karlsbader Beschlüssen von 1819 eine offene und freie Diskussion politischer Fragen innerhalb des Deutschen Bundes nicht

[59] Ebenda, S. 70 f.

[60] H. Obenaus, Anfänge des Parlamentarismus in Preußen bis 1848, S. 207, Anm. 15.

möglich war.[61] Als Zeugnis einer ausschließlich auf politischen Stillstand, gar auf bloße Restauration vergangener Zustände gerichteten Reaktion ist diese Schrift also *nicht* anzusehen. Und die strikte Ablehnung einer Verfassungsurkunde für Preußen stellte in jenen Jahren ebenfalls keineswegs eine an sich schon reaktionäre Außenseiterposition dar; es genügt, etwa an Hegels gleichzeitige Ablehnung des damaligen liberalen Konstitutionalismus zu erinnern.[62] Die „Ansicht der Ständischen Verfassung" war also nicht mehr und nicht weniger als ein vorsichtig formulierter politischer Kommentar zum Stand der preußischen Verfassungsfrage, der zum einen der in der preußischen Regierung vorherrschenden Auffassung sehr weit entgegenkam, der aber doch andererseits ebenfalls auf einen – über den bloßen Status quo hinausreichenden – Ausblick in die nähere Zukunft *nicht* verzichtete und schon aus diesem Grunde positive Beachtung hätte finden können. Indes schien Schmalz in der Öffentlichkeit aufgrund der Tugendbundaffäre bereits derart verhaßt zu sein, daß man jenen maßvollen Ausblick nicht bemerkte und den Autor samt seiner Schrift nur aufs neue ins reaktionäre Lage eingemeindete.

Sein schärftste Kritiker wurde Friedrich Buchholz, der schon 1822 eine kleine Broschüre erscheinen ließ, in der er den ungenannten Verfasser „E. F. d. V." massiv angriff und der Lächerlichkeit preiszugeben versuchte.[63] Es fiel ihm nicht schwer, Schmalz' Vergleich der preußischen Provinzialverfassung mit derjenigen der Vereinigten Staaten von Nordamerika aufzuspießen und auch dessen „verworrene Vorstellungen" von erblicher Monarchie und ständischer Verfassung „mit den Träumen eines Kranken ... mit Träumen, wie etwa ein physiokratisches Fieber sie herbeiführt"[64] zu vergleichen. Besonders

[61] Vgl. dazu u. a. E. R. Huber, Deutsche Verfassungsgeschichte seit 1789 I, S. 732 ff.

[62] Vgl. dazu etwa Rolf K. Hocevar, Hegel und der preußische Staat. Ein Kommentar zur Rechtsphilosophie von 1821, München 1973, S. 80 ff.; Gertrude Lübbe-Wolff, Hegels Staatsrecht als Stellungnahme im ersten preußischen Verfassungskampf, in: Zeitschrift für philosophische Forschung 35 (1981), S. 476–501.

[63] Friedrich Buchholz, Marginalien zu der Schrift: Ansicht der Ständischen Verfassung der Preußischen Monarchie; von E. F. d. V., Berlin 1822; vgl. den Hinweis bei Heinrich Wuttke, Die schlesischen Stände, ihr Wesen, ihr Wirken und ihr Werth in alter und neuer Zeit, Leipzig 1847, S. 110; zu Buchholz siehe die gründliche Studie von Rütger Schäfer, Friedrich Buchholz – ein vergessener Vorläufer der Soziologie. Eine historische und bibliographische Untersuchung über den ersten Vertreter des Positivismus und des Saint-Simonismus in Deutschland, Bde. I–II (Göppinger Akademische Beiträge, Bde. 59/I–II), Göppingen 1972.

[64] Buchholz, Marginalien zu der Schrift: Ansicht der Ständischen Verfassung der Preußischen Monarchie, S. 13; vgl. ebenda, S. 8 ff. u. passim.

deutlich polemisierte Buchholz, und hier lag der eigentliche politische Kern seiner Invektive, gegen Schmalz' Kritik der Volksrepräsentation – freilich nicht ohne sich selbst in Widersprüche zu verwickeln, denn einmal meinte er die These von der Untrennbarkeit der „Idee von einer ständischen Verfassung, von einem Repräsentativ-System"[65] vertreten zu können, während er an späterer Stelle seines Gedankengangs wiederum den „nicht zu verkennende[n] Unterschied zwischen den alten Ständeversammlungen und den neueren Volks-Repräsentationen"[66] betonte. Und auch sein Versuch, den bekennenden „aufgeklärten Absolutisten" Schmalz zum Verfechter „mittelalterlicher" Prinzipien zu machen, indem er an die antiständische Politik der Preußenkönige des vergangenen Jahrhunderts erinnerte,[67] dürfte ebenfalls nicht auf alle Leser überzeugend gewirkt haben. Immerhin vermochte Buchholz durchaus treffend verschiedene Schwachstellen der Schmalzschen Broschüre namhaft zu machen. – Doch der in dieser Weise Attackierte vermied es jetzt – angesichts bestimmter Erfahrungen der vergangenen Jahre – wohlweislich, noch einmal zum öffentlichen Gegenangriff überzugehen.[68]

[65] Ebenda, S. 15; vgl. auch S. 20 f.

[66] Ebenda, S. 29.

[67] Vgl. ebenda, S. 30 ff.

[68] Zu den Kritikern von Schmalz gehörte auch der ehemalige preußische Kriegsminister Hermann von Boyen, der kurz nach Erscheinen der Schmalzschen Broschüre eine – ungedruckt gebliebene – Gegenschrift verfaßte, in der er vor allem Schmalz' Vorbehalte gegen die Einrichtung einer repräsentativen Volksvertretung nach dem Muster des deutschen Frühkonstitutionalismus kritisierte; Schmalz gleiche, so Boyen, einer Hausfrau, „die den herangewachsenen Sohn mit ererbten Kinderkleidern in die Welt" schicken wolle; siehe dazu die Studie von STEFAN HARTMANN, Die Kontroverse zwischen Boyen und Schmalz über die Einführung einer ständischen Verfassung in Preußen, in: Forschungen zur brandenburgischen und preußischen Geschichte N. F. 1 (1991), S. 209–239; das Zitat S. 231.

§ 21 Staatsrecht des Deutschen Bundes (1825)

a) Territorialrecht

Theodor Schmalz stand dem Deutschen Bund von Anfang an positiv gegenüber. Zwar dürfte die während des Wiener Kongresses vereinbarte neue politische Gesamtordnung Deutschlands nicht unbedingt seinem Ideal entsprochen haben, doch er verteidigte den Deutschen Bund bereits früh entschieden gegen dessen Kritiker. Es sei nicht wahr, wandte er schon Ende 1815 gegen Niebuhr ein, „daß Teutschlands uralte Zertheilung durch den teutschen Bund mehr befestigt sey. Seit Jahrhunderten unter Kaiser und Reich, wie viel Bündnisse der Teutschen mit Auswärtigen gegen Kaiser und Reich! Vielmehr muß allen die Hoffnung einleuchten, daß Fürsten, welche eines Kaisers Oberherrschaft unwillig trugen, desto fester an einem freien Bunde hängen (gleich den Cantons der Schweitz), und erkennen werden, wie nöthig sie einander sind ... – Und gesetzt, ein Kaiser und Reich wären wirklich wünschenswerther, als der Bund, welcher Wahnsinn ist es dann, das Gute schmähen, weil das Bessere unmöglich ist?“[1] Schmalz blieb also auch in seinen verfassungspolitischen Vorstellungen ein Pragmatiker: Vielleicht hätte er ein erneuertes, inhaltlich vielfach reformiertes Reich dem Deutschen Bund von 1815 vorgezogen – allein er unterließ es, hierüber öffentlich zu räsonnieren.

Man hat die Zeit des Deutschen Bundes aus der Rückschau als „die eigentliche Epoche des allgemeinen deutschen Staatsrechts“ im Sinne des deutschen Kompromisses zwischen monarchischer Tradition und bürgerlichem Konstitutionalismus bezeichnet.[2] Die erste vollständige und umfassende Darstellung des neuen gesamtdeutschen Staatsrechts legte – bereits im Jahre 1817 – Johann Ludwig Klüber vor. Sein „Oeffentliches Recht des teutschen Bundes und der Bundesstaaten“, erschienen in Frankfurt am Main, wurde auf viele Jahre hinaus die –

[1] Ueber des Herrn B. G. Niebuhrs Schrift wider die meinige, politische Vereine betreffend, S. 7 f.

[2] C. Schmitt, Das „Allgemeine Deutsche Staatsrecht“ als Beispiel rechtswissenschaftlicher Systembildung, S. 171. Zum Zusammenhang vgl. neuerdings auch G. Robbers, Die Staatsrechtslehre des 19. Jahrhunderts, bes. S. 105 (zu Klüber und Schmalz).

mehrfach aufgelegte und erweiterte – grundlegende Darstellung des deutschen Bundesrechts.[3] Freilich vermochte Klüber gleich einen doppelten Heimvorteil zu nutzen: als einer der letzten Reichsjuristen verfügte er über eine fast legendäre Kenntnis des alten Reichsrechts und dessen Literatur, und als zeitweiliger Diplomat hatte er am Wiener Kongreß teilgenommen und dort umfassende, von ihm bald nach 1815 auch als Dokumentation publizierte Materialien sammeln dürfen.[4] Neben der souveränen Faktenkenntnis und der übersichtlichen Darstellung trug die liberale Grundgesinnung Klübers noch zusätzlich zum Ansehen und zur Wirkung seines Werkes bei, denn der Jurist (der 1824 aus dem Staatsdienst ausgeschieden war und seitdem als freier juristischer Autor lebte) hatte das Streben nach einer Verfassungsurkunde, nach kodifizierten Freiheitsrechten und nach moderner Volksvertretung zu Grundtendenzen der auf das Zeitalter Napoleons folgenden neuen Epoche erklärt.[5]

Die – von wenigen wertenden Passagen abgesehen – stark deskriptive und (auch in den Anmerkungen) sehr materialreiche und daher

[3] JOHANN LUDWIG KLÜBER, Oeffentliches Recht des teutschen Bundes und der Bundesstaaten, Frankfurt a. M. 1817.

[4] Siehe neuerdings die erste umfassendere biographische Würdigung von KLAUS-PETER SCHRÖDER, Johann Ludwig Klüber (1763–1837) – Ein deutsches Gelehrtenleben im Umbruch der Epochen, in: Wirkungen europäischer Rechtskultur. Festschrift für Karl Kroeschell zum 70. Geburtstag, hrsg. v. GERHARD KÖBLER/HERMANN NEHLSEN, München 1997, S. 1107–1154; vgl. ebenfalls M. STOLLEIS, Geschichte des öffentlichen Rechts in Deutschland II, S. 83 ff. u. a.; M. FRIEDRICH, Geschichte der deutschen Staatsrechtswissenschaft, S. 184 ff.; DERSELBE, Die Erarbeitung eines allgemeinen deutschen Staatsrechts seit der Mitte des 18. Jahrhunderts, S. 15 ff.; siehe auch die Ausführungen bei E. SCHMIDT-ASSMANN, Der Verfassungsbegriff in der deutschen Staatslehre der Aufklärung und des Historismus, S. 98 ff. und H. QUARITSCH, Staat und Souveränität, S. 481 ff.

[5] Vgl. J. L. KLÜBER, Oeffentliches Recht des teutschen Bundes und der Bundesstaaten, S. 149 ff.: „*Lieb* gewinnen müssen ihn [den Staat, H.-C.K.] die Bürger, wenn die Machthaber, mit einem GöttlichkeitsPrincip im Herzen, persönliche Neigungen und Vortheile gefangen nehmen unter dem Wohl Aller; ... wenn sie mit dem wahren Gefühl, nur dem Gesetz zu gehorchen ... in ihrem Staat den Freiort des Menschenrechtes und der Rechtsgleichheit der Staatsbürger sehen; ... wenn ein weises und gerechtes System allgemeiner Volksvertretung, die Staatsverfassung sichert, wenn ... gesorgt wird, für zweckmäsige [sic] Benutzung und Verwaltung der Staatskräfte; durch Gewissensfreiheit, durch zeitgemäse Gesetzgebung [sic], durch das Recht der Bitt- und Beschwerdeschriften, durch Verantwortlichkeit der obersten Staatsbeamten für Zweckmäsigkeit, und, vor einer richtenden Behörde, für Rechtmäsigkeit oder Uebereinstimmung der Regentenhandlungen mit der Verfassung und den Gesetzen des Staates, durch Aufrechterhaltung vernunftgemäßer Preßfreiheit, Unabhängigkeit der Gerichtshöfe, Rechtspflege gegen Jeden ...“ usw. – Vgl. auch M. STOLLEIS, Geschichte des öffentlichen Rechts in Deutschland II, S. 84 f.

manchmal nicht leicht lesbare Darstellung Klübers unterscheidet sich keineswegs in allen zentralen Aspekten von Schmalz' acht Jahre später erschienenem „Teutschen Staatsrecht". Die entscheidenden Grundbegriffe und Bestimmungen, etwa die Definition des Staatszwecks als Sicherheit, sogar ebenfalls die Lehre von den drei Gewalten als aufsehende, gesetzgebende und vollziehende Gewalt, stimmen mit den Auffassungen von Schmalz überein.[6] Zudem hat Klüber die einschlägigen Schriften seines Berliner Kollegen ausgewertet; Schmalz findet sich in den Anmerkungen des Frankfurter Juristen immer wieder zitiert.[7] Doch bereits ein Blick auf den Aufbau beider Werke zeigt den Hauptunterschied. Während Klüber nach einer längeren methodologischen und quellenkundlichen Einleitung im ersten Teil seines Buches auf knapp einhundert Seiten das Bundesrecht und erst im zweiten das „Staatsrecht der teutschen Bundesstaaten" ausführlich (auf etwa 550 Seiten) darstellt, hat Schmalz sein „Handbuch zum Gebrauch academischer Vorlesungen", wie es im Untertitel heißt, ganz anders aufgebaut. Nach einem knappen Abschnitt, in dem die „Vorbegriffe" geklärt werden, folgen drei Teile: der erste enthält auf mehr als einhundert Seiten eine ausführliche „Geschichte der Bildung der teutschen Verfassung", bevor im zweiten Teil erst das „Allgemeine Territorial-Staatsrecht Teutschlands" (210 Seiten) und im – deutlich kürzeren – dritten endlich das „Recht des teutschen Bundes" (85 Seiten) abgehandelt wird.

Schon in der Vorrede macht Schmalz unzweideutig klar, daß sein Buch gegen Klübers Darstellung geschrieben ist.[8] Für den Berliner Juristen steht – sieht man von den im engeren Sinne politischen Unterschieden zwischen beiden Autoren einmal ab – das Territorial-

[6] Vgl. J. L. KLÜBER, Oeffentliches Recht des teutschen Bundes und der Bundesstaaten, S. 3 f., 444 ff.. – Zu den entsprechenden Lehren von Schmalz siehe oben § 15 b), e).

[7] Siehe etwa J. L. KLÜBER, Oeffentliches Recht des teutschen Bundes und der Bundesstaaten, S. 2 f., 7, 15, 39, 162 f. u. v. a.

[8] Vgl. Das teutsche Staats-Recht. Ein Handbuch zum Gebrauche academischer Vorlesungen, Berlin 1825, S. IIIf.: „Es giebt kein Buch, welches ich bey meinen Vorlesungen zum Grunde legen konnte, in denen ich nicht bloß das Recht des Bundes, sondern auch das allgemeine Territorial-Staats-Recht umfassen mußte. Das einzige Buch dieser Art ist das *Klübersche*, welches an sich für ein Lehr-Buch zu weitläufig, in einem mir wenigstens nicht übersehbaren Plane geschrieben ist. Ueber dem aber ist mir schlechthin unmöglich mit den Grund-Sätzen desselben zu transigiren, als welche ich, eben so philosophisch als historisch schlecht begründet, wie für das Glück der Menschen, für wahre Freiheit, verderblich halte". Vgl. auch ebenda, S. 14.

Staatsrecht der deutschen Bundesstaaten nicht nur aus darstellungstechnischen Gründen an erster Stelle: „Der teutsche Bund ruht auf den einzelnen Staaten; mithin scheint das allgemeine Territorial-Staats-Recht dem Bundes-Staats-Recht vorangehen zu müssen; beides aber kann ohne die Geschichte seiner Entwicklung nicht verstanden werden. Daher die drey Theile des Buchs und ihre Reihe-Folge“.[9] Diese Anordnung drückte aber, wie die weitere Darstellung zeigt, keineswegs eine bewußte Geringschätzung des Bundesstaatsrechts aus, sondern orientierte sich an der Tatsache, daß das Bundesrecht in der kurzen Zeit nach der Begründung des Deutschen Bundes in seiner Bedeutung und Reichweite, auch in seiner wissenschaftlichen Durchdringung noch der Aufarbeitung und Erweiterung harrte.[10]

Der vorangestellte Abschnitt „Vorbegriffe“ enthält für den Kenner des früheren Schmalzschen Staatsrechts nichts eigentlich Neues. Aufschlußreich immerhin bleibt die vorangestellte knappe Bibliographie, die neben den antiken und neueren Klassikern der Staatsphilosophie – Platon, Aristoteles, Bodin, Grotius, Hobbes, Pufendorf, Huber, Locke, Sidney, Böhmer, Montesquieu und Rousseau – von den zeitgenössischen Autoren nur die beiden ausgesprochen konservativen Restaurationstheoretiker Haller und Ancillon erwähnt.[11] Die hier noch einmal kurz entwickelte Staatszweck-, die Verfassungsformen-, auch die Souveränitätslehre oder die Lehre vom Bürgerrecht entspricht im ganzen demjenigen, was Schmalz seit Jahrzehnten mehrfach dargelegt hatte. Doch auch hier fällt die immer wieder hervorbrechende stark antirevolutionär-konservative Ausrichtung auf – so etwa, wenn mit scharfen Formulierungen die These vom Recht zur Verfassungsänderung durch das Volk in Bausch und Bogen verdammt wird.[12] Als im Vergleich zu Klüber durchaus unpräzise, um nicht zu sagen ausgesprochen verschwommen erweist sich Schmalz' Definition der *Politik* als „Wissenschaft vom Staate“: diese „Politik“ lehre, „auf ihrer edelsten Höhe dem Staatsrechte näher verwandt, daß allein das

[9] Ebenda, S. IV.

[10] Vgl. etwa die Bemerkungen ebenda, S. 139.

[11] Vgl. ebenda, S. 1.

[12] Vgl. ebenda, S. 14: „Unendliches Verderben bringt über ein Volk die angeblich liberale Lehre vom Recht des Volks seine Verfassung zu ändern. Nach jeder Revolution zeigt auch die Grausamkeit, womit die revolutionären Machthaber jeden Ausdruck contrarevolutionärer Gesinnungen verfolgen, daß sie selbst jene ihre Lehre nicht gelten lassen. Nur diese Lehre facht die Wuth der Caligula und Robespierre an“.

Gerechte das Vortheilhafte, Ungerechtigkeit aber nicht bloß abscheulich, sondern auch alle Wege kurzsichtig und thöricht sey".[13]

Immerhin bekannte sich Schmalz, nicht zuletzt unter dem Eindruck der jüngsten historischen Entwicklungen, zur Einheit und zum inneren Zusammenhalt Deutschlands gerade in seiner Vielfalt.[14] Auch sollten sich, wie er nun ausdrücklich betonte, die jetzigen und künftigen Bearbeiter des „teutschen Staatsrechts" von einem die Nation spaltenden „Parteigeist" freihalten – wobei er unter „Partei" offenbar nur die anderen, nicht sich selbst verstanden wissen wollte: Jene Bearbeiter möchten nicht vergessen, fügte er hinzu, „daß Partei-Geist leicht in die Extreme hingereitzt werde. Die Freunde des Throns mögen den Muth sich erhalten, auch vor dem Throne das Recht alle Wege zu vertheidigen; die Freunde der Freiheit mögen bedenken, daß Willkühr revolutionärer Parteien unendlich verderblicher wüthe, als je ein Tyrann".[15]

Die Tatsache, daß so etwas wie ein *allgemeines* deutsches Territorialstaatsrecht überhaupt möglich und auch systematisch erfaßbar und darstellbar ist, leitet Schmalz aus der gemeinsamen Verfassungsgeschichte ab, der er noch vor dem Territorialstaatsrecht eine ausführliche Darstellung gewidmet hat.[16] Aus der Geschichte lasse sich belegen, „daß alle die verschiedenen Landes-Verfassungen aus gleichen Elementen hervor gegangen sind, im Ganzen auch auf gleiche Weise sich ausgebildet haben, so daß ein gemeines Territorial-Staats-Recht Teutschlands gar wohl gedacht und aufgestellt werden kann".[17] Stark betont Schmalz die Rechtskontinuität zum Alten Reich: es stehe außer Frage, daß „zu den Normen dieses gemeinen Territorial-Staats-Rechts" selbstverständlich auch „die vormaligen Reichs-Gesetze gehören, obwohl sie im rheinischen Bunde für unverbindlich erklärt sind",[18] und im übrigen blieben, so Schmalz weiter, alle traditionellen Rechte – soweit sie durch das neue Bundesrecht nicht ausdrücklich abgeschafft oder abgeändert worden seien – weiterhin in Kraft, was

[13] Ebenda, S. 16.

[14] Vgl. ebenda, S. 19: „... hat die unglückliche Trennung ihrer [der „Teutschen", H.-C.K.] Interessen, welche ihr Reich endlich dem Nachbar zum Raube gab, allen die Nothwendigkeit verbrüdeter [sic] Einheit und brüderlichen Aneinander-Haltens desto fühlbarer gemacht".

[15] Ebenda, S. 22f.

[16] Vgl. ebenda, S. 27–132; zur Würdigung dieses Abschnitts siehe unten § 28b).

[17] Ebenda, S. 135.

[18] Ebenda, S. 136.

insbesondere für die bestehenden Landesverfassungen gelte.[19] Mit dieser Wendung zur Geschichte betonte er ausdrücklich den subsidiären Charakter des Bundesrechts.

Vom Konstitutionalismus seiner Zeit hatte sich Schmalz schon in einer Bemerkung seiner Vorrede zum „teutschen Staatsrecht“ entschieden distanziert[20] und darüber hinaus auch ausdrücklich hinzugefügt, es scheine ihm „nicht einmal thunlich“, auf eben diese neuen Verfassungen „in der Entwicklung des Territorial-Staats-Rechts besondere Rücksicht zu nehmen“.[21] Dennoch ist es ihm – und hier sind einige Behauptungen der neueren Forschung[22] zu korrigieren – nicht ganz gelungen, die modernen Verfassungen wirklich vollständig aus seiner Darstellung auszuklammern. Im Abschnitt über das territoriale Verfassungsrecht werden sie als eine der gegebenen Rechtsformen korrekt – wenn auch nur knapp und mit deutlicher Akzentsetzung – behandelt; in der entsprechenden Passage heißt es: „*Verfassungs-Urkunden*, *Constitutionen* oder *Charten* genannt, welche das Ganze der Verfassung umfassen sollen, können im Wege des Vertrags mit bereits vorhandenen Corporationen von Ständen geschlossen oder als Privilegien und Handfesten gegeben seyn; welches unsre Vorfahren vorzogen, damit das Ansehen des Landesherrn nicht geschwächt, und er weniger gereizt seyn könne, zu untergraben, was freiwillige Gnade gegeben hatte, als das, was in einem Vertrage abgedrungen schien und war“.[23] Auch in späteren Passagen seines Buches konnte Schmalz auf gelegentliche Referate dessen, was „in neuern Constitutionen“[24] zu finden sei, nicht ganz verzichten. Ein eigentliches Territorial*verfassungsrecht* hat Schmalz in seine Darstellung ebensowenig eingefügt wie Klüber acht Jahre vor ihm in die seinige;[25] hier hat man sicherlich

19 Vgl. ebenda, S. 136 f.: „Am wenigsten hörten mit dem Reich die bestandenen Landes-Verfassungen auf. Denn wenn auch vormalige Garantie wegfällt, hört damit das garantirte Recht nicht auf, und durch Veränderung des Zustandes der Dinge, in welchen ein Recht erworben ist, kann nicht das Recht selbst aufgehoben seyn“.

20 Vgl. ebenda, S. Vf.: „... wo in einigen teutschen Verfassungen neuerdings fremde Formen einer angeblich aufgeklärten und liberalen Politik eingeführt sind, grade von dem Volke werden sie am wenigsten geschätzt, wo nicht gar gehaßt“.

21 Ebenda, S. VI.

22 Vgl. M. Stolleis, Geschichte des öffentlichen Rechts in Deutschland II, S. 87; M. Friedrich, Geschichte der deutschen Staatsrechtswissenschaft, S. 189.

23 Das teutsche Staats-Recht. Ein Handbuch zum Gebrauche academischer Vorlesungen, S. 137.

24 Ebenda, S. 217.

25 Vgl. dessen knappes Kapitel über „StaatsVerwaltungsform“, in: J. L. Klüber, Oeffentliches Recht des teutschen Bundes und der Bundesstaaten, S. 417 ff.

auch die Tatsache zu berücksichtigen, daß sich der deutsche Konstitutionalismus in jener Zeit – vor der „zweiten Verfassungswelle", die in Deutschland in der Ära nach der Julirevolution einsetzten sollte – noch in den Kinderschuhen befand.

Die Darstellung des deutschen Territorialstaatsrechts bleibt im ganzen recht konventionell und ohne besondere Akzente oder hervorstechende Neuerungen. Die Ausführungen über das Staatsgebiet etwa enthalten für den Kenner der Schmalzschen Schriften ebensowenig Neues wie die Passagen über die Unterscheidung zwischen „Grundeigentümern" und „Neben-Wohnern" oder über die Differenzierung von Ständen und „Classen" (Schmalz gebraucht beide Begriffe synonym); es sind jetzt Adel, Bürger und Bauern.[26] Über Standes- und Klassenschranken geht der Berliner Professor mit leichter Hand hinweg: „Wahres Talent und Verdienst werden schon durchkommen ...".[27] Die „Familienrechte" der regierenden Häuser werden ebenso eingehend behandelt wie die Rechte der Mediatisierten, doch den „Republiken Teutschlands", den Verfassungen der Städte Hamburg, Bremen, Lübeck und Frankfurt a. M. also, wird insgesamt nur eine dreiviertel Seite gewidmet.[28] Die offenbar auf möglichste Vollständigkeit angelegte Darstellung versäumt es ebenfalls nicht, noch einmal die „Rechte der höchsten Gewalt" in ihrer dreifachen Gestalt zur Sprache zu bringen; es folgen schließlich noch ausführliche Abschnitte über die Details der Rechtspflege in den deutschen Territorien.[29]

Aufschlußreich hingegen sind wiederum die Passagen über die *Landstände*. Schmalz legt, wie bereits in seiner Schrift zur preußischen Verfassungsfrage,[30] auch jetzt diesen Begriff so eng und so traditionell wie nur möglich aus; ähnlich wie Friedrich Gentz kam es ihm darauf an, den Unterschied zur modernen parlamentarischen Repräsentation so deutlich wie möglich herauszuarbeiten.[31] Stände sind für Schmalz „Landsassen" im traditionellen Sinne, also Grundeigentümer, die allein das Recht haben, auf einer vom Landesherrn einberufenen Versammlung ihrem Fürsten „Rath und Vollwort zu

[26] Vgl. Das teutsche Staats-Recht. Ein Handbuch zum Gebrauche academischer Vorlesungen, S. 139 ff., 147 ff., 154 f.

[27] Ebenda, S. 149.

[28] Vgl. ebenda, S. 156 ff., 184 ff., 195 ff., 198 f.

[29] Vgl. ebenda, S. 226 ff., 249 ff.

[30] Siehe oben § 20.

[31] Vgl. auch M. Stolleis, Geschichte des öffentlichen Rechts in Deutschland II, S. 110.

geben".[32] Das „Repräsentativ-System" – obwohl „nicht ohne Zumischung altenglischer, also germanischer, Grundsätze" – lehnt er erneut strikt ab: Wenn man „jedem Einwohner eine Stimme" im Rahmen eines Repräsentativwahlrechts gebe, gelange man letztendlich nur zu dem Resultat, „daß gerade, wo Allen eine Stimme, eben darum wenigen Reichsten eine ungeheure Menge Stimmen in die Hand gegeben ist";[33] die ökonomisch Abhängigen wären – so die von Schmalz weder belegte noch belegbare These – nicht in der Lage, sich dem politischen Einfluß ihrer Brotherren zu entziehen; zudem widerspreche eine solche Ordnung den althergebrachten Traditionen Deutschlands.[34]

Die Zusammensetzung der Landstände sollte nach Schmalz „im Allgemeinen" ebenfalls so konventionell und so eng an der Tradition orientiert wie nur möglich ausfallen: Er nennt die Prälaten, die Ritterschaft und die Städte;[35] erstaunlicherweise fehlen hier die Bauern – entgegen früherer Erwähnung[36] und auch entgegen der Tatsache, daß die Bauern damals in kleineren ständisch zusammengesetzten Landtagen (etwa in Sachsen-Weimar) bereits vertreten waren. Großen Wert legt Schmalz auch auf das ausschließlich landesherrliche Recht zur Einberufung der Landtage[37] sowie auf eine möglichst restriktive Festsetzung der landständischen Rechte und Befugnisse. Immerhin kann er die Tatsache, daß bereits einige der deutschen Landstände eine mehr als nur *beratende* Funktion ausübten, nicht ignorieren; so finden das Steuerbewilligungs- und Remonstrationsrecht, auch das in einigen Ländern schon vorhandene Recht der Stände zur Gesetzesinitiative, ausdrücklich Erwähnung[38] – freilich mit dem für Schmalz wiederum bezeichnenden Zusatz: „Ob berathende oder entscheidende Stimme bey Gesetzen, das ist weit nicht so bedeutend für die Freiheit, als man glaubt".[39] Hier sprach Schmalz ohne

[32] Das teutsche Staats-Recht. Ein Handbuch zum Gebrauche academischer Vorlesungen, S. 211; vgl. ebenda, S. 210 ff. – Zum Zusammenhang auch H. Brandt, Landständische Repräsentation im deutschen Vormärz. Politisches Denken im Einflußfeld des monarchischen Prinzips, passim.

[33] Die Zitate aus: Das teutsche Staats-Recht. Ein Handbuch zum Gebrauche academischer Vorlesungen, S. 213.

[34] Vgl. ebenda, S. 214: „Es muß daher der Wunsch eines jeden wahren Freundes der Freiheit und des Rechts seyn, daß nicht Neuerungen die Grundsätze unsrer Väter verdrängen ..." usw.

[35] Vgl. ebenda, S. 214 ff.

[36] Vgl. ebenda, S. 155.

[37] Vgl. ebenda, S. 217.

[38] Vgl. ebenda, S. 217 ff.

[39] Ebenda, S. 218.

Zweifel als Preuße, der mit diesen Äußerungen die seit 1823 bestehenden und weitgehend einflußlosen Provinzialstände seines Heimatlandes indirekt gegen die Angriffe des liberalen Konstitutionalismus zu verteidigen bestrebt war.

Zwei weitere Aspekte der Schmalzschen Darstellung des Territorialrechts sind noch erwähnenswert: zuerst eine nochmalige strikte Ablehnung eines eigentlichen Widerstandsrechts.[40] Sodann aber – in dem Abschnitt, der „Von den äussern Hoheiten" handelt – ein überraschendes Plädoyer für das Berufsheer, also für die Abschaffung der gerade in Preußen als große Errungenschaft der Reformzeit geltenden allgemeinen Wehrpflicht. Hierbei beruft er sich sogar auf das sonst nicht in jedem Fall geschätzte britische Beispiel: „In England, wo der Land-Soldat vom Volke meist gehasset ist, hält man die Armeen durch freiwillige Werbung. Kann man zweifeln, daß dies in Teutschland geschehen könne, da der soldatische Geist unsrer Nation unsre Landes-Leute in die Heere aller europäischen Mächte, ja selbst in die Heere fremder Welt-Theile, so zahlreich treibt? Dann hätte dieß den Vortheil, daß das stehende Heer aus Männern bestände, die den Krieg zum Berufe sich gemacht hätten, den Dienst mit Liebe thäten, und den jungen Mann, der einen andern Beruf erwählt hätte, nicht in den Jahren der eigentlichen Bildung dafür, demselben entzögen".[41] Mit diesen Worten dürfte vermutlich der Ökonom und „Staatswirtschaftler" Schmalz gesprochen haben, dem die Unwirtschaftlichkeit einer Wehrpflichtarmee wohl eher als anderen aufgefallen sein muß.

b) Bundesrecht

Das Recht des „teutschen Bundes" hat Schmalz im dritten – und vom Umfang her schmalsten – Teil seines Werkes dargestellt. Eine Abwertung zugunsten des Territorialrechts oder gar eine offene Geringschätzung des Bundesrechts wird man darin indes nicht sehen können, und

[40] Vgl. ebenda, S. 201: „Kaum ist zu begreifen, wie von einem Rechte des Widerstandes hat geredet werden mögen. Alle Revolutionen zeigen, daß, die ein Widerstands-Recht predigten, so bald sie die Macht errungen hatten, am allerwenigsten geneigt waren, es zu gestatten. Nirgend sind je die sogenannten Liberalen unter einer christlichen Monarchie mit der Härte behandelt, wie Royalisten unter solcher liberaler Regierung". – Siehe zum Problem des Widerstandsrechts bei Schmalz auch oben § 15f), i).

[41] Das teutsche Staats-Recht. Ein Handbuch zum Gebrauche academischer Vorlesungen, S. 327.

manche Bemerkung von Schmalz bestätigt diese Annahme. Der Deutsche Bund beruht, so beginnt seine Darstellung, nicht nur „auf dem, was die europäischen Mächte überhaupt, als Völker-Recht sanctionirt haben“, sondern zuerst und vor allem auf seinem „Grund-Gesetz“, der Bundesakte vom 8. Juni 1815 und auf den ergänzenden Bestimmungen der Wiener Schlußakte vom 15. Mai 1820.[42] Der Bund ist also auf der einen Seite „ein Völker-rechtlicher Verein der teutschen Fürsten und freien Städte zur Bewahrung der Unabhängigkeit und Unverletzbarkeit ihrer im Bunde begriffenen Staaten und zur Erhaltung der innern und äußern Sicherheit Teutschlands“,[43] doch auf der anderen Seite „nicht ein bloßes Bündniß, welches die teutschen Staaten ... vereinigt. Denn jeder Bundes-Staat hat für ewig auf das Recht verzichtet aus dem Bunde zu treten, mithin auch ... dessen Grund-Gesetzen, oder den diesen Grund-Gesetzen gemäß gefaßten Beschlüssen des Bundes sich je zu entziehen“.[44] Insofern soll der Bund, wie Schmalz betont, „die Teutschen unter einander noch enger verbrüdern ..., als das Reich in den letzten Jahrhunderten vermochte“.[45]

Alle deutschen Bundesstaaten sind – das hatte Schmalz schon in seiner Darstellung des Territorialrechts ausdrücklich hervorgehoben – souverän,[46] weil sie „am Kaiser und Reich nicht mehr gemeinsame Gesetzgeber und Richter haben“. Und eben aus diesem Grunde „kann jeder dieser Staaten auch für sich seine innere Verfassung frei ordnen; nur daß darin nichts gegen das Interesse des Bundes geordnet werde“.[47] Das Bundesinteresse wird von Schmalz im weiteren Verlauf seiner Darstellung nun allerdings sehr weit ausgelegt, denn alle Bundesfürsten sind strikt an die Bestimmungen der Bundesakte über landständische Verfassung und monarchisches Prinzip gebunden, und das bedeutet: „Kein Bundes-Fürst kann aber in eine Verfassung seiner Länder einwilligen, durch welche die gesammte Staats-Gewalt nicht in dem monarchischen Oberhaupte desselben vereinigt bliebe, und nur in der Ausübung bestimmter Hoheits-Rechte kann ein teutscher Souverain sich an die Mitwirkung der Stände binden. Es würde daher wider

[42] Ebenda, S. 347; diese Dokumente sind abgedruckt in: E. R. Huber (Hrsg.), Dokumente zur deutschen Verfassungsgeschichte I, S. 84 ff., 91 ff.

[43] Das teutsche Staats-Recht. Ein Handbuch zum Gebrauche academischer Vorlesungen, S. 348.

[44] Ebenda, S. 348 f.

[45] Ebenda, S. 349.

[46] Vgl. ebenda, S. 135, 353.

[47] Die Zitate ebenda, S. 135.

das Gesetz des Bundes seyn, wenn ein teutscher Fürst sich des absoluten Veto gegen Gesetze, welche die Stände ihm vorlegen, begeben wollte".[48] Schmalz legte hier und auch an anderen Stellen seines Buches das in der Bundesakte niedergelegte neue gesamtdeutsche Staatsrecht in verfassungspolitischer Hinsicht so restriktiv wie nur möglich aus; die Aufrechterhaltung des landständischen Prinzips erscheint bei ihm als einer der zentralen und wichtigsten Zwecke des Bundes überhaupt.[49]

Relativ knapp, aber im ganzen zuverlässig werden von Schmalz anschließend die einzelnen Institutionen des Bundes und deren Aufgaben und Befugnisse dargestellt – so die Bundesversammlung, deren Stimmenverteilung sowie deren Sitzungs- und Abstimmungsmodalitäten, und so ebenfalls die Bundeskommissionen und deren Aufgaben.[50] Im Abschnitt über die „innern Angelegenheiten des teutschen Bundes"[51] betont er besonders die Bedeutung des Aufsichtsrechts über einzelne Bundesglieder: Es obliege der Bundesversammlung, „überall dahin zu sehen, daß jeder verbundene Staat seine frey übernommene Verpflichtung gegen den Bund erfülle",[52] und dazu gehöre nicht nur die Einhaltung des landständischen Prinzips, sondern auch die Durchsetzung des Vorrangs des Bundesrechts vor dem Recht der Einzelstaaten.[53] Die Möglichkeit der Exekution von Bundesbeschlüssen wird

[48] Ebenda, S. 353.

[49] Vgl. ebenda, S. 382, bes. auch S. 404 f.: „... ist noch zu bemerken, daß in Ansehung der Landständischen Verfassungen auf der einen Seite dem Bunde das Recht zustehe, darüber zu wachen, daß diese Zusage von allen Bundes-Fürsten erfüllt werde: von der andern Seite aber auch die Paciscenten selbst nur das Recht der Erklärung dieses Versprechens zustehen könne. Aber auch ohne die ausdrückliche Erklärung, daß nie ein Landes-Fürst durch seines Landes Verfassung an Erfüllung einer Bundespflicht gehindert werden dürfe, und daß keine landständische Verfassung die Vereinigung aller Staats-Gewalt im Oberhaupte des Staats vereinigt bleiben müsse, würde sich schon von selbst verstehn, daß keine Verfassung rechtsgültig seyn könne, in welcher sich ein teutscher Bundes-Fürst des freien Rechts begäbe, am Bundes-Tage nach seiner Ueberzeugung zu stimmen; und daß Beschlüsse eines Land-Tages so wenig Beschlüsse des Bundes-Tages abändern können, als je ein Land-Grund-Gesetz dagegen angeführt werden dürfe".

[50] Vgl. ebenda, S. 354 ff., 372 ff.

[51] Vgl. ebenda, S. 378 ff.

[52] Ebenda, S. 381.

[53] Vgl. ebenda, S. 384: „Man kann allerdings in einem gewissen Sinne sagen, daß der Bund nicht bloß ein *diplomatisches*, sondern auch ein *publicistisches* Gebäude sey. Darum verbinden die Beschlüsse der Bundes-Versammlung die Unterthanen der Bundesglieder, so daß auch unter dem Vorwande der besondern Landes-Verfassung Landstände sich dem nicht widersetzen können, was ihre Regierung auf dem Bundestage selbst mit beschlossen hat".

ebenso eingehend erörtert wie die richterliche Gewalt des Bundes, die sich in der Regel allerdings auf die sogenannte Austrägalgerichtsbarkeit, also auf die Möglichkeit der schiedsrichterlichen Schlichtung von Streitfällen einzelner Bundesstaaten untereinander beschränkt.[54] Unter der neutral klingenden Überschrift „Von Vereinigung der Bundes-Glieder zu gemeinsamen Anstalten“ werden – kommentarlos und ohne Wertung – die Karlsbader Beschlüsse von 1819, also die Maßnahmen gegen „aufrührerische Umtriebe“[55] kurz referiert,[56] darunter das Gesetz zur Einschränkung der Publikationsfreiheit, die verschärfte Aufsicht über die Universitäten und die Errichtung einer „*Central-Commission* zu Mainz zur *Untersuchung revolutionairer Umtriebe*“.[57]

Aufschlußreicher als die Darstellung dieser Einzelheiten ist allerdings, daß Schmalz die Bundesverfassung ausdrücklich auch nach 1820 noch für stark ergänzungsbedürfig und ausbaufähig gehalten hat. Das dürfte darauf hindeuten, daß er selbst dem politischen Zukunftsmodell einer enger gefaßten deutschen Einheit zuneigte, als sie der Bund zur Zeit des Metternichschen Systems bieten konnte: „Es war und ist die Aufgabe der Bundes-Versammlung“, heißt es in seiner Darstellung des Bundesrechts, „die Grund-Ideen des Bundes, die die Bundes-Acte nur in großen Umrissen andeuten konnte, nach diesen Andeutungen näher zu entwickeln, zu vollenden, und so die Rechte und die Verpflichtungen der Bundes-Versammlung zu bestimmen“. Zwar habe die Wiener Schlußakte manchen Aspekt der Bundesverfassung genauer erläutert und präzisiert, doch sei das Werk noch lange nicht vollendet, denn „die große Arbeit der Aufstellung einer Verfassung, welche Glück und Freiheit einer so großen Nation für immer sichern soll, kann nicht das Werk weniger Monden, oder auch weniger Jahre seyn“.[58] Schmalz präsentierte sich also – mit anderen Worten – nicht als ein bloßer Status-quo-Ideologe, sondern er betonte immerhin die relative Offenheit der politischen Zukunft Gesamtdeutschlands. In *welche Richtung* sich der von ihm vorsichtig angemahnte Auf- und

[54] Vgl. ebenda, S. 386 ff., 392 ff., 396 ff.

[55] Siehe hierzu statt vieler E. R. Huber, Deutsche Verfassungsgeschichte seit 1789 I, S. 732 ff.

[56] Vgl. Das teutsche Staats-Recht. Ein Handbuch zum Gebrauche academischer Vorlesungen, S. 399 ff.

[57] Ebenda, S. 402.

[58] Ebenda, S. 378; vgl. auch S. 380: „Die erste Aufgabe der Bundes-Versammlung ist ... die Entwicklung und Vollendung des Bundes selbst“.

Ausbau der deutschen Bundesverfassung begeben sollte, wurde allerdings nicht näher präzisiert.

Den äußeren Angelegenheiten und Verhältnissen des Bundes widmet Schmalz einige abschließende Betrachtungen, von denen die Abschnitte über die Bundeskriegsverfassung, also über Bundesheer, Oberfeldherren, Bundesfestungen und Militärkommissionen,[59] weniger aufschlußreich sind als die Ausführungen über den diplomatischen Status des Bundes, der in Hinsicht seiner auswärtigen Stellung eben doch mehr zu sein beanspruchte als ein bloßer Staatenbund im traditionellen Verständnis: „Nicht blos die einzelnen verbundenen Staaten, sondern auch der Bund selbst als Gesammtheit will als eine europäische Macht angesehen seyn und wird so angesehn [sic]; welches allein schon den Unterschied des Bundes von einem blossen Bündnisse darlegt".[60] Zwar habe der Bund „bis jetzt" (also bis zum Jahre 1825) noch keine Gesandtschaften in den Hauptstädten der anderen Mächte errichtet, doch stehe ihm dieses Recht unbestritten und zweifelsfrei zu.[61] Nicht zuletzt verfüge der Deutsche Bund als europäische Macht über „das Recht des Krieges und des Friedens"[62] und sei in dieser Hinsicht den anderen Großmächten völkerrechtlich gleichgestellt.

Aus dieser Darstellung des Bundesrechts folgt also, daß man Schmalz nicht unbesehen als reaktionären Apologeten des Metternichschen Systems bezeichnen kann. Zwar entsprachen seine Invektiven gegen den Konstitutionalismus und seine restriktive Auslegung des landständischen Prinzips, auch seine Betonung des Bundesinterventionsrechts, durchaus dem restaurativen Trend der 1820er Jahre, doch andererseits passen seine vorsichtigen Hinweise auf den in sich unvollendeten und daher ausbaufähigen Zustand der Bundesverfassung nicht ganz ins Bild eines unbedingten Reaktionärs. Denn mit diesen Bemerkungen deutete er wenigstens an, daß auch er selbst – nicht anders als die Patrioten der Jahre 1813 bis 1815 – die deutsche Einheit noch für unvollendet hielt. Der Deutsche Bund unter der Dominanz des allmächtigen Wiener Staatskanzlers Metternich stellte also auch für Theodor Schmalz noch keineswegs den erhofften und erwünschten Endpunkt der deutschen Verfassungsentwicklung dar.

[59] Vgl. ebenda, S. 419 ff.

[60] Ebenda, S. 414; vgl. schon ebenda, S. 352: „Gegen alle auswärtige Mächte ist die Gesammtheit des Bundes eine in politischer Einheit verbundene Gesammt-Macht".

[61] Vgl. ebenda, S. 414 f.

[62] Ebenda, S. 416.

Das „teutsche Staatsrecht“ war von Schmalz ausdrücklich (so der Untertitel) als „Ein Handbuch zum Gebrauche academischer Vorlesungen“ konzipiert und ausgeführt worden; diesem Werk hatte der Autor zusätzlich eine kleine Sammlung der wichtigsten „Grund-Gesetze des teutschen Bundes“ von nur 119 Seiten Umfang an die Seite gestellt.[63] Die Kritik ging nicht sehr freundlich damit um. In der „Jenaischen Allgemeinen Literatur-Zeitung“ besprach der junge, gerade sechsundzwanzigjährige Robert Mohl das „Handbuch“ anonym (unter dem Kürzel „Cs. Ff.“).[64] In diesem Text bestritt er von Anfang an rigoros die bloße Möglichkeit eines *allgemeinen* deutschen Territorial-Staatsrechts, und zwar mit dem Hauptargument, der neue, nach 1815 entstandene Rechtszustand in Deutschland unterscheide sich fundamental von demjenigen des Alten Reiches. Eben dies hätten die juristischen Autoren nicht begriffen, denn „man war einmal an dieses allgemeine Territorial-Staatsrecht gewöhnt; man wollte sich nicht gestehen, daß man in eine ganz neue Zeit herüber getreten, und die Schulweisheit der alten Antiquität, die Bibliothek Maculatur geworden war; es war doch etwas gar zu Schönes um das allgemeine Territorial-Staatsrecht gewesen, vielleicht wollte man, so viel möglich war, auch nur den Schein eines gemeinsamen deutschen Vaterlandes noch retten, sollte es auch durch ein Taschenspielerstückchen seyn; und somit setzte man guten Muthes die alte Behandlungsart des deutschen Staatsrechtes fort“.[65]

Dieser Vorwurf richtet sich keineswegs nur gegen Schmalz, sondern ebenfalls gegen Klüber (dessen Darstellung von Mohl im ganzen aber deutlich über das Handbuch von Schmalz gestellt wird).[66] Mohl ist der festen Überzeugung, „daß diese Behandlungsart unser praktisches Staatsrecht ganz zu Grunde richtet“. Denn „anstatt philosophisches und positives Staatsrecht streng zu scheiden; anstatt bei letztem den so

[63] Grund-Gesetze des teutschen Bundes. Zum Handgebrauch bei Vorlesungen über das teutsche Staats-Recht des Geheimen Rath Schmalz, Berlin 1825.

[64] [Mohl, Robert von]: Cs. Ff.: Rezension von: Theodor Schmalz: Das deutsche Staatsrecht. Ein Handbuch zum Gebrauche akademischer Vorlesungen, Berlin 1825, in: Jenaische Allgemeine Literatur-Zeitung, Nr. 3/4, Januar 1826, S. 17–24, 25–27. – Über Mohl siehe die Arbeit von E. Angermann, Robert von Mohl 1799–1875. Leben und Werk eines altliberalen Staatsgelehrten, der auf diese (gerade in politischer Hinsicht nicht unwichtige) frühe Rezension nicht eingeht und dessen Quellenverzeichnis leider unvollständig ist.

[65] [R. von Mohl]: Rezension von: Theodor Schmalz: Das deutsche Staatsrecht, Sp. 18.

[66] Vgl. ebenda, Sp. 18f.

offenbaren ... Unterschied zwischen dem Bundesrechte und dem Staatsrechte der einzelnen Bundesstaaten zu machen; anstatt also das jetzige deutsche Staatsrecht aus drey ganz verschiedenen Disciplinen zusammenzusetzen, nämlich 1) einem rein philosophischen Staatsrechte; 2) einem positiven Bundesstaatsrechte, und 3) einem positiven Particular-Staatsrechte jedes einzelnen betreffenden Staates, wird jetzt Alles durch einander geworfen, Philosophisches und Positives, Bundesrecht und Particular-Staatsrecht, und diesen Hexenbrey giebt man für das deutsche Staatsrecht aus". Durch diese Form der Bearbeitung werde vor allem ein angemessenes „Studium der Particular-Staatsrechte gehindert".[67]

Mit diesen Bemerkungen hat der junge Autor sein Urteil über das Handbuch von Schmalz bereits ausgesprochen: der Berliner Jurist verkenne ebenso wie Klüber und andere Bearbeiter dieses Rechtsgebietes, daß „das Staatsrecht des deutschen Bundes von dem der Bundesstaaten, als etwas wesentlich Verschiedenes, zu trennen" sei; insofern könne „die ganze Anordnung" des Buches nicht gebilligt werden, weil es „der Richtigkeit und Schärfe der Grundprinzipien gänzlich ermangele"; indes erkenne, heißt es einschränkend, der Rezensent „recht gerne an, daß einzelne Abschnitte sehr brauchbar bearbeitet sind".[68] Die „Vorbegriffe" und auch der verfassungsgeschichtliche Teil finden ein maßvoll-kritisches Urteil – doch die Passagen über die Landstände im territorialrechtlichen Teil stoßen, wie nicht anders zu erwarten, auf scharfe (und in der Sache auch berechtigte) Kritik: „Wir erhalten hier", merkt Mohl an, „lediglich eine Theorie der königl. sächsischen und der übrigen norddeutschen *Stände*, die durchaus nicht auf die süddeutschen *repräsentativen* Regierungen und Versammlungen paßt",[69] was damit zusammenhänge, daß der Autor offenbar die preußischen Provinzialstände als allgemeines Modell einer landständischen Ordnung „generalisiert" und daher die anderen süddeutschen Formen einfach ignoriert habe.[70] Etwas besser kommt die Darstellung des Bundesrechts weg, wenngleich die Klüb-

[67] Die Zitate ebenda, Sp. 19f.
[68] Die Zitate ebenda, Sp. 20; vgl. auch Sp. 26.
[69] Ebenda, Sp. 23.
[70] Vgl. ebenda; Mohl erlaubt sich sogar eine nicht undeutliche politische Anspielung; vgl. ebenda, Sp. 24: „Wir wollen uns nicht einmal das Vergnügen machen, den Vf. sich selbst entgegenzusetzen, indem wir aus früheren Schriften desselben Sätze anführen, die er selbst jetzt als ruchlos und unsinnig verdammt".

ersche Bearbeitung dieses Gegenstands hoch über die Schmalzsche gestellt wird.[71]

Auch die spätere Beurteilung des „teutschen Staatsrechts" ist wenig günstig ausgefallen: „... ein Buch, das, minder fanatisch als andere Schriften des Verfassers, doch wegen seiner Gedankenarmut fast unbeachtet blieb" – so lautete das 1882 ausgesprochene Urteil Heinrich von Treitschkes.[72] Ernst Landsberg fand zwei Jahre später ebenfalls absprechende Worte: Schmalz' Darstellung des Territorialstaatsrechts gebe „ein farbloses Absud von allgemeinen Sätzen und eine allgemeine Schablone, ohne jede Berücksichtigung des Preußischen oder sonst irgend deines positiven Partikularstaatsrechtes",[73] womit er sich der frühen Kritik Mohls weitgehend anschloß. Neuere Autoren wie Boldt, Stolleis oder Friedrich haben diese kritische Interpretationslinie fortgesetzt.[74] Auch für den heutigen Beurteiler dieses Spätwerkes von Schmalz sind dessen Schwächen nicht zu übersehen. Die bewußte, aus politischen Motiven vorgenommene weitgehende Ignorierung der frühen deutschen Verfassungen, auch das klare, bereits von Mohl gerügte Verkennen der Bedeutung des repräsentativen Prinzips hat dieses Buch bereits früh ins Abseits gestellt.

Immerhin muß allerdings auch der rückschauende Betrachter anerkennen, daß für einen um 1825 schreibenden Autor wie Schmalz die Zukunft offen war. Er glaubte nicht an die Zukunftsfähigkeit des repräsentativen liberalen Verfassungsstaats – und er hat sich mit dieser Einschätzung geirrt. Der junge Robert Mohl und andere seiner juristischen Berufskollegen waren ihm darin ohne Frage überlegen.

[71] Vgl. ebenda, Sp. 25: „Dieser Abschnitt des Buches [das Bundesrecht, H.-C.K.] ist nun nicht anders als gelungen zu nennen; es ist eine klare und deutliche Darstellung der bekannten Verhältnisse des deutschen Bundes, übrigens ohne eigene Meinung des Verfassers, meistens nur die Worte des Gesetzes". – Daß diese Einschätzung Mohls nicht ganz zutreffend ist, wurde oben dargelegt. – In seinem späteren rechtsgeschichtlichen und staatswissenschaftlichen Hauptwerk hat sich Mohl nur noch sehr knapp (und im genzen wenig freundlich) über das Handbuch und die Textsammlung von Schmalz geäußert; vgl. R. von Mohl, Die Geschichte und Literatur der Staatswissenschaften II, S. 248, 264.

[72] H. von Treitschke, Deutsche Geschichte im Neunzehnten Jahrhundert III, S. 292 f.

[73] E. Landsberg, Art. „Schmalz, Theodor Anton Heinrich", S. 627.

[74] Vgl. H. Boldt, Zwischen Patrimonialismus und Parlamentarismus. Zur Entwicklung vorparlamentarischer Theorien in der deutschen Staatslehre des Vormärz, S. 84; derselbe, Deutsche Staatslehre im Vormärz, S. 62 f., 68, 179; M. Stolleis, Geschichte des öffentlichen Rechts in Deutschland II, S. 87, 110; M. Friedrich, Die Erarbeitung eines allgemeinen deutschen Staatsrechts seit der Mitte des 18. Jahrhunderts, S. 17 f.; derselbe, Geschichte der deutschen Staatsrechtswissenschaft, S. 189.

Aber es hieße doch ein falsches Bild von der deutschen Rechtswissenschaft der Restaurationsepoche zu zeichnen, wenn man nur die „Vorläufer“ und „Klassiker“ in den Blick nähme, die anderen Autoren, die – aus welchen Gründen auch immer – nicht in dieses Schema passen, dagegen ignorierte.

VI. Kapitel: Kameralwissenschaft und Staatswirtschaftslehre

§ 22 Physiokratie und Kameralwissenschaft um 1800

a) Kameralistische und physiokratische Traditionen

Der Kameralismus entstand seit dem 17. Jahrhundert in Deutschland als praktische Wissenschaft von der Staatstätigkeit, bezogen auf die Bedürfnisse und inneren Entwicklungen des frühneuzeitlichen deutschen Territorialstaats. In der Kameralwissenschaft verband sich die Lehre von der „guten Policey" mit derjenigen von der wirtschaftlichen Tätigkeit des Staates. Trotz mancher Berührungspunkte zur wissenschaftlichen „Politik" traditionellen Zuschnitts einerseits und zum öffentlichen Recht andererseits bildete sich die Kameralwissenschaft recht bald schon als eigenständige Disziplin heraus, bezeichnenderweise mit den Schwerpunkten in Österreich und – seit dem frühen 18. Jahrhundert – in Preußen.[1] Man wird sagen können, daß die

[1] Die Geschichte und Entwicklung der Kameralwissenschaft ist in den vergangenen Jahrzehnten von der wissenschaftlichen Forschung – sowohl von der Geschichts- und der Politikwissenschaft wie von der Rechtsgeschichte – umfassend aufgearbeitet worden; trotzdem bestehen – vor allem Einzel- und Detailuntersuchungen betreffend – noch unübersehbare Forschungslücken. Hier sei summarisch verwiesen auf die wichtigsten Standardwerke von H. Maier, Die ältere deutsche Staats- und Verwaltungslehre, bes. S. 7 ff., 25 ff. (zur älteren Policeywissenschaft), S. 164 ff. (Kameralistik) u. passim; derselbe, Die Lehre der Politik an den älteren deutschen Universitäten; P. Schiera, Dall'Arte di Governo alle Scienze dello Stato. Il Cameralismo e l'Assolutismo Tedesco, passim; Wilhelm Bleek, Von der Kameralausbildung zum Juristenprivileg. Studium, Prüfung und Ausbildung der höheren Beamten des allgemeinen Verwaltungsdienstes in Deutschland im 18. und 19. Jahrhundert (Historische und Pädagogische Studien, Bd. 3), Berlin 1972, bes. S. 65 ff.; E. Dittrich, Die deutschen und österreichischen Kameralisten, passim; Jutta Brückner, Staatswissenschaften, Kameralismus und Naturrecht. Ein Beitrag zur Geschichte der Politischen Wissenschaft im Deutschland des späten 17. und frühen 18. Jahrhunderts (Münchener Studien zur Politik, Bd. 27), München 1977, bes. S. 265 ff. u. passim; P. Preu, Polizeibegriff und Staatszwecklehre. Die Entwicklung des Polizeibegriffs durch die Rechts- und Staatswissenschaften des 18. Jahrhunderts, S. 55 ff. u. a.; Georg Christoph von Unruh, Polizei, Polizeiwissenschaft und Kameralistik, in: Deutsche Verwaltungsgeschichte, hrsg. v. Kurt G. A. Jeserich/Hans Pohl/Georg-Christoph von Unruh, Bd. I: Vom Spätmittelalter bis zum Ende des Reiches, Stuttgart 1983, S. 388–427; K. Tribe, Governing Economy. The Reformation of German Economic Discourse 1750–1840, bes. S. 35 ff. u.

deutsche Kameralistik ihren Höhepunkt um die Mitte des 18. Jahrhunderts in den Werken von Johann Heinrich Gottlieb von Justi gefunden hat, der die kameralistische Trias „von Ökonomik (Technologie), Polizei (Volkswirtschaftspolitik und Verwaltungslehre) und Kameralistik im engeren Sinne (Finanzwissenschaft)"[2] am eindrucks- und auch wirkungsvollsten zusammenzufassen und darzustellen verstand.[3]

In der zweiten Hälfte dieses Jahrhunderts begann sich das Verständnis dessen, was Kameralistik zu leisten hatte und als Wissenschaft und Lehrfach überhaupt noch zu leisten vermochte, langsam zu verändern.[4] Dem Zerfall der traditionellen, noch im Aristotelismus wurzelnden Lehre von der wissenschaftlichen „Politik" und dem mit dieser eng verbundenen Eudämonismus korrespondierte der Aufstieg des modernen Naturrechts, das im Zeichen Immanuel Kants noch einmal eine entscheidende Wendung zu einem neuen Staats- und Politikverständnis vollzog.[5] Das eng auf den Staat bezogene verwaltungstechnische Element verlor an Gewicht, während die ökonomischen Bestandteile des Kameralismus – jedenfalls bis zum endgültigen Vordringen der neuen, durch Adam Smith geprägten Nationalökonomie – vorübergehend an Bedeutung gewannen und der alten Kameralistik unter neuen Vorzeichen noch einmal, allerdings nur kurzzeitig, Rang und Geltung als Lehrfach sichern konnten. Der lange Weg von der Kameralistik traditionellen Stils zur modernen Nationalökonomie war damit freilich nicht aufzuhalten.[6] Diese späte Kameralistik war

passim; wichtige Bemerkungen und Hinweise auch bei B. Stollberg-Rilinger, Der Staat als Maschine. Zur politischen Metaphorik des absoluten Fürstenstaats, S. 75 ff. und M. Stolleis, Geschichte des öffentlichen Rechts in Deutschland I, S. 366 ff. – Aus der älteren Literatur noch Gustav Cohn, Die Cameralwissenschaft in zwei Jahrhunderten, in: Nachrichten von der Königl. Gesellschaft der Wissenschaften zu Göttingen (Geschäftliche Mittheilungen aus dem Jahre 1900), Göttingen 1900, S. 78–92 und A. Wolfgang Gerloff, Staatstheorie und Staatspraxis des kameralistischen Verwaltungsstaates (Abhandlungen aus dem Staats- und Verwaltungsrecht, Bd. 56), Breslau 1937, bes. S. 35 ff. u. passim.

[2] H. Maier, Die ältere deutsche Staats- und Verwaltungslehre, S. 175.

[3] Siehe dazu auch U. Engelhardt, Zum Begriff der Glückseligkeit in der kameralistischen Staatslehre des 18. Jahrhunderts (J. H. G. v. Justi), passim.

[4] Vgl. dazu statt vieler immer noch die Ausführungen bei H. Maier, Die ältere deutsche Staats- und Verwaltungslehre, S. 192 ff.

[5] Siehe dazu auch oben §§ 11, 15.

[6] Vgl. hierzu H. Maier, Die ältere deutsche Staats- und Verwaltungslehre, bes. S. 195 ff., sowie A. Timm, Von der Kameralistik zur Nationalökonomie, passim. Zum wissenschaftsgeschichtlichen Zusammenhang siehe auch A. Tautscher, Staatswirtschaftslehre des Kameralismus, passim; derselbe, Geschichte der Volkswirtschafts-

um 1800 deshalb in zunehmendem Maße durch „fließende Disziplingrenzen, wechselnde Gegenstandsbereiche und begriffliche Instabilität"[7] gekennzeichnet – im Grunde unübersehbare Anzeichen für ihr bevorstehendes Ende.[8] In diesen Zusammenhang gehören auch die der Kameralwissenschaft und Staatswirtschaftslehre gewidmeten Schriften von Theodor Schmalz,[9] für deren eigentliches Verständnis allerdings noch ein weiterer Aspekt heranzuziehen ist: nämlich die physiokratischen Überzeugungen ihres Autors.

Schmalz war bis an sein Lebensende unbeirrbarer Anhänger der physiokratischen Wirtschaftstheorie, die um die Mitte des 18. Jahrhunderts in Frankreich entstanden war. Der Leibarzt Ludwigs XV., François Quesnay (1694–1774), hatte mit seinem 1758 veröffentlichten „Tableau Economique" die Nationalökonomie eigentlich erst als Wissenschaft im strengen Sinne des Begriffs begründet.[10] Seine Theorie

lehre, S. 24 ff.; JOHANNES BURKHARDT, Der Begriff des Ökonomischen in wissenschaftsgeschichtlicher Perspektive, in: Die Institutionalisierung der Nationalökonomie an deutschen Universitäten. Zur Erinnerung an Klaus Hinrich Hennings (1937–1986), hrsg. v. NORBERT WASZEK, St. Katharinen 1988, S. 55–76; RÜDIGER VOM BRUCH, Wissenschaftliche, institutionelle oder politische Innovation? Kameralwissenschaft – Polizeiwissenschaft – Wirtschaftswissenschaft im 18. Jahrhundert im Spiegel der Forschungsgeschichte, in: ebenda, S. 77–108.

[7] So treffend H. MOHNHAUPT, Vorstufen der Wissenschaften von „Verwaltung" und „Verwaltungsrecht" an der Universität Göttingen (1750–1830), S. 86; ähnlich schon G. COHN, Die Cameralwissenschaft in zwei Jahrhunderten, S. 89.

[8] Der eigentliche Übergang von der Kameralistik traditionellen Stils zur Wirtschaftslehre läßt sich wohl am besten anhand der Schriften von Karl Heinrich Rau verfolgen, der seinerzeit auch noch die entsprechenden Publikationen von Schmalz verwertet hat; vgl. KARL HEINRICH RAU, Grundriß der Kameralwissenschaft oder Wirthschaftslehre für encyclopädische Vorlesungen, Heidelberg 1823; DERSELBE, Ueber die Kameralwissenschaft. Entwicklung ihres Wesens und ihrer Theile, Heidelberg 1825; zu Rau auch die wichtigen Bemerkungen bei H. MAIER, Die ältere deutsche Staats- und Verwaltungslehre, S. 196 ff., 240 ff. u. a., bei K. TRIBE, Governing Economy. The Reformation of German Economic Discourse 1750–1840, S. 183 ff. und bei RÜDIGER VOM BRUCH, Zur Historisierung der Staatswissenschaften. Von der Kameralistik zur historischen Schule der Nationalökonomie, in: Berichte zur Wissenschaftsgeschichte 8 (1985), S. 131–146.

[9] Das sind (ohne die Aufsätze zu nennen): Encyclopädie der Cameralwissenschaften. Zum Gebrauche academischer Vorlesungen, Königsberg [1]1797, [2]1819; Handbuch der Staatswirthschaft, Berlin 1808; Staatswirthschaftslehre in Briefen an einen teutschen Erbprinzen, Bde. I–II, Berlin 1818.

[10] Zur Physiokratie vgl. die zusammenfassenden Darstellungen bei AUGUST ONCKEN, Geschichte der Nationalökonomie, Bd. I: Die Zeit vor Adam Smith (Hand- und Lehrbuch der Staatswissenschaften, I. Abt., Bd. 2), 3. Aufl. Leipzig 1922, S. 314 ff.; PAUL MOMBERT, Geschichte der Nationalökonomie (Grundrisse zum Studium der Nationalökonomie, Bd. 2), Jena 1927, S. 223 ff.; OTHMAR SPANN, Die Haupttheorien der Volkswirtschaftslehre auf lehrgeschichtlicher Grundlage, 25. Aufl., Heidelberg 1949, S. 38 ff.;

ging aus von einem umfassenden, auf die Natur bezogenen Ordnungsbegriff, indem er den idealen „ordre naturel" dem „ordre positif", also der bestehenden Ordnung, gegenüberstellte. Jenen „ordre naturel" definierte er als einen störungsfreien Kreislauf des Wirtschaftslebens zwischen drei verschiedenen Bevölkerungsklassen: *erstens* der eigentlich „produktiven", d.h. Ackerbau treibenden Klasse, *zweitens* der Klasse der Grundeigentümer, die von den Abgaben der produktiven Klasse (dem „produit net") leben, und *drittens* der „sterilen" Klasse, der Stadtbewohner, die sich der Be- und Verarbeitung der natürlichen Produkte oder den Dienstleisungen widmen. Quesnay erläuterte seine Theorie anhand eines komplizierten Modells des wechselseitigen Kapitalumlaufs zwischen diesen Klassen. Als unabdingbare Voraussetzungen für das Funktionieren dieser „natürlichen" Wirtschaftsordnung galten – und hier erhob Quesnay Forderungen, die in diametralem Gegensatz zur merkantilistischen Wirtschaft der Epoche standen – vollkommene Handelsfreiheit, unbedingter Schutz des Eigentums sowie zurückhaltende Besteuerung: nur die eigentlich „produktiven Klassen", also die Bauern, sollten besteuert werden, da nur sie durch den Reinertrag des Bodens dem Wirtschaftskreislauf neue Werte zuzuführen in der Lage seien.

Aus dieser Lehre ergaben sich eine ganze Reihe von unmittelbar politischen Konsequenzen. Zuerst einmal eine bis dahin ungekannte Hochschätzung der Landwirtschaft und – damit verbunden – des Grundeigentums: hierauf geht die – bekanntlich auch von Schmalz jahrzehntelang vertretene – Auffassung zurück, *allein* die Grundeigentümer hätten im eigentlichen und vollen Sinne Anspruch auf das

Edgar Salin, Geschichte der Volkswirtschaftslehre, 4. Aufl., Bern – Tübingen 1951, S. 38ff.; Günter Schmölders, Geschichte der Volkswirtschaftslehre, Reinbek bei Hamburg 1962, S. 18ff.; Joseph A. Schumpeter, Geschichte der ökonomischen Analyse, hrsg. v. Elizabeth Boody Schumpeter, Bd. I, Göttingen 1965, S. 290ff.; Gerhard Stavenhagen, Geschichte der Wirtschaftstheorie (Grundriß der Sozialwissenschaft, Bd. 2), Göttingen 1969, S. 35ff.; Helmut Reichelt, Die Physiokraten, in: Pipers Handbuch der politischen Ideen, hrsg. v. Iring Fetscher/Herfried Münkler, Bd. III, München – Zürich 1985, S. 579–588. – Wichtigen Einzelfragen gewidmet sind die Studien von Ernst Hinrichs, Produit net, propriétaire, cultivateur. Aspekte des sozialen Wandels bei den Physiokraten und Turgot, in: Festschrift für Hermann Heimpel. Zum 70. Geburtstag, hrsg. v. den Mitarbeitern des Max-Planck-Instituts für Geschichte, Bd. I (Veröffentlichungen des Max-Planck-Instituts für Geschichte, Bd. 36/I), Göttingen 1971, S. 473–510, und Folkert Hensmann, Staat und Absolutismus im Denken der Physiokraten. Ein Beitrag zur physiokratischen Staatsauffassung von Quesnay bis Turgot, Frankfurt a.M. 1976; Klaus Gerteis, Physiokratismus und aufgeklärte Reformpolitik, in: Aufklärung 2 (1987), H. 1, S. 75–94.

Bürgerrecht.[11] Hinzu kam das Eintreten für eine möglichst ungehinderte Handelsfreiheit, für niedrige Zölle und so geringe Eingriffe des Staates in das Wirtschaftsleben wie nur irgend möglich. Aus dieser Grundhaltung entstand die später von Mirabeau geprägte Formel „Laissez faire et laissez passer – le monde va de lui-même".[12] Hieraus ist das Mißverständnis entstanden, der Physiokratismus sei eine im eigentlichen Sinne liberale Theorie gewesen[13] – doch diese Einschätzung trifft nicht zu. Denn wenn man die Lehren der Physiokraten auf dem Hintergrund der realen ökonomischen Zustände der Epoche – also vor allem des französischen Merkantilismus – betrachtet, dann zielte das physiokratische Programm auf eine umfassende Umgestaltung der bestehenden Verhältnisse, und damit nicht zuletzt auf eine konsequente Beseitigung angestammter Privilegien – etwa von Adel und Kirche. Mit Hilfe eines, wie auch immer im einzelnen gearteten, „liberaleren" politischen Systems, in dessen Rahmen der erste und der zweite Stand immer ein gewichtiges Mitsprache- und Mitentscheidungsrecht gehabt hätten, wäre eine solche Umgestaltung niemals möglich gewesen: Adel und Kirche hätten – etwa in einem Oberhaus nach englischem Vorbild – nach Belieben jede gegen ihre eigenen Interessen gerichtete Wirtschaftsreform blockieren können. So verwundert es nicht, daß die Physiokraten am Absolutismus – oder, wie sich einer von ihnen ausdrückte: am „aufgeklärten Despotismus" – im großen und ganzen festhielten und die modernen Ideen von Gewaltenteilung und Volkssouveränität ablehnten.[14]

[11] Zu Schmalz' Auffassung siehe oben § 15 c). – Zur diesbezüglichen Lehre der Physiokraten vgl. u. a. H. Reichelt, Die Physiokraten, S. 587; E. Salin, Geschichte der Volkswirtschaftslehre, S. 70; O. Spann, Die Haupttheorien der Volkswirtschaftslehre auf lehrgeschichtlicher Grundlage, S. 39 f.; wichtig auch Heinz Holldack, Der Physiokratismus und die absolute Monarchie, in: Der Aufgeklärte Absolutismus, hrsg. v. Karl Otmar Freiherr von Aretin, Köln 1974, S. 137–162, hier S. 147.

[12] Zit. nach E. Salin, Geschichte der Volkswirtschaftslehre, S. 74; dazu einschränkend die Bemerkungen bei Wolfgang Zorn, Die Physiokratie und die Idee der individualistischen Gesellschaft, in: Geschichte der Volkswirtschaftslehre, hrsg. v. Antonio Montaner, Köln – Berlin 1967, S. 25–33, hier S. 27 f.

[13] So etwa Hans Freyer, Die Bewertung der Wirtschaft im philosophischen Denken des 19. Jahrhunderts (1921), Ndr. Hildesheim 1966, S. 14, einschränkend aber S. 22.

[14] In der Literatur wird bis heute eine heftige Diskussion darüber geführt, wie weit das Plädoyer der Physiokraten für den „Absolutismus" ging, ob dieser Selbstzweck oder nur Mittel zum Zweck der Reform war; auch die Frage, ob die physiokratische Leitidee des „ordre naturel" als eine Art revolutionärer Utopie gewirkt und auf diese Weise beigetragen hat, den Weg zur Französischen Revolution von 1789 zu bahnen, wird weiterhin diskutiert; an dieser Stelle kann nur auf die wichtigsten diesbezüglichen Beiträge der Forschung verwiesen werden: die Absolutismus-These vertreten vor allem P. Mombert, Geschichte der Nationalökonomie, S. 225; E. Salin, Geschichte der Volks-

Auch im deutschsprachigen Kulturbereich fanden die Lehren der Physiokraten zeitweise großen Anklang: Schlettwein, Iselin, Mauvillon und Schlosser vertraten hier die Lehren Quesnays und seiner Schüler bereits seit den 1770er Jahren mit großem Engagement.[15] Auf welchem Wege nun Theodor Schmalz zur Physiokratie gelangt ist, kann nicht mit Sicherheit bestimmt werden; auf einzelne deutsche Physiokraten hat er sich nicht ausdrücklich berufen, wohl aber in einem allgemeinen Sinne auf die Lehren Quesnays Bezug genommen – übrigens nicht nur in seinen Schriften, sondern auch in seinen Vorlesungen und in mündlichen Unterhaltungen.[16] Der unaufhaltsame

wirtschaftslehre, S. 73, und aus der neueren Literatur H. Reichelt, Die Physiokraten, S. 585 ff., sowie K. Gerteis, Physiokratismus und aufgeklärte Reformpolitik, bes. S. 87 ff., während Benedikt Güntzberg, Die Gesellschafts- und Staatslehre der Physiokraten, phil. Diss. Heidelberg 1907, S. 89 ff., 113 ff. von zwei Phasen des physiokratischen Denkens, erst einer absolutistischen, später einer gemäßigt revolutionären, ausgeht. Für die Einschränkung der Absolutismus-These treten ein: H. Holldack, Der Physiokratismus und die absolute Monarchie, bes. S. 138, 152 ff.; W. Zorn, Die Physiokratie und die Idee den individualistischen Gesellschaft, bes. S. 26 ff.; F. Hensmann, Staat und Absolutismus im Denken der Physiokraten. Ein Beitrag zur physiokratischen Staatsauffassung von Quesnay bis Turgot, S. 292 ff., sowie Ulrich Muhlack, Physiokratie und Absolutismus in Frankreich und Deutschland, in: Zeitschrift für historische Forschung 9 (1982), S. 15–46, bes. S. 29 ff., 31, 35.

[15] Ausführlich über die deutschen Physiokraten handeln W. Roscher, Geschichte der National-Oekonomik in Deutschland, S. 480 ff.; A. Oncken, Geschichte der Nationalökonomie, Bd. I: Die Zeit vor Adam Smith, S. 410 ff.; Arnold Borel, Die deutschen Physiokraten. Darstellung ihrer Lehre unter besonderer Berücksichtigung der von den französischen Physiokraten abweichenden volkswirtschaftlichen Anschauungen, jur. Diss. (masch.) Freiburg i. Br. 1923; Emmy Freyseng, Die Physiokratie in Deutschland, jur. Diss. (masch.) Halle a. S. 1926; inhaltlich wie formal dürftig und mit zeitgemäßen politischen Verzerrungen: Kurt Braunreuther, Über die Bedeutung der physiokratischen Bewegung in Deutschland in der zweiten Hälfte des 18. Jahrhunderts. Ein geschichtlich-politökonomischer Beitrag zur „Sturm-und-Drang"-Zeit, in: Wissenschaftliche Zeitschrift der Humboldt-Universität zu Berlin. Gesellschafts- und sprachwissenschaftliche Reihe 5 (1955/56), Nr. 1, S. 15–65; aus der neueren Literatur besonders wichtig: D. Klippel, Der Einfluß der Physiokraten auf die Entwicklung der liberalen politischen Theorie in Deutschland, passim; knappe Überblicke bei P. Mombert, Geschichte der Nationalökonomie, S. 234 ff.; O. Spann, Die Haupttheorien der Volkswirtschaftslehre auf lehrgeschichtlicher Grundlage, S. 52; E. Salin, Geschichte der Volkswirtschaftslehre, S. 75; G. Stavenhagen, Geschichte der Wirtschaftstheorie, S. 46 f., Anm. 22; K. Tribe, Governing Economy. The Reformation of German Economic Discourse 1750–1840, S. 119 ff.

[16] Vgl. H. J. Schoeps (Hrsg.): Aus den Jahren preußischer Not und Erneuerung. Tagebücher und Briefe der Gebrüder Gerlach und ihres Kreises 1805–1820, S. 332 (Wilhelm von Gerlach – damals Hörer von Schmalz an der Friedrichs-Universität Halle – an seinen Vater, 15.2.1806): „In jenem [Kolleg über „Naturrecht", H.-C.K.] handelt Schmalz ... das natürliche Staatsrecht ab, erst neulich weitläufig. Die Physiokratie von Dr. Quesnay hat er als das mit den Rechtsprinzipien allein verträgliche und zugleich als das politisch klügste Staatssystem aufgestellt und mit Widerlegung des

Siegeszug der deutschen Anhänger Adam Smiths, die am Ende des 18. Jahrhunderts gerade in Königsberg mit Christian Jacob Kraus einen ihrer führenden Vertreter besaßen,[17] vermochte Schmalz in seinen wirtschaftswissenschaftlichen Überzeugungen nicht zu beirren. So ist er als der „letzte Physiokrat", wie ihn Johann Friedrich Gottfried Eiselen und Eduard Gans schon 1832 nannten – eine Bezeichnung, die Wilhelm Roscher 1874 übernahm[18] –, in die Geschichte der deutschen Nationalökonomie eingegangen.

Auch die Frage, *wann* Schmalz zuerst Bekanntschaft mit den Ideen der französischen und deutschen Physiokraten gemacht hat, kann nicht beantwortet werden. Sicher ist nur, daß er sich bereits mehrere Jahre vor der Publikation seiner ersten kameralwissenschaftlich-staatswirtschaftlichen Schrift, der „Encyclopädie der Cameralwissenschaften" von 1797, offen als Anhänger der Physiokratie bekannt hatte. Verschiedene Passagen in seinen frühen Schriften – etwa in der „Darstellung des Niederlage-Rechts der Stadt Königsberg" (1792) oder in der ersten Fassung des „Natürlichen Staatsrechts" von 1794 – lassen daran keinen Zweifel.[19] Eine in diesem Zusammenhang auf-

Smithschen Industriesystems auf dem Merkantilsystem von Colbert, wie er sie nennt, weitläufig auseinandergesetzt, auf eine höchst überzeugende Art. Er ärgert sich dabei sehr, daß die Staaten es nicht annehmen und zieht gewaltig auf das Generaldirektorium her. Alle Beschränkung der Freiheit des Einzelnen – nicht zum Besten des Staates oder zur Verhinderung des Nachteils anderer, sondern zum Vorteil anderer Einzelner ... und überhaupt jede Ungerechtigkeit, sagt er, sei auch in der Staatswirtschaft unpolitisch und bei Einführung der Physiokratie müsse sich dem Regenten selbst – in Zahlen – zeigen lassen, wie nachteilig jeder despotische Eingriff in die Bürgerrechte sei. Er ist für die Ideen über die Physiokraten und alles, was darein schlägt, Getreideausfuhr, Auflagen pp., so eingenommen, daß auch wo ich ihn in Gesellschaften gesehen oder gesprochen habe, er nichts anderes als darüber spricht".

[17] Vgl. hierzu etwa W. Treue, Adam Smith in Deutschland. Zum Problem des „Politischen Professors" zwischen 1776 und 1810, passim; M.-E. Vopelius, Die altliberalen Ökonomen und die Reformzeit, passim; Horst Claus Recktenwald, Adam Smith. Sein Leben und sein Werk, München 1996, S. 278ff.; H. Winkel, Die deutsche Nationalökonomie im 19. Jahrhundert, S. 7ff.; derselbe, Adam Smith und die deutsche Nationalökonomie 1776–1820, passim; derselbe, Zur Entwicklung der Nationalökonomie an der Universität Königsberg, passim.; I. S. Ross, Adam Smith, S. 512.

[18] Vgl. Johann Friedrich Gottfried Eiselen, Art. „Öconomisten", in: Allgemeine Encyklopädie der Wissenschaften und Künste in alphabetischer Folge von genannten Schriftstellern bearbeitet und hrsg. v. J. S. Ersch/J. G. Gruber, Bd. III/2: Odysseia – Olba, Leipzig 1832, S. 16–28, hier S. 22; Eduard Gans, Naturrecht und Universalrechtsgeschichte, hrsg. v. Manfred Riedel (Deutscher Idealismus. Philosophie und Wirkungsgeschichte in Quellen und Studien, Bd. 2), Stuttgart 1981, S. 48; W. Roscher, Geschichte der National-Oekonomik in Deutschland, S. 498.

[19] Vgl. Darstellung des Niederlage-Rechts der Stadt Königsberg, S. 69, 71f.; Das natürliche Staatsrecht ^{1}1794, S. 33ff.; 104f., 109 u. a.

schlußreiche – wenngleich nur en passant formulierte – Bemerkung findet sich auch in dem 1795 erschienenen zweiten Heft der „Annalen der Rechte des Menschen, des Bürgers und der Völker", wo es heißt: „Mir scheint es immer gegen den Physiokratismus beweisen zu wollen, daß in irgend etwas, außer den Naturprodukten, Reichthum bestehe, oder daß Fabriken usw. den National-Reichthum erhöhen, heiße behaupten, der Mensch könne Etwas aus Nichts erschaffen, und dies sey kein Vorrecht Gottes mehr".[20] – Jedenfalls steht fest, daß Schmalz als Kameralist und „Staatswirtschaftler" von Anfang an physiokratische Ideen vertreten hat, und wenn die Bemerkung von Albrecht Timm zutrifft, daß Schmalz bemüht war, „die Kameralwissenschaft zu einer Staatswirtschaftswissenschaft umzuformen",[21] dann handelte es sich bei diesen Bestrebungen in erster Linie darum, den traditionellen Kameralismus mit neuen Inhalten zu füllen, um auf diese Weise den physiokratischen Ideen in Deutschland neue und verstärkte Geltung zu verschaffen.

b) Die „Encyclopädie der Cameralwissenschaften" (1797)

Theodor Schmalz definierte sein spezifisches Verständnis von Kameralwissenschaft in klarer Abgrenzung von der merkantilistischen Tradition. Die Polizei solle, heißt es bei ihm bereits 1794, für die Vermehrung des Staatsvermögens „durch die Hinwegräumung der Hindernisse" sorgen, „welche der Gewinnung, der Veredlung und der Vertauschung der Producte, das ist, der Oeconomie, den Künsten und dem Handel im Wege sind". Aus diesem Grunde hätten „unsere Cameralisten ... auch Ursache den Schwierigkeiten entgegen zu arbeiten, welche sie selbst in den Weg gelegt haben". Und seine Kritik ist deutlich genug: Es glücke „noch immer nicht, durch positive Beförderungs-Mittel wieder einzubringen, was man positiv erschwert hat, z. B. durch willkührliche Leibeigenschaft, durch Fabriken-Privilegien, durch Verbote von Einfuhr und Ausfuhr, u. d. gl.".[22] Diese Abgrenzung und das hiermit verbundene Bedürfnis, die eigene Gegenposition zusammenfassend zu formulieren, dürfte einer der wichtig-

[20] Vermischte Bemerkungen, in: Annalen der Rechte des Menschen, des Bürgers und der Völker, hrsg. vom Professor SCHMALZ in Königsberg, 2. Heft, Königsberg 1795, S. 170.

[21] A. TIMM, Von der Kameralistik zur Nationalökonomie, S. 367.

[22] Die Zitate aus: Das natürliche Staatsrecht [1]1794, S. 108 f.

sten Gründe dafür gewesen sein, daß Schmalz bereits 1797 mit einem eigenen, durchaus neue Wege beschreitenden Lehrbuch an die Öffentlichkeit trat: der „Encyclopädie der Cameralwissenschaften".

Es kam dem Autor, wie er schon am Beginn des Vorworts ausführte, darauf an, mit seinem Werk den engen inneren Zusammenhang aller Kenntnisse, „welche der Civildienst des Staats erfordert", aufzuzeigen. Mit seiner – übrigens Johann Christoph von Wöllner gewidmeten – „Encyclopädie" wollte sich der ehrgeizige junge Königsberger Professor seinen Vorgesetzten als Lehrer einer neuen Ausbildungsmethode für künftige Staatsdiener empfehlen: „Der diplomatische, der Justiz- und der Cameraldienst haben einerley Gegenstand, den Zweck des Staats, und einerley Grundlage der Kenntnisse, die sie fordert, die Natur des Staats"; es sei, fuhr Schmalz fort, „jedermann von dem Nutzen überzeugt . . ., welchen bey dem Anfange eines Studiums einer Wissenschaft eine kurze Uebersicht derselben leiste".[23] Zuerst und vor allem war es also die Absicht des Buches, Überblicks- und Zusammenhangswissen zu vermitteln.

Aber bereits der Aufbau der Darstellung sowie der wissenschaftliche Ansatz lassen die neue, stark in das im engeren Sinne ökonomische Gebiet übergreifende Richtung des Autors deutlich erkennen. Schmalz definiert „Cameral-Wissenschaft" als den „Inbegriff aller Kenntnisse, welche die Anstalten zur Erwerbung und zur zweckmäßigen Anwendung des Staatsvermögens betreffen". Zwei Leitfragen bestimmen (und gliedern) die dann folgende Detaildarstellung: „1) Wie wird überall im Verkehr der Menschen Vermögen erworben, oder vielmehr, welche zweckmäßige ... Anstalten müssen zur Erwerbung des Bedarfs und Vermögens getroffen werden? 2) Was hat der Staat dabey für sein Interesse zu thun?" Die erste Frage wird vom ersten, dem „exoterischen Theil der Cameralwissenschaften", also der „Gewerbskunde", beantwortet, die folgende Frage vom zweiten, „esoterischen Theil der Cameralwissenschaft", und das ist die „Staatshaushaltungswissenschaft" oder „politische Oeconomie".[24] Schon diese Anordnung,

[23] Die Zitate aus: Encyclopädie der Cameralwissenschaften [1]1797, S. Vf.; ebenda, S. VIIf. verteidigt er sich gegen den Vorwurf, „das System, zu dem ich mich bekenne", also die Physiokratie, begünstige „Empörungssucht". Das Gegenteil sei der Fall: „Alle Anhänger desselben haben immer die unumschränkte Monarchie als die dem System angemessenste Verfassung erkannt, als die, in welcher vielleicht ganz allein Achtung für Menschenwürde und Menschenrecht, bürgerliche Freyheit, und die Sicherheit möglich ist, in welcher die Bildung der Menschheit allein gedeiht".

[24] Alle Zitate ebenda, S. 30–32.

die einer auf die technischen Produktionsbedingungen ausgerichteten, breiten Darstellung der Gewerbskunde den Vorrang einräumt vor dem, was früher als das eigentliche Zentrum der alten Kameralwissenschaften galt, spricht für sich und offenbart die Absicht des Autors, die traditionellen Inhalte dieses Wissenschaftszweiges gewissermaßen ins Ökonomische umzuleiten.[25]

Die „allgemeinen Vorbegriffe" des Buches entwickeln sehr knapp die ökonomisch-theoretischen Grundauffassungen des Autors. Naturrechtler, der er ist, beginnt er so abstrakt wie möglich, nämlich mit einer Art von Theorie der menschlichen Bedürfnisse und ihrer Befriedigung; es folgen Ausführungen zur Arbeit und Erwerbstätigkeit.[26] Überraschend modern wirkt seine Unterscheidung zwischen „Industriearbeiten" und „Dienstleistungen"; in die letzteren bezieht er freilich ebenfalls „die Arbeiten des Staatsmannes, des Gelehrten, des Erziehers, des Verwalters, des Dieners"[27] mit ein. Das Geld definiert er recht traditionell wiederum als „eine Sache, von der man eine bestimmte beliebige Quantität für den Preis eingetauschter Bedürfnisse oder Arbeiten allgemein in Pfand geben kann, mit der Bedingung, daß der Empfänger dies Pfand gleich nach dem Empfange von jedem dritten auslösen lassen könne".[28]

In der Tat überrascht, wenn man sich diesen ersten Teil des Buches, die „Gewerbskunde", wie Schmalz sie nennt, einmal genauer ansieht, „noch die Fülle technischer und betriebswissenschaftlicher Einzelheiten",[29] die hier zu finden sind. Auch in der Anordnung des Stoffes bleibt der Autor Physiokrat, denn er teilt dieses „erste Buch" in „Unmittelbare" und in „Mittelbare Erwerbung" ein; mit *unmittelbarer* Erwerbung sind Landwirtschaft, Forstwirtschaft und Bergbau gemeint. Hier werden nun in denkbar knapper Form, doch mit erschöpfendem Anspruch die Einzelheiten dieser Erwerbszweige geschildert: von der Getreideproduktion bis zur Rinder- und Schweinezucht, ja bis

[25] Vgl. dazu auch die Bemerkungen bei R. SCHULZE, Policey und Gesetzgebungslehre im 18. Jahrhundert, S. 200 f.

[26] Vgl. Encyclopädie der Cameralwissenschaften [1]1797, S. 2 ff., 6 ff.

[27] Ebenda, S. 10.

[28] Ebenda, S. 16; es heißt weiter: „Es ist leicht einzusehen, daß wir durch Empfang von Geld nicht wirklich bezahlt sind, sonden wahre Bezahlung nur erst dann erhalten, wenn wir für Geld wirklichen Bedarf erhalten. Aber die Sicherheit, für Geld diesen erhalten zu können, ist so groß, daß wir durch den Empfang desselben uns wirklich bezahlt glauben" (ebenda).

[29] So zutreffend O. LEHMANN, Die Nationalökonomie an der Universität Halle im 19. Jahrhundert, S. 61.

zur Imkerei und Seidenraupenzucht, von der Einrichtung eines Gutes bis zur Bearbeitung der Äcker, von der Holzfällerei bis zur Jagd, zum Vogelfang und zur Fischerei, von der Metall- und Mineralkunde bis zu den Methoden des Abbaus und der Bearbeitung von Bodenschätzen.[30]

Erst der zweite Abschnitt des ersten Teils befaßt sich mit der *mittelbaren* Erwerbung, also mit der Verarbeitung der natürlichen Materialien und mit dem Handel. Auch hier gibt es wieder zwei Unterabschnitte, von denen der erste unter dem Stichwort „Technologie" die Bearbeitung der Produkte des Pflanzen-, des Tier- und des Mineralreichs behandelt; der Detailreichtum entspricht auch hier dem enzyklopädischen Anspruch der Darstellung, denn von der Bierbrauerei über die Weinbrennerei bis zur Herstellung von Pottasche, Zucker und Papier, von der Gerberei bis zur Seifensiederei, von der Glasherstellung bis zur Produktion von Töpferware und „Porcellain" sind alle nur denkbaren „technologischen" Erwerbszweige vertreten.[31] Interessanteres bietet der zweite Unterabschnitt, der den Handel zum Thema hat. Die Theorie der Preisbildung durch Einpendelung des wechselseitigen Verhältnisses von Angebot und Nachfrage ist für Schmalz bereits etwas Selbstverständliches.[32] Die Banken finden ebenso seine gespannte und kenntnisreiche Aufmerksamkeit wie die verschiedenen „Arten der Handlung" oder die von ihm so genannten „Hülfsgeschäfte", also etwa Buchhalterei und Schiffahrt.[33]

Umfaßt der erste Teil der „Encyclopädie der Cameralwissenschaft", die „Gewerbskunde" also, 117 Seiten, so ist der zweite Teil mit 85 Seiten deutlich knapper ausgefallen, und das ist um so bemerkenswerter, als hier unter dem Titel „Staatswirthschaft" dasjenige vorgetragen wird, was (mit Ausnahme der Verwaltungslehre im engeren Sinne) eigentlich als der klassische Gegenstand der traditionellen Kameralistik galt: nämlich die Tätigkeit des Staates im Bereich des Ökonomischen. Schmalz beginnt mit einer, wie sich leicht denken läßt, etwas einseitigen Darstellung der drei „Systeme" der modernen Nationalökonomie. Es fällt ihm nicht schwer, das traditionelle, auch im Preußen jener Zeit noch weitgehend vorherrschende „Mercantil-System" mit

[30] Vgl. Encyclopädie der Cameralwissenschaften [1]1797, S. 35 ff., 69 ff., 83 ff. u. passim.

[31] Vgl. ebenda, S. 90 ff., 98 ff., 105 ff.

[32] Vgl. ebenda, S. 116: „Es hängt aber das Steigen und Fallen der Preise von der Nachfrage ab, d. i. von dem Verhältniß der Menge einer Art von Waaren zu der Größe des Bedürfnisses derselben an einem Orte"; vgl. auch ebenda, S. 150.

[33] Vgl. ebenda, S. 112 ff., 125 ff., 134 ff. u. passim.

seiner Lehre vom Nationalreichtum durch Anhäufung großer Geldsummen zu kritisieren.[34] Das „Industriesystem", also die moderne marktwirtschaftliche Lehre des Adam Smith kommt weit besser weg; sein Urheber wird ausdrücklich als „einer der größesten Denker" gerühmt.[35] Dennoch sieht Schmalz unter ausdrücklicher Berufung auf Quesnay „die einfache Darstellung der Wahrheit in dem Oekonomie-System"[36] – mit eben diesem Begriff wurde um 1800 die physiokratische Wirtschaftslehre bezeichnet.

In seiner knappen Darstellung des von ihm bevorzugten Systems begeht Schmalz denn auch den zentralen Fehler, der die Vorzüge der Smithschen Theorie vor derjenigen Quesnays verkennt: Er übernimmt die physiokratische Lehre vom „produit net", also vom Reinertrag, der ausschließlich aus der landwirtschaftlichen Produktion, also „der unmittelbaren Erwerbung von der Natur",[37] hervorgehe. Durch Industriearbeit, so seine Kritik an der Lehre Smiths, werde den Naturprodukten nur eine neue Form gegeben, aber es werde nichts im eigentlichen Sinne „neugeschaffen", denn: „eine neue Form hervorbringen, heißt nur: die alte Form ändern"; es sei zwar zutreffend, „daß der Arbeiter, der einem Naturproduct eine neue Form giebt, den Werth dieses Products erhöhe. Aber dadurch erhöht er noch nicht den Nationalreichthum".[38] Schmalz' im Anschluß an die Physiokraten vertretenes Verständnis von Nationalreichtum erweist damit sich als unzureichend: denn der Wert eines durch Verarbeitung gewonnenen Gegenstandes (etwa eines Möbelstücks oder eines Jagdgerätes) kann nach Herstellung, Verkauf und Verwendung ein Vielfaches von dem Wert der ursprünglichen Stoffe, also etwa Holz oder Metall, betragen. Es kommt eben, wie schon Othmar Spann in seiner Kritik der physiokratischen Lehre bemerkte, „*nicht darauf an, daß eine Arbeit neue Stoffe schaffe*; vielmehr darauf, daß das Neugeschaffene mehr leiste, als die Aufwände zu seiner Herstellung verschlungen haben".[39]

Die Darstellung dieses zweiten Teils, der Staatswirtschaftslehre also, umfaßt in Schmalz' „Encyclopädie" ebenfalls wieder zwei Ab-

[34] Vgl. ebenda, S. 143 ff.

[35] Vgl. ebenda, S. 148 ff.; das Zitat S. 148.

[36] Ebenda, S. 153; siehe auch die Darstellung der physiokratischen Lehre in deren Grundzügen ebenda, S. 153 ff.

[37] Ebenda, S. 157.

[38] Ebenda, S. 149 f.

[39] O. SPANN, Die Haupttheorien der Volkswirtschaftslehre auf lehrgeschichtlicher Grundlage, S. 48.; vgl. zur Kritik an den Physiokraten auch die Ausführungen ebenda, S. 47 ff.

schnitte, nämlich die „Gewerbs-Polizei" und die „Finanzwissenschaft". Im ersten widmet sich der Autor ausführlich den „Operationen des Staats zur Vermehrung des Nationalreichthums".[40] In den Abschnitten über die allgemeine wirtschaftliche Staatstätigkeit, also über „Oeconomiepolizey", „Industrie-Polizey" und „Commerzpolizey", entwickelt er ausgesprochen liberale Grundsätze: Eine Regierung könne es nicht ohne Schaden für die Wirtschaft wagen, „anders als durch Rath die Arbeiten zu lenken". Allenfalls dürfe sie sich noch um die „Bekanntmachung nützlicher Erfindungen kümmern", ansonsten müsse sie sich strikt darauf beschränken, „die Hindernisse freyer Thätigkeit zu entfernen. Sie wird durch negative Thätigkeit am thätigsten seyn. Nichts ist ungegründeter, als die Furcht, daß einige sich auf Kosten aller bereichern werden, so lange jedem die Freyheit bleibt, auf seinem eigenen Wege für seinen Erwerb thätig zu seyn. Jeder wird denn schon thun, wozu sein Vortheil ihn ruft, und, da das Nationalvermögen nur in dem Vermögen aller einzelnen besteht, so wird das Bestreben eines jeden, seinen Wohlstand zu fördern, zugleich ein Bestreben für die Vermehrung des Nationalreichthums seyn".[41] Daß sich nach seiner Auffassung diese freie Wirtschaft am besten in einem monarchischen Staate durchsetzen lasse, betonte Schmalz bei dieser Gelegenheit ebenfalls noch einmal.[42]

Auch an anderen Stellen seiner Darstellung ist Schmalz zu Kompromissen eindeutig politischer Art gezwungen: Zwar werden einerseits Frondienst und Leibeigenschaft mit unbestreitbar deutlichen Worten kritisiert, zwar formuliert Schmalz ebenfalls die Aufforderung an den aufgeklärten Monarchen, bei der Aufhebung dieser wirtschaftlich schädlichen und auch „ungerechten" – daher doppelt unhaltbaren – Einrichtungen „mit seinem Beyspiel voran[zu]gehen",[43] doch andererseits findet sich bei ihm auch eine – freilich eher gewundene und deutlich als Konzession an die herrschenden Zustände zu verstehende – Verteidigung der Majorate und Familienfideikommisse. „Ungerecht"

[40] Encyclopädie der Cameralwissenschaften ^{1}1797, S. 160.
[41] Ebenda, S. 162 f.
[42] Vgl. ebenda, S. 163: „Es ist zwar keine Regierungsform, sondern die Regierungskunst, welche jenen Flor der Nation fördert und sichert; aber das meyne ich, sey einleuchtend, daß für die freye Thätigkeit des Erwerbs weniger Gefahr in einem monarchischen Staate seyn müsse, als im republikanischen, wo die Machthaber selbst Gewerbe treiben, und wo Privatleidenschaft so leicht veranlaßt werden kann, Nebenbuhlern unter dem Schein des gemeinen Besten etwas in den Weg zu legen".
[43] Ebenda, S. 166; vgl. ebenda, S. 166 ff.

seien diese „an sich nicht“; ihr „Vortheil für den Staat“ bestehe vor allem darin, „daß dadurch auch ganze Familien ohne Grundeigenthum durch ihr Erbrecht darauf doch eben so fest an den Staat gebunden werden“; des weiteren seien Meliorationen, die den Reinertrag steigerten, auf Fideikommißgütern häufiger zu finden als anderswo, und schließlich werde durch diese „der Schwindel im Güterkauf, wo ein Gut in wenigen Jahren durch mehrere Hände geht“, was „unmöglich der Erhöhung des Ertrages vortheilhaft seyn“ könne, deutlich eingeschränkt.[44]

Sonst allerdings dominiert in fast allen Abschnitten der Darstellung das zentrale Anliegen einer möglichst ungehinderten Entfesselung aller wirtschaftlichen Kräfte: Hohe Zölle sowie Ein- und Ausfuhrverbote werden ebenso scharf kritisiert wie die Staatseingriffe in den Produktionsprozeß und in die Tätigkeit der Fabriken.[45] Die – zu jener Zeit häufig vorkommende – Preisregulierung von Lebensmitteln verfällt ebenfalls der Kritik; diese Maßnahme erreiche in jedem Fall nur das genaue Gegenteil des Beabsichtigten.[46] Im übrigen sei „Gewinnsucht“ nichts anderes als eine wirkliche ökonomische Tugend.[47] Seine zusammenfassende Maxime lautet: „Aller Zwang überhaupt schadet dem Handel, und jede Beschränkung der Freyheit“. Der Staat solle sich darauf beschränken, dem Kaufmann nicht „mehr als Freyheit und gerechten Schutz“ zu geben.[48] Und wortreich wird das Lob der für die Entwicklung des freien Wirtschaftens so bedeutsamen Banken gesungen.[49]

44 Die Zitate ebenda, S. 168 f.

45 Vgl. ebenda, S. 171 ff., 176 ff. u. passim.

46 Vgl. ebenda, S. 183 f.

47 Vgl. ebenda, S. 185: „Gewinnsucht ohne Betrug ist kein moralisches Laster, sie ist eine politische Tugend, da jeder, was er für sich gewinnt, für das Nationalvermögen gewinnt“.

48 Die Zitate ebenda, S. 188 f. – Auch staatliche Subventionen lehnt Schmalz strikt ab: „Kann ein Handlungszweig ohne diese [staatlichen Zuwendungen, H.-C.K.] nicht getrieben werden, so muß man ihn aufgeben, so gut wie eine Fabrik in dem Fall. Denn er ist dann wider die Natur und schädlich. Wenn eine Nation fortführe, einen solchen Handel oder eine solche Fabrik mit solchen Unterstützungen zu erhalten, so gliche sie einem Kaufmann, der an einem Artikel beständig verlöhre und verliehren müßte, aber ihn dennoch nicht aufgeben, sondern vom Gewinn an andern Artikeln auf das Conto dieses Artikels stets zuschießen, und nun glauben wollte, er gewönne dadurch doch im Ganzen“ (ebenda, S. 189 f.); allerdings fügt Schmalz die einschränkende kurze Bemerkung an: „Eine Einfuhrprämie in plötzlichen Zeitbedürfnissen ist für einen höhern oder Nothpreiß zu achten“ (ebenda, S. 190).

49 Vgl. ebenda. S. 190 f.; siehe bereits ebenda, S. 125 ff.

In einem weiteren Abschnitt erörtert Schmalz das „Verhältniß der Volksmenge und Bildung zum Nationalvermögen“;[50] auch hier dominiert also die ökonomische Perspektive, unter der diese beiden Aspekte der Staatstätigkeit gesehen werden. Mit deutlicher Spitze gegen die „Peuplierungs“-Ideen und -Strategien des traditionellen Merkantilismus merkt er an, es sei „doch Herabwürdigung der Menschheit, wenn man sie nur als Mittel ansähe, das Nationalvermögen zu vermehren“; hier liege, so der Kantianer Schmalz, eine falsche Zuordnung in der Zweck-Mittel-Relation vor. Dennoch solle „der Staat für die Vermehrung der Volksmenge sorgen, weil mehr Menschen und im Raum mehr zusammengedrängte Menschen sich besser gegen fremde Angriffe verteidigen können. Man soll also das Nationalvermögen vermehren, um die Volkszahl zu vermehren: nicht die Volksmenge um des Vermögens willen“.[51]

Den Bildungsauftrag des Staates streicht Schmalz – hier noch ganz den Lehren der Aufklärung verpflichtet – allerdings stark heraus: Pflicht jeder Regierung sei die „Sorge für die Erziehung der jungen Bürger und Wegräumung der Hindernisse der Aufklärung“. Zwar habe die Natur den Eltern die Pflicht zur Kindererziehung auferlegt, „aber der Fürst ist Vormund dieser Kinder, und Schutzherr aller Unterthanen; und so kann er darüber wachen, daß Eltern diese Pflicht nicht vernachlässigen und nicht übertreten. Er kann also die bestrafen, die ihre Kinder zur Immoralität bilden, und sie zwingen, sie unterrichten zu lassen“.[52] Die Rolle der Kirchen als Bildungsträger beurteilt er ausdrücklich positiv – jedenfalls dann, wenn die kirchlichen Bildungsanstalten auch den Angehörigen anderer Konfessionen offenstehen: „Die Vorrechte, die eine Kirche im Staate hat, können daher oft sehr billig seyn, wenn sie als ein Aequivalent für solche Anstalten, an denen sie auch Andersgesinnte Theil nehmen läßt, angesehen werden können“.[53] Freilich darf die „Gewissensfreyheit“ durch den Einfluß der

[50] Ebenda, S. 192; vgl. zum ganzen ebenda, S. 192ff., 196ff.

[51] Ebenda, S. 192. Als Mittel einer solchen Politik nennt Schmalz die Einrichtung „gute[r] Medicinalanstalten“ sowie eine Bestrafung der „schleichenden Werber“, die Unerfahrene ins Ausland locken. Ein Verbot der Auswanderung dagegen lehnt er ab, denn „je schwieriger die Auswanderung aus einem Staate ist, desto wenigere werden sich zum Einwandern entschließen“; zusammenfassend gelte: „Gerechtigkeit der Regierung und Freyheit des Erwerbs ist das sicherste Mittel, Auswanderung zu verhüten“ (alle Zitate ebenda, S. 194).

[52] Die Zitate ebenda, S. 196f.

[53] Ebenda, S. 197; er fügt an: „So lernt in Königsberg der Catholik, der Mennonit, selbst der Jude alte Sprachen usw. in den Schulen der protestantischen Gemeinen“ (ebenda).

Kirchen nicht eingeschränkt werden, denn „diese Freyheit ist die Stütze des Flors der Staaten, wenn sie nicht auf Gleichgültigkeit der Nation gegen Religion, sondern auf Achtung für jede Religion, welche Stütze der Moralität ist, sich gründet".[54] Ähnlich verhält es sich für Schmalz mit der Pressefreiheit, die nach seiner Auffassung nur mit gewissen Einschränkungen bestehen kann.[55]

Dem ersten Buch „Gewerbspolizey" des zweiten Teils „Staatswirthschaft" folgt ein zweites, knapperes Buch, die „Finanzwissenschaft", also die Lehre von den Ausgaben und Einnahmen des Staates. Neben einer eher konventionellen Aufstellung der finanziellen Pflichten eines Staates stechen die Bemerkungen über jene Ausgaben hervor, „welche für die höchste Gewalt überhaupt nothwendig sind, für ihren Glanz und den Unterhalt der damit bekleideten Personen". Schmalz bemerkt: „... wie die Menschen sind, imponirt der äußere Glanz der Regierung schon zu schnellerem Gehorsam gegen die executive Gewalt, worauf alles im Staate beruht, und überhebt also der traurigen Nothwendigkeit, mit Macht zu zwingen".[56] Auf der anderen Seite wird bei den Ausgaben für das Militär und vor allem für die innere Verwaltung, also „Staatspolicey" und „Justiz", strikte Sparsamkeit angemahnt, denn dadurch erhalte eine Regierung „sich selbst unabhängig und im Besitz des Zutrauens der Nation"; zudem habe eine Regierung „nicht das Recht ..., willkührlich, und weiter als das wirkliche Staatsbedürfniß geht, über das Nationalvermögen zu disponiren".[57]

[54] Ebenda, S. 197 f.; andererseits kann, wie Schmalz betont, „nie die Duldung auf solche Secten sich erstrecken, deren Lehrsätze und Gottesdienst die Sicherheit der Menschen und des Staats in Gefahr setzen, oder die Moralität verderben können" (S. 198).

[55] Vgl. ebenda, S. 198 ff.; zwar würde „ohne Freyheit der Presse ... in unsern Zeiten Fortschreiten der Wissenschaften und der Aufklärung unmöglich seyn" (S. 198), doch könne andererseits wiederum „ein aufrührerisches Blatt ... der billigsten Regierung das Zutrauen, wenigstens manchen Bürgers, rauben" (S. 198 f.). Im Streit um das bessere Zensurmodell – Nachzensur (wie in England) oder Vorzensur (wie in Preußen) – betont Schmalz, wie nicht anders zu erwarten, die Vorzüge des letzteren: „In einem gewissen Lande [England, H.-C.K.], das sich so laut der Preßfreyheit rühmt, schrieb neulich ein Mann etwas gegen einen Cammerherrn, und wurde dann mit Infamie und Zuchthaus bestraft. Wie schrecklich! Im Preußischen hätte der Censor die Anzüglichkeit gestreichen, und der Mann lebte ruhig und in Ehren" (S. 199 f.). – Doch auch hier folgt wieder eine bezeichnende Einschränkung: „Freylich, wenn alles von der Willkühr des einzigen Censors abhängt, so ist auch das sehr bedenklich. Aber Gesetze müssen hier noch nähere Bestimmungen geben, was eigentlich als der Religion und dem Staat nachtheilig angesehen werden soll" (S. 200).

[56] Die Zitate ebenda, S. 202 f.

[57] Die Zitate ebenda, S. 204 f.

Schmalz' Lehre von den Staatseinnahmen[58] lehnt sich einerseits an die gegebenen Verhältnisse seiner Epoche an, sie enthält aber andererseits auch eine unübersehbare physiokratische Komponente. Domänen und Regalien werden in ihrer Funktion als traditionelle Einnahmequelle des Staates ausführlich behandelt; Staatsmonopole lehnt er freilich, wie bereits früher die privaten Monopole, als wettbewerbsschädigend strikt ab.[59] Staatliche Lotterien und die Verpachtung von Steuern verfallen ebenfalls einem entschiedenen Verdikt.[60] Zu besteuern sei – gemäß den Lehren Quesnays, die Schmalz hier noch einmal knapp referiert – ausschließlich „nur der reine Ertrag des Grundbodens des Staats“; er fordert daher: „Man sollte also alle andere Steuren [sic] aufheben, und nur eine einzige Steuer auf den reinen Ertrag des ganzen Gebiets legen“;[61] andere Steuern führten nur (so seine im ganzen wenig überzeugende Auffassung) zu kaum kalkulierbaren Preissteigerungen. – Abschließend finden sich noch einige rudimentäre Äußerungen über Staatsschulden, mit denen sich Schmalz wiederum in eher konventionellen Bahnen bewegt: Schulden in Friedenszeiten seien „stets ein Beweis einer schlechten Verfassung der Finanzen. Kriege entschuldigen sie, weil diese jetzt so große Kosten erfordern“;[62] freilich habe man rechtzeitig für die Einrichtung eines Schuldentilgungsfonds zu sorgen, denn eine wohlhabende Regierung werde im Gegensatz zu einer hochverschuldeten „stets, wenn sie dessen bedarf, Credit finden“.[63]

Die mit einem nochmaligen Hymnus auf die Vorzüge der absoluten Monarchie ausklingende „Encyclopädie der Cameralwissenschaften“ von 1797 ist ein in doppelter Hinsicht aufschlußreiches Werk: Zum einen läßt sich bereits an ihrem Aufbau, nicht weniger allerdings auch am Inhalt der Wandel von der traditionellen Kameralistik zu einer Staatswirtschaftslehre und allgemeinen „Gewerbskunde“, die sich in dieser Ära vollzog, besonders trefflich aufzeigen. Die betont zurückhaltende Bestimmung der Staatstätigkeit auch in den späteren, im eigentlichen Sinne „staatswirtschaftlichen“ Passagen und das offensive Herausstreichen des Anliegens einer möglichst umfassenden Ent-

[58] Vgl. ebenda, S. 209 ff. u. passim.
[59] Vgl. ebenda, S. 214 ff.; siehe auch ebenda, S. 188.
[60] Vgl. ebenda, S. 220 f.
[61] Die Zitate ebenda, S. 221, 223.
[62] Ebenda, S. 226 f.
[63] Ebenda, S. 227.

fesselung der ökonomischen Kräfte verstärken diese Tendenz noch erheblich.

Andererseits aber trägt dieses Schmalzsche Frühwerk sehr deutlich den Charakter einer von – theoretischen wie politischen – Kompromissen geprägten Lehrschrift. Es fällt auf, daß er nicht nur immer wieder der absoluten Monarchie das Wort redet und jede andere Staatsform als – wenigstens in ökonomischer Hinsicht – bedenklich oder gar gefährlich ablehnt. Es fällt weiterhin auf, daß er einzelne althergebrachte, den politisch-sozialen Status quo stützende Institutionen auch dann verteidigt, wenn diese einer (von ihm sonst immer wieder geforderten) wirklich freien Wirtschaft unverkennbar im Wege stehen – wie etwa die Majorate und Familienfideikommisse. Und es ist drittens anzumerken, daß er ebenfalls in der Darlegung seiner physiokratischen Lehrmeinungen nicht so streng und so konsequent vorgeht, wie es auf den ersten Blick den Anschein haben mag. Bereits 1906 hat Bruno Gerecke auf eine Reihe nicht unbedeutender Unterschiede in den Auffassungen Quesnays und Schmalz' hingewiesen; der letztere sei zwar „im grossen und ganzen als ein Anhänger des physiokratischen Systems zu betrachten", weiche jedoch in diversen Einzelheiten deutlich von Quesnay ab; insbesondere fehle bei Schmalz die für Quesnay grundlegende Unterscheidung zwischen „ordre naturel" und „ordre positif".[64]

Immerhin lag Schmalz mit seiner Hinwendung vom verwaltungstechnischen zum ökonomischen Schwerpunkt (*nicht* jedoch mit den Einzelheiten seiner physiokratischen Lehren!) im Trend des Kameralismus seiner Zeit.[65] Die „Encyclopädie", die 1819 noch eine zweite, stark erweiterte Auflage erleben sollte,[66] wurde zu einem bekannten und vielfach verwendeten Lehrbuch, von dem einer der letzten Kameralisten, der in Heidelberg lehrende Karl Heinrich Rau, noch 1825 feststellte, daß es als eines der „trefflichen Lehrbücher" dieser Epoche „die besten der früheren Periode weit hinter sich"[67] gelassen hätte. –

[64] B. Gerecke, Theodor Schmalz und seine Stellung in der Geschichte der Nationalökonomie. Ein Beitrag zur Geschichte der Physiokratie in Deutschland, S. 32; vgl. auch ebenda, S. 30 ff., 76.

[65] Siehe hierzu etwa K. Tribe, Governing Economy. The Reformation of German Economic Discourse 1750–1840, passim; J. Burkhardt, Der Begriff des Ökonomischen in wissenschaftsgeschichtlicher Perspektive, passim.

[66] Sieher dazu unten, § 24 b).

[67] K. H. Rau, Ueber die Kameralwissenschaft. Entwicklung ihres Wesens und ihrer Theile, S. 14; allerdings wird im weiteren angemerkt, daß „in der Vollständigkeit oder

Und am Physiokratismus – besser gesagt: an seiner spezifischen Art der Rezeption dieser ökonomischen Lehre – hat Schmalz ebenfalls unbeirrt festgehalten. Gerade in den Jahren nach 1800 hat er die physiokratische Wirtschaftsauffassung hartnäckig gegen alle Angriffe verteidigt – kamen sie nun von seiten der merkantilistischen Tradition oder aus der neueren Richtung Adam Smiths.[68] Auch seine kleineren Abhandlungen zu Fragen der neueren Ökonomie, die er in dieser Zeit veröffentlichte, atmen den Geist der Physiokratie.[69]

der Verzweigung des Systems noch nicht alle Anforderungen befriedigt erscheinen möchten" (ebenda).

[68] Vgl. die beiden Abhandlungen: Bemerkungen über die Vorlesung des Herrn Geheimen Ober-Finanzrath von *Borgstede* in der Academie der Wissenschaften zu Berlin am 30sten Januar 1806, in: Annalen der Politik, hrsg. v. THEODOR SCHMALZ, Bd. I, Berlin 1811, S. 28–42, und: Arthur Young und Adam Smith gegen die Physiokratie, in: Kleine Schriften über Recht und Staat, Bd. I, S. 225–262.

[69] Siehe etwa: Geschichte des Geldes, in: Kleine Schriften über Recht und Staat, Bd. I, S. 161–182; Vom Grunde des Wechselrechtes, in: ebenda, S. 183–199; Ueber Zinsen. (Bei Gelegenheit des jüngsten Preußischen Zinsen-Edicts.), in: Annalen der Politik, Bd. I, S. 345–370; Ueber die Freiheit des Getreidehandels, in: ebenda, S. 386–425.

§ 23 Das „Handbuch der Staatswirthschaft" (1808)

Am 28. Juli 1808 schrieb Theodor von Schön in einem Brief an Ludwig Heinrich von Jakob nach Halle: „Die Staatswirthschaftliche Gärung ist groß. Handbücher giebt es schon in Menge, aber wenig Gutes ... Alles geht mit schnellen Schritten zum Physiokratismus zurück, in England insbesondere. Verschiedene neue Pamphlets haben ganz diese Richtung ... *Lauderdale u. Malthus* werden als Classiker vorausgesetzt. *Schmalz* ist auch wieder aufgestanden, aber etwas flüchtig. Wären wir ein selbständiges Volk, so würde diese Gährung viel Gutes bringen".[1] Worauf sich Schmalz' ehemaliger Königsberger Schüler[2] mit diesen Formulierungen bezog, ist leicht auszumachen: Er meinte das von Schmalz in nur kurzer Frist nach seiner Übersiedelung nach Berlin dort veröffentlichte zweite kameralwissenschaftliche Hauptwerk, das „Handbuch der Staatswirthschaft".[3]

Der Begriff der „Staatswirtschaft" war im Deutschland jener Zeit noch relativ neu,[4] und es war gerade einer der ersten deutschen Anhänger der Smithschen Lehre gewesen, Georg Sartorius, der schon 1796 ein „Handbuch der Staatswirthschaft" publiziert hatte. Das etatistische Erbe der deutschen kameralistischen Tradition kam in dieser Begriffsprägung ebenso zum Vorschein wie in Hegels Ausdruck „Staatsökonomie". Es handelte sich im Grunde um eine Übergangserscheinung, die versuchte, Altes und Neues zusammenzubinden, die neu entstehende Wirtschaftswissenschaft noch einzufügen in die alte Tradition einer umfassend verstandenen „Staatswissenschaft". Bereits im Vormärz kam der Begriff „Staatswirtschaft" außer Gebrauch.

[1] Adolf Hasenclever, Ungedruckte Briefe Theodor von Schöns an den Hallenser Professor Ludwig Heinrich von Jakob (1805–1821), in: Forschungen zur brandenburgischen und preußischen Geschichte 31 (1918/19), S. 345–373, hier S. 349. – Danach dürfte die Behauptung von N. Waszek, Die Staatswissenschaften an der Universität Berlin im 19. Jahrhundert, S. 280, Schmalz habe nach der Publikation seines „Handbuchs" im allgemeinen „als lebender Anachronismus, als Überbleibsel des 18. Jahrhunderts" gegolten, in dieser Formulierung sicher nicht haltbar sein.

[2] Siehe dazu oben § 3 c).

[3] Handbuch der Staatswirthschaft, Berlin 1808.

[4] Vgl. hierzu und zum folgenden die Bemerkungen bei J. Burkhardt, Der Begriff des Ökonomischen in wissenschaftsgeschichtlicher Perspektive, S. 66 f.

Theodor Schmalz bestimmte *„Staatswirthschaft“* bzw. *„politische Oekonomie“* ausdrücklich als Inbegriff derjenigen „Lehren der Politik, welche Vermehrung des Reichthums der Nation und dessen Benutzung für die Zwecke des Staats betreffen“.[5] Er trat also für eine ausgesprochen weite Begriffsdefinition ein; die Staatswirtschaft habe zu untersuchen: „1) was denn eigentlich der Reichthum einer Nation sey? 2) Was der Staat für dessen Vermehrung zu thun vermöge? 3) Wie er selbst den erworbenen Reichthum der Nation für seine Zwecke benutzen müsse?“. Dementsprechend gliedere sich die Staatswirtschaft in drei Teile: „Der erste, sonst gewöhnlich allein Staatswirthschaft, neuerlich auch National-Oekonomie (gewiß weniger passend) genannt, welcher am deutlichsten wohl *Analyse des National-Reichthums* genannt wird; der zweite: *Gewerbs-Polizey-Wissenschaft*; der dritte: *Finanz-Wissenschaft*“.[6] Diese Definition entspricht im Wesentlichen demjenigen, was Schmalz bereits elf Jahre vorher in der ersten Fassung seiner „Encyclopädie der Cameralwissenschaften“ unter der Bezeichnung „Staatswirthschaft“ zusammengefaßt hatte.[7]

Gleichwohl ist das „Handbuch“ von 1808 mehr als eine bloß ausgearbeitete Langfassung des kurzen zweiten Teils der „Encyclopädie“ von 1797. Es geht nicht mehr nur um eine knapp gefaßte Überblicksdarstellung als Einführung für Studienanfänger, sondern um ein Werk aus eigenem Recht, auch mit einem eigenen, klar definierten und sich von anderen zeitgenössischen Darstellungen deutlich abhebenden theoretisch-wissenschaftlichen Profil. Neben der (natürlich auch hier wieder vorhandenen) physiokratischen Grundrichtung steht eine klare Abgrenzung, und zwar nach zwei unterschiedlichen Seiten; er habe, bemerkt Schmalz in der Vorrede, „zweierlei Gegner ... zu fürchten. Die Empiriker, welche in Schriften, wie die gewöhnlichen Köpfe in den Klubs, keck Staatssachen entscheiden, und dann die, welche gemeine Dinge in dunkeln Worten aus den Prinzipien des Urwissens ableiten, und deren ungeübten Augen der Fluß seicht scheint, durch dessen klares Wasser ihnen der Grund des Bettes gezeigt wird“.[8] Mit der letzten Bemerkung dürfte vermutlich wieder einmal Schmalz' alter – und wenig geschätzter – Bekannter Fichte gemeint gewesen sein, der

[5] Handbuch der Staatswirthschaft, S. 17.

[6] Ebenda, S. 18.

[7] Vgl. Encyclopädie der Cameralwissenschaften, ¹1797, S. 141 ff. u. passim. – Siehe dazu auch oben § 22 b).

[8] Handbuch der Staatswirthschaft, S. IIIf.

sich bereits im Jahre 1800 mit seiner Lehre vom „geschlossenen Handelsstaat“ auch als politisch-ökonomischer Theoretiker zu empfehlen versucht hatte.[9]

In den „Prolegomenen“ seines „Handbuchs“[10] wiederholt Schmalz nicht nur die bekannten Grundsätze seiner naturrechtlichen Staatslehre, also Staatszweckbestimmung, Staatsdefinition und Dreigewaltenlehre,[11] sondern er formuliert erstmals zusammenfassende Definitionen von „Staatsverwaltung“ und „Polizey“. Es heißt: „Die Staatsverwaltung, (der Justizpflege entgegengesetzt dies Wort verstanden,) hat zu bestimmen, was aus allgemeiner Bürgerpflicht für das Ganze des Staats geleistet werden soll. Sie hat also zu bestimmen, theils was für das Ganze gethan (auch gelitten und unterlassen) theils was dafür vom Eigenthume gegeben werden soll“.[12] Die „Staatspolizey“ wird in ihrer unmittelbaren und mittelbaren Funktion unterschieden: während die „unmittelbare Polizey ... geradehin gegen Gefahren“ schützt, strebt die „mittelbare Polizey“ dahin, „die innern Kräfte des Staats zu erhöhen, um die Gewährung der Sicherheit dem Staate zu erleichtern ... Darum soll die mittelbare Polizey sorgen für Wohlstand, Volksmenge und Bildung der Nation“.[13] Erst im weiteren Verlauf der Darstellung wird deutlich, daß der Autor damit keine Darlegung der herkömmlichen „Polizeywissenschaft“ beabsichtigt, sondern – im Gegenteil – für eine deutliche Verminderung der traditionellen Staatstätigkeit plädiert.

Der erste Teil der „Staatswirthschaft“ umfaßt nach Schmalz die eigentliche wissenschaftliche Grundlegung dieses Gegenstandes, also die „Analyse des National-Reichthums“. Auf über 150 Seiten entwikkelt er das System seiner ökonomischen Lehren, die mit einer detaillierten Darstellung der Grundsätze der Physiokratie enden. Er beginnt, wie schon in der „Encyclopädie“ von 1797, mit einer Theorie der menschlichen Bedürfnisse; neu erscheint allerdings seine ausführliche Verteidigung des (von der „Unmäßigkeit“ deutlich abgehobenen) Luxus, dem er ein bedeutendes Potential an ökonomischer Innovation zuschreibt.[14] Eingehender als im ersten Abriß breitet er hier seine

[9] Zu Schmalz und Fichte siehe auch oben § 3 c).

[10] Vgl. Handbuch der Staatswirthschaft, S. 3–18.

[11] Siehe dazu oben § 15 a)-e).

[12] Handbuch der Staatswirthschaft, S. 11.

[13] Die Zitate ebenda, S. 12 f.

[14] Vgl. ebenda, S. 23 ff., bes. S. 25 f.: „Wenn ein Mann feinere Genüsse des Gaumens, wenn er kostbare Pracht der Wohnung, der Geräthe, der Kleidung durch rechtmäßiges

Lehren von den Produktions- und Erwerbsformen, schließlich vom Geld erneut aus.[15] Auf der Höhe der Zeit befindet er sich dort, wo er für umfassende Gewerbefreiheit plädiert[16] und sich – ausdrücklich im Anschluß an Adam Smith – mit Nachdruck für moderne Formen der Arbeitsteilung ausspricht.[17] Gegen Smiths Lehren wiederum vertritt Schmalz in seiner Darstellung der industriellen Produktion die Lehre vom „ehernen Lohngesetz“: kein Arbeiter werde jemals einen Lohn bekommen, der die Höhe desjenigen übersteige, „was ein Arbeiter dieser Klasse seinem Stande nach im Durchschnitt in der Zeit, welche die Arbeit währt, gewöhnlich zu verbrauchen pflegt“; – eine Regel, die – so Schmalz – „auf der nothwendigen Natur der Dinge“[18] beruhe.

Diese Formulierung kündigt bereits die physiokratischen Überzeugungen des Autors an, die er im „dritten Buch“ des ersten Teils – nach einer ausführlichen Kritik des Merkantilismus und des Smithschen „Industrie-Systems“ – erneut ausführlich darlegt.[19] Das erste System, an dem, wie Schmalz sagt, noch „alle Regierungen Europa's, von Colberts Beispiel geleitet“, hängen, wird dabei nicht weniger hart kritisiert wie das zweite. Zusammenfassend heißt es: „Das Merkantil-System hatte den Fehler, daß es nur den National-Reichthum zu bestimmen suchte, ohne das National-Einkommen zu berechnen. Smith hingegen berechnet blos das National-Einkommen, ohne den National-Reichthum zu bestimmen“.[20] Das physiokratische „Oekonomie-System“ sei den beiden anderen gerade darin überlegen, daß es imstande sei, beide Faktoren zugleich zu bestimmen wie zu berechnen: denn die Bestimmung des Bodens als einziger Quelle eines Reinertrags (im Sinne des „produit net“) sei ebenso einleuchtend und logisch wie andererseits die genaue Berechnung des Nationalreichtums mittels des – auf dieser Tatsache aufbauenden – ökonomischen Tableaus exakt

Vermögen, oder redliche Thätigkeit zu bezahlen vermag; so spornet sein Luxus ... zugleich den Fleiß redlicher Thätigkeit andrer Menschen, und ist unendlich wohlthätiger, als Almosen an müßige Armuth. Der Luxus der Reichen in England wirkt unendlich wohlthätiger auf die Menschen um sie her, als die Spenden eines polnischen Klosters an seine halbnackte Nachbarn [sic]. Selbst für die Veredlung der Künste und die Fortschritte der Wissenschaften wirkend, schreitet der Luxus nicht nur mit der Kultur fort, sondern er führt sie selbst der Humanität entgegen“.

15 Vgl. ebenda, S. 29ff., 44ff., 51ff.

16 Vgl. ebenda, S. 60ff.; dazu auch noch einige Bemerkungen unten am Ende dieses Abschnitts.

17 Vgl. ebenda, S. 63.

18 Die Zitate ebenda, S. 79f.

19 Vgl. ebenda, S. 116ff., 130ff.

20 Ebenda, S. 141.

möglich sei: „Alles bewegliche ist nicht dauernd, kann nicht als bleibend der Nation angesehen werden. Die Inhaber können Kapitalien und Fabriken aus dem Lande ziehen, und mit ihnen davon gehen. Aber der Boden bleibt ... ewig“.[21] Diese Definition offenbart eine zentrale Schwäche der Schmalzschen Auffassung, denn es dürfte evident sein, daß der Nationalreichtum nicht auf Ewigkeitswerte gegründet werden kann, da einerseits viele Güter ihrer Eigenart nach zeitlich sind, und da andererseits wertvoller Boden einer Nation auch durch Eroberung und Abtrennung verlorengehen kann. Das scheinbare „Ewigkeitsargument“ des Physiokraten Schmalz erweist sich bei näherem Hinsehen als ausgesprochen fragwürdig.[22]

Der zweite große Abschnitt des Bandes, die „Staatswirthschaftliche Polizey“, behandelt auf insgesamt 116 Seiten alle Gebiete der ökonomischen Tätigkeit des Staates, die sich zuerst und vor allem einem einzigen zentralen Zweck unterzuordnen hat, nämlich der Erhöhung der landwirtschaftlichen Produktion, also des „produit net“.[23] Unsicherheit und Unfreiheit sind die stärksten Hindernisse für die Entfaltung ökonomischer Prosperität; deshalb betont Schmalz mit großem Nachdruck: „Unter den Ungerechtigkeiten ist eine der gefährlichsten für den National-Wohlstand die willkührliche Beschränkung der Freiheit. Andern zu schaden hat nach dem Rechte niemand Freiheit, und darum darf und soll jedem untersagt werden, was die Rechte Andrer kränkt oder nur sie in Gefahr setzt“.[24] Hierzu gehört nicht zuletzt eine

[21] Ebenda, S. 150.

[22] Eine vergleichbare Naivität zeigt sich in Schmalz' Zurückweisung der Lehren Malthus' vom Auseinanderfallen der Nahrungsmittelproduktion und der Vermehrung der Menschheit; siehe ebenda, S. 152: „Es ist oft die Furcht von Schriftstellern (auch noch neulich) geäußert worden, daß die Volksmenge in einem Lande wohl zu groß werde, daß es alsdann nicht alle seine Einwohner ernähren könnte. Aber diese Furcht ist sehr thöricht und leer, weil ... die Natur unerschöpflich ist, weil gerade die Menge der Menschen desto mehr Verkehr veranlasset, weil eben Menschen von Menschen leben. Je volkreicher ein Land wird, desto reicher wird es. Nur in Städten kann ein Uebermaß von Armen seyn, wo nemlich entweder reiche Almosen-Spenden oder die oft fehlschlagende Hoffnung, irgend Gewinne zu machen, sie versammlet. Aber vom flachen Lande wird den Armen die Noth von selbst treiben, und es giebt kein sicherers Zeichen der Verarmung, als abnehmende, kein sicherers des zunehmenden Wohlstandes, als außerordentlich zunehmende Volksmenge“.

[23] Vgl. ebenda, S. 165: „Der große Punkt, auf den hin alle staatswirthschaftliche Polizey stets arbeiten soll, ohne ihn je bei den Einzelnheiten [sic] aus dem Gesichte zu verlieren, ist der, daß der reine Ertrag im Lande erhöhet werde, und aus diesem Gesichtspunkte werden alle Anstalten beurtheilt werden müssen, welche der Staat einrichtet für staatswirthschaftliche Zwecke“.

[24] Ebenda, S. 163 f.

funktionierende und von Einzelinteressen vollkommen unabhängige Justiz. Aus diesem Grunde hat Schmalz auch die Institution der Patrimonialgerichtsbarkeit – die erst viel später, im Revolutionsjahr 1848, aufgehoben werden sollte – im Ton zurückhaltend, aber in der Sache mit ungewohnter Deutlichkeit kritisiert.[25] Die im Allgemeinen Landrecht festgelegte, nach ständischer Zuordnung gegliederte Gerichtsbarkeit wurde ebenfalls strikt abgelehnt: „Auch unsre mannigfaltige Gerichtsbarkeiten für verschiedene Stände beruhen auf leeren Vorurtheilen. Ein Gericht mag ohne Unterschied des Standes über alle Menschen eines Bezirks richten, wie Ein Prediger sie alle ermahnet und tröstet".[26]

Wie schon in verschiedenen seiner früheren Publikationen, tritt Schmalz auch in seinem „Handbuch" von 1808 für eine klare Begrenzung der Staatstätigkeit ein; besonders scharf (und mit im ganzen wenig überzeugenden Argumenten) wird die Armenfürsorge kritisiert.[27] Die eigentlichen Aufgaben des Staates sieht Schmalz im Bereich des Justizwesens, in der „Medicinal-Polizey", also der staatlichen Sorge für öffentliche Reinlichkeit, für den Schutz vor Seuchen und ähnlichem, sodann im Postwesen, im Münzregal, schließlich auch in der Einrichtung und Unterhaltung öffentlicher Schulen und Universitäten.[28] Endlich ist es Aufgabe des Staates, für die Erhaltung umfassender religiöser und konfessioneller Freiheiten zu sorgen, denn

[25] Vgl. ebenda, S. 168: „Eigenthum und Rechte der Unterthanen zu schützen ist unmittelbar der Beruf der Regierung. Sie muß also die Gerichtspflege übernehmen. Es ist einleuchtend, wie großer Einfluß diese auf den Wohlstand der Nation haben. Unsre Patrimonial-Gerichte, in welchen der Herr selbst gegen Hintersassen vor einem Gerichtshalter klagt, der von diesem abhängt, kann nicht eher für eine tadellose Anstalt gehalten werden, bis größere Gerichtsbezirke eingerichtet werden, in welchen die Grundherren gemeinschaftlich die Richter wählen mögen".

[26] Vgl. ebenda.

[27] Vgl. ebenda, S. 175 ff.; jede staatliche Fürsorge nähre nur, so Schmalz, „den Müßiggang von Menschen, welche kein Gefühl haben für die Achtung ihrer Mitbürger, und nebenher doch betteln und angebotene Arbeit ausschlagen" (ebenda, S. 175 f.). Im übrigen seien die traditionellen Formen der Armenfürsorge vollkommen ausreichend: „Also überlasse man sicher die wirkliche Noth des Kranken, des hülflosen Alters, der Wittwe mit vielen Kindern, der Waysen, der Mildthätigkeit ihrer Nachbaren, ihrer Freunde, ihrer Religionsgenossen. Mögen diese alle, wo sie sonst nicht Hülfe finden, sich an die Geistlichen ihrer Kirche wenden ... Die Kirche, welche ja für religiöse Pflicht arbeitet, während der Staat nur auf die juridische dringen kann, mag Allmosen sammlen. Die Kirchen, auch ohne Unterschied des Glaubens, mögen unter sich aushelfen, wo die Menge der Armen einer einzelnen zu schwer würde. Der Geistliche mag vertheilen, und den Empfänger zur Arbeitsamkeit, zur Frömmigkeit ermahnen" (ebenda, S. 177).

[28] Vgl. ebenda, S. 171 ff., 183 ff., 197 ff.

es bedürfe, so Schmalz, „wohl keiner Bemerkung, daß *Freiheit* für alle *Religionen*, welche nur nichts lehren gegen den Staat und die Pflichten guter Bürger, eben so sehr dem Recht der Menschheit, als den Vortheilen des Staats gemäß sind. Diese Freiheit lockt und erhält den nützlichen Bürger. Denn wer giebt größere Bürgschaft für sein Betragen, als der, welcher Vaterland und Eigenthum seinem Gewissen zu opfern bereit, lieber alles, als seine Religion verlässet? Es mag immer eine Kirche, als herrschende, Vorrechte vor andern haben; aber nie müssen diese unterdrückend für die Rechte und die Gewerbs-Freiheit andrer seyn".[29]

In der Frage der Majorate und Familienfideikommisse, die er 1797, seinen physiokratischen Überzeugungen unübersehbar widersprechend, noch ganz traditionell beantwortet hatte,[30] vertritt Schmalz elf Jahre später eine deutlich veränderte Position. Zwar gestattet er sich auch jetzt noch nicht eine vollständige und unmißverständliche Ablehnung dieser überkommenen Institutionen: Fideikommisse sollten nur dann abgeschafft werden, wenn sie wirklich schädliche Auswirkungen hervorriefen, und eben dies sei *derzeit* nicht (oder noch nicht) der Fall.[31] Doch die Kritik am Handel mit Landgütern – der sich Schmalz 1797 noch ausdrücklich angeschlossen hatte[32] – wird jetzt mit aller Deutlichkeit zurückgewiesen. Die größere Nachfrage nach Gütern sei eine völlig legitime und aus natürlichen Ursachen, nämlich der Bevölkerungsvermehrung, erklärbare Tatsache.[33] Insofern sei gegen den Güterhandel nicht das mindeste einzuwenden, denn auch für diesen Bereich des Wirtschaftslebens gelte die Erkenntnis: „Wo Freiheit im Ankauf und im Verfügen über Eigenthum herrscht, da wird sich das, was gut ist, nach dem natürlichen Gange der Dinge, also natürlich, also am vortheilhaftesten von selbst machen".[34] Diesem wirtschaftsliberalen Tenor entsprechen auch die weiteren Bestimmungen, Ratschläge und Forderungen des „Handbuchs" in seinem zweiten, der „staatswirthschaftlichen Polizey" gewidmeten Teil: Abschaffung der Frondienste und Aufhebung der Leibeigenschaft, Einschränkung oder vollständige Beseitigung der Aus- und Einfuhrbeschränkungen

[29] Ebenda, S. 202.
[30] Siehe oben, § 22 b).
[31] Vgl. Handbuch der Staatswirthschaft, S. 205 f.
[32] Vgl. Encyclopädie der Cameralwissenschaften, [1]1797, S. 169, siehe auch oben § 22 b).
[33] Vgl. Handbuch der Staatswirthschaft, S. 207.
[34] Ebenda, S. 209.

bzw. der Handelszölle, der Staatsbetriebe und staatlichen Monopole, der staatlichen Wirtschaftssubventionen sowie der staatlichen Vorratshaltung von Lebensmitteln; schließlich ersatzlose Abschaffung so veralteter Institutionen wie des Zunftzwanges und der Stapelrechte.[35]

Die Darstellung der „Finanz-Wissenschaft“ im dritten, 73 Textseiten umfassenden Teil schließt das „Handbuch“ ab. Gegenüber dem ersten Abriß von 1797 finden sich keine wesentlichen inhaltlichen Veränderungen, doch einige Zusätze, die durchaus erwähnens- und bemerkenswert sind. Wichtiger als das vorsichtige Abrücken vom Lob striktester Sparsamkeit[36] ist wohl der ungewöhnliche Vorschlag für einen sechsjährigen Staatshaushaltsetat[37] und vor allem sein Plädoyer für die Offenlegung dieses Etats: „Das Volk bezahlt nirgends williger als da, wo die Finanzen öffentlich behandelt werden und jedermann selbst urtheilen kann. Und daß jedermann urtheilen kann, das sichert nicht nur das Volk, sondern auch den Monarchen selbst am besten vor Betrug. Darum sollten Etats und Rechnungen so bekannt als möglich dem Volke gemacht werden“.[38]

In seiner Lehre von den *Einnahmen* des Staates geht Schmalz allerdings an mehr als nur einer Stelle sehr deutlich über die eher deskriptive Darstellung von 1797 hinaus. So plädiert er, was die staatlichen Domänen und auch was einzelne Regalien, etwa das Bergregal, angeht, nachhaltig für deren Veräußerung, also für umfassende Privatisierungsmaßnahmen.[39] Von den traditionell bestehenden Steuern hält er die Kopfsteuer noch für vertretbar; alle Arten von

35 Vgl. ebenda, S. 213 ff., 219 ff., 232 ff., 242 ff., 247 ff., 251 ff., 272 ff. u. passim. – Eine der wenigen Ausnahmen (ebenda, S. 256): „Nur eine Unterstützung besondrer Art scheint billig zu seyn, nemlich das Monopol, welches in England jedem Erfinder eines neuen Fabrikats auf eine Reihe Jahre hin gegeben wird. Die Nation mag dadurch den Fleiß lohnen und den Erfindungsgeist wecken, wenn sie auch auf einige Jahre die erfundene Waare theuer kauft“.

36 Vgl. mit den entsprechenden Bemerkungen in der Encyclopädie der Cameralwissenschaften, [1]1797, S. 204 f., die Stellungnahme von 1808: Handbuch der Staatswirthschaft, S. 281, wo die „thörichte Sparsamkeit“ gerügt wird: es dürfe „nie so gespart werden, daß man etwas unterlasse, was die Sicherheit des Staats oder des Einzelnen, oder das was die Bequemlichkeit und Vermehrung des Verkehrs unter den Einwohnern erfordert“.

37 Vgl. Handbuch der Staatswirthschaft, S. 285.

38 Ebenda, S. 287; vgl. auch die anschließende Feststellung: „Auswärtigen Mächten den Zustand der Finanzen verbergen zu wollen, das ist ohnehin vergeblich. Für Geld finden sie Niederträchtige, oder für Zudringlichkeit, Bewirthung und Schmeichelei Schwätzer genug, welche doch verrathen; und der Statistiker ... berechnet doch so ziemlich genau, was man verbergen will“ (ebenda).

39 Vgl. ebenda, S. 297 ff., 305 ff.

Konsumtionssteuern aber werden scharf abgelehnt.[40] Im Grunde gibt es für ihn als Physiokraten nur eine einzige Steuer, und diese muß – gemäß der Lehre vom „produit net" – „am Ende allein auf die Grundeigentümer fallen, und von diesen getragen werden".[41] Trotz anschließender, sehr detaillierter Vorschläge für eine präzise und damit auch gerechte Berechnung einer solchen Steuer[42] betrat Schmalz hier ein politisch überaus brisantes Gebiet. Seine eher verhaltene, wenn auch in der Sache deutliche Kritik an den traditionellen Steuerprivilegien vor allem des Adels, die nicht nur „eine große Ungleichheit in den Grundsteuern" hervorrufen würden, sondern auch „meist mit unglaublichem Leichtsinn angelegt"[43] worden seien, dürfte von den hierdurch Betroffenen, eben den im preußischen Staat immer noch überaus einflußreichen Adelsfamilien, die auch weiterhin den größeren Teil der politischen Führungsschicht stellten, nicht gerade mit Zustimmung zur Kenntnis genommen worden sein.

Das „Handbuch der Staatswirthschaft" besitzt also über seine wissenschaftsgeschichtliche Bedeutung hinaus noch eine zweite Dimension: nämlich als zeitgeschichtliches Dokument. Das auf „Berlin, am 24. April 1808" datierte Vorwort zeigt, daß dieses Werk in den schweren ersten eineinhalb Jahren der französischen Besatzung Preußens durch die Franzosen verfaßt und fertiggestellt worden ist – aber auch in den ersten Jahren der von Stein und Hardenberg begonnenen inneren Reformen des preußischen Staates. Diese institutionelle Erneuerung hat Schmalz bekanntlich nachhaltig unterstützt – so etwa mit seinem ebenfalls 1808 publizierten Kommentar zum Gesetz über die Aufhebung der Leibeigenschaft.[44] Aber auch das „Handbuch der Staatswirthschaft" enthält deutliche Passagen, die nicht nur als entschiedene Parteinahme für die Reformen, sondern fast schon als Reformpropaganda in wissenschaftlicher Verkleidung angesehen werden können. Dazu zählen nicht nur das wiederholte, mit großem Nachdruck vorgebrachte Eintreten für eine allgemeine und umfassende Gewerbefreiheit, nicht nur die auch hier zu findende scharfe Kritik an der Leibeigenschaft, aber auch an der staatlichen Armenpflege, sondern ebenfalls sein Eintreten für umfassende Privatisierungsmaßnahmen, seine Kritik an Majoraten und Fideikommis-

[40] Vgl. ebenda, S. 315, 323 ff.
[41] Ebends, S. 328.
[42] Vgl. ebenda, S. 333 ff.
[43] Die Zitate ebenda, S. 318.
[44] Siehe oben § 18 b).

sen, seine Forderung nach einem freien Handel mit Landgütern sowie nicht zuletzt seine deutliche Distanzierung von der veralteten Patrimonialgerichtsbarkeit auf dem Lande.[45] Daß die preußische Regierung Schmalz im Spätsommer 1808 mit der Abfassung einer offiziellen Schrift zur Erklärung der Reformen beauftragte – die Angelegenheit scheiterte bekanntlich am Eingreifen der französischen Zensur[46] –, dürfte also alles andere als ein Zufall gewesen sein.

Auch eine zweite zeitgeschichtliche Dimension wird bei näherem und genauerem Hinsehen sichtbar: Schmalz spielt bereits in der kurzen Vorrede und auch sonst immer wieder auf die prekäre Situation des vom Feind besetzten Landes an, auf die „Noth“ der Zeit und die Möglichkeiten und Mittel, mit ihr fertigzuwerden.[47] Er stellt im Abschnitt über das „Wesen des National-Reichthums“ Überlegungen über die realen Verluste eines Landes an, die – entgegen den Annahmen des Merkantilismus – auch dann entstünden, wenn das Geld im Lande bliebe, also wenn der Verzehr und Verbrauch des feindlichen Heeres mit diesem Geld bezahlt würde.[48] Auch die Anprangerung des Unwesens der „Spionerei“, der Methode also, „durch stete heimliche Kundschafter überall zu erfahren, was in der stillsten Heimlichkeit vorgehe“, ist vor diesem Hintergrund zu lesen: ein solche Handlungsweise von seiten der Obrigkeit werde „vornehmlich nur da gefunden ..., wo die Regierung sich unsicher fühlt und Empörungen fürchtet“; außerdem ertrage „ein Volk, ... welches auf seine Freiheit Werth setzt, und von seiner Regierung selbst geachtet seyn will“, diesen Zustand nicht, in Gegenteil: ein System der Überwachung und Spionage „zerrüttet alle Offenheit der Mittheilung an öffentlichen Orten, und

[45] Vgl. Handbuch der Staatswirthschaft, S. 60 ff., 173 ff. (Gewerbefreiheit), 175 ff. (Armenpflege), 213 ff. (Leibeigenschaft), 297 ff. (Privatisierungen), 206 ff. (Fideikommisse und Güterhandel), 168 (Patrimonialgerichte).

[46] Siehe dazu oben § 6 c).

[47] Vgl. schon den zweiten Satz der Vorrede: Handbuch der Staatswirthschaft, S. III: „Es ist aber in unsern Tagen zwiefache Pflicht, mit Ernst auf die Mittel zu dringen, welche allein die hohe Noth der Menschen mindern können“.

[48] Vgl. ebenda, S. 129: „Wenn ... ein Feind im Lande Millionen erpreßt, so ist es ein leidiger Trost, daß das Geld doch im Lande bleibe, weil die Feinde wieder dafür allerlei kaufen. Es fühlt sich wohl, daß die Menschen doch ärmer werden, und wenn auch bis auf den letzten Pfennig, alles Geld im Lande bliebe. Denn eben was sie verzehren und verbrauchen, wenn gleich jetzt bezahlt, ist von ihnen geraubt, und wird bei jeder neuen Erpressung von neuem geraubt. Nicht daß vielleicht einige Millionen baares Geld aus dem Lande genommen werden, sondern, daß für zehn Mal soviel, als baares Geld überall im Lande war, aufgezehrt, aufgeschwelget wird, ist der blutige Verlust eines solchen Landes“.

stört so das freie Zutrauen der Bürger. Es streut den Saamen des Mistrauens selbst unter Freunde und Familie. ... Es raubt der Regierung selbst das Zutrauen der Bürger, indem es stille Verachtung und Haß ihnen einflößet gegen die Unrechtlichkeit, und Zweifel gegen ihr Wollen des Guten".[49]

Seine oben erwähnte Forderung nach Offenlegung des Staatshaushalts hat Schmalz *auch* mit der Notwendigkeit begründet, einen im Lande stehenden Feind von überspannten finanziellen Forderungen an die Unterworfenen abzuhalten – das klingt aus der Rückschau wohl ein wenig naiv, war in der Lage von 1808 aber verständlich.[50] Deutlicher als in den früheren Passagen wird Schmalz in dem kurzen Schlußkapitel „Von den Kriegslasten", das er seinem Handbuch angehängt hat.[51] Es heißt dort unmißverständlich: „Krieg zerstört den Wohlstand der Nation. Keine Eroberung bringt je die Zinsen des Kapitals ein, was selbst der siegenden Nation ihre Erhebung kostete". Und doch fehlt die Wendung ins Positive nicht: „Gerade das Elend des Krieges spannt, wenn der Frieden hergestellt ist, die Gemüther zu unglaublicher Thätigkeit das zerstörte Glück herzustellen. (Gerade dann ist Freiheit dieser Thätigkeit am wünschenswürdigsten.)"[52] – das ist ein zusätzliches Argument für die Notwendigkeit der Reformen: nur die Entfesselung der ökonomischen Kräfte ermöglicht einen möglichst raschen Wiederaufbau, eine möglichst schnelle wirtschaftliche Gesundung eines militärisch geschlagenen Landes.

Nach einigen weiteren Empfehlungen an die „bürgerliche Obrigkeit", etwa für eine „weise Vertheilung der öffentlichen Lasten, welche der Feind selbst ihr auferlegt", zu sorgen, sich mit Würde, nicht aber durch „leeren Stolz" zu behaupten,[53] auch nach einigen praktischen

[49] Die Zitate ebenda, S. 202 f.; es heißt u. a. weiter: „Geradheit ist in allen Dingen das Bessere. Mißtrauen der Unterthanen in die Absichten der Regierung, und der Glaube, daß sie mehr auf den persönlichen Vortheil des Regenten, als auf das allgemeine Beste ihre Maßregeln berechne, ist allemal das verderblichste. Also erfahre sie lieber, was Unordentliches vorgehe, durch Klagen der Beeinträchtigten oder durch offne Anzeigen redlicher Männer, welche einem Unfug, der auch nicht sie selbst betrifft, aus Bürger-Pflicht steuern wollen".

[50] Vgl. ebenda, S. 287: „Oft sind ganze Provinzen gerettet, wenn der Feind von der Wahrheit der ihm vorgelegten Etats sich überzeugte. Gewöhnlich rechnet er darauf, daß man ihn täusche, und spannt seine Forderungen höher. Läge alles offen vor ihm; er selbst würde begreifen, wie er zu Grunde richtet, und wenn er nicht ganz Teufel ist, die Schande der Barbarei fürchten".

[51] Vgl. ebenda, S. 348–351.

[52] Die Zitate ebenda, S. 348.

[53] Die Zitate ebenda, S. 349.

Hinweisen[54] folgen einige bemerkenswerte Schlußsätze: „... wer fühlt nicht, daß unter dem Druck der Gewalt, das Recht überall gebeugt wird; daß das Regellose nicht unter allgemeine Regeln sich fassen lasse. Guter Wille mit Klugheit vereint wird am besten im Einzelnen wirken. Es bleibt den Völkern keine Aussicht solch Elend von sich abzuwenden, als wenn im Frieden die ganze Nation in Waffen sich übt, um mit dem stehenden Heere ihre Grenzen zu vertheidigen. Ein kultiviertes Volk kann nicht ausziehen auf Eroberung; aber das angegriffene kann eben deswegen den Angriffen eines bloßen Sold-Heeres mit Glück als geübter Landsturm widerstehen“.[55]

Das sind mehr als aufschlußreiche Formulierungen, die in dieser Form wohl nur deshalb gedruckt werden konnten, weil – so kann man jedenfalls vermuten – der Umfang des Buches (351 Druckseiten) eine sorgfältige Zensur verhindert hat. Der Hinweis auf den „geübten Landsturm“ konnte nur denjenigen verständlich sein, die mit der von Scharnhorst und Gneisenau eben in dieser Zeit, dem Frühjahr 1808, entwickelten, aber noch nicht öffentlich ausgesprochenen Idee einer paramilitärischen Mobilisierung des ganzen Volkes vertraut waren.[56] Schon der Ausdruck „Landsturm“ mußte ohne Kenntnis dieser Hintergründe unverständlich bleiben. Angesichts der Tatsache, daß Schmalz drei Jahre später in Gneisenaus – vergeblichem – Aufstandsplan von 1811 im „Verzeichniß der tauglichen Männer in der Monarchie, um vorzubereiten und auf den öffentlichen Geist zu wirken“[57] auftauchen sollte, wird man diese Verwendung des Landsturm-Begriffs in einem Buch, das Mitte 1808 erschienen ist, wohl als versteckten Hinweis darauf deuten können, daß Schmalz in die politischen Geheimintrigen des Jahres 1808 doch enger verstrickt war, als bisher angenommen. Und daß der Schlußsatz eigentlich nur als verschlüsselte Aufforderung zum aktiven Widerstand der Bevölkerung gegen den das Land aussaugenden Besatzer zu verstehen ist, dürfte keinem Zweifel unterliegen.

[54] Vgl. ebenda, S. 350: „Baares Geld und Sachen, welche requirirt werden, müssen vor der Hand genommen werden, wo man sie findet, gegen Scheine über den Werth des Empfangenen, welche dann als Staatsschulden angesehen, und als solche mit ihren Zinsen, vertheilt und bezahlt werden müssen, sey es durch außerordentliche Auflagen im Frieden, oder durch Tilgungs-Fonds“.

[55] Ebenda, S. 351.

[56] Vgl. hierzu statt vieler E. R. Huber, Deutsche Verfassungsgeschichte seit 1789 III, S. 252.

[57] Siehe oben § 7 c).

§ 24 Staatswirtschaftslehre im Zeichen der Restauration (1818–1825)

a) Die „Staatswirthschaftslehre in Briefen an einen teutschen Erbprinzen" (1818)

Die umfangreichste und detaillierteste Ausarbeitung seiner kameralistischen und staatwirtschaftlichen Lehrmeinungen hat Theodor Schmalz mit seiner „Staatswirthschaftslehre in Briefen an einen teutschen Erbprinzen" vorgelegt, die er 1818 in zwei Bänden von zusammen 560 Druckseiten veröffentlichte.[1] Im allgemeinen wird diese Publikation als sein wichtigstes Werk aus dem Themengebiet der Staatswirtschaft angesehen – auch dann, wenn die Bewertung im einzelnen eher negativ ausfällt.[2] Ob es sich bei diesen „Briefen" nun um eine wirkliche Auftragsarbeit im Dienste eines Fürstenhauses gehandelt hat, oder ob hier eine bloße literarische Fiktion vorliegt, ist bisher nicht endgültig geklärt; die Tatsache, daß hierüber bis heute nichts bekannt ist und daß auch die Literatur des 19. Jahrhunderts in diesem Punkt keinerlei Hinweise oder auch nur Vermutungen gibt, schließlich auch das Faktum, daß sich im Text selbst keinerlei konkrete Anspielungen auf eine bestimmte Persönlichkeit oder die bestehenden Verhältnisse eines deutschen Fürstentums finden lassen,[3] deuten eher auf die zweite Möglichkeit hin.

Schmalz holt, wie stets, sehr weit aus, indem er darauf hinweist, daß er „die Resultate dreißigjähriger Forschungen über den Staat und den Wohlstand seiner Bürger" in seinen „Briefen" darlegen werde – und nicht nur das, sondern im Kern „die Gesetze der ewigen Gerechtigkeit",

[1] Staatswirthschaftslehre in Briefen an einen teutschen Erbprinzen, Bde. I–II, Berlin 1818.

[2] Vgl. etwa die Bemerkungen bei B. Gerecke, Theodor Schmalz und seine Stellung in der Geschichte der Nationalökonomie. Ein Beitrag zur Geschichte der Physiokratie in Deutschland, S. 13; P. Mombert, Geschichte der Nationalökonomie, S. 235; O. Lehmann, Die Nationalökonomie an der Universität Halle im 19. Jahrhundert, S. 71; sehr kritisch bereits W. Roscher, Geschichte der National-Oekonomik in Deutschland, S. 499 f.

[3] Als einziger – allerdings kaum konkreter – Hinweis könnte die Formulierung gelten, die Darlegungen seinen bestimmt für den „Enkel eines Fürsten …, dessen Namen Teutschland mit Stolz, und die Menschheit mit Liebe nennt" (Staatswirthschaftslehre in Briefen an einen teutschen Erbprinzen, Bd. I, S. 1).

deren Kenntnis für einen Fürsten noch wichtiger als für seine Untertanen sei. Sein Bekenntnis zum „Segen der Erb-Monarchie" spricht der Autor dabei ebenfalls zum wiederholten Male aus, wie er andererseits betont, es verstehe sich von selbst, „daß Ungerechtigkeit und Despotismus den Erwerbsfleiß tödte, und die Cultur niederdrücke. Also ist es in der Erb-Monarchie grade das höchste eigne Interesse des Fürsten, die Freiheit seiner Bürger mit Gerechtigkeit zu schützen, auf daß ihr Wohlstand, ihre Cultur sein Haus hinwieder erhebe".[4] Es entsprach durchaus dem Geist der beginnenden Restauration, daß Schmalz mit überdeutlichen Formulierungen den monarchischen Staat als einzigen wirklichen Hüter der Freiheit – verstanden als „Sicherheit aller Rechte der Menschen in ihrem ganzen Umfange" – anpries.[5] Als früherer überzeugter Anhänger der preußischen Reformer hat sich Schmalz im Jahre 1818 mit diesen Formulierungen – und auch in anderen Passagen seines Werkes – den Gegebenheiten der gewandelten Umstände deutlich angepaßt, *ohne* jedoch den Kern seiner Überzeugungen preiszugeben. Es kommt also durchaus darauf an, die „Staatswirthschaftslehre in Briefen an einen teutschen Erbprinzen" *auch* unter dem Gesichtspunkt einer veränderten politischen Lage zu lesen und zu analysieren.

Die zweibändige Schrift von 1818 ist natürlich keine vollständige Neufassung der Schmalzschen ökonomisch-politischen Lehren, sondern hält sich nach Aufbau, Gliederung und auch in den meisten inhaltlichen Aussagen – teilweise sogar wörtlich – an die beiden früheren Werke, also die „Encyclopädie der Cameralwissenschaften" von 1797 und besonders das „Handbuch der Staatswirthschaft" von 1808. Insofern kann im folgenden darauf verzichtet werden, die zentralen Thesen und Lehren dieses Autors noch einmal zu rekapitulieren,[6] sondern das Interesse soll sich lediglich auf dasjenige richten, was im staatswirtschaftlichen System von Schmalz neu hinzugekommen ist (immerhin ist die „Staatswirthschaftslehre in Briefen" mehr

[4] Die Zitate ebenda, Bd. I, S. 1–3.

[5] Die Formulierung lautet vollständig, ebenda, S. 3f.: „Die Freiheit vor einem teutschen Prinzen zu nennen und zu preisen, das kann mir nicht als Kühnheit angerechnet werden. Herr über Sclaven ist der westindische Pflanzer; das ist aber grade die hohe Würde des Fürsten, daß er freier Männer Freiheit bewahrt und vertheidigt. Diese Freiheit ist nichts als grade die Sicherheit aller Rechte der Menschen in ihrem ganzen Umfange. Und diese zu sichern vertrauten unsere Väter den Fürsten ihre Macht, und die Gerechtigkeit glänzt als das einzige Mittel diese Freiheit zu beschaffen und zu erhalten. Das ist auch des Staats *einziger* Zweck ..."

[6] Siehe dazu ausführlich oben §§ 22 b), 23.

als 200 Druckseiten umfangreicher als das „Handbuch“), sowie auf diejenigen Passagen, die deutliche Abweichungen und Änderungen von früheren Auffassungen und Thesen zeigen.

Zuerst fällt auf, daß die Darstellung als solche viel ausführlicher und detaillierter geworden ist. Schmalz hat hier seine traditionelle Form einer knappen und sentenzenhaften, zuweilen fast aphoristischen, jeweils nach zumeist recht kurzen Paragraphen untergliedernden Darbietung des Stoffes einmal verlassen und eine neue, breitere und sicher auch leserfreundlichere literarische Form gewählt. Im „ersten Buch“ entwickelt er eingehender als früher die Grundbegriffe der Staatswirtschaft, im zweiten den individuellen Vermögenserwerb „bei einzelnen Gewerben“, im dritten den „Erwerb des National-Vermögens im Gesammt-Verkehr“, und im vierten und fünften, wie gehabt, die „Gewerbe-Polizey“ sowie die Finanzwissenschaft.

Einzelne Neuerungen fallen dem Leser der früheren Schriften des Autors sofort ins Auge: Schmalz führt bereits am Beginn seiner Darstellung die wichtige Unterscheidung zwischen dem Gebrauchs- und dem Tauschwert einer Sache ein.[7] Immerhin gibt er nun im Abschnitt über das „Gewerbe der Fabrication“ zu, auch der Staatswirt könne „nicht verkennen, wie der Fleiß der Handwerker und Fabricanten die rohe Stoffe im Tauschwerthe selbst erhöhe. Ein Stück Holz Einen Thaler werth, wird in der Hand des Tischlers ein zierliches Hausgeräth, zehn Thaler werth; ein Stück Metall Einen Thaler werth, wird in der Hand des Uhrmachers ein Werk, funfzig Thaler werth; und der brabanter Kantenweber kann aus Flachs, welcher für Einen Thaler gekauft wurde, einen Werth von rund sieben tausend Thalern schaffen“.[8] Doch den Schritt hin zu der Auffassung, daß durch Arbeit eine *wirkliche* Vermehrung des Reichtums eintreten könne, geht Schmalz auch jetzt nicht. Er bleibt in seiner physiokratischen Überzeugung gefangen, daß jede Art von *eigentlichem* Gewinn „allein auf der Fruchtbarkeit des Jahres und dem Segen der Natur beruht“, also nicht durch – die Naturprodukte umwandelnde – Arbeit entsteht: „Was der Landmann gewinnet, das hat kein andrer zu verlieren; was der Fabricant gewinnet, empfängt er von andren“.[9]

Die Lehre von den Arbeitslöhnen erfährt 1818 eine gewisse Auflokkerung. Zwar geht Schmalz auch jetzt noch davon aus, daß der

[7] Vgl. Staatswirthschaftslehre in Briefen an einen teutschen Erbprinzen, Bd. I, S. 30 f.

[8] Ebenda, Bd. I, S. 100 f.

[9] Beide Zitate ebenda, Bd. I, S. 103.

Arbeitslohn in der Regel niemals eine Summe überschreiten wird, die zur Deckung des durchschnittlichen Bedarfs eines Arbeiters und seiner Familie benötigt wird,[10] andererseits aber – und dies widerspricht der Lehre vom ehernen Lohngesetz – warnt er vor den offenkundigen Nachteilen der Mindestlöhne. Ein „kluger Gewerbsmann" muß, so Schmalz, seine Untergebenen „so belohnen, daß sie ihre Lage als ein Glück ansehen und den Verlust derselben fürchten. Für geringen Lohn ist nur schlechte Arbeit zu haben, und eben darum ist sie die theuerste".[11] Zu der – von Adam Smith vertretenen – Auffassung, daß auch die Arbeitskraft im ökonomischen Sinne als Ware, die der Arbeiter dem Unternehmer anbietet, angesehen werden kann, wagte sich Schmalz freilich ebenfalls nicht vor. Doch die Unstimmigkeit fällt auch an diesem Punkt auf; die innere Geschlossenheit der 1808 vorgetragenen physiokratischen Lehrmeinung vermochte er zehn Jahre später nicht mehr zu bewahren – unbeschadet seines auch jetzt noch vorgetragenen leidenschaftlichen Bekenntnisses zu den Lehren François Quesnays.[12]

Die Abschnitte über Handel und Kredit, über Wechsel und Banken haben die wohl größte Erweiterung erfahren;[13] im Abschnitt über die „Nebengeschäfte des Handels" fällt die überaus entschieden formulierte Forderung nach Aufhebung der „Wuchergesetze" auf: „Wie kann mir mit Recht vorgeschrieben werden, unter welcher Bedingung ich mein redlich, vielleicht sehr sauer, erworbenes Eigenthum Andern zum Gebrauch mit Gefahr überlassen soll?"[14] Überhaupt habe – und hier nimmt Schmalz noch einmal die bereits früh ausgesprochene Kritik am vorkantischen Eudämonismus der traditionellen Kameralisten auf – „nichts die Menschen unglücklicher gemacht, als die Anmaßung, sie glücklich zu machen".[15] Dies gelte keineswegs nur im politisch-staat-

[10] Vgl. ebenda, Bd. I, S. 124 f.; vgl. auch die Differenzierungen ebenda, Bd. I, S. 118 ff.

[11] Beide Zitate ebenda, Bd. I, S. 74 f.

[12] Vgl. ebenda, Bd. I, S. 245 f.: „Ich bekenne ..., daß ich Quesnay's System schlechthin für einzig wahr halte, daß ich überzeugt bin, es werde bald überall triumphiren; und nur zu der Vorsehung bete, daß das durch Einsicht in die Wahrheit, nicht durch die Noth geschehen möge, in welche das Verkennen der Wahrheit immer mehr und mehr die Staaten verwickelt". – Zur weiteren eingehenden Darstellung des physiokratischen „Oeconomie-Systems" vgl. ebenda, Bd. I, S. 279 ff.; die übliche Kritik am Merkantilismus und am Smithschen „Industrie-System" siehe ebenda, Bd. I, S. 247 ff., 268 ff.

[13] Vgl. ebenda, Bd. I, S. 131 ff., 145 ff., 165 ff., 195 ff.

[14] Ebenda, Bd. I, S. 234; vgl. ebenda, Bd. I, S. 233ff

[15] Ebenda, Bd. II, S. 5; er illustriert dies gleich mit einem schlagenden Beispiel: „Hätte die Regierung in Rom nie durch Magazine Wohlfeilheit des Korns für die Armen

lichen Bereich, sondern vor allem auch in bezug auf die Wirtschaft eines Landes, denn es sei unabweisbar, daß „Beschränkung des freien Gebrauchs der Kräfte und des Eigenthums, jedes Gewerbe beenge und stöhre, also Armuth zur Folge habe".[16] In dem ausführlichen Abschnitt über die „überflüssigen" und „schädlichen" „Polizey-Anstalten" hat er noch einmal dargelegt, worin für ihn eine solche staatliche Einschränkung der ökonomischen Freiheit besteht: in einer aktiven Bevölkerungspolitik (also etwa einem Ein- oder Auswanderungsverbot), in der Anlegung von staatlichen Lebensmittelmagazinen, in Ausfuhrverboten für landwirtschaftliche Produkte, schließlich auch in der öffentlichen Armenpflege, die allein den Kirchen und wohltätigen Stiftungen überlassen bleiben sollte.[17] Auch das althergebrachte Niederlage- oder Stapelrecht, dem Schmalz in seiner Frühzeit bekanntlich eine eigene kleine Monographie gewidmet hatte,[18] wird hier ein weiteres Mal mit einem klaren Verdikt bedacht.[19]

Doch stehen denjenigen Passagen der „Staatswirthschaftslehre in Briefen" von 1818, in denen Schmalz auch weiterhin wirtschaftsliberale Forderungen vertritt,[20] andere gegenüber, in denen der Autor – ganz offenkundig unter dem Eindruck der politischen Restaurationsbestrebungen in Preußen und Deutschland nach 1815 – einige seiner früheren Auffassungen sehr deutlich modifiziert. Eine unzweideutige Kehrtwendung hat er in seiner Einschätzung der Majorate und Fideikommisse vorgenommen. Erschienen ihm diese nur zehn Jahre vorher

schaffen wollen, so würde ein blühender Ackerbau im Kirchen-Staate diese Armen jetzt wohlhabend gemacht haben; die pontinischen Sümpfe wären längst wieder, was sie vormals waren, blühende Aecker" (ebenda).

16 Ebenda, Bd. II, S. 6.

17 Vgl. ebenda, Bd. II, S. 57 ff., 61 ff., 67 ff., 76 ff., 79 ff. u. a.; zur weiteren Verurteilung staatlicher Handelsbeschränkungen am Beispiel der britischen Navigationsakte siehe auch die Ausführungen ebenda, Bd. II, S. 140 ff.

18 Darstellung des Niederlage-Rechts der Stadt Königsberg, Königsberg 1792; dazu siehe auch oben § 3 b) und unten § 29 b).

19 Vgl. Staatswirthschaftslehre in Briefen an einen teutschen Erbprinzen, Bd. II, S. 137 ff.

20 Zu dem Ebengenannten kommt noch die bereits 1808 entschieden ausgesprochene (vgl. Handbuch der Staatswirthschaft, S. 297 ff., 305 ff.; siehe oben § 23) und auch hier noch einmal wiederholte Kritik an Domänen und Regalien; vgl. Staatswirthschaftslehre in Briefen an einen teutschen Erbprinzen, Bd. II, S. 179 ff., 183 ff.; immerhin lautet eine einschränkende Formulierung (ebenda, Bd. II, S. 181 f.): „... halte ich dafür, daß nicht mehr Domainen vorhanden seyn sollten, als nöthig sind, den persönlichen Unterhalt des Fürsten, der apanagirten Prinzen und Prinzessinnen seines Hauses, und ihres Hofstaates zu bestreiten". Alle anderen Staatsdömänen jedoch „sollten allmählig verkauft werden".

auf dem Höhepunkt der preußischen Reformen noch als nicht nur entbehrliche, sondern auch ökonomisch schädliche Einrichtungen,[21] so wirft er sich nun zum entschiedenen Verteidiger dieser althergebrachten Institutionen auf: Was die „Einrichtungen alter Verfassungen" angehe, so müsse zuerst die Frage nach der Rechtmäßigkeit, dann erst diejenige nach dem ökonomischen Nutzen gestellt werden. Daher seien „unsre *Lehn-Güter* und die *Stamm-Güter*, denen man in neuern Zeiten den Namen der Familien-Fideicommisse gegeben hat, gewiß mit großem Unrecht getadelt, und gewiß mit noch viel grösserem Unrecht von manchen Regierungen aufgehoben worden"; auch zeige die Erfahrung, daß die alte Annahme von der Unrentabilität solcher Güter nicht zutreffe, daß, im Gegenteil, „grade solche Majorats-Güter im ganzen genommen in den blühendsten Zustande [sic] sind".[22]

Es fällt ebenfalls auf, daß die – 1808 noch hart kritisierten und im Zeichen der Gewerbefreiheit für abschaffenswert befundenen – Zünfte[23] nun eine sehr viel differenziertere Bewertung erfahren. Schmalz macht sich 1818 allerdings nicht zum Anwalt einer uneingeschränkten Wiederherstellung dieser traditionellen Institution, aber er fordert eine Überprüfung jener nach 1808 allzu schnell vorgenommenen – weil einer „Mode des Tages" folgenden – Aufhebung der Zünfte: „Alles erwogen, was die natürliche Freiheit der Menschen, und was das Recht uralter Einrichtungen gegenseitig fordern, sehe ich nicht, warum nicht Männer von gleichem Gewerbe an Einem Orte eine Gesellschaft ausmachen sollen? Sie können oft gemeinsame Angelegenheiten zu berathen haben; und sie sind einmal als Gesellschaft privilegirt. Also bleibe das Gesetz, daß, wer dies Gewerbe treiben will, zu ihrer Zunft, als Meister treten müsse ... Aber man hebe die Misbräuche, welche ... bei ihnen allein der Gewerbe-Freiheit entgegen streben, und welche durch Privilegien fast nie, sondern nur durch Polizei-Verfügungen in den Privilegien, verordnet sind, und daher ohne Verletzung irgend eines Rechts aufgehoben werden können".[24]

[21] Vgl. Handbuch der Staatswirthschaft, S. 206 ff.; siehe auch oben § 23.

[22] Die Zitate in: Staatswirthschaftslehre in Briefen an einen teutschen Erbprinzen, Bd. II, S. 83, 85; diesen überdeutlich-krassen Widerspruch zu den sonstigen wirtschaftsliberalen Auffassungen vermerkt schon W. Roscher, Geschichte der National-Oekonomik in Deutschland, S. 499.

[23] Vgl. Handbuch der Staatswirthschaft, S. 242 ff.

[24] Staatswirthschaftslehre in Briefen an einen teutschen Erbprinzen, Bd. II, S. 106 f.

Schmalz entwirft in rudimentären Grundzügen ein modifiziertes Zunftrecht, das die Vorteile des Zunftsystems erhalten, die alten Mißbräuche dagegen ausschließen soll: sein Modell bezeichnet er als „ungeschlossene Zunft“,[25] in der es keinerlei Beschränkung der Zahl der Meister, der Gesellen, der Mitarbeiter in einem Handwerksbetrieb,[26] auch keine allgemein verbindliche Festlegung von Preisen und Löhnen geben darf.

Schließlich ist die in mehr als einem Sinne restaurative, politisch konservative Tendenz der „Staatswirthschaftslehre in Briefen an einen teutschen Erbprinzen“ nicht zu übersehen. So spricht sich Schmalz am Anfang des zweiten Bandes entschieden gegen die „Sucht Neuerungen zu beginnen“ aus: „Was gegenwärtig ist und besteht, hat die Vermuthung für sich, daß es recht sey, und soll also nicht eher abgeändert werden, als bis am Tage ist, erstlich: daß dies Alte unrecht sey; zweitens: daß das an die Stelle zu setzende Neue das Rechte sey“.[27] Der einst so entschiedene Kantianer klagt nun erstaunlicherweise über ein Übermaß an *philosophischer* Prägung der neueren Gesetzgebung und fordert die stärkere Berücksichtigung des *historisch* gewachsenen Rechts ein;[28] überhaupt zerstöre die allgemeine Gleichmacherei alle geschichtlich erworbenen Freiheiten und Rechte.[29] – Schließlich erfährt die Religion auch in diesem Werk – wie in den späten Staatsrechtsschriften[30] – eine deutliche Aufwertung; so heißt es ausdrücklich: „Nie müsse ein Mensch wegen seines Glaubens verfolgt werden; aber keiner darf auch mit Spott und Hohn den

[25] Ebenda, Bd. II, S. 109; vgl. auch ebenda, Bd. II, S. 107 ff.

[26] Vgl. ebenda, Bd. II, S. 110: Es solle einem Handwerksmeister mit großem Betrieb sogar möglich sein, auch „Frauens-Personen zu Hülfs-Arbeiterinnen“ einzustellen.

[27] Ebenda, Bd. II, S. 6.

[28] Vgl. ebenda, Bd. II, S. 14: „Die Gesetzgebung des bürgerlichen Rechts hat in den letzten Zeiten in Europa eine Tendenz genommen, welche unter dem Vorwande geistvoller oder aufgeklärter Philosopheme, meistens das Wesen dieser Gesetzgebung ganz verkennt. Man wollte das Glück vermehren und achtete darum dessen nicht, was doch geschichtlich Recht war. Das ist der Geist, welcher die Umwälzungen unsrer Tage so unheilvoll aushaucht“.

[29] Vgl. ebenda, Bd. II, S. 18: „Wahrlich, die Verschiedenheiten der Rechte in Provinzen und Städten ist der sichtbare Beweis einer freien und edlen Regierung. In der Despotie ist überall alles gleich. Und dieses Gleichmachen, die Mode des Tages, zerreisset natürlich so viele Verhältnisse, zerstöhrt dadurch so viel Glück des Einzelnen! Es verletzt sein Recht und unterbricht sein Gewerbe. Das aber kann nie ohne bedeutende Nachtheile seyn, wenn der bisherige Gang der Geschäfte geändert wird und die Menschen plötzlich genöthiget werden sollen, diese in bisher ihnen fremder Art zu schließen“.

[30] Siehe oben § 15 i).

Glauben Andrer verfolgen. Wer Menschen schmähet, wird bestraft; wie sollte denn der ungestraft bleiben, der die Religion schmähet, welche den Menschen erst zum Menschen macht“.[31] Auch dies ist eine Formulierung, die einundzwanzig Jahre früher in der „Encyclopädie der Cameralwissenschaften“ wohl kaum Platz gefunden hätte.

So ist auch das staatswirtschaftliche Spätwerk von Schmalz durch jene eigentümliche Janusköpfigkeit von Modernität und Traditionalismus geprägt, die schon für andere Teile seiner wissenschaftlichen Arbeit nachgewiesen worden ist.[32] Ob er tatsächlich einen Wandel seiner Überzeugungen durchgemacht hat oder ob er nach 1815 von den früheren kantianischen und reformerischen Idealen zu retten suchte, was noch zu retten war – diese Frage kann mangels näherer biographischer Informationen und Quellen nicht eindeutig geklärt werden. Manches spricht allerdings dafür, daß die Erfahrungen, die Schmalz im Zusammenhang mit dem Tugendbundstreit machen mußte,[33] gewisse konservative und restaurative Tendenzen in seinem Werk befördert haben. Und die unverkennbare Sturheit, mit der er an den Grundsätzen der Physiokratie festhielt, dürfte vermutlich nicht zuletzt auch als Alterserscheinung zu deuten sein.

b) Spätere Neuauflagen und Synthesen (1819–1825)

Im Jahre 1819 – also zweiundzwanzig Jahre nach der Erstauflage – veranstaltete Schmalz eine Neuauflage seiner erstmals 1797 publizierten „Encyclopädie der Cameralwissenschaften“ – übrigens im gleichen Verlag, nämlich bei Friedrich Nicolovius in Königsberg. Die 228 Seiten der ersten Fassung waren jetzt auf 388 Seiten vermehrt worden; aus dem Werk eines einzelnen war nun das Handbuch eines Autorenkollektivs geworden, denn der Untertitel lautete: „Zweite, vom Herrn Staatsrath *Thaer*, Herrn Staatsrath *Hartig*, Herrn Staatsrath *Rosenstiel*, Herrn Geheimen Rath *Hermbstädt* und vom *Verfasser* verbesserte und vermehrte Auflage“. In der Tat hatte Schmalz alle wesentlichen Abschnitte des ersten Teils, der sogenannten Privatökonomie oder „Gewerbskunde“, von bedeutenden und in ihren Disziplinen führenden Spezialisten seiner Zeit überarbeiten lassen;[34] es heißt im Vorwort:

[31] Staatswirthschaftslehre in Briefen an einen teutschen Erbprinzen, Bd. II, S. 47.
[32] Siehe u. a. oben § 15 g), h), i).
[33] Siehe dazu oben § 8, passim.
[34] Albrecht Daniel Thaer (1752–1828) gilt als der Begründer der modernen Agrarwissenschaft, er stand seit 1804 in preußischen Diensten und lehrte 1810–1819

„Herr Staatsrath *Thaer* hat den ganzen Abschnitt von der Landwirtschaft genau durchgesehen und durchaus berichtigt und verbessert. Herr Staatsrath *Hartig* hat den Abschnitt von der Forstwissenschaft, Herr Staatsrath *Rosenstiel* den Abschnitt vom Bergbau, und Herr Geheime Rath *Hermbstädt* den Abschnitt von der Technologie ganz neu ausgearbeitet, ohne von dem Alten Etwas außer der Ordnung beizubehalten".[35] Daß es Schmalz um 1817/18 immerhin gelungen war, vier so hoch angesehene Spezialisten ihrer Fächer für die Neubearbeitung seiner „Encyclopädie der Cameralwissenschaften" zu gewinnen, zeigt, daß er auch nach dem Tugendbundstreit wissenschaftlich und persönlich nicht ganz so isoliert gewesen zu sein scheint, wie es zuerst zu vermuten war.[36]

In der auf den 17. November 1818 datierten Vorrede dieser zweiten Auflage findet sich, was nicht weiter verwundert, noch einmal eine massive Verteidigung des physiokratischen Systems; von aller Kritik am System Quesnays gänzlich unbeirrt, gibt Schmalz seinem „festen Glauben" Ausdruck, „daß nach nicht vielen Jahren mehr, gleichwohl dieses System die allgemeine Meinung gewonnen haben wird".[37] Er vergleicht die Geschichte der neueren Wirtschaftslehren mit der Entwicklung der Astronomie: Ebenso wie Ptolemäus (Colbert) durch Kopernikus (Quesnay) überwunden worden sei, ohne sich durch Tycho Brahe (Smith), der „anfing das Alte und das Neue vereinigen zu wollen",[38] beirren zu lassen, werde sich schließlich die Physiokratie

Kameralwissenschaften an der Friedrich-Wilhelms-Universität zu Berlin; Georg Ludwig Hartig (1764–1837) war einer der bedeutendsten Forstwissenschaftler seiner Zeit, er befand sich seit 1811 in preußischen Diensten, u. a. als Oberlandforstmeister und Professor am Berliner Forstinstitut, er verfaßte eine große Fülle fachwissenschaftlicher Publikationen; Friedrich Philipp Rosenstiel (1754–1832) war seit 1803 Geheimer Ober-Finanzrat in Berlin und Direktor der königlichen Porzellanmanufaktur, auch er war in seinem Fach publizistisch tätig; Sigismund Friedrich Hermbstädt (1760–1833) lehrte schon seit 1791 an der Berliner medizinischen Akademie und seit 1810 an der Friedrich-Wilhelms-Universität Chemie und Technologie, er war Verfasser vieler wissenschaftlicher Publikationen. – Diese Angaben nach den Artikeln in der Allgemeinen Deutschen Biographie von C. Leisewitz, in: Bd. 12 (1880), S. 190–192 (Hermbstädt), derselbe, in: Bd. 37 (1894), S. 636–641 (Thaer); Hess, in: Bd. 10 (1879), S. 659–665 (Hartig), sowie nach: Hamberger/Meusel: Das gelehrte Teutschland, Bd. XIX, Lemgo [5]1823/Ndr. Hildesheim 1966, S. 433 (Rosenstiel).

[35] Encyclopädie der Cameralwissenschaften. Zweite, vom Herrn Staatsrath Thaer, Herrn Staatsrath Hartig, Herrn Staatsrath Rosenstiel, Herrn Geheimen Rath Hermbstädt und vom Verfasser verbesserte und vermehrte Auflage, Königsberg 1819, S. III.

[36] Immerhin hatte Thaer Ende 1815 zu den Mitunterzeichnern von Niebuhrs Adresse gegen Schmalz gehört; siehe oben § 8 d).

[37] Encyclopädie der Staatswissenschaften, [2]1819, S. IV.

[38] Ebenda, S. V.

gegen den alten Merkantilismus und das Smithsche Industriesystem durchsetzen – sie sei nur noch nicht ausreichend verstanden worden: „Wie sollte ich denn nicht hoffen, daß Quesnay siegen werde, wie Copernicus?“[39]

Unverändert geblieben ist seine Grundeinteilung: die Kameralwissenschaft wird als umfassender Begriff, die Staatswirtschaft als von jener abgeleitet definiert: „Alles was auf Vermögen und Einkommen eines Volkes sich bezog, Gewinnung und Vermehrung desselben, und die Ausgleichung der Leistungen an den Staat durch Abgaben und dagegen Bezahlung der geleisteten Dienste, wurden unter dem in Teutschland üblich gewordenen Namen *Cameral-Wissenschaften* in Verbindung bearbeitet“.[40] Zu diesen gehören wiederum zwei verschiedene Zweige: erstens die „*Gewerbs-Kunde*“, die u. a. Landwirtschaft, Forstwirtschaft, Bergbau, Technologie, Handel umfaßt, und zweitens die „*Staatswirthschaft*“ oder „*politische Oeconomie*“, die sich wiederum in die drei Unterabschnitte „*National-Oeconomie*“ im engeren Sinne, „*Gewerbs-Polizey*“ und Finanzwissenschaft unterteilen läßt.[41] – Im ganzen hat Schmalz nur wenig angefügt oder umgearbeitet.[42] Im Abschnitt über die Staatswirtschaft bringt er nur eine knappere Fassung dessen, was er in der ein Jahr zuvor erschienenen „Staatswirthschaftslehre in Briefen an einen teutschen Erbprinzen“ ausführlich dargelegt hatte.[43]

Doch auch die zweite Auflage der „Encyclopädie“ war nicht die letzte Darstellung der staatswirtschaftlichen Lehren von Schmalz. Ein allerletztes Mal brachte er einen knappen Abriß in seinem „Teutschen Staatsrecht“ von 1825.[44] Der Abschnitt „Von der Staats-Verwaltung“ umfaßt genau dasjenige, was er sonst mit dem Begriff der „Staatswirthschaft“ definierte, nämlich „Polizey“ und Staatsfinanzen – ein weiterer Beleg dafür, daß für Schmalz die Begriffe Staats*verwaltung* und Staats*wirtschaft* nun mehr oder weniger synonym geworden waren. Immerhin fallen zwei Bemerkungen im Abschnitt über die

[39] Ebenda, S. XII.

[40] Ebenda, S. 34; vgl. zum Zusammenhang auch ebenda, S. 31 ff.

[41] Vgl. ebenda, S. 35 f.

[42] Vgl. die Bemerkung in der Vorrede ebenda, S. IV: „Ich habe eine mercantilische Gewerbskunde neben die technische stellen zu müssen geglaubt, und über das Capital-Verkehr, als das Gewerbe der Rentenierer, einen neuen Abschnitt hinzugefügt“.

[43] Vgl. ebenda, S. 271 ff..

[44] Vgl. Das teutsche Staatsrecht. Ein Handbuch zum Gebrauche academischer Vorlesungen, S. 275–320; siehe dazu auch oben § 21.

Staatsfinanzen auf: Zum einen rät Schmalz jetzt – im Gegensatz zu früheren Meinungen – von einer *gänzlichen* Veräußerung der Domänen ab – „weil vom Grund-Besitze auf die Dauer die Macht allein abhängt".[45] Und zum anderen findet sich eine etwas gewundene Formulierung, die als indirekte Verteidigung der früher von ihm strikt bekämpften Steuerfreiheit für „Geistliche Güter und Ritter-Güter" gelesen werden kann – und vermutlich um 1825 auch entsprechend gelesen worden ist.[46] Das war natürlich nicht im Sinne der reinen physiokratischen Lehre gedacht, doch Schmalz paßte sich hier – in seinem allerdings auch eher deskriptive als normative Elemente enthaltenden staatsrechtlichen Spätwerk – den Gegebenheiten der Restaurationsära umstandslos an.

Blieb Schmalz, wie bereits bemerkt, für die Anhänger der neuen Wirtschaftslehre nurmehr der fast mitleidig belächelte „letzte Physiokrat"[47] – immerhin doch derjenige, der „am strengsten ... die politische Seite des physiokratischen Systems in dem diesem eigenthümlichen Geiste ... ausgebildet"[48] hatte –, so kritisierten ihn die Vertreter der politischen Romantik aus der entgegengesetzten Perspektive. In der zweiten Auflage der „Encyclopädie" von 1819 hatte Schmalz die Behauptung vertreten, daß „die Betrachtung aus dem sittlich-religiösen Gesichtspunkte, was der Staat in der Entwicklung des menschlichen Geschlechts bedeute, ... uns nie [werde] gelingen können, weil nicht Bildung des ganzen menschlichen Geschlechts, als eines Ganzen, sondern die aller Einzelnen unsre Bestimmung ist, weil der Schauplatz der Entwicklung für diese Bestimmung über das Irdische hinaus liegt, weil wir des Irdischen, also auch des Staats, als eines Irdischen, Verknüpfung mit dem Ueberirdischen nicht kennen".[49] In seiner 1820 publizierten Abhandlung „Die innere Staatshaushaltung; syste-

[45] Das teutsche Staatsrecht. Ein Handbuch zum Gebrauche academischer Vorlesungen, S. 297.

[46] Vgl. ebenda, S. 317 f.: „Geistliche Güter und Ritter-Güter haben vom Mittel-Alter eine *Steuer-Freiheit* hergebracht, welche in den meisten Ländern durch besondre Handfesten gesichert werden. Aber in der That muß das Recht zweifelhaft seyn, eine Befreiung die vormals nur für geringe Steuern zugestanden wurde, die also die übrigen Unterthanen nur wenig belasten konnte, auf die ungleich größern Abgaben unsrer Zeiten auszudehnen. Außerdem aber, da doch jeder Besitzer solcher Güter durch Preise und Dienst-Lohn, die er zu zahlen hat, alle indirecten Steuern tragen muß, so ist jene Steuer-Freiheit nichts, als ein Privilegium nicht direct zu geben, was man dann indirect vielleicht doppelt zahlen muß".

[47] Siehe oben § 22 a).

[48] So im Jahre 1832 J. F. G. Eiselen, Art. „Öconomisten", S. 26.

[49] Encyclopädie der Cameralwissenschaften, ^{2}1819, S. 32 f.

matisch dargestellt auf theologischer Grundlage" beklagte Adam Müller diese Äußerung von Schmalz mit der Bemerkung, man könne „der guten Sache und uns nur Glück wünschen, daß ein so trostloses Geständnis mit solcher Unumwundenheit in einem Werke, welches durch die Zusammenwirkung von fünf hohen Staatsbeamten, und eben so viel berühmten Staatsgelehrten entstanden ist, hat abgelegt werden müssen".[50] Immerhin bleibe, so Müller weiter, die Hoffnung erhalten, daß aus eben dieser so unübersehbar und unzweideutig düsteren Trostlosigkeit der Umschlag zum Besseren entstehen könne.[51] Nichtsdestoweniger wurde der individualistische und rationalistische Grundansatz, durch den sich auch noch die späten kameralistischen und staatswirtschaftlichen Schriften von Schmalz auszeichneten, von der politischen Romantik abgelehnt.[52]

Versucht man abschließend, den wissenschaftsgeschichtlichen Standort der von Schmalz vertretenen kameralwissenschaftlichen und staatswirtschaftlichen Lehrmeinungen zu bestimmen, dann hat man ihn unter diejenigen Autoren zu rechnen, die den Übergang von der traditionellen Kameralistik zur Nationalökonomie wesentlich mit befördert haben. Es entsprach dem Gang der Zeit, daß Karl Heinrich Rau in seinem 1823 erschienenen „Grundriß der Kameralwissenschaft" ausdrücklich betonte, daß „Inhalt und Umfang der Kameralwissenschaft ... durch die äussere Veranlassung ihrer Entstehung, das bestehende Behördenwesen", bestimmt seinen, und daß man eben aus diesem Grunde neuerdings eine klare „Umgestaltung" des traditionel-

[50] Adam Müller, Schriften zur Staatsphilosophie. Ausgewählt und hrsg. v. Rudolf Kohler, München 1923, S. 275.

[51] Im übrigen erteilte Müller dem Band ein erstaunliches Lob: Schmalz zweite Auflage enthalte (ebenda, S. 276) „einen solchen Schatz von tüchtigen und wohlgeordneten Erfahrungen und zeigt ein so unverkennbares, redliches Bestreben, mindestens die weltliche Gerechtigkeit zu handhaben, ja die hartnäckige Physiokratie des Autors beweist eine, heutiges Tags so seltene Ehrfurcht, wenigstens vor der körperlichen Natur und ihren Geheimnissen, daß es neben den Werken von *Kraus* und *Lueder* für das Beste gelten muß, welches wir in diesem Fache aufzuweisen haben".

[52] Vgl. u. a. ebenda, S. 267 f., 270, 276 f.; zur ökonomischen Lehre der politischen Romantik siehe u. a. H. Freyer, Die Bewertung der Wirtschaft im philosophischen Denken des 19. Jahrhunderts, S. 37–53; Goetz A. Briefs, The Economic Philosophy of Romanticism, in: Journal of the History of Ideas 2 (1941), S. 279–300; O. Spann, Die Haupttheorien der Volkswirtschaftslehre auf lehrgeschichtlicher Grundlage, S. 99 ff.; H. Winkel, Die deutsche Nationalökonomie im 19. Jahrhundert, S. 50 ff.; Tetsushi Harada, Politische Ökonomie des Idealismus und der Romantik. Korporatismus von Fichte, Müller und Hegel (Volkswirtschaftliche Studien, Bd. 386), Berlin 1989, S. 66 ff.; zum Zusammenhang auch die Bemerkungen bei H.-C. Kraus, Politisches Denken der deutschen Spätromantik, S. 141 ff.

len Verständnisses vorzunehmen habe: die neue Bestimmung müsse nunmehr „*Kameralwissenschaft als Wirthschaftslehre*“[53] lauten. Entsprechend dieser Devise legte er seine eigenen Lehr- und Handbücher an, die sich in ihrem Aufbau wenigstens teilweise an die von ihm ausdrücklich gelobte Schmalzsche „Encyclopädie“ anschlossen.[54]

So hinterließ der Kameralist und Staatswirtschaftler Schmalz auch auf diesem Gebiet ein zwiespältiges Erbe: Half er auf der einen Seite der Entwicklung vom traditionellen Kameralismus zur modernen Nationalökonomie den Weg zu bahnen, so verrannte er sich doch auf der anderen Seite mit seinem sturen Festhalten am physiokratischen Lehrgebäude in eine Sackgasse, aus der er bis an sein Lebensende nicht mehr herausfand. Seine wissenschaftlichen Leistungen als Staatswirtschaftler sind, was die Fülle des zusammengetragenen Materials und die Einheitlichkeit der Perspektive angeht, zweifellos beeindruckend, doch seine Unfähigkeit, früh gewonnene, später aber überholte Überzeugungen grundlegend zu revidieren oder zu korrigieren, beeinträchtigen die geschichtliche Bedeutung dieser Leistungen wiederum erheblich. Immerhin markiert er – gemeinsam mit Rau und anderen – eine bestimmte Schnittstelle in der Geschichte der Verwaltungswissenschaften in Deutschland: Indem er am Ende der traditionellen, innere Staatstätigkeit und Wirtschaft miteinander vermengenden Kameralistik stand und zu denjenigen Autoren zählte, die auf die Problematik der merkantilistischen „Staatswirtschaft“ traditionellen Stils immer wieder mit Nachdruck hinwiesen, gehörte er gleichzeitig zu denen, die den Weg frei machten für die Entstehung einer modernen Verwaltungsrechtswissenschaft, die in der zweiten Hälfte des 19. Jahrhunderts in Otto Mayer ihren ersten und herausragenden Vertreter finden sollte.

[53] Die Zitate aus K. H. Rau, Grundriß der Kameralwissenschaft oder Wirthschaftslehre für encyclopädische Vorlesungen, S. 3.

[54] Vgl. ebenda, S. 11, 13ff; K. H. Rau, Ueber die Kameralwissenschaft. Entwicklung ihres Wesens und ihrer Theile, S. 14, 23 f. u. a. – Zur Bedeutung Raus siehe auch H. Maier, Die ältere deutsche Staats- und Verwaltungslehre, S. 240 ff.

VII. Kapitel: Lehr- und Handbücher; weitere Schriften

§ 25 Kirchenrecht; Ehe- und Familienrecht

a) Religion und Kirche

Die ersten Gehversuche, die Theodor Schmalz als junger Königsberger Ordinarius der Jurisprudenz auf dem Gebiet des Kirchenrechts unternahm, sind zwar im ganzen wenig bemerkenswert, dafür aber um so charakteristischer als Beispiel für die Bestrebungen des naturrechtlichen Rationalismus, alle zentralen Aspekte der menschlichen Existenz in ein bestimmtes gedankliches Schema zu pressen. In der ersten Fassung seiner „Encyclopädie des gemeinen Rechts" von 1790 findet sich ein recht knapper Abschnitt „Vom natürlichen Kirchenrecht", dem weiter hinten ein etwas ausführlicherer Abriß „Vom canonischen Recht" folgt.[1]

Bezeichnend ist bereits die an Dürftigkeit kaum zu übertreffende Definition von Religion, die der in seinen philosophischen Denkschemata noch völlig befangene junge Jurist hier formulierte: „*Religion* läßt sich sowol subjectiv, als objectiv, als eine Summe von Sätzen denken, welche unser Verhalten gegen Gott bestimmen; und *Gottesdienst* nennt man den Inbegriff der dadurch bestimmten Handlungen".[2] Und das Verhältnis von Staat und Kirche wird folgendermaßen charakterisiert: „... die Kirche ist dem Staat untergeordnet. Auch ohne Kirche kann ihr endlicher Zweck, Erbauung, erreicht werden, nie aber der Endzweck des Staates ohne den Staat".[3] Religion und Kirche werden hier in ein dürres Begriffskonstrukt gepreßt und ihres eigentlichen Gehalts vollkommen beraubt; es war tatsächlich ein weiter Weg vom jungen Schmalz des Jahres 1790 bis zum streng gläubigen Berliner Professor der Zeit nach den Befreiungskriegen.[4]

Einen ernsthafteren Versuch, sich dem Phänomen der Religion und dessen philosophischer und rechtlicher Bedeutung anzunähern, unter-

[1] Vgl. Encyclopädie des gemeinen Rechts. Zum Gebrauch academischer Vorlesungen, S. 43–49, 118–148.
[2] Ebenda, S. 43.
[3] Ebenda, S. 49.
[4] Siehe oben § 10 c).

nahm Schmalz mit seinem 1795 (in erster Fassung) veröffentlichten Essay „Numa und Petrus", den er zehn Jahre später noch einmal in stark erweiterter Form publizierte.[5] Der Autor beginnt mit einem Vergleich der antiken Religion und des Christentums: Der legendäre zweite König und religiöse Gesetzgeber Roms, Numa Pompilius, dient ihm als personifiziertes Symbol der vorchristlichen Religion. Daß der Mensch in irgendeiner Weise ein religiöses Wesen ist, gehört für Schmalz zur Conditio humana: die Suche nach den Voraussetzungen der überall wahrnehmbaren Ordnung in der physischen und moralischen Welt dränge „die Menschen überall zu der Idee von einer Gottheit gleichsam hin".[6]

Zwei Arten von Glaubensformen lassen sich unterscheiden: *sinnliche* und *moralische* Religionen:[7] „Zu den sinnlichen gehören die, welche wir heidnische nennen, zu den moralischen die, welche sich auf die heiligen Bücher der Christen gründen, und wir dürfen zu diesen außer der christlichen selbst und der jüdischen, noch die muhamedanische Religion rechnen, weil sie aus ihnen ... entstand".[8] Die antiken Glaubenskulte zeichneten sich nach Schmalz durch eine unverkennbare Heterogenität von Religion und Moral aus;[9] der letzte Zweck jener Formen von Religiosität habe stets darauf abgezielt, „nicht den Menschen zu den Göttern hinauf, sondern ihre Hülfe herab zu ziehen".[10] Der Opferkult, „diese immer so äußerst merkwürdige Erscheinung in der Geschichte der Menschheit",[11] sei ein besonders kennzeichnendes Symbol für diese Tatsache.[12] „Indem man keinen

[5] Numa und Petrus, in: Annalen der Rechte des Menschen, des Bürgers und der Völker, hrsg. vom Professor SCHMALZ in Königsberg, 2. Heft, Königsberg 1795, S. 89–114; überarbeiteter und erweiterter Neuabdruck in: Kleine Schriften über Recht und Staat, Bd. I, Halle 1805, S. 58–117. – Im folgenden als: „Numa und Petrus, [1]1795" oder „[2]1805" zitiert.

[6] Numa und Petrus, [1]1795, S. 89.

[7] Vgl. ebenda, S. 90: „... *sinnliche* Religionen ... sind Darstellungen einer Gottheit, als eines übermächtigen Wesens, welches auf Glück und Unglück wichtigen Einfluß habe, oder von dem unser Schicksal auch wohl ganz abhänge. Die zweiten, die *moralischen* Religionen, sind Darstellungen Gottes als moralischen Gesetzgebers und Richters".

[8] Ebenda, S. 91.

[9] Vgl. ebenda, S. 92 f.

[10] Ebenda, S. 95.

[11] Ebenda, S. 96.

[12] Vgl. ebenda, S. 99: „So war denn der ganze Gottesdienst jener Religion nichts als eine Anstalt, sich die Götter für sinnliche Zwecke geneigt zu machen, eine Kunst des Aberglaubens ihrer Hülfe, vielleicht selbst zu einem schändlichen Vorhaben, zu erwerben, und sie wieder zu versöhnen, wenn sie die Laune hatten, uns nicht gut zu seyn".

Gott, als moralischen Gesetzgeber und Richter annahm, und zum Glauben an Götter nur durch Bedürfnisse der Sinnlichkeit gedrängt wurde: so war der Moralität der stärkste Antrieb zur Befolgung ihrer Gesetze geraubt".[13]

Bereits die letzte Formulierung zeigt, daß Schmalz hier unter dem prägenden Einfluß von Kants Religionsphilosophie steht, die der Königsberger Philosoph 1793 unter dem Titel „Die Religion innerhalb der Grenzen der bloßen Vernunft" veröffentlicht hatte.[14] Die Funktion der christlichen Religion, die Notwendigkeit einer strikten Einhaltung des Moralgesetzes über den engeren Bereich des logisch-philosophischen Denkens hinaus zu begründen und zu unterstützen, wird von Schmalz ebenso wie von Kant postuliert: das Christentum habe „vor allen Religionen und Systemen der Philosophen" eine „über alles erhabene Idee" voraus: „daß alle Schicksale des Ganzen und aller Einzelnen nichts als Erziehungsmittel für jeden einzelnen Menschen seyen"; ein wesentlicher Aspekt des christlichen Glaubens liege zudem darin, „Gott als moralischen Gesetzgeber und Richter darzustellen", um die Menschen zu einer inneren Haltung zu veranlassen, nicht aus „bloß sinnliche[r] Furcht vor der Strafe" zu handeln, sondern aus Ehrfurcht vor der Heiligkeit des Moralgesetzes.[15]

An diesem Punkt stellt sich die Frage nach der politischen Dimension des Moralischen und damit auch nach dem *Verhältnis zwischen Staat und Kirche*.[16] Es ist Schmalz indes nicht gelungen, eine endgültige Klärung dieses Problems zu erreichen, was auch damit zusammenhängen mag, daß beide Texte – die erste wie auch die zweite Fassung – Fragment geblieben sind. Immerhin versuchte er, keineswegs ungeschickt, sich einer Beantwortung dieser Frage über den Umweg einer genaueren Bestimmung des Verhältnisses von rationalistischer Philosophie und Christentum zu nähern. Unter Berufung auf Kants Postulate der reinen praktischen Vernunft: Gott, Freiheit und Unsterblichkeit, sieht Schmalz keinen *fundamentalen* Gegensatz zwi-

[13] Ebenda, S. 100.

[14] Enthalten in: I. KANT, Gesammelte Schriften VI, S. 1–202; Schmalz erwähnt Kant mehrfach direkt oder indirekt, vgl. Numa und Petrus, [1]1795, S. 97 f., 105 f. u. a.

[15] Die Zitate aus: Numa und Petrus, [1]1795, S. 101; vgl. auch ebenda, S. 100 ff.

[16] In der ersten Fassung heißt es noch (Numa und Petrus, [1]1795, S. 104): „ – es ist mir allein darum zu thun, zu untersuchen, was das Recht einer Kirche sey", doch in der zweiten wird Schmalz konkreter (Numa und Petrus, [2]1805, S. 80): „Mir liegt nur daran, zu untersuchen: ob die Kirche in dem Verhältnisse zum Staate stehen könne, in welchem ich sie zu sehen glaube"; siehe schon Numa und Petrus, [2]1805, S. 77.

schen den Sphären der Philosophie und der Religion. Wohl aber wendet er sich strikt gegen alle Bestrebungen rationalistisch-aufgeklärter Theologen, eine Art von rationalistischem Vernunftglauben zu konstruieren, um auf diese Weise das Christentum für die philosophischen Geister der Epoche akzeptabel zu machen.[17] Diese Bestrebungen seien, so Schmalz, nicht nur der Sache nach bedenklich, sondern auch vollkommen unnötig. Kein Mensch besitze die Fähigkeit, den Vorschriften des moralischen Gesetzes sein ganzes Leben lang ständig Folge zu leisten; kein menschliches Leben könne als „eine nie unterbrochene Kette ganz rein guter Handlungen“[18] gelten. Deshalb sei jeder Mensch, wenn er sich noch einen Funken von Gläubigkeit bewahrt habe, auf die „Genugthuung“, auf die „Versöhnung“ oder, christlich gesprochen, auf die Gnade Gottes angewiesen,[19] und für Schmalz ist es eine nicht zu leugnende Tatsache, „daß Christus durch seinen Tod auf eine geheimnißvolle, der Vernunft unerklärbare Weise diese Genugthuung vollendet habe“.[20]

In der zweiten Fassung von „Numa und Petrus“ von 1805 hat Schmalz einen weiteren Abschnitt angefügt. Der Autor prüft hier den gegen die Religion erhobenen Vorwurf, der christliche Glaube stehe in seinen Grundideen der Moralität und der Aufklärung diametral gegenüber. In der Tat sei der Wahrheitsgehalt des Glaubens nicht mit naiver Wundergläubigkeit im herkömmlichen Sinne zu „beweisen“.[21] Doch die Offenbarung an sich besitze in einem gewissen Sinne Wundercharakter[22] – und außerdem gelte: „Ein Wunder glauben wir am Ende doch alle, nämlich die Schöpfung moralisch-freier, vernünftiger Wesen, die keine Mechanik, keine Chemie erklären kann; da wir

[17] Vgl. Numa und Petrus, ^{1}1795, S. 106 ff.; vgl. Numa und Petrus, ^{2}1805, S. 85 ff.; siehe auch die Äußerung Numa und Petrus, ^{1}1795, S. 105 f.: „Die heiligen Schriftsteller der Christen, und Christus selbst lehren freylich Gott, Freyheit und Unsterblichkeit. Aber sie lehren diese Wahrheiten ohne allen Beweiß, und verkündigen sie auf bloße Autorität. Welchem bloß menschlichen Philosophen würde oder könnte man das verzeihen? Welcher Philosoph, wenn er ein redlicher Mann wäre, wenn es ihm wirklich am Herzen läge, Aufklärung zu verbreiten, würde die Wahrheiten der natürlichen Religion so lehren?“

[18] Numa und Petrus, ^{1}1795, S. 110.

[19] Vgl. ebenda, S. 112 f.

[20] Ebenda, S. 113; nach wenigen Sätzen endet die erste Fassung von „Numa und Petrus“ mit dem Vermerk: „(Die Fortsetzung folgt künftig.)“

[21] Vgl. Numa und Petrus, ^{2}1805, S. 102 ff.

[22] Vgl. ebenda, S. 109: „So enthält also der Begriff der Offenbarung schon den Begriff eines Wunders“.

uns unsrer selbst als verschieden von allem Sinnlichen und Körperlichen bewußt sind. Wenn man also das Wunder unserer Schöpfung glauben muß, ist es weniger vernünftig zu glauben, daß Gott auch Wunder gewirkt habe zu moralischen Zwecken, um den letzten Zweck aller Schöpfung zu erreichen?"[23]

Die rhetorische Strategie, die Schmalz hier verfolgt, ist leicht zu durchschauen: das mit streng wissenschaftlichen Methoden nicht (oder noch nicht) Erklärbare wird flugs in die Sphäre des „Wunders" eingemeindet und damit dem Religiösen gewissermaßen kompatibel gemacht. Dennoch dürfte sein Gedankengang, der darauf hinausläuft, die Idee einer vernünftigen Moralität mit dem Wunder der christlichen Offenbarung zu vereinbaren, vielen Zeitgenossen eingeleuchtet haben; das Bestreben nach prinzipieller Vereinbarkeit von Vernunft und Glauben war unter den deutschen Intellektuellen dieser Ära weit verbreitet.[24] Gleichzeitig aber erhob sein Text den (freilich nicht explizit vorgetragenen) Anspruch, die These Kants von der prinzipiellen Vereinbarkeit von geoffenbarter und natürlicher Religion – also einer Religion, die ausschließlich auf Offenbarung beruht, und einer anderen, „in der ich zuvor wissen muß, daß etwas Pflicht ist, ehe ich es für ein göttliches Gebot anerkennen kann",[25] – weiterzuführen und auszubauen.

Im Vergleich zu „Numa und Petrus" ist „Das natürliche Kirchenrecht", das Schmalz 1795 als Teil seines frühen naturrechtlichen Werkzyklus veröffentlichte, weder eine religionsphilosophische Arbeit noch gar die Schrift eines Laientheologen, sondern eine streng wissenschaftliche Abhandlung;[26] die Ansichten der gegenwärtigen theologischen Lehrmeinungen sind ihm gleichgültig.[27] Knapp und trocken fällt denn auch seine Definition von „*Religion*" aus: „Ein Inbegriff von Grundsätzen über das Verhältniß der Menschen zur Gottheit, in sofern unsre Handlungen dadurch bestimmt werden sollen".[28] Wie in „Numa

[23] Ebenda, S. 115.

[24] Auch diese zweite, stark erweiterte Fassung endet (ebenda, S. 117) mit der Notiz: „(Die Fortsetzung im zweiten Bande)". Der zweite Band von Schmalz' „Kleinen Schriften über Recht und Staat" ist indes nie erschienen.

[25] I. Kant, Gesammelte Schriften VI, S. 154; vgl. ebenda, S. 153 ff.

[26] Das natürliche Kirchenrecht, Königsberg, 1795 ; Ndr. Aalen 1969.

[27] Vgl. die Bemerkung ebenda, S. 3 f., der Autor habe nicht „darauf geachtet, daß vielleicht zwey Partheyen unter den Geistlichen mit mir unzufrieden seyn könnten, die eine, welche Abweichung von ihrer Meynung für gottlos, die andre, welche Abweichung von der ihrigen für unaufgeklärt und altväterisch einfältig zu erklären gewöhnt ist".

[28] Ebenda, S. 7.

und Petrus“ unterscheidet er sinnliche und moralische Religionen und stellt die moralischen, also auch das Christentum, über die sinnlichen: „Die Würde und Sinnlichkeit moralischer Religionen bestehet darin, daß sie Moralität unterstützen und befördern“.[29] Da „Besserung der Menschen ... der grosse letzte Zweck von allen“ sei, „der einzige der seine Mittel heiligt, ja, der den Werth alles dessen bestimmt, was ist und geschieht“, reiche eine „bloße Zergliederung der Pflichten“ nicht aus; durch sie „wird niemand geneigter gemacht, sie zu erfüllen“. Der große moralische Zweck könne nur durch „stete und immer neue Betrachtung *derselben* Grundsätze“ erreicht werden, „welche alle darin zusammenlaufen, daß Gott heiliger Gesetzgeber und untäuschbarer Richter sey“.[30] Schmalz betont also besonders stark den funktionalen Charakter der Religion als ein die Moralität stützendes und stärkendes Element. Dazu paßt auch sein striktes und entschiedenes Festhalten an den Grundsätzen der Glaubens- und der Gewissensfreiheit[31] – immerhin bemerkenswert in einer Zeit, in der noch das Woellnersche Religionsedikt galt und in welcher der Jenaer Atheismusstreit nahe bevorstand.

Das nicht sehr umfangreiche (56 Druckseiten umfassende) Bändchen entwickelt seinen Gegenstand streng systematisch und in mehr als einer Hinsicht analog zum „natürlichen Staatsrecht“.[32] Die Kirche ist nach Schmalz nichts anderes als „eine Gesellschaft, die sich zu einem gemeinschaftlichen äussern Gottesdienst vereinigt hat“.[33] Wie der Staat, so konstituiert sich auch die Kirche durch zwei Verträge, durch einen *Vereinigungs-* und einen *Unterwerfungsvertrag*.[34] Es ist

[29] Ebenda, S. 10; vgl. auch die anschließende Bemerkung: „Der einzige absolute Werth für vernünftige Wesen ist der der Moralität. Alles ist demnach mehr oder weniger werth, als es näher oder entfernter sich auf sie bezieht“ (ebenda).

[30] Alle Zitate ebenda, S. 22 f.

[31] Vgl. ebenda, S. 10: „Der Mensch hat durch die Natur seines Wesens *Glaubensfreyheit*, das ist, das vollkommne äussere Recht über sein Verhältniß zu Gott solche Grundsätze anzunehmen und zu glauben, als seine Ueberzeugung fordert“, und S. 15: „Der Mensch hat *Gewissensfreyheit*, das ist, Freyheit des innern Gottesdienstes, oder das Recht, seine Handlungen durch seine subjective Religions-Ueberzeugungen bestimmen zu lassen – sofern dadurch die äussern vollkommnen Rechte andrer nicht gekränkt werden“.

[32] Siehe dazu oben § 15 a).

[33] Das natürliche Kirchenrecht, S. 17.

[34] Vgl. ebenda, S. 21: „Die Kirche gründet sich ... zuvörderst auf einen *Vereinigungsvertrag*, wonach der gesammte Wille ihres Zwecks entsteht, das ist, wodurch ihre Glieder sich einstimmig vereinigen, den Gottesdienst gemeinschaftlich zu feyern“; und S. 27: „Auch in der Kirche, wie im Staate, wie in jeder Gesellschaft ist es nothwendig,

aufschlußreich zu sehen, wie hier die alte Idee des – für die Ideenwelt des frühen Protestantismus besonders wichtige – Idee des „religiösen Bundes", die maßgeblichen Einfluß auf die Entstehung der Lehre vom Gesellschaftsvertrag gehabt hat,[35] in Schmalz' Kirchenrecht gewissermaßen durch die Hintertür wieder in die Sphäre des Religiös-Kirchlichen zurückkehrt.

Entscheidend für das Kirchenverständnis von Schmalz ist die Feststellung: „Wenn ... die Kirche im Staat existirt; so ist sie dem Staat, wie jede Gesellschaft in ihm, und jede einzelne Person unterworfen".[36] Zwar ist der Staat verpflichtet, seinen Bürgern Glaubens- und Religionsfreiheit zu gewährleisten, doch er kann auch die „*Kirchenfreyheit*, oder das Recht, Gesellschaften zu gemeinschaftlichem äussern Gottesdienst zu feyern", einschränken, nämlich dann, „wenn dadurch die Rechte des Staats oder seiner Bürger entweder wirklich gekränkt würden, oder ihre Sicherheit in Gefahr käme".[37] Aus historischen Gründen kann ein Staat einer bestimmten Kirche oder auch mehreren Kirchen „Vorrechte sogar in öffentlichen Staatsverhältnissen" einräumen, also eine Staatskirche zulassen, doch dies sollte nach Schmalz wegen der dadurch entstehenden mannigfältigen Probleme eher die Ausnahme als die Regel sein.[38] Einer Kirche „Vorschriften über ihren Gottesdienst" zu machen, ist der Staat ausdrücklich nicht berechtigt, doch er hat das Recht, „die Kirche seinem Gesetz zu unterwerfen, folglich 1) sie wie andre Corporationen zu besteuren, 2) sie seiner Polizey zu unterwerfen, und insbesondre dahin zu sehen, daß sie nicht

die Wahl der Mittel zum Zweck durch einen so genannten *Unterwerfungsvertrag* entweder der Stimmenmehrheit aller Mitglieder, oder einer moralischen oder physischen Person zu übertragen".

[35] Hierzu nach wie vor grundlegend: GERHARD OESTREICH, Die Idee des religiösen Bundes und die Lehre vom Staatsvertrag, in: DERSELBE: Geist und Gestalt des frühmodernen Staates, Berlin 1969, S. 157–178.

[36] Das natürliche Kirchenrecht, S. 33; zur weiteren Feststellung von Schmalz, daß der Staat „durch die Sichrung unsrer Existenz als moralische Wesen ... eine noch unmittelbarere Beziehung auf Moralität" (ebenda, S. 33 f.) als die Kirche habe, siehe auch die Bemerkung bei B. M. KREMER, Der Westfälische Friede in der Deutung der Aufklärung. Zur Entwicklung des Verfassungsverständnisses im Hl. Röm. Reich Deutscher Nation vom Konfessionellen Zeitalter bis ins späte 18. Jahrhundert, S. 29 f.

[37] Die Zitate: Das natürliche Kirchenrecht, S. 36 f.; vgl. auch ebenda, S. 37: „Der Staat ist daher befugt, die Darlegung der Symbole und gottesdienstlichen Formeln von einer Religionsparthey, die als Kirche in ihm existiren will, zu fordern, weil er nur dadurch doch beurtheilen kann, ob diese Kirche schädlich oder gefährlich sey oder nicht".

[38] Vgl. ebenda, S. 39 ff.

eine Quelle innerer Unruhen im Staat werde ..., 3) auch endlich sie vor seine Gerichtshöfe zu ziehen".[39]

Die restlichen Abschnitte des „natürlichen Kirchenrechts" entwikkeln diese juristische Disziplin analog den entsprechenden Abschnitten des Staatsrechts: Schmalz unterscheidet auch im Bereich der Kirchengewalt eine gesetzgebende, eine vollziehende und eine aufsehende Gewalt, und er postuliert ebenfalls eine kirchliche Polizei-, Finanz- und Justizgewalt.[40] Eine wie auch immer begründete „Beschränkung des Forschungsgeistes, oder der Denkfreyheit" lehnt er ab: „Und daß diese sehr ungehindert im protestantischen Deutschland ... fortschreiten, das zeigt ja die Erfahrung".[41] Die Austrittsfreiheit der Kirchenglieder wird von Schmalz ebenfalls festgehalten: „Für jedes einzelne Glied hört die Verbindung mit der Kirche auf, sobald er selbst will"; immerhin bleibe „das ausgetretene Mitglied mit der Kirche im Staat in dem Verhältniß eines Mitbürgers zum Mitbürger".[42] Schließlich dürfe keiner Kirche das Recht abgesprochen werden, „wenn alle darüber einstimmig sind, ihre Religion, also auch ihren Zweck oder den dafür bestimmten Gottesdienst zu ändern", und noch mehr sei es einleuchtend – so der Protestant Schmalz –, „daß eine ganz neue moralische Person alsdann entstehe, wenn nur ein Theil der Kirche sich von ihr trennt und eine besondre Kirche errichtet".[43] In dieser Theorie des Kirchenrechts durfte die Reformation nicht fehlen.

Neben dem „Handbuch des canonischen Rechts", das er 1815 und in zweiter, fast unveränderter Auflage 1824 herausbrachte,[44] hat Theo-

39 Ebenda, S. 42; das bedeutet ebenfalls: „Die oberste Gewalt des Staats kann auch also auf Klage der Kirchenglieder die Kirchengewalt zur Erfüllung ihrer Pflicht anhalten, oder sie in ihre Grenzen zurückweisen" (ebenda).

40 Vgl. ebenda, S. 43ff., 46f.

41 Ebenda, S. 48f.

42 Die Zitate ebenda, S. 52f.; was mit der letzten Formulierung gemeint ist, erläutert Schmalz (ebenda, S. 53) folgendermaßen: „In unsern Staaten haben herrschende und öffentliche Kirchen, in so fern sie Gemeinheiten im Staat, oder moralisch-persönliche Bürger sind, mancherley Rechte und Pflichten, denen sich ein solches ausgetretenes Glied nicht entziehen kann, z. B. in Rücksicht der Bevölkerungslisten, oder der Begräbnisse. Denn jene zu führen, ist die Kirche als Staatsbürger verpflichtet, und Begräbnißorte zu halten, vom Staat privilegirt".

43 Die Zitate ebenda, S. 54f.

44 Handbuch des canonischen Rechts und seiner Anwendung in den teutschen evangelischen Kirchen. Zum Gebrauch für Vorlesungen, Berlin [1]1815, ebenda [2]1824. – Näheres zu dieser, als reines Lehrbuch für Vorlesungen konzipierten Darstellung siehe unten § 27.

dor Schmalz noch in vier weiteren Werken kurze Zusammenfassungen seines Kirchenrechts geliefert. Zuerst 1804 in der zweiten Auflage seiner „Encyclopädie des gemeinen Rechts", in der er sehr knappe Abrisse des „natürlichen Kirchenrechts" sowie des „canonischen Rechts" lieferte, die inhaltlich nicht von den 1795 begründeten Thesen abwichen und sich auch sonst eher im Bereich der Deskription bewegten.[45] Das „Handbuch der Rechtsphilosophie" von 1807[46] entwickelt den Stoff sehr viel ausführlicher und detaillierter, bringt jedoch kaum inhaltliche Änderungen von Belang. Immerhin fällt auf, daß Schmalz sich gewissermaßen präventiv gegen die Möglichkeit des Vorwurfs verteidigt, sein Kirchenrecht befördere den Indifferentismus gegenüber der christlichen Religion.[47]

Das „teutsche Staatsrecht" von 1825 enthält nun allerdings eine Reihe sofort auffallender, sehr markanter Änderungen zu den früheren Äußerungen von 1795, die in der Tat fast als religiöser Indifferentismus verstanden – oder mißverstanden – werden konnten. Die „Kirche" wird nun nicht mehr in einem formalen Sinne, sondern ganz bewußt als „christliche Kirche" definiert: Sie ist „eine Gesellschaft zur gemeinsamen Feier eines ... Gottes-Dienstes, um die in der heiligen Schrifft geoffenbarten Lehre [sic] über das Verhältniß der Menschen zu Gott durch Unterricht zu erklären und durch Versinnlichung derselben unserm Gemüthe einzudrücken, eine Gesellschaft, welche zugleich ein überlieferndes Denkmal der heiligen Begebenheiten selbst seyn, und die heiligen Schriften uns erhalten sollte".[48] Zwar wird auch jetzt noch die Kirche als „äußere Gesellschaft" im Staat zum Zweck ihrer eigenen Sicherheit eben diesem Staat untergeordnet – gleichwohl wird ausdrücklich festgestellt, daß „der Zweck der Kirche, Heiligkeit und Ewigkeit, an sich unendlich höher ist, als der Zweck des Staats, Sicherheit in der Zeit".[49] Auch werden nun ausdrücklich – für den

[45] Vgl. Encyclopädie des gemeinen Rechts, ^{2}1804, S. 83–90, 175–208.

[46] Siehe dazu auch oben § 13.

[47] Vgl. Handbuch der Rechtsphilosophie, S. 424: „Nie also kann die aufgestellte Behauptung [über „die Beschränkung der symbolischen Lehrsätze bloß auf den äußern Cultus", H.-C.K.] zum Indifferentismus führen. Denn es kommt ja auf das heiligste Interesse des Menschen an, auf Einführung des Gemüths in sich selbst, und in das unsichtbare Reich Gottes, das in ihm selbst liegt". – Solche Formulierungen heben sich deutlich von demjenigen ab, was Schmalz ein Jahrzehnt vorher geschrieben hatte!

[48] Das teutsche Staats-Recht. Ein Handbuch zum Gebrauche academischer Vorlesungen, S. 328; siehe zu diesem Werk auch oben § 21.

[49] Das teutsche Staats-Recht. Ein Handbuch zum Gebrauche academischer Vorlesungen, S. 328.

frühen Schmalz ganz undenkbar – unterschiedliche Rangordnungen der verschiedenen Kirchen in einem Staat postuliert.[50]

Noch entschiedener von streng christlichen Ideen geprägt erweist sich die letzte knappe Darstellung des Kirchenrechts, die Schmalz in seiner postum erschienenen „Wissenschaft des natürlichen Rechts“ von 1831 gegeben hat. Formal bewegt er sich zum großen Teil zwar immer noch in den Bahnen seiner frühen naturrechtlichen Konstruktionen, doch die ausführlichen Anmerkungen zum Wesen des Christentums sprechen für sich. So heißt es beispielsweise: „Es ist Gott, es ist Unsterblichkeit, das sind Thatsachen aus der übersinnlichen Welt, wie das Dasein der Sonne oder wie die Richtung der Magnetnadel gegen Norden Thatsachen aus der sinnlichen Welt sind“.[51] Der Kirchenaustritt wird jetzt scharf verurteilt,[52] und auch wenn die Unterordnung der Kirche unter den Staat immer noch zu den Postulaten auch seines späten Naturrechts gehört,[53] schreibt Schmalz nun den rechtlichen Vorrang des Christentums vor allen anderen Religionen unzweideutig fest.[54]

So hat das Schmalzsche Kirchenrecht einige erstaunliche Wandlungen durchgemacht, ohne doch seine noch aus dem 18. Jahrhundert stammende naturrechtliche Substanz aufzugeben. Damit mag es zusammenhängen, daß diese Ausprägung des Kirchenrechts in der Ära nach 1815, also in einer Zeit vielfacher religiöser Erneuerungsbestrebungen in beiden Konfessionen, keine wesentliche Beachtung mehr fand. Der Januskopf – hier: Naturrecht des 18. Jahrhunderts, dort: Prägung durch die Grundsätze einer politisch-religiösen Restauration – ließ das Schmalzsche Kirchenrecht je nach der eingenomme-

[50] Vgl. ebenda, S. 331: „Es mag auch einer Kirche mehr, einer andern weniger Recht im Staate eingeräumt werden, etwa, weil die eine mehr Verdienste um den Staat, die andre weniger hat; oder weil sonst des Staats Ruhe oder Vortheil dieß anrathen. So hat man *tolerirte Kirche* (ecclesia tolerata) genannt, welche mit mehr oder weniger Beschränkung nur Privat-Religions-Uebung [sic]; *aufgenommene Kirche* (ecclesia recepta) welcher öffentliche Religions-Uebung zugestanden werden; *herrschende Kirche*, (ecclesia dominans) welche allein angenommene Kirche im Staate ist“.

[51] Die Wissenschaft des natürlichen Rechts, S. 209; vgl. auch S. 208ff. u. a. – Siehe zu diesem Werk auch oben § 14.

[52] Vgl. Die Wissenschaft des natürlichen Rechts, S. 212: „Wer um irdischer Vortheile willen seine Kirche verläßt, gibt um leidigen Gewinn die Mittel seiner Veredlung dahin; schon als Lügner, ein Bekenntniß heuchelnd, ist er verächtlich“. – Am Bekenntnis zur Gewissens- und Religionsfreiheit hält Schmalz allerdings auch jetzt noch ausdrücklich fest; vgl. ebenda.

[53] Vgl. ebenda, S. 218, 220f.

[54] Vgl. ebenda, S. 220.

nen Perspektive entweder als seltsam überholt, oder aber als Ausdruck der politischen Reaktion erscheinen.

b) Ehe und Familie

Das Ehe- und Familienrecht zählte nicht zu den zentralen Gegenständen, mit denen sich Schmalz in seiner langen Laufbahn als Gelehrter und Universitätslehrer befaßt hat. Dennoch hat er – von seiner ersten größeren wissenschaftlichen Publikation bis zu seiner letzten, also von der ersten Fassung der „Encyclopädie des gemeinen Rechts" von 1790 bis zur „Wissenschaft des natürlichen Rechts" von 1831 – diesen Themenbereich immer wieder abgehandelt.[55] Er tat dies vermutlich zuerst aus Gründen der Vollständigkeit: Wollte er in der „Encyclopädie des gemeinen Rechts" einen Gesamtüberblick über sämtliche Rechtsgebiete geben, so kam es ihm 1795 im Rahmen seines Naturrechtssystems darauf an, die Taugbarkeit seiner naturrechtlichen Grundsätze und Kategorien auch durch ihre Anwendbarkeit auf andere Gebiete zu erweisen, und so mußten auf das „reine Naturrecht" und das „natürliche Staatsrecht" entsprechend ein „natürliches Kirchenrecht" und ein „natürliches Familienrecht" folgen.

Der 1790 auf nur fünf Seiten vorgelegte erste Abriß fiel denkbar knapp aus. Schmalz' Definition der Ehe lautete: „Ehe ist die Gesellschaft zwischen Personen verschiedenen Geschlechts, Kinder, die sie miteinander erzeugt haben, gemeinschaftlich zu erziehen ... Die Ehe, wie jede Gesellschaft, gründet sich auf Vertrag, welcher nach ihrem Anfang völlig bindend ist".[56] Die wechselseitigen Rechte, die „aus der Natur des ehelichen Vertrages" folgten, wurden ebenfalls knapp bestimmt: „1) das wechselseitige Recht auf Beischlaf, 2) auf gegenseitigen Beistand in der Erziehung; 3) daß wegen Rechte der Kinder die Ehe vor der vollendeten Erziehung nicht getrennt werden könne; 4) daß die Frau wegen der Hülflosigkeit in der Schwangerschaft und Pflege des Kindes sich nicht selbst Unterhalt schaffen kann, der Mann sie zu ernähren schuldig sey; woraus denn 5) ein größeres Ansehen des Mannes in der Familie zu folgen scheint".[57] Die Definition der Ehe als „Gesellschaft" zur gemeinsamen Kinderaufzucht kann wohl noch als

[55] Vgl. Encyclopädie des gemeinen Rechts, [1]1790, S. 24–28; Die Wissenschaft des natürlichen Rechts, S. 94–108.
[56] Encyclopädie des gemeinen Rechts, [1]1790, S. 25.
[57] Ebenda, S. 26.

Nachklang der rationalistisch-merkantilistischen Eheauffassung verstanden werden, die in einer möglichst erfolgreichen und umfassenden menschlichen Reproduktion den Hauptzweck der Ehe gesehen hatte.[58]

Das fünf Jahre später publizierte „natürliche Familienrecht" argumentierte, wenn es auch nicht mehr als 30 Druckseiten umfaßte, bereits wesentlich differenzierter. Kindererzeugung und -erziehung werden jetzt nicht mehr als Hauptzweck der Ehe angesehen; diese wird nunmehr definiert als „eine Gesellschaft zwischen Personen verschiedenen Geschlechts zum ausschließlichen Beyschlaf mit einander". Der auf den ersten Blick drastische und gewissermaßen „naturalistische" Charakter dieser Definition wird allerdings durch den Hinweis des Autors etwas gemildert, daß man die Ehe „unter allen Völkern als eine heilige Verbindung ansah";[59] außerdem führt er recht früh schon den Begriff der Liebe als weitere entscheidende Qualität der ehelichen Verbindung ein: nur durch gegenseitige Zuneigung sei die nach kantischen Gesichtspunkten zutiefst unethische Situation zu vermeiden, daß er eine Partner Mittel zum Zweck der Befriedigung des anderen werde.[60] In diesem Sinne werden beide Ehegatten durch den gemeinsam geschlossenen Vertrag „gleichsam zu Einer Zweckheit".[61]

Im weiteren Verlauf der Darstellung werden einige weitere, mit der Ehe zusammenhängende Probleme abgehandelt; so wird etwa das „Concubinat" abgelehnt, werden die Ehe zwischen nahen Verwandten sowie Polyandrie und Polygamie strikt verworfen,[62] und die eheliche Treue wird als „die wesentliche äussere vollkommne Pflicht, welche

[58] Zum Zusammenhang der gelehrten Diskussion um das Eherecht seit dem 17. Jahrhundert siehe die umfassende Studie von Stephan Buchholz, Recht, Religion und Ehe. Orientierungswandel und gelehrte Kontroversen im Übergang vom 17. zum 18. Jahrhundert (Ius Commune; Sonderhefte. Studien zur europäischen Rechtsgeschichte, Bd. 36), Frankfurt am Main 1988, passim; zur „Peuplierungs"-Ideologie und deren Rückwirkung auf das Rechtsdenken siehe ebenda, S. 408 ff.

[59] Das natürliche Eherecht, Königsberg 1795, S. 7.

[60] Der uneheliche Beischlaf wird nämlich gerade deshalb verworfen (ebenda, S. 9 f.), „weil erst die Beschränkung aller Wünsche des sinnlichen Triebes auf eine einzige Person das Niedrige der Begierde veredelt, indem diese dann nicht mehr in der Vorstellung und Empfindung der selbstsüchtigen Wollust, als bloßes Mittel ihrer Befriedigung angesehen, sondern der Beyschlaf nur ein Ausdruck einer zärtlichen Liebe wird, welche nicht geniessen, sondern geben will".

[61] Ebenda. S. 10; vgl. auch die Ausführungen ebenda, S. 17 f., wo das „empörende Recht, den Beyschlaf von dem andern zu *fordern*" (ebenda, S. 17), strikt abgelehnt wird.

[62] Vgl. ebenda, S. 11 ff.

aus der Ehe entsteht",[63] mit Nachdruck eingeschärft. Aufschlußreich für die Auffassungen des jungen Königsberger Naturrechtlers Schmalz sind zwei weitere Aspekte. Zum einen die deutliche Bestimmung: „Niemand kann gehindert werden, eine Ehe mit jeder Person einzugehen, welche darein willigt"[64] – eine in den Zeiten mannigfacher Standesschranken und strikter gesellschaftlicher Absonderung immerhin bemerkenswert liberale Haltung. Und zum anderen die Bestimmung der Stellung des Mannes in der Ehe: dieser habe der „Pflicht ..., seine *Gattin zu ernähren*", nachzukommen, und eben hieraus sei „dann die *Herrschaft des Mannes*" entstanden. Doch er fügt sogleich einschränkend hinzu: „Aber diese kann sich deshalb auch nur auf die Angelegenheiten des Erwerbes und des Unterhalts erstrecken, und auf nichts weiter. Denn in seiner Pflicht, dafür zu sorgen, ist sie allein gegründet".[65] Auch im Abschnitt über die Aufzucht der gemeinsamen Kinder heißt es ausdrücklich: „Alle diese Rechten und Pflichten stehen beyden Eltern in völliger Gleichheit zu. Denn es wäre kein Grund vorhanden, einem derselben hier mehr einzuräumen oder aufzulegen".[66]

Die Ehe ist für Schmalz selbstverständlich eine lebenslange Einrichtung: „Es ist unmöglich, eine Ehe nur auf einige Zeit einzugehen, mit Vorbehalt dann eine andre Ehe eingehen zu können".[67] Das ist eine auf den ersten Blick überflüssige und auch etwas merkwürdige Feststellung, die sich wohl aus der Neigung des aufgeklärten Naturrechts zum Gedankenexperiment erklärt: auch das nur theoretisch Mögliche muß in den Gang der Reflexion mit aufgenommen werden. Die Möglichkeit zur Auflösung der Ehe durch Scheidung wird nur ganz knapp, mit einem Satz erwähnt: „... wenn ein Ehegatte die vollkommnen äussern Rechte des andern verletzt, mag den andern nichts binden, die Ehe aufzuheben".[68] Näheres zur Bedeutung und rechtlichen Problematik der Ehescheidung findet sich im „natürlichen Eherecht" nicht. Schmalz gab also nur einen sehr kurzen Abriß des

[63] Ebenda, S. 17.
[64] Ebenda, S. 13.
[65] Alle Zitate ebenda, S. 20.
[66] Ebenda, S. 27; zur Erziehung der Kinder siehe die Ausführungen ebenda, S. 21 ff.; bemerkenswert auch die Feststellung ebenda, S. 24: „Eltern haben ... kein Recht, von ihren Kindern irgend um Eigennutzes willen, Arbeiten zu fordern" – mit dem Zusatz freilich: „Daß Eltern die Kinder zur Arbeitsamkeit, um der Kinder selbst willen, gewöhnen dürfen, versteht sich".
[67] Ebenda, S. 29.
[68] Ebenda, S. 30.

Eherechts – immerhin einen, der mehrere zukunftsweisende Aspekte enthielt und in manchen Punkten deutlich über dasjenige hinausging, was noch einige Jahrzehnte früher von den meisten Juristen vertreten worden war.

Gleichzeitig mit dem „natürlichen Eherecht“ hatte Schmalz einen kleinen Essay zum Thema verfaßt, die „Moralisch-politische[n] Betrachtungen über die Ehe“, den er 1794 und 1795 in den ersten beiden Heften seiner „Annalen der Rechte des Menschen, des Bürgers und der Völker“ veröffentlichte, und der ein Jahrzehnt später in deutlich überarbeiteter Fassung noch einmal unter dem Titel „Ueber die Ehe“ erschien.[69] Er geht aus von der Bestimmung der Ehe durch „eine[n] unserer neuesten Schriftsteller“, der unter dieser „nichts anders verstehen zu können“ glaube, „als eine Gesellschaft zu mehrmaligem Beyschlaf“.[70] Ohne den Namen zu nennen, attackiert Schmalz hier die Definition seines Kollegen Gottlieb Hufeland.[71] Schmalz besteht darauf, die Bedeutung des Gefühls für die Konstituierung der ehelichen Gemeinschaft in seine eigene Definition mit einzubeziehen: sie ist „ein Vertrag zwischen Personen verschiedenen Geschlechts, die sinnlichen Freuden der Liebe mit keiner andern Person zu theilen“, denn die Liebe betrachte „ihren Gegenstand nicht als blosses Mittel, sondern als Zweck“. Insofern sei die Ehe „als Mittel zur Veredlung der Menschen sogar ein *heiliges* Institut“.[72]

Etwas merkwürdig und für diese Zeit allerdings ungewöhnlich mutet eine weitere Passage dieser Ausführungen an: „Der Staat oder die Kirche mögen durch eine äußere Form den Augenblick bestimmen, in welcher [sic] die bürgerlichen und kirchlichen Wirkungen der Ehe anfangen sollen“. Doch der Ehevertrag im eigentlichen Sinne werde „schon dann verbindend, wenn der, dem wir versprachen, im Vertrauen auf unser Wort hin, irgend etwas that, was er sonst nicht gethan, irgend etwas ausgab, was er sonst nicht ausgegeben hätte“. Der Autor wird deutlich genug: „Der erst Genuß der sinnlichen Freuden der Liebe

[69] Moralisch-politische Betrachtungen über die Ehe, in: Annalen der Rechte des Menschen, des Bürgers und der Völker, hrsg. vom Professor SCHMALZ in Königsberg, 1. Heft, Königsberg 1794, S. 31–42; 2. Heft, Königsberg 1795, S. 128–136; Ueber die Ehe, in: Kleine Schriften über Recht und Staat, Bd. I Halle 1805, S. 118–139.

[70] Moralisch-politische Betrachtungen über die Ehe, S. 31.

[71] Erst später hat Schmalz die Definition Huflands offen mit dessen Namensnennung kritisiert; vgl. Handbuch der Rechtsphilosophie, S. 452; Die Wissenschaft des natürlichen Rechts, S. 97.

[72] Die Zitate: Moralisch-politische Betrachtungen über die Ehe, S. 33, 35 f.; vgl. auch ebenda, S. 134 f.

schließt also die Ehe unauflößlich".[73] Diese Auffassung – die auf eine Eheschließung gewissermaßen durch „Treu und Glauben" hinauslief – entsprach in der Tat nicht gerade demjenigen, was in Staat oder Kirche unter einer Ehe verstanden wurde. Am Schluß des Textes allerdings findet sich wiederum eine weitgehende Ablehnung des Rechts auf Ehescheidung, die in ihrer Art ebenfalls deutlich genug ist.[74]

In der zweiten Fassung dieses Textes, die er 1805 veröffentlichte, hat Schmalz seine Idee einer „Gewissensehe", wie man sie nennen könnte, korrigiert – und mehr als das: Er hat nicht nur die entsprechenden Passagen eliminiert, sondern sie darüber hinaus noch durch eine ausdrückliche Verteidigung der kirchlichen Eheschließung ersetzt. Der kirchlich geschlossenen Ehe räumt er sogar noch den Vorrang vor der Ziviltrauung ein: „... ist es schädlich, auf Religion zu beziehen, was so nahe mit unserm Glücke und unserm Werthe als Menschen zusammenhängt? Sollte im Ernste der Burgermeister besser kopuliren, als der Prediger?"[75] Hierzu paßt eine weitere Formulierung, eine geharnischte Invektive gegen „unsere Flachheit, die sich Aufklärung nennt" und darüber lache, daß der Mensch erst durch „Niederkämpfung in sich die Würdigkeit zur Beherrschung der Sinnlichkeit außer sich erwerben sollte".[76] Mit Sicherheit hatte die nach 1797 stattfindende Diskussion über Kants (und zum Teil auch über Fichtes) Eherecht Schmalz zu dieser deutlichen Kehrtwendung veranlaßt.

Seiner 1796 publizierten „Grundlage des Naturrechts" hatte Fichte einen Anhang mit dem „Grundriss des Familienrechts" angefügt,[77] der noch radikaler über die traditionellen utilitaristischen Definitionen

[73] Die Zitate ebenda, S. 128f.

[74] Vgl. ebenda, S. 135f.: „Wenn der Gesetzgeber die Ehescheidung erleichtert: so glaube er ja nicht für Menschenwohl etwas zu thun. Da sind die Ehegatten am unverträglichsten, wo die Scheidung am leichtesten ist. Wo sie auf ewig an einander gebunden sind, besiegt die Laune des einen, die Launen des andern. Beide fürchten gleich des andern Gewalt ihnen das Leben schwer zu machen, und ein Krieg, der für beide Theile gleich nachtheilig und in dem jeder Sieg eine Niederlage ist, befördert den Frieden. Einzelnes Unglück, was die Unzertrennbarkeit der Ehe stiften kann, kömmt nicht in Anschlag gegen das Wohl des Ganzen, und dieses nicht gegen die Moralität. Was für Ausnahmen etwa zulässig seyn, das bestimmt, deucht mir, das gemeine protestantische Kirchenrecht Deutschlands sehr gut, Ehebruch und was dem gleich kömmt".

[75] Ueber die Ehe, S. 134; vgl. S. 133f.

[76] Ebenda, S. 124.

[77] Vgl. J. G. FICHTE, Grundlage des Naturrechts nach Principien der Wissenschaftslehre (1796), in: DERSELBE: Sämmtliche Werke, hrsg. v. IMMANUEL HERMANN FICHTE, Bd. III, S. 304ff.

der Ehe hinausging: „Die Philosophen haben sich für verbunden erachtet, einen Zweck der Ehe anzugeben, und die Frage auf sehr verschiedene Weise beantwortet. Aber die Ehe hat keinen Zweck ausser ihr selbst; sie ist ihr eigener Zweck. Das eheliche Verhältniss ist die eigentlichste, von der Natur geforderte Weise des erwachsenen Menschen von beiden Geschlechtern, zu existiren“.[78] Gleichwohl forderte Fichte die vollkommene Unterwerfung der Frau unter den Willen des Mannes – allerdings aus dem Hauptmotiv der Liebe heraus, die er nun ebenfalls wie Schmalz, dessen „natürliches Eherecht“ Fichte vielleicht gekannt hat, in sein Eherecht einführte.[79]

Es war Immanuel Kant allerdings nicht eingefallen, den Begriff der Liebe mit demjenigen der Ehe zusammenzubringen, als er wieder ein Jahr später, im Jahre 1797, seine „Metaphysik der Sitten“ veröffentlichte, deren Definition der Ehe allerdings jetzt und vor allem auch später einen Sturm der Entrüstung auslösen sollte. Die Ehe ist für ihn entstanden aus einer der drei Gemeinschaften des Hauswesens: „*Geschlechtsgemeinschaft* (commercium sexuale) ist der wechselseitige Gebrauch, den ein Mensch von des anderen Geschlechtsorganen und Vermögen macht (usus membrorum et facultatum sexualium alterius), und entweder ein *natürlicher* (wodurch seines Gleichen erzeugt werden kann), oder *unnatürlicher* Gebrauch“. Die Ehe stellt nur die *gesetzliche Form* einer solchen Gemeinschaft dar: Ehe ist also „die Verbindung zweier Personen verschiedenen Geschlechts zum lebenswierigen wechselseitigen Besitz ihrer Geschlechtseigenschaften“.[80] Zwar lehnt auch Kant die Zweckbindung der Ehe zur Kindererzeugung ab, doch die Idee der Liebesehe kennt er, im Gegensatz zu Schmalz und Fichte, nicht; und wenn Kant von der „Neigung der Geschlechter gegeneinander“[81] spricht, dann ist damit jedenfalls nicht von vornherein die Liebe gemeint.

[78] Ebenda, S. 316; vgl. hierzu auch die knappen Bemerkungen bei S. Buchholz, Recht, Religion und Ehe. Orientierungswandel und gelehrte Kontroversen im Übergang vom 17. zum 18. Jahrhundert, S. 425; anders G.A. Walz, Die Staatsidee des Rationalismus und der Romantik und die Staatsphilosophie Fichtes, S. 351, 374.

[79] Vgl. J.G. Fichte, Grundlage des Naturrechts nach Principien der Wissenschaftslehre (1796), S. 310 ff., 324 ff. – Fichte vertrat hier ebenfalls die Auffassung des frühen Schmalz: „Der Beischlaf ist die eigentliche Vollziehung der Ehe. ... Wo dieser geschehen ist, da ist die Ehe vorauszusetzen“ (ebenda, S. 324).

[80] I. Kant, Die Metaphysik der Sitten (1797), in: derselbe, Gesammelte Schriften VI, S. 277; vgl. ebenda, S. 277 ff.; siehe dazu auch (mit weiteren Hinweisen) die Ausführungen bei W. Kersting, Wohlgeordnete Freiheit, S. 312 ff.

[81] I. Kant, Die Metaphysik der Sitten (1797), in: derselbe, Gesammelte Schriften VI, S. 277.

Schmalz hat in der zweiten Fassung seines Essays „Ueber die Ehe“ von 1805 ausdrücklich die Liebe gegen die kantische Ehedefinition verteidigt: Die Reduzierung des Menschen auf ein Wesen, für das die Ehe nicht viel mehr als nur eine geregelte Form der wechselseitigen Befriedigung des Geschlechtstriebes bedeute, entwürdige „ein freies, vernünftiges Wesen, geschaffen zum Ebenbilde des Himmels, zu einem Werkzeuge der Thierheit. Wahrlich Kant irrt, wenn er meinte, daß dies dadurch vergütet werde, daß es gegenseitig geschehe. Behalten beide dadurch die Würde des Menschen, daß sie sich gegenseitig als Thiere behandeln?“. Die wahre eheliche Liebe allein gebe „unserm Herzen die wohlthätige Wärme, und unserm Geiste das sanfte Licht, in welchem Arbeiten gedeihen und alle Tugenden“.[82]

Indem er sich deutlich von dem „Unvermögen des absoluten und autoritären Staates, Verständnis für die vor- und unterstaatliche Sozialform zu entwickeln und den Einzelnen in den Freiraum familialer Intimität zu entlassen“,[83] distanziert, bestimmt Schmalz seinen eigenen Standort in der um 1800 geführten Diskussion über die Ehe. Mit Kant und Fichte lehnt er die – etwa noch von Justi vertretene[84] – strikte Zweckbestimmung der Ehe als Gemeinschaft zur Kindererzeugung und -aufzucht strikt ab. Gegen Kant wiederum beharrt Schmalz allerdings, und hierin weiß er sich mit Fichte einig, auf dem gefühlsmäßigen Fundament der Ehe, die eben keine bloße Geschlechtsgemeinschaft in rechtlicher Form, sondern auch eine Gemeinschaft gegenseitiger Zuneigung und Liebe zu sein hat, wenn sie den Namen einer Ehe wirklich verdienen soll. Die rechtlichen und religiösen Elemente einer Eheschließung hat Schmalz allerdings mit der Zeit deutlicher hervorgehoben, als es die beiden Philosophen getan hatten.

Noch zweimal, 1807 und 1831, hat Theodor Schmalz einen knappen Abriß seines Ehe- und Familienrechts gegeben. Im „Handbuch der Rechtsphilosophie“ werden noch einmal Hufeland und Kant kritisiert.[85] Als „heilige Verbindung“ sei die Ehe, so Schmalz, „ein Institut, nicht zur Fortpflanzung des menschlichen Geschlechts, sondern die Fortpflanzung des menschlichen Geschlechts moralisch erlaubt zu machen. Denn ohne diese Bedingung dieser Ausschließlichkeit ist

[82] Die Zitate aus: Ueber die Ehe, S. 125 f.
[83] S. Buchholz, Recht, Religion und Ehe. Orientierungswandel und gelehrte Kontroversen im Übergang vom 17. zum 18. Jahrhundert, S. 407.
[84] Vgl. ebenda, S. 410 ff.
[85] Vgl. Handbuch der Rechtsphilosophie, S. 452 ff.

jeder Beyschlaf der Menschheit unwürdig und abscheulich".[86] Die Rolle der Frau wird von Schmalz jetzt enger gefaßt: sie hat sich nach seiner Auffassung nun ausschließlich ihrer Funktion als Ehefrau und Mutter zu widmen.[87] Im Unterschied zu eigenen früheren Auffassungen verkündet Schmalz, „daß den Aeltern auch ein Recht zusteht, die Kinder zur Arbeit anzuhalten für den Familien-Erwerb".[88] Alle diese Positionen finden sich auch in Schmalz' letztem Werk, der „Wissenschaft des natürlichen Rechts" von 1831 wieder.[89] Hier und da hat sich sein Standpunkt noch deutlicher ausgeprägt: so wird etwa jetzt das Recht der Eltern zur Züchtigung ihrer Kinder ausdrücklich betont.[90]

Im Kern allerdings blieb Schmalz auch mit seinem Ehe- und Familienrecht der alte Naturrechtler, der er in den 1790er Jahren geworden war. Er bemühte sich in seinen späteren Publikationen zwar immer wieder, seine Definitionen und Erläuterungen, vor allem im Wortgebrauch, ins Restaurative abzubiegen und dem neuen Zeitgeist wenigstens anzunähern, aber er unterwarf sich doch andererseits nicht dem neuen Bemühen, „die Ehe an die Quellen eines persönlich und unmittelbar empfundenen Christen- und Kirchentums heranzuführen"; ebensowenig findet sich bei ihm eine konsequente „Absage an aufklärerische Rationalität und Traditionsfeindlichkeit"[91] – im Gegenteil: von diesen ist auch noch sein Spätwerk, trotz aller äußeren Distanzierungen, deutlich genug geprägt. Sein naturrechtliches Erbe hat Schmalz auch in seiner späteren Behandlung des Ehe- und Familienrechts nicht geleugnet, auch nicht etwa verdrängt. Zu den Romantikern unter den Politikern und Juristen der Ära nach 1806 und dann vor allem nach 1815 blieb eine nicht zu überbrückende innere Distanz bestehen.

[86] Ebenda, S. 456.

[87] Vgl. ebenda, S. 464: Es sei „dem weiblichen Geschlechte ... angemessen, keine andre als häusliche Geschäfte zu besorgen ...; nur die Unnatur barbarischer Wilden legt den Weibern andre Beschäftigungen auf, als Erziehung der Kinder, Sorge für die häusliche Wirthschaft und Bequemlichkeit des Mannes und der Familie. Der Mann soll erwerben, die Frau verwalten".

[88] Ebenda, S. 470.

[89] Vgl. Die Wissenschaft des natürlichen Rechts, S. 94–108.

[90] Vgl. ebenda, S. 106.

[91] S. Buchholz, Recht, Religion und Ehe. Orientierungswandel und gelehrte Kontroversen im Übergang vom 17. zum 18. Jahrhundert, S. 434.

§ 26 Völkerrecht

a) Die ersten Versuche (1790–1814)

Während seines juristischen Studiums an der Universität Göttingen[1] hatte sich Theodor Schmalz in einem Zentrum der in Deutschland sich noch entwickelnden Disziplin des Völkerrechts befunden,[2] und man wird davon ausgehen können, daß zu seinen Lehrern auch Georg Friedrich Martens, einer der Begründer der modernen Völkerrechtswissenschaft, zählte.[3] Von Martens stammt übrigens auch die Begriffsprägung „Europäisches Völkerrecht“,[4] die Schmalz später als Titel seiner Monographie zu diesem Thema wählen sollte. Nicht zuletzt hatte sein wichtigster Lehrer Pütter in seinem zusammen mit Achenwall verfaßten Lehrbuch „Elementa iuris naturae“ das Völkerrecht in seinen elementaren Grundzügen knapp abgehandelt.[5] So dürfte Schmalz also nicht ganz unvorbereitet gewesen sein, als er seinem ersten größeren Werk, der „Encyclopädie des gemeinen Rechts“ von 1790, auch einen kurzen Abschnitt „Vom Völkerrecht“ einfügte.[6]

Die Definitionen und Grundsätze sind allerdings so knapp und einfach wie möglich gehalten. „Völkerrecht“ wird definiert als „die Rechte und Pflichten, welche zwischen mehreren Staaten gegen einander sich denken lassen“, wobei zu beachten ist, daß sich Völker gegeneinander „verhalten ..., wie einzelne Personen in dem Stande der

[1] Siehe oben § 2 b).

[2] Vgl. G. Zieger, Die ersten hundert Jahre Völkerrecht an der Georg-August-Universität Göttingen. Vom Ius naturae et gentium zum positiven Völkerrecht, passim.

[3] Vgl. W. Habenicht, Georg Friedrich von Martens, Professor des Natur- und Völkerrechts in Göttingen. Eine biographische und völkerrechtliche Studie; D. Rauschning, Georg Friedrich von Martens (1756–1821). Lehrer des praktischen Europäischen Völkerrechts und der Diplomatie zu Göttingen, jeweils passim.

[4] Vgl. E. Reibstein, Das „Europäische Öffentliche Recht“ 1648–1815. Ein institutionengeschichtlicher Überblick, S. 420; Heinhard Steiger, Art. „Völkerrecht“, in: Geschichtliche Grundbegriffe. Historisches Lexikon zur politisch-sozialen Sprache in Deutschland, hrsg. v. Otto Brunner/Werner Conze/Reinhart Koselleck, Bd. VII, Stuttgart 1997, S. 97–140, hier S. 119.

[5] Vgl. G. Achenwall/J. S. Pütter, Anfangsgründe des Naturrechts (Elementa Iuris Naturae), S. 298–323.

[6] Vgl. Encyclopädie des gemeinen Rechts, ^{1}1790, S. 167–174.

Natur". Hieraus folge ebenfalls: „Wenn ein Volk mit Gewalt gezwungen ist zum Vertrage, so gilt er, wenn nicht die Gewalt *offenbar* ungerecht war. Denn zwischen Staaten ist kein Richter".[7] Die in den Jahren nach 1789/90 politisch sehr brisant werdende Frage nach dem Recht eines Staates, die Form seiner inneren politischen Ordnung selbst zu bestimmen – und zwar ohne Einmischung von außen –, wurde von Schmalz jetzt noch unzweideutig beantwortet: „Jeder souveräne Staat ist gänzlich Herr über seine Verfassung, auch der abhängige, in so fern nicht die Abhängigkeit selbst hierin ihn einschränkt".[8]

In der zweiten Auflage der „Encyclopädie" von 1804 war von dem optimistischen Fortschrittsglauben, in dem Schmalz 1794 „ein Emporsteigen des Völker-Rechts zu immer höherer Sittlichkeit ... in der Geschichte"[9] meinte wahrnehmen zu können, nur noch wenig zu spüren. Nunmehr wurde unter dem Stichwort „Krieg ist der Richtstuhl der Völker" aus gegebenem Anlaß dem Kriegsvölkerrecht breiten Raum eingeräumt.[10] Die hochpolitische Frage nach dem Recht der *auswärtigen Intervention* in einem von Revolution und Umsturz betroffenen Land wurde jetzt sehr viel differenzierter behandelt: „So wie ihres Gebietes, so ist jede Nation auch an sich Herr ihrer Constitution. Sie darf sie ändern, ohne daß andre Reiche darin sich mischen dürfen. Nur kann eine andre Nation durch *Guarantie* ein Recht erhalten, solchen Veränderungen sich zu widersetzen, wenn nemlich ein integrirender Theil der Souveränität sie dazu auffordert. Auch ist es keinem Zweifel unterworfen, daß jede Macht dem beystehen kann, der ihr bey Revolutionen widerrechtlich unterdrückt scheint". Immerhin ließ Schmalz anschließend die Einschränkung folgen: „Aber der rechtmäßige Regent, den eine Revolution des Throns auch noch so ungerecht beraubt hat, kann nicht fordern, daß andre Mächte die Usurpatoren nicht als Regenten anerkennen sollen, welche im Besitz der Macht sind".[11] Die 1796 und 1797 erschienenen knappen Abrisse des Völkerrechts von Fichte und Kant[12] hatten sich mit dieser Frage

[7] Die Zitate ebenda, S. 167f.

[8] Ebenda, S. 171.

[9] Bemerkungen zur Beantwortung der Fragen über das Verhältniß der Politik zur Moral, in: Annalen der Rechte des Menschen, des Bürgers und der Völker, hrsg. vom Professor SCHMALZ in Königsberg, 1. Heft, Königsberg 1794, S. 8.

[10] Vgl. Encyclopädie des gemeinen Rechts, ^{2}1804, S. 269–285; das Zitat S. 277.

[11] Die Zitate ebenda, S. 181.

[12] Vgl. J. G. FICHTE, Sämtliche Werke III, S. 369–382; I. KANT, Gesammelte Schriften VI, S. 343–351.

entweder – so Kant – überhaupt nicht, oder – so Fichte – in einer eher abseitigen Weise beschäftigt.[13]

In den Zusammenhang der völkerrechtlichen Arbeiten von Schmalz gehört auch die – nicht zufällig 1814 publizierte – Abhandlung „Von Großbritanniens Seerechten gegen andere Völker“,[14] in der er sich mit der antibritischen Propaganda der deutschen Napoleon-Anhänger, die in Berlin mit dem zeitweilig einflußreichen Publizisten Friedrich Buchholz eine wichtige Stütze hatten, scharf auseinandersetzt.[15] Die französisch inspirierte Propagandalegende von der angeblichen englischen Forderung nach „Herrschaft über das Meer“ vermag Schmalz mit dem einfachen Hinweis zu erledigen: „Was etwa ein britischer Schriftsteller behauptet haben mag, ist nicht als Fordrung der britischen Könige anzusehen“.[16] Auch andere Vorwürfe dieser Art weist er souverän zurück: So sei etwa die angeblich so anmaßende Forderung, britische Admiräle auf See „mit Streichen der Flagge zu grüßen“,[17] von Spanien und Frankreich ebenfalls erhoben worden. Der Streit zwischen Frankreich und England über gewisse Seegebiete in der Nordsee sei für andere Völker ohne Belang,[18] und der Vorwurf, der britische Handel benachteilige andere Völker, könne ebenfalls nicht ernsthaft erhoben werden: „... wie kann man auch eine Anklage gegen ein Land darauf gründen, daß es durch seinen Fleiß andern im Handel den Rang abgelaufen habe?“[19] Die „Anklagen über Englands angemaßte See-Rechte in Kriegszeiten“[20] seien zwar ernster zu nehmen, doch sie

[13] Vgl. J. G. Fichte, Sämtliche Werke III, S. 373: „Auf ein Volk, das keine Obrigkeit hat, sonach kein Staat ist, hat der benachbarte Staat das Recht, es entweder sich selbst zu unterwerfen, oder es zu nöthigen, dass es sich eine Verfassung gebe; oder es aus seiner Nachbarschaft zu vertreiben. Der Grund davon ist der: wer dem Anderen nicht Garantie für die Sicherheit seiner Rechte leisten kann, der hat selbst keine. Ein solches Volk würde sonach völlig rechtslos“. – An diese Bemerkung schließt allerdings Fichte einen langen Zusatz an, in dem breit dargelegt wird, warum „die fränkischen Republicaner“ (ebenda) gerade *kein* Volk ohne Obrigkeit oder Verfassung seien!

[14] Von Großbritaniens Seerechten gegen andere Völker, in: Annalen der Politik, hrsg. v. Theodor Schmalz, Bd. II, Berlin 1814, S. 58–80.

[15] Vgl. dazu u. a. O. Tschirch, Geschichte der öffentlichen Meinung in Preußen vom Baseler Frieden bis zum Zusammenbruch des Staates (1795–1806) II, S. 76ff., 130ff. u. a.; L. Herrmann, Die Herausforderung Preußens. Reformpublizistik und politische Öffentlichkeit in Napoleonischer Zeit (1789–1815), S. 85ff. u. a.

[16] Von Großbritaniens Seerechten gegen andere Völker, S. 61.

[17] Ebenda, S. 63.

[18] Vgl. ebenda, S. 64f.

[19] Ebenda, S. 67; die von Großbritannien erlassene *Navigationsakte* schließlich sei von den übrigen Mächten kaum zu beanstanden, da sie – als volkswirtschaftlich schädlich – in erster Linie den Briten selbst schade; vgl. ebenda, S. 67f.

[20] Ebenda, S. 69; vgl. auch ebenda, S. 69ff.

müßten jeweils von Fall zu Fall und nach sorgfältiger Einzelanalyse entschieden werden und seien jedenfalls nicht geeignet, ausgerechnet dem napoleonischen Frankreich als Propagandamittel gegen seinen Erzfeind zu dienen. Ihm selbst komme es, so Schmalz abschließend, zuerst und vor allem darauf an, der „Unwissenheit oder dem bösen Willen derer zu begegnen, welche in Journalen ... den Unterdrückern des festen Landes durch Verläumdung Englands das Wort reden ... Wer kann sich des Unwillens erwehren, wenn Unterdrücker Freiheit und Recht verheissen?“[21]

b) „Das europäische Völker-Recht“ (1817)

Seine einzige Monographie zu diesem Rechtsgebiet legte Schmalz unter dem Titel „Das europäische Völker-Recht“ 1817 vor. Sein Anspruch war denkbar bescheiden: Das Buch beabsichtige nur, heißt es in der Vorrede, „Lehrvorträgen über das europäische Völker-Recht als Grundlage zu dienen“; der Autor hoffe, so ließ sich Schmalz ebenfalls vernehmen, „dabei die Grenzen der Bescheidenheit nicht überschritten zu haben, welche dem Privatmann bei den Urtheilen über Staats-Sachen geziemt“ – obwohl er „oft Wünsche ausgesprochen“ habe „für das, was das Recht mir zu fordern, also wahrhafte Politik zu rathen scheint“.[22] Er definiert seinen Gegenstand durch Abgrenzung vom Staatsrecht einerseits und von der Politik andererseits: „Das Staatsrecht trennt den Verein in zwei moralische Personen, Souverain und Volk; das Völkerrecht nimmt den gesammten Verein, als Volk, für Eine moralische Person, und erforscht nur dessen Verhältniß zu denen, welche außer ihm sind. Beiden wird die *Politik*, welche die Mittel zum Zweck des Staats für die Anwendung finden und prüfen will, in Einem Mittelpunkte begegnen, obwohl sie von entgegengesetzten Punkten der Umfassungslinie ausgehet“.[23]

Nach einem Blick auf die diversen konkreten Bedingungen und Problemlagen, unter denen sich das moderne Völkerrecht herausgebildet hat (Handel, Entdeckung Amerikas, Gleichgewichtsproblematik, Heiratsverbindungen der Fürstenhäuser, öffentliche Meinung),[24] wird die Entwicklung der neueren Völkerrechtswissenschaft seit

[21] Ebenda, S. 79f.
[22] Die Zitate: Das europäische Völker-Recht, Berlin 1817, S. IIIf.
[23] Ebenda, S. 8.
[24] Vgl. ebenda, S. 18ff.

Grotius knapp skizziert[25] und der einstige Göttinger Lehrer Martens rühmend hervorgehoben.[26] Überhaupt fällt auf, daß der überzeugte Naturrechtler Schmalz auf *diesem* Rechtsgebiet stets auf der Ebene einer empirisch-konkreten Argumentation bleibt; noch Pütter und Achenwall hatten in ihren „Elementa iuris naturae" das Völkerrecht analog den übrigen Rechtsgebieten streng formal und systematisch abgehandelt und dabei auch das „absolute" vom „hypothetischen" Völkerrecht unterschieden.[27] Der Hauptgrund für diesen in der Tat auffallenden Tatbestand dürfte darin liegen, daß die Ereignisse der Zeitgeschichte seit 1789, vor allem die französisch-britische Konfrontation, derart stark auf die neueste Entwicklung des europäischen Völkerrechts eingewirkt hatten, daß ein 1817 unternommener Versuch, jene abgestandene Systematik aus der verschwundenen Ära des Ancien régime wieder zu neuen Ehren zu bringen, vermutlich lächerlich gewirkt hätte.

Die *erste* wichtigste Voraussetzung für die Entstehung des modernen Völkerrechts in Europa sieht Schmalz in der Etablierung des europäischen Mächtesystems als einer sich gegenseitig legitimierenden Ordnung souveräner Staaten.[28] Sodann nimmt er, *zweitens*, die

25 Vgl. ebenda, S. 27 ff.

26 Vgl. ebenda, S. 29: „*Martens* hat seine trefflichen Handbücher als vollendete Systeme herausgegeben; der erste, welcher das Ganze, und so würdig, umfaßte. Ihm verdankt die Wissenschaft auch einen Glanz, den sie unter den Zeitgenossen, und selbst unter Staatsmännern, gewonnen".

27 Vgl. G. Achenwall/J. S. Pütter, Anfangsgründe des Naturrechts (Elementa Iuris Naturae), S. 299 ff., 305 ff., 309 ff.

28 Vgl. Das europäische Völker-Recht, S. 33 ff. – Hier stellt sich bereits die – gerade für die Restaurationsära besonders zentrale – Frage nach der völkerrechtlichen Anerkennung einer durch Revolution entstandenen neuen Legitimität bzw. „neuen Souveränität"; Schmalz hat sich hierzu eher vermittelnd geäußert; vgl. ebenda, S. 37 f.: „Wenn ... gegen des bisherigen Souverains Willen, Empörer eine neue Souverainität gründen: so ist die Anerkennung dieser desto weniger Pflicht, je zweifelhafter das Recht dazu scheinen muß. In der Regel ist die Anerkennung des Empörers an und für sich eine kräftige Begünstigung der Empörung, also ein Unrecht gegen den rechtmäßigen Souverain. Die Ableugnung und die Verbergung heimlicher Unterstützung der Rebellen, wo man sie sich erlaubt, beweiset, daß man sie unerlaubt hält. Unstreitig ist also offne Anerkennung auch offne Verletzung des Rechts. Auch sollte jeder Souverain das Beispiel fürchten, daß Rebellen Unterstützung finden. ... Ist aber die Empörung, oder, wo sie diesen gelindern Namen verdient, die Umwälzung, so weit gediehen, daß der neuen Macht bereits der Besitz erworben, und dem vorigen Souverain die Wiedererlangung zweifelhaft geworden ist: so kann die Anerkennung nicht mehr als Unterstützung der Rebellion angesehen werden, als welche ja ohnehin geglückt ist. Darum war Kromwells, darum der französischen Republik Anerkennung ein Unglück, aber kein Unrecht". – Zur Problematik der Anerkennung „neuer Legitimität" im politischen Denken des 19. Jahrhunderts siehe auch Hans-Christof Kraus, Machtwechsel, Legiti-

„allgemeinen Rechtsnormen" der europäischen Völker in den Blick,[29] von denen zuerst das Christentum und „die *heilige Schrift*" herausgestellt werden: Zwar wäre es mißverständlich, „einzelne biblische Gesetze der Frömmigkeit, als Normen des äußern Rechts aufzustellen"; trotzdem habe in Europa immer der Grundsatz gegolten: „Was schlechthin unchristlich ist, soll doch unter Christen auch nicht geschehen". Deshalb habe „das Christenthum, wie überall für Rechtsverhältnisse, so auch für das Recht der Völker, mittelbar unendlich viel gewirkt" – zwar nicht als „unmittelbar bestimmende Entscheidungs-Quelle des Rechts", wohl aber als „Quelle der Sitten und Gewohnheiten der Menschen und der Völker".[30] In der 1815 zwischen Preußen, Österreich und Rußland geschlossenen Heiligen Allianz[31] sieht Schmalz denn auch das erste Anzeichen wenigstens der *Möglichkeit* eines neuen, christlich fundierten Völkerrechts.[32] Der universalistische Charakter des Christentums umfasse – im Gegensatz zum Partikularismus der antiken Kulte – „alle Menschen als Kinder Eines Vaters",[33] daher gehöre die christliche Religion bereits aus diesem Grund – daneben auch aus historischen Motiven[34] – zu den zentralen und unumstößlichen Rechtsnormen des europäischen Völkerrechts.

Eine weitere „allgemeine Entscheidungs-Quelle" des Völkerrechts ist *drittens* das Gewohnheitsrecht. Eine Gewohnheit wird dadurch definiert, „daß sie eben gegenseitig als *Regel geglaubt*, gegenseitig als Regel anerkannt werde; wenn gleich dieser Glaube, diese Forderung, dieses Anerkenntniß, nie ausdrücklich erklärt wären. Je länger die Gewohnheit bestanden hat, je mehr Handlungen sie bekräftigt haben,

mität und Kontinuität als Probleme des deutschen politischen Denkens im 19. Jahrhundert, in: Zeitschrift für Politik 45 (1998), S. 49–68.

29 Vgl. Das europäische Völker-Recht, S. 42 ff.

30 Die Zitate ebenda, S. 43.

31 Siehe hierzu statt vieler die vorzügliche Studie von Wolfram Pyta, Idee und Wirklichkeit der „Heiligen Allianz", in: Neue Wege der Ideengeschichte. Festschrift für Kurt Kluxen zum 85. Geburtstag, hrsg. v. Frank-Lothar Kroll, Paderborn – München – Wien – Zürich 1996, S. 285–314.

32 Vgl. Das europäische Völker-Recht, S. 43 f., besonders auch ebenda, S. 39: „Religion trennt weniger jetzt, als vormals die Mächte. Dürften wir hoffen, daß diese Annäherung, welche im achtzehnten Jahrhundert mehr von der Irreligion herbeigeführt scheint, jetzt auf ächtchristlichen Duldungssinn gegründet werde? Oesterreich katholischer, Rußland griechischer, Preußen evangelischer Religion haben 1815 ein christliches Bündniß geschlossen, und haben dadurch die Einheit aller Christen feierlich anerkannt".

33 Ebenda, S. 15.

34 Vgl. ebenda, S. 12 ff.

desto einleuchtender ist ihr Anerkenntniß; aber es ist weder eine gewisse Zahl von Handlungen, noch eine gewisse Dauer, was sie eigentlich begründet".[35] Zudem ändern sich die Gewohnheiten nicht selten im Laufe der Zeit.[36] Dennoch könne nicht zweifelhaft sein, „daß ein Gewohnheitsrecht so gut wie ein Gesetz, Anwendung nach *Analogie* zulasse und auf ähnliche Fälle angewendet werden könne".[37] Und schließlich seien es, *viertens*, Verträge, auf die sich das europäische Völkerrecht gründe[38] – freilich „nur auf *schriftliche Verträge*" und ausschließlich auf solche, die mit *„Freiheit der Einwilligung*"[39] geschlossen seien. Allerdings sei es „zugestanden und anerkannt, auch nur selten bestritten, daß ein ausbrechender Krieg frühere Verträge aufhebe".[40] – Nach einem eher konventionellen Überblick über die Fragen und Probleme des Gesandtschaftswesens[41] findet sich eine aufschlußreiche und für Schmalz typische Passage über den Erwerb von Kolonien; seine alte These des Arbeitseigentums,[42] die er bereits im frühen Naturrecht entwickelt hatte, wandte er nun auf eben diese Frage an – mit dem Resultat, daß er der damals allgemein üblichen Art der Aneignung fremder Landstriche im Kern die Legitimität ihres Rechtstitels streitig machte; allenfalls ließ er *Siedlungs*kolonien gelten.[43]

[35] Ebenda, S. 45 f.
[36] Vgl. ebenda, S. 44.
[37] Ebenda, S. 46.
[38] Vgl. ebenda, S. 47 ff.
[39] Die Zitate ebenda, S. 53.
[40] Ebenda, S. 69. – Schmalz handelt, ebenda, S. 58 ff., noch weitläufig über die verschiedenen Vertragsarten und auch über diverse, mit diesem Gegenstand zusammenhängende Fragen wie Geheimartikel, Garantien, Pfänder, Geiseln, unterlassene Erfüllung usw.
[41] Vgl. ebenda, S. 80–132.
[42] Siehe oben §§ 11 b), 12 a)-b).
[43] Vgl. Das europäische Völker-Recht, S. 136 f.: „Außer Europa ist gestritten über die erste Erwerbung eines Landes ... oder über die Gränzen der Erwerbung. Ehe bürgerliche Gesetze sind, mag nichts ursprüngliches Eigenthum erwerben, als Bearbeitung und Gestaltung der Sachen umher, welche die Natur allen Menschen darbietet; nichts mag also auch am Grundboden ein Eigenthum erwerben, als allein Bebauung desselben. Eigenthum soll Lohn des Fleißes, nicht Beute der Gewalt seyn; darum kann auch die bloße Besitzergreifung nicht Eigenthum geben, und überall kein Recht, welches über die Dauer des ergriffenen Besitzes selbst hinausdauerte. Es kann also auch ein europäisches Volk in den Wildnissen ferner Welttheile nicht Ländereien erwerben, als nur durch den Anbau seiner Colonisten, welche, indem ihr Pflug ihnen Eigenthum gewinnt, diesen Boden zugleich der Souverainität ihres Vaterlandes unterwerfen. Wie fern es selbst Recht sey, jene Ländereien den Urwohnern des Himmelsstrichs vorwegerwerben, ist unserm Völkerrecht eine fremde, aber leicht zu

Auch die bereits in den früheren völkerrechtlichen Abrissen behandelte Frage nach dem *Interventionsrecht* wird 1817 erneut aufgegriffen und breit ausgeführt. Noch jetzt, zur Zeit der beginnenden Restauration, argumentiert Schmalz allerdings durchaus differenziert und will Interventionen nur in absoluten Ausnahmefällen zulassen: „Jedes Volk, in sich selbst in Souveränität vereinigt, ist befugt seine Verfassung zu ordnen, und kein anderes Volk berechtigt, weder im Allgemeinen, noch im Einzelnen, Einrichtungen vorzuschreiben oder zu hindern. Gleichwohl werden oft Fälle eintreten können, die andre Mächte wirklich berechtigen, in Staatsveränderungen einzugreifen; freilich sind die häufiger, wo Eigennutz nur Vorwände der Einmischung sucht".[44] Ein völkerrechtlich geregeltes Recht zum Eingriff in die inneren Angelegenheiten eines Nachbarlandes, das sich durch „allgemeine Umwälzungen" eine neue Verfassung gegeben hat, besteht also keineswegs.[45]

Ein solcher absoluter Ausnahmefall liegt allerdings dann vor, wenn die revolutionäre Veränderung, die sich in einem Land vollzogen hat, nach außen getragen werden soll: „Als Frankreich jacobinische Ausgesandte durch Europa zerstreute, um unter ruhigen Völkern unruhige Menschen gegen ihres Vaterlandes Souverain und Verfassung aufzuregen; ... so mußte das jedes mit dem Gefühl des Rechts erfüllte Gemüth empören".[46] Und Schmalz fügt hinzu, daß „gänzliche Veränderungen ..., mit Zerstörung aller Einrichtungen und Stände, ... immer aus Leidenschaften" hervorgehen; „Leute, von Ehrgeitz und Habsucht getrieben, maaßen sich eine Gewalt wider das Gesetz an, indem sie durch Geschwätz die Begriffe von Freiheit verwirren und

entscheidende Frage. Ackerbauende Völker haben Grundeigenthum, eben durch Bebauung erworben. Wer dürfte sie verdrängen, oder die Gräuel der Cortez und Pizarro entschuldigen? Aber wo bloß wilde Jäger streifen, oder der unstete Viehhirt nur durchzieht, durch welches Recht könnte da der Anbau des herrenlosen Bodens dem fleißigen Ankömmling verwehrt werden? ... – Also Erwerbung nur durch Anbau, und die Erwerbung nur so weit, als der Anbau, und nur so weit. ... Denn der Anbau allein entscheidet und bestimmt seine Gränze". – Siehe auch: Die Wissenschaft des natürlichen Rechts, S. 56.

[44] Das europäische Völker-Recht, S. 142 f.

[45] Vgl. auch ebenda, S. 144: „Allgemeine Umwälzungen nun – wenn ein Volk sie unternimmt, so ist überall wahr, daß es deshalb andern Völkern zu keinerlei Rechenschaft verbunden ist; und wenn die Aenderung gerecht und weise scheint, wenn sie von denen ausgeht, welche gesetzlichen Beruf haben für Recht und Glück ihres Vaterlandes zu sorgen: so muß nothwendig jede hindernde Einmischung für ungerecht erkannt werden".

[46] Ebenda, S. 143.

durch dunkle Bilder und Aussichten die unwissende Menge aufregen".[47] Gefährlich werde es vor allem dann, wenn – wie nach 1792 geschehen – radikale Revolutionäre innere Spannungen nach außen abzulenken versuchten: „Denn wer mit Unrecht die Gewalt an sich gerissen, fürchtet, daß bei ruhiger Besinnung das Volk alles von dem fürchten werde, der das Unrecht ja nicht gescheut; und daß die Ruhe gar bald die Mißgestalt der neuen Verfassung aufdecken werde, welche Selbstsucht, Uebereilung und Betrug entworfen haben. Und solche Furcht trieb 1792 die Jacobiner in den Krieg mit Oesterreich und Preußen, dann mit Großbritannien, dann mit der Welt. Und wann hätte Buonaparte den Zeitpunct zu ruhigem Regimente gefunden?" Schmalz resümiert: „Also mag solcherlei Umwälzung allerdings andre Völker berechtigen, ihre Ruhe zu sichern, und das Beispiel siegender Empörung zu verhüten".[48]

An diesem Punkt kommt auch noch einmal die Religion ins Spiel: Zwar sei nicht mehr anzunehmen, daß noch einmal Religionskriege zwischen christlichen Staaten geführt würden, auch hätten „die neuern Zeiten ... der Religion wegen weniger blutige Unruhen erzeugt". Dennoch sei „überall ... doch als Recht anerkannt, daß eine Macht sich ihrer Glaubensgenossen im Auslande annehmen dürfe; sie ist berechtigt, durch friedliche Vorstellungen den unterdrückenden Souverain an die Pflicht christlicher Duldung zu erinnern, und im äußersten Falle Wiedervergeltung auszuüben".[49] In besonders schweren Fällen könne auch eine Intervention aus religionspolitischen Gründen nicht ausgeschlossen werden: „Aber selbst mit Waffen Glaubensgenossen zu schützen, hat man im äußersten Fall für recht gehalten und gewiß mit mehrerem Grunde, als jene Wiedervergeltung, besonders wo durch Verträge kirchliche Rechte zugestanden waren".[50] Die weiteren politischen Ereignisse dieser Ära, vor allem die Konflikte auf dem Balkan und die Aktionen Rußlands gegen das Osmanische Reich – die offiziell als Beistand für unterdrückte Christen legitimiert wurden –, zeigen, daß Schmalz mit diesen Passagen seines „Europäischen Völkerrechts" nur ein politisches Phänomen jener Zeit auf den Begriff gebracht hat.[51]

47 Ebenda, S. 144f.

48 Die Zitate ebenda, S. 145f.; vgl. auch ebenda, S. 248.

49 Die Zitate ebenda, S. 168f.; es heißt (ebenda, S. 169) weiter: „Ich zweifle, daß solche Wiedervergeltung mit Recht gegen eigne Unterthanen geübt werden könne, welche Glaubensgenossen des Unterdrückers sind. Wie kann der englische Catholik mit Recht büßen, was in Frankreich gegen Protestanten geschehen mag?"

50 Ebenda, S. 169.

51 Siehe auch die Bemerkungen ebenda, S. 203!

Weitere Passagen der Darstellung sind diversen Einzelfragen und -problemen gewidmet, von denen wiederum ein mehrfach vorgetragenes, nachhaltiges Plädoyer für eine möglichst ungehinderte Handelsfreiheit[52] das Schmalzsche Völkerrecht mit seinen ökonomischen Überzeugungen verbindet; so lautet ein für diesen Autor typischer Stoßseufzer: „Wie viel edler würde unsre Politik, wie viel gerechter unser Völkerrecht seyn, wenn erst überall die wahren Grundsätze aller Staatswirthschaft verstanden würden. Nach ihrem Verstehen würde die Ueberzeugung von selbst kommen".[53]

Immanuel Kant hatte den „Naturzustand der Völker" als einen Zustand bezeichnet, „aus dem man herausgehen soll, um in einen gesetzlichen zu treten", und insofern sei „vor diesem Ereigniß alles Recht der Völker und alles durch den Krieg erwerbliche oder erhaltbare äußere Mein und Dein der Staaten bloß *provisorisch*"; es könne „nur in einem allgemeinen *Staatenverein* ... *peremtorisch* geltend und ein wahrer *Friedenszustand* werden". Genau deshalb sei „das letzte Ziel des ganzen Völkerrechts" nichts weniger als „der *ewige Friede*".[54] Schmalz hingegen vertrat gegen Kant die Auffassung, daß der zwischenstaatliche Naturzustand nicht zu überwinden und schon gar kein „ewiger Friede" erreichbar sei: „Ewiger Frieden ist unter Völkern so wenig zu hoffen, wie unter Einzelnen, und ein Tribunal, welches einen Welt-Frieden, wie den Land-Frieden aufrecht erhielte, in der Wirklichkeit nicht möglich, im Ideal nicht zu wünschen".[55] In dieser Frage erwies sich Schmalz, sicher auch unter dem Eindruck der unmittelbar vergangenen Kriegs- und Revolutionsepoche, als der größere Realist, der sich gegenüber den universalistisch-utopischen Entwürfen – sei es nun der „ewige Friede", sei es die „Monarchia universalis", die allgemeine „Völkerrepublik" oder irgendein „Weltstaat" – eine gesunde Skepsis bewahrte.[56]

Schmalz setzte dagegen auf eine künftige Erneuerung und Stärkung der Gleichgewichtsidee; nur die Etablierung und Absicherung eines neuen europäischen Gleichgewichts unter den großen Mächten konnte für ihn den 1815 endgültig geschlossenen Frieden für die Zukunft sichern. Hauptzweck „des Gleichgewicht-Systems" sei zuerst und vor

[52] Vgl. ebenda, S. 172, 193 ff.
[53] Ebenda, S. 172.
[54] I. KANT, Gesammelte Werke VI, S. 350.
[55] Das europäische Völker-Recht, S. 204 f.
[56] Vgl. zum ganzen auch ebenda, S. 202 ff.

allem „Verhinderung irgend einer Obermacht, welche andre Souveraine zwingen konnte, wider ihren Willen, wider den entschiedenen Vortheil ihrer Völker zu handeln".[57] Nur ein von allen Nationen respektiertes Gleichgewicht könne die bestehenden Besitzstände der Völker Europas garantieren: „Das Gleichgewicht der Macht aber wird, wie alles was in öffentlichen Angelegenheiten der Menschen heilsam und vortheilhaft ist, wieder vornemlich durch Gerechtigkeit erhalten. Gerechtigkeit will nun vorzüglich, daß der *Besitzstand* überall geschützt werde, bis seine Veränderung rechtlich nothwendig geworden ist. Darauf sollte also die Politik aller Höfe schlechthin dringen, daß der Besitzstand überall aufrecht und heilig erhalten werde".[58] Eine auf den ersten Blick einleuchtende, auf den zweiten allerdings ausgesprochen problematische Formulierung: denn Schmalz ließ es im weiteren Verlauf seiner Darstellung unerörtert, *wann* und *unter welchen Umständen oder Bedingungen* die Veränderung eines Besitzstandes „rechtlich nothwendig" werden könne.

Dem völkerrechtlichen Zentralthema der juristischen Bestimmung von Krieg und Frieden sind die letzten drei Abschnitte des „Europäischen Völkerrechts" gewidmet. In seinen Ausführungen über Kriegserklärung und Kriegführung, Nichtdiskriminierung des Gegners, Formen des Friedensschließens und Neutralitätsrechte,[59] befindet sich Schmalz noch ganz im Horizont des traditionellen Jus Publicum Europaeum.[60] Aufschlußreich sind noch zwei weitere Aspekte; *erstens* die Befreiung von Usurpation: Zwar gehöre „zu den unerlaubten Mitteln dem Feinde zu schaden, ... auch die Umwälzung

[57] Ebenda, S. 207; aufschlußreich auch die gleich anschließende, einschränkende Bemerkung (ebenda): „Es sollte keine todte Ruhe in Europa gewirkt, es sollten nicht kleinere Staaten gehindert werden, sich zu Mittelmächten, und diese nicht, sich zu großen, auf gerechten Wegen, selbst auch durch Krieg und Eroberungen zu erheben. So wenig als man verhindern konnte und sollte, daß nicht Thorheit und Trägheit, Tyrannney und Irreligion auch große Reiche zu Ohnmacht erschlafften; so wenig sollte neue Macht, sondern nur gefährliche Obermacht gehindert werden". Diese Reminiszenz an die Geschichte Preußens im 18. Jahrhundert durfte bei Schmalz in diesem Zusammenhang wohl nicht fehlen!

[58] Ebenda, S. 208 f.; vgl. ebenda, S. 209: „Der Besitzstand allein giebt dem äusserlichen Rechte einen sichern Punkt; und begründet ein förmliches Recht, welches uns in bürgerlichen Verhältnissen selbst meist statt des wesentlichen gelten muß, eben weil Menschen in den Verwicklungen der Thatsachen dieses selten mit Gewißheit erkennen".

[59] Vgl. ebenda, S. 220 ff., 226 ff., 234 ff., 254 ff., 259 ff., 278 ff.

[60] Klassisch dargestellt durch Carl Schmitt, Der Nomos der Erde im Völkerrecht des Jus Publicum Europaeum, 3. Aufl., Berlin 1988, S. 111–186.

der Verfassung seines Staates, oder Aufwieglung der Unterthanen gegen ihren Souverain; ausgenommen, wo grade der Zweck des Krieges die Herstellung einer Verfassung wäre, welche Empörer oder Usurpatoren widerrechtlich eingeführt haben; oder wo ein Volk grade von einer Usurpation befreit werden soll"[61] – freilich wieder eine durchaus interpretationsbedürftige Formulierung.

Und *zweitens* das Thema der *„Auxiliar-Truppen"*, also der Hilfstruppen verbündeter Mächte – ein im eben vorübergegangenen napoleonischen Zeitalter höchst aktuelles Thema, hatte doch der französische Empereur die kleineren mit ihm mehr oder weniger freiwillig „verbündeten" Länder gezwungen, ihm Hilfstruppen für seine Feldzüge zu stellen. Hier argumentiert Schmalz konsequent: Auch wenn diese Hilfstruppen nur unter Drohung und Zwang zur Verfügung gestellt werden, hat ein in dieser Weise von einer Großmacht erpreßtes kleineres Land kein Recht, vom Kriegsgegner als neutral behandelt oder auf eine andere Weise geschont zu werden – es sei denn, der Gegner gestatte „wirklich der Auxiliar-Macht die Rechte der Neutralität", so etwa, wenn die Zahl der Hilfstruppen ungewöhnlich gering sei. Ansonsten gelte: „Immer aber wird der Politik des Gegners die Wahl rechtlich frei bleiben, und die Auxiliar-Macht kann nie ein Recht haben, als neutral behandelt zu werden, wenn jener nicht freiwillig übersehen will, daß sie seinen Feinden Beistand leistet".[62]

Auch an anderen Stellen des Buches wird deutlich sichtbar, daß die Erfahrungen der jüngst vergangenen, durch Revolution, Fremdherrschaft und Krieg geprägten Epoche die Darstellung und die in ihr vertretenen Auffassungen unübersehbar beeinflußt haben.[63] Die Skepsis gegenüber dem „ewigen Frieden" und der „Universalmonarchie", die Warnung vor jeder Art von Hegemonie und das Lob des Gleichgewichts, der immer wieder ausgesprochene Abscheu vor Umsturz und Revolution, schließlich die offene Auseinandersetzung mit der Politik Bonapartes sind integrale Bestandteile dieses Buches, das auf diese Weise zu einem parteiergreifenden und damit zu einem politischen Buch geworden ist. Kurz gesagt: „Das europäische Völker-Recht" stellt weit mehr dar, als nur das trockene Lehrbuch einer Teildisziplin der Jurisprudenz.

[61] Das europäische Völker-Recht, S. 248.
[62] Die Zitate ebenda, S. 272f.
[63] Siehe etwa ebenda, S. 21, 32, 48, 53f., 143, 145f., 165, 177, 209f., 226 u. v. a.

Das Buch, das auch von der jüngeren Wissenschaft durchaus zur Kenntnis genommen worden ist,[64] fand unter den Zeitgenossen nur eine eher mäßige Resonanz. In den einschlägigen Sammlungen, etwa der „Neueren Literatur des Völkerrechts“ von Kamptz, fehlte es zwar nicht,[65] doch das Urteil fiel zumeist nichtssagend aus, wie etwa Friedrich Schlegels für Metternich verfaßte „Kurze Anzeige neuer politischer Schriften“, die noch den bezeichnenden, fraglos auf den „Tugendbundstreit“[66] anspielenden Zusatz enthielt: „Der Verfaßer ist hinreichend bekannt“.[67] Vernichtend urteilte 1844 der Jurist Hugo Hälschner: Das „Europäische Völkerrecht“ von Schmalz wird von ihm ohne weitere Begründung (vermutlich ebenfalls unter dem Eindruck der Erinnerung an die Ereignisse von 1815/16) kurzum als „ein seichtes Geschwätz, eine moralisirende Salbaderei, aufgeputzt mit einigen seit 50 Jahren stereotyp gewordenen historischen Beispielen“[68] abqualifiziert.

Anders – nämlich differenziert, wenn auch keineswegs unkritisch – äußerte sich der Völkerrechtler Carl von Kaltenborn in seiner 1847 erschienenen „Kritik des Völkerrechts“, der Hälschners Invektive ausdrücklich zurückwies[69] und immerhin darauf aufmerksam machte, daß Schmalz' Buch die erste Zusammenfassung des europäischen Völkerrechts in dieser Epoche gewesen sei, als ein Werk, das „geradezu die Bahn brach“. Es sei „überhaupt schon verdienstlich genug“ gewesen, „durch den ersten Versuch eines solchen Werkes die Literatur zu neuem Eifer anzuspornen“.[70] Zwar sei das Buch von seinem Inhalt her nicht „von grosser Bedeutung“, weil der Autor „die von ihm geahnte Aufgabe angestrebt, aber sehr unvollkommen gelöst“ habe, doch es sei immerhin durchaus „verdienstlich“ gewesen, „dass *Schmalz* auf die

[64] Vgl. u. a. H. Gollwitzer, Europabild und Europagedanke. Beiträge zur deutschen Geistesgeschichte des 18. und 19. Jahrhunderts, S. 190; W. G. Grewe, Epochen der Völkerrechtsgeschichte, S. 543, 585; H. Steiger, Art. „Völkerrecht“, S. 126.

[65] Vgl. Carl Albert von Kamptz, Neue Literatur des Völkerechts seit dem Jahre 1784; als Ergänzung und Fortsetzung des Werks des Gesandten von Ompteda, Berlin 1817, S. 54; vgl. ebenda, S. 9, 183.

[66] Siehe dazu oben § 8.

[67] F. Schlegel, Kritische Ausgabe, Bd. XXI: Fragmente zur Geschichte und Politik, S. 350.

[68] Hugo Hälschner, Zur wissenschaftlichen Begründung des Völkerrechts, in: Zeitschrift für volksthümliches Recht und nationale Gesetzgebung 1 (1844), S. 26–66, hier S. 49 f.

[69] Vgl. C. von Kaltenborn, Kritik des Völkerrechts nach dem jetzigen Standpunkte der Wissenschaft, S. 174, Anm. *.

[70] Die Zitate ebenda, S. 173.

Macht der *Gewohnheit* als eine Quelle des Völkerrechts aufmerksam machte", und außerdem sei „das Buch dem *ersten* Anfänger zur einleitenden Uebersicht wegen seiner Leichtigkeit zu empfehlen".[71] Sehr knapp urteilte in neuerer Zeit Wilhelm Grewe, der Schmalz zu den „noch im Schatten der Heiligen Allianz wirkenden Autoren minderen Ranges" zählt, für die es „selbstverständlich" gewesen sei, „daß sie sich an die überkommenen Formeln hielten".[72]

Die älteren und neueren Kritiker haben immerhin übersehen, daß sich die (ohne Frage nicht herausragende) Darstellung des europäischen Völkerrechts, die Schmalz 1817 vorlegte, nicht nur durch eine im allgemeinen durchaus gelungene und gefällig – also gut formuliert und übersichtlich aufgebaut – dargebotene Präsentation des doch schwer überschaubaren und disparaten Stoffes auszeichnete. Darüber hinaus enthielt sie weitere Vorzüge: Durch ihren beständigen Rekurs auf die Ereignisse der Zeitgeschichte konnte sie, wie im Falle des Problems der „Auxiliar-Truppen", neue und aktuelle Themen aufgreifen. Und außerdem hatte Schmalz fraglos auch eigenständige neue Ideen zu bieten: So ist etwa an seine These zu erinnern, daß Kolonisation nur in der Form der Besiedlung bisher unbesiedelter Gebiete völkerrechtlich zulässig sein dürfte. Hierbei mag es sich ausschließlich um Kleinigkeiten handeln, doch auch diese dürfen, wenn es sich um eine Gesamtwürdigung der Leistung von Schmalz auf dem völkerrechtlichem Gebiet handelt, nicht übersehen werden.

[71] Die Zitate ebenda, S. 174f.

[72] W. G. Grewe, Epochen der Völkerrechtsgeschichte, S. 543.

§ 27 Lehr- und Handbücher

Überblickt man die reiche wissenschaftliche Produktion, die Theodor Schmalz hinterlassen hat, dann fällt bereits bei einer ersten Durchsicht seines Schriftenverzeichnisses auf, daß den Hauptanteil seines Werkes eine Reihe von teilweise recht umfänglichen und meistens in mehreren Auflagen erschienenen Lehr- und Handbüchern ausmachen, die oft als Grundlage für Vorlesungen vorgesehen waren. Schmalz verfaßte nicht nur Handbücher zu seinen Hauptgebieten: der Rechtsphilosophie, dem Staatsrecht und den Kameralwissenschaften, sondern auch zu den Nebengebieten seiner wissenschaftlichen Tätigkeit: zum „gemeinen Recht", zum deutschen Land- und Lehnrecht, zum römischen Recht und zum kanonischen Recht. Standen diese Nebenwerke zwar nicht im Vordergrund seines Schaffens, so verdienen doch auch sie eine größere Aufmerksamkeit als sonst üblich, zumal, wie in anderem Zusammenhang mit Recht festgestellt wurde, „die forscherliche Auswertung von Lehrbüchern ... noch in den Anfängen"[1] steckt.

Während Schmalz seine wissenschaftliche Hauptleistung in seinen umfangreichen Werken zur Rechtsphilosophie, zum Staatsrecht und zur Kameralwissenschaft erbracht hat, dürfen seine Lehr- und Handbücher zur juristischen Enzyklopädie und anderen Rechtsgebieten durchaus als Nebenwerke aufgefaßt werden; sie gelangen in der Regel, wie bereits 1865 treffend gesagt wurde, „nicht zu neuen Resultaten, sondern verarbeiten nur in geistreicher und nicht selten recht glücklicher Weise die Forschungen Anderer".[2] Immerhin befanden sie sich durchaus auf der Höhe ihrer Zeit, was vor allem von Schmalz' Erstlingswerk, der „Encyclopädie des gemeinen Rechts" von 1790, gesagt zu werden verdient. Bereits sein Lehrer Pütter hatte mit seinen ersten „Versuchen" einer juristischen Enzyklopädie von 1757 und 1767 eine neue Form der juristischen Propädeutik entworfen, die

[1] Laetitia Boehm, Wissenschaft – Wissenschaften – Universitätsreform. Historische und theoretische Aspekte zur Verwissenschaftlichung von Wissen und zur Wissenschaftsorganisation in der frühen Neuzeit, in: dieselbe: Geschichtsdenken – Bildungsgeschichte – Wissenschaftsorganisation. Ausgewählte Aufsätze von L. B. anläßlich ihres 65. Geburtstages, hrsg. v. Gert Melville/Rainer A. Müller/Winfried Müller (Historische Forschungen, Bd. 56), Berlin 1996, S. 549–585, hier S. 573.

[2] C. von Kaltenborn, Art. „Schmalz", S. 248.

dann von seinen zahlreichen Schülern, allen voran von Schmalz und Hugo, aufgegriffen, variiert und fortgeführt wurde.[3]

Seine „Encyclopädie" von 1790 bezeichnete der soeben erst zum Ordinarius in Königsberg berufene junge Autor[4] nur als bescheidenen „Leitfaden" zur allgemeinen Orientierung; der „mündliche Unterricht" mache „eigentlich das Ganze erst aus".[5] Ihm sei es weniger darauf angekommen, „zu zeigen, wie die einzelnen Zweige der Rechtswissenschaft in einander greifen", sondern er habe sich bemüht, „die vorzüglichsten *Rechtsverhältnisse* aufzuzählen, und ihre Quellen zu zeigen, ohne die mancherlei Rechte und Pflichten selbst, die aus ihnen entstehen, näher zu entwickeln".[6] Die Darstellung gliedert sich in sieben „Bücher", von denen die beiden ersten vom „reinen" und vom „angewandten" Naturrecht handeln; es folgen das römische, das kanonische, das „teutsche" und das Völkerrecht, und den Schluß bildet der Abschnitt „Von der Anwendung und dem Studium des gemeinen Rechts". Schon in der Vorrede heißt es, sehr charakteristisch für den frühen Schmalz: „Naturrecht schien mir desto nothwendiger den Anfang machen zu müssen, weil das Fortgehen vom Historischen zum Abstracten gemeinhin unterbleibt, und daher der zahllose Haufe undenkender Köpfe in den Aemtern des Staats".[7]

Die innere Systematik der Darstellung bleibt – trotz der auf den ersten Blick klaren Gliederung in sieben „Bücher" – in der ersten Fassung noch recht unübersichtlich: Zwar unterscheidet Schmalz generell Naturrecht und positives Recht, definiert dann aber das (dem Naturrecht untergeordnete) „Gemeine Recht" als Naturrecht, zu dem auch „einige positive Rechte"[8] und schließlich noch das Völkerrecht gehören. Das Naturrecht läßt sich wiederum in ein „reines" und ein „angewandtes" Naturrecht unterteilen,[9] während der Autor unter „einigen positiven Rechten" das römische, das „teutsche" und das kanonische Recht versteht. Isoliert von dieser Systematik, die nur die Bücher I bis VI umfaßt, steht das VII. Buch, das dem Studium und

3 Vgl. M. Stolleis, Geschichte des öffentlichen Rechts in Deutschland I, S. 314; zum Zusammenhang siehe auch L. Björne, Deutsche Rechtssysteme im 18. und 19. Jahrhundert, bes. S. 18 ff., zu Schmalz ebenda S. 39.

4 Siehe oben § 3 a)-b).

5 Encyclopädie des gemeinen Rechts, [1]1790, S. VII.

6 Ebenda, S. VI.

7 Ebenda, S. VIII.

8 Ebenda, S. 7.

9 Siehe dazu auch oben § 11 a).

der Anwendung des Rechts gewidmet ist.[10] Schmalz ist, wie Jan Schröder feststellte, in der Tat der erste juristische Systematiker gewesen, der 1790 in der ersten Auflage seiner „Encyclopädie“ „die Lehre der juristischen Praxis von den andern Teilen des Rechts“ gesondert hat.[11]

Den Vorrang des Naturrechts und überhaupt einer philosophischen Rechtsbetrachtung schärft Schmalz seinen Lesern von Anfang an ein, indem er die Jurisprudenz als „die Wissenschaft von vollkommenen Rechten und Pflichten – oder von *vollkommnen Gesetzen* [sic], in so fern sie bereits existiren, nicht in so weit sie gegeben werden könnten oder sollten“, definiert. Ganz im Gegensatz zum späteren Standpunkt der Historischen Schule schließt der frühe Schmalz die Gesetzgebung aus dem Umkreis seiner Wissenschaft ausdrücklich aus: „Die Weisheit des Gesetzgebers gehört nicht in ihr [der Jurisprudenz, H.-C.K.] Gebiet, obwol sie der Gesetzgebung ihre Wahrheiten und Erfahrungen, und diese ihr hinwieder ihren Geist für die Erklärung der Gesetze leihen muß“.[12] Ungeachtet dieses Vorrangs definiert Schmalz die Jurisprudenz *als Ganzes* anschließend doch im umfassenden Sinne als übergreifende Einheit aus natürlich-philosophischem und positiv-historischem Recht.[13] Und trotz seiner naturrechtlichen Ausrichtung und Prägung hat Schmalz ebenfalls – und mit Nachdruck – auf die Bedeutung des positiven Rechts und seiner Quellen hingewiesen, auch und gerade für die Einrichtung der juristischen Ausbildung.[14]

[10] Dazu siehe näheres unten § 28 a).

[11] J. Schröder, Wissenschaftstheorie und Lehre der „praktischen Jurisprudenz“ auf deutschen Universitäten an der Wende zum 19. Jahrhundert, S. 52.

[12] Die Zitate aus: Encyclopädie des gemeinen Rechts, ^{1}1790, S. 5 f.

[13] Vgl. ebenda, S. 6: „So umfasset denn die Jurisprudenz eigentlich alles, was je unter Menschen vollkommenes Recht war und ist; indem sie nicht nur alle natürlichen Rechte und Pflichten aus ihrem obersten Grundsatz entwickelt, sondern auch historisch alles aufzählt, was unter den Völkern aller Zeiten als allgemeines Recht angenommen ward“. – Aufschlußreich auch die gleich hierauf folgende Einschränkung: „Aber die Kenntniß der Rechte auch nur eines einzigen gebildeten Volks mag einen thätigen Mann hinlänglich für sein ganzes Leben beschäfftigen [sic]. So schränke dann der Jurist sich ein, vorzüglich nur die Rechte zu studiren, die er für die Verwaltung der Geschäffte seines Vaterlandes kennen muß“ (ebenda).

[14] Vgl. ebenda, S. 175: „Die Rechtsverhältnisse, die in europäischen Staaten Statt haben, sind entweder aus dem gemeinen Rechte ... oder aus dem besonderen Rechte des Staats entsprungen. Bei ihrer Beurtheilung muß man sorgfältig ihre wahren Quellen aufsuchen, und dann die besondern Bestimmungen bemerken, welche entweder das gemeine Recht den Landesinstituten *giebt* und *geben kann*, oder welche das Landesrecht dem aus dem gemeinen Recht entstandenen gegeben hat“.

In zweiter, „gänzlich umgearbeiteter" Auflage, wie es bereits auf dem Titelblatt heißt, hat Schmalz seine „Encyclopädie des gemeinen Rechts" 1804 herausgebracht. Im Umfang erweiterte sich das Werk von 180 auf stolze 286 Druckseiten, und auch im Aufbau und damit in seiner Systematik wurde die Darstellung übersichtlicher. Sie gliederte sich jetzt in drei Hauptteile: erstens *Naturrecht*, zweitens *positives Recht* und drittens *Völkerrecht*. Die Komplexe Staats-, Kirchen- und Familienrecht fielen wiederum dem ersten Teil zu – mit der Begründung, daß Staat, Kirche und Familie diejenigen drei „Verhältnisse" aus „der zahllosen Menge wirklicher oder möglicher Verhältnisse unter den Menschen" seien, „welche in der That auch dadurch ein wissenschaftliches Ganze ausmachen, daß sie theils alle übrige Verhältnisse modificiren, theils die absolute Bedingung aller Cultur der Menschen zur Humanität sind".[15] Das enthob ihn freilich nicht der Pflicht, auch im zweiten, positivrechtlichen Teil wenigstens das „Teutsche Staatsrecht" und ebenfalls das kanonische Recht in knappen Überblickskapiteln zu behandeln.[16] Die Einheit des Abstrakt-Normativen und des Konkret-Gegebenen im Recht hat der entschiedene Naturrechtler Schmalz im Rahmen seiner enzyklopädischen Gesamtdarstellung also gewahrt, oder doch wenigstens zu wahren versucht.

Bemerkenswert bleibt auch seine Begründung der *Möglichkeit* einer enzyklopädischen Darstellung des gemeinen Rechts mit einem umfassenden und allgemeinen – jedenfalls über den deutschen Bereich im engeren Sinne hinausreichenden – Anspruch: „In den Ländern des neuen Europa hat die Cultur im Ganzen eine so ähnliche Gestalt, Gewerbe, Sitten und Einrichtungen sind in allen [sic] so gleich, daß schon in dieser Rücksicht ein für Europa gemeines Recht sich würde denken lassen. Diese Gleichheit der europäischen Völker erklärt sich leicht. Denn sie alle haben ihre Cultur von den Römern und durch die Römer überkommen";[17] ebenfalls habe, so Schmalz weiter, die gemeinsame christliche Religion einheitsstiftend gewirkt. Das bedeutet: Schmalz konstruiert die Einheit des Rechts nicht nur mittels seines naturrechtlichen Instrumentariums; er argumentiert also keineswegs nur philosophisch, sondern eben auch historisch. Freilich bleibt festzuhalten, daß sich das historisch-konkrete Element seines Denkens erst in der Zeit nach 1800 deutlicher auszubilden begann.

[15] Encyclopädie des gemeinen Rechts, ^{2}1804, S. 51 f.
[16] Vgl. ebenda, S. 175 ff., 221 ff.
[17] Ebenda, S. 3.

Insofern verwundert es nicht, daß Schmalz auch das römische Recht zu den Grundlagendisziplinen des juristischen Studiums gezählt hat – wenngleich, wie sich versteht, erst *im Anschluß* an ein gründliches Studium des Naturrechts.[18] Nachdem er 1790 in der ersten Auflage der „Encyclopädie" bereits einen recht umfangreichen Abriß des römischen Rechts gegeben hatte,[19] publizierte er schon drei Jahre später sein fast 300 Seiten starkes „Handbuch des römischen Privatrechts".[20] Er stellt im Vorwort noch einmal die Bedeutung des römischen Rechts für die Gegenwart heraus: Es bilde nicht nur die gemeinsame Grundlage des neueren europäischen Rechts, sondern es habe auch weiterhin die nicht zu unterschätzende Funktion als subsidiarisches Recht, für den Fall, wo das positiv gegebene, kodifizierte Recht schweige.[21] Seine Darstellung verfolge, so Schmalz weiter, die „Absicht, vor allem eine natürliche systematische Ordnung zu versuchen",[22] durch welche die inneren Zusammenhänge dieses auf den ersten Blick so fremden Rechts sichtbar würden: Einem „Allgemeinen Theil", der die Normen, Objekte und Subjekte des Privatrechts sowie Abschnitte über die Entstehung und den Besitz der Rechte und Pflichten enthält, folgt ein „Specieller Theil", der in zwei Hauptstücken wiederum einen Überblick über das Sachenrecht und das Personenrecht gibt.

Die etwas – von 296 auf 340 Druckseiten – erweiterte zweite Auflage dieses „Handbuchs" erschien bereits 1801; diese Tatsache darf wohl als Beleg dafür gesehen werden, daß sich die erste Fassung als begleitendes Lehrbuch im damaligen universitären Vorlesungsbetrieb bewährt hatte. Sehr viel deutlicher als in der ersten Fassung betonte er nun im Vorwort zur Neuauflage den explizit *philosophischen* Anspruch seiner Darlegung dieses Gegenstandes, den er einem rein *antiquarisch-historischen* Zweck entschieden überordnete: „Ich glaube, daß es dieser Darstellung nicht schade, stets die Verhältnisse des Gesetzes zum Urrechte des Menschen und zum Zweck des Staats im Auge zu behalten. Ich glaube vielmehr, daß die Eigenheit jedes Gesetzsystems

[18] Es heißt schon in der Vorrede zur Encyclopädie des gemeinen Rechts, ^{1}1790, S. VIII: „Die innere Geschichte des römischen Rechts insbesondere scheint mir weniger für den Anfänger zu gehören. ich wünschte ihn erst durch Uebersicht des Ganzen zu überzeugen, daß Antiquitäten ein wichtiges Studium für ihn seyn müssen".

[19] Vgl. ebenda, S. 50–117; in der 2. Auflage baute er diese Darstellung noch weiter aus; vgl. Encyclopädie des gemeinen Rechts, ^{2}1804, S. 97–174.

[20] Handbuch des römischen Privatrechts. Für Vorlesungen über die Justinianeischen Institutionen, Königsberg 1793.

[21] Vgl. ebenda, S. IX; siehe dazu auch unten § 28 a).

[22] Handbuch des römischen Privatrechts, ^{1}1793, S. X.

nur dadurch ins Licht gesetzt werden könne. Und so fürchte ich nicht, den Vorwurf zu verdienen, dem römischen Rechte neuere Philosophie beygemischt zu haben. Sie ist ihm nicht beygemischt, sondern es ist aus ihr erläutert. Man sollte das römische Recht nicht so einseitig, entweder aus dem bloß practischen Gesichtspuncte, oder dem sogenannten eleganten, das ist, dem historisch-, philologisch- und critischem Gesichtspuncte allein zeigen. Der philosophische ist am meisten vernachlässigt. Man sollte vielmehr alle drey vereinigen und verbinden".[23]

Eine solche Verbindung *im anspruchsvollen Sinne* hat Schmalz in seiner – eben ausdrücklich nur als Handbuch gedachten – Überblicksdarstellung freilich nicht leisten können. Daß die Wissenschaft vom römischen Recht im weiteren Verlauf des 19. Jahrhunderts zuerst einmal den Weg einer primär historisch-antiquarisch und philologisch arbeitenden Disziplin gehen mußte – gerade angesichts der hier noch aufzuarbeitenden quellenkundlichen Probleme und Themen[24] –, hat Schmalz nicht vorausgesehen und wohl auch nicht voraussehen können. Immerhin hat auch er an der grundlegenden Bedeutung und auch am aktuellen Anspruch der römischen Rechtstradition ausdrücklich festgehalten: „Uns, denen das römische Recht als Propädeutik zu unserm eigenen dienen soll, kömmt es auf eine höhere wissenschaftliche Ordnung an, in welcher wir es als Schema des allgemeinen Rechts cultivirter Menschen betrachten können".[25] Dementsprechend enthielt sein Handbuch in der zweiten Fassung eine allgemeine Einführung in die Grundbegriffe des Rechts[26] – allerdings auch einen, wenngleich nur sehr knappen, Abriß der römischen Rechtsgeschichte.[27]

Im Aufbau ließ Schmalz seine Darstellung – abgesehen von den eben erwähnten vorgeschalteten „Prolegomena" zu den systematischen und historischen Aspekten des römischen Rechts – 1801 im wesentlichen unverändert; der allgemeine und der spezielle Teil haben nur hier und

[23] Handbuch des römischen Privatrechts, ^{2}1801, S. VI.

[24] Statt vieler sei hier nur verwiesen auf die klassischen Darstellungen dieses Themenkreises bei Paul Koschaker, Europa und das Römische Recht, 4. Aufl., München – Berlin 1966, S. 254 ff. u. passim, und F. Wieacker, Privatrechtsgeschichte der Neuzeit unter besonderer Berücksichtigung der deutschen Entwicklung, S. 377 ff., 416 ff.

[25] Handbuch des römischen Privatrechts, ^{2}1801, S. IX.

[26] Vgl. ebenda, S. 1–21; der Inhalt entspricht in allen wesentlichen Aspekten den entsprechenden Abschnitten der Encyclopädie des gemeinen Rechts ^{1}1790, S. 9 ff., 24 ff.

[27] Vgl. Handbuch des römischen Privatrechts, ^{2}1801, S. 26–39.

da Zusätze erhalten. Erwähnenswert bleibt allerdings, daß Schmalz – so etwa im Abschnitt „Von Freiheit und Sclaverey" im personenrechtlichen Kapitel – auch wichtige historische Veränderungen innerhalb der römischen Rechtsentwicklung nicht außer acht ließ: die Modifikation des Rechtsinstituts der Sklaverei von der alten republikanischen Tradition zur Kaiserzeit bis hin zu den wichtigen neuen Rechtsregelungen der frühchristlichen Periode werden ausdrücklich aufgeführt.[28]

Ebenfalls in zwei Auflagen – nun allerdings im Abstand von zweiundzwanzig Jahren -erschien ein weiteres Schmalzsches Lehrbuch: Das „Handbuch des teutschen Land- und Lehnrechts", das bereits 1796 in erster Auflage herauskam und 1818 in neuer Fassung unter einem etwas veränderten Titel als „Lehrbuch des teutschen Privatrechts; Landrecht und Lehnrecht enthaltend" noch einmal das Licht der Öffentlichkeit erblickte.[29] Die erste Fassung verfolgte, so der Autor bereits in der Vorrede, nur ein bescheidenes Ziel: Da es beim juristischen Studium in besonderem Maße darauf ankomme, „die Natur der Rechtsverhältnisse kennen zu lernen", könne „aber das Studium der gemeinen Rechte nie entbehrt werden". Im übrigen sei „die Ordnung dieses Handbuchs ... genau die meines Handbuchs des römischen Rechts" und zudem habe er sich in den ausschließlich lehnrechtlichen Abschnitten, so Schmalz weiter, „fast in allem" an das bekannte Werk Böhmers gehalten.[30] Die Gliederung ist übersichtlich: Nach einer etwas ausführlicheren historisch-systematischen Einleitung folgen zwei Hauptteile, erstens das „Land-Recht" und zweitens das „Lehn-Recht";[31] das Landrecht umfaßt wiederum in seinem ersten Hauptabschnitt die „Grenzen der Landesherrlichen und Privat-Rechte", während der zweite „Von den Privat-Rechten selbst" handelt.

Der Gegenstand ist also das „teutsche Privatrecht" im weitesten Sinne. Schmalz definiert es als „die Wissenschaft von der Natur der

[28] Vgl. ebenda, S. 295 ff.

[29] Handbuch des teutschen Land- und Lehnrechts. Zum Gebrauch academischer Vorlesungen, Königsberg ^{1}1796; Lehrbuch des teutschen Privatrechts; Landrecht und Lehnrecht enthaltend, Berlin ^{2}1818.

[30] Die Zitate: Handbuch des teutschen Land- und Lehnrechts. Zum Gebrauch academischer Vorlesungen, ^{1}1796, S. VIII; gemeint ist Georg Ludwig Böhmer (1715–1797), seit 1740 Professor in Göttingen, damit also einer der Lehrer von Schmalz, der eine Fülle von Schriften zum Lehnrecht und zu einzelnen Details dieses Rechtsgebiets verfaßte, vgl. dazu die Hinweise bei E. Landsberg, Geschichte der Deutschen Rechtswissenschaft, Bd. III/1 (Text), S. 307 f., Bd. III/1 (Noten), S. 205 f.

[31] Vgl. Handbuch des teutschen Land- und Lehnrechts. Zum Gebrauch academischer Vorlesungen, ^{1}1796, S. 45 ff.; 189 ff.; 256 ff. u. a.

Rechtsverhältnisse, welche fremden Rechten unbekannt bey denselben noch itzt angetroffen werden. Es kömmt also weniger darauf an, willkührliche Bestimmungen eines Gesetzgebers hier zu bemerken, deren es freylich wohl kaum wenig allgemeine in Teutschland geben möchte, sondern die *Natur der teutschen Rechtsverhältnisse*, historisch, juristisch, philosophisch zu entwickeln".[32] Die Bedeutung des deutschen gemeinen Rechts liegt – ebenso wie diejenige des römischen Rechts – in seiner *subsidiarischen* Geltung.[33] Der im gleichzeitig entstandenen „natürlichen Staatsrecht" enthaltene explizit politische Gehalt[34] ist im „Handbuch des teutschen Land- und Lehnrechts" von 1796 kaum – eigentlich nur in wenigen Nebenbemerkungen[35] – vorhanden. So bleiben etwa die Passagen über Bürgerrecht, Leibeigenschaft oder die rechtliche Bedeutung des Lehens ausschließlich im Bereich der *Deskription*;[36] eine eigentliche *Wertung* fehlt.[37]

Diese Tendenz zum strikt Deskriptiven, zur Ausschließung jeder Art von politischer Wertung oder Stellungnahme, hat sich in der 1818, also am Beginn des Restaurationszeitalters, erschienenen zweiten Auflage noch verstärkt.[38] Die Spätfassung vergrößerte den Umfang des Werkes von 278 auf immerhin 352 Seiten und stellte in der Tat, eine „neue Umarbeitung"[39] des Ganzen dar. Nach einer „Geschichtlichen Ein-

[32] Ebenda, S. 15.

[33] Vgl. ebenda, S. 16: „Wo Landesgesetze schweigen, und ihnen noch vorgehende Localgesetze, da wird die Entscheidung aus den gemeinen in Teutschland geltenden Rechten, in den Gerichten hergenommen". – Das gemeine Recht ist im lehnrechtlichen Bereich überwiegend Gewohnheitsrecht, vgl. ebenda, S. 194 f.: „Das allgemeine Lehnrecht Teutschlands bildet sich größtentheils aus allgemeinen alten Gewohnheiten, die entweder durch Observanzen oder Gesetze in den einzelnen Curien sich noch erhalten haben. Jene Gewohnheiten haben ausser dem Sachsenspiegel, dem Schwabenspiegel und der Kayserrechte auch der noch ältere *Autor de beneficiis* in den mittlern Zeiten gesammlet".

[34] Siehe dazu oben § 15 a)-f).

[35] Vgl. etwa die knappe Passage über „bürgerliche Freyheit"; Handbuch des teutschen Land- und Lehnrechts. Zum Gebrauch academischer Vorlesungen, [1]1796, S. 69: „Die bürgerliche Freyheit erfordert nothwendig eben so wohl Uneingeschränktheit im Gebrauch des Eigenthums als Sicherheit desselben. Der Staat kann dieß nie weiter einschränken, als seine eigne Sicherheit, oder die Sicherheit der übrigen Unterthanen fordert"; siehe aber gleichwohl die Einschränkungen ebenda, S. 69 f.!

[36] Vgl. ebenda, S. 137 ff., 153 ff., 193 ff.

[37] Vgl. dagegen nur die strikte Verdammung der Leibeigenschaft in seinen anderen frühen Schriften; siehe dazu oben § 18 a).

[38] Siehe etwa die Passagen zur Leibeigenschaft oder zur Patrimonialgerichtsbarkeit, in: Lehrbuch des teutschen Privatrechts; Landrecht und Lehnrecht enthaltend, [2]1818, S. 41, 83 ff.

[39] Ebenda, S. IV.

leitung" folgte ein neu hinzu gekommener erster Teil, der ausführlich und umfassend „Allgemeine Grundsätze" entwickelt, während erst anschließend das „Landrecht" und das „Lehnrecht" im nunmehr zweiten und dritten Teil, und zwar gegenüber der Erstauflage vielfach erweitert und im Detail ergänzt, dargelegt werden. Die Materialfülle des eng gedruckten, mit Literaturnachweisen und einem detaillierten Register versehenen Buches dürfte es seinerzeit zu einem – über ein „Lehrbuch" im eigentlichen Sinne hinausgehenden – Handbuch und Nachschlagewerk gemacht haben. Diese zweite Auflage ist übrigens das *einzige* seiner Werke, das Schmalz im Titel ausdrücklich als „Lehrbuch" bezeichnet hat; es scheint, daß er mit eben diesem Begriff den rein deskriptiven Charakter seiner Darstellung noch einmal betonen wollte.

Auch dem Kirchenrecht hat Schmalz in seinen späteren Jahren noch einmal ein umfangreiches Lehrwerk gewidmet, das unter dem Titel „Handbuch des canonischen Rechts und seiner Anwendung in den teutschen evangelischen Kirchen. Zum Gebrauch für Vorlesungen" 1815 in erster und 1824 in zweiter – fast unveränderter – Auflage erschienen ist.[40] Im Gegensatz zu seinen zwei Jahrzehnte vorher publizierten, frühen Schriften zum „natürlichen Kirchenrecht"[41] mißt er nun diesem Teilbereich der Rechtswissenschaft einen größeren Stellenwert zu als früher – obwohl mit dem Ende des Alten Reiches im Jahre 1806 ein bedeutendes Kapitel deutscher Kirchen- und damit auch Kirchenrechtsgeschichte zu Ende gegangen ist. Trotzdem behalten, so Schmalz ausdrücklich, „das reine canonische Recht, und die reine Idee der evangelischen Kirche ... ein Interesse, was nie transitorisch seyn kann, da sie so tief in die Verfassung der europäischen Staaten, und in die Entwickelung der europäischen Cultur eingegriffen haben".[42]

Es fällt auf, daß Schmalz – obwohl er seine protestantische Herkunft nicht verleugnet – um strikte konfessionelle Neutralität bemüht ist; er rechnet es sich nachgerade als „Verdienst" an, „daß ich die canonischen Grundsätze unpartheiisch dargestellt habe". Und er fügt ausdrücklich hinzu: „Es ist mir stets unaussprechlich widrig gewesen, protestanti-

[40] Handbuch des canonischen Rechts und seiner Anwendung in den teutschen evangelischen Kirchen. Zum Gebrauch für Vorlesungen, Berlin [1]1815, ebenda [2]1824; die erste Auflage umfaßt 325, die zweite 327 Seiten.

[41] Siehe oben § 25 a).

[42] Handbuch des canonischen Rechts und seiner Anwendung in den teutschen evangelischen Kirchen. Zum Gebrauch für Vorlesungen, [1]1815, S. III f.

sche Rechtslehrer mit erbittertem Eifer gegen die catholische Kirche, und den Pabst besonders, auf jedem Schritte streiten zu sehen, ohne billige Erwägung der Zeitumstände, oder des Zusammenhangs; wobey man nicht selten den Sieg sich dadurch erleichterte, daß man der Gegner Grundsätze auf das grellste zur baaren Unvernunft gedeutet darstellte. Haben wir vor ihnen die hohe Ehre politischer Toleranz voraus, wollen wir ihnen dann die der litterärischen lassen?"[43] Ausdrücklich plädiert Schmalz für ein friedliches Neben- und Miteinander der beiden großen Konfessionen in gemeinsamer Verteidigung der Glaubensgrundlagen gegen deren Gegner.[44] Diese Neutralität und Unparteilichkeit hat Schmalz auch in den Details seiner Darstellung strikt durchhalten können, was etwa (um nur ein besonders kennzeichnendes Beispiel zu nennen) anhand der Passagen über die Stellung, die Rechte und Pflichten des Papstes im Rahmen der katholischen Kirche belegt werden kann.[45]

In der acht Jahre später verfaßten „Vorrede zur zweyten Auflage"[46] kommt Schmalz indes nicht umhin, sich gleich gegen zwei Seiten zu verteidigen: zum einen gegen Ansprüche gewisser katholischer Kirchenrechtler, die der evangelischen Kirche „nur ein Analogon von Kirche" zuzugestehen bereit sind und wollen, „daß das natürliche Kirchen-Recht mit der catholischen Kirche ganz zusammen falle",[47] zum anderen aber gegen den aus der Aufklärung herkommenden theologischen Rationalismus im norddeutsch-protestantischen Bereich.[48]

[43] Ebenda, S. IV.

[44] Vgl. ebenda, S. Vf.: „Mögen beide Kirchen in Frieden neben einander stehen; mögen sie sich sogar vereinigen, nicht grade zu Einer Kirche, aber zu gemeinsamer Vertheidigung des Glaubens an Christum und seiner Apostel Offenbarungen, gegen einen Naturalismus, welcher ja auch ruhig für sich bestehen möge, nicht aber den Namen des Christenthums entlehnen sollte, um in diesem zu zerstöhren, was es grade von ihm unterscheidet. Nährt der Glaube unserer Väter, sey es an der Augsburgischen Confession, oder an des Tridentinische Conciliums Erklärungen [sic] der heiligen Schrift – oder nährt das, was man als Aufklärung preiset und pries, jene naturalistische Auslegung den religiösen Sinn am meisten, welcher das Gemüth in das unsichtbare Reich Gottes, also in des Menschen eigentlichen Beruf, erhebt?".

[45] Vgl. ebenda, S. 56–65.

[46] Vgl. Handbuch des canonischen Rechts und seiner Anwendung in den teutschen evangelischen Kirchen. Zum Gebrauch für Vorlesungen, ^{2}1824, S. VII–XII; die Vorrede ist datiert: „21. Junius 1823" (ebenda, S. XII).

[47] Die Zitate ebenda, S. VIII.

[48] Vgl. ebenda, S. IXf.: „Ist in der That das Christenthum nichts anders, als ein bloßer Rationalismus, bloß das, was die Vernunft für sich von Religion erforscht, so habe ich dabey nur das doppelte Bedenken: zuerst, warum wir dann so sauer es uns werden lassen mit Erklärung des alten Buches: Bibel, in dem wir dann doch nichts

Es sei, führt er 1823 aus, vor allem die „Abweichung von den Symbolen der evangelischen Kirche, welche aus der christlichen Lehre verdrängen wollte, was nicht der Philosophie Voltaires oder Rousseaus einleuchtete, der Irrthum, als hätten die Reformatoren nur anfangen wollen, uns zu dieser Philosophie zu führen, ... gewesen, die in den neuern Zeiten so manche treffliche Köpfe und edle Gemüther in die catholische Kirche führten".[49]

Weit entfernt von den dürren Definitionen des „natürlichen Kirchenrechts" von 1795[50] betont Schmalz nun die Notwendigkeit tiefer Glaubensüberzeugung für den Bestand auch der sittlichen Weltordnung: „Tief im Menschen liegt doch das Bedürfniß des Glaubens an unbegreifliches Heiliges, ohne welches unsre Sittlichkeit flache äußere Rechtlichkeit wird, und unsere Religion höchstens ein seltenes Erinnertwerden an das Unsichtbare – nicht aber das Göttliche unsre ganze Seele als höchstes Interesse füllt".[51] – Ungeachtet dieser mehr als deutlichen, entschiedenen Bekenntnisse bleibt die Darstellung des kanonischen Rechts im einzelnen ebenfalls strikt im Bereich der Deskription. Der Aufbau ist übersichtlich: Nach den „Prolegomenen" behandelt der erste Teil die „Verfassung der Kirche", der zweite die „Verwaltung der Kirche" und der dritte die „Rechtspflege der Kirche".[52] Auch hier fällt noch einmal die Fülle des gebotenen Stoffes auf: es geht nicht nur um die christlichen Kirchen und deren Institutionen im engeren Sinne, sondern Schmalz handelt auch von geistlichen Ritterorden, Schulen und Universitäten, von den Lehren der Kirche, von den Sakramenten und nicht zuletzt auch von den Pfründen.[53] Wenngleich die eher konventionelle Machart auch dieses „Handbuchs" nicht zu übersehen ist, dürfte Schmalz mit seiner Feststellung nicht Unrecht gehabt haben, daß er selbst nach dem Untergang des Alten Reiches

finden sollen, als wir ohnehin wüßten? zweytens, da die Vernunft verschiedener Männer, zum Beispiel, des Aristoteles, das Gegentheil unserer Religions-Philosopheme gefunden zu haben glaubte, wer sind dann die unsrer philosophischen Exegeten, deren Vernunft stärker ist, als die es Aristoteles?".

49 Ebenda, S. Xf.; vgl. auch ebenda, S. XIf.: „Wahrhaftig, unsre Kirche würde viel mehrere von den Catholiken gewinnen, als jene Kirche von uns, wenn wir nicht unser Christenthum erst machen wollten, und frech von Lehren sprächen, die noch nicht fertig seyn sollen, und die dieser erst nach Voltaire, jener erst nach Spinoza fertig machen will".

50 Siehe dazu oben § 25 a).

51 Handbuch des canonischen Rechts und seiner Anwendung in den teutschen evangelischen Kirchen. Zum Gebrauch für Vorlesungen, [2]1824, S. XI.

52 Vgl. ebenda, S. 39 ff., 133 ff., 271 ff.

53 Vgl. u. a. ebenda, S. 126 ff., 130 ff., 135 ff., 161 ff., 239 ff.

einer der ersten Autoren gewesen sei, die sich an eine Übersichtsdarstellung dieser neuen Ära des deutschen Kirchenrechts gewagt hätten.[54]

Die Tatsache, daß fast alle der zahlreichen Lehr- und Handbücher von Schmalz mehrere – zumeist überarbeitete oder doch wenigstens korrigierte – Auflagen erlebten, deutet darauf hin, daß diese Bücher als Universitätslehrbücher, die in der Regel den Vorlesungen zugrunde gelegt wurden, in ihrer Zeit durchaus gefragt waren.[55] Daraus kann sicher nicht unbedingt auf ihre Originalität und gedankliche Eigenständigkeit, wohl aber auf die Zuverlässigkeit und leichte Zugänglichkeit der in ihnen aufbereiteten und dargebotenen Informationen geschlossen werden. Und nur darauf kam es ihrem Verfasser vermutlich vor allem anderen an. Wohlhabend ist er durch seinen Fleiß als Autor von vielgelesenen Lehrbüchern zu fast allen Teildisziplinen seines Faches, soviel man weiß, jedenfalls nicht geworden.[56]

[54] Vgl. Handbuch des canonischen Rechts und seiner Anwendung in den teutschen evangelischen Kirchen. Zum Gebrauch für Vorlesungen, [1]1815, S. III.

[55] So hat eine Durchsicht der Vorlesungsverzeichnisse von Königsberg, Halle und Berlin für die Jahre, in denen Schmalz an diesen Universitäten lehrte, ergeben, daß nicht wenige seiner Kollegen die Schmalzschen Lehrbücher ihren eigenen Vorlesungen zugrunde gelegt haben!

[56] Siehe oben § 10 c).

§ 28 Methodologie, Rechtsgeschichte, Strafrecht

a) Methodologie der Jurisprudenz

Die Frage nach dem angemessenen Verhältnis von Theorie und Praxis in der Juristenausbildung ist kein neuartiges Problem; sie wurde bereits vor zweihundert Jahren von wissenschaftlicher wie von politischer Seite eingehend diskutiert.[1] In Preußen kam noch hinzu, daß 1794 das Allgemeine Landrecht in Kraft getreten war. Naturgemäß entzündete sich daran sogleich eine Debatte über den Stellenwert dieses neuen Gesetzbuchs im Rahmen der Ausbildung junger Rechtsstudenten an den Universitäten des Landes.[2] Bereits 1788 hatte der Großkanzler von Carmer die Einrichtung von Vorlesungen sowie die Abfassung eines Lehrbuchs über das künftige neue preußische Recht gefordert, und sein Mitarbeiter Carl Gottlieb Svarez, der eigentliche Schöpfer des neuen Gesetzeswerks, hatte sich etwas später ebenfalls nachdrücklich für ein intensives Studium dieses neuen Rechts ausgesprochen.[3] Schon 1791 wurden in Berlin, Königsberg und Halle die ersten Vorlesungen hierüber abgehalten.[4] Es erhob sich in diesem Zusammenhang bald die Frage, welchen Stellenwert das neue Recht im Rahmen der traditionellen Methodologie des juristischen Studiums erhalten sollte.[5] In enger Verbindung hiermit stand wiederum der zeitgenössische Disput über das angemessene Verhältnis von theoretischen und praktischen Elementen in der Juristenausbildung.[6]

[1] Vgl. Levin Goldschmidt, Rechtsstudium und Prüfungsordnung. Ein Beitrag zur Preußischen und Deutschen Rechtsgeschichte, Stuttgart 1887, S. 167 ff.; U. Bake, Die Entstehung des dualistischen Systems der Juristenausbildung in Preußen, S. 27 ff.

[2] Vgl. dazu M. Ishibe, Vorlesungen zum Allgemeinen Landrecht an den Preußischen Universitäten, S. 315 ff.

[3] Vgl. ebenda, S. 316; Adolf Stölzel, Carl Gottlieb Svarez. Ein Zeitbild aus der zweiten Hälfte des achtzehnten Jahrhunderts, Berlin 1885, S. 276 ff.

[4] Vgl. M. Ishibe, Vorlesungen zum Allgemeinen Landrecht an den Preußischen Universitäten, S. 316 f.

[5] Zur juristischen Methodologie in der zweiten Hälfte des 18. Jahrhunderts siehe die aufschlußreichen Passagen bei Horst Heinrich Jakobs, Die Begründung der geschichtlichen Rechtswissenschaft (Rechts- und Staatswissenschaftliche Veröffentlichungen der Görres-Gesellschaft, N. F., Bd. 63), Paderborn – München – Wien – Zürich 1992, S. 242 ff.

[6] Hierzu grundlegend J. Schröder, Wissenschaftstheorie und Lehre der „praktischen Jurisprudenz" auf deutschen Universitäten an der Wende zum 19. Jahrhundert, passim.

Es überrascht nicht, daß auch der junge Schmalz – gerade eben (1789) an die Universität Königsberg berufen[7] – sich veranlaßt fühlte, zu diesen kontroversen Fragen Stellung zu nehmen, zuerst eher indirekt, bald jedoch mit zunehmend deutlicheren Formulierungen. Keineswegs zufällig hatte er, wie bereits bemerkt, der 1790 erschienenen ersten Auflage seiner „Encyclopädie des gemeinen Rechts" einen – wenn auch nur sehr knappen – methodologischen Abschnitt eingefügt,[8] in dem er, der junge Naturrechtler, den Anspruch einer philosophisch orientierten Jurisprudenz nachhaltig verteidigte. Da die „Bestimmung des jungen Rechtsgelehrten auf der Academie" vor allem anderen darin bestehe, „sich zu den Geschäfften des Staats brauchbar zu bilden", müsse das Rechtsstudium zudem eine thematisch und inhaltlich möglichst breitgefächerte Ausbildung bieten, „da das einseitige Studium einzelner Zweige der Jurisprudenz in den Geschäfften schädlich, und an sich unvollkommen ist".[9]

Welcher Kenntnisse bedarf nun ein junger Jurist nach der Auffassung von Schmalz? Sie sollten so umfangreich wie nur möglich sein und nicht nur Sprachen, Geschichte, sondern auch Naturwissenschaften und vor allem die „Politik" sowie die Kameralwissenschaften umfassen.[10] Auf diesen Grundkenntnissen aufbauend, folgt der eigentliche Gang des juristischen Studiums – und dieses wiederum soll erst *enden* „mit dem Studium des besonderen Rechts seines [des Rechtsstudenten, H.-C.K.] Vaterlandes, was er itzt erst ganz versteht, mit practischen Uebungen unter Aufsicht eines Lehrers, und dem sorgfältigen Studium des Processes insbesondere".[11] Den – von ihm empfohlenen – Ablauf des Studiums hat Schmalz 1793 knapp und bündig folgendermaßen beschrieben: Der junge Rechtsgelehrte „fange, nachdem er von der Encyclopädie der Rechte das Ganze in Kurzem übersehen hat, mit dem Recht der Natur an. Von diesem schreite er zu den Institutionen ... Hierauf würden die Pandecten folgen können, in so fern vom heutigen Gebrauch des römischen Rechts die Rede ist ... Ehe

[7] Siehe oben § 3 a).

[8] Vgl. Encyclopädie des gemeinen Rechts, [1]1790, S. 177–180; siehe auch oben § 27.

[9] Die Zitate: Encyclopädie des gemeinen Rechts, [1]1790, S. 177 f.; er fügt an: „Alle Wissenschaften ... hängen in Einer Kette an einander" (ebenda, S. 178).

[10] Schmalz nennt, ebenda, S. 178 f., die *„Sprache der Alten"*, sodann Französisch, „Kenntniß der *Geschichte* und ihrer *Hülfswissenschaften*, vorzüglich der *Alterthümer*", im weiteren Mathematik, Physik, Philosophie und schließlich *„Oeconomie, Cameral-Finanz-Policeiwissenschaften, Kenntniß des Handels, Technologie, Politik, politische und gerichtliche Medicin, Statistik etc.*".

[11] Ebenda, S. 179.

man zum zweytenmale, wie es schon das Gedächtniß fordert, die Pandecten studirt, werden das canonische, deutsche und Lehnrecht nothwendig. Es versteht sich, daß das Criminalrecht, das Staatsrecht der verschiedenen europäischen Staaten, vor allem das deutsche und practische Völkerrecht zu gehörigen Zeiten damit zu verbinden sind".[12] Am thematischen und zeitlichen Vorrang des Naturrechts – nicht nur in der Theorie, sondern auch im Studienplan – hielt Schmalz unbeirrt fest; für ihn stand es außerhalb jeder Frage, daß sich die jungen Rechtsstudenten *vor* dem positiven Recht mit der „Natur der Rechtsverhältnisse" bekannt zu machen hätten.[13]

In einer Königsgeburtstagsrede, die Schmalz als Königsberger Rektor 1794 zum Thema „Über die Bildung zum Iustiz-Dienst auf den Preußischen Universitäten" gehalten hat, äußerte er sich erstmals ausführlich über dieses in jenen Jahren ausgiebig erörterte Problem.[14] Er wiederholte jetzt seine bereits 1790 erhobene Forderung nach einem thematisch möglichst umfassenden Rechtsstudium: „In der Maschiene des Staats kann nur von dem ein Rad mit Sicherheit in Bewegung gesezt oder erhalten werden, welcher weis wie alle übrigen in einander greiffen. Alle jene genannten Zweige der Staatskunde, machen zusammen nur ein Ganzes aus. Kenntniß des einen ohne Kenntniß der übrigen ist dürftig, unfruchtbar und oberflächlich. Wer demnach einen derselben von seinem Studium als Rechtsgelehrter ganz ausschliesset, unter dem Vorwande, als sey er ihm entbehrlich, der borgt für seine Unthätigkeit einen elenden Schleyer".[15] Nur mit breitester, systematisch angeeigneter Rechtskenntnis sei der größten Gefahr zu begegnen, die den jungen angehenden Juristen drohe: der geistigen Abstumpfung durch unkontrollierte Aneignung ungeordneten Wissensstoffes.[16]

12 Handbuch des römischen Privatrechts, [1]1793, S. XIIIf.; drei Jahre vorher hatte er die Bedeutung des Staatsrechts – „vornehmlich des für ganz Europa so wichtigen Staatsrechts Teutschlands" (Encyclopädie des gemeinen Rechts, [1]1790, S. 179) – noch besonders hervorgehoben.

13 Vgl. Handbuch des teutschen Land- und Lehnrechts. Zum Gebrauch academischer Vorlesungen, [1]1796, S. VIIf.

14 Über die Bildung zum Iustiz-Dienst auf den Preußischen Universitäten. Eine Rede am Geburtstage des Königs 1794 im großen Hörsaale der Königsbergischen Universität gehalten, Königsberg 1795; neu abgedruckt unten im Anhang C I.

15 Über die Bildung zum Iustiz-Dienst auf den Preußischen Universitäten, S. 6 f.

16 Vgl. ebenda, S. 9 f.: „Woher kam es aber, daß man allein der Rechtsgelehrsamkeit so oft den Vorwurf machte, daß sie nur das Gedächtniß anfülle und den Verstand in eben dem Maaße abstumpfe? Unstreitig nur daher, weil man meist nur die Erlernung positiver Verordnungen und Formeln und ein Gemisch von Erklärungs-Sätzen und

Dies gelte vor allen anderen für angehende Richter, denn „da es die Bestimmung des Richters ist zu urtheilen: so muß es doch einleuchten, daß Übung der Urtheilskraft das Wesentlichste seiner Bildung ist. Freylich soll sein Gedächtniß die positiven Gesetze fassen und bewahren, aber nicht um sie gefaßt zu haben, sondern um nach ihnen zu urtheilen".[17] Schmalz erhebt ein leidenschaftliches Plädoyer für die „wahre Rechtsgelehrsamkeit", die darin bestehe, „daß sie den Geist, das ist, die Absichten und Gründe der Gesetze uns lehre, daß sie uns lehre, wie im System des Staats und der Gesetzgebung ein Theil an den andern passe, wie entweder die Natur des Menschen oder der Character und die Geschichte der Völker Rechtsverhältnisse hervorbrachte ... Eine solche Wissenschaft kann ... dem Geist Vergnügen und Bildung gewähren, die Urtheilskraft schärfen, und sie allein kann die wahre Lenkerin würklicher Geschäfte seyn". Damit aber – fügt Schmalz ausdrücklich hinzu – eben diese „Rechtsgelehrsamkeit eine solche Wissenschaft werde, muß die Gesetzkunde von der Hand der Philosophie und der Geschichte geleitet werden".[18]

Daß jeder angehende Jurist *zuerst* und besonders gründlich das *Naturrecht* traktiere, sei deshalb so wichtig, weil „das Natur-Recht ... die Grundlage alles Rechts" darstelle: Da die unveräußerlichen Urrechte des Menschen auf seine Person und auf sein Eigentum nur naturrechtlich zu begründen seien, da ihr Schutz aber andererseits nur durch positives Recht, also Staatsrecht, zu gewährleisten sei, stehe das positive Recht im Dienste des Naturrechts – und in genau *dieser* Hinsicht verhalte sich „das Natur-Recht ... zum positiven, wie der Zweck und die Mittel ... Die Ur-Rechte der Menschheit sind also die Grundlage der ganzen Rechtswissenschaft und der einzige höchste Zweck ihres Umfanges".[19] Der eigentliche Ausbildungsgang für junge Juristen könne daher, wie Schmalz seinen Hörern und Lesern noch

Distinctionen in einer barbarischen Terminologie für die Rechtswissenschaft hielt, und weil oft diejenigen, die sich ihr widmeten, glaubten, sie hätten nichts zu thun, als damit ihr Gedächtniß anzufüllen. Gleichwohl hätte die gemeinste Erfahrung sie lehren sollen, daß nicht der der nützlichste Diener des Staates sey, welcher damit sein Gedächtniß am meisten angefüllt, sondern der, welcher durch eine wahre Gelehrsamkeit seine Urtheilskraft am meisten geschärft und geübt hat. Tausendfaches Unrecht geschieht durch jener Menschen Stumpfheit, selbst wider ihren Willen. Denn die übrigen Seelenkräfte erschlaffen, wenn man sie vernachlässigt und allein für das Gedächtniß arbeitet".

[17] Ebenda, S. 10.

[18] Die Zitate ebenda, S. 10 f.

[19] Die Zitate ebenda, S. 14–16.

einmal einschärfte, aufbauend auf umfassenden Grundkenntnissen anderer Wissenschaftszweige, nur vom Naturrecht ausgehen, dem das Staatsrecht und das gemeine Recht (also „teutsches" Privatrecht, römisches Recht, kanonisches Recht), anschließend die übrigen Rechtsgebiete und am Schluß die Rechtspraxis zu folgen hätten.[20]

Welchen Stellenwert sollte nun das Allgemeine Landrecht im Rahmen dieses Ausbildungsplans einnehmen? Bereits 1793 hatte Schmalz in einer Nebenbemerkung ausgeführt, daß durch eine Rechtskodifikation das gemeine Recht keine Minderung, sondern sogar eine Aufwertung seines Ranges und damit auch seiner Bedeutung für das Rechtsstudium erfahre.[21] Selbstverständlich lobte, ja rühmte er in seiner Rede von 1794 das neue Rechtsbuch als das überaus gelungene und bedeutende „Resultat der Philosophie und der Aufklärung unsers Zeitalters"[22] – und nicht zuletzt auch als großartiges Werk preußischer Staatskunst.[23] Aber anschließend relativierte er die Bedeutung des Allgemeinen Landrechts doch in einer Weise, die nicht nach dem Geschmack Carmers und Svarez' gewesen sein kann: Die Absicht dieses neuen Gesetzbuchs war, so Schmalz, „nicht Zerstöhrung, sondern Erhaltung, nicht eine neue Schöpfung, sondern Anordnung dessen was war. In einer cultivirten Nation kann auch eine allgemeine Abschaffung ihrer bisherigen, und Einführung gänzlich neuer Rechtsverhältnisse und Gesetze nicht Statt haben, ohne gänzliche Zerrüttung aller öffentlichen Sicherheit und alles Privat-Wohlstandes. So sollte

[20] Vgl. ebenda, S. 28 ff.

[21] Vgl. Handbuch des römischen Privatrechts. Für Vorlesungen über die Justinianeischen Institutionen, [1]1793, S. VIII: „Selbst dann, wenn mehrere Staaten dem großen Beyspiel des Preußischen Staats gefolgt sind, und das Chaos unserer Gesetze geordnet haben, selbst dann wird jene Wissenschaft jenes gemeinen Rechts nicht nur in ihrem Ansehen bleiben, sondern sogar einen neuen Glanz erhalten".

[22] Über die Bildung zum Iustiz-Dienst auf den Preußischen Universitäten, S. 19.

[23] Vgl. ebenda, S. 17–19: „Unser Vaterland hat also in diesem Iahre eine Begebenheit erlebt, welche schon an sich in der Geschichte eines jeden Volks denkwürdig ist. Aber die Art, wie unser neues Civil-Gesetzbuch entstand, und die Zeit in welcher es entstand, werden es in der Geschichte der Menschheit selbst zu einer der merkwürdigsten Erscheinungen machen ... Und welch ein Unterschied in der Art, wie dieses Gesetzbuch entstand, vor allen andern! Kein Despot dictirte diese Gesetze, keine Rotte verschworener Dämagogen decretirte sie in der Empörung eines rasenden Pöbels. Männer, im Schooß der Philosophie genährt und in gerichtlichen Geschäften geprüft, entwarfen den Plan. Die ersten Männer des Landes und des Auslandes wurden durch ehrenvolle Belohnung aufgefordert, sie zu prüfen. Dann wurden sie auf Friedrich Wilhelms Befehl, den Ständen seines Landes, den Vorsprechern seines Volks, auch den obersten Verwaltern der Gesetze in den Provinzen zu ihrer Prüfung vorgelegt".

dann unser Gesetzbuch die Verhältnisse des Bürgers nicht im Staate, nicht in der Familie umändern, sondern nur die Rechts-Sätze über sie ordnen. Ia, in Absicht dieser bisherigen Rechts-Sätze selbst, sollte nicht Neuerungs-Sucht verwerfen und aufstellen, sondern die alten sammeln, ihnen allen einen Geist einhauchen, ihre Unbestimmtheit, ihre Widersprüche heben und ihre Mängel ergänzen".[24] Aus genau diesem Grunde sei es unerläßlich, sich auch künftig im Zuge des Rechtsstudiums dem gemeinen Recht eingehend zu widmen: Da das Allgemeine Landrecht „in seinen Grundlagen allein aus jenen gemeinen Rechten geschöpft ist; so müssen wir stets diese seine Quellen sorgfältig studieren"[25] – und eben diese Anstrengung liefere erst die unverzichtbare Grundlage „zum Studium der vaterländischen Gesetze".[26]

In seiner kurzen „Methodologie des juristischen Studiums" von 1801 hat Schmalz diese Auffassungen noch einmal differenziert und weiter ausgeführt. Seine Definition der Rechtswissenschaft richtet sich konsequent gegen jede zu enge, gar auf bloße Rechtstechnik oder Gesetzeskenntnis beschränkte Auffassung von der Jurisprudenz: „Diese Wissenschaft ist nicht etwa ein blosses Aufzählen dessen, was entweder die Vernunft dem Menschen für Rechte giebt, oder was die Gesetze des Staats darüber verordnen; sondern ... sie [ist] überhaupt die Wissenschaft aller rechtlichen Verbindungen und Verhältnisse unter den Menschen, Philosophie und Geschichte des gesellschaftlichen Lebens".[27] Diese These stand wiederum durchaus im Einklang mit dem, was andere der führenden preußischen Juristen dieser Zeit forderten; so hatte bereits Svarez bemerkt, daß eine stärkere Berücksichtigung des Allgemeinen Landrechts für eine künftige Juristenausbildung nicht dazu führen dürfe, „ein gründliches philosophisches Studium" und eine ausführliche systematische Übersicht über alle

[24] Ebenda, S. 27f.; vgl. auch S. 32 und: Methodologie des juristischen Studiums. Zum Gebrauch vorbereitender Vorlesungen, Königsberg 1801, S. 18f.

[25] Über die Bildung zum Iustiz-Dienst auf den Preußischen Universitäten, S. 32; vgl. auch die weiteren Bemerkungen ebenda: „Wenn uns aber die Kenntniß der zwölf Tafeln zur Kenntniß des Iustinianeischen Rechts nothwendig schien, wie können uns die Pandecten zur Kenntniß und zum Verstande des Gesetzbuchs Friedrich Wilhelms überflüssig scheinen? So also wie sich bisher das altrömische Recht zum Iustinianeischen so verhalten sich itzt das römische, canonische und allgemeine teutsche zum neuen Preussischen Recht".

[26] Ebenda, S. 33.

[27] Methodologie des juristischen Studiums. Zum Gebrauch vorbereitender Vorlesungen, S. 4f.

Rechtsgebiete zu vernachlässigen.[28] Und auch Klein übte noch 1806 „Kritik an der Beschränktheit der praktischen Rechtsgelehrsamkeit und trat für die reine Wissenschaft ein".[29]

Schmalz entwarf 1801 sogar einen ausführlichen Studienplan für junge Rechtsstudenten,[30] die er ausdrücklich zu Fleiß und Zielstrebigkeit ermahnte.[31] Das *erste „halbe Jahr"* sollte der Juristischen Enzyklopädie gewidmet werden (hinzukommen sollten: Reine Mathematik, Alte Geschichte, „ein Collegium über einen Classiker, oder Antiquitäten", sowie „Moral"); im *zweiten Halbjahr* waren das Naturrecht und die „Institutionen" an der Reihe (zuzüglich: Neue Geschichte, Angewandte Mathematik und wiederum „ein Collegium über einen Classischen Autor"); im *dritten Halbjahr* sollte die Ausbildung im deutschen Staatsrecht und deutschen Privatrecht im Mittelpunkt stehen (dazu wiederum: „Teutsche Reichsgeschichte", Physik und Logik); das *vierte Halbjahr* umfaßte ein breites Programm: Kanonisches Recht, „Cameral-Encyclopädie", praktisches Völkerrecht (dazu noch *„Kirchengeschichte* für Juristen" und Statistik); im *fünften Halbjahr* dann „Pandecten", preußisches Staatsrecht und „Litterairgeschichte der Jurisprudenz" (dazu: „Gewerbskunde"); und schließlich, im sechsten Halbjahr, preußisches Landrecht, „Criminal-Recht", dazu „Practische Vorlesungen" (und: Staatswissenschaft, Finanzwissenschaft).[32] Nach Auffassung von Schmalz sollten beim Allgemeinen Landrecht „vornemlich die Abweichungen von dem gemeinen Rechte angezeigt werden".[33]

[28] Vgl. A. Stölzel, Carl Gottlieb Svarez. Ein Zeitbild aus der zweiten Hälfte des achtzehnten Jahrhunderts, S. 277 f.; das Zitat S. 277.

[29] So M. Ishibe, Vorlesungen zum Allgemeinen Landrecht an den Preußischen Universitäten, S. 321 (unter Berufung auf Kleins Abhandlung: Über das Studium der Rechtswissenschaft in den Preußischen Staten, in: Kleins Annalen 24 [1806], S. 154–166).

[30] Vgl. Methodologie des juristischen Studiums. Zum Gebrauch vorbereitender Vorlesungen, S. 24 ff.

[31] Vgl. ebenda, S. 23: „Ein junger Mann kann immer 5 Stunden täglich hören. Er wird dann Zeit genug zur Vorbereitung und Wiederholung haben, und dennoch auch für eine gutgewählte Lectüre Musse behalten. Ueberall dürfen die academischen Jahre nicht als Jahre zum Genuß, sondern müssen als Jahre angestrengtester Thätigkeit und Arbeit angesehen werden".

[32] Vgl. im einzelnen ebenda, S. 24–30; siehe ebenda, S. 30 f. auch den Entwurf für ein viersemestriges Kurzstudium „für diejenigen, welche ihre Umstände nöthigen früher die Universität zu verlassen" (S. 30). – L. Goldschmidt, Rechtsstudium und Prüfungsordnung. Ein Beitrag zur Preußischen und Deutschen Rechtsgeschichte, S. 331, bemerkt, daß in dieser Zeit „die dreijährige Studienzeit als unumgänglich nothwendig eingeführt wurde".

[33] Methodologie des juristischen Studiums. Zum Gebrauch vorbereitender Vorlesungen, S. 29.

Dem entspricht es, daß Schmalz niemals Vorlesungen über das Landrecht gehalten hat. In Berlin wurde diese Aufgabe später bekanntlich – wenn auch ungern – von Savigny übernommen,[34] der sich hierüber 1819 in einem aufschlußreichen Brief an seinen Schwager Achim von Arnim äußerte: „Ich fühle, daß das seyn *muß*, will ich nicht dem Land und der zusammenhängenden Bildung der jungen Leute fremder bleiben als recht ist".[35] Diese Einsicht hatte Schmalz knapp zwei Jahrzehnte vorher noch nicht gewonnen; als Naturrechtler und philosophischer Jurist beharrte er auf dem Vorrang des Naturrechts als wichtigste rechtswissenschaftliche Propädeutik. Seinen Schülern sagte dies freilich schon um und vor 1800 keineswegs immer zu; so hat etwa Theodor von Schön[36] noch in der Rückschau über den „grelle[n] Formalismus" seines von Schmalz geleiteten Königsberger Rechtsstudiums geklagt.[37]

Immerhin muß aber festgehalten werden, daß Schmalz schon sehr früh auch der *Geschichte* eine hohe Bedeutung für das juristische Studium beigemessen hat. Wo die Geschichte – so heißt es bereits 1795 – „nicht ihre Fackel vorträgt, da irren wir im Finstern. Die Umstände unter welchen ein Gesetz gegeben wurde, können allein seinen Sinn aufschliessen. Und noch mehr, die Rechtsgelehrsamkeit besteht nicht blos in der Kenntniß der positiven Gesetze über die Rechtsverhältnisse, sondern hauptsächlich in der Kenntniß des Wesens und der Beschaffenheit dieser Verhältnisse selbst. Diese können aber nur dann richtig eingesehen werden, wenn wir wissen, wie sie entstanden, wie sie sich entwickelten, wie sie in ihre gegenwärtige Lage kamen".[38] Denn „das was ist, läßet sich nur aus dem erklären was war, und der gegenwärtige Zustand aus den vorhergegangenen".[39] Drei Jahrzehnte später hat sich Schmalz sogar öffentlich für ein Ende

[34] Siehe oben § 10 a); sowie, zum Zusammenhang, auch U. Bake, Die Entstehung des dualistischen Systems der Juristenausbildung in Preußen, S. 54 ff., 113 ff.

[35] A. Stoll, Friedrich Karl v. Savigny. Ein Bild seines Lebens mit einer Sammlung seiner Briefe II, S. 257 (Savigny an Arnim, 30.5.1819).

[36] Siehe auch oben § 3 c).

[37] [Th. von Schön], Aus den Papieren des Ministers und Burggrafen von Marienburg Theodor von Schön I, S. 6.

[38] Über die Bildung zum Iustiz-Dienst auf den Preußischen Universitäten, S. 12; vgl. auch ebenda, S. 12 f., die aufschlußreiche Wendung ins Politische: „Unkunde der Geschichte zum Beyspiel ist die Quelle der schiefen Urtheile, welche wir itzt so oft über den Unterschied der Stände fällen hören. Wie mag nun der Richter die Gesetze über diesen Unterschied vernünftig anwenden, wenn er das Wesen desselben nicht kennet?".

[39] Ebenda, S. 31 f.

des ebenso unnötigen wie auch in der Sache unbegründeten Streits zwischen „einer historischen und einer philosophischen Schule unter den Rechts-Gelehrten" ausgesprochen.[40] So weit entfernt sich Schmalz im allgemeinen – trotz dieser Formulierungen – auch später von den zentralen Ideen Savignys bewegte, die dieser 1814 in seiner „Berufsschrift" niedergelegt hatte,[41] so bestätigen Schmalz' seit 1795 formulierte Thesen über das Verhältnis von Jurisprudenz und Geschichte doch die Auffassung Paul Koschakers, der einmal feststellte: „Es bestehen zwischen historischer Schule und Naturrecht weit mehr Verbindungsfäden, als man prima facie glauben möchte".[42]

Welches Maß diese Distanz zwischen beiden Positionen – der philosophisch-naturrechtlichen und der historischen – nun auch immer gehabt haben mag:[43] fest steht jedenfalls, daß weder Schmalz noch

[40] Das volle (auch in politischer Hinsicht aufschlußreiche) Zitat lautet: Das teutsche Staats-Recht, S. IVf.: „Das Streiten einer historischen und einer philosophischen Schule unter den Rechts-Gelehrten, scheint mir, wie überall daß Einseitigkeit der Einseitigkeit sich entgegenstelle, für die Wissenschaft nachtheilig. Es ist im positiven Staats-Rechte nicht die Frage von unbedingten Idealen, sondern von der wirklichen Welt, in der das Bestehende durch das Geschehene bedingt ist; aber soll darum das Bestehende nie mit dem Ideale verglichen werden? Nur freilich ist unendlich viel verderblicher, wenn im Wahn, Freiheit zu begründen, Menschen der bestehenden Rechte unkundig, diese zu vernichten und abzuthun streben, ohne zu erwägen, daß Jemandes Recht vernichten Unrecht sey, Unrecht aber nie der Weg zur Freiheit, als eben des Rechts-Zustandes, werden könne".

[41] Carl Friedrich von Savigny: Vom Beruf unsrer Zeit für Gesetzgebung und Rechtswissenschaft, Heidelberg 1814; Ndr. in: Thibaut und Savigny – Ein programmatischer Rechtsstreit auf Grund ihrer Schriften, hrsg. v. Jacques Stern, Darmstadt 1959, S. 69–166.

[42] P. Koschaker, Europa und das Römische Recht, S. 275. – Immerhin gibt es wenigstens *eine* nicht nur gedankliche, sondern auch im Hinblick auf die gewählte Formulierung *erstaunliche Parallele zwischen Savigny und Schmalz*, das „stille" geschichtliche Wachsen des Rechts bzw. rechtlicher Institutionen betreffend. Es heißt in einer berühmten Passage der „Berufsschrift" von Savigny: „Die Summe dieser Ansicht ist also, daß alles Recht auf die Weise entsteht, welche der herrschende ... Sprachgebrauch als *Gewohnheitsrecht* bezeichnet, d. h. daß es erst durch Sitte und Volksglaube, dann durch Jurisprudenz erzeugt wird, überall also durch innere, stillwirkende Kräfte, nicht durch die Willkühr eines Gesetzgebers" (F. C. von Savigny, Vom Beruf unsrer Zeit für Gesetzgebung und Rechtswissenschaft, S. 79). Und Schmalz formuliert in seiner dritten Schrift zum Tugendbundstreit: „Ich halte aber jede Constitution für gut, (und auch die ganz allein) welche sich aus der Eigenthümlichkeit einer Nation von selbst allmählich und in der Stille gebildet hat" (Letztes Wort über politische Vereine, S. 10); siehe auch oben § 20.

[43] So merkte etwa E. Landsberg, Art. „Schmalz, Theodor Anton Heinrich", S. 627, an, daß Schmalz „der historischen Schule v. Savigny's durch Anerkennung der Bedeutung der Rechtsentwicklung nahegetreten" sei. Das ist nicht unrichtig – nur kommt es hier eben auf die genauere Bestimmung dessen an, was unter „Nähe" verstanden wird.

Savigny den Graben wirklich überbrückt haben; beider Grundüberzeugungen und -positionen blieben *im Kern* unverrückbar. An einem aufschlußreichen Beispiel – nämlich an beider Verwendung der berühmten Goetheschen „Geist" und „Buchstaben"-Metapher aus dem „Wilhelm Meister"[44] – läßt sich dieser Tatbestand anschaulich belegen. 1795 verkündete Schmalz, es sei gerade die Philosophie, die „in dem Studium [der Jurisprudenz, H.-C.K.] selbst dem todten Buchstaben Geist und Leben" gebe,[45] und noch 1813 war in seinem Vortrag zur „Idee eines gemeinen positiven Staats-Rechts von Europa"[46] die Rede von „mühsame[n] historische[n] Forschungen, welche ein durch Philosophie gebildeter Geist leiten soll, um über den Buchstaben der Geschichte hinauf den Geist und die Ideen der wechselnden Zeitalter zu fassen, aus denen die Einrichtungen der Menschen entstanden".[47] Für Schmalz kommt es also zuerst auf den Geist, und erst dann auf den Buchstaben an – und der Geist wird für ihn allemal nicht etwa durch die Geschichte, sondern durch die Philosophie repräsentiert.

Savigny – eine Generation jünger als Schmalz – behielt diese Bedeutung bei, drehte deren Bewertung allerdings um: In seinem berühmten Brief an den Studienfreund Bang vom 25. September 1809 bemerkt er, anspielend auf die neuesten Entwicklungen innerhalb der Rechtsliteratur: „Alles ächte Streben geht unläugbar dahin, den Körper der Wissenschaften zu vergeistigen, den Buchstaben zu

[44] Siehe JOHANN WOLFGANG GOETHE, Sämtliche Werke (Artemis-Gedenkausgabe), Bd. VII: Wilhelm Meisters Lehrjahre, Zürich 1977, S. S. 331–333: Gesprächsthema ist die Vorbereitung einer Aufführung des „Hamlet"; Wilhelm Meister stellt fest: „Alles Memorieren helfe nichts, wenn der Schauspieler nicht vorher in den Geist und Sinn des guten Schriftstellers eingedrungen sei; der Buchstabe könne nichts wirken"; dagegen – etwas später, nach einer Leseprobe – der Theaterdirektor Serlo: „Lassen Sie uns ... ja nicht zu sehr auf Geist und Empfindung dringen! Das sicherste Mittel ist, wenn wir unsern Freunden mit Gelassenheit zuerst den Sinn des Buchstabens erklären, und ihnen den Verstand eröffnen. ... Ich habe ... bei Schauspielern, wie überhaupt, keine schlimmere Anmaßung gefunden, als wenn jemand Ansprüche an Geist macht, solange ihm der Buchstabe noch nicht deutlich und geläufig ist". – Zur Bekanntschaft von Schmalz und Goethe und zur Goetheverehrung des ersteren siehe auch die Bemerkungen oben § 4 b) sowie den unten, in Anhang A I. abgedruckten Brief von Schmalz an Goethe.

[45] Über die Bildung zum Iustiz-Dienst auf den Preußischen Universitäten, S. 12; vgl. auch die allgemeinere Formulierung ebenda, S. 19: „Man mag den Buchstaben des Gesetzes leicht fassen; ihren [sic] Geist zu fassen erfordert viel Gelehrsamkeit, viel Aufklärung, also tiefes Studium".

[46] Siehe dazu auch oben § 19 b).

[47] Idee eines gemeinen positiven Staats-Rechts von Europa. Eine Vorlesung in der philomatischen Gesellschaft zu Berlin am 8ten Julius 1813, S. 82.

deuten, und immer tiefer zu deuten. Die Sonntagskinder dieser lezten [sic] Zeiten haben damit traurigen Misbrauch getrieben. Zu vornehm um mit ihren Händen etwas Geringeres zu berühren, als das allerhöchste, haben sie das unglückliche Geheimniß gefunden, den Geist selbst, mit welchem sie allein umgehen mochten, in todten Buchstaben zu verwandeln".[48] Wenn der Geist zum Buchstaben degeneriert, dann muß der Umweg über den Buchstaben – sprich also: die Geschichte – gegangen werden, um den Geist der Jurisprudenz wiederherzustellen. Und das heißt: Die einseitige und ungesunde Herrschaft der Philosophie (also des Naturrechts) innerhalb der Jurisprudenz ist durch einen Rückgriff auf die Geschichte, genauer: auf die historischen Fundamente und Quellen des Rechts, abzulösen. *Diese* Forderung – sie ist der Kern des Anliegens der historischen Schule – hat Schmalz niemals akzeptieren können.

b) Zur Rechtsgeschichte

Es mag auf den ersten Blick überraschen, daß der überzeugte Naturrechtler und Kantianer Schmalz seine Laufbahn als Autor tatsächlich mit historischen Publikationen begonnen hat: Nach den bereits 1783 publizierten „Denkwürdigkeiten des Grafen Wilhelms zu Schaumburg-Lippe"[49] folgte 1787, als Schmalz gerade sein Amt als außerordentlicher Professor an der Universität Rinteln angetreten hatte, die früheste überlieferte *juristische* Veröffentlichung, eine kleine rechtsgeschichtliche Abhandlung mit dem Titel „Etwas über die ältesten Spuren der Lehne".[50] Es geht dem jungen Verfasser um die Klärung

[48] A. Stoll, Friedrich Karl v. Savigny. Ein Bild seines Lebens mit einer Sammlung seiner Briefe I, S. 389; siehe dazu auch den wichtigen Aufsatz von Dieter Nörr, Geist und Buchstabe: ein Goethe-Zitat bei Savigny, in: Zeitschrift der Savigny-Stiftung für Rechtsgeschichte, Rom. Abt. 100 (1983), S. 20–45; sowie die Bemerkungen bei demselben, Savignys philosophische Lehrjahre. Ein Versuch, S. 73, 131, 145, 190, 208, 248 f., bei H. H. Jakobs, Die Begründung der geschichtlichen Rechtswissenschaft, S. 67, 328, Anm. 216 u. a., und bei Hans-Christof Kraus, Historische Rechtsschule zwischen Philosophie und Geschichte. Zu einigen neuen und alten Savignyana, in: Der Staat 36 (1997), S. 451–479, hier S. 463, 470 f., 478 f.

[49] Siehe dazu oben § 2 c) und unten § 29 a).

[50] Der Erstdruck, eine Einladungsschrift zur Geburtstagsfeier des Landgrafen von Hessen, ist allem Anschein nach nicht mehr erhalten; daher ist im folgenden auf den zweiten Abdruck zurückzugreifen: Etwas über die ältesten Spuren der Lehne, in: Juristisches Magazin oder gesammelte, theils gedruckte, theils ungedruckte Abhandlungen aus allen Theilen der Rechtsgelahrtheit. Herausgegeben vom Doctor und Bibliothekar Koppe, 1. Stück, Leipzig 1793, S. 89–101.

eines historischen Grundproblems zum Verständnis der „Verfassung der Teutschen“,[51] nämlich um den geschichtlichen Ursprung des Lehnsystems.

Gestützt vor allem auf Tacitus und Caesar, in Auswahl auch auf andere antike Autoren, führt Schmalz aus, daß der Zeitpunkt für die Entstehung dieses Rechtsinstituts nicht zu früh angesetzt werden darf; auf keinen Fall gehört es in die Zeit *vor* der Völkerwanderung: „Das wirkliche Lehn, dessen Wesen darin besteht, daß das *dominium utile* eines Grundstücks für Kriegsdienste gegeben wird, war freilich bei den ältesten Teutschen nicht“.[52] Hier liegen allenfalls die *Ursprünge* dieses Systems: Schmalz schließt sich ausdrücklich der „Behauptung einiger berühmten Geschichtsforscher und Rechtslehrer“, darunter vor allem Justus Möser, an indem er feststellt, *„daß die Lehne aus den Gefolgen der alten teutschen Gemeinheitshäupter, oder vornehmen Krieger entstanden seyen“*.[53] Das Lehnswesen hat sich nach Schmalz in *vier Stufen* entwickelt: In der *ersten* wurde die Gefolgschaftstreue im Kriegsdienst noch „mit Unterhalt und einem Geschenk vergolten“, in der *zweiten* gewährte „man statt dessen den Nießbrauch von Grundstücken“, in der *dritten* vergab man diese Grundstücke bereits „auf Lebenszeit“, und in der *vierten* schließlich fing man an, „auf einer Seite die Pflicht des Vasallen, auf der andern die Belohnung dafür erblich zu machen“[54] – und damit war das Lehnswesen voll ausgebildet. Mochte diese kleine Abhandlung (sie umfaßt gerade zwölf Druckseiten) auch nicht durch besondere Originalität oder Neuartigkeit der vertretenen Thesen auffallen, so lieferte ihr junger Verfasser doch eine zuverlässig informierte (mit vielen Nachweisen versehene) und gut formulierte Zusammenfassung des Forschungsstandes zu dieser keineswegs unbedeutenden Rechtsfrage.

Auch Schmalz’ erster *systematischer* Beitrag zur Rechtswissenschaft, die „Encyclopädie des gemeinen Rechts“ von 1790, enthielt bereits knappe historische Abrisse der unterschiedlichen Entwicklungen des römischen, des kanonischen und des „teutschen“ Rechts, die in der zweiten Auflage von 1804 noch deutlich erweitert wurden.[55] Die

[51] Ebenda, S. 89.

[52] Ebenda, S. 91 (Schmalz beruft sich hier auf Thomasius, Diss. de Orig. Feud. § 1. not. c.-d.).

[53] Die Zitate ebenda, S. 92.

[54] Alle Zitate ebenda, S. 101; zur Darstellung im einzelnen vgl. ebenda, S. 93 ff.

[55] Vgl. Encyclopädie des gemeinen Rechts. Zum Gebrauch academischer Vorlesungen, ^{1}1790, S. 50 ff., 118 ff., 149 ff.; Encyclopädie des gemeinen Rechts. Zum Gebrauch academischer Vorlesungen, ^{2}1804, S. 97 ff., 175 ff., 209 ff.

Fassung von 1804 enthält immerhin eine zweigeteilte Einleitung, die nach einem ersten Abschnitt „Wie die Jurisprudenz Wissenschaft werde?“ noch einen zweiten folgen ließ, der sich der Beantwortung der Frage „Wie ein gemeines Recht in Europa sich gebildet habe“ widmete.[56] Eine 1795 angekündigte „Geschichte des Naturrechts“, die er in diesen Jahren wenigstens vorbereitet zu haben scheint, ist indes nicht erschienen.[57] Dafür enthielt ein weiteres seiner frühen Werke, die kleine Monographie über das Königsberger Stapelrecht,[58] eine ausführliche und detaillierte „Geschichte der Gesetze und Bestimmungen über die Niederlage der Städte Königsbergs“,[59] die zwar von den – für jene Epoche – vorzüglichen rechtshistorischen Kenntnissen des jungen Autors Zeugnis ablegt, freilich die Bezeichnung „partheylos“,[60] die Schmalz selbst ihr zugesteht, nicht verdient.

Im Vorwort zum „Handbuch des teutschen Land- und Lehnrechts“ von 1796 würdigte er erstmals die Glossatoren und die „Humanisten, welche durch ihre historischen Kenntnisse, wahre juristische Aufklärung beförderten“, und er fügte hinzu: „Nur lebten sie mehr im alten Rom als in ihren Tagen; und eine Variante im Corpus Juris galt ihnen mehr, als die Natur unsrer heutigen Geschäfte. Itzt verlachen wir wieder das mühsame Studium dessen, was geschah und geschieht“. Indessen sei es an der Zeit, gerade den Rechtsstudenten die einfache Tatsache erneut und mit Nachdruck einzuschärfen, „daß von dem Studium der Alten allein alle wahre Bildung ausgehen kann“.[61] So hob er denn auch in seiner knappen „Geschichte der Rechte in Teutschland“ die Bedeutung der Rezeption des römischen Rechts gebührend hervor.[62] In der zweiten Fassung des Handbuchs von 1818 legte er seine etwas erweiterte deutsche Rechtsgeschichte in drei Abschnitten: „Bis 888“, „Bis 1495“ und „Seit 1495“ vor,[63] nicht

[56] Vgl. Encyclopädie des gemeinen Rechts. Zum Gebrauch academischer Vorlesungen, ^{2}1804, S. IX, 1–6.

[57] Vgl. Das natürliche Familienrecht, 1795, S. 4: „Eine Geschichte des Naturrechts, für die ich noch lange arbeiten muß, wird erst nach einigen Jahren erscheinen können“.

[58] Siehe dazu auch oben § 3 b) und unten § 29 b).

[59] Darstellung des Niederlage-Rechts der Stadt Königsberg, 1792, S. 14–36.

[60] Ebenda, S. 14.

[61] Die Zitate: Handbuch des teutschen Land- und Lehnrechts. Zum Gebrauch academischer Vorlesungen, ^{1}1796, S. VIf.

[62] Vgl. ebenda, S. 1–14, hier S. 10 f.

[63] Vgl. Lehrbuch des teutschen Privatrechts; Landrecht und Lehnrecht enthaltend, ^{2}1818, S. 6–23.

ohne dazu einen sechsseitigen Abschnitt über „Teutschlands Urverfassung“ voranzustellen, in dem er im Stile der Zeit, gestützt vor allem auf Tacitus und Caesar, die Ursprünge des spezifisch deutschen Gemeinwesens knapp umriß.[64] Was seine Darstellung des römischen Rechts anbetrifft, so widmete Schmalz erst in der zweiten Auflage seines „Handbuchs des römischen Privatrechts“ der „Geschichte des römischen Rechts“ einige knappe Seiten,[65] nicht ohne jedoch ausdrücklich auf die große Bedeutung der „Autorität der Rechtsverständigen“[66] im republikanischen Rom hinzuweisen; in einer knappen „Litterair-Notiz“ empfahl er seinen Lesern u. a. die Darstellung seines früheren Göttinger Kommilitonen Gustav Hugo zur römischen Rechtsgeschichte.[67]

Auch der deutschen Verfassungsgeschichte hat Schmalz eine knappe, aber konzise Darstellung gewidmet; sie findet sich auf etwas mehr als einhundert Druckseiten in seinem „teutschen Staatsrecht“ von 1825.[68] Nach 1806 bot sich eine solche Gesamtdarstellung geradezu an, denn das Ende des Alten Reiches machte es möglich, die „Reichshistorie“ nunmehr als abgeschlossenes Ganzes und ohne Rücksichtnahme auf bestehende politische Interessenlagen wissenschaftlich zu traktieren. Wissenschaftsgeschichtlich stand Schmalz vor allem in der Tradition der alten Reichshistorie vornehmlich Göttinger Provenienz, wie sie zuletzt von seinem Lehrer Pütter verkörpert worden war,[69] sodann aber auch in der Nachfolge Montesquieus, auf den er sich berufen hat, und sicher ebenfalls Mösers; schließlich nutzte Schmalz

64 Vgl. ebenda, S. 1–6.

65 Vgl. Handbuch des römischen Privatrechts. Für Vorlesungen über die Justinianeischen Institutionen, ²1801, S. 26–39.

66 Ebenda, S. 29; vgl. auch S. 32 f.

67 Vgl. ebenda, S. 37–39, hier S. 37. – Zum Zusammenhang des Themas siehe auch die ausführliche Studie von Gerhard Köbler, Zur Geschichte der römischen Rechtsgeschichte, in: Geschichtliche Rechtswissenschaft: Ars tradendo innovandoque aequitatem sectandi. Freundesgabe für Alfred Söllner zum 60. Geburtstag am 5.2.1990, hrsg. v. Gerhard Köbler/Meinhard Heinze/Jan Schapp (Gießener rechtswissenschaftliche Abhandlungen, Bd. 6), Gießen 1990, S. 207–284, der sich, ebenda, S. 247 ff., nur auf die wichtigsten Autoren der Ära um und nach 1800 – also Reitemeier, Hugo und Savigny – beschränkt, Schmalz aber unerwähnt läßt.

68 Vgl. Das teutsche Staats-Recht. Ein Handbuch zum Gebrauche academischer Vorlesungen, S. 27–132 (I. Teil: „Geschichte der Bildung der teutschen Verfassung“). Im „Handbuch des teutschen Staatsrechts“ von 1805 hatte Schmalz (ebenda, S. 17–24) der Reichsverfassungsgeschichte nur einige knappe Bemerkungen gewidmet.

69 Vgl. N. Hammerstein, Jus und Historie. Ein Beitrag zur Geschichte des historischen Denkens an deutschen Universitäten im späten 17. und im 18. Jahrhundert, S. 333 ff.; W. Ebel, Der Göttinger Professor Johann Stephan Pütter aus Iserlohn, S. 106 ff.

auch bereits die neuen Arbeiten seines zeitweiligen Berliner Kollegen Eichhorn für seine Darstellung.[70]

Im Gegensatz zu den leitenden Gedanken seiner ersten, 1805 erschienenen Gesamtdarstellung des deutschen Staatsrechts war es für Schmalz zwei Jahrzehnte später „klar, daß der eigentliche Sinn der Einrichtungen eines Staats und das innere Wesen seiner Verfassung für die Anwendung im Leben selbst nicht verstanden werden kann, ohne die Geschichte der Bildung der Verfassung und ihrer Einrichtungen".[71] Er läßt nun durchaus die Geschichte und die konkreten Entstehungs- und Entwicklungsbedingungen einer Verfassung – die er im älteren Sinne als politische Grundordnung eines Gemeinwesens definiert – zu ihrem Recht kommen: zeitliche und räumliche Bedingungen, nicht zuletzt auch die Art und der Reifegrad der jeweiligen Kultur, sind nach Schmalz konstitutiv für die Ausbildung einer Verfassungsordnung.[72]

Dem entspricht es, daß Schmalz seiner Darstellung der Reichsverfassungsgeschichte im engeren Sinne einen kürzeren Abschnitt „Von den Urstoffen der teutschen Verfassung"[73] vorausschickt. Diese „Urstoffe" sind das *römische*, das *christliche* und das *germanisch-„teutsche"* Element;[74] sie alle haben die deutsche Verfassungsgeschichte nachhaltig mitbestimmt und -geprägt, da sich die „Einrichtungen des Staats", so Schmalz, in Deutschland „aus römischen, kirchlichen und

[70] Vgl. die Hinweise in: Das teutsche Staats-Recht. Ein Handbuch zum Gebrauche academischer Vorlesungen, S. 54 f.; zur Tradition der deutschen Verfassungsgeschichtsschreibung und ihrer Entwicklung um und nach 1800 siehe vor allem FRITZ HARTUNG, Zur Entwicklung der Verfassungsgeschichtsschreibung in Deutschland, in: DERSELBE: Staatsbildende Kräfte der Neuzeit – Gesammelte Aufsätze, Berlin 1961, S. 430–469, hier bes. S. 432 ff., sowie HANS BOLDT, Verfassungsgeschichte – Bemerkungen zur Historie einer politik-wissenschaftlichen Disziplin, in: DERSELBE: Einführung in die Verfassungsgeschichte. Zwei Abhandlungen zu ihrer Methodik und Geschichte, Düsseldorf 1984, S. 119–208, bes. S. 126 ff.

[71] Das teutsche Staats-Recht. Ein Handbuch zum Gebrauche academischer Vorlesungen, S. 16.

[72] Vgl. ebenda, S. 29: „Die Verfassung eines Staats kann nur dauernd, also wahre Verfassung seyn, wenn sie den Begriffen der Einwohner vom Guten und Nützlichen entpricht; und diese Begriffe müssen sich bestimmen, nach der Lage und den Producten des Landes, nach den Gewerben der Einwohner, nach ihrer Religion, nach den Vertheidigungs-Anstalten endlich gegen auswärtige Feinde, welche wiederum abhängen von der Art und Kunst des Krieges in verschiedenen Zeiten. Darum wird die Verfassung immer, nicht bloß von dem Grade, sondern vornehmlich von der Art der Cultur der Einwohner und dem Gange der Entwickelung derselben abhängen".

[73] Vgl. ebenda, S. 29–61.

[74] Vgl. ebenda, S. 32 ff., 41 ff., 49 ff.

teutschen Rechten gemischt gestalte[t]"[75] haben. Dem römischen Erbe entstammen *erstens* „das Beispiel einer absoluten Monarchie, in welcher Ehre, Macht und jede Einrichtung durch des Monarchen Willen allein bestand, ... aber dennoch über den Einzelnen nach bestimmt geordneten Gesetzen, nicht nach Willkühr, geherrscht werden sollte", *zweitens* innerhalb der Staatsverwaltung „eine richtigere Vertheilung der Geschäffte nach Arten der Gegenstände" und *drittens* „Orts-Gemeinen in republicanischer Form verwaltet, ohne asiatische Willkühr eines Orts-Vorstandes".[76] Der letztgenannte Aspekt dürfte allerdings wohl nicht nur dem römischen, sondern nicht weniger auch dem germanischen „Urstoff" zuzuordnen sein.

Das christliche Element am Anteil der spezifisch deutschen Verfassung läßt sich nach Schmalz ebenfalls in drei unterschiedlichen Aspekten nachweisen: *Erstens* habe die vorreformatorische Kirche das „Beispiel von einer der höheren Gewalt (des Pabstes) streng untergeordneten Gewalt (der Bischöfe usw.) welche gleichwohl selbständig bestehet, so daß jene höhere Gewalt sie nicht abschaffen oder durch andere Organisationen ersetzen lassen kann", gegeben; *zweitens* könnten höhere kirchliche Ämter nach ihrer Verleihung nicht willkürlich wieder genommen werden; *drittens* schließlich, ein besonders wichtiger Aspekt: „Auf den Concilien, wo die Bischöfe für ihre Diöcesen erschienen, war das erste Beispiel einer Versammlung von Repräsentanten von Länder-Districten".[77] – Und das germanisch-"teutsche" Element, der dritte der drei „Urstoffe" der deutschen Verfassung, sei schließlich fast überall mit Händen zu greifen: einmal im Bereich des Lehnrechts,[78] vor allem aber in der bereits früh ausgeprägten gemeinsamen Gesetzgebung durch König und „Nation".[79]

[75] Ebenda, S. 31.

[76] Die Zitate ebenda, S. 40.

[77] Die Zitate ebenda, S. 48.

[78] Vgl. ebenda, S. 56 ff.; hier folgt Schmalz in der Sache seiner frühen (oben abgehandelten) Studie „Etwas über die ältesten Spuren der Lehne".

[79] Vgl. Das teutsche Staats-Recht. Ein Handbuch zum Gebrauche academischer Vorlesungen, S. 59: „Zu wichtigen Verordnungen für das Reich versammelte der König jährlich die Nation, von ihren Grafen und Herzöge [sic], wie im Heerbanne, geführt. Hier gab der König seine Befehle und vernahm den Rath der Anwesenden, oder man machte dem Könige Vorschläge und Anträge, und so gingen aus gegenseitiger Berathung (Parlamentiren, Capituliren) Gesetze hervor, Capitularien deshalb genannt, wobei des Königs Gewalt und der Versammlung Ansehen mehr von persönlicher Kraft oder Schwäche des Königs und seiner ersten Diener, als regelmäßig durch Gesetz und Herkommen bestimmt waren".

Hatte Karl der Große, indem er „das Königreich der Lombardey, die römische Kaiser-Krone und die letzten Stämme der Teutschen mit seinem Reiche“ vereinigte, „Teutschland zum ersten Male als Staat“, wenngleich nur als „Theil jenes großen fränkischen Reichs“[80] konstituiert, so wurde diese ursprünglich so stark monarchisch ausgerichtete Form im weiteren Verlauf der mittelalterlichen Reichsgeschichte – Schmalz stellt sie im zweiten Buch „Geschichte der Entwickelung der teutschen Verfassung“ dar[81] – doch wieder verlassen, indem sich verfassungsgeschichtlich der „Uebergang des Erb-Reichs in ein Wahl-Reich“[82] vollzog. Detailliert schildert Schmalz diesen Vorgang, und er gelangt nach seiner Darstellung des Reichstags und der Reichsstände, auch der deutschen Städteverfassungen, schließlich der Entstehung und Ausbildung des Kurfürstenkollegs[83] zu der These, „Teutschlands Verfassung“ stellte seit dem hohen und späten Mittelalter „in der That, wenn auch nicht dem Namen nach, eine Aristocratie dar, und der Kaiser war mehr Vorsteher desselben, als Monarch im Reiche“.[84] 1805 hatte er das Reich noch als „eingeschränkte Wahlmonarchie“[85] bezeichnet – und damit den monarchischen Charakter noch etwas (wenn auch nur ein wenig) stärker gewichtet.

Die neuere Verfassungsgeschichte des Alten Reiches seit der Reformation und der endgültigen konfessionellen Teilung des Reiches im Jahre 1648 wird von Schmalz nur noch relativ knapp abgehandelt:[86] Kaiserwahl und Kaiserkrönung, Rechte und Stellung des Kaisers, Zusammensetzung und Arbeitsweise des Reichstags, die obersten Reichsgerichte und nicht zuletzt die meist übersehene Reichskriegsverfassung werden thematisiert.[87] Insgesamt gelangt er im abschließenden Rückblick zu einer erstaunlich positiven Bewertung dieser Epoche der deutschen Verfassungsgeschichte: „Unter dieser Verfassung blüheten seit dem westphälischen Frieden vornemlich geistige Cultur und leibliches Glück der teutschen Völker im ganzen so, daß kein Reich Europa’s war, in welchem größere Gerechtigkeit und mehr

80 Die Zitate ebenda, S. 61.
81 Vgl. ebenda, S. 62–132.
82 Ebenda, S. 62.
83 Vgl. ebenda, S. 64 f., 70 f., 77 f., 81 ff.
84 Ebenda, S. 78.
85 Handbuch des teutschen Staatsrechts. Zum Gebrauch academischer Vorlesungen, S. 23.
86 Vgl. Das teutsche Staats-Recht. Ein Handbuch zum Gebrauche academischer Vorlesungen, S. 88 ff., 91 ff.
87 Vgl. ebenda, S. 92 ff., 98 ff., 105ff, 112 ff., 116.

wohlmeinende Sorge für die Unterthanen die Regierungen ausgezeichnet hätte. Aber immer besonders hängend an ihrem besonderen Lande, ihrem regierenden Hause und ihrer besonderen Verfassung hatten die Teutschen wenig Eifer für das Ganze des Reichs, weil sie dessen Einfluß seltener fühlten, so daß der endliche Fall der Reichs-Verfassung nur die schmerzte, welche sie näher gekannt, und ihre mittelbare Segnungen [sic] einzusehen vermocht hatten".[88]

Im letzten Abschnitt seines verfassungsgeschichtlichen Grundrisses schreibt Schmalz unter der Überschrift „Von des Reiches Auflösung und Entstehung des teutschen Bundes" die Geschichte seiner eigenen Zeit.[89] Die Französische Revolution und die aus ihr gewissermaßen folgerichtig hervorgegangene Despotie Napoleons macht er unmittelbar für das Ende des Alten Reiches verantwortlich.[90] Der Rheinbund erfährt, was nicht weiter verwundert, als Herrschafts- und Disziplinierungsinstrument des „Protectors" Bonaparte eine ausschließlich negative Bewertung.[91] Die Befreiungskriege, der Wiener Kongreß und die politische Neuordnung Deutschlands werden indes nur mit wenigen Sätzen vergegenwärtigt;[92] doch immerhin betont er bereits an dieser Stelle – wie dann auch in späteren Teilen seines „Teutschen Staatsrechts"[93] – die *relative Offenheit* der neuen bundesrechtlichen Struktur Deutschlands, indem er mit dem Blick auf die Resultate des Wiener Kongresses hervorhebt, daß „allerdings ... von der Verfassung dieses ewigen Bundes nur die ersten Grundzüge entworfen werden"[94] konnten.

Schmalz' Darstellung war ausdrücklich nicht als erschöpfende Rekonstruktion der deutschen Verfassungsgeschichte, sondern nur als – in die Thematik einführender – erster Überblick konzipiert und verfaßt; daß diese 110 Seiten seines „Teutschen Staatsrechts" Lücken und einzelne Mängel aufweisen, ist daher nicht weiter verwunderlich. Immerhin scheint es einen ähnlich knapp zusammenfassenden

[88] Ebenda, S. 118.
[89] Vgl. ebenda, S. 118–132.
[90] Vgl. ebenda, S. 118 ff., 124 ff.
[91] Vgl. ebenda, S. 122 ff.; siehe auch die Äußerung ebenda, S. 125: „... der Protector ließ nie eine Versammlung des Bundes zu. Er allein nahm neue Mitglieder auf; er allein begann Krieg oder schloß Frieden ohne sie zu fragen; aber er forderte willkührlich ihre Truppen zu Kriegen, die ihrem Interesse ganz fremd waren".
[92] Vgl. ebenda, S. 126 ff.
[93] Siehe dazu auch oben § 21 b).
[94] Das teutsche Staats-Recht. Ein Handbuch zum Gebrauche academischer Vorlesungen, S. 131.

Überblick zu diesem Thema um 1825 nicht gegeben zu haben, und insofern dürfte Schmalz' verfassungsgeschichtlicher Abriß seinen Zweck durchaus erfüllt haben. Der junge Mohl hat – um die vermutlich wichtigste zeitgenössische Äußerung zu zitieren – in seiner 1826 in der „Jenaischen Allgemeinen Literatur-Zeitung" erschienenen Schmalz-Rezension den verfassungsgeschichtlichen Teil als „weder gut, noch schlecht" charakterisiert, die ersten Passagen sehr kritisch als „oberflächlich und ohne wissenschaftliches Verdienst" bewertet, die Darstellung der jüngsten Entwicklung von 1789 bis 1815 jedoch als „viel besser" bezeichnet: „Dieses Capitel gehört allerdings hierher, und die Bearbeitung des Vfs. ist hier zweckmäßig, deutlich und in gedrängter Kürze. Mit Vergnügen haben wir dieses Hinweisen auf den, erst vor 19–20 Jahren verschwundenen, staatsrechtlichen Zustand Deutschlands gesehen und sehr zweckmäßig gefunden, daß auch im Lehrbuche darauf ausführliche Rücksicht genommen wurde, da eine Bekanntschaft mit *Gönner*, *Leist*, oder gar mit *Mayer* und *Häberlin*, um von noch älteren ganz zu schweigen, leider immer seltener bey unseren jungen Juristen wird".[95]

c) Zum Strafrecht

Das Strafrecht gehört zu denjenigen Teilen der Jurisprudenz, die ganz am Rande der Arbeitsgebiete und des wissenschaftlichen Interesses von Theodor Schmalz standen. Dennoch hat er sich auch zu diesem Thema publizistisch zu Wort gemeldet, und es wurde bereits erwähnt, daß er ebenfalls nach 1810 in Berlin zuweilen strafrechtliche Vorlesungen gehalten hat.[96] Ein „natürliches Strafrecht" hat er allerdings nicht verfaßt; er äußerte sich zuerst 1798 in einer Abschweifung seiner „Erklärung der Rechte des Menschen und des Bürgers" zu einigen Grundfragen des Strafrechts.[97] 1805 veröffentlichte er im Rahmen seiner „Kleinen Schriften über Recht und Staat" den Aufsatz „Ueber den Grund der Strafgewalt",[98] und zwei Jahre später schließlich hat er

[95] [ROBERT VON MOHL], Cs. FF.: Rezension von: Theodor Schmalz: Das deutsche Staatsrecht. Ein Handbuch zum Gebrauche akademischer Vorlesungen, Berlin 1825, in: Jenaische Allgemeine Literatur-Zeitung, Nr. 3/4, Januar 1826, S. 17–24, 25–27, hier Sp. 21 f.

[96] Siehe oben § 7 b).

[97] Vgl. Erklärung der Rechte des Menschen und des Bürgers. Ein Commentar über das reine Natur- und natürliche Staatsrecht, S. 73–93.

[98] Ueber den Grund der Strafgewalt, in: Kleine Schriften über Recht und Staat, Erster Theil, Halle 1805, S. 200–224.

in seinem „Handbuch der Rechtsphilosophie“ dem Strafrecht noch einmal einen knappen Abschnitt gewidmet.[99] Ein Vergleich dieser Texte zeigt, daß Schmalz zwischen 1798 und 1807 kleinere Änderungen, aber doch keine *wesentliche* Revision seiner Anschauungen und Thesen zu diesem Gegenstand vorgenommen hat.

Auch in seinen Gedanken zum Strafrecht bleibt Schmalz – anderes wäre wohl kaum zu erwarten gewesen – im Horizont seiner durch das jüngere Naturrecht geprägten Grundauffassungen.[100] In der Abhandlung von 1805, seinem wichtigsten Beitrag zum Strafrecht, geht er wie selbstverständlich davon aus, daß „alle Wahrheiten der praktischen Philosophie ... dem allgemeinen Menschenverstande nahe liegen“ müssen und „allgemeine Richtschnur für alle Menschen“,[101] daher auch für ihre Handlungen – und vor allem auch für die *Beurteilung* ihrer Handlungen – zu sein haben. Und das bedeutet wiederum, daß es um die „erste Auffindung ihrer [der Strafen, H.-C.K.] Gründe in der Natur des Menschen“ gehen muß. Die Auffassung seines Kollegen Christian Gottlob Konopack, der nach Schmalz „die Frage von der moralischen Möglichkeit der Strafe, ganz bei Seite gelegt und das Strafrecht allein auf die politische Nothwendigkeit der Strafen im Staate gegründet“ habe, muß vom Standpunkt des Naturrechts aus natürlich strikt zurückgewiesen werden.[102]

Als aufgeklärter Strafrechtler[103] geht es Schmalz zuerst um eine streng rationale Begründung der Strafgewalt. „Verbrechen“ und „Strafe“ an sich werden nur dadurch überhaupt möglich, daß der Mensch ein „zugleich sinnliches und vernünftiges Wesen ist“[104] – ein Antagonismus, der seine Existenz umfassend prägt und bestimmt.[105]

[99] Handbuch der Rechtsphilosophie, S. 144–153.

[100] Dazu siehe im allgemeinen oben § 11.

[101] Ueber den Grund der Strafgewalt, S. 200.

[102] Die Zitate ebenda, S. 201; den Namen Konopack erwähnt Schmalz in der Abhandlung von 1805 noch nicht, er nennt ihn aber zwei Jahre später im „Handbuch der Rechtsphilosophie“, S. 145, 150. – Christian Gottlob Konopack lehrte als Strafrechtler an der Universität Rostock.

[103] Zum Strafrecht der Aufklärung siehe die Ausführungen bei Eberhard Schmidt, Einführung in die Geschichte der deutschen Strafrechtspflege, 3. Aufl., Göttingen 1965, S. 212 ff., 219 ff.

[104] Ueber den Grund der Strafgewalt, S. 203.

[105] Vgl. ebenda: „Die vernünftige Natur ist aber der sinnlichen auch darin entgegen gesetzt, daß die vernünftige den Grund ihrer Thätigkeit in sich selbst hat, die sinnliche aber an sich selbst todt das Gesetz ihrer Bewegung nur von außen empfängt. Jene ist also zur Freiheit und Herrschaft, diese zu Duldung und Gehorsam durch ihr Wesen selbst berufen“.

Da „beide Naturen“ – die sinnliche und die rationale – „im Menschen zur Einheit der Person vereinigt“ sind, soll „in ihm ... die vernünftige Natur herrschen, die sinnliche dulden“.[106] Ein Mensch erniedrigt sich zum bloßen Tier, wenn er ein Verbrechen – von Schmalz definiert als „die Verletzung der äußern Freiheit, die Kränkung der Rechte des Nächsten“[107] – begeht, und zwar deshalb, weil er dadurch das rationale Element in seiner eigenen Persönlichkeit paralysiert: „In der That ein anderes vernünftiges Wesen wider seinen Willen zu bestimmen oder an Handlungen zu hindern ist immer unrecht... Der Ungerechte hat sich der vernünftigen Natur wirklich entäußert; er ist durch Vernunftwidrigkeit seiner Handlung zum bloß sinnlichen Wesen hinab gesunken. Der Räuber, der den friedlichen Wanderer überfällt, ist nicht besser, wie der Tieger [sic]. Vernunftlos werden beide von der Gier nach Beute hingerissen“.[108]

Hieraus ergibt sich für Schmalz „das Recht der Strafe im juridischen Sinne, das ist, der Wiederverletzung der Rechte des, welcher und weil er Rechte anderer verletzt hat“;[109] jede Rechtsverletzung erfordert einen entsprechenden Ausgleich.[110] Das noch von Kant in seinen „Metaphysischen Anfangsgründen der Rechtslehre“ von 1797 vertretene *ius talionis*, also das Strafrecht aus dem Prinzip der *Vergeltung*,[111] wird von Schmalz abgelehnt. In seiner eigenen Begründung für das Recht zur Strafe greift er auf die Grundgedanken seines „natürlichen Staatsrechts“ zurück: jeder Bürger eines Staates erhalte dessen Schutz „nur unter der Bedingung des Gehorsams, indem ohne diesen Gehorsam aller, kein Schutz auch nur für den einzelnen möglich wäre. Diesen Vertrag geht jeder mit dem Staate ein, und erneuert alle Augenblicke diesen Vertrag des Tausches des Schutzes um Gehor-

[106] Ebenda.

[107] Ebenda, S. 207.

[108] Ebenda, S. 208; vgl. ebenda, S. 210; ähnlich bereits in: Erklärung der Rechte des Menschen und des Bürgers. Ein Commentar über das reine Natur- und natürliche Staatsrecht, S. 75.

[109] Ueber den Grund der Strafgewalt, S. 211.

[110] Schmalz erläutert dies an folgendem Beispiel, vgl. ebenda, S. 212: „Nur durch Ersatz nach der Schätzung des Gekränkten gewinnt der Beleidiger die Würde des vernünftigen Wesens wieder. Im Staate verordnet das positive Gesetz, daß nicht der Beleidigte allein, sondern der Richter den Schaden schätze ... Wenn aber Ersatz geleistet ist: so ist im Aeußern nichts mehr der Regel des Rechts entgegen; kein Recht wird mehr gekränkt, also darf auch keines wieder gekränkt werden“.

[111] Vgl. I. Kant, Gesammelte Schriften VI, S. 331 ff.; zu Kants Strafrecht siehe auch E. Schmidt, Einführung in die Geschichte der deutschen Strafrechtspflege, S. 229 ff.

sam".[112] Jeder Verbrecher verstößt also gegen diesen Vertrag, und der Staat kann hieraus ein Recht zu dessen Bestrafung ableiten.

Mit einer nicht unproblematischen Wendung seiner Argumentation erklärt Schmalz den Verbrecher sogar zum „Feind" des Staates, weil sich jener mit seiner Verletzung des Unterwerfungsvertrages außerhalb jeder staatlichen Sphäre gestellt habe: „Das Verhältniß des Staats ... zu dem Verbrecher ist also allemal das Verhältniß des Krieges. Verbrecher heißt der Feind, weil er den Vertrag mit dem Staate gebrochen hat. Der Staat mag ihn also auch als Feind verfolgen bis zum Tode".[113] Auf das Strafrecht bezogen, bedeutet dies: „Das Urtheil, welches nach rechtlicher Untersuchung ihn der Strafe würdig erkennt, ist gleichsam die Kriegserklärung des Staats und die *manus militaris* übt alsdann die Rache desselben".[114] Mit anderen Worten: Der Verbrecher fällt nicht einmal *in den Naturzustand* (vor dem Vertragsschluß), sondern gewissermaßen noch *hinter den Naturzustand* zurück, denn er hat ja jetzt „die Würde der Natur verloren"[115] und damit ebenso sein natürliches Recht auf Unversehrtheit der eigenen Person! Schmalz durchbricht also mit dieser Konstruktion die Einheit des staatlichen Zustandes: Der strafende Staat befindet sich zum einen *im staatlichen Zustand*, weil er den Verbrecher *auf der Grundlage des geltenden Vertrags*, gegen den jener verstoßen hat, verfolgt und bestraft, er befindet sich aber *zugleich* auch – dem Verbrecher gegenüber – *im Naturzustand* und übt „Rache" an ihm. Diese Argumentation entbehrt jeder Logik und entwertet daher die zentrale strafrechtliche These von Schmalz.

Im Widerspruch zu jener These stehen ebenfalls seine Ausführungen zum *Grund* und zum *Zweck* der Strafe: „Der Grund der Strafe ist ... auch im Staate die Unwürdigkeit dessen, der juridische Rechte, also auch das Recht aller seiner Mitbürger, welche er verletzt, indem er durch Ungehorsam gegen den Staat, die allgemeine Sicherheit gefährdet".[116] Und den Zweck der Strafe bestimmt Schmalz zweifach: die Strafe hat zuerst der „Besserung", sodann aber vor allem der „Ab-

[112] Ueber den Grund der Strafgewalt, S. 215.

[113] Ebenda, S. 217; Schmalz fügt hinzu: „Daß man nur ihn [den Verbrecher, H.-C.K.] außer Stand setzen dürfe, weiter zu schaden, beruht auf gar keinem Grunde. Denn den, der die Würde der Natur verloren hat, kann man überall nicht widerrechtlich verletzen" (ebenda).

[114] Ebenda, S. 224.

[115] Siehe das Zitat oben in Anm. 113.

[116] Ueber den Grund der Strafgewalt, S. 218.

schreckung anderer" zu dienen.[117] In Fortführung seiner Argumentation gegen die Theorie des Vergeltungsrechts tritt er für eine variable Handhabung der Schwere jeweils verhängter Strafen ein: „Welche Strafe er [der Staat, H.-C.K.] wählen solle, darüber giebt die Politik, und sie allein, ihm diese Grundregel: den Geist der Zeit und seines Volkes zu fragen, um weder zu gelinde noch zu hart die Strafe zu wählen".[118] Immerhin müsse „der Staat die Strafe zuerst nach dem Maaße der Gefährlichkeit des Verbrechens messen", und ebenfalls müsse die „Bosheit des Verbrechers, so weit sie in der äußern That offenbar sich ausspricht, ein zweiter Maaßstab seyn", denn „Verbrechen aus Vorsatz sind härter zu strafen, als Verbrechen aus Fahrlässigkeit".[119]

Hierin besitzt der Staat nach Schmalz allerdings vollständige Freiheit: „Der Staat mag die Strafe also wählen, wie die Politik ihm räth. Das Recht erlaubt jede" – darunter natürlich auch *„Kapitalstrafen"* wie „Tod, ewige Verweisung, ewige Gefangenschaft". Und „so wie der Staat die Strafe wählen kann, so kann er auch unter Strafe jede Handlung als Verbrechen verbieten, welche er nöthig findet".[120] Eine These, die Schmalz – vielleicht unter dem Eindruck der Lektüre Hobbes' – noch 1798 vertreten hatte, taucht 1805 und 1807 nicht wieder auf: die Kritik an der Idee, es könne so etwas wie eine moralische Pflicht geben, sich einer über einen selbst verhängten Strafe zu unterziehen.[121] Andererseits hat er wiederum den Grundsatz des *nulla poena sine lege* mit besonderem Nachdruck vertreten: Wenn in einem Gemeinwesen die „Vorschriften einer verständigen Verfassung" Geltung besitzen, dann

[117] Ebenda, S. 218 f.

[118] Ebenda, S. 220; weiter heißt es: „Ist die Strafe zu gelinde, so wird sie ein Gespötte der Bösen und schreckt nicht ab. Ist sie aber nach der Vorstellung des Volkes zu hart, so wirkt sie statt Abscheu vor dem Verbrechen, Mitleiden mit dem Verbrecher, den man als Märtyrer, den Richter als Tyrannen ansieht" (ebenda); vgl. auch ebenda, S. 222.

[119] Die Zitate ebenda, S. 221.

[120] Die Zitate ebenda, S. 222 f.

[121] Vgl. Erklärung der Rechte des Menschen und des Bürgers. Ein Commentar über das reine Natur- und natürliche Staatsrecht, S. 84: „Man hat oft gestritten, ob es auch eine Pflicht, sich der Strafe zu unterziehen, gäbe. Es ist offenbar, daß Niemand der gerechten Strafe Gewalt, also neue Beleidigung entgegensetzen dürfe. Aber bey einer Pflicht zur Strafe würde der Beleidiger sich ihr nicht einmal durch Flucht entziehen dürfen, und würde durch eine solche Flucht juridische Pflicht übertreten. Nun, meine ich, könne eine solche Pflicht darum nicht angenommen werden, weil der Strafbare gerade als bloß sinnliches Wesen betrachtet wird, folglich ihm in dieser Rücksicht keine Pflichten beygelegt werden können".

ist es „nothwendig Rechtens, daß nichts als Verbrechen angesehen und bestraft werden könne: was er [der Staat, H.-C.K.] nicht nur durch ein Gesetz verboten, sondern auch dem er nicht eine Strafe im Gesetze gedrohet hat. Denn die Erkennung und Vollziehung der Strafe gehört allemal zur exekutiven Gewalt, und diese soll nie etwas verfügen, als vermöge und in Anwendung eines Gesetzes allein". [122]

[122] Die Zitate: Ueber den Grund der Strafgewalt, S. 223 f.

§ 29 Historische Arbeiten und Gelegenheitsschriften

a) Zur Geschichte

Seine Laufbahn als Autor hatte der junge Theodor Schmalz 1783 nicht als Jurist, sondern als historischer Schriftsteller begonnen; der öffentlich ausgetragene politische Konflikt um sein Erstlingswerk, die „Denkwürdigkeiten des Grafen Wilhelms zu Schaumburg-Lippe", hatte seinerzeit den jungen Hauslehrer und Studenten der Rechte auf einen Schlag bekannt gemacht.[1] Der eigentliche Gehalt dieser durchaus interessanten und in mehr als einer Hinsicht aufschlußreichen Schrift, die mehr zu sein beanspruchte als nur die Biographie eines typischen deutschen Duodezfürsten, wurde dabei allerdings weitgehend übersehen. Die Art und Weise, in der die Regierung zu Bückeburg versucht hatte, den Druck und später den Verkauf des kleinen Werkchens zu verhindern, hatte das Interesse an dem Buch eigentlich in eine andere Richtung gelenkt; man vermutete dort Informationen, deren Veröffentlichung dem Neffen und Nachfolger des porträtierten Fürsten nicht genehm waren.

Dabei hatte der junge Autor alles andere beabsichtigt, als eine Art von Skandalbuch herauszubringen; es ging ihm nur darum, wie er schon vor der Publikation an eben jenen Neffen schrieb, der Öffentlichkeit eine Schrift „moralischen und philosophischen Inhalts"[2] vorzulegen. Und die Lektüre der „Denkwürdigkeiten" bestätigt dies: „Meine Absicht war blos", heißt es schon in der Vorrede, „seinen [des Grafen Wilhelms, H.-C.K.] moralischen Charakter zu schildern, selbst nur seinen Charakter als Feldherr und Regent von der Seite seines Herzens darzustellen".[3] Über seine Quellen schwieg sich Schmalz allerdings weitgehend aus; in seinen Andeutungen tat er geheimnisvoll: „Vielleicht darf ich sagen", bemerkt er schon im Vorwort, „daß

[1] Dazu siehe die ausführliche Darstellung oben § 2 c).

[2] S. Kekule von Stradonitz, Eine merkwürdige literarische Fehde um die Schmalzsche Lebensbeschreibung des Grafen Wilhelm zu Schaumburg-Lippe, S. 481 (Schmalz an Graf Philipp II. Ernst zu Schaumburg-Lippe, Hannover, 12.12.1781).

[3] Denkwürdigkeiten des Grafen Wilhelms zu Schaumburg-Lippe, S. 4 f.; vgl. ebenda, S. 16 f.; auch über den Feldherrn heißt es: „Ich wollte diesen nicht von der militairischen, sondern von seiner moralischen Seite schildern" (ebenda, S. 68).

niemand vor der Hand eine vollständigere Geschichte wird liefern können, als diese Schrift ist. Allein Besorgniß, irgend jemand zu beleidigen, oder es auch nur zu scheinen, veranlaßte mich, viele Nachrichten zurückzuhalten, die ich wirklich besaß".[4] Wieviel Schmalz nun wirklich über das Leben und die Meinungen des verstorbenen Grafen wußte – und woher er diese Informationen bezogen hatte –, das dürfte kaum noch zu klären sein. Allerdings ist jedoch auch aus der Rückschau kaum zu bestreiten, daß er, wie seine Darstellung belegt, recht gut informiert gewesen ist.

Die „Denkwürdigkeiten" gliedern sich in drei etwa gleich umfangreiche Teile: im ersten wird Wilhelm als Feldherr und militärischer Lehrer geschildert, im zweiten als Landesherr und im dritten kommen schließlich sein privates Leben und sein Charakter zur Sprache.[5] Bereits der junge Truppenführer wird einerseits wegen seiner exzellenten militärischen Fähigkeiten gerühmt, aber andererseits ebenfalls wegen seiner humanen Behandlung der Soldaten;[6] Graf Wilhelm profilierte sich nicht nur als hannoverscher General im Feldzug von 1757, sondern ab 1762 auch als Oberbefehlshaber der Armee des mit England verbündeten Portugal im Krieg gegen Spanien. Und keineswegs nur das: Der Graf leistete als Feldherr nicht nur im Krieg, sondern ebenfalls im Frieden Bedeutendes, indem er in Portugal eine umfassende Militärreform durchführte und anschließend auch eine weit ausgreifende zivile Reformtätigkeit entwickelte: die Provinzverwaltung und das Finanzsystem profitierten hiervon zuerst.[7] Darüber hinaus gab der Graf, so sein junger Biograph, „einer Gesellschaft von Gelehrten ... den Befehl, die besten englischen, französischen und teutschen Schriften ins portugiesische zu übersetzen. Die Portugiesen sollten an den Gedanken und dem Ausdruck der Ausländer ihre Sprache prüfen und verfeinern" – und zwar als „eines der sichersten

[4] Ebenda, S. 5 f.; in einer Anmerkung *) zu S. 48 heißt es: „Für die Gewißheit dieser Nachrichten kann ich einstehn; ohngeachtet ich sie itzt nicht mit thätigen Beweisen belegen kann"; über den mehrjährigen Aufenthalt und die Tätigkeit Wilhelms in Portugal bezog Schmalz Informationen aus einem anonymen Werk mit dem Titel „Etat present du Royaume de Portugal en l'année 1766" (ebenda, S. 51). Sonstige Quellen, die genannt werden, sind ein Manuskript von Schmalz' Jugendfreund Scharnhorst über die Militärschule des Grafen auf der Festung Wilhelmstein (vgl. ebenda, S. 68) sowie einzelne gedruckte Briefe des verstorbenen Thomas Abbt, den der Graf nach Bückeburg berufen hatte (vgl. ebenda, S. 114, 119, 143, 149 u. a.).

[5] Vgl. ebenda, S. 18 ff., 73 ff., 113 ff.

[6] Vgl. ebenda, S. 18 ff.

[7] Vgl. ebenda, S. 25 ff., 33 ff., 46 ff.

Mittel zur Aufklärung dieser Nation, welche alles Elend der Barbarey fühlte".[8]

Doch Graf Wilhelm bewährte sich als aufgeklärter Heerführer und Herrscher nicht nur auf der iberischen Halbinsel, sondern auch in Deutschland, in seinem kleinen Fürstentum Schaumburg-Lippe, wo er nach seiner Rückkehr auf der Festung Wilhelmstein im Steinhuder Meer eine bald berühmte, mustergültige Militärschule errichtete.[9] Die Informationen für die von Schmalz hier ausführlich vorgestellte Einrichtung dürften weitgehend von seinem Freund Scharnhorst stammen, der die Militärschule des Grafen absolviert hatte und selbst im Anhang des Buches mit einem eigenen Beitrag vertreten war.[10] Schließlich wird Graf Wilhelm ebenfalls als Militärschriftsteller gewürdigt; der Autor zitiert sogar aus einem geheimen – angeblich nur in drei Exemplaren gedruckten – und in französischer Sprache verfaßten kriegswissenschaftlichen Buch mit dem Titel „Nouveau Systeme de l'art de guerre defensif", von dem ein Exemplar, so Schmalz, „durch einen Zufall in meine Hände" gelangt sei. Freilich brachte er nur einige ganz allgemeine, aus der Einleitung dieser Schrift stammende Bemerkungen über die Natur des Menschen zur Kenntnis seiner Leser; militärische oder verteidigungstechnische Geheimnisse (so sie in dem Buch denn überhaupt enthalten waren) wurden jedenfalls nicht ausgeplaudert.[11]

Auch die Beschreibung der mannigfachen Tätigkeiten des aufgeklärten Landesvaters Wilhelm fällt in jeder Hinsicht positiv aus: Sein Regiment habe sich zuerst durch kluge Auswahl bei der Ämterbesetzung und durch Sparsamkeit ausgezeichnet; sodann durch mannigfache ökonomische Verbesserungen: Einführung der Seidenraupen-

[8] Die Zitate ebenda, S. 49; einige Seiten zuvor beklagt der „aufgeklärte" (oder sich wenigstens so dünkende) Autor „die Barbarey, würdig des eilften Jahrhunderts, womit die Geistlichkeit Portugal drückte" (ebenda, S. 45).

[9] Vgl. ebenda, S. 52 ff., bes. 56 ff.; die Schilderung der Festung veröffentlichte Schmalz seinerzeit auch separat: Beschreibung der Vestung Wilhelmstein im Steinhuder Meer, in: Journal von und für Deutschland, Frankfurt a. M., 5 (1788), 1.-6. Stück, S. 90–92.

[10] Vgl. Denkwürdigkeiten des Grafen Wilhelms zu Schaumburg-Lippe, S. 161–186 („Erster Anhang. Von den Militairanstalten des verstorbenen regierenden Grafen von Schaumburg-Lippe, Königl. Portugiesischem Generalissimi &c. Ein Schreiben des Herrn Fähnrichs G. Scharnhorst, Chur-Hannöverschen Dragonerregiments von Estorf"); siehe dazu auch K. Hornung, Scharnhorst. Soldat – Reformer – Staatsmann, S. 19 ff.

[11] Vgl. Denkwürdigkeiten des Grafen Wilhelms zu Schaumburg-Lippe, S. 68 ff.; das Zitat ebenda, S. 69.

zucht, Bau eines Eisenhammers, Ankurbelung der (vor allem Kanonen produzierenden) Eisengießerei, staatliche „Anstalten zur ... Beförderung der Manufakturen", daneben intensive Förderung der Landwirtschaft, Urbarmachung von Moorgebieten, schließlich auch die Abschaffung der Frondienste und die Verpachtung der gräflichen Domänen.[12] Zur besseren Koordination der Wirtschaft ordnete Wilhelm sogar „gewisse Zusammenkünfte aller Nahrungtreibenden Stände an ..., in denen sie mit einander zu gegenseitigem Besten Verabredungen nehmen konnten. Auch durfte jeder – der vorzüglichre Zweck und wichtigste Nutzen – zugleich in diesen Versammlungen dem Grafen, der gewöhnlich selbst gegenwärtig war, Vorschläge thun, zu Verbesserungen verschiedener Anstalten, zu Unterstützungen, zu Hebung mancher Schwierigkeiten, oder andern Einrichtungen, die die Regierung zum Besten seines Gewerbes treffen könnte".[13] Ebenfalls fanden die Religionspolitik, die Armenhilfe und die gegen die Getreideteuerung durch Graf Wilhelm getroffenen Maßnahmen in Schmalz' Darstellung ihre Würdigung.[14]

Doch erst in der Charakterschilderung erreicht Schmalz' frühes Werk seinen Höhepunkt. Hier – und bereits in einigen verstreuten Bemerkungen in den vorangehenden Passagen des Buches – wird das eigentliche Anliegen des Autors ganz deutlich: es handelt sich um *Geschichtsschreibung in politisch-pädagogischer Absicht*; es soll das Musterbild eines humanen und im wahren Sinne aufgeklärten Fürsten entworfen werden. Mit rühmenden Formulierungen gedenkt Schmalz der „väterlichen Sorge, die er [Graf Wilhelm, H.-C.K.] für sein Land hegte", das sich „unter ihm zu einem der blühendsten Deutschlands empor[hob]", und er erinnert an „die stille Weisheit, womit der Graf Wilhelm das Ganze überschaute, lenkte und erhielt".[15] Als väterlicher Landesherr strafte er „selten und strenge, fast nie am Leben". Denn die „allgemeine Ehrliebe, die er seinen Unterthanen einzuflößen wußte, überhob ihn meistentheils dieser unangenehmen Nothwendigkeit". Die Verordnungen, die er „fast alle ... selbst" schrieb, „enthielten

[12] Vgl. ebenda, S. 76 ff., 86 ff., 92 ff., 98 ff.; das Zitat S. 92.

[13] Ebenda, S. 91 f.; es heißt weiter: „Jeder gute ausführbare Vorschlag wurde nicht nur wirklich ausgeführt, sondern der Erfinder desselben auch ansehnlich belohnt" (ebenda, S. 92).

[14] Vgl. ebenda, S. 106ff, 108 ff., 112 f.; der spätere Physiokrat Schmalz (siehe dazu oben §§ 22–24) hätte über den 1783 noch hochgelobten Merkantilismus Wilhelms zweifellos ganz anders geurteilt!

[15] Die Zitate ebenda, S. 73–75.

außer dem Befehl des Herrn auch die Gründe, die ihn veranlaßten".[16] Genau deswegen sei die Popularität des „großen Wilhelm" in seinem kleinen Lande ganz unvergleichlich gewesen;[17] – und die hier nur andeutungsweise und indirekt gezogenen Parallelen zu Friedrich dem Großen waren für die gebildeten Zeitgenossen gar nicht zu übersehen.[18]

Auch das für jenes Zeitalter, in dem Plutarch eifrig studiert und die Tugenden antiker Helden verehrt wurden, höchst charakteristische Lob des Vergleichs mit den „Alten" fehlt in der Darstellung nicht: Dem Grafen, so heißt es, „schien die Natur und seine früheste Erziehung jene römische Stärke der Seele gegeben zu haben, die über alle Weichlichkeit und Wollust sich erhebt".[19] Sein Aussehen habe demjenigen entsprochen, „wie's Plinius vom Trajan geschildert", und sein Stil als Schriftsteller sei tatsächlich „eines Plutarchs würdig" gewesen. Als militärischer Führer war ihm „Zopyrus ... der wirklich große Mann, Quintus Fabius Maximus nur ein guter General".[20] Uneigennützigkeit und Dienst am Gemeinwesen seien für ihn – auch hier also wieder die Parallele zum großen Preußenkönig – die zentralen Maximen seines Denkens und Handelns gewesen; bereits seine Regierung habe er in dem Bewußtsein angetreten, „daß seine Unterthanen nicht für sein Vergnügen, sondern er für die Verwaltung ihres Glückes da sey".[21]

16 Ebenda, S. 82f.

17 Vgl. ebenda, S. 83f.: „Er [Wilhelm, H.-C.K.] entwöhnte seine Unterthanen von dem unglücklichen Vorurtheil mancher Länder: ein Fürst besitze sein Land, wie ein Privatmann sein Haus, sein Interesse sey das entgegengesetzte vom Interesse des Landes. Beyde sind dem guten Regenten eins. Man sehe, daß sies dem großen Wilhelm waren, und die Unterthanen erkannten es mit einer schwärmerischen Liebe. So oft er auch sein Gebiet durchreisete, so eilte doch alles, wenn er in einen Ort kam, ihm entgegen, nicht vergoldete Kutschen, sondern ihren Landesvater im prachtlosen Gefolge zu sehen".

18 Siehe vor allem – neben dem vorigen Zitat (oben in Anm. 17) – auch die folgende Passage, ebenda, S. 151f.: „Gewöhnlich stand er um vier oder fünf Uhr Morgens auf, und kleidete sich an. Er trug meist eine blaue Uniform, die er ganz zuknöpfte, eine zurückfallende Perücke, ... einen ganz einfachen Hut, und Stiefel. Nur der Stern vom Schwarzen Adlerorden, der auf sein Kleid gestickt war, unterschied ihn" – usw.

19 Ebenda, S. 117; sehr ähnlich auch S. 121, 133 u. a.

20 Die Zitate ebenda, S. 127, 70, 120f.

21 Ebenda, S. 125; vgl. auch ebenda, S. 124f.: „Er [Wilhelm, H.-C.K.] sah, wie größer das stille Verdienst dessen sey, der in der Ordnung der Welt Gutes thut, und daß diese Ordnung das Glück der Welt mache. Er unterschied wirkliche Größe vom Gepränge derselben, und lernte die Kräfte der Seele mit seinem thätigem unaufhaltsamen Eifer nur für das verwenden, was er nach kühler Ueberlegung für gut erkannte. Er ward Freymäurer".

Noch eine weitere Ähnlichkeit des Grafen Wilhelm mit dem (1783 noch regierenden) alten König in Berlin erwähnt Schmalz: die in der Tat überdurchschnittlichen wissenschaftlichen Interessen und Kenntnisse dieses Fürsten. Wilhelm hatte, so Schmalz, „die Philosophie in ihrem ganzen Umfange studiert, und mehr als studiert, er hatte sie auch durchdacht". Sein von ihm eigens nach Bückeburg berufener Protegé und literarischer Adlatus Thomas Abbt habe „in mehreren Stellen seiner Briefe von der Aufmerksamkeit des Grafen auf die philosophische Litteratur der Teutschen [geredet], und ... von seiner Theilnehmung, mit der er über die wichtigsten Angelegenheiten der Menschheit sprach".[22] Nicht zuletzt habe Graf Wilhelm „vortreflich" zeichnen können und „das Clavier vollkommen" gespielt. „Die meisten neuern Sprachen kannte er vollkommen, wie seine Muttersprache. Langer Aufenthalt in Ländern, wo sie geredet wurden, gab ihm im englischen, französischen, italienischen und portugiesischen eine Fertigkeit, als wär er dort gebohren. In allen hatte er die besten Schriftsteller, vorzüglich Philosophen und die ernsthaftern Dichter gelesen. Selbst die gelehrten Sprachen und die Werke der Alten kannte er, als wären sie sein einziges Studium".[23]

Diese Belege mögen genügen, um den Gehalt und den Stellenwert der „Denkwürdigkeiten des Grafen Wilhelms zu Schaumburg-Lippe" angemessen einzuschätzen. Der schmale Band sollte tatsächlich mehr als „nur" eine Lebensbeschreibung darstellen. Sein junger Autor beabsichtigte – noch ganz im Banne der aus der Antike kommenden *historia magistra vitae*-Tradition stehend – am realen historischen Beispiel das Idealbild eines aufgeklärten, nur dem Gemeinwohl und damit dem „Glück" seiner Untertanen verpflichteten Herrschers zu zeichnen. Ein Idealbild, das ganz offensichtlich auch als positives Gegenbild zum Leben und Regieren der meisten mittleren und kleineren deutschen Landesfürsten in jener Zeit gedacht sein sollte, – und in diesem Sinne waren die „Denkwürdigkeiten" ein politisches Buch sui generis. Vielleicht aber stellen sie darüber hinaus auch eine Spätfrucht der alteuropäischen Tradition des Fürstenspiegels dar, die jetzt unter dem prägenden Eindruck der Aufklärung – und vielleicht auch auf dem Hintergrund der allgemeinen Bewunderung für den, sich als „ersten Diener" seines Staates begreifenden großen Preußenkönig – noch einmal erneuert und revidiert wurde.

[22] Ebenda, S. 143 f.
[23] Ebenda, S. 145 f.

Im Jahre 1790, kurz nachdem er seine Königsberger Professur angetreten hatte, gab Theodor Schmalz die – von ihm selbst (vielleicht als Auftragsarbeit eines Verlegers) aus dem Lateinischen übersetzte – zweibändige „Geschichte unserer Zeiten" heraus,[24] die ein in jener Zeit bekannter baltischer Adliger namens Carl Friedrich Freiherr von Schoultz-Ascheraden verfaßt hatte.[25] Das dem Kronprinzen Gustav Adolph von Schweden gewidmete Werk lieferte im wesentlichen eine erzählende Geschichte Europas und Nordamerikas im Zeitalter des Siebenjährigen Krieges – geschrieben von einem Mann, der – so jedenfalls Schmalz in seiner Vorrede – „die unpartheyische Kälte des Geschichtsschreibers mit der innigen Wärme des Menschen vereinigte".[26] Dem weisen Leser sei die Geschichte, stellt Schoultz gleich zu Anfang fest, „durch die Entwickelung des Vergangenen eine Lehrerin der Zukunft und Leiterin gegenwärtiger Geschäfte".[27] Ihm sei es darauf angekommen, „das Unglück einer Zeit [zu] schildern, welche Völkerzwist auszeichnete, jene stolzen Anmaßungen, jene unseligen Kämpfe, auch die selteneren Beyspiele der Tugend".[28]

Trotz einer Eloge auf Friedrich, der sich – „gleich groß im Krieg und Frieden" – „ewigen Ruhm" erworben habe,[29] fällt die Bilanz der Ära negativ aus; der aufgeklärte Fortschrittsoptimismus ist ihm – und hier berührt er sich mit Schmalz – durchaus fremd: „Kriege werden immer seyn, entweder weil der verborgne Rathschluß des Ewigen es will, ... oder weil die Verdorbenheit des menschlichen Geschlechts immer zu Zwisten und sträflichen Begierden uns hinreißt. Denn nicht Fürsten allein quält sündiger Ehrgeitz, Stolz und Geitz sind die allgemeinen Laster der Menschheit", – einer Menschheit allerdings, die gleichwohl verpflichtet sei, aus der Geschichte zu ihrem eigenen Besten zu lernen,

[24] Geschichte unserer Zeiten. Aus dem Lateinischen des Baron SCHULZ VON ASCHERADE übersetzt von D. THEODOR SCHMALZ, Professor der Rechte zu Königsberg, Bde. I–II, Königsberg 1790.

[25] Freiherr von Schoultz hatte sich vor allem große Verdienste im Kampf um die Aufhebung der Leibeigenschaft erworben; vgl. dazu u. a. JULIUS ECKARDT, Die baltischen Provinzen Rußlands, Leipzig 1868, S. 146ff., und HUBERTUS NEUSCHÄFFER, Carl Friedrich Frhr. von Schoultz-Ascheraden: Ein Beitrag zum Forschungsproblem der Agrarreformen im Ostseeraum des 18. Jahrhunderts, in: Journal of Baltic Studies 12 (1981), S. 318–332.

[26] Geschichte unserer Zeiten. Aus dem Lateinischen des Baron SCHULZ VON ASCHERADE übersetzt von D. THEODOR SCHMALZ, Bd. I, S. VI.

[27] Ebenda, Bd. I, S. IX („Vorrede des Verfassers").

[28] Ebenda, Bd. I, S. III (aus der Widmungsrede an den schwedischen Kronprinzen).

[29] Ebenda, Bd. II, S. 152; vgl. auch ebenda, S. 153: „Ein König wie es wenige gab, an Weisheit und ewigen Ruhmes werth".

so gut sie es eben vermöchte.[30] Auch diesem Gedanken konnte sich der Übersetzer Schmalz ohne weiteres anschließen, denn er hatte ja bereits seine „Denkwürdigkeiten des Grafen Wilhelms“ in genau der gleichen Absicht verfaßt.

Im Zusammenhang mit dieser Übersetzung – oder im Anschluß an sie – dürfte der kleine Text „Jahrbücher unsers Zeitalters“ entstanden sein, den Schmalz 1794 in seiner ersten von ihm allein herausgegebenen Zeitschrift, den „Annalen der Rechte des Menschen, des Bürgers und der Völker“, veröffentlichte.[31] Er gibt eine knappe Übersicht über die politischen Ereignisse des ersten europäischen Friedensjahres 1763 – nach Ansicht des Autors „unpartheyisch“ und „ohne Vorliebe und Haß“[32] dargeboten. Das ist in der Sache vollkommen unzutreffend, denn aus seiner Begeisterung für die Leistungen der „kleinen Monarchie“ Preußen, die sich in den vorangegangenen sieben Jahren gegen eine Reihe übermächtiger Feinde erfolgreich hatte wehren können, macht Schmalz an keiner Stelle seiner Ausführungen einen Hehl.[33] Daß dagegen Frankreich[34] und nicht zuletzt auch Polen – „dieß Volk, welche jede Ordnung Sclaverey nennt“[35] – dabei weniger gut wegkommen, verwundert kaum.

Ebenfalls 1794 erschien ein weiterer historischer Essay, eine kleine Abhandlung über Tiberius Gracchus, die er elf Jahre später auch in

[30] Siehe die aufschlußreichen Äußerungen ebenda, Bd. II, S. 151: „Nur der studiert sie [die Geschichte, H.-C.K.] wie er soll, der die Thaten der Vorfahren, und die Ursachen großer Begebenheiten, die verschiednen Sitten der Völker, ihre Gesetze, ihre innern Verfassungen, die Charaktere der Fürsten, die Beyspiele grosser Männer aus ihr lernt, und daraus sich Regeln bildet, nützlich für alle kommende Geschäfte des Friedens oder des Krieges; denn müssig ist die Wissenschaft, welche nur einzelne Vorfälle, einzelne Menschen von ehedem umfaßt. Aber überschaut sie das Ganze, dann beglückt sie den Staat und nützt der Nachwelt“.

[31] Jahrbücher unsers Zeitalters, in: Annalen der Rechte des Menschen, des Bürgers und der Völker, hrsg. vom Professor SCHMALZ in Königsberg, 1. Heft, Königsberg 1794, S. 59–71.

[32] Ebenda, S. 59.

[33] Vgl. etwa die Bemerkung ebenda, S. 62: „... die kleine Monarchie [hatte] durch die Ordnung ihrer Verfassung, durch die Geübtheit ihres Heeres, durch die Treue ihrer Bürger und die Weisheit des Königs ihre Grenzen gegen Feinde geschützt, welche ihr zehnfach an Menschenzahl und achtmal an Einkünften überlegen waren“. Aufschlußreich neben der Tatsache, daß hier die *Verfassung* zuerst (noch vor dem Heer!) genannt wird, ist aber auch der – nach den üblichen Lobreden – auf Friedrich den Großen gemünzte Satz: „... die Sorge für das Ganze verhärtete ihn meist gegen das Mitleiden mit den Einzelnen“ (ebenda, S. 63).

[34] Vgl. ebenda, S. 66 ff.

[35] Ebenda, S. 65.

seine Sammlung kleiner Schriften aufnahm.[36] Schmalz schildert den legendären ersten römischen Volkstribunen mit unverkennbarer Sympathie für sein Anliegen, verschont ihn aber auch nicht mit Kritik: Gracchus ist für ihn gerade dadurch eine tragische Gestalt geworden, weil er das Richtige mit den falschen Mitteln durchzusetzen versuchte und die Macht traditioneller Führungsschichten ebenso unterschätzte wie die Wankelmütigkeit des einfachen Volkes. In seinem Schlußsatz rühmt Schmalz zwar den „Freund des Volkes" und „sehr edlen" Mann, betont andererseits aber, daß „in der Nachwelt, die sein Beyspiel belehrt hat, ... nur ein Bösewicht noch Veränderungen im Staate anstiften" könne, „welche so gerecht sie seyn, so vortheilhaft sie scheinen mögen, die bisherige Gestalt der Dinge, und auch nur eine beträchtliche Anzahl der Mitbürger wider sich hat".[37] Diesen – fraglos mit Blick auf die Französische Revolution geschriebenen – Schlußsatz hat der Autor in dem Wiederabdruck von 1805 vollständig fortgelassen.[38]

Geschichte als *historia* ist für Schmalz also immer eine *magistra vitae*, die Exempel liefert, aus denen man mehr oder weniger bedeutende Erkenntnisse für das eigene Handeln in der Gegenwart gewinnen kann.[39] Einen Eigenwert – gewissermaßen als „Erkenntnis an sich" – hat er ihr nicht zugestanden. So ist seine Beschäftigung mit der Vergangenheit ausschließlich aus seinem Gegenwartsinteresse heraus zu verstehen, denn den Wert des „historischen Arguments" wußte Schmalz mit der Mehrheit seiner gelehrten Zeitgenossen durchaus zu schätzen und darüber hinaus auch für die Begründung der eigenen Gedanken, Thesen und Ideen zu nutzen.

[36] Tiberius Gracchus, in: Annalen der Rechte des Menschen, des Bürgers und der Völker, hrsg. vom Professor SCHMALZ in Königsberg, 1. Heft, Königsberg 1794, S. 43–58; auch in: Kleine Schriften über Recht und Staat, Erster Theil, Halle 1805, S. 140–160.

[37] Tiberius Gracchus (1794), S. 58.

[38] Vgl. Tiberius Gracchus (1805), S. 160. Eine weitere aufschlußreiche Korrektur: 1794 sprach Schmalz davon, daß nur ein zur unbedingten Unterwerfung unter seine Regierung bereites Volk „einer democratischen Verfassung fähig seyn" könne (Tiberius Gracchus [1794], S. 51); elf Jahre später hieß es, ein solches Volk könne „*vielleicht* einer democratischen Verfassung fähig seyn" (Tiberius Gracchus [1805], S. 151; von mir gesperrt, H.-C.K.).

[39] Zur Bedeutung, Geschichte und Auflösung dieses Topos siehe die immer noch grundlegende Abhandlung von REINHART KOSELLECK, Historia Magistra Vitae. Über die Auflösung des Topos im Horizont neuzeitlich bewegter Geschichte, in: DERSELBE: Vergangene Zukunft. Zur Semantik geschichtlicher Zeiten, Frankfurt a.M. 1979, S. 38–66.

b) Zum Stapel- und Erbfolgerecht

Der junge Königsberger Ordinarius Theodor Schmalz veröffentlichte 1792 – vielleicht im Auftrag der Stadt, vielleicht aber auch, um seinen Namen in der neuen Heimat bekannt zu machen – seine erste fachwissenschaftliche Monographie mit dem Titel „Darstellung des Niederlage-Rechts der Stadt Königsberg", eine nicht allzu umfangreiche Arbeit von 88 Druckseiten.[40] Das dem Mittelalter entstammende Niederlage- oder Stapelrecht besaß in jener Zeit noch eine wichtige politische und vor allem wirtschaftliche Bedeutung; das ökonomische Wohlergehen großer Städte und ganzer Regionen konnte von der jeweiligen Regelung dieses Rechts abhängen.[41] Das Niederlage- bzw. Stapelrecht war ein amtlich verordnetes Zwangsrecht, das in der Regel besagte: „Güter, die durch eine Stadt oder durch ein Gebiet transportiert wurden, mußten einige Tage (meistens auf festgelegte Zeit) angeboten werden (Zwang zur Unterbrechung der Reise)";[42] in der Regel bestand ein Vorkaufsrecht der am jeweiligen Stapelplatz ansässigen Großhändler.

Zwischen den Städten Königsberg und Memel kam es seit Mitte des 18. Jahrhunderts immer wieder zu Streitigkeiten über den Umfang und die Reichweite des alten, aus dem Mittelalter stammenden Königsberger Stapelrechts, durch das sich die Bürger und Kaufleute von Memel beeinträchtigt fühlten. Theodor Schmalz griff mit seiner Schrift als zweiter – nachdem der ehemalige Königsberger Polizeidirektor und Bürgermeister Theodor Gottlieb von Hippel mit einer entsprechenden Broschüre vorangegangen war[43] – in den Streit ein. Das Büchlein besteht aus vier Teilen: Nach einer Erklärung der allgemeinen Begriffe Stapel, Niederlage „und denen angränzenden

[40] Darstellung des Niederlage-Rechts der Stadt Königsberg, Königsberg 1792; siehe dazu auch oben § 3 b).

[41] Vgl. hierzu vor allem die grundlegende Monographie von Otto Gönnenwein, Das Stapel- und Niederlagsrecht (Quellen und Darstellungen zur Hansischen Geschichte, N. F. Bd. 11), Weimar 1939, passim; über Königsberg im besonderen S. 174–179, 207–210; sowie Friedrich-Wilhelm Henning, Art. „Niederlage (Stapel)", in: Handwörterbuch zur deutschen Rechtsgeschichte, hrsg. v. Adalbert Erler/Ekkehard Kaufmann, Bd. III, Berlin 1984, Sp. 987–991.

[42] F. W. Henning, Art. „Niederlage (Stapel)", Sp. 989.

[43] Vgl. O. Gönnenwein, Das Stapel- und Niederlagsrecht, S. 11; der allerdings (ebenda, S. 11, Anm. 1) darauf hinweist, daß die Autorschaft Hippels für die anonym erschienene Schrift: Das Königsbergsche Stapelrecht, Berlin 1791, umstritten ist. Schmalz nimmt darauf in seiner Darstellung des Niederlage-Rechts der Stadt Königsberg, S. 65 nur einmal knapp Bezug.

Rechten" folgt eine kurze Geschichte des Königsberger Niederlagerechts, bevor anschließend die Befugnisse dieser Stadt bestimmt und im letzten Abschnitt noch einige „Bemerkungen über den Einfluß des Königsbergischen Niederlage-Rechts auf das Wohl der Provinz" angefügt werden.[44]

Das Niederlagerecht gehört, so Schmalz, zu denjenigen Rechten, die ausschließlich durch Erwerbung und Tradition legitimiert werden; es ist eines jener „vollkommene[n], erworbene[n], ausschliessende[n] Rechte, welche die höchste Gewalt im Staate sowohl, wie das Eigenthum überhaupt, respectiren und schützen muß".[45] Daher – und auch aufgrund der Tatsache, daß die einzelnen Ausprägungen dieses Rechts in regionaler Hinsicht höchst unterschiedlich ausfallen können – ist es „gänzlich unmöglich, daß man eine allgemeine Theorie dafür aufstellen oder ein allgemeines Subsidiar-Recht auffinden könnte ... Die Rede ist nemlich bloß von besonderen Rechten, bey denen nie vermuthet werden kann, sondern streng bewiesen werden muß; und von Local-Instituten, über welche blos Local-Gesetze und Gewohnheiten entscheiden können".[46] Die Schrift stellt also, nimmt man das Frühwerk von Schmalz als Ganzes in den Blick, den gewohnheitsrechtlichen Gegenpol zum „reinen Naturrecht" dar, das ebenfalls im Jahr 1792 erschienen ist.

Aufschlußreich ist, daß Schmalz – im Gegensatz übrigens zum damaligen und auch zum späteren Sprachgebrauch, der „Stapel" und „Niederlage" in weitgehend gleicher Bedeutung verwendete[47] – zwischen Stapel- und Niederlagerecht einen Unterschied macht und das Niederlagerecht deutlich weiter als das Stapelrecht faßt: Während „Stapel-Recht in seiner eigentlichen und genauern Bedeutung ... das Recht einer Stadt, durchgehende oder vorübergehende Waaren bey sich anzuhalten, um eine Art von Vorkaufs-Recht daran auszuüben", darstelle, begreife man als „Niederlage-Recht ... nemlich das Recht einer Stadt, vermöge dessen in der Provinz umher gar kein auswärtiger Handel getrieben werden kann, sondern alle Einheimische und Fremde, welche die Provinz betreten, ihre Waaren und Producte durchaus nur in die Niederlage-Stadt hinbringen und dort verkaufen

[44] Vgl. das Inhaltsverzeichnis in: Darstellung des Niederlage-Rechts der Stadt Königsberg, S. III–VII.

[45] Ebenda, S. 4.

[46] Ebenda, S. 5.

[47] Vgl. dazu die Ausführungen bei O. Gönnenwein, Das Stapel- und Niederlagsrecht, S. 3 ff.

müssen".[48] Und genau um die Reichweite und Auslegung dieses Rechts ging es bei dem Streit zwischen den beiden Handelsstädten Memel und Königsberg.

Der zweite und dritte Teil der Abhandlung, also der (hier nicht im Detail zu rekonstruierende) Versuch, das umfassende Niederlagerecht der Stadt am Pregel sowohl historisch wie aufgrund geltender Rechtsvorschriften ausführlich herzuleiten und zu belegen,[49] endet wie erwartet: es sei erstens nicht zu erweisen, daß Memel ein geschichtliches Anrecht sowohl auf das Stapel- wie auf das Niederlagerecht geltend machen könne, und zweitens folge aus einzelnen, im Laufe des 18. Jahrhunderts gemachten Einschränkungen der entsprechenden Königsberger Rechte keineswegs, daß aus eben diesen Begrenzungen irgendwelche neuen Rechte für Memel entstanden seien.[50] Im ganzen gelangt Schmalz in seiner Untersuchung zu folgendem Resultat: Memel dürfe keine Waren durch Königsberg versenden oder einführen; es dürfe „keine Waaren neben Königsberg hin durch Ostpreußen verschiffen, oder sich kommen lassen" und ebensowenig eingeführte Waren direkt kaufen (also ohne den Umweg über Königsberg). Allerdings besitze Memel „das Recht des Zwischen-Handels, zwischen dem platten Lande und der Hauptstadt", und es habe „aus der stillschweigenden Einwilligung Königsbergs" das Recht auf „einen auswärtigen Seehandel".[51] Mit besonderem Nachdruck glaubte Schmalz am Ende seiner Darstellung „unsere Stadt ermuntern zu müssen, in einem ordentlichen Rechtsgange ihre Gerechtsame zu vertheidigen und deshalb von des Königs Majestät eine unpartheyische Commission sich zu erbitten".[52] – Mit gewissen Einschränkungen blieb das Königsberger Niederlagerecht noch einige Jahre erhalten, bis es 1810 im Zuge der Einführung der Gewerbefreiheit aufgehoben wurde; auch die 1815 zwischen Rußland, Österreich und Preußen geschlossenen Verträge über die Handelsfreiheit in Ostmitteleuropa bestätigten – nunmehr endgültig – noch einmal diese Aufhebung.[53]

[48] Die Zitate: Darstellung des Niederlage-Rechts der Stadt Königsberg, S. 9, 11; es heiß weiter: „Zwar begreift würklich die Niederlage das Stapel-Recht unter sich, und jene läßt sich als der höchste Grad von diesem ansehen, aber sie verschlingt es gleichsam ..." (ebenda, S. 11f.).
[49] Vgl. ebenda, S. 14ff., 39ff.
[50] Vgl. ebenda, S. 39ff.
[51] Die Zitate ebenda, S. 64f.
[52] Ebenda, S. 81f.
[53] Vgl. O. Gönnenwein, Das Stapel- und Niederlagsrecht, S. 210.

Natürlich war es dem jungen Juristen bereits damals nicht entgangen, daß die alten Traditionen des Stapel- und Niederlagerechts dem neuen Prinzip der Handelsfreiheit eklatant widersprachen: „Freyheit des Handel“ sei zwar, so heißt es, „ein höchst schätzbares Gut“ und darüber hinaus „die Quelle des Wohlstandes und jeder Staat sollte sie, wie die Freyheit jedes Gewerbes allerwege zu befördern, bemüht seyn. – Aber was im Allgemeinsten wahr ist, ist es nicht immer im Besonderen, ist es im Besonderen selten“.[54] Und das gelte vor allem für den hier zur Diskussion stehenden Fall: „Berufung auf Handlungsfreyheit gegen Niederlage-Recht ist überhaupt gerade so als die Berufung auf Freyheit des Menschen gegen irgend eine Verordnung des Staats – daß aber jene allgemeine Freyheit überhaupt gestattet, jeder Stadt, jedem Dorf ohne Unterscheid [sic] gegeben, auf einmal allen Handel zerstreuen und dadurch zernichten würde, das hat man von den ältesten Zeiten her eingesehen“.[55] Diese Bemerkung belegt, daß der junge Schmalz im Jahre 1792 – obwohl offenkundig bereits mit den Ideen der Physiokraten vertraut – sich mit zentralen Grundsätzen des neueren Wirtschaftsdenkens noch nicht hatte anfreunden können.[56] Etwas kritischer sollte Schmalz fünf Jahre später in der ersten Auflage seiner „Encyclopädie der Cameralwissenschaften“ über das Stapelrecht urteilen,[57] und in seinen späteren staatswirtschaftlichen und kameralwissenschaftlichen Hauptwerken von 1808 und 1818 hat er das Stapelrecht scharf kritisiert und als ökonomisch schädlich verworfen.[58]

Im Februar 1825 erlosch mit dem Tode Herzog Friedrichs IV. das Herzogtum Sachsen-Gotha-Altenburg;[59] es schloß sich ein Rechtsstreit über die doppelte Frage an, welchem der anderen kleineren sächsischen Herzogtümer die Länder des verstorbenen Herzogs zufallen sollten oder ob es gerechtfertigt sein könnte, das erledigte Herzogtum

[54] Darstellung des Niederlage-Rechts der Stadt Königsberg, S. 69.

[55] Ebenda, S. 71.

[56] Vgl. dazu auch die aufschlußreiche Passage ebenda, S. 69: „Der Physiocrat hat allenthalben leichten Sieg, wo er die Wahrheit seines Systems im Allgemeinen zeigt; aber ob in einem gegebenen Lande unter Umständen und Einrichtungen, die nicht einmal vom Winke des Gesetzgebers abhängen, die Einführung des physiocratischen Systems nützlich sey, wer möchte diese Frage bloß nach den allgemeinen Gründen der allgemeinen Wahrheit desselben beantworten“.

[57] Vgl. Encyclopädie der Cameralwissenschaften, [1]1797, S. 188.

[58] Vgl. Handbuch der Staatswirthschaft, S. 272; Staatswirthschaftslehre in Briefen an einen teutschen Erbprinzen II, S. 137 ff.; siehe dazu auch oben §§ 23, 24 a).

[59] Vgl. E. R. Huber, Deutsche Verfassungsgeschichte seit 1789 I, S. 585.

aufzuteilen. Zu dieser Frage hat Theodor Schmalz 1826 eine kleine, nur 68 Druckseiten umfassende Schrift – hervorgegangen vermutlich aus einem Rechtsgutachten – publiziert; es sollte seine letzte von ihm zu Lebzeiten veröffentlichte selbständige Publikation sein.[60]

Die zentrale Streitfrage besteht nach Schmalz in der Entscheidung darüber, „ob die Länder des Herzogs Friedrich jetzt ungetheilt der Linie von Meiningen zufallen, oder unter die Linien Meiningen, Hildburghausen und Koburg getheilt werden müssen?“[61] Da nach den Hausgesetzen der sächsischen Häuser eine eindeutige Entscheidung nicht getroffen werden könne, müsse die Entscheidung „aus den allgemeinen Ideen über Erb-Recht und Erb-Folge genommen werden, welche von unserer Väter ältesten Zeiten her die teutschen Fürsten-Häuser alle als heiliges Alterthum bewahrt haben“.[62] Entgegen der dem römischen Recht entstammenden „Gradual-Folge“, die nach der Nähe des Verwandtschaftsgrades entscheidet, plädiert Schmalz für die alte deutschrechtliche „Lineal-Folge“: Da all diejenigen, „welche zusammen einen näheren Vorfahren gemein haben, ... eine nähere Sippschaft, *Stamm*, oder *Linie* genannt“, bildeten, seien „im herzoglichen Hause Sachsen alle Prinzen der Linien Meiningen, Hildburghausen, Koburg sich einander näher, als dem Prinzen der Linie Weimar“.[63] Unter Berufung auf Pütter vertritt Schmalz die These, daß nach gemeinem deutschen Recht die „Lineal-Folge“ gelten müsse, solange dem weder ein besonderes Hausgesetz oder ein anderweitig heranzuziehender Präzedenzfall widerspreche.[64] Auch anhand einer Untersuchung früherer Verträge und Erbregelungen sei eindeutig nachzuweisen, daß „die Lineal-Erbfolge ... immer altes Haus-Recht war“.[65]

Die im Zusammenhang mit diesem Erbstreit unter den deutschen Juristen aufgekommene Frage, ob „der deutsche Bund und seine Gesetzgebung die *Untheilbarkeit* der Bundesstaaten fordere“,[66] wurde von Schmalz wie von der Mehrheit der an dieser Debatte beteiligten

[60] Ueber die Erb-Folge in die Sachsen-Gothaischen Länder, Berlin – Posen – Bromberg 1826.
[61] Ebenda, S. 1.
[62] Ebenda, S. 3.
[63] Die Zitate ebenda, S. 8; vgl. auch ebenda, S. 13, 25 f.
[64] Vgl. ebenda, S. 25 ff.
[65] Ebenda, S. 65.
[66] So die Formulierung von R. VON MOHL, Die Geschichte und Literatur der Staatswissenschaften II, S. 275.

deutschen Juristen abschlägig beantwortet.[67] Dementsprechend plädierte er für die Aufteilung des Herzogtums auf die genannten drei nächstverwandten übrigen Linien des sächsischen Hauses. Es kam jedoch anders: Sachsen-Gotha-Altenburg gelangte an Coburg, das dafür auf einige seiner übrigen kleineren Gebiete verzichtete und sich fortan Sachsen-Coburg-Gotha nannte.[68]

Auch in diesen kleineren Schriften zur Geschichte, zum Stapel- und zu den Problemen des dynastischen Erbfolgerechts zeigt sich noch einmal in gleicher Weise die Stärke wie auch die Schwäche des Autors Schmalz: Gelang es ihm einerseits, einen großen Themenkreis in seine wissenschaftliche und publizistische Arbeit mit einzubeziehen und sich durchaus kompetent und zuweilen sprachlich keineswegs unelegant zu den verschiedensten Rechtsgebieten und -fragen zu äußern, so blieb das meiste von demjenigen, das er zu Nebenfragen und Seitenthemen publizierte, im ganzen doch unoriginell und dem Horizont des Konventionellen verhaftet. Immerhin wäre ein Bild seines Lebens und Wirkens unvollständig geblieben, hätte man gerade diesen Bereich seiner Arbeit vernachlässigt oder ganz ausgeblendet.

67 Vgl. Ueber die Erb-Folge in die Sachsen-Gothaischen Länder, S. 67.
68 Vgl. E. R. Huber, Deutsche Verfassungsgeschichte seit 1789 I, S. 585.

§ 30 Schlußbetrachtung

Das Thema der vorangegangenen Abhandlung läßt sich – entsprechend der Zweiteilung der Darstellung – aus einer doppelten Perspektive resümieren. Da ist *zuerst* der *biographisch-sozialhistorische*, mit ihm verbunden auch der *politikgeschichtliche* Blickwinkel. An einer eher durchschnittlichen Gelehrtenbiographie, am Lebenslauf und der akademischen Karriere eines Mannes, der zu den bekanntesten Fachvertretern seiner Zeit, nicht jedoch zu deren führenden Köpfen – erst recht nicht zu den eingangs erwähnten „Vorläufern" oder „Klassikern" – zählte, läßt sich für die *exemplarischen* Entwicklungen einer Epoche ein größerer Erkenntnisgewinn ziehen als aus den ungewöhnlich verlaufenden Lebensgeschichten und Berufskarrieren der großen Geister, an denen es zu jener Zeit bekanntlich nicht mangelte.

Theodor Anton Heinrich Schmalz liefert das typische Beispiel eines akademischen Sozialaufsteigers. Als Sohn eines frühverstorbenen Kriegskanzlisten mußte er mühsam seinen Weg nach oben suchen, und er tat dies über die in der zweiten Hälfte des 18. Jahrhunderts nicht unüblichen Stufen eines kurzen Theologiestudiums und einer darauf folgenden Tätigkeit als Hofmeister. Sein früher Ehrgeiz drückte sich darin aus, daß er bereits als dreiundzwanzigjähriger Student der Rechte sein erstes Buch, die kleine und durchaus gelungene Biographie eines jüngst verstorbenen norddeutschen Duodezfürsten veröffentlichte. Auch die Schülerschaft bei Pütter, dem damals angesehensten deutschen Rechtslehrer seiner Zeit, ließ für Schmalz' berufliche Zukunft hoffen.

Doch der Jurist mußte es im Laufe seiner weiteren Jahre immer wieder erleben, daß er an doppelte Schranken stieß: diejenigen seiner eigenen Fähigkeiten und seines Charakters einerseits, und diejenigen seiner Herkunft andererseits. Trotz immensen Fleißes und einer zweifellos eindrucksvollen Produktivität blieb er mit seinen Schriften im Bereich des Durchschnitts seiner Zeit; die meisten seiner Publikationen bewährten sich als vielgelesene Hand- und Lehrbücher – doch wissenschaftlich wegweisende Veröffentlichungen legte er nicht vor. Obwohl er bereits als junger Mann eine eindrucksvolle Karriere absolvierte – mit neunundzwanzig Jahren trat er sein Amt als Ordinarius zu Königsberg an und wurde bald darauf zuerst hier, dann in

Halle Kanzler und Direktor jener Hochschulen –, mußte er doch in späterer Zeit wieder in die zweite Reihe zurücktreten. Sein ungeschicktes Auftreten, sein Übereifer, seine Neigung zum übertriebenen Selbstlob und sicherlich auch seine Überschätzung der eigenen Fähigkeiten behinderten ihn ebenfalls. Daß er seit 1810 die letzten beiden Jahrzehnte seines Lebens und seiner Laufbahn als Gelehrter und Universitätslehrer im Schatten eines jüngeren Kollegen, des bedeutendsten deutschen Juristen seiner Zeit, Friedrich Carl von Savigny, zu verbringen hatte – dessen wissenschaftliche Überzeugungen er sich nicht zu eigen machen konnte –, trug ebenfalls dazu bei, daß er in den Hintergrund rücken mußte. Mit diesem Mann konnte Schmalz weder in Hinsicht auf Herkunft und privates Vermögen, noch im Hinblick auf politischen Einfluß und wissenschaftliche Fähigkeiten und Verbindungen ernsthaft konkurrieren.

Ein weiterer Aspekt seiner Biographie – der bildungsgeschichtliche – ist nicht weniger interessant und aufschlußreich. Da Schmalz sich bereits seit den 1790er Jahren als Universitätspolitiker praktisch bewährt hatte, war es nur selbstverständlich, daß er – nachdem er 1807 dem preußischen König vergeblich die Verlegung der Universität Halle nach Berlin vorgeschlagen hatte – sofort zu den Planungen der neuen Hauptstadtuniversität herangezogen wurde. Seine beiden Denkschriften im Vorfeld der Gründung der Friedrich-Wilhelms-Universität zu Berlin sind aufschlußreiche Dokumente für die intensive Bildungs- und Universitätsreformdiskussion jener Jahre, die ihren wissenschafts- und bildungshistorischen Quellenwert trotz der Tatsache behalten haben, daß viele der darin enthaltenen Organisationsentwürfe und Berufungsvorschläge unberücksichtigt geblieben sind. Als nüchtern-pragmatisches Gegenstück zu den idealistischen Höhenflügen anderer Denkschriftenverfasser vervollständigen die Schmalzschen Beiträge zu dieser Gründung erst das Gesamtbild der nachmalig so berühmten Debatte der Zeit um 1810.

Im Gegensatz zu den meisten Gelehrtenbiographien jener Epoche weist der Lebenslauf des Theodor Schmalz auch wenigstens zwei aufschlußreiche politikgeschichtliche Akzente auf. Da ist zum einen sein intensives publizistisches Engagement für die preußischen Reformer, die nach der Niederlage von 1806 an die umfassende Erneuerung des Landes gingen. Seinen frühen, in die 1790er Jahre hinabreichenden Einsatz für Gewerbefreiheit und Abschaffung der Leibeigenschaft konnte er nun verstärkt – auch in seinen im engeren Sinne wissenschaftlichen Publikationen – fortführen. Daß er als von der Regierung inspirierter Propagandist der Reformen im Jahre 1808 an der französischen Zensur scheiterte, ist ihm persönlich nicht zuzurechnen. Schon eher dagegen der von ihm im Sommer 1815 ausgelöste „Tugendbundstreit“, mit dem er vor angeblichen politischen Geheimverbindungen warnen wollte – und sich am Ende nur gegen die in ganz Deutschland wider ihn empörte öffentliche Meinung, darunter auch nicht wenige seiner Berliner Universitätskollegen, zur Wehr setzen mußte. Immerhin stellt Schmalz mit diesen Aktivitäten einer der ersten jener für das Deutschland des 19. Jahrhunderts so charakteristischen „politischen Professoren“ dar. Auch in dieser Hinsicht kann seine Biographie als ein Brennspiegel zahlreicher geistesgeschichtlich-wissenschaftlicher, politik- und auch bildungshistorischer Entwicklungen angesehen werden.

Der im engeren Sinne wissenschaftgeschichtliche, nämlich die *Geschichte der Jurisprudenz* als solche betreffende Gesichtspunkt bildet den *zweiten* Teil jener anfangs genannten Doppelperspektive. Als Göttinger Student, der englische Einflüsse aufnahm, als Pütter-Schüler, schließlich als einer der ersten Kantianer unter den Juristen seiner Zeit war Schmalz ein entschiedener Aufklärer – und das sollte er auch später, trotz manchen scharfen Wortes gegen die Übertreibungen der Aufklärung, noch bleiben. Den Glauben an die Macht der Vernunft und überhaupt an die Vernunftbestimmung des Menschen hat er bis an sein Lebensende nicht verloren. Als ein Hauptvertreter des jüngeren deutschen Naturrechts, auch als Kant-Schüler, wurde er jedoch kein „Liberaler“ im Sinne eines Eintretens für eine gewaltenteilige und repräsentative Verfassung und auch kein Anhänger des frühen deutschen Konstitutionalismus. Er blieb zeitlebens ein – wenn dieser inzwischen problematisch gewordene Begriff hier doch noch einmal verwendet werden darf – Anhänger des aufgeklärten Absolutismus, d.h. einer starken, in gleicher Weise die Sicherheit wie auch die Freiheit ihrer Untertanen gewährleistenden Monarchie; deshalb wird man ihn ideengeschichtlich allenfalls als „Rechtskantianer“ einordnen können.

Als überzeugter Naturrechtler blieb Schmalz zudem stets ein philosophischer Jurist, der seine theoretische Grundorientierung niemals aufgab, wenngleich er sich in späteren Jahren dem historischen Rechtsdenken in manchen Aspekten unverkennbar annäherte. Vergleicht man seine Konzeption aber mit derjenigen Savignys, dann wird deutlich, daß Schmalz – im Vergleich zu jenem – in der Zeit nach 1800 kaum noch zeitgenössische Anregungen aufgenommen und verarbeitet hat. Er war eine Generation älter als sein berühmter Berliner Kollege;

theoretisch blieb er auf den frühen Kant und das neuere Naturrecht fixiert, und daher findet sich bei ihm – ganz im Gegensatz zu Savigny und den etwas jüngeren Juristen – keine Aufnahme oder Rezeption goethescher, idealistischer oder frühromantischer Anregungen. Nichtsdestoweniger haben Schmalz und sein Werk an den rechtswissenschaftlichen Diskussionen der Epoche keinen geringen Anteil gehabt; mit nicht wenigen herausragenden Autoren (und auch manchen anderen aus der „zweiten Reihe") hat sich Schmalz – und jene wiederum mit ihm – auseinandergesetzt: erinnert sei nur an die Namen Kant, Fichte, Bergk, Klein, Hufeland, Feuerbach, Rehberg, Heeren, Schön, Kamptz, Fries, F. Schlegel, A. Müller, F. von Raumer, Savigny, Rau, Mohl, Rotteck und Gans.

Schmalz' Schriften ermöglichen – zusammenfassend bemerkt – den Einblick in das Werk einer typischen Gestalt der Übergangsepoche um 1800, also der Ära des Übergangs von der alteuropäischen Welt in die politische und ökonomische Moderne, eines Übergangs, der durch die beiden Zäsuren der politischen und wirtschaftlich-industriellen Doppelrevolution gekennzeichnet ist. Das Miteinander, Nebeneinander, auch das Gegeneinander traditioneller und moderner Ideen, Begriffe, Vorstellungsweisen ist in den Schriften von Schmalz an ungezählten Stellen aufzuspüren und auf Schritt und Tritt nachzuweisen: Da ist zuerst der *Physiokrat* Schmalz, der sich zum einen vom traditionellen Staatsmerkantilismus deutlich abzuheben bestrebt ist, der aber andererseits bis an sein Lebensende die moderne Wirtschaftslehre Adam Smiths bekämpft und ablehnt; da ist zweitens der *Kantianer* Schmalz, der zum einen zwar die kantische Begrenzung des Staatszwecks übernimmt, der auch sein Naturrechtssystem ganz aus den Grundprinzipien der Kantischen Ethik ableitet, der aber doch andererseits wiederum die theoretischen Implikationen der Kantischen Rechtslehre von 1797 ebenso verschmäht, wie er sich dem zentralen Element der politischen Philosophie Kants, dem republikanischen Prinzip, also der Gewaltenteilung, versagt; da ist drittens der Zeitgenosse und *politische Autor* Schmalz, der zum einen die preußischen Reformen, insbesondere Bauernbefreiung und Gewerbefreiheit, nachdrücklich begrüßt, zum anderen jedoch alle Forderungen nach Einführung einer modernen schriftlichen Verfassung für Preußen strikt ablehnt; und da ist viertens und letztens der *Kameralwissenschaftler* Schmalz, der auf der einen Seite einen Teil des traditionellen kameralistischen Programms, wenn auch in deutlich verminderter Form, noch fortzuführen bestrebt ist, der aber damit doch andererseits – ohne es zu wollen – eine Entwicklung befördert, an deren Ende die Auflösung der alten Kameralwissenschaft stehen wird. Die Schwierigkeit der Vermittlung von Altem und Neuem ist tatsächlich ein durchgängiges Grundproblem seiner Schriften.

Gerade aber weil Theodor Schmalz, um auf das eingangs Gesagte zurückzukommen, weder „Klassiker“ noch „Vorläufer“, sondern ein ganz unverkennbar zeitgebundener und auch zeittypischer Autor und Wissenschaftler gewesen ist, lassen sich an seinem Werk eine Reihe charakteristischer Aspekte dieser Übergangsepoche in besonders anschaulicher Weise studieren; hierin wird man sicherlich einen Hauptaspekt des heutigen Interesses an dieser Person und ihrem wissenschaftlichen Werk zu sehen haben. Bedeutend und zukunftsweisend bleibt immerhin sein striktes Festhalten an der Einheit einer europäischen Rechtskultur: Gerade zu dem Zeitpunkt, an dem die Ausdifferenzierung der einzelnen nationalen Rechtstraditionen eine neue Stufe ihrer Entwicklung erreichte, beharrte er auf der – durch römisches Recht, das Christentum und die alten gemeinrechtlichen Traditionen verbürgten – inneren Einheit der Rechtstradition Europas, und seine 1813 veröffentlichten Überlegungen zu einem „gemeinen positiven Staatsrecht von Europa“ stellten keineswegs das einzige Wort zu diesem Problemkomplex dar. Am Rechtsgedanken im anspruchsvollen Sinne und an einer jeden Relativismus oder Positivismus ausschließenden Grundorientierung hat Theodor Schmalz zeitlebens ebenfalls festgehalten, und eine Formulierung aus der letzten zu seinen Lebzeiten erschienenen Veröffentlichung hat diesen Gedanken – hier bezogen ebenso auf das Gemeinwesen wie auf das Individuum – einfach und schmucklos, doch prägnant zum Ausdruck gebracht: „Für Staaten, wie für einzelne Menschen, ist immer das Wichtigste, daß kein Unrecht geschehe“.[1]

[1] Ueber die Erb-Folge in die Sachsen-Gothaischen Länder, S. 1.

Anhang

A. Ausgewählte – bisher unveröffentlichte – Briefe von Theodor Anton Heinrich Schmalz

Vorbemerkung

Der nachfolgende Abdruck der an dieser Stelle erstmals veröffentlichten Briefe folgt genau den handschriftlichen Vorlagen, die dem Verfasser entweder im Original oder als Kopie vorgelegen haben. Der Aufbewahrungsort ist mit den dazugehörigen Archivsignaturen angegeben. Auf offensichtliche Fehler wird durch „[sic]“ hingewiesen. Bestimmte (in der Regel fremdsprachige) Begriffe, die – statt in der von Schmalz durchgehend verwendeten deutschen Schreibschrift – in lateinischer Schreibschrift zu Papier gebracht wurden, sind durch *Kursivdruck* hervorgehoben, Unterstreichungen durch S p e r r u n g e n im Druck.

I. Schmalz an Johann Wolfgang von Goethe, Halle, 19. April 1804 (aus: Stiftung Weimarer Klassik/Goethe- und Schiller-Archiv, GSA 30/244).

Hochwohlgebohrener Herr,
Höchstzuverehrender Herr Geheimer Rath

Ew. Hochwohlgebohrene gütevolle Erinnerung meiner hat mir eine unaussprechliche Freude gemacht, welche Sie ganz erkennen würden wenn Sie wüßten, wie viel ich Ihnen verdanke, und daß Sie seit meinem fünfzehnten Jahre meinen Ansichten, meinen Gefühlen Leiter und Vorbild gewesen sind. Die Tage, welche ich hier mit Ihnen lebte, werden meinem Andenken immer Feyertag bleiben.

Ihren mir so schmeichelhaften Antrag an der Jenaische [sic] Allgemeinen Litteratur Zeitung Theil zu nehmen, würde ich gern, wie ich mir es vorsetzte, mit einer Beurtheilung des französischen *Code civil* beantwortet haben, hätten mir nicht ungeheure Arbeiten selbst die Ferien geraubt. Ich muß dieser Beurtheilung also noch die Versicherung vorausschicken, daß ich mit großem Eifer gern jeden Auftrag erfüllen werde, welchen Ew. Hochwohlgebohren oder Herr Hofrat Eichstädt für die Zeitung, die so herrlich begonnen hat, machen werden.

Nun stehe ich in Sorgen, daß was ich als Recensent thun möchte, wenig verdienen dürfte so musterhaften Beurtheilungen eingereihet zu werden. In meinem Leben habe ich nur Eine einzige Recension geschrieben, und die vor sechs Wochen. Es ist die Anzeige des: Napoleon Bonaparte und des französischen Volkes unter seinem Consulate. Die Fächer indeß in dem [sic] ich dem Institute am nützlichsten zu seyn glaube, sind Staatsrecht, Völker Recht, Natur-Recht, Politik, Staatswirthschaft.

Ich bin stolz darauf Ihnen selbst die tiefe Verehrung bezeugen zu dürfen, in der ich beharre

Ew. Hochwohlgebohren

ganz gehorsamster Diener
Schmalz

Halle
am 19ten April
1804

II. Schmalz an den Geheimen Staatsrat Anton Wilhelm von Klewitz, Berlin, 20. Januar 1809 (aus: GStA PK, I. HA, Rep. 77, Ministerium des Innern, Tit. 950, Nr. 5, Bd. 1, Bl. 12r–13v).

Hochwohlgebohrener Herr,
Höchst verehrter Herr Geheimer Staats Rath,

Ew. Hochwohlgebohren mir so ehrenvolles Zutrauen, verehre ich mit der ganzen Dankbarkeit, welche es verdient, und ganz so innig, wie es mich rührte.

Männer, welche es verdienen mit Arbeiten für die Gesetzgebung beehrt zu werden, sind im Auslande so selten, wie im Inlande, am wenigsten wird auf solche zu rechnen seyn, welche, den ganzen Umfang des Zwecks zu umfassen, Philosophie und Geist mit juristischen und staatswissenschaftlichen Kenntnissen zugleich (beide in bedeutendem Grade) vereinigen. Für einzelne Zweige brauchbare Männer werden sich hingegen mehrere finden.

Unter den Juristen, auch den Schriftstellern, welche eine philosophische Behandlung ihrer Wissenschaft profitiren, sind wenige, welche auch nach *Gönner* und *Feuerbach* auftreten könnten. Selbst

Gönner würde kaum über den bürgerlichen Proceß hinaus und doch nur für Civil-Justiz benutzt werden können. *Grolmann* und *von Almendingen* wären für Criminal Gesetzgebung, *Schmelzer* in Helmstädt, *Seidensticker* in Jena, *Weber* in Rostock, *Zachariae* in Heidelberg, *Goede* in Göttingen für die Civil Justiz Gesetzgebung brauchbare Männer. Zu diesen oder vor diesen vielmehr würde ich den Regierungs Rath *Runde* in Oldenburg nennen, als Gelehrter, als Geschäftsmann gleich ausgezeichnet, und Herrn *von Ramdohr* in Zelle.

Noch größer ist der Mangel an staatswirthschaftlichen Gelehrten. Was Organisation des Ganzen, und Einrichtung des Geschäftsganges betrifft, dafür wären *Rehberg* und *Brandes* in Hannover, obwohl Feinde Preußens, Männer, die mit Geist thätig wären. Herr von *Eggers* in Kopenhagen würde Dienste leisten, wo es auf genaue Details in ausführlichen Reglements ankommt. Der Bürgermeister *D. Siebmann* in Leipzig und Professor *von Haller* in Bern verdienen gleichfalls Ew. Hochwohlgebohren Rücksicht.

Unter der achtbaren Klasse von Nicht-Schriftstellern in diesem Fache, wären |: denn ich bescheide mich nicht inländische Geschäftsmänner Ew. Hochwohlgebohren erst nennen zu dürfen :| der *D. Ludwig von Hess* in Hamburg und ein Kaufmann *Bassenge* in Halle werth Ew. Hochwohlgebohren genannt zu werden.

Sollten bey wiederhohlter Durchprüfung meiner Bekanntschaften mir mehrere auffallen, so bitte ich um Erlaubniß diese nachtragen zu dürfen. Da ich aber erst vor wenigen Tagen Ew. Hochwohlgebohrenen Schreiben vom 29. Dec. erhielt: so habe ich geglaubt das gegenwärtige nicht länger hinzögern zu dürfen.

Ich glaube nicht betheuern zu dürfen, mit welcher dankvollen Bereitwilligkeit ich überall jeden Befehl Ew. Hochwohlgebohren vollziehen werde.

Verehrungsvoll
Ew. Hochwohlgebohrenen

ganz gehorsamster Diener
Schmalz

Berlin
den 20sten Januar
1809

III. Schmalz an König Friedrich Wilhelm III., Berlin, 5. August 1810 (aus: GStA PK, I. HA, Rep. 74, Staatskanzleramt, L V [Brandenburg], Nr. 1, Bd. I, Bl. 42r–43v).

Allerdurchlauchtigster, Großmächtigster,
Allergnädigster König und Herr,

Vor ein und zwanzig Jahren kam ich in die Königlichen Dienste, als Professor des Rechts und der Staatswissenschaften zu Königsberg, wurde nachher zugleich Rath im Consistorium, darauf Canzler der Universität dort, und, 1803 Director der Universität zu Halle. Unmittelbar nach dem Tilsiter Frieden eilte ich nach Memel um Ew. Königlichen Majestät den Plan zu einer Universität allerunterthänigst vorzulegen. Ew. Majestät geruhten diese zu genehmigen, und mich bey derselben mit meinem Hallischen Gehalte anzustellen.

Um ferner dem Staate anzugehören, an welchen mich allein die ehrfurchtsvollste Anhänglichkeit an Ew. Majestät geheiligte Person bindet, verließ ich freudig mein ganzes Vermögen in meinem Hause zu Halle, eilte auf Ew. Majestät Befehl im Herbst 1807 nach Berlin, wo ich seitdem Vorlesungen für Studierende, und unentgeldliche für Officiere halte, welche sich dem Civil-Dienste widmen wollen. Auch habe ich itzt über ein Jahr im OberAppellationsSenate des Cammergerichts ohne Gehalt gearbeitet. Ich wagte es in den Gefahren des Staats von 1807 bis 1809 mehrere sehr glänzende Anträge auswärtiger Dienste auszuschlagen. Denn je seltener gerade itzt Lehrer des Rechts und der Staatswissenschaften von einigem Namen sind, desto unrechtlicher glaubte ich es, in den Zeiten den Staat zu verlassen. Auch hielt ich es unter meiner Würde, dem Beyspiel zu folgen, welches, selbst erschlichene, Anträge fremder Dienste zu Gehaltszulagen nutzte.

Was ich der Wissenschaft als Gelehrter und Schriftsteller geleistet, gebührt mir nicht zu sagen; aber ich darf es fühlen, daß um Staats-Recht, teutsches Recht und Staatswissenschaften kein itzt lebender Schriftsteller mehr Verdienste habe. Was ich als Lehrer dem Staate geleistet, mögen die Männer bezeugen, welche ich auch für die höchsten Aemter gebildet habe. Die Direction der Universität Königsberg erwarb mir die wichtigere Direction der Universität Halle, und deren neuste Einrichtungen nach der letzten Königlichen Dotation giengen vornehmlich durch mich; der dort mit der so sehr wachsenden Zahl der Studenten wachsende Geist des Fleißes war zum Theil, die

Anständigkeit der Sitten und die Ruhe der letzten Jahre ganz mein Werk.

Ich erkenne und fühle tief, daß ich damit gar nichts weiteres gethan, als was ich Ew. Majestät und meinem Herzen absolut schuldig war. Ohne Aussicht, selbst ohne den Wunsch einer Belohnung habe ich Thätigkeit und Wohlstand geopfert. Meine itzige Lage genügt auch vollkommen allen meinen Ansprüchen; ich habe nie um etwas gebeten, ich wünsche nichts, habe nie etwas gewünscht, als allein Ew. Majestät allerhöchste Gnade.

Aber ich wäre dieser Gnade und des Dienstes Ew. Majestät unwürdig, wenn kränkende Zurücksetzung mich nicht tief verwundete, und desto schmerzlicher, je unverdienter sie ist.

Daß ich als Lehrer der neuen Universität nützlich seyn werde, dafür bürgt, daß ich so viele Jahre unter allen meinen Collegen in Königsberg und Halle stets am thätigsten und mit dem meisten Beyfalle lehrte. Daß ich als Geschäftsmann nicht unbrauchbar sey, dafür mag meine Amtsführung in Königsberg als Consistorialrath, und hier als Mitglied des OberAppellationsSenats zeugen. Daß ich als bisheriger Canzler und Director zweyer Universitäten nicht untauglich sey, bey der Einrichtung der neuen, von mir selbst vorgeschlagenen zu Rathe gezogen zu werden, glaube ich schon darum sagen zu dürfen, weil niemand hier sonst ist, der diesen Rath aus eigener Erfahrung und bewährter Amtsführung geben kann. Und nun bey dieser Universität in jeder Rücksicht mir Männer vorgezogen zu sehen, die nicht, wie ich, alles verließen und alles wagten, bloß um Ew. Majestät anzugehören, die nicht mehr für ihre Wissenschaften, als ich für die meinige gethan, die Anträge fremder Dienste sich theuer abkaufen ließen, das Allergnädigster König und Herr, muß mich tief kränken, weil es mich in den Augen des auswärtigen Publicums – ich darf hoffen nicht des inländischen, welches mich kennt – herabsetzt, indem man diese Zurücksetzung nicht aus Mangel an Einsichten in mir sich erklären kann, also aus Fehlern des sittlichen Characters sich erklären wird.

Ew. Majestät Allerhöchstselbst, muß ich fürchten, sey vorgestellt, daß eine Unbesonnenheit von meiner Seite im Herbst 1808 veranlaßt habe, daß der Marschall *Davoust* mich arretieren ließ. Dem ist nicht so. Eine Schrift von mir sollte die Wohlthaten schildern, welche Ew. Majestät durch die neusten Einrichtungen des Staats über das Volk uns spendeten. Denn von jeher habe ich gesucht für die Maasregeln Ew. Majestät Regierung durch meine Schriften die öffentliche Ueberzeugung zu gewinnen. Ich legte die Schrift dem französischen Censor vor, dem Prediger *Hauchecorne*; er untersagte den Druck, und sie wurde nicht gedruckt. Aber er denuncirte sie dem französischen Gouvernement, und so wurde ich 8 Tage nach Untersagung des Drucks arretirt. Kein Ausdruck der Schrift konnte die Empfindlichkeit der Franzosen reitzen; aber man suchte Gelegenheit, mir wehe zu tun, theils, weil man mich wollte fühlen lassen, daß ich in einem Gutachten über die Rechte der Kriegsgefangenen, welches das französische Gouvernement von mir gefordert, freymüthig Wahrheit gesagt, und den Antrag westphälischer Dienste, den mir ein französischer General, *Denzel*, brachte, ausgeschlagen hatte; theils, weil man mich Chef des Tugend-Vereins, wie man ihn nannte, glaubte, obgleich ich Mitglied desselben zu werden abgelehnt hatte; theils, weil hiesige Personen, unzufrieden mit den neuen Einrichtungen meine deutsche Schrift den Franzosen als excentrisch und erhitzend vorgestellt hatten. Ich wurde entlassen, als ich den Marschall mündlich vom Gegentheil des letztern überzeugt hatte.

Ich habe keinen Wunsch als den, Ew. Majestät nützliche Dienste zu leisten, mich der Gnade Ew. Majestät getrösten zu können, und nur nicht kränkende Zurücksetzungen zu erfahren. Bloß in dieser Absicht empfehle ich ehrfurchtsvoll mein Schicksal in Ew. Majestät Königliche Gnade.

Ich ersterbe in tiefster Unterthänigkeit
Ew. Königlichen Majestät

unterthänigster
Theodor Schmalz D.
Geheimer Justiz-Rath

Berlin
am 5ten August
1810.

IV. Schmalz an Staatskanzler Karl August von Hardenberg, Berlin, 25. März 1813 (aus: GStA PK, I. HA, Rep. 74, Staatskanzleramt, L V [Brandenburg], Nr. 1, Bd. I, Bl. 189r–189v).

Hochgebohrener Freiherr,
Gnädig-hochgebietender Herr Staatskanzler,

Bey dem beginnenden Kriege möchte ich, auch als Professor des Staats- und Völker-Rechts auf der Universität Berlin, nach dem Beyspiel der Vorfahren, für die Sache meines Monarchen thätig seyn. Ich wünsche deshalb eine Darstellung der Politik Preußens seit dem Tilsiter Frieden zu schreiben und darin vornemlich dem Ruhm Ew. Excellenz gerechte Opfer zu bringen. Höchste Mäßigung des Tons, Vermeidung aller Declamation und nur durch die Thatsachen selbst würken zu wollen, soll mir dabey Gesetz seyn.

Ew. Excellenz bitte ich dafür zuförderst um gnädige Erlaubniß. Ich glaube aber, daß ein Privat-Schriftsteller Gelegenheit habe, manches zu sagen, was eine Regierung selbst nicht füglich für sich sagen kann, und doch vom Publikum bemerkt wünscht. Darum wage ich Ew. Excellenz auch unterthänig zu bitten, einem der hiesigen Räthe des Departements der auswärtigen Angelegenheiten gnädig zu beauftragen, mir Materialien actenmäßig mitzutheilen, und das Einzelne anzuzeigen, was Ew. Excellenz dargestellt wünschen.

Zur Verschwiegenheit verbindet mich ja schon Treuepflicht und es versteht sich, daß ohne Ew. Excellenz besondere Erlaubniß keine Zeile gedruckt wird.

Ich halte es zugleich für Pflicht Ew. Excellenz meine unterthänigen Dienste anzubieten für interimistische Verwaltung oder Organisation überelbischer Provinzen, weil ich da glaube nützen zu können durch meine Kenntniß der Länder, ihrer Kräfte, ihrer Bedürfnisse und durch freundschaftliche Verbindung mit den Einwohnern aller Stände, deren Wohlwollen ich von Halle her mich rühmen kann.

In tiefster Ehrfurcht ersterbe ich
Ew. Excellenz
unterthäniger
Schmalz

Berlin
am 25sten März 1813.

V. Schmalz an Kultusminister Karl Sigmund Franz von Altenstein, Berlin, 12. November 1823 (aus: Biblioteka Jagiellonska Kraków/ Krakau; Sammlung Autographa).

Hochgebohrener Freiherr,
Gnädig-hochgebietender Herr Geheimer Staats-
Minister,

Ew. Excellenz haben geruht, die Vorlesungen des Herrn Hoffmann über Cameralwissenschaften den Juristen auf der Universität und den Referendarien unter Ihrer hohen Autorität dringend empfehlen zu wollen.

Seit 30 Jahren lese ich Cameralwissenschaft und zwar gerade mit vorzüglicher Rücksicht auf den Theil derselben, welcher in des Herrn Hoffmanns Cursus zu fehlen, und doch die Grundlage aller Staatswirthschaft, höheren Polizey und der Finanzen, auch den Juristen eben der nöthigste scheint, die mercantilische Gewerbskunde. Auch habe ich über diese Wissenschaften geschrieben und darf glauben, mit Glück, weil über mein Lehrbuch seit 30 Jahren auf mehrern Universitäten gelesen ist und wird.

Staatswirthschaft, Polizey- und Finanzwissenschaft ruhen auf wenigen gemeinschaftlichen Grundlagen und Principien. Darum habe ich geglaubt, daß sie durchaus vollständig in Einem einzigen Collegium vorgetragen werden können. Ich habe die Gnade gehabt, Ew. Excellenz mein Lehrbuch vorlegen zu dürfen, |: so wie Herr Hoffmann seinen Plan :| und es wird sich daraus ergeben, ob jenes vollständig, ob es ausführlich sey, ob es bloß allein Physiocratie enthalte, wie gesagt ist.

Die Zersplitterung der Wissenschaft in mehrere Collegien kann nur eine Ausführlichkeit der Details wirken, mit welcher keine andre Wissenschaft vorgetragen wird, und diese Details wird die gesunde Urtheilskraft doch selbst entwickeln, wenn die Grundbegriffe gründlich und klar begriffen sind. Auch haben viele Männer, itzt in den StaatsMinisterien und andern hohen VerwaltungsAemtern, keinen andern academischen Unterricht gehabt, wofür sie noch oft mich ihres Dankes versichern. Von 24–30 Collegien, welche in 6 halben Jahren gehört werden können, nehmen die eigentlich juristischen Studien der Juristen schon 17 Collegien hin. Sollen nun noch 3 cameralistische hinzukommen, so bleiben für philosophische, philologische, historische, naturwissenschaftliche, mathematische und andere Studien, 4, allerhöchstens 10 Collegien übrig. Darum habe ich die Cameralwissenschaft auf Ein Collegium beschränkt, und doch darin sie vollständig, ausführlich und besonders den Bedürfnissen der Juristen gemäß, vortragen können.

Auf einer Seite könnte es nun meiner Eitelkeit schmeicheln, daß es mir mit diesen Vorlesungen geglückt sey, und glückt, ohne die hohe Protection ansprechen zu dürfen, wie der neben mir stehende Lehrer derselben Wissenschaft, welcher von unserm hohen Chef, nur mit öffentlich beschämender Zurücksetzung meiner, empfohlen ist, aber sehr schmerzhaft mußte es mich verwunden, daß grade in der Zeit, wo ich im Gefühle der innigsten Verehrung des persönlichen Characters Ew. Excellenz, im ehrfurchtsvollen Vertrauen Ihnen unmittelbar meine Lage unterthänig vorgetragen und um Minderung des schweren Druckes derselben gebeten hatte, ich einen so niederschlagenden Beweis von Fortdauer Ew. Excellenz Ungnade erhielt.

Ich bescheide mich nun zwar, daß ich Erleichterung jenes Drucks meiner Lage von Ew. Excellenz nicht hoffen darf. Aber mich tröstet die stolze Hoffnung, daß Beachtung meines Lebens und meines Wirkens Ew. Excellenz über kurz oder lang die Ueberzeugung gewähren müsse, daß ich Ihre Ungnade nicht verdiene.

Unwandelbar wird die tiefe Verehrung bleiben, in der ich immer verharren werde

Ew. Excellenz

unterthäniger
Schmalz

Berlin
den 12. November 1823.

B. Ausgewählte Beiträge zur Berliner Universitätsgründung

I. Erste Denkschrift von Theodor Schmalz über die Errichtung einer Universität in Berlin, 2. August 1807.

(Wortgetreuer Abdruck aus: *Rudolf Köpke*: Die Gründung der Königlichen Friedrich-Wilhelms-Universität zu Berlin, Berlin 1860, S. 159–163. Ein Auszug hieraus findet sich auch in: Idee und Wirklichkeit einer Universität. Dokumente zur Geschichte der Friedrich-Wilhelms-Universität zu Berlin. In Zusammenarbeit mit *Wolfgang Müller-Lauter* und *Michael Theunissen* hrsg. v. *Wilhelm Weischedel*, Berlin 1960, S. 11–15).

Es kann nicht zweifelhaft seyn, daß in dem Staate eine wissenschaftliche Bildungs-Anstalt unumgängliches Bedürfnis sey, welche vollkommener wäre, als die Universitäten zu Frankfurt und Königsberg sind, und selbst durch die größesten Kosten gegenwärtig werden können. Berlin allein, mit seinen mannigfaltigen Instituten, welche durch eine solche Anstalt erst recht nützlich werden können, bietet, als Sitz derselben, so viele Vortheile dar, daß es die Einrichtung nicht nur den Finanzen Sr. Majestät leicht macht, sondern auch die gewisse Hofnung giebt, daß die da zu errichtende Lehranstalt die glänzendste Europa's werden müsse. Weit entfernt, die große Stadt den Sitten oder dem Fleiße gefährlich zu glauben, würde ich leicht zeigen können, daß beide vielmehr dort unendlich gewinnen würden. Aber erinnern muß ich, welche hohe Achtung diese Errichtung dem Staate erwerben müsse, der im Augenblicke seiner Reorganisation für die Wissenschaft zu nächsten sorgte.

Es ist unstreitig rathsam und nützlich bey der Einrichtung dieser Anstalt alle Formen des alten Universitätswesens fallen zu lassen, welche einen Zunftgeist nähren, oder pedantischen Prunk, der ehemals Würde und Ansehen geben mochte, iezt aber lächerlich macht. Es würde sogar möglich scheinen, daß in Berlin ohne Kosten, ohne Einrichtung des Staats eine freie Lehranstalt von selbst sich bildete, wenn der Staat nur erklärte, daß er junge Männer von berlinischen Gelehrten *privatim* unterrichtet, eben so wohl befördern werde, als die auf Universitäten gebildeten. Solte es wohl dort an einer Anzahl

Männer in allen Fächern fehlen, welche solchen Privat-Unterricht unternehmen? Solten nicht Theologen und Rechtsgelehrten so gut Zuhörer finden, als andere Gelehrte sie bisher gefunden haben? Hat nicht das Alterthum solche freie Lehrer gehabt? Es scheint also eine eigentliche Errichtung einer solchen Lehranstalt und Anstellung und Besoldung von Lehrern selbst überflüssig.

Allein es ist zu bedenken

1. daß ohne Besoldung von Seiten des Staats zu erhalten, die Lehrer ihren Unterricht sehr theuer ertheilen würden und müßten und doch die brauchbaren dem ersten Rufe ins Ausland folgen würden, das ihnen Rang und feste Besoldung böte. Nur wenige Menschen würden also studiren können.
2. Es bedarf aber iezt der Staat einer ungleich größeren Anzahl Studirender als das Alterthum. *Marius* war *Prätor*, als er nach Sallust in die Worte ausbrach: *literas non didici*. Iezt würden wir einen solchen Tribunals-Präsidenten, einen solchen Justizbürgermeister nicht gebrauchen können.
3. Ja auch im Alterthum waren die Lehrstühle der Philosophen und Rhetoren durch Stiftungen unterhalten, oder reiche Privatmänner, wie *Lucullus*, unterhielten sie.

Allerdings muß also der Staat Vorsorge und Aufsicht übernehmen und die allgemeine Lehranstalt muß sein Institut seyn. Nur *liberalere* Form, nur kein *Magnificus*, keine *Iurisdiction*, keine Zunft unter dem Namen Facultät! Aber doch so viel *points de réunion*, als die Leitung und Aufsicht des Ganzen nothwendig machen.

Vor allen Dingen muß dafür gesorgt werden, daß stets für iede Wissenschaft Gelegenheit des Unterrichts vorhanden sey, daß keine Lükke sey, welche den Studirenden aufhalten oder nötigen würde, anders wo Unterricht zu suchen. Auch ist es bei der gegenwärtigen Lage der Dinge nötig, daß der Staat über die einzelnen jungen Männer, welche nach vollendeten Jahren des Unterrichts, Anstellung suchen, officielle Zeugnisse erhalten könne, obwohl nicht die bisherigen Zeugnisse der Facultäten, welche stets durchaus unwahr sein müssen, indem Niemand für ihre Wahrheit haftet, sondern Zeugnisse einzelner Lehrer, deren Glaubwürdigkeit die Landesbehörden sehr bald bestimmen würden.

Endlich kann die Vereinigung dieses Instituts mit der Akademie der Wissenschaften, welche so erst nützlich werden würde, wohl als schon entschieden angesehen werden.

Diese Grundsätze haben die folgenden Vorschläge geleitet.

Das Personal der Lehrer wäre aus Berlinischen Gelehrten zu wählen, welche dort schon anständige Versorgung haben, und aus Hallischen Lehrern, für welche nachher die Fonds ihrer Besoldung nachgewiesen, oder doch angedeutet werden sollen.

1. Die Berlinische Akademie nimmt das Lehr-Institut in sich auf, und das Ganze erhält, oder behält den Namen Königliche Akademie der Wissenschaften.

2. Alle angestellten und besoldeten Lehrer werden vom König zu Mitgliedern der Akademie ernannt. In der Folge aber würde es nützlich sein, wenn iede Classe das Recht hätte, bei nötiger Besetzung einer Stelle Sr. Majestät einen oder mehrere Männer vorzuschlagen.

3. Vor der Hand theilten sich dann die Mitglieder der Akademie in lehrende und nicht lehrende, bis die letzteren allmählig abgiengen und iedes Mitglied zugleich Lehrer wäre, außer wo Ehrenhalber und ohne Besoldung einzelne ausgezeichnete Männer zu Mitgliedern der Akademie ernannt würden.

4. Aber iedermann steht es gänzlich frey, nicht nur zu lehren, was er wil, sondern auch seine Vorlesungen in dem von der Akademie halbjährig herauszugebenden Verzeichnisse der Vorlesungen anzukündigen.

5. Doch werden bei der Akademie die unten aufgestellten ordentlichen Lehrstühle errichtet, nicht um irgend iemand ausschließend darauf zu beschränken, vielmehr mag ieder lesen, was und wie er wil, auch Vorlesungen eines andern Lehrstuhls, auch einer ganz anderen Classe, als in welcher er angestellt ist. Aber damit nie Lükken im Unterricht seyn mögen, ist ieder für einen bestimmten Lehrstuhl angestellte Lehrer verpflichtet, wenn in einem Jahre niemand von den freien Lehrern diese Wissenschaft vortragen sollte oder niemand, dem man hinlänglich ordentlichen und gründlichen Vortrag zutrauen könnte, sie selbst zu übernehmen.

6. Zu den bisherigen 4 Classen der Academie, der philosophischen, physischen, mathematischen und philologisch-historischen, welche als allgemeine Classen bleiben, kommen noch eine theologische, eine staatswissenschaftliche (iuristische), eine medizinische als besondere Classe.

7. Außer der Lehranstalt bleibt aber die Akademie ein Institut zur Erweiterung der Wissenschaften, wie sie bisher seyn sollte und sie hält zu dem Ende nach wie vor ihre Donnerstags-Sitzungen und Vorlesungen und zu dem Ende werden die Mitglieder der 3 besonderen Classen auch in eine der 4 allgemeinen Classen versetzt, um in dieser in ihrer Ordnung mitzulesen.

8. Iede Classe hat ihren Direktor, welcher auf Lebenszeit vom Könige ernannt, die besonderen Angelegenheiten seiner Classe besorgt und mit ihr berathet.
9. Alle 7 Directoren bilden mit dem vom Könige zu ernennenden Curator und dem beständigen *Secretair* der Akademie ein *Directorium*, welches die allgemeinen Angelegenheiten besorgt.
10. Der Regel nach sind die Vorlesungen halbjährig und fangen mit dem 1. Mai und 1. November an. Doch ist um so weniger darin iemand zu beschränken, da längeres Ausdehnen bei der ganz freien Concurrenz ohnehin die Zuhörer bald verscheuchen würde.
11. Halbjährig samlet jeder Direktor die Vorlesungen seiner Classe und die freien Lehrer senden ihm die ihrigen zur Publication. Das allgemeine *Directorium* prüft, welche Wissenschaft etwa fehlt, sucht durch Ermunterung etwanigem Mangel zu helfen, und es wird dann dem beständigen Secretair die Anfertigung des allgemeinen zu drukkenden *Lectionen*-Verzeichnisses übertragen.
12. Alle *Collegia publica* fallen weg, als Zwang und Pflicht, da sie im Ganzen nur Unfleiß nähren.
13. Die Größe des Honorars bleibt iedem Lehrer überlassen, da die freie Concurrenz ohnehin übertriebene Kostbarkeit beschränken wird.
14. Das Honorar wird *praenumerirt*, da *praenumerirte* Vorlesungen am fleißigsten besucht werden. Um diese Pränumeration einzuführen, wird verordnet, daß kein Lehrer iemals wegen Honorars klagen könne.
15. Damit Lehrer und Studirende sich kennen, damit der Staat das Institut und Studienwesen übersehen könne, wird ieder Studirende von dem beständigen Secretair der Akademie inscribirt und ihm ein Zeugniß deshalb ertheilt. Schon in Rücksicht der Polizey der großen Stadt ist das nicht unwichtig, um den Zöglingen einen bestimmten Etat zu geben. Aber die Vorlesungen zu besuchen steht freilich ohne Unterschied auch nicht inscribirten frey. Ohne Inscription würde manchen auch die Hebung von Familien- und anderen Stipendien unmöglich gemacht. Es wäre sehr nützlich halbjährig das Verzeichniß der Inscribirten gedruckt an die Lehrer und sonst zu vertheilen.
16. Zeugnisse beym Abgange werden nur von einzelnen Lehrern gegeben.
17. Die Studirenden mögen unter dem Hausvogtey-Gericht stehen, die besoldeten Lehrer unter dem *foro* der Königlichen *Officianten*. In Polizey-Sachen stehen alle unter der Polizey-Behörde Berlins. Nur in Ansehung des Fleißes und der Sittlichkeit hat ieder Lehrer nicht nur das Recht der Ermahnung, sondern auch Unfleißige und Sittenlose

dem Direktorium zu öffentlichem Verweise anzuzeigen. Unverbesserliche kann das Direktorium ganz ausschließen und die Polizey requiriren, sie aus der Stadt zu schaffen.
18. Für die ordentlich angestellten und besoldeten Lehrer wäre der Titel Professor doch wohl beyzubehalten.
19. Die zu besetzenden Lehrstühle, deren Erhaltung Stiftungsmäßig wäre, deren ieder aber mit mehrern besetzt werden könnte und müßte, wären folgende:

I. Philosophische Classe.
1. Logik. 2. Metaphysik. 3. Praktische Philosophie. 4. Aesthetik.

II. Mathematische Classe.
5. Mathematik. 6. Astronomie.

III. Physische Classe.
7. Physik. 8. Chemie. 9. Mineralogie. 10. Botanik. 11. Zoologie und vergleichende Anatomie und Physiologie. 12. Öconomie und Technologie.

IV. Philologisch historische Classe.
13. römische und griechische Litteratur. 14. orientalische Litteratur. 15. Historie. 16. Statistik und Geographie.

V. Theologische Classe.
17. Exegese. 18. Dogmatik und Moral. 19. Kirchengeschichte. 20. praktische Theologie.

VI. Staatswissenschaftliche (iuridische) Classe.
21. Staatswirthschaft, Finanzwissenschaft. 22. Natur-, Staats- und Völkerrecht. 23. römisches Recht. 24. canonisches Recht. 25. teutsches nebst Lehn-, Wechsel- und Handlungsrecht. 26. Criminalrecht. 27. preußisches Recht.

VII. Medizinische Classe.
28. Anatomie und Physiologie. 29. Pathologie. 30. Therapie. 31. Chirurgie. 32. Clinik in verschiedenen Zweigen. 33. psychische Medizin und medizinische Analyse. 34. Geburtshülfe. 35. Thierarzneykunde.

Es kann auch nicht bedenklich scheinen, mehrere Lehrstühle zu verbinden, wie in diesem Schema auch geschehen, um so weniger, da die Fixirung der Lehrstühle bei der ganz freien Concurrenz ja keinen andern Zweck hat, als einen Lehrer für eine Wissenschaft gewiß zu haben, in so fern kein anderer sich findet.
20. Die in Berlin schon iezt befindlichen Lehrer bedürfen vor der Hand keine Besoldung, da sie schon bestimmte Lager haben. Nur für die aus Halle kommenden wird es Billigkeit erfordern, ihnen ihre bisherigen

Gehalte zu lassen. Wozu etwa 12000 Thlr. vor der Hand und bis zu mehreren Vacanzen in der Akademie erforderlich seyn würden, wenn nicht alle kommen.
Zu diesen bieten sich die Fonds an, theils aus den 7000 Thlrn., welche Halle aus den schlesischen geistlichen Gütern erhielt, theils aus den bisher so großen und meist nutzlosen Kosten der Veterinär-Schule, theils aus dem, was von dem *Collegio medico* entbehrlich wird durch die medizinische Classe der Akademie. Auch wenigstens ein Theil dessen, was bisher die Dispositions-Casse und die General-Domainen-Casse der Universität Halle zahlte, könnte hierher bestimmt werden.
In der Folge wird es rathsam werden, die Gehalte zu erhöhen und dazu den gering besoldeten die Aussicht zu geben bei ieder Vacanz der nicht lehrenden bisherigen Akademischen Stellen. So muß auch wohl mit der Zeit Bedacht genommen werden, in Berlin angesessenen Gelehrten, welche von der Akademie als Lehrer keine Besoldung haben und gleichwohl als Lehrer aufgenommen werden, Besoldungen zu geben.
21. Ueber die Vereinigung des *Collegii medici* und der Veterinär-Schule mit der Akademie, welche nicht blos in Rücksicht der Kosten nützlich wäre, würden die Vorschläge des *Directoris Collegii medici*, Herrn Geheimen Raths Hufeland zu erfordern seyn.
22. Es scheint wohl in der That keinerley Nachtheil zu haben, wenn der Akademie das Recht der Promotionen gegeben wird, vielmehr würde es wohl mancherley Vortheil gewähren. Nur müßte iede Classe deshalb unter der Controlle des *Directoriums* stehen. Aber vorschlagen muß ich noch, daß es dem Institut erlaubt sein müsse, auch Assessoren der Akademie zu ernennen, welche etwa den außerordentlichen Professoren der Universität gleich wären, um diejenigen der freien Lehrer auszuzeichnen, welche schon als wirkliche Akademiker anzustellen, bedenklich seyn möchte, und die dann doch eine Ermunterung verdienen.
23. Es wird sogleich vom Anfange des Instituts darauf Bedacht genommen, daß für die vergleichende Anatomie und die medizinische Analyse ein Fonds zu Instituten ausgesetzt werde, worüber dann die dafür angesetzten Lehrer die nähern Vorschläge thun.

II. Zweite Denkschrift von Theodor Schmalz über die Errichtung einer Universität in Berlin, undatiert (ca. September/Oktober 1808). (Aus: *GStA PK, I. HA, Rep. 89, Geheimes Zivilkabinett, Nr. 21393, Bl. 135r–145r*).

Vorbemerkung: Der Abdruck folgt einer handschriftlichen – nicht von Schmalz' Hand stammenden – Abschrift des offenbar nur in wenigen Exemplaren („Als Handschrift zum Privatgebrauch") gedruckten Originals. Der erste Historiker der Berliner Universitätsgeschichte erwähnt diese Denkschrift nur einmal sehr kurz,[1] und bereits der zweite vermochte wenige Jahre nach 1900 schon nicht mehr auf ein gedrucktes Exemplar zurückzugreifen; er bemerkt: „... die Schrift von Schmalz lag mir im Druck nicht vor; dafür aber eine Abschrift in den Akten des G. St. A.'s, Rep. 89 A. XXIX 1, vol. II, fol. 135–145 (gezeichnet ... G. S.)."[2] Auch dem Verf. ist es nicht gelungen, die Druckfassung aufzutreiben; sie hat wohl als verloren zu gelten. Bei der von Lenz erwähnten Abschrift muß es sich um diejenige handeln, die auch dem Verf. vorlag, wenngleich sie heute (nach der Umsignierung der Bestände des Geheimen Zivilkabinetts) eine andere Signatur trägt, und obwohl sie, entgegen den Angaben von Lenz, nicht mit den Initialen „G. S." (wohl für: „Geheimrath Schmalz") gekennzeichnet ist. Die Foliierung blieb, wie man sieht, unverändert. Daß der Text tatsächlich von Schmalz stammt, geht nicht nur aus den Ausführungen zweifelsfrei hervor, sondern auch aus der vorangestellten Eingabe von fünf Professoren der Universität zu Frankfurt a. d. O. an König Friedrich Wilhelm III. vom 16.11.1808, in der sie gegen das von Schmalz in seiner Schrift erhobene Plädoyer für die Aufhebung ihrer Alma Mater scharfen Protest einlegen *(GStA PK, I. HA, Rep. 89, Nr. 21393, Bl. 127r–134r)*. Es gehört zur Ironie der Geschichte, daß Schmalz' zweite Denkschrift ausgerechnet in der Abschrift seiner Frankfurter Gegner auf die Nachwelt gekommen ist. Hierauf mögen aber auch manche Ungenauigkeiten und vermutlich ebenfalls einige kleinere Fehler in diesem Text (der im folgenden genau der Vorlage entsprechend abgedruckt wird) zurückzuführen sein.

[1] Vgl. Köpke: Die Gründung der Königlichen Friedrich-Wilhelms-Universität zu Berlin, S. 45 und 139, Anm. 5.

[2] Lenz: Geschichte der Königlichen Friedrich-Wilhelms-Universität zu Berlin I, S. 145, Anm. 1.

Abschrift

(Als Handschrift zum Privatgebrauch)

Dem Preußischen Staate sind zwei wirkliche Universitäten geblieben. Beide befinden sich gerade jezt in einem solchen Verfalle, daß sie zu den schlechtesten Teutschlands gehören, und der Staat sich unmöglich nützliche Dienste von ihnen versprechen kann. Beide haben einen großen Mangel an Hülfs-Anstalten und gerade jezt einen noch größern an tüchtigen Lehrern. Denn ein tüchtiger Lehrer ist nur der, welcher den Geist der Zuhörer zu wecken und ihren Eifer für seine Wissenschaft zu gewinnen weiß. Dazu gehört, daß er selbst Geist habe, daß er die Tiefen [?] seiner Wissenschaft kenne und umfasse; und ein solcher Mann ist selten ohne literärischen Ruhm.

Königsberg, ehemals durch mehr trefliche Männer berühmt als jezt, hat sehr ansehnliche, nur größtentheils übel verwaltete und übel angewendete Fonds. Die Universität hat am Orte selbst mehrere Bibliotheken von Bedeutung, welche füglich vereinigt werden könnten, und dann, durch Verkauf ihrer Doubletten ihre Fonds verstärkt, sehr ansehnlich würden. Sie hat jezt einen botanischen Garten, und es wäre leicht durch dortige Hospitäler und das Entbindungs-Institut ihr gute klinische Anstalten zu verschaffen. Sie bedarf noch eines Natürlichen Kabinets, eines physikalisch-chemischen Apparats, eines chemischen Laboratoriums, eines Observatoriums, einer Verbesserung ihrer Anatomie. Manches Gute wird noch durch Fehler ihrer Statuten gehindert. Mehrere tausend Thlr. werden jährlich verschwendet, welche viel nützlicher zu jenen Instituten und ohne Last des Staats verwendet werden könnten; wie ich aufgefordert leicht zeigen mögte. Es vereinigt sich dort manches, die Universität sehr vortrefflich zu machen. Ich weiß auch, daß jezt verbessert werden soll. Aber obwohl dafür mehreren dortigen Männern unter Lehrern und Räthen weder liberale, noch selbst höhere Ansicht fehlt: so geht ihnen doch, fürchte ich, die Erfahrung ab, welche für die Einrichtung der Details so nöthig ist.

Frankfurth hat einen gänzlichen Mangel an Hülfs-Anstalten. Seine Bibliothek ist unbedeutend: es hat keine Anatomie, kein Naturalien Kabinet, kein Observatorium, keinen physikalischen Apparat, keinen botanischen Garten, kaum eine erträgliche Buchhandlung, kaum eine schlechte Druckerei! Das Personal der Lehrer ist jezt so beschaffen, daß die Theologen keine Kirchengeschichte und keine Exegese hören können. Die Mediciner gar nichts: es fehlt ganz an Lehrern der

Philosophie, Geschichte und Physik. Eine durchgreifende Verbesserung ist nothwendig, da Königsberg bei der bessern Organisation doch zu entlegen ist.

Aber die Kosten der Verbesserung würden ungeheuer, und doch noch lange Zeit hindurch damit nichts Bedeutendes ausgerichtet seyn. Eine Million kann keine Bibliothek schaffen. Zu den Hülfs-Anstalten würden gewiß sogleich an 100,000 rtlr. nöthig seyn, und um eine hinlängliche Anzahl und zwar tüchtiger Lehrer zu haben, würden, so wie zur Unterhaltung der Anstalten, gewiß 25,000 rtlr. nicht zureichen. Denn nach *Hüllmanns* Abgange bleiben nur *Madihn*, *Meister*, *Eichhorn*, *Schneider* und *Weber* brauchbare Lehrer; die Theologen und *Steinbart* und *Wünsch* sind meist alte Männer, die Mediciner practische Aerzte und *Thilo* ein gelehrter und wackerer junger Mann, soll für ein Gymnasium brauchbarer seyn, als für die Universität. Es müßten also 20 neue Lehrer wenigstens angestellt werden, wenn der Staat auf die Universität sollte rechnen können.

Darum habe ich des Königs Majestät einen Plan vorgelegt zur Errichtung einer Universität in Berlin, welcher auch durch die höchsten Kabinetsordren vom 4. Sept: 1807 im Ganzen genehmigt ist. Dem Staate wird dadurch die glänzendste aller Lehranstalten in Europa und zwar ohne alle Kosten gewonnen, wenn die Fonds der Universität Frankfurth, die 7000 rtl., welche Halle aus den schlesischen Jesuiten-Gütern hatte, die Fonds des *Collegii Medici*, der VeterinairSchule und ein Theil des *Fonds* der Academie der Wissenschaften dafür vereinigt werden. Die Berlinischen Gelehrten würden vor der Hand auch ohne besondere Besoldungen bei ihren Ernennungen zu Professoren der Universität schon durch die größere Einnahme von ihren Zuhörern belohnt seyn. Mit der Zeit geben Stellen der Academie oder Summen aus den genannten Fonds die Quellen von Zulagen: Fünf brauchbare Lehrer *Madihn*, *Meister*, *Eichhorn*, *Weber* und *Schneider* kämen mit ihren Besoldungen von Frankfurth. *Wolf*, *Schleyermacher*, *Froriep*, ich behielten unsere hallische Besoldung aus dem genannten hallischen Fond. Das Absterben der in Frankfurth bleibenden Theologen, Mediciner und der Philosophen, *Wünsch*, *Heynatz*, welche dort ihre Gehälter als Pension behielten, und zweckmäßigere Organisation mancher Berlinischen Lehranstalt geben für die Zukunft Quellen, aus denen Zulagen genommen werden könnten, für die, welche jezt ohne Besoldung oder mit geringerer angestellt würden.

Die Hülfsanstalten aller Art haben wenig ihres gleichen und würden durch die Universität nicht nur erst recht nützlich, sondern auch ihre

Einrichtungen selbst verbessert werden. Ihre Verhältnisse zur Universität lassen sich leicht reguliren. Freitische und Stipendien brächte die Frankfurter Universität mit.

Die Grundzüge des Plans wären folgende, wie ich sie jezt nach sorgfältigerer Prüfung als mir vor einem Jahr in *Memel* möglich war, entwerfen mögte. Doch bemerke ich, daß Herr OberCons. R. *Nolte* einen völlig detaillirten Plan entworfen hat, welcher bei seinen allgemeinen und localen Kenntnissen, bei seinen Erfahrungen und reinem Willen, eben so sehr zu berücksichtigen wäre, als Schleyermachers Schrift über Universitäten.

1. Jeder Gelehrte in Berlin behielte zwar das Recht, Vorlesungen zu halten, wie er wollte. Wenn er Graduirter wäre, könnte die Universität auch die Bekanntmachung im Katalog (welche sie andern auch bewilligen kann) nicht abschlagen. Auch damit man gewiß sei, daß jede Wissenschaft jährlich gelehrt werde, damit kein Studirender dafür anderswo Unterricht suchen oder seinen Cursus unterbrechen müßte, würden die unten zu benennenden Lehrstühle oder Nominal-Professuren errichtet, nicht um die Lehrer dafür zu monopolisiren oder darauf zu beschränken (jeder mag vielmehr lesen, was er will) sondern damit der *nominatim* für eine Wissenschaft angestellte sie lesen müsse, wenn niemand anders dazu sich erbietet, dem der Universitäts-Senat hinlängliche Kenntnisse und Fähigkeiten dafür zutraut.

2. Die Universität bestände aus sechs Facultäten, nemlich 1. der philosophischen, 2. der mathematisch physicalischen, 3. der philologisch-historischen, 4. der theologischen (für Reformirte und Lutheraner) 5. der Staatswissenschaftlich-juristischen, 6. der Medicinischen.

3. Statt der Decane hat jede Facultät einen beständigen Director, welcher die Angelegenheiten derselben mit seinen Collegen berathet und diese, wenn es nöthig ist, dafür versammelt, auch ihre Beschlüsse zur Vollziehung bringt.

4. Die Directoren bilden unter dem Vorsitz eines beständigen Curators oder Präsidenten (es wäre zu wünschen, daß es der Präsident der Academie der Wissenschaften wäre) einen Senat, der das Ganze leitet. Diesem ist ein Sekretair und ein paar Aufwärter zugeordnet.

5. Die Universität hat keine Jurisdiction, sondern allein eine Disciplin über Sitten und Fleiß. Polizei und Gerichte müßten ihr deshalb von allem Kenntniß geben, was die Studirenden betreffend bei ihnen vorkäme. Jeder Lehrer hat auf Sittlichkeit und Fleiß zu achten und kann Verweise geben; der Director der Facultät bis auf 4 Tage harten und 8 Tage gelinden Arrest strafen. Der Senat erkennt auf längern

harten oder gelinden Arrest und Entziehung der Beneficien; und durchaus Unverbesserliche würden auf Erkenntniß des Senats von der Polizei aus der Stadt entfernt, oder auch von dieser nach genommener Rücksprache mit dem Senat. Duellsachen der Studenten gehörten zur Disciplin des Senats.
6. Halbjährlich sammelt der Director der Facultät die Anzeigen der Vorlesungen ein, der Senat prüft die Verzeichnisse, sucht etwanigem Mangel abzuhelfen und läßt sie durch den Secretair redigiren.
7. Alle *Collegia publica* fallen als höchst verderblich weg. Sie verbreiten, wie alle Erfahrung lehrt, den Geist des Unfleißes unter Lehrern und Studirenden, und werden nur von solchen Lehrern vertheidigt, welche gegen Honorar keine Zuhörer finden. Denn bei Vorlesungen kommt es nicht darauf an, daß etwas pflichtmäßig, sondern daß es nach gründlichen Forschungen und dann mit Geist und Leben vorgetragen werde. Nur muß es freilich dem Lehrer frei stehen, auch unentgeldlich zu lesen, besonders um einzelne Materien näher zu entwickeln. Die Größe des Honorars bleibt jedem Lehrer überlassen, da freie Concurrenz die Billigkeit sichert. Damit aber die Pränumeration des Honorars, welche der Oeconomie und dem Fleiße der Studirenden und der Lehrer so wohlthätig ist, eingeführt werde, wird festgesetzt, daß keinem Lehrer je eine Klage auf Honorar zustehe.
8. Dürftige können sich aber vom Staat allgemeine Befreiung vom Honorarzahlen erbitten, als ein *beneficium*. Wenn der Director der philologisch historischen Facultät und der Director der Facultät, zu welcher der Ansuchende sich bekannt hat, ihm ein Zeugniß der Fähigkeit und Würdigkeit geben: so muß der Senat diese Befreiung ertheilen und jeder besoldete Professor sie respectiren. Doch so wie Unsittlichkeit zur Strafe dieser Befreiung verlustig macht, so muß sie auch nie begünstigt werden, theils um unfähige Arme nicht anzulokken, theils um durch ansehnlichen Gewinn der Lehrer vom Honorar den Finanzen des Staats die Besoldung der Professoren zu erleichtern.
9. Der Secretair führt das Matrikelbuch und immatrikulirt im Namen des Präsidenten u. des Senats.
10. Es muß auf Mittel gedacht werden, das jetzt so vernachlässigte Disputiren wieder einzuführen, welches ehemals mit so großem Rechte, als die vorzüglichste Uebung als ein herrliches Bildungsmittel so hoch geachtet wurde. So wie zu den Beneficien jetzt jährliche Zeugnisse von den meist nutzlosen Repetitoren erfordert werden, so müßte man sie von Disputatorien und daß der Beneficiat ein solches besucht, auch

wenigstens einmal als Respondent und dreimal als Opponent disputirt habe, gefordert werden.
11. Zeugnisse des Fleißes der Abgehenden müssen nicht mehr von Facultäten gefordert werden, denn diese sind immer unwahr, weil die ganze Facultät, d.h. niemand sie verbürgt, sondern von einzelnen Lehrern, deren Glaubwürdigkeit die Staatsbehörden bald zu beurtheilen wissen werden.
12. Die Würden eines Doctors und Licentiaten werden von jeder Facultät einzeln, aber nur nach einer öffentlichen Prüfung in Gegenwart des Präsidenten oder eines von ihm abgeordneten Directors einer andern Facultät auch einer öffentl. Disputation durchaus *gratis* ertheilt. Diese Graduirten erhalten dann nicht nur das Recht, ihre Vorlesungen im Katalog anzukündigen, sondern der Staat erläßt ihnen auch wenigstens das erste sonst zu ihrer Anstellung im Civil- und Kirchendienste nöthige Examen.
13. Die anzuordnenden Nominal-Professuren wären folgende, denen ich die Namen der Gelehrten beisetze, welche der Staat jezt ohne neue Besoldungen geradehin hätte

I. Philosophische Facultät: 1. Logik und Propädeutik *Kiesewetter*, 2. höhere Philosophie *Schleyermacher*, *Fichte*. 3. Ästetik [sic] *Dellbrück*, 4. Theorie der Künste, *Hirt*, 5. Geschichte der Philosophie, *Schleyermacher*, 6. practische Philosophie, *Fichte*, *Schleyermacher*.

II. Mathematisch phisicalische Facultät, 1. Reine Mathematik und Analyse, *Tralles*, *Idler*, *Fischer* und *Gruison*, 2. angewandte Mathematik, *Idler*, *Fischer* und *Eitelwein*, 3. Astronomie *Bode*, 4. Baukunst *Eitelwein*, *Simon*, *Genz*, *Riedel*, 5. Physik, *Ermann*, *Fischer*, *Herbstaedt*, 6. Chemie, *Klaproth*, *Herbstaedt*, 7. Mineralogie und Bergwerk, *Karsten*, 8. Botanik, *Wildenow*, 9. Zoologie, vergleichende Anatomie und Physiologie, *Meyer*, *Froriep*, 10. Oeconomie und Technologie, *Weber*.

III. Phylologisch-historische Facultät. 1. Orientalische Literatur, *Bellermann*, *Spalding*, 2. Griechische Literatur, *Wolff*, *Schneider*, *Buttmann*, 3. lateinische Literatur, *Wolff*, *Spalding*, 4. Alterthümer, *Hirt*, 5. alte Geschichte, *Wolff*, *Dellbrück*, 6. Neue Geschichte *Ancillon*, *Dellbrück*, Stützer, 7. Statistik und Geographie *Stein*, *Krug*, *Stützer*, 8. Literärgeschichte, *Biester*, *Buttmann*.

IV. Theologische Facultät, 1. Exegese, *Schleyermacher*, *Bellermann*, 2. Dogmatik und Moral, *Schleyermacher*, 3. practische Theologie, *Gasz*, 4. Kirchengeschichte - -.

V. Staatswissenschaftlich juristische Facultät, 1. Politik und Staatswissenschaft, Natur- und Völkerrecht, *Schmalz*, 2. Staatsrecht,

Schmalz, *Eichhorn*, 3. Römisches Recht, *Madihn*, *Meister*, 4. Canonisches Recht, *Madihn*, *Eichhorn*, 5. Teutsches Recht, *Schmalz*, *Eichhorn*, 6. Criminalrecht, *Klein*, *Meister*, 7. Preußisches Recht, *Klein*, 8. Practicum, *Schmalz*.

VI. Medicinische Facultät, 1. Anatomie, *Walter*, *Loder*, *Knape*, 2. Physiologie, *Loder*, *Augustin*, 3. Pathologie, *Hecker*, *Horn*, 4. Therapie, *Hufeland*, 5. Chirurgie, *Loder*, *Mursinna*, 6. Psychische Medicin - -, 7. *Materia medica*, *von Koenen*, 8. Medicinische Klinik, *Hufeland*, 9. Chirurgische Klinik, *Loder*, 10. Geburtshülfe, *Froriep*, 11. Thierarzneikunde, *Sieke*.

In den meisten Fällen hatte keine Universität glänzendere Männer und manche habe ich noch wohl übersehen: Nur für Kirchengeschichte wäre durchaus ein neuer Lehrer nothwendig, der Jurisprudenz und Geschichte wären noch Lehrer zu wünschen: mit der Zeit: so wie *Reil* für psychische Medicin zu wünschen wäre, und *Steffens* aus *Halle* für Naturphilosophie.

Ich glaube die Vortrefflichkeit dieser Universität an sich sei[3] über allen Zweifel. Die 7000 rth, welche Halle aus Schlesien hatte, die *vacanten* Besoldungen bei der Academie der Wissenschaften und der Universität Frankfurth reichen auch für alle Bedürfnisse hin; die genannten hiesigen Gelehrten sind auch wirklich alle bereit, ohne Besoldung, mit dem Titel Professor der Universität, sich vor der Hand allein belohnt zu halten. Die genannten Frankfurter kommen gern her; *Madihn*, *Eichhorn* u. *Weber* wünschen es sogar dringend. Die Hülfsanstalten Berlins, Bibliothek, *Observatorium*, botanischer Garten, physicalische chemische Apparate; Naturalien-Kabinett u. s. w. hätte keine Universität in gleicher Art.

Welch ein glänzender Ruhm für den Staat im ersten Augenblicke seiner Wiederherstellung ein so herrliches Institut für die Wissenschaften zu stiften. Es würde ihm die Stimme aller Schriftsteller u. so die öffentl. Meinung Teutschlands überall gewinnen.

Der große Nutzen für Wissenschaft, für die Nation, für die Finanzen des Staats, ist einleuchtend, während die Verbesserung Frankfurts doch unvollkommen bliebe, und den Staat für immer belastete, für manche Wissenschaft Gelehrte doppelt zu besolden, hier und in Frankfurth.

Die Gründe, welche man gegen eine Universität in Berlin angeführt hat, sind:

[3] *Im Original*: sie.

1. die Stadt Frankfurth verlöre einen Nahrungszweig, wenn sie die Universität verlöre, welcher ihr bei dem Verfalle ihrer Messe noch empfindlicher seyn würde.

2. in der Hauptstadt sei eine Universität nicht rathsam u. daher habe man immer die Universitäten in kleine Städte gelegt.
a) weil die Sittlichkeit der Jugend bei so manchem Reize der Verführung gefährdet werde,
b) weil die Gelegenheit zu Zerstreuungen den Fleiß unterbrechen werde,
c) weil das beständige Umgebenseyn mit dem practischen Leben das Leben für Theorie schwächen mögte,
d) weil der ärmere in der theuren Hauptstadt nicht werde leben können.

Ich dächte aber, 1. daß der Vortheil eines Orts nie ein Bestimmungsgrund seyn könne, entschiedene Vortheile des Ganzen aufzuheben. Auch Berlin wird jetzt viel verlieren. Die Universität würde den Fall des Häuserwerths in etwas [sic] aufhalten. So gewönne wenigstens Berlin, was Frankfurth verlöre, und das Ganze litte keinen Schaden. – Indessen sieht Frankfurth einer reichlichen Entschädigung entgegen, da die Weisheit der Regierung die Fesseln des Handels brechen wird. Die Zerstörung seines Handels ist ihm viel schädlicher gewesen, als die Verlegung der Universität seyn kann; die Herstellung desselben ist ihm also überwiegender Ersatz.

2. Ob eine Universität in großen oder kleinen Städten sich besser befinde; darüber glaube ich, kann niemand aus eigener Erfahrung ein Urtheil fällen so wie ich, der ich Director zweier Universitäten, einer in einer großen Stadt, *Koenigsberg*, der andern in einer kleinen, *Halle*, gewesen bin. Ich habe erfahren, wie sehr recht unsere Vorfahren hatten, Universitäten nur in Residenzen oder große Handelsstädte zu legen: Paris, Prag, Leipzig, Erfurt, Wien, Würzburg, Kiel, Wittenberg, Paderborn, Mainz, Trier, Cöln, Copenhagen, Königsberg und so viel andere (selbst Coimbra war ehemals die Residenz der Könige) waren Residenzen oder große Handelsstädte, u. als Frankfurth gestiftet wurde, war es die größeste Stadt der Kurmark. Erst im 17ten Jahrhundert, als der Geist der Teutschen und der ächten kräftigen Humanität zu verwehen anfing, legte man Universitäten in kleine Städte, entweder aus der kleinlichen Rücksicht, diesen Nahrungszweige zu geben, oder weil die regierenden Räthe die Gelehrten entfernten, um nicht höhere Einsichten in ihrer Nähe zu haben, oder weil die Eitelkeit

der Gelehrten das große Ansehn suchte, was ihnen in kleinen Städten als den Ersten dort im Range zu Theil wird.

Das liegt in der Natur der Sache, daß eine Universität in einer großen Stadt sich sehr viel besser befindet, als in einer kleinen.

Der Geist der Studirenden hängt vorzüglich von dem allgemeinen Geiste der Professoren ab. Auf einer Universität, die nur wenige Gelehrte oder geistvolle Männer hat, wenige, die den Eifer ihrer Zuhörer für Wissenschaft und Geistesbildung beleben können, wenige, welche das Ausland mit Achtung nennt, auf einer solchen Universität kann man nicht erwarten, daß der Geist der Wissenschaften immer mit gleicher Regsamkeit die Studirenden[4] beseele, wie etwa in Göttingen, wo man immer die Zahl berühmter Lehrer gleich zu erhalten wußte.[5] Wo aber Bibliothek und andere Hülfsanstalten minder gut sind, da kann das Zusammentreffen mehrerer ausgezeichneter Männer auch nur zufällig seyn. Halle z. B. hatte wohl von Zeit zu Zeit eine Anzahl solcher Männer, aber nie so ununterbrochen, wie sie sich jezt nach des Königs jüngster Vorsorge für jene Anstalten würden erhalten haben, oder wie Göttingen hatte, welches gerade seiner Bibliothek und Anstalten halber den Gelehrten stets anzog und den Ruf dahin so angenehm machte, selbst bei geringerer Besoldung.

Berlin hat schon jezt eine größere Anzahl Gelehrter fast in allen Fächern, als irgend eine teutsche Stadt. Seine Bibliothek, seine wissenschaftl. Anstalten aller Art sind reichlicher [?] und vortrefflicher, als auf irgend einer Universität, sie werden also immer auch einen Kreis solcher Männer hier bilden und erhalten. Wenn nun unter diesen Lehrern hier stets der Geist der Wissenschaft und Gelehrsamkeit lebendig wohnen wird: wie kann man zweifeln, daß solche Lehrer nicht auch der Jugend ihn einhauchen werden. a) Was die Sittlichkeit betrifft: so versicherten die Aerzte, daß in Halle stets 3/4. der Studenten mit schädlichen Krankheiten angesteckt wären: Ist das Uebel in Königsberg oder Berlin so arg? oder sollten im großen Königsberg so viel wie in Halle durch Trunk ihre Gesundheit, durch Schulden ihren Wohlstand zu Grunde richten?

Wer das Leben der Studenten kennt, der weiß, daß gerade in kleinen Städten häufige Verführungen und Gelegenheit zu größern Unsittlichkeiten sich darbieten. Es giebt dort keine Gelegenheiten zu sittlicher Erholung, welche Reitz hätten für Leute im ersten Feuer der Jugend.

[4] *Im Original*: Studirende.
[5] *Im Orginal*: wurde.

Ein Spatziergang genügt dem Studenten nicht, wie dem bejahrten Professor. In den Zirkeln der Familien und Gesellschaften der Stadt können nur wenige Zutritt haben. Auf sich beschränkt suchen sie nur unter sich Vergnügen und errichten Lotterien, in welchen die tollsten Vorschläge die vollkommensten sind. Daher die Trinkgelage, die Kränzchen und Orden, welche man ganz vergebens zu hindern sucht, daher grade die lauten allgemeinen Klagen über den Verfall der Sittlichkeit auf Universitäten, daher das rohe Wesen, das so oft leider das Gefühl für alles Edlere abstumpft. Wer kennt nicht das Herumstreifen auf benachbarte Dörfer und die groben Ausschweifungen dort. Es ist seltsam, daß Menschen, welche bisher immer geklagt haben, daß unsere Universitäten das Grab der Sittlichkeit wären, welche deshalb eilten, ihre Söhne nach 1 Jahr von der Universität zurück nach Berlin zu bringen, nun auf einmal so viel Gefahr für sie in Berlin fürchten. –

In der großen Stadt vereinigt sich alles, die Gefahren der Sittlichkeit für Studirende sehr viel geringer zu machen. Sind wohl die jungen *Officiere*, die jungen Kaufleute in Berlin unsittlicher, als in kleinen Städten? Sind die jungen Mediciner in Berlin unsittlicher als auf den Universitäten kleinerer Orte? Warum soll Berlin nicht für Mediciner, sondern blos für Theologen und Juristen gefährlich seyn? Die Theologen und Juristen selbst sind ja auf Berlins Gymnasien bis ins 19te Jahr, und sind dann im 22sten wieder da angestellt. – Warum sind die Berliner Gymnasien u. Seminarien, warum das medicinische Collegium, warum Berg-Academie, Bau-Academie, Lehranstalten für *Officiere* nicht gefährlich? Alle Zöglinge derselben sind gewiß wenigstens nicht ungesitteter, als die Studenten in Frankfurth u. Halle. Das ist auch sehr natürlich, weil 1. die Studenten an großen Orten sich weniger kennen. Wenn in Königsberg nicht die heillose Einrichtung der Freitische wäre, so würden dort sehr wenige Studenten sich kennen. Daß aber gerade die Bekanntschaften der Studenten unter sich es sind, was die Sittlichkeit gefährdet, das zeigt schon der Umstand, daß immer, je kleiner die Universität, desto zügelloser die Sitten sind. In Leipzig, Halle, Göttingen, ist nie das wüste schändliche Leben gewesen, was Lauchard von Gießen schildert. Von Andern wird der Student seltner verführt, als von Seinesgleichen. 2. Wer einen Sohn oder Mündel zur Universität schickt, der hat meist einen Freund in der Hauptstadt, dem er seinen Sohn empfiehlt. So findet der junge Mann theils einen Wächter und Ermahner, den er scheut, theils eine Gelegenheit zu anständiger Gesellschaft in Familien-Zirkeln, welche er

nicht gern verscherzt. Das zeigt sich darin, daß die Studenten, welche ihre Eltern am Orte haben, auf Universitäten, wie Königsberg und Leipzig, von den andern geachtet und gesucht werden, weil sie in Gesellschaften einführen können, dahingegen sie in kleinen Städten mit einem eigenen Spottnamen belegt und verachtet sind, weil sie nicht helfen [?], u. ihrer Familien wegen, die Ausschweifungen nicht mitmachen können. 3. In großen Städten hat der Student viel Gelegenheit zu anständigen Vergnügen, er wird dann so leicht nicht unanständige suchen. Ein halber Thaler ist zu Berlin doch besser im Schauspielhause als in Halle in der Dorfschenke für Merseburger Bier ausgegeben. In öffentl. Orten giebt der Student hier nicht den Ton an. Concerte sind gewiß besser, als Herumziehen auf der Straße, u. ein Ball, besser, als ein sogenannter Commersch.
b. In Ansehung des Fleißes habe ich die Erfahrung, daß er in Königsberg ungleich größer war, als in Halle, obwohl noch manche Einrichtungen der Univ. Königsberg ordentlich darauf berechnet scheinen den Fleiß zu lähmen, wohin ich das unentgeltl. *repetiren* u. die *collegia publica* rechne. – Indessen wen ein heil. Feuer für Wissenschaften erwärmt, der wird überall ihnen seinen Fleiß widmen. Wer für edleres Wissen durchaus kalt ist, der wird überall durch Müßiggang zu Grunde gehen. Nur für den lauen ist etwas zu bedenken, daß den Zerstreuung nicht kalt mache. Das geschieht aber gerade in kleinen Städten am gewissesten. (Warum zieht man die Berlinschen Gymnasien denen in kleinen Städten vor?) Eben der Umgang der Studenten unter einander ist der gefährliche Feind des Fleißes. Viele gehen den ganzen Tag müßig von einer Stube zur andern. Bei Tabak u. fadem Gespräch werden die Lehrstunden versäumt oder dem fleißigen selbst die Stunde häuslicher Beschäftigung durch die Pfeife oder das Rapier [?] seiner Bekannten geraubt. Wenn Abends ein Haufen die Straßen durchzieht, so wird der „Stuben-Sitzer“ zu ihren Excessen abgerufen u. wie wollte er widerstehen, in großen Städten kennen sie sich weniger, ihr Umgang ist nicht auf einander beschränkt, folglich besuchen, folglich stören sie sich weniger. Sie haben hier Vergnügen, welche sie mehr anziehen, als das Rauchen auf der Stube eines Bekannten. Eben weil der junge Mann in Königsberg auf den Abend einer anständigen Erholung gewiß war, eines Schauspiels, eines Concerts, einer Gesellschaft in angesehener Familie, eben darum besuchte er bei Tage die Vorlesungen ordentlich u. arbeitete ruhig zu Hause, während ihn in Halle lange Weile auf die Stube seines Freundes oder auf die Dörfer trieb. Er kommt auch in großen Städten in Zirkel, wäre es auch nur an

öffentl. Orten, wo er doch oft sieht, wie Kenntnisse geachtet werden in der Welt, während er in der kleinen Stadt nur unter Commilitonen kömmt, die nicht selten ihres Müßigganges, ihrer Unwissenheit sich rühmen u. alles Studiren als abgeschmackte Pedanterie, als Unkunde des Tons in der Welt verachten.
c, daß das Umgebenseyn vom practischen Leben, das Leben für Theorie ertödten solte, ist eine ganz ungegründete Furcht, da gerade das Gegentheil daraus hervorgehen wird. Ueberall geht der Geist u. die Art des Studirens von dem Geiste der Lehrer vornehmlich aus u. keine äußere Einwürkung arbeitet dem im Allgemeinen entgegen. Mit großer Freude erinnere ich mich, wie in Königsberg ehemals durch Kant und Pörschke der Geist des philosophischen Studiums erwachte. Metaphysik und Aestetik [sic] wurden mit großem Eifer von allen studirt u. hatten unter 300. Studenten dort mehr Zuhörer als in Halle bei 1000. u. mehr junge Gemüther, die davon ergriffen u. erweckt wurden. Die Abstractionen der speculativen Philosophie wurden durch das Geräusch des practischen Lebens der Staatsbeamten, des Militairs, des Handelsstandes nicht gestört. Oder glaubt man, es habe gegen das Studium der Theorie der Staatswirthschaft gleichgültig gemacht, das [sic] practische Cameralisten bei Kraus[6] Staatswirthschaft, oder bei Hagen Chemie so fleißig mit den Studenten hörten? In Halle habe ich weit mehr Mühe gehabt, das Studium eleganter u. philosophischer Jurisprudenz wieder zu beleben, als in Königsberg, weit mehr Mühe in Halle die Juristen in Wolfs Hörsaal für die Vorlesungen über römische Alterthümer zu bringen, als in Königsberg in die Hörsaele Mangelsdorfs oder Hassens, die doch als Lehrer Wolff bei weitem nicht erreichten. In kleinen Universitäts-Städten scheint der Examinator der wichtigste aller Gelehrten. Worüber der nicht fragt (u. das schreiben die Abgegangenen) das braucht man nicht. Von dem glücklichen, der sein Examen überstanden hat, von dem ahndet man nicht, daß er ja wegen Unwissenheit in Verlegenheit kommen könne. Routine scheint alles, worauf es am Ende ankomme. In größern Städten aber sieht man oft die practische Unwissenheit von theoretischer Einsicht gedemüthigt u. den unwissenden Geschäftsmann u. wäre er auch ein Rath, verachtet u. verlacht, u. sieht, daß es nicht auf Routine, sondern auf Kenntnisse ankomme, um mit Ehren ein Amt zu führen. Dazu kömmt, daß in kleinern Städten der Student als solcher alles gilt, in großen

[6] *Im Original:* Kranz; es kann sich hier jedoch nur um Christian Jakob Kraus (1753–1807) handeln!

Städten kann er nur durch Kenntnisse, wie durch Sittlichkeit, sich Achtung erwerben. Das practische Leben ist ihm in diesen eben darum fern, weil es ihm so nahe ist u. ist jenen eben darum nahe, weil es ihm so fern ist. Leipzig die große Handelsstadt ist gerade immer für das humanistische Studium dort so berühmt gewesen, im kleinen Wittenberg denkt niemand an etwas anderes, als an BrodStudium und Praxis. Der Zusammenfluß so vieler berühmter Gelehrter in Berlin (mehrere haben sich ja allein in Berlin gebildet,) der Schatz glänzender Hülfsanstalten u. die große Leichtigkeit, alles zu studiren, die kein kleiner Ort gewähren kann, sollte nicht den jungen Mann für Theorie reizen u. erwecken? Ja einen eigenen Vortheil gewährt es, daß Männer aller Stände hier schon Vorlesungen zu besuchen pflegen, wobei es diesen gerade nur auf die höhere Theorie ankömmt. Das Beispiel selbst würde also schon über blos kleinliche practische Ansicht erheben. Man fürchte auch nicht, daß dann eben darum die Vorlesungen für denkende Männer dem lernenden Jüngling weniger nutzbar seyn mögten, denn gerade das Höchste der Erkenntniß ergreift ihn am stärksten. – Dazu kommt noch ein eigener Vortheil: In kleinen Univ: Städten reißt oft ein ganz ungeschickter Lehrer Zuhörer auf einige Zeit an sich, eben durch die Plattheit seines Vortrages, weil man ihn gut nachschreiben kann u. er Gewäsch durch Possen u. Zoten zu heben weiß. Wie wären in Berlin solche heillose Kathederkünste möglich, wo der Lehrer unter den Augen des ganzen Publikums steht u. sein Ruf am Orte nicht blos von der Meinung unwissender junger Leute abhängt, wo die allgemeine Stimme sich bald gegen seine Erbärmlichkeit erheben würde.
d, daß dem Armen sein Aufenthalt in Berlin zu kostbar werden sollte, ist gar nicht zu befürchten: Lebensmittel sind in Halle nie wohlfeiler als in Berlin, u. wenn die Wohnung etwas theurer ist, so ist dagegen Feuerung sehr viel wohlfeiler. Hier wie in Königsberg wird Unterricht in guten Häusern dem Armen ein anständiges Auskommen oder Unterstützung gewähren, welches in kleinen Städten nicht möglich ist. Gerade dem Armen ist die größere Stadt vortheilhafter.
Thörigt ist es zu fürchten, daß die Entfernungen der Hörsaele in der großen Stadt nachtheilig wären. Sie sind es ja bis jezt für die Mediciner nicht. Die Lehrer würden hier, wie in Königsberg, ohngefähr in der Mitte der Stadt wohnen. Se. Majestät würden etwa das Prinz Heinrichsche Palais für 20. bis 24. Hörsaele einrichten zu lassen geruhen, wo die Lehrer lesen könnten, wenn sie in der Nähe keine Saele fänden, auch um ihnen die Miethen zu erleichtern, u. die Studenten werden dann von selbst *Logis* in der Nähe suchen. Die Polizei muß sorgen, was

sie ohnehin thun sollte, daß nicht lüderliche Häuser u. Freudenmädgen in der Mitte der Stadt, sondern nur in entlegenen Gegenden geduldet werden.
Für die Finanzen des Staats, für die Wissenschaften, für die Sittlichkeit, ist also eine Universität hier gerade das Erwünschteste. Ewig denkwürdig wird die Antwort seyn, die des Königs Majestät mir mündlich auf meinen Vorschlag dieserhalb gaben:

Der Staat muß durch geistige Kräfte ersetzen,
was er an physischen verloren hat.

Und was würde dies Institut hier für ein herrliches Centrum der Wissenschaft, der Kunst und der Teutschheit.

C. Ausgewählte Texte zu juristischen und politischen Themen

I. Über die Bildung zum Iustiz-Dienst auf den Preußischen Universitäten. Eine Rede zum Geburtstage des Königs 1794 im großen Hörsaale der Königsbergischen Universität gehalten von D. Theodor Schmalz, d. Z. Rector der Universität u. Decan der juristischen Facultät, Königsberg 1795.

Jedes vaterländische Fest muß dem Freunde des Vaterlandes heilig und in der Erinnerung an das Glück, welches er ihm dankt, eine kräftige Ermunterung seyn, ihm die unerschütterlichste Treue und rastlose Thätigkeit zu widmen. Welcher Tag aber könnte für Preußen festlicher seyn, als dieser, welcher uns einst unsern Monarchen und Ihm heute ein neues Jahr Seines *Lebens* gab? In den Unruhen, welche Europa erschüttern und selbst unsre Grenzen berühren, dürfen wir noch unsers Königs und durch Ihn unsrer Ruhe und Freiheit uns freuen. Wer wollte heute sich Seiner nicht wärmer erinnern, und der Vorsehung inniger danken, daß sie Ihn in den Gefahren des Krieges schützend erhielt, Ihn, dem sie unter den Königen die schwerste Rolle zutheilte, die, der Nachfolger Friedrichs zu seyn, Ihn, den Gerechtigkeit und Güte, den jede kriegerische und jede bürgerliche Tugend krönt.

Aber das Fest unsers Königs mit Lobreden feyern, würde ein Verrath an dem Ruhme dieser Tugenden seyn. Lobreden auf lebende Könige hat die heuchelnde Sclaverey auch Despoten dargebracht. Unserm Könige sey nur das Opfer geweihet, welches, Seiner und unsrer würdig, allein Seinem Herzen gefallen kann, nemlich Erfüllung unsrer Pflichten gegen den Staat.

So möchte auch ich dann heute über einen Gegenstand reden, welcher den Dienst des Vaterlandes nahe betrifft, und welchen die Pflicht meines Amtes mir nahe an das Herz legt. An Sie vorzüglich möchte ich mich wenden, theuerste Commilitonen, und mit Ihnen über die Bildung zur Ausübung der Pflichten reden, welche einem großen Theil von Ihnen sein künftiger Beruf auflegen wird. Ich wünsche allein Sie zu überzeugen und will deshalb selbst das Bestreben beredt zu erscheinen vermeiden. Aber möchten Sie, indem ich kalt zu Ihrem Verstande rede, mein volles Herz nicht verkennen, welches durch diese

Überzeugung Sie zum thätigsten Eifer für die erkannte Wahrheit zu entflammen wünschte. Der feste Entschluß dieser Wahrheit allein die Richtschnur Ihrer Arbeiten seyn zu lassen, dieser Entschluß ist die würdigste Feyer, durch welche Sie das heutige National-Fest heiligen können.

Die Bestimmung des jungen Rechtsgelehrten auf der Universität ist überhaupt sich für den bürgerlichen Dienst des Vaterlandes vorzubereiten. Dieser Dienst zerfällt seiner Natur nach und durch die Verfassung der Staaten in vier verschiedene Zweige, nemlich, die auswärtigen Angelegenheiten, das Finanzwesen, die Polizey und die Rechtspflege. Selten kann der junge Rechtsgelehrte mit völliger Gewißheit vorher wissen, in welches dieser Fächer ihn dereinst sein Beruf für den Dienst des Königs führen werde. Aber auch wenn er dessen gewiß seyn könnte, so erforderte doch jeder einzelne Zweig, zwar seine besondre, aber dennoch auch genauere Kenntnisse aller übrigen. Der Verwalter des öffentlichen Vermögens kann ohne genaue Kenntniß der bürgerlichen Rechte nicht einmal die Verträge mit Sicherheit schließen, durch welche er dieß Vermögen erhalten oder vermehren soll. Der Anwald, obgleich allein zur bürgerlichen Rechtspflege verbunden, bedarf einer nicht oberflächlichen Kenntniß der Verfassung selbst fremder Staaten, wenn er die Sache seines Mitbürgers im Auslande führen, oder für Unternehmungen dort ihm rathen soll. Kurz alle Wissenschaften überhaupt sind durch ein unzertrennbares Band ewig fest an einander geknüpft, so daß keine ohne die andre fortschreiten, keine ohne Nachtheil aller übrigen zurückbleiben kann; wie sollten dann die, welche auf Einen Gegenstand sich gemeinschaftlich beziehen, wie die, welche den Staat und seinen bürgerlichen Dienst betreffen, einzeln und für sich verstanden und eingesehen werden können? In der Maschiene des Staats kann nur von dem ein Rad mit Sicherheit in Bewegung gesezt oder erhalten werden, welcher weis wie alle übrigen in einander greiffen. Alle jene genannten Zweige der Staatskunde, machen zusammen nur ein Ganzes aus. Kenntniß des einen ohne Kenntniß der übrigen ist dürftig, unfruchtbar und oberflächlich. Wer demnach einen derselben von seinem Studium als Rechtsgelehrter ganz ausschliesset, unter dem Vorwande, als sey er ihm entbehrlich, der borgt für seine Unthätigkeit einen elenden Schleyer. Niemand überhaupt hält eine Wissenschaft für entbehrlich, als wer gar keine Wissenschaft hat.

Aber ich will hier nicht von dem ganzen Umfange des Rechts-Studiums reden, sondern allein auf das bürgerliche Recht mich einschränken. Denn bey der merkwürdigen Begebenheit, wodurch neulich zum Glück unsers Vaterlandes und zum neuen Glanz wahrer juristischer Wissenschaft unsre Gesetze geordnet sind, scheint mir der künftige Civil-Rechtsgelehrte einer besondern Anleitung zur weisen Ordnung in seiner Ausbildung zu bedürfen, damit nicht jugendlicher Leichtsinn von dem Reiz der Unthätigkeit verführt, die Kenntnisse vernachlässige, welche den Rechtsgelehrten bilden, und damit nicht durch Vernachlässigung aller humanistischen Kenntnisse rohe Barbarey über eine große Classe von Menschen komme, welche bis jezt wenigstens durch Sorge um Brodt an Wissenschaft und Humanität geknüpft werde. Es würde aber zu weit führen, hier überall die Kenntnisse aufzuzählen, welche den Rechtsgelehrten bilden sollten, oder die Art zu entwickeln, wie alte Litteratur, wie Naturkunde und Mathematik, wie die Theorie der schönen Wissenschaften und Künste nicht blos dem Menschen überhaupt, sondern auch insbesondere dem Rechtsgelehrten den Geist geben, durch den allein Arbeiten für das Ganze gelingen. Ich will mich allein auf das einschränken, was unmittelbar das Studium des bürgerlichen Rechts betrifft, und dabey vor allem nur auf das Rücksicht nehmen, was nach meiner Erfahrung *unter uns* von den meisten übersehen wird.

Die Wissenschaften überhaupt sollen den Verstand aufhellen, die Urtheilskraft schärfen, und das Herz durch die Hinsicht auf das Große über die Kleinlichkeiten des eignen Interesses erheben. Wer durch diejenige, welcher er sich widmete nicht weiser wird, hat seine Zeit verlohren; er hat die Wissenschaft nur erlernt, nicht studiert. Woher kam es aber, daß man allein der Rechtsgelehrsamkeit so oft den Vorwurf machte, daß sie nur das Gedächtniß anfülle und den Verstand in eben dem Maaße abstumpfe? Unstreitig nur daher, weil man meist nur die Erlernung positiver Verordnungen und Formeln und ein Gemisch von Erklärungs-Sätzen und Distinctionen in einer barbarischen Terminologie für die Rechtswissenschaft hielt, und weil oft diejenigen, die sich ihr widmeten, glaubten, sie hätten nichts zu thun, als damit ihr Gedächtniß anzufüllen. Gleichwohl hätte die gemeinste Erfahrung sie lehren sollen, daß nicht der der nützlichste Diener des Staates sey, welcher damit sein Gedächtniß am meisten angefüllt, sondern der, welcher durch eine wahre Gelehrsamkeit seine Urtheilskraft am meisten geschärft und geübt hat. Tausendfaches Unrecht geschieht durch jener Menschen Stumpfheit, selbst wider ihren Willen. Denn die übrigen Seelenkräfte erschlaffen, wenn man sie vernachlässigt und allein für das Gedächtniß arbeitet.

Da es die Bestimmung des Richters ist zu urtheilen: so muß es doch einleuchten, daß Übung der Urtheilskraft das Wesentlichste seiner Bildung ist. Freylich soll sein Gedächtniß die positiven Gesetze fassen und bewahren, aber nicht um sie gefaßt zu haben, sondern um nach ihnen zu urtheilen. Dafür üben, das kann nur wahre Rechtsgelehrsamkeit. Denn diese besteht darin, daß sie den Geist, das ist, die Absichten und Gründe der Gesetze uns lehre, daß sie uns lehre, wie im System des Staats und der Gesetzgebung ein Theil an den andern passe, wie entweder die Natur des Menschen oder der Character und die Geschichte der Völker Rechtsverhältnisse hervorbrachte, und wie die mannigfaltigen Bedürfnisse des Staats und des bürgerlichen Lebens mannigfaltige Bestimmungen für sie nothwendig machten. Eine solche Wissenschaft kann dem Verstande Nahrung und dem Staat nützliche Diener geben; sie kann, wie ihre Schwestern, dem[1] Geist Vergnügen und Bildung gewähren, die Urtheilskraft schärfen, und sie allein kann die richtige Lenkerin würklicher Geschäfte seyn.

Aber damit Rechtsgelehrsamkeit eine solche Wissenschaft werde, muß die Gesetzkunde von der Hand der Philosophie und der Geschichte geleitet werden.

Philosophie war es, die die Ulpiane, die Paulus und überall jene Rechtsgelehrte des alten Roms bildete, welche durch die königliche Gewalt der Vernunft Gesetzgeber aller Iahrhunderte wurden. Sie schärft den Blick des weisen Gesetzgebers in das Innere des Menschen und seines Interesses, und sie leitet den Geist des Richters den Gesichtspunkt des Gesetzgebers zu finden, seine Weisheit zu fassen und anzuwenden. Sie zerstreut vor dem Richterstuhle die Nebel der Chicane durch den Sonnenstrahl der Wahrheit, und giebt dem Studium selbst dem todten Buchstaben des Gesetzes Geist und Leben.

Und die Geschichte? Wo sie nicht ihre Fackel vorträgt, da irren wir im Finstern. Die Umstände unter welchen ein Gesetz gegeben wurde, können allein seinen Sinn aufschliessen. Und noch mehr, die Rechtsgelehrsamkeit besteht nicht blos in der Kenntniß der positiven Gesetze über die Rechtsverhältnisse, sondern hauptsächlich in der Kenntniß des Wesens und der Beschaffenheit dieser Verhältnisse selbst. Diese können aber nur dann richtig eingesehen werden, wenn wir wissen, wie sie entstanden, wie sie sich entwickelten, wie sie in ihre gegenwärtige Lage kamen. Unkunde der Geschichte zum Beyspiel ist die

[1] *Im Original*: den Geist.

Quelle der schiefen Urtheile, welche wir itzt so oft über den Unterschied der Stände fällen hören. Wie mag nun der Richter die Gesetze über diesen Unterschied vernünftig anwenden, wenn er das Wesen desselben nicht kennet?

Philosophie und Geschichte also führe Sie, theuerste Commilitonen, in den Tempel der Gerechtigkeit ein. Glauben Sie aber nicht, daß Ihr jugendliches Alter dem Studium dieser Wissenschaften weniger angemessen sey. Es ist vielmehr das einzige geschickte, das Studium derselben anzufangen. Die Seele verliehrt, wie der Cörper, die Geschmeidigkeit, wenn Iahre kommen und die Sorgen des Lebens und der Geschäfte. Derjenige, welcher vor erst die Verordnungen der Gesetze so trocken und roh sich ins Gedächtniß prägen, und dann nachher erst ihren Geist zu studieren meinte, der würde dem gleich seyn, welcher um die Geschichte zu studieren erst die Namen aller, welche sie aufzeichnet, auswendig lernen, und dann das Studium der Begebenheiten und ihres Zusammenhanges auf eine bequemere Zeit verschieben wollte.

Sorgfältiges Studium der Geschichte und der Philosophie muß auch dem Studium des bürgerlichen Rechts um deswillen vorangehen, weil das Natur-Recht, als die Grundlage alles Rechts ganz unerlaßlich den Anfang alles eigentlichen juristischen wahren Studiums machen muß. Die Gründe dafür sind sehr einfach:*

Der Mensch, wenn er in diese Welt gebohren wird, bringt nichts mit sich, als allein das heilige und unverlierbare Recht der Menschheit, nemlich das Recht, daß niemand seine Person verletzen, daß niemand überall wider seinen Wollen etwas zu thun oder zu unterlassen, zu handeln oder zu leiden ihn bestimmen, daß niemand endlich in den Gebrauch der sinnlichen Dinge umher, und seines auf alle diese Rechte gegründeten Eigenthums ihn einschränken dürfe. Diese Rechte alle, wie die aus ihnen fliessende Heiligkeit der Verträge, werden nicht erst durch den Staat eingeführt, sondern liegen in der vernünftigen Natur der Menschen. Weil aber tausendfache Gefahren von Unfällen der

* Mancher junge Mann hat dem Verfasser dagegen den Einwurf gemacht: ob nicht das Studium der positiven Rechte sich besser an das Schul-Studium anschlösse? Allein, wenn es dies thut, so ist das gerade der Beweis, daß es auf eine sehr ungelehrte, mechanische Weise getrieben werde. Wer schon durch allgemeine gelehrte Kenntnisse vorbereitet und gebildet zu dem Studium seiner Brodtwissenschaft kömmt, wird ja einen Lehrer in dieser selbst besser und richtiger verstehen, ja selbst beurtheilen können. Er kann sie also gründlicher studiren, und von diesem gründlicherem Studieren, ist ja allein die Rede.

Natur und noch mehrere von der Bosheit ihrer eignen Brüder der Menschen Rechte bedrohen: so vereinigen sie sich in Staaten, um durch einen mächtigen Schutz jeden[2] einzelnen zu sichern. Die Gesetzgebende Gewalt dieses Staats nun fängt an durch ihre Verordnungen die Mittel zu dieser Sicherheit zu bestimmen. Ia, alle ihre Verordnungen können und dürfen nach der Natur und dem Zweck des Staates keine andere Absicht haben, als die Ur-Rechte der Menschen zu sichern. Die Kenntniß dieser Gesetze, oder das positive Recht, zeigt uns also blos die Mittel, wie jene von der Natur gegebenen Rechte gesichert werden sollen. Das Natur-Recht verhält sich also zum positiven wie der Zweck und die Mittel. Niemand kann zweifeln, daß man nicht jenen früher kennen müsse, als diese. Ich berufe mich nicht einmal darauf, daß selbst der Unterricht im positiven Recht mit der Entwicklung der Begriffe von Recht und Pflicht, Gesetz und Gesetzgeber anfange, – – – bloß Begriffe des natürlichen Rechts.

Die Ur-Rechte der Menschheit sind also die Grundlage der ganzen Rechtswissenschaft und der einzige höchste Zweck ihres Umfanges. Die positiven Mittel sie zu sichern, das ist, die positiven Rechte jeder Nation, entwickeln sich überall erst mit der Cultur derselben. Wenig sind ihrer im ersten Zeitalter der patriarchalischen Einfalt der Sitten und der Barbarey. Sie mehren sich, wenn Luxus und Cultur sich gegenseitig einführen; und im Flor eines gebildeten Volks, werden sie allemal Gegenstand einer eignen Wissenschaft werden. Die Menge nicht blos, sondern noch mehr der ganz verschiedne Geist der zu verschiednen Zeiten, zu ganz verschiednen Zwecken gegebenen Gesetze, welche oft weder mit einander übereinstimmen, noch auch eigentlich sich einander aufheben, macht dann eine Sammlung und Ordnung derselben bald nothwendig.

Unser Vaterland hat also in diesem Iahre eine Begebenheit erlebt, welche schon an sich in der Geschichte eines jeden Volks denkwürdig ist. Aber die Art, wie unser neues Civil-Gesetzbuch entstand, und die Zeit in welcher es entstand, werden es in der Geschichte der Menschheit selbst zu einer der merkwürdigsten Erscheinungen machen.

In keinem Iahrhundert war die Philosophie, insbesondre die verschiedenen Theile der practischen Philosophie so aufgeklärt, als in dem itzigen. Die Grundsätze der Politik waren in keinem so auf der Waagschaale der Philosophie geprüft, als in dem itzigen. Überdem

[2] *Im Original*: jedem.

noch, was wir vor allen Völkern des Alterthums, welche eine Gesetz-Sammlung veranstalteten, ja selbst vor den Römern voraus hatten, ist dies: drey ganz verschiedene Rechte, das römische, das canonische, das teutsche waren durch eine große Zahl der gelehrtesten Erklärer erläutert, in philosophische Systeme geordnet, und auch durch eine zahllose Menge gesammelter, nach ihnen mit tiefem[3] Scharfsinn entschiedener Rechtsfälle ihre Anwendung entwickelt. Welch ein Unterschied also zwischen dem Zeitalter Tribonians und dem Zeitalter Carmers! Und welch ein Unterschied in der Art, wie dieses Gesetzbuch entstand, vor allen andern! Kein Despot dictirte diese Gesetze, keine Rotte verschworener Dämagogen decretirte sie in der Empörung eines rasenden Pöbels. Männer, im Schooß der Philosophie genährt und in gerichtlichen Geschäften geprüft, entwarfen den Plan. Die ersten Männer des Landes und des Auslandes wurden durch ehrenvolle Belohnung aufgefordert, sie zu prüfen. Dann wurden sie auf Friedrich Wilhelms Befehl, den Ständen seines Landes, den Vorsprechern seines Volks, auch den obersten Verwaltern der Gesetze in den Provinzen zu ihrer Prüfung vorgelegt. Unser Gesetzbuch kann also als das Resultat der Philosophie und der Aufklärung unsers Zeitalters angesehn werden.

Aber schon darum wird man leicht begreifen, daß das Studium dieses Gesetzbuchs wahrlich nicht Unthätigkeit und Unwissenheit begünstigen könne. Man mag den Buchstaben des Gesetzes leicht fassen; ihren Geist zu fassen erfordert viel Gelehrsamkeit, viel Aufklärung, also tiefes Studium. Ieder Bürger kann freylich unsre Gesetze in vaterländischer Sprache lesen, und er soll sie kennen, so weit sie auf ihn Einfluß haben. Aber eine ganz andre Kenntniß der Gesetze erfordert der Staat von dem Bürger und eine ganz andre von dem Beamten, dem er die Verwaltung der Gerechtigkeit anvertraut. Etwas anders ist es Gesetze kennen um nach ihnen zu handeln und etwas anders, die Gesetze kennen um die Handlungen andrer darnach zu richten.

Was aber zur wirklich wissenschaftlichen Kenntniß der Gesetze führen könne, das wird leicht die folgende Übersicht der eigentlichen Lage unsrer bürgerlichen Rechtsverhältnisse zeigen:

Die Vorfahren, der von teutschen Stämmen gegründeten Völker in Europa, ehrten, ehe sie in die römischen[4] Provinzen einstürmten, nur

[3] *Im Original*: tiefen.
[4] *Im Original*: römische.

sehr einfache Gewohnheits-Rechte statt der Gesetze. Denn sie waren eben erst aus der äussersten Wildheit roher Natur zum Ackerbau übergegangen, und kannten noch nicht einmal die anspruchslose Mutter aller Künste und Wissenschaften, die Schreibkunst. In die eroberten Provinzen Roms brachten sie Barbarey, vor welcher Künste und Wissenschaften, Handel und die Gewerbe der friedlichen Cultur flohen. Daher gab es dann wenige Berührungs-Puncte unter den Menschen, und sie bedurften weniger Gesetze, ausser denen, welche Strafen auf die zerstöhrendsten und gröbsten Verbrechen setzten. Als aber die Morgenröthe der Cultur über Europa wieder herauf stieg: so weckte sie Wissenschaften, Handel und Kunstfleiß jeder Art aus dem Schlafe. Allenthalben breitete sich mit dem werdenden Tage Leben und Thätigkeit aus. Die Menschen mehrten sich, ihre Bedürfnisse mehrten sich. Der[5] lebhaftere Verkehr knüpfte tausend neue Verhältnisse, und neue bisher unbekannte Arten von Verträgen, und daraus entstanden dann zugleich neue bisher unbekannte Streitigkeiten. Die alten Rechtsregeln, so einfach weise sie für die alte Gestalt der Dinge waren, so sehr sie auch in dem Verhältniß, welche noch fortdauerten sich wirklich häufig erhielten: gaben doch keine Auskunft in den neuen Verwicklungen. Man bedurfte neuer Gesetze. Aber gerade in der Zeit dieses Bedürfnisses brach auch mit Carls des Großen Tode die schöne Laufbahn einheimischer Gesetzgebung ab, welche vorzüglich seine Capitularien so glorreich eröfnet hatten. Denn allenthalben empörte sich itzt das Faustrecht, und in dem Gewühl seiner Fehden wurde die Stimme der Gesetzgebung nicht gehört. Sie schwieg endlich unter den Waffen, weil ihre Hand nicht würken konnte.

Ein glückliches Loos war es, daß grade in diesem Bedürfniß neuer Gesetze und beym Mangel aller Gesetzgebung, zwey Rechts-Systeme in Italien anfiengen, wissentschaftlich bearbeitet zu werden. Freylich eine noch sehr dürftige Bearbeitung durch scholastische Philosophie ohne Rücksicht auf Geschichte. Aber doch durch den Schimmer einer wissenschaftlichen Eleganz unterstüzt, breiteten die Schüler bononischer Lehrer jene Rechtssysteme über Europa aus.

Zuerst das alte Recht der Römer, nach der Iustinianischen Sammlung. Ausser dem innern Werth dieser durch eine Erfahrung von zwölf Iahrhunderten geläuterten Gesetze, (wenigstens schien das so) kam der willigen Annahme derselben vornehmlich das zu Statten, daß unsre Vorfahren dem Volk, von dem es kam, so wie ihre wissenschaft-

[5] *Im Original*: Das

liche Sprache, so ihre Religion, ihre Wissenschaften und überall die Art ihrer Cultur verdankten. Um so passender mußte es auf ein großes Theil der Verhältnisse seyn, deren Neuheit gerade das Bedürfniß vollständiger Gesetze unsern Vorfahren fühlbar machte. Also entlehnten in einigen Ländern Europa's die Gesetzgeber ihre Verordnungen aus diesem Rechte, andre Völker, unter denen auch die Teutschen, nahmen es in den Gerichten sogar gleich einer förmlichen Vorschrift des einheimischen Gesetzgebers an.

Noch leichter war der Sieg des canonischen Rechts. Eine Macht, welche ganz Europa in eine alleinige Kirche vereinte und beherrschte, gab es, unterstützte es. Die Herrschsucht der geistlichen Gewalt ließ sie zwar oft die Schranken der kirchlichen Rechte überschreiten und in die Rechte der weltlichen Gesetzgebung eingreifen. Aber es war doch auch die Kirche, welcher man hauptsächlich die Cultur und ihre Erhaltung, auch die Erhaltung einiger Ordnung in dem Chaos der Barbarey und der ewigen Befehdungen und Empörung verdankte, und die meisten ihrer Gesetze, die ihr Ansehen über die Grenzen der Kirche hinaus erheben, waren dem Bedürfniß des Iahrhunderts und nicht selten dem wahren Bedürfniß der Menschheit und der Moralität angemessen.

Aber obgleich diese fremden Rechte vorzüglich unter dem Glanz der Gelehrsamkeit, der Neuheit und Aufklärung allenthalben mächtig eindrangen, ob man gleich der ehrwürdigen vaterländischen Rechte, als Einfalt und Vorurtheil sich schämte: so konnte dann doch die Gelehrsamkeit nicht ganz die alte Weisheit und die Spitzfindigkeiten Roms nicht ganz die alte Redlichkeit verdrängen. Auch waren manche Rechtsverhältnisse, welche Rom nicht gekannt, und welche fest in die Verfassung oder die Sitten verwebt waren. Viele dieser Gewohnheiten erhielten sich fest also gegen die Gewalt der hereinstürmenden fremden Rechte, und bestehen bis auf den heutigen Tag.

So bildete sich dann das bürgerliche Recht der christlichen Länder Europa's allenthalben gleich, weil es allenthalben aus einerley Quellen entstand, nemlich aus den fremden Rechten des alten und des neuen Roms und dann aus den väterlichen Sitten und Gewohnheiten Teutschlandes.

Also drey Rechts-Systeme von ganz verschiedenem und meist entgegengesetztem Geist. Iedes war in seinem innern in manche Unbestimmtheit und Zweydeutigkeit verflochten und alle drey stritten fast in allen Theilen mit einander. Gleichwohl gaben alle drey, das römische Recht so wohl, als das canonische, als die beybehaltenen teutschen

Gewohnheits-Rechte die Norm der Entscheidung in den Gerichten. Aber nachdem vor drey hundert Iahren den Ländern ihre innere Ruhe und den Regierungen ihre Gewalt gesichert waren: bemüheten sich alle Staaten auf mancherley Art jene Verwicklungen der Rechte zu ordnen. Anfangs entwarf man in allen Ländern eigne Gesetzbücher, unter dem Namen Landrechte, Gerichtsordnungen und andren, um die Streitigkeiten zwischen den drey Rechtssystemen unter einander, und den Gesetzen jedes einzelnen von ihnen aufzuheben, sie zu bestimmen und zu ergänzen. Allein theils wurden nachher mehrere Mängel von Zeit zu Zeit aufgefunden, theils waren durch diese Landrechte selbst neue Schwierigkeiten durch Unbestimmtheit und Misdeutungen entstanden. Daher überströmte gleichsam alle Länder seit diesem Iahrhundert eine zahllose Menge von Verordnungen welche das Übel heben sollten und es verschlimmerten. Da die eine Verordnung oft ohne Rücksicht auf das System, aus welchem die andern geflossen waren, gegeben worden, da zu verschiedenen Zeiten, bey verschiedenen Veranlassungen nicht selten ein ganz verschiedener Geist sie dictirte: so waren häufig Widersprüche unter ihnen unvermeidlich. Ihre Zahl selbst machte eine neue Schwierigkeit. Zu vielen Bänden gesammlet erforderten sie ein eignes Studium und dennoch lagen viele in den Archiven begraben, und selbst dem Geschäftsmanne oft unbekannt.

Dadurch war die Anwendung des römischen, canonischen und gemeinen teutschen Rechts in viele Schwierigkeiten verflochten. Iene kaum aus dem Strome der alten Glossen gerettet, ertranken in dem Meere der Edicte.

In dieser Lage der Dinge erschien das neue Gesetzbuch. Seine Absicht war nicht Zerstöhrung, sondern Erhaltung, nicht eine neue Schöpfung, sondern Anordnung dessen was war. In einer cultivirten Nation kann auch eine allgemeine Abschaffung ihrer bisherigen, und Einführung gänzlich neuer Rechtsverhältnisse und Gesetze nicht Statt haben, ohne gänzliche Zerrüttung aller öffentlichen Sicherheit und alles Privat-Wohlstandes. So sollte dann unser Gesetzbuch die Verhältnisse des Bürgers nicht im Staate, nicht in der Familie umändern, sondern nur die Rechts-Sätze über sie ordnen. Ia, in Absicht dieser bisherigen Rechts-Sätze selbst, sollte nicht Neuerungs-Sucht verwerfen und aufstellen, sondern die alten sammeln, ihnen allen einen Geist einhauchen, ihre Unbestimmtheit, ihre Widersprüche heben und ihre Mängel ergänzen.

Hieraus ergiebt sich von selbst, was das Studium dieses Gesetzbuchs erfordre. Der junge Rechtsgelehrte komme zur Universität eingeweiht in die Kenntnisse der Sprachen und des Alterthums. Er erweitere diese in dem ersten seiner academischen Iahre, indem er zugleich durch die Wissenschaften, welche den Menschen, den Gelehrten überhaupt bilden, seinen Geist aufklärt, Physik, Mathematik, Geschichte und Philosophie. Diese erfordert nicht mehr Denkkraft als die Rechtsgelehrsamkeit, nicht mehr, als man von den Iahren der Iugend erfordern kann, sondern sie bereiten den Geist vor zum wissenschaftlichen Denken, und dieß, nicht bloßes Lernen, bildet den Richter. Auch fürchte man nicht, daß die Rechtsgelehrsamkeit (eine nach meiner Erfahrung nicht ungewöhnliche Furcht) demjenigen dürre und trokken scheinen möge, der durch das Studium der Philosophie und Geschichte seinen Geschmack gleichsam verzärtelt hätte. Wahrlich, nicht die Rechtsgelehrsamkeit ist dürre, sondern ihre falsche, ungelehrte, durch Barbarismus nur gelehrt scheinen wollende und unnütze Behandlung ist dürre. Wie sollte Philosophie und Geschichte von ihr entwöhnen, da sie selbst nichts, als Philosophie und Geschichte der bürgerlichen und menschlichen Verhältnisse ist?

Hierauf beginne dann der junge Rechsgelehrte seine eigentliche juristische Laufbahn vor allem mit dem Studium des Naturrechts. Die Geschichte des Staats vereint mit dem Natur-Recht giebt uns über die Hälfte seiner positiven Gesetze. Der Mensch ist eher Mensch als Bürger, die bürgerlichen Gesetze können sich also nur auf die natürlichen beziehen, auf sie sich gründen. Auch soll der künftige Richter dereinst nicht Rechts-Sätze hersagen, sondern nach ihnen urtheilen. Daher muß frühe Ausbildung der Urtheilskraft ihm die angelegentlichste Sorge seyn. Welche Übung könnte aber für den, welcher einst Fälle nach den Gesetzen beurtheilen soll, zweckmässiger seyn, als bey dem Erlernen der positiven Gesetze, ihre Zwecke, ihre Beziehung auf die Natur des Menschen und des Staats zu studieren? Das positive Recht fordert so viel von unserem Gedächtniß; und was wird unser Gedächtniß leichter fassen, Gesetze, die wir ihm nackt vorhalten, oder Gesetze deren Weisheit wir aus den ewigen Regeln des Rechts eingesehen haben?

Nach dem das Recht der Natur die Begriffe von Recht und Pflicht, vom Staat und positiven Gesetz überhaupt gebildet hat, so ist für den künftigen Iustizbeamten auch in den preussischen Staaten, das Studium des gemeinen Rechts unerlaßlich. Ich übergehe es, daß in den nächsten dreissig Iahren ohnehin sie noch immer ihren Gebrauch behalten, bis nemlich alle die Klagen verjährt seyn werden, die durch Thatsachen vor dem Einführungstage des allgemeinen Land-Rechts gegründet sind. Ich übergehe, daß das canonische Recht noch immer für ein großes Theil unserer Mitbürger Regel ihrer kirchlichen Verhältnisse bleibt, daß unsre Verbindungen mit Ausländern auch die Kenntniß der andern Theile des gemeinen Rechts nothwendig machen werde. Aber wenn auch durchaus alle unmittelbare Anwendung jener Rechte in den Geschäften des Lebens und der Gerichte hinwegfiele; so würde dennoch das Studium derselben so nothwendig bleiben, als die englischen, dänischen und schwedischen Rechtsgelehrten, in deren Gerichten sie doch nie unmittelbare Anwendung hatten, sie für sich nothwendig hielten. Das was ist, läßet sich nur aus dem erklären was war, und der gegenwärtige Zustand aus den vorhergegangenen. Da nun unser Gesetzbuch nicht die bisherigen Rechtsverhältnisse und Gesetze aufhebt, sondern nur ordnet, da es in seinen Grundlagen allein aus jenen gemeinen Rechten geschöpft ist; so müssen wir stets diese seine Quellen sorgfältig studieren. Wie kann man sie itzt für unnöthig halten? Wie, da doch Iustinians Gesetze allein bisher noch galten, haben wir nicht gleichwohl auch die alten von Iustinian verdrängten ältern Gesetze Roms studiert? Schien uns nicht mit Recht Bachs Geschichte des Rechts eben so nothwendig als Stryks heutiger Gebrauch der Iustinianeischen Sammlung? Wenn uns aber die Kenntniß der zwölf Tafeln zur Kenntniß des Iustinianeischen Rechts nothwendig schien, wie können uns die Pandecten zur Kenntniß und zum Verstande des Gesetzbuchs Friedrich Wilhelms überflüssig scheinen? So also wie sich bisher das altrömische Recht zum Iustinianeischen so verhalten sich itzt das römische, canonische und allgemeine teutsche zum neuen Preussischen Recht.

Theuerste Commilitonen, folgen Sie diesem Plan, den die Natur der Dinge Ihnen zur wahren Gelehrsamkeit vorzeichnet. Kommen Sie so vorbereitet zum Studium der vaterländischen Gesetze. Das Vaterland fordert viel von Ihnen, Sie können nicht durch Auswendiglernen diese Forderungen befriedigen. Das Glück ihrer Mitbürger ruht einst in ihrer Hand. Man kann Menschen-Wohl nicht mit einem kalten Gedächtniß befördern, sondern nur mit hellem Verstande und mit warmen Herzen.

Wäre es mir gelungen Sie zu überzeugen, so würde ich glauben dem Feste unsers theuren Königs und dem Vaterlande, ein würdiges Opfer gebracht zu haben.

Ihn aber den Vater des Vaterlandes erhalte der Gott über die Könige. Er führe ihn mit Sieg und Ruhm gekrönt in die Wohnungen des Friedens zurück.

Er gebe unserm Lande Friede und Heil, beschütze mit Gnade die erlauchten Beschützer unsrer Universität, und lasse sie selbst dem Lande und dem Auslande viele würdige Männer erziehen, Freunde unsrer heiligen Religion und des Vaterlandes, und Kenner jeder nützlichen Wissenschaft.

II. Ueber bürgerliche Freyheit. Eine Rede am Geburtstagsfeste Sr. Majestät des Königs am 3ten August 1804 im großen Hörsaale der Friedrichsuniversität vom Geheimen Rath Schmalz zu Halle, Halle 1804.

Wir sind hier versammelt für die Feyer eines Festes, welches durch alles, was uns theuer seyn muß, geheiligt wird. Das Vaterland feyert den Tag, der uns einen König gab, welcher mitten in den Stürmen des ganzen Europa unsre Ruhe erhielt, und unter den Zerrüttungen um uns her in unsern Staaten neue Ordnung schuf und gründete. Die Menschheit feyert den Tag, der ihr einen Fürsten gab, welcher milde und fest, sanft und gerecht, die stillen Tugenden des Privatmannes mit der Hoheit des Herrschers, die kriegerische Thätigkeit für die Vollkommenheit des Heers mit der wirthlichen Sorge für das Glück der Bürger, mit der Sorge für die Wissenschaften und alle Künste des Friedens vereinigte.

Aber, wenn gleich das heiligste Gefühl der Dankbarkeit für das, was Er gerade für uns that, die lauteste Ergießung des Herzens zu Seinem Lobe nicht nur entschuldigen, sondern selbst fordern möchte: so sind wir es Ihm doch schuldig, selbst in der Feyer seines Festes alles zu vermeiden, was auch nur den Schein einer Lobrede haben möchte. Lobreden auf lebende Könige sind immer zweydeutig gewesen, entweder weil sie eine Bewerbung um Gunst ohne Verdienst schienen, oder weil die Furcht sie am meisten für Fürsten erpreßte, welche ihrer am unwürdigsten waren. Darum soll an diesem Feste, welches der freyeste wie der reinste Wille allein feyert, keine Lobrede den Ruhm unsers Monarchen schmälern. Eine würdige Feyer wird Ihm selbst die Erfüllung einer Berufspflicht scheinen, nämlich Entwickelung eines wissenschaftlichen Begriffs für unsre jüngeren Freunde und Mitbürger.

Als ich aber überdachte, welcher Gegenstand vornehmlich zu dieser Entwickelung gewählt werden möchte, der dieses Königs, der dieses Tages, der dieser Versammlung der gelehrtesten Männer würdig, auch ohne den Schmuck der Beredsamkeit, den ich ihm nicht leihen kann, durch sich selbst schon hohes Interesse hätte: so leitete selbst die seltene Glückseligkeit der Preußischen Staaten mich auf die Quelle alles öffentlichen Glücks, den letzten Zweck des Staats, auf die bürgerliche Freyheit, ihr Wesen und ihre Würde, ihre Segnungen, und die Mittel, sie zu gründen und zu erhalten. Was bedürfte es auch dabey einer Lobrede des Monarchen, da es Ihm die höchste Lobrede ist, unter Ihm über einen Gegenstand öffentlich zu reden, über welchen man überall nur unter den besten Fürsten reden darf.

Es ist eine seltsame Erscheinung an den Menschen, daß immer Worte, deren Deutung sie am wenigsten verstehen, am geschicktesten sind, ihre Leidenschaften zu reitzen. Nicht minder merkwürdig ist es, daß Klarheit der Begriffe über das, was uns am nächsten liegt, am spätesten von uns erworben wird, und daß, was schon der Sinn selbst uns geben sollte, erst die tiefsinnigste Untersuchung uns lehrt. Freyheit zu erringen oder zu erhalten stürzten Tausende in freywilligen Tod, oft ohne zu ahnden, welche Sclaverey sie Freyheit wähnten. Freyheit war stets die lockendste Losung aller derer, die unter dem Vorwande des öffentlichen Wohls ihren Eigennutz, ihren Ehrgeitz, ihre Rachsucht zu befriedigen, die Fackel der Empörung aufsteckten; – und wo Tyrannen die Rechte ihrer Mitbürger und die heilige Ordnung des Staats umstürzten, da war es die Freyheit, in deren Namen sie die Völker niedertraten. Unter keinem andern Vorwande warf Cäsar sich zum Dictator auf, unter keinem andern vereinte August alle Zweige der Gewalt in seiner Hand, und selbst der schreckliche Tiber wollte den Namen eines Vertheidigers der Freyheit. So wenig verstanden nicht nur die Menschen, was diese Freyheit sey, für welche sie schwärmten, sondern so wenig traute man ihnen auch zu, daß sie es verständen.

Und für was nun alle schwärmten, zu verstehen, das scheint freylich so nahe zu liegen, daß kein Sinn es verfehlen könnte. Und dennoch muß aus den innersten Tiefen der Metaphysik erst der Sinn der deutlichsten Worte des Lebens geschöpft werden. Seltsam sind die Deutungen dieser Freyheit immer gewesen. Da man sie unmöglich in eine ungebundene Willkühr setzen konnte, so sann man auf künstliche Erklärung mancher Art. Diejenigen, welche in unsern Tagen sich rühmen, Freyheit und Menschenrecht unsern westlichen Nachbarn wieder zu geben, erklärten feyerlich: „die Freyheit sey das Recht, alles zu thun, was das Gesetz nicht verbiete." Das Gesetz nicht verbiete? Und welches Gesetz? Das Gesetz, das sie selbst aufstellten, das Gesetz, das selbst alle Freyheit vernichtete, das Gesetz, welches die heiligsten Bande der Menschheit zerriß, Bürger gegen Bürger, Söhne gegen die

Väter bewaffnete. Was das Gesetz nicht verbiete? – Wenn nun dies Gesetz mit despotischer Willkühr zu den bösesten Zwecken verbot, war dann der traurige Rest, den es uns ließ, noch die Freyheit? Daß Gesetze selbst die Freyheit unterdrücken können, das sah schon Sparta, wo Lycurg alles in den düstern Kerker einer unmenschlichen Verfassung fesselte; das sah Frankreich unter jenen republicanischen Ausschüssen, welche Wohlfahrt und Sicherheit – unter ihre blutigen Füße traten.

Noch andere unterschieden spitzsinnig, was sie die bürgerliche und die politische Freyheit nannten. Jene wollten sie den Monarchieen zugestehen, diese aber den Republiken allein zueignen. Denn „politische Freyheit sei die Mitstimmung zu den Gesetzen, denen wir gehorchen sollten". Aber sie fühlten nicht, daß sie damit auch den Bürgern republicanischer Staaten diese Freyheit absprachen. Wie viele Bürger können zum Gesetz stimmen? Sind alle übrige, sind die Abwesenden, sind die in der Minderzahl der Stimmenden dann Sclaven, und nur die in der stimmenden Mehrzahl frey? Noch thörichter wurde die Erklärung für die Staaten, wo Repräsentanten das Gesetz gaben. Durfte man da sich einer Freyheit rühmen, die man dem monarchischen Bürger nicht zugestand? als ob dort alle nicht dem Schluß der Repräsentanten gehorchen müßten, oder als ob im monarchischen Staate der Fürst etwas anders sey, als Repräsentant seines Volks.

War es ein Wunder, daß andere anfiengen, den Begriff der Freyheit unter die leeren Träume der Schwärmerey zu zählen, wenn sie sahen, daß die eifrigsten Vertheidiger derselben selbst nicht wußten, wofür die eiferten, oder durch ihre Erklärungen ihre Theorieen in Widersprüche verwickelten? Der Begriff der Freyheit aber ist so einfach. Es ist nur eine Freyheit des Menschen; Eine Freyheit, die stets nur auf sich zurück wirkt, nichts außer sich will. Sie will nie andere unterdrükken, sondern nur nie unterdrückt werden. Sie will nicht willkührlich thun, sondern nur, daß ihr nicht willkührlich gethan werde. Ihr Begriff, ihr ganzes Wesen ist nur negativ. Frey nennen wir alles nur, in so fern es nicht von etwas außer ihm selbst bestimmt wird. Unfrey ist also die leblose Natur, die das Gesetz ihrer Bewegung von außen empfängt; unfrey ist der Sclave, dem als selbst willenlosem nur der Wille seines Herrn Gesetze giebt. Frey scheint uns dagegen die Bewegung des Lebendigen, da sie nur aus ihm selbst hervor zu gehen scheint. Freyheit ist also allein die Abwesenheit alles Bestimmtwerdens von andern, nur die Unabhängigkeit von allem außer dem eignen

Willen. Nun kennen wir nichts in dem weiten Raume der Welt, das sich selbst bestimmen und unabhängig von allem außer sich seinem eignen Willen folgen kann, als allein das vernünftige Wesen, als allein den Menschen. Darum eignen wir ihm allein die Freyheit, als sein Eigenthum, zu, und erkennen sie als das heiligste Vorrecht seiner Natur.

Es droht aber der Freyheit des Menschen eine zwiefache Gefahr: nämlich auf der einen Seite von seiner eignen Sinnlichkeit, welche durch den Reitz äußerer Gegenstände ihn gegen seine eigne Vernunft, gegen sein vernünftiges und besseres Wollen zum Sclaven äußerer Dinge macht, auf der andern Seite aber von der Ungerechtigkeit seiner Mitbrüder, die ihn nach ihrer Willkühr beherrschen und ihn zum Interesse ihrer Leidenschaften bestimmen wollen. Gegen beyde Gefahren soll nun die Freyheit gesichert werden, und man kann sie, die Eine Freyheit, in dieser Rücksicht als zwiefach betrachten, als innere und äußere.

Innere Freyheit, als die Freyheit von der Sinnlichkeit, die uns dem fröhnen lassen will, was nicht in unserm Selbst liegt; und ihr Wesen lehrt die Sittenlehre, wie die Mittel, sie zu bewahren, die Religion lehrt.

Aeußere Freyheit, die Freyheit in der Willkühr anderer Menschen, die uns ihren Zwecken wollen fröhnen lassen; und ihr Wesen lehrt die Rechtslehre, wie die Mittel, sie zu bewahren, die Politik lehrt.

Diese äußere Freyheit ist nun der Grund und zugleich der Inbegriff unsers Rechts; denn Kränkung unsers Rechts geschieht wider unsern Willen, ist eine Bestimmung unserer von fremder Willkühr, und wiederum ist keine Bestimmung unserer wider unsern vernünftigen Entschluß denkbar, die nicht Kränkung eines unsrer Rechte wäre. Die äußere Freyheit besteht also nur in der Unverletzbarkeit, in der Heiligkeit unserer Rechte. Nicht andere zu verletzen, sondern selbst unverletzt zu seyn; nicht Gesetze geben, sondern Erfüllung der Gesetze gegen uns von andern zu fordern: das ist das Wesen der Freyheit. Darum ist sie dann auch kein leeres Gebilde schwärmerischer Einbildungskraft, sondern eine ewige Idee des Rechts und der Wahrheit. Heilig wie ihr Ursprung, die Vernunft, hat sie die Sanction des obersten Gesetzgebers der Welt. Sie verletzen, ist Verbrechen vor ihm. Freyheit, und Unverletzbarkeit, und Sicherheit unsrer Rechte – das alles sind gleich bedeutende Namen.

Um keines andern Zwecks willen, als diese Sicherheit der Rechte, diese heilige Freyheit zu erhalten, vereinigte die beginnende Cultur unsre Väter in Staaten. Außer dem Schutze, den der Staat und die helfende Hand seiner Häupter gewährt, wäre diese Freyheit ein steter Raub der frechsten Ungerechtigkeit. Jeder Stärkere würde in übermüthigem Frevel dem Schwächern sein Eigenthum nehmen, die Früchte seiner Arbeit entreißen, ihm nach seiner Laune Handlungen gebieten und untersagen, seine Person selbst verletzen, mit Einem Worte, sein Recht mannigfaltig kränken. Da schon als gleich nach dem ersten Schritte aus der Wildheit in die Barbarey die Menschen mit ihren Herden, diesem ihrem ersten dauernden Eigenthum, noch in den Wüsten umher streiften, wohin etwa eine Quelle, wohin eine Weide sie anzog, – da schon vereinten sie sich zum gemeinsamen Kampfe gegen reißende Thiere, und gegen die noch gefährlichere Bosheit thierähnlicher Menschen. Aber als, (ein tiefes Geheimniß verhüllt uns die Art, selbst die Möglichkeit, wie dieses begann,) als der Ackerbau angefangen hatte, sie an feste Wohnsitze zu knüpfen, als also nicht einmahl mehr die Flucht ihnen Recht und Eigenthum sichern konnte, da wurde Vereinigung zu gemeiner Vertheidigung noch nothwendiger, und in der That selbst eine Pflicht der Menschen. Daher wählten sie Oberhäupter, diese Vertheidigung zu lenken, und legten ihre Freyheit, ihre Rechte zur Bewahrung in deren Hände nieder.

Alle Gewalt nun, die sie ihren Führern übertrugen, hatte keinen andern Zweck, als allein die Sicherheit, die Rechte aller und jedes einzelnen zu bewahren. Alle Gewalt der Regierung ist mithin selbst nichts anderes, als das Recht, die Mittel zur Erhaltung der allgemeinen Freyheit zu bestimmen und zu handhaben. Freylich soll nun jeder Bürger seinen Willen dem Willen dieser obersten Gewalt unterordnen, und daher schien es manchen, daß der Mensch, wenn er in den Staat träte, einen Theil seiner Freyheit aufopfern müsse, um den andern zu erhalten. Aber in der That, es wäre ein unglückliches Loos für die Menschheit, wenn wir genöthigt wären, in Staaten zu treten, um unsre Freyheit zu erhalten, und doch eben in diesen Staaten sie aufgeben müßten. Können wir auch aufhören, frey zu seyn, um es zu bleiben? die Würde unsrer Natur aufgeben, um sie zu erhalten? unsrer Rechte uns entäußern, um sie zu sichern?

Nein. Im Staate soll die Freyheit in ihrem ganzen Umfange erhalten werden. Niemand soll ein Theil in ihm aufgeben, sondern sie soll ihm gerade ganz von der höchsten Macht im Staate gesichert werden. Der Gehorsam des Bürgers besteht aber mit und neben der Freyheit des Menschen, und ist nie eine Entäußerung derselben. Denn das Wesen der Freyheit ist ja die Sicherheit unsrer Rechte; kann also der Gehorsam, der die Bedingung nicht bloß, sondern selbst das Mittel dieser Sicherheit ist, sie beeinträchtigen? Nämlich: das Wesen der Freyheit besteht darin, daß niemand wider seinen Willen bestimmt werde. Wer wäre nun, der nicht den Zweck des Staates, die Sicherheit jedes Rechts, wollte? Wer wäre, der die Anwendung der Mittel dieser Sicherheit nicht von dem Regenten forderte? Und wer zweifelt, daß dieser ihn nur sichern kann, wenn er Gehorsam leistet, so wie der Arzt nur da zu heilen vermag, der seiner Vorschrift folgt? Es ist also unser gesammter Wille, der dem Regenten einen Tausch von Schutz um Gehorsam anbietet. Wir werden durch das Gesetz des Staats und dessen Vollziehung, also nicht wider unsern eignen Willen bestimmt, nicht in unsrer Freyheit gekränkt; wir dürfen also nicht einen Theil derselben aufgeben, um nur einen unbestimmten Rest von ihr zu erhalten.

Auch jene Verträge, worauf die Theorie des Rechts den Staat gründet, zeigen dies klar. Diese Verträge sind nicht leere Erdichtung, zur Erklärung theoretischer Sätze erfunden: sie sind eine Thatsache der Geschichte; nicht eine Thatsache der Geschichte von Ehedem, als hätten unsre Väter die Verträge geschlossen, und als sey die Verbindlichkeit aus ihnen nur auf uns gebracht worden gleich einer Erbschuld, – sondern Thatsache der Geschichte jedes Augenblicks. Sicherheit fordern wir in jedem Augenblicke vom Staate, bey jeder Verletzung unsers Rechts, bey jeder Gefahr, dafür nehmen wir unsre Zuflucht zu dem Oberhaupte des Staats. Wir wissen aber, daß es diesem unmöglich ist, uns seinen Schutz ohne den Gehorsam aller zu gewähren. Wir wollen also, daß alle diesen Gehorsam leisten; und wie können wir von andern ihn wollen, ohne ihn selbst zu leisten, ohne zu erkennen, daß wir dagegen so gut wie alle ihn leisten müssen?

Also die Freyheit des Menschen ist durch die Pflicht des Bürgers nicht beschränkt, da diese Pflicht selbst frey von ihm übernommen wird. So lange nun der Bürger nur für den Zweck des Staats von dem Regenten bestimmt wird, so lange ist er frey und unabhängig; denn dafür bestimmt zu werden, dafür zu gehorchen, gab er seine Einwilligung. Und so ist das Räthsel der Freyheit des Bürgers gelöset. Sie besteht darin, daß er nur für den Zweck des Staats, nicht nach der Laune oder für die Privatzwecke der Machthaber, weder durch ein Gesetz selbst, noch in dessen Vollziehung bestimmt werde.

Aber in dem Staate selbst, zu dem die Menschen ihre Zuflucht nehmen, harrten ihrer Freyheit freylich neue Gefahren. Die Macht selbst, welche schützen soll, kann gemißbraucht werden, um die Freyheit der Bürger zu unterdrücken, und ihre Rechte zu rauben, für Privatvortheile der Machthaber. Und leider ward sie allenthalben gemißbraucht. Die Geschichte ist ein Denkmahl der Tyranney, der Unterdrückung, und seltener Tugend. Darum suchten dann die Menschen mannigfaltige und künstliche Verfassungen. Vor allen gefiel es, die Gewalt unter mehrere Machthaber zu vertheilen, damit jeder Theil derselben in einem andern Theile ein Gegengewicht fände. Aber die Erfahrung lehrte bald, daß auch wieder nur Privatvortheil diese Gleichgewichte thätig machte oder ruhen ließ. Die verschiedenen Machthaber traten nun gegen ihre Genossen auf, wenn ihr eignes Interesse es forderte, und vereinigten sich leicht mit ihnen, wo, um gemeinsamer Vortheile willen, die Freyheit der Bürger unterdrückt werden sollte. Cäsar hätte die Beleidigung der Tribunen nicht gerächet, wenn diese Rache nicht sein Vortheil gefordert hätte. Octavius und Antonius vereinigten sich, um Römer ohne Urtheil und Recht zu ächten und zu morden. Kein schützendes Veto wurde für Cicero gesprochen, und in Athen mußte Socrates ohne Schutz sterben.

Das sah man, und glaubte immer, in einer andern Form, mit neuen Magistrats-Namen werde geholfen werden, und schuf ewig andere Staatsformen nach andern, – und die Uebel blieben dieselben.

So wurden alle diese Verfassungen durch zahllose Revolutionen gewälzt; neue Einrichtung erfand die Theorie, neue Anstalten traf die Noth: aber die Menschen glichen dem Gotte der Fabel, der die geliebte Nymphe verfolgte; die Freyheit, der sie nachjagten, erstarrte in dem Augenblicke selbst, in dem sie sie zu umarmen wähnten, zur Ruthe eines Tyrannen.

Nur die Völker des neuen Europa wurden durch ihre Schicksale auf den einfachsten Weg geleitet, dem Mißbrauch der Staatsgewalt am sichersten vorzubeugen, indem sie allen Unterschied zwischen dem öffentlichen Besten und den Privatvortheilen der Machthaber aufhoben. Sie ließen nämlich diese Gewalt in das ewige Erbeigenthum Einer Familie übergehen, damit, kraft einer festen Erbordnung, Ein Mitglied dieser Familie den Staat, nach Art eines Familien-Fideicommisses, in monarchischer Form verwalte.

Zwar die alte Welt, und die neue außer Europa, hatten auch die Monarchie gekannt, aber nicht als Beschützerin der Freyheit. Auch in jenen Monarchieen war auch wohl der Sohn dem Vater gefolgt, aber nicht vermöge einer gesetzlichen Ordnung, sondern entweder durch Aberglauben, weil man den regierenden Stamm Abkömmlinge der Götter glaubte; oder durch Gewalt, weil der Sohn des verstorbenen Fürsten sich am leichtesten der Leibwache und durch diese des

Gehorsams der Bürger versicherte. In jenen Staaten, wo der Aberglaube auf den Thron rief, schien der Herrscher sich [sic] ein übermenschliches Wesen, nicht das Regierungsrecht, sondern das Land selbst schien sein Eigenthum, und das Volk nur ein Haufen Sclaven, um es ihm zur Frohne zu bestellen. In diesen Staaten aber, wo es auf Gewalt ankam, war der Thron auch nicht über die Hoffnungen eines Privatmannes erhaben. Eine rasche That konnte ihn gewinnen. Wer ihn aber als Beute davon getragen, konnte eben so wenig redlichen Gehorsam von seinen Unterthanen erwarten, als er selbst seinem vorigen Herrn erwiesen. Stete Furcht machte ihm seine eigne Erhaltung zum höchsten, bald zum einzigen Interesse. Wie sollte auch für die Sicherheit anderer sorgen können, wer sich selbst unsicher fühlt? Darum fiel sein Schwert hin, wo nur der leiseste Verdacht aufblickte, auf Schuldige und Unschuldige. So erzeugte dann die Empörung Tyranney, und die Tyranney ewig wieder neue Empörung. Bedarf es der Aufsuchung anderer Ursachen, durch die das mächtige Rom unter seinen Imperatoren in den Staub gesunken? als diese Furcht aufrührischer Usurpatoren, die jedes Talent aus ihrem Staatsrath, aus ihrem Lager entfernte, damit nicht irgend ein hoher Geist das Volk um sich sammle gegen den bisherigen Unterdrücker.

In den Erbmonarchieen des neuen Europa hingegen kann selbst der kühnste Empörer den Thron doch nur für eine republicanische Form, nicht für seine eigene Erhebung zu untergraben wagen. Nur ein seltenes Zusammentreffen unglücklicher Umstände, Verbreitung der verkehrtesten Mißverständnisse über das Wesen der Freyheit unter dem Volke, und die gröbsten Mißgriffe der Regierung in den Gegenanstalten können überall nur eine Empörung glücken lassen, oder in den Gemüthern des Volks die so natürliche Anhänglichkeit an die seit Jahrhunderten vom Gesetz geheiligte Familie unterdrücken. Und so über jede persönliche Gefahr, wie über jeden Privatwohlstand weit erhaben kann weder Furcht noch Neid den Fürsten zur Unterdrükkung seiner Bürger reitzen. Er selbst vielmehr und sein Haus sind nur in so weit mächtig und glänzend, als sein Volk reich und cultivirt ist. Seine sicherste Schatzkammer ist der Reichthum seiner Bürger, ihre Menge der sicherste Zuwachs für sein Heer, und ihre Cultur bietet ihm die sichersten Mittel gegen den bösen Willen seiner Feinde.

Wohlstand also und Cultur im Lande empor zu heben ist dem Erbmonarchen das einzige Mittel, seine eigne Größe zu heben. Da nun aber Cultur und Wohlstand nur bey ungebeugter Gerechtigkeit gedeihen, von despotischer Willkühr aber unausbleiblich verscheucht werden, so ist Gerechtigkeit, also Sicherung der Freyheit in der Erbmonarchie das einzige, eigentlichste Privat-Interesse des Regenten, während das Privat-Interesse republicanischer Machthaber dem öffentlichen Interesse nicht selten widerstreitet, alle Mahl aber von ihm verschieden ist. – Darum ist in der Erbmonarchie die Freyheit am sichersten, weil sie allein den Willen des Regenten selbst an ihr Interesse bindet.

Dies ist das Wesen der Freyheit, diese die Mittel, sie zu suchen. Glücklich sind wir, daß unser Staat das Schauspiel des edelsten, reinsten Strebens, diese Freyheit zu gründen, uns darbietet. Jede Unterdrückung von Willkühr hält der mächtige Arm des Königs zurück. Und von allen Staaten, die durch gleiche Verfassung wie der unsrige sich auch des besten Willens ihrer Beherrscher versichert haben, heben der Edelmuth und die Weisheit des Königs die bürgerliche Freyheit in dem unsrigen empor. Seine Regierung ist ein rastloses Streben, die Fesseln zu lösen, in welche die Barbarey der Vorzeit oder der Irrthum der jetzigen die Menschen banden; die Reste der Ungerechtigkeit zu verdrängen, welche Menschen ihres Gleichen zu Eigenthum machte, wie auch die Thorheit sie verschleyern oder vertheidigen mag, und welche Hindernisse Kurzsicht oder böser Wille der reinen Einsicht, dem reinen Willen des Königs auch entgegen setzen, – die Einschränkung der Freyheit alles redlichen Erwerbes überall zu heben, wie auch das verjährte Vorurtheil entgegen strebe, oder Scheingründe der Unkunde irgend eine Beschränkung dieser Gewerbsfreyheit vertheidigte – das ist die Geschichte der sieben letztern glücklichen Jahre der Preußischen Monarchie. Je weniger übereilt, desto sicherer ist der Gang der Weisheit. Und von allem, (woran gerade der Kreis dieser Versammlung das nächste, das innigste Interesse nehmen muß,) die Freyheit des Geistes blüht nirgends so schön, als hier. Während auch die edelmüthigsten Fürsten mit sorgender Aengstlichkeit die Presse beachten, damit nirgendher gesagt werde, was entweder Verkehrtheit oder Bosheit nicht hören wollen – schützt Friedrich Wilhelms gerader Sinn die Freyheit, zu schreiben, und die Freyheit, zu lesen. Verborgene Wahrheit ans Licht zu rufen, spendet Er mit reicher Hand Ermunterung den Wissenschaften, sammelt Er einen Kreis der gelehrtesten Zeitgenossen in seinen Staaten, und rief sogar, Er ein König, den Geschichtschreiber eines Kampfes der Freyheit gegen Tyrannen, um in der Freyheit eines monarchischen Staats das Streben einer Republik nach Freyheit der Nachwelt zu erzählen.

O möge das Wesen, das mit allgegenwärtiger Gottheit das Weltall durchwebt, noch lange den König erhalten und die Gebete erhören, die die laute Feyer wie die stille Liebe heute für Ihn opfert. Möge die Königin Ihm noch lange Seine Sorgen um uns belohnen und den Erben der Krone zu den Tugenden seines erhabenen Vaters bilden. Möge um das Königliche Haus immer der Segen, der Geist seiner großen Ahnherren schweben. Möge die Armee Preußens Ruhm sichern und mehren, und der bürgerliche Dienst unter den erlauchten Vorstehern desselben Gerechtigkeit und Sicherheit im Innern schützen. Möge auch unsere Universität den Erwartungen des Königs und des Vaterlandes stets entsprechen. Rastlos für Wissenschaft und Vaterland zu arbeiten, und unsre jüngern Freunde, die Hoffnungen des Königs und des Vaterlandes, für alles, was edel ist, und weise und gut, durch Lehre und Beyspiel zu bilden, – mit diesem feyerlichen Gelübde aller Lehrer der Universität weihen wir diesen Tag.

Abkürzungen

GNM Nürnberg	Germanisches Nationalmuseum, Nürnberg
GSA	Goethe- und Schiller-Archiv, Weimar
GStA PK	Geheimes Staatsarchiv Preußischer Kulturbesitz, Berlin-Dahlem
NStUB	Niedersächsische Staats- und Universitätsbibliothek, Göttingen
SBPK	Staatsbibliothek Preußischer Kulturbesitz, Berlin
UA Berlin	Archiv der Humboldt-Universität zu Berlin
Univ. Bibl.	Universitätsbibliothek

Quellen- und Literaturverzeichnis

A. Ungedruckte Quellen

I. Geheimes Staatsarchiv Preußischer Kulturbesitz, Berlin-Dahlem:

I. HA, Rep. 74 (Geheime Registratur des Staatskanzlers):
 L V, Brandenburg, Nr. 1, Bde. I, II, III.
I. HA, Rep. 76 Alt II (Kultusdepartement im Innenministerium):
 Nr. 32, 33, 34, 35, 36, 37, 63, 64, 116, 255, 266, 267.
I. HA, Rep. 76 (Kultusministerium):
 Va, Sekt. 2, Tit. III, Nr, 1, Bde. I, II.
 Va, Sekt. 2, Tit. IV, Nr. 5, Bde. I, II, III, IV, V, VI, X, XI, XII, XIII, XIV, XV, XVI.
 Vf, Lit. S, Nr. 15.
I. HA, Rep. 77 (Ministerium des Innern):
 Tit. 46, Nr. 6, Bde. I, II.
 Tit. 46, Nr. 12.
 Tit. 950, Nr. 5, Bd. I.
I. HA, Rep. 89 (Geheimes Zivilkabinett):
 Nr. 1981, 1982, 11087, 14983, 15152, 15154, 21393, 21479.
I. HA, Rep. 92 Nachlaß Karl August von Hardenberg:
 Nr. K 32 1/2, K 38.
I. HA, Rep. 92 Nachlaß Julius Eduard von Massow:
 III. B., Nr. 13, 14, 15, 16, 17, 19, 20.
XX. HA, Staatsarchiv Königsberg. Etatsministerium:
 Tit. 139b, Nr. 12a.
XX. HA, Rep. 300 Depositum von Brünneck I, Nachlaß Theodor von Schön:
 Nr. 80, 82, 83, 84.

II. Archiv der Humboldt-Universität zu Berlin:

Universitätskurator:
 Nr. 320.
Juristische Fakultät:
 Nr. 22, 137, 138, 492, 523, 602, 638.
Vorlesungsverzeichnisse.

III. Staatsbibliothek zu Berlin – Preußischer Kulturbesitz, Handschriftenabteilung:

Nachlaß Ernst Wilhelm Hengstenberg:
 1 Brief von Theodor Schmalz an Ernst Wilhelm Hengstemberg, 22.3.1830.

IV. Staatsarchiv Bamberg:

Rep. G 36, Nachlaß Karl Freiherr Stein von Altenstein:
Nr. 3069, 3831.

V. Biblioteka Jagiellonska Kraków / Krakau:

Sammlung Autographa:
1 Zeugnis von Theodor Schmalz an Ludwig Emil Matthis, 5.6.1818;
1 Brief von Theodor Schmalz an den Minister Freiherrn Stein von Altenstein, 12.11.1823.

VI. Universitäts- und Landesbibliothek Münster:

Nachlaß Anton Matthias Sprickmann:
1 Brief von Theodor Schmalz an Sprickmann, 20.4.1814.

VII. Germanisches Nationalmuseum, Nürnberg:

Archiv; Autographen Böttiger K 23:
1 Brief von Theodor Schmalz an Hofrat Althof/Dresden, Berlin, 31.8.1812.

VIII. Stiftung Weimarer Klassik: Goethe- und Schiller-Archiv, Weimar:

GSA 30/244:
1 Brief von Theodor Schmalz an Johann Wolfgang von Goethe, 19.4.1804.

B. Schriften von Theodor Anton Heinrich Schmalz

I. Selbständige Veröffentlichungen:

Denkwürdigkeiten des Grafen Wilhelms zu Schaumburg-Lippe, Hannover, in Kommission der Helwigschen Hofbuchhandlung, 1783 [204 S.].
[NStUB Göttingen: 8° H. Lipp. 2050].
Encyclopädie des gemeinen Rechts. Zum Gebrauch academischer Vorlesungen, Königsberg, bei Friedrich Nicolovius 1790 [X, 180 S.].
[SBPK Berlin 1: Fk 4801].
- [2. Aufl.:] Encyclopädie des gemeinen Rechts. Zum Gebrauch academischer Vorlesungen, Zweyte gänzlich umgearbeitete Auflage, Königsberg, bey Friedrich Nicolovius 1804 [XVI, 286 S.].
[NStUB Göttingen: 8° Jur. Praecogn. 342].
Das reine Naturrecht, Königsberg, bey Friedrich Nicolovius 1792 [102 S.].
[NStUB Göttingen: 8° Jus. nat. 2258].
- [2. Aufl.:] Das reine Naturrecht, 2. verb. Aufl., Königsberg, bey Friedrich Nicolovius, 1795 [114 S.]; Nachdruck Aalen: Scientia 1969.

Darstellung des Niederlage-Rechts der Stadt Königsberg, Königsberg: In der Hartungschen Hofbuchdruckerey 1792 [VIII, 88 S.].
[NStUB Göttingen: 8° Jus. stat. IV, 9270].

Handbuch des römischen Privatrechts. Für Vorlesungen über die Justinianeischen Institutionen, Königsberg, bey Friedrich Nicolovius 1793 [XIV, 296 S.].
[SBPK Berlin 1: Gb 12460].

- [2. Aufl.]: Handbuch des römischen Privatrechts. Für Vorlesungen über die Justinianeischen Institutionen, 2. Aufl., Königsberg, bey Friedrich Nicolovius 1801 [XXVIII, 340 S.].
[NStUB Göttingen: 8° Jur. System. 82/2].

Das natürliche Staatsrecht, Königsberg, bey Friedrich Nicolovius 1794 [132 S.].
[NStUB Göttingen: 8° Jus. Nat. 2262].

- [2. Aufl.]: Das natürliche Staatsrecht, 2. verb. Aufl., Königsberg, bey Friedrich Nicolovius 1804 [120 S.]; Nachdruck Aalen: Scientia 1969.

Das natürliche Kirchenrecht, Königsberg, bey Friedrich Nicolovius 1795 [56 S.]; Nachdruck Aalen: Scientia 1969.

Das natürliche Familienrecht, Königsberg, bey Friedrich Nicolovius 1795 [30 S.]; Nachdruck Aalen: Scientia 1969.

Über die Bildung zum Iustiz-Dienst auf den Preußischen Universitäten. Eine Rede am Geburtstage des Königs 1794 im großen Hörsaale der Königsbergischen Universität gehalten, Königsberg, bei Heinrich Degen, und in Commission in der Nicoloviusschen Buchhandlung 1795 [34 S.].
[SBPK Berlin 1a: Ay 60, Nr. 3].

Handbuch des teutschen Land- und Lehnrechts. Zum Gebrauch academischer Vorlesungen, Königsberg, bey Friedrich Nicolovius 1796 [VIII, 278 S.].
[SBPK Berlin 1: Gm 657].

- [2. Aufl.]: Lehrbuch des teutschen Privatrechts; Landrecht und Lehnrecht enthaltend, Berlin, bei Duncker & Humblot 1818 [XXIV, 352 S.].
[NStUB Göttingen: 8° Jus. Germ. V, 690].

Encyclopädie der Cameralwissenschaften. Zum Gebrauche academischer Vorlesungen, Königsberg, bey Friedrich Nicolovius 1797 [VIII, 228 S.].
[NStUB Göttingen: 8° Polit. III, 561].

- [2. Aufl.]: Encyclopädie der Cameralwissenschaften. Zweite, vom Herrn Staatsrath *Thaer*, Herrn Staatsrath *Hartig*, Herrn Staatsrath *Rosenstiel*, Herrn Geheimen Rath *Hermbstädt* und vom *Verfasser* verbesserte und vermehrte Auflage, Königsberg, bey Friedrich Nicolovius 1819 [XII, 388 S.].
[NStUB Göttingen: 8° Polit. III, 562].

Erklärung der Rechte des Menschen und des Bürgers. Ein Commentar über das reine Natur- und natürliche Staatsrecht, Königsberg, bey Friedrich Nicolovius 1798 [VIII, 152 S.].
[NStUB Göttingen: 8° Jus. Nat. 2270].

Methodologie des juristischen Studiums. Zum Gebrauch vorbereitender Vorlesungen, Königsberg, bey Göbbels und Unzer 1801 [31 S.].
[Univ.- u. Landesbibl. Bonn: Je 496/I, 28].

Ueber bürgerliche Freyheit. Eine Rede am Geburtstagsfeste Sr. Majestät des Königs am 3ten August 1804 im großen Hörsaale der Friedrichsuniversität, Halle, in der Rengerschen Buchhandlung 1804 [22 S.].
[Stadtbibliothek Trier: Ak 3561/14].

Handbuch des teutschen Staatsrechts. Zum Gebrauch academischer Vorlesungen, Halle, in der Rengerschen Buchhandlung 1805 [VIII, 331 S.].
[NStUB Göttingen: 8° Jus. Germ. III, 603].
Kleine Schriften über Recht und Staat. Erster Theil, Halle, im Verlage der Neuen Societäts- Buch- und Kunsthandlung 1805 [XII, 262 S.].
[SBPK Berlin: Fi 5405].
Staatsverfassung Großbritanniens, Halle: bey Schimmelpfennig und Compagnie 1806 [VIII, 312 S.].
[NStUB Göttingen: 8° Jus. stat. XIV, 3906].
Handbuch der Rechtsphilosophie, Halle: in der Rengerschen Buchhandlung 1807 [XVIII, 471 S.]; Neudruck Aalen: Scientia 1970.
Handbuch der Staatswirthschaft, Berlin: bei Friedrich Maurer 1808 [VIII, 351 S.].
[NStUB Göttingen: 8° Polit. III, 4386].
Ueber Erbunterthänigkeit. Ein Commentar über das Königl. Preußische Edict vom 9ten Oct. 1807, ihre Aufhebung betreffend, Berlin, gedruckt und verlegt bei den Gebrüdern Gädicke 1808. [IV, 61 S.].
[SBPK Berlin 1: Gm 5491].
Rede als am Geburtsfeste des Königs 3. August 1811 die Königliche Universität sich zum ersten Male öffentlich versammlete [sic], Berlin, in Commission bei J. E. Hitzig 1811 [33 S.].
[SBPK Berlin 1a: Ay 60, Nr. 6]
Jus naturale in aphorismis proposuit Theodorus Schmalz D., Berolini, impensis J. E. Hitzig 1812. [58 S.].
[SBPK Berlin 1: Fl 6036].
Handbuch des canonischen Rechts und seiner Anwendung in den teutschen evangelischen Kirchen. Zum Gebrauch für Vorlesungen, Berlin, bey Achenwall und Compagnie 1815 [VI, 325 S.].
[NStUB Göttingen: 8° Jus. can. 62/231].
- [2. Aufl.]: Handbuch des canonischen Rechts und seiner Anwendung in den teutschen evangelischen Kirchen. Zweyte Auflage, Berlin, bey August Rükker 1824 [XVI, 327 S.].
[NStUB Göttingen: 8° Jus. can. 62/232].
Berichtigung einer Stelle in der Bredow-Venturinischen Chronik für das Jahr 1808./Ueber politische Vereine, und ein Wort über Scharnhorsts und meine Verhältnisse zu ihnen, Berlin: in der Maurerschen Buchhandlung 1815 [16 S.].
[NStUB Göttingen: 8° H. univ. III, 7705].
Ueber des Herrn B. G. Niebuhrs Schrift wider die meinige, politische Vereine betreffend, Berlin: in der Maurerschen Buchhandlung 1815 [15 S.].
[NStUB Göttingen: 8° H. univ. III, 7703].
Letztes Wort über politische Vereine, Berlin: in der Maurerschen Buchhandlung 1816 [16 S.].
[NStUB Göttingen: 8° H. univ. III, 7712].
Das europäische Völker-Recht; in acht Büchern, Berlin: Duncker & Humblot 1817 [VI, 306 S.]; Nachdruck o. O. [Frankfurt a. M.]: Keip 1970.
Ueber das Urtheil eines Unpartheiischen über das Benehmen der Juristen-Fakultät in Berlin in der Habiltationsangelegenheit des D. Witte und die

Abgedrungene Erklärung des D. Carl Witte, Berlin u. Frankfurt a. d. O., C. G. Flittnersche Buchhandlung 1817 [13 S.].
[SBPK Berlin 1a: Ay 13054].

Staatswirthschaftslehre in Briefen an einen teutschen Erbprinzen, Erster Theil, Berlin: Bei August Rücker 1818 [296 S.], Zweiter Theil, ebenda 1818 [267 S.].
[NStUB Göttingen: 8° Pol. III, 4410].

[Anonym]: Ansicht der Ständischen Verfassung der Preußischen Monarchie, von E. F. d. V., Berlin: bei August Rücker 1823 [74 S.].
[Exemplar im Besitz des Verfassers].

Das teutsche Staats-Recht. Ein Handbuch zum Gebrauche academischer Vorlesungen, Berlin, bey J. H. Cawitzel 1825 [X, 438 S.].
[NStUB Göttingen: 8° Jus. Germ. III, 625].

Grund-Gesetze des teutschen Bundes. Zum Handgebrauch bei Vorlesungen über das teutsche Staats-Recht des Geheimen Rath Schmalz, Berlin, bei J. H. Cawitzel 1825 [119 S.]
[SBPK Berlin 1: Gv 14253].

Ueber die Erb-Folge in die [sic] Sachsen-Gothaischen Länder, Berlin, Posen und Bromberg, bei Ernst Siegfried Mittler 1826 [IV, 68 S.]
[SBPK Berlin 1a: Ss 4659].

Encyclopaedia juris per Europam communis in usum auditorii adumbrata. Editio tertia, latina prima, Berolini et Posnaniae, in bibliopolis E. S. Mittler 1827 [218 S.].
[SBPK Berlin 1: Fk 4807a].

Die Wissenschaft des natürlichen Rechts [hrsg. v. *Carl Ernst Jarcke*], Leipzig: F. A. Brockhaus 1831 [XII, 221 S.].
[NStUB Göttingen: 8° Jus. nat. 2557].

II. Aufsätze und Einzelbeiträge:

Preßfreiheit, in: Stats-Anzeigen, hrsg. v. *August Ludwig Schlözer*, 4 (1783), H. 15, S. 318–325.

Briefe über Hannover, I.–V., in: Niedersächsisches Magazin – Magazin für die Geschichte, die Statistik und das Territorialstaatsrecht von Niedersachsen. Ersten Bandes erstes Stück, Lemgo 1787, S. 1–39.

Beschreibung der Vestung Wilhelmstein im Steinhuder Meer, in: Journal von und für Deutschland, Frankfurt a. M., 5 (1788), 1.-6. Stück, S. 90–92.

[Zusammen mit *Ludwig von Baczko*]: Einleitung, in: Annalen des Königreichs Preußen, Bd. I, hrsg. von *Ludwig von Baczko* und *Theodor Schmalz*, Königsberg – Berlin 1792, Heft 1, S. 1–9.

Neuere Verordnungen etc., in: Annalen des Königreichs Preußen, Bd. I, hrsg. von *Ludwig von Baczko* und *Theodor Schmalz*, Königsberg – Berlin 1792, Heft 1, S. 137–142.

Aufhebung der Leibeigenschaft auf den Gütern des Herrn von Hülsen auf Döhsen, in: Annalen des Königreichs Preußen, Bd. I, hrsg. von *Ludwig von Baczko* und *Theodor Schmalz*, Königsberg – Berlin 1792, Heft 3, S. 132–141.

Einige Bemerkungen über Westpreussen, in: Annalen des Königreichs Preußen, Bd. I, hrsg. von *Ludwig von Baczko* und *Theodor Schmalz*, Königsberg – Berlin 1792, Heft 4, S. 115–119.

Etwas über die ältesten Spuren der Lehne, in: Juristisches Magazin oder gesammelte, theils gedruckte, theils ungedruckte Abhandlungen aus allen Theilen der Rechtsgelahrtheit. Herausgegeben vom Doctor und Bibliothekar *Koppe*, 1. Stück, Leipzig 1793, S. 89–101.

Bemerkungen zur Beantwortung der Fragen über das Verhältniß der Politik zur Moral, in: Annalen der Rechte des Menschen, des Bürgers und der Völker, hrsg. vom Professor *Schmalz* in Königsberg, 1. Heft, Königsberg 1794, S. 1–12.

Die Freyheit des Bürgers, in: Annalen der Rechte des Menschen, des Bürgers und der Völker, hrsg. vom Professor *Schmalz* in Königsberg, 1. Heft, Königsberg 1794, S. 24–30.

Moralisch-politische Betrachtungen über die Ehe, in: Annalen der Rechte des Menschen, des Bürgers und der Völker, hrsg. vom Professor *Schmalz* in Königsberg, 1. Heft, Königsberg 1794, S. 31–42; 2. Heft, Königsberg 1795, S. 128–136.

Tiberius Gracchus, in: Annalen der Rechte des Menschen, des Bürgers und der Völker, hrsg. vom Professor *Schmalz* in Königsberg, 1. Heft, Königsberg 1794, S. 43–58.

Jahrbücher unsers Zeitalters, in: Annalen der Rechte des Menschen, des Bürgers und der Völker, hrsg. vom Professor *Schmalz* in Königsberg, 1. Heft, Königsberg 1794, S. 59–71.

Ueber die neueste Litteratur des Natur- und Völker-Rechts, in: Annalen der Rechte des Menschen, des Bürgers und der Völker, hrsg. vom Professor *Schmalz* in Königsberg, 1. Heft, Königsberg 1794, S. 72–88.

Numa und Petrus, in: Annalen der Rechte des Menschen, des Bürgers und der Völker, hrsg. vom Professor *Schmalz* in Königsberg, 2. Heft, Königsberg 1795, S. 89–114.

Hyper-Metapolitik, in: Annalen der Rechte des Menschen, des Bürgers und der Völker, hrsg. vom Professor *Schmalz* in Königsberg, 2. Heft, Königsberg 1795, S. 157–167.

Vermischte Bemerkungen, in: Annalen der Rechte des Menschen, des Bürgers und der Völker, hrsg. vom Professor *Schmalz* in Königsberg, 2. Heft, Königsberg 1795, S. 168–181.

Ueber die Freiheit des Willens, in: Kleine Schriften über Recht und Staat, Erster Theil, Halle 1805, S. 1–19.

Ueber die bürgerliche Freiheit. Eine Rede am Geburtstage des Königs im großen Hörsaale der Friedrichs-Universität zu Halle 1804, in: Kleine Schriften über Recht und Staat, Erster Theil, Halle 1805, S. 20–38.

Ueber die exekutive Gewalt, in: Kleine Schriften über Recht und Staat, Erster Theil, Halle 1805, S. 39–57.

Numa und Petrus, in: Kleine Schriften über Recht und Staat, Erster Theil, Halle 1805, S. 58–117.

Ueber die Ehe, in: Kleine Schriften über Recht und Staat, Erster Theil, Halle 1805, S. 118–139.

Tiberius Gracchus, in: Kleine Schriften über Recht und Staat, Erster Theil, Halle 1805, S. 140–160.

Geschichte des Geldes, in: Kleine Schriften über Recht und Staat, Erster Theil, Halle 1805, S. 161–182.

Vom Grunde des Wechselrechtes, in: Kleine Schriften über Recht und Staat, Erster Theil, Halle 1805, S. 183–199.

Ueber den Grund der Strafgewalt, in: Kleine Schriften über Recht und Staat, Erster Theil, Halle 1805, S. 200–224.

Arthur Young und Adam Smith gegen die Physiokratie, in: Kleine Schriften über Recht und Staat, Erster Theil, Halle 1805, S. 225–262.

Die Politik, in: Annalen der Politik, hrsg. v. *Theodor Schmalz*, Bd. I, Berlin 1811, S. 1–10.

Bemerkungen über die Vorlesung des Herrn Geheimen Ober-Finanzrath von *Borgstede* in der Academie der Wissenschaften zu Berlin am 30sten Januar 1806, in: Annalen der Politik, hrsg. v. *Theodor Schmalz*, Bd. I, Berlin 1811, S. 28–42.

Exempel politischer Arithmetik. Ueber den staatswirthschaftlichen Zustand der Kur-Mark im Anfange des neunzehnten Jahrhunderts, in: Annalen der Politik, hrsg. v. *Theodor Schmalz*, Bd. I, Berlin 1811, S. 43–76.

National-Reichthum Hollands. Fragmente – (nach und aus *Metelerkamps Toestand van Nederland Tom.* 1. und 2. 1804), in: Annalen der Politik, hrsg. v. *Theodor Schmalz*, Bd. I, Berlin 1811, S. 77–95.

Ueber Kriegsgefangenschaft. Gutachten von einem * * * General gefordert, in: Annalen der Politik, hrsg. v. *Theodor Schmalz*, Bd. I, Berlin 1811, S. 96–112.

Ueber Zinsen. (Bei Gelegenheit des jüngsten Preußischen Zinsen-Edicts.), in: Annalen der Politik, hrsg. v. *Theodor Schmalz*, Bd. I, Berlin 1811, S. 345–370.

Ueber die Freiheit des Getreidehandels, in: Annalen der Politik, hrsg. v. *Theodor Schmalz*, Bd. I, Berlin 1811, S. 386–425.

Von Großbritaniens Seerechten gegen andere Völker, in: Annalen der Politik, hrsg. v. *Theodor Schmalz*, Bd. II, Berlin 1814, S. 58–80.

Idee eines gemeinen positiven Staats-Rechts von Europa. Eine Vorlesung in der philomatischen Gesellschaft zu Berlin am 8ten Julius 1813, in: Annalen der Politik, hrsg. v. *Theodor Schmalz*, Bd. II, Berlin 1814, S. 81–95.

[Brief an den Herausgeber, 13. September 1816], in: Deutscher Beobachter oder Hanseatische privilegirte Zeitung, Nr. 410, 2.10.1816 (unpag).

[Selbstdarstellung]: „Schmalz (Theodor Anton Heinrich)“, in: Verzeichniß im Jahre 1825 in Berlin lebender Schriftsteller und ihrer Werke. Aus den von ihnen selbst entworfenen oder revidirten Artikeln zusammengestellt und zu einem milden Zwecke herausgegeben [v. *Julius Eduard Hitzig*], Berlin 1826, S. 240–242.

[Erster Artikel über Thronfolgestreit in Portugal, gez. „S – z“], in: Allgemeine Preußische Staats-Zeitung, Nr. 52, 21.2.1830, S. 375–376.

[Zweiter Artikel über Thronfolgestreit in Portugal, gez. „S – z“], in: Allgemeine Preußische Staats-Zeitung, Nr. 72, 13.3.1830, S. 527–528.

III. Schmalz als Herausgeber:

Annalen des Königreichs Preußen, Bd. I, hrsg. von *Ludwig von Baczko* und *Theodor Schmalz*, Königsberg – Berlin 1792 [4 Hefte; 1 = 146 S.; 2 = 151 S.; 3 = 153 S.; 4 = 176 S.].
[NStUB Göttingen: 8° H. Pruss. 326].

Annalen der Rechte des Menschen, des Bürgers und der Völker. Herausgegeben vom Professor *Schmalz*, Hefte I–II, Königsberg, bey Friedrich Nicolovius 1794–1795 [durchgeh. paginiert 182 Seiten, H. I = 1–88, H. II = 89–182].
[SBPK Berlin 1: Fl 5764].

Neue Sammlung merkwürdiger Rechtsfälle. Entscheidungen der Hallischen Juristen-Facultät. Hrsg. von D. *Theodor Schmalz*, Königl. Geheimen Justiz-Rath, Bde. I–II, Berlin 1809–1810 [I = 339 S.; II = 315 S.].
[NStUB Göttingen: 8° Jur. Decis. 433/3].

Annalen der Politik. Herausgegeben von D. *Theodor Schmalz*, Bd. I, Berlin, bei Friedrich Maurer 1811 [484 S.]; Bd. II, Berlin, bei J. E. Hitzig 1814 [115 S.].
[Univ. Bibl. Heidelberg: B 36]

Die Stockbörse und der Handel in Staatspapieren. Für Juristen, Staats- und Geschäftsmänner, besonders Kaufleute und Mäkler. Aus dem Französischen des Herrn *Coffinière*, Advokaten zu Paris. Herausgegeben mit einem Nachtrage vom Geheimen Rath *Schmalz* zu Berlin, Berlin: In der Schlesingerschen Buch- und Musikhandlung 1824 [308 S.].
[NStUB Göttingen: 8° J. Mat. 226/85].

IV. Schmalz als Übersetzer:

Geschichte unserer Zeiten. Aus dem Lateinischen des Baron *Schulz von Ascherade* übersetzt von D. *Theodor Schmalz*, Professor der Rechte zu Königsberg, Bde. I–II, Königsberg 1790 [I = 152 S.; II = 175 S.]
[NStUB Göttingen: 8° H. un. V, 1076[c]]

Aristoteles über Revolutionen. (Das fünfte Buch seiner Politik, aus dem Griechischen übersetzt.), in: Annalen der Rechte des Menschen, des Bürgers und der Völker, hrsg. vom Professor *Schmalz* in Königsberg, 2. Heft, Königsberg 1795, S. 137–156 (mit einer „Nachschrift des Herausgebers“, ebd., S. 155–156).

Auflösung der arithmetischen Formel des *tableau économique*. (Uebersetzt), in: Annalen der Politik, hrsg. v. *Theodor Schmalz*, Bd. I, Berlin 1811, S. 11–27.

Ueber die Bank von Frankreich. Bericht einer besondern Commission an die französische Ober-Handels-Cammer im Jahre 1806; nebst einer Theorie der Banken (Uebersetzt), I–II, in: Annalen der Politik, hrsg. v. *Theodor Schmalz*, Bd. I, Berlin 1811, S. 185–216, 270–298.

Ueber den großbritanischen und irländischen Handel. Aus *d'Ivernois: Effêts du blocu continental sur le commerce, les finances, le credit et la prosperité des îles britanniques. 1809*, in: Annalen der Politik, hrsg. v. *Theodor Schmalz*, Bd. I, Berlin 1811, S. 217–237.

Statistische Nachrichten von Großbritanien. (Aus Herrn George Chalmers *Estimate of the comparative Strength of Great-Britain.*), in: Annalen der Politik, hrsg. v. *Theodor Schmalz*, Bd. I, Berlin 1811, S. 371–385.
Bericht der Committee des britischen Parlaments über den hohen Preis des ungemünzten Geldes, die Circulations-Mittel und den Wechselcours, in: Annalen der Politik, hrsg. v. *Theodor Schmalz*, Bd. I, Berlin 1811, S. 439–484.
Darstellung der ministeriellen Darstellung des Finanzzustandes von Frankreich. Von Sir Francis d'Ivernois, in: Annalen der Politik, hrsg. v. *Theodor Schmalz*, Bd. II, Berlin 1814, S. 1–57.
Unterredungen Napoleons mit den Deputirten seiner Commerz-Cammer und mit den Abgesandten der Hansestädte. (Von Sir Francis d'Ivernois.), in: Annalen der Politik, hrsg. v. *Theodor Schmalz*, Bd. II, Berlin 1814, S. 105–115.

V. Übersetzungen einzelner Schriften von Schmalz:

Économie politique, ouvrage traduit de l'Allemand, de M. Schmalz, conseiller intime de Sa Majesté le Roi de Prusse et professeur de droit à l'université de Berlin; Par Henri Jouffroy, conseiller au service de Prusse; revu et annoté sur la traduction, par M. Fritot, avocat a la cour royale de Paris, auteur de l'esprit de publiciste, Bde. I–II, Paris, chez Arthus Bertrand 1826 [XIX, 341, 313 S.]
[SBPK Berlin 1: Fe 2971].
Le Droit des Gens Européen, traduit de l'Allemand de M. Schmalz ... par le Comte Léopold de Bohm, Paris, N. Maze 1823 [VI, 287 S.].
Del diritto delle genti europei; libri otto. Traduzione dall'originale tedesco del dottore Giovanni Fontana, Pavia, L. Comini 1821.
Handboog i Statsoekonomien. Oversat ved C. N. Fausbüll og C. A. Dahl, Kjøbenhavn, E. A. H. Møller 1817 [350 S.].
Om Stats-Finanser, om Merkantil-Industrie, og Oeconomie, Systemerne samt om Arthur Young og Adam Smith mod Physiokratien. Tilligemed en Fortale af Oversaetteren Friderich Winkel-Horn, Kjøbenhavn, P. D. Kiøpping 1813 [VIII, 75 S.].
[Russ. Übers. von: Jus naturale in aphorismis, 1812]: Castnoe estestvennoe pravo, Sovinennoe Feodorom Smal'com, Perevedennoe s Latinskago i S privaleniem istorii i litteratury Estestvennago Prava Izdannoe P(etrom) S(ergeevy)m, Sanktpetersburg 1826 [XIV, 119 S.].
[SBPK Berlin 1: Fl 6038].

VI. Bibliographisch nachgewiesene, aber in den deutschen öffentlichen Bibliotheken nicht mehr vorhandene selbständige Schriften von Schmalz:

Dissertatio inaug. de jure alienandi territoria absque consensu statuum provincialium principibus Germaniae competente, Rinteln 1786.
Etwas über die ältesten Spuren der Lehne, Rinteln 1787.
Bemerkungen zur Beantwortung der Fragen über das Verhältnis der Politik zur Moral, Königsberg 1794.

Die neueste Litteratur des Natur- und Völkerrechts, Königsberg 1795.
Dissertatio I. Florentini Institutt. fragmenta commentario illustr., Königsberg 1802; 2. Aufl. Leipzig 1823.
Verhältniß des reinen Naturrechts zum angewandten, Berlin 1812.
(Anonym): Eine Anticritik, aber nicht vom getadelten Verfasser. Die Streitschriften über das Liturgische Recht betreffend, Berlin: Cawitzel 1815 [15 S.].
[SBPK Berlin 1: Verlust].
Plan zu Vorlesungen über allgemeines positives, europäisches Staatsrecht, Berlin 1815.

VII. Gedruckte Gutachten, Zeugnisse, Bittschriften, Briefe von Schmalz

Schmalz an Graf Philipp II. Ernst zu Schaumburg-Lippe, Hannover, 12.12.1781, in: *Stephan Kekule von Stradonitz:* Eine merkwürdige literarische Fehde um die Schmalzsche Lebensbeschreibung des Grafen Wilhelm zu Schaumburg-Lippe, in: Niedersachsen. Illustrierte Halbmonatsschrift für Geschichte, Landes- und Volkskunde, Sprache, Kunst und Literatur Niedersachsens 16 (1910/11), S. 481; ebenfalls in: *Otto Müller,* Zur Geschichte des Grafen Wilhelm zu Schaumburg-Lippe. Die im 18. Jahrhundert gemachten Versuche die Geschichte dieses Grafen zu schreiben. Zugleich ein Beitrag zur Geschichte der Zensur in Deutschland. Nach den Schriftstücken des Fürstlichen Hausarchivs zu Bückeburg, Hannover 1912, S. 18f.
Schmalz an Graf Philipp II. Ernst zu Schaumburg-Lippe, Hannover, 1.12.1786, in: *Otto Müller,* Zur Geschichte des Grafen Wilhelm zu Schaumburg-Lippe. Die im 18. Jahrhundert gemachten Versuche die Geschichte dieses Grafen zu schreiben. Zugleich ein Beitrag zur Geschichte der Zensur in Deutschland. Nach den Schriftstücken des Fürstlichen Hausarchivs zu Bückeburg, Hannover 1912, S. 42.
Zeugnis von Schmalz für Theodor von Schön, Königsberg, 27.3.1792, in: *[Theodor von Schön]:* Studienreisen eines jungen Staatswirths in Deutschland am Schlusse des vorigen Jahrhunderts. Beiträge und Nachträge zu den Papieren des Ministers und Burggrafen von Marienburg *Theodor von Schön*. Von einem Ostpreußen, Leipzig 1879, S. 595.
Schmalz an Karl Friedrich von Beyme, Halle, 15.11.1804, in: *Max Lenz:* Geschichte der königlichen Friedrich-Wilhelms-Universität zu Berlin, Bd. IV, Halle a. S. 1910, S. 32–33.
Schmalz an Karl Friedrich von Beyme, Halle, 30.9.1807, in: *Max Lenz:* Geschichte der königlichen Friedrich-Wilhelms-Universität zu Berlin, Bd. IV, Halle a. S. 1910, S. 45–48.
Schmalz und Ludwig Friedrich von Froriep an König Friedrich Wilhelm III., Memel, 22.8.1807, in: *Rudolf Köpke:* Die Gründung der Königlichen Friedrich-Wilhelms-Universität zu Berlin, Berlin 1860, S. 159.
Denkschrift von Schmalz über die Errichtung einer Universität zu Berlin, 22.8.1807, in: *Rudolf Köpke:* Die Gründung der Königlichen Friedrich-Wilhelms-Universität zu Berlin, Berlin 1860, S. 159–163; auszugsweise auch in: Idee und Wirklichkeit einer Universität. Dokumente zur Geschichte der Friedrich-Wilhelms-Universität zu Berlin. In Zusammenarbeit mit *Wolf-*

gang Müller-Lauter und *Michael Theunissen* hrsg. v. *Wilhelm Weischedel*, Berlin 1960, S. 11–15.

Schmalz an Polizeipräsident Justus Gruner, Berlin, 13.12.1810, in: *Reinhold Steig:* Heinrich von Kleist's Berliner Kämpfe, Berlin – Stuttgart 1901, S. 314.

Schmalz an Heinrich von Kleist, Berlin, 1.2.1811, in: *Kleist, Heinrich von:* Sämtliche Werke und Briefe, hrsg. v. *Helmut Sembdner*, Bd. II, München 1987, S. 851; auch in: *Reinhold Steig:* Heinrich von Kleist's Berliner Kämpfe, Berlin – Stuttgart 1901, S. 322.

Schmalz an Friedrich von Schuckmann, Berlin, 3.3.1811, in: *Max Lenz:* Geschichte der königlichen Friedrich-Wilhelms-Universität zu Berlin, Bd. IV, Halle a. S. 1910, S. 131.

Schmalz an Friedrich Schleiermacher, Berlin, 18.3.1811 (Auszug), in: *Max Lenz:* Geschichte der königlichen Friedrich-Wilhelms-Universität zu Berlin, Bd. I, Halle a. S. 1910, S. 330.

Votum von Schmalz, Berlin, 4.4.1812, in: *Max Lenz:* Geschichte der königlichen Friedrich-Wilhelms-Universität zu Berlin, Bd. IV, Halle a. S. 1910, S. 178–179.

Schmalz an Christian Gottfried Schütz, Berlin, 22.2.1814, in: *Friedrich Karl Julius Schütz* (Hrsg.): Christian Gottfried Schütz. Darstellung seines Lebens, Charakters und Verdienstes nebst einer Auswahl aus seinem litterarischen Briefwechsel mit den berühmtesten Gelehrten und Dichtern seiner Zeit, Bd II, Halle 1835, S. 450–451.

Schmalz an Friedrich August Stägemann, Berlin, 7.8.1815, in: *Franz Rühl* (Hrsg.): Briefe und Aktenstücke zur Geschichte Preussens unter Friedrich Wilhelm III. vorzugsweise aus dem Nachlass von F. A. von Stägemann, Bd. I, Leipzig 1899, S. 400–401.

Schmalz an Karl August von Hardenberg, o. O. o. D. [vermutl. ebenfalls Berlin, 7.8.1815], in: *Franz Rühl* (Hrsg.): Briefe und Aktenstücke zur Geschichte Preussens unter Friedrich Wilhelm III. vorzugsweise aus dem Nachlass von F. A. von Stägemann, Bd. I, Leipzig 1899, S. 401–402.

Schmalz an Karl Witte, Berlin 19.1.1817, in: *Carl Witte:* Abgedrungene Erklärung des Dr. Carl Witte. Als Antwort auf die Schrift: Die Juristenfacultät zu Berlin und der Dr. Witte, Berlin – Frankfurt a. d. O. 1817, S. 27 f.

Schmalz an Karl Witte, Berlin 21.1.1817, in: *Carl Witte:* Abgedrungene Erklärung des Dr. Carl Witte. Als Antwort auf die Schrift: Die Juristenfacultät zu Berlin und der Dr. Witte, Berlin – Frankfurt a. d. O. 1817, S. 29.

Schmalz an Eduard Gans, Berlin, 15.11.1830, in: *Wilhelm Dorow* (Hrsg.): Krieg, Literatur und Theater. Mittheilungen zur neueren Geschichte, Leipzig 1845, S. 180–183.

Schmalz an Eduard Gans, Berlin, 27.11.1830, in: *Wilhelm Dorow* (Hrsg.): Krieg, Literatur und Theater. Mittheilungen zur neueren Geschichte, Leipzig 1845, S. 183–185; Faksimile dieses Briefes in: *Otto Liebmann* (Hrsg.): Die juristische Fakultät der Universität Berlin von ihrer Gründung bis zur Gegenwart in Wort und Bild, in Urkunden u. Briefen, Berlin 1910, S. 94–96.

C. Andere gedruckte Quellen

Abegg, Johann Friedrich: Reisetagebuch von 1798, hrsg. v. *Walter* u. *Jolanda Abegg* in Zusammenarbeit mit *Zwi Batscha*, Frankfurt a. M. 1976.

Achenwall, Gottfried / Pütter, Johann Stephan: Anfangsgründe des Naturrechts (Elementa Iuris Naturae), hrsg. u. übersetzt v. *Jan Schröder* (Bibliothek des deutschen Staatsdenkens, Bd. 5), Frankfurt a. M. – Leipzig 1995.

[Anonym]: Neuer Weg zur Unsterblichkeit für Fürsten, in: Berlinische Monatsschrift 5 (1785), S. 239–247.

[Anonym]: Sendschreiben an Herrn G. S. über die Verlegung der Universität Halle nach Berlin, Berlin – Leipzig 1807.

[Anonym]: Soll in Berlin eine Universität seyn? Ein Vorspiel zur künftigen Untersuchung dieser Frage, Berlin 1808.

[Anonym]: Ueber den berüchtigten Brief des gewesenen preußischen Ministers von Stein, mit Rücksicht auf die Aeußerungen preußischer Gelehrten, in: Friedenspräliminarien. Ein Journal in zwanglosen Heften [hrsg. v. *F. von Cölln*], Bd. 1, Leipzig 1809, H. 2, S. 117–134.

[Anonym]: Ueber Facultäten auf Universitäten, in: Friedenspräliminarien. Ein Journal in zwanglosen Heften [hrsg. v. *F. von Cölln*], Bd. 1, Leipzig 1809, H. 3, S. 103–108.

[Anonym]: Französisches Militair-Gericht über den Geheimerat Schmalz in Berlin, im November 1808, zuerst in: Das neue Deutschland. Enthaltend größtentheils freimüthige Berichte zur Geschichte der Bedrückung und der Wiederbefreiung Deutschlands, Bd. I, 1. Stück, Berlin 1813, Neudruck in: Das neue Deutschland 1813/14. Eingeleitet v. *Fritz Lange*, Berlin (-Ost) 1953, S. 144–147.

[Anonym]: Die Deutschen Roth- und Schwarz-Mäntler. Eine Seiten-Patrouille zu den Französischen schwarzen und weißen Jakobinern, Neubrandenburg o. J. [1815].

[Anonym]: Rezension von: Berichtigung einer Stelle in der Bredow-Venturinischen Chronik für das Jahr 1808. Ueber politische Vereine und ein Wort über Scharnhorsts und meine Verhältnisse zu ihnen. Vom Geheimenrath Schmalz, Berlin 1815, in: Allgemeine Literatur-Zeitung (Halle), Nr. 215, September 1815, Sp. 142–144.

[Anonym; „K."]: Rezension von: Berichtigung einer Stelle in der bredow-venturinischen Chronik für das Jahr 1808 über politische Vereine, und ein Wort über Scharnhorsts und meine Verhältnisse zu ihnen, von Geh. Rath Schmalz in Berlin 1815, in: Jenaische Allgemeine Literatur-Zeitung, Nr. 189, Oktober 1815, Sp. 74–76.

[Anonym]: Wenige Worte vom Untugendbund, in Bemerkungen zu der Schrift des Herrn geheimen Raths Schmalz über politische Vereine, und deren Recension in der allgemeinen Literaturzeitung, September 1815, No. 214., Westteutschland [= Heidelberg} 1815.

[Anonym; „Dch."]: Gegen den geheimen Rath Schmalz zu Berlin wegen seiner jüngst herausgegebenen Worte über politische Vereine. Aus dem dritten Bande der deutschen Blätter besonders abgedruckt, Leipzig – Altenburg 1815.

*[Anonym; „***s."]:* Die neuen Obscuranten im Jahre 1815. Dem Herrn geheimen Rath Schmalz in Berlin und dessen Genossen gewidmet, in: Deutsche Blätter. Neue Folge, Nr. 10, 1815, S. 145–156; Nr. 12, 1815, S. 177–190.
[Anonym; „A. J."]: Politisch-historische Literatur (Ueber geheime Verbindungen im preußischen Staate und deren Denunciation. Von B. G. Niebuhr, Berlin 1815; Ueber des Herrn B. G. Niebuhrs Schrift wider die meinige, politische Vereine betreffend. Vom geheimen Rath Schmalz, Berlin 1815), in: Deutsche Blätter. Neue Folge, Nr. 19, 1815, S. 289–304; Nr. 20, 1815, S. 315–318.
[Anonym]: Literatur (F. Schleiermacher an den Herrn geheimen Rath Schmalz. Auch eine Recension, Berlin 1815), in: Deutsche Blätter. Neue Folge, Nr. 26, 1816, S. 401–408.
[Anonym]: Literatur (Das Wesen und Wirken des sogenannten Tugendbundes und anderer angeblicher Bünde. Eine geschichtliche Darstellung von W. T. Krug, Leipzig 1816), in: Deutsche Blätter, Nr. 28, 1816, S. 433–448.
[Anonym:] An Herrn K.... über Schmalz, in: Deutsche Blätter, Nr. 28, 1816, S. 464.
[Anonym]: Literatur. (Die Stimme eines preußischen Staatsbürgers in den wichtigsten Angelegenheiten dieser Zeit. Veranlaßt durch die Schrift des Herrn geheimen Raths Schmalz: über politische Vereine. Vom Gouvernements-Rath Koppe in Aachen, Köln 1815), in: Deutsche Blätter, Nr. 33, 1816, S. 513–524, Nr. 35, 1816, S. 555–560.
[Anonym; „A. J."]: Noch immer Schmalziana (Das Märchen von den Verschwörungen. Von Friedrich Rühs, Berlin 1815), in: Deutsche Blätter, Nr. 36, 1816, S. 561–569.
[Anonym; „A. J."]: Letzte Schmalziana (Bemerkungen gegen die Schrift des geheimen Raths Schmalz zu Berlin über politische Vereine. Von Ludwig Wieland, Erfurt 1815), in: Deutsche Blätter, Nr. 37, 1816, S. 577–583; (Letztes Wort über politische Vereine. Vom geheimen Rath Schmalz, Berlin 1816), Nr. 38, 1816, S. 593–602.
[Anonym; „R."]: Ueber eine merkwürdige politische Schrift des Herrn Geheimenrath *Schmalz*, in: Minerva, Bd. 4, Jena 1815, S. 175–176.
[Anonym; „M"]: Ueber des Herrn geh. Raths Schmalz letzte Streitschrift gegen Niebuhr, in: Nemesis. Zeitschrift für Politik und Geschichte, hrsg. v. *Heinrich Luden*, Bd. 6, Weimar 1816, S. 188–204.
[Anonym]: Ergänzungsworte zur Schrift des Herrn Geheimen Justiz-Rath Schmalz in Berlin über politische Vereine und über das wesentlichste bei der zukünftigen preußischen Constitution, Leipzig o. J. [1816].
[Anonym]: Darstellung des unter dem Namen des Tugendbundes bekannten sittlich wissenschaftlichen Vereins nebst Abfertigung seiner Gegner, Berlin – Leipzig 1816.
[Anonym]: Die Juristenfacultät zu Berlin und der Dr. Witte, Berlin 1817.
[Anonym (Arnold Ruge?)]: Die Universität Berlin, in: Hallische Jahrbücher für deutsche Wissenschaft und Kunst, Jhg. 1840, Nr. 249 (16. 10.), Sp. 1985–1988; Nr. 250 (17. 10.), Sp. 1993–1996; Nr. 251 (19. 10.), S. 2001–2006; Nr. 252 (20. 10.), Sp. 2009–2013; Nr. 253 (21. 10.), Sp. 2017–2022; Nr. 254 (22. 10.), Sp. 2025–2030; Nr. 255 (23. 10.), Sp. 2033–2037; Nr. 256 (24. 10.), Sp. 2041–2044. – Jhg. 1841, Nr. 2 (1. 1.), S. 6–8; Nr. 3 (4. 1.), S. 9–11; Nr. 4

(5. 1.), S. 13–14; Nr. 5 (6. 1.), S. 17–19; Nr. 6 (7. 1.), S. 21–23; Nr. 7 (8. 1.), S. 25–27.

[Anonym (Arnold Ruge?)]: Die berliner Juristenfacultät, in: Hallische Jahrbücher für deutsche Wissenschaft und Kunst, Jhg. 1841, Nr. 126 (27. 5.), S. 501–503; Nr. 127 (28. 5.), S. 505–507; Nr. 128 (29. 5.), S. 509–512; Nr. 129 (31. 5.), S. 513–515; Nr. 130 (1. 6.), S. 517–518.

Anrich, Ernst (Hrsg.): Die Idee der deutschen Universität. Die fünf Grundschriften aus der Zeit ihrer Neubegründung durch klassischen Idealismus und romantischen Realismus, Darmstadt 1956.

Arndt, Ernst Moritz: Werke. Auswahl in zwölf Teilen, hrsg. v. *August Leffson / Wilhelm Steffens*, Bde. I–XII, Berlin – Leipzig – Wien – Stuttgart o. J. (1912).

Arnim, Achim von: Werke, hrsg. v. *Roswitha Burwick / Jürgen Knaack / Paul Michael Lützeler / Renate Moering / Ulfert Ricklefs / Hermann F. Weiss*, Bd. VI (Bibliothek deutscher Klassiker, Bd. 72), Frankfurt a. M. 1992.

Baczko, Ludwig von: Geschichte meines Lebens, Bde. I–III, Königsberg 1824.

Baxa, Jakob (Hrsg.): Adam Müllers Lebenszeugnisse, Bde. I–II, München – Paderborn – Wien 1966.

Bergk, Johann Adam: Briefe über Immanuel Kant's Metaphysische Anfangsgründe der Rechtslehre, enthaltend Erläuterungen, Prüfung und Einwürfe, Leipzig – Gera 1797.

Berliner Abendblätter, hrsg. v. *Heinrich von Kleist*, Neudruck besorgt v. *Helmut Sembdner*, Wiesbaden o. J. [um 1970].

Boeckh, August: Ueber die Lage und Verhältnisse der Preußischen Universitäten, vorzüglich der Berliner, während der Regierung des Königs Friedrich Wilhelm III. (1847), in: *derselbe:* Gesammelte Kleine Schriften, Bd. II: Reden, hrsg.v. *Ferdinand Ascherson*, Leipzig 1859, S. 1–17.

Boeckh, August: Ueber den Sinn und Geist der Gründung der Berliner Universität (1856), in: *derselbe:* Gesammelte Kleine Schriften, Bd. II: Reden, hrsg.v. *Ferdinand Ascherson*, Leipzig 1859, S. 131–147.

Boeckh, August: Festrede zur Jubelfeier des funfzigjährigen Bestehens der Königlichen Friedrich-Wilhelms-Universität, gehalten in der St. Nikolai-Kirche zu Berlin am 15. October 1860. (Die Zeitumstände, unter welchen, und der Geist, in welchem die Universität gestiftet wurde), in: *derselbe:* Gesammelte Kleine Schriften, Bd. III: Reden und Abhandlungen, hrsg. v. *Ferdinand Ascherson*, Leipzig 1866, S. 60–74.

Boyen, Hermann von: Denkwürdigkeiten und Erinnerungen 1771–1813, Bde. I–II, Stuttgart 1899.

Branig, Hans (Hrsg.): Briefwechsel des Fürsten Karl August von Hardenberg mit dem Fürsten Wilhelm Ludwig von Sayn-Wittgenstein 1806–1822. Edition aus dem Nachlaß Wittgenstein (Veröffentlichungen aus den Archiven Preußischer Kulturbesitz, Bd. 9), Köln – Berlin 1972.

Buchholz, Friedrich: Marginalien zu der Schrift: Ansicht der Ständischen Verfassung der Preußischen Monarchie; von E. F. d. V., Berlin 1822.

Burke, Edmund: Betrachtungen über die französische Revolution. Nach dem Englischen des Herrn Burke neu-bearbeitet mit einer Einleitung, Anmerkungen, politischen Abhandlungen, und einem critischen Verzeichniß der in England über diese Revolution erschienenen Schriften von *Friedrich Gentz*, Bde. I–II, Berlin 1793.

Chronik des neunzehnten Jahrhunderts. Fünfter Band, 1808. Ausgearbeitet von *Carl Venturini*, hrsg. v. *G. G. Bredow*, Altona 1811.

Clausewitz, Carl von: Schriften – Aufsätze – Studien – Briefe. Dokumente aus dem Clausewitz-, Scharnhorst- und Gneisenau-Nachlaß sowie aus öffentlichen und privaten Sammlungen, hrsg. v. *Werner Hahlweg*, Bde. II/1-II/2 (Deutsche Geschichtsquellen des 19. und 20. Jahrhunderts, Bd. 49), Göttingen 1990.

Dorow, Wilhelm (Hrsg.): Denkschriften und Briefe zur Charakteristik der Welt und Litteratur, Bde. I–V, Berlin 1838–1841.

Dorow, Wilhelm: Erlebtes aus den Jahren 1813–1820, Bde. I–IV, Leipzig 1843–1845.

Dorow, Wilhelm (Hrsg.): Krieg, Literatur und Theater. Mittheilungen zur neueren Geschichte, Leipzig 1845.

Eichendorff, Joseph Freiherr von: Sämtliche Werke. Historisch-kritische Ausgabe, hrsg. v. *Wilhelm Kosch / August Sauer*, Bd. XII: Briefe, Regensburg 1910.

Eichendorff, Joseph Freiherr von: Werke, hrsg. v. *Wolfgang Frühwald / Brigitte Schillbach / Hartwig Schultz* (Bibliothek deutscher Klassiker, Bd. 96), Bd. V: Tagebücher, Autobiographische Dichtungen, Historische und politische Schriften, Frankfurt a. M. 1993.

Eiselen, Johann Friedrich Gottfried: Art. „Öconomisten“, in: Allgemeine Encyklopädie der Wissenschaften und Künste in alphabetischer Folge von genannten Schriftstellern bearbeitet und hrsg. v. *J. S. Ersch / J. G. Gruber*, Bd. III/2: Odysseia – Olba, Leipzig 1832, S. 16–28.

Feuerbach, Paul Johann Anselm: Kritik des natürlichen Rechts als Propädeutik zu einer Wissenschaft der natürlichen Rechte, Altona 1796, Ndr. Hildesheim 1963.

[Feuerbach, Paul Johann Anselm:] Rez. von: Theodor Schmalz: Das reine Naturrecht, Königsberg 1792, 2. Aufl., Königsberg 1795; derselbe: Das natürliche Staatsrecht, Königsberg 1794; derselbe: Das natürliche Familienrecht, Königsberg 1795; derselbe: Das natürliche Kirchenrecht, Königsberg 1795, in: Allgemeine Literatur-Zeitung, Nr. 242, 13.8.1798, Sp. 313–318; Nr. 243, 14.8.1798, Sp. 321–328.

Fichte, Johann Gottlieb: Briefwechsel, hrsg. v. *Hans Schulz*, Bde. I–II, Leipzig 1930.

Fichte, Johann Gottlieb: Schriften zur Revolution, hrsg. v. *Bernard Willms* (Klassiker der Politik, Bd. 7), Köln – Opladen 1967.

Fichte, Johann Gottlieb: Grundlage des Naturrechts nach Principien der Wissenschaftslehre (1796), in: *derselbe*: Sämmtliche Werke, hrsg. v. *Immanuel Hermann Fichte*, Bd. III: Zur Rechts- und Sittenlehre I, Berlin 1845, Ndr. Berlin 1971, S. 1–385.

Förster, Friedrich: Von der Begeisterung des Preußischen Volkes im Jahre 1815 als Vertheidigung unsers Glaubens, Berlin 1816.

Fouqué, Albertine Baronin de la Motte Fouqué (Hrsg.): Briefe an Friedrich Baron de la Motte Fouqué, Berlin 1848.

Fries, Jakob Friedrich: Sämtliche Schriften, hrsg. v. *Gert König / Lutz Geldsetzer*, Bd. XXV: Abt. 6, Bd. 2: Rezensionen, Aalen 1996.

Fuchs, Erich (Hrsg.): J. G. Fichte im Gespräch. Berichte der Zeitgenossen, hrsg. v. *Erich Fuchs* in Zusammenarbeit mit *Reinhard Lauth* u. *Walter Schieche*, Bde. I–VI/2 (Specula, hrsg. v. Günther Holzboog, Bde. 1,I–1,VI/2), Stuttgart – Bad Cannstatt 1978–1992.

Funke, Hans (Bearb.): Schloß-Kirchenbuch Hannover 1680–1812, Bde. I–II, Hannover 1992–1993.

[Gans, Eduard]: Urtheil eines Unpartheiischen über das Benehmen der Juristenfacultät zu Berlin in der Habilitationsangelegenheit des Dr. Witte, Berlin – Frankfurt a. d. O. 1817.

[Gans, Eduard]: [Artikel zum Thronfolgestreit in Portugal], in: Allgemeine Preußische Staats-Zeitung, Nr. 56, 25.2.1830, S. 405–406.

Gans, Eduard: Naturrecht und Universalrechtsgeschichte, hrsg. v. *Manfred Riedel* (Deutscher Idealismus. Philosophie und Wirkungsgeschichte in Quellen und Studien, Bd. 2), Stuttgart 1981.

Gerlach, Ernst Ludwig von: Aufzeichnungen aus seinem Leben und Wirken, hrsg. v. *Jakob von Gerlach*, Bde. I–II, Schwerin 1903.

Gesetz-Sammlung für die Königlichen Preußischen Staaten 1816. No. 1. bis incl. 19., Berlin 1816.

Görres, Joseph: Gesammelte Briefe, hrsg. v. *Marie Görres / Franz Binder*, Bde. I–III, München 1858–1874.

Görres, Joseph: Gesammelte Schriften, hrsg. v. *Wilhelm Schellberg*, Bd. X: Rheinischer Merkur, 2. Bd. 1815/16, Köln 1928.

Görres, Joseph: Auswahl in zwei Bänden, hrsg. v. *Arno Duch*, Bd. I: Rheinischer Merkur, Bd. II: Deutschland und die Revolution (Der deutsche Staatsgedanke, R. I, Bd. 11, I–II), München 1921.

Görres, Joseph: Gesammelte Schriften, hrsg. im Auftrage der Görres-Gesellschaft v. *Wilhelm Schellberg*, Bd. XIII: Politische Schriften (1817–1822), hrsg. v. *Günther Wohlers*, Köln 1929.

Goethe, Johann Wolfgang von: Werke, hrsg. im Auftrage der Großherzogin Sophie von Sachsen (Weimarer Ausgabe), 1. Abt. Bd. XXXV, Weimar 1892, 4. Abt., Bd. XVII, Weimar 1895.

Goethe, Johann Wolfgang von: Sämtliche Werke (Artemis-Gedenkausgabe), Bd. VII: Wilhelm Meisters Lehrjahre, Zürich 1977.

Gräf, Hans Gerhard (Hrsg.): Goethes Briefwechsel mit seiner Frau, Bd. I, Frankfurt a. M. 1916.

Granier, Herman (Hrsg.): Berichte aus der Berliner Franzosenzeit 1807–1809. Nach den Akten des Berliner Geheimen Staatsarchivs und des Pariser Kriegsarchivs (Publikationen aus den K. Preußischen Staatsarchiven, Bd. 88), Leipzig 1913.

Griewank, Karl (Hrsg.): Gneisenau – Ein Leben in Briefen, Leipzig 1939.

Gubitz, Friedrich Wilhelm: Erlebnisse. Nach Erinnerungen und Aufzeichnungen, Bde. I–III, Berlin 1868–1869.

Gutzkow, Karl: Unter dem schwarzen Bären. Autobiographische Aufzeichnungen, Bilder und Erinnerungen, hrsg. v. *Fritz Böttger*, Berlin (-Ost) 1959.

Härtl, Heinz (Hrsg.): Arnims Briefe an Savigny 1803–1831 mit weiteren Quellen als Anhang, Weimar 1982.

Hahn, Karl-Heinz (Hrsg.): Briefe an Goethe. Gesamtausgabe in Regestenform, Bd. I: 1764–1795, Weimar 1980.

Hasenclever, Adolf: Ungedruckte Briefe Theodor von Schöns an den Hallenser Professor Ludwig Heinrich von Jakob (1805–1821), in: Forschungen zur brandenburgischen und preußischen Geschichte 31 (1918/19), S. 345–373.

[Heeren, Arnold Hermann Ludwig]: Rezension von: Theodor Schmalz: Staatsverfassung Großbritanniens, Halle 1806, in: Göttingische gelehrte Anzeigen, 204. St., 22.12.1806, S. 2033–2037.

Hegel, Georg Wilhelm Friedrich: Briefe von und an Hegel, hrsg. v. *Johannes Hoffmeister*, Bde. II–III, Hamburg 1953–1954.

Hegel, Georg Wilhelm Friedrich: Berliner Schriften 1818–1831, hrsg. v. *Johannes Hoffmeister*, Hamburg 1956.

Hegel, Georg Wilhelm Friedrich: Grundlinien der Philosophie des Rechts (1821), hrsg. v. *Johannes Hoffmeister*, 4. Aufl., Hamburg 1967.

Hegel, Georg Wilhelm Friedrich: Gesammelte Werke, Bd. V: Schriften und Entwürfe (1799–1805), hrsg. v. *Theodor Ebert / Kurt Rainer Meist*, Hamburg 1998.

Heine, Heinrich: Sämtliche Schriften, hrsg. v. *Klaus Briegleb*, Bd. II, München 1969.

Herwig, Wolfgang: Goethes Gespräche. Eine Sammlung zeitgenössischer Berichte aus seinem Umgang auf Grund der Ausgabe und des Nachlasses von Flodoard Freiherr von Biedermann, Bd. I: 1749–1805, Zürich – Stuttgart 1965.

Heyderhoff, Julius (Hrsg.): Benzenberg der Rheinländer und Preuße 1815–1823. Politische Briefe aus den Anfängen der preußischen Verfassungsfrage (Rheinisches Archiv. Arbeiten zur Landes- und Kulturgeschichte, H. 7), Bonn 1928.

Hoffmann, Ernst Theodor Amadeus: Briefwechsel, hrsg. v. *Friedrich Schnapp*, Bd. III, Darmstadt 1969.

Hoffmann, Ernst Theodor Amadeus: Juristische Arbeiten, hrsg. v. *Friedrich Schnapp*, München 1973.

Huber, Ernst Rudolf (Hrsg.): Dokumente zur deutschen Verfassungsgeschichte, Bd. I: Deutsche Verfassungsdokumente 1803–1850, 3. Aufl., Stuttgart – Berlin – Köln – Mainz 1978.

[Hüser, Johann Hans Gustav Heinrich von]: Denkwürdigkeiten aus dem Leben des Generals der Infanterie von Hüser größtentheils nach dessen hinterlassenen Papieren zusammengestellt und herausgegeben von *M. O.* – Mit einem Vorwort von Professor Dr. *Maurenbrecher*, Berlin 1877.

Hugo, Gustav: Lehrbuch des Naturrechts als einer Phlosophie des positiven Rechts, 3. Aufl., Berlin 1809.

Humboldt, Wilhelm von: Gesammelte Schriften, hrsg. von der Königlich Preußischen Akademie der Wissenschaften, Bde. X, XVI, XVII, Berlin 1903–1936.

[Jahn, Friedrich Ludwig]: Die Briefe F. L. Jahns, hrsg. v. *Wolfgang Meyer* (Quellenbücher der Leibesübungen, Bd. 5), Dresden o. J. [1930].

Janssen, Johannes: Joh. Friedrich Böhmer's Leben, Briefe und kleinere Schriften, Bd. II: Briefe I (1815–1849), Freiburg i. Br. 1868.

Jean Paul: Sämtliche Werke, hrsg. v. *Norbert Miller*, Abt. I, Bd. V: Vorschule der Ästhetik; Levana oder Erziehlehre; Politische Schriften, München 1963.

Kamptz, Carl Albert von: Neue Literatur des Völkerrechts seit dem Jahre 1784; als Ergänzung und Fortsetzung des Werks des Gesandten von Ompteda, Berlin 1817.

[Kamptz, Carl Albert Christoph Heinrich von]: Rechtliche Erörterung über öffentliche Verbrennung von Druckschriften. Ein besondrer Abdruck der, im XIXten Heft der Jahrbücher der Preußischen Gesetzgebung enthaltenen, Abhandlung mit einer Vorrede, Berlin 1817.

Kant, Immanuel: Gesammelte Schriften, hrsg. v. d. Königlich Preußischen Akademie der Wissenschaften, Bde. I–XXIX, Berlin – Leipzig 1910–1983.

Kant, Immanuel: Briefwechsel, Auswahl und Anmerkungen v. *Otto Schöndörffer*, bearbeitet v. *Rudolf Malter*, 3. Aufl., Hamburg 1986.

Klein, Ernst Ferdinand: Grundsätze der natürlichen Rechtswissenschaft nebst einer Geschichte derselben, Halle 1797.

Kleist, Heinrich von: Sämtliche Werke und Briefe, hrsg. v. *Helmut Sembdner*, Bde. I–II, München 1987.

Klenner, Hermann / Oberkofler, Gerhard: Zwei Savigny-Voten über Eduard Gans nebst Chronologie und Bibliographie, in: Topos. Internationale Beiträge zur dialektischen Theorie, Bd. I, hrsg. v. *Hans Heinz Holz / Domenico Losurdo*, Bonn 1993, S. 123–148.

Klüber, Johann Ludwig: Oeffentliches Recht des teutschen Bundes und der Bundesstaaten, Frankfurt a. M. 1817.

Koppe, Karl: Die Stimme eines Preußischen Staatsbürgers in den wichtigsten Angelegenheiten dieser Zeit. veranlaßt durch die Schrift des Herrn Geh. Raths Schmalz: Ueber politische Vereine etc., Köln 1815.

Kraus, Christian Jacob: Staatswirthschaft, hrsg. v. *Hans von Auerswald*, Bde. I–V, Königsberg, 1808–1811.

Krug, Wilhelm Traugott: Das Wesen und Wirken des sogenannten Tugendbundes und andrer angeblichen Bünde. Eine geschichtliche Darstellung, Leipzig 1816.

Lehmann, August (Hrsg.): Der Tugendbund. Aus den hinterlassenen Papieren des Mitstifters Professor Dr. Hans Friedrich Gottlieb Lehmann, Berlin 1867.

[Luden, Heinrich]: Auch ein Wort über politische Vereine, in Beziehung auf den Lärm, welchen Herr geheimer Rath Schmalz in Berlin erregt hat, in: Nemesis. Zeitschrift für Politik und Geschichte, hrsg. v. *Heinrich Luden*, Bd. 6, Weimar 1816, S. 137–187.

Malter, Rudolf (Hrsg.): Immanuel Kant in Rede und Gespräch, Hamburg 1990.

Maßmann, Hans Ferdinand: Das Wartburgfest am 18. Oktober 1817. Kurze und wahrhaftige Beschreibung des großen Burschenfestes auf der Wartburg bei Eisenach. Nebst Reden und Liedern, hrsg. v. *Raimund Steinert*, Leipzig 1917.

Matenko, Percy (Hrsg.): Tieck and Solger. The Complete Correspondence, New York – Berlin 1933.

Meister, J[ohann] C[hristian] F[riedrich]: Auch ein Paar Worte zu dem Tages-Gespräch über Universitäten. Und beiläufig ein Wort für die Universität Frankfurth an der Oder, Frankfurth a. d. O. 1809.

M[ejer], O[tto]: Niebuhr und Genossen gegen Schmalz, in: Historische Zeitschrift 61 (1889), S. 295–301.

Merkel, Garlieb: Ueber Deutschland, wie ich es nach einer zehnjährigen Entfernung wieder fand, Bde. I–II, Riga 1818.

[M . . . . . . t; = Michelet, Carl Ludwig]: [Erster Artikel zum Thronfolgestreit in Portugal], in: Allgemeine Preußische Staats-Zeitung, Nr. 7, 7.1.1830, S. 45–46.

[M – t; = Michelet, Carl Ludwig]: [Zweiter Artikel zum Thronfolgestreit in Portugal], in: Allgemeine Preußische Staats-Zeitung, Nr. 57, 26.2.1830, S. 414.

Michelet, Carl Ludwig: Wahrheit aus meinem Leben, Berlin 1884.

[Mohl, Robert von]: Cs. Ff.: Rezension von: Theodor Schmalz: Das deutsche Staatsrecht. Ein Handbuch zum Gebrauche akademischer Vorlesungen, Berlin 1825, in: Jenaische Allgemeine Literatur-Zeitung, Nr. 3/4, Januar 1826, S. 17–24, 25–27.

Montesquieu, Charles-Louis Baron de: Œuvres complètes, ed. *Roger Caillois*, Bde. I–II, Paris 1951.

Müller, Adam: Schriften zur Staatsphilosophie. Ausgewählt und hrsg. v. *Rudolf Kohler*, München 1923.

[Müller, Adolph]: Briefe von der Universität in die Heimath. Aus dem Nachlaß Varnhagen's von Ense, hrsg. v. *Ludmilla Assing*, Leipzig 1874.

Müller, Ernst (Hrsg.): Gelegentliche Gedanken über Universitäten von J. J. Engel, J. B. Erhard, F. A. Wolf, J. G. Fichte, F. D. E. Schleiermacher, K. F. Savigny, W. v. Humboldt. G. F. W. Hegel, Leipzig 1990.

Nicolin, Günther (Hrsg.): Hegel in Berichten seiner Zeitgenossen, Hamburg 1970.

Niebuhr, Barthold Georg: Ueber geheime Verbindungen im preußischen Staat, und deren Denunciation, Berlin 1815.

Niebuhr, Barthold Georg: Politische Schriften. In Auswahl hrsg. v. *Georg Küntzel* (Historisch-politische Bücherei, H. 2), Frankfurt a. M. 1923.

Niebuhr, Barthold Georg: Die Briefe, hrsg. v. *Dietrich Gerhard / William Norvin*, Bd. II: 1809–1816 (Das Literatur-Archiv, Bd. 2), Berlin 1929.

Niebuhr, Barthold Georg: Briefe. Neue Folge 1816–1830, hrsg. v. *Eduard Vischer*, Bde. I/1-IV, Bern – München 1981–1984.

Niemeyer, August Hermann: Beobachtungen auf Reisen in und außer Deutschland. Nebst Erinnerungen an denkwürdige Lebenserfahrungen und Zeitgenossen in den letzten funfzig Jahren, Bd. IV/1, Halle 1824.

[Paulus, Heinrich Eberhard Gottlob]: Rezension von: Annalen der Politik, hrsg. v. Theodor Schmalz, Bd. 2, 1814, in: Heidelbergische Jahrbücher der Literatur 7 (1814), S. 661–671.

Platen, August Graf von: Die Tagebücher, hrsg. v. *G. von Laubmann / L. von Scheffler*, Bd. I, Stuttgart 1896.

Platen, August Graf von: Der Briefwechsel, hrsg. v. *Ludwig von Scheffler / Paul Bornstein*, Bd. I, München – Leipzig 1911.

Pütter, Johann Stephan: Selbstbiographie zur dankbaren Jubelfeier seiner 50jährigen Professorsstelle zu Göttingen, Bde. I–II, Göttingen 1798.

Rau, Karl Heinrich: Grundriß der Kameralwissenschaft oder Wirthschaftslehre für encyclopädische Vorlesungen, Heidelberg 1823.

Rau, Karl Heinrich: Ueber die Kameralwissenschaft. Entwicklung ihres Wesens und ihrer Theile, Heidelberg 1825.

Raumer, Friedrich von: Vermischte Schriften, Bd. III, Leipzig 1854.

Raumer, Friedrich von: Lebenserinnerungen und Briefwechsel, Bd. II, Leipzig 1861.

Rebmann, Georg Friedrich: Werke und Briefe, Bde. I–III, Berlin 1990.

Rehberg, August Wilhelm: Untersuchungen über die Französische Revolution nebst kritischen Nachrichten von den merkwürdigsten Schriften welche darüber in Frankreich erschienen sind, Bde. I–II, Hannover – Osnabrück 1793.

[Rehberg, August Wilhelm]: Rezension von: Theodor Schmalz: Berichtigung einer Stelle in der Bredow-Venturinischen Chronik für das Jahr 1808./Ueber politische Vereine, und ein Wort über Scharnhorsts und meine Verhältnisse zu ihnen, Berlin 1815, in: Göttingische gelehrte Anzeigen unter der Aufsicht der königl. Gesellschaft der Wissenschaften, Jhg. 1815, Bd. 3, 157. Stück, 2. Oktober 1815, S. 1556–1560.

Reiter, Siegfried (Hrsg.): Friedrich August Wolf. Ein Leben in Briefen, Bde. I–III, Stuttgart 1935.

Rotteck, Carl von: Lehrbuch des Vernunftrechts und der Staatswissenschaften, Bde. I–IV (1834–40), Ndr. Aalen 1964.

Rousseau, Jean Jacques: Oeuvres complètes, hrsg. v. *Bernard Gagnebin / Marcel Raymond*, Bd. III, Paris 1964.

Rühl, Franz (Hrsg.): Briefwechsel des Ministers und Burggrafen von Marienburg Theodor von Schön mit G. H. Pertz und J. G. Droysen, Leipzig 1896.

Rühl, Franz (Hrsg.): Briefe und Aktenstücke zur Geschichte Preussens unter Friedrich Wilhelm III. vorzugsweise aus dem Nachlass von F. A. von Stägemann, Bde. I–III, Leipzig 1899–1902.

Rühs, Friedrich: Das Märchen von den Verschwörungen, Berlin 1815.

Ruge, Arnold: Aus früherer Zeit, Bde. I–III, Berlin 1862–1863.

Savigny, Carl Friedrich von: Vermischte Schriften, Bd. III, Berlin 1850.

Savigny, Carl Friedrich von: Vom Beruf unsrer Zeit für Gesetzgebung und Rechtswissenschaft, Heidelberg 1814; Ndr. in: Thibaut und Savigny – Ein programmatischer Rechtsstreit auf Grund ihrer Schriften, hrsg. v. *Jacques Stern*, Darmstadt 1959, S. 69–166.

Savigny, Carl Friedrich von: Landrechtsvorlesung 1824. Drei Nachschriften, hrsg. v. *Christian Wollschläger* in Zusammenarbeit *mit Masasuke Ishibe / Ryuichi Noda / Dieter Strauch*, Bde. I–II (Ius Commune, Sonderhefte: Studien zur Europäischen Rechtsgeschichte, Bde. 67, 105; Savignyana. Texte und Studien, hrsg. v. *Joachim Rückert*, Bde. 3.1–3.2), Frankfurt a. M. 1994–1998.

Scharnhorst, Gerhard Johann David: Briefe, Bd. I: Privatbriefe, hrsg. v. *Karl Linnebach*, München – Leipzig 1914.

Schaumburg-Lippe, Wilhelm Graf zu: Schriften und Briefe, hrsg. v. *Curd Ochwadt*, Bde. I–III (Veröffentlichungen des Leibniz-Archivs, Bde. 6–8), Frankfurt a. M. 1977–83.

Scheel, Heinrich / Schmidt, Doris (Hrsg.): Von Stein zu Hardenberg. Dokumente aus dem Interimsministerium Altenstein/Dohna (Akademie der Wissenschaften der DDR. Schriften des Zentralinstituts für Geschichte, Bd. 54), Berlin (-Ost) 1986.

[Scheffner, Johann George]: Mein Leben, wie ich Johann George Scheffner es selbst beschrieben, Bd. I, Königsberg 1821.

Scheidemantel, Heinrich Godfried: Das allgemeine Staatsrecht überhaupt und nach der Regierungsform, Jena 1775.

Schiller, Friedrich: Werke. Nationalausgabe, hrsg. v. *Norbert Oellers / Siegfried Seidel*, Bd. XXXII: Briefwechsel, Schillers Briefe 1.1.1803–9.5.1805, hrsg. v. *Axel Gellhaus*, Weimar 1984.

Schlegel, Friedrich: Kritische Ausgabe, hrsg. v. *Ernst Behler*, Bd. XXI: Fragmente zur Geschichte und Politik, Paderborn 1995; Bd. XXIX: Briefe 1814–1818, Paderborn – München – Wien 1980.

[Schleiermacher, Friedrich Daniel Ernst]: F. Schleiermacher an den Herrn Geheimenrath Schmalz. Auch eine Recension, Berlin 1815.

[Schleiermacher, Friedrich Daniel Ernst]: Fr[iedrich] Schleiermachers Briefwechsel mit J[oachim] Chr[istian] Gaß, hrsg. v. *Wilhelm Gaß*, Berlin 1852.

[Schleiermacher, Friedrich Daniel Ernst]: Schleiermachers Briefe an die Grafen zu Dohna, hrsg. v. *Justus Ludwig Jacobi*, Halle 1887.

Schleiermacher, Friedrich Daniel Ernst: Briefwechsel mit August Boeckh und Immanuel Bekker 1806–1820, hrsg. v. *Heinrich Meisner* (Mitteilungen aus dem Litteraturarchive in Berlin, N. F., Bd. 11), Berlin 1916.

Schleiermacher, Friedrich Daniel Ernst: Werke. Auswahl in vier Bänden, hrsg. v. *Otto Braun / Johannes Bauer*, Bd. III, Leipzig 1927.

Schlettwein, Johann August: Grundveste der Staaten oder die politische Oekonomie, Gießen 1779.

Schlözer, August Ludwig: Allgemeines StatsRecht und StatsVerfassungsLere, Göttingen 1793.

Schnapp, Friedrich (Hrsg.): E. T. A. Hoffmann in Aufzeichnungen seiner Freunde und Bekannten, München 1974.

Schön, Johann: Neue Untersuchung der Nationalökonomie und der natürlichen Volkswirthschaftsordnung, Stuttgart – Tübingen 1835.

[Schön, Theodor von]: Aus den Papieren des Ministers und Burggrafen von Marienburg Theodor von Schön [hrsg. v. *Hermann von Schön*], Bde. I–IV, Halle a. S. – Berlin 1875–1876.

[Schön, Theodor von]: Studienreisen eines jungen Staatswirths in Deutschland am Schlusse des vorigen Jahrhunderts. Beiträge und Nachträge zu den Papieren des Ministers und Burggrafen von Marienburg *Theodor von Schön*. Von einem Ostpreußen, Leipzig 1879.

[Schön, Theodor von]: Zur Knaben- und Jünglingszeit Theodor von Schön's nach dessen Papieren. Zusammengestellt von seinem Sohne, Berlin 1896.

Schoeps, Hans Joachim (Hrsg.): Aus den Jahren preußischer Not und Erneuerung. Tagebücher und Briefe der Gebrüder Gerlach und ihres Kreises 1805–1820, Berlin 1963.

Schütz, Friedrich Karl Julius (Hrsg.): Christian Gottfried Schütz. Darstellung seines Lebens, Charakters und Verdienstes nebst einer Auswahl aus seinem litterarischen Briefwechsel mit den berühmtesten Gelehrten und Dichtern seiner Zeit, Bde. I–II, Halle 1834–1835.

Selle, Götz von (Hrsg.): Die Matrikel der Georg-August-Universität zu Göttingen 1734–1837, Text (Veröffentlichungen der Historischen Kommission für Hannover, Oldenburg, Braunschweig, Schaumburg-Lippe und Bremen, Bd. 9), Hildesheim – Leipzig 1937.

Steffens, Henrich: Was ich erlebte. Aus der Erinnerung niedergeschrieben, Bde. V–VI, Breslau 1842.

Steig, Reinhold / Grimm, Herman (Hrsg.): Achim von Arnim und die ihm nahe standen, Bd. II: Achim von Arnim und Bettina Brentano, bearb. v. *Reinhold Steig*, Stuttgart – Berlin 1913, Bd. III: Achim von Arnim und Jacob und Wilhelm Grimm, bearb. v. *Reinhold Steig*, Stuttgart – Berlin 1904.

Stein, Karl Freiherr vom: Briefe und amtliche Schriften, hrsg. v. *Walther Hubatsch*, Bde. I–X, Stuttgart – Berlin – Köln – Mainz 1957–1974.

Sydow, Anna von (Hrsg.): Wilhelm und Caroline von Humboldt in ihren Briefen, Bd. V: Diplomatische Friedensarbeit 1815–1817, Berlin 1912.

[Varnhagen von Ense, Karl August]: Aus dem Nachlaß Varnhagen's von Ense. Briefe von Stägemann, Metternich, Heine und Bettina von Arnim, nebst Anmerkungen und Notizen von Varnhagen von Ense, hrsg. v. *Ludmilla Assing*, Leipzig 1865.

Varnhagen von Ense, Karl August: Blätter aus der preußischen Geschichte, Bd. V, Leipzig 1869.

[Varnhagen von Ense, Karl August]: Aus dem Nachlaß Varnhagen's von Ense. Briefwechsel zwischen Varnhagen und Rahel, Bd. III, Leipzig 1875.

Varnhagen, Rahel: Gesammelte Werke, hrsg. v. *Konrad Feilchenfeldt / Uwe Schweikert / Rahel E. Steiner*, Bd. IX: Briefe und Tagebücher aus verstreuten Quellen, München 1983.

Varnhagen von Ense, Karl August: Werke in fünf Bänden, hrsg. v. *Konrad Feilchenfeldt*, Bd. I: Denkwürdigkeiten des eignen Lebens, Erster Band (1785–1810), Bd. II: Denkwürdigkeiten des eignen Lebens, Zweiter Band (1810–1815), Bd. III: Denkwürdigkeiten des eignen Lebens, Dritter Band (1815–1834), Bd. IV: Biographien, Aufsätze, Skizzen, Fragmente, Bd. V: Tageblätter (Bibliothek deutscher Klassiker, Bde. 22, 23, 25, 56, 112), Frankfurt a. M. 1987–1994.

[Vincke, Ludwig Freiherr von]: Die Tagebücher des Oberpräsidenten Ludwig Freiherrn Vincke 1813–1818, hrsg. v. *Ludger Graf von Westphalen* (Veröffentlichungen der Historischen Kommission für Westfalen XIX. Westfälische Briefwechsel und Denkwürdigkeiten, Bd. 7), Münster 1980.

Warda, Arthur / Diesch, Carl (Hrsg.): Briefe an und von Johann George Scheffner, Bde. I–IV, München – Leipzig 1918–1931, Bd. V, Königsberg 1938.

Warnkönig, Leopold A.: Rechtsphilosophie als Naturlehre des Rechts, Freiburg i. Br. 1839.

Wieland, Ludwig: Bemerkungen gegen die Schrift des Geheimenrath Schmalz zu Berlin über politische Vereine, Erfurt 1815.

Wieland, Ludwig: Über die Schmalzische Vertheidigungsschrift gegen Herrn St.-R. Niebuhr – ein Gespräch, Erfurt 1816.

Willich, Ehrenfried von: Aus Schleiermachers Hause. Jugenderinnerungen seines Stiefsohnes, Berlin 1909.

Witte, Karl: Abhandlungen aus dem Gebiete des römischen Rechts, Berlin 1817.

Witte, Carl: Abgedrungene Erklärung des Dr. Carl Witte. Als Antwort auf die Schrift: Die Juristenfacultät zu Berlin und der Dr. Witte, Berlin – Frankfurt a. d. O. 1817.

Witte, Karl: Karl Witte, oder Erziehungs- und Bildungsgeschichte desselben; ein Buch für Eltern und Erziehende. Herausgegeben von dessen Vater, dem Prediger, Dr. Karl Witte, Bde. I–II, Leipzig 1819.

[Zachariä, Karl Salomo]: Sammelrezension Jurisprudenz, in: Jenaische Allgemeine Literatur-Zeitung, Nr. 258–259, 3./4.11.1806, Sp. 209–222.

D. Darstellungen

Abelein, Werner: Henrik Steffens' politische Schriften. Zum politischen Denken in Deutschland in den Jahren um die Befreiungskriege (Studien zur deutschen Literatur, Bd. 53), Tübingen 1977.

Ahrbeck, Hans: Über August Hermann Niemeyer, in: Gedenkschrift für Ferdinand Josef Schneider (1879–1954), hrsg. v. *Karl Bischoff*, Weimar 1956, S. 124–149.

Anderson, Eugene Newton: Nationalism and the Cultural Crisis in Prussia, 1806–1815, 2. Aufl., New York 1966.

Andrée, Karl: Die Albertus-Universität, in: Ostpreußen – Leistung und Schicksal, hrsg. v. *Fritz Gause* (Deutsche Landschaften, Bd. 4), Essen 1958, S. 239–257.

Angermann, Erich: Robert von Mohl 1799–1875. Leben und Werk eines altliberalen Staatsgelehrten (Politica, Bd. 8), Neuwied – Berlin 1962.

Aris, Reinhold: History of Political Thought in Germany from 1789 to 1815, 2. Aufl., London 1965.

Aubin, Gustav: Ludwig Heinrich von Jakob, in: Mitteldeutsche Lebensbilder, hrsg. v. der Historischen Kommission für die Provinz Sachsen und für Anhalt, Bd. V: Lebensbilder des 18. und 19. Jahrhunderts, Magdeburg 1930, S. 202–211.

Aubin, Gustav: Aus der Geschichte der Universität Halle um die Wende des 18. Jahrhunderts (Hallische Universitätsreden, Bd. 52), Halle a. S. 1931.

d'Avoine, Marc: Die Entwicklung des Grundsatzes der Verhältnismäßigkeit insbesondere gegen Ende des 18. Jahrhunderts, jur. Diss. Trier 1994.

Baersch, Georg: Beiträge zur Geschichte des sogenannten Tugendbundes, mit Berücksichtigung der Schrift des Herrn Professor Johannes Voigt in Königsberg und Widerlegung und Berichtigung einiger unrichtiger Angaben in derselben, Hamburg 1852.

Bake, Uwe: Die Entstehung des dualistischen Systems der Juristenausbildung in Preußen, jur. Diss. Kiel 1971.

[Bassewitz, Magnus Friedrich von]: Die Kurmark Brandenburg im Zusammenhang mit den Schicksalen des Gesammtstaats Preußen während der Zeit vom 22. Oktober 1806 bis zu Ende des Jahres 1808. Von einem ehemaligen höhern Staatsbeamten, Bde. I–II, Leipzig 1851–1852.

Baumgarten, Hermann: Treitschke's Deutsche Geschichte. Zweiter Abdruck, Straßburg 1883.
Baxa, Jakob: Adam Müller. Ein Lebensbild aus den Befreiungskriegen und aus der deutschen Restauration, Jena 1930.
Berdahl, Robert M.: The Politics of the Prussian Nobility. The Development of a Conservative Ideology 1770–1848, Princeton 1988.
Bien, Günther: Revolution, Bürgerbegriff und Freiheit. Über die neuzeitliche Transformation der alteuropäischen Verfassungstheorie in politische Geschichtsphilosophie, in: Materialien zu Kants Rechtsphilosophie, hrsg. v. *Zwi Batscha*, Frankfurt a. M. 1976, S. 77–101.
Björne, Lars: Deutsche Rechtssysteme im 18. und 19. Jahrhundert (Abhandlungen zur rechtswissenschaftlichen Grundlagenforschung, Bd. 59), Ebelsbach 1984.
Blaich, Fritz: Der Beitrag der deutschen Physiokraten für die Entwicklung der Wirtschaftswissenschaft von der Kameralistik zur Nationalökonomie, in: Studien zur Entwicklung der ökonomischen Theorie III, hrsg. v. *Harald Scherf* (Schriften des Vereins für Socialpolitik. Gesellschaft für Wirtschafts- und Sozialwissenschaften, N. F. Bd. 115/III), Berlin 1983, S. 9–36.
Bleek, Wilhelm: Von der Kameralausbildung zum Juristenprivileg. Studium, Prüfung und Ausbildung der höheren Beamten des allgemeinen Verwaltungsdienstes in Deutschland im 18. und 19. Jahrhundert (Historische und Pädagogische Studien, Bd. 3), Berlin 1972.
Blühdorn, Jürgen: ‚Kantianer' und Kant. Die Wende von der Rechtsmetaphysik zur ‚Wissenschaft' vom positiven Recht, in: Zeitschrift der Savigny-Stiftung für Rechtsgeschichte, Rom. Abt. 90 (1973), S. 305–345.
Bödeker, Hans Erich: Das staatswissenschaftliche Fächersystem im 18. Jahrhundert, in: Wissenschaften im Zeitalter der Aufklärung, hrsg. v. *Rudolf Vierhaus*, Göttingen 1985, S. 143–162.
Boehm, Laetitia: Academia Ernestina, in: Universitäten und Hochschulen in Deutschland, Österreich und der Schweiz. Eine Universitätsgeschichte in Einzeldarstellungen, hrsg. v. *Laetitia Boehm / Rainer A. Müller*, Düsseldorf 1983, S. 314–315.
Boehm, Laetitia: Wissenschaft – Wissenschaften – Universitätsreform. Historische und theoretische Aspekte zur Verwissenschaftlichung von Wissen und zur Wissenschaftsorganisation in der frühen Neuzeit, in: *dieselbe:* Geschichtsdenken – Bildungsgeschichte – Wissenschaftsorganisation. Ausgewählte Aufsätze von L. B. anläßlich ihres 65. Geburtstages, hrsg. v. *Gert Melville / Rainer A. Müller / Winfried Müller* (Historische Forschungen, Bd. 56), Berlin 1996, S. 549–585.
Boehm, Laetitia: Cancellarius Universitatis. Die Universität zwischen Korporation und Staatsanstalt, in: *dieselbe:* Geschichtsdenken – Bildungsgeschichte – Wissenschaftsorganisation. Ausgewählte Aufsätze von L. B. anläßlich ihres 65. Geburtstages, hrsg. v. *Gert Melville / Rainer A. Müller / Winfried Müller* (Historische Forschungen, Bd. 56), Berlin 1996, S. 695–713.
Boehm, Laetitia: Die körperschaftliche Verfassung der Universität in ihrer Geschichte, in: *dieselbe:* Geschichtsdenken – Bildungsgeschichte – Wissenschaftsorganisation. Ausgewählte Aufsätze von L. B. anläßlich ihres 65.

Geburtstages, hrsg. v. *Gert Melville / Rainer A. Müller / Winfried Müller* (Historische Forschungen, Bd. 56), Berlin 1996, S. 715–741.

Boehm, Laetitia: Universitätsreform als historische Dimension, in: *dieselbe:* Geschichtsdenken – Bildungsgeschichte – Wissenschaftsorganisation. Ausgewählte Aufsätze von L. B. anläßlich ihres 65. Geburtstages, hrsg. v. *Gert Melville / Rainer A. Müller / Winfried Müller* (Historische Forschungen, Bd. 56), Berlin 1996, S. 743–776.

Boldt, Hans: Zwischen Patrimonialismus und Parlamentarismus. Zur Entwicklung vorparlamentarischer Theorien in der deutschen Staatslehre des Vormärz, in: Gesellschaft, Parlament und Regierung. Zur Geschichte des Parlamentarismus in Deutschland, hrsg. v. *Gerhard A. Ritter*, Düsseldorf 1974, S. 77–100.

Boldt, Hans: Deutsche Staatslehre im Vormärz (Beiträge zur Geschichte des Parlamentarismus und der poltischen Parteien, Bd. 56), Düsseldorf 1975.

Boldt, Hans: Verfassungsgeschichte – Bemerkungen zur Historie einer politikwissenschaftlichen Disziplin, in: *derselbe:* Einführung in die Verfassungsgeschichte. Zwei Abhandlungen zu ihrer Methodik und Geschichte, Düsseldorf 1984, S. 119–208.

Bonjour, Edgar: Johannes von Müller als Beschirmer deutscher Universitäten, in: *derselbe:* Die Schweiz und Europa. Ausgewählte Reden und Aufsätze, Bd. IV, Basel 1976, S. 359–377.

Borcke-Stargordt, Henning Graf von: Zur preußischen Agrargesetzgebung der Reformzeit, in: Mensch und Staat in Recht und Geschichte. Festschrift für Herbert Kraus zur Vollendung seines 70. Lebensjahres, Kitzingen/Main 1954, S. 307–327.

Borel, Arnold: Die deutschen Physiokraten. Darstellung ihrer Lehre unter besonderer Berücksichtigung der von den französischen Physiokraten abweichenden volkswirtschaftlichen Anschauungen, jur. Diss. (masch.) Freiburg i. Br. 1923.

Bornhak, Conrad: Geschichte der preussischen Universitätsverwaltung bis 1810, Berlin 1900.

Bornhak, Conrad: Preußen unter der Fremdherrschaft 1807–1813, Leipzig 1925.

Borsdorff, Anke: Wilhelm Eduard Albrecht. Lehrer und Verfechter des Rechts – Leben und Werk, Pfaffenweiler 1993.

Botzenhart, Manfred: Von den preußischen Reformen bis zum Wiener Kongreß, in: Handbuch der deutschen Geschichte, hrsg. v. *Otto Brandt / Arnold Oskar Meyer / Leo Just*, Bd. III/1a, Wiesbaden 1980, S. 431–592.

Botzenhart, Manfred: Reform, Restauration, Krise. Deutschland 1789–1847, Frankfurt a. M. 1985.

Brandt, Hartwig: Landständische Repräsentation im deutschen Vormärz. Politisches Denken im Einflußfeld des monarchischen Prinzips (Politica, Bd. 31), Neuwied/Berlin 1968.

Brandt, Reinhard: Eigentumstheorien von Grotius bis Kant (Problemata, Bd. 31), Stuttgart – Bad Cannstatt 1974.

Brandt, Reinhard (Hrsg.): Rechtsphilosophie der Aufklärung. Symposium Wolfenbüttel 1981, Berlin – New York 1982.

Branig, Hans: Fürst Wittgenstein. Ein preußischer Staatsmann der Restaurationszeit (Veröffentlichungen aus den Archiven Preußischer Kulturbesitz, Bd. 17), Köln – Wien 1981.

Braun, Johann: Eduard Gans (1797–1839). Ein homo politicus zwischen Hegel und Savigny, in: Deutsche Juristen jüdischer Herkunft, hrsg. v. *Helmut Heinrichs / Harald Franzki / Klaus Schmalz / Michael Stolleis*, München 1993, S. 45–57.

Braun, Johann: Judentum, Jurisprudenz und Philosophie. Bilder aus dem Leben des Juristen Eduard Gans (1797–1839), Baden-Baden 1997.

Braune, Frieda: Edmund Burke in Deutschland. Ein Beitrag zur Geschichte des historisch-politischen Denkens (Heidelberger Abhandlungen zur mittleren und neueren Geschichte, Bd. 50), Heidelberg 1917.

Braunreuther, Kurt: Über die Bedeutung der physiokratischen Bewegung in Deutschland in der zweiten Hälfte des 18. Jahrhunderts. Ein geschichtlich-politökonomischer Beitrag zur „Sturm-und-Drang"-Zeit, in: Wissenschaftliche Zeitschrift der Humboldt-Universität zu Berlin. Gesellschafts- und sprachwissenschaftliche Reihe 5 (1955/56), Nr. 1, S. 15–65.

Braunreuther, Kurt: Zur Geschichte des Staatswissenschaftlichen Faches an der Humboldt-Universität zu Berlin im ersten Halbjahrhundert ihres Bestehens, in: *derselbe:* Studien zur Geschichte der politischen Ökonomie und der Soziologie, hrsg. v. *Hermann Lehmann*, Berlin (-Ost) 1978, S. 105–259.

Brenker, Anne-Margarete: Die Meyersche Hofbuchhandlung in Lemgo in der zweiten Hälfte des 18. Jahrhunderts, Bielefeld 1996.

Briefs, Goetz A.: The Economic Philosophy of Romanticism, in: Journal of the History of Ideas 2 (1941), S. 279–300.

Brinkmann, Carl: Der Nationalismus und die deutschen Universitäten im Zeitalter der deutschen Erhebung (Sitzungsberichte der Heidelberger Akademie der Wissenschaften. Philos.-histor. Klasse, Jhg. 1931/32, 3. Abh.), Heidelberg 1932.

Brocke, Bernhard vom: Forschung und industrieller Fortschritt: Berlin als Wissenschaftszentrum, in: Berlin im Europa der Neuzeit, hrsg. v. *Wolfgang Ribbe / Jürgen Schmädeke* (Veröffentlichungen der Historischen Kommission zu Berlin, Bd. 75), Berlin – New York 1990, S. 165–197.

Brocker, Manfred: Arbeit und Eigentum. Der Paradigmenwechsel in der neuzeitlichen Eigentumstheorie, Darmstadt 1992.

Bruch, Rüdiger vom: Humboldt-Universität zu Berlin (vormals: Friedrich-Wilhelms-Universität zu Berlin), in: Universitäten und Hochschulen in Deutschland, Österreich und der Schweiz. Eine Universitätsgeschichte in Einzeldarstellungen, hrsg. v. *Laetitia Boehm / Rainer A. Müller*, Düsseldorf 1983, S. 50–68.

Bruch, Rüdiger vom: Martin-Luther-Universität Halle-Wittenberg, in: Universitäten und Hochschulen in Deutschland, Österreich und der Schweiz. Eine Universitätsgeschichte in Einzeldarstellungen, hrsg. v. *Laetitia Boehm / Rainer A. Müller*, Düsseldorf 1983, S. 174–181.

Bruch, Rüdiger vom: Zur Historisierung der Staatswissenschaften. Von der Kameralistik zur historischen Schule der Nationalökonomie, in: Berichte zur Wissenschaftsgeschichte 8 (1985), S. 131–146.

Bruch, Rüdiger vom: Wissenschaftliche, institutionelle oder politische Innovation? Kameralwissenschaft – Polizeiwissenschaft – Wirtschaftswissenschaft im 18. Jahrhundert im Spiegel der Forschungsgeschichte, in: Die Institutionalisierung der Nationalökonomie an deutschen Universitäten. Zur Erinnerung an Klaus Hinrich Hennings (1937–1986), hrsg. v. *Norbert Waszek*, St. Katharinen 1988, S. 77–108.

Brückner, Jutta: Staatswissenschaften, Kameralismus und Naturrecht. Ein Beitrag zur Geschichte der Politischen Wissenschaft im Deutschland des späten 17. und frühen 18. Jahrhunderts (Münchener Studien zur Politik, Bd. 27), München 1977.

Buchda, Gerhard: Die hallische Juristenfakultät als Spruchkolleg 1693–1889, in: 250 Jahre Universität Halle. Streifzüge durch ihre Geschichte in Forschung und Lehre, Halle 1944, S. 119–131.

Buchholz, Stephan: Recht, Religion und Ehe. Orientierungswandel und gelehrte Kontroversen im Übergang vom 17. zum 18. Jahrhundert (Ius Commune; Sonderhefte. Studien zur europäischen Rechtsgeschichte, Bd. 36), Frankfurt am Main 1988.

Bullmann, Johann Karl: Denkwürdige Zeitperioden der Universität zu Halle von ihrer Stiftung an, nebst einer Chronologie dieser Hochschule seit dem Jahre 1805 bis jetzt, Halle 1833.

Burkhardt, Johannes: Der Begriff des Ökonomischen in wissenschaftsgeschichtlicher Perspektive, in: Die Institutionalisierung der Nationalökonomie an deutschen Universitäten. Zur Erinnerung an Klaus Hinrich Hennings (1937–1986), hrsg. v. *Norbert Waszek*, St. Katharinen 1988, S. 55–76.

Butz, Cornelie: Die Juristenausbildung an den preußischen Universitäten Berlin und Bonn zwischen 1810 und 1850. Ein Studienfach im Spannungsfeld zwischen neuhumanistischem Bildungsideal und Praxisnähe, phil. Diss. Berlin (FU) 1992.

Clark, Christopher: The Wars of Liberation in Prussian Memory: Reflections on the Memorialization of War in Early Nineteenth-Century Germany, in: The Journal of Modern History 68 (1996), S. 550–576.

Cohn, Gustav: Die Cameralwissenschaft in zwei Jahrhunderten, in: Nachrichten von der Königl. Gesellschaft der Wissenschaften zu Göttingen (Geschäftliche Mittheilungen aus dem Jahre 1900), Göttingen 1900, S. 78–92.

Coing, Helmut: Kant und die Rechtswissenschaft, in: Kant und die Wissenschaften. Reden gehalten am 12. Februar 1954 anläßlich der Wiederkehr des Todestages von Immanuel Kant (Frankfurter Universitätsreden, H. 12), Frankfurt a. M. 1955, S. 34–42.

Coing, Helmut: Epochen der Rechtsgeschichte in Deutschland, München 1967.

Coing, Helmut: Grundzüge der Rechtsphilosophie, 4. Aufl., Berlin – New York 1985.

Czygan, Paul: Über die französische Zensur während der Okkupation von Berlin und ihren Leiter, den Prediger Hauchecorne, in den Jahren 1806–1808, in: Forschungen zur Brandenburgischen und Preußischen Geschichte 21 (1908), S. 99–137.

Czygan, Paul: Zur Geschichte der Tagesliteratur während der Freiheitskriege, Bde. I–II/2, Leipzig 1909–1911.

Dann, Otto: Johann Gottlieb Fichte und die Entwicklung des politischen Denkens in Deutschland am Ende des 18. Jahrhunderts, phil. Diss. Heidelberg 1968.

Dann, Otto: Die Anfänge politischer Vereinsbildung in Deutschland, in: Soziale Bewegung und politische Verfassung. Beiträge zur Geschichte der modernen Welt, hrsg. v. *Ulrich Engelhardt / Volker Sellin / Horst Stuke*, Stuttgart 1976, S. 197–232 .

Dann, Otto: Geheime Organisation und politisches Engagement im deutschen Bürgertum des frühen 19. Jahrhunderts. Der Tugendbund-Streit in Preußen, in: Geheime Gesellschaften, hrsg. v. *Peter Christian Ludz* (Wolfenbütteler Studien zur Aufklärung, Bd. V/1), Heidelberg 1979, S. 399–428.

Delbrück, Hans: Das Leben des Feldmarschalls Grafen Neithardt von Gneisenau. Fortsetzung des gleichnamigen Werkes von G. H. Pertz, Bde. IV–V, Berlin 1880.

D'Hondt, Jacques: Hegel in seiner Zeit – Berlin, 1818–1831, Berlin (Ost) 1973.

Dilthey, Wilhelm: Gesammelte Schriften, Bd. XIII/2: Leben Schleiermachers. Erster Band, Zweiter Halbband (1803–1807), hrsg. v. *Martin Redeker*, Göttingen 1970.

Dipper, Christoph: Die Bauernbefreiung in Deutschland 1790–1850, Stuttgart – Berlin – Köln – Mainz 1980.

Dittrich, Erhard: Die deutschen und österreichischen Kameralisten (Erträge der Forschung, Bd. 23), Darmstadt 1974.

Dreier, Ralf: Zur Einheit der praktischen Philosophie Kants – Kants Rechtsphilosophie im Kontext seiner Moralphilosophie, in: *derselbe:* Recht – Moral – Ideologie. Studien zur Rechtstheorie, Frankfurt a. M. 1981, S. 286–315.

Dufraisse, Roger / Müller-Luckner, Elisabeth (Hrsg.): Revolution und Gegenrevolution 1789–1830. Zur geistigen Auseinandersetzung in Frankreich und Deutschland, München 1991.

Ebbinghaus, Julius: Die Idee des Rechtes, in: *derselbe*: Gesammelte Schriften, Bd. II: Praktische Philosophie 1955–1972, hrsg. v. *Georg Geismann / Hariolf Oberer* (Aachener Abhandlungen zur Philosophie, Bd. 6), Bonn 1988, S. 141–198.

Ebel, Friedrich: Rechts- und Verfassungsgeschichte in Berlin im 19. und 20. Jahrhundert, in: Geschichtswissenschaft in Berlin im 19., und 20. Jahrhundert – Persönlichkeiten und Institutionen, hrsg. v. *Reimer Hansen / Wolfgang Ribbe* (Veröffentlichungen der Historischen Kommission zu Berlin, Bd. 82), Berlin – New York 1992, S. 449–485.

Ebel, Wilhelm: Zur Geschichte der Juristenfakultät und des Rechtsstudiums an der Georgia Augusta (Göttinger Universitätsreden, Bd. 29), Göttingen 1960.

Ebel, Wilhelm: Der Göttinger Professor Johann Stephan Pütter aus Iserlohn (Göttinger rechtswissenschaftliche Studien, Bd. 95), Göttingen 1975.

Echternkamp, Jörg: Der Aufstieg des deutschen Nationalismus (1770–1840), Frankfurt a. M. – New York 1998.

Eckardt, Julius: Die baltischen Provinzen Rußlands, Leipzig 1868.

Eggers, Martin: Georg-August-Universität Göttingen, in: Universitäten und Hochschulen in Deutschland, Österreich und der Schweiz. Eine Universitätsgeschichte in Einzeldarstellungen, hrsg. v. *Laetitia Boehm / Rainer A. Müller*, Düsseldorf 1983, S. 159–165.

Eicke, Hermann: Der ostpreußische Landtag von 1798. Erster Teil, phil. Diss. Göttingen 1910.

Engelhardt, Ulrich: Zum Begriff der Glückseligkeit in der kameralistischen Staatslehre des 18. Jahrhunderts (J. H. G. v. Justi), in: Zeitschrift für historische Forschung 8 (1981), S. 37–79.

Epstein, Klaus: Die Ursprünge des Konservativismus in Deutschland. Der Ausgangspunkt: Die Herausforderung durch die Französische Revolution 1770–1806, Frankfurt a. M. – Berlin 1973.

Faber, Karl Georg: Deutsche Geschichte im 19. Jahrhundert – Restauration und Revolution. Von 1815 bis 1851 (Handbuch der Deutschen Geschichte, Bd. 3/I, 2. Teil), Wiesbaden 1979.

Faber, Karl Georg: Politisches Denken in der Restaurationszeit, in: Deutschland zwischen Revolution und Restauration, hrsg. v. *Helmut Berding / Hans-Peter Ullmann*, Königstein/Ts. – Düsseldorf 1981.

Fambach, Oscar: Die Mitarbeiter der Göttingischen Gelehrten Anzeigen 1769–1836. Nach dem mit den Beischriften des Jeremias Reuß versehenen Exemplar der Universitätsbibliothek Tübingen bearbeitet und herausgegeben, Tübingen 1976.

Fenske, Hans: Deutsche Parteiengeschichte. Von den Anfängen bis zur Gegenwart, Paderborn – München – Wien – Zürich 1994.

Fleischer, Dirk / Schleier, Hans: Über die methodische Kompetenz eines Historikers. Friedrich Rühs' Konzept für historische Forschung und Darstellung, in: *Friedrich Rühs:* Entwurf einer Propädeutik des historischen Studiums Berlin 1811, neu hrsg. u. eingel. v. *Hans Schleier / Dirk Fleischer* (Wissen und Kritik. Texte und Bewiträge zur Methodologie des historischen und theologischen Denkens seit der Aufklärung, Bd. 7), Waltrop 1997, S. VII–LXXII.

Fichte, Immanuel Hermann: Johann Gottlieb Fichte's Leben und litterarischer Briefwechsel, Bde. I–II, Sulzbach 1830–1831.

Fournier, August: Zur Geschichte des Tugendbundes, in: *derselbe:* Historische Studien und Skizzen, Prag – Leipzig 1885, S. 301–330.

Franz, Walther: Geschichte der Stadt Königsberg, Frankfurt a. M. 1979.

Frensdorff, Ferdinand: Die ersten Jahrzehnte des staatsrechtlichen Studiums in Göttingen. Festschrift zur 150jährigen Jubelfeier der Georg-Augusts-Universität, Göttingen 1887.

Frensdorff, Ferdinand: Die Vertretung der ökonomischen Wissenschaften in Göttingen, vornehmlich im 18. Jahrhundert, in: Festschrift zur Feier des hundertfünfzigjährigen Bestehens der Königlichen Gesellschaft der Wissenschaften zu Göttingen. Beiträge zur Gelehrtengeschichte Göttingens, Berlin 1901, S. 495–565.

Freyer, Hans: Die Bewertung der Wirtschaft im philosophischen Denken des 19. Jahrhunderts (1921), Ndr. Hildesheim 1966.

Freyseng, Emmy: Die Physiokratie in Deutschland, jur. Diss. (masch.) Halle a. S. 1926.

Friedrich, Manfred: Die Erarbeitung eines allgemeinen deutschen Staatsrechts seit der Mitte des 18. Jahrhunderts, in: Jahrbuch des öffentlichen Rechts der Gegenwart, N. F. 34 (1985), S. 1–33.

Friedrich, Manfred: Geschichte der deutschen Staatsrechtswissenschaft (Schriften zur Verfassungsgeschichte, Bd. 50), Berlin 1997.

Garber, Jörn: Liberaler und demokratischer Republikanismus. Kants Metaphysik der Sitten und ihre radikaldemokratische Kritik durch J. A. Bergk, in: *derselbe:* Spätabsolutismus und bürgerliche Gesellschaft. Studien zur deutschen Staats- und Gesellschaftstheorie im Übergang zur Moderne, Frankfurt a. M. 1992, S. 243–281.

Gause, Fritz: Art. „Schmalz, Theodor Anton Heinrich", in: Altpreußische Biographie, hrsg. im Auftrage der Historischen Kommission für ost- und westpreußische Landesforschung v. *Christian Krollmann / Kurt Forstreuter / Fritz Gause*, Bd. II, Marburg a. d. L. 1967, S. 619.

Geiger, Ludwig: Berliner Analekten. 2. Die Anfänge der Berliner Universität, in: Euphorion – Zeitschrift für Literaturgeschichte 1 (1894), S. 365–382.

Geiger, Ludwig: Berlin 1699–1840. Geschichte des geistigen Lebens der preußischen Hauptstadt, Bd. II: 1786–1840, Berlin 1895.

Gerecke, Bruno: Theodor Schmalz und seine Stellung in der Geschichte der Nationalökonomie. Ein Beitrag zur Geschichte der Physiokratie in Deutschland, phil. Diss. Bern 1906.

Gerhard, Dietrich: Zur Einführung, in: Die Briefe Barthold Georg Niebuhrs, hrsg. v. *Dietrich Gerhard / William Norvin*, Bd. I, Berlin 1926, S. XII–CXXXII.

Gerlach, Jürgen von: Leopold von Gerlach 1757–1813. Leben und Gestalt des ersten Oberbürgermeisters von Berlin und vormaligen kurmärkischen Kammerpräsidenten, Berlin 1987.

Gerloff, A. Wolfgang: Staatstheorie und Staatspraxis des kameralistischen Verwaltungsstaates (Abhandlungen aus dem Staats- und Verwaltungsrecht, Bd. 56), Breslau 1937.

Gerteis, Klaus: Physiokratismus und aufgeklärte Reformpolitik, in: Aufklärung 2 (1987), H. 1, S. 75–94.

Goebel, Klaus: Heinrich Luden – Sein Staatsbegriff und sein Einfluß auf die deutsche Verfassungsbewegung, jur. Diss. Saarbrücken 1968.

Gönnenwein, Otto: Das Stapel- und Niederlagsrecht (Quellen und Darstellungen zur Hansischen Geschichte, N. F. Bd. 11), Weimar 1939.

Goldschmidt, Levin: Rechtsstudium und Prüfungsordnung. Ein Beitrag zur Preußischen und Deutschen Rechtsgeschichte, Stuttgart 1887.

Gollub, Hermann: von Baczko, Ludwig Franz Adolf Josef, in: Altpreußische Biographie, Bd. I, hrsg. v. *Christian Kollmann*, Königsberg 1941, S. 25–26.

Gollwitzer, Heinz: Europabild und Europagedanke. Beiträge zur deutschen Geistesgeschichte des 18. und 19. Jahrhunderts, 2. Aufl., München 1964.

Gough, John Wiedhofft: The Social Contract, Oxford 1936.

Gray, Marion W.: Prussia in Transition: Society and Politics under the Stein Reform Ministry of 1808 (Transactions of the American Philosophical Society, 76/1), Philadelphia 1986.

Grewe, Wilhelm G.: Epochen der Völkerrechtsgeschichte, 2. Aufl., Baden-Baden 1988.

Grewe, Wilhelm G.: Vom europäischen zum universellen Völkerrecht. Zur Frage der Revision des „europazentrischen“ Bildes der Völkerrechtsgeschichte (1982), in: *derselbe:* Machtprojektionen und Rechtsschranken. Essays aus vier Jahrzehnten über Verfassungen, politische Systeme und internationale Strukturen, Baden-Baden 1991, S. 169–195.

Grimm, Dieter: Verfassung II, in: *Heinz Mohnhaupt / Dieter Grimm:* Verfassung. Zur Geschichte des Begriffs von der Antike bis zur Gegenwart (Schriften zur Verfassungsgeschichte, Bd. 47), Berlin 1995, S. 100–141.

Gruner, Justus von: Justus Gruner und der Hoffmannsche Bund, in: Forschungen zur Brandenburgischen und Preußischen Geschichte 19 (1906), S. 167–189.

Gruner, Justus von: Die Ordensverleihung an den Geheimen Rat Professor Schmalz 1815, in: Forschungen zur Brandenburgischen und Preußischen Geschichte 22 (1909), S. 169–182.

Güntzberg, Benedikt: Die Gesellschafts- und Staatslehre der Physiokraten, phil. Diss. Heidelberg 1907.

Haake, Paul: König Friedrich Wilhelm III., Hardenberg und die preußische Verfassungsfrage (Zweiter Teil), in: Forschungen zur Brandenburgischen und Preußischen Geschichte 28 (1915), S. 175–220; (Dritter Teil), in: ebenda 29 (1916), S. 305–369.

Haake, Paul: Der preußische Verfassungskampf vor hundert Jahren, München – Berlin 1921.

Habenicht, Walter: Georg Friedrich von Martens, Professor des Natur- und Völkerrechts in Göttingen. Eine biographische und völkerrechtliche Studie (Vorarbeiten zur Geschichte der Göttinger Universität und Bibliothek, Bd. 14), Göttingen 1934.

Häberle, Peter: Gemeineuropäisches Verfassungsrecht, in: *derselbe:* Rechtsvergleichung im Kraftfeld des Verfassungsstaates. Methoden und Inhalte, Kleinstaaten und Entwicklungsländer (Schriften zum Öffentlichen Recht, Bd. 629), Berlin 1992, S. 71–104.

Hälschner, Hugo: Zur wissenschaftlichen Begründung des Völkerrechts, in: Zeitschrift für volksthümliches Recht und nationale Gesetzgebung 1 (1844), S. 26–66.

Härter, Karl: Reichstag und Revolution 1789–1806. Die Auseinandersetzung des Immerwährenden Reichstags zu Regensburg mit den Auswirkungen der Französischen Revolution auf das Alte Reich (Schriftenreihe der Historischen Kommission bei der Bayerischen Akademie der Wissenschaften, Bd. 46), Göttingen 1992.

Hagelweide, Gert: Publizistischer Alltag in der preußischen Provinz zur Zeit der französischen Revolution, in: Französische Revolution und deutsche Öffentlichkeit. Wandlungen in Presse und Alltagskultur am Ende des achtzehnten Jahrhunderts, hrsg. v. *Holger Böning* (Deutsche Presseforschung, Bd. 28), München – London – New York – Paris 1992, S. 251–266.

Hagen, Carl H. vom: Die Franzosen in Halle. 1806–1808. Nach Rathsakten und andern aktenmäßigen Quellen erzählt, Halle 1871.

Hagen, Karl: Ueber die öffentliche Meinung in Deutschland von den Freiheitskriegen bis zu den Karlsbader Beschlüssen, II. Abtheilung: Die Jahre 1815 bis 1819, in: Historisches Taschenbuch, hrsg. v. *Friedrich von Raumer*, N. F. 8 (1847), S. 493–666.

Hammerstein, Notker: Jus und Historie. Ein Beitrag zur Geschichte des historischen Denkens an deutschen Universitäten im späten 17. und im 18. Jahrhundert, Göttingen 1972.

Hammerstein, Notker: Die deutschen Universitäten im Zeitalter der Aufklärung, in: Zeitschrift für historische Forschung 10 (1983), S. 73–89.

Harada, Tetsushi: Politische Ökonomie des Idealismus und der Romantik. Korporatismus von Fichte, Müller und Hegel (Volkswirtschaftliche Studien, Bd. 386), Berlin 1989.

Hardtwig, Wolfgang: Vormärz. Der monarchische Staat und das Bürgertum, München 1985.

Harnack, Adolf: Geschichte der Königlich Preußischen Akademie der Wissenschaften zu Berlin, Bde. I–III, Berlin 1900.

Hartmann, Stefan: Die Kontroverse zwischen Boyen und Schmalz über die Einführung einer ständischen Verfassung in Preußen, in: Forschungen zur brandenburgischen und preußischen Geschichte N. F. 1 (1991), S. 209–239.

Hartung, Fritz: Zur Entwicklung der Verfassungsgeschichtsschreibung in Deutschland, in: *derselbe:* Staatsbildende Kräfte der Neuzeit – Gesammelte Aufsätze, Berlin 1961, S. 430–469.

Hattenhauer, Hans: Die geistesgeschichtlichen Grundlagen des deutschen Rechts, 3. Aufl., Heidelberg 1983.

Hattenhauer, Hans / Landwehr, Götz (Hrsg.): Das nachfriderizianische Preußen 1786–1806. Rechtshistorisches Kolloquium 11.-13. Juni 1987 Christian-Albrechts-Universität zu Kiel (Motive – Texte – Materialien, Bd. 46), Heidelberg 1988.

Hattenhauer, Hans: Berlin und die deutsche Rechtssprache, in: Rechtsentwicklungen in Berlin, hrsg. v. *Friedrich Ebel / Albrecht Randelzhofer*, Berlin – New York 1988, S. 99–120.

Hehl, Ulrich von: Zwei Kulturen – eine Nation? Die frühe burschenschaftliche Einheitsbewegung und das Wartburgfest, in: Historisches Jahrbuch 111 (1991), S. 28–52.

Heinrich, Gerd: Geschichte Preußens. Staat und Dynastie, Frankfurt a. M. – Berlin – Wien 1981.

Hellmuth, Eckhart: Naturrechtsphilosophie und bürokratischer Werthorizont. Studien zur preußischen Geistes- und Sozialgeschichte des 18. Jahrhunderts (Veröffentlichungen des Max-Planck-Instituts für Geschichte, Bd. 78), Göttingen 1985.

Hellmuth, Eckhart: Ernst Ferdinand Klein (1744–1810), in: Aufklärung 2 (1987), S. 121–124.

Henke, Ernst Ludwig Theodor: Jakob Friedrich Fries. Aus seinem handschriftlichen Nachlaß dargestellt, 2. Aufl., Berlin 1937.

Henning, Friedrich-Wilhelm: Art. „Niederlage (Stapel)“, in: Handwörterbuch zur deutschen Rechtsgeschichte, hrsg. v. *Adalbert Erler / Ekkehard Kaufmann*, Bd. III, Berlin 1984, Sp. 987–991.

Hennis, Wilhelm: Politik und praktische Philosophie. Eine Studie zur Rekonstruktion der politischen Wissenschaft (Politica, Bd. 14), Neuwied – Berlin 1963.

Hensmann, Folkert: Staat und Absolutismus im Denken der Physiokraten. Ein Beitrag zur physiokratischen Staatsauffassung von Quesnay bis Turgot, Frankfurt a. M. 1976.

Herrmann, Ludger: Die Herausforderung Preußens. Reformpublizistik und politische Öffentlichkeit in Napoleonischer Zeit (1789–1815) (Europäische Hochschulschriften, R. III, Bd. 781), Frankfurt a. M. – Berlin – Bern – New York – Paris – Wien 1998.

Hespe, Klaus: Zur Entwicklung der Staatszwecklehre in der deutschen Staatsrechtswissenschaft des 19. Jahrhunderts, Köln – Berlin 1964.

Heubaum, Alfred: Die Reformbestrebungen unter dem preussischen Minister Julius von Massow (1797–1807) auf dem Gebiete des höheren Bildungswesens, in: Mitteilungen der Gesellschaft für deutsche Erziehungs- und Schulgeschichte 14 (1904), S. 186–225.

Heymann, Ernst: Hundert Jahre Berliner Juristenfakultät. Ein Gedenkblatt, in: Die Juristische Fakultät der Universität Berlin von ihrer Gründung bis zur Gegenwart, hrsg. v. *Otto Liebmann*, Berlin 1910, S. 3–66.

Hinrichs, Ernst: Produit net, propriétaire, cultivateur. Aspekte des sozialen Wandels bei den Physiokraten und Turgot, in: Festschrift für Hermann Heimpel. Zum 70. Geburtstag, hrsg. v. den Mitarbeitern des Max-Planck-Instituts für Geschichte, Bd. I (Veröffentlichungen des Max-Planck-Instituts für Geschichte, Bd. 36/I), Göttingen 1971, S. 473–510.

Hippel, Fritz von: Zum Aufbau und Sinnwandel unseres Privatrechts, in: *derselbe:* Ideologie und Wahrheit in der Jurisprudenz – Studien zur Rechtsmethode und zur Rechtserkenntnis (Juristische Abhandlungen, Bd. 11), Frankfurt a. M. 1973, S. 83–133.

Hocevar, Rolf K.: Hegel und der preußische Staat. Ein Kommentar zur Rechtsphilosophie von 1821, München 1973.

Hoffbauer, Johann Christoph: Geschichte der Universität zu Halle bis zum Jahre 1805, Halle 1805.

Hofmann, Franz: Die Universität Halle zur Zeit der Anfänge der bürgerlichen Umwälzung (1789–1817), in: Geschichte der Martin-Luther-Universität Halle-Wittenberg 1502–1977, hrsg. v. *Hans Hübner*, Halle (Saale) 1977, S. 49–51.

Hofmeister-Hunger, Andrea: Pressepolitik und Staatsreform. Die Institutionalisierung staatlicher Öffentlichkeitsarbeit bei Karl August von Hardenberg (1792–1822) (Veröffentlichungen des Max-Planck-Instituts für Geschichte, Bd. 107), Göttingen 1994.

Holldack, Heinz: Der Physiokratismus und die absolute Monarchie, in: Der Aufgeklärte Absolutismus, hrsg. v. *Karl Otmar Freiherr von Aretin*, Köln 1974, S. 137–162.

Hornung, Klaus: Scharnhorst. Soldat – Reformer – Staatsmann. Die Biographie, Esslingen – München 1997.

Hubatsch, Walther: Beamtentum und Staatsprobleme im Zeitalter der Steinschen Reformen, in: *derselbe:* Eckpfeiler Europas. Probleme des Preußenlandes in geschichtlicher Sicht, Heidelberg 1953, S. 77–107.

Hubatsch, Walther: Die Königsberger Universität und der preußische Staat, in: Jahrbuch der Albertus-Universität zu Königsberg/Pr. 17 (1967), S. 63–79.

Hubatsch, Walther: Die Stein-Hardenbergischen Reformen (Erträge der Forschung, Bd. 65), Darmstadt 1977.

Hubatsch, Walther / Gundermann, Iselin: Die Albertus-Universität zu Königsberg/Preußen, 2. Aufl., Duderstadt 1993.

Huber, Ernst Rudolf: Reich, Volk und Staat in der Reichsrechtswissenschaft des 17. und 18. Jahrhunderts, in: Zeitschrift für die gesamte Staatswissenschaft 102 (1942), S. 593–627.

Huber, Ernst Rudolf: Zur Geschichte der politischen Polizei im 19. Jahrhundert, in: *derselbe:* Nationalstaat und Verfassungsstaat. Studien zur Geschichte der modernen Staatsidee, Stuttgart 1965, S. 144–167.

Huber, Ernst Rudolf: Deutsche Verfassungsgeschichte seit 1789, Bd. I: Reform und Restauration 1789 bis 1830, 2. Aufl., Stuttgart – Berlin – Köln – Mainz 1975.

Ibbeken, Rudolf: Preußen 1807–1813. Staat und Volk als Idee und Wirklichkeit (Veröffentlichungen aus den Archiven Preußischer Kulturbesitz, Bd. 5), Köln – Berlin 1970.

Ishibe, Masasuke: Vorlesungen zum Allgemeinen Landrecht an den Preußischen Universitäten, in: Festschrift für Hans Thieme zu seinem 80. Geburtstag, hrsg. v. *Karl Kroeschell*, Sigmaringen 1986, S. 315–328.

Jakobs, Horst Heinrich: Die Begründung der geschichtlichen Rechtswissenschaft (Rechts- und Staatswissenschaftliche Veröffentlichungen der Görres-Gesellschaft, N. F., Bd. 63), Paderborn – München – Wien – Zürich 1992.

Jelowik, Lieselotte: Defizite preußischer Berufungspolitik an der halleschen Juristenfakultät um die Wende vom 18. zum 19. Jahrhundert, in: Zeitschrift für Neuere Rechtsgeschichte 13 (1991), S. 1–16.

Jelowik, Liselotte: Die Reichspublizistik am Ende des Alten Reiches an der halleschen Juristenfakultät, in: Wissenschaftliche Zeitschrift der Universität Halle 40 (1991), H. 6, S. 97–105.

Jelusic, Karl: Die historische Methode Karl Friedrich Eichhorns (Veröffentlichungen des Seminars für Wirtschafts- und Kulturgeschichte an der Universität Wien, Bd. 12), Baden – Wien – Leipzig – Brünn 1936.

Jerouschek, Günter / Sames, Arno (Hrsg.): Aufklärung und Erneuerung. Beiträge zur Geschichte der Universität Halle im ersten Jahrhundert ihres Bestehens (1694–1806), Hanau – Halle 1994.

Johnston, Otto W.: Der Freiherr vom Stein und die patriotische Literatur. Zur Entstehung eines Mythos der „Nation“ in Preußen in napoleonischer Zeit, in: Internationales Archiv für Sozialgeschichte der deutschen Literatur 9 (1984), S. 44–66.

Johnston, Otto W.: Der deutsche Nationalmythos. Ursprung eines politischen Programms, Stuttgart 1990.

Kähler, Wilhelm: Die Entwicklung des staatswissenschaftlichen Unterrichts an der Universität Halle, in: Festgabe für Johannes Conrad. Zur Feier des 25-jährigen Bestehens des staatswissenschaftlichen Seminars zu Halle a. S. hrsg. v. *Hermann Paasche*, Jena 1898, S. 113–182.

Kämmerer, Jürgen: Albertus-Universität zu Königsberg, in: Universitäten und Hochschulen in Deutschland, Österreich und der Schweiz. Eine Universitätsgeschichte in Einzeldarstellungen, hrsg. v. *Laetitia Boehm / Rainer A. Müller*, Düsseldorf 1983, S. 233–236.

Kaltenborn von Stachau, Carl Baron: Kritik des Völkerrechts nach dem jetzigen Standpunkte der Wissenschaft, Leipzig 1847.

Kaltenborn, Carl von: Art. „Schmalz“, in: Deutsches Staats-Wörterbuch. In Verbindung mit deutschen Gelehrten hrsg. v. *Johann Caspar Bluntschli/Karl Brater*, Bd. IX, Stuttgart – Leipzig 1865, S. 247–248.

Kantzenbach, Friedrich Wilhelm: Friedrich Daniel Ernst Schleiermacher in Selbstzeugnissen und Bilddokumenten, Reinbek bei Hamburg 1967.

Kekule von Stradonitz, Stephan: Eine merkwürdige literarische Fehde um die Schmalzsche Lebensbeschreibung des Grafen Wilhelm zu Schaumburg-Lippe, in: Niedersachsen. Illustrierte Halbmonatsschrift für Geschichte, Landes- und Volkskunde, Sprache, Kunst und Literatur Niedersachsens 16 (1910/11), S. 480–483.

Kersting, Wolfgang: Vertrag, Gesellschaftsvertrag, Herrschaftsvertrag, in: Geschichtliche Grundbegriffe. Historisches Lexikon zur politisch-sozialen Sprache in Deutschland, hrsg. v. *Otto Brunner / Werner Conze / Reinhart Koselleck*, Bd. VI, Stuttgart 1990, S. 901–945.

Kersting, Wolfgang: Wohlgeordnete Freiheit. Immanuel Kants Rechts- und Staatsphilosophie, Frankfurt a. M. 1993.

Kersting, Wolfgang: Die politische Philosophie des Gesellschaftsvertrags, Darmstadt 1994.

Kersting, Wolfgang: Der Kontraktualismus im deutschen Naturrecht, in: Naturrecht – Spätaufklärung – Revolution, hrsg. v. *Otto Dann / Diethelm Klippel* (Studien zum achtzehnten Jahrhundert, Bd. 16), Hamburg 1995, S. 90–110.

Kiefner, Hans: Geschichte und Philosophie des Rechts bei A. F. J. Thibaut. Zugleich Versuch eines Beitrags über den beginnenden Einfluß Kants auf die deutsche Rechtswissenschaft, jur. Diss. München 1959.

Kiefner, Hans: Ideal wird, was Natur war. Abhandlungen zur Privatrechtsgeschichte des späten 18. und des 19. Jahrhunderts (Bibliotheca Eruditorum, Bd. 21), Goldbach 1997.

Kleensang, Michael: Das Konzept der bürgerlichen Gesellschaft bei Ernst Ferdinand Klein. Einstellungen zu Naturrecht, Eigentum, Staat und Gesetzgebung in Preußen 1780–1810 (Ius Commune; Sonderhefte. Studien zur europäischen Rechtsgeschichte, Bd. 108), Frankfurt a. M. 1998.

Klein, Hans H.: Wilhelm zu Schaumburg-Lippe. Klassiker der Abschreckungstheorie und Lehrer Scharnhorsts (Schriften zur Militärgeschichte, Militärwissenschaft und Konfliktforschung, Bd. 28), Osnabrück 1982.

Klein, Helmut (Hrsg.): Humboldt-Universität zu Berlin. Überblick 1810–1985. Von einem Autorenkollektiv unter Leitung von *Adolf Rüger*, Berlin (-Ost) 1985.

Kleinheyer, Gerd / Schröder, Jan: Deutsche Juristen aus fünf Jahrhunderten. Eine biographische Einführung in die Geschichte der Rechtswissenschaft. Unter Mitarbeit von *Erwin Forster, Hagen Hof* u. *Bernhard Pahlmann*, 3. erw. Aufl., Heidelberg 1989.

Klippel, Diethelm: Politische Freiheit und Freiheitsrechte im deutschen Naturrecht des 18. Jahrhunderts (Rechts- und Staatswissenschaftliche Veröffentlichungen der Görres-Gesellschaft, N. F., Bd. 23), Paderborn 1976.

Klippel, Diethelm: Der Einfluß der Physiokraten auf die Entwicklung der liberalen politischen Theorie in Deutschland, in: Der Staat 23 (1984), S. 205–226.

Klippel, Diethelm: Naturrecht als politische Theorie. Zur politischen Bedeutung des deutschen Naturrechts im 18. und 19. Jahrhundert, in: Aufklärung als Politisierung – Politisierung der Aufklärung, hrsg. v. *Hans Erich Bödeker / Ulrich Herrmann* (Studien zum 18. Jahrhundert, Bd. 8), Hamburg 1987, S. 267–293.

Klippel, Diethelm: Naturrecht und Politik im Deutschland des 19. Jahrhunderts, in: Naturrecht und Politik, hrsg. v. *Karl Graf Ballestrem* (Philosophische Schriften, Bd. 8), Berlin 1993, S. 27–48.

Klippel, Diethelm: Naturrecht und Rechtsphilosophie in der ersten Hälfte des 19. Jahrhunderts, in: Naturrecht – Spätaufklärung – Revolution, hrsg. v. *Otto Dann / Diethelm Klippel* (Studien zum achtzehnten Jahrhundert, Bd. 16), Hamburg 1995, S. 270–292.

Klippel, Diethelm: Das 19. Jahrhundert als Zeitalter des Naturrechts, in: Naturrecht im 19. Jahrhundert. Kontinuität – Inhalt – Funktion – Wirkung, hrsg. v. *Diethelm Klippel* (Naturrecht und Rechtsphilosophie in der Neuzeit – Studien und Materialien, Bd. 1), Goldbach 1997, S. VII–XVI.

Klippel, Diethelm: Das „natürliche Privatrecht“ im 19. Jahrhundert, in: Naturrecht im 19. Jahrhundert. Kontinuität – Inhalt – Funktion – Wirkung, hrsg. v. *Diethelm Klippel* (Naturrecht und Rechtsphilosophie in der Neuzeit – Studien und Materialien, Bd. 1), Goldbach 1997, S. 221–250.

Klippel, Diethelm: Die Historisierung des Naturrechts. Rechtsphilosophie und Geschichte im 19. Jahrhundert, in: Recht zwischen Natur und Geschichte/ Le droit entre nature et histoire (Ius Commune; Sonderhefte. Studien zur europäischen Rechtsgeschichte, Bd. 100), hrsg. v. *François Kervégan / Heinz Mohnhaupt*, Frankfurt a. M. 1997, S. 103–124.

Klippel, Georg Heinrich: Das Leben des Generals von Scharnhorst. Nach größtentheils bisher unbenutzten Quellen, Bde. I–III, Leipzig 1869–1871.

Klose, Carl Ludwig: Leben Karl August's, Fürsten von Hardenberg, Königlich Preußischen Staatskanzlers, Halle 1851.

Knaack, Jürgen: Achim von Arnim – Nicht nur Poet. Die politischen Anschauungen Arnims in ihrer Entwicklung. Mit ungedruckten Texten und einem Verzeichnis sämtlicher Briefe, Darmstadt 1976.

Knapp, Georg Friedrich: Die Bauern-Befreiung und der Ursprung der Landarbeiter in den älteren Theilen Preußens, Bde. I–II, Leipzig 1887.

Köbler, Gerhard: Zur Herkunft der deutschen Rechtslehrer des 19. Jahrhunderts, in: Festschrift für Walter Mallmann zum 70. Geburtstag, hrsg. v. *Otto Triffterer / Friedrich von Zezschwitz*, Baden-Baden 1978, S. 117–128.

Köbler, Gerhard: Zur Geschichte der römischen Rechtsgeschichte, in: Geschichtliche Rechtswissenschaft: Ars tradendo innovandoque aequitatem sectandi. Freundesgabe für Alfred Söllner zum 60. Geburtstag am 5.2.1990, hrsg. v. *Gerhard Köbler / Meinhard Heinze / Jan Schapp* (Gießener rechtswissenschaftliche Abhandlungen, Bd. 6), Gießen 1990, S. 207–284.

Köpke, Rudolf: Die Gründung der Königlichen Friedrich-Wilhelms-Universität zu Berlin, Berlin 1860.

Körte, Wilhelm: Leben und Studien Friedr. Aug. Wolf's, des Philologen, Bde. I–II, Essen 1833.

Koschaker, Paul: Europa und das Römische Recht, 4. Aufl., München – Berlin 1966.

Koselleck, Reinhart: Preußen zwischen Reform und Revolution. Allgemeines Landrecht, Verwaltung und soziale Bewegung von 1791 bis 1848 (Industrielle Welt, Bd. 7), 2. Aufl., Stuttgart 1975.

Koselleck, Reinhart: Historia Magistra Vitae. Über die Auflösung des Topos im Horizont neuzeitlich bewegter Geschichte, in: *derselbe:* Vergangene Zukunft. Zur Semantik geschichtlicher Zeiten, Frankfurt a. M. 1979, S. 38–66.

Koszyk, Kurt: Deutsche Presse im 19. Jahrhundert (Abhandlungen und Materialien zur Publizistik, Bd. 6), Berlin 1966.

Kraus, Hans-Christof: Carl Ernst Jarcke und der katholische Konservatismus im Vormärz, in: Historisches Jahrbuch 110 (1990), S. 409–445.

Kraus, Hans-Christof: Begriff und Verständnis des „Bürgers" bei Savigny, in: Zeitschrift der Savigny-Stiftung für Rechtsgeschichte, Romanistische Abteilung 110 (1993), S. 552–601.

Kraus, Hans-Christof: Ernst Ludwig von Gerlach. Politisches Denken und Handeln eines preußischen Altkonservativen (Schriftenreihe der Historischen Kommission bei der Bayerischen Akademie der Wissenschaften, Bd. 53), Bde. I–II, Göttingen 1994.

Kraus, Hans-Christof: Montesquieu, Blackstone, De Lolme und die englische Verfassung des 18. Jahrhunderts, in: Jahrbuch des Historischen Kollegs 1995, München 1996, S. 113–153.

Kraus, Hans-Christof: Politisches Denken der deutschen Spätromantik, in: Literaturwissenschaftliches Jahrbuch 38 (1997), S. 111–146.

Kraus, Hans-Christof: Historische Rechtsschule zwischen Philosophie und Geschichte. Zu einigen neuen und alten Savignyana, in: Der Staat 36 (1997), S. 451–479.

Kraus, Hans-Christof: Theodor Anton Heinrich Schmalz. Zur Biographie eines deutschen Juristen um 1800, in: Zeitschrift für Neuere Rechtsgeschichte 20 (1998), S. 15–27.

Kraus, Hans-Christof: Theodor Anton Heinrich Schmalz (1760–1831). Der Gründungsrektor der Universität Berlin, in: Mitteilungen des Vereins für die Geschichte Berlins 94 (1998), H. 2, S. 358–363.

Kraus, Hans-Christof: Machtwechsel, Legitimität und Kontinuität als Probleme des deutschen politischen Denkens im 19. Jahrhundert, in: Zeitschrift für Politik 45 (1998), S. 49–68.

Kraus, Hans-Christof: Görres und Preußen – Zur Geschichte eines spannungsreichen Verhältnisses, in: Görres-Studien. Festschrift zum 150. Todesjahr von Joseph von Görres, hrsg. v. *Harald Dickerhof*, Paderborn – München – Wien – Zürich 1999, S. 1–27.

Kremer, Bernd Matthias: Der Westfälische Friede in der Deutung der Aufklärung. Zur Entwicklung des Verfassungsverständnisses im Hl. Röm. Reich Deutscher Nation vom Konfessionellen Zeitalter bis ins späte 18. Jahrhundert (Jus Ecclesiasticum. Beiträge zum evangelischen Kirchenrecht und zum Staatskirchenrecht, Bd. 37), Tübingen 1989.

Kröger, Ernst: Vom Studenten zum Kriegsrat. Die staatswirtschaftliche Ausbildung Theodor von Schöns, in: Theodor von Schön. Untersuchungen zu Biographie und Historiographie, hrsg. v. *Bernd Sösemann*, Köln – Weimar – Wien 1996, S. 29–40.

Kroeschell, Karl: Deutsche Rechtsgeschichte, Bd. III (seit 1650), Opladen 1989.

Kroll, Frank-Lothar: Verfassungsidee und Verfassungswirklichkeit im Zeitalter der Stein-Hardenbergschen Reformen, in: Verfassung und Verwaltung. Festschrift für Kurt G. A. Jeserich zum 90. Geburtstag, hrsg. v. *Helmut Neuhaus*, Köln – Weimar – Wien 1994, S. 159–182.

Krollmann, Christian: Amtliche Politik und vaterländische Bewegung 1807–1813 (Pädagogisches Magazin, H. 1126), Langensalza 1927.

Krüger, Herbert: Allgemeine Staatslehre, 2. Aufl., Stuttgart – Berlin – Köln – Mainz 1966.

Krüger, Herbert: Kant und die allgemeine Staatslehre des 19. Jahrhunderts – Ein Arbeitsprogramm, in: Philosophie und Rechtswissenschaft. Zum Problem ihrer Beziehung im 19. Jahrhundert, hrsg. v. *Jürgen Blühdorn / Joachim Ritter* (Studien zur Philosophie und Literatur des 19. Jahrhunderts, Bd. 3), Frankfurt a. M. 1969, S. 49–56.

Kühl, Kristian: Naturrechtliche Grenzen strafwürdigen Verhaltens, in: Naturrecht – Spätaufklärung – Revolution, hrsg. v. *Otto Dann / Diethelm Klippel* (Studien zum achtzehnten Jahrhundert, Bd. 16), Hamburg 1995, S. 182–202.

Kunisch, Johannes: La guerre – c'est moi! Zum Problem der Staatenkonflikte im Zeitalter des Absolutismus, in: *derselbe*: Fürst – Gesellschaft – Krieg. Studien zur bellizistischen Disposition des absoluten Fürstenstaates, Köln – Weimar – Wien 1992, S. 1–41.

Kuriki, Hisao: Die Rolle des Allgemeinen Staatsrechts in Deutschland von der Mitte des 18. bis zur Mitte des 19. Jahrhunderts – Eine wissenschafts- und dogmengeschichtliche Untersuchung, in: Archiv des öffentlichen Rechts 99 (1974), S. 556–585.

Lagarde, Paul de: Ueber einige Berliner Theologen und was von ihnen zu lernen ist, Göttingen 1890.

Landsberg, Ernst: Art. „Schmalz, Theodor Anton Heinrich“, in: Allgemeine Deutsche Biographie, Bd. XXXI, Leipzig 1890, S. 624–627.

Landsberg, Ernst: Geschichte der Deutschen Rechtswissenschaft (Geschichte der Wissenschaften in Deutschland. Neuere Zeit, Bd. 18), Bd. III/1, München – Leipzig 1898.

Landsberg, Ernst: Kant und Hugo. Philosophisches und Civilistisches von 1800 und 1900, in: Zeitschrift für das Privat- und öffentliche Recht der Gegenwart 28 (1901), S. 670–686.

Langer, Claudia: Reform nach Prinzipien. Untersuchungen zur politischen Theorie Immanuel Kants (Sprache und Geschichte, Bd. 11), Stuttgart 1986.

Langer, Gottfried: Von Arbeit und Ansehen der hallischen Juristenfakultät in zweieinhalb Jahrhunderten, in: 250 Jahre Universität Halle. Streifzüge durch ihre Geschichte in Forschung und Lehre, Halle 1944, S. 132–149.

Lehmann, Max: Scharnhorst, Bde. I–II, Leipzig 1886–1887.

Lehmann, Max: Freiherr vom Stein, Bde. I–III, Leipzig 1902–1905.

Lehmann, Otto: Die Nationalökonomie an der Universität Halle im 19. Jahrhundert, jur. Diss. Halle-Wittenberg 1935.

Lenz, Max: Geschichte der königlichen Friedrich-Wilhelms-Universität zu Berlin, Bde. I–IV, Halle a. S. 1910–1918.

Leussink, Hans / Neumann, Eduard / Kotowski, Georg (Hrsg.): Studium Berolinense. Aufsätze und Beiträge zu Problemen der Wissenschaft und zur Geschichte der Friedrich-Wilhelms-Universität zu Berlin (Gedenkschrift der Westdeutschen Rektorenkonferenz und der Freien Universität Berlin zur 150. Wiederkehr des Gründungsjahres der Friedrich-Wilhelms-Universität zu Berlin), Berlin 1960.

Lieberwirth, Rolf: Der Staat als Gegenstand des Hochschulunterrichts in Deutschland vom 16. bis zum 18. Jahrhundert (Sitzungsberichte der Sächsischen Akademie der Wissenschaften zu Leipzig. Philol.-histor. Klasse, Bd. 120, H. 4), Berlin (-Ost) 1978.

Lieberwirth, Rolf: Berliner Rechtswissenschaft zwischen Akademie- und Universitätsgründung (1700–1810), in: *derselbe*: Rechtshistorische Schriften, hrsg. v. *Heiner Lück*, Weimar – Köln – Wien 1997, S. 303–313.

Liebmann, Otto (Hrsg.): Die Juristische Fakultät der Universität Berlin von ihrer Gründung bis zur Gegenwart, Berlin 1910.

Link, Christoph: Menschenrechte und bürgerliche Freiheit. Zum Grundrechtsdenken im Aufklärungszeitalter, in: Menschenwürde und freiheitliche Rechtsordnung. Festschrift für Willi Geiger zum 65. Geburtstag, hrsg. v. *Gerhard Leibholz / Hans Joachim Faller / Paul Mikat / Hans Reis*, Tübingen 1974, S. 276–298.

Link, Christoph: Herrschaftsordnung und bürgerliche Freiheit. Grenzen der Staatsgewalt in der älteren deutschen Staatslehre (Wiener rechtsgeschichtliche Arbeiten, Bd. 12), Wien – Köln – Graz 1979.

Link, Christoph: Naturrechtliche Grundlagen des Grundrechtsdenkens in der deutschen Staatsrechtslehre des 17. und 18. Jahrhunderts, in: Das Naturrechtsdenken heute und morgen. Gedächtnisschrift für René Marcic, hrsg. v. *Dorothea Mayer-Maly / Peter M. Simons*, Berlin 1983, S. 77–95.

Link, Christoph: Rechtswissenschaft, in: Wissenschaften im Zeitalter der Aufklärung, hrsg. v. *Rudolf Vierhaus*, Göttingen 1985, S. 120–142.

Link, Christoph: Johann Stephan Pütter (1725–1807). Staatsrecht am Ende des alten Reiches, in: Rechtswissenschaft in Göttingen. Göttinger Juristen aus 250 Jahren, hrsg. v. *Fritz Loos* (Göttinger Universitätsschriften, Ser. A, Bd. 6), Göttingen 1987, S. 75–99.

Link, Christoph: Zwischen Absolutismus und Revolution. Aufgeklärtes Denken über Recht und Staat in der Mitte des 18. Jahrhunderts, in: Aufbruch aus dem Ancien régime. Beiträge zur Geschichte des 18. Jahrhunderts, hrsg. v. *Helmut Neuhaus*, Köln – Weimar – Wien 1993, S. 185–209.

Lübbe-Wolff, Gertrude: Hegels Staatsrecht als Stellungnahme im ersten preußischen Verfassungskampf, in: Zeitschrift für philosophische Forschung 35 (1981), S. 476–501.

Lübbe-Wolff, Gertrude: Begründungsmethoden in Kants Rechtslehre, untersucht am Beispiel des Vertragsrechts, in: Rechtsphilosophie der Aufklärung. Symposium Wolfenbüttel 1981, hrsg. v. *Reinhard Brandt*, Berlin – New York 1982, S. 286–310.

Maier, Hans: Die Lehre der Politik an den älteren deutschen Universitäten, in: *derselbe:* Politische Wissenschaft in Deutschland. Aufsätze zur Lehrtradition und Bildungspraxis, München 1969, S. 15–52, 245–263.
Maier, Hans: Die ältere deutsche Staats- und Verwaltungslehre, 2. Aufl., München 1980.
Maier, Hans: Gründerzeiten. Aus der Sozialgeschichte der deutschen Universität, in: Staat, Kirche, Wissenschaft in einer pluralistischen Gesellschaft. Festschrift zum 65. Geburtstag von Paul Mikat, hrsg. v. *Dieter Schwab / Dieter Giesen / Joseph Listl / Hans-Wolfgang Strätz*, Berlin 1989, S. 381–393.
Maier, Hans: Aufklärung, Pietismus, Staatswissenschaft. Die Universität Halle nach 300 Jahren, in: Historische Zeitschrift 261 (1995), S. 769–791.
Malter, Rudolf: Königsberg und Kant im „Reisetagebuch" des Theologen Johann Friedrich Abegg (1798), in: Jahrbuch der Albertus-Universität zu Königsberg/Pr. 26/27 (1986), S. 5–25.
Marks, Ralph: Die Entwicklung nationaler Geschichtsschreibung – Luden und seine Zeit (Europäische Hochschulschriften, R. III, Bd. 329); Frankfurt a. M. – Bern – New York – Paris 1987.
Maurer, Michael: Aufklärung und Anglophilie in Deutschland (Veröffentlichungen des Deutschen Historischen Instituts London, Bd. 19), Göttingen – Zürich 1987.
Max, Hubert: Wesen und Gestalt der politischen Zeitschrift. Ein Beitrag zur Geschichte des politischen Erziehungsprozesses des deutschen Volkes bis zu den Karlsbader Beschlüssen (Pressestudien, R. A, Bd. 1), Essen 1942.
McClelland, Charles E.: State, Society and University in Germany 1700–1914, Cambridge – London – New York u. a. 1980.
Medicus, Fritz: Fichtes Leben, 2. Aufl., Leipzig 1922.
Meinecke, Friedrich: Die Deutschen Gesellschaften und der Hoffmannsche Bund. Ein Beitrag zur Geschichte der politischen Bewegungen in Deutschland im Zeitalter der Befreiungskriege, Stuttgart 1891.
Meinecke, Friedrich: Das Zeitalter der deuschen Erhebung (1795–1815), 4. Aufl., Leipzig 1941.
Meinhardt, Günther: Die Universität Göttingen. Ihre Entwicklung und ihre Geschichte von 1734–1974, Göttingen – Frankfurt a. M. – Zürich 1977.
Meist, Kurt Rainer: Altenstein und Gans. Eine frühe politische Option für Hegels Rechtsphilosophie, in: Hegel-Studien 14 (1979), S. 39–72.
Menne, Karl: August Hermann Niemeyer. Sein Leben und Wirken (1928), 2. Aufl., Halle – Tübingen 1995.
Merzbacher, Friedrich: Staat und Jus publicum im deutschen Absolutismus, in: Gedächtnisschrift Hans Peters, hrsg. v. *H. Conrad / H. Jahrreiß / P. Mikat / H. Mosler / H. C. Nipperdey / J. Salzwedel*, Heidelberg – New York 1967, S. 144–156.
Möller, Horst: Vernunft und Kritik. Deutsche Aufklärung im 17. und 18. Jahrhundert, Frankfurt a. M. 1986.
Möller, Horst: Fürstenstaat oder Bürgernation. Deutschland 1763–1815, Berlin 1989.
Möller, Horst: Kritik und Krise: Die Politisierung Deutschlands durch die Französische Revolution, in: Deutschland in den internationalen Beziehun-

gen des 19. und 20. Jahrhunderts. Festschrift für Josef Becker zum 65. Geburtstag, hrsg. v. *Walther L. Bernecker / Volker Dotterweich* (Schriften der Philosophischen Fakultät der Universität Augsburg, Bd. 50), München 1996, S. 25–42.

Mohl, Robert von: Die Geschichte und Literatur der Staatswissenschaften. In Monographien dargestellt, Bde. I–III, Erlangen 1855, 1856, 1858.

Mohnhaupt, Heinz: Vorstufen der Wissenschaften von „Verwaltung“ und „Verwaltungsrecht“ an der Universität Göttingen (1750–1830), in: Jahrbuch für europäische Verwaltungsgeschichte 1 (1989), S. 73–103.

Mohnhaupt, Heinz: Verfassung I. Konstitution, Status, Leges fundamentales von der Antike bis zur Aufklärung, in: *Heinz Mohnhaupt / Dieter Grimm:* Verfassung. Zur Geschichte des Begriffs von der Antike bis zur Gegenwart (Schriften zur Verfassungsgeschichte, Bd. 47), Berlin 1995, S. 1–99.

Mombert, Paul: Geschichte der Nationalökonomie (Grundrisse zum Studium der Nationalökonomie, Bd. 2), Jena 1927.

Motekat, Helmut: Die Albertus-Universität zu Königsberg in Preußen. Idee und Bewährung, in: Jahrbuch der Albertus-Universität zu Königsberg/Pr. 15 (1965), S. 70–89

Müller, Otto: Zur Geschichte des Grafen Wilhelm zu Schaumburg-Lippe. Die im 18. Jahrhundert gemachten Versuche die Geschichte dieses Grafen zu schreiben. Zugleich ein Beitrag zur Geschichte der Zensur in Deutschland. Nach den Schriftstücken des Fürstlichen Hausarchivs zu Bückeburg, Hannover 1912.

Müller, Rainer A.: Geschichte der Universität. Von der mittelalterlichen Universitas zur deutschen Hochschule, München 1990.

Münchow-Pohl, Bernd von: Zwischen Reform und Krieg. Untersuchungen zur Bewußtseinslage in Preußen 1809–1812 (Veröffentlichungen des Max-Planck-Instituts für Geschichte, Bd. 87), Göttingen 1987.

Müsebeck, Ernst: Siegmund Peter Martin und Hans Rudolph v. Plehwe, zwei Vertreter des deutschen Einheitsgedankens von 1806–1820, in: Quellen und Darstellungen zur Geschichte der Burschenschaft und der deutschen Einheitsbewegung, hrsg. v. *Herman Haupt*, Bd. II, Heidelberg 1911, S. 75–194.

Müsebeck, Ernst: Ernst Moritz Arndt. Ein Lebensbild, Bd. I: Der junge Arndt 1769–1815, Gotha 1914.

Müsebeck, Ernst: Das Preußische Kultusministerium vor hundert Jahren, Stuttgart – Berlin 1918.

Muhlack, Ulrich: Die Universitäten im Zeichen von Neuhumanismus und Idealismus: Berlin, in: Beiträge zu Problemen deutscher Universitätsgründungen der frühen Neuzeit, hrsg. v. *Peter Baumgart / Notker Hammerstein* (Wolfenbütteler Forschungen. Hrsg. v. der Herzog August Bibliothek, Bd. 4), Nendeln/Liechtenstein 1978, S. 299–340.

Muhlack, Ulrich: Physiokratie und Absolutismus in Frankreich und Deutschland, in: Zeitschrift für historische Forschung 9 (1982), S. 15–46.

Muhs, Karl: Zur Geschichte der Wirtschaftswissenschaften an der Universität Halle, in: 250 Jahre Universität Halle. Streifzüge durch ihre Geschichte in Forschung und Lehre, Halle 1944, S. 150–155.

Nagel, Carl: Zeit zwischen den Zeiten. Bilder aus dem Berliner Vormärz, in: Der Bär von Berlin. Jahrbuch des Vereins für die Geschichte Berlins 11 (1962), S. 7–26.

Nef, Hans: Recht und Moral in der deutschen Rechtsphilosophie seit Kant, St. Gallen 1937.

Negri, Antonio: Alle origini del formalismo guiridico. Studio sul problema della forma in Kant e nei giuristi kantiani tra il 1789 e il 1802 (Pubblicazioni della Facoltà di Giurisprudenza dell'Università di Padova, Bd. 32), Padova 1962.

Neugebauer, Wolfgang: Die Demagogenverfolgungen in Preußen – Beiträge zu ihrer Geschichte, in: Geschichte als Aufgabe. Festschrift für Otto Büsch zu seinem 60. Geburtstag, hrsg. v. *Wilhelm Treue*, Berlin 1988, S. 201–245.

Neugebauer, Wolfgang: Politischer Wandel im Osten. Ost- und Westpreußen von den alten Ständen zum Konstitutionalismus (Quellen und Studien zur Geschichte des östlichen Europa, Bd. 36), Stuttgart 1992.

Neugebauer, Wolfgang: Das Bildungswesen in Preußen seit der Mitte des 17. Jahrhunderts, in: Handbuch der preußischen Geschichte, hrsg. v. *Otto Büsch*, Bd. II, Berlin – New York 1992, S. 605–798.

Neuschäffer, Hubertus: Carl Friedrich Frhr. von Schoultz-Ascheraden: Ein Beitrag zum Forschungsproblem der Agrarreformen im Ostseeraum des 18. Jahrhunderts, in: Journal of Baltic Studies 12 (1981), S. 318–332.

Neuß, Erich: Goethe und die Universität Halle, in: 450 Jahre Martin-Luther-Universität Halle-Wittenberg, (hrsg. v. *Leo Stern*), Bd. II, Halle a. S. 1952, S. 125–158.

Nippel, Wilfried: Mischverfassungstheorie und Verfassungsrealität in Antike und früher Neuzeit (Geschichte und Gesellschaft; Bochumer Historische Studien, Bd. 21), Stuttgart 1980.

Nipperdey, Thomas: Deutsche Geschichte 1800–1866. Bürgerwelt und starker Staat, München 1983.

Nipperdey, Thomas: Preußen und die Universität, in: Preußen – Seine Wirkung auf die deutsche Geschichte, Stuttgart 1985, S. 65–85.

Nörr, Dieter: Geist und Buchstabe: ein Goethe-Zitat bei Savigny, in: Zeitschrift der Savigny-Stiftung für Rechtsgeschichte, Rom. Abt. 100 (1983), S. 20–45.

Nörr, Dieter: Savignys philosophische Lehrjahre. Ein Versuch (Ius Commune; Sonderhefte. Studien zur Europäischen Rechtsgeschichte, Bd. 66), Frankfurt a. M. 1994.

Obenaus, Herbert: Anfänge des Parlamentarismus in Preußen bis 1848, Düsseldorf 1984.

Oberer, Hariolf: Über einige Begründungsaspekte der Kantischen Strafrechtslehre, in: Rechtsphilosophie der Aufklärung. Symposium Wolfenbüttel 1981, hrsg. v. *Reinhard Brandt*, Berlin – New York 1982, S. 399–423.

Ochwadt, Curd: Nachbericht, in: *Wilhelm Graf zu Schaumburg-Lippe:* Schriften und Briefe, hrsg. v. *Curd Ochwadt*, Bd. I: Philosophische und politische Schriften (Veröffentlichungen des Leibniz-Archivs, Bd. 8), Frankfurt a. M. 1977, S. 463–504.

Oestreich, Gerhard: Die Idee des religiösen Bundes und die Lehre vom Staatsvertrag, in: *derselbe*: Geist und Gestalt des frühmodernen Staates, Berlin 1969, S. 157–178.

Oncken, August: Geschichte der Nationalökonomie, Bd. I: Die Zeit vor Adam Smith (Hand- und Lehrbuch der Staatswissenschaften, I. Abt., Bd. 2), 3. Aufl. Leipzig 1922.

Paunel, Eugen: Die Staatsbibliothek zu Berlin. Ihre Geschichte und Organisation während der ersten Jahrhunderte seit ihrer Eröffnung 1661–1871, Berlin 1965.

Perthes, Clemens Theodor: Friedrich Perthes Leben nach dessen schriftlichen und mündlichen Mittheilungen, Bd. II, 4. Aufl., Gotha 1857.

Pertz, Georg Heinrich: Das Leben des Ministers Freiherrn vom Stein, Bde. I–VI/2, Berlin 1850–1855.

Pertz, Georg Heinrich: Das Leben des Feldmarschalls Grafen Neithardt von Gneisenau, Bde. I–III, Berlin 1864–1869.

Petry, Ludwig: Die Gründung der drei Friedrich-Wilhelms-Universitäten Berlin, Breslau und Bonn, in: Festschrift Hermann Aubin zum 80. Geburtstag, hrsg. v. *Otto Brunner / Hermann Kellenbenz / Erich Maschke / Wolfgang Zorn*, Bd. II, Wiesbaden 1965, S. 687–709.

Pöggeler, Wolfgang: Die deutsche Wissenschaft vom englischen Staatsrecht. Ein Beitrag zur Rezeptions- und Wissenschaftsgeschichte 1748–1914 (Vergleichende Untersuchungen zur kontinentaleuropäischen und anglo-amerikanischen Rechtsgeschichte, Bd. 16), Berlin 1995.

Polley, Rainer: Anton Friedrich Justus Thibaut (AD 1772–1840) in seinen Selbstzeugnissen und Briefen (Rechtshistorische Reihe, Bd. 13), Bde. I–III, Frankfurt a. M. – Bern 1982.

Preu, Peter: Polizeibegriff und Staatszwecklehre. Die Entwicklung des Polizeibegriffs durch die Rechts- und Staatswissenschaften des 18. Jahrhunderts (Göttinger rechtswissenschaftliche Studien, Bd. 124), Göttingen 1983.

Prignitz, Christoph: Vaterlandsliebe und Freiheit. Deutscher Patriotismus von 1750 bis 1850, Wiesbaden 1981.

Pröhle, Heinrich: Friedrich Ludwig Jahn's Leben. Nebst Mittheilungen aus seinem literarischen Nachlasse, Berlin 1855.

Pyta, Wolfram: Idee und Wirklichkeit der „Heiligen Allianz“, in: Neue Wege der Ideengeschichte. Festschrift für Kurt Kluxen zum 85. Geburtstag, hrsg. v. *Frank-Lothar Kroll*, Paderborn – München – Wien – Zürich 1996, S. 285–314.

Quaritsch, Helmut: Staat und Souveränität, Bd. I: Die Grundlagen, Frankfurt a. M. 1970.

Quaritsch, Helmut: Souveränität. Entstehung und Entwicklung des Begriffs in Frankreich und Deutschland vom 13. Jh. bis 1806 (Schriften zur Verfassungsgeschichte, Bd. 38), Berlin 1986.

Raack, R. C.: The Fall of Stein (Harvard Historical Monographs, Bd. 58), Cambridge, Mass. 1965.

Radbruch, Gustav: Paul Johann Anselm Feuerbach.- Ein Juristenleben, 2. Aufl., hrsg. v. *Erik Wolf*, Göttingen 1957.

Radbruch, Gustav: Anselm v. Feuerbach und die vergleichende Rechtswissenschaft, in: *derselbe:* Gesamtausgabe, hrsg. v. *Arthur Kaufmann*, Bd. VI: Feuerbach, bearb. v. *Gerhard Haney*, Heidelberg 1997, S. 315–328.

Ranke, Leopold von: Denkwürdigkeiten des Staatskanzlers Fürsten von Hardenberg vom Jahre 1806 bis zum Jahre 1813, Bd. IV, Leipzig 1877.

Raumer, Karl von: Geschichte der Pädagogik. Wiederaufblühen klassischer Studien bis auf unsere Zeit, Bd. IV: Die deutschen Universitäten, 2. Aufl., Stuttgart 1854.

Raumer, Kurt von: Zum geschichtlichen Hintergrund und europäischen Kontext der preußischen Bildungsreform, in: Das Vergangene und die Geschichte. Festschrift für Reinhard Wittram zum 70. Geburtstag, hrsg. v. *Rudolf von Thadden / Gert von Pistohlkors / Hellmuth Weiss*, Göttingen 1973, S. 42–62.

Raumer, Kurt von: Deutschland um 1800. Krise und Neugestaltung 1789–1815, in: Handbuch der deutschen Geschichte, hrsg. v. *Otto Brandt / Arnold Oskar Meyer / Leo Just*, Bd. III/1a, Wiesbaden 1980, S. 1–430.

Rauschning, Dietrich: Georg Friedrich von Martens (1756–1821). Lehrer des praktischen Europäischen Völkerrechts und der Diplomatie zu Göttingen, in: Rechtswissenschaft in Göttingen. Göttinger Juristen aus 250 Jahren, hrsg. v. *Fritz Loos* (Göttinger Universitätsschriften, Ser. A, Bd. 6), Göttingen 1987, S. 123–145.

Recktenwald, Horst Claus: Adam Smith. Sein Leben und sein Werk, München 1996.

Reibstein, Ernst: Das „Europäische Öffentliche Recht“ 1648–1815. Ein institutionengeschichtlicher Überblick, in: Archiv des Völkerrechts 8 (1959/60), S. 385–420.

Reichelt, Helmut: Die Physiokraten, in: Pipers Handbuch der politischen Ideen, hrsg. v. *Iring Fetscher / Herfried Münkler*, Bd. III, München – Zürich 1985, S. 579–588.

Reissner, Hanns Günther: Eduard Gans. Ein Leben im Vormärz (Schriftenreihe wissenschaftlicher Abhandlungen des Leo Baeck Instituts, Bd. 14), Tübingen 1965.

Die Rektoren der Universität Berlin, hrsg. von der Universitäts-Bibliothek der Humboldt-Universität, bearb. v. *Friedrich Herneck* u. a., Halle 1966.

Riedel, Manfred: Hegel und Gans, in: Natur und Geschichte – Karl Löwith zum 70. Geburtstag, Stuttgart – Berlin – Köln – Mainz 1967, S. 257–273.

Riedel, Manfred: Bürger, Staatsbürger, Bürgertum, in: Geschichtliche Grundbegriffe. Historisches Lexikon zur politisch-sozialen Sprache in Deutschland, hrsg. v. *Otto Brunner / Werner Conze / Reinhart Koselleck*, Bd. I, Stuttgart 1972, S. 672–725.

Riedel, Manfred: Die Aporie von Herrschaft und Vereinbarung in Kants Idee des Sozialvertrags, in: Kant. Zur Deutung seiner Theorie von Erkennen und Handeln, hrsg. v. *Gerold Prauss* (Neue wissenschaftliche Bibliothek, Bd. 63), Köln 1973, S. 337–349.

Ritter, Christian: Der Rechtsgedanke Kants nach den frühen Quellen (Juristische Abhandlungen, Bd. 10), Frankfurt a. M. 1971.

Ritter, Gerhard: Stein. Eine politische Biographie, 4. Aufl., Stuttgart 1981.

Robbers, Gerhard: Die Staatsrechtslehre des 19. Jahrhunderts, in: Entstehen und Wandel verfassungsrechtlichen Denkens (Beihefte zu „Der Staat“, H. 11), Berlin 1996, S. 103–119.

Roellecke, Gerd: Julius von Massow als „Kultusminister“ (1798–1806). Preußische Bildungspolitik zwischen Wöllner und Humboldt, in: Das nachfriderizianische Preußen 1786–1806. Rechtshistorisches Kolloquium 11.-13. Juni

1987 Christian-Albrechts-Universität zu Kiel, hrsg. v. *Hans Hattenhauer / Götz Landwehr* (Motive – Texte – Materialien, Bd. 46), Heidelberg 1988, S. 363–381.

Roellecke, Gerd: Geschichte des deutschen Hochschulwesens, in: Handbuch des Wissenschaftsrechts, hrsg. v. *Christian Flämig*, 2. Aufl., Berlin – Heidelberg 1996, S. 3–36.

Rogalla von Bieberstein, Johannes: Geheime Gesellschaften als Vorläufer politischer Parteien, in: Geheime Gesellschaften, hrsg. v. *Peter Christian Ludz* (Wolfenbütteler Studien zur Aufklärung, Bd. V/1), Heidelberg 1979, S. 429–460.

Rogalla von Bieberstein, Johannes: Die These von der Verschwörung 1776–1945. Philosophen, Freimaurer, Juden, Liberale und Sozialisten als Verschwörer gegen die Sozialordnung, Flensburg 1992.

Roggentin, Mathias: Über den Begriff der Verfassung in Deutschland im 18. und 19. Jahrhundert, jur. Diss. Hamburg 1978.

Roscher, Wilhelm: Geschichte der National-Oekonomik in Deutschland (Geschichte der Wissenschaften in Deutschland. Neuere Zeit, Bd. 14), München 1874.

Rosenkranz, Karl: Geschichte der Kant'schen Philosophie (1840), hrsg. v. *Steffen Dietzsch*, Berlin 1987.

Rosenzweig, Franz: Hegel und der Staat, Bde. I–II, München – Berlin 1920.

Ross, Ian Simpson: Adam Smith – Leben und Werk, Düseldorf 1998.

Rückert, Joachim: August Ludwig Reyschers Leben und Rechtstheorie. 1802–1880 (Abhandlungen zur rechtswissenschaftlichen Grundlagenforschung, Bd. 13), Berlin 1974.

Rückert, Joachim: Idealismus, Jurisprudenz und Politik bei Friedrich Carl von Savigny (Abhandlungen zur rechtswissenschaftlichen Grundlagenforschung, Bd. 58), Ebelsbach 1984.

Rückert, Joachim: Kant-Rezeption in juristischer und politischer Theorie (Naturrecht, Rechtsphilosophie, Staatslehre, Politik) des 19. Jahrhunderts, in: John Locke und Immanuel Kant, hrsg. v. *Martyn P. Thompson* (Philosophische Schriften, Bd. 3), Berlin 1991, S. 144–215.

Rückert, Joachim: Natürliche Freiheit – Historische Freiheit – Vertragsfreiheit, in: Recht zwischen Natur und Geschichte/Le droit entre nature et histoire (Ius Commune; Sonderhefte. Studien zur europäischen Rechtsgeschichte, Bd. 100), hrsg. v. *François Kervégan / Heinz Mohnhaupt*, Frankfurt a.M. 1997, S. 305–337.

Ruffmann, Karl-Heinz: Memel im Jahre 1807, in: Jahrbuch der Albertus-Universität zu Königsberg/Pr. 8 (1958), S. 172–193.

Rumler, Marie: Die Bestrebungen zur Befreiung der Privatbauern in Preußen. 1797–1806, I.-V., in: Forschungen zur brandenburgischen und preußischen Geschichte 33 (1920/21), S. 179–192, 327–367; 34 (1922), S. 1–24, 265–296; 37 (1925), S. 31–76.

Salin, Edgar: Geschichte der Volkswirtschaftslehre, 4. Aufl., Bern – Tübingen 1951.

Salomon, Ludwig: Geschichte des Deutschen Zeitungswesens von den ersten Anfängen bis zur Wiederaufrichtung des Deutschen Reiches, Bde. I–III, Oldenburg – Leipzig 1900–1906.

Schäfer, Karl Heinz: Ernst Moritz Arndt als politischer Publizist. Studien zu Publizistik, Pressepolitik und kollektivem Bewußtsein im frühen 19. Jahrhundert (Veröffentlichungen des Stadtarchivs Bonn, Bd. 13), Bonn 1974.

Schäfer, Rütger: Friedrich Buchholz – ein vergessener Vorläufer der Soziologie. Eine historische und bibliographische Untersuchung über den ersten Vertreter des Positivismus und des Saint-Simonismus in Deutschland, Bde. I–II (Göppinger Akademische Beiträge, Bde. 59/I–II), Göppingen 1972.

Schelsky, Helmut: Einsamkeit und Freiheit. Idee und Gestalt der deutschen Universität und ihrer Reformen, Reinbek bei Hamburg 1963.

Scheuner, Ulrich: Die Staatszwecke und die Entwicklung der Verwaltung im deutschen Staat des 18. Jahrhunderts, in: Beiträge zur Rechtsgeschichte. Gedächtnisschrift für Hermann Conrad, hrsg. v. *Gerd Kleinheyer / Paul Mikat* (Rechts- und Staatswissenschaftliche Veröffentlichungen der Görres-Gesellschaft N. F., Bd. 34), Paderborn – München – Wien – Zürich 1979, S. 467–489.

Schib, Karl: Johannes von Müller 1752–1809, Schaffhausen – Konstanz – Lindau – Stuttgart 1967.

Schiera, Pierangelo: Dall'Arte di Governo alle Scienze dello Stato. Il Cameralismo e l'Assolutismo Tedesco (Archivio della Fondazione Italiana per la Storia Amministrativa. Prima Collana, Bd. 8), Milano 1968.

Schlie, Ulrich: Johann Stephan Pütters Reichsbegriff (Göttinger rechtswissenschaftliche Studien, Bd. 38), Göttingen 1961.

Schlumbohm, Jürgen: Freiheit. Die Anfänge der bürgerlichen Emanzipationsbewegung in Deutschland im Spiegel ihres Leitwortes (ca. 1760- ca. 1800) (Geschichte und Gesellschaft. Bochumer Historische Studien, Bd. 12), Düsseldorf 1975.

Schmidt, Arno: Fouqué und einige seiner Zeitgenossen. Biographischer Versuch, Zürich 1987.

Schmidt, Eberhard: Einführung in die Geschichte der deutschen Strafrechtspflege, 3. Aufl., Göttingen 1965.

Schmidt, Eberhard: Rechtssprüche und Machtsprüche der preußischen Könige des 18. Jahrhunderts, in: *derselbe:* Beiträge zur Geschichte des preußischen Rechtsstaates (Schriften zur Verfassungsgeschichte, Bd. 32), Berlin 1980, S. 210–246.

Schmidt-Aßmann, Eberhard: Der Verfassungsbegriff in der deutschen Staatslehre der Aufklärung und des Historismus. Untersuchungen zu den Vorstufen eines hermeneutischen Verfassungsdenkens (Schriften zum Öffentlichen Recht, Bd. 53), Berlin 1967.

Schmitt, Carl: Der Nomos der Erde im Völkerrecht des Jus Publicum Europaeum, 3. Aufl., Berlin 1988.

Schmitt, Carl: Das „Allgemeine Deutsche Staatsrecht" als Beispiel rechtswissenschaftlicher Systembildung (1940), in: *derselbe:* Staat – Großraum – Nomos. Arbeiten aus den Jahren 1916–1969, hrsg. v. *Günter Maschke*, Berlin 1995, S. 166–180.

Schmölders, Günter: Stein und Adam Smith. Ein Beitrag zur Ideengeschichte der preußischen Reformzeit, in: Historische Forschungen und Profile. Peter Rassow zum 70. Geburtstage dargebracht, hrsg. v. *Karl Erich Born*, Wiesbaden 1961, S. 235–239.

Schmölders, Günter: Geschichte der Volkswirtschaftslehre, Reinbek bei Hamburg 1962.

Schnabel, Franz: Deutsche Geschichte im neunzehnten Jahrhundert, Bd. II: Monarchie und Volkssouveränität, Freiburg i. Br. 1933.

Schneider, Ludwig: Zu Kants Einfluß auf die Rechtsphilosophie, in: Festschrift für Rudolf Laun zu seinem achtzigsten Geburtstag, hrsg. v. der Forschungsstelle für Völkerrecht und ausländisches öffentliches Recht der Universität Hamburg, Göttingen 1962, S. 400–413.

Schneider, Manfred: Julius Eberhard Wilhelm Ernst von Massows Beitrag zur Bildungsreform in Preußen (1770–1806) (Europäische Hochschulschriften, R. XI, Bd. 701), Frankfurt a. M. – Berlin – Bern – New York – Paris – Wien 1996.

Schoeps, Hans Joachim: Preußen. Geschichte eines Staates, Frankfurt a. M. – Berlin – Wien 1975.

Scholz, Kurt: J. G. Fichtes „Staatssozialismus" – Eine historisch-systematische Studie zur Entstehungsgeschichte des staats- und wirtschaftssoziologischen Denkens in Deutschland, unter besonderer Berücksichtigung seines sozialpolitischen Gehaltes; sozialwiss. Diss. (masch.) Köln 1955.

Schormann, Gerhard: Academia Ernestina. Die schaumburgische Universität zu Rinteln an der Weser (1610/21–1810) (Academia Marburgensis, hrsg. von der Philipps-Universität Marburg, Bd. 4), Marburg 1982.

Schottky, Richard: Untersuchungen zur Geschichte der staatsphilosophischen Vertragstheorie im 17. und 18. Jahrhundert (Hobbes – Locke – Rousseau – Fichte), phil. Diss. München 1962.

Schrader, Wilhelm: Geschichte der Friedrichs-Universität zu Halle, Bd. I, Berlin 1894.

Schröder, Jan: Wissenschaftstheorie und Lehre der „praktischen Jurisprudenz" auf deutschen Universitäten an der Wende zum 19. Jahrhundert (Ius Commune; Sonderhefte, Bd. 11), Frankfurt a. M. 1979.

Schröder, Jan: Zur Entwicklung der juristischen Fakultäten im nachfriderizianischen Preußen (1786–1806), in: Das nachfriderizianische Preußen 1786–1806. Rechtshistorisches Kolloquium 11.-13. Juni 1987 Christian-Albrechts-Universität zu Kiel, hrsg. v. *Hans Hattenhauer / Götz Landwehr* (Motive – Texte – Materialien, Bd. 46), Heidelberg 1988, S. 259–303.

Schröder, Jan: Gottfried Achenwall, Johann Stephan Pütter und die „Elementa Iuris Naturae", in: *Achenwall, Gottfried / Pütter, Johann Stephan:* Anfangsgründe des Naturrechts (Elementa Iuris Naturae), hrsg. u. übersetzt v. *Jan Schröder* (Bibliothek des deutschen Staatsdenkens, hrsg. v. *Hans Maier / Michael Stolleis*, Bd. 5), Frankfurt a. M. – Leipzig 1995, S. 331–351.

Schröder, Jan / Pielemeier, Ines: Naturrecht als Lehrfach an den deutschen Universitäten des 18. und 19. Jahrhunderts, in: Naturrecht – Spätaufklärung – Revolution, hrsg. v. *Otto Dann / Diethelm Klippel* (Studien zum achtzehnten Jahrhundert, Bd. 16), Hamburg 1995, S. 255–269.

Schröder, Klaus-Peter: Johann Ludwig Klüber (1763–1837) – Ein deutsches Gelehrtenleben im Umbruch der Epochen, in: Wirkungen europäischer Rechtskultur. Festschrift für Karl Kroeschell zum 70. Geburtstag, hrsg. v. *Gerhard Köbler / Hermann Nehlsen*, München 1997, S. 1107–1154.

Schröder, Kurt: 150 Jahre Humboldt-Universität zu Berlin. Das Werden einer jungen Universität, in: Forschen und Wirken. Festschrift zur 150-Jahr-Feier der Humboldt-Universität zu Berlin 1810–1960, Bd. I: Beiträge zur wissenschaftlichen und politischen Entwicklung der Universität, Berlin (-Ost) 1960, S. 1–13.

Schröder, Rainer / Bär, Fred: Zur Geschichte der Juristischen Fakultät der Humboldt-Universität zu Berlin, in: Kritische Justiz 29 (1996), S. 447–465.

Schuck, Gerhard: Rheinbundpatriotismus und politische Öffentlichkeit zwischen Aufklärung und Frühliberalismus. Kontinuitätsdenken und Diskontinuitätserfahrung in den Staatsrechts- und Verfassungsdebatten der Rheinbundpublizistik (Frankfurter Historische Abhandlungen, Bd. 36), Stuttgart 1994.

Schulte, Johann Friedrich von: Karl Friedrich von Eichhorn. Sein Leben und Wirken nach seinen Aufzeichnungen, Briefen, Mittheilungen von Angehörigen, Schriften, Stuttgart 1884.

Schulz, Ursula: Die Berlinische Monatsschrift (1783–1796). Eine Bibliographie (Bremer Beiträge zur freien Volksbildung, H. 11), Bremen o. J. (1968).

Schulze, Reiner: Policey und Gesetzgebungslehre im 18. Jahrhundert (Schriften zur Rechtsgeschichte, Bd. 25), Berlin 1982.

Schumpeter, Joseph A.: Geschichte der ökonomischen Analyse, hrsg. v. *Elizabeth Boody Schumpeter*, Bd. I, Göttingen 1965.

Scurla, Herbert: Wilhelm v. Humboldt. Reformator – Wissenschaftler – Philosoph, München 1984.

Seckel, Emil: Geschichte der Berliner juristischen Fakultät als Spruchkollegium, in: *Max Lenz:* Geschichte der königlichen Friedrich-Wilhelms-Universität zu Berlin, Bd. III, Halle a. S. 1910, S. 447–479.

Selle, Götz von: Die Georg-August-Universität zu Göttingen 1737–1937, Göttingen 1937.

Selle, Götz von: Geschichte der Albertus-Universität zu Königsberg in Preußen, 2. verm. Aufl., Würzburg 1956.

Sepp, Johann Nepomuk: Görres und seine Zeitgenossen 1776–1848, Nördlingen 1877.

Sheehan, James J.: Der Ausklang des alten Reiches. Deutschland seit dem Ende des Siebenjährigen Krieges bis zur gescheiterten Revolution 1763 bis 1850 (Propyläen Geschichte Deutschlands, Bd. 6), Berlin 1994.

Simms, Brendan: The impact of Napoleon. Prussian high politics, foreign policy and the crisis of the executive, 1797–1806, Cambridge 1997.

Simon, Walter M.: The Failure of the Prussian Reform Movement, 1807–1819, Ithaca, New York 1955.

Smend, Rudolf: Die Berliner Friedrich-Wilhelms-Universität. Rede zum 150jährigen Gedächtnis ihrer Gründung, in: *derselbe:* Staatsrechtliche Abhandlungen und andere Aufsätze, 3. Aufl., Berlin 1994, S. 547–580.

Sösemann, Bernd (Hrsg.): Gemeingeist und Bürgersinn. Die preußischen Reformen (Forschungen zur brandenburgischen und preußischen Geschichte. Neue Folge, Beiheft 2), Berlin 1993.

Sösemann, Bernd (Hrsg.): Theodor von Schön. Untersuchungen zur Biographie und Historiographie (Veröffentlichungen aus den Archiven Preußischer Kulturbesitz, Bd. 42), Köln – Weimar – Wien 1996.

Sommermann, Karl-Peter: Staatsziele und Staatszielbestimmungen (Jus publicum, Bd. 25), Tübingen 1997.

Spann, Othmar: Die Haupttheorien der Volkswirtschaftslehre auf lehrgeschichtlicher Grundlage, 25. Aufl., Heidelberg 1949.

Spranger, Eduard: Gedenkrede zur 150-Jahrfeier der Gründung der Friedrich-Wilhelms-Universität in Berlin, in: *derselbe:* Gesammelte Schriften, Bd. X: Hochschule und Gesellschaft, hrsg. v. *Walter Sachs*, Heidelberg 1973, S. 376–390.

Stamm-Kuhlmann, Thomas: War Friedrich Wilhelm III. von Preußen ein Bürgerkönig?, in: Zeitschrift für Historische Forschung 16 (1989), S. 441–460.

Stamm-Kuhlmann, Thomas: König in Preußens großer Zeit. Friedrich Wilhelm III. der Melancholiker auf dem Thron, Berlin 1992.

Starck, Christian: Die Französische Revolution und das deutsche Staatsrecht, in: *derselbe:* Der demokratische Verfassungsstaat. Gestalt, Grundlagen, Gefährdungen, Tübingen 1995, S. 380–402.

Stavenhagen, Gerhard: Geschichte der Wirtschaftstheorie (Grundriß der Sozialwissenschaft, Bd. 2), Göttingen 1969.

Steig, Reinhold: Heinrich von Kleist's Berliner Kämpfe, Berlin – Stuttgart 1901.

Steiger, Günter: Das „Phantom der Wartburgsverschwörung" 1817 im Spiegel neuer Quellen aus den Akten der preußischen politischen Polizei. Eine Quellenedition mit einem Beitrag zur preußischen Innenpolitik, der Reaktion Friedrich Wilhelms III., des Polizeidirektors v. Kamptz und des Senats der Universität Berlin auf das Wartburgfest (Okt./Nov. 1817), in: Wissenschaftliche Zeitschrift der Friedrich- Schiller-Universität Jena. Gesellschafts- und sprachwissenschaftliche Reihe 15 (1966), H. 2, S. 183–212.

Steiger, Heinhard: Art. „Völkerrecht", in: Geschichtliche Grundbegriffe. Historisches Lexikon zur politisch-sozialen Sprache in Deutschland, hrsg. v. *Otto Brunner / Werner Conze / Reinhart Koselleck*, Bd. VII, Stuttgart 1997, S. 97–140.

Steinbeck, Wolfram: Das Bild des Menschen in der Philosophie Johann Gottlieb Fichtes. Untersuchungen über Persönlichkeit und Nation, München 1939.

Stern, Alfred: Der Sturz des Freiherrn vom Stein im Jahre 1808 und der Tugendbund, in: *derselbe:* Abhandlungen und Aktenstücke zur Geschichte der preußischen Reformzeit 1807–1815, Leipzig 1885, S. 1–41.

Stettiner, Paul: Der Tugendbund (Beilage zum Jahresbericht des Städtischen Realgymnasiums. Ostern 1904), Königsberg 1904.

Stölzel, Adolf: Carl Gottlieb Svarez. Ein Zeitbild aus der zweiten Hälfte des achtzehnten Jahrhunderts, Berlin 1885.

Stölzel, Adolf: Fünfzehn Vorträge aus der Brandenburgisch-Preußischen Rechts- und Staatsgeschichte, Berlin 1889.

Stoll, Adolf: Friedrich Karl v. Savigny. Ein Bild seines Lebens mit einer Sammlung seiner Briefe, Bde. I–III, Berlin 1927–1939.

Stollberg-Rilinger, Barbara: Der Staat als Maschine. Zur politischen Metaphorik des absoluten Fürstenstaats (Historische Forschungen, Bd. 30), Berlin 1986.

Stolleis, Michael: Staatsraison, Recht und Moral in philosophischen Texten des späten 18. Jahrhunderts (Monographien zur philosophischen Forschung, Bd. 86), Meisenheim a. G. 1972.

Stolleis, Michael: Verwaltungslehre und Verwaltungswissenschaft 1803–1866, in: Deutsche Verwaltungsgeschichte, hrsg. v. *Kurt G.A. Jeserich / Hans Pohl / Georg-Christoph von Unruh*, Bd. II: Vom Reichsdeputationshauptschluß bis zur Auflösung des Deutschen Bundes, Stuttgart 1983, S. 56–94.

Stolleis, Michael: Geschichte des öffentlichen Rechts in Deutschland, Bd. I: Reichspublizistik und Policeywissenschaft 1600–1800, Bd. II: Staatsrechtslehre und Verwaltungswissenschaft 1800–1914, München 1988–1992.

Stolleis, Michael: Untertan – Bürger – Staatsbürger. Bemerkungen zur juristischen Terminologie im späten 18. Jahrhundert, in: *derselbe:* Staat und Staatsräson in der frühen Neuzeit. Studien zur Geschichte des öffentlichen Rechts, Frankfurt a. M. 1990, S. 298–339.

Stolleis, Michael: Die Allgemeine Staatslehre im 19. Jahrhundert, in: Naturrecht im 19. Jahrhundert. Kontinuität – Inhalt – Funktion – Wirkung, hrsg. v. *Diethelm Klippel* (Naturrecht und Rechtsphilosophie in der Neuzeit – Studien und Materialien, Bd. 1), Goldbach 1997, S. 3–18.

Stolleis, Michael: Nationalität und Internationalität: Rechtsvergleichung im öffentlichen Recht des 19. Jahrhunderts (Akademie der Wissenschaften und der Literatur Mainz; Abhandlungen der geistes- und sozialwissenschaftlichen Klasse, Jhg. 1998, Nr. 4), Stuttgart 1998.

Strauch, Dieter: Friedrich Carl v. Savignys Landrechtsvorlesung vom Sommer 1824, in: Staat – Recht – Kultur. Festgabe für Ernst von Hippel zu seinem 70. Geburtstag, Bonn 1965, S. 245–264.

Strecker, Reinhard: Die Anfänge von Fichtes Staatsphilosophie, Leipzig 1917.

Struckmann, Johann Caspar: Staatsdiener als Zeitungsmacher. Die Geschichte der Allgemeinen Preußischen Staatszeitung (Kleine Beiträge zur Geschichte Preußens, Bd. 1), Berlin 1981.

Studer, Thomas: Ludwig von Baczko. Schriftsteller in Königsberg um 1800, in: Königsberg. Beiträge zu einem besonderen Kapitel der deutschen Geistesgeschichte des 18. Jahrhunderts, hrsg. v. *Joseph Kohnen*, Frankfurt a. M. 1994, S. 399–423.

Stühler, Hans-Ulrich: Die Diskussion um die Erneuerung der Rechtswissenschaft von 1780–1815 (Schriften zur Rechtsgeschichte, Bd. 15), Berlin 1978.

Stulz, Percy: Fremdherrschaft und Befreiungskampf. Die preußische Kabinettspolitik und die Rolle der Volksmassen in den Jahren 1811 bis 1813, Berlin (-Ost) 1960.

Tautscher, Anton: Staatswirtschaftslehre des Kameralismus, Bern 1947.

Tautscher, Anton: Geschichte der Volkswirtschaftslehre (Grundrisse der Sozialwissenschaften, Bd. 1), Wien 1950.

Thielen, Peter Gerrit: Karl August von Hardenberg 1750–1822. Eine Biographie, Köln – Berlin 1967.

Thieme, Hans: Die Zeit des späten Naturrechts. Eine privatrechtsgeschichtliche Studie, in: *derselbe:* Ideengeschichte und Rechtsgeschichte. Gesammelte Schriften, Bd. II (Forschungen zur neueren Privatrechtsgeschichte, Bd. 25/II), Köln – Wien 1986, S. 633–694.

Thieme, Hans: Das Naturrecht und die europäische Privatrechtsgeschichte, in: *derselbe:* Ideengeschichte und Rechtsgeschichte. Gesammelte Schriften, Bd. II (Forschungen zur neueren Privatrechtsgeschichte, Bd. 25/II), Köln – Wien 1986, S. 822–870.

Timm, Albrecht: Von der Kameralistik zur Nationalökonomie. Eine wissenschaftsgeschichtliche Betrachtung in den Spuren von Gustav Aubin, in: Festschrift Hermann Aubin zum 80. Geburtstag, hrsg. v. *Otto Brunner / Hermann Kellenbenz / Erich Maschke / Wolfgang Zorn*, Bd. I, Wiesbaden 1965, S. 358–374.

Tomuschat, Christian: Verfassungsgewohnheitsrecht? Eine Untersuchung zum Staatsrecht der Bundesrepublik Deutschland, Heidelberg 1972.

Treitschke, Heinrich von: Deutsche Geschichte im Neunzehnten Jahrhundert, Bde. I–V, Leipzig 1927.

Treue, Wilhelm: Adam Smith in Deutschland. Zum Problem des „Politischen Professors" zwischen 1776 und 1810, in: Deutschland und Europa. Historische Studien zur Völker- und Staatenordnung des Abendlandes. Festschrift für Hans Rothfels, hrsg. v. *Werner Conze*, Düsseldorf 1951, S. 101–133.

Treue, Wolfgang: Die preußische Agrarreform zwischen Romantik und Rationalismus, in: Rheinische Vierteljahrsblätter 20 (1955), S. 337–357.

Tribe, Keith: Governing Economy. The Reformation of German Economic Discourse 1750–1840, Cambridge 1988.

Triepel, Heinrich: Staatsrecht und Politik. Rede beim Antritte des Rektorats der Friedrich Wilhelms-Universität zu Berlin am 15. Oktober 1926 (Beiträge zum ausländischen öffentlichen Recht und Völkerrecht, H. 1), Berlin – Leipzig 1927.

Troeltsch, Ernst: Die Restaurationsepoche am Anfang des 19. Jahrhunderts, in: *derselbe:* Gesammelte Schriften, Bd. IV: Aufsätze zur Geistesgeschichte und Religionssoziologie, hrsg. v. *Hans Baron*, Tübingen 1925, S. 587–614.

Tschirch, Otto: Joseph Görres, der Rheinische Merkur und der preußische Staat, in: Preußische Jahrbücher 157 (1914), S. 225–247.

Tschirch, Otto: Geschichte der öffentlichen Meinung in Preußen vom Baseler Frieden bis zum Zusammenbruch des Staates (1795–1806), Bde. I–II, Weimar 1933–1934.

Tschirch, Otto: Friedrich Buchholz, Friedrich von Coelln und Julius von Voß, drei preußische Publizisten in der Zeit der Fremdherrschaft 1806–1812. Ein Nachtrag zur Geschichte der öffentlichen Meinung in Preußen 1795–1806, in: Forschungen zur brandenburgischen und preußischen Geschichte 48 (1936), S. 163–181.

Ulmann, Heinrich: Die Anklage des Jakobinismus in Preußen im Jahre 1815, in: Historische Zeitschrift 95 (1905), S. 435–446.

Unruh, Georg Christoph von: Polizei, Polizeiwissenschaft und Kameralistik, in: Deutsche Verwaltungsgeschichte, hrsg. v. *Kurt G.A. Jeserich / Hans Pohl / Georg-Christoph von Unruh*, Bd. I: Vom Spätmittelalter bis zum Ende des Reiches, Stuttgart 1983, S. 388–427.

Vahlen, Johannes: Die Gründung der Universität. Rede zur Gedächtnisfeier am 3. August 1887, Berlin 1887.

Valjavec, Fritz: Das Woellnersche Religionsedikt und seine geschichtliche Bedeutung, in: *derselbe:* Ausgewählte Aufsätze, hrsg. v. *Karl August Fi-*

scher / Mathias Bernath (Südosteuropäische Arbeiten, Bd. 60), München 1963, S. 294–306.

Valjavec, Fritz: Die Entstehung der politischen Strömungen in Deutschland 1770–1815, Kronberg/Ts., 2. Aufl. 1978.

Varrentrapp, Conrad: Johannes Schulze und das höhere preußische Unterrichtswesen in seiner Zeit, Leipzig 1889.

Vierhaus, Rudolf: Wilhelm von Humboldt, in: Berlinische Lebensbilder, Bd. III: Wissenschaftspolitik in Berlin. Minister, Beamte, Ratgeber, hrsg. v. *Wolfgang Treue / Karlfried Gründer* (Einzelveröffentlichungen der Historischen Kommission zu Berlin, Bd. 60), Berlin 1987, S. 63–88.

Vogel, Werner: Karl Sigmund Franz von Altenstein, in: Berlinische Lebensbilder, Bd. III: Wissenschaftspolitik in Berlin. Minister, Beamte, Ratgeber, hrsg. v. *Wolfgang Treue / Karlfried Gründer* (Einzelveröffentlichungen der Historischen Kommission zu Berlin, Bd. 60), Berlin 1987, S. 89–105.

Voigt, Erhard: Die Universität Halle im Kampf gegen die napoleonische Fremdherrschaft, in: 450 Jahre Martin-Luther-Universität Halle-Wittenberg, (hrsg. v. *Leo Stern*), Bd. II, Halle a. S. 1952, S. 205–212.

Voigt, Johannes: Geschichte des sogenannten Tugend-Bundes oder des sittlich-wissenschaftlichen Vereins. Nach den Original-Acten, Berlin 1850.

Volk, Klaus: Die Juristische Enzyklopädie des Nikolaus Falck. Rechtsdenken im frühen 19. Jahrhundert (Schriften zur Rechtstheorie, H. 23), Berlin 1970.

Vopelius, Marie-Elisabeth: Die altliberalen Ökonomen und die Reformzeit (Sozialwissenschaftliche Studien, H. 11), Stuttgart 1968.

Vorländer, Karl: Immanuel Kant. Der Mann und das Werk (1924), Bde. I–II, Hamburg 3. Aufl. 1992.

Wagner, Wilhelm: Die preußischen Reformer und die zeitgenössische Philosophie, Köln 1956.

Walter, Ferdinand: Naturrecht und Politik im Lichte der Gegenwart, Bonn 1863.

Walz, Gustav Adolf: Die Staatsidee des Rationalismus und der Romantik und die Staatsphilosophie Fichtes. Zugleich ein Versuch zur Grundlegung einer allgemeinen Sozialmorphologie, Berlin-Grunewald 1928.

Warda, Arthur: Immanuel Kants Bücher (Bibliographien und Studien, Bd. 3), Berlin 1922.

Warnecke, Heinz: Berliner Studenten – Lützower, Burschenschafter, Mitinitiatoren des Wartburgfestes 1817, in: Wissenschaftliche Zeitschrift der Friedrich- Schiller-Universität Jena. Gesellschafts- und sprachwissenschaftliche Reihe 15 (1966), H. 2, S. 213–221.

Waszek, Norbert: Die Staatswissenschaften an der Universität Berlin im 19. Jahrhundert, in: Die Institutionalisierung der Nationalökonomie an deutschen Universitäten. Zur Erinnerung an Klaus Hinrich Hennings (1937–1986), hrsg. v. *Norbert Waszek*, St. Katharinen 1988, S. 266–301.

Waszek, Norbert: Eduard Gans (1797–1839): Hegelianer – Jude – Europäer. Texte und Dokumente (Hegeliana – Studien und Quellen zu Hegel und zum Hegelianismus, Bd. 1), Frankfurt a. M. – Bern – New York – Paris 1991.

Weber, Heinrich: Gustav Hugo. Vom Naturrecht zur historischen Schule. Ein Beitrag zur Geschichte der deutschen Rechtswissenschaft (Vorarbeiten zur

Geschichte der Göttinger Universität und Bibliothek, Bd. 16), Göttingen 1935.
Weinacht, Paul-Ludwig: Staat. Studien zur Bedeutungsgeschichte des Wortes von den Anfängen bis zum 19. Jahrhundert (Beiträge zur Politischen Wissenschaft, Bd. 2), Berlin 1968.
Weinacht, Paul-Ludwig: „Staatsbürger" – Zur Geschichte und Kritik eines politischen Begriffs, in: Der Staat 8 (1969), S. 41–63.
Weischedel, Wilhelm (Hrsg.): Idee und Wirklichkeit einer Universität. Dokumente zur Geschichte der Friedrich-Wilhelms-Universität zu Berlin (Gedenkschrift der Freien Universität Berlin zur 150. Wiederkehr des Gründungsjahres der Friedrich-Wilhelms-Universität zu Berlin), Berlin 1960.
Welzel, Hans: Naturrecht und materiale Gerechtigkeit (Jurisprudenz in Einzeldarstellungen, Bd. 4), 4. Aufl., Göttingen 1990.
Wieacker, Franz: Privatrechtsgeschichte der Neuzeit unter besonderer Berücksichtigung der deutschen Entwicklung, 2. neubearb. Aufl., Göttingen 1967.
Wilke, Jürgen: Der nationale Aufbruch der Befreiungskriege als Kommunikationsereignis, in: Volk – Nation – Vaterland, hrsg. v. *Ulrich Herrmann* (Studien zum achtzehnten Jahrhundert, Bd. 18), Hamburg 1996, S. 353–368.
Willms, Bernard: Die totale Freiheit. Fichtes politische Philosophie (Staat und Politik, Bd. 10), Köln – Opladen 1967.
Willms, Bernard: Einleitung, in: *Johann Gottlieb Fichte:* Schriften zur Revolution, hrsg. v. *Bernard Willms* (Klassiker der Politik, Bd. 7), Köln – Opladen 1967, S. VII–XXXIV.
Winkel, Harald: Die deutsche Nationalökonomie im 19. Jahrhundert (Erträge der Forschung, Bd. 74), Darmstadt 1977.
Winkel, Harald: Adam Smith und die deutsche Nationalökonomie 1776–1820, in: Studien zur Entwicklung der ökonomischen Theorie V, hrsg. v. *Harald Scherf* (Schriften des Vereins für Socialpolitik. Gesellschaft für Wirtschafts- und Sozialwissenschaften, N. F. Bd. 115/V), Berlin 1986, S. 81–109.
Winkel, Harald: Zur Entwicklung der Nationalökonomie an der Universität Königsberg, in: Die Institutionalisierung der Nationalökonomie an deutschen Universitäten. Zur Erinnerung an Klaus Hinrich Hennings (1937–1986), hrsg. v. *Norbert Waszek*, St. Katharinen 1988, S. 109–121.
Witte, Barthold C.: Der preußische Tacitus. Aufstieg, Ruhm und Ende des Historikers Barthold Georg Niebuhr 1776–1831, Düsseldorf 1979.
Witte, Hermann / Haupt, Hans: Karl Witte – Ein Leben für Dante. Vom Wunderkind zum Rechtsgelehrten und größten deutschen Dante-Forscher, Hamburg 1971.
Wolf, Erik: Große Rechtsdenker der deutschen Geistesgeschichte, 4. Aufl., Tübingen 1963.
Wollschläger, Christian: Praktische Theorie: Die Landrechtsvorlesung in Savignys wissenschaftlichem Programm, in: *Carl Friedrich von Savigny:* Landrechtsvorlesung 1824. Drei Nachschriften, hrsg. v. *Christian Wollschläger* in Zusammenarbeit mit *Masasuke Ishibe / Ryuichi Noda / Dieter Strauch*, Bde. I–II (Ius Commune; Sonderhefte. Studien zur Europäischen Rechtsgeschichte, Bde. 67, 105; Savignyana. Texte und Studien, hrsg. v. *Joachim Rückert*, Bde. 3.1–3.2), Frankfurt a. M. 1994–1998, S. XXIII–XLV.

Wuttke, Heinrich: Die schlesischen Stände, ihr Wesen, ihr Wirken und ihr Werth in alter und neuer Zeit, Leipzig 1847.
Wyduckel, Dieter: Ius Publicum. Grundlagen und Entwicklung des Öffentlichen Rechts und der deutschen Staatsrechtswissenschaft (Schriften zum Öffentlichen Recht, Bd. 471), Berlin 1984.
Zieger, Gottfried: Die ersten hundert Jahre Völkerrecht an der Georg-August-Universität Göttingen. Vom Ius naturae et gentium zum positiven Völkerrecht, in: Rechtswissenschaft in Göttingen. Göttinger Juristen aus 250 Jahren, hrsg. v. *Fritz Loos* (Göttinger Universitätsschriften, Ser. A, Bd. 6), Göttingen 1987, S. 32–74.
Ziekursch, Johannes: Friedrich von Cölln und der Tugendbund, in: Historische Vierteljahrschrift 12 (1909), S. 38–76.
Ziolkowski, Theodore: Das Amt der Poeten. Die deutsche Romantik und ihre Institutionen, München 1994.
Zorn, Wolfgang: Die Physiokratie und die Idee der individualistischen Gesellschaft, in: Geschichte der Volkswirtschaftslehre, hrsg. v. *Antonio Montaner*, Köln – Berlin 1967, S. 25–33.

Register